W9-CKC-207

Labour Force Statistics

1981-2001

Statistiques de la population active

Université d'Ottawa
BIBLIOTHEQUES
LIBRARIES
University of Ottawa

2002

ORGANISATION FOR ECONOMIC CO-OPERATION AND DEVELOPMENT

Pursuant to Article 1 of the Convention signed in Paris on 14th December 1960, and which came into force on 30th September 1961, the Organisation for Economic Co-operation and Development (OECD) shall promote policies designed:

– to achieve the highest sustainable economic growth and employment and a rising standard of living in Member countries, while maintaining financial stability, and thus to contribute to the development of the world economy;

– to contribute to sound economic expansion in Member as well as non-member countries in the process of economic development; and

– to contribute to the expansion of world trade on a multilateral, non-discriminatory basis in accordance with international obligations.

The original Member countries of the OECD are Austria, Belgium, Canada, Denmark, France, Germany, Greece, Iceland, Ireland, Italy, Luxembourg, the Netherlands, Norway, Portugal, Spain, Sweden, Switzerland, Turkey, the United Kingdom and the United States. The following countries became Members subsequently through accession at the dates indicated hereafter: Japan (28th April 1964), Finland (28th January 1969), Australia (7th June 1971), New Zealand (29th May 1973), Mexico (18th May 1994), the Czech Republic (21st December 1995), Hungary (7th May 1996), Poland (22nd November 1996), Korea (12th December 1996) and the Slovak Republic (14th December 2000). The Commission of the European Communities takes part in the work of the OECD (Article 13 of the OECD Convention).

© OECD 2002

Permission to reproduce a portion of this work for non-commercial purposes or classroom use should be obtained through the Centre français d'exploitation du droit de copie (CFC), 20, rue des Grands-Augustins, 75006 Paris, France, tel. (33-1) 44 07 47 70, fax (33-1) 46 34 67 19, for every country except the United States. In the United States permission should be obtained through the Copyright Clearance Center, Customer Service, (508)750-8400, 222 Rosewood Drive, Danvers, MA 01923 USA, or CCC Online: *www.copyright.com*. All other applications for permission to reproduce or translate all or part of this book should be made to OECD Publications, 2, rue André-Pascal, 75775 Paris Cedex 16, France.

ORGANISATION DE COOPÉRATION ET DE DÉVELOPPEMENT ÉCONOMIQUES

En vertu de l'article 1er de la Convention signée le 14 décembre 1960, à Paris, et entrée en vigueur le 30 septembre 1961, l'Organisation de Coopération et de Développement Économiques (OCDE) a pour objectif de promouvoir des politiques visant :

– à réaliser la plus forte expansion de l'économie et de l'emploi et une progression du niveau de vie dans les pays Membres, tout en maintenant la stabilité financière, et à contribuer ainsi au développement de l'économie mondiale ;

– à contribuer à une saine expansion économique dans les pays Membres, ainsi que les pays non membres, en voie de développement économique ;

– à contribuer à l'expansion du commerce mondial sur une base multilatérale et non discriminatoire conformément aux obligations internationales.

Les pays Membres originaires de l'OCDE sont : l'Allemagne, l'Autriche, la Belgique, le Canada, le Danemark, l'Espagne, les États-Unis, la France, la Grèce, l'Irlande, l'Islande, l'Italie, le Luxembourg, la Norvège, les Pays-Bas, le Portugal, le Royaume-Uni, la Suède, la Suisse et la Turquie. Les pays suivants sont ultérieurement devenus Membres par adhésion aux dates indiquées ci-après : le Japon (28 avril 1964), la Finlande (28 janvier 1969), l'Australie (7 juin 1971), la Nouvelle-Zélande (29 mai 1973), le Mexique (18 mai 1994), la République tchèque (21 décembre 1995), la Hongrie (7 mai 1996), la Pologne (22 novembre 1996), la Corée (12 décembre 1996) et la République slovaque (14 décembre 2000). La Commission des Communautés européennes participe aux travaux de l'OCDE (article 13 de la Convention de l'OCDE).

© OCDE 2002

Les permissions de reproduction partielle à usage non commercial ou destinée à une formation doivent être adressées au Centre français d'exploitation du droit de copie (CFC), 20, rue des Grands-Augustins, 75006 Paris, France, tél. (33-1) 44 07 47 70, fax (33-1) 46 34 67 19, pour tous les pays à l'exception des États-Unis. Aux États-Unis, l'autorisation doit être obtenue du Copyright Clearance Center, Service Client, (508)750-8400, 222 Rosewood Drive, Danvers, MA 01923 USA, ou CCC Online : *www.copyright.com*. Toute autre demande d'autorisation de reproduction ou de traduction totale ou partielle de cette publication doit être adressée aux Éditions de l'OCDE, 2, rue André-Pascal, 75775 Paris Cedex 16, France.

Foreword — Avant propos

The *Labour Force Statistics* publication provides detailed annual statistics on key elements of the labour force of OECD Member countries. Through the provision of extended time series shown in this publication it is possible to identify structural changes that have taken place in the labour force of these countries with respect to gender, age, activities, etc., for the major elements of the labour force, including those in the labour force, employed or unemployed. The current publication also contains information on the methodology used by Member countries to compile the statistics.

The statistics in this publication largely conform to the guidelines of the 13th Conference of Labour Statisticians (ILO Guidelines) adopted in October 1982.

The statistics in this annual publication complement those in another OECD publication, *Quarterly Labour Force Statistics*, which includes short-term labour force indicators on employment, unemployment, etc. Statistics in the quarterly publication use the same definitions and coverage as those used in this publication.

Data for the *Labour Force Statistics* publication were obtained from an annual questionnaire dispatched by the OECD, and from a variety of national sources such as yearbooks, other specialist labour force publications and miscellaneous reports. Data and methodological information were also obtained from the Statistical Office of the European Union (Eurostat) and the International Labour Organisation (ILO).

The OECD Secretariat wishes to acknowledge the active co-operation of the national statistical institutes of the Member countries for their efforts in providing information for this publication.

OECD, Paris
July 2002

La publication *Statistiques de la population active* présente des statistiques annuelles détaillées sur les principales composantes de la population active des pays Membres de l'OCDE. Grâce aux séries temporelles longues disponibles dans cette publication, il est possible d'identifier les changements structurels qui sont intervenus dans la population active de ces pays au regard du sexe, de l'âge, des activités, etc., pour les principaux éléments de la population active y compris les personnes occupées ou au chômage. La présente publication contient également des informations sur la méthlogie utilisée par les pays Membres pour dresser leurs statistiques.

Les statistiques de cette publication sont en grande partie en conformité avec les recommandations internationales de la 13ème Conférence de statisticiens du travail (directives du BIT) adoptées en octobre 1982.

Les statistiques de cette publication annuelle sont un complément à celles publiées dans une autre publication de l'OCDE *Statistiques trimestrielles de la population active* qui contient des indicateurs de la population active sur l'emploi, le chômage, etc. Les statistiques de la publication trimestrielle sont basées sur les mêmes définitions et couvertures que celles publiées ici.

Les données de la publication *Statistiques de la population active* furent obtenues à partir d'un questionnaire envoyé par l'OCDE et à partir d'une variété de sources nationales comme les annuaires, les publications spécialisées sur la population active ainsi que divers rapports. Certaines données et informations méthodologiques proviennent également de l'Office statistique des Communautés européennes (Eurostat) et du Bureau international du travail (BIT).

Le secrétariat souhaite souligner la coopération active des instituts statistiques nationaux des pays Membres pour leur effort à fournir des informations pour la présente publication.

OCDE, Paris
juillet 2002

Statistiques de la Population Active
© 2002
OCDE

Table of contents — Table des matières

Statistiques de la Population Active
© 2002
OCDE

Introduction

This is the 38th edition of *Labour Force Statistics* since the first issue in October 1961. The publication contains time series of the evolution of population and labour force for the 30 Member countries of the Organisation for Economic Co-operation and Development.

This publication is divided into three parts:

Part I – Contains general tables referring to the main aggregates for the years 1978 to 2001.

Part II - Contains figures by countries, with three or four basic tables as well as summary methodological information for each country. This information is provided under five standard headings: breaks (series breaks), definition, coverage, collection, and calculation. Information for the five headings are included when such details were provided by national agencies to the ILO or OECD through questionnaires or are available on the Special Data Dissemination Standard IMF internet site. Where information is not available (or requires further investigation) the heading has been omitted.

The tables are standardised for all countries. Table I presents population data and its component change. Table II presents labour force main components and part-time employment and unemployment duration series. Table III presents civilian employment broken down by professional status and activities according to ISIC revision 2. Table IV presents civilian employment and employees data broken down by activities according to ISIC revision 3.

Part III – Contains time series for Participation rates and Unemployment rates by age and gender, covering the period 1981-2001 This part includes a general introductory note outlining the various concepts and definitions used. A brief description of the data shown is given in the corresponding country notes.

All series in this publication are generally compiled in conformity with the international definitions (1982) adopted by ILO/OECD. The standardised presentation of the tables does not imply however that the series for the various countries are strictly comparable. Important differences exist between countries in the matter of general concepts, classification and methods used for obtaining the data.

Le présent volume est la 38ème édition des *Statistiques de la Population Active*, depuis sa création en octobre 1961. Il comporte des séries historiques sur l'évolution de la population et de la population active pour les 30 pays Membres de l'Organisation de Coopération et de Développement Économiques.

Cet annuaire est divisé en trois parties :

Partie I – Elle présente des tableaux généraux avec des données relatives aux principaux agrégats de 1978 à 2001.

Partie II - Elle présente des données par pays ; chacun d'eux fait l'objet de trois ou quatre tableaux de base ainsi que d'une information méthodologique sommaire. Cette information est fournie sous forme de cinq rubriques : ruptures (ruptures dans les séries), définition, couverture, collecte et calcul. Les renseignements concernant les cinq rubriques sont présentées lorsque les instituts statistiques nationaux les ont fournis soit au BIT, soit à l'OCDE sous forme de questionnaires ou sont disponibles sur le site internet du FMI dans le cadre des normes spéciales de diffusion des données. Lorsque l'information n'est pas disponible (ou exige de nouvelles recherches) la rubrique a été omise.

Les tableaux sont standardisés pour tous les pays. Le tableau 1 présente l'évolution de la population et ses composantes. Le tableau II présente les grandes composantes de la population active et des séries sur l'emploi à temps partiel et la durée du chômage. Le tableau III présente la répartition de l'emploi civil par la situation dans la profession et par activités selon la CITI révision 2. Le tableau IV présente la répartition de l'emploi civil et des salariés selon la CITI révision 3.

Partie III – Elle présente des séries chronologiques concernant les taux d'activité et les taux de chômage selon l'âge et le sexe, les données couvrent la période de 1981 à 2001. Les définitions adoptées pour établir les séries publiées dans ces tableaux sont mentionnées dans une note d'introduction générale ; à la fin du volume est publié un résumé descriptif des séries correspondantes par pays.

Les chiffres présentés sont supposés être en conformité avec les définitions internationales (1982) adoptées par BIT/OCDE. Néanmoins, la présentation des tableaux sous une forme standardisée n'implique pas que les données relatives aux divers pays soient strictement comparables. Des différences sensibles existent entre les pays en ce qui concerne les concepts utilisés, les classifications et le mode d'obtention des données.

Consequently, international comparisons must be approached with caution and should be regarded as approximate. The derived data (indices, rates of change, ratios, etc.) can be considered as more comparable than related absolute figures.

The International Standard Industrial Classification of all economic activities (ISIC) adopted in 1968 by the United Nations (Statistical Papers, Series M, No.4, Rev. 2) is used for the breakdown of civilian employment in the Country table III. Civilian employment and employees data broken down by ISIC rev 3 are available and published in table IV for the following countries :

Canada (since 1987)
Mexico (since 1991)
Australia (since1985)
Korea (since 1992)
New Zealand (since 1997)
Austria (since 1998)
Czech Republic (since 1993)
Denmark (since 1995)
Finland (since 1990)
France (data for employees only since 1990)

Germany (since 1991)
Greece (since 1993)
Hungary (since 1998)
Iceland (since 1991)
Ireland (since 1994)
Italy (since 1993)
Luxembourg (since 1995)
Netherlands (since 1996)
Norway (since 1996)
Poland (since 1999)
Portugal (since 1992)
Slovak Republic (since 1994)
Spain (since 1988)
Sweden (since 1998)
Switzerland (data for civilian employment only since 1991)
Turkey (since 2000)
United Kingdom (since 1994).

En conséquence, les comparaisons internationales doivent donc être entreprises avec précaution et ne peuvent fournir que des ordres de grandeur. Les chiffres dérivés (pourcentages, indices, etc.) peuvent être considérés comme mieux comparables que les chiffres absolus.

La classification internationale type par industrie de toutes les branches d'activité économique (CITI) adoptée en 1968 par les Nations Unies (Études statistiques, Série M, no. 4, Rév. 2) est utilisée pour la répartition de la population active civile occupée dans le tableau III par pays. Les données de l'emploi civil et des salariés réparties selon la CITI révision 3 sont disponibles et publiées dans le tableau IV pour les pays suivants:

Canada (depuis 1987)
Mexique (depuis 1991)
Australie (depuis 1985)
Corée (depuis 1992)
Nouvelle-Zélande (depuis 1997)
Autriche (depuis 1998)
Republique tchèque (depuis 1993)
Danemark (depuis 1995)
Finlande (depuis 1990)
France (données pour les salariés uniquement depuis 1990)
Allemagne (depuis 1991)
Grèce (depuis 1993)
Hongrie (depuis 1998)
Islande (depuis 1991)
Irlande (depuis 1994)
Italie (depuis 1993)
Luxembourg (depuis 1995)
Netherlands (depuis 1996)
Norvège (depuis 1996)
Pologne (depuis 1999)
Portugal (depuis 1992)
Republique slovaque (depuis 1994)
Espagne (depuis 1988)
Suède (depuis 1998)
Suisse (données pour l'emploi civil uniquement depuis 1991)
Turquie (depuis 2000)
Royaume-Uni (depuis 1994).

Whenever a country has carried out a more recent census, population and labour force data are revised, or are subject to revision in future issues of this publication.

The Secretariat has made adjustments to the figures shown in Part I – General tables and, to a lesser extent, to those in Part II – Country tables. These adjustments were necessary to reduce inconsistencies between the various series and to maintain homogeneity in the long time series presented. In some cases adjustments were not possible and where the differences between the old and new series are significant an indication of a break has been inserted in the time series. Information on series breaks are presented in the methodological information for Parts II and III. It should be noted that not all changes in methodologies result in a break in time series in this publication and subjective judgement has been used by the Secretariat as to whether the change(s) in methodology lead to a break in series. Unemployment figures have not been adjusted by the Secretariat to the international definitions.

Annual data published in Parts I, II and III may refer to monthly or quarterly averages or to a specific month of each year.

If you require additional information on the data presented in this publication, or if you wish to make comments or suggestions to improve the contents and presentation, you are welcome to contact the OECD Statistics Directorate by e-mail (stat.contact@oecd.org) or fax (00 33 1 44 30 63 52).

Quand un pays a effectué un recensement plus récent, les données relatives à la population et à la population active sont révisées ou susceptibles de l'être dans les éditions futures.

Le Secrétariat a fait des ajustements dans les données présentées en partie I - tableaux généraux - et, dans une moindre mesure dans ceux de la partie II, tableaux par pays. Ces ajustements étaient nécessaires pour réduire les incohérences entre les diverses séries et présenter des séries historiques homogènes. Dans certains cas, ces ajustements n'ont pas été possibles et une rupture a été insérée dans les séries temporelles lorsque les différences entre les anciennes et les nouvelles définitions étaient significatives. La documentation sur les ruptures dans les séries est présentée dans l'information méthodologique à la fin des Parties II et III. On doit noter que tous les changements de méthodologies n'aboutissent pas à une rupture dans les séries et que la présence d'une rupture est soumise au jugement subjectif du Secrétariat. Les données du chômage n'ont pas été ajustées par le Secrétariat aux définitions internationales.

Les données annuelles présentées dans les parties I, II et III se réfèrent soit aux moyennes mensuelles ou trimestrielles correspondantes soit à des mois spécifiques de chaque année.

Si vous désirez plus d'informations sur les données présentées dans cette publication, ou si vous voulez apporter des commentaires ou suggestions pour améliorer le contenu et la présentation, vous êtes invités à contacter la Direction des Statistiques de l'OCDE par courrier électronique (stat.contact@oecd.org) ou par télécopie (00 33 1 44 30 63 52).

Definitions – Définitions

I.L.O. / O.E.C.D. definitions

1. Total population

All nationals present in, or temporarily absent from the country, and aliens permanently settled in the country.

Includes the following categories:

- national armed forces stationed abroad;
- merchant seamen at sea;
- diplomatic personnel located abroad;
- civilian aliens resident in the country;
- displaced persons resident in the country.

Excludes the following categories:

- foreign armed forces stationed in the country;
- foreign diplomatic personnel located in the country;
- civilian aliens temporarily in the country.

Data for total population may be compiled following two basic concepts:

- "Present-in-area population" *or de facto*, i.e. persons actually present in the country on the date of the census.
- "Resident population" or *de jure*, i.e. Persons regularly domiciled in the country on the date of the census.

Except where otherwise indicated, data refer to the actual territory of the country considered.

2. Total labour force
(or currently active population)

The total labour force, or currently active population, comprises all persons who fulfil the requirements for inclusion among the employed or the unemployed as defined below.

3. Armed forces

The armed forces cover personnel from the metropoliton territory drawn from the total available labour force who served in the armed forces during the period under consideration, whether stationed in the metropoliton territory or elsewhere.

The following are excluded from the armed forces:

- personnel drawn from areas outside the metropolitan territory of the country concerned;

B.I.T. / O.C.D.E. définitions

1. Population totale

L'ensemble des nationaux présents ou temporairement absents du pays et les étrangers établis en permanence dans le pays.

Catégories incluses :

- forces armées nationales stationnées à l'étranger;
- marins marchands en mer ;
- personnel diplomatique à l'étranger ;
- civils étrangers résidents dans le pays ;
- personnes déplacées résidentes dans le pays.

Catégories exclues :

- forces armées étrangères stationnées dans le pays ;
- personnel diplomatique étranger en poste dans le pays ;
- civils étrangers temporairement présents dans le pays.

Les données relatives à la population totale peuvent être établies selon les deux concepts suivants :

- "Population présente sur le territoire" ou *de facto*: personnes effectivement présentes dans le pays à la date du recensement ;
- "Population résidante" ou *de jure*: personnes ayant leur résidence habituelle dans le pays à la date du recensement.

Sauf indication contraire, les données se réfèrent au territoire actuel du pays considéré.

2. Population active totale
(ou population actuellement active)

La population active totale (ou population actuellement active) comprend toutes les personnes qui remplissent les conditions pour être incluses parmi les personnes pourvues d'un emploi ou les chômeurs, comme défini ci-dessous.

3. Forces armées

Les forces armées comprennent les effectifs originaires du territoire métropolitain, prélevés sur la population active totale et en service actif dans les forces armées au cours de la période considérée, soit sur le territoire métropolitain, soit en dehors.

Sont exclus des forces armées :

- les effectifs provenant de régions situées en dehors du territoire métropolitain du pays concerné ;

– security forces, except forces such as mobile gendarmerie units and armed border patrols which receive training in military tactics, are equipped like the military forces and are able to be placed under military command;

– Reservists recalled for a period of training of less than one month.

4. Civilian labour force
The Civilian Labour Force corresponds to Total Labour Force excluding armed forces.

5. Total employment
Persons in employment include civilian employment plus the armed forces and all those employed as defined below:

5.1 The employed include all persons above a specified age who during a specified brief period, either one week or one day, were in the following categories:

5.1.1 Paid employment:

– At work: persons who during the reference period performed some work for wage or salary, in cash or in kind;

– With a job but not at work: persons who, having already worked in their present job, were temporarily not at work during the reference period and have a formal attachment to their job. This formal job attachment should be determined in the light of national circumstances, according to one or more of the following criteria: (a) if he continued receipt of wage or salary; (b) an assurance of return to work following the end of the contingency, or an agreement as to the date of return; (c) the elapsed duration of absence from the job, which, wherever relevant, may be that duration for which workers can receive compensation benefits without obligations to accept other jobs.

5.1.2 Self-employment:

– At work: persons who during the reference period performed some work for profit or family gain, in cash or in kind;

4. Population active civile
La population active civile correspond à la population active totale à l'exclusion des forces armées.

5. Population active occupée (ou emploi total)
Les personnes pourvues d'un emploi comprennent la population active civile occupée (ou emploi civil) plus les forces armées et toutes les personnes pourvues d'un emploi tel que défini ci-dessous :

5.1 Les personnes pourvues d'un emploi comprennent toutes les personnes ayant dépassé un âge spécifié, qui se trouvaient, durant une brève période de référence spécifiée telle qu'une semaine ou un jour, dans les catégories suivantes :

5.1.1 Emploi salarié :

– Personnes au travail : personnes qui durant la période de référence, ont effectué un travail moyennant un salaire ou un traitement en espèces ou en nature ;

– Personnes qui ont un emploi mais ne sont pas au travail : personnes qui ayant déjà travaillé dans leur emploi actuel, en étaient absentes durant la période de référence et ont un lien formel avec leur emploi. Ce lien formel avec l'emploi devrait être déterminé à la lumière des circonstances nationales, par référence à l'un ou plusieurs des critères suivants : (a) le paiement ininterrompu du salaire ou du traitement ; (b) une assurance de retour au travail à la fin de la situation d'exception ou un accord sur la date de retour ; (c) la durée de l'absence du travail qui, le cas échéant, peut être la durée pendant laquelle les travailleurs peuvent recevoir une indemnisation sans obligation d'accepter d'autres emplois.

5.1.2 Emploi non salarié :

– Personnes au travail : personnes qui, durant la période de référence ont effectué un travail en vue d'un bénéfice ou d'un gain familial, en espèces ou en nature ;

Statistiques de la Population Active
© 2002

OCDE

– With an enterprise but not at work: persons with an enterprise, which may be a business enterprise, a farm or a service undertaking, who were temporarily not at work during the reference period for any specific reason.

5.2 For operational purposes, the notion of some work may be interpreted as work for at least one hour.

5.3 Persons temporarily not at work because of illness or injury, holiday or vacation, strike or lock-out, educational or training leave, maternity or parental leave, reduction in economic activity, temporary disorganisation or suspension of work due to such reasons as bad weather, mechanical or electrical breakdown, or shortage of raw materials or fuels, or other temporary absence with or without leave should be considered as being in paid employment provided they have a formal job attachment.

5.4 Employers, own account workers and members of producers' co-operatives should be considered as being self-employed and classified as at work or not at work, as the case may be.

5.5 Unpaid family workers at work should be considered as being self-employed irrespective of the number of hours worked during the reference period. Countries which prefer for special reasons to set a minimum time criterion for the inclusion of unpaid family workers among the employed should identify and separately classify those who worked less than the prescribed time.

5.6 Persons engaged in the production of economic goals and services for own and household consumption should be considered as being self-employed if such production comprises an important contribution to the total consumption of the household.

5.7 Apprentices who received pay in cash or in kind should be considered as being in paid employment and classified as at work or not at work on the same basis as other persons in paid employment.

– Personnes ayant une entreprise mais n'étant pas au travail : personnes qui, durant la période de référence avaient une entreprise qui peut être une entreprise industrielle, un commerce, une exploitation agricole ou une entreprise de prestations de services, mais n'étaient temporairement pas au travail pour toute raison spécifique.

5.2 Dans la pratique, la notion de travail effectué au cours de la période de référence peut être interprétée comme étant un travail d'une durée d'une heure au moins.

5.3 Les personnes temporairement absentes de leur travail pour raison de maladie ou d'accident, de congé ou de vacances, de conflit de travail ou de grève, de congé-éducation ou formation, de congé maternité ou parental, de mauvaise conjoncture économique ou de suspension temporaire du travail due à des causes telles que conditions météorologiques défavorables, incidents mécaniques ou électriques, pénurie de matières premières ou de combustibles, ou de toute autre cause d'absence temporaire avec ou sans autorisation, devraient être considérées comme pourvues d'un emploi salarié, à condition qu'elles aient un lien formel avec leur emploi.

5.4 Les employeurs, les personnes travaillant à leur propre compte et les membres des coopératives de producteurs devraient être considérés comme travailleurs non salariés et classés, selon les cas, comme étant au travail ou n'étant pas au travail.

5.5 Les travailleurs familiaux non rémunérés devraient être considérés comme travailleurs non salariés indépendamment du nombre d'heures de travail effectué durant la période de référence. Les pays qui, pour des raisons particulières, préféreraient choisir comme critère une durée minimale de temps de travail pour inclure les travailleurs familiaux non rémunérés parmi les personnes pourvues d'un emploi devraient identifier et classer séparément les personnes de cette catégorie qui ont travaillé moins que le temps prescrit.

5.6 Les personnes engagées dans la production de biens et services pour leur propre consommation ou celle du ménage devraient être considérées comme travailleurs non salariés si une telle production apporte une importante contribution à la consommation totale du ménage.

5.7 Les apprentis qui ont reçu une rétribution en espèces ou en nature devraient être considérés comme personnes pourvues d'un emploi salarié et classés comme étant au travail ou n'étant pas au travail sur la même base que les autres catégories de personnes pourvues d'un emploi salarié.

5.8 Students, homemakers and others mainly engaged in non-economic activities during the reference period, who at the same time were in paid employment or self-employment as defined in (5.1) above should be considered as employed on the same basis as other categories of employed persons and be identified separately, where possible.

5.9 Members of the armed forces should be included among persons in paid employment. The armed forces should include both the regular and the conscripts as specified in the most recent revision of the International Standard Classification of Occupations (ISCO).

6. Unemployed

6.1 The unemployed comprise all persons above a specified age who during the reference period were:

6.1.1 without work, i.e. were not in paid employment or self-employment during the reference period.

6.1.2 Currently available for work, i.e. were available for paid employment or self-employment during the reference period.

6.1.3 Seeking work, i.e. had taken specific steps in a specified recent period to seek paid employment or self-employment. The specific steps may include registration at a public or private employment exchange; application to employers; checking at worksites, farms, factory gates, market or other assembly places; placing or answering newspaper advertisements; seeking assistance of friends or relatives; looking for land, building, machinery or equipment to establish own enterprise; arranging for financial resources; applying for permits and licences, etc.

6.2 In situations where the conventional means of seeking work are of limited relevance, where the labour market is largely unorganised or of limited scope, where labour absorption is, at the time, inadequate, or where the labour force is largely self-employed, the standard definition of unemployment given in subparagraph (6.1) above may be applied by relaxing the criterion of seeking work.

5.8 Les étudiants, les personnes s'occupant du foyer et autres personnes principalement engagées dans des activités non économiques durant la période de référence et qui étaient en même temps pourvues d'un emploi salarié ou non salarié comme défini au paragraphe (5.1) ci-dessus devraient être considérés comme ayant un emploi, sur la même base que les autres catégories de personnes ayant un emploi et être identifiés séparément lorsque cela est possible.

5.9 Les membres des forces armées devraient être inclus parmi les personnes pourvues d'un emploi salarié. Les forces armées devraient comprendre aussi bien les membres permanents que les conscrits, comme spécifié dans la plus récente révision de la Classification internationale type des professions (CITP).

6. Chômage

6.1 Les chômeurs comprennent toutes les personnes ayant dépassé un âge spécifié qui, au cours de la période de référence, étaient:

6.1.1 sans travail, c'est-à-dire qui n'étaient pourvues ni d'un emploi salarié ni d'un emploi non salarié, comme défini ci-dessus.

6.1.2 disponibles pour travailler dans un emploi salarié ou non salarié durant la période de référence.

6.1.3 à la recherche d'un travail, c'est-à-dire qui avaient pris des dispositions spécifiques au cours d'une période récente spécifiée pour chercher un emploi salarié ou un emploi non salarié. Ces dispositions spécifiques peuvent inclure : l'inscription à un bureau de placement public ou privé ; la candidature auprès d'employeurs ; les démarches sur les lieux de travail, dans les fermes ou à la porte des usines, sur les marchés ou dans les autres endroits où sont traditionnellement recrutés les travailleurs ; l'insertion ou la réponse à des annonces dans les journaux ; les recherches par relations personnelles ; la recherche de terrain, d'immeubles, de machines ou d'équipement pour créer une entreprise personnelle ; les démarches pour obtenir des ressources financières, des permis et licences, etc.

6.2 Dans les situations où les moyens conventionnels de recherche de travail sont peu appropriés, où le marché du travail est largement inorganisé ou d'une portée limitée, où l'absorption de l'offre de travail est, au moment considéré, insuffisante, où la proportion de main-d'oeuvre non salariée est importante, la définition standard du chômage donnée au sous-paragraphe (6.1) ci-dessus peut être appliquée en assouplissant le critère de la recherche de travail.

Statistiques de la Population Active
© 2002
OCDE

6.3 In the application of the criterion of current availability for work, especially in situations covered by subparagraph (6.2) above, appropriate tests should be developed to suit national circumstances. Such tests may be based on notions such as present desire for work and previous work experience, willingness to take up work for wage or salary on locally prevailing terms, or readiness to undertake self-employment activity given the necessary resources and facilities.

6.4 Notwithstanding the criterion of seeking work embodied in the standard definition of unemployment, persons without work and currently available for work who had made arrangements to take up paid employment or undertake self-employment activity at a date subsequent to the reference period should be considered as unemployed.

6.5 Persons temporarily absent from their jobs with no formal job attachment who were currently available for work and seeking work should be regarded as unemployed in accordance with the standard definition of unemployment. Countries may, however, depending on national circumstances and policies, prefer to relax the seeking work criterion in the case of persons temporarily laid off. In such cases, persons temporarily laid off who were not seeking work but classified as unemployed should be identified as a separate subcategory.

6.6 Students, homemakers and others mainly engaged in non-economic activities during the reference period who satisfy the criteria laid down in subparagraphs (6.1) and (6.2) above should be regarded as unemployed on the same basis as other categories of unemployed persons and be identified separately, where possible.

Note: As an amplification of these definitions, the OECD Working Party on Employment and Unemployment Statistics; at its October 1983 meeting recommended that Member countries retain the criterion of job search in a recent period such as the prior month in their labour force surveys and specifically test for it so that unemployment data embodying this criterion are available for international comparisons.

6.3 En appliquant le critère de la disponibilité pour le travail, spécialement dans des situations couvertes par le sous-paragraphe (6.2) ci-dessus, des méthodes appropriées devraient être mises au point pour tenir compte des circonstances nationales. De telles méthodes pourraient être fondées sur des notions comme l'actuelle envie de travailler et le fait d'avoir déjà travaillé, la volonté de prendre un emploi salarié sur la base des conditions locales ou le désir d'entreprendre une activité indépendante si les ressources et les facilités nécessaires sont accordées.

6.4 En dépit du critère de recherche de travail incorporé dans la définition standard du chômage, les personnes sans travail et disponibles pour travailler, qui ont pris des dispositions pour prendre un emploi salarié ou pour entreprendre une activité indépendante à une date ultérieure à la période de référence, devraient être considérées comme chômeurs.

6.5 Les personnes temporairement absentes de leur travail sans lien formel avec leur emploi, qui étaient disponibles pour travailler et à la recherche d'un travail, devraient être considérées comme chômeurs conformément à la définition standard du chômage. Les pays peuvent cependant, en fonction des situations et politiques nationales, préférer assouplir le critère de la recherche d'un travail dans le cas des personnes temporairement mises à pied. Dans de tels cas, les personnes temporairement mises à pied qui n'étaient pas à la recherche d'un travail mais qui étaient néanmoins classées comme chômeurs devraient être identifiées et former une sous-catégorie à part.

6.6 Les étudiants, les personnes s'occupant du foyer et les autres personnes principalement engagées dans des activités non économiques durant la période de référence et qui satisfont aux critères exposés aux sous-paragraphes (6.1) et (6.2) ci-dessus devraient être considérés comme chômeurs au même titre que les autres catégories de chômeurs et être identifiés séparément lorsque cela est possible.

Note : Comme extension à ces nouvelles définitions, le Groupe de travail de l'OCDE sur les Statistiques de l'emploi et du chômage a recommandé, lors de sa réunion d'octobre 1983, que les pays Membres retiennent le critère de la recherche d'un emploi au cours d'une période récente, telle que le mois qui précède les enquêtes sur la population active. Le Groupe de travail a recommandé que les pays vérifient expressément que les données relatives au chômage correspondant à ce critère sont disponibles aux fins de comparaisons internationales.

7. Civilian employment - breakdown by professional status

Wage earners and salaried employees: persons who work for a public or private employer and who receive remuneration in the form of wages, salary, commission, tips, piece-rates, or payment in kind.

Employers and persons working on their own account: persons who operate their own economic enterprise or follow a profession or trade on their own account, whether they employ other persons or not.

Unpaid family workers.

8. Civilian employment - breakdown by activities and wage earners and salaried employees - breakdown by activities

The Major Divisions of economic activity listed are defined in the International Standard Industrial Classification of all Economic Activities, ISIC Rev. 2. and Rev.3. When the ISIC Rev. 3 is available, it is presented in Part 2, table IV.

The armed forces should be excluded and hence not included in Community, social and personal services (Major Division 9) or in the series Civilian Employment, Total. (See definition of armed forces above.)

Others definitions

1. Part-time employment

Part-time employment refers to persons who usually work less than 30 hours per week in their main job. Data only include persons declaring usual hours worked. Due to rounding problems, for some countries the sum of male and female share in part-time employment does not sum up to 100. See table E in *OECD Employment Outlook* and also OECD Labour Market and social Policy Occasional Paper No. 22. "The Definition of Part-time Work for the Purpose of International Comparisons" which is available on Internet:

Http://www.oecd.org/els/papers/papers.htm

2. Duration of unemployment

The percentages published are derived from a database on duration of unemployment maintained by the Secretariat. This database comprises detailed duration categories disaggregated by age and gender. The totals by duration are obtained by summing up all age group categories and genders. Thus, the total for men is derived by adding the number of unemployed men by each duration and age group category. Since published data are usually rounded to the nearest thousand, this method sometimes results in slight differences between the percentages shown here and those that would be obtained using the available published figures. Unemployed persons for whom no duration of unemployment was specified are excluded. See Table G of *OECD Employment Outlook*.

7. Emploi civil - répartition par statut professionnel

Salariés : personnes qui travaillent pour un employeur public ou privé et qui reçoivent une rémunération sous forme de traitement, salaire, commission, pourboire, salaire aux pièces ou paiement en nature.

Employeurs et personnes travaillant à leur propre compte : personnes qui exploitent leur propre entreprise économique ou qui exercent indépendamment une profession ou un métier, qu'ils emploient ou non des salariés.

Travailleurs familiaux non rémunérés.

8. Emploi civil - répartition par branches d'activité et salariés occupés - répartition par branche d'activité

Les branches d'activité énumérées sont définies par la classification internationale type par industrie de toutes les branches d'activité économique, CITI Rév. 2. et Rév. 3. Quand le CITI Rév. 3 est disponible, elle est présentée dans la partie 2, tableau IV.

Les forces armées doivent être exclues et donc ne pas figurer dans les services fournis à la collectivité, services sociaux et services personnels (groupe 9) ou dans la série population active civile occupée, total. (Voir définition de forces armées ci-dessus.)

Autres définitions

1. Travail à temps partiel

L'emploi à temps partiel se réfère aux actifs travaillant habituellement moins de 30 heures par semaine dans leur emploi principal. Les données incluent uniquement les personnes déclarant des heures habituelles de travail. Pour des raisons d'arrondis, pour quelques pays, la somme de la part de hommes et de celle des femmes dans l'emploi à temps partiel n'est pas égale à 100. Voir le tableau E des *Perspectives de l'emploi de l'OCDE* et le document hors série no. 22 : OCDE, Politique du marché du travail et politique sociale, "La définition du travail à temps partiel à des fins de comparaison internationale", qui est disponible sur Internet :

http://www.oecd.org/els/papers/papers.htm

2. Durée du chômage

Les pourcentages publiés proviennent de la banque de données du Secrétariat portant sur la durée du chômage. Cette banque de données comprend des estimations de la durée du chômage détaillée, ventilée par groupe d'âge et sexe. Les totaux sont obtenus en faisant la somme des composantes. Ainsi, le total des hommes est estimé en faisant la somme du nombre d'hommes chômeurs pour tous les groupes d'âge et tous les types de durée. Les données publiées étant souvent arrondies au plus proche millier, cette procédure mène parfois à des différences entre les pourcentages indiqués ici et ceux calculés à partir des totaux publiés. Ne sont pas comptées les personnes dont la durée du chômage n'a pas été précisée. Voir le tableau G des *Perspectives de l'emploi de l'OCDE*.

Statistiques de la Population Active
© 2002

OCDE

Data presentation notes
Notes sur la présentation des données

OECD main groupings

Major seven countries: Canada, France, Germany, Italy, Japan, the United Kingdom and the United States.

Euro zone: Austria, Belgium, Finland, France, Germany, Greece, Ireland, Italy, Luxembourg, the Netherlands, Portugal and Spain.

EU15 — European Union: Austria, Belgium, Denmark, Finland, France, Germany, Greece, Ireland, Italy, Luxembourg, the Netherlands, Portugal, Spain, Sweden and the United Kingdom.

OECD-Total: Countries in EU15, plus Canada, Mexico, United States, Australia, Korea, Japan, New Zealand, Czech Republic, Hungary, Iceland, Norway, Poland, Slovak Republic, Switzerland and Turkey.

Conventional signs

0   Nil, or less than half the final digit shown.

| Break in the homogeneity of a particular national series.

Notes

Due to rounding, the addition of the detailed figures may not equal the total shown. Maximum differences are of the order of two digits.

Similarly, for the percentage breakdowns, the addition of detailed figures may give totals — with few exceptions — between 99.4 and 100.5.

Principaux groupes de pays de l'OCDE

Sept grands pays : l'Allemagne, le Canada, les États-Unis, la France, l'Italie, le Japon et le Royaume-Uni.

Zone euro : l'Allemagne, l'Autriche, la Belgique, l'Espagne, la Finlande, la France, la Grèce, l'Irlande, l'Italie, le Luxembourg, les Pays-Bas et le Portugal.

UE15 — Union européenne : l'Allemagne, l'Autriche, la Belgique, le Danemark, l'Espagne, la Finlande, la France, la Grèce, l'Irlande, l'Italie, le Luxembourg, les Pays-Bas, le Portugal, la Suède et le Royaume-Uni.

*Total OCDE :*Les pays de l'UE15, plus le Canada, le Mexique, les États-Unis, l'Australie, la Corée, le Japon, la Nouvelle-Zélande, la Hongrie, l'Islande, la Norvège, la Pologne, la République slovaque, la République tchèque, la Suisse et la Turquie.

Signes conventionnels

0   Zéro ou moins de la moitié du dernier chiffre utilisé.
| Rupture importante de l'homogénéité d'une série statistique pour un pays.

Notes

Les chiffres étant arrondis, les totaux indiqués peuvent différer légèrement de ceux obtenus par addition des chiffres détaillés. Les différences maxima sont, sauf exception, de 2 unités.

De même, l'addition des chiffres détaillés de répartition en pourcentage peut fournir — sauf exception — un total compris entre 99.4 et 100.5.

Partie I

General Tables
Tableaux généraux

Information for Part I
Remarques sur la Partie I

The general tables refer to the period 1978 to 2001 and group, for certain headings, the figures available for the 30 OECD Member countries, as well as the OECD-Total and sub-totals, the Major seven countries, the Euro zone and EU15.

These general tables cover the following subjects:

Population
Total labour force
Civilian labour force
Total employment
Civilian employment
Part-time employment
Unemployment
Duration of unemployment

The general tables are primarily intended to provide orders of magnitude and indicators of change over time. It has sometimes been necessary to make adjustments to ensure comparability over time. Some figures may therefore differ from those given in the country tables. Some data in the general tables have been estimated.

Data for Austria (population data for 2001), Belgium (population and labour force data for 2000 and 2001), Czech Republic (population data for 2001), Greece (population data for 2000 and 2001), Luxembourg (employment by sectors for 2001), Switzerland (unemployment data for 2001), United Kingdom (population data for 2001), United States (resident armed forces for 2001) are estimated and should be used with particular caution.

Employment by sectors data are based on the International Standard Industrialisation Classification (ISIC) Revision 2 and Revision 3. When employment by sectors data according Rev. 3 are available, they are used first. Employment by sectors data according ISIC Rev. 3 are used for the 27 following countries: Canada (since 1987), Mexico (since 1991), Australia (since 1985), Korea (since 1992), New Zealand (since 1997), Austria (since 1998), Czech Republic (since 1993), Denmark (since 1995), Finland (since 1990), France (since 1990, for employees only), Germany (since 1991), Greece (since 1993), Hungary (since 1998), Iceland (since 1991), Ireland (since 1994), Italy (since 1993), Luxembourg (since 1995), Netherlands (since 1996), Norway (since 1996), Poland (since 1999), Portugal (since 1992), Slovak Republic (since 1994), Spain (since 1988), Sweden (since 1998), Switzerland (since 1991, for civilian employment only), Turkey (since 2000) and United Kingdom (since 1994).

Les tableaux généraux couvrent la période 1978 à 2001 et rassemblent, pour certains sujets, les chiffres disponibles pour les 30 pays Membres de l'OCDE, ainsi que pour le groupe OCDE-Total et des totaux partiels, pour les Sept grands pays, la Zone euro et l'UE15.

Ces tableaux généraux portent sur les sujets suivants :

Population
Population active totale
Population active civile
Emploi total
Emploi civil
Emploi total à temps partiel
Chômage
Durée du chômage

Les totaux indiqués sont simplement destinés à fournir des ordres de grandeur et des indications sur l'évolution dans le temps. Il a parfois été nécessaire de procéder à des ajustements afin d'assurer l'homogénéité des séries dans le temps. Certains chiffres peuvent donc différer de ceux figurant dans les tableaux par pays. Certaines données manquantes des tableaux généraux ont été estimées.

Les données pour l'Autriche (données de population pour 2001), la Belgique (séries de population et de population active pour 2000 et 2001), la République tchèque (données de population pour 2001), la Grèce (données de population pour 2000 et 2001), le Luxembourg (emploi par secteurs pour 2001), la Suisse (données de chômage pour 2001), le Royaume-Uni (données de population pour 2001), les États-Unis (forces armées résidentes pour 2001) sont estimées et doivent être utilisées avec circonspection.

Les données d'emploi par secteurs sont basées sur la Classification internationale type par industrie (CITI) Révision 2 et Révision 3. Quand les données d'emploi sont disponibles selon la CITI Rév. 3, elles sont utilisées en priorité. Les données d'emploi selon la CITI Rév. 3 ont été utilisées pour les 27 pays suivants : Canada (depuis 1987), Mexique (depuis 1991), Australie (depuis 1985), Corée (depuis 1992), Nouvelle-Zélande (depuis 1997), Autriche (depuis 1998), République tchèque (depuis 1993), Danemark (depuis 1995), Finlande (depuis 1990), France (depuis 1990, seulement pour les salariés), Allemagne (depuis 1991), Grèce (depuis 1993), Hongrie (depuis 1998), Islande (depuis 1991), Irlande (depuis 1994), Italie (depuis 1993), Luxembourg (depuis 1995), Pays-Bas (depuis 1996), Norvège (depuis 1996), Pologne (depuis 1999), Portugal (depuis 1992), République slovaque (depuis 1994), Espagne (depuis 1988), Suède (depuis 1998), Suisse (depuis 1991, seulement pour l'emploi civil), Turquie (depuis 2000) et Royaume-Uni (depuis 1994).

Statistiques de la Population Active
© 2002
OCDE

Population

Mid-year estimates

Thousands

	1978	1979	1980	1981	1982	1983	1984	1985	1986	1987	1988	1989
Canada	23 964	24 202	24 516	24 820	25 117	25 367	25 608	25 843	26 101	26 450	26 798	27 286
Mexico	65 658	67 517	69 655	71 305	72 968	74 633	76 293	77 938	79 570	81 200	82 840	84 490
United States	222 585	225 056	227 726	229 966	232 188	234 307	236 348	238 466	240 651	242 804	245 021	247 342
Australia	14 359	14 516	14 695	14 923	15 184	15 393	15 579	15 788	16 018	16 264	16 532	16 814
Japan	114 910	115 890	116 810	117 660	118 480	119 310	120 080	120 840	121 480	122 070	122 580	123 070
Korea	36 969	37 534	38 124	38 723	39 326	39 910	40 406	40 806	41 214	41 622	42 031	42 449
New Zealand	3 129	3 124	3 144	3 157	3 183	3 226	3 258	3 272	3 277	3 304	3 317	3 330
Austria	7 562	7 549	7 549	7 564	7 571	7 552	7 553	7 558	7 566	7 576	7 596	7 624
Belgium	9 830	9 837	9 847	9 853	9 856	9 855	9 855	9 858	9 862	9 870	9 921	9 938
Czech Republic	10 245	10 297	10 327	10 303	10 314	10 322	10 331	10 336	10 341	10 349	10 356	10 362
Denmark	5 104	5 117	5 123	5 122	5 119	5 114	5 112	5 114	5 121	5 127	5 130	5 133
Finland	4 753	4 765	4 779	4 800	4 827	4 856	4 882	4 902	4 918	4 932	4 947	4 964
France	53 376	53 606	53 880	54 182	54 493	54 772	55 026	55 284	55 547	55 824	56 118	56 423
Germany	61 327	61 359	61 566	61 682	61 638	61 423	61 175	61 024	61 066	61 077	61 450	62 063
Greece	9 430	9 548	9 642	9 730	9 790	9 847	9 896	9 934	9 964	9 984	10 005	10 038
Hungary	10 674	10 698	10 707	10 700	10 683	10 656	10 620	10 579	10 534	10 486	10 443	10 398
Iceland	224	226	228	231	234	237	240	241	243	246	250	253
Ireland	3 314	3 368	3 401	3 443	3 480	3 505	3 529	3 540	3 541	3 543	3 538	3 515
Italy	56 127	56 292	56 416	56 503	56 639	56 825	56 983	57 141	57 246	57 345	57 441	57 541
Luxembourg	362	364	365	366	366	366	366	367	370	372	375	378
Netherlands	13 942	14 038	14 150	14 247	14 313	14 367	14 424	14 491	14 572	14 665	14 760	14 846
Norway	4 059	4 073	4 086	4 100	4 115	4 128	4 140	4 153	4 169	4 187	4 209	4 227
Poland	35 010	35 256	35 578	35 902	36 227	36 571	36 914	37 203	37 456	37 664	37 862	37 963
Portugal	9 609	9 714	9 819	9 884	9 939	9 970	10 009	10 014	10 007	9 981	9 955	9 920
Slovak Republic	4 892	4 940	4 984	5 017	5 055	5 092	5 128	5 162	5 193	5 224	5 251	5 276
Spain	36 971	37 289	37 527	37 741	37 944	38 123	38 279	38 420	38 537	38 632	38 717	38 792
Sweden	8 275	8 294	8 311	8 320	8 325	8 329	8 337	8 350	8 370	8 398	8 436	8 493
Switzerland	6 333	6 351	6 385	6 429	6 467	6 482	6 505	6 533	6 573	6 619	6 672	6 647
Turkey	42 641	43 531	44 439	45 540	46 688	47 864	49 070	50 306	51 433	52 561	53 715	54 893
United Kingdom	56 167	56 227	56 330	56 352	56 318	56 377	56 506	56 685	56 852	57 009	57 158	57 358
OECD-Total	931 801	940 578	950 110	958 565	966 847	974 779	982 451	990 148	997 791	1 005 384	1 013 424	1 021 827
Major seven	588 456	592 632	597 244	601 165	604 873	608 381	611 726	615 283	618 943	622 579	626 566	631 083
Euro zone	266 603	267 729	268 941	269 995	270 856	271 461	271 977	272 533	273 196	273 801	274 823	276 042
EU15	336 149	337 367	338 705	339 789	340 618	341 281	341 932	342 682	343 539	344 335	345 547	347 026

1995=100

	1978	1979	1980	1981	1982	1983	1984	1985	1986	1987	1988	1989
Canada	81.6	82.4	83.5	84.6	85.6	86.4	87.2	88.0	88.9	90.1	91.3	93.0
Mexico	72.8	74.9	77.3	79.1	80.9	82.8	84.6	86.4	88.3	90.1	91.9	93.7
United States	84.6	85.5	86.6	87.4	88.3	89.1	89.8	90.6	91.5	92.3	93.1	94.0
Australia	79.5	80.3	81.3	82.6	84.0	85.2	86.2	87.4	88.6	90.0	91.5	93.0
Japan	91.6	92.4	93.1	93.8	94.4	95.1	95.7	96.3	96.8	97.3	97.7	98.1
Korea	82.0	83.2	84.5	85.9	87.2	88.5	89.6	90.5	91.4	92.3	93.2	94.1
New Zealand	85.6	85.5	86.0	86.4	87.1	88.3	89.1	89.5	89.6	90.4	90.7	91.1
Austria	94.0	93.8	93.8	94.0	94.1	93.8	93.9	93.9	94.0	94.1	94.4	94.7
Belgium	96.8	96.8	96.9	97.0	97.0	97.0	97.0	97.1	97.1	97.2	97.7	97.8
Czech Republic	99.2	99.7	100.0	99.7	99.8	99.9	100.0	100.0	100.1	100.2	100.2	100.3
Denmark	97.5	97.8	97.9	97.9	97.8	97.7	97.7	97.7	97.9	98.0	98.0	98.1
Finland	93.1	93.3	93.6	94.0	94.5	95.1	95.6	96.0	96.3	96.6	96.8	97.2
France	92.3	92.7	93.1	93.7	94.2	94.7	95.1	95.6	96.0	96.5	97.0	97.5
Germany	75.1	75.1	75.4	75.5	75.5	75.2	74.9	74.7	74.8	74.8	75.3	76.0
Greece	90.2	91.3	92.2	93.1	93.6	94.2	94.7	95.0	95.3	95.5	95.7	96.0
Hungary	104.4	104.6	104.7	104.6	104.4	104.2	103.8	103.4	103.0	102.5	102.1	101.7
Iceland	83.6	84.4	85.3	86.3	87.5	88.6	89.6	90.3	90.9	92.0	93.5	94.5
Ireland	92.0	93.5	94.4	95.6	96.6	97.3	98.0	98.3	98.3	98.4	98.3	97.6
Italy	98.9	99.2	99.4	99.6	99.8	100.1	100.4	100.7	100.9	101.1	101.2	101.4
Luxembourg	87.8	88.1	88.4	88.6	88.5	88.6	88.7	89.0	89.5	90.0	90.8	91.7
Netherlands	90.2	90.8	91.5	92.2	92.6	92.9	93.3	93.7	94.3	94.9	95.5	96.0
Norway	93.1	93.4	93.7	94.1	94.4	94.7	95.0	95.3	95.6	96.1	96.6	97.0
Poland	90.7	91.4	92.2	93.0	93.9	94.8	95.7	96.4	97.1	97.6	98.1	98.4
Portugal	97.6	98.7	99.7	100.4	100.9	101.3	101.6	101.7	101.6	101.4	101.1	100.7
Slovak Republic	91.2	92.1	92.9	93.5	94.2	94.9	95.6	96.2	96.8	97.4	97.9	98.4
Spain	94.3	95.1	95.7	96.2	96.7	97.2	97.6	98.0	98.3	98.5	98.7	98.9
Sweden	93.7	94.0	94.2	94.3	94.3	94.4	94.4	94.6	94.8	95.1	95.6	96.2
Switzerland	89.9	90.2	90.7	91.3	91.8	92.1	92.4	92.8	93.4	94.0	94.8	94.4
Turkey	69.2	70.6	72.1	73.9	75.7	77.6	79.6	81.6	83.4	85.3	87.1	89.0
United Kingdom	95.8	95.9	96.1	96.1	96.1	96.2	96.4	96.7	97.0	97.3	97.5	97.9
OECD-Total	86.0	86.8	87.7	88.4	89.2	89.9	90.6	91.3	92.1	92.8	93.5	94.3
Major seven	87.5	88.1	88.8	89.4	89.9	90.4	90.9	91.5	92.0	92.5	93.1	93.8
Euro zone	89.3	89.7	90.1	90.4	90.7	90.9	91.1	91.3	91.5	91.7	92.0	92.5
EU15	90.5	90.9	91.2	91.5	91.8	91.9	92.1	92.3	92.5	92.8	93.1	93.5

Population

Estimations au milieu de l'année

Milliers

1990	1991	1992	1993	1994	1995	1996	1997	1998	1999	2000	2001	
27 701	28 031	28 377	28 703	29 036	29 354	29 672	29 987	30 248	30 499	30 770	31 082	Canada
81 250	83 265 |	84 902	86 613 |	88 402	90 164	92 159	93 938	95 676	97 586	97 379	99 109	Mexique
249 973	252 665	255 410	258 119	260 637	263 082	265 502	268 048	270 509	272 945	275 372 |	285 023	États-Unis
17 065	17 284	17 495	17 667	17 855	18 072	18 311	18 538	18 760	18 984	19 225	19 485	Australie
123 480	123 960	124 430	124 830	125 180	125 470	125 864	126 166	126 486	126 686	126 926	127 210	Japon
42 869	43 296	43 748	44 195	44 642	45 093	45 525	45 954	46 287	46 617	47 008	47 343	Corée
3 363 |	3 477	3 514	3 554	3 602	3 656	3 714	3 761	3 792	3 811	3 831	3 850	Nouvelle-Zélande
7 718	7 823	7 884	7 993	8 031	8 047	8 059	8 072	8 078	8 092	8 110	8 128	Autriche
9 967	10 005	10 045	10 084	10 116	10 157	10 158	10 181	10 203	10 226	10 251	10 263	Belgique
10 362	10 309	10 318	10 331	10 336	10 331	10 316	10 304	10 294	10 283	10 272	10 287	République tchèque
5 141	5 154	5 171	5 189	5 206	5 233	5 263	5 285	5 304	5 322	5 340	5 359	Danemark
4 986	5 029	5 042	5 066	5 088	5 108	5 125	5 140	5 153	5 171	5 181	5 195	Finlande
56 709	56 976	57 240	57 467	57 659	57 844	58 026	58 207	58 398	58 623	58 893	59 191	France
63 254 |	79 984	80 595	81 179	81 422	81 661	81 895	82 052	82 029	82 087	82 205	82 311	Allemagne
10 089	10 200	10 322	10 380	10 426	10 454	10 465	10 498	10 516	10 538	10 601	10 623	Grèce
10 365	10 346	10 324	10 294	10 261	10 229	10 193	10 155	10 114	10 068	10 024 |	10 188	Hongrie
255	258	261	264	266	267	269	271	274	277	281	285	Islande
3 503	3 524	3 549	3 563	3 583	3 601	3 626	3 661	3 705	3 745	3 787	3 839	Irlande
56 737	56 760	56 859 |	56 442	56 623	56 745	56 826	56 941	57 040	57 078	57 189	57 348	Italie
384	390	395	401	407	413	416	421	427	433	439	441	Luxembourg
14 947	15 068	15 182	15 290	15 381	15 460	15 523	15 607	15 707	15 812	15 926	15 987	Pays-Bas
4 241	4 262	4 287	4 312	4 337	4 359	4 381	4 405	4 431	4 462	4 491	4 514	Norvège
38 119	38 245	38 365	38 459	38 544	38 588	38 618	38 650	38 666	38 654	38 646	38 641	Pologne
9 877	9 865	9 833	9 840	9 840	9 847	9 866	9 878 |	9 968	9 988	10 008	10 061	Portugal
5 298	5 283	5 307	5 325	5 347	5 364	5 374	5 383	5 391	5 395	5 401	5 379	République slovaque
38 851	38 920	39 011	39 096	39 166	39 223	39 279	39 348	39 453	39 626	39 927	40 266	Espagne
8 559	8 617	8 668	8 719	8 781	8 827	8 841	8 846	8 851	8 858	8 872	8 896	Suède
6 712	6 800	6 875	6 938	7 019	7 041	7 072	7 089	7 110	7 144	7 184	7 231	Suisse
56 203	57 305	58 401	59 491	60 573	61 646	62 695	63 745	64 789	65 819	67 461	68 610	Turquie
57 561	57 808	58 006	58 198	58 401	58 612	58 807	59 014	59 237	59 501	59 756	60 012	Royaume-Uni
1 025 538	1 050 909 |	1 059 815 |	1 068 002 |	1 076 167 |	1 083 947	1 091 840	1 099 546	1 106 895 |	1 114 329	1 120 754	1 136 157	OCDE-Total
635 415 |	656 183	660 916 |	664 938 |	668 958	672 768	676 592	680 416	683 947	687 419	691 111 |	702 177	Sept grands
277 022 |	294 543 |	295 957 |	296 801 |	297 741	298 559	299 264	300 006 |	300 677 |	301 418	302 516	303 653	Zone euro
348 283 |	366 122 |	367 802 |	368 907 |	370 130	371 232	372 175	373 151 |	374 069 |	375 099	376 484	377 920	UE15

1995=100

1990	1991	1992	1993	1994	1995	1996	1997	1998	1999	2000	2001	
94.4	95.5	96.7	97.8	98.9	100.0	101.1	102.2	103.0	103.9	104.8	105.9	Canada
90.1	92.3 |	94.2	96.1 |	98.0	100.0	102.2	104.2	106.1	108.2	108.0	109.9	Mexique
95.0	96.0	97.1	98.1	99.1	100.0	100.9	101.9	102.8	103.7	104.7 |	108.3	États-Unis
94.4	95.6	96.8	97.8	98.8	100.0	101.3	102.6	103.8	105.0	106.4	107.8	Australie
98.4	98.8	99.2	99.5	99.8	100.0	100.3	100.6	100.8	101.0	101.2	101.4	Japon
95.1	96.0	97.0	98.0	99.0	100.0	101.0	101.9	102.6	103.4	104.2	105.0	Corée
92.0 |	95.1	96.1	97.2	98.5	100.0	101.6	102.9	103.7	104.2	104.8	105.3	Nouvelle-Zélande
95.9	97.2	98.0	99.3	99.8	100.0	100.1	100.3	100.4	100.6	100.8	101.0	Autriche
98.1	98.5	98.9	99.3	99.6	100.0	100.0	100.2	100.5	100.7	100.9	101.0	Belgique
100.3	99.8	99.9	100.0	100.0	100.0	99.9	99.7	99.6	99.5	99.4	99.6	République tchèque
98.2	98.5	98.8	99.2	99.5	100.0	100.6	101.0	101.4	101.7	102.0	102.4	Danemark
97.6	98.5	98.7	99.2	99.6	100.0	100.3	100.6	100.9	101.2	101.4	101.7	Finlande
98.0	98.5	99.0	99.3	99.7	100.0	100.3	100.6	101.0	101.3	101.8	102.3	France
77.5 |	97.9	98.7	99.4	99.7	100.0	100.3	100.5	100.5	100.5	100.7	100.8	Allemagne
96.5	97.6	98.7	99.3	99.7	100.0	100.1	100.4	100.6	100.8	101.4	101.6	Grèce
101.3	101.1	100.9	100.6	100.3	100.0	99.6	99.3	98.9	98.4	98.0 |	99.6	Hongrie
95.3	96.5	97.6	98.7	99.5	100.0	100.6	101.3	102.4	103.7	105.2	106.6	Islande
97.3	97.9	98.6	98.9	99.5	100.0	100.7	101.7	102.9	104.0	105.2	106.6	Irlande
100.0	100.0	100.2 |	99.5	99.8	100.0	100.1	100.3	100.5	100.6	100.8	101.1	Italie
93.1	94.4	95.7	97.1	98.5	100.0	100.7	102.0	103.3	104.8	106.2	106.9	Luxembourg
96.7	97.5	98.2	98.9	99.5	100.0	100.4	101.0	101.6	102.3	103.0	103.4	Pays-Bas
97.3	97.8	98.3	98.9	99.5	100.0	100.5	101.1	101.7	102.4	103.0	103.6	Norvège
98.8	99.1	99.4	99.7	99.9	100.0	100.1	100.2	100.2	100.2	100.2	100.1	Pologne
100.3	100.2	99.9	99.9	99.9	100.0	100.2	100.3 |	101.2	101.4	101.6	102.2	Portugal
98.8	98.5	98.9	99.3	99.7	100.0	100.2	100.4	100.5	100.6	100.7	100.3	République slovaque
99.1	99.2	99.5	99.7	99.9	100.0	100.1	100.3	100.6	101.0	101.8	102.7	Espagne
97.0	97.6	98.2	98.8	99.5	100.0	100.2	100.2	100.3	100.4	100.5	100.8	Suède
95.3	96.6	97.6	98.5	99.7	100.0	100.4	100.7	101.0	101.5	102.0	102.7	Suisse
91.2	93.0	94.7	96.5	98.3	100.0	101.7	103.4	105.1	106.8	109.4	111.3	Turquie
98.2	98.6	99.0	99.3	99.6	100.0	100.3	100.7	101.1	101.5	102.0	102.4	Royaume-Uni
94.6 |	97.0 |	97.8 |	98.5 |	99.3 |	100.0	100.7	101.4 |	102.1	102.8	103.4 |	104.8	OCDE-Total
94.4 |	97.5 |	98.2 |	98.8 |	99.4	100.0	100.6	101.1	101.7	102.2	102.7 |	104.4	Sept grands
92.8 |	98.7 |	99.1 |	99.4 |	99.7	100.0	100.2	100.5 |	100.7	101.0	101.3	101.7	Zone euro
93.8 |	98.6 |	99.1 |	99.4 |	99.7	100.0	100.3	100.5 |	100.8	101.0	101.4	101.8	UE15

Statistiques de la Population Active
© 2002
OCDE

Population by gender

Thousands

Females

	1978	1979	1980	1981	1982	1983	1984	1985	1986	1987	1988	1989
Canada	12 006	12 137	12 305	12 469	12 624	12 757	12 886	13 012	13 149	13 328	13 507	13 756
Mexico												
United States	114 161	115 472	116 867	118 010	119 135	120 195	121 206	122 249	123 327	124 388	125 472	126 603
Australia	7 178	7 262	7 357	7 475	7 603	7 707	7 801	7 906	8 018	8 146	8 283	8 427
Japan	58 360	58 870	59 340	59 770	60 200	60 630	61 040	61 440	61 780	62 090	62 350	62 620
Korea	18 332	18 605	18 888	19 188	19 489	19 781	20 031	20 230	20 442	20 662	20 876	21 092
New Zealand	1 566	1 572	1 580	1 587	1 602	1 623	1 640	1 651	1 654	1 670	1 679	1 689
Austria	3 990	3 983	3 982	3 987	3 987	3 977	3 975	3 974	3 974	3 975	3 980	3 988
Belgium	5 023	5 029	5 036	5 041	5 043	5 044	5 044	5 046	5 048	5 051	5 075	5 083
Czech Republic	5 277	5 302	5 316	5 309	5 313	5 316	5 319	5 320	5 320	5 323	5 325	5 327
Denmark	2 582	2 590	2 596	2 596	2 596	2 595	2 594	2 595	2 598	2 600	2 602	2 603
Finland	2 454	2 461	2 469	2 479	2 493	2 506	2 519	2 529	2 536	2 544	2 550	2 557
France	27 285	27 417	27 567	27 726	27 892	28 048	28 192	28 338	28 483	28 633	28 791	28 952
Germany	32 116	32 106	32 149	32 181	32 156	32 058	31 934	31 843	31 833	31 754	31 906	32 172
Greece	4 810	4 866	4 909	4 949	4 977	5 005	5 029	5 047	5 062	5 072	5 083	5 097
Hungary												
Iceland	111	112	113	115	116	118	119	120	121	122	124	126
Ireland	1 648	1 675	1 692	1 714	1 733	1 748	1 762	1 769	1 771	1 772	1 771	1 760
Italy	28 798	28 888	28 962	29 006	29 075	29 172	29 246	29 335	29 382	29 426	29 475	29 529
Luxembourg	184	186	187	188	188	188	188	188	190	191	192	194
Netherlands	7 015	7 068	7 128	7 182	7 221	7 254	7 287	7 324	7 368	7 416	7 465	7 511
Norway	2 046	2 053	2 061	2 069	2 078	2 085	2 092	2 100	2 109	2 117	2 127	2 136
Poland	17 966	18 079	18 243	18 409	18 571	18 744	18 914	19 059	19 188	19 294	19 395	19 458
Portugal	5 054	5 100	5 088	5 121	5 148	5 163	5 182	5 185	5 181	5 167	5 154	5 137
Slovak Republic	2 484	2 509	2 533	2 552	2 572	2 592	2 612	2 630	2 647	2 664	2 680	2 694
Spain	18 857	19 013	19 121	19 221	19 322	19 414	19 495	19 568	19 632	19 685	19 735	19 780
Sweden	4 168	4 181	4 193	4 201	4 207	4 212	4 218	4 226	4 238	4 253	4 272	4 299
Switzerland	3 233	3 240	3 254	3 274	3 293	3 304	3 315	3 329	3 346	3 367	3 393	3 404
Turkey	20 959	21 215	22 042	22 583	23 138	23 707	24 290	24 883	25 480	26 038	26 649	27 291
United Kingdom	28 840	28 857	28 919	28 943	28 927	28 948	28 995	29 074	29 153	29 220	29 282	29 368
OECD-Total												
Major seven	301 566	303 747	306 109	308 105	310 009	311 808	313 499	315 291	317 107	318 839	320 783	323 000
Euro zone	137 234	137 792	138 290	138 795	139 235	139 577	139 853	140 146	140 460	140 686	141 177	141 760
EU15	172 824	173 420	173 998	174 535	174 965	175 332	175 660	176 041	176 449	176 759	177 333	178 030

Males

	1978	1979	1980	1981	1982	1983	1984	1985	1986	1987	1988	1989
Canada	11 958	12 065	12 211	12 352	12 493	12 610	12 722	12 831	12 952	13 122	13 291	13 531
Mexico												
United States	108 424	109 584	110 859	111 956	113 052	114 113	115 142	116 217	117 324	118 416	119 550	120 739
Australia	7 181	7 254	7 338	7 448	7 581	7 686	7 778	7 883	8 000	8 118	8 249	8 388
Japan	56 550	57 020	57 470	57 890	58 280	58 680	59 050	59 400	59 710	59 980	60 220	60 450
Korea	18 637	18 929	19 236	19 536	19 837	20 129	20 375	20 576	20 772	20 960	21 155	21 357
New Zealand	1 563	1 566	1 564	1 570	1 581	1 603	1 618	1 621	1 623	1 634	1 638	1 641
Austria	3 573	3 566	3 567	3 578	3 584	3 575	3 578	3 584	3 592	3 601	3 616	3 636
Belgium	4 807	4 808	4 811	4 812	4 813	4 811	4 811	4 812	4 814	4 819	4 846	4 855
Czech Republic	4 968	4 995	5 011	4 994	5 001	5 006	5 012	5 016	5 021	5 026	5 031	5 035
Denmark	2 522	2 527	2 529	2 526	2 523	2 519	2 518	2 519	2 523	2 527	2 528	2 529
Finland	2 299	2 304	2 311	2 321	2 335	2 350	2 363	2 373	2 382	2 388	2 397	2 407
France	26 091	26 189	26 313	26 456	26 601	26 724	26 834	26 946	27 064	27 191	27 327	27 471
Germany	29 211	29 252	29 417	29 501	29 482	29 365	29 241	29 181	29 233	29 323	29 544	29 891
Greece	4 620	4 682	4 733	4 781	4 813	4 842	4 867	4 887	4 902	4 912	4 922	4 941
Hungary												
Iceland	113	114	115	116	118	119	121	121	122	124	126	127
Ireland	1 666	1 693	1 709	1 729	1 747	1 757	1 767	1 771	1 770	1 771	1 767	1 755
Italy	27 329	27 404	27 454	27 497	27 564	27 653	27 737	27 806	27 864	27 918	27 965	28 012
Luxembourg	178	178	178	178	178	178	178	179	180	181	183	185
Netherlands	6 926	6 970	7 021	7 065	7 092	7 113	7 137	7 167	7 204	7 249	7 295	7 337
Norway	2 013	2 019	2 025	2 031	2 037	2 043	2 048	2 053	2 060	2 070	2 082	2 091
Poland	17 044	17 177	17 335	17 493	17 656	17 827	18 000	18 144	18 268	18 370	18 467	18 505
Portugal	4 555	4 614	4 731	4 763	4 791	4 807	4 827	4 829	4 826	4 814	4 801	4 783
Slovak Republic	2 408	2 431	2 452	2 465	2 483	2 500	2 516	2 531	2 545	2 559	2 571	2 582
Spain	18 115	18 276	18 406	18 520	18 622	18 710	18 785	18 851	18 905	18 947	18 982	19 012
Sweden	4 107	4 113	4 118	4 119	4 118	4 117	4 119	4 124	4 132	4 145	4 164	4 194
Switzerland	3 100	3 111	3 131	3 156	3 175	3 178	3 190	3 204	3 227	3 252	3 279	3 243
Turkey	21 815	22 526	22 695	23 281	23 882	24 498	25 130	25 782	26 150	26 709	27 321	27 964
United Kingdom	27 327	27 370	27 411	27 409	27 391	27 429	27 511	27 611	27 698	27 789	27 876	27 989
OECD-Total												
Major seven	286 890	288 884	291 135	293 061	294 863	296 574	298 237	299 992	301 845	303 739	305 773	308 083
Euro zone	129 370	129 936	130 651	131 201	131 622	131 885	132 125	132 386	132 736	133 114	133 645	134 285
EU15	163 326	163 946	164 709	165 255	165 654	165 950	166 273	166 640	167 089	167 575	168 213	168 997

Population par sexe

Femmes

1990	1991	1992	1993	1994	1995	1996	1997	1998	1999	2000	2001	
13 967	14 136	14 314	14 482	14 653	14 816	14 980	15 136	15 269	15 397	15 535	15 693	Canada
..	42 553	43 287	44 054	44 855	45 905	47 156	48 292	48 977	49 996	50 080	51 189	Mexique
127 899	129 256	130 653	132 036	133 316	134 544	135 759	137 036	138 254	139 450	140 652	145 019	États-Unis
8 554	8 669	8 779	8 869	8 967	9 078	9 203	9 326	9 444	9 563	9 691	9 827	Australie
62 840	63 100	63 340	63 560	63 770	63 950	64 177	64 361	64 568	64 714	64 815	65 020	Japon
21 301	21 512	21 734	21 952	22 169	22 388	22 600	22 805	22 991	23 159	23 341	23 508	Corée
1 706	1 769	1 786	1 806	1 829	1 855	1 884	1 907	1 924	1 934	1 944	1 953	Nouvelle-Zélande
4 025	4 065	4 089	4 124	4 138	4 144	4 149	4 155	4 158	4 163	4 169	4 176	Autriche
5 097	5 115	5 134	5 153	5 168	5 191	5 190	5 204	5 215	5 226	5 239	5 245	Belgique
5 326	5 305	5 309	5 314	5 315	5 311	5 301	5 293	5 287	5 280	5 273	5 271	République tchèque
2 607	2 614	2 622	2 630	2 638	2 651	2 664	2 675	2 684	2 692	2 700	2 710	Danemark
2 567	2 586	2 592	2 603	2 612	2 621	2 628	2 635	2 641	2 648	2 652	2 657	Finlande
29 103	29 244	29 385	29 510	29 620	29 727	29 830	29 932	30 037	30 153	30 287	30 436	France
32 671	41 321	41 541	41 764	41 866	41 943	42 021	42 070	42 048	42 050	42 103	42 150	Allemagne
5 120	5 176	5 231	5 256	5 278	5 294	5 307	5 322	5 333	5 345	5 377	5 388	Grèce
		5 372	5 360	5 348	5 335	5 320	5 302	5 284	5 263	5 242	5 344	Hongrie
127	129	130	132	133	133	134	135	137	138	140	142	Islande
1 754	1 765	1 784	1 792	1 802	1 813	1 826	1 843	1 866	1 886	1 906	1 932	Irlande
29 166	29 168	29 220	29 012	29 107	29 180	29 226	29 274	29 316	29 339	29 393	29 465	Italie
196	199	201	204	207	210	212	214	217	220	222	224	Luxembourg
7 562	7 620	7 676	7 730	7 776	7 814	7 851	7 892	7 941	7 993	8 047	8 077	Pays-Bas
2 144	2 155	2 167	2 179	2 192	2 204	2 215	2 227	2 239	2 254	2 267	2 277	Norvège
19 541	19 611	19 679	19 733	19 780	19 809	19 829	19 850	19 864	19 865	19 869	19 872	Pologne
5 116	5 110	5 134	5 121	5 118	5 117	5 125	5 169	5 168	5 179	5 189	5 214	Portugal
2 707	2 705	2 719	2 730	2 742	2 751	2 757	2 763	2 768	2 771	2 775	2 767	République slovaque
19 820	19 860	19 908	19 953	19 992	20 024	20 055	20 094	20 152	20 242	20 390	20 556	Espagne
4 331	4 360	4 385	4 411	4 442	4 466	4 473	4 475	4 477	4 480	4 486	4 495	Suède
3 434	3 481	3 518	3 549	3 591	3 602	3 619	3 628	3 638	3 654	3 674	3 698	Suisse
27 729	28 271	28 819	29 370	29 921	30 471	31 004	31 540	32 068	32 586	33 399	33 974	Turquie
29 443	29 562	29 645	29 720	29 805	29 881	29 948	30 022	30 108	30 202	30 297	30 392	Royaume-Uni
		540 151	544 107	548 149	552 230	556 443	560 577	564 072	567 841	571 155	578 671	OCDE-Total
325 089	335 787	338 097	340 083	342 137	344 042	345 941	347 831	349 600	351 305	353 082	358 176	Sept grands
142 197	151 228	151 894	152 221	152 684	153 078	153 419	153 804	154 092	154 443	154 975	155 520	Zone euro
178 578	187 764	188 546	188 982	189 568	190 076	190 505	190 976	191 360	191 817	192 458	193 117	UE15

Hommes

1990	1991	1992	1993	1994	1995	1996	1997	1998	1999	2000	2001	
13 733	13 894	14 063	14 222	14 383	14 538	14 692	14 851	14 979	15 102	15 234	15 388	Canada
..	40 712	41 615	42 560	43 545	44 258	45 003	45 646	46 698	47 590	47 298	47 920	Mexique
122 075	123 408	124 756	126 083	127 321	128 538	129 743	131 012	132 255	133 496	134 720	140 004	États-Unis
8 511	8 615	8 716	8 798	8 888	8 994	9 108	9 212	9 316	9 421	9 535	9 659	Australie
60 640	60 870	61 090	61 270	61 410	61 520	61 687	61 805	61 919	61 972	62 111	62 190	Japon
21 568	21 784	22 014	22 243	22 472	22 705	22 925	23 148	23 296	23 458	23 667	23 835	Corée
1 656	1 709	1 728	1 749	1 773	1 800	1 830	1 854	1 869	1 877	1 887	1 897	Nouvelle-Zélande
3 694	3 757	3 795	3 869	3 892	3 902	3 910	3 917	3 920	3 929	3 941	3 952	Autriche
4 870	4 890	4 911	4 932	4 947	4 965	4 967	4 977	4 988	5 000	5 012	5 018	Belgique
5 036	5 004	5 009	5 017	5 021	5 020	5 015	5 011	5 007	5 003	4 999	5 016	République tchèque
2 533	2 540	2 550	2 559	2 568	2 583	2 599	2 610	2 621	2 630	2 639	2 649	Danemark
2 419	2 443	2 450	2 464	2 476	2 487	2 496	2 505	2 513	2 523	2 529	2 538	Finlande
27 606	27 732	27 855	27 957	28 039	28 117	28 196	28 276	28 361	28 470	28 606	28 754	France
30 583	38 663	39 054	39 415	39 556	39 718	39 874	39 982	39 981	40 037	40 102	40 161	Allemagne
4 968	5 024	5 091	5 124	5 148	5 160	5 168	5 176	5 183	5 192	5 224	5 235	Grèce
		4 952	4 933	4 913	4 894	4 874	4 853	4 830	4 805	4 782	4 844	Hongrie
128	129	131	132	133	134	135	136	137	139	141	143	Islande
1 749	1 759	1 765	1 771	1 781	1 788	1 800	1 817	1 839	1 859	1 881	1 907	Irlande
27 572	27 592	27 639	27 430	27 516	27 565	27 601	27 667	27 724	27 739	27 796	27 884	Italie
188	191	194	197	200	203	204	207	210	213	216	218	Luxembourg
7 389	7 450	7 508	7 561	7 607	7 645	7 680	7 718	7 767	7 820	7 878	7 910	Pays-Bas
2 097	2 107	2 120	2 133	2 144	2 155	2 166	2 179	2 192	2 208	2 224	2 237	Norvège
18 510	18 634	18 686	18 726	18 763	18 779	18 789	18 800	18 802	18 789	18 777	18 769	Pologne
4 761	4 755	4 700	4 719	4 722	4 730	4 741	4 709	4 800	4 809	4 819	4 847	Portugal
2 591	2 578	2 588	2 595	2 605	2 612	2 616	2 620	2 623	2 624	2 626	2 612	République slovaque
19 032	19 060	19 103	19 143	19 175	19 199	19 223	19 254	19 302	19 384	19 538	19 709	Espagne
4 228	4 257	4 283	4 308	4 339	4 361	4 368	4 371	4 374	4 378	4 386	4 401	Suède
3 278	3 319	3 358	3 389	3 428	3 439	3 453	3 461	3 472	3 490	3 510	3 533	Suisse
28 474	29 034	29 582	30 122	30 652	31 175	31 691	32 205	32 721	33 233	34 062	34 636	Turquie
28 118	28 246	28 362	28 477	28 595	28 731	28 860	28 992	29 128	29 299	29 459	29 620	Royaume-Uni
		519 668	523 897	528 013	531 714	535 414	538 970	542 826	546 489	549 598	557 485	OCDE-Total
310 328	320 405	322 819	324 854	326 820	328 726	330 652	332 584	334 347	336 115	338 028	344 001	Sept grands
134 831	143 316	144 065	144 582	145 059	145 478	145 859	146 205	146 588	146 975	147 541	148 133	Zone euro
169 710	178 359	179 260	179 926	180 561	181 153	181 686	182 178	182 710	183 282	184 026	184 803	UE15

Statistiques de la Population Active
© 2002
OCDE

Population from 15 to 64 years

	1978	1979	1980	1981	1982	1983	1984	1985	1986	1987	1988	1989
						Thousands						
Canada	16 054	16 326	16 636	16 911	17 150	17 345	17 525	17 690	17 879	18 086	18 295	18 604
Mexico												
United States	146 128	148 467	150 729	152 491	154 070	155 477	156 988	158 517	160 107	161 319	162 448	163 438
Australia	9 289	9 428	9 571	9 743	9 940	10 107	10 270	10 442	10 637	10 837	11 042	11 243
Japan	77 545	78 161	78 884	79 272	80 089	80 904	81 776	82 535	83 368	84 189	85 013	85 745
Korea	22 496	23 124	23 717	24 300	24 880	25 495	26 141	26 759	27 383	27 999	28 582	29 135
New Zealand	1 952	1 960	1 985	2 002	2 031	2 075	2 110	2 130	2 140	2 167	2 182	2 190
Austria	4 771	4 800	4 845	4 912	4 977	5 023	5 071	5 099	5 113	5 123	5 132	5 145
Belgium	6 422	6 454	6 460	6 464	6 535	6 586	6 629	6 636	6 650	6 654	6 678	6 675
Czech Republic	6 491	6 501	6 525	6 537	6 587	6 639	6 680	6 697	6 707	6 723	6 749	6 793
Denmark	3 275	3 296	3 316	3 339	3 360	3 375	3 388	3 399	3 413	3 429	3 440	3 450
Finland	3 207	3 221	3 235	3 257	3 282	3 305	3 326	3 339	3 343	3 346	3 346	3 347
France	33 702	33 963	34 320	34 796	35 285	35 728	36 130	36 405	36 589	36 805	37 027	37 227
Germany	39 945	40 287	40 828	41 427	41 973	42 389	42 631	42 721	42 776	42 826	42 959	43 258
Greece	6 011	6 088	6 175	6 268	6 337	6 409	6 473	6 531	6 580	6 618	6 658	6 705
Hungary												
Iceland	139	141	143	145	148	150	152	154	155	158	161	163
Ireland	1 941	1 977	2 001	2 031	2 056	2 084	2 108	2 123	2 131	2 142	2 149	2 142
Italy	36 754	37 023	37 121	37 351	37 879	38 375	39 000	39 286	39 405	39 396	39 823	39 609
Luxembourg	246	246	248	250	251	253	254	256	258	259	261	262
Netherlands	9 095	9 224	9 362	9 488	9 594	9 702	9 816	9 922	10 018	10 111	10 188	10 246
Norway	2 546	2 561	2 577	2 596	2 614	2 632	2 652	2 669	2 685	2 705	2 725	2 738
Poland	23 113	23 186	23 342	23 537	23 730	23 920	24 082	24 201	24 314	24 423	24 526	24 572
Portugal	5 977	6 052	6 190	6 260	6 324	6 383	6 442	6 472	6 497	6 515	6 530	6 542
Slovak Republic	3 108	3 132	3 160	3 195	3 232	3 268	3 295	3 311	3 325	3 341	3 360	3 385
Spain	23 018	23 312	23 590	23 866	24 133	24 392	24 637	24 865	25 076	25 273	25 466	25 659
Sweden	5 286	5 305	5 328	5 350	5 368	5 381	5 392	5 394	5 396	5 411	5 433	5 464
Switzerland	4 173	4 211	4 263	4 325	4 380	4 412	4 449	4 482	4 518	4 555	4 593	4 556
Turkey	23 719	24 326	24 949	25 755	26 596	27 464	28 358	29 280	30 175	31 082	32 015	32 973
United Kingdom	35 648	35 858	36 079	36 278	36 478	36 779	37 103	37 198	37 326	37 420	37 481	37 537
OECD-Total												
Major seven	385 776	390 085	394 597	398 526	402 924	406 997	411 153	414 352	417 450	420 041	423 046	425 418
Euro zone	171 089	172 647	174 375	176 370	178 626	180 629	182 517	183 655	184 436	185 068	186 217	186 817
EU15	215 298	217 106	219 098	221 337	223 832	226 164	228 400	229 646	230 571	231 328	232 571	233 268
						As percentage of total population						
Canada	67.0	67.5	67.9	68.1	68.3	68.4	68.4	68.5	68.5	68.4	68.3	68.2
Mexico												
United States	65.7	66.0	66.2	66.3	66.4	66.4	66.4	66.5	66.5	66.4	66.3	66.1
Australia	64.7	64.9	65.1	65.3	65.5	65.7	65.9	66.1	66.4	66.6	66.8	66.9
Japan	67.5	67.4	67.5	67.4	67.6	67.8	68.1	68.3	68.6	69.0	69.4	69.7
Korea	60.9	61.6	62.2	62.8	63.3	63.9	64.7	65.6	66.4	67.3	68.0	68.6
New Zealand	62.4	62.7	63.1	63.4	63.8	64.3	64.8	65.1	65.3	65.6	65.8	65.8
Austria	63.1	63.6	64.2	64.9	65.7	66.5	67.1	67.5	67.6	67.6	67.6	67.5
Belgium	65.3	65.6	65.6	65.6	66.3	66.8	67.3	67.3	67.4	67.4	67.3	67.2
Czech Republic	63.4	63.1	63.2	63.4	63.9	64.3	64.7	64.8	64.9	65.0	65.2	65.6
Denmark	64.2	64.4	64.7	65.2	65.6	66.0	66.3	66.5	66.6	66.9	67.1	67.2
Finland	67.5	67.6	67.7	67.9	68.0	68.1	68.1	68.1	68.0	67.8	67.6	67.4
France	63.1	63.4	63.7	64.2	64.8	65.2	65.7	65.9	65.9	65.9	66.0	66.0
Germany	65.1	65.7	66.3	67.2	68.1	69.0	69.7	70.0	70.0	70.1	69.9	69.7
Greece	63.7	63.8	64.0	64.4	64.7	65.1	65.4	65.7	66.0	66.3	66.5	66.8
Hungary												
Iceland	62.0	62.4	62.6	63.0	63.2	63.4	63.5	63.7	63.8	64.0	64.3	64.4
Ireland	58.6	58.7	58.8	59.0	59.1	59.5	59.7	60.0	60.2	60.5	60.7	60.9
Italy	65.5	65.8	65.8	66.1	66.9	67.5	68.4	68.8	68.8	68.7	69.3	68.8
Luxembourg	67.9	67.5	67.8	68.3	68.6	69.2	69.5	69.7	69.8	69.8	69.5	69.3
Netherlands	65.2	65.7	66.2	66.6	67.0	67.5	68.1	68.5	68.7	68.9	69.0	69.0
Norway	62.7	62.9	63.1	63.3	63.5	63.8	64.1	64.3	64.4	64.6	64.7	64.8
Poland	66.0	65.8	65.6	65.6	65.5	65.4	65.2	65.1	64.9	64.8	64.8	64.7
Portugal	62.2	62.3	63.0	63.3	63.6	64.0	64.4	64.6	64.9	65.3	65.6	65.9
Slovak Republic	63.5	63.4	63.4	63.7	63.9	64.2	64.3	64.1	64.0	64.0	64.0	64.2
Spain	62.3	62.5	62.9	63.2	63.6	64.0	64.4	64.7	65.1	65.4	65.8	66.1
Sweden	63.9	64.0	64.1	64.3	64.5	64.6	64.7	64.6	64.5	64.4	64.4	64.3
Switzerland	65.9	66.3	66.8	67.3	67.7	68.1	68.4	68.6	68.7	68.8	68.8	68.5
Turkey	55.6	55.9	56.1	56.6	57.0	57.4	57.8	58.2	58.7	59.1	59.6	60.1
United Kingdom	63.5	63.8	64.0	64.4	64.8	65.2	65.7	65.6	65.7	65.6	65.6	65.4
OECD-Total												
Major seven	65.6	65.8	66.1	66.3	66.6	66.9	67.2	67.3	67.4	67.5	67.5	67.4
Euro zone	64.2	64.5	64.8	65.3	65.9	66.5	67.1	67.4	67.5	67.6	67.8	67.7
EU15	64.0	64.4	64.7	65.1	65.7	66.3	66.8	67.0	67.1	67.2	67.3	67.2

Population de 15 à 64 ans

Milliers

1990	1991	1992	1993	1994	1995	1996	1997	1998	1999	2000	2001	
18 847	19 023	19 211	19 407	19 634	19 865	20 098	20 344	20 560	20 791	21 040	21 322	Canada
..	48 275	49 317	50 407	51 546	53 267	54 974	56 190	57 834	58 885	59 367	60 274	Mexique
164 619	165 813	167 237	168 681	170 258	171 982	173 810	175 913	177 964	179 968	181 954	189 297	États-Unis
11 417	11 548	11 675	11 773	11 889	12 032	12 196	12 357	12 520	12 683	12 862	13 042	Australie
86 140	86 557	86 845	87 023	87 034	87 165	87 161	87 042	86 920	86 758	86 220	86 060	Japon
29 701	30 171	30 611	31 023	31 446	31 900	32 327	32 791	33 126	33 420	33 702	33 904	Corée
2 209	2 284	2 305	2 327	2 356	2 389	2 429	2 460	2 478	2 490	2 503	2 518	Nouvelle-Zélande
5 206	5 272	5 302	5 395	5 411	5 417	5 427	5 440	5 451	5 470	5 495	5 478	Autriche
6 674	6 675	6 682	6 694	6 703	6 704	6 703	6 706	6 709	6 715	6 719	6 727	Belgique
6 844	6 851	6 904	6 957	7 006	7 044	7 066	7 090	7 113	7 138	7 165	7 175	République tchèque
3 463	3 477	3 489	3 501	3 511	3 526	3 541	3 548	3 553	3 557	3 561	3 566	Danemark
3 356	3 379	3 385	3 396	3 404	3 410	3 417	3 427	3 442	3 461	3 467	3 476	Finlande
37 297	37 439	37 527	37 617	37 695	37 784	37 884	37 988	38 085	38 195	38 338	38 509	France
44 250	55 310	55 259	55 452	55 550	55 452	55 551	55 659	55 653	55 653	55 463	55 400	Allemagne
6 761	6 866	6 940	6 993	7 036	7 064	7 075	7 107	7 117	7 124	7 155	7 150	Grèce
		6 928	6 938	6 940	6 933	6 922	6 909	6 890	6 869	6 852	6 963	Hongrie
164	166	168	169	171	172	174	175	178	180	183	186	Islande
2 147	2 178	2 212	2 238	2 272	2 312	2 353	2 399	2 449	2 494	2 539	2 588	Irlande
39 076	39 135	39 203	38 804	38 893	38 910	38 870	38 867	38 859	38 805	38 787	38 765	Italie
266	268	271	273	275	278	280	283	286	289	293	294	Luxembourg
10 305	10 371	10 433	10 490	10 535	10 569	10 604	10 642	10 687	10 740	10 801	10 835	Pays-Bas
2 746	2 758	2 771	2 786	2 801	2 815	2 829	2 844	2 864	2 889	2 911	2 933	Norvège
24 711	24 856	25 025	25 188	25 353	25 516	25 680	25 869	26 091	26 322	26 527	26 703	Pologne
6 556	6 584	6 669	6 695	6 780	6 789	6 756	6 703	6 752	6 781	6 798	6 835	Portugal
3 413	3 426	3 459	3 492	3 532	3 569	3 601	3 632	3 664	3 696	3 730	3 753	République slovaque
25 849	26 049	26 254	26 436	26 589	26 713	26 809	26 888	26 973	27 090	27 302	27 533	Espagne
5 501	5 526	5 544	5 564	5 593	5 621	5 634	5 645	5 660	5 690	5 705	5 752	Suède
4 593	4 650	4 689	4 718	4 750	4 761	4 774	4 779	4 789	4 809	4 843	4 876	Suisse
34 022	34 957	35 923	36 902	37 876	38 831	39 782	40 689	41 584	42 484	43 587	44 489	Turquie
37 603	37 648	37 667	37 718	37 851	38 019	38 193	38 362	38 565	38 821	39 117	39 415	Royaume-Uni
		699 905	705 058	710 692	716 810	722 917	728 748	734 816	740 268	744 986	755 818	OCDE-Total
427 832	440 925	442 949	444 703	446 916	449 177	451 567	454 175	456 607	458 991	460 919	468 768	Sept grands
187 742	199 526	200 137	200 483	201 144	201 402	201 727	202 109	202 463	202 817	203 157	203 591	Zone euro
234 309	246 177	246 837	247 266	248 099	248 568	249 095	249 665	250 241	250 885	251 539	252 323	UE15

En pourcentage de la population totale

1990	1991	1992	1993	1994	1995	1996	1997	1998	1999	2000	2001	
68.0	67.9	67.7	67.6	67.6	67.7	67.7	67.8	68.0	68.2	68.4	68.6	Canada
..	58.0	58.1	58.2	58.3	59.1	59.7	59.8	60.4	60.3	61.0	60.8	Mexique
65.9	65.6	65.5	65.4	65.3	65.4	65.5	65.6	65.8	65.9	66.1	66.4	États-Unis
66.9	66.8	66.7	66.6	66.6	66.6	66.6	66.7	66.7	66.8	66.9	66.9	Australie
69.8	69.8	69.8	69.7	69.5	69.5	69.3	69.0	68.7	68.5	67.9	67.7	Japon
69.3	69.7	70.0	70.2	70.4	70.7	71.0	71.4	71.6	71.7	71.7	71.6	Corée
65.7	65.7	65.6	65.5	65.4	65.4	65.4	65.4	65.3	65.3	65.3	65.4	Nouvelle-Zélande
67.5	67.4	67.3	67.5	67.4	67.3	67.3	67.4	67.5	67.6	67.8	67.4	Autriche
67.0	66.7	66.5	66.4	66.3	66.0	66.0	65.9	65.8	65.7	65.5	65.5	Belgique
66.0	66.5	66.9	67.3	67.8	68.2	68.5	68.8	69.1	69.4	69.8	69.7	République tchèque
67.4	67.5	67.5	67.5	67.4	67.4	67.3	67.1	67.0	66.8	66.7	66.5	Danemark
67.3	67.2	67.1	67.0	66.9	66.8	66.7	66.7	66.8	66.9	66.9	66.9	Finlande
65.8	65.7	65.6	65.5	65.4	65.3	65.3	65.3	65.2	65.2	65.1	65.1	France
70.0	69.2	68.6	68.3	68.2	67.9	67.8	67.8	67.8	67.8	67.5	67.3	Allemagne
67.0	67.3	67.2	67.4	67.5	67.6	67.6	67.7	67.7	67.6	67.5	67.3	Grèce
		67.1	67.4	67.6	67.8	67.9	68.0	68.1	68.2	68.4	68.3	Hongrie
64.4	64.5	64.4	64.2	64.3	64.3	64.5	64.6	64.9	65.1	65.1	65.3	Islande
61.3	61.8	62.3	62.8	63.4	64.2	64.9	65.5	66.1	66.6	67.0	67.4	Irlande
68.9	68.9	68.9	68.8	68.7	68.6	68.4	68.3	68.1	68.0	67.8	67.6	Italie
69.1	68.8	68.4	68.1	67.7	67.4	67.3	67.1	66.9	66.8	66.7	66.6	Luxembourg
68.9	68.8	68.7	68.6	68.5	68.4	68.3	68.2	68.0	67.9	67.8	67.8	Pays-Bas
64.7	64.7	64.6	64.6	64.6	64.6	64.6	64.6	64.6	64.7	64.8	65.0	Norvège
64.8	65.0	65.2	65.5	65.8	66.1	66.5	66.9	67.5	68.1	68.6	69.1	Pologne
66.4	66.7	67.8	68.0	68.9	68.9	68.5	67.9	67.7	67.9	67.9	67.9	Portugal
64.4	64.8	65.2	65.6	66.1	66.5	67.0	67.5	68.0	68.5	69.1	69.8	République slovaque
66.5	66.9	67.3	67.6	67.9	68.1	68.3	68.3	68.4	68.4	68.4	68.4	Espagne
64.3	64.1	64.0	63.8	63.7	63.7	63.7	63.8	63.9	64.2	64.3	64.7	Suède
68.4	68.4	68.2	68.0	67.7	67.6	67.5	67.4	67.4	67.3	67.4	67.4	Suisse
60.5	61.0	61.5	62.0	62.5	63.0	63.5	63.8	64.2	64.5	64.6	64.8	Turquie
65.3	65.1	64.9	64.8	64.8	64.9	64.9	65.0	65.1	65.2	65.5	65.7	Royaume-Uni
		66.0	66.0	66.0	66.1	66.2	66.3	66.4	66.4	66.5	66.5	OCDE-Total
67.3	67.2	67.0	66.9	66.8	66.8	66.7	66.7	66.8	66.8	66.7	66.8	Sept grands
67.8	67.7	67.6	67.5	67.6	67.5	67.4	67.4	67.3	67.3	67.2	67.0	Zone euro
67.3	67.2	67.1	67.0	67.0	67.0	66.9	66.9	66.9	66.9	66.8	66.8	UE15

Statistiques de la Population Active
© 2002
OCDE

Population from 15 to 64 years by gender

Thousands

	1978	1979	1980	1981	1982	1983	1984	1985	1986	1987	1988	1989
						Females						
Canada	7 984	8 122	8 277	8 414	8 532	8 629	8 717	8 796	8 886	8 983	9 086	9 239
Mexico												
United States	74 159	75 327	76 452	77 289	78 027	78 673	79 365	80 067	80 795	81 342	81 847	82 277
Australia	4 580	4 651	4 725	4 811	4 905	4 985	5 065	5 148	5 242	5 346	5 450	5 552
Japan	39 290	39 558	39 908	40 057	40 413	40 767	41 151	41 485	41 821	42 152	42 483	42 794
Korea	11 168	11 459	11 733	12 007	12 290	12 591	12 907	13 200	13 515	13 826	14 121	14 398
New Zealand	967	971	986	995	1 010	1 031	1 048	1 060	1 066	1 081	1 090	1 099
Austria	2 456	2 467	2 487	2 516	2 546	2 569	2 589	2 597	2 596	2 594	2 590	2 589
Belgium	3 200	3 214	3 219	3 222	3 257	3 283	3 309	3 308	3 312	3 312	3 322	3 318
Czech Republic	3 277	3 279	3 289	3 300	3 325	3 352	3 372	3 379	3 380	3 385	3 394	3 411
Denmark	1 628	1 637	1 646	1 657	1 667	1 673	1 679	1 683	1 687	1 693	1 698	1 703
Finland	1 618	1 623	1 628	1 636	1 646	1 654	1 663	1 667	1 667	1 667	1 664	1 662
France	16 782	16 920	17 105	17 352	17 611	17 853	18 074	18 224	18 321	18 431	18 544	18 644
Germany	20 310	20 404	20 577	20 824	21 081	21 286	21 371	21 367	21 322	21 273	21 281	21 369
Greece	3 069	3 104	3 143	3 183	3 214	3 245	3 272	3 297	3 321	3 340	3 357	3 375
Hungary												
Iceland	68	69	70	71	73	74	75	76	76	78	79	80
Ireland	957	974	986	1 002	1 015	1 030	1 043	1 051	1 056	1 061	1 064	1 060
Italy	18 774	18 915	18 958	19 040	19 295	19 557	19 812	19 973	20 020	19 958	20 104	20 015
Luxembourg	122	123	124	125	126	127	128	128	129	129	129	130
Netherlands	4 499	4 560	4 627	4 688	4 740	4 794	4 849	4 899	4 943	4 987	5 023	5 049
Norway	1 258	1 265	1 273	1 281	1 290	1 298	1 307	1 314	1 322	1 330	1 338	1 344
Poland	11 737	11 744	11 814	11 909	12 003	12 098	12 176	12 234	12 288	12 336	12 377	12 407
Portugal	3 157	3 150	3 193	3 227	3 258	3 287	3 315	3 328	3 339	3 347	3 353	3 358
Slovak Republic	1 568	1 580	1 593	1 613	1 632	1 651	1 666	1 674	1 681	1 688	1 697	1 709
Spain	11 637	11 771	11 898	12 024	12 145	12 263	12 375	12 481	12 579	12 672	12 763	12 855
Sweden	2 612	2 622	2 633	2 644	2 654	2 660	2 665	2 665	2 665	2 671	2 680	2 691
Switzerland	2 086	2 101	2 122	2 149	2 176	2 195	2 212	2 226	2 239	2 254	2 270	2 272
Turkey	11 648	11 900	12 352	12 775	13 212	13 665	14 133	14 614	14 975	15 406	15 847	16 295
United Kingdom	17 851	17 934	18 043	18 151	18 246	18 384	18 526	18 555	18 611	18 645	18 662	18 679
OECD-Total												
Major seven	195 150	197 180	199 320	201 127	203 205	205 149	207 016	208 467	209 776	210 784	212 007	213 017
Euro zone	86 581	87 225	87 945	88 839	89 934	90 948	91 800	92 320	92 605	92 771	93 194	93 424
EU15	108 672	109 418	110 267	111 291	112 501	113 665	114 670	115 223	115 568	115 780	116 234	116 497
						Males						
Canada	8 070	8 205	8 359	8 496	8 618	8 716	8 808	8 894	8 993	9 103	9 209	9 365
Mexico												
United States	71 969	73 140	74 277	75 202	76 043	76 804	77 623	78 450	79 312	79 977	80 601	81 161
Australia	4 709	4 777	4 846	4 932	5 035	5 122	5 205	5 294	5 395	5 492	5 592	5 691
Japan	38 254	38 603	38 976	39 215	39 676	40 137	40 624	41 050	41 547	42 037	42 530	42 951
Korea	11 328	11 665	11 984	12 293	12 590	12 904	13 233	13 560	13 868	14 173	14 461	14 737
New Zealand	985	989	999	1 007	1 021	1 044	1 062	1 070	1 073	1 086	1 092	1 091
Austria	2 315	2 333	2 358	2 396	2 431	2 454	2 482	2 502	2 517	2 529	2 542	2 556
Belgium	3 222	3 239	3 241	3 242	3 278	3 303	3 328	3 328	3 338	3 342	3 357	3 357
Czech Republic	3 214	3 222	3 236	3 237	3 262	3 287	3 308	3 318	3 327	3 338	3 355	3 382
Denmark	1 647	1 659	1 670	1 682	1 693	1 702	1 709	1 716	1 726	1 736	1 742	1 747
Finland	1 589	1 598	1 608	1 621	1 636	1 651	1 663	1 672	1 676	1 679	1 682	1 685
France	16 920	17 043	17 215	17 444	17 674	17 875	18 057	18 181	18 268	18 374	18 484	18 583
Germany	19 635	19 883	20 251	20 603	20 892	21 104	21 260	21 354	21 454	21 553	21 678	21 889
Greece	2 941	2 984	3 032	3 085	3 123	3 164	3 201	3 234	3 259	3 278	3 301	3 330
Hungary												
Iceland	71	72	73	74	75	76	77	78	79	80	82	83
Ireland	984	1 003	1 015	1 029	1 041	1 054	1 065	1 072	1 075	1 081	1 085	1 082
Italy	17 980	18 108	18 163	18 311	18 584	18 818	19 188	19 313	19 385	19 437	19 718	19 594
Luxembourg	124	123	124	125	125	126	127	128	129	130	131	133
Netherlands	4 596	4 664	4 735	4 800	4 855	4 908	4 967	5 023	5 075	5 124	5 164	5 197
Norway	1 288	1 296	1 304	1 314	1 325	1 334	1 345	1 355	1 363	1 375	1 387	1 394
Poland	11 376	11 442	11 527	11 628	11 727	11 822	11 906	11 967	12 026	12 087	12 149	12 165
Portugal	2 820	2 902	2 997	3 033	3 066	3 096	3 127	3 144	3 158	3 168	3 177	3 184
Slovak Republic	1 540	1 553	1 567	1 582	1 600	1 617	1 629	1 637	1 644	1 653	1 663	1 676
Spain	11 381	11 541	11 692	11 842	11 988	12 129	12 261	12 384	12 497	12 601	12 703	12 804
Sweden	2 674	2 683	2 695	2 706	2 714	2 721	2 727	2 729	2 731	2 740	2 753	2 773
Switzerland	2 087	2 110	2 142	2 176	2 204	2 217	2 237	2 256	2 279	2 301	2 323	2 285
Turkey	12 124	12 635	12 671	13 149	13 645	14 159	14 693	15 251	15 317	15 771	16 238	16 713
United Kingdom	17 797	17 924	18 036	18 128	18 233	18 395	18 577	18 643	18 715	18 775	18 819	18 858
OECD-Total												
Major seven	190 625	192 906	195 277	197 399	199 720	201 849	204 137	205 885	207 674	209 256	211 039	212 401
Euro zone	84 507	85 421	86 431	87 531	88 693	89 682	90 726	91 335	91 831	92 296	93 022	93 394
EU15	106 625	107 687	108 832	110 047	111 333	112 500	113 739	114 423	115 003	115 547	116 336	116 772

Population de 15 à 64 ans par sexe

Milliers

1990	1991	1992	1993	1994	1995	1996	1997	1998	1999	2000	2001	
					Femmes							
9 360	9 446	9 543	9 642	9 757	9 875	9 993	10 115	10 224	10 340	10 463	10 603	Canada
..	25 253 |	25 650	26 069 |	26 509	27 576	28 677	29 480	30 248	30 754	31 240	31 884	Mexique
82 814	83 411	84 133	84 894	85 716	86 604	87 540	88 620	89 666	90 685	91 695 |	94 814	États-Unis
5 641	5 712	5 779	5 831	5 892	5 966	6 053	6 143	6 233	6 322	6 418	6 515	Australie
43 008	43 180	43 298	43 376	43 379	43 430	43 405	43 339	43 282	43 206	42 938	42 850	Japon
14 662	14 891	15 104	15 301	15 502	15 717	15 928	16 141	16 319	16 458	16 580	16 670	Corée
1 108 |	1 151	1 161	1 173	1 188	1 205	1 224	1 240	1 250	1 257	1 264	1 272	Nouvelle-Zélande
2 608	2 630	2 640	2 670	2 676	2 679	2 686	2 695	2 704	2 715	2 728	2 719	Autriche
3 316	3 315	3 316	3 321	3 325	3 326	3 327	3 328	3 330	3 333	3 335	3 339	Belgique
3 433	3 440	3 464	3 488	3 510	3 526	3 534	3 544	3 554	3 565	3 577	3 575	République tchèque
1 709	1 715	1 721	1 726	1 731	1 739	1 746	1 750	1 753	1 756	1 758	1 762	Danemark
1 665	1 674	1 677	1 682	1 685	1 687	1 691	1 696	1 703	1 712	1 715	1 719	Finlande
18 648	18 753	18 799	18 849	18 897	18 949	19 005	19 063	19 118	19 177	19 248	19 333	France
21 913 |	27 389	27 254	27 274	27 305	27 280	27 356	27 394	27 418	27 435	27 381	27 375	Allemagne
3 398	3 446	3 481	3 501	3 520	3 533	3 539	3 556	3 561	3 564	3 575	3 569	Grèce
		3 528	3 533	3 534	3 531	3 525	3 518	3 507	3 496	3 487 |	3 551	Hongrie
81	82	83	84	84	85	86	87	88	89	91	92	Islande
1 060	1 074	1 100	1 112	1 130	1 151	1 171	1 195	1 220	1 242	1 264	1 288	Irlande
19 652	19 659	19 679 |	19 489	19 522	19 525	19 496	19 475	19 456	19 428	19 410	19 388	Italie
131	132	133	134	136	137	138	139	141	142	144	145	Luxembourg
5 075	5 104	5 133	5 160	5 182	5 199	5 218	5 240	5 264	5 292	5 324	5 341	Pays-Bas
1 349	1 355	1 360	1 368	1 377	1 384	1 391	1 399	1 409	1 420	1 432	1 441	Norvège
12 466	12 532	12 613	12 692	12 771	12 851	12 931	13 023	13 132	13 245	13 345	13 428	Pologne
3 363	3 375	3 468	3 477	3 511	3 496	3 485	3 452 |	3 454	3 464	3 469	3 483	Portugal
1 724	1 734	1 749	1 765	1 785	1 803	1 817	1 832	1 847	1 862	1 878	1 891	République slovaque
12 946	13 042	13 139	13 225	13 296	13 352	13 396	13 430	13 468	13 522	13 616	13 720	Espagne
2 711	2 720	2 728	2 739	2 752	2 766	2 773	2 778	2 785	2 798	2 807	2 829	Suède
2 287	2 317	2 335	2 349	2 367	2 374	2 381	2 384	2 390	2 400	2 416	2 433	Suisse
16 798	17 260	17 734	18 215	18 694	19 166	19 638	20 090	20 535	20 982	21 517	21 960	Turquie
18 693	18 722	18 721	18 732	18 794	18 858	18 930	19 006	19 095	19 205	19 338	19 472	Royaume-Uni
		350 522 |	352 871 |	355 528	358 769	362 080	365 153 |	368 153	370 866	373 454	378 461	OCDE-Total
214 088 |	220 559	221 427 |	222 256	223 370	224 520	225 726	227 012	228 260	229 475	230 473 |	233 835	Sept grands
93 775 |	99 592	99 819	99 894 |	100 184	100 314	100 509	100 663 |	100 838	101 025	101 209	101 420	Zone euro
116 888	122 749	122 989	123 091 |	123 462	123 677	123 957	124 197 |	124 470	124 784	125 113	125 483	UE15
					Hommes							
9 487	9 578	9 668	9 765	9 877	9 991	10 105	10 228	10 336	10 452	10 576	10 718	Canada
..	23 022 |	23 667	24 338 |	25 038	25 691	26 297	26 710	27 586	28 131	28 127	28 389	Mexique
81 806	82 402	83 094	83 786	84 543	85 377	86 270	87 293	88 298	89 283	90 259 |	94 483	États-Unis
5 776	5 836	5 896	5 942	5 997	6 066	6 144	6 214	6 288	6 361	6 444	6 527	Australie
43 132	43 377	43 547	43 647	43 656	43 735	43 756	43 703	43 638	43 552	43 281	43 200	Japon
15 039	15 280	15 507	15 722	15 944	16 182	16 398	16 651	16 807	16 962	17 122	17 233	Corée
1 101 |	1 132	1 143	1 154	1 168	1 185	1 205	1 220	1 229	1 233	1 239	1 247	Nouvelle-Zélande
2 598	2 641	2 662	2 725	2 735	2 738	2 741	2 745	2 747	2 756	2 767	2 758	Autriche
3 358	3 360	3 365	3 372	3 378	3 377	3 377	3 378	3 379	3 382	3 384	3 388	Belgique
3 411	3 411	3 440	3 469	3 496	3 518	3 532	3 546	3 559	3 573	3 588	3 600	République tchèque
1 754	1 762	1 768	1 775	1 780	1 787	1 794	1 798	1 800	1 801	1 802	1 804	Danemark
1 691	1 704	1 708	1 714	1 719	1 722	1 726	1 732	1 739	1 749	1 752	1 757	Finlande
18 648	18 686	18 728	18 768	18 798	18 835	18 879	18 925	18 967	19 018	19 090	19 176	France
22 337 |	27 921	28 005	28 178	28 245	28 172	28 195	28 265	28 235	28 218	28 082	28 025	Allemagne
3 363	3 420	3 459	3 491	3 516	3 531	3 537	3 551	3 556	3 560	3 580	3 581	Grèce
		3 400	3 405	3 406	3 402	3 397	3 392	3 383	3 373	3 365 |	3 412	Hongrie
83	84	85	86	87	87	88	89	90	91	93	94	Islande
1 087	1 104	1 113	1 125	1 143	1 161	1 182	1 204	1 230	1 252	1 274	1 300	Irlande
19 424	19 477	19 524 |	19 315	19 371	19 385	19 374	19 392	19 403	19 378	19 377	19 377	Italie
135	137	138	139	140	141	142	143	145	147	149	150	Luxembourg
5 230	5 267	5 300	5 330	5 353	5 370	5 385	5 402	5 424	5 448	5 477	5 494	Pays-Bas
1 397	1 403	1 411	1 418	1 425	1 431	1 438	1 445	1 455	1 467	1 480	1 491	Norvège
12 245	12 324	12 412	12 496	12 582	12 665	12 749	12 846	12 959	13 077	13 182	13 275	Pologne
3 192	3 209	3 201	3 218	3 269	3 292	3 271	3 251 |	3 298	3 317	3 329	3 352	Portugal
1 689	1 692	1 710	1 727	1 747	1 766	1 783	1 800	1 817	1 834	1 851	1 862	République slovaque
12 902	13 006	13 115	13 211	13 293	13 360	13 413	13 457	13 505	13 568	13 687	13 813	Espagne
		2 805	2 816	2 825	2 840	2 856	2 862	2 868	2 875	2 892	2 898	2 924	Suède
2 307	2 333	2 354	2 369	2 383	2 388	2 393	2 395	2 399	2 410	2 427	2 443	Suisse
17 223	17 697	18 189	18 688	19 182	19 665	20 144	20 599	21 049	21 504	22 071	22 530	Turquie
18 910	18 926	18 947	18 983	19 058	19 163	19 265	19 358	19 469	19 616	19 779	19 943	Royaume-Uni
		349 373 |	352 181 |	355 169	358 040	360 841	363 601 |	366 665	369 406	371 533	377 345	OCDE-Total
213 745 |	220 367	221 513 |	222 442	223 549	224 657	225 843	227 165	228 346	229 517	230 444 |	234 923	Sept grands
93 965 |	99 931	100 318 |	100 586	100 960	101 084	101 221	101 446 |	101 628	101 793	101 949	102 170	Zone euro
117 419	123 424	123 849 |	124 169	124 638	124 890	125 142	125 470 |	125 772	126 102	126 427	126 841	UE15

Statistiques de la Population Active
© 2002
OCDE

Total labour force

	1978	1979	1980	1981	1982	1983	1984	1985	1986	1987	1988	1989
						Thousands						
Canada	11 213	11 595	11 933	12 296	12 371	12 599	12 814	13 079	13 334	13 591	13 857	14 126
Mexico			..									
United States	103 882	106 559	108 544	110 315	111 872	113 226	115 241	117 167	119 540	121 602	123 378	125 534
Australia	6 474	6 526	6 748	6 846	6 912	6 999	7 140	7 317	7 585	7 762	7 961	8 253
Japan	55 320	55 960	56 500	57 070	57 740	58 890	59 270	59 630	60 200	60 840	61 660	62 700
Korea	13 849	14 142	14 431	14 683	15 032	15 118	14 997	15 592	16 116	16 873	17 305	18 023
New Zealand	1 278	1 300	1 303	1 319	1 340	1 355	1 371	1 399	1 619	1 634	1 608	1 592
Austria	3 079	3 116	3 128	3 170	3 302	3 294	3 363	3 355	3 388	3 430	3 433	3 450
Belgium	4 008	4 056	4 070	4 094	4 120	4 138	4 132	4 112	4 109	4 115	4 127	4 144
Czech Republic												
Denmark	2 578	2 631	2 685	2 674	2 700	2 732	2 720	2 753	2 816	2 831	2 881	2 879
Finland	2 404	2 432	2 473	2 506	2 542	2 557	2 575	2 596	2 596	2 583	2 574	2 612
France	23 148	23 356	23 504	23 673	23 905	23 972	24 123	24 180	24 322	24 448	24 550	24 724
Germany	27 212	27 528	27 948	28 305	28 558	28 605	28 298	28 434	28 768	29 036	29 220	29 624
Greece	3 337	3 375	3 451	3 680	3 717	3 842	3 868	3 892	3 888	3 884	3 961	3 967
Hungary												
Iceland	102	103	106	111	115	116	118	122	125	132	129	128
Ireland	1 209	1 251	1 247	1 286	1 296	1 321	1 321	1 331	1 331	1 337	1 328	1 308
Italy	21 950	22 276	22 553	22 693	22 798	23 061	23 323	23 495	23 851	24 031	24 243	24 258
Luxembourg	158	158	159	160	160	160	161	164	167	172	177	184
Netherlands	5 132	5 207	5 403	5 660	5 774	5 729	5 773	5 812	5 863	6 486	6 641	6 713
Norway	1 911	1 937	1 940	1 975	1 995	2 014	2 034	2 068	2 128	2 171	2 183	2 155
Poland												
Portugal	4 177	4 274	4 361	4 334	4 330	4 555	4 529	4 514	4 520	4 567	4 616	4 677
Slovak Republic												
Spain	13 655	13 712	13 755	13 808	13 967	14 149	14 224	14 285	14 424	14 969	15 355	15 517
Sweden	4 219	4 277	4 328	4 344	4 374	4 395	4 409	4 436	4 396	4 418	4 459	4 515
Switzerland	3 072	3 105	3 172	3 246	3 269	3 285	3 323	3 384	3 456	3 540	3 629	3 721
Turkey	17 538	17 564	17 673	17 640	17 799	18 109	18 361	18 572	19 065	19 580	19 893	20 431
United Kingdom	26 357	26 628	26 840	26 740	26 678	26 610	27 235	27 486	27 491	27 943	28 345	28 764
OECD-Total												
Major seven	269 082	273 902	277 822	281 092	283 922	286 963	290 304	293 471	297 506	301 491	305 253	309 730
Euro zone	109 468	110 741	112 052	113 369	114 470	115 384	115 691	116 170	117 227	119 058	120 225	121 178
EU15	142 622	144 278	145 906	147 127	148 222	149 121	150 055	150 845	151 930	154 250	155 910	157 336
						As percentage of total population						
Canada	46.8	47.9	48.7	49.5	49.3	49.7	50.0	50.6	51.1	51.4	51.7	51.8
Mexico			..									
United States	46.7	47.3	47.7	48.0	48.2	48.3	48.8	49.1	49.7	50.1	50.4	50.8
Australia	45.1	45.0	45.9	45.9	45.5	45.5	45.8	46.3	47.4	47.7	48.2	49.1
Japan	48.1	48.3	48.4	48.5	48.7	49.4	49.4	49.3	49.6	49.8	50.3	50.9
Korea	37.5	37.7	37.9	37.9	38.2	37.9	37.1	38.2	39.1	40.5	41.2	42.5
New Zealand	40.8	41.6	41.4	41.8	42.1	42.0	42.1	42.8	49.4	49.5	48.5	47.8
Austria	40.7	41.3	41.4	41.9	43.6	43.6	44.5	44.4	44.8	45.3	45.2	45.3
Belgium	40.8	41.2	41.3	41.6	41.8	42.0	41.9	41.7	41.7	41.7	41.6	41.7
Czech Republic												
Denmark	50.5	51.4	52.4	52.2	52.7	53.4	53.2	53.8	55.0	55.2	56.2	56.1
Finland	50.6	51.0	51.7	52.2	52.7	52.7	52.7	53.0	52.8	52.4	52.0	52.6
France	43.4	43.6	43.6	43.7	43.9	43.8	43.8	43.7	43.8	43.8	43.7	43.8
Germany	44.4	44.9	45.4	45.9	46.3	46.6	46.3	46.6	47.1	47.5	47.6	47.7
Greece	35.4	35.3	35.8	37.8	38.0	39.0	39.1	39.2	39.0	38.9	39.6	39.5
Hungary												
Iceland	45.6	45.6	46.6	48.3	49.0	49.0	49.3	50.5	51.5	53.8	51.5	50.7
Ireland	36.5	37.1	36.7	37.4	37.2	37.7	37.4	37.6	37.6	37.7	37.5	37.2
Italy	39.1	39.6	40.0	40.2	40.3	40.6	40.9	41.1	41.7	41.9	42.2	42.2
Luxembourg	43.5	43.5	43.6	43.8	43.9	43.8	44.1	44.6	45.3	46.4	47.3	48.7
Netherlands	36.8	37.1	38.2	39.7	40.3	39.9	40.0	40.1	40.2	44.2	45.0	45.2
Norway	47.1	47.6	47.5	48.2	48.5	48.8	49.1	49.8	51.0	51.9	51.9	51.0
Poland												
Portugal	43.5	44.0	44.4	43.8	43.6	45.7	45.2	45.1	45.2	45.8	46.4	47.1
Slovak Republic												
Spain	36.9	36.8	36.7	36.6	36.8	37.1	37.2	37.2	37.4	38.7	39.7	40.0
Sweden	51.0	51.6	52.1	52.2	52.5	52.8	52.9	53.1	52.5	52.6	52.9	53.2
Switzerland	48.5	48.9	49.7	50.5	50.6	50.7	51.1	51.8	52.6	53.5	54.4	56.0
Turkey	41.1	40.3	39.8	38.7	38.1	37.8	37.4	36.9	37.1	37.3	37.0	37.2
United Kingdom	46.9	47.4	47.6	47.5	47.4	47.2	48.2	48.5	48.4	49.0	49.6	50.1
OECD-Total												
Major seven	45.7	46.2	46.5	46.8	46.9	47.2	47.5	47.7	48.1	48.4	48.7	49.1
Euro zone	41.1	41.4	41.7	42.0	42.3	42.5	42.5	42.6	42.9	43.5	43.7	43.9
EU15	42.4	42.8	43.1	43.3	43.5	43.7	43.9	44.0	44.2	44.8	45.1	45.3

Population active totale

Milliers

1990	1991	1992	1993	1994	1995	1996	1997	1998	1999	2000	2001	
14 320	14 408	14 438	14 580	14 700	14 820	14 964	15 214	15 478	15 781	16 056	16 300	Canada
..	30 144 |	31 231	32 381 |	33 606	34 309	35 438	37 193	38 242	38 470	38 607	38 773	Mexique
126 424	126 867	128 549	129 525 |	132 474	133 646	135 231	137 546	138 902	140 571	142 054	143 006	États-Unis
8 461	8 497	8 583	8 600	8 744	8 996	9 134	9 124	9 318	9 438	9 701	9 818	Australie
63 840	65 050	65 780	66 150	66 450	66 660	67 110	67 870	67 930	67 790	67 660	67 520	Japon
18 539	19 115	19 499	19 879	20 396	20 853	21 243	21 662 |	21 456	21 634	21 950	22 181	Corée
1 617	1 641	1 656	1 682	1 735	1 789	1 851	1 869	1 874	1 887	1 902	1 935	Nouvelle-Zélande
3 526	3 607	3 679	3 734 |	3 880	3 903	3 870	3 884	3 888	3 909	3 918	3 940	Autriche
4 179	4 210	4 237	4 278	4 291	4 318	4 329	4 348	4 359	4 375	4 410	4 448	Belgique
5 034	5 039	5 018 |	5 094	5 148	5 171	5 173	5 185	5 201	5 218	5 186	5 171	République tchèque
2 912	2 912	2 914	2 893	2 777	2 798	2 822	2 856	2 848	2 865	2 853	2 862	Danemark
2 606	2 571	2 526	2 504	2 489	2 510	2 521	2 508	2 532	2 578	2 609	2 626	Finlande
24 838	24 983	25 087	25 126	25 316	25 347	25 625	25 784	26 015	26 341	26 574	26 786	France
30 771 |	39 577	39 490	39 557	39 492	39 376	39 550	39 804	40 131	40 174	40 104	40 121	Allemagne
4 000	3 934	4 034	4 112	4 189	4 244	4 314	4 293	4 481	4 463	4 437	4 362	Grèce
		4 527	4 346	4 203	4 095	4 048	3 995	4 011	4 096	4 112	4 092	Hongrie
128 |	141	143	144	145	149	148	148	152	156	160	163	Islande
1 332	1 354	1 372	1 403	1 432	1 459	1 507	1 539 |	1 621	1 688	1 746	1 782	Irlande
24 515	24 599	24 612 |	23 003	22 880	22 871	22 973	23 101	23 363	23 533	23 720	23 901	Italie
192	197	203	207	213	219	226	233	242	254	267	283	Luxembourg
6 872	7 011 |	7 133	7 085	7 184	7 410	7 517	7 673	7 797	7 939	8 058	8 150	Pays-Bas
2 142	2 126	2 130	2 131	2 151	2 186	2 239	2 287	2 323	2 333	2 350	2 361	Norvège
		17 516	17 321	17 276	17 205	17 200	17 225	17 285	17 256	17 405	17 376	Pologne
4 948	4 800	4 721	4 708	4 767	4 751	4 787	4 852 |	4 987	5 047	5 113	5 201	Portugal
			2 444	2 471	2 509	2 522	2 545	2 573	2 608	2 653		République slovaque
15 688	15 822	15 894	16 048	16 245	16 385	16 646	16 877	17 100	17 408	17 939	17 854	Espagne
4 568	4 545	4 470 |	4 380	4 354	4 391	4 403	4 367	4 347	4 382	4 418	4 465	Suède
3 839	3 969	3 952	3 960	3 940	3 936	3 956	3 970	3 981	3 987	4 020	4 075	Suisse
20 650	21 184	21 315	20 272	21 676	22 000	22 304	22 324	22 899	23 687 |	22 531	22 577	Turquie
28 909	28 813	28 581	28 447	28 455	28 486	28 664	28 852	28 892	29 194	29 412	29 470	Royaume-Uni
				503 052	506 754	512 299	519 105 |	524 199	529 027	531 879	534 252	OCDE-Total
313 617 |	324 297	326 536	326 388 |	329 768	331 205	334 117	338 171	340 711	343 384	345 580	347 104	Sept grands
123 467 |	132 665 |	132 987	131 765 |	132 379	132 793	133 865	134 896 |	136 515	137 708	138 895	139 454	Zone euro
159 856 |	168 935 |	168 952 |	167 485 |	167 965	168 468	169 753	170 971 |	172 602	174 149	175 578	176 251	UE15

En pourcentage de la population totale

1990	1991	1992	1993	1994	1995	1996	1997	1998	1999	2000	2001	
51.7	51.4	50.9	50.8	50.6	50.5	50.4	50.7	51.2	51.7	52.2	52.4	Canada
..	36.2 |	36.8	37.4 |	38.0	38.1	38.5	39.6	40.0	39.4	39.6	39.1	Mexique
50.6	50.2	50.3	50.2 |	50.8	50.8	50.9	51.3	51.3	51.5	51.6	50.2	États-Unis
49.6	49.2	49.1	48.7	49.0	49.8	49.9	49.2	49.7	49.7	50.5	50.4	Australie
51.7	52.5	52.9	53.0	53.1	53.1	53.3	53.8	53.7	53.5	53.3	53.1	Japon
43.2	44.1	44.6	45.0	45.7	46.2	46.7	47.1 |	46.4	46.4	46.7	46.9	Corée
48.1 |	47.2	47.1	47.3	48.2	48.9	49.8	49.7	49.4	49.5	49.6	50.3	Nouvelle-Zélande
45.7	46.1	46.7	46.7 |	48.3	48.5	48.0	48.1	48.1	48.3	48.3	48.5	Autriche
41.9	42.1	42.2	42.4	42.4	42.5	42.6	42.7	42.7	42.8	43.0	43.3	Belgique
48.6	48.9	48.6 |	49.3	49.8	50.0	50.1	50.3	50.5	50.7	50.5	50.3	République tchèque
56.6	56.5	56.4	55.8	53.3	53.5	53.6	54.0	53.7	53.8	53.4	53.4	Danemark
52.3	51.1	50.1	49.4	48.9	49.1	49.2	48.8	49.1	49.9	50.4	50.6	Finlande
43.8	43.8	43.8	43.7	43.9	43.8	44.2	44.3	44.5	44.9	45.1	45.3	France
48.6 |	49.5	49.0	48.7	48.5	48.2	48.3	48.5	48.9	48.9	48.8	48.7	Allemagne
39.6	38.6	39.1	39.6	40.2	40.6	41.2	40.9	42.6	42.4	41.9	41.1	Grèce
		43.8	42.2	41.0	40.0	39.7	39.3	39.7	40.7	41.0 |	40.2	Hongrie
50.4 |	54.7	54.8	54.6	54.5	55.7	54.9	54.5	55.5	56.5	56.9	57.1	Islande
38.0	38.4	38.6	39.4	40.0	40.5	41.6	42.0 |	43.7	45.1	46.1	46.4	Irlande
43.2	43.3	43.3 |	40.8	40.4	40.3	40.4	40.6	41.0	41.2	41.5	41.7	Italie
49.9	50.6	51.2	51.6	52.5	53.1	54.3	55.4	56.8	58.7	60.8	64.1	Luxembourg
46.0	46.5 |	47.0	46.3	46.7	47.9	48.4	49.2	49.6	50.2	50.6	51.0	Pays-Bas
50.5	49.9	49.7	49.4	49.6	50.1	51.1	51.9	52.4	52.3	52.3	52.3	Norvège
		45.7	45.0	44.8	44.6	44.5	44.6	44.7	44.6	45.0	45.0	Pologne
50.1	48.7	48.0	47.8	48.4	48.2	48.5	49.1 |	50.0	50.5	51.1	51.7	Portugal
			45.7	46.1	46.7	46.8	47.2	47.7	48.3	49.3		République slovaque
40.4	40.7	40.7	41.0	41.5	41.8	42.4	42.9	43.3	43.9	44.9	44.3	Espagne
53.4	52.7	51.6 |	50.2	49.6	49.7	49.8	49.4	49.1	49.5	49.8	50.2	Suède
57.2	58.4	57.5	57.1	56.1	55.9	55.9	56.0	56.0	55.8	56.0	56.4	Suisse
36.7	37.0	36.5	34.1	35.8	35.7	35.6	35.0	35.3	36.0 |	33.4	32.9	Turquie
50.2	49.8	49.3	48.9	48.7	48.6	48.7	48.9	48.8	49.1	49.2	49.1	Royaume-Uni
				46.7	46.8	46.9	47.2 |	47.4	47.5	47.5	47.0	OCDE-Total
49.4 |	49.4	49.4 |	49.1 |	49.3	49.2	49.4	49.7	49.8	50.0	50.0	49.4	Sept grands
44.6 |	45.0 |	44.9 |	44.4 |	44.5	44.5	44.7	45.0 |	45.4	45.7	45.9	45.9	Zone euro
45.9 |	46.1 |	45.9 |	45.4 |	45.4	45.4	45.6	45.8 |	46.1	46.4	46.6	46.6	UE15

Statistiques de la Population Active
© 2002
OCDE

Civilian labour force

Thousands

	1978	1979	1980	1981	1982	1983	1984	1985	1986	1987	1988	1989
Canada	11 138	11 521	11 860	12 222	12 296	12 523	12 739	13 002	13 257	13 512	13 779	14 047
Mexico			..									
United States	102 251	104 962	106 940	108 670	110 204	111 550	113 544	115 461	117 834	119 865	121 669	123 869 |
Australia	6 404	6 456	6 676	6 774	6 841	6 928	7 070	7 248 |	7 516	7 694	7 892	8 184
Japan	55 320	55 960	56 500	57 070	57 740	58 890	59 270	59 634	60 200	60 840	61 660	62 700
Korea	13 849	14 142	14 431	14 683	15 032	15 118	14 997	15 592	16 116	16 873	17 305	18 023
New Zealand	1 267	1 287	1 293	1 305	1 329	1 342	1 358	1 387 |	1 608	1 623	1 597	1 581
Austria	3 079	3 116	3 128	3 170 |	3 302	3 294 |	3 363	3 355	3 388	3 430	3 433	3 450
Belgium	3 918	3 964	3 979	4 000	4 027	4 047	4 042	4 023	4 019	4 024	4 034	4 054
Czech Republic												
Denmark	2 543	2 596	2 654	2 645	2 670	2 701	2 688	2 722	2 784	2 799	2 846	2 844
Finland	2 362	2 389	2 432	2 464	2 502	2 518	2 536	2 556	2 559	2 544	2 536 |	2 575
France	22 549	22 779	22 935	23 096 |	23 325	23 400	23 560	23 620	23 766	23 895	23 984	24 169
Germany	26 682	26 996	27 417	27 770	28 026	28 067 |	27 771	27 913	28 242	28 507	28 693	29 104
Greece	3 337	3 375	3 451	3 680	3 717	3 842	3 868	3 892	3 888	3 884	3 961	3 967
Hungary												
Iceland	102	103	106	111	115	116	118	122	125	132	129	128
Ireland	1 194	1 235	1 232	1 271	1 281	1 307	1 307	1 314	1 318	1 324	1 315	1 295
Italy	21 423	21 743	21 997	22 129	22 220	22 490	22 722	22 890	23 225	23 416	23 687	23 700
Luxembourg	157	158	159	160	160	160	161	163	167	172	177	184
Netherlands	5 030	5 101	5 296	5 552	5 665 |	5 624	5 669	5 710	5 760 |	6 395	6 543	6 623
Norway	1 880	1 900	1 907	1 944	1 962	1 979	2 003	2 037	2 095	2 135	2 148	2 120
Poland												
Portugal	4 106	4 198	4 274	4 238	4 245	4 482	4 457	4 441	4 446	4 490	4 543	4 610
Slovak Republic												
Spain	13 205	13 265	13 314	13 359	13 520	13 717	13 817	13 907	14 077	14 637	15 029	15 189
Sweden	4 219	4 277	4 328	4 344	4 374	4 395	4 409	4 436 |	4 396 |	4 418	4 459	4 515
Switzerland	3 072	3 105	3 172	3 246	3 269	3 285	3 323	3 384	3 456	3 540	3 629	3 721
Turkey	17 038	17 064	17 173	17 140	17 299	17 609	17 861	18 072	18 565	19 080	19 393	19 931
United Kingdom	26 039	26 314	26 517	26 406	26 354	26 288	27 071	27 346	27 326	27 766	28 193	28 624
OECD-Total												
Major seven	265 402	270 275	274 166	277 363 |	280 165	283 208 |	286 677	289 866	293 850	297 801	301 665	306 212 |
Euro zone	107 042	108 318	109 613	110 889 |	111 990 |	112 948 |	113 273	113 784	114 855 |	116 717	117 935 |	118 920
EU15	139 843	141 505	143 113	144 284 |	145 388 |	146 332 |	147 440	148 288 |	149 361 |	151 700	153 433 |	154 902

1995=100

	1978	1979	1980	1981	1982	1983	1984	1985	1986	1987	1988	1989
Canada	75.5	78.1	80.4	82.9	83.4	84.9	86.4	88.1	89.9	91.6	93.4	95.2
Mexico												
United States	77.3	79.3	80.8	82.1	83.3	84.3	85.8	87.3	89.1	90.6	92.0	93.6 |
Australia	71.6	72.2	74.7	75.8	76.5	77.5	79.1	81.1 |	84.1	86.1	88.3	91.6
Japan	83.0	83.9	84.8	85.6	86.6	88.3	88.9	89.5	90.3	91.3	92.5	94.1
Korea	66.4	67.8	69.2	70.4	72.1	72.5	71.9	74.8	77.3	80.9	83.0	86.4
New Zealand	71.2	72.3	72.7	73.4	74.7	75.4	76.3	78.0 |	90.4	91.2	89.8	88.9
Austria	79.5	80.5	80.8	81.8 |	85.3	85.1 |	86.8	86.6	87.5	88.6	88.6	89.1
Belgium	91.7	92.8	93.2	93.7	94.3	94.8	94.6	94.2	94.1	94.2	94.5	94.9
Czech Republic												
Denmark	92.0	94.0	96.1	95.7	96.6	97.8	97.3	98.5	100.8	101.3	103.0	102.9
Finland	95.5	96.6	98.3	99.6	101.2	101.8	102.5	103.4	103.5	102.9	102.5 |	104.1
France	90.8	91.7	92.3	93.0 |	93.9	94.2	94.8	95.1	95.7	96.2	96.5	97.3
Germany	68.5	69.3	70.3	71.2	71.9	72.0 |	71.2	71.6	72.5	73.1	73.6	74.7
Greece	78.6	79.5	81.3	86.7	87.6	90.5	91.1	91.7	91.6	91.5	93.3	93.5
Hungary												
Iceland	68.4	69.1	71.3	74.8	77.0	77.9	79.3	81.8	84.1	88.8	86.4	85.9
Ireland	82.4	85.2	85.0	87.7	88.4	90.2	90.1	90.6	90.9	91.3	90.7	89.4
Italy	95.3	96.7	97.8	98.4	98.8	100.0	101.0	101.8	103.3	104.1	105.3	105.4
Luxembourg	72.1	72.4	72.9	73.3	73.3	73.3	73.9	74.9	76.6	78.9	81.2	84.3
Netherlands	68.3	69.3	71.9	75.4	77.0 |	76.4	77.0	77.6	78.3 |	86.9	88.9	90.0
Norway	87.3	88.2	88.5	90.3	91.1	91.9	93.0	94.6	97.3	99.1	99.7	98.4
Poland												
Portugal	87.0	89.0	90.6	89.8	90.0	95.0	94.4	94.1	94.2	95.1	96.3	97.7
Slovak Republic												
Spain	81.6	82.0	82.3	82.6	83.6	84.8	85.4	86.0	87.0	90.5	92.9	93.9
Sweden	96.1	97.4	98.6	98.9	99.6	100.1	100.4	101.0 |	100.1 |	100.6	101.5	102.8
Switzerland	78.0	78.9	80.6	82.5	83.1	83.4	84.4	86.0	87.8	89.9	92.2	94.5
Turkey	79.2	79.4	79.9	79.7	80.5	81.9	83.1	84.1	86.3	88.7	90.2	92.7
United Kingdom	91.8	92.8	93.5	93.1	93.0	92.7	95.5	96.5	96.4	97.9	99.4	101.0
OECD-Total												
Major seven	80.8	82.3	83.5	84.5 |	85.3	86.2 |	87.3	88.3	89.5	90.7	91.9	93.3 |
Euro zone	81.7	82.6	83.6	84.6 |	85.4 |	86.2 |	86.4	86.8	87.6 |	89.0	90.0 |	90.7
EU15	83.9	84.9	85.9	86.6 |	87.3 |	87.8 |	88.5	89.0 |	89.7 |	91.1	92.1 |	93.0

Population active civile

1990	1991	1992	1993	1994	1995	1996	1997	1998	1999	2000	2001	
						Milliers						
14 241	14 330	14 362	14 505	14 627	14 750	14 900	15 153	15 418	15 721	15 999	16 246	Canada
..	30 144	31 231	32 381	33 606	34 309	35 438	37 193	38 242	38 470	38 607	38 773	Mexique
125 840	126 346	128 105	129 200	131 056	132 304	133 943	136 297	137 673	139 368	140 863	141 815	États-Unis
8 393	8 428	8 516	8 537	8 684	8 939	9 077	9 066	9 262	9 384	9 650	9 768	Australie
63 840	65 050	65 780	66 150	66 450	66 660	67 110	67 870	67 930	67 790	67 660	67 520	Japon
18 539	19 115	19 499	19 879	20 396	20 853	21 243	21 662	21 456	21 634	21 950	22 181	Corée
1 606	1 630	1 645	1 672	1 726	1 779	1 841	1 859	1 864	1 878	1 892	1 926	Nouvelle-Zélande
3 526	3 607	3 679	3 734	3 847	3 873	3 839	3 849	3 854	3 877	3 882	3 906	Autriche
4 091	4 127	4 160	4 209	4 241	4 271	4 283	4 303	4 316	4 333	4 367	4 405	Belgique
5 034	5 039	4 812	5 023	5 084	5 116	5 116	5 133	5 153	5 163	5 130	5 128	République tchèque
2 878	2 878	2 879	2 858	2 730	2 763	2 788	2 823	2 814	2 830	2 824	2 835	Danemark
2 574	2 534	2 489	2 466	2 454	2 473	2 481	2 476	2 499	2 548	2 579	2 597	Finlande
24 288	24 444	24 562	24 605	24 804	24 841	25 125	25 311	25 578	25 941	26 199	26 450	France
30 273	39 075	39 005	39 102	39 074	38 980	39 142	39 415	39 752	39 804	39 746	39 775	Allemagne
4 000	3 934	4 034	4 112	4 189	4 244	4 314	4 293	4 481	4 463	4 437	4 362	Grèce
		4 470	4 289	4 095	3 992	3 957	3 916	3 949	4 034	4 047	4 036	Hongrie
128	141	143	144	145	149	148	148	152	156	160	163	Islande
1 323	1 345	1 362	1 394	1 424	1 450	1 498	1 531	1 613	1 680	1 739	1 775	Irlande
23 966	24 063	24 069	22 604	22 480	22 489	22 604	22 715	22 987	23 162	23 369	23 567	Italie
191	196	202	206	212	218	225	233	242	254	266	282	Luxembourg
6 784	6 934	7 054	7 009	7 124	7 361	7 472	7 629	7 761	7 898	8 020	8 109	Pays-Bas
2 104	2 089	2 096	2 097	2 119	2 154	2 212	2 259	2 294	2 308	2 327	2 342	Norvège
		17 516	17 321	17 135	17 068	17 078	17 103	17 162	17 148	17 311	17 376	Pologne
4 884	4 774	4 690	4 675	4 732	4 719	4 753	4 815	4 951	5 012	5 081	5 167	Portugal
				2 444	2 471	2 509	2 503	2 516	2 549	2 587	2 632	République slovaque
15 379	15 515	15 613	15 794	16 049	16 176	16 431	16 671	16 918	17 220	17 773	17 723	Espagne
4 568	4 545	4 470	4 380	4 354	4 391	4 403	4 367	4 347	4 382	4 418	4 465	Suède
3 839	3 969	3 952	3 960	3 940	3 936	3 956	3 970	3 981	3 987	4 020	4 075	Suisse
20 150	20 684	20 815	19 772	21 176	21 500	21 804	21 824	22 399	23 187	22 031	22 077	Turquie
28 792	28 716	28 440	28 317	28 337	28 352	28 532	28 732	28 781	29 066	29 296	29 372	Royaume-Uni
				498 732	502 581	508 219	515 118	520 345	525 248	528 232	530 847	OCDE-Total
311 240	322 024	324 323	324 483	326 827	328 376	331 355	335 494	338 119	340 852	343 133	344 745	Sept grands
121 279	130 549	130 918	129 911	130 629	131 095	132 167	133 241	134 952	136 192	137 459	138 118	Zone euro
157 517	166 687	166 707	165 466	166 050	166 601	167 889	169 163	170 894	172 470	173 997	174 790	UE15
						1995=100						
96.5	97.2	97.4	98.3	99.2	100.0	101.0	102.7	104.5	106.6	108.5	110.1	Canada
	87.9	91.0	94.4	97.9	100.0	103.3	108.4	111.5	112.1	112.5	113.0	Mexique
95.1	95.5	96.8	97.7	99.1	100.0	101.2	103.0	104.1	105.3	106.5	107.2	États-Unis
93.9	94.3	95.3	95.5	97.1	100.0	101.5	101.4	103.6	105.0	108.0	109.3	Australie
95.8	97.6	98.7	99.2	99.7	100.0	100.7	101.8	101.9	101.7	101.5	101.3	Japon
88.9	91.7	93.5	95.3	97.8	100.0	101.9	103.9	102.9	103.7	105.3	106.4	Corée
90.3	91.6	92.5	94.0	97.0	100.0	103.5	104.5	104.8	105.6	106.4	108.2	Nouvelle-Zélande
91.0	93.1	95.0	96.4	99.3	100.0	99.1	99.4	99.5	100.1	100.2	100.9	Autriche
95.8	96.6	97.4	98.6	99.3	100.0	100.3	100.7	101.0	101.5	102.2	103.1	Belgique
98.4	98.5	94.1	98.2	99.4	100.0	100.0	100.3	100.7	100.9	100.3	100.2	République tchèque
104.2	104.2	104.2	103.4	98.8	100.0	100.9	102.2	101.8	102.4	102.2	102.6	Danemark
104.1	102.5	100.6	99.7	99.2	100.0	100.3	100.1	101.1	103.0	104.3	105.0	Finlande
97.8	98.4	98.9	99.0	99.8	100.0	101.1	101.9	103.0	104.4	105.5	106.5	France
77.7	100.2	100.1	100.3	100.2	100.0	100.4	101.1	102.0	102.1	102.0	102.0	Allemagne
94.2	92.7	95.0	96.9	98.7	100.0	101.6	101.1	105.6	105.2	104.5	102.8	Grèce
		112.0	107.4	102.6	100.0	99.1	98.1	98.9	101.1	101.4	101.1	Hongrie
86.1	94.6	96.0	96.6	97.3	100.0	99.0	99.2	102.1	105.0	107.4	109.2	Islande
91.3	92.8	93.9	96.2	98.2	100.0	103.3	105.6	111.3	115.9	120.0	122.4	Irlande
106.6	107.0	107.0	100.5	100.0	100.0	100.5	101.0	102.2	103.0	103.9	104.8	Italie
87.8	90.3	92.7	94.7	97.3	100.0	103.4	107.1	111.2	116.6	122.3	129.6	Luxembourg
92.2	94.2	95.8	95.2	96.8	100.0	101.5	103.6	105.4	107.3	109.0	110.2	Pays-Bas
97.7	97.0	97.3	97.4	98.4	100.0	102.7	104.9	106.5	107.1	108.0	108.7	Norvège
		102.6	101.5	100.4	100.0	100.1	100.2	100.6	100.5	101.4	101.8	Pologne
103.5	101.2	99.4	99.1	100.3	100.0	100.7	102.0	104.9	106.2	107.7	109.5	Portugal
				98.9	100.0	101.6	101.3	101.8	103.2	104.7	106.5	République slovaque
95.1	95.9	96.5	97.6	99.2	100.0	101.6	103.1	104.6	106.5	109.9	109.6	Espagne
104.0	103.5	101.8	99.7	99.2	100.0	100.3	99.5	99.0	99.8	100.6	101.7	Suède
97.5	100.8	100.4	100.6	100.1	100.0	100.5	100.8	101.1	101.3	102.1	103.5	Suisse
93.7	96.2	96.8	92.0	98.5	100.0	101.4	101.5	104.2	107.8	102.5	102.7	Turquie
101.6	101.3	100.3	99.9	99.9	100.0	100.6	101.3	101.5	102.5	103.3	103.6	Royaume-Uni
				99.2	100.0	101.1	102.5	103.5	104.5	105.1	105.6	OCDE-Total
94.8	98.1	98.8	98.8	99.5	100.0	100.9	102.2	103.0	103.8	104.5	105.0	Sept grands
92.5	99.6	99.9	99.1	99.6	100.0	100.8	101.6	102.9	103.9	104.9	105.4	Zone euro
94.5	100.1	100.1	99.3	99.7	100.0	100.8	101.5	102.6	103.5	104.4	104.9	UE15

Statistiques de la Population Active
© 2002
OCDE

Civilian labour force by gender

Thousands

	1978	1979	1980	1981	1982	1983	1984	1985	1986	1987	1988	1989
Females												
Canada	4 299	4 522	4 729	4 954	5 048	5 203	5 348	5 519	5 675	5 834	6 024	6 179
Mexico			6 141									
United States	42 631	44 235	45 487	46 696	47 755	48 503	49 709	51 050	52 413	53 658	54 742	56 030	
Australia	2 331	2 337	2 483	2 516	2 545	2 595	2 671	2 788		2 964	3 070	3 204	3 368
Japan	21 250	21 600	21 850	22 090	22 520	23 240	23 470	23 670	23 950	24 290	24 730	25 330
Korea	5 213	5 349	5 412	5 479	5 767	5 814	5 658	5 975	6 296	6 735	6 891	7 286
New Zealand	417	435	438	446	459	470	481	504		672	685	680	675
Austria	1 197	1 212	1 212	1 233		1 280	1 276		1 334	1 324	1 342	1 376	1 392	1 405
Belgium	1 446	1 485	1 510	1 540	1 570	1 596	1 613	1 628	1 648	1 673	1 698	1 709
Czech Republic												
Denmark	1 078	1 144	1 170	1 188	1 211	1 240	1 238	1 250	1 284	1 296	1 311	1 310
Finland	1 101	1 119	1 141	1 163	1 191	1 203	1 212	1 228	1 224	1 216	1 215		1 233
France	9 013	9 210	9 364	9 535		9 748	9 884	10 071	10 180	10 322	10 478	10 569	10 686
Germany	10 488	10 648	10 866	11 063	11 159	11 169		10 970	11 085	11 270	11 473	11 668	11 861
Greece	1 016	1 017	1 037	1 175	1 169	1 310	1 339	1 379	1 383	1 394	1 460	1 467
Hungary												
Iceland												
Ireland	330	343	358	359	382	390	385	424	429	449	443	444
Italy	7 058	7 316	7 515	7 608	7 678	7 881	8 064	8 189	8 473	8 669	8 790	8 875
Luxembourg	48	49	49	52	52	53	54	55	57	59	61	64
Netherlands	1 471	1 523	1 642	1 778	1 849		1 934	1 973	2 006	2 041		2 435	2 539	2 575
Norway	758	781	793	818	830	850	867	893	938	962	974	957
Poland												
Portugal	1 631	1 718	1 732	1 763	1 762	1 864	1 856	1 867	1 853	1 905	1 952	1 984
Slovak Republic												
Spain	3 789	3 833	3 850	3 849	3 963	4 114	4 169	4 239	4 344	4 838	5 145	5 242
Sweden	1 868	1 913	1 956	1 996	2 024	2 049	2 069	2 087		2 092		2 121	2 144	2 166
Switzerland	1 093	1 115	1 148	1 189	1 204	1 212	1 231	1 253	1 285	1 333	1 384	1 435
Turkey											5 855	6 267
United Kingdom	10 121	10 389	10 504	10 375	10 406	10 490	11 228	11 393	11 515	11 813	12 037	12 325
OECD-Total												
Major seven	104 860	107 920	110 315	112 321		114 314	116 370		118 860	121 086	123 618	126 215	128 560	131 286	
Euro zone	38 589	39 473	40 277	41 118		41 803		42 673		43 040	43 604	44 386		45 965	46 932		47 545
EU15	51 655	52 919	53 907	54 677		55 444		56 452		57 576	58 334		59 277		61 195	62 424		63 346
Males												
Canada	6 839	6 999	7 132	7 269	7 247	7 320	7 392	7 483	7 582	7 678	7 755	7 868
Mexico			15 925									
United States	59 620	60 726	61 453	61 974	62 450	63 047	63 835	64 411	65 422	66 207	66 927	67 840	
Australia	4 073	4 119	4 192	4 258	4 296	4 333	4 399	4 460		4 552	4 624	4 688	4 816
Japan	34 060	34 370	34 650	34 980	35 220	35 640	35 800	35 960	36 260	36 550	36 930	37 370
Korea	8 636	8 793	9 019	9 204	9 266	9 305	9 338	9 617	9 819	10 138	10 414	10 737
New Zealand	850	852	855	860	869	872	877	883		937	938	917	906
Austria	1 882	1 904	1 916	1 937		2 022	2 018		2 029	2 031	2 046	2 054	2 041	2 045
Belgium	2 472	2 479	2 469	2 460	2 457	2 450	2 429	2 395	2 371	2 351	2 336	2 345
Czech Republic												
Denmark	1 465	1 452	1 484	1 456	1 459	1 460	1 450	1 472	1 500	1 503	1 535	1 534
Finland	1 261	1 270	1 291	1 301	1 311	1 315	1 324	1 328	1 335	1 328	1 322		1 342
France	13 536	13 570	13 571	13 559		13 570	13 512	13 484	13 436	13 443	13 408	13 409	13 480
Germany	16 194	16 348	16 550	16 707	16 867	16 898		16 801	16 828	16 972	17 034	17 025	17 243
Greece	2 321	2 358	2 414	2 505	2 548	2 532	2 529	2 513	2 505	2 490	2 501	2 500
Hungary												
Iceland												
Ireland	864	892	874	912	899	918	922	890	889	875	872	852
Italy	14 365	14 427	14 482	14 521	14 542	14 609	14 657	14 701	14 752	14 747	14 897	14 825
Luxembourg	108	109	109	107	108	107	107	108	110	113	116	120
Netherlands	3 559	3 578	3 654	3 774	3 816		3 690	3 697	3 704	3 719		3 960	4 004	4 048
Norway	1 122	1 119	1 114	1 126	1 132	1 129	1 136	1 144	1 157	1 173	1 175	1 163
Poland												
Portugal	2 475	2 480	2 542	2 475	2 483	2 618	2 601	2 574	2 593	2 585	2 591	2 626
Slovak Republic												
Spain	9 416	9 432	9 464	9 511	9 557	9 603	9 648	9 668	9 733	9 799	9 884	9 946
Sweden	2 351	2 364	2 372	2 347	2 351	2 346	2 339	2 348		2 304		2 296	2 315	2 349
Switzerland	1 981	1 991	2 025	2 056	2 065	2 072	2 093	2 131	2 170	2 207	2 245	2 285
Turkey											13 536	13 664
United Kingdom	15 918	15 925	16 013	16 031	15 948	15 798	15 842	15 953	15 812	15 953	16 156	16 298
OECD-Total												
Major seven	160 532	162 365	163 851	165 041		165 844	166 824		167 811	168 772	170 243	171 577	173 099	174 924	
Euro zone	68 453	68 847	69 336	69 769		70 179		70 270		70 227	70 176	70 468		70 743	70 997		71 372
EU15	88 187	88 587	89 205	89 604		89 937		89 874		89 858	89 949		90 083		90 495	91 003		91 553

Population active civile par sexe

Milliers

Femmes

1990	1991	1992	1993	1994	1995	1996	1997	1998	1999	2000	2001	
6 316	6 411	6 442	6 520	6 574	6 661	6 742	6 876	7 038	7 187	7 350	7 477	Canada
5 645	9 269	9 678	10 121	10 602	11 060	11 617	12 670	12 942	12 940	13 246	13 256	Mexique
56 829	57 178	58 141	58 795	60 239	60 944	61 857	63 036	63 714	64 855	65 616	66 071	États-Unis
3 495	3 526	3 572	3 590	3 675	3 836	3 899	3 901	4 018	4 057	4 237	4 309	Australie
25 930	26 510	26 790	26 810	26 940	27 000	27 190	27 600	27 670	27 550	27 530	27 600	Japon
7 509	7 710	7 830	7 949	8 198	8 397	8 607	8 891	8 562	8 745	9 000	9 169	Corée
697	711	719	731	761	789	826	833	839	849	856	876	Nouvelle-Zélande
1 445	1 481	1 532	1 567	1 661	1 668	1 653	1 668	1 674	1 688	1 697	1 722	Autriche
1 736	1 760	1 790	1 831	1 848	1 874	1 891	1 908	1 920	1 934	1 949	1 958	Belgique
2 372	2 297	2 187	2 260	2 286	2 287	2 274	2 283	2 298	2 311	2 298	2 289	République tchèque
1 336	1 346	1 352	1 343	1 268	1 272	1 289	1 311	1 315	1 325	1 329	1 335	Danemark
1 229	1 213	1 190	1 177	1 169	1 181	1 187	1 181	1 190	1 221	1 238	1 247	Finlande
10 757	10 913	11 070	11 146	11 285	11 328	11 483	11 601	11 787	11 990	12 121	12 246	France
12 420	16 716	16 700	16 755	16 752	16 789	16 933	17 110	17 301	17 457	17 523	17 625	Allemagne
1 483	1 406	1 493	1 532	1 570	1 620	1 680	1 682	1 778	1 795	1 787	1 756	Grèce
		2 043	1 953	1 867	1 779	1 762	1 732	1 775	1 815	1 824	1 814	Hongrie
	64	66	67	68	70	69	69	71	73	75	76	Islande
464	475	490	515	533	550	582	601	642	681	711	728	Irlande
9 028	9 075	9 160	8 274	8 272	8 365	8 489	8 586	8 777	8 937	9 080	9 261	Italie
66	68	71	73	77	80	83	86	87	94	99	113	Luxembourg
2 692	2 780	2 848	2 887	2 950	3 065	3 133	3 237	3 301	3 406	3 469	3 539	Pays-Bas
960	962	963	968	977	998	1 027	1 053	1 071	1 082	1 091	1 101	Norvège
		8 024	7 971	7 919	7 854	7 849	7 817	7 849	7 869	7 962	7 997	Pologne
2 115	2 119	2 090	2 105	2 139	2 139	2 161	2 197	2 249	2 288	2 329	2 373	Portugal
				1 090	1 106	1 134	1 135	1 138	1 159	1 184	1 203	République slovaque
5 377	5 492	5 656	5 816	6 026	6 175	6 330	6 490	6 598	6 772	7 082	6 971	Espagne
2 192	2 181	2 145	2 100	2 082	2 099	2 103	2 083	2 067	2 087	2 106	2 136	Suède
1 502	1 586	1 592	1 607	1 610	1 610	1 639	1 656	1 676	1 683	1 708	1 748	Suisse
6 161	6 181	6 056	5 059	6 041	6 103	6 153	5 931	6 150	6 656	5 778	5 830	Turquie
12 420	12 405	12 383	12 420	12 450	12 471	12 603	12 748	12 793	12 951	13 074	13 149	Royaume-Uni
				208 931	211 169	214 243	217 971	220 288	223 457	225 348	226 975	OCDE-Total
133 700	139 208	140 686	140 720	142 513	143 557	145 297	147 557	149 079	150 927	152 294	153 429	Sept grands
48 813	53 498	54 090	53 679	54 284	54 833	55 604	56 347	57 304	58 262	59 084	59 539	Zone euro
64 761	69 430	69 970	69 542	70 084	70 675	71 599	72 489	73 479	74 625	75 593	76 159	UE15

Hommes

1990	1991	1992	1993	1994	1995	1996	1997	1998	1999	2000	2001	
7 925	7 920	7 920	7 985	8 052	8 090	8 157	8 278	8 380	8 534	8 649	8 769	Canada
18 419	20 875	21 553	22 260	23 004	23 250	23 821	24 523	25 300	25 530	25 361	25 516	Mexique
69 011	69 168	69 964	70 404	70 817	71 360	72 087	73 261	73 959	74 512	75 247	75 743	États-Unis
4 898	4 902	4 943	4 947	5 009	5 103	5 178	5 166	5 244	5 327	5 413	5 459	Australie
37 910	38 540	38 990	39 350	39 510	39 660	39 920	40 270	40 260	40 240	40 140	39 920	Japon
11 030	11 405	11 669	11 931	12 198	12 456	12 636	12 772	12 893	12 889	12 950	13 012	Corée
909	919	925	941	965	990	1 016	1 026	1 025	1 029	1 036	1 050	Nouvelle-Zélande
2 081	2 126	2 147	2 167	2 186	2 205	2 186	2 181	2 179	2 189	2 184	2 185	Autriche
2 355	2 366	2 370	2 378	2 393	2 397	2 392	2 395	2 395	2 399	2 417	2 446	Belgique
2 662	2 742	2 625	2 762	2 798	2 829	2 842	2 850	2 856	2 852	2 832	2 839	République tchèque
1 543	1 531	1 527	1 515	1 462	1 490	1 499	1 512	1 499	1 505	1 494	1 500	Danemark
1 346	1 320	1 298	1 288	1 284	1 291	1 294	1 295	1 309	1 327	1 341	1 349	Finlande
13 531	13 531	13 492	13 459	13 519	13 513	13 643	13 710	13 791	13 951	14 078	14 204	France
17 853	22 359	22 305	22 347	22 322	22 191	22 209	22 305	22 451	22 347	22 223	22 150	Allemagne
2 517	2 528	2 541	2 581	2 619	2 625	2 634	2 611	2 704	2 668	2 651	2 607	Grèce
		2 427	2 336	2 228	2 213	2 195	2 184	2 174	2 219	2 223	2 222	Hongrie
	76	77	77	77	79	79	79	81	83	85	87	Islande
859	870	871	879	891	900	916	929	971	999	1 028	1 047	Irlande
14 938	14 988	14 909	14 330	14 207	14 124	14 115	14 130	14 210	14 225	14 289	14 306	Italie
125	129	131	133	136	139	143	147	154	160	168	169	Luxembourg
4 092	4 153	4 206	4 122	4 173	4 297	4 340	4 392	4 460	4 492	4 551	4 571	Pays-Bas
1 144	1 127	1 132	1 129	1 141	1 156	1 185	1 206	1 222	1 226	1 235	1 241	Norvège
		9 491	9 350	9 216	9 214	9 229	9 286	9 313	9 279	9 348	9 379	Pologne
2 769	2 655	2 599	2 569	2 592	2 580	2 592	2 618	2 702	2 725	2 753	2 794	Portugal
				1 354	1 365	1 375	1 369	1 378	1 390	1 403	1 428	République slovaque
10 001	10 023	9 958	9 979	10 023	10 000	10 102	10 181	10 319	10 448	10 691	10 752	Espagne
2 376	2 363	2 325	2 280	2 272	2 292	2 300	2 284	2 281	2 293	2 312	2 329	Suède
2 337	2 383	2 360	2 354	2 331	2 326	2 317	2 313	2 306	2 304	2 312	2 327	Suisse
13 990	14 504	14 759	14 714	15 135	15 398	15 651	15 893	16 250	16 532	16 253	16 248	Turquie
16 372	16 310	16 056	15 897	15 887	15 881	15 929	15 984	15 988	16 115	16 221	16 223	Royaume-Uni
				289 800	291 414	293 979	297 150	300 055	301 788	302 888	303 873	OCDE-Total
177 540	182 816	183 636	183 772	184 314	184 820	186 059	187 938	189 040	189 924	190 848	191 315	Sept grands
72 467	77 048	76 826	76 232	76 344	76 263	76 564	76 894	77 646	77 930	78 374	78 580	Zone euro
92 758	97 252	96 734	95 924	95 965	95 927	96 292	96 674	97 414	97 843	98 401	98 632	UE15

Statistiques de la Population Active
© 2002
OCDE

Total employment

	1978	1979	1980	1981	1982	1983	1984	1985	1986	1987	1988	1989
						Thousands						
Canada	10 287	10 732	11 043	11 371	11 022	11 103	11 375	11 694	12 056	12 400	12 788	13 065
Mexico			..									
United States	97 679	100 421	100 907	102 042	101 194	102 509	106 702	108 855	111 303	114 177	116 677	119 029 |
Australia	6 075	6 149	6 353	6 465	6 450	6 312	6 536	6 745 |	6 988	7 160	7 422	7 784
Japan	54 080	54 790	55 360	55 810	56 380	57 330	57 660	58 070	58 530	59 110	60 110	61 280
Korea	13 412	13 602	13 683	14 023	14 379	14 505	14 429	14 970	15 505	16 354	16 869	17 560
New Zealand	1 258	1 275	1 274	1 272	1 293	1 279	1 294	1 341 |	1 557	1 570	1 521	1 480
Austria	3 015	3 051	3 070	3 090 |	3 186	3 159 |	3 235	3 234	3 282	3 300	3 311	3 342
Belgium	3 718	3 752	3 747	3 678	3 630	3 593	3 586	3 606	3 630	3 649	3 702	3 760
Czech Republic	5 070	5 097	5 110	5 118	5 129	5 144	5 180	5 208	5 225	5 243	5 251	5 245
Denmark	2 365	2 474	2 501	2 399	2 404	2 420	2 489	2 553	2 662	2 679	2 695	2 645
Finland	2 232	2 289	2 359	2 385	2 407	2 419	2 442	2 467	2 458	2 452	2 458 |	2 531
France	21 926	21 969	22 012	21 911 |	21 970	21 949	21 762	21 702	21 792	21 874	22 084	22 397
Germany	26 219	26 652	27 059	27 033	26 725	26 347	26 297	26 397	26 913	27 236	27 416	27 989
Greece	3 276	3 311	3 356	3 531	3 502	3 540	3 553	3 588	3 601	3 598	3 657	3 671
Hungary												
Iceland	102	103	106	111	114	115	117	121	125	132	128	126
Ireland	1 110	1 167	1 156	1 153	1 148	1 138	1 117	1 112	1 105	1 112	1 112	1 111
Italy	20 390	20 590	20 869	20 924	20 875	20 921	21 019	21 113	21 240	21 198	21 374	21 391
Luxembourg	156	157	158	159	158	158	159	161	165	170	175	182
Netherlands	4 859	4 927	5 077	5 180	5 119 |	5 055	5 084	5 178	5 258 |	5 864	6 032	6 155
Norway	1 877	1 899	1 908	1 935	1 943	1 945	1 970	2 014	2 086	2 126	2 114	2 049
Poland	17 109	17 229	17 334	17 420	16 996	16 951	16 998	17 144	17 193	17 138	17 023	17 002
Portugal	3 843	3 930	4 026	4 014	4 013	4 201	4 147	4 130	4 138	4 248	4 353	4 445
Slovak Republic												
Spain	12 730	12 557	12 222	11 916	11 806	11 755	11 432	11 281	11 449	11 993	12 449	12 886
Sweden	4 115	4 180	4 232	4 224	4 220	4 224	4 255	4 299 |	4 269 |	4 316	4 375	4 442
Switzerland	3 062	3 095	3 166	3 240	3 256	3 257	3 288	3 354	3 430	3 515	3 607	3 704
Turkey	15 852	16 082	16 280	16 417	16 585	16 749	17 001	17 282	17 594	17 988	18 255	18 722
United Kingdom	25 014	25 394	25 327	24 345	23 908	23 626	24 019	24 390	24 545	24 930	25 860	26 689
OECD-Total												
Major seven	255 595	260 548	262 577	263 436 |	262 074	263 785	268 834	272 221	276 379	280 925	286 309	291 840 |
Euro zone	103 474	104 351	105 112	104 973 |	104 539 |	104 235 |	103 832	103 969	105 031 |	106 694	108 123 |	109 860
EU15	134 968	136 399	137 172	135 941 |	135 071 |	134 505 |	134 595	135 211 |	136 507 |	138 619	141 053 |	143 635
						1995=100						
Canada	76.6	79.9	82.2	84.7	82.1	82.7	84.7	87.1	89.8	92.3	95.2	97.3
Mexico												
United States	77.4	79.5	79.9	80.8	80.2	81.2	84.5	86.2	88.2	90.4	92.4	94.3 |
Australia	73.4	74.3	76.8	78.1	77.9	76.3	79.0	81.5 |	84.4	86.5	89.7	94.1
Japan	83.8	84.9	85.7	86.4	87.3	88.8	89.3	89.9	90.6	91.5	93.1	94.9
Korea	65.6	66.6	67.0	68.6	70.4	71.0	70.6	73.3	75.9	80.0	82.6	85.9
New Zealand	75.0	76.0	75.9	75.8	77.1	76.2	77.1	79.9 |	92.8	93.6	90.6	88.2
Austria	80.2	81.2	81.7	82.2 |	84.8	84.1 |	86.1	86.1	87.3	87.8	88.1	88.9
Belgium	98.8	99.7	99.6	97.8	96.5	95.5	95.3	95.9	96.5	97.0	98.4	99.9
Czech Republic	102.2	102.7	103.0	103.1	103.4	103.7	104.4	104.9	105.3	105.7	105.8	105.7
Denmark	90.9	95.1	96.1	92.2	92.4	93.0	95.7	98.1	102.3	103.0	103.6	101.7
Finland	104.9	107.6	110.9	112.1	113.2	113.7	114.8	116.0	115.6	115.3	115.6 |	119.0
France	97.6	97.8	98.0	97.6 |	97.8	97.7	96.9	96.6	97.0	97.4	98.3	99.7
Germany	72.5	73.7	74.8	74.7	73.9	72.8	72.7	73.0	74.4	75.3	75.8	77.4
Greece	85.7	86.7	87.8	92.4	91.7	92.7	93.0	93.9	94.3	94.2	95.7	96.1
Hungary												
Iceland	71.5	72.2	74.6	78.2	80.2	80.9	82.1	85.1	87.7	92.7	90.1	88.7
Ireland	86.6	91.1	90.2	90.0	89.6	88.8	87.2	86.8	86.3	86.8	86.8	86.7
Italy	100.8	101.8	103.1	103.4	103.2	103.4	103.9	104.4	105.0	104.8	105.6	105.7
Luxembourg	73.3	73.7	74.2	74.5	74.3	74.0	74.5	75.6	77.5	79.6	82.1	85.4
Netherlands	70.6	71.5	73.7	75.2	74.3 |	73.4	73.8	75.2	76.3 |	85.1	87.6	89.4
Norway	90.3	91.3	91.8	93.1	93.5	93.6	94.8	96.9	100.3	102.3	101.7	98.6
Poland	114.6	115.4	116.1	116.7	113.8	113.5	113.9	114.8	115.2	114.8	114.0	113.9
Portugal	87.1	89.0	91.2	91.0	90.9	95.2	94.0	93.6	93.8	96.3	98.6	100.7
Slovak Republic												
Spain	100.5	99.1	96.5	94.0	93.2	92.8	90.2	89.0	90.4	94.7	98.2	101.7
Sweden	103.2	104.9	106.2	106.0	105.9	106.0	106.7	107.9 |	107.1 |	108.3	109.8	111.4
Switzerland	80.6	81.4	83.3	85.3	85.7	85.7	86.5	88.3	90.3	92.5	94.9	97.5
Turkey	77.7	78.9	79.8	80.5	81.3	82.1	83.4	84.7	86.3	88.2	89.5	91.8
United Kingdom	96.1	97.6	97.3	93.5	91.9	90.8	92.3	93.7	94.3	95.8	99.4	102.5
OECD-Total												
Major seven	82.7	84.3	84.9	85.2 |	84.8	85.3	87.0	88.1	89.4	90.9	92.6	94.4 |
Euro zone	87.8	88.6	89.2	89.1 |	88.7 |	88.5 |	88.1 |	88.3	89.2 |	90.6	91.8 |	93.3
EU15	89.7	90.7	91.2	90.4 |	89.8 |	89.4 |	89.5	89.9 |	90.8 |	92.2	93.8 |	95.5

Emploi total

Milliers

1990	1991	1992	1993	1994	1995	1996	1997	1998	1999	2000	2001	
13 163	12 929	12 836	12 932	13 185	13 427	13 527	13 835	14 200	14 591	14 967	15 130	Canada
..	29 226	30 259	31 341	32 439	32 370	33 896	35 938	37 135	37 682	37 771	37 945	Mexique
120 430	119 282	120 058	121 744	124 478	126 242	128 000	130 808	132 692	134 692	136 399	136 264	États-Unis
7 876	7 698	7 685	7 684	7 947	8 276	8 367	8 365	8 593	8 786	9 099	9 174	Australie
62 490	63 690	64 360	64 500	64 530	64 570	64 860	65 570	65 140	64 620	64 460	64 120	Japon
18 085	18 677	19 033	19 328	19 905	20 432	20 817	21 106	19 994	20 281	21 061	21 362	Corée
1 492	1 474	1 486	1 523	1 595	1 678	1 739	1 746	1 735	1 759	1 788	1 833	Nouvelle-Zélande
3 412	3 482	3 546	3 575	3 742	3 758	3 710	3 719	3 724	3 762	3 779	3 797	Autriche
3 815	3 819	3 801	3 767	3 738	3 762	3 784	3 807	3 853	3 900	3 970	4 017	Belgique
4 995	4 817	4 883	4 874	4 927	4 963	4 972	4 937	4 866	4 764	4 732	4 750	République tchèque
2 672	2 646	2 648	2 587	2 555	2 602	2 627	2 681	2 693	2 707	2 722	2 725	Danemark
2 525	2 402	2 233	2 099	2 080	2 127	2 158	2 194	2 246	2 317	2 356	2 389	Finlande
22 633	22 655	22 526	22 235	22 263	22 460	22 536	22 639	23 011	23 470	24 057	24 461	France
29 323	37 373	36 875	36 444	36 174	36 176	36 045	35 897	36 438	36 730	36 899	36 936	Allemagne
3 719	3 632	3 685	3 715	3 786	3 821	3 868	3 853	3 967	3 940	3 946	3 917	Grèce
		4 083	3 827	3 752	3 678	3 648	3 646	3 698	3 811	3 849	3 859	Hongrie
126	137	137	137	138	142	142	142	148	153	156	159	Islande
1 160	1 156	1 165	1 183	1 221	1 281	1 329	1 380	1 495	1 591	1 671	1 717	Irlande
21 764	21 945	21 814	20 705	20 373	20 233	20 320	20 413	20 618	20 864	21 225	21 634	Italie
190	195	200	203	208	213	220	226	237	249	263	278	Luxembourg
6 356	6 522	6 655	6 647	6 692	6 887	7 027	7 250	7 461	7 662	7 795	7 929	Pays-Bas
2 030	2 010	2 004	2 004	2 035	2 079	2 131	2 195	2 248	2 258	2 269	2 278	Norvège
16 280	15 326	15 181	14 894	14 802	14 929	15 089	15 308	15 477	14 865	14 620	14 301	Pologne
4 723	4 634	4 529	4 451	4 444	4 413	4 443	4 529	4 739	4 825	4 909	4 989	Portugal
				2 129	2 166	2 244	2 224	2 228	2 156	2 123	2 145	République slovaque
13 179	13 277	13 011	12 451	12 366	12 671	12 990	13 407	13 923	14 686	15 455	15 987	Espagne
4 485	4 396	4 209	3 964	3 928	3 986	3 963	3 922	3 979	4 068	4 159	4 239	Suède
3 821	3 891	3 831	3 802	3 789	3 800	3 802	3 804	3 841	3 867	3 915	3 974	Suisse
19 038	19 521	19 585	18 547	19 901	20 393	20 887	20 861	21 372	21 913	21 079	20 242	Turquie
26 935	26 400	25 812	25 511	25 717	26 026	26 323	26 814	27 116	27 442	27 793	28 066	Royaume-Uni
				464 838	469 560	475 464	483 217	488 867	494 411	499 285	500 617	OCDE-Total
296 738	304 273	304 281	304 071	306 719	309 133	311 611	315 977	319 216	322 409	325 799	326 611	Sept grands
112 798	121 092	120 041	117 474	117 086	117 801	118 430	119 314	121 713	123 996	126 323	128 051	Zone euro
146 890	154 534	152 710	149 536	149 286	150 415	151 343	152 731	155 501	158 213	160 997	163 081	UE15

1995=100

1990	1991	1992	1993	1994	1995	1996	1997	1998	1999	2000	2001	
98.0	96.3	95.6	96.3	98.2	100.0	100.7	103.0	105.8	108.7	111.5	112.7	Canada
	90.3	93.5	96.8	100.2	100.0	104.7	111.0	114.7	116.4	116.7	117.2	Mexique
95.4	94.5	95.1	96.4	98.6	100.0	101.4	103.6	105.1	106.7	108.0	107.9	États-Unis
95.2	93.0	92.9	92.8	96.0	100.0	101.1	101.1	103.8	106.2	109.9	110.8	Australie
96.8	98.6	99.7	99.9	99.9	100.0	100.4	101.5	100.9	100.1	99.8	99.3	Japon
88.5	91.4	93.2	94.6	97.4	100.0	101.9	103.3	97.9	99.3	103.1	104.6	Corée
88.9	87.8	88.6	90.8	95.1	100.0	103.6	104.1	103.4	104.8	106.6	109.2	Nouvelle-Zélande
90.8	92.7	94.4	95.1	99.6	100.0	98.7	99.0	99.1	100.1	100.6	101.0	Autriche
101.4	101.5	101.0	100.1	99.4	100.0	100.6	101.2	102.4	103.7	105.5	106.8	Belgique
100.7	97.1	98.4	98.2	99.3	100.0	100.2	99.5	98.0	96.0	95.3	95.7	République tchèque
102.7	101.7	101.8	99.4	98.2	100.0	101.0	103.0	103.5	104.0	104.6	104.7	Danemark
118.7	112.9	105.0	98.7	97.8	100.0	101.5	103.1	105.6	108.9	110.8	112.3	Finlande
100.8	100.9	100.3	99.0	99.1	100.0	100.3	100.8	102.5	104.5	107.1	108.9	France
81.1	103.3	101.9	100.7	100.0	100.0	99.6	99.2	100.7	101.5	102.0	102.1	Allemagne
97.3	95.1	96.5	97.2	99.1	100.0	101.3	100.9	103.8	103.1	103.3	102.5	Grèce
		111.0	104.1	102.0	100.0	99.2	99.1	100.5	103.6	104.6	104.9	Hongrie
88.7	96.5	96.5	96.5	97.2	100.0	100.0	100.0	104.2	108.0	110.1	112.0	Islande
90.5	90.2	90.9	92.3	95.3	100.0	103.7	107.7	116.7	124.2	130.4	134.0	Irlande
107.6	108.5	107.8	102.3	100.7	100.0	100.4	100.9	101.9	103.1	104.9	106.9	Italie
89.0	91.4	93.7	95.4	97.6	100.0	103.2	106.1	111.2	116.7	123.3	130.4	Luxembourg
92.3	94.7	96.6	96.5	97.2	100.0	102.0	105.3	108.3	111.3	113.2	115.1	Pays-Bas
97.6	96.7	96.4	96.4	97.9	100.0	102.5	105.6	108.1	108.6	109.1	109.6	Norvège
109.0	102.7	101.7	99.8	99.1	100.0	101.1	102.5	103.7	99.6	97.9	95.8	Pologne
107.0	105.0	102.6	100.9	100.7	100.0	100.7	102.6	107.4	109.3	111.2	113.0	Portugal
				98.3	100.0	103.6	102.7	102.8	99.5	98.0	99.0	République slovaque
104.0	104.8	102.7	98.3	97.6	100.0	102.5	105.8	109.9	115.9	122.0	126.2	Espagne
112.5	110.3	105.6	99.4	98.5	100.0	99.4	98.4	99.8	102.1	104.3	106.3	Suède
100.5	102.4	100.8	100.0	99.7	100.0	100.0	100.1	101.1	101.7	103.0	104.6	Suisse
93.4	95.7	96.0	90.9	97.6	100.0	102.4	102.3	104.8	107.5	103.4	99.3	Turquie
103.5	101.4	99.2	98.0	98.8	100.0	101.1	103.0	104.2	105.4	106.8	107.8	Royaume-Uni
				99.0	100.0	101.3	102.9	104.1	105.3	106.3	106.6	OCDE-Total
96.0	98.4	98.4	98.4	99.2	100.0	100.8	102.2	103.3	104.3	105.4	105.7	Sept grands
95.8	102.8	101.9	99.7	99.4	100.0	100.5	101.3	103.3	105.3	107.2	108.7	Zone euro
97.7	102.7	101.5	99.4	99.2	100.0	100.6	101.5	103.4	105.2	107.0	108.4	UE15

Statistiques de la Population Active
© 2002
OCDE

Civilian employment

	1978	1979	1980	1981	1982	1983	1984	1985	1986	1987	1988	1989
	Thousands											
Canada	10 212	10 658	10 970	11 297	10 947	11 027	11 300	11 617	11 979	12 321	12 710	12 986
Mexico			..									
United States	96 048	98 824	99 303	100 397	99 526	100 834	105 005	107 150	109 597	112 440	114 968	117 342	
Australia	6 005	6 079	6 281	6 394	6 379	6 241	6 466	6 676		6 919	7 092	7 353	7 715
Japan	54 080	54 790	55 360	55 810	56 380	57 330	57 660	58 070	58 530	59 110	60 110	61 280
Korea	13 412	13 602	13 683	14 023	14 379	14 505	14 429	14 970	15 505	16 354	16 869	17 560
New Zealand	1 246	1 262	1 264	1 258	1 282	1 266	1 281	1 329	1 544	1 557	1 508	1 468
Austria	3 015	3 051	3 070	3 090	3 186	3 159	3 235	3 234	3 282	3 300	3 311	3 342
Belgium	3 628	3 660	3 657	3 585	3 537	3 502	3 497	3 517	3 541	3 558	3 610	3 670
Czech Republic	5 070	5 097	5 110	5 118	5 129	5 144	5 180	5 208	5 225	5 243	5 251	5 245
Denmark	2 330	2 439	2 470	2 369	2 374	2 389	2 457	2 522	2 630	2 646	2 660	2 610
Finland	2 190	2 246	2 318	2 343	2 367	2 380	2 403	2 427	2 421	2 413	2 420	2 494
France	21 327	21 392	21 443	21 334	21 390	21 377	21 199	21 142	21 238	21 320	21 521	21 842
Germany	25 689	26 120	26 528	26 498	26 193	25 809	25 770	25 876	26 387	26 707	26 889	27 469
Greece	3 276	3 311	3 356	3 531	3 502	3 540	3 553	3 588	3 601	3 598	3 657	3 671
Hungary												
Iceland	102	103	106	111	114	115	117	121	125	132	128	126
Ireland	1 095	1 151	1 141	1 138	1 133	1 124	1 103	1 094	1 092	1 099	1 099	1 099
Italy	19 863	20 057	20 313	20 361	20 297	20 350	20 418	20 508	20 614	20 584	20 818	20 833
Luxembourg	156	156	158	158	158	157	158	160	164	169	174	181
Netherlands	4 757	4 821	4 970	5 072	5 010	4 950	4 980	5 076	5 155	5 773	5 934	6 065
Norway	1 846	1 862	1 875	1 904	1 910	1 910	1 939	1 984	2 053	2 090	2 079	2 014
Poland	17 109	17 229	17 334	17 420	16 996	16 951	16 998	17 144	17 193	17 138	17 023	17 002
Portugal	3 772	3 854	3 940	3 918	3 928	4 128	4 075	4 057	4 064	4 171	4 280	4 377
Slovak Republic												
Spain	12 280	12 109	11 781	11 468	11 358	11 323	11 024	10 903	11 102	11 661	12 123	12 558
Sweden	4 115	4 180	4 232	4 224	4 220	4 224	4 255	4 299	4 269	4 316	4 375	4 442
Switzerland	3 062	3 095	3 166	3 240	3 256	3 257	3 288	3 354	3 430	3 515	3 607	3 704
Turkey	15 352	15 582	15 780	15 917	16 085	16 249	16 501	16 782	17 094	17 488	17 755	18 222
United Kingdom	24 696	25 080	25 004	24 011	23 584	23 304	23 854	24 250	24 380	24 754	25 708	26 549
OECD-Total												
Major seven	251 915	256 921	258 921	259 708	258 317	260 031	265 206	268 613	272 725	277 236	282 725	288 301	
Euro zone	101 048	101 928	102 675	102 495	102 059	101 799	101 415	101 582	102 662	104 353	105 837	107 600
EU15	132 189	133 627	134 381	133 099	132 237	131 716	131 981	132 653	133 941	136 069	138 580	141 201
	1995=100											
Canada	76.5	79.8	82.1	84.6	82.0	82.6	84.6	87.0	89.7	92.2	95.2	97.2
Mexico												
United States	76.9	79.1	79.5	80.4	79.7	80.7	84.1	85.8	87.7	90.0	92.0	93.9
Australia	73.1	74.0	76.4	77.8	77.6	75.9	78.7	81.2	84.2	86.3	89.5	93.9
Japan	83.8	84.9	85.7	86.4	87.3	88.8	89.3	89.9	90.6	91.5	93.1	94.9
Korea	65.6	66.6	67.0	68.6	70.4	71.0	70.6	73.3	75.9	80.0	82.6	85.9
New Zealand	74.7	75.7	75.8	75.4	76.9	75.9	76.8	79.7	92.6	93.3	90.4	88.0
Austria	80.9	81.8	82.3	82.9	85.4	84.7	86.8	86.7	88.0	88.5	88.8	89.6
Belgium	97.7	98.5	98.4	96.5	95.2	94.3	94.1	94.7	95.3	95.8	97.2	98.8
Czech Republic	103.3	103.9	104.1	104.3	104.5	104.8	105.5	106.1	106.5	106.8	107.0	106.9
Denmark	90.8	95.1	96.3	92.3	92.5	93.1	95.8	98.3	102.5	103.1	103.7	101.7
Finland	104.8	107.5	110.9	112.1	113.3	113.9	115.0	116.1	115.8	115.5	115.8	119.3
France	97.1	97.4	97.7	97.2	97.4	97.4	96.6	96.3	96.7	97.1	98.0	99.5
Germany	71.8	73.0	74.1	74.1	73.2	72.1	72.0	72.3	73.7	74.6	75.2	76.8
Greece	85.7	86.7	87.8	92.4	91.7	92.7	93.0	93.9	94.3	94.2	95.7	96.1
Hungary												
Iceland	71.5	72.2	74.6	78.2	80.2	80.9	82.1	85.1	87.7	92.7	90.1	88.7
Ireland	86.1	90.4	89.7	89.4	89.1	88.3	86.7	86.0	85.9	86.4	86.4	86.3
Italy	100.1	101.0	102.3	102.6	102.2	102.5	102.9	103.3	103.8	103.7	104.9	104.9
Luxembourg	72.8	73.2	73.7	73.9	73.7	73.5	73.9	74.9	76.9	79.0	81.5	84.8
Netherlands	69.6	70.5	72.7	74.2	73.3	72.4	72.8	74.2	75.4	84.4	86.8	88.7
Norway	90.2	91.0	91.6	93.0	93.3	93.3	94.7	96.9	100.3	102.1	101.6	98.4
Poland	115.7	116.5	117.2	117.8	114.9	114.6	114.9	115.9	116.2	115.9	115.1	114.9
Portugal	86.1	88.0	89.9	89.4	89.6	94.2	93.0	92.6	92.8	95.2	97.7	99.9
Slovak Republic												
Spain	98.5	97.2	94.5	92.0	91.2	90.9	88.5	87.5	89.1	93.6	97.3	100.8
Sweden	103.2	104.9	106.2	106.0	105.9	106.0	106.7	107.9	107.1	108.3	109.8	111.4
Switzerland	80.6	81.4	83.3	85.3	85.7	85.7	86.5	88.3	90.3	92.5	94.9	97.5
Turkey	77.2	78.3	79.3	80.0	80.9	81.7	82.9	84.4	85.9	87.9	89.3	91.6
United Kingdom	95.4	96.9	96.6	92.7	91.1	90.0	92.1	93.7	94.2	95.6	99.3	102.5
OECD-Total												
Major seven	82.2	83.9	84.5	84.8	84.3	84.9	86.6	87.7	89.0	90.5	92.3	94.1	
Euro zone	87.0	87.8	88.4	88.3	87.9	87.7	87.3	87.5	88.4	89.9	91.2	92.7
EU15	89.0	90.0	90.5	89.6	89.0	88.7	88.8	89.3	90.2	91.6	93.3	95.1

Emploi civil

Milliers

1990	1991	1992	1993	1994	1995	1996	1997	1998	1999	2000	2001	
13 084	12 851	12 760	12 857	13 112	13 357	13 463	13 774	14 140	14 531	14 910	15 077	Canada
..	29 226 |	30 259	31 341 |	32 439	32 370	33 896	35 938	37 135	37 682	37 771	37 945	Mexique
118 793	117 718	118 492	120 259 |	123 060	124 900	126 708	129 558	131 463	133 488	135 208	135 073	États-Unis
7 808	7 629	7 618	7 621	7 887	8 219	8 310	8 307	8 537	8 732	9 048	9 124	Australie
62 490	63 690	64 360	64 500	64 530	64 570	64 860	65 570	65 140	64 620	64 460	64 120	Japon
18 085	18 677	19 033	19 328	19 905	20 432	20 817	21 106	19 994	20 281	21 061	21 362	Corée
1 481	1 463	1 475	1 513	1 585	1 668	1 729	1 736	1 725	1 750	1 779	1 823	Nouvelle-Zélande
3 412	3 482	3 546	3 575 |	3 709	3 729	3 679	3 684	3 689	3 730	3 743	3 763	Autriche
3 726	3 735	3 724	3 698	3 687	3 715	3 738	3 762	3 810	3 858	3 928	3 974	Belgique
4 995	4 817	4 677 |	4 803	4 863	4 908	4 915	4 884	4 818	4 709	4 676	4 707	République tchèque
2 638	2 612	2 613	2 552	2 508	2 566	2 593	2 648	2 658	2 672	2 692	2 698	Danemark
2 493	2 365	2 196	2 061	2 045	2 090	2 119	2 162	2 213	2 287	2 326	2 359	Finlande
22 083	22 115	22 002	21 714	21 750	21 954	22 036	22 167	22 575	23 070	23 682	24 126	France
28 825 |	36 871	36 390	35 989	35 756	35 780	35 637	35 508	36 059	36 360	36 541	36 590	Allemagne
3 719	3 632	3 685	3 715	3 786	3 821	3 868	3 853	3 967	3 940	3 946	3 917	Grèce
		4 026	3 770	3 644	3 575	3 557	3 567	3 636	3 749	3 784	3 803	Hongrie
126 |	137	137	137	138	142	142	142	148	153	156	159	Islande
1 151	1 147	1 155	1 174	1 213	1 272	1 319	1 372 |	1 487	1 583	1 664	1 710	Irlande
21 215	21 410	21 270	20 305	19 972	19 851	19 951	20 027	20 242	20 493	20 874	21 300	Italie
189	194	199	203	208	214	220	227	236	248	262	277	Luxembourg
6 268	6 444 |	6 576	6 571	6 631	6 838	6 983	7 206	7 425	7 622	7 758	7 888	Pays-Bas
1 992	1 973	1 970	1 970	2 003	2 047	2 104	2 166	2 219	2 233	2 246	2 259	Norvège
16 280	15 326	15 181	14 894	14 661	14 792	14 968	15 186	15 354	14 757	14 526	14 207	Pologne
4 658	4 568	4 498	4 418	4 409	4 382	4 409	4 491 |	4 703	4 791	4 877	4 956	Portugal
				2 110	2 147	2 225	2 206	2 199	2 132	2 102	2 124	République slovaque
12 870	12 970	12 731	12 197	12 170	12 461	12 775	13 201	13 742	14 499	15 288	15 855	Espagne
4 485	4 396	4 209	3 964	3 928	3 986	3 963	3 922	3 979	4 068	4 159	4 239	Suède
3 821	3 891	3 831	3 802	3 789	3 800	3 802	3 804	3 841	3 867	3 915	3 974	Suisse
18 538	19 021	19 085	18 047	19 401	19 893	20 387	20 361	20 872	21 413 |	20 579	19 742	Turquie
26 818	26 302	25 671	25 381	25 599	25 891	26 192	26 695	27 005	27 314	27 677	27 967	Royaume-Uni
				460 498	465 370	471 364	479 230 |	485 012	490 632 |	495 638	497 119	OCDE-Total
293 308 |	300 957	300 944 |	301 006 |	303 779	306 304	308 846	313 300	316 624	319 876	323 352	324 253	Sept grands
110 608 |	118 933 |	117 971 |	115 620 |	115 336	116 107	116 735	117 659 |	120 149	122 481	124 890	126 715	Zone euro
144 549 |	152 243 |	150 464 |	147 517 |	147 371	148 550	149 482	150 924 |	153 790	156 535	159 418	161 620	UE15

1995=100

1990	1991	1992	1993	1994	1995	1996	1997	1998	1999	2000	2001	
98.0	96.2	95.5	96.3	98.2	100.0	100.8	103.1	105.9	108.8	111.6	112.9	Canada
	90.3 |	93.5	96.8 |	100.2	100.0	104.7	111.0	114.7	116.4	116.7	117.2	Mexique
95.1	94.2	94.9	96.3 |	98.5	100.0	101.4	103.7	105.3	106.9	108.3	108.1	États-Unis
95.0	92.8	92.7	92.7	96.0	100.0	101.1	101.1	103.9	106.2	110.1	111.0	Australie
96.8	98.6	99.7	99.9	99.9	100.0	100.4	101.5	100.9	100.1	99.8	99.3	Japon
88.5	91.4	93.2	94.6	97.4	100.0	101.9	103.3	97.9	99.3	103.1	104.6	Corée
88.8	87.7	88.4	90.7	95.0	100.0	103.7	104.1	103.4	104.9	106.7	109.3	Nouvelle-Zélande
91.5	93.4	95.1	95.9 |	99.5	100.0	98.7	98.8	98.9	100.0	100.4	100.9	Autriche
100.3	100.5	100.2	99.5	99.2	100.0	100.6	101.3	102.6	103.8	105.7	107.0	Belgique
101.8	98.1	95.3 |	97.9	99.1	100.0	100.1	99.5	98.2	95.9	95.3	95.9	République tchèque
102.8	101.8	101.8	99.5	97.7	100.0	101.1	103.2	103.6	104.1	104.9	105.1	Danemark
119.3	113.2	105.1	98.6	97.8	100.0	101.4	103.4	105.9	109.4	111.3	112.9	Finlande
100.6	100.7	100.2	98.9	99.1	100.0	100.4	101.0	102.8	105.1	107.9	109.9	France
80.6 |	103.0	101.7	100.6	99.9	100.0	99.6	99.2	100.8	101.6	102.1	102.3	Allemagne
97.3	95.1	96.5	97.2	99.1	100.0	101.3	100.9	103.8	103.1	103.3	102.5	Grèce
		112.6	105.5	101.9	100.0	99.5	99.8	101.7	104.9	105.8	106.4	Hongrie
88.7 |	96.5	96.5	96.5	97.2	100.0	100.0	100.0	104.2	108.0	110.1	112.0	Islande
90.4	90.1	90.8	92.3	95.3	100.0	103.7	107.8 |	116.9	124.5	130.8	134.4	Irlande
106.9	107.9	107.1 |	102.3	100.6	100.0	100.5	100.9	102.0	103.2	105.2	107.3	Italie
88.4	90.8	93.1	94.7	97.4	100.0	102.7	105.9	110.6	116.1	122.7	129.5	Luxembourg
91.7	94.2 |	96.2	96.1	97.0	100.0	102.1	105.4	108.6	111.5	113.5	115.4	Pays-Bas
97.3	96.4	96.2	96.2	97.9	100.0	102.8	105.8	108.4	109.1	109.7	110.4	Norvège
110.1	103.6	102.6	100.7	99.1	100.0	101.2	102.7	103.8	99.8	98.2	96.0	Pologne
106.3	104.3	102.7	100.8	100.6	100.0	100.6	102.5 |	107.3	109.3	111.3	113.1	Portugal
				98.3	100.0	103.6	102.8	102.4	99.3	97.9	98.9	République slovaque
103.3	104.1	102.2	97.9	97.7	100.0	102.5	105.9	110.3	116.4	122.7	127.2	Espagne
112.5	110.3	105.6	99.4	98.5	100.0	99.4	98.4	99.8	102.1	104.3	106.3	Suède
100.5	102.4	100.8	100.0	99.7	100.0	100.0	100.1	101.1	101.7	103.0	104.6	Suisse
93.2	95.6	95.9	90.7	97.5	100.0	102.5	102.4	104.9	107.6 |	103.4	99.2	Turquie
103.6	101.6	99.1	98.0	98.9	100.0	101.2	103.1	104.3	105.5	106.9	108.0	Royaume-Uni
				99.0	100.0	101.3	103.0 |	104.2	105.4 |	106.5	106.8	OCDE-Total
95.8 |	98.3	98.3 |	98.3 |	99.2	100.0	100.8	102.3	103.4	104.4	105.6	105.9	Sept grands
95.3 |	102.4 |	101.6 |	99.6 |	99.3	100.0	100.5	101.3 |	103.5	105.5	107.6	109.1	Zone euro
97.3 |	102.5 |	101.3 |	99.3 |	99.2	100.0	100.6	101.6 |	103.5	105.4	107.3	108.8	UE15

Statistiques de la Population Active
© 2002
OCDE

Civilian employment, females

	1978	1979	1980	1981	1982	1983	1984	1985	1986	1987	1988	1989
	Thousands											
Canada	3 892	4 131	4 339	4 547	4 511	4 607	4 747	4 927	5 119	5 299	5 532	5 699
Mexico			5 968									
United States	39 569	41 217	42 117	43 000	43 256	44 047	45 915	47 259	48 706	50 334	51 696	53 027	
Australia	2 154	2 157	2 298	2 336	2 355	2 337	2 448	2 565		2 716	2 815	2 971	3 153
Japan	20 830	21 170	21 420	21 620	22 000	22 630	22 820	23 040	23 270	23 600	24 080	24 740
Korea	5 097	5 219	5 222	5 345	5 622	5 686	5 535	5 833	6 165	6 613	6 771	7 152
New Zealand	408	425	426	428	439	440	451	480		641	656	643	629
Austria	1 163	1 175	1 178	1 189		1 219	1 211		1 286	1 277	1 302	1 320	1 336	1 355
Belgium	1 270	1 293	1 305	1 302	1 301	1 304	1 317	1 340	1 368	1 397	1 443	1 474
Czech Republic	2 362	2 371	2 381	2 392	2 400	2 411	2 438	2 456	2 468	2 485	2 490	2 478
Denmark	967	1 049	1 062	1 061	1 075	1 088	1 118	1 139	1 192	1 217	1 215	1 193
Finland	1 035	1 058	1 088	1 109	1 129	1 141	1 151	1 172	1 168	1 163	1 166		1 195
France	8 324	8 418	8 476	8 527		8 673	8 778	8 818	8 885	8 992	9 080	9 205	9 362
Germany	9 984	10 189	10 404	10 443	10 347	10 184	10 098	10 189	10 415	10 649	10 829	11 084
Greece	986	984	994	1 108	1 075	1 156	1 177	1 217	1 223	1 236	1 278	1 285
Hungary												
Iceland												
Ireland	310	323	333	329	345	346	338	348	349	369	367	375
Italy	6 183	6 354	6 539	6 586	6 609	6 679	6 747	6 831	6 977	7 065	7 153	7 228
Luxembourg	48	48	49	51	51	52	53	54	56	58	60	63
Netherlands	1 379	1 421	1 525	1 618	1 640		1 663	1 696	1 742	1 780		2 103	2 221	2 278
Norway	740	762	775	796	805	818	839	865	914	938	941	912
Poland												
Portugal	1 434	1 496	1 502	1 547	1 548	1 636	1 630	1 648	1 641	1 724	1 796	1 841
Slovak Republic												
Spain	3 485	3 455	3 346	3 226	3 222	3 267	3 200	3 175	3 244	3 514	3 718	3 896
Sweden	1 818	1 865	1 906	1 938	1 947	1 966	1 993	2 022		2 031		2 072	2 103	2 130
Switzerland	1 089	1 110	1 145	1 187	1 198	1 200	1 216	1 239	1 273	1 321	1 373	1 427
Turkey											5 235	5 674
United Kingdom	9 764	10 043	10 063	9 755	9 679	9 651	9 927	10 167	10 365	10 609	11 027	11 465
OECD-Total												
Major seven	98 546	101 522	103 358	104 478		105 075	106 576	109 071	111 298	113 844	116 636	119 522	122 606	
Euro zone	35 601	36 214	36 739	37 036		37 159		37 417		37 511	37 878	38 515		39 679	40 572		41 437
EU15	48 150	49 171	49 770	49 790		49 860		50 122		50 548	51 206		52 103		53 576	54 917		56 225
	As percentage of civilian employment											
Canada	38.1	38.8	39.6	40.2	41.2	41.8	42.0	42.4	42.7	43.0	43.5	43.9
Mexico			..									
United States	41.2	41.7	42.4	42.8	43.5	43.7	43.7	44.1	44.4	44.8	45.0	45.2	
Australia	35.9	35.5	36.6	36.5	36.9	37.4	37.9	38.4		39.3	39.7	40.4	40.9
Japan	38.5	38.6	38.7	38.7	39.0	39.5	39.6	39.7	39.8	39.9	40.1	40.4
Korea	38.0	38.4	38.2	38.1	39.1	39.2	38.4	39.0	39.8	40.4	40.1	40.7
New Zealand	32.7	33.7	33.7	34.0	34.2	34.8	35.2	36.1		41.5	42.1	42.6	42.8
Austria	38.6	38.5	38.4	38.5		38.3	38.3		39.8	39.5	39.7	40.0	40.4	40.5
Belgium	35.0	35.3	35.7	36.3	36.8	37.2	37.7	38.1	38.6	39.3	40.0	40.2
Czech Republic	46.6	46.5	46.6	46.7	46.8	46.9	47.1	47.2	47.2	47.4	47.4	47.2
Denmark	41.5	43.0	43.0	44.8	45.3	45.5	45.5	45.2	45.3	46.0	45.7	45.7
Finland	47.3	47.1	46.9	47.3	47.7	47.9	47.9	48.3	48.2	48.2	48.2		47.9
France	39.0	39.4	39.5	40.0		40.5	41.1	41.6	42.0	42.3	42.6	42.8	42.9
Germany	38.9	39.0	39.2	39.4	39.5	39.5	39.2	39.4	39.5	39.9	40.3	40.4
Greece	30.1	29.7	29.6	31.4	30.7	32.7	33.1	33.9	34.0	34.4	34.9	35.0
Hungary												
Iceland												
Ireland	28.3	28.0	29.2	28.9	30.5	30.8	30.6	31.8	32.0	33.6	33.4	34.2
Italy	31.1	31.7	32.2	32.3	32.6	32.8	33.0	33.3	33.8	34.3	34.4	34.7
Luxembourg	30.8	30.9	30.9	32.5	32.3	33.0	33.5	33.8	34.0	34.3	34.5	34.7
Netherlands	29.0	29.5	30.7	31.9	32.7		33.6	34.1	34.3	34.5		36.4	37.4	37.6
Norway	40.1	40.9	41.3	41.8	42.1	42.8	43.3	43.6	44.5	44.9	45.3	45.3
Poland												
Portugal	38.0	38.8	38.1	39.5	39.4	39.6	40.0	40.6	40.4	41.3	42.0	42.1
Slovak Republic												
Spain	28.4	28.5	28.4	28.1	28.4	28.9	29.0	29.1	29.2	30.1	30.7	31.0
Sweden	44.2	44.6	45.0	45.9	46.1	46.5	46.8	47.0		47.6		48.0	48.1	48.0
Switzerland	35.5	35.9	36.2	36.6	36.8	36.9	37.0	36.9	37.1	37.6	38.1	38.5
Turkey											29.5	31.1
United Kingdom	39.5	40.0	40.2	40.6	41.0	41.4	41.6	41.9	42.5	42.9	42.9	43.2
OECD-Total												
Major seven	39.1	39.5	39.9	40.2		40.7	41.0	41.1	41.4	41.7	42.1	42.3		42.5	
Euro zone	35.2	35.5	35.8	36.1		36.4		36.8		37.0	37.3	37.5		38.0	38.3		38.5
EU15	36.4	36.8	37.0	37.4		37.7		38.1		38.3	38.6		38.9		39.4	39.6		39.8

Emploi civil, femmes

Milliers

1990	1991	1992	1993	1994	1995	1996	1997	1998	1999	2000	2001	
5 806	5 791	5 790	5 828	5 934	6 058	6 117	6 266	6 479	6 665	6 860	6 967	Canada
5 521	8 878 |	9 310	9 721 |	10 120	10 400	11 059	12 097	12 483	12 607	12 928	12 942	Mexique
53 689	53 496	54 052	54 910 |	56 610	57 523	58 501	59 873	60 771	62 042	62 915	62 992	États-Unis
3 246	3 224	3 232	3 238	3 350	3 548	3 590	3 586	3 728	3 787	3 988	4 039	Australie
25 360	25 920	26 190	26 100	26 140	26 140	26 270	26 650	26 560	26 320	26 290	26 290	Japon
7 376	7 561	7 669	7 774	8 043	8 256	8 472	8 686	8 084	8 303	8 707	8 895	Corée
646	644	651	666	702	739	775	778	778	794	806	830	Nouvelle-Zélande
1 393	1 427	1 474	1 496 |	1 595	1 596	1 579	1 590	1 597	1 623	1 632	1 656	Autriche
1 514	1 528	1 535	1 537	1 533	1 557	1 579	1 602	1 634	1 668	1 701	1 718	Belgique
2 352	2 169	2 109 |	2 137	2 167	2 177	2 168	2 148	2 108	2 069	2 055	2 062	République tchèque
1 216	1 210	1 217	1 193	1 153	1 168	1 182	1 211	1 228	1 238	1 259	1 264	Danemark
1 196	1 151	1 076	1 008	995	1 003	1 011	1 027	1 048	1 090	1 107	1 127	Finlande
9 500	9 607	9 660	9 633	9 687	9 785	9 864	9 971	10 201	10 465	10 746	10 964	France
11 700 |	15 540	15 303	15 148	15 068	15 205	15 303	15 295	15 598	15 885	16 052	16 192	Allemagne
1 310	1 226	1 281	1 299	1 337	1 371	1 401	1 415	1 463	1 473	1 489	1 486	Grèce
		1 865	1 750	1 691	1 624	1 606	1 597	1 651	1 701	1 721	1 724	Hongrie
	62	63	63	64	66	66	66	69	71	73	74	Islande
400	401	416	434	454	483	513	539 |	595	644	681	703	Irlande
7 454	7 564	7 587 |	7 069	6 998	7 007	7 122	7 192	7 345	7 533	7 764	8 060	Italie
65	67	70	71	75	77	80	84	84	91	97	111	Luxembourg
2 404	2 516 |	2 598	2 667	2 712	2 797	2 871	3 010	3 120	3 253	3 325	3 419	Pays-Bas
914	913	913	918	931	952	977	1 009	1 037	1 050	1 056	1 063	Norvège
		6 844	6 727	6 653	6 697	6 755	6 784	6 884	6 625	6 522	6 410	Pologne
1 977	1 989	1 988	1 969	1 972	1 967	1 984	2 031 |	2 109	2 172	2 212	2 253	Portugal
				936	954	990	989	988	968	964	978	République slovaque
4 062	4 170	4 198	4 105	4 120	4 273	4 451	4 652	4 842	5 209	5 628	5 910	Espagne
2 152	2 118	2 045	1 938	1 911	1 925	1 905	1 880	1 901	1 946	1 992	2 036	Suède
1 494	1 541	1 529	1 527	1 535	1 542	1 568	1 585	1 606	1 621	1 651	1 685	Suisse
5 637	5 749	5 598	4 596	5 561	5 660	5 790	5 475	5 729	6 157 |	5 403	5 263	Turquie
11 611	11 506	11 479	11 471	11 538	11 622	11 812	12 017	12 114	12 295	12 447	12 603	Royaume-Uni
				191 588	194 172	197 361	201 104 |	203 833	207 365 |	210 072	211 714	OCDE-Total
125 120 |	129 424 |	130 061 |	130 158 |	131 976 |	133 340	134 989	137 264	139 068	141 204	143 075	144 068	Sept grands
42 975 |	47 187 |	47 186 |	46 435 |	46 548 |	47 121	47 759	48 408 |	49 635	51 106	52 434	53 598	Zone euro
57 954 |	62 020 |	61 927 |	61 037 |	61 150 |	61 836	62 658	63 516 |	64 878	66 585	68 132	69 501	UE15

En pourcentage de l'emploi civil

1990	1991	1992	1993	1994	1995	1996	1997	1998	1999	2000	2001	
44.4	45.1	45.4	45.3	45.3	45.4	45.4	45.5	45.8	45.9	46.0	46.2	Canada
..	30.4 |	30.8	31.0 |	31.2	32.1	32.6	33.7	33.6	33.5	34.2	34.1	Mexique
45.2	45.4	45.6	45.7 |	46.0	46.1	46.2	46.2	46.2	46.5	46.5	46.6	États-Unis
41.6	42.3	42.4	42.5	42.5	43.2	43.2	43.2	43.7	43.4	44.1	44.3	Australie
40.6	40.7	40.7	40.5	40.5	40.5	40.5	40.6	40.8	40.7	40.8	41.0	Japon
40.8	40.5	40.3	40.2	40.4	40.4	40.7	41.2	40.4	40.9	41.3	41.6	Corée
43.6	44.0	44.1	44.0	44.3	44.3	44.8	44.8	45.1	45.4	45.3	45.5	Nouvelle-Zélande
40.8	41.0	41.6	41.8 |	43.0	42.8	42.9	43.2	43.3	43.5	43.6	44.0	Autriche
40.6	40.9	41.2	41.6	41.6	41.9	42.2	42.6	42.9	43.2	43.3	43.2	Belgique
47.1	45.0	45.1 |	44.5	44.6	44.4	44.1	44.0	43.8	43.9	44.0	43.8	République tchèque
46.1	46.3	46.6	46.7	46.0	45.5	45.6	45.7	46.2	46.3	46.8	46.8	Danemark
48.0	48.7	49.0	48.9	48.7	48.0	47.7	47.5	47.4	47.7	47.6	47.8	Finlande
43.0	43.4	43.9	44.4	44.5	44.6	44.8	45.0	45.2	45.4	45.4	45.4	France
40.6 |	42.1	42.1	42.1	42.1	42.5	42.9	43.1	43.3	43.7	43.9	44.3	Allemagne
35.2	33.8	34.8	35.0	35.3	35.9	36.2	36.7	36.9	37.4	37.7	37.9	Grèce
		46.3	46.4	46.4	45.4	45.2	44.8	45.4	45.4	45.5	45.3	Hongrie
	45.5	45.7	46.2	46.5	46.5	46.4	46.2	46.6	46.4	46.6	46.5	Islande
34.8	35.0	36.0	36.9	37.4	37.9	38.9	39.3 |	40.0	40.7	40.9	41.1	Irlande
35.1	35.3	35.7 |	34.8	35.0	35.3	35.7	35.9	36.3	36.8	37.2	37.8	Italie
34.5	34.4	35.0	35.3	36.1	36.2	36.5	36.9	35.5	36.7	37.0	40.1	Luxembourg
38.4	39.0 |	39.5	40.6	40.9	40.9	41.1	41.8	42.0	42.7	42.9	43.3	Pays-Bas
45.9	46.3	46.3	46.6	46.5	46.5	46.4	46.6	46.7	47.0	47.0	47.1	Norvège
		45.1	45.2	45.4	45.3	45.1	44.7	44.8	44.9	44.9	45.1	Pologne
42.4	43.5	44.2	44.6	44.7	44.9	45.0	45.2 |	44.8	45.3	45.4	45.5	Portugal
				44.4	44.4	44.5	44.8	44.9	45.4	45.9	46.0	République slovaque
31.6	32.2	33.0	33.7	33.9	34.3	34.8	35.2	35.2	35.9	36.8	37.3	Espagne
48.0	48.2	48.6	48.9	48.7	48.3	48.1	47.9	47.8	47.8	47.9	48.0	Suède
39.1	39.6	39.9	40.2	40.5	40.6	41.2	41.7	41.8	41.9	42.2	42.4	Suisse
30.4	30.2	29.3	25.5	28.7	28.5	28.4	26.9	27.4	28.8 |	26.3	26.7	Turquie
43.3	43.7	44.7	45.2	45.1	44.9	45.1	45.0	44.9	45.0	45.0	45.1	Royaume-Uni
				41.6	41.7	41.9	42.0 |	42.0	42.3 |	42.4	42.6	OCDE-Total
42.7 |	43.0 |	43.2 |	43.2 |	43.4	43.5	43.7	43.8	43.9	44.1	44.2	44.4	Sept grands
38.9 |	39.7 |	40.0 |	40.2 |	40.4	40.6	40.9	41.1 |	41.3	41.7	42.0	42.3	Zone euro
40.1 |	40.7 |	41.2 |	41.4 |	41.5	41.6	41.9	42.1 |	42.2	42.5	42.7	43.0	UE15

Statistiques de la Population Active
© 2002
OCDE

Civilian employment, males

Thousands

	1978	1979	1980	1981	1982	1983	1984	1985	1986	1987	1988	1989
Canada	6 321	6 526	6 631	6 750	6 436	6 420	6 553	6 690	6 860	7 021	7 178	7 287
Mexico			15 425									
United States	56 479	57 607	57 186	57 397	56 271	56 787	59 091	59 891	60 892	62 107	63 273	64 315	
Australia	3 851	3 921	3 983	4 058	4 024	3 904	4 018	4 111		4 203	4 277	4 382	4 556
Japan	33 250	33 630	33 940	34 190	34 380	34 690	34 850	35 030	35 260	35 510	36 020	36 540
Korea	8 315	8 383	8 462	8 679	8 757	8 819	8 894	9 137	9 339	9 741	10 099	10 409
New Zealand	838	837	838	831	843	826	830	849		904	901	866	840
Austria	1 852	1 876	1 892	1 901		1 966	1 948		1 949	1 957	1 981	1 980	1 975	1 987
Belgium	2 358	2 367	2 352	2 283	2 236	2 198	2 179	2 177	2 173	2 161	2 167	2 196
Czech Republic	2 708	2 726	2 729	2 726	2 729	2 733	2 741	2 752	2 757	2 758	2 762	2 767
Denmark	1 363	1 389	1 406	1 308	1 299	1 301	1 338	1 383	1 438	1 430	1 445	1 417
Finland	1 155	1 188	1 230	1 234	1 238	1 239	1 252	1 255	1 253	1 250	1 254		1 299
France	13 003	12 974	12 967	12 806		12 716	12 599	12 380	12 257	12 246	12 239	12 317	12 481
Germany	15 705	15 931	16 124	16 055	15 846	15 625	15 672	15 687	15 972	16 058	16 060	16 385
Greece	2 290	2 327	2 362	2 423	2 427	2 384	2 376	2 371	2 378	2 362	2 380	2 386
Hungary												
Iceland												
Ireland	785	828	808	809	788	778	765	746	743	730	732	723
Italy	13 680	13 703	13 774	13 775	13 688	13 671	13 670	13 677	13 638	13 519	13 665	13 605
Luxembourg	108	108	109	107	107	105	105	106	109	111	114	118
Netherlands	3 378	3 400	3 445	3 454	3 370		3 287	3 284	3 334	3 375		3 670	3 713	3 786
Norway	1 106	1 100	1 100	1 108	1 105	1 092	1 100	1 119	1 139	1 152	1 139	1 102
Poland												
Portugal	2 338	2 358	2 438	2 371	2 380	2 492	2 445	2 409	2 423	2 447	2 484	2 536
Slovak Republic												
Spain	8 795	8 654	8 435	8 242	8 137	8 056	7 824	7 728	7 859	8 147	8 405	8 661
Sweden	2 297	2 315	2 327	2 286	2 273	2 258	2 261	2 276		2 238		2 244	2 272	2 312
Switzerland	1 974	1 985	2 021	2 053	2 058	2 056	2 073	2 115	2 157	2 194	2 234	2 276
Turkey											12 520	12 548
United Kingdom	14 932	15 037	14 941	14 256	13 905	13 653	13 927	14 083	14 014	14 145	14 681	15 083
OECD-Total												
Major seven	153 370	155 408	155 563	155 229		153 242	153 445	156 144	157 314	158 883	160 599	163 194	165 696	
Euro zone	65 447	65 714	65 936	65 459		64 899		64 382		63 902	63 703	64 150		64 674	65 266		66 164
EU15	84 039	84 455	84 610	83 309		82 376		81 594		81 428	81 445		81 840		82 492	83 664		84 976

As percentage of civilian employment

	1978	1979	1980	1981	1982	1983	1984	1985	1986	1987	1988	1989
Canada	61.9	61.2	60.4	59.8	58.8	58.2	58.0	57.6	57.3	57.0	56.5	56.1
Mexico			..									
United States	58.8	58.3	57.6	57.2	56.5	56.3	56.3	55.9	55.6	55.2	55.0	54.8	
Australia	64.1	64.5	63.4	63.5	63.1	62.6	62.1	61.6		60.7	60.3	59.6	59.1
Japan	61.5	61.4	61.3	61.3	61.0	60.5	60.4	60.3	60.2	60.1	59.9	59.6
Korea	62.0	61.6	61.8	61.9	60.9	60.8	61.6	61.0	60.2	59.6	59.9	59.3
New Zealand	67.3	66.3	66.3	66.1	65.8	65.2	64.8	63.9		58.5	57.9	57.4	57.2
Austria	61.4	61.5	61.6	61.5		61.7	61.7		60.2	60.5	60.4	60.0	59.6	59.5
Belgium	65.0	64.7	64.3	63.7	63.2	62.8	62.3	61.9	61.4	60.7	60.0	59.8
Czech Republic	53.4	53.5	53.4	53.3	53.2	53.1	52.9	52.8	52.8	52.6	52.6	52.8
Denmark	58.5	56.9	56.9	55.2	54.7	54.5	54.5	54.8	54.7	54.0	54.3	54.3
Finland	52.7	52.9	53.1	52.7	52.3	52.1	52.1	51.7	51.8	51.8	51.8		52.1
France	61.0	60.6	60.5	60.0		59.4	58.9	58.4	58.0	57.7	57.4	57.2	57.1
Germany	61.1	61.0	60.8	60.6	60.5	60.5	60.8	60.6	60.5	60.1	59.7	59.6
Greece	69.9	70.3	70.4	68.6	69.3	67.3	66.9	66.1	66.0	65.6	65.1	65.0
Hungary												
Iceland												
Ireland	71.7	72.0	70.8	71.1	69.5	69.2	69.4	68.2	68.0	66.4	66.6	65.8
Italy	68.9	68.3	67.8	67.7	67.4	67.2	67.0	66.7	66.2	65.7	65.6	65.3
Luxembourg	69.2	69.1	69.1	67.5	67.7	67.0	66.5	66.2	66.0	65.7	65.5	65.3
Netherlands	71.0	70.5	69.3	68.1	67.3		66.4	65.9	65.7	65.5		63.6	62.6	62.4
Norway	59.9	59.1	58.7	58.2	57.9	57.2	56.7	56.4	55.5	55.1	54.8	54.7
Poland												
Portugal	62.0	61.2	61.9	60.5	60.6	60.4	60.0	59.4	59.6	58.7	58.0	57.9
Slovak Republic												
Spain	71.6	71.5	71.6	71.9	71.6	71.1	71.0	70.9	70.8	69.9	69.3	69.0
Sweden	55.8	55.4	55.0	54.1	53.9	53.5	53.1	52.9		52.4		52.0	51.9	52.0
Switzerland	64.5	64.1	63.8	63.4	63.2	63.1	63.0	63.1	62.9	62.4	61.9	61.5
Turkey											70.5	68.9
United Kingdom	60.5	60.0	59.8	59.4	59.0	58.6	58.4	58.1	57.5	57.1	57.1	56.8
OECD-Total												
Major seven	60.9	60.5	60.1	59.8		59.3	59.0	58.9	58.6	58.3	57.9	57.7	57.5	
Euro zone	64.8	64.5	64.2	63.9		63.6		63.2		63.0	62.7	62.5		62.0	61.7		61.5
EU15	63.6	63.2	63.0	62.6		62.3		61.9		61.7	61.4		61.1		60.6	60.4		60.2

Emploi civil, hommes

Milliers

1990	1991	1992	1993	1994	1995	1996	1997	1998	1999	2000	2001	
7 278	7 060	6 970	7 030	7 178	7 299	7 346	7 508	7 661	7 866	8 049	8 110	Canada
17 882	20 348 │	20 950	21 620 │	22 319	21 969	22 837	23 841	24 652	25 075	24 843	25 003	Mexique
65 104	64 223	64 440	65 349 │	66 450	67 377	68 207	69 685	70 693	71 446	72 293	72 080	États-Unis
4 562	4 405	4 385	4 383	4 536	4 670	4 721	4 721	4 809	4 945	5 060	5 085	Australie
37 130	37 760	38 170	38 400	38 390	38 430	38 580	38 920	38 580	38 310	38 170	37 830	Japon
10 709	11 116	11 363	11 554	11 863	12 176	12 345	12 420	11 910	11 978	12 353	12 467	Corée
835	819	824	847	883	929	954	958	948	957	973	994	Nouvelle-Zélande
2 019	2 055	2 072	2 079 │	2 113	2 133	2 099	2 094	2 091	2 107	2 110	2 107	Autriche
2 212	2 207	2 189	2 161	2 154	2 159	2 159	2 160	2 176	2 190	2 226	2 255	Belgique
2 643	2 648	2 568 │	2 665	2 696	2 731	2 747	2 737	2 709	2 640	2 621	2 644	République tchèque
1 422	1 402	1 396	1 359	1 355	1 398	1 411	1 437	1 431	1 434	1 433	1 434	Danemark
1 298	1 214	1 120	1 053	1 050	1 088	1 108	1 135	1 166	1 197	1 219	1 232	Finlande
12 583	12 508	12 341	12 081	12 063	12 170	12 172	12 196	12 374	12 606	12 936	13 162	France
17 125 │	21 331	21 087	20 841	20 688	20 575	20 334	20 213	20 461	20 475	20 489	20 398	Allemagne
2 409	2 407	2 403	2 417	2 449	2 449	2 467	2 439	2 504	2 466	2 457	2 431	Grèce
		2 161	2 020	1 953	1 951	1 951	1 970	1 985	2 048	2 063	2 079	Hongrie
	75	74	73	74	76	76	76	79	82	84	85	Islande
750	746	739	740	759	790	806	832 │	893	939	983	1 007	Irlande
13 761	13 846	13 683 │	13 236	12 974	12 845	12 829	12 835	12 897	12 959	13 110	13 240	Italie
124	127	129	131	133	136	139	143	151	157	165	166	Luxembourg
3 864	3 928 │	3 979	3 905	3 920	4 041	4 112	4 196	4 305	4 369	4 433	4 469	Pays-Bas
1 078	1 059	1 056	1 052	1 071	1 095	1 127	1 157	1 183	1 184	1 189	1 195	Norvège
		8 337	8 167	8 008	8 095	8 213	8 402	8 470	8 132	8 004	7 797	Pologne
2 681	2 579	2 510	2 450	2 437	2 415	2 425	2 460 │	2 594	2 619	2 665	2 703	Portugal
				1 174	1 193	1 235	1 217	1 210	1 164	1 137	1 146	République slovaque
8 808	8 800	8 533	8 093	8 049	8 188	8 324	8 549	8 900	9 290	9 660	9 946	Espagne
2 333	2 278	2 164	2 026	2 017	2 061	2 058	2 042	2 079	2 121	2 167	2 203	Suède
2 327	2 350	2 302	2 276	2 254	2 258	2 234	2 218	2 236	2 246	2 264	2 289	Suisse
12 901	13 273	13 487	13 452	13 840	14 233	14 597	14 886	15 143	15 257 │	15 176	14 479	Turquie
15 207	14 796	14 191	13 911	14 061	14 269	14 380	14 678	14 891	15 020	15 230	15 364	Royaume-Uni
				268 909	271 198	273 992	278 126 │	281 182	283 278 │	285 562	285 401	OCDE-Total
168 188 │	171 525	170 883 │	170 848 │	171 803	172 964	173 848	176 036	177 557	178 682	180 277	180 183	Sept grands
67 633 │	71 749 │	70 785 │	69 187 │	68 788	68 987	68 974	69 252 │	70 512	71 374	72 453	73 116	Zone euro
86 596 │	90 225 │	88 536 │	86 483 │	86 221	86 716	86 823	87 409 │	88 913	89 949	91 283	92 117	UE15

En pourcentage de de l'emploi civil

1990	1991	1992	1993	1994	1995	1996	1997	1998	1999	2000	2001	
55.6	54.9	54.6	54.7	54.7	54.6	54.6	54.5	54.2	54.1	54.0	53.8	Canada
..	69.6 │	69.2	69.0 │	68.8	67.9	67.4	66.3	66.4	66.5	65.8	65.9	Mexique
54.8	54.6	54.4	54.3 │	54.0	53.9	53.8	53.8	53.8	53.5	53.5	53.4	États-Unis
58.4	57.7	57.6	57.5	57.5	56.8	56.8	56.8	56.3	56.6	55.9	55.7	Australie
59.4	59.3	59.3	59.5	59.5	59.5	59.5	59.4	59.2	59.3	59.2	59.0	Japon
59.2	59.5	59.7	59.8	59.6	59.6	59.3	58.8	59.6	59.1	58.7	58.4	Corée
56.4	56.0	55.9	56.0	55.7	55.7	55.2	55.2	55.0	54.7	54.7	54.5	Nouvelle-Zélande
59.2	59.0	58.4	58.2 │	57.0	57.2	57.1	56.8	56.7	56.5	56.4	56.0	Autriche
59.4	59.1	58.8	58.4	58.4	58.1	57.8	57.4	57.1	56.8	56.7	56.7	Belgique
52.9	55.0	54.9 │	55.5	55.4	55.6	55.9	56.0	56.2	56.1	56.0	56.2	République tchèque
53.9	53.7	53.4	53.3	54.0	54.5	54.4	54.3	53.8	53.7	53.2	53.2	Danemark
52.1	51.3	51.0	51.1	51.3	52.1	52.3	52.5	52.7	52.3	52.4	52.2	Finlande
57.0	56.6	56.1	55.6	55.5	55.4	55.2	55.0	54.8	54.6	54.6	54.6	France
59.4 │	57.9	57.9	57.9	57.9	57.5	57.1	56.9	56.7	56.3	56.1	55.7	Allemagne
64.8	66.3	65.2	65.1	64.7	64.1	63.8	63.3	63.1	62.6	62.3	62.1	Grèce
		53.7	53.6	53.6	54.6	54.8	55.2	54.6	54.6	54.5	54.7	Hongrie
	54.4	54.2	53.5	53.3	53.5	53.6	53.8	53.4	53.6	53.4	53.5	Islande
65.2	65.0	64.0	63.1	62.5	62.1	61.1	60.7 │	60.0	59.3	59.1	58.9	Irlande
64.9	64.7	64.3 │	65.2	65.0	64.7	64.3	64.1	63.7	63.2	62.8	62.2	Italie
65.5	65.6	65.0	64.7	63.9	63.8	63.5	63.1	63.9	63.2	62.9	59.9	Luxembourg
61.6	61.0 │	60.5	59.4	59.1	59.1	58.9	58.2	58.0	57.3	57.1	56.7	Pays-Bas
54.1	53.7	53.6	53.4	53.5	53.5	53.6	53.4	53.3	53.0	52.9	52.9	Norvège
		54.9	54.8	54.6	54.7	54.9	55.3	55.2	55.1	55.1	54.9	Pologne
57.6	56.5	55.8	55.4	55.3	55.1	55.0	54.8 │	55.2	54.7	54.6	54.5	Portugal
				55.6	55.6	55.5	55.2	55.1	54.6	54.1	54.0	République slovaque
68.4	67.8	67.0	66.3	66.1	65.7	65.2	64.8	64.8	64.1	63.2	62.7	Espagne
52.0	51.8	51.4	51.1	51.3	51.7	51.9	52.1	52.2	52.1	52.1	52.0	Suède
60.9	60.4	60.1	59.8	59.5	59.4	58.8	58.3	58.2	58.1	57.8	57.6	Suisse
69.6	69.8	70.7	74.5	71.3	71.5	71.6	73.1	72.6	71.3 │	73.7	73.3	Turquie
56.7	56.3	55.3	54.8	54.9	55.1	54.9	55.0	55.1	55.0	55.0	54.9	Royaume-Uni
				58.4	58.3	58.1	58.0 │	58.0	57.7 │	57.6	57.4	OCDE-Total
57.3 │	57.0	56.8 │	56.8 │	56.6	56.5	56.3	56.2	56.1	55.9	55.8	55.6	Sept grands
61.1 │	60.3 │	60.0 │	59.8 │	59.6	59.4	59.1	58.9 │	58.7	58.3	58.0	57.7	Zone euro
59.9 │	59.3 │	58.8 │	58.6 │	58.5	58.4	58.1	57.9 │	57.8	57.5	57.3	57.0	UE15

Statistiques de la Population Active
© 2002
OCDE

Civilian employment, agriculture

Thousands

	1978	1979	1980	1981	1982	1983	1984	1985	1986	1987	1988	1989
Canada	584	602	597	612	576	604	603	584	583 ‖	582	573	564
Mexico			..									
United States	3 549	3 509	3 529	3 519	3 571	3 541	3 469	3 338	3 350	3 400	3 326	3 378 ‖
Australia	375	399	407	416	410	411	400 ‖	417	417	404	430	409
Japan	6 330	6 130	5 770	5 570	5 480	5 310	5 120	5 090	4 950	4 890	4 740	4 630
Korea	5 154	4 866	4 654	4 801	4 612	4 315	3 914	3 733	3 662	3 580	3 484	3 418
New Zealand	140	140	138	141	146	142	143	148 ‖	164	161	156	151
Austria	329	326	323	317 ‖	317	313 ‖	304	291	283	285	269	266
Belgium	122	122	116	113	111	111	110	109	107	105	102	101
Czech Republic	642	638	637	633	626	623	625	629	627	629	628	625
Denmark	183	176	175	174	177	177	165	169	154	151	153	148
Finland	316	309	314	305	312	302	294	280	266	251	238	218 ‖
France	1 954	1 908	1 854	1 791	1 732	1 677	1 627	1 582	1 534	1 479	1 425	1 368
Germany	1 493	1 410	1 403	1 367	1 321	1 279	1 238	1 195	1 176	1 124	1 076	1 025
Greece	1 049	1 020	1 016	1 083	1 011	1 060	1 044	1 037	1 026	971	972	930
Hungary												
Iceland	14	14	14	14	14	14	13	14	14	14	13	13
Ireland	226	221	209	196	193	189	182	176	172	170	171	168
Italy	3 069	2 989	2 899	2 732	2 522	2 526	2 426	2 296	2 242	2 169	2 052	1 946
Luxembourg	10	9	9	8	8	7	8	7	7	7	6	6
Netherlands	256	257	244 ‖	247	249	247	247	248	249 ‖	281	284	286
Norway	161	161	159	159	154	148	143	147	151	139	134	132
Poland												
Portugal	1 179	1 177	1 074	1 017	991	957	969	969	891	926	885	830
Slovak Republic												
Spain	2 510	2 380	2 228	2 108	2 061	2 068	1 988	1 950	1 758	1 723	1 695	1 598
Sweden	251	242	237	237	236	229	218	208 ‖	179 ‖	174	170	161
Switzerland	223	220	218	213	210	208	204	203	195	187	177	168
Turkey	8 416	8 409	8 402	8 394	8 367	8 341	8 313	8 286	8 263	8 238	8 249	8 639
United Kingdom	680	666	654	639	632	622	616	568	538	569	598	589
OECD-Total												
Major seven	17 659	17 214	16 706	16 230	15 834	15 559	15 099	14 653	14 373 ‖	14 213	13 790	13 500 ‖
Euro zone	12 513	12 128	11 689 ‖	11 284 ‖	10 828	10 737 ‖	10 436	10 140	9 711 ‖	9 491	9 175	8 743 ‖
EU15	13 627	13 212	12 755 ‖	12 334 ‖	11 873	11 765 ‖	11 435	11 085 ‖	10 582 ‖	10 385 ‖	10 096	9 641 ‖

1995=100

	1978	1979	1980	1981	1982	1983	1984	1985	1986	1987	1988	1989
Canada	106.9	110.2	109.3	112.0	105.5	110.6	110.4	106.9	106.7 ‖	106.6	104.8	103.2
Mexico												
United States	98.8	97.7	98.2	98.0	99.4	98.6	96.6	92.9	93.3	94.7	92.6	94.0 ‖
Australia	93.3	99.3	101.2	103.5	102.0	102.2	99.5 ‖	103.7	103.8	100.5	106.9	101.8
Japan	172.5	167.0	157.2	151.8	149.3	144.7	139.5	138.7	134.9	133.2	129.2	126.2
Korea	203.3	192.0	183.6	189.4	181.9	170.2	154.4	147.3	144.5	141.2	137.4	134.8
New Zealand	86.7	86.7	85.5	87.4	90.5	88.0	88.6	91.7 ‖	101.7	99.7	96.7	93.5
Austria	118.3	117.3	116.2	114.0 ‖	114.0	112.6 ‖	109.4	104.7	101.8	102.5	96.8	95.7
Belgium	134.1	134.1	127.5	124.2	122.0	122.0	120.9	119.8	117.6	115.4	112.1	111.0
Czech Republic	197.2	195.9	195.6	194.4	192.2	191.3	191.9	193.2	192.5	193.2	192.9	191.9
Denmark	160.5	154.4	153.5	152.6	155.3	155.3	144.7	148.2	135.1	132.5	134.2	129.8
Finland	185.9	181.8	184.7	179.4	183.5	177.6	172.9	164.7	156.5	147.6	140.0	128.2 ‖
France	192.9	188.4	183.1	176.8	171.0	165.6	160.6	156.2	151.5	146.0	140.7	135.1
Germany	132.5	125.1	124.5	121.3	117.2	113.5	109.8	106.0	104.3	99.7	95.5	90.9
Greece	134.4	130.7	130.2	138.8	129.5	135.8	133.8	132.9	131.5	124.4	124.5	119.2
Hungary												
Iceland	104.5	102.3	103.7	102.3	103.0	101.5	97.8	100.0	100.0	102.3	97.1	96.3
Ireland	151.5	148.1	140.1	131.4	129.4	126.7	122.0	117.7	115.5	114.0	114.3	112.7
Italy	230.2	224.2	217.4	204.9	189.1	189.4	181.9	172.2	168.1	162.7	153.9	145.9
Luxembourg	242.5	227.5	212.5	202.5	195.0	185.0	187.5	175.0	172.5	165.0	160.0	155.0
Netherlands	100.4	100.8	95.7 ‖	96.9	97.6	96.9	96.9	97.3	97.6 ‖	110.2	111.4	112.2
Norway	151.9	151.9	150.0	150.0	145.3	139.6	134.9	138.7	142.5	131.1	126.4	124.5
Poland												
Portugal	231.9	231.6	211.3	200.1	195.0	188.3	190.6	190.6	175.3	182.2	174.1	163.3
Slovak Republic												
Spain	226.8	215.1	201.4	190.5	186.3	186.9	179.7	176.2	158.9	155.7	153.2	144.4
Sweden	202.4	195.2	191.1	191.1	190.3	184.7	175.8	167.7 ‖	144.4 ‖	140.3	137.1	129.8
Switzerland	136.8	135.0	133.7	130.7	128.8	127.6	125.2	124.5	119.6	114.7	108.6	103.1
Turkey	97.5	97.4	97.3	97.2	96.9	96.6	96.3	96.0	95.7	95.4	95.5	100.1
United Kingdom	127.8	125.2	122.9	120.1	118.8	116.9	115.8	106.8	101.1	107.0	112.4	110.7
OECD-Total												
Major seven	149.5	145.7	141.4	137.4	134.0	131.7	127.8	124.0	121.7 ‖	120.3	116.7	114.3 ‖
Euro zone	183.6	177.9	171.5 ‖	165.6 ‖	158.9	157.5 ‖	153.1	148.8	142.5 ‖	139.3	134.6	128.3 ‖
EU15	179.6	174.2	168.1 ‖	162.6 ‖	156.5	155.1 ‖	150.8	146.1 ‖	139.5 ‖	136.9	133.1	127.1 ‖

Labour Force Statistics
© 2002
OECD

Emploi civil, agriculture

Milliers

1990	1991	1992	1993	1994	1995	1996	1997	1998	1999	2000	2001	
559	567	552	558	560	546	540	532	543	522	492	435	Canada
5 300	7 532	7 772	8 042	8 361	7 604	7 312	8 343	7 194	7 590	6 607	6 695	Mexique
3 394	3 429	3 425	3 300	3 586	3 592	3 570	3 538	3 509	3 416	3 457	3 277	États-Unis
427	407	396	409	403	402	417	415	412	436	444	447	Australie
4 510	4 270	4 110	3 830	3 730	3 670	3 560	3 500	3 430	3 350	3 260	3 130	Japon
3 237	3 064	2 998	2 849	2 731	2 535	2 429	2 385	2 481	2 349	2 288	2 193	Corée
157	157	160	159	164	161	164	150	147	166	156	166	Nouvelle-Zélande
269	256	250	249	269	278	269	250	242	230	219	215	Autriche
100	98	95	94	92	91	89	85	86	85	87	86	Belgique
613	484	375	374	338	326	305	284	267	247	241	225	République tchèque
147	149	136	132	127	114	103	99	97	88	90	89	Danemark
222	210	198	183	178	170	159	152	144	144	142	135	Finlande
1 262	1 202	1 152	1 096	1 046	1 013	987	971	961	943	921	900	France
990	1 514	1 392	1 269	1 187	1 127	1 073	1 035	1 022	1 036	996	965	Allemagne
889	807	807	791	788	780	784	765	704	669	671	627	Grèce
		460	349	328	295	302	288	279	270	251	239	Hongrie
13	14	14	13	12	13	14	12	13	14	13	12	Islande
175	159	157	150	147	149	141	142	135	136	131	120	Irlande
1 895	1 823	1 749	1 488	1 411	1 333	1 277	1 245	1 201	1 134	1 120	1 127	Italie
6	6	6	6	6	4	4	4	4	4	4	4	Luxembourg
289	293	258	255	264	255	271	267	245	240	258	231	Pays-Bas
129	116	110	111	107	106	108	101	104	102	93	89	Norvège
		3 800	3 701	3 496	3 345	3 308	3 123	2 946	2 666	2 726	2 720	Pologne
833	836	520	513	521	508	545	616	640	613	616	628	Portugal
			214	197	198	202	181	157	140	131		République slovaque
1 486	1 345	1 253	1 198	1 146	1 107	1 074	1 070	1 074	1 040	1 012	1 019	Espagne
154	145	140	137	136	124	115	109	102	103	99	96	Suède
162	164	162	165	157	163	172	176	178	181	176	167	Suisse
8 691	9 094	8 526	7 608	8 450	8 634	8 736	8 299	8 461	8 872	7 187	6 432	Turquie
573	592	567	518	532	532	510	495	465	425	426	390	Royaume-Uni
				40 488	39 175	38 537	38 652	37 267	37 226	34 321	32 991	OCDE-Total
13 183	13 396	12 947	12 059	12 052	11 813	11 517	11 315	11 131	10 825	10 672	10 224	Sept grands
8 416	8 549	7 837	7 292	7 056	6 816	6 674	6 601	6 457	6 275	6 177	6 057	Zone euro
9 290	9 435	8 680	8 079	7 851	7 586	7 403	7 304	7 121	6 890	6 791	6 632	UE15

1995=100

1990	1991	1992	1993	1994	1995	1996	1997	1998	1999	2000	2001	
102.4	103.7	101.0	102.1	102.5	100.0	98.8	97.3	99.5	95.5	90.1	79.6	Canada
69.7	99.1	102.2	105.8	110.0	100.0	96.2	109.7	94.6	99.8	86.9	88.1	Mexique
94.5	95.5	95.4	91.9	99.8	100.0	99.4	98.5	97.7	95.1	96.2	91.2	États-Unis
106.2	101.3	98.6	101.7	100.3	100.0	103.8	103.1	102.6	108.4	110.4	111.2	Australie
122.9	116.3	112.0	104.4	101.6	100.0	97.0	95.4	93.5	91.3	88.8	85.3	Japon
127.7	120.9	118.3	112.4	107.7	100.0	95.8	94.1	97.9	92.7	90.3	86.5	Corée
97.2	97.5	99.1	98.8	101.7	100.0	101.6	93.2	91.0	102.6	96.3	102.9	Nouvelle-Zélande
96.8	92.1	89.9	89.6	96.8	100.0	96.8	89.9	87.1	82.7	78.8	77.3	Autriche
109.9	107.7	104.4	102.7	101.1	100.0	97.8	93.8	94.2	93.9	95.6	94.5	Belgique
188.2	148.6	115.2	115.0	103.7	100.0	93.8	87.3	82.0	75.9	73.9	69.2	République tchèque
128.9	130.7	119.3	115.8	111.4	100.0	90.4	86.8	85.1	77.2	78.9	78.1	Danemark
130.6	123.5	116.5	107.6	104.7	100.0	93.5	89.4	84.7	84.7	83.5	79.4	Finlande
124.6	118.6	113.7	108.2	103.3	100.0	97.4	95.8	94.9	93.1	90.9	88.8	France
87.8	134.3	123.5	112.6	105.3	100.0	95.2	91.8	90.7	91.9	88.4	85.6	Allemagne
113.9	103.4	103.4	101.3	101.0	100.0	100.5	98.0	90.2	85.7	85.9	80.3	Grèce
		155.9	118.3	111.2	100.0	102.5	97.6	94.5	91.4	85.1	81.0	Hongrie
96.3	103.2	106.0	93.0	92.4	100.0	100.3	90.4	94.2	101.8	96.1	91.7	Islande
117.1	106.2	105.5	100.5	98.5	100.0	94.8	94.9	90.4	91.1	87.7	80.5	Irlande
142.1	136.7	131.2	111.6	105.8	100.0	95.8	93.4	90.1	85.1	84.0	84.5	Italie
155.0	152.5	150.0	150.0	147.5	100.0	100.0	100.0	100.0	100.0	100.0	100.0	Luxembourg
113.3	114.9	101.2	100.0	103.5	100.0	106.3	104.7	96.1	94.1	101.2	90.6	Pays-Bas
121.7	109.4	103.8	104.7	100.9	100.0	101.9	95.3	98.1	96.2	87.7	84.0	Norvège
		113.6	110.6	104.5	100.0	98.9	93.4	88.1	79.7	81.5	81.3	Pologne
163.9	164.5	102.2	100.9	102.5	100.0	107.2	121.2	125.8	120.7	121.2	123.6	Portugal
			108.7	100.0	100.4	102.5	91.9	79.7	70.8	66.2		République slovaque
134.3	121.6	113.2	108.3	103.6	100.0	97.1	96.7	97.1	94.0	91.5	92.1	Espagne
124.2	116.9	112.9	110.5	109.7	100.0	92.7	87.9	82.0	83.1	79.8	77.4	Suède
99.4	100.6	99.4	101.2	96.3	100.0	105.5	108.0	109.2	111.0	108.1	102.4	Suisse
100.7	105.3	98.8	88.1	97.9	100.0	101.2	96.1	98.0	102.8	83.2	74.5	Turquie
107.7	111.3	106.6	97.4	100.0	100.0	95.9	93.0	87.4	79.8	80.0	73.3	Royaume-Uni
				103.4	100.0	98.4	98.7	95.1	95.0	87.6	84.2	OCDE-Total
111.6	113.4	109.6	102.1	102.0	100.0	97.5	95.8	94.2	91.6	90.3	86.5	Sept grands
123.5	125.4	115.0	107.0	103.5	100.0	97.9	96.9	94.7	92.1	90.6	88.9	Zone euro
122.5	124.4	114.4	106.5	103.5	100.0	97.6	96.3	93.9	90.8	89.5	87.4	UE15

Statistiques de la Population Active
© 2002
OCDE

Civilian employment, industry

	1978	1979	1980	1981	1982	1983	1984	1985	1986	1987	1988	1989
	Thousands											
Canada	2 959	3 104	3 162	3 225	2 928	2 840	2 950	2 993	3 061 |	3 073	3 192	3 267
Mexico			..									
United States	29 887	30 918	30 315	30 190	28 257	28 253	29 892	30 048	30 339	30 475	30 964	31 291 |
Australia	1 875	1 898	1 939	1 935	1 883	1 750	1 806 |	1 808	1 840	1 841	1 923	2 030
Japan	18 930	19 140	19 560	19 700	19 650	19 930	20 080	20 250	20 180	19 970	20 520	20 990
Korea	3 804	3 934	3 798	3 735	3 862	4 083	4 253	4 415	4 715	5 336	5 691	6 025
New Zealand	426	424	427	406	414	408	411	430 |	444	425	393	373
Austria	1 225	1 233	1 236	1 236 |	1 269	1 226 |	1 234	1 233	1 241	1 245	1 237	1 237
Belgium	1 324	1 299	1 269	1 194	1 138	1 101	1 077	1 062	1 048	1 026	1 022	1 045
Czech Republic	2 472	2 478	2 475	2 472	2 473	2 477	2 485	2 484	2 488	2 493	2 488	2 470
Denmark	744	793	750	695	673	678	659	709	742	747	723	715
Finland	757	779	803	821	801	789	784	777	774	753	741	763 |
France	7 831	7 725	7 664	7 459	7 395	7 220	6 970	6 768	6 668	6 569	6 528	6 579
Germany	11 385	11 534	11 592	11 383	11 029	10 689	10 645	10 684	10 771	10 744	10 717	10 842
Greece	974	994	1 015	1 023	1 021	1 013	989	983	1 012	1 007	996	1 011
Hungary												
Iceland	36	36	38	38	39	39	40	40	40	42	39	38
Ireland	350	365	371	363	355	330	318	313	313	307	306	315
Italy	7 577	7 583	7 699	7 647	7 527	7 352	7 043	6 896	6 821	6 715	6 750	6 753
Luxembourg	61	60	60	59	57	56	55	54	55	56	56	56
Netherlands	1 569	1 567	1 563 |	1 517	1 440	1 390	1 408	1 428	1 381 |	1 548	1 566	1 607
Norway	586	564	556	557	546	523	535	540	556	565	548	510
Poland												
Portugal	1 315	1 348	1 443	1 450	1 472	1 458	1 388	1 377	1 386	1 454	1 503	1 549
Slovak Republic												
Spain	4 489	4 351	4 162	3 957	3 784	3 699	3 512	3 377	3 475	3 681	3 829	4 036
Sweden	1 360	1 359	1 364	1 323	1 277	1 263	1 268	1 283 |	1 287 |	1 291	1 289	1 309
Switzerland	1 231	1 229	1 207	1 227	1 202	1 173	1 174	1 194	1 210	1 210	1 211	1 221
Turkey	3 132	3 189	3 213	3 225	3 298	3 376	3 465	3 599	3 700	3 835	3 958	3 932
United Kingdom	9 653	9 693	9 412	8 592	8 153	7 770	8 410	8 430	8 319	8 146	8 458	8 680
OECD-Total												
Major seven	88 222	89 697	89 404	88 196	84 939	84 054	85 990	86 069	86 159 |	85 692	87 129	88 402 |
Euro zone	38 857	38 838	38 877 |	38 109 |	37 288 |	36 323 |	35 423	34 951	34 945 |	35 105	35 250	35 792 |
EU15	50 614	50 683	50 403 |	48 719 |	47 391 |	46 034 |	45 760	45 373 |	45 293 |	45 289	45 720	46 496 |
	1995=100											
Canada	101.2	106.2	108.1	110.3	100.1	97.1	100.9	102.4	104.7 |	105.1	109.2	111.7
Mexico												
United States	99.7	103.1	101.1	100.7	94.2	94.2	99.7	100.2	101.2	101.6	103.3	104.4 |
Australia	100.1	101.3	103.5	103.3	100.5	93.4	96.4 |	96.5	98.2	98.3	102.6	108.3
Japan	87.4	88.3	90.3	90.9	90.7	92.0	92.7	93.4	93.1	92.2	94.7	96.9
Korea	55.9	57.9	55.9	54.9	56.8	60.1	62.6	64.9	69.3	78.5	83.7	88.6
New Zealand	101.9	101.4	102.1	97.1	100.2	97.6	98.3	102.8 |	106.1	101.7	94.0	89.1
Austria	101.8	102.5	102.7	102.7 |	105.5	101.9 |	102.6	102.5	103.2	103.5	102.8	102.8
Belgium	135.0	132.4	129.4	121.7	116.0	112.2	109.8	108.3	106.8	104.6	104.2	106.5
Czech Republic	119.3	119.5	119.4	119.3	119.3	119.5	119.9	119.8	120.0	120.3	120.0	119.2
Denmark	105.7	112.6	106.5	98.7	95.6	96.3	93.6	100.7	105.4	106.1	102.7	101.6
Finland	132.6	136.4	140.6	143.8	140.3	138.2	137.3	136.1	135.6	131.9	129.8	133.6 |
France	135.4	133.6	132.5	129.0	127.9	124.9	120.5	117.1	115.3	113.6	112.9	113.8
Germany	87.6	88.7	89.1	87.5	84.8	82.2	81.9	82.2	82.8	82.6	82.4	83.4
Greece	109.9	112.1	114.5	115.4	115.2	114.3	111.6	110.9	114.2	113.6	112.4	114.1
Hungary												
Iceland	101.2	102.6	106.9	109.2	111.2	112.0	113.7	113.7	114.0	119.1	110.0	108.0
Ireland	97.1	101.2	102.9	100.7	98.5	91.5	88.2	86.7	86.9	85.2	84.8	87.2
Italy	112.1	112.2	113.9	113.1	111.4	108.8	104.2	102.0	100.9	99.3	99.9	99.9
Luxembourg	103.4	102.0	101.7	99.7	97.1	94.2	92.9	91.7	93.4	94.2	94.1	95.6
Netherlands	101.6	101.5	101.2 |	98.3	93.3	90.0	91.2	92.5	89.4 |	100.3	101.4	104.1
Norway	122.3	117.7	116.1	116.3	114.0	109.2	111.7	112.7	116.1	118.0	114.4	106.5
Poland												
Portugal	93.0	95.3	102.0	102.5	104.1	103.1	98.2	97.4	98.0	102.8	106.3	109.5
Slovak Republic												
Spain	119.1	115.4	110.4	105.0	100.4	98.1	93.2	89.6	92.2	97.7	101.6	107.1
Sweden	131.7	131.6	132.0	128.1	123.6	122.3	122.7	124.2 |	124.6 |	125.0	124.8	126.7
Switzerland	110.9	110.7	108.7	110.5	108.3	105.7	105.8	107.6	109.0	109.0	109.1	110.0
Turkey	70.7	72.0	72.6	72.8	74.5	76.2	78.2	81.3	83.5	86.6	89.4	88.8
United Kingdom	136.1	136.6	132.7	121.1	114.9	109.5	118.5	118.8	117.3	114.8	119.2	122.3
OECD-Total												
Major seven	101.2	102.8	102.5	101.1	97.4	96.4	98.6	98.7	98.8 |	98.3	99.9	101.4 |
Euro zone	106.9	106.9	107.0 |	104.9 |	102.6	100.0 |	97.5	96.2	96.2 |	96.6	97.0	98.5 |
EU15	112.1	112.2	111.6 |	107.9 |	104.9	101.9 |	101.3	100.5 |	100.3 |	100.3	101.2	102.9 |

Emploi civil, industrie

1990	1991	1992	1993	1994	1995	1996	1997	1998	1999	2000	2001	
					Milliers							
3 199	2 949	2 844	2 775	2 832	2 924	2 941	3 048	3 143	3 258	3 376	3 428	Canada
6 503	6 817 |	6 921	7 046 |	7 187	7 008	7 712	8 101	9 190	9 585	10 154	9 850	Mexique
31 123	29 753	29 155	28 907 |	29 535	29 984	30 215	30 950	31 071	30 795	31 017	30 202	États-Unis
1 955	1 783	1 788	1 796	1 860	1 874	1 871	1 850	1 877	1 880	1 989	1 911	Australie
21 290	21 930	22 270	22 110	21 960	21 670	21 580	21 700	20 870	20 460	20 130	19 550	Japon
6 406	6 676 |	6 653	6 484	6 606	6 799	6 760	6 589	5 558	5 563	5 905	5 850	Corée
364	343	336	355	396	418	427 |	414	415	400	412	415	Nouvelle-Zélande
1 260	1 284	1 261	1 255 |	1 239	1 203	1 203	1 165 |	1 122	1 141	1 144	1 126	Autriche
1 056	1 051	1 033	1 010	991	981	967	951	957	955	952	953	Belgique
2 275	2 213	2 111 |	2 091	2 075	2 073	2 064	2 031	1 992	1 912	1 868	1 901	République tchèque
726	724	716	672	673 |	704	701	709	717	713	712	686	Danemark
758	681	603	549	537	571	579	594	614	636	642	642	Finlande
6 549	6 455	6 244	5 936	5 782	5 782	5 698	5 618	5 612	5 628	5 720	5 807	France
11 132 |	15 068	14 548	13 995	13 468	13 003	12 612	12 363	12 451	12 259	12 199	11 908	Allemagne
1 032	1 001	1 000 |	899	894	886	885	866	914	902	888	894	Grèce
		1 432	1 292	1 237	1 199	1 190	1 208 |	1 264	1 296	1 298	1 321	Hongrie
38 |	36	34	34	36	35	34	36	37	35	36	36	Islande
331	330	327	322 |	344	361	367	372 |	429	451	476	497	Irlande
6 845	6 915	6 850 |	6 995	6 860	6 760	6 693	6 660	6 730	6 750	6 767	6 840	Italie
58	58	58	59	59	59	58	59	60	60	61	61	Luxembourg
1 646	1 645 |	1 587	1 574	1 525	1 544	1 561	1 598	1 608	1 634	1 650	1 673	Pays-Bas
494	466	462	455	468	479	488	503	512	497	492	492	Norvège
			4 690	4 657	4 728	4 740	4 850	4 922	4 623	4 481	4 331	Pologne
1 607	1 614 |	1 491	1 458	1 449	1 414	1 385	1 419 |	1 695	1 694	1 720	1 716	Portugal
				837	835	880	867	867	820	783	798	République slovaque
4 202	4 167	4 004	3 632 |	3 694	3 769	3 817	3 987	4 224	4 511	4 789	5 018	Espagne
1 310	1 244	1 118	1 013	986	1 033	1 034	1 018	1 024	1 022	1 022	1 008	Suède
1 229	1 207	1 138	1 094	1 094	1 110	1 064	1 017	1 008	1 003	1 033	1 039	Suisse
3 885	3 834	4 114	4 086	4 393	4 429	4 666	4 911	4 928	4 874 |	5 062	4 799	Turquie
8 667	8 183	7 708	7 473 |	7 094	7 095	7 174	7 165	7 198	7 104	7 036	6 965	Royaume-Uni
				130 766 |	130 728	131 366 |	132 617 |	133 008	132 461 |	133 815	131 717	OCDE-Total
88 805 |	91 253	89 619 |	88 192 |	87 531	87 217	86 913	87 504	87 075	86 254	86 245	84 700	Sept grands
36 475	40 269 |	39 006 |	37 684 |	36 842 |	36 333	35 825	35 651	36 415	36 622	37 008	37 135	Zone euro
47 178	50 420 |	48 548 |	46 842 |	45 595 |	45 164	44 735	44 544 |	45 354	45 460	45 779	45 794	UE15
					1995=100							
109.4	100.9	97.3	94.9	96.9	100.0	100.6	104.2	107.5	111.4	115.4	117.2	Canada
92.8	97.3	98.8 |	100.5 |	102.6	100.0	110.0	115.6	131.1	136.8	144.9	140.5	Mexique
103.8	99.2	97.2	96.4 |	98.5	100.0	100.8	103.2	103.6	102.7	103.4	100.7	États-Unis
104.4	95.1	95.4	95.9	99.3	100.0	99.8	98.7	100.2	100.3	106.2	102.0	Australie
98.2	101.2	102.8	102.0	101.3	100.0	99.6	100.1	96.3	94.4	92.9	90.2	Japon
94.2	98.2 |	97.9	95.4	97.2	100.0	99.4	96.9	81.7	81.8	86.9	86.0	Corée
87.0	82.0	80.3	84.8	94.7	100.0	102.1 |	98.9	99.3	95.7	98.5	99.2	Nouvelle-Zélande
104.7	106.7	104.8	104.3 |	103.0	100.0	100.0	96.8 |	93.3	94.8	95.1	93.6	Autriche
107.6	107.1	105.3	102.9	101.0	100.0	98.6	97.0	97.5	97.3	97.0	97.1	Belgique
109.8	106.8	101.8 |	100.9	100.1	100.0	99.6	98.0	96.1	92.2	90.1	91.7	République tchèque
103.1	102.8	101.7	95.5	95.6 |	100.0	99.6	100.7	101.8	101.3	101.1	97.4	Danemark
132.7	119.3	105.6	96.1	94.0	100.0	101.4	104.0	107.5	111.4	112.4	112.5	Finlande
113.3	111.6	108.0	102.7	100.0	100.0	98.5	97.2	97.1	97.3	98.9	100.4	France
85.6 |	115.9	111.9	107.6	103.6	100.0	97.0	95.1	95.8	94.3	93.8	91.6	Allemagne
116.4	112.9	112.8 |	101.4	100.9	100.0	99.8	97.6	103.1	101.7	100.2	100.9	Grèce
		119.4	107.8	103.2	100.0	99.3	100.7 |	105.4	108.1	108.3	110.2	Hongrie
108.0 |	101.3	96.2	97.7	101.5	100.0	98.3	103.1	106.3	101.0	102.4	102.6	Islande
91.7	91.6	90.7	89.3 |	95.3	100.0	101.9	103.1	119.0	125.1	132.1	137.9	Irlande
101.3	102.3	101.3 |	103.5	101.5	100.0	99.0	98.5	99.6	99.9	100.1	101.2	Italie
97.6	97.8	98.8	100.0	99.2	100.0	98.3	100.0	101.7	101.7	103.4	103.4	Luxembourg
106.6	106.5 |	102.8	101.9	98.8	100.0	101.1	103.5	104.1	105.8	106.9	108.4	Pays-Bas
103.1	97.3	96.5	95.0	97.7	100.0	101.9	105.0	106.9	103.8	102.7	102.7	Norvège
			99.2	98.5	100.0	100.2	102.6	104.1	97.8	94.8	91.6	Pologne
113.6	114.1 |	105.5	103.1	102.5	100.0	97.9	100.3 |	119.8	119.8	121.6	121.3	Portugal
				100.2	100.0	105.4	103.8	103.9	98.2	93.8	95.7	République slovaque
111.5	110.6	106.2	96.4 |	98.0	100.0	101.3	105.8	112.1	119.7	127.1	133.1	Espagne
126.8	120.4	108.2	98.1	95.5	100.0	100.1	98.5	99.1	98.9	98.9	97.6	Suède
110.7 |	108.7	102.5	98.6	98.6	100.0	95.9	91.6	90.8	90.4	93.0	93.6	Suisse
87.7	86.6	92.9	92.3	99.2	100.0	105.4	110.9	111.3	110.0 |	114.3	108.4	Turquie
122.2	115.3	108.6	105.3 |	100.0	100.0	101.1	101.0	101.5	100.1	99.2	98.2	Royaume-Uni
				100.0 |	100.0	100.5 |	101.4 |	101.7	101.3 |	102.4	100.8	OCDE-Total
101.8 |	104.6	102.8 |	101.1 |	100.4	100.0	99.7	100.3	99.8	98.9	98.9	97.1	Sept grands
100.4 |	110.8 |	107.4 |	103.7 |	101.4	100.0	98.6	98.1 |	100.2	100.8	101.9	102.2	Zone euro
104.5 |	111.6 |	107.5 |	103.7 |	101.0 |	100.0	99.0	98.6 |	100.4	100.7	101.4	101.1	UE15

Statistiques de la Population Active
© 2002
OCDE

Civilian employment, services

	1978	1979	1980	1981	1982	1983	1984	1985	1986	1987	1988	1989
					Thousands							
Canada	6 669	6 952	7 211	7 460	7 443	7 583	7 747	8 040	8 335 |	8 665	8 945	9 155
Mexico			..									
United States	62 612	64 397	65 459	66 688	67 698	69 040	71 644	73 764	75 908	78 565	80 678	82 673 |
Australia	3 755	3 782	3 935	4 043	4 086	4 080	4 260 |	4 452 |	4 662	4 847	5 001	5 276
Japan	28 820	29 520	30 030	30 540	31 250	32 090	32 460	32 730	33 400	34 250	34 850	35 660
Korea	4 454	4 802	5 231	5 487	5 905	6 107	6 262	6 822	7 128	7 438	7 694	8 117
New Zealand	680	698	699	711	717	716	727	751 |	936	971	959	945
Austria	1 461	1 492	1 511	1 537 |	1 600	1 620 |	1 697	1 710	1 758	1 770	1 805	1 839
Belgium	2 182	2 239	2 272	2 278	2 288	2 290	2 310	2 346	2 386	2 427	2 486	2 524
Czech Republic	1 956	1 981	1 998	2 013	2 030	2 044	2 070	2 095	2 110	2 121	2 135	2 150
Denmark	1 403	1 470	1 545	1 500	1 524	1 534	1 633	1 644	1 734	1 748	1 784	1 747
Finland	1 117	1 158	1 201	1 217	1 254	1 289	1 325	1 370	1 381	1 409	1 441 |	1 513 |
France	11 542	11 759	11 925	12 084 |	12 263	12 480	12 602	12 792	13 036	13 272	13 568	13 895
Germany	12 811	13 176	13 533	13 748	13 843	13 841	13 887	13 997	14 440	14 839	15 096	15 602
Greece	1 253	1 297	1 325	1 425	1 470	1 467	1 520	1 568	1 563	1 620	1 689	1 730
Hungary												
Iceland	52	53	54	59	61	62	64	67	71	76	76	75
Ireland	519	565	561	579	585	605	603	606	607	622	623	616
Italy	9 217	9 485	9 715	9 982	10 248	10 472	10 949	11 316	11 551	11 700	12 016	12 134
Luxembourg	85	87	89	91	93	94	96	99	102	107	112	119
Netherlands	2 932	2 997	3 163 |	3 308	3 321 |	3 313	3 325	3 400	3 525 |	3 944	4 084	4 172
Norway	1 099	1 137	1 160	1 188	1 210	1 239	1 261	1 297	1 346	1 386	1 397	1 372
Poland												
Portugal	1 278	1 329	1 423	1 451	1 465	1 713	1 718	1 711	1 787	1 791	1 892	1 998
Slovak Republic												
Spain	5 282	5 378	5 391	5 403	5 513	5 555	5 524	5 577	5 870	6 257	6 600	6 924
Sweden	2 504	2 579	2 631	2 664	2 707	2 732	2 769	2 808 |	2 803 |	2 851	2 916	2 972
Switzerland	1 608	1 646	1 741	1 800	1 844	1 876	1 910	1 957	2 025	2 118	2 219	2 315
Turkey	3 804	3 984	4 165	4 298	4 420	4 532	4 723	4 897	5 131	5 415	5 548	5 651
United Kingdom	14 363	14 721	14 938	14 780	14 799	14 912	14 828	15 252	15 523	16 039	16 652	17 280
OECD-Total												
Major seven	146 034	150 010	152 811	155 282 |	157 544	160 418	164 117	167 891	172 193 |	177 330	181 806	186 399 |
Euro zone	49 679	50 962	52 109 |	53 102 |	53 942 |	54 740 |	55 555	56 491	58 006 |	59 758	61 413 |	63 065 |
EU15	67 949	69 732	71 223 |	72 046 |	72 972 |	73 918 |	74 786	76 195 |	78 065 |	80 396	82 765 |	85 064 |
					1995=100							
Canada	67.5	70.3	72.9	75.5	75.3	76.7	78.4	81.3	84.3 |	87.6	90.5	92.6
Mexico												
United States	68.6	70.5	71.7	73.0	74.1	75.6	78.5	80.8	83.1	86.0	88.3	90.5 |
Australia	63.2	63.6	66.2	68.0	68.7	68.6	71.7 |	74.9 |	78.4	81.6	84.1	88.8
Japan	73.5	75.2	76.5	77.8	79.7	81.8	82.7	83.4	85.1	87.3	88.8	90.9
Korea	40.1	43.3	47.1	49.4	53.2	55.0	56.4	61.5	64.2	67.0	69.3	73.1
New Zealand	62.5	64.1	64.2	65.3	65.9	65.8	66.8	69.0 |	86.0	89.2	88.1	86.8
Austria	65.0	66.4	67.2	68.4 |	71.2	72.1 |	75.5	76.1	78.2	78.7	80.3	81.8
Belgium	82.6	84.7	86.0	86.2	86.6	86.6	87.4	88.8	90.3	91.8	94.1	95.5
Czech Republic	77.9	78.9	79.6	80.2	80.9	81.4	82.5	83.5	84.1	84.5	85.1	85.7
Denmark	80.3	84.1	88.4	85.8	87.2	87.8	93.4	94.1	99.2	100.0	102.1	99.9
Finland	82.8	85.8	89.0	90.2	93.0	95.6	98.2	101.6	102.4	104.4	106.8 |	112.2 |
France	76.1	77.6	78.7	79.7 |	80.9	82.3	83.1	84.4	86.0	87.6	89.5	91.7
Germany	59.2	60.9	62.5	63.5	63.9	63.9	64.1	64.7	66.7	68.5	69.7	72.1
Greece	58.2	60.2	61.5	66.2	68.3	68.1	70.6	72.8	72.6	75.2	78.4	80.3
Hungary												
Iceland	55.6	56.4	58.2	63.0	65.3	66.3	68.0	72.1	76.0	81.5	81.7	80.3
Ireland	68.1	74.1	73.6	75.9	76.7	79.3	79.1	79.4	79.5	81.6	81.7	80.8
Italy	78.4	80.7	82.6	84.9	87.2	89.1	93.1	96.2	98.2	99.5	102.2	103.2
Luxembourg	56.3	57.8	59.0	60.4	61.3	62.4	63.5	65.7	67.9	70.8	74.5	78.6
Netherlands	58.2	59.5	62.8 |	65.6	65.9 |	65.7	66.0	67.5	70.0 |	78.3	81.0	82.8
Norway	75.2	77.8	79.3	81.3	82.8	84.7	86.3	88.7	92.1	94.8	95.6	93.8
Poland												
Portugal	52.0	54.0	57.9	59.0	59.6	69.7	69.9	69.6	72.7	72.8	76.9	81.2
Slovak Republic												
Spain	69.6	70.9	71.1	71.2	72.7	73.2	72.8	73.5	77.4	82.5	87.0	91.3
Sweden	88.5	91.2	93.0	94.2	95.7	96.6	97.9	99.3 |	99.1 |	100.8	103.1	105.1
Switzerland	63.6	65.1	68.9	71.2	73.0	74.2	75.6	77.4	80.1	83.8	87.8	91.6
Turkey	55.7	58.3	61.0	62.9	64.7	66.3	69.1	71.7	75.1	79.3	81.2	82.7
United Kingdom	78.6	80.6	81.8	80.9	81.0	81.6	81.2	83.5	85.0	87.8	91.2	94.6
OECD-Total												
Major seven	70.5	72.4	73.7	74.9 |	76.0	77.4	79.2	81.0	83.1 |	85.6	87.7	89.9 |
Euro zone	68.1	69.9	71.4 |	72.8 |	73.9 |	75.0 |	76.1	77.4 |	79.5 |	81.9	84.2 |	86.4 |
EU15	70.9	72.8	74.3 |	75.2 |	76.2 |	77.2 |	78.1	79.5 |	81.5 |	83.9	86.4 |	88.8 |

Emploi civil, services

Milliers

1990	1991	1992	1993	1994	1995	1996	1997	1998	1999	2000	2001	
9 326	9 335	9 365	9 524	9 720	9 887	9 982	10 195	10 454	10 751	11 042	11 214	Canada
..	14 877 ǀ	15 566	16 253 ǀ	16 891	17 758	18 872	19 494	20 751	20 507	21 011	21 400	Mexique
84 276	84 536	85 912	88 052 ǀ	89 939	91 324	92 923	95 070	96 883	99 277	100 734	101 594	États-Unis
5 426	5 439	5 434	5 416	5 624	5 943	6 022	6 043	6 248	6 417	6 615	6 766	Australie
36 690	37 490	37 980	38 560	38 840	39 230	39 720	40 370	40 840	40 810	41 070	41 440	Japon
8 442	8 937 ǀ	9 382	9 995	10 568	11 098	11 628	12 132	11 955	12 369	12 868	13 319	Corée
960	963	979	999	1 025	1 088	1 138 ǀ	1 172	1 163	1 184	1 211	1 242	Nouvelle-Zélande
1 883	1 942	2 035	2 071 ǀ	2 201	2 248	2 207	2 269 ǀ	2 325	2 359	2 380	2 422	Autriche
2 570	2 586	2 596	2 595	2 604	2 643	2 682	2 726	2 768	2 818	2 889	2 935	Belgique
2 107	2 120	2 191 ǀ	2 337	2 450	2 510	2 545	2 569	2 559	2 550	2 566	2 581	République tchèque
1 765	1 739	1 761	1 748 ǀ	1 708	1 748	1 789	1 840	1 844	1 871	1 890	1 923	Danemark
1 513	1 474	1 395	1 329	1 330	1 349	1 381	1 416	1 455	1 507	1 542	1 582	Finlande
14 272	14 458	14 606	14 682	14 922	15 160	15 352	15 578	16 002	16 500	17 041	17 419	France
16 703 ǀ	20 289	20 450	20 725	21 101	21 650	21 952	22 110	22 586	23 065	23 346	23 717	Allemagne
1 798	1 824	1 878 ǀ	2 026	2 104	2 154	2 199	2 223	2 349	2 369	2 387	2 396	Grèce
		2 134	2 129	2 079	2 081	2 065	2 071 ǀ	2 093	2 183	2 235	2 243	Hongrie
75 ǀ	88	89	90	90	93	94	94	98	104	107	111	Islande
645	658	671	702 ǀ	723	763	811	858 ǀ	923	997	1 057	1 093	Irlande
12 475	12 672	12 671 ǀ	11 822	11 701	11 758	11 980	12 122	12 311	12 608	12 987	13 333	Italie
125	130	135	138	144	151	158	164	172	184	197	212	Luxembourg
4 333	4 506 ǀ	4 731	4 742	4 842	5 039	5 151	5 341	5 572	5 748	5 850	5 984	Pays-Bas
1 369	1 391	1 398	1 404	1 428	1 462	1 508	1 562	1 603	1 634	1 661	1 678	Norvège
			6 503	6 508	6 719	6 920	7 213	7 486	7 468	7 319	7 155	Pologne
2 218	2 118 ǀ	2 487	2 448	2 439	2 459	2 479	2 456 ǀ	2 369	2 483	2 541	2 612	Portugal
				1 057	1 114	1 147	1 137	1 151	1 155	1 179	1 195	République slovaque
7 182	7 458	7 474	7 367 ǀ	7 329	7 586	7 884	8 144	8 444	8 948	9 487	9 818	Espagne
3 021	3 007	2 951	2 814	2 806	2 829	2 814	2 795	2 854	2 943	3 038	3 135	Suède
2 430 ǀ	2 520	2 531	2 543	2 538	2 527	2 566	2 611	2 655	2 683	2 706	2 768	Suisse
5 962	6 094	6 445	6 354	6 559	6 831	6 986	7 152	7 484	7 668 ǀ	8 330	8 511	Turquie
17 578	17 527	17 396	17 390 ǀ	17 973	18 265	18 507	19 035	19 342	19 786	20 215	20 612	Royaume-Uni
				289 241 ǀ	295 466	301 461 ǀ	307 962 ǀ	314 736	320 945 ǀ	327 501	332 411	OCDE-Total
191 320 ǀ	196 307 ǀ	198 379	200 755 ǀ	204 196	207 273	210 416	214 480	218 418	222 797	226 435	229 329	Sept grands
65 717	70 116 ǀ	71 128 ǀ	70 645 ǀ	71 439	72 959	74 235	75 407 ǀ	77 276	79 585	81 705	83 523	Zone euro
88 081 ǀ	92 389 ǀ	93 236 ǀ	92 597 ǀ	93 926 ǀ	95 800	97 345	99 077 ǀ	101 316	104 185	106 848	109 193	UE15

1995=100

1990	1991	1992	1993	1994	1995	1996	1997	1998	1999	2000	2001	
94.3	94.4	94.7	96.3	98.3	100.0	101.0	103.1	105.7	108.7	111.7	113.4	Canada
	83.8 ǀ	87.7	91.5 ǀ	95.1	100.0	106.3	109.8	116.9	115.5	118.3	120.5	Mexique
92.3	92.6	94.1	96.4 ǀ	98.5	100.0	101.8	104.1	106.1	108.7	110.3	111.2	États-Unis
91.3	91.5	91.4	91.1	94.6	100.0	101.3	101.7	105.1	108.0	111.3	113.8	Australie
93.5	95.6	96.8	98.3	99.0	100.0	101.2	102.9	104.1	104.0	104.7	105.6	Japon
76.1	80.5 ǀ	84.5	90.1	95.2	100.0	104.8	109.3	107.7	111.5	115.9	120.0	Corée
88.2	88.4	90.0	91.8	94.1	100.0	104.6 ǀ	107.7	106.9	108.8	111.3	114.1	Nouvelle-Zélande
83.8	86.4	90.5	92.1 ǀ	97.9	100.0	98.2	100.9 ǀ	103.4	104.9	105.9	107.7	Autriche
97.2	97.8	98.2	98.2	98.5	100.0	101.5	103.1	104.7	106.6	109.3	111.0	Belgique
84.0	84.5	87.3 ǀ	93.1	97.6	100.0	101.4	102.4	102.0	101.6	102.3	102.8	République tchèque
101.0	99.5	100.7	100.0	97.7 ǀ	100.0	102.3	105.3	105.5	107.0	108.1	110.0	Danemark
112.2	109.3	103.4	98.5	98.6	100.0	102.4	105.0	107.9	111.7	114.3	117.3	Finlande
94.1	95.4	96.3	96.8	98.4	100.0	101.3	102.8	105.6	108.8	112.4	114.9	France
77.2 ǀ	93.7	94.5	95.7	97.5	100.0	101.4	102.1	104.3	106.5	107.8	109.5	Allemagne
83.5	84.7	87.2 ǀ	94.1	97.7	100.0	102.1	103.2	109.1	110.0	110.9	111.3	Grèce
		102.5	102.3	99.9	100.0	99.2	99.5 ǀ	100.6	104.9	107.4	107.8	Hongrie
80.4 ǀ	93.7	95.2	96.5	96.3	100.0	100.7	100.2	104.8	111.5	115.0	118.5	Islande
84.6	86.3	87.9	92.0 ǀ	94.8	100.0	106.3	112.6 ǀ	121.0	130.7	138.6	143.3	Irlande
106.1	107.8	107.8 ǀ	100.5	99.5	100.0	101.9	103.1	104.7	107.2	110.5	113.4	Italie
83.0	86.4	89.3	91.2	95.4	100.0	104.5	108.4	114.3	122.2	130.8	140.6	Luxembourg
86.0	89.4 ǀ	93.9	94.1	96.1	100.0	102.2	106.0	110.6	114.1	116.1	118.8	Pays-Bas
93.6	95.1	95.6	96.0	97.7	100.0	103.1	106.8	109.6	111.8	113.6	114.8	Norvège
			96.8	96.9	100.0	103.0	107.4	111.4	111.1	108.9	106.5	Pologne
90.2	86.1 ǀ	101.1	99.5	99.2	100.0	100.8	99.9 ǀ	96.3	101.0	103.3	106.2	Portugal
				94.9	100.0	103.0	102.1	103.3	103.7	105.8	107.3	République slovaque
94.7	98.3	98.5	97.1 ǀ	96.6	100.0	103.9	107.4	111.3	118.0	125.1	129.4	Espagne
106.8	106.3	104.3	99.5	99.2	100.0	99.5	98.8	100.9	104.0	107.4	110.8	Suède
96.1 ǀ	99.7	100.1	100.6	100.4	100.0	101.5	103.3	105.1	106.2	107.1	109.5	Suisse
87.3	89.2	94.3	93.0	96.0	100.0	102.3	104.7	109.6	112.3 ǀ	121.9	124.6	Turquie
96.2	96.0	95.2	95.2 ǀ	98.4	100.0	101.3	104.2	105.9	108.3	110.7	112.9	Royaume-Uni
				97.9 ǀ	100.0	102.0 ǀ	104.2 ǀ	106.5	108.6 ǀ	110.8	112.5	OCDE-Total
92.3 ǀ	94.7	95.7 ǀ	96.9 ǀ	98.5	100.0	101.5	103.5	105.4	107.5	109.2	110.6	Sept grands
90.1 ǀ	96.1 ǀ	97.5 ǀ	96.8 ǀ	97.9	100.0	101.7	103.4 ǀ	105.9	109.1	112.0	114.5	Zone euro
91.9 ǀ	96.4 ǀ	97.3 ǀ	96.7 ǀ	98.0 ǀ	100.0	101.6	103.4 ǀ	105.8	108.8	111.5	114.0	UE15

Statistiques de la Population Active
© 2002
OCDE

Civilian employment by sector

	1978	1979	1980	1981	1982	1983	1984	1985	1986	1987	1988	1989
Agriculture as percentage of civilian employment												
Canada	5.7	5.6	5.4	5.4	5.3	5.5	5.3	5.0	4.9 |	4.7	4.5	4.3
Mexico			..									
United States	3.7	3.6	3.6	3.5	3.6	3.5	3.3	3.1	3.1	3.0	2.9	2.9 |
Australia	6.2	6.6	6.5	6.5	6.4	6.6	6.2 |	6.2 |	6.0	5.7	5.8	5.3
Japan	11.7	11.2	10.4	10.0	9.7	9.3	8.9	8.8	8.5	8.3	7.9	7.6
Korea	38.4	35.8	34.0	34.2	32.1	29.7	27.1	24.9	23.6	21.9	20.7	19.5
New Zealand	11.2	11.1	10.9	11.2	11.4	11.2	11.2	11.1 |	10.6	10.3	10.3	10.3
Austria	10.9	10.7	10.5	10.3 |	9.9	9.9 |	9.4	9.0	8.6	8.6	8.1	8.0
Belgium	3.4	3.3	3.2	3.2	3.1	3.2	3.1	3.1	3.0	3.0	2.8	2.8
Czech Republic	12.7	12.5	12.5	12.4	12.2	12.1	12.1	12.1	12.0	12.0	12.0	11.9
Denmark	7.9	7.2	7.1	7.3	7.5	7.4	6.7	6.7	5.9	5.7	5.8	5.7
Finland	14.4	13.8	13.5	13.0	13.2	12.7	12.2	11.5	11.0	10.4	9.8 |	8.7 |
France	9.2	8.9	8.6	8.4 |	8.1	7.8	7.7	7.5	7.2	6.9	6.6	6.3
Germany	5.8	5.4	5.3	5.2	5.0	5.0	4.8	4.6	4.5	4.2	4.0	3.7
Greece	32.0	30.8	30.3	30.7	28.9	29.9	29.4	28.9	28.5	27.0	26.6	25.3
Hungary												
Iceland	13.9	13.5	13.2	12.4	12.2	11.9	11.3	11.2	10.8	10.5	10.2	10.3
Ireland	20.6	19.2	18.3	17.2	17.0	16.8	16.5	16.0	15.8	15.5	15.5	15.3
Italy	15.5	14.9	14.3	13.4	12.4	12.4	11.9	11.2	10.9	10.5	9.9	9.3
Luxembourg	6.2	5.8	5.4	5.1	4.9	4.7	4.7	4.4	4.2	3.9	3.7	3.4
Netherlands	5.4	5.3	4.9 |	4.9	5.0 |	5.0	5.0	4.9	4.8 |	4.9	4.8	4.7
Norway	8.7	8.6	8.5	8.4	8.1	7.7	7.4	7.4	7.4	6.7	6.4	6.6
Poland												
Portugal	31.3	30.5	27.3	26.0	25.2	23.2	23.8	23.9	21.9	22.2	20.7	19.0
Slovak Republic												
Spain	20.4	19.7	18.9	18.4	18.1	18.3	18.0	17.9	15.8	14.8	14.0	12.7
Sweden	6.1	5.8	5.6	5.6	5.6	5.4	5.1	4.8 |	4.2 |	4.0	3.9	3.6
Switzerland	7.3	7.1	6.9	6.6	6.4	6.4	6.2	6.1	5.7	5.3	4.9	4.5
Turkey	54.8	54.0	53.2	52.7	52.0	51.3	50.4	49.4	48.3	47.1	46.5	47.4
United Kingdom	2.8	2.7	2.6	2.7	2.7	2.7	2.6	2.3	2.2	2.3	2.3	2.2
OECD-Total												
Major seven	7.0	6.7	6.5	6.2 |	6.1	6.0	5.7	5.5	5.3 |	5.1	4.9	4.7 |
Euro zone	12.4	11.9	11.4 |	11.0 |	10.6 |	10.5 |	10.3	10.0	9.5 |	9.1	8.7 |	8.1 |
EU15	10.3	9.9	9.5 |	9.3 |	9.0 |	8.9 |	8.7	8.4 |	7.9 |	7.6	7.3 |	6.8 |
Industry as percentage of civilian employment												
Canada	29.0	29.1	28.8	28.5	26.7	25.8	26.1	25.8	25.6 |	24.9	25.1	25.2
Mexico			..									
United States	31.1	31.3	30.5	30.1	28.4	28.0	28.5	28.0	27.7	27.1	26.9	26.7 |
Australia	31.2	31.2	30.9	30.3	29.5	28.0	27.9 |	27.1 |	26.6	26.0	26.1	26.3
Japan	35.0	34.9	35.3	35.3	34.9	34.8	34.8	34.9	34.5	33.8	34.1	34.3
Korea	28.4	28.9	27.8	26.6	26.9	28.1	29.5	29.5	30.4	32.6	33.7	34.3
New Zealand	34.2	33.6	33.8	32.3	32.7	32.2	32.1	32.4 |	28.7	27.3	26.1	25.4
Austria	40.6	40.4	40.3	40.0 |	39.8	38.8 |	38.1	38.1	37.8	37.7	37.4	37.0
Belgium	36.5	35.5	34.7	33.3	32.2	31.4	30.8	30.2	29.6	28.8	28.3	28.5
Czech Republic	48.8	48.6	48.4	48.3	48.2	48.2	48.0	47.7	47.6	47.5	47.4	47.1
Denmark	31.9	32.5	30.4	29.3	28.3	28.4	26.8	28.1	28.2	28.2	27.2	27.4
Finland	34.6	34.7	34.6	35.0	33.8	33.2	32.6	32.0	32.0	31.2	30.6 |	30.6 |
France	36.7	36.1	35.7	35.0 |	34.6	33.8	32.9	32.0	31.4	30.8	30.3	30.1
Germany	44.3	44.2	43.7	43.0	42.1	41.4	41.3	41.3	40.8	40.2	39.9	39.5
Greece	29.7	30.0	30.2	29.0	29.2	28.6	27.8	27.4	28.1	28.0	27.2	27.5
Hungary												
Iceland	35.0	35.1	35.4	34.5	34.2	34.2	34.2	33.0	32.1	31.7	30.2	30.1
Ireland	32.0	31.7	32.5	31.9	31.3	29.4	28.8	28.6	28.7	27.9	27.8	28.6
Italy	38.1	37.8	37.9	37.6	37.1	36.1	34.5	33.6	33.1	32.6	32.4	32.4
Luxembourg	39.2	38.5	38.1	37.2	36.4	35.4	34.7	33.8	33.5	32.9	31.9	31.1
Netherlands	33.0	32.5	31.4 |	29.9	28.7 |	28.1	28.3	28.1	26.8 |	26.8	26.4	26.5
Norway	31.7	30.3	29.7	29.3	28.6	27.4	27.6	27.2	27.1	27.0	26.4	25.3
Poland												
Portugal	34.9	35.0	36.6	37.0	37.5	35.3	34.1	33.9	34.1	34.9	35.1	35.4
Slovak Republic												
Spain	36.6	35.9	35.3	34.5	33.3	32.7	31.9	31.0	31.3	31.6	31.6	32.1
Sweden	33.0	32.5	32.2	31.3	30.3	29.9	29.8	29.8 |	30.1 |	29.9	29.5	29.5
Switzerland	40.2	39.7	38.1	37.9	36.9	36.0	35.7	35.6	35.3	34.4	33.6	33.0
Turkey	20.4	20.5	20.4	20.3	20.5	20.8	21.0	21.4	21.6	21.9	22.3	21.6
United Kingdom	39.1	38.6	37.6	35.8	34.6	33.3	35.3	34.8	34.1	32.9	32.9	32.7
OECD-Total												
Major seven	35.0	34.9	34.5	34.0 |	32.9	32.3	32.4	32.0	31.6 |	30.9	30.8	30.7 |
Euro zone	38.5	38.1	37.9 |	37.2 |	36.5 |	35.7 |	34.9	34.4	34.0 |	33.6	33.3 |	33.3 |
EU15	38.3	37.9	37.5 |	36.6 |	35.8 |	34.9 |	34.7	34.2 |	33.8 |	33.3	33.0 |	32.9 |

Emploi civil par secteur

1990	1991	1992	1993	1994	1995	1996	1997	1998	1999	2000	2001	
Agriculture en pourcentage de l'emploi civil												
4.3	4.4	4.3	4.3	4.3	4.1	4.0	3.9	3.8	3.6	3.3	2.9	Canada
..	25.8 I	25.7	25.7 I	25.8	23.5	21.6	23.2	19.4	20.1	17.5	17.6	Mexique
2.9	2.9	2.9	2.7 I	2.9	2.9	2.8	2.7	2.7	2.6	2.6	2.4	États-Unis
5.5	5.3	5.2	5.4	5.1	4.9	5.0	5.0	4.8	5.0	4.9	4.9	Australie
7.2	6.7	6.4	5.9	5.8	5.7	5.5	5.3	5.3	5.2	5.1	4.9	Japon
17.9	16.4 I	15.8	14.7	13.7	12.4	11.7	11.3	12.4	11.6	10.9	10.3	Corée
10.6	10.8	10.8	10.5	10.4	9.7	9.5 I	8.7	8.5	9.5	8.7	9.1	Nouvelle-Zélande
7.9	7.4	7.1	7.0 I	7.3	7.5	7.3	6.8 I	6.6	6.2	5.8	5.7	Autriche
2.7	2.6	2.6	2.5	2.5	2.4	2.4	2.3	2.2	2.2	2.2	2.2	Belgique
12.3	10.0	8.0 I	7.8	6.9	6.6	6.2	5.8	5.5	5.3	5.1	4.8	République tchèque
5.6	5.7	5.2	5.2	5.1 I	4.4	4.0	3.7	3.6	3.3	3.3	3.3	Danemark
8.9	8.9	9.0	8.9	8.7	8.1	7.5	7.0	6.5	6.3	6.1	5.7	Finlande
5.7	5.4	5.2	5.0	4.8	4.6	4.5	4.4	4.3	4.1	3.9	3.7	France
3.4 I	4.1	3.8	3.5	3.3	3.1	3.0	2.9	2.8	2.8	2.7	2.6	Allemagne
23.9	22.2	21.9 I	21.3	20.8	20.4	20.3	19.8	17.8	17.0	17.0	16.0	Grèce
		11.4	9.3	9.0	8.3	8.5	8.1 I	7.7	7.2	6.6	6.3	Hongrie
10.3 I	10.2	10.4	9.2	9.0	9.5	9.5	8.6	8.6	9.0	8.3	7.8	Islande
15.2	13.8	13.6	12.8 I	12.1	11.7	10.7	10.3 I	9.1	8.6	7.9	7.0	Irlande
8.9	8.5	8.2 I	7.3	7.1	6.7	6.4	6.2	5.9	5.5	5.4	5.3	Italie
3.3	3.1	3.0	3.0	2.8	1.9	1.8	1.8	1.7	1.6	1.5	1.4	Luxembourg
4.6	4.5 I	3.9	3.9	4.0	3.7	3.9	3.7	3.3	3.1	3.3	2.9	Pays-Bas
6.5	5.9	5.6	5.6	5.3	5.2	5.1	4.7	4.7	4.6	4.1	3.9	Norvège
		25.0	24.8	23.8	22.6	22.1	20.6	19.2	18.1	18.8	19.1	Pologne
17.9	18.3 I	11.5	11.6	11.8	11.6	12.4	13.7 I	13.6	12.8	12.6	12.7	Portugal
				10.2	9.2	8.9	9.2	8.3	7.4	6.6	6.1	République slovaque
11.5	10.4	9.8	9.8 I	9.4	8.9	8.4	8.1	7.8	7.2	6.6	6.4	Espagne
3.4	3.3	3.3	3.5	3.5	3.1	2.9	2.8	2.6	2.5	2.4	2.3	Suède
4.2 I	4.2	4.2	4.3	4.1	4.3	4.5	4.6	4.6	4.7	4.5	4.2	Suisse
46.9	47.8	44.7	42.2	43.6	43.4	42.8	40.8	40.5	41.4 I	34.9	32.6	Turquie
2.1	2.3	2.2	2.0 I	2.1	2.1	1.9	1.9	1.7	1.6	1.5	1.4	Royaume-Uni
				8.8 I	8.4	8.2 I	8.1 I	7.7	7.6 I	6.9	6.6	OCDE-Total
4.5 I	4.5	4.3 I	4.0 I	4.0	3.9	3.7	3.6	3.5	3.4	3.3	3.2	Sept grands
7.6 I	7.2 I	6.6 I	6.3 I	6.1 I	5.9	5.7	5.6 I	5.4	5.1	4.9	4.8	Zone euro
6.4 I	6.2 I	5.8 I	5.5 I	5.3 I	5.1	5.0	4.8 I	4.6	4.4	4.3	4.1	UE15
Industrie en pourcentage de l'emploi civil												
24.4	22.9	22.3	21.6	21.6	21.9	21.8	22.1	22.2	22.4	22.6	22.7	Canada
..	23.3 I	22.9	22.5 I	22.2	21.7	22.8	22.5	24.7	25.4	26.9	26.0	Mexique
26.2	25.3	24.6	24.0 I	24.0	24.0	23.8	23.9	23.6	23.1	22.9	22.4	États-Unis
25.0	23.4	23.5	23.6	23.6	22.8	22.5	22.3	22.0	21.5	22.0	20.9	Australie
34.1	34.4	34.6	34.3	34.0	33.6	33.3	33.1	32.0	31.7	31.2	30.5	Japon
35.4	35.7 I	35.0	33.5	33.2	33.3	32.5	31.2	27.8	27.4	28.0	27.4	Corée
24.6	23.5	22.8	23.4	25.0	25.1	24.7 I	23.8	24.1	22.9	23.2	22.8	Nouvelle-Zélande
36.9	36.9	35.6	35.1 I	33.4	32.3	32.7	31.6 I	30.4	30.6	30.6	29.9	Autriche
28.3	28.1	27.7	27.3	26.9	26.4	25.9	25.3	25.1	24.7	24.2	24.0	Belgique
45.5	45.9	45.1 I	43.5	42.7	42.2	42.0	41.6	41.3	40.6	40.0	40.4	République tchèque
27.5	27.7	27.4	26.3	26.8 I	27.4	27.0	26.8	27.0	26.7	26.4	25.4	Danemark
30.4	28.8	27.5	26.6	26.3	27.3	27.3	27.5	27.7	27.8	27.6	27.2	Finlande
29.7	29.2	28.4	27.3	26.6	26.3	25.9	25.3	24.9	24.4	24.2	24.1	France
38.6 I	40.9	40.0	38.9	37.7	36.3	35.4	34.8	34.5	33.7	33.4	32.5	Allemagne
27.7	27.6	27.1 I	24.2	23.6	23.2	22.9	22.5	23.0	22.9	22.5	22.8	Grèce
		35.6	34.3	33.9	33.5	33.5	33.9 I	34.8	34.6	34.3	34.7	Hongrie
30.1 I	25.9	24.6	25.0	25.8	24.7	24.3	25.5	25.2	23.1	23.0	22.6	Islande
28.7	28.8	28.3	27.4 I	28.3	28.3	27.8	27.1 I	28.9	28.5	28.6	29.1	Irlande
32.3	32.3	32.2 I	34.5	34.3	34.1	33.5	33.3	33.2	32.9	32.4	32.1	Italie
30.5	29.7	29.3	29.1	28.1	27.6	26.4	26.0	25.4	24.2	23.3	22.0	Luxembourg
26.3	25.5 I	24.1	24.0	23.0	22.6	22.4	22.2	21.7	21.4	21.3	21.2	Pays-Bas
24.8	23.6	23.5	23.1	23.4	23.4	23.2	23.2	23.1	22.3	21.9	21.8	Norvège
			31.5	31.8	32.0	31.7	31.9	32.1	31.3	30.8	30.5	Pologne
34.5	35.3 I	33.2	33.0	32.9	32.3	31.4	31.6 I	36.0	35.4	35.3	34.6	Portugal
				39.7	38.9	39.5	39.3	39.4	38.5	37.3	37.6	République slovaque
32.7	32.1	31.5	29.8 I	30.4	30.2	29.9	30.2	30.7	31.1	31.3	31.6	Espagne
29.2	28.3	26.6	25.6	25.1	25.9	26.1	26.0	25.7	25.1	24.6	23.8	Suède
32.2 I	31.0	29.7	28.8	28.9	29.2	28.0	26.7	26.2	25.9	26.2	26.2	Suisse
21.0	20.2	21.6	22.6	22.6	22.3	22.9	24.1	23.6	22.8 I	24.6	24.3	Turquie
32.3	31.1	30.0	29.4 I	27.7	27.4	27.4	26.8	26.7	26.0	25.4	24.9	Royaume-Uni
				28.4 I	28.1	27.9 I	27.7 I	27.4	27.0 I	27.0	26.5	OCDE-Total
30.3 I	30.3	29.8 I	29.3 I	28.8	28.5	28.1	27.9	27.5	27.0	26.7	26.1	Sept grands
33.0 I	33.9 I	33.1 I	32.6 I	31.9	31.3	30.7	30.3 I	30.3	29.9	29.6	29.3	Zone euro
32.6 I	33.1 I	32.3 I	31.8 I	30.9 I	30.4	29.9	29.5 I	29.5	29.0	28.7	28.3	UE15

Statistiques de la Population Active
© 2002
OCDE

Civilian employment by sector

	1978	1979	1980	1981	1982	1983	1984	1985	1986	1987	1988	1989
					Services as percentage of civilian employment							
Canada	65.3	65.2	65.7	66.0	68.0	68.8	68.6	69.2	69.6 |	70.3	70.4	70.5
Mexico			..									
United States	65.2	65.2	65.9	66.4	68.0	68.5	68.2	68.8	69.3	69.9	70.2	70.5 |
Australia	62.5	62.2	62.6	63.2	64.1	65.4	65.9 |	66.7 |	67.4	68.3	68.0	68.4
Japan	53.3	53.9	54.2	54.7	55.4	56.0	56.3	56.4	57.1	57.9	58.0	58.2
Korea	33.2	35.3	38.2	39.1	41.1	42.1	43.4	45.6	46.0	45.5	45.6	46.2
New Zealand	54.6	55.3	55.3	56.5	55.9	56.6	56.8	56.5 |	60.6	62.4	63.6	64.3
Austria	48.5	48.9	49.2	49.7 |	50.2	51.3 |	52.5	52.9	53.6	53.6	54.5	55.0
Belgium	60.1	61.2	62.1	63.5	64.7	65.4	66.1	66.7	67.4	68.2	68.9	68.8
Czech Republic	38.6	38.9	39.1	39.3	39.6	39.7	40.0	40.2	40.4	40.5	40.7	41.0
Denmark	60.2	60.3	62.6	63.3	64.2	64.2	66.5	65.2	65.9	66.1	67.1	66.9
Finland	51.0	51.6	51.8	51.9	53.0	54.2	55.1	56.4	57.0	58.4	59.5 |	60.7 |
France	54.1	55.0	55.6	56.6 |	57.3	58.4	59.4	60.5	61.4	62.3	63.0	63.6
Germany	49.9	50.4	51.0	51.9	52.8	53.6	53.9	54.1	54.7	55.6	56.1	56.8
Greece	38.2	39.2	39.5	40.4	42.0	41.4	42.8	43.7	43.4	45.0	46.2	47.1
Hungary												
Iceland	51.1	51.4	51.4	53.1	53.6	53.9	54.5	55.8	57.0	57.8	59.6	59.6
Ireland	47.4	49.1	49.2	50.9	51.6	53.8	54.7	55.4	55.5	56.6	56.7	56.1
Italy	46.4	47.3	47.8	49.0	50.5	51.5	53.6	55.2	56.0	56.8	57.7	58.2
Luxembourg	54.6	55.7	56.5	57.7	58.7	59.9	60.6	61.9	62.3	63.2	64.5	65.5
Netherlands	61.6	62.2	63.6 |	65.2	66.3 |	66.9	66.8	67.0	68.4 |	68.3	68.8	68.8
Norway	59.5	61.1	61.9	62.4	63.4	64.9	65.0	65.4	65.6	66.3	67.2	68.1
Poland												
Portugal	33.9	34.5	36.1	37.0	37.3	41.5	42.2	42.2	44.0	42.9	44.2	45.6
Slovak Republic												
Spain	43.0	44.4	45.8	47.1	48.5	49.1	50.1	51.1	52.9	53.7	54.4	55.1
Sweden	60.9	61.7	62.2	63.1	64.1	64.7	65.1	65.3 |	65.7 |	66.1	66.7	66.9
Switzerland	52.5	53.2	55.0	55.6	56.6	57.6	58.1	58.4	59.0	60.3	61.5	62.5
Turkey	24.8	25.6	26.4	27.0	27.5	27.9	28.6	29.2	30.0	31.0	31.2	31.0
United Kingdom	58.2	58.7	59.7	61.6	62.8	64.0	62.2	62.9	63.7	64.8	64.8	65.1
OECD-Total												
Major seven	58.0	58.4	59.0	59.8 |	61.0	61.7	61.9	62.5	63.1 |	64.0	64.3	64.7 |
Euro zone	49.2	50.0	50.8 |	51.8 |	52.9 |	53.8 |	54.8	55.6	56.5 |	57.3	58.0 |	58.6 |
EU15	51.4	52.2	53.0 |	54.1 |	55.2 |	56.1 |	56.7	57.4 |	58.3 |	59.1	59.7 |	60.2 |

Emploi civil par secteur

Services en pourcentage de l'emploi civil

1990	1991	1992	1993	1994	1995	1996	1997	1998	1999	2000	2001	
71.3	72.6	73.4	74.1	74.1	74.0	74.1	74.0	73.9	74.0	74.1	74.4	Canada
..	50.9 |	51.4	51.9 |	52.1	54.9	55.7	54.2	55.9	54.4	55.6	56.4	Mexique
70.9	71.8	72.5	73.2 |	73.1	73.1	73.3	73.4	73.7	74.4	74.5	75.2	États-Unis
69.5	71.3	71.3	71.1	71.3	72.3	72.5	72.7	73.2	73.5	73.1	74.2	Australie
58.7	58.9	59.0	59.8	60.2	60.8	61.2	61.6	62.7	63.2	63.7	64.6	Japon
46.7	47.9 |	49.3	51.7	53.1	54.3	55.9	57.5	59.8	61.0	61.1	62.3	Corée
64.8	65.8	66.4	66.0	64.6	65.3	65.8 |	67.5	67.4	67.7	68.1	68.1	Nouvelle-Zélande
55.2	55.8	57.4	57.9 |	59.3	60.3	60.0	61.6 |	63.0	63.2	63.6	64.4	Autriche
69.0	69.2	69.7	70.2	70.6	71.1	71.8	72.4	72.6	73.0	73.5	73.9	Belgique
42.2	44.0	46.8 |	48.7	50.4	51.1	51.8	52.6	53.1	54.1	54.9	54.8	République tchèque
66.9	66.6	67.4	68.5	68.1 |	68.1	69.0	69.5	69.4	70.0	70.2	71.3	Danemark
60.7	62.3	63.5	64.5	65.0	64.5	65.2	65.5	65.7	65.9	66.3	67.1	Finlande
64.6	65.4	66.4	67.6	68.6	69.1	69.7	70.3	70.9	71.5	72.0	72.2	France
57.9 |	55.0	56.2	57.6	59.0	60.5	61.6	62.3	62.6	63.4	63.9	64.8	Allemagne
48.3	50.2	51.0 |	54.5	55.6	56.4	56.8	57.7	59.2	60.1	60.5	61.2	Grèce
	53.0	56.5	57.1	58.2	58.0	58.1 |	57.6	58.2	59.1	59.0		Hongrie
59.6 |	63.9	64.9	65.8	65.2	65.8	66.2	65.9	66.2	67.9	68.7	69.6	Islande
56.1	57.4	58.1	59.8 |	59.6	59.9	61.4	62.6 |	62.1	62.9	63.5	63.9	Irlande
58.8	59.2	59.6 |	58.2	58.6	59.2	60.0	60.5	60.8	61.5	62.2	62.6	Italie
66.2	67.1	67.7	67.9	69.1	70.5	71.8	72.2	72.9	74.2	75.2	76.5	Luxembourg
69.1	69.9 |	71.9	72.2	73.0	73.7	73.8	74.1	75.0	75.4	75.4	75.9	Pays-Bas
68.7	70.5	71.0	71.3	71.3	71.4	71.7	72.1	72.2	73.2	74.0	74.3	Norvège
			43.7	44.4	45.4	46.2	47.5	48.8	50.6	50.4	50.4	Pologne
47.6	46.4 |	55.3	55.4	55.3	56.1	56.2	54.7 |	50.4	51.8	52.1	52.7	Portugal
				50.1	51.9	51.6	51.6	52.3	54.2	56.1	56.2	République slovaque
55.8	57.5	58.7	60.4 |	60.2	60.9	61.7	61.7	61.4	61.7	62.1	61.9	Espagne
67.4	68.4	70.1	71.0	71.4	71.0	71.0	71.3	71.7	72.3	73.0	74.0	Suède
63.6 |	64.8	66.1	66.9	67.0	66.5	67.5	68.6	69.1	69.4	69.1	69.6	Suisse
32.2	32.0	33.8	35.2	33.8	34.3	34.3	35.1	35.9	35.8 |	40.5	43.1	Turquie
65.5	66.6	67.8	68.5 |	70.2	70.5	70.7	71.3	71.6	72.4	73.0	73.7	Royaume-Uni
				62.8 |	63.5	64.0 |	64.3 |	64.9	65.4 |	66.1	66.9	OCDE-Total
65.2 |	65.2	65.9 |	66.7 |	67.2	67.7	68.1	68.5	69.0	69.7	70.0	70.7	Sept grands
59.4 |	59.0 |	60.3 |	61.1 |	61.9	62.8	63.6	64.1 |	64.3	65.0	65.4	65.9	Zone euro
60.9 |	60.7 |	62.0 |	62.8 |	63.7 |	64.5	65.1	65.6 |	65.9	66.6	67.0	67.6	UE15

Statistiques de la Population Active
© 2002
OCDE

Part-time employment

Percent

	1978	1979	1980	1981	1982	1983	1984	1985	1986	1987	1988	1989
Part-time as percentage of employment [1]												
Canada	13.3	13.8	14.4	14.9	15.9	16.8	16.8	17.0	16.9	16.6	16.8	16.6
Mexico												
United States[2]		13.9	14.2	14.2	15.1	15.4	14.6	14.4	14.6	14.4	14.2	14.1
Australia[2]		17.2	18.1	18.4	19.2	19.0	18.9	20.4	21.1	21.7	21.5	21.9
Japan[2]			15.7	15.6	15.9	16.1	16.4	16.6	16.8	16.6	16.9	17.6
Korea[2]												5.2
New Zealand									16.5	17.2	18.2	18.5
Austria												
Belgium						9.8	10.8	11.7	12.0	12.8	13.2	13.6
Czech Republic												
Denmark						20.6	21.2	20.3	19.6	19.8	19.0	19.0
Finland			6.7	7.4	7.7	8.3	8.4	8.3	8.1	8.1	7.4	7.8
France						9.7	10.6	11.2	12.2	12.3	12.3	12.2
Germany						13.4	11.0	11.0	11.2	11.0	11.4	11.6
Greece						7.0	6.7	5.8	6.8	6.4	6.9	6.6
Hungary												
Iceland												
Ireland						7.7	7.7	7.8	8.1	8.7	9.3	9.3
Italy						7.8	7.4	7.5	7.9	8.1	8.3	8.8
Luxembourg						7.3	7.0	7.2	7.3	8.1	7.1	7.6
Netherlands						18.5		19.5		26.4	26.9	27.7
Norway												21.8
Poland[2]												
Portugal									6.6	6.4	6.7	7.1
Slovak Republic												
Spain										4.9	5.0	4.5
Sweden										16.9	16.0	15.2
Switzerland												
Turkey											7.8	9.6
United Kingdom						18.4	19.6	19.7	20.2	20.8	20.5	20.2
Female share of part-time employment [1]												
Canada	70.9	71.0	71.3	71.1	70.7	69.8	69.3	70.4	69.7	70.4	70.9	70.5
Mexico												
United States[2]		68.3	68.4	68.6	68.3	68.0	68.9	68.5	68.4	68.3	68.3	68.7
Australia[2]		69.9	70.7	69.2	69.3	69.9	70.9	69.5	70.2	70.4	72.4	71.7
Japan[2]			70.6	71.0	71.9	72.9	73.4	71.7	72.5	73.5	73.2	73.1
Korea[2]												57.1
New Zealand									79.7	78.5	79.0	77.3
Austria												
Belgium						78.8	77.9	77.4	78.2	78.3	77.6	81.0
Czech Republic												
Denmark						81.3	78.6	78.4	76.2	75.0	75.1	74.6
Finland			74.8	72.8	72.4	72.1	71.6	71.1	68.7	68.9	68.4	66.1
France						81.0	79.4	77.8	76.9	76.7	77.9	77.4
Germany						90.2	90.3	90.3	90.0	90.6	90.6	89.6
Greece						59.2	59.2	63.1	59.1	63.5	62.5	61.8
Hungary												
Iceland												
Ireland						71.3	71.1	73.7	70.0	70.9	69.9	72.0
Italy						67.4	68.9	68.2	68.4	69.4	69.8	71.1
Luxembourg						88.3	86.4	86.8	86.4	87.8	88.3	86.4
Netherlands						79.6		79.3		69.5	69.9	70.5
Norway												83.9
Poland[2]												
Portugal									74.2	75.2	76.4	76.9
Slovak Republic												
Spain										73.2	74.8	77.9
Sweden										84.9	83.1	82.0
Switzerland												
Turkey											62.2	64.2
United Kingdom						89.3	87.5	87.1	86.9	85.5	84.7	86.2

(1) Part-time employment refers to persons who work less than 30 hours per week in their main job. Data include only persons declaring usual hours worked.   (2) See the definition of part-time employment in Table II of Part II.

Population active occupée à temps partiel

Pourcentage

Temps partiel en pourcentage de l'emploi [1]

1990	1991	1992	1993	1994	1995	1996	1997	1998	1999	2000	2001	
17.0	18.1	18.5	19.1	18.8	18.6	18.9	19.1	18.9	18.5	18.1	18.1	Canada
					16.6	14.9	15.9	15.0	13.8	13.5	13.8	Mexique
13.8	14.4	14.4	14.4	14.3	14.1	14.0	13.6	13.4	13.3	12.8	13.0	États-Unis[2]
22.6	23.9	24.9	24.3	24.4	25.0	25.2	26.0	25.9	26.1	26.2	27.2	Australie[2]
19.2	20.0	20.4	21.1	20.4	20.1	21.8	23.3	23.6	24.1	23.1	24.9	Japon[2]
4.5	4.7	4.9	4.6	4.6	4.4	4.4	5.1	6.8	7.8	7.1	7.5	Corée[2]
19.6	20.8	21.2	20.8	21.2	21.2	22.1	22.6	23.0	23.4	22.6	22.7	Nouvelle-Zélande
					11.1	10.9	10.8	11.5	12.3	12.2	12.4	Autriche
14.2	15.3	15.2	16.0	15.7	15.6	16.1	16.2	16.3	19.9	19.0	17.6	Belgique
		3.6	3.6	3.4	3.4	3.4	3.3	3.4	3.3	3.2		République tchèque
19.2	18.6	18.9	19.0	17.2	16.8	16.5	17.1	17.0	15.3	15.7	14.5	Danemark
7.5	7.9	8.1	8.9	8.9	8.6	8.4	9.4	9.6	9.9	10.4	10.5	Finlande
12.2	12.0	12.5	13.3	13.9	14.2	14.3	14.9	14.8	14.7	14.2	13.8	France
13.4	11.8	12.3	12.8	13.5	14.2	14.9	15.8	16.6	17.1	17.6		Allemagne
6.6	6.8	7.1	7.0	7.8	7.8	8.0	8.2	9.0	7.8	5.4	4.8	Grèce
					3.2	3.1	3.3	3.4	3.5	3.2	2.8	Hongrie
	22.2	22.1	22.4	22.6	22.5	20.9	22.4	23.2	21.2	20.4	20.4	Islande
9.8	10.3	11.2	13.0	13.4	14.4	14.1	15.2	18.0	18.3	18.5	18.4	Irlande
8.7	8.8	10.0	10.0	10.0	10.5	10.5	11.3	11.2	11.8	12.2	12.2	Italie
7.6	8.8	9.5	9.9	10.7	11.4	10.4	11.1	12.8	12.1	13.0	13.1	Luxembourg
28.2	28.6	27.1	27.7	28.7	29.0	29.3	29.1	30.0	30.4	32.1	33.0	Pays-Bas
21.8	22.0	22.1	22.0	21.5	21.4	21.6	21.0	20.8	20.7	20.3	20.1	Norvège
							11.9	11.8	13.9	12.8	11.6	Pologne[2]
6.8	7.8	8.8	8.8	9.5	8.6	9.2	10.2	9.9	9.3	9.2	9.2	Portugal
				2.7	2.3	2.1	2.0	2.0	1.8	1.9	1.9	République slovaque
4.6	4.4	5.4	6.1	6.5	7.1	7.5	7.9	7.7	7.9	7.8	7.9	Espagne
14.5	14.6	15.0	15.4	15.7	15.1	14.8	14.2	13.4	14.5	14.0	17.8	Suède
	22.1	22.7	23.2	23.2	22.9	23.7	24.0	24.2	24.8	24.4	24.8	Suisse
9.2	10.0	10.4	8.1	8.1	6.0	5.1	5.7	5.6	7.1	9.0	8.0	Turquie
20.1	20.7	21.5	22.1	22.4	22.3	22.9	22.9	23.0	22.9	23.0		Royaume-Uni

Part des femmes dans le temps partiel [1]

1990	1991	1992	1993	1994	1995	1996	1997	1998	1999	2000	2001	
70.1	69.4	69.0	68.3	68.8	68.8	69.1	69.9	69.7	69.6	69.3	69.1	Canada
					60.8	62.4	63.8	63.5	65.3	65.1	63.8	Mexique
68.2	67.7	67.2	67.2	68.3	68.7	68.8	68.4	68.0	68.4	68.0	67.5	États-Unis[2]
70.8	70.1	69.7	69.9	69.5	69.2	68.5	68.0	68.6	68.9	68.3	67.5	Australie[2]
70.5	70.0	69.3	67.7	67.5	70.2	68.2	67.0	67.0	67.0	69.7	67.5	Japon[2]
58.7	59.0	60.4	60.8	60.6	61.2	63.6	62.3	54.8	55.2	57.2	58.4	Corée[2]
77.0	74.6	74.2	74.8	75.8	74.7	74.8	74.2	74.5	73.3	73.1	73.3	Nouvelle-Zélande
					84.3	86.5	86.4	86.8	87.2	88.2	88.0	Autriche
79.9	80.1	83.6	82.2	82.0	82.3	82.3	82.5	82.4	78.9	79.0	81.8	Belgique
			68.6	67.6	70.1	67.5	69.1	70.3	71.1	72.7	72.2	République tchèque
71.5	71.5	71.0	70.1	69.6	68.0	66.1	64.3	68.8	68.4	69.9	66.7	Danemark
67.2	64.9	64.2	63.0	62.8	64.2	64.4	63.4	63.8	64.9	63.8	63.4	Finlande
79.8	79.5	79.3	79.5	79.5	79.1	78.7	78.8	79.3	79.0	80.1	80.4	France
89.7	89.4	88.8	88.5	87.1	86.3	85.8	85.1	84.1	84.1	84.5		Allemagne
61.4	60.0	59.8	60.6	59.2	61.4	62.3	63.1	63.1	64.4	65.6	66.7	Grèce
					68.3	70.0	71.7	68.9	69.2	71.6	68.0	Hongrie
	81.6	81.6	79.7	78.3	78.5	78.3	75.8	77.4	77.1	77.0	74.5	Islande
71.6	71.7	72.6	72.6	71.7	72.4	73.3	72.9	73.8	75.6	76.2	78.1	Irlande
70.8	71.9	69.2	71.0	72.6	70.8	71.5	71.1	71.9	71.5	70.5	72.6	Italie
86.5	89.9	85.8	87.4	88.6	89.2	87.3	89.0	87.3	91.8	90.4	91.7	Luxembourg
70.4	70.5	75.8	76.7	77.1	76.5	77.3	77.6	75.9	77.4	76.2	76.3	Pays-Bas
82.7	82.1	81.0	80.8	80.6	80.7	79.7	80.1	79.6	78.8	77.0	76.0	Norvège
							61.1	62.2	61.6	61.7	64.8	Pologne[2]
74.1	73.1	73.0	72.5	71.3	75.5	72.9	72.5	71.2	70.8	71.8	69.9	Portugal
				71.4	73.5	72.3	74.4	72.1	73.7	71.8	69.2	République slovaque
79.4	78.6	78.3	76.7	75.5	77.1	75.1	74.8	75.9	77.0	78.6	78.9	Espagne
81.1	80.5	79.2	78.1	76.9	76.9	76.5	76.4	78.1	73.7	72.9	79.2	Suède
	82.4	83.2	83.1	83.3	83.9	82.5	83.4	83.3	82.6	80.6	80.1	Suisse
62.5	70.5	63.6	54.8	60.6	58.4	63.5	58.2	60.7	60.7	55.1	57.8	Turquie
85.1	85.1	84.3	83.6	82.9	81.8	81.4	80.4	80.4	79.6	79.9		Royaume-Uni

(1) L'emploi à temps partiel se réfère aux actifs travaillant moins de 30 heures par semaine dans leur emploi principal. Les données incluent uniquement les personnes déclarant des heures habituelles de travail.

(2) Voir la définition de l'emploi à temps partiel dans le tableau II de la partie II.

Statistiques de la Population Active
© 2002
OCDE

Part-time employment

Percent

Female part-time as percentage of female employment [1]

	1978	1979	1980	1981	1982	1983	1984	1985	1986	1987	1988	1989
Canada	24.6	25.3	25.9	26.3	27.4	28.1	27.7	28.2	27.7	27.2	27.4	26.7
Mexico												
United States[2]		21.7	21.9	21.8	22.7	22.9	22.0	21.5	21.5	21.0	20.7	20.5
Australia[2]		33.9	35.0	34.9	36.0	35.5	35.4	36.9	37.8	38.5	38.4	38.4
Japan[2]			28.6	28.6	29.1	29.7	30.3	30.0	30.5	30.6	30.9	31.8
Korea[2]												7.3
New Zealand									31.6	32.1	33.7	33.5
Austria												
Belgium						22.5	24.1	25.8	26.2	27.8	27.8	29.5
Czech Republic												
Denmark						36.7	36.7	35.2	32.9	32.3	31.4	30.8
Finland			10.7	11.4	11.7	12.5	12.6	12.3	11.6	11.6	10.5	10.7
France						18.9	19.9	20.3	21.6	21.7	21.8	21.4
Germany						31.2	25.8	25.4	25.9	25.4	26.4	26.6
Greece						12.7	11.9	10.8	11.8	11.9	12.4	11.6
Hungary												
Iceland												
Ireland						17.4	16.9	17.9	17.4	18.3	19.5	19.5
Italy						16.5	16.0	16.0	16.5	16.9	17.3	18.4
Luxembourg						19.5	18.1	18.5	18.4	20.4	18.3	18.8
Netherlands						44.7		45.5		51.0	51.2	52.8
Norway												40.8
Poland[2]												
Portugal									12.2	11.8	12.3	13.0
Slovak Republic												
Spain										12.1	12.1	11.1
Sweden										29.8	27.6	25.9
Switzerland												
Turkey											16.5	19.8
United Kingdom						40.1	41.2	41.1	41.6	41.9	40.8	40.4

Male part-time as percentage of male employment [1]

	1978	1979	1980	1981	1982	1983	1984	1985	1986	1987	1988	1989
Canada	6.3	6.5	6.8	7.2	7.9	8.7	8.9	8.8	8.9	8.7	8.7	8.7
Mexico												
United States[2]		7.8	8.1	8.1	8.8	9.1	8.4	8.4	8.6	8.6	8.5	8.3
Australia[2]		8.0	8.3	9.0	9.3	9.2	8.9	10.1	10.3	10.6	9.9	10.5
Japan[2]			7.5	7.4	7.3	7.2	7.2	7.8	7.7	7.3	7.6	8.0
Korea[2]												3.8
New Zealand									5.7	6.4	6.7	7.3
Austria												
Belgium						3.2	3.7	4.0	4.0	4.3	4.7	4.2
Czech Republic												
Denmark						7.1	8.2	8.0	8.6	9.2	8.6	8.9
Finland			3.2	3.8	4.1	4.5	4.6	4.7	5.0	4.8	4.5	5.0
France						3.2	3.8	4.3	5.0	5.1	4.9	4.9
Germany						2.1	1.7	1.7	1.8	1.7	1.8	2.0
Greece						4.2	4.1	3.2	4.2	3.6	4.0	3.9
Hungary												
Iceland												
Ireland						3.2	3.3	3.0	3.6	3.8	4.2	4.1
Italy						3.7	3.4	3.5	3.7	3.7	3.7	3.9
Luxembourg						1.3	1.4	1.5	1.5	1.5	1.3	1.6
Netherlands						5.7		6.1		12.5	12.8	13.0
Norway												6.3
Poland[2]												
Portugal									2.9	2.7	2.7	2.8
Slovak Republic												
Spain										1.9	1.8	1.4
Sweden										4.9	5.2	5.3
Switzerland												
Turkey											4.2	5.0
United Kingdom						3.3	4.2	4.3	4.6	5.2	5.5	4.9

(1) Part-time employment refers to persons who work less than 30 hours per week in their main job. Data include only persons declaring usual hours worked.

(2) See the definition of part-time employment in Table II of Part II.

Population active occupée à temps partiel

Temps partiel des femmes en pourcentage de l'emploi des femmes [1]

1990	1991	1992	1993	1994	1995	1996	1997	1998	1999	2000	2001	
26.8	28.0	28.2	28.8	28.6	28.2	28.9	29.4	28.8	28.0	27.3	27.1	Canada
					31.3	28.5	30.2	28.3	26.9	25.6	25.8	Mexique
20.0	20.5	20.3	20.3	20.5	20.3	20.2	19.5	19.1	19.0	18.2	18.2	États-Unis [2]
38.5	39.7	40.9	40.1	40.1	40.2	40.0	41.0	40.7	41.4	40.7	41.6	Australie [2]
33.4	34.3	34.8	35.2	31.9	34.9	36.7	38.3	39.0	39.7	39.4	41.0	Japon [2]
6.5	6.8	7.3	7.0	6.9	6.7	6.9	7.8	9.2	10.5	9.9	10.5	Corée [2]
34.6	35.5	35.8	35.6	36.4	35.9	37.1	37.5	38.0	37.7	36.5	36.5	Nouvelle-Zélande
					21.6	21.7	21.4	22.8	24.4	24.4	24.8	Autriche
29.8	31.3	31.7	32.0	31.6	31.5	32.1	32.3	32.2	36.6	34.5	33.4	Belgique
			5.8	5.6	5.6	5.3	5.5	5.4	5.6	5.6	5.4	République tchèque
29.6	28.6	29.0	28.5	26.2	25.5	24.3	24.2	25.5	22.7	23.5	20.9	Danemark
10.6	10.6	10.6	11.5	11.5	11.5	11.3	12.5	13.0	13.5	13.9	14.0	Finlande
21.7	21.3	22.0	23.1	24.0	24.3	24.1	25.2	25.0	24.8	24.3	23.8	France
29.8	25.2	26.1	27.2	28.0	29.1	29.9	31.4	32.4	33.1	33.9		Allemagne
11.6	12.0	12.3	12.2	13.1	13.2	13.7	14.1	15.4	13.5	9.4	8.5	Grèce
					4.6	4.6	5.1	5.0	5.1	4.8	4.0	Hongrie
	39.7	39.4	38.6	37.9	37.9	35.3	36.8	38.6	35.2	33.7	32.6	Islande
20.4	20.9	22.2	24.7	24.6	26.5	26.4	27.2	31.2	31.9	32.3	32.9	Irlande
18.2	18.2	19.8	20.4	20.6	21.1	20.9	22.2	22.4	23.2	23.4	23.7	Italie
19.1	22.2	22.0	23.8	25.7	28.4	24.7	26.2	29.6	28.3	28.9	29.8	Luxembourg
52.5	52.6	52.1	53.2	54.3	54.7	55.5	54.8	54.8	55.4	57.2	58.1	Pays-Bas
39.8	39.6	39.1	38.7	37.7	37.5	37.5	36.5	35.9	35.0	33.6	32.6	Norvège
							16.6	16.6	19.2	17.9	16.6	Pologne [2]
11.8	13.2	14.5	14.4	15.2	14.6	15.1	16.5	15.8	14.6	14.7	14.2	Portugal
			4.4	3.9	3.5	3.3	3.2	3.0	3.0	2.8		République slovaque
11.5	10.7	12.8	13.9	14.4	15.9	16.2	16.8	16.6	16.8	16.5	16.6	Espagne
24.5	24.3	24.4	24.6	24.9	24.1	23.5	22.7	22.0	22.3	21.4	29.3	Suède
	42.6	44.0	45.0	45.0	44.9	44.9	45.7	45.8	46.5	44.6	44.7	Suisse
18.8	20.6	20.1	15.9	15.6	11.5	10.7	11.7	11.6	13.9	19.0	17.4	Turquie
39.5	40.3	40.6	41.0	41.2	40.7	41.4	40.9	41.2	40.6	40.8		Royaume-Uni

Temps partiel des hommes en pourcentage de l'emploi des hommes [1]

1990	1991	1992	1993	1994	1995	1996	1997	1998	1999	2000	2001	
9.1	10.1	10.5	11.0	10.7	10.6	10.7	10.5	10.6	10.3	10.3	10.4	Canada
					9.6	8.3	8.7	8.2	7.2	7.1	7.6	Mexique
8.3	8.8	9.0	9.0	8.6	8.4	8.4	8.3	8.2	8.1	7.9	8.1	États-Unis [2]
11.3	12.4	13.1	12.7	12.9	13.5	14.0	14.6	14.4	14.3	14.8	15.8	Australie [2]
9.5	10.1	10.6	11.4	11.7	10.0	11.7	12.9	12.9	13.4	11.8	13.7	Japon [2]
3.1	3.2	3.2	3.0	3.0	2.9	2.7	3.3	5.1	5.9	5.2	5.3	Corée [2]
8.0	9.4	9.9	9.3	9.2	9.6	10.0	10.5	10.8	11.4	11.2	11.1	Nouvelle-Zélande
					3.1	2.6	2.6	2.7	2.8	2.6	2.7	Autriche
4.6	5.0	4.1	4.8	4.8	4.7	4.8	4.8	4.9	7.3	7.1	5.6	Belgique
			2.0	2.1	1.8	2.0	1.9	1.7	1.7	1.6	1.6	République tchèque
10.2	9.9	10.2	10.7	9.7	9.6	10.1	11.1	9.9	8.9	8.8	9.1	Danemark
4.7	5.4	5.8	6.4	6.5	5.9	5.7	6.5	6.7	6.6	7.1	7.3	Finlande
4.4	4.5	4.7	5.1	5.3	5.5	5.7	5.9	5.8	5.8	5.3	5.1	France
2.3	2.2	2.4	2.5	3.0	3.4	3.7	4.1	4.6	4.8	4.8		Allemagne
4.0	4.1	4.4	4.3	4.9	4.7	4.7	4.8	5.3	4.5	3.0	2.6	Grèce
					2.0	1.8	1.7	2.0	2.1	1.7	1.7	Hongrie
	7.5	7.5	8.5	9.2	9.1	8.4	10.1	9.8	9.1	8.8	9.7	Islande
4.2	4.6	4.8	5.8	6.2	6.6	6.2	7.0	8.3	7.9	7.9	7.0	Irlande
3.9	3.8	4.7	4.5	4.2	4.8	4.7	5.1	4.9	5.3	5.7	5.4	Italie
1.6	1.4	2.1	1.9	1.9	1.9	2.1	2.0	2.6	1.6	2.1	1.8	Luxembourg
13.4	13.7	10.8	10.8	11.1	11.5	11.3	11.1	12.4	11.9	13.4	13.8	Pays-Bas
6.9	7.3	7.7	7.8	7.7	7.6	8.1	7.7	7.9	8.2	8.7	9.0	Norvège
							8.2	8.0	9.6	8.8	7.5	Pologne [2]
3.0	3.7	4.2	4.3	4.9	3.8	4.5	5.1	5.1	5.0	4.7	5.1	Portugal
			1.4	1.2	1.1	0.9	1.0	0.9	1.0	1.1		République slovaque
1.4	1.4	1.7	2.1	2.4	2.5	2.9	3.1	2.9	2.9	2.7	2.7	Espagne
5.3	5.5	6.1	6.6	7.1	6.8	6.7	6.5	5.6	7.3	7.3	7.1	Suède
	6.8	6.7	6.9	6.8	6.5	7.3	7.0	7.2	7.7	8.4	8.9	Suisse
4.9	4.5	5.6	5.1	4.6	3.6	2.7	3.4	3.1	4.1	5.5	4.6	Turquie
5.3	5.5	6.1	6.6	7.0	7.3	7.7	8.2	8.2	8.5	8.4		Royaume-Uni

(1) L'emploi à temps partiel se réfère aux actifs travaillant moins de 30 heures par semaine dans leur emploi principal. Les données incluent uniquement les personnes déclarant des heures habituelles de travail.

(2) Voir la définition de l'emploi à temps partiel dans le tableau II de la partie II.

Statistiques de la Population Active
© 2002
OCDE

Unemployment

	1978	1979	1980	1981	1982	1983	1984	1985	1986	1987	1988	1989
					Thousands							
Canada	926	863	890	926	1 349	1 496	1 439	1 385	1 278	1 191	1 068	1 060
Mexico			..									
United States	6 202	6 137	7 637	8 273	10 678	10 717	8 539	8 312	8 237	7 425	6 701	6 528 |
Australia	398	378	395	381	461	687	604	573	598	602	539	468
Japan	1 240	1 170	1 140	1 260	1 360	1 560	1 610	1 560	1 670	1 730	1 550	1 420
Korea	437	540	748	660	654	613	568	622	611	519	435	463
New Zealand	21	25	29	47	47	76	78	58 |	64	66	89	113
Austria	64	65	58	80 |	116	135 |	128	121	106	130	122	108
Belgium	290	304	322	416	490	545	546	506	478	466	425	384
Czech Republic												
Denmark	213	157	184	276	296	312	231	200	154	153	186	234
Finland	172	143	114	121	135	138	133	129	138	130	116 |	80
France	1 222	1 387	1 492	1 761 |	1 929	2 019	2 357	2 474	2 520	2 567	2 456	2 323
Germany	993	876	889	1 272	1 833	2 258	2 001	2 037	1 855	1 800	1 804	1 635
Greece	61	64	95	149	215	302	315	304	287	286	304	296
Hungary												
Iceland	0	0	0	0	1	1	1	1	1	1	1	2
Ireland	99	84	91	133	148	184	204	220	226	225	215	197
Italy	1 560	1 686	1 684	1 769	1 923	2 140	2 304	2 382	2 610	2 832	2 868	2 867
Luxembourg	1	1	1	2	2	3	3	3	2	3	3	2
Netherlands	273	280	326	480	655 |	674	689	634	605 |	622	609	558
Norway	34	38	32	40	52	69	64	53	42	45	69	106
Poland												
Portugal	334	344	335	320	317	355	381	385	382	319	262	233
Slovak Republic												
Spain	925	1 156	1 533	1 892	2 162	2 394	2 793	3 004	2 975	2 976	2 906	2 631
Sweden	104	97	96	120	154	171	154	137 |	127 |	102	84	73
Switzerland	10	10	6	6	13	28	35	30	26	25	22	17
Turkey	1 686	1 482	1 393	1 223	1 214	1 360	1 360	1 290	1 471	1 592	1 638	1 709
United Kingdom	1 343	1 234	1 513	2 395	2 770	2 984	3 216	3 096	2 946	3 012	2 485	2 075
OECD-Total												
Major seven	13 486	13 353	15 245	17 656 |	21 842	23 174	21 467	21 246	21 117	20 557	18 932	17 908 |
Euro zone	5 994	6 390	6 940	8 395 |	9 925 |	11 146 |	11 853	12 199	12 184 |	12 355	12 090 |	11 314
EU15	7 654	7 878	8 733	11 186 |	13 145 |	14 613 |	15 454	15 632 |	15 412 |	15 622	14 845 |	13 696
					As percentage of civilian labour force							
Canada	8.3	7.5	7.5	7.6	11.0	11.9	11.3	10.7	9.6	8.8	7.8	7.5
Mexico			..									
United States	6.1	5.8	7.1	7.6	9.7	9.6	7.5	7.2	7.0	6.2	5.5	5.3 |
Australia	6.2	5.9	5.9	5.6	6.7	9.9	8.5	7.9 |	8.0	7.8	6.8	5.7
Japan	2.2	2.1	2.0	2.2	2.4	2.6	2.7	2.6	2.8	2.8	2.5	2.3
Korea	3.2	3.8	5.2	4.5	4.4	4.1	3.8	4.0	3.8	3.1	2.5	2.6
New Zealand	1.7	1.9	2.2	3.6	3.5	5.7	5.7	4.2 |	4.0	4.1	5.6	7.1
Austria	2.1	2.1	1.9	2.5 |	3.5	4.1 |	3.8	3.6	3.1	3.8	3.6	3.1
Belgium	7.4	7.7	8.1	10.4	12.2	13.5	13.5	12.6	11.9	11.6	10.5	9.5
Czech Republic												
Denmark	8.4	6.0	6.9	10.4	11.1	11.6	8.6	7.3	5.5	5.5	6.5	8.2
Finland	7.3	6.0	4.7	4.9	5.4	5.5	5.2	5.0	5.4	5.1	4.6 |	3.1
France	5.4	6.1	6.5	7.6 |	8.3	8.6	10.0	10.5	10.6	10.7	10.2	9.6
Germany	3.7	3.2	3.2	4.6	6.5	8.0 |	7.2	7.3	6.6	6.3	6.3	5.6
Greece	1.8	1.9	2.8	4.0	5.8	7.9	8.1	7.8	7.4	7.4	7.7	7.5
Hungary												
Iceland	0.0	0.0	0.0	0.0	0.9	0.9	0.8	0.8	0.8	0.8	0.8	1.6
Ireland	8.3	6.8	7.4	10.5	11.6	14.0	15.6	16.7	17.1	17.0	16.4	15.2
Italy	7.3	7.8	7.7	8.0	8.7	9.5	10.1	10.4	11.2	12.1	12.1	12.1
Luxembourg	0.8	0.7	0.7	1.0	1.3	1.6	1.7	1.6	1.4	1.6	1.4	1.3
Netherlands	5.4	5.5	6.2	8.6	11.6 |	12.0	12.2	11.1	10.5 |	9.7	9.3	8.4
Norway	1.8	2.0	1.7	2.1	2.7	3.5	3.2	2.6	2.0	2.1	3.2	5.0
Poland												
Portugal	8.1	8.2	7.8	7.6	7.5	7.9	8.5	8.7	8.6	7.1	5.8	5.1
Slovak Republic												
Spain	7.0	8.7	11.5	14.2	16.0	17.5	20.2	21.6	21.1	20.3	19.3	17.3
Sweden	2.5	2.3	2.2	2.8	3.5	3.9	3.5	3.1 |	2.9 |	2.3	1.9	1.6
Switzerland	0.3	0.3	0.2	0.2	0.4	0.9	1.1	0.9	0.8	0.7	0.6	0.5
Turkey	9.9	8.7	8.1	7.1	7.0	7.7	7.6	7.1	7.9	8.3	8.4	8.6
United Kingdom	5.2	4.7	5.7	9.1	10.5	11.4	11.9	11.3	10.8	10.8	8.8	7.2
OECD-Total												
Major seven	5.1	4.9	5.6	6.4 |	7.8	8.2 |	7.5	7.3	7.2	6.9	6.3	5.8 |
Euro zone	5.6	5.9	6.3	7.6 |	8.9 |	9.9 |	10.5	10.7	10.6 |	10.6	10.3 |	9.5
EU15	5.5	5.6	6.1	7.8 |	9.0 |	10.0 |	10.5	10.5 |	10.3 |	10.3	9.7 |	8.8

Chômage

1990	1991	1992	1993	1994	1995	1996	1997	1998	1999	2000	2001	
					Milliers							
1 157	1 479	1 602	1 647	1 515	1 393	1 437	1 379	1 277	1 190	1 090	1 170	Canada
..	918	971	1 041	1 168	1 940	1 542	1 255	1 107	789	836	827	Mexique
7 047	8 628	9 613	8 940	7 996	7 404	7 236	6 739	6 210	5 880	5 655	6 742	États-Unis
585	799	898	916	798	720	767	760	724	653	601	644	Australie
1 340	1 360	1 420	1 660	1 920	2 100	2 250	2 300	2 790	3 170	3 200	3 400	Japon
454	438	466	551	490	420	426	556	1 461	1 353	889	819	Corée
125	167	170	159	140	112	112	123	139	128	113	102	Nouvelle-Zélande
114	125	133	159	138	144	160	165	165	147	139	143	Autriche
365	391	436	511	554	555	545	541	505	475	439	431	Belgique
39	222	135	220	221	208	201	248	336	454	455	421	République tchèque
242	265	262	309	222	197	195	174	155	158	131	137	Danemark
82	169	292	405	408	382	363	314	285	261	253	237	Finlande
2 205	2 329	2 560	2 891	3 054	2 887	3 089	3 145	3 004	2 871	2 518	2 325	France
1 448	2 204	2 615	3 113	3 318	3 200	3 505	3 907	3 693	3 444	3 205	3 185	Allemagne
281	301	350	397	403	424	446	439	514	523	491	445	Grèce
		444	519	451	417	400	349	313	285	263	233	Hongrie
2	4	6	8	8	7	5	6	4	3	4	4	Islande
172	199	207	220	211	177	179	159	126	97	75	65	Irlande
2 751	2 653	2 799	2 299	2 508	2 638	2 653	2 688	2 745	2 669	2 495	2 267	Italie
2	2	3	4	5	5	6	6	6	5	5	5	Luxembourg
516	490	478	437	492	523	489	423	337	277	262	221	Pays-Bas
112	116	126	127	116	107	108	92	74	75	81	84	Norvège
		2 335	2 427	2 473	2 276	2 111	1 917	1 808	2 391	2 785	3 170	Pologne
225	206	192	256	323	338	344	324	248	222	205	212	Portugal
				334	324	284	298	317	417	485	508	République slovaque
2 509	2 545	2 883	3 597	3 879	3 715	3 656	3 470	3 176	2 721	2 485	1 868	Espagne
83	148	261	415	426	405	440	445	368	314	259	226	Suède
18	78	121	158	151	136	154	166	140	120	105	101	Suisse
1 612	1 663	1 730	1 725	1 775	1 607	1 417	1 463	1 527	1 774	1 452	2 335	Turquie
1 974	2 414	2 769	2 936	2 738	2 460	2 340	2 037	1 776	1 752	1 619	1 404	Royaume-Uni
				38 233	37 221	36 858	35 887	35 330	34 617	32 593	33 730	OCDE-Total
17 922	21 067	23 378	23 486	23 048	22 082	22 510	22 195	21 495	20 976	19 782	20 493	Sept grands
10 671	11 614	12 947	14 290	15 292	14 988	15 434	15 581	14 803	13 712	12 571	11 403	Zone euro
12 969	14 440	16 238	17 950	18 677	18 050	18 408	18 238	17 103	15 936	14 580	13 171	UE15
					En pourcentage de la population active civile							
8.1	10.3	11.2	11.4	10.4	9.4	9.6	9.1	8.3	7.6	6.8	7.2	Canada
..	3.0	3.1	3.2	3.5	5.7	4.3	3.4	2.9	2.0	2.2	2.1	Mexique
5.6	6.8	7.5	6.9	6.1	5.6	5.4	4.9	4.5	4.2	4.0	4.8	États-Unis
7.0	9.5	10.5	10.7	9.2	8.1	8.4	8.4	7.8	7.0	6.2	6.6	Australie
2.1	2.1	2.2	2.5	2.9	3.2	3.4	3.4	4.1	4.7	4.7	5.0	Japon
2.4	2.3	2.4	2.8	2.4	2.0	2.0	2.6	6.8	6.3	4.1	3.7	Corée
7.8	10.2	10.3	9.5	8.1	6.3	6.1	6.6	7.5	6.8	6.0	5.3	Nouvelle-Zélande
3.2	3.5	3.6	4.3	3.6	3.7	4.2	4.3	4.3	3.8	3.6	3.7	Autriche
8.9	9.5	10.5	12.1	13.1	13.0	12.7	12.6	11.7	11.0	10.1	9.8	Belgique
0.8	4.4	2.8	4.4	4.4	4.1	3.9	4.8	6.5	8.8	8.9	8.2	République tchèque
8.4	9.2	9.1	10.8	8.1	7.1	7.0	6.2	5.5	5.6	4.6	4.8	Danemark
3.2	6.7	11.7	16.4	16.6	15.4	14.6	12.7	11.4	10.2	9.8	9.1	Finlande
9.1	9.5	10.4	11.8	12.3	11.6	12.3	12.4	11.7	11.1	9.6	8.8	France
4.8	5.6	6.7	8.0	8.5	8.2	9.0	9.9	9.3	8.7	8.1	8.0	Allemagne
7.0	7.7	8.7	9.7	9.6	10.0	10.3	10.2	11.5	11.7	11.1	10.2	Grèce
		9.9	12.1	11.0	10.4	10.1	8.9	7.9	7.1	6.5	5.8	Hongrie
1.6	2.5	4.3	5.3	5.3	4.9	3.7	3.9	2.7	2.0	2.3	2.3	Islande
13.0	14.8	15.2	15.8	14.8	12.2	11.9	10.4	7.8	5.8	4.3	3.7	Irlande
11.5	11.0	11.6	10.2	11.2	11.7	11.7	11.8	11.9	11.5	10.7	9.6	Italie
1.1	1.2	1.3	1.7	2.2	2.3	2.5	2.7	2.3	2.1	1.9	1.8	Luxembourg
7.6	7.1	6.8	6.2	6.9	7.1	6.5	5.5	4.3	3.5	3.3	2.7	Pays-Bas
5.3	5.6	6.0	6.1	5.5	5.0	4.9	4.1	3.2	3.2	3.5	3.6	Norvège
		13.3	14.0	14.4	13.3	12.4	11.2	10.5	13.9	16.1	18.2	Pologne
4.6	4.3	4.1	5.5	6.8	7.2	7.2	6.7	5.0	4.4	4.0	4.1	Portugal
				13.6	13.1	11.3	11.9	12.6	16.4	18.8	19.3	République slovaque
16.3	16.4	18.5	22.8	24.2	23.0	22.3	20.8	18.8	15.8	14.0	10.5	Espagne
1.8	3.3	5.8	9.5	9.8	9.2	10.0	10.2	8.5	7.2	5.9	5.1	Suède
0.5	2.0	3.1	4.0	3.8	3.5	3.9	4.2	3.5	3.0	2.6	2.5	Suisse
8.0	8.0	8.3	8.7	8.4	7.5	6.5	6.7	6.8	7.6	6.6	10.6	Turquie
6.9	8.4	9.7	10.4	9.7	8.7	8.2	7.1	6.2	6.0	5.5	4.8	Royaume-Uni
				7.7	7.4	7.3	7.0	6.8	6.6	6.2	6.4	OCDE-Total
5.8	6.5	7.2	7.2	7.1	6.7	6.8	6.6	6.4	6.2	5.8	5.9	Sept grands
8.8	8.9	9.9	11.0	11.7	11.4	11.7	11.7	11.0	10.1	9.1	8.3	Zone euro
8.2	8.7	9.7	10.8	11.2	10.8	11.0	10.8	10.0	9.2	8.4	7.5	UE15

41

Statistiques de la Population Active
© 2002
OCDE

Duration of unemployment

Percent

	1978	1979	1980	1981	1982	1983	1984	1985	1986	1987	1988	1989
Less than 1 month as percentage of unemployment [1]												
Canada	22.0	24.0	24.3	25.3	20.1	16.8	18.5	18.9	20.3	20.6	22.6	22.7
Mexico												
United States	46.2	48.1	43.2	41.7	36.4	33.3	39.2	42.1	41.9	43.7	46.0	48.6
Australia	21.3	20.2	19.3	19.8	21.0	11.9	15.1	16.5	17.4	16.8	17.9	21.8
Japan	21.0	17.5	20.0	26.2	18.8	20.2	15.1	16.9	17.2	14.8	18.5	21.3
Korea[2]												
New Zealand												
Austria												
Belgium						3.7	2.9	2.3	2.6	1.8	1.6	2.1
Czech Republic												
Denmark						4.9	5.8	5.5	6.9	9.2	7.2	8.8
Finland[2]			32.5		39.6	39.4	38.1	36.5	43.4	40.8		48.5
France	9.0	7.2	7.0	6.6	7.3	5.2	4.9	4.4	5.3	4.9	5.4	6.5
Germany						6.1	6.8	6.3	5.3	5.3	5.8	6.0
Greece						9.9	8.3	7.6	7.1	5.6	5.9	5.4
Hungary												
Iceland												
Ireland						7.0	5.2	2.9	3.5	2.3	3.1	2.5
Italy						2.5	2.1	2.2	1.9	2.3	2.5	2.5
Luxembourg						10.4	2.9	4.7	6.3	5.7	5.0	5.3
Netherlands						5.8		5.0		3.8	3.6	3.9
Norway												
Poland[2]												
Portugal										1.3	1.3	1.5	0.7
Slovak Republic												
Spain	7.0	5.1	4.2	3.4	2.6	2.6	2.3	2.5	2.4 |	1.1	1.0	1.5
Sweden	33.7	34.5	33.8	29.2	26.3	26.5	25.9	27.1	26.3	25.8	29.0	32.6
Switzerland												
Turkey											0.0	0.0
United Kingdom						6.8	7.2	6.7	6.8	6.9	9.4	11.2
More than 1 month and less than 3 months as percentage of unemployment [1]												
Canada	38.6	39.1	39.3	38.5	36.6	31.7	33.3	33.2	34.3	34.2	35.4	36.0
Mexico												
United States	31.0	31.7	32.4	30.7	31.0	27.4	28.7	30.2	31.1	29.6	29.9	30.3
Australia	25.9	25.5	25.1	27.4	27.0	20.3	20.3	18.4	21.1	20.7	20.6	24.0
Japan	29.7	27.7	27.8	27.0	30.6	29.8	30.1	30.6	27.0	26.2	25.0	28.0
Korea[2]												
New Zealand												
Austria												
Belgium						4.2	4.4	4.1	3.6	3.5	2.5	3.1
Czech Republic												
Denmark						8.4	7.9	8.1	11.3	11.4	10.9	13.3
Finland[2]			0.0		0.0	0.0	0.0	0.0	0.0	0.0		0.0
France	20.0	18.3	18.2	18.0	11.5	11.2	11.9	9.5	10.0	12.5	12.9	12.8
Germany						11.2	12.3	11.9	10.8	11.8	12.0	12.4
Greece						9.7	9.9	8.5	9.4	8.5	8.2	7.1
Hungary												
Iceland												
Ireland						11.0	8.3	5.4	6.1	5.4	5.7	5.8
Italy						3.2	2.6	2.2	1.8	2.2	2.3	2.5
Luxembourg						12.5	14.7	7.0	9.4	8.6	10.0	5.3
Netherlands						5.1		4.2		15.4	14.3	14.9
Norway												
Poland[2]												
Portugal										12.5	11.2	15.1	15.3
Slovak Republic												
Spain	21.0	19.6	17.8	14.9	12.6	11.7	11.5	10.6	10.9 |	12.1	12.8	14.1
Sweden	28.7	28.2	32.5	32.5	29.6	27.9	26.3	26.8	28.7	26.8	27.1	25.5
Switzerland												
Turkey											12.3	13.3
United Kingdom						10.7	11.9	10.1	11.1	11.4	14.2	15.7

(1) These percentages only take into account those persons for whom the duration of unemployment is known.

(2) See information about duration of unemployment in Table II of Part II.

Durée du chômage

Moins de 1 mois en pourcentage du chômage (1)

1990	1991	1992	1993	1994	1995	1996	1997	1998	1999	2000	2001	
22.6	18.6	17.3	16.5	16.6	18.3	19.9	23.8	23.6	23.7	25.6	27.2	Canada
					28.9	26.7	33.4	38.3	33.5	35.1	34.5	Mexique
46.3	40.3	35.1	36.5 |	34.1	36.5	36.4	37.7	42.2	43.7	45.0	42.0	États-Unis
18.5	13.2	11.4	12.4	12.1	14.7	16.0	15.6	15.8	18.5	20.8	22.5	Australie
24.8	20.1	19.6	19.5	16.5	18.1	15.6	15.1	17.9	13.0	13.4	14.2	Japon
												Corée(2)
												Nouvelle-Zélande
												Autriche
4.0	4.3	8.8	10.1	9.2	9.7	8.4	8.1	8.1	7.1	8.6	7.8	Belgique
			17.3	14.3	11.4	11.2	10.2	9.9	6.9	5.1	5.5	République tchèque
7.1	5.9	20.5	22.7	18.1	23.4	22.9	24.1	22.1	26.9	26.7	28.2	Danemark
	33.5		18.8		13.8	10.0	14.3	15.0	18.8	16.2	9.8	Finlande(2)
6.1	4.3	4.7	4.2	4.1	3.7	4.1	3.7	3.8	7.0	3.8	4.7	France
6.0 |	9.2	10.6	12.3	10.7	7.6	7.3	6.5	5.8	6.8	6.0		Allemagne
4.3	5.0	6.9	6.2	5.5	5.3	5.4	5.2	4.5	5.0	4.1	5.7	Grèce
		12.5	11.9	11.4	5.7	5.1	4.9	4.4	5.3	6.5	6.4	Hongrie
	35.3	28.9	15.6	25.4	23.9	24.1	33.9	32.5	46.4	43.8	34.7	Islande
2.6	3.4	5.3	4.8	3.3	5.0	6.7	7.9		0.7			Irlande
2.0	2.4	8.1	6.3	4.0	3.9	3.6	3.6	3.6	4.7	3.9	4.4	Italie
5.3	12.5	17.9	15.8	16.4	13.6	12.3	12.6	12.3	10.3	18.5	23.8	Luxembourg
3.5	4.9	6.1	7.2	7.5	6.2	5.0	3.7	4.2	3.0			Pays-Bas
												Norvège
		6.4	5.2	6.6	7.5	7.6	8.0	9.0	8.2	7.2	6.7	Pologne(2)
3.2	2.1	35.2	8.5	9.7	7.1	6.4	5.4	5.3	5.2	4.0	7.2	Portugal
				6.3	5.1	5.2	5.3	5.1	4.6	3.7	13.1	République slovaque
1.8	2.4	4.2	3.5	3.2	3.3	3.6	3.7	3.9	4.3	4.6	5.8	Espagne
31.3	25.4	18.6	16.9	15.3	17.0	15.8	15.6	16.8	19.1	21.4	21.9	Suède
	29.0	15.6	8.9	12.5	9.2	12.9	13.4	16.0	8.9	13.5	12.7	Suisse
0.0	0.0	0.0	0.0	0.0	0.0	0.0	0.0	0.0	0.0	0.0	0.0	Turquie
12.5	11.5	11.3	9.7	10.2	10.6	11.2	13.6	14.2	13.5	15.5	16.2	Royaume-Uni

Plus de 1 mois et moins de 3 mois en pourcentage du chômage (1)

1990	1991	1992	1993	1994	1995	1996	1997	1998	1999	2000	2001	
37.0	34.9	32.4	31.0	32.1	34.0	33.3	33.5	35.9	37.5	39.0	41.2	Canada
					37.1	40.3	40.7	40.2	41.4	42.4	44.8	Mexique
32.0	32.4	29.4	28.9 |	30.1	31.6	31.6	31.7	31.4	31.2	31.9	32.1	États-Unis
26.5	21.1	16.6	17.8	18.2	20.3	22.4	20.5	19.5	21.8	23.7	23.2	Australie
23.4	28.4	30.4	30.5	27.8	29.1	27.5	26.7	25.9	24.7	23.9	25.0	Japon
57.4	56.4	56.7	53.4	52.2	55.1	57.9	57.8	55.9	53.2	59.5	60.6	Corée(2)
												Nouvelle-Zélande
												Autriche
5.6	6.9	5.6	7.7	5.0	3.9	5.0	5.7	6.5	9.4	9.5	10.2	Belgique
			25.3	23.8	16.9	17.2	16.8	15.6	13.0	10.7	9.7	République tchèque
9.9	10.4	11.3	11.9	9.3	11.3	15.3	11.8	14.5	17.5	18.2	17.0	Danemark
	0.0		0.0		10.2	12.1	16.3	17.8	16.4	17.4	28.4	Finlande(2)
18.7	18.7	17.3	16.3	14.1	13.9	14.6	14.5	13.9	17.9	16.7	19.5	France
12.3 |	14.8	11.0	9.0	8.0	10.6	9.4	9.2	9.4	10.9	11.7		Allemagne
6.8	7.6	9.1	9.6	7.9	8.1	7.1	6.1	7.3	7.5	8.5	12.7	Grèce
		19.2	13.6	11.4	8.3	7.7	8.4	10.0	10.1	10.8	11.1	Hongrie
	25.4	26.4	20.6	15.6	20.5	22.6	18.7	21.5	20.7	22.7	26.7	Islande
6.3	7.1	5.8	5.8	5.6	6.3	5.7	6.3		7.2			Irlande
1.9	2.3	7.7	4.3	4.0	3.4	3.5	3.5	7.8	7.3	7.2	8.1	Italie
5.3	12.5	21.4	5.3	7.9	11.7	15.5	7.7	11.7	14.2	17.9	17.3	Luxembourg
17.8	18.7	6.2	4.5	6.0	4.5	4.2	3.4	7.4	8.2			Pays-Bas
												Norvège
		14.0	14.0	12.5	13.3	12.5	13.7	14.1	15.4	11.6	10.9	Pologne(2)
14.5	16.2	11.3	23.0	14.0	11.5	11.7	11.8	10.1	13.9	16.7	17.8	Portugal
				13.4	12.1	12.1	12.3	12.0	11.5	8.8	8.1	République slovaque
15.1	15.4	14.1	12.1	11.0	11.6	11.3	11.5	12.5	13.3	15.1	15.7	Espagne
30.3	30.0	29.3	23.2	19.5	19.8	18.1	17.1	18.2	18.7	20.5	23.3	Suède
	26.0	25.5	20.1	16.9	18.5	17.3	15.1	20.4	16.4	20.7	21.5	Suisse
10.6	14.3	13.1	11.8	14.8	14.9	16.1	17.8	19.2	26.2	36.9	32.1	Turquie
17.5	19.3	13.2	11.2	12.4	12.7	14.5	16.2	20.1	22.4	22.4	21.3	Royaume-Uni

(1) Ces pourcentages ne prennent en compte que les personnes pour lesquelles la durée du chômage est connue.

(2) Voir les précisions sur la durée du chômage dans le tableau II de la partie II.

Statistiques de la Population Active
© 2002 OCDE

Duration of unemployment

Percent

More than 3 months and less than 6 months as percentage of unemployment [1]

	1978	1979	1980	1981	1982	1983	1984	1985	1986	1987	1988	1989
Canada	21.1	20.0	19.5	18.8	21.6	21.1	20.1	20.1	20.0	19.7	19.9	18.9
Mexico												
United States	12.3	11.5	13.7	13.6	16.0	15.4	12.9	12.3	12.7	12.7	12.0	11.2
Australia	17.6	16.3	15.8	13.9	13.3	15.0	13.3	13.7	14.3	14.0	14.1	13.5
Japan	18.1	17.5	16.5	16.3	18.8	18.5	16.3	17.5	16.6	18.6	16.1	13.3
Korea												
New Zealand												
Austria												
Belgium						9.5	10.0	10.4	10.0	8.8	7.3	8.2
Czech Republic												
Denmark						19.4	30.3	27.9	33.0	31.2	36.7	32.4
Finland			32.5		25.4	30.0	28.7	28.7	24.4	29.2		31.8
France	19.0	19.3	18.7	19.5	17.1	16.7	16.7	15.0	14.7	16.2	17.1	17.0
Germany						16.8	16.0	15.3	16.6	19.1	17.9	15.2
Greece						21.9	21.1	20.0	19.0	19.0	16.3	16.7
Hungary												
Iceland												
Ireland						18.0	14.6	10.0	9.8	10.9	10.5	10.4
Italy						11.7	11.0	10.7	10.4	10.7	10.4	10.6
Luxembourg						18.8	23.5	20.9	37.5	17.1	30.0	31.6
Netherlands						18.4		14.9		17.2	19.0	18.7
Norway												
Poland												
Portugal									13.9	17.3	19.2	20.7
Slovak Republic												
Spain	21.2	21.1	19.6	17.1	14.6	12.8	13.2	12.1	12.0	11.2	11.2	11.7
Sweden	19.4	17.8	16.7	20.3	21.9	20.6	19.9	19.0	23.2	15.6	17.1	17.0
Switzerland												
Turkey											14.2	16.7
United Kingdom						16.1	15.7	15.8	16.7	16.9	16.5	17.7

More than 6 months and less than 1 year as percentage of unemployment [1]

	1978	1979	1980	1981	1982	1983	1984	1985	1986	1987	1988	1989
Canada	12.9	11.7	11.5	11.5	14.7	18.3	16.1	15.6	14.8	14.7	13.3	14.1
Mexico												
United States	5.3	4.5	6.5	7.3	8.9	10.6	6.9	6.0	5.7	5.9	4.7	4.2
Australia	19.8	20.0	20.0	17.9	19.8	25.2	20.0	20.6	19.9	20.0	19.1	17.6
Japan	14.5	20.4	19.1	17.0	19.4	18.5	23.5	21.9	22.1	20.2	20.2	18.7
Korea												
New Zealand												
Austria												
Belgium						17.8	15.1	14.3	14.2	12.4	12.4	11.1
Czech Republic												
Denmark						22.9	23.1	24.1	20.5	23.4	20.8	23.4
Finland			8.0		12.7	10.7	10.9	13.6	16.1	11.0		18.2
France	23.9	24.9	23.4	23.3	22.0	24.7	24.3	24.2	22.2	20.9	19.8	19.9
Germany						24.2	20.4	18.8	19.1	15.5	18.1	17.3
Greece						25.2	23.1	20.0	22.0	22.5	23.4	20.5
Hungary												
Iceland												
Ireland						27.3	26.1	18.3	16.7	16.8	16.3	15.3
Italy						24.3	20.4	18.6	18.8	18.5	16.2	14.9
Luxembourg						22.9	29.4	25.6	15.6	28.6	30.0	15.8
Netherlands						21.9		16.4		17.0	14.1	14.5
Norway												
Poland												
Portugal									18.7	16.2	15.9	17.7
Slovak Republic												
Spain	25.3	24.8	25.6	24.5	21.7	20.2	19.4	18.2	17.2	13.7	13.6	14.3
Sweden	12.5	12.8	11.4	12.0	13.8	14.7	15.5	15.7	13.7	13.5	11.9	11.1
Switzerland												
Turkey											22.6	28.8
United Kingdom						20.8	18.9	17.1	17.2	16.9	16.8	16.2

(1)   These percentages only take into account those persons for whom the duration of unemployment is known.

Durée du chômage

Plus de 3 mois et moins de 6 mois en pourcentage du chômage [1]

1990	1991	1992	1993	1994	1995	1996	1997	1998	1999	2000	2001	
20.2	21.4	20.2	19.4	18.8	18.4	17.5	15.9	16.3	17.4	15.9	14.8	Canada
					26.1	23.1	19.0	18.2	18.3	17.6	16.6	Mexique
11.7	14.5	15.1	14.5 |	15.5	14.7	14.6	14.7	12.3	12.8	11.8	14.1	États-Unis
14.0	16.0	13.2	12.8	12.8	13.6	13.1	12.5	12.5	11.3	11.9	15.7	Australie
12.8	13.4	13.8	16.9	19.6	15.1	17.0	16.9	17.1	17.9	15.8	14.6	Japon
28.7	29.0	27.6	29.1	27.1	27.2	26.1	26.4	29.4	28.1	26.3	26.4	Corée
												Nouvelle-Zélande
												Autriche
9.1	11.1	10.9	11.9	10.5	8.7	9.3	9.0	9.1	10.0	10.1	15.6	Belgique
			20.6	20.1	18.9	19.2	19.9	20.0	18.1	14.2	13.5	République tchèque
29.7	29.4	18.3	19.9	18.5	18.7	17.3	18.4	22.1	17.2	17.0	16.2	Danemark
	33.9		28.4		19.3	22.4	20.8	25.0	18.4	19.9	19.6	Finlande
19.7	19.0	19.8	21.3	20.1	18.3	19.7	18.0	18.0	19.5	17.6	18.5	France
17.1 |	21.8	23.0	18.6	17.6	15.9	17.9	15.8	15.2	15.1	14.8		Allemagne
16.9	15.8	13.8	13.2	13.8	14.0	12.7	12.1	13.4	13.1	13.9	12.6	Grèce
		21.9	16.9	14.5	13.0	12.0	13.2	14.7	14.2	13.0	14.4	Hongrie
	25.6	29.8	30.6	26.8	22.3	22.0	20.4	23.2	12.7	14.9	17.7	Islande
10.0	12.0	11.5	12.5	10.4	10.5	11.9	12.2		16.0			Irlande
10.9	11.0	14.4	12.9	12.5	12.5	12.1	11.1	11.2	10.8	11.3	10.2	Italie
26.3	31.3	21.4	18.4	21.0	25.6	27.5	18.6	20.9	21.7	26.6	15.4	Luxembourg
15.1	16.1	10.8	9.1	9.1	9.0	9.0	12.6	4.9	8.0			Pays-Bas
												Norvège
		16.8	16.2	15.8	16.1	17.0	16.1	16.5	19.3	18.2	16.2	Pologne
20.0	23.1	16.1	23.2	19.0	16.3	15.2	16.0	20.0	17.1	19.2	17.0	Portugal
				16.4	12.5	13.4	14.6	14.9	14.7	13.1	11.2	République slovaque
12.9	13.9	15.6	14.7	12.4	12.2	12.8	12.8	13.1	14.6	15.5	16.7	Espagne
16.1	21.0	21.5	22.8	18.5	17.6	17.7	16.5	15.8	17.0	16.6	18.1	Suède
		17.5	20.5	23.0	20.6	21.5	17.8	23.0	14.4	13.5	20.1	18.4	Suisse
16.7	19.9	18.7	17.9	16.4	24.5	17.1	19.6	20.1	23.9	27.3	30.3	Turquie
19.8	22.1	18.3	16.1	14.0	16.0	16.2	15.4	18.4	18.7	18.8	18.9	Royaume-Uni

Plus de 6 mois et moins de 1 an en pourcentage du chômage [1]

1990	1991	1992	1993	1994	1995	1996	1997	1998	1999	2000	2001	
13.0	16.2	16.7	16.6	14.8	12.7	12.6	10.8	10.4	9.8	8.3	7.3	Canada
					6.5	7.6	5.2	2.5	5.1	3.9	3.1	Mexique
4.5	6.6	9.2	8.6 |	8.1	7.6	8.0	7.1	6.1	5.5	5.4	5.8	États-Unis
19.3	24.7	24.2	20.6	20.5	20.6	20.1	20.8	18.6	19.1	15.7	17.2	Australie
19.9	20.1	20.3	17.5	18.6	19.6	20.6	19.6	18.7	22.1	21.4	19.6	Japon
11.3	10.4	12.0	14.8	15.2	13.3	12.1	13.3	13.1	14.8	12.0	10.7	Corée
												Nouvelle-Zélande
												Autriche
12.8	14.9	15.6	17.4	17.0	15.3	16.1	16.7	14.6	13.0	15.4	14.8	Belgique
			18.4	19.6	21.7	21.1	22.5	23.4	24.8	21.1	18.6	République tchèque
23.3	22.3	22.9	20.3	21.9	18.7	17.9	18.6	14.4	18.0	18.1	16.3	Danemark
	23.4		22.2		19.1	20.9	18.8	14.7	16.8	17.4	16.0	Finlande
17.5	20.8	22.0	24.0	23.3	21.6	21.9	22.4	20.1	15.2	19.4	19.6	France
17.9 |	22.6	21.9	19.7	19.5	17.2	17.5	18.3	17.0	15.4	16.1		Allemagne
22.1	23.9	20.6	20.1	22.4	21.2	18.0	20.9	19.9	19.0	17.1	16.2	Grèce
		26.0	24.1	21.3	22.4	20.8	22.2	21.2	20.9	20.8	21.4	Hongrie
	6.9	8.1	21.1	17.1	16.5	11.4	10.6	6.8	8.5	6.8	8.5	Islande
15.0	15.9	18.6	17.8	16.4	16.6	16.2	16.6		20.8			Irlande
15.4	16.2	11.6	18.8	18.0	16.7	15.1	15.5	17.7	15.8	16.3	14.0	Italie
21.1	12.5	25.0	28.9	25.1	25.9	17.0	26.5	23.9	21.5	14.6	15.9	Luxembourg
14.3	14.3	32.9	26.8	28.1	33.6	31.8	31.2	35.7	37.3			Pays-Bas
												Norvège
		28.1	25.6	24.8	23.0	23.8	24.2	23.0	22.3	25.2	23.1	Pologne
17.5	19.8	6.5	1.8	13.9	14.2	13.6	11.1	19.8	22.6	17.2	19.9	Portugal
				21.4	16.3	16.7	16.1	16.7	21.6	19.8	19.4	République slovaque
16.2	17.3	18.7	19.6	17.2	15.8	16.4	16.3	16.2	16.6	17.3	17.8	Espagne
10.2	12.4	17.2	21.3	21.0	17.8	18.3	17.4	15.7	15.1	15.1	14.4	Suède
		10.5	18.4	27.8	21.2	17.2	26.6	20.3	14.3	21.6	16.8	17.4	Suisse
25.6	24.9	23.6	23.4	22.8	24.3	22.5	21.1	20.5	21.6	14.8	14.5	Turquie
15.9	18.3	21.9	20.4	18.0	17.2	18.3	16.1	14.6	15.8	15.2	15.9	Royaume-Uni

(1) Ces pourcentages ne prennent en compte que les personnes pour lesquelles la durée du chômage est connue.

Statistiques de la Population Active
© 2002
OCDE

Duration of unemployment

Percent

	1978	1979	1980	1981	1982	1983	1984	1985	1986	1987	1988	1989
	1 year and over as percentage of unemployment [1]											
Canada	5.4	5.3	5.3	5.9	7.0	12.1	12.0	12.1	10.6	10.7	8.8	8.3
Mexico												
United States	5.1	4.2	4.3	6.7	7.7	13.3	12.3	9.5	8.7	8.1	7.4	5.7
Australia	15.5	18.1	19.8	21.0	19.0	27.5	31.2	30.9	27.4	28.6	28.4	23.1
Japan	16.7	16.8	16.5	13.5	12.5	12.9	15.1	13.1	17.2	20.2	20.2	18.7
Korea												
New Zealand												
Austria												
Belgium						64.8	67.6	68.9	69.6	73.5	76.2	75.4
Czech Republic												
Denmark						44.3	32.9	34.4	28.3	24.9	24.5	22.1
Finland			27.0		22.3	19.8	22.3	21.1	16.0	19.0		1.5
France	28.1	30.3	32.6	32.5	42.1	42.2	42.3	46.8	47.8	45.5	44.8	43.9
Germany						41.6	44.5	47.8	48.3	48.2	46.2	49.1
Greece						33.3	37.5	43.8	42.5	44.4	46.2	50.4
Hungary												
Iceland												
Ireland						36.7	45.8	63.4	63.9	64.7	64.3	66.0
Italy						58.2	63.8	66.3	67.1	66.3	68.7	69.5
Luxembourg						35.4	29.4	41.9	31.3	40.0	30.0	47.4
Netherlands						48.8		59.4		46.5	49.1	48.1
Norway												
Poland												
Portugal									53.7	53.9	48.2	45.6
Slovak Republic												
Spain	25.5	29.5	32.8	40.1	48.5	52.8	53.6	56.7	57.6	62.0	61.5	58.5
Sweden	5.7	6.8	5.5	6.0	8.4	10.3	12.4	11.4	8.0	18.3	14.9	13.8
Switzerland												
Turkey											50.8	41.2
United Kingdom						45.6	46.3	50.3	48.2	47.9	43.0	39.1

(1) These percentages only take into account those persons for whom the duration of unemployment is known.

Durée du chômage

Plus de 1 an en pourcentage du chômage [1]

1990	1991	1992	1993	1994	1995	1996	1997	1998	1999	2000	2001	
7.2	9.0	13.4	16.4	17.8	16.7	16.7	16.1	13.7	11.6	11.2	9.5	Canada
					1.5	2.2	1.8	0.9	1.7	1.1	1.1	Mexique
5.5	6.3	11.1	11.5 |	12.2	9.7	9.5	8.7	8.0	6.8	6.0	6.1	États-Unis
21.6	24.9	34.5	36.5	36.3	30.8	28.4	30.7	33.6	29.4	27.9	21.5	Australie
19.1	17.9	15.9	15.6	17.5	18.1	19.3	21.8	20.3	22.4	25.5	26.6	Japon
2.6	4.2	3.7	2.7	5.4	4.4	3.9	2.6	1.6	3.8	2.3	2.3	Corée
												Nouvelle-Zélande
												Autriche
68.5	62.9	59.1	53.0	58.3	62.4	61.3	60.5	61.7	60.5	56.3	51.7	Belgique
			18.5	22.3	31.2	31.3	30.5	31.2	37.1	48.8	52.7	République tchèque
29.9	31.9	27.0	25.2	32.1	27.9	26.5	27.2	26.9	20.5	20.0	22.2	Danemark
	9.2		30.6		37.6	34.5	29.8	27.5	29.6	29.0	26.2	Finlande
38.0	37.2	36.2	34.2	38.5	42.5	39.6	41.4	44.2	40.4	42.6	37.6	France
46.8 |	31.6	33.5	40.3	44.3	48.7	47.8	50.1	52.6	51.7	51.5		Allemagne
49.8	47.7	49.6	50.9	50.5	51.4	56.7	55.7	54.9	55.3	56.4	52.8	Grèce
		20.4	33.5	41.3	50.6	54.4	51.3	49.8	49.5	48.9	46.7	Hongrie
	6.7	6.8	12.2	15.1	16.8	19.8	16.3	16.1	11.7	11.8	12.5	Islande
66.0	61.5	58.8	59.1	64.3	61.6	59.5	57.0		55.3			Irlande
69.8	68.1	58.2	57.7	61.5	63.6	65.6	66.3	59.6	61.4	61.3	63.4	Italie
47.4	31.3	14.3	31.6	29.6	23.2	27.6	34.6	31.3	32.3	22.4	27.6	Luxembourg
49.3	46.1	43.9	52.4	49.4	46.8	50.0	49.1	47.9	43.5			Pays-Bas
												Norvège
		34.7	39.1	40.4	40.0	39.0	38.0	37.4	34.8	37.9	43.1	Pologne
44.9	38.7	30.9	43.5	43.4	50.9	53.1	55.6	44.7	41.2	42.9	38.1	Portugal
				42.6	54.1	52.6	51.6	51.3	47.7	54.6	48.2	République slovaque
54.0	51.0	47.4	50.1	56.2	57.1	55.9	55.7	54.3	51.2	47.6	44.0	Espagne
12.1	11.2	13.5	15.8	25.7	27.8	30.1	33.4	33.5	30.1	26.4	22.3	Suède
	17.0	20.0	20.3	29.0	33.6	25.6	28.2	34.8	39.6	29.0	29.9	Suisse
47.0	40.9	44.5	46.8	46.0	36.3	44.3	41.5	40.1	28.3	21.1	23.1	Turquie
34.4	28.8	35.4	42.5	45.4	43.6	39.8	38.6	32.7	29.6	28.0	27.7	Royaume-Uni

(1) Ces pourcentages ne prennent en compte que les personnes pour lesquelles la durée du chômage est connue.

Statistiques de la Population Active
© 2002 OCDE

Part II

Country Tables
Tableaux par pays

CANADA

I - Population

Thousands (mid-year estimates)

	1981	1982	1983	1984	1985	1986	1987	1988	1989	1990	1991
POPULATION - DISTRIBUTION BY AGE AND GENDER											
All persons											
Total	24 820	25 117	25 367	25 608	25 843	26 101	26 450	26 798	27 286	27 701	28 031
Under 15 years	5 533	5 525	5 523	5 517	5 503	5 485	5 525	5 576	5 656	5 733	5 790
From 15 to 64 years	16 911	17 150	17 345	17 525	17 690	17 879	18 086	18 295	18 604	18 847	19 023
65 years and over	2 377	2 442	2 499	2 565	2 650	2 737	2 839	2 928	3 026	3 121	3 217
Males											
Total	12 352	12 493	12 610	12 722	12 831	12 952	13 122	13 291	13 531	13 733	13 894
Under 15 years	2 838	2 835	2 834	2 830	2 822	2 811	2 830	2 857	2 899	2 939	2 967
From 15 to 64 years	8 496	8 618	8 716	8 808	8 894	8 993	9 103	9 209	9 365	9 487	9 578
65 years and over	1 017	1 040	1 060	1 083	1 115	1 148	1 189	1 225	1 266	1 307	1 350
Females											
Total	12 469	12 624	12 757	12 886	13 012	13 149	13 328	13 507	13 756	13 967	14 136
Under 15 years	2 694	2 691	2 689	2 687	2 681	2 674	2 695	2 718	2 757	2 794	2 823
From 15 to 64 years	8 414	8 532	8 629	8 717	8 796	8 886	8 983	9 086	9 239	9 360	9 446
65 years and over	1 360	1 401	1 439	1 482	1 534	1 589	1 651	1 703	1 760	1 814	1 867
POPULATION - PERCENTAGES											
All persons											
Total	100.0	100.0	100.0	100.0	100.0	100.0	100.0	100.0	100.0	100.0	100.0
Under 15 years	22.3	22.0	21.8	21.5	21.3	21.0	20.9	20.8	20.7	20.7	20.7
From 15 to 64 years	68.1	68.3	68.4	68.4	68.5	68.5	68.4	68.3	68.2	68.0	67.9
65 years and over	9.6	9.7	9.9	10.0	10.3	10.5	10.7	10.9	11.1	11.3	11.5
COMPONENTS OF CHANGE IN POPULATION											
a) Population at 1 January	24 744	25 062	25 330	25 575	25 818	26 065	26 362	26 708	27 137	27 567	27 952
b) Population at 31 December	25 062	25 330	25 575	25 818	26 065	26 362	26 708	27 137	27 567	27 952	28 318
c) Total increase (b-a)	318	268	245	243	247	297	346	429	430	385	366
d) Births	371	373	374	377	379	378	370	377	393	405	403
e) Deaths	171	174	174	176	178	186	185	190	191	192	196
f) Natural increase (d-e)	200	199	200	201	201	192	185	187	202	213	207
g) Net migration	118	69	44	43	45	105	161	242	228	172	159
h) Statistical adjustments	0	0	1	-1	1	0	0	0	0	0	0
i) Total increase (=f+g+h=c)	318	268	245	243	247	297	346	429	430	385	366
(Components of change in population/ Average population) x1000											
Total increase rates	12.8	10.6	9.6	9.5	9.5	11.3	13.0	15.9	15.7	13.9	13.0
Crude birth rates	14.9	14.8	14.7	14.7	14.6	14.4	13.9	14.0	14.4	14.6	14.3
Crude death rates	6.9	6.9	6.8	6.8	6.9	7.1	7.0	7.1	7.0	6.9	7.0
Natural increase rates	8.0	7.9	7.9	7.8	7.7	7.3	7.0	6.9	7.4	7.7	7.4
Net migration rates	4.7	2.7	1.7	1.7	1.7	4.0	6.1	9.0	8.3	6.2	5.7

Prior to 1993, data refer to 1 June.

I - Population

Milliers (estimations au milieu de l'année)

1992	1993	1994	1995	1996	1997	1998	1999	2000	2001	
										POPULATION - RÉPARTITION SELON L'AGE ET LE SEXE
										Ensemble des personnes
28 377	28 703	29 036	29 354	29 672	29 987	30 248	30 499	30 770	31 082	Total
5 870	5 925	5 961	5 977	5 992	5 985	5 959	5 917	5 876	5 842	Moins de 15 ans
19 211	19 407	19 634	19 865	20 098	20 344	20 560	20 791	21 040	21 322	De 15 à 64 ans
3 296	3 371	3 440	3 512	3 582	3 658	3 729	3 791	3 854	3 918	65 ans et plus
										Hommes
14 063	14 222	14 383	14 538	14 692	14 851	14 979	15 102	15 234	15 388	Total
3 010	3 039	3 057	3 065	3 072	3 070	3 055	3 033	3 011	2 992	Moins de 15 ans
9 668	9 765	9 877	9 991	10 105	10 228	10 336	10 452	10 576	10 718	De 15 à 64 ans
1 384	1 417	1 449	1 482	1 515	1 553	1 587	1 617	1 647	1 678	65 ans et plus
										Femmes
14 314	14 482	14 653	14 816	14 980	15 136	15 269	15 397	15 535	15 693	Total
2 859	2 886	2 904	2 912	2 920	2 915	2 903	2 884	2 866	2 850	Moins de 15 ans
9 543	9 642	9 757	9 875	9 993	10 115	10 224	10 340	10 463	10 603	De 15 à 64 ans
1 911	1 953	1 991	2 030	2 067	2 106	2 142	2 174	2 207	2 240	65 ans et plus
										POPULATION - POURCENTAGES
										Ensemble des personnes
100.0	100.0	100.0	100.0	100.0	100.0	100.0	100.0	100.0	100.0	Total
20.7	20.6	20.5	20.4	20.2	20.0	19.7	19.4	19.1	18.8	Moins de 15 ans
67.7	67.6	67.6	67.7	67.7	67.8	68.0	68.2	68.4	68.6	De 15 à 64 ans
11.6	11.7	11.8	12.0	12.1	12.2	12.3	12.4	12.5	12.6	65 ans et plus
										COMPOSANTES DE L'ÉVOLUTION DÉMOGRAPHIQUE
28 318	28 741	29 108	29 422							a) Population au 1er janvier
28 741	29 108	29 422	29 820							b) Population au 31 décembre
423	367	314	398							**c) Accroissement total (b-a)**
399	388	385	378	366	349	342	337	332		d) Naissances
197	205	207	211	213	216	218	222	223		e) Décès
202	183	178	167	153	133	124	115	109		**f) Accroissement naturel (d-e)**
221	184	136	231							g) Solde net des migrations
0	0	0	0							h) Ajustements statistiques
423	367	314	398							**i) Accroissement total (=f+g+h=c)**
										(Composition de l'évolution démographique/ Population moyenne) x1000
14.8	12.7	10.7	13.4							Taux d'accroissement total
14.0	13.4	13.2	12.8							Taux bruts de natalité
6.9	7.1	7.1	7.1							Taux bruts de mortalité
7.1	6.3	6.1	5.6							Taux d'accroissement naturel
7.7	6.4	4.6	7.8							Taux du solde net des migrations

Avant 1993, les données se réfèrent au 1er juin.

Statistiques de la Population Active
© 2002
OCDE

CANADA

II - Labour force

Thousands (annual average estimates)

	1981	1982	1983	1984	1985	1986	1987	1988	1989	1990	1991
Total labour force											
All persons	12 296	12 371	12 599	12 814	13 079	13 334	13 591	13 857	14 126	14 320	14 408
Males	7 337	7 316	7 389	7 460	7 552	7 651	7 749	7 825	7 938	7 995	7 989
Females	4 960	5 054	5 210	5 355	5 526	5 683	5 842	6 032	6 187	6 325	6 420
Armed forces											
All persons	74	75	76	75	77	77	79	78	79	79	78
Males	68	69	69	68	69	69	71	70	70	70	69
Females	6	6	7	7	7	8	8	8	8	9	9
Civilian labour force											
All persons	12 222	12 296	12 523	12 739	13 002	13 257	13 512	13 779	14 047	14 241	14 330
Males	7 269	7 247	7 320	7 392	7 483	7 582	7 678	7 755	7 868	7 925	7 920
Females	4 954	5 048	5 203	5 348	5 519	5 675	5 834	6 024	6 179	6 316	6 411
Unemployed											
All persons	926	1 349	1 496	1 439	1 385	1 278	1 191	1 068	1 060	1 157	1 479
Males	519	811	899	838	793	722	656	577	580	647	860
Females	407	538	596	601	592	556	535	492	480	510	620
Civilian employment											
All persons	11 297	10 947	11 027	11 300	11 617	11 979	12 321	12 710	12 986	13 084	12 851
Males	6 750	6 436	6 420	6 553	6 690	6 860	7 021	7 178	7 287	7 278	7 060
Females	4 547	4 511	4 607	4 747	4 927	5 119	5 299	5 532	5 699	5 806	5 791
Civilian employment (%)											
All persons	100.0	100.0	100.0	100.0	100.0	100.0	100.0	100.0	100.0	100.0	100.0
Males	59.8	58.8	58.2	58.0	57.6	57.3	57.0	56.5	56.1	55.6	54.9
Females	40.2	41.2	41.8	42.0	42.4	42.7	43.0	43.5	43.9	44.4	45.1
Unemployment rates (% of civilian labour force)											
All persons	7.6	11.0	11.9	11.3	10.7	9.6	8.8	7.8	7.5	8.1	10.3
Males	7.1	11.2	12.3	11.3	10.6	9.5	8.5	7.4	7.4	8.2	10.9
Females	8.2	10.6	11.5	11.2	10.7	9.8	9.2	8.2	7.8	8.1	9.7
Total labour force (% of total population)											
All persons	49.5	49.3	49.7	50.0	50.6	51.1	51.4	51.7	51.8	51.7	51.4
Males	59.4	58.6	58.6	58.6	58.9	59.1	59.1	58.9	58.7	58.2	57.5
Females	39.8	40.0	40.8	41.6	42.5	43.2	43.8	44.7	45.0	45.3	45.4
Total labour force (% of population from 15-64 years)[1]											
All persons	72.7	72.1	72.6	73.1	73.9	74.6	75.1	75.7	75.9	76.0	75.7
Males	86.4	84.9	84.8	84.7	84.9	85.1	85.1	85.0	84.8	84.3	83.4
Females	58.9	59.2	60.4	61.4	62.8	64.0	65.0	66.4	67.0	67.6	68.0
Civilian employment (% of total population)											
All persons	45.5	43.6	43.5	44.1	45.0	45.9	46.6	47.4	47.6	47.2	45.8
Part-time employment (%)[2]											
Part-time as % of employment	14.9	15.9	16.8	16.8	17.0	16.9	16.6	16.8	16.6	17.0	18.1
Male share of part-time employment	28.9	29.3	30.2	30.7	29.6	30.3	29.6	29.1	29.4	29.9	30.5
Female share of part-time employment	71.1	70.7	69.8	69.3	70.4	69.7	70.4	70.9	70.5	70.1	69.4
Male part-time as % of male employment	7.2	7.9	8.7	8.9	8.8	8.9	8.7	8.7	8.7	9.1	10.1
Female part-time as % of female employment	26.3	27.4	28.1	27.7	28.2	27.7	27.2	27.4	26.7	26.8	28.0
Duration of unemployment (% of total unemployment)[3]											
Less than 1 month	25.3	20.1	16.8	18.5	18.9	20.3	20.6	22.6	22.7	22.6	18.6
More than 1 month and less than 3 months	38.5	36.6	31.7	33.3	33.2	34.3	34.2	35.4	36.0	37.0	34.9
More than 3 months and less than 6 months	18.8	21.6	21.1	20.1	20.1	20.0	19.7	19.9	18.9	20.2	21.4
More than 6 months and less than 1 year	11.5	14.7	18.3	16.1	15.6	14.8	14.7	13.3	14.1	13.0	16.2
More than 1 year	5.9	7.0	12.1	12.0	12.1	10.6	10.7	8.8	8.3	7.2	9.0

(1) Participation rates calculated according to national definitions may differ from those published in this table, when the age group represented in the labour force survey is other than 15-64 years.

(2) Part-time employment refers to persons who work less than 30 hours per week in their main job. Data include only persons declaring usual hours worked.

(3) These percentages only take into account those persons for whom the duration of unemployment is known.

II - Population active

Milliers (estimations de moyennes annuelles)

1992	1993	1994	1995	1996	1997	1998	1999	2000	2001	
										Population active totale
14 438	14 580	14 700	14 820	14 964	15 214	15 478	15 781	16 056	16 300	Ensemble des personnes
7 988	8 051	8 117	8 152	8 214	8 333	8 434	8 588	8 700	8 816	Hommes
6 451	6 528	6 582	6 669	6 749	6 883	7 045	7 194	7 356	7 483	Femmes
										Forces armées
76	75	73	70	64	61	60	60	57	53	Ensemble des personnes
68	66	65	62	57	55	54	54	51	47	Hommes
9	8	8	8	7	7	7	7	6	6	Femmes
										Population active civile
14 362	14 505	14 627	14 750	14 900	15 153	15 418	15 721	15 999	16 246	Ensemble des personnes
7 920	7 985	8 052	8 090	8 157	8 278	8 380	8 534	8 649	8 769	Hommes
6 442	6 520	6 574	6 661	6 742	6 876	7 038	7 187	7 350	7 477	Femmes
										Chômeurs
1 602	1 647	1 515	1 393	1 437	1 379	1 277	1 190	1 090	1 170	Ensemble des personnes
950	955	875	791	811	769	719	668	600	660	Hommes
652	692	640	602	626	609	558	522	490	510	Femmes
										Emploi civil
12 760	12 857	13 112	13 357	13 463	13 774	14 140	14 531	14 910	15 077	Ensemble des personnes
6 970	7 030	7 178	7 299	7 346	7 508	7 661	7 866	8 049	8 110	Hommes
5 790	5 828	5 934	6 058	6 117	6 266	6 479	6 665	6 860	6 967	Femmes
										Emploi civil (%)
100.0	100.0	100.0	100.0	100.0	100.0	100.0	100.0	100.0	100.0	Ensemble des personnes
54.6	54.7	54.7	54.6	54.6	54.5	54.2	54.1	54.0	53.8	Hommes
45.4	45.3	45.3	45.4	45.4	45.5	45.8	45.9	46.0	46.2	Femmes
										Taux de chômage (% de la population active civile)
11.2	11.4	10.4	9.4	9.6	9.1	8.3	7.6	6.8	7.2	Ensemble des personnes
12.0	12.0	10.9	9.8	9.9	9.3	8.6	7.8	6.9	7.5	Hommes
10.1	10.6	9.7	9.0	9.3	8.9	7.9	7.3	6.7	6.8	Femmes
										Population active totale (% de la population totale)
50.9	50.8	50.6	50.5	50.4	50.7	51.2	51.7	52.2	52.4	Ensemble des personnes
56.8	56.6	56.4	56.1	55.9	56.1	56.3	56.9	57.1	57.3	Hommes
45.1	45.1	44.9	45.0	45.1	45.5	46.1	46.7	47.4	47.7	Femmes
										Population active totale (% de la population de 15-64 ans)[1]
75.2	75.1	74.9	74.6	74.5	74.8	75.3	75.9	76.3	76.4	Ensemble des personnes
82.6	82.4	82.2	81.6	81.3	81.5	81.6	82.2	82.3	82.3	Hommes
67.6	67.7	67.5	67.5	67.5	68.0	68.9	69.6	70.3	70.6	Femmes
										Emploi civil (% de la population totale)
45.0	44.8	45.2	45.5	45.4	45.9	46.7	47.6	48.5	48.5	Ensemble des personnes
										Emploi à temps partiel (%)[2]
18.5	19.1	18.8	18.6	18.9	19.1	18.9	18.5	18.1	18.1	Temps partiel en % de l'emploi
31.0	31.7	31.2	31.2	30.9	30.1	30.3	30.4	30.7	30.9	Part des hommes dans le temps partiel
69.0	68.3	68.8	68.8	69.1	69.9	69.7	69.6	69.3	69.1	Part des femmes dans le temps partiel
10.5	11.0	10.7	10.6	10.7	10.5	10.6	10.3	10.3	10.4	Temps partiel des hommes en % de l'emploi des hommes
28.2	28.8	28.6	28.2	28.9	29.4	28.8	28.0	27.3	27.1	Temps partiel des femmes en % de l'emploi des femmes
										Durée du chômage (% du chômage total)[3]
17.3	16.5	16.6	18.3	19.9	23.8	23.6	23.7	25.6	27.2	Moins de 1 mois
32.4	31.0	32.1	34.0	33.3	33.5	35.9	37.5	39.0	41.2	Plus de 1 mois et moins de 3 mois
20.2	19.4	18.8	18.4	17.5	15.9	16.3	17.4	15.9	14.8	Plus de 3 mois et moins de 6 mois
16.7	16.6	14.8	12.7	12.6	10.8	10.4	9.8	8.3	7.3	Plus de 6 mois et moins de 1 an
13.4	16.4	17.8	16.7	16.7	16.1	13.7	11.6	11.2	9.5	Plus de 1 an

(1) Les taux d'activité calculés selon les définitions nationales peuvent être différents de ceux publiés dans ce tableau si le groupe d'âges représenté dans l'enquête de la population active est différent de 15-64 ans.

(2) L'emploi à temps partiel se réfère aux actifs travaillant moins de 30 heures par semaine dans leur emploi principal. Les données incluent uniquement les personnes déclarant des heures habituelles de travail.

(3) Ces pourcentages ne prennent en compte que les personnes pour lesquelles la durée du chômage est connue.

Statistiques de la Population Active
© 2002 OCDE

CANADA

III - Professional status and breakdown by activities - ISIC Rev. 2

Thousands (annual average estimates)

	1981	1982	1983	1984	1985	1986	1987	1988	1989	1990	1991
CIVILIAN EMPLOYMENT: PROFESSIONAL STATUS[1]											
All activities	11 398	11 035	11 106	11 402	11 742	12 095 ┃	12 321	12 710	12 986	13 084	12 851
Employees	10 300	9 941	9 968	10 222	10 543	10 916 ┃	11 141	11 505	11 765	11 840	11 594
Employers and persons working on own account	962	971	1 016	1 065	1 095	1 081 ┃	1 085	1 125	1 148	1 176	1 192
Unpaid family workers	137	123	121	115	103	98 ┃	95	81	74	69	65
Agriculture, hunting, forestry and fishing	827	753	774	789	777	769 ┃	582	573	564	559	567
Employees	456	399	414	429	435	432 ┃	255	247	248	242	260
Employers and persons working on own account	280	271	279	281	274	269 ┃	265	272	268	274	265
Unpaid family workers	91	82	81	78	69	68 ┃	63	53	48	43	42
Non-agricultural activities	10 571	10 282	10 332	10 613	10 965	11 326 ┃	11 738	12 138	12 423	12 525	12 284
Employees	9 844	9 542	9 554	9 793	10 108	10 484 ┃	10 886	11 257	11 516	11 598	11 334
Employers and persons working on own account	682	700	737	784	821	812 ┃	820	853	880	902	928
Unpaid family workers	46	41	40	37	34	30 ┃	32	28	26	25	23
All activities (%)	100.0	100.0	100.0	100.0	100.0	100.0 ┃	100.0	100.0	100.0	100.0	100.0
Employees	90.4	90.1	89.8	89.7	89.8	90.3 ┃	90.4	90.5	90.6	90.5	90.2
Others	9.6	9.9	10.2	10.3	10.2	9.7 ┃	9.6	9.5	9.4	9.5	9.8
CIVILIAN EMPLOYMENT: BREAKDOWN BY ACTIVITIES[2]											
ISIC Rev. 2 Major Divisions											
1 to 0 All activities	11 398	11 035	11 106	11 402	11 742	12 094	12 422	12 819	13 086	13 165	12 916
1 Agriculture, hunting, forestry and fishing	612	576	604	603	584	583	585	569	553	550	572
2 Mining and quarrying	214	177	171	186	194	188	185	189	189	188	180
3 Manufacturing	2 204	2 010	1 961	2 046	2 064	2 098	2 127	2 214	2 235	2 105	1 956
4 Electricity, gas and water	132	125	123	126	127	124	123	135	142	142	142
5 Construction	675	616	585	592	608	651	708	765	809	824	732
6 Wholesale and retail trade; restaurants and hotels	2 566	2 510	2 530	2 638	2 752	2 883	2 942	3 026	3 073	3 163	3 084
7 Transport, storage and communication	812	791	778	762	792	812	820	816	867	853	819
8 Financing, insurance, real estate and business services	1 092	1 097	1 097	1 140	1 187	1 242	1 330	1 418	1 468	1 527	1 542
9 Community, social and personal services	3 091	3 134	3 258	3 309	3 434	3 513	3 603	3 685	3 751	3 813	3 889
0 Activities not adequately defined	0	0	0	0	0	0	0	0	0	0	0
EMPLOYEES: BREAKDOWN BY ACTIVITIES[2]											
ISIC Rev. 2 Major Divisions											
1 to 0 All activities	10 300	9 941	9 968	10 222	10 543	10 916	11 216	11 587	11 867	11 896	11 639
1 Agriculture, hunting, forestry and fishing	456	399	414	429	435	432	443	438	436	426	440
2 Mining and quarrying									187	186	178
3 Manufacturing	2 172	1 979	1 932	2 015	2 033	2 067	2 100	2 181	2 198	2 076	1 926
4 Electricity, gas and water									140	141	142
5 Construction	572	519	488	489	508	544	588	638	676	682	598
6 Wholesale and retail trade; restaurants and hotels	1 755	1 719	1 727	1 791	1 880	1 972	2 014	2 081	2 840	2 923	2 843
7 Transport, storage and communication	898	871	852	837	868	879	883	896	814	797	762
8 Financing, insurance, real estate and business services	605	615	608	637	630	663	696	724	1 330	1 366	1 372
9 Community, social and personal services	3 049	3 045	3 139	3 201	3 360	3 530	3 644	3 779	3 433	3 486	3 556
0 Activities not adequately defined	0	0	0	0	0	0	0	0	0	0	0

(1) Civilian employment by professional status has been revised from 1987. Civilian employment shown in table II has been revised from 1977 and as a result figures are different from 1977 to 1986.

(2) Data broken down by activities (civilian employment and employees) have not been revised nor updated due to a change by the country from ISIC Rev. 2 to ISIC Rev.3.

III - Situation dans la profession et répartition par activités - CITI Rév. 2

Milliers (estimations de moyennes annuelles)

1992	1993	1994	1995	1996	1997	1998	1999	2000	2001	
										EMPLOI CIVIL : SITUATION DANS LA PROFESSION[1]
12 760	12 858	13 112	13 357	13 463	13 774	14 140	14 531	14 910	15 077	**Toutes activités**
11 474	11 483	11 702	11 940	11 976	12 205	12 481	12 890	13 320	13 582	Salariés
1 219	1 300	1 352	1 359	1 430	1 504	1 599	1 595	1 546	1 461	Employeurs et personnes travaillant à leur compte
66	75	58	58	56	65	61	47	43	34	Travailleurs familiaux non rémunérés
552	558	560	546	540	532	543	522	492	435	**Agriculture, chasse, sylviculture et pêche**
250	250	265	269	264	260	272	266	267	249	Salariés
259	262	261	247	246	241	241	232	203	170	Employeurs et personnes travaillant à leur compte
43	45	35	30	29	30	30	24	22	16	Travailleurs familiaux non rémunérés
12 208	12 300	12 552	12 811	12 923	13 243	13 597	14 010	14 417	14 642	**Activités non agricoles**
11 225	11 233	11 438	11 671	11 712	11 945	12 209	12 624	13 053	13 333	Salariés
960	1 037	1 091	1 112	1 184	1 263	1 358	1 363	1 343	1 291	Employeurs et personnes travaillant à leur compte
23	30	23	28	27	35	31	23	21	18	Travailleurs familiaux non rémunérés
100.0	100.0	100.0	100.0	100.0	100.0	100.0	100.0	100.0	100.0	**Toutes activités (%)**
89.9	89.3	89.3	89.4	89.0	88.6	88.3	88.7	89.3	90.1	Salariés
10.1	10.7	10.8	10.6	11.0	11.4	11.7	11.3	10.7	9.9	Autres
										EMPLOI CIVIL : RÉPARTITION PAR BRANCHES D'ACTIVITÉS[2]
										Branches CITI Rév. 2
12 842	13 015	13 292	13 506	13 676	13 941	14 326				**1 à 0 Toutes activités**
543	558	545	554	548	521	534				1 Agriculture, chasse, sylviculture et pêche
162	152	157	172	181	188	182				2 Industries extractives
1 879	1 893	1 949	2 061	1 984	2 067	2 147				3 Industries manufacturières
156	150	144	143	123	116	117				4 Électricité, gaz et eau
717	694	750	724	713	737	762				5 Bâtiment et travaux publics
3 073	3 072	3 151	3 168	3 016	3 042	3 099				6 Commerce de gros et de détail; restaurants et hôtels
814	811	835	890	682	708	701				7 Transports, entrepôts et communications
1 519	1 554	1 612	1 677	2 018	2 113	2 235				8 Banques, assurances, affaires immobilières et services fournis aux entreprises
3 979	4 130	4 149	4 118	4 413	4 451	4 550				9 Services fournis à la collectivité, services sociaux et services personnels
0	0	0	0	0	0	0				0 Activités mal désignées
										SALARIÉS : RÉPARTITION PAR BRANCHES D'ACTIVITÉS[2]
										Branches CITI Rév. 2
11 552	11 625	11 843	12 067	11 410	11 453	11 801				**1 à 0 Toutes activités**
410	407	417	277	213	190	204				1 Agriculture, chasse, sylviculture et pêche
160	150	154	169	169	170	168				2 Industries extractives
1 844	1 858	1 908	2 021	1 867	1 951	2 027				3 Industries manufacturières
156	149	143	142	123	116	117				4 Électricité, gaz et eau
580	558	600	573	476	478	496				5 Bâtiment et travaux publics
2 828	2 810	2 866	2 908	2 573	2 581	2 652				6 Commerce de gros et de détail; restaurants et hôtels
759	758	773	822	587	581	575				7 Transports, entrepôts et communications
1 345	1 365	1 402	1 449	1 516	1 535	1 620				8 Banques, assurances, affaires immobilières et services fournis aux entreprises
3 631	3 719	3 734	3 707	3 885	3 852	3 944				9 Services fournis à la collectivité, services sociaux et services personnels
0	0	0	0	0	0	0				0 Activités mal désignées

(1) La décomposition de l'emploi civil par situation dans la profession a été révisée depuis 1987. L'emploi civil présentée dans le tableau II a été révisée à partir de 1977, ceci explique les différences entre les deux séries entre 1977 et 1986.

(2) Les données concernant la répartition par branches d'activités (emploi civil et salariés) n'ont pas été révisées ni mises à jour en raison du passage par le pays de la CITI Rév. 2 à la CITI Rév. 3.

Statistiques de la Population Active
© 2002 OCDE

CANADA

IV - Civilian employment and employees: breakdown by activities - ISIC Rev. 3

Thousands (annual average estimates)

	1981	1982	1983	1984	1985	1986	1987	1988	1989	1990	1991
CIVILIAN EMPLOYMENT: BREAKDOWN BY ACTIVITIES											
A to X All activities							12 321	12 710	12 986	13 084	12 851
A Agriculture, hunting and forestry							546	533	525	519	523
B Fishing							37	39	39	40	44
C Mining and quarrying							188	192	197	193	184
D Manufacturing							2 040	2 104	2 130	2 053	1 892
E Electricity, gas and water supply							119	126	137	143	144
F Construction							727	770	804	810	730
G Wholesale and retail trade; repair of motor vehicles, motorcycles and personal and household goods							2 190	2 241	2 264	2 282	2 263
H Hotels and restaurants							701	725	745	773	764
I Transport, storage and communication							948	974	998	971	931
J Financial intermediation							531	555	568	590	585
K Real estate, renting and business activities							976	1 049	1 118	1 144	1 179
L Public administration and defence; compulsory social security, excluding armed forces							768	781	797	831	845
M Education							788	821	833	846	861
N Health and social work							1 149	1 192	1 231	1 285	1 313
O Other community, social and personal service activities							511	501	504	509	503
P Private households with employed persons							103	104	98	94	90
Q Extra-territorial organisations and bodies							2	0	0	2	2
X Not classifiable by economic activities											
Breakdown by sector											
Agriculture (A-B)							582	573	564	559	567
Industry (C-F)							3 073	3 192	3 267	3 199	2 949
Services (G-Q)							8 665	8 945	9 154	9 326	9 335
Agriculture (%)							4.7	4.5	4.3	4.3	4.4
Industry (%)							24.9	25.1	25.2	24.4	22.9
Services (%)							70.3	70.4	70.5	71.3	72.6
Female participation in agriculture (%)							24.8	25.7	26.4	26.7	27.1
Female participation in industry (%)							22.1	22.5	22.3	22.5	22.7
Female participation in services (%)							51.6	52.2	52.7	53.0	53.2
EMPLOYEES: BREAKDOWN BY ACTIVITIES											
A to X All activities							11 141	11 505	11 765	11 840	11 594
A Agriculture, hunting and forestry							239	230	229	223	240
B Fishing							16	17	19	19	20
C Mining and quarrying							186	190	194	190	180
D Manufacturing							2 010	2 069	2 091	2 019	1 857
E Electricity, gas and water supply							119	126	137	143	144
F Construction							617	657	688	688	613
G Wholesale and retail trade; repair of motor vehicles, motorcycles and personal and household goods							2 003	2 053	2 068	2 084	2 060
H Hotels and restaurants							661	687	706	737	727
I Transport, storage and communication							883	911	937	907	864
J Financial intermediation							518	540	549	571	567
K Real estate, renting and business activities							836	899	955	970	983
L Public administration and defence; compulsory social security, excluding armed forces							768	780	796	830	844
M Education							773	805	816	826	842
N Health and social work							1 042	1 076	1 122	1 171	1 194
O Other community, social and personal service activities							433	428	426	429	425
P Private households with employed persons							39	42	39	37	38
Q Extra-territorial organisations and bodies							2	0	0	2	2
X Not classifiable by economic activities											
Breakdown by sector											
Agriculture (A-B)							255	247	248	242	260
Industry (C-F)							2 932	3 042	3 109	3 040	2 793
Services (G-Q)							7 958	8 220	8 414	8 564	8 546
Agriculture (%)							2.3	2.1	2.1	2.0	2.2
Industry (%)							26.3	26.4	26.4	25.7	24.1
Services (%)							71.4	71.4	71.5	72.3	73.7
Female participation in agriculture (%)							24.7	26.6	27.4	27.7	28.4
Female participation in industry (%)							22.8	23.1	22.9	23.2	23.4
Female participation in services (%)							52.2	52.7	53.2	53.5	53.9

IV - Emploi civil et salariés : répartition par activités - CITI Rév. 3

Milliers (estimations de moyennes annuelles)

EMPLOI CIVIL : RÉPARTITION PAR BRANCHES D'ACTIVITÉS

1992	1993	1994	1995	1996	1997	1998	1999	2000	2001	A à X Toutes activités
12 760	12 858	13 112	13 357	13 463	13 774	14 140	14 531	14 910	15 077	A à X Toutes activités
513	519	522	515	506	498	510	488	457	403	A Agriculture, chasse et sylviculture
39	39	37	31	33	34	33	33	35	32	B Pêche
173	163	164	172	178	185	180	156	163	187	C Activités extractives
1 822	1 786	1 820	1 906	1 931	2 022	2 114	2 217	2 280	2 275	D Activités de fabrication
144	137	127	124	125	117	116	116	116	123	E Production et distribution d'électricité, de gaz et d'eau
705	688	721	723	707	724	734	769	816	843	F Construction
2 242	2 245	2 298	2 325	2 342	2 377	2 421	2 514	2 578	2 650	G Commerce de gros et de détail; réparation de véhicules et de biens domestiques
778	785	807	818	854	875	923	925	961	976	H Hôtels et restaurants
904	920	966	1 004	1 011	1 046	1 087	1 104	1 145	1 162	I Transports, entreposage et communications
572	572	584	594	616	632	603	619	615	636	J Intermédiation financière
1 178	1 224	1 255	1 332	1 373	1 459	1 576	1 653	1 744	1 777	K Immobilier, location et activités de services aux entreprises
861	863	838	823	807	794	779	772	759	764	L Administration publique et défense; sécurité sociale obligatoire (armée exclue)
888	909	929	930	908	914	935	983	975	966	M Education
1 329	1 356	1 368	1 391	1 394	1 391	1 426	1 444	1 526	1 542	N Santé et action sociale
518	550	582	569	590	623	611	638	665	678	O Autres activités de services collectifs, sociaux et personnels
93	97	91	100	84	84	90	98	80	65	P Ménages privés employant du personnel domestique
0	3	3	4	3	0	2	2	3	2	Q Organisations et organismes extra-territoriaux
										X Ne pouvant être classés selon l'activité économique

Répartition par secteurs

1992	1993	1994	1995	1996	1997	1998	1999	2000	2001	
552	558	560	546	540	532	543	522	492	435	Agriculture (A-B)
2 844	2 775	2 832	2 924	2 941	3 048	3 143	3 258	3 376	3 428	Industrie (C-F)
9 363	9 524	9 720	9 887	9 982	10 194	10 454	10 752	11 049	11 218	Services (G-Q)
4.3	4.3	4.3	4.1	4.0	3.9	3.8	3.6	3.3	2.9	Agriculture (%)
22.3	21.6	21.6	21.9	21.8	22.1	22.2	22.4	22.6	22.7	Industrie (%)
73.4	74.1	74.1	74.0	74.1	74.0	73.9	74.0	74.1	74.4	Services (%)
26.8	27.1	27.2	26.5	26.8	27.0	27.8	27.5	26.2	25.4	Part des femmes dans l'agriculture (%)
23.2	22.4	22.1	22.7	22.6	22.9	23.1	23.2	23.1	23.1	Part des femmes dans l'industrie (%)
53.2	53.1	53.0	53.1	53.2	53.2	53.6	53.6	53.9	54.1	Part des femmes dans les services (%)

SALARIÉS : RÉPARTITION PAR BRANCHES D'ACTIVITÉS

1992	1993	1994	1995	1996	1997	1998	1999	2000	2001	A à X Toutes activités
11 474	11 483	11 702	11 940	11 976	12 205	12 481	12 890	13 320	13 582	A à X Toutes activités
231	233	247	255	248	243	258	250	248	232	A Agriculture, chasse et sylviculture
18	17	17	14	16	17	14	16	19	17	B Pêche
170	160	161	168	175	180	175	153	160	184	C Activités extractives
1 785	1 748	1 780	1 864	1 883	1 974	2 060	2 178	2 243	2 235	D Activités de fabrication
144	137	126	124	125	116	116	116	116	123	E Production et distribution d'électricité, de gaz et d'eau
587	569	598	589	574	581	580	612	643	685	F Construction
2 037	2 023	2 061	2 104	2 112	2 144	2 187	2 275	2 357	2 432	G Commerce de gros et de détail; réparation de véhicules et de biens domestiques
735	744	764	780	809	829	870	879	913	925	H Hôtels et restaurants
842	855	894	925	932	950	986	1 000	1 040	1 062	I Transports, entreposage et communications
552	553	562	569	584	599	575	584	582	606	J Intermédiation financière
972	1 004	1 017	1 071	1 082	1 146	1 221	1 292	1 380	1 424	K Immobilier, location et activités de services aux entreprises
861	861	838	822	805	793	778	772	759	764	L Administration publique et défense; sécurité sociale obligatoire (armée exclue)
870	884	903	901	877	883	897	944	937	927	M Education
1 196	1 205	1 213	1 235	1 233	1 218	1 242	1 282	1 361	1 388	N Santé et action sociale
439	453	483	476	486	505	493	513	538	552	O Autres activités de services collectifs, sociaux et personnels
41	39	41	45	39	33	33	29	29	28	P Ménages privés employant du personnel domestique
0	3	3	4	3	0	2	2	3	2	Q Organisations et organismes extra-territoriaux
										X Ne pouvant être classés selon l'activité économique

Répartition par secteurs

1992	1993	1994	1995	1996	1997	1998	1999	2000	2001	
250	250	265	269	264	260	272	266	267	249	Agriculture (A-B)
2 686	2 614	2 665	2 745	2 756	2 851	2 930	3 059	3 163	3 226	Industrie (C-F)
8 544	8 624	8 779	8 932	8 962	9 098	9 283	9 572	9 897	10 110	Services (G-Q)
2.2	2.2	2.3	2.3	2.2	2.1	2.2	2.1	2.0	1.8	Agriculture (%)
23.4	22.8	22.8	23.0	23.0	23.4	23.5	23.7	23.7	23.8	Industrie (%)
74.5	75.1	75.0	74.8	74.8	74.5	74.4	74.3	74.3	74.4	Services (%)
27.2	26.1	27.3	25.8	25.9	26.2	28.1	27.7	27.2	26.6	Part des femmes dans l'agriculture (%)
23.9	23.2	22.9	23.5	23.2	23.5	23.9	24.0	23.9	23.8	Part des femmes dans l'industrie (%)
53.8	53.7	53.6	53.7	53.8	53.8	54.2	54.3	54.5	54.9	Part des femmes dans les services (%)

Statistiques de la Population Active
© 2002
OCDE

MEXICO

I - Population

Thousands (second quarter estimates)

	1981	1982	1983	1984	1985	1986	1987	1988	1989	1990	1991
POPULATION - DISTRIBUTION BY AGE AND GENDER											
All persons											
Total										81 250	83 265 |
Under 15 years										31 147	31 149 |
From 15 to 64 years										46 234	48 275 |
65 years and over										3 377	3 826 |
Males											
Total										39 894	40 712 |
Under 15 years										15 729	15 895 |
From 15 to 64 years										22 346	23 022 |
65 years and over										1 579	1 787 |
Females											
Total										41 356	42 553 |
Under 15 years										15 418	15 254 |
From 15 to 64 years										23 888	25 253 |
65 years and over										1 798	2 040 |
POPULATION - PERCENTAGES											
All persons											
Total										100.0	100.0 |
Under 15 years										38.3	37.4 |
From 15 to 64 years										56.9	58.0 |
65 years and over										4.2	4.6 |
COMPONENTS OF CHANGE IN POPULATION											
a) Population at 1 January										80 881	
b) Population at 31 December										82 487	
c) Total increase (b-a)										1 606	
d) Births	2 530	2 392	2 609	2 511	2 655	2 579	2 794	2 622	2 620	2 735	2 756
e) Deaths	424	412	413	411	414	400	407	413	423	423	411
f) Natural increase (d-e)	2 106	1 980	2 196	2 100	2 241	2 179	2 387	2 209	2 197	2 312	2 345
g) Net migration										-706	
h) Statistical adjustments										0	
i) Total increase (=f+g+h=c)										1 606	
(Components of change in population/ Average population) x1000											
Total increase rates										19.7	
Crude birth rates										33.5	
Crude death rates										5.2	
Natural increase rates										28.3	
Net migration rates										-8.6	

I - Population

Milliers (estimations au deuxième trimestre)

1992	1993	1994	1995	1996	1997	1998	1999	2000	2001	
										POPULATION - RÉPARTITION SELON L'AGE ET LE SEXE
										Ensemble des personnes
84 902	86 613	88 402	90 164	92 159	93 938	95 676	97 586	97 379	99 109	Total
31 621	32 101	32 592	32 560	32 680	32 798	32 926	33 496	32 817	33 177	Moins de 15 ans
49 317	50 407	51 546	53 267	54 974	56 190	57 834	58 885	59 367	60 274	De 15 à 64 ans
3 952	4 095	4 254	4 269	4 488	4 939	4 906	5 189	5 164	5 646	65 ans et plus
										Hommes
41 615	42 560	43 545	44 258	45 003	45 646	46 698	47 590	47 298	47 920	Total
16 123	16 356	16 595	16 549	16 600	16 581	16 764	17 120	16 689	16 847	Moins de 15 ans
23 667	24 338	25 038	25 691	26 297	26 710	27 586	28 131	28 127	28 389	De 15 à 64 ans
1 820	1 862	1 912	1 983	2 100	2 350	2 344	2 333	2 467	2 678	65 ans et plus
										Femmes
43 287	44 054	44 855	45 905	47 156	48 292	48 977	49 996	50 080	51 189	Total
15 498	15 745	15 998	16 011	16 080	16 217	16 162	16 376	16 127	16 330	Moins de 15 ans
25 650	26 069	26 509	27 576	28 677	29 480	30 248	30 754	31 240	31 884	De 15 à 64 ans
2 132	2 233	2 342	2 286	2 388	2 589	2 562	2 857	2 697	2 968	65 ans et plus
										POPULATION - POURCENTAGES
										Ensemble des personnes
100.0	100.0	100.0	100.0	100.0	100.0	100.0	100.0	100.0	100.0	Total
37.2	37.1	36.9	36.1	35.5	34.9	34.4	34.3	33.7	33.5	Moins de 15 ans
58.1	58.2	58.3	59.1	59.7	59.8	60.4	60.3	61.0	60.8	De 15 à 64 ans
4.7	4.7	4.8	4.7	4.9	5.3	5.1	5.3	5.3	5.7	65 ans et plus
										COMPOSANTES DE L'ÉVOLUTION DÉMOGRAPHIQUE
			91 120					97 483		a) Population au 1er janvier
										b) Population au 31 décembre
										c) Accroissement total (b-a)
2 797	2 839	2 904	2 750	2 708	2 698	2 668	2 769	2 798	2 670	d) Naissances
410	416	419	430	436	440	445	444	437	444	e) Décès
2 387	2 423	2 485	2 320	2 271	2 258	2 224	2 325	2 361	2 226	**f) Accroissement naturel (d-e)**
			-320					-301	-303	g) Solde net des migrations
										h) Ajustements statistiques
										i) Accroissement total (=f+g+h=c)
										(Composition de l'évolution démographique/ Population moyenne) x1000
										Taux d'accroissement total
										Taux bruts de natalité
										Taux bruts de mortalité
										Taux d'accroissement naturel
										Taux du solde net des migrations

Statistiques de la Population Active
© 2002 OCDE

MEXICO

II - Labour force

Thousands (second quarter estimates)

	1981	1982	1983	1984	1985	1986	1987	1988	1989	1990	1991
Total labour force											
All persons										24 063	30 144	
Males										18 419	20 875	
Females										5 645	9 269	
Armed forces											
All persons											
Males											
Females											
Civilian labour force											
All persons										24 063	30 144	
Males										18 419	20 875	
Females										5 645	9 269	
Unemployed											
All persons										660	918	
Males										537	527	
Females										123	391	
Civilian employment											
All persons										23 403	29 226	
Males										17 882	20 348	
Females										5 521	8 878	
Civilian employment (%)											
All persons										100.0	100.0	
Males										76.4	69.6	
Females										23.6	30.4	
Unemployment rates (% of civilian labour force)											
All persons										2.7	3.0	
Males										2.9	2.5	
Females										2.2	4.2	
Total labour force (% of total population)											
All persons										29.6	36.2	
Males										46.2	51.3	
Females										13.6	21.8	
Total labour force (% of population from 15-64 years)[1]											
All persons										52.0	62.4	
Males										82.4	90.7	
Females										23.6	36.7	
Civilian employment (% of total population)											
All persons										28.8	35.1	
Part-time employment (%)[2]											
Part-time as % of employment											
Male share of part-time employment											
Female share of part-time employment											
Male part-time as % of male employment											
Female part-time as % of female employment											
Duration of unemployment (% of total unemployment)[3]											
Less than 1 month											
More than 1 month and less than 3 months											
More than 3 months and less than 6 months											
More than 6 months and less than 1 year											
More than 1 year											

(1) Participation rates calculated according to national definitions may differ from those published in this table, when the age group represented in the labour force survey is other than 15-64 years.

(2) Part-time employment refers to persons who work less than 30 hours per week in their main job. Data include only persons declaring usual hours worked.

(3) These percentages only take into account those persons for whom the duration of unemployment is known.

II - Population active

Milliers (estimations au deuxième trimestre)

1992	1993	1994	1995	1996	1997	1998	1999	2000	2001	
										Population active totale
31 231	32 381 |	33 606	34 309	35 438	37 193	38 242	38 470	38 607	38 773	Ensemble des personnes
21 553	22 260 |	23 004	23 250	23 821	24 523	25 300	25 530	25 361	25 516	Hommes
9 678	10 121 |	10 602	11 060	11 617	12 670	12 942	12 940	13 246	13 256	Femmes
										Forces armées
										Ensemble des personnes
										Hommes
										Femmes
										Population active civile
31 231	32 381 |	33 606	34 309	35 438	37 193	38 242	38 470	38 607	38 773	Ensemble des personnes
21 553	22 260 |	23 004	23 250	23 821	24 523	25 300	25 530	25 361	25 516	Hommes
9 678	10 121 |	10 602	11 060	11 617	12 670	12 942	12 940	13 246	13 256	Femmes
										Chômeurs
971	1 041 |	1 168	1 940	1 542	1 255	1 107	789	836	827	Ensemble des personnes
604	641 |	685	1 281	984	682	648	455	518	513	Hommes
368	400 |	483	659	558	573	459	333	318	314	Femmes
										Emploi civil
30 259	31 341 |	32 439	32 370	33 896	35 938	37 135	37 682	37 771	37 945	Ensemble des personnes
20 950	21 620 |	22 319	21 969	22 837	23 841	24 652	25 075	24 843	25 003	Hommes
9 310	9 721 |	10 120	10 400	11 059	12 097	12 483	12 607	12 928	12 942	Femmes
										Emploi civil (%)
100.0	100.0 |	100.0	100.0	100.0	100.0	100.0	100.0	100.0	100.0	Ensemble des personnes
69.2	69.0 |	68.8	67.9	67.4	66.3	66.4	66.5	65.8	65.9	Hommes
30.8	31.0 |	31.2	32.1	32.6	33.7	33.6	33.5	34.2	34.1	Femmes
										Taux de chômage (% de la population active civile)
3.1	3.2 |	3.5	5.7	4.3	3.4	2.9	2.0	2.2	2.1	Ensemble des personnes
2.8	2.9 |	3.0	5.5	4.1	2.8	2.6	1.8	2.0	2.0	Hommes
3.8	4.0 |	4.6	6.0	4.8	4.5	3.5	2.6	2.4	2.4	Femmes
										Population active totale (% de la population totale)
36.8	37.4 |	38.0	38.1	38.5	39.6	40.0	39.4	39.6	39.1	Ensemble des personnes
51.8	52.3 |	52.8	52.5	52.9	53.7	54.2	53.6	53.6	53.2	Hommes
22.4	23.0 |	23.6	24.1	24.6	26.2	26.4	25.9	26.4	25.9	Femmes
										Population active totale (% de la population de 15-64 ans)[1]
63.3	64.2 |	65.2	64.4	64.5	66.2	66.1	65.3	65.0	64.3	Ensemble des personnes
91.1	91.5 |	91.9	90.5	90.6	91.8	91.7	90.8	90.2	89.9	Hommes
37.7	38.8 |	40.0	40.1	40.5	43.0	42.8	42.1	42.4	41.6	Femmes
										Emploi civil (% de la population totale)
35.6	36.2 |	36.7	35.9	36.8	38.3	38.8	38.6	38.8	38.3	Ensemble des personnes
										Emploi à temps partiel (%)[2]
			16.6	14.9	15.9	15.0	13.8	13.5	13.8	Temps partiel en % de l'emploi
			39.2	37.6	36.2	36.5	34.7	34.9	36.2	Part des hommes dans le temps partiel
			60.8	62.4	63.8	63.5	65.3	65.1	63.8	Part des femmes dans le temps partiel
			9.6	8.3	8.7	8.2	7.2	7.1	7.6	Temps partiel des hommes en % de l'emploi des hommes
			31.3	28.5	30.2	28.3	26.9	25.6	25.8	Temps partiel des femmes en % de l'emploi des femmes
										Durée du chômage (% du chômage total)[3]
			28.9	26.7	33.4	38.3	33.5	35.1	34.5	Moins de 1 mois
			37.1	40.3	40.7	40.2	41.4	42.4	44.8	Plus de 1 mois et moins de 3 mois
			26.1	23.1	19.0	18.2	18.3	17.6	16.6	Plus de 3 mois et moins de 6 mois
			6.5	7.6	5.2	2.5	5.1	3.9	3.1	Plus de 6 mois et moins de 1 an
			1.5	2.2	1.8	0.9	1.7	1.1	1.1	Plus de 1 an

(1) Les taux d'activité calculés selon les définitions nationales peuvent être différents de ceux publiés dans ce tableau si le groupe d'âges représenté dans l'enquête de la population active est différent de 15-64 ans.

(2) L'emploi à temps partiel se réfère aux actifs travaillant moins de 30 heures par semaine dans leur emploi principal. Les données incluent uniquement les personnes déclarant des heures habituelles de travail.

(3) Ces pourcentages ne prennent en compte que les personnes pour lesquelles la durée du chômage est connue.

Statistiques de la Population Active
© 2002 OCDE

MEXICO

III - Professional status and breakdown by activities - ISIC Rev. 2

Thousands (second quarter estimates)

	1981	1982	1983	1984	1985	1986	1987	1988	1989	1990	1991
CIVILIAN EMPLOYMENT: PROFESSIONAL STATUS											
All activities										23 403	29 226 |
Employees										15 936	16 351 |
Employers and persons working on own account										6 001	9 602 |
Unpaid family workers										1 466	3 263 |
Agriculture, hunting, forestry and fishing										5 300	7 532 |
Employees										2 185	1 834 |
Employers and persons working on own account										2 401	3 949 |
Unpaid family workers										714	1 749 |
Non-agricultural activities										18 103	21 693 |
Employees										13 751	14 517 |
Employers and persons working on own account										3 600	5 653 |
Unpaid family workers										752	1 514 |
All activities (%)										100.0	100.0 |
Employees										68.1	55.9 |
Others										31.9	44.0 |
CIVILIAN EMPLOYMENT: BREAKDOWN BY ACTIVITIES											
ISIC Rev. 2 Major Divisions											
1 to 0 All activities										23 403	29 226 |
1 Agriculture, hunting, forestry and fishing										5 300	7 532 |
2 Mining and quarrying										99	214 |
3 Manufacturing										4 493	4 642 |
4 Electricity, gas and water										316	151 |
5 Construction										1 595	1 809 |
6 Wholesale and retail trade; restaurants and hotels										3 790	5 928 |
7 Transport, storage and communication										1 045	1 137 |
8 Financing, insurance, real estate and business services										360	383 |
9 Community, social and personal services										4 070	7 244 |
0 Activities not adequately defined										2 335	183 |
EMPLOYEES: BREAKDOWN BY ACTIVITIES											
ISIC Rev. 2 Major Divisions											
1 to 0 All activities										10 625	16 351 |
1 Agriculture, hunting, forestry and fishing										2 185	1 834 |
2 Mining and quarrying										88	178 |
3 Manufacturing										3 767	3 531 |
4 Electricity, gas and water										306	149 |
5 Construction										1 259	1 228 |
6 Wholesale and retail trade; restaurants and hotels										540	2 574 |
7 Transport, storage and communication										804	823 |
8 Financing, insurance, real estate and business services										324	366 |
9 Community, social and personal services										884	5 554 |
0 Activities not adequately defined										468	113 |

III - Situation dans la profession et répartition par activités - CITI Rév. 2

Milliers (estimations au deuxième trimestre)

1992	1993	1994	1995	1996	1997	1998	1999	2000	2001	
										EMPLOI CIVIL : SITUATION DANS LA PROFESSION
30 259	31 341 |	32 439	32 370	33 896	35 938	37 135	37 682	37 771	37 945	**Toutes activités**
16 976	17 615 |	18 253	18 870	20 248	21 106	22 627	23 226	24 004	23 937	Salariés
9 812	10 044 |	10 290	9 958	10 071	10 805	10 899	11 021	10 776	11 091	Employeurs et personnes travaillant à leur compte
3 472	3 678 |	3 896	3 542	3 576	4 027	3 609	3 435	2 991	2 918	Travailleurs familiaux non rémunérés
7 772	8 042 |	8 361	7 604	7 312	8 343	7 194	7 590	6 607	6 695	**Agriculture, chasse, sylviculture et pêche**
1 673	1 530 |	1 408	2 195	2 120	2 578	2 129	2 352	2 281	2 214	Salariés
4 080	4 205 |	4 337	3 378	3 207	3 560	3 182	3 351	2 834	3 120	Employeurs et personnes travaillant à leur compte
2 019	2 308 |	2 616	2 030	1 984	2 206	1 883	1 888	1 492	1 361	Travailleurs familiaux non rémunérés
22 487	23 298 |	24 078	24 766	26 584	27 595	29 941	30 092	31 165	31 250	**Activités non agricoles**
15 303	16 085 |	16 845	16 674	18 128	18 529	20 497	20 874	21 723	21 723	Salariés
5 732	5 840 |	5 953	6 580	6 864	7 246	7 717	7 671	7 942	7 971	Employeurs et personnes travaillant à leur compte
1 453	1 369 |	1 280	1 512	1 592	1 821	1 727	1 547	1 499	1 557	Travailleurs familiaux non rémunérés
100.0	100.0 |	100.0	100.0	100.0	100.0	100.0	100.0	100.0	100.0	**Toutes activités (%)**
56.1	56.2 |	56.3	58.3	59.7	58.7	60.9	61.6	63.6	63.1	Salariés
43.9	43.8 |	43.7	41.7	40.3	41.3	39.1	38.4	36.4	36.9	Autres
										EMPLOI CIVIL : RÉPARTITION PAR BRANCHES D'ACTIVITÉS
										Branches CITI Rév. 2
30 259	31 341 |	32 439	32 370	33 896	35 938	37 135	37 682	37 771	37 945	**1 à 0 Toutes activités**
7 772	8 042 |	8 361	7 604	7 312	8 343	7 194	7 590	6 607	6 695	1 Agriculture, chasse, sylviculture et pêche
186	167 |	152	140	131	108	151	130	154	127	2 Industries extractives
4 798	4 960 |	5 127	5 029	5 634	6 091	6 796	7 157	7 353	7 189	3 Industries manufacturières
122	99 |	80	79	202	187	182	193	188	195	4 Électricité, gaz et eau
1 815	1 821 |	1 828	1 760	1 746	1 715	2 061	2 104	2 459	2 340	5 Bâtiment et travaux publics
6 245	6 588 |	6 962	7 500	7 417	7 698	8 259	8 073	8 386	8 747	6 Commerce de gros et de détail; restaurants et hôtels
1 238	1 348 |	1 467	1 443	1 434	1 509	1 675	1 730	1 719	1 764	7 Transports, entrepôts et communications
997	394 |	1 111	365	393	446	379	355	373	359	8 Banques, assurances, affaires immobilières et services fournis aux entreprises
7 068	7 699 |	7 337	8 302	9 453	9 703	10 272	10 188	10 374	10 389	9 Services fournis à la collectivité, services sociaux et services personnels
19	222 |	14	148	174	138	166	162	158	141	0 Activités mal désignées
										SALARIÉS : RÉPARTITION PAR BRANCHES D'ACTIVITÉS
										Branches CITI Rév. 2
16 903	17 615 |	18 560	18 870	20 248	21 106	22 627	23 226	24 004	23 937	**1 à 0 Toutes activités**
1 658	1 530 |	1 509	2 195	2 120	2 578	2 129	2 352	2 281	2 214	1 Agriculture, chasse, sylviculture et pêche
152	135 |	123	107	122	103	138	118	143	120	2 Industries extractives
3 644	3 762 |	3 887	4 069	4 255	4 594	5 216	5 496	5 673	5 529	3 Industries manufacturières
121	99 |	81	79	201	186	182	191	187	194	4 Électricité, gaz et eau
1 285	1 345 |	1 408	1 251	1 223	1 196	1 477	1 471	1 710	1 679	5 Bâtiment et travaux publics
2 826	3 109 |	3 425	3 229	3 437	3 377	3 865	3 890	4 133	4 327	6 Commerce de gros et de détail; restaurants et hôtels
942	1 079 |	1 236	1 100	1 101	1 176	1 258	1 351	1 297	1 355	7 Transports, entrepôts et communications
787	370 |	935	344	370	413	355	342	346	330	8 Banques, assurances, affaires immobilières et services fournis aux entreprises
5 476	5 987 |	5 939	6 372	7 260	7 358	7 858	7 870	8 093	8 062	9 Services fournis à la collectivité, services sociaux et services personnels
11	199 |	17	123	158	126	149	145	142	126	0 Activités mal désignées

Statistiques de la Population Active
© 2002
OCDE

MEXICO

IV - Civilian employment and employees: breakdown by activities - ISIC Rev. 3

Thousands (second quarter estimates)

	1981	1982	1983	1984	1985	1986	1987	1988	1989	1990	1991
CIVILIAN EMPLOYMENT: BREAKDOWN BY ACTIVITIES											
A to X All activities											29 226
A Agriculture, hunting and forestry											7 443
B Fishing											89
C Mining and quarrying											214
D Manufacturing											4 642
E Electricity, gas and water supply											151
F Construction											1 809
G Wholesale and retail trade; repair of motor vehicles, motorcycles and personal and household goods											5 698
H Hotels and restaurants											1 262
I Transport, storage and communication											1 137
J Financial intermediation											339
K Real estate, renting and business activities											540
L Public administration and defence; compulsory social security, excluding armed forces											1 284
M Education											1 421
N Health and social work											766
O Other community, social and personal service activities											1 353
P Private households with employed persons											893
Q Extra-territorial organisations and bodies											0
X Not classifiable by economic activities											183
Breakdown by sector											
Agriculture (A-B)											7 532
Industry (C-F)											6 817
Services (G-Q)											14 693
Agriculture (%)											25.8
Industry (%)											23.3
Services (%)											50.3
Female participation in agriculture (%)											11.7
Female participation in industry (%)											24.9
Female participation in services (%)											42.7
EMPLOYEES: BREAKDOWN BY ACTIVITIES											
A to X All activities											16 351
A Agriculture, hunting and forestry											1 816
B Fishing											18
C Mining and quarrying											178
D Manufacturing											3 531
E Electricity, gas and water supply											149
F Construction											1 228
G Wholesale and retail trade; repair of motor vehicles, motorcycles and personal and household goods											2 437
H Hotels and restaurants											630
I Transport, storage and communication											823
J Financial intermediation											333
K Real estate, renting and business activities											336
L Public administration and defence; compulsory social security, excluding armed forces											1 253
M Education											1 367
N Health and social work											678
O Other community, social and personal service activities											618
P Private households with employed persons											842
Q Extra-territorial organisations and bodies											0
X Not classifiable by economic activities											113
Breakdown by sector											
Agriculture (A-B)											1 834
Industry (C-F)											5 086
Services (G-Q)											9 317
Agriculture (%)											11.2
Industry (%)											31.1
Services (%)											57.0
Female participation in agriculture (%)											13.1
Female participation in industry (%)											23.4
Female participation in services (%)											43.7

IV - Emploi civil et salariés : répartition par activités - CITI Rév. 3

Milliers (estimations au deuxième trimestre)

1992	1993	1994	1995	1996	1997	1998	1999	2000	2001	
										EMPLOI CIVIL : RÉPARTITION PAR BRANCHES D'ACTIVITÉS
										A à X Toutes activités
	31 341		32 370	33 896	35 938	37 135	37 682	37 771	37 945	
	7 897		7 239	7 150	8 149	7 030	7 435	6 454	6 546	A Agriculture, chasse et sylviculture
	145		365	162	194	164	155	153	149	B Pêche
	167		140	131	108	151	130	154	127	C Activités extractives
	4 960		5 029	5 634	6 091	6 796	7 157	7 353	7 189	D Activités de fabrication
	99		79	202	187	182	193	188	195	E Production et distribution d'électricité, de gaz et d'eau
	1 821		1 760	1 746	1 715	2 061	2 104	2 459	2 340	F Construction
	6 665		7 537	7 545	7 882	8 355	8 076	8 251	8 588	G Commerce de gros et de détail; réparation de véhicules et de biens domestiques
	1 212		1 480	1 530	1 509	1 751	1 723	1 773	1 917	H Hôtels et restaurants
	1 348		1 443	1 434	1 509	1 675	1 730	1 719	1 764	I Transports, entreposage et communications
	316		304	325	365	313	302	292	279	J Intermédiation financière
	673		776	944	1 058	1 080	1 063	1 169	1 209	K Immobilier, location et activités de services aux entreprises
	1 276		1 271	1 568	1 573	1 598	1 720	1 727	1 671	L Administration publique et défense; sécurité sociale obligatoire (armée exclue)
	1 460		1 651	1 734	1 820	1 885	1 720	1 875	1 967	M Education
	706		783	899	956	1 005	1 023	1 059	1 038	N Santé et action sociale
	1 375		1 291	1 119	1 188	1 235	1 364	1 289	1 199	O Autres activités de services collectifs, sociaux et personnels
	998		1 074	1 600	1 496	1 687	1 625	1 698	1 626	P Ménages privés employant du personnel domestique
	0		0	0	0	0	0	2	1	Q Organisations et organismes extra-territoriaux
	222		148	174	138	166	162	158	141	X Ne pouvant être classés selon l'activité économique
										Répartition par secteurs
	8 042		7 604	7 312	8 343	7 194	7 590	6 607	6 695	Agriculture (A-B)
	7 046		7 008	7 712	8 101	9 190	9 585	10 154	9 850	Industrie (C-F)
	16 030		17 610	18 698	19 356	20 585	20 345	20 853	21 259	Services (G-Q)
	25.7		23.5	21.6	23.2	19.4	20.1	17.5	17.6	Agriculture (%)
	22.5		21.7	22.8	22.5	24.7	25.4	26.9	26.0	Industrie (%)
	51.1		54.4	55.2	53.9	55.4	54.0	55.2	56.0	Services (%)
	12.5		13.7	14.7	16.9	14.3	14.5	13.5	11.8	Part des femmes dans l'agriculture (%)
	24.7		22.6	25.6	27.9	27.6	27.8	28.2	28.8	Part des femmes dans l'industrie (%)
	43.4		44.0	42.7	43.4	43.2	43.3	43.8	43.7	Part des femmes dans les services (%)
										SALARIÉS : RÉPARTITION PAR BRANCHES D'ACTIVITÉS
										A à X Toutes activités
	17 615		18 870	20 248	21 106	22 627	23 226	24 004	23 937	
	1 505		2 127	2 064	2 542	2 065	2 292	2 220	2 161	A Agriculture, chasse et sylviculture
	25		68	56	35	65	59	61	53	B Pêche
	135		107	122	103	138	118	143	120	C Activités extractives
	3 762		4 069	4 255	4 594	5 216	5 496	5 673	5 529	D Activités de fabrication
	99		79	201	186	182	191	187	194	E Production et distribution d'électricité, de gaz et d'eau
	1 345		1 251	1 223	1 196	1 477	1 471	1 710	1 679	F Construction
	3 006		3 081	3 446	3 379	3 814	3 829	3 954	4 106	G Commerce de gros et de détail; réparation de véhicules et de biens domestiques
	724		828	786	784	933	938	984	1 066	H Hôtels et restaurants
	1 079		1 100	1 101	1 176	1 258	1 351	1 297	1 355	I Transports, entreposage et communications
	316		300	320	355	308	298	287	272	J Intermédiation financière
	448		527	600	696	725	729	806	821	K Immobilier, location et activités de services aux entreprises
	1 276		1 267	1 563	1 568	1 594	1 717	1 726	1 666	L Administration publique et défense; sécurité sociale obligatoire (armée exclue)
	1 406		1 616	1 682	1 781	1 835	1 677	1 835	1 927	M Education
	607		670	761	754	845	872	913	888	N Santé et action sociale
	714		610	658	713	734	823	779	724	O Autres activités de services collectifs, sociaux et personnels
	968		1 048	1 251	1 118	1 291	1 219	1 286	1 249	P Ménages privés employant du personnel domestique
	0		0	0	0	0	0	2	1	Q Organisations et organismes extra-territoriaux
	199		123	158	126	149	145	142	126	X Ne pouvant être classés selon l'activité économique
										Répartition par secteurs
	1 530		2 195	2 120	2 578	2 129	2 352	2 281	2 214	Agriculture (A-B)
	5 342		5 506	5 801	6 078	7 012	7 276	7 712	7 522	Industrie (C-F)
	10 545		11 045	12 169	12 325	13 336	13 453	13 869	14 074	Services (G-Q)
	8.7		11.6	10.5	12.2	9.4	10.1	9.5	9.2	Agriculture (%)
	30.3		29.2	28.7	28.8	31.0	31.3	32.1	31.4	Industrie (%)
	59.9		58.5	60.1	58.4	58.9	57.9	57.8	58.8	Services (%)
	7.9		6.7	9.0	13.0	8.8	9.2	9.3	8.4	Part des femmes dans l'agriculture (%)
	21.7		22.1	22.7	24.6	24.7	25.0	26.2	26.1	Part des femmes dans l'industrie (%)
	42.1		43.1	42.7	42.1	42.6	42.6	43.6	43.3	Part des femmes dans les services (%)

Statistiques de la Population Active
© 2002 OCDE

UNITED STATES

I - Population

Thousands (mid-year estimates)

	1981	1982	1983	1984	1985	1986	1987	1988	1989	1990	1991
POPULATION - DISTRIBUTION BY AGE AND GENDER											
All persons											
Total	229 966	232 188	234 307	236 348	238 466	240 651	242 804	245 021	247 342	249 973	252 665
Under 15 years	51 253	51 331	51 469	51 483	51 534	51 535	51 859	52 450	53 222	54 113	55 073
From 15 to 64 years	152 491	154 070	155 477	156 988	158 517	160 107	161 319	162 448	163 438	164 619	165 813
65 years and over	26 222	26 787	27 361	27 877	28 415	29 009	29 626	30 123	30 682	31 241	31 779
Males											
Total	111 956	113 052	114 113	115 142	116 217	117 324	118 416	119 550	120 739	122 075	123 408
Under 15 years	26 206	26 253	26 330	26 343	26 374	26 376	26 545	26 850	27 245	27 704	28 195
From 15 to 64 years	75 202	76 043	76 804	77 623	78 450	79 312	79 977	80 601	81 161	81 806	82 402
65 years and over	10 548	10 756	10 979	11 176	11 393	11 636	11 894	12 099	12 333	12 565	12 811
Females											
Total	118 010	119 135	120 195	121 206	122 249	123 327	124 388	125 472	126 603	127 899	129 256
Under 15 years	25 047	25 078	25 139	25 140	25 160	25 159	25 314	25 600	25 976	26 409	26 877
From 15 to 64 years	77 289	78 027	78 673	79 365	80 067	80 795	81 342	81 847	82 277	82 814	83 411
65 years and over	15 674	16 031	16 382	16 701	17 022	17 373	17 732	18 024	18 349	18 676	18 968
POPULATION - PERCENTAGES											
All persons											
Total	100.0	100.0	100.0	100.0	100.0	100.0	100.0	100.0	100.0	100.0	100.0
Under 15 years	22.3	22.1	22.0	21.8	21.6	21.4	21.4	21.4	21.5	21.6	21.8
From 15 to 64 years	66.3	66.4	66.4	66.4	66.5	66.5	66.4	66.3	66.1	65.9	65.6
65 years and over	11.4	11.5	11.7	11.8	11.9	12.1	12.2	12.3	12.4	12.5	12.6
COMPONENTS OF CHANGE IN POPULATION											
a) Population at 1 January	228 937	231 157	233 322	235 385	237 468	239 638	241 784	243 981	246 224	248 659	251 399
b) Population at 31 December	231 157	233 322	235 385	237 468	239 638	241 784	243 981	246 224	248 659	251 399	254 051
c) Total increase (b-a)	2 220	2 165	2 063	2 083	2 170	2 146	2 197	2 243	2 435	2 740	2 652
d) Births	3 629	3 681	3 639	3 669	3 761	3 757	3 809	3 910	4 041	4 148	4 111
e) Deaths	1 978	1 975	2 019	2 039	2 086	2 105	2 123	2 168	2 150	2 155	2 170
f) Natural increase (d-e)	1 651	1 706	1 620	1 630	1 675	1 652	1 686	1 742	1 891	1 993	1 941
g) Net migration	690	595	592	589	649	661	666	662	712	542	960
h) Statistical adjustments	-121	-136	-149	-136	-154	-167	-155	-161	-168	205	-249
i) Total increase (=f+g+h=c)	2 220	2 165	2 063	2 083	2 170	2 146	2 197	2 243	2 435	2 740	2 652
(Components of change in population/ Average population) x1000											
Total increase rates	9.7	9.3	8.8	8.8	9.1	8.9	9.0	9.2	9.8	11.0	10.5
Crude birth rates	15.8	15.9	15.5	15.5	15.8	15.6	15.7	16.0	16.3	16.6	16.3
Crude death rates	8.6	8.5	8.6	8.6	8.7	8.7	8.7	8.8	8.7	8.6	8.6
Natural increase rates	7.2	7.3	6.9	6.9	7.0	6.9	6.9	7.1	7.6	8.0	7.7
Net migration rates	3.0	2.6	2.5	2.5	2.7	2.7	2.7	2.7	2.9	2.2	3.8

I - Population

Milliers (estimations au milieu de l'année)

1992	1993	1994	1995	1996	1997	1998	1999	2000	2001	
										POPULATION - RÉPARTITION SELON L'AGE ET LE SEXE
										Ensemble des personnes
255 410	258 119	260 637	263 082	265 502	268 048	270 509	272 945	275 372 |	285 023	Total
55 877	56 624	57 168	57 481	57 735	57 950	58 160	58 437	58 601 |	60 435	Moins de 15 ans
167 237	168 681	170 258	171 982	173 810	175 913	177 964	179 968	181 954 |	189 297	De 15 à 64 ans
32 296	32 814	33 211	33 619	33 957	34 185	34 385	34 540	34 817 |	35 291	65 ans et plus
										Hommes
124 756	126 083	127 321	128 538	129 743	131 012	132 255	133 496	134 720 |	140 004	Total
28 609	28 990	29 266	29 426	29 552	29 658	29 763	29 903	29 984 |	30 938	Moins de 15 ans
83 094	83 786	84 543	85 377	86 270	87 293	88 298	89 283	90 259 |	94 483	De 15 à 64 ans
13 053	13 307	13 512	13 735	13 921	14 061	14 194	14 310	14 477 |	14 583	65 ans et plus
										Femmes
130 653	132 036	133 316	134 544	135 759	137 036	138 254	139 450	140 652 |	145 019	Total
27 278	27 635	27 902	28 055	28 183	28 291	28 397	28 535	28 617 |	29 497	Moins de 15 ans
84 133	84 894	85 716	86 604	87 540	88 620	89 666	90 685	91 695 |	94 814	De 15 à 64 ans
19 242	19 507	19 698	19 885	20 036	20 125	20 191	20 230	20 340 |	20 708	65 ans et plus
										POPULATION - POURCENTAGES
										Ensemble des personnes
100.0	100.0	100.0	100.0	100.0	100.0	100.0	100.0	100.0 |	100.0	Total
21.9	21.9	21.9	21.8	21.7	21.6	21.5	21.4	21.3 |	21.2	Moins de 15 ans
65.5	65.4	65.3	65.4	65.5	65.6	65.8	65.9	66.1 |	66.4	De 15 à 64 ans
12.6	12.7	12.7	12.8	12.8	12.8	12.7	12.7	12.6 |	12.4	65 ans et plus
										COMPOSANTES DE L'ÉVOLUTION DÉMOGRAPHIQUE
254 051	256 866	259 450	261 906	264 331	266 840	269 379	271 841	274 271 |	283 697	a) Population au 1er janvier
256 866	259 450	261 906	264 331	266 840	269 379	271 841	274 271	276 669 |	286 422	b) Population au 31 décembre
2 815	2 584	2 456	2 425	2 509	2 539	2 462	2 430	2 398 |	2 725	**c) Accroissement total (b-a)**
4 065	4 000	3 953	3 900	3 891	3 881	3 944	3 934	3 935	4 056	d) Naissances
2 176	2 269	2 279	2 312	2 315	2 314	2 338	2 350	2 371	2 474	e) Décès
1 889	1 731	1 674	1 588	1 576	1 567	1 606	1 584	1 564	1 582	**f) Accroissement naturel (d-e)**
1 007	883	811	858	937	977	860	856	843		g) Solde net des migrations
-81	-30	-29	-21	-4	-5	-4	-10	-9		h) Ajustements statistiques
2 815	2 584	2 456	2 425	2 509	2 539	2 462	2 430	2 398		**i) Accroissement total (=f+g+h=c)**
										(Composition de l'évolution démographique/ Population moyenne) x1000
11.0	10.0	9.4	9.2	9.4	9.5	9.1	8.9	8.7 |		Taux d'accroissement total
15.9	15.5	15.2	14.8	14.7	14.5	14.6	14.4	14.3 |	14.2	Taux bruts de natalité
8.5	8.8	8.7	8.8	8.7	8.6	8.6	8.6	8.6 |	8.7	Taux bruts de mortalité
7.4	6.7	6.4	6.0	5.9	5.8	5.9	5.8	5.7 |	5.5	Taux d'accroissement naturel
3.9	3.4	3.1	3.3	3.5	3.6	3.2	3.1	3.1 |		Taux du solde net des migrations

Statistiques de la Population Active
© 2002 OCDE

UNITED STATES

II - Labour force

Thousands (annual average estimates)

	1981	1982	1983	1984	1985	1986	1987	1988	1989	1990	1991
Total labour force											
All persons	110 812	112 384	113 749	115 763	117 695	120 078	122 122	123 893	126 077 |	128 007	128 464
Males	63 939	64 440	65 051	65 855	66 440	67 452	68 243	68 930	69 821 |	70 950	71 060
Females	46 873	47 944	48 698	49 908	51 255	52 626	53 879	54 963	56 256 |	57 057	57 404
Armed forces											
All persons	2 142	2 179	2 199	2 219	2 234	2 244	2 257	2 224	2 208 |	2 167	2 118
Males	1 965	1 990	2 004	2 020	2 029	2 030	2 036	2 003	1 981 |	1 939	1 892
Females	177	189	195	199	205	214	221	221	226 |	228	226
Civilian labour force											
All persons	108 670	110 204	111 550	113 544	115 461	117 834	119 865	121 669	123 869 |	125 840	126 346
Males	61 974	62 450	63 047	63 835	64 411	65 422	66 207	66 927	67 840 |	69 011	69 168
Females	46 696	47 755	48 503	49 709	51 050	52 413	53 658	54 742	56 030 |	56 829	57 178
Unemployed											
All persons	8 273	10 678	10 717	8 539	8 312	8 237	7 425	6 701	6 528 |	7 047	8 628
Males	4 577	6 179	6 260	4 744	4 521	4 530	4 101	3 655	3 525 |	3 906	4 946
Females	3 696	4 499	4 457	3 794	3 791	3 707	3 324	3 046	3 003 |	3 140	3 683
Civilian employment											
All persons	100 397	99 526	100 834	105 005	107 150	109 597	112 440	114 968	117 342 |	118 793	117 718
Males	57 397	56 271	56 787	59 091	59 891	60 892	62 107	63 273	64 315 |	65 104	64 223
Females	43 000	43 256	44 047	45 915	47 259	48 706	50 334	51 696	53 027 |	53 689	53 496
Civilian employment (%)											
All persons	100.0	100.0	100.0	100.0	100.0	100.0	100.0	100.0	100.0 |	100.0	100.0
Males	57.2	56.5	56.3	56.3	55.9	55.6	55.2	55.0	54.8 |	54.8	54.6
Females	42.8	43.5	43.7	43.7	44.1	44.4	44.8	45.0	45.2 |	45.2	45.4
Unemployment rates (% of civilian labour force)											
All persons	7.6	9.7	9.6	7.5	7.2	7.0	6.2	5.5	5.3 |	5.6	6.8
Males	7.4	9.9	9.9	7.4	7.0	6.9	6.2	5.5	5.2 |	5.7	7.2
Females	7.9	9.4	9.2	7.6	7.4	7.1	6.2	5.6	5.4 |	5.5	6.4
Total labour force (% of total population)											
All persons	48.2	48.4	48.5	49.0	49.4	49.9	50.3	50.6	51.0 |	51.2	50.8
Males	57.1	57.0	57.0	57.2	57.2	57.5	57.6	57.7	57.8 |	58.1	57.6
Females	39.7	40.2	40.5	41.2	41.9	42.7	43.3	43.8	44.4 |	44.6	44.4
Total labour force (% of population from 15-64 years)[1]											
All persons	72.7	72.9	73.2	73.7	74.2	75.0	75.7	76.3	77.1 |	77.8	77.5
Males	85.0	84.7	84.7	84.8	84.7	85.0	85.3	85.5	86.0 |	86.7	86.2
Females	60.6	61.4	61.9	62.9	64.0	65.1	66.2	67.2	68.4 |	68.9	68.8
Civilian employment (% of total population)											
All persons	43.7	42.9	43.0	44.4	44.9	45.5	46.3	46.9	47.4 |	47.5	46.6
Part-time employment (%)[2]											
Part-time as % of employment	14.2	15.1	15.4	14.6	14.4	14.6	14.4	14.2	14.1	13.8	14.4
Male share of part-time employment	31.4	31.7	32.0	31.1	31.5	31.6	31.7	31.7	31.3	31.8	32.3
Female share of part-time employment	68.6	68.3	68.0	68.9	68.5	68.4	68.3	68.3	68.7	68.2	67.7
Male part-time as % of male employment	8.1	8.8	9.1	8.4	8.4	8.6	8.6	8.5	8.3	8.3	8.8
Female part-time as % of female employment	21.8	22.7	22.9	22.0	21.5	21.5	21.0	20.7	20.5	20.0	20.5
Duration of unemployment (% of total unemployment)[3]											
Less than 1 month	41.7	36.4	33.3	39.2	42.1	41.9	43.7	46.0	48.6	46.3	40.3
More than 1 month and less than 3 months	30.7	31.0	27.4	28.7	30.2	31.1	29.6	29.9	30.3	32.0	32.4
More than 3 months and less than 6 months	13.6	16.0	15.4	12.9	12.3	12.7	12.7	12.0	11.2	11.7	14.5
More than 6 months and less than 1 year	7.3	8.9	10.6	6.9	6.0	5.7	5.9	4.7	4.2	4.5	6.6
More than 1 year	6.7	7.7	13.3	12.3	9.5	8.7	8.1	7.4	5.7	5.5	6.3

(1) Participation rates calculated according to national definitions may differ from those published in this table, when the age group represented in the labour force survey is other than 15-64 years.

(2) Part-time employment refers to wage and salary workers who usually work less than 30 hours per week in their main job. Data include only persons declaring usual hours worked.

(3) These percentages only take into account those persons for whom the duration of unemployment is known.

ÉTATS-UNIS

II - Population active

Milliers (estimations de moyennes annuelles)

1992	1993	1994	1995	1996	1997	1998	1999	2000	2001	
										Population active totale
130 071	130 960		132 773	133 924	135 503	137 810	139 163	140 825	142 296		Ensemble des personnes
71 719	71 972		72 329	72 778	73 447	74 571	75 244	75 765	76 477		Hommes
58 352	58 987		60 444	61 146	62 057	63 238	63 919	65 059	65 819		Femmes
										Forces armées
1 966	1 760		1 717	1 620	1 560	1 513	1 490	1 457	1 433		Ensemble des personnes
1 755	1 568		1 512	1 418	1 360	1 310	1 285	1 253	1 230		Hommes
211	192		205	202	200	202	205	204	203		Femmes
										Population active civile
128 105	129 200		131 056	132 304	133 943	136 297	137 673	139 368	140 863	141 815	Ensemble des personnes
69 964	70 404		70 817	71 360	72 087	73 261	73 959	74 512	75 247	75 743	Hommes
58 141	58 795		60 239	60 944	61 857	63 036	63 714	64 855	65 616	66 071	Femmes
										Chômeurs
9 613	8 940		7 996	7 404	7 236	6 739	6 210	5 880	5 655	6 742	Ensemble des personnes
5 523	5 055		4 367	3 983	3 880	3 577	3 266	3 066	2 954	3 663	Hommes
4 090	3 885		3 629	3 421	3 356	3 162	2 944	2 814	2 701	3 079	Femmes
										Emploi civil
118 492	120 259		123 060	124 900	126 708	129 558	131 463	133 488	135 208	135 073	Ensemble des personnes
64 440	65 349		66 450	67 377	68 207	69 685	70 693	71 446	72 293	72 080	Hommes
54 052	54 910		56 610	57 523	58 501	59 873	60 771	62 042	62 915	62 992	Femmes
										Emploi civil (%)
100.0	100.0		100.0	100.0	100.0	100.0	100.0	100.0	100.0	100.0	Ensemble des personnes
54.4	54.3		54.0	53.9	53.8	53.8	53.8	53.5	53.5	53.4	Hommes
45.6	45.7		46.0	46.1	46.2	46.2	46.2	46.5	46.5	46.6	Femmes
										Taux de chômage (% de la population active civile)
7.5	6.9		6.1	5.6	5.4	4.9	4.5	4.2	4.0	4.8	Ensemble des personnes
7.9	7.2		6.2	5.6	5.4	4.9	4.4	4.1	3.9	4.8	Hommes
7.0	6.6		6.0	5.6	5.4	5.0	4.6	4.3	4.1	4.7	Femmes
										Population active totale (% de la population totale)
50.9	50.7		50.9	50.9	51.0	51.4	51.4	51.6	51.7		Ensemble des personnes
57.5	57.1		56.8	56.6	56.6	56.9	56.9	56.8	56.8		Hommes
44.7	44.7		45.3	45.4	45.7	46.1	46.2	46.7	46.8		Femmes
										Population active totale (% de la population de 15-64 ans)[1]
77.8	77.6		78.0	77.9	78.0	78.3	78.2	78.3	78.2		Ensemble des personnes
86.3	85.9		85.6	85.2	85.1	85.4	85.2	84.9	84.7		Hommes
69.4	69.5		70.5	70.6	70.9	71.4	71.3	71.7	71.8		Femmes
										Emploi civil (% de la population totale)
46.4	46.6		47.2	47.5	47.7	48.3	48.6	48.9	49.1	47.4	Ensemble des personnes
										Emploi à temps partiel (%)[2]
14.4	14.4		14.3	14.1	14.0	13.6	13.4	13.3	12.8	13.0	Temps partiel en % de l'emploi
32.8	32.8		31.7	31.3	31.2	31.6	32.0	31.6	32.0	32.5	Part des hommes dans le temps partiel
67.2	67.2		68.3	68.7	68.8	68.4	68.0	68.4	68.0	67.5	Part des femmes dans le temps partiel
9.0	9.0		8.6	8.4	8.4	8.3	8.2	8.1	7.9	8.1	Temps partiel des hommes en % de l'emploi des hommes
20.3	20.3		20.5	20.3	20.2	19.5	19.1	19.0	18.2	18.2	Temps partiel des femmes en % de l'emploi des femmes
										Durée du chômage (% du chômage total)[3]
35.1	36.5		34.1	36.5	36.4	37.7	42.2	43.7	45.0	42.0	Moins de 1 mois
29.4	28.9		30.1	31.6	31.6	31.7	31.4	31.2	31.9	32.1	Plus de 1 mois et moins de 3 mois
15.1	14.5		15.5	14.7	14.6	14.7	12.3	12.8	11.8	14.1	Plus de 3 mois et moins de 6 mois
9.2	8.6		8.1	7.6	8.0	7.1	6.1	5.5	5.4	5.8	Plus de 6 mois et moins de 1 an
11.1	11.5		12.2	9.7	9.5	8.7	8.0	6.8	6.0	6.1	Plus de 1 an

(1) Les taux d'activité calculés selon les définitions nationales peuvent être différents de ceux publiés dans ce tableau si le groupe d'âges représenté dans l'enquête de la population active est différent de 15-64 ans.

(2) L'emploi à temps partiel se réfère aux salariés travaillant habituellement moins de 30 heures par semaine dans leur emploi principal. Les données incluent uniquement les personnes déclarant des heures habituelles de travail.

(3) Ces pourcentages ne prennent en compte que les personnes pour lesquelles la durée du chômage est connue.

Statistiques de la Population Active
© 2002 OCDE

UNITED STATES

III - Professional status and breakdown by activities - ISIC Rev. 2

Thousands (annual average estimates)

	1981	1982	1983	1984	1985	1986	1987	1988	1989	1990	1991
CIVILIAN EMPLOYMENT: PROFESSIONAL STATUS											
All activities	100 397	99 526	100 834	105 005	107 150	109 597	112 440	114 968	117 342 |	118 793	117 718
Employees	91 007	89 967	91 075	95 120	97 406	99 847	102 403	104 642	106 924 |	108 338	107 101
Employers and persons working on own account	8 735	8 898	9 143	9 338	9 269	9 327	9 624	9 917	10 008 |	10 097	10 274
Unpaid family workers	656	662	616	548	474	423	413	410	410 |	358	343
Agriculture, hunting, forestry and fishing	3 519	3 571	3 541	3 469	3 338	3 350	3 400	3 326	3 378 |	3 394	3 429
Employees	1 572	1 628	1 699	1 666	1 653	1 685	1 762	1 731	1 799 |	1 860	1 837
Employers and persons working on own account	1 680	1 681	1 603	1 590	1 498	1 494	1 483	1 443	1 447 |	1 428	1 473
Unpaid family workers	267	262	240	214	186	171	155	152	132 |	106	119
Non-agricultural activities	96 878	95 955	97 293	101 536	103 812	106 247	109 040	111 642	113 964 |	115 399	114 289
Employees	89 435	88 339	89 376	93 454	95 753	98 162	100 641	102 911	105 125 |	106 478	105 264
Employers and persons working on own account	7 055	7 217	7 540	7 748	7 771	7 833	8 141	8 474	8 561 |	8 669	8 801
Unpaid family workers	389	400	376	334	288	252	258	258	278 |	252	224
All activities (%)	100.0	100.0	100.0	100.0	100.0	100.0	100.0	100.0	100.0 |	100.0	100.0
Employees	90.6	90.4	90.3	90.6	90.9	91.1	91.1	91.0	91.1 |	91.2	91.0
Others	9.4	9.6	9.7	9.4	9.1	8.9	8.9	9.0	8.9 |	8.8	9.0
CIVILIAN EMPLOYMENT: BREAKDOWN BY ACTIVITIES											
ISIC Rev. 2 Major Divisions											
1 to 0 All activities	100 397	99 526	100 834	105 005	107 150	109 597	112 440	114 968	117 342 |	118 793	117 718
1 Agriculture, hunting, forestry and fishing	3 519	3 571	3 541	3 469	3 338	3 350	3 400	3 326	3 378 |	3 394	3 429
2 Mining and quarrying	1 118	1 028	921	957	939	880	818	753	719 |	724	732
3 Manufacturing	21 817	20 286	19 946	20 995	20 879	20 962	20 935	21 320	21 652 |	21 346	20 580
4 Electricity, gas and water	1 195	1 187	1 237	1 275	1 243	1 209	1 266	1 288	1 240 |	1 289	1 301
5 Construction	6 060	5 756	6 149	6 665	6 987	7 288	7 456	7 603	7 680 |	7 764	7 140
6 Wholesale and retail trade; restaurants and hotels	21 721	22 028	22 444	23 326	23 747	24 336	24 989	25 365	25 925 |	26 440	26 268
7 Transport, storage and communication	5 673	5 594	5 302	5 628	5 825	5 943	6 062	6 233	6 333 |	6 340	6 378
8 Financing, insurance, real estate and business services	8 651	9 066	9 738	10 381	11 005	11 707	12 469	12 972	13 277 |	13 421	13 235
9 Community, social and personal services	30 643	31 013	31 553	32 310	33 188	33 923	35 046	36 108	37 138 |	38 074	38 655
0 Activities not adequately defined	0	0	0	0	0	0	0	0	0	0	0
EMPLOYEES: BREAKDOWN BY ACTIVITIES											
ISIC Rev. 2 Major Divisions											
1 to 0 All activities	91 006	89 967	91 075	95 119	97 407	99 847	102 403	104 642	106 924 |	108 338	107 101
1 Agriculture, hunting, forestry and fishing	1 572	1 628	1 699	1 666	1 653	1 685	1 762	1 731	1 799 |	1 860	1 837
2 Mining and quarrying	1 090	991	891	931	917	853	789	725	691 |	699	708
3 Manufacturing	21 427	19 909	19 550	20 614	20 511	20 571	20 563	20 910	21 231 |	20 902	20 147
4 Electricity, gas and water	1 192	1 185	1 235	1 272	1 242	1 207	1 264	1 286	1 239 |	1 286	1 297
5 Construction	4 867	4 596	4 946	5 393	5 645	5 886	6 045	6 148	6 221 |	6 274	5 675
6 Wholesale and retail trade; restaurants and hotels	19 375	19 657	20 017	20 942	21 481	22 099	22 685	23 064	23 560 |	24 130	23 921
7 Transport, storage and communication	5 385	5 289	4 977	5 315	5 513	5 627	5 726	5 889	6 012 |	6 047	6 069
8 Financing, insurance, real estate and business services	7 852	8 175	8 665	9 225	9 809	10 500	11 140	11 544	11 812 |	11 873	11 707
9 Community, social and personal services	28 247	28 536	29 094	29 761	30 634	31 419	32 429	33 346	34 359 |	35 267	35 741
0 Activities not adequately defined	0	0	0	0	0	0	0	0	0	0	0

III - Situation dans la profession et répartition par activités - CITI Rév. 2

Milliers (estimations de moyennes annuelles)

EMPLOI CIVIL : SITUATION DANS LA PROFESSION

	1992	1993	1994	1995	1996	1997	1998	1999	2000	2001
Toutes activités	118 492	120 259	123 060	124 900	126 708	129 558	131 463	133 488	135 208	135 073
Salariés	108 187	109 656	112 232	114 262	116 040	118 873	121 019	123 267	125 162	125 119
Employeurs et personnes travaillant à leur compte	9 960	10 280	10 648	10 482	10 490	10 513	10 303	10 087	9 907	9 827
Travailleurs familiaux non rémunérés	345	324	180	156	178	171	141	135	139	128
Agriculture, chasse, sylviculture et pêche	3 425	3 300	3 586	3 592	3 570	3 538	3 509	3 416	3 457	3 277
Salariés	1 880	1 824	1 844	1 914	1 953	1 990	2 092	2 036	2 142	1 978
Employeurs et personnes travaillant à leur compte	1 432	1 369	1 693	1 632	1 561	1 496	1 379	1 340	1 277	1 272
Travailleurs familiaux non rémunérés	113	107	49	45	56	51	38	40	38	27
Activités non agricoles	115 067	116 959	119 474	121 308	123 138	126 020	127 954	130 072	131 751	131 796
Salariés	106 307	107 832	110 388	112 348	114 087	116 883	118 927	121 231	123 020	123 141
Employeurs et personnes travaillant à leur compte	8 528	8 911	8 955	8 850	8 929	9 017	8 924	8 747	8 630	8 555
Travailleurs familiaux non rémunérés	232	217	131	111	122	120	103	95	101	101
Toutes activités (%)	100.0	100.0	100.0	100.0	100.0	100.0	100.0	100.0	100.0	100.0
Salariés	91.3	91.2	91.2	91.5	91.6	91.8	92.1	92.3	92.6	92.6
Autres	8.7	8.8	8.8	8.5	8.4	8.2	7.9	7.7	7.4	7.4

EMPLOI CIVIL : RÉPARTITION PAR BRANCHES D'ACTIVITÉS
Branches CITI Rév. 2

	1992	1993	1994	1995	1996	1997	1998	1999	2000	2001
1 à 0 Toutes activités	118 492	120 259	123 060	124 900	126 708	129 558	131 463	133 488	135 208	135 073
1 Agriculture, chasse, sylviculture et pêche	3 425	3 300	3 586	3 592	3 570	3 538	3 509	3 416	3 457	3 277
2 Industries extractives	667	672	669	627	569	634	620	565	521	567
3 Industries manufacturières	20 120	19 711	20 157	20 493	20 518	20 835	20 733	20 070	19 940	18 970
4 Électricité, gaz et eau	1 302	1 248	1 216	1 196	1 185	1 179	1 200	1 173	1 123	1 084
5 Bâtiment et travaux publics	7 066	7 276	7 493	7 668	7 943	8 302	8 518	8 987	9 433	9 581
6 Commerce de gros et de détail; restaurants et hôtels	26 171	26 615	27 163	27 566	28 001	28 326	28 722	29 113	29 422	29 240
7 Transports, entrepôts et communications	6 272	6 531	6 750	6 772	6 885	7 213	7 332	7 616	7 817	7 864
8 Banques, assurances, affaires immobilières et services fournis aux entreprises	12 573	13 054	13 566	13 689	14 180	14 768	15 452	16 054	16 516	16 669
9 Services fournis à la collectivité, services sociaux et services personnels	40 894	41 852	42 460	43 298	43 857	44 762	45 377	46 495	46 979	47 821
0 Activités mal désignées	0	0	0	0	0	0	0	0	0	0

SALARIÉS : RÉPARTITION PAR BRANCHES D'ACTIVITÉS
Branches CITI Rév. 2

	1992	1993	1994	1995	1996	1997	1998	1999	2000	2001
1 à 0 Toutes activités	108 187	109 655	112 232	114 262	116 040	118 873	121 019	123 267	125 162	125 119
1 Agriculture, chasse, sylviculture et pêche	1 880	1 824	1 844	1 914	1 953	1 990	2 092	2 036	2 142	2 030
2 Industries extractives	643	654	655	611	554	620	599	549	506	542
3 Industries manufacturières	19 715	19 259	19 725	20 041	20 101	20 405	20 300	19 685	19 589	18 602
4 Électricité, gaz et eau	1 300	1 243	1 213	1 193	1 182	1 176	1 198	1 168	1 120	1 082
5 Bâtiment et travaux publics	5 577	5 699	5 972	6 196	6 430	6 791	6 986	7 427	7 835	8 046
6 Commerce de gros et de détail; restaurants et hôtels	24 264	24 587	25 147	25 703	26 138	26 467	26 995	27 413	27 832	27 685
7 Transports, entrepôts et communications	5 941	6 166	6 378	6 397	6 464	6 782	6 916	7 200	7 429	7 438
8 Banques, assurances, affaires immobilières et services fournis aux entreprises	11 290	11 684	12 178	12 277	12 690	13 355	13 992	14 575	14 991	15 157
9 Services fournis à la collectivité, services sociaux et services personnels	37 571	38 539	39 120	39 931	40 526	41 287	41 941	43 213	43 717	44 536
0 Activités mal désignées	0	0	0	0	0	0	0	0	0	0

Statistiques de la Population Active
© 2002 OCDE

AUSTRALIA

I - Population

Thousands (mid-year estimates)

	1981	1982	1983	1984	1985	1986	1987	1988	1989	1990	1991
POPULATION - DISTRIBUTION BY AGE AND GENDER											
All persons											
Total	14 923	15 184	15 393	15 579	15 788	16 018	16 264	16 532	16 814	17 065	17 284
Under 15 years	3 726	3 745	3 751	3 736	3 726	3 700	3 687	3 699	3 725	3 755	3 786
From 15 to 64 years	9 743	9 940	10 107	10 270	10 442	10 637	10 837	11 042	11 243	11 417	11 548
65 years and over	1 455	1 499	1 536	1 574	1 621	1 682	1 739	1 791	1 846	1 893	1 951
Males											
Total	7 448	7 581	7 686	7 778	7 883	8 000	8 118	8 249	8 388	8 511	8 615
Under 15 years	1 905	1 916	1 920	1 913	1 908	1 896	1 890	1 897	1 910	1 927	1 943
From 15 to 64 years	4 932	5 035	5 122	5 205	5 294	5 395	5 492	5 592	5 691	5 776	5 836
65 years and over	612	630	645	660	681	709	736	760	786	809	836
Females											
Total	7 475	7 603	7 707	7 801	7 906	8 018	8 146	8 283	8 427	8 554	8 669
Under 15 years	1 821	1 829	1 831	1 823	1 818	1 803	1 797	1 802	1 815	1 828	1 842
From 15 to 64 years	4 811	4 905	4 985	5 065	5 148	5 242	5 346	5 450	5 552	5 641	5 712
65 years and over	843	869	891	914	940	973	1 003	1 032	1 060	1 085	1 114
POPULATION - PERCENTAGES											
All persons											
Total	100.0	100.0	100.0	100.0	100.0	100.0	100.0	100.0	100.0	100.0	100.0
Under 15 years	25.0	24.7	24.4	24.0	23.6	23.1	22.7	22.4	22.2	22.0	21.9
From 15 to 64 years	65.3	65.5	65.7	65.9	66.1	66.4	66.6	66.8	66.9	66.9	66.8
65 years and over	9.7	9.9	10.0	10.1	10.3	10.5	10.7	10.8	11.0	11.1	11.3
COMPONENTS OF CHANGE IN POPULATION											
a) Population at 1 January	14 807	15 054	15 289	15 484	15 677	15 901	16 139	16 375	16 687	16 937	17 170
b) Population at 31 December	15 054	15 289	15 484	15 677	15 901	16 139	16 375	16 687	16 937	17 170	17 384
c) Total increase (b-a)	247	235	195	193	224	238	236	312	250	233	214
d) Births	236	240	243	234	247	243	244	246	251	263	257
e) Deaths	109	115	110	110	119	115	117	120	124	120	119
f) Natural increase (d-e)	127	125	133	124	128	128	127	126	127	143	138
g) Net migration	123	103	55	60	89	110	126	149	157	125	86
h) Statistical adjustments	-3	7	7	9	7	0	-17	37	-34	-35	-10
i) Total increase (=f+g+h=c)	247	235	195	193	224	238	236	312	250	233	214
(Components of change in population/ Average population) x1000											
Total increase rates	16.5	15.5	12.7	12.4	14.2	14.9	14.5	18.9	14.9	13.7	12.4
Crude birth rates	15.8	15.8	15.8	15.0	15.6	15.2	15.0	14.9	14.9	15.4	14.9
Crude death rates	7.3	7.6	7.1	7.1	7.5	7.2	7.2	7.3	7.4	7.0	6.9
Natural increase rates	8.5	8.2	8.6	8.0	8.1	8.0	7.8	7.6	7.6	8.4	8.0
Net migration rates	8.2	6.8	3.6	3.9	5.6	6.9	7.8	9.0	9.3	7.3	5.0

I - Population

Milliers (estimations au milieu de l'année)

	1992	1993	1994	1995	1996	1997	1998	1999	2000	2001	
											POPULATION - RÉPARTITION SELON L'AGE ET LE SEXE
											Ensemble des personnes
	17 495	17 667	17 855	18 072	18 311	18 538	18 760	18 984	19 225	19 485	Total
	3 816	3 838	3 860	3 888	3 911	3 931	3 946	3 962	3 979	4 003	Moins de 15 ans
	11 675	11 773	11 889	12 032	12 196	12 357	12 520	12 683	12 862	13 042	De 15 à 64 ans
	2 004	2 056	2 106	2 151	2 203	2 250	2 293	2 339	2 384	2 441	65 ans et plus
											Hommes
	8 716	8 798	8 888	8 994	9 108	9 212	9 316	9 421	9 535	9 659	Total
	1 958	1 968	1 980	1 993	2 005	2 015	2 023	2 032	2 040	2 053	Moins de 15 ans
	5 896	5 942	5 997	6 066	6 144	6 214	6 288	6 361	6 444	6 527	De 15 à 64 ans
	862	887	911	934	959	983	1 005	1 028	1 050	1 078	65 ans et plus
											Femmes
	8 779	8 869	8 967	9 078	9 203	9 326	9 444	9 563	9 691	9 827	Total
	1 858	1 869	1 881	1 895	1 906	1 916	1 923	1 931	1 938	1 950	Moins de 15 ans
	5 779	5 831	5 892	5 966	6 053	6 143	6 233	6 322	6 418	6 515	De 15 à 64 ans
	1 142	1 169	1 194	1 217	1 244	1 267	1 289	1 311	1 334	1 362	65 ans et plus
											POPULATION - POURCENTAGES
											Ensemble des personnes
	100.0	100.0	100.0	100.0	100.0	100.0	100.0	100.0	100.0	100.0	Total
	21.8	21.7	21.6	21.5	21.4	21.2	21.0	20.9	20.7	20.5	Moins de 15 ans
	66.7	66.6	66.6	66.6	66.6	66.7	66.7	66.8	66.9	66.9	De 15 à 64 ans
	11.5	11.6	11.8	11.9	12.0	12.1	12.2	12.3	12.4	12.5	65 ans et plus
											COMPOSANTES DE L'ÉVOLUTION DÉMOGRAPHIQUE
	17 384	17 581	17 760	17 952	18 196	18 430	18 640	18 880	19 110	19 361	a) Population au 1er janvier
	17 581	17 760	17 952	18 196	18 430	18 640	18 880	19 110	19 361	19 604	b) Population au 31 décembre
	197	179	192	245	234	210	240	230	251	243	**c) Accroissement total (b-a)**
	264	260	258	255	253	251	248	250	250	246	d) Naissances
	124	122	127	125	128	129	127	128	130	129	e) Décès
	140	138	131	130	125	122	121	122	120	117	**f) Accroissement naturel (d-e)**
	69	35	56	107	97	72	103	88	104	110	g) Solde net des migrations
	-12	6	5	8	12	16	16	20	27	16	h) Ajustements statistiques
	197	179	192	245	234	210	240	230	251	243	**i) Accroissement total (=f+g+h=c)**
											(Composition de l'évolution démographique/ Population moyenne) x1000
	11.3	10.1	10.7	13.5	12.8	11.3	12.8	12.1	13.0	12.5	Taux d'accroissement total
	15.1	14.7	14.5	14.1	13.8	13.5	13.2	13.2	13.0	12.6	Taux bruts de natalité
	7.1	6.9	7.1	6.9	7.0	7.0	6.8	6.7	6.8	6.6	Taux bruts de mortalité
	8.0	7.8	7.4	7.2	6.8	6.6	6.4	6.4	6.2	6.0	Taux d'accroissement naturel
	3.9	2.0	3.1	5.9	5.3	3.9	5.5	4.6	5.4	5.6	Taux du solde net des migrations

Statistiques de la Population Active
© 2002
OCDE

AUSTRALIA

II - Labour force

Thousands (estimates for August of each year)

	1981	1982	1983	1984	1985	1986	1987	1988	1989	1990	1991
Total labour force											
All persons	6 846	6 912	6 999	7 140	7 317		7 585	7 762	7 961	8 253	8 461	8 497
Males	4 325	4 363	4 400	4 464	4 525		4 616	4 686	4 751	4 877	4 958	4 963
Females	2 520	2 549	2 599	2 676	2 793		2 970	3 077	3 211	3 375	3 503	3 534
Armed forces											
All persons	71	71	71	70	69	69	68	69	69	68	69
Males	66	66	66	65	65	64	62	63	61	60	60
Females	4	5	5	5	5	5	6	6	8	8	8
Civilian labour force											
All persons	6 774	6 841	6 928	7 070	7 248		7 516	7 694	7 892	8 184	8 393	8 428
Males	4 258	4 296	4 333	4 399	4 460		4 552	4 624	4 688	4 816	4 898	4 902
Females	2 516	2 545	2 595	2 671	2 788		2 964	3 070	3 204	3 368	3 495	3 526
Unemployed											
All persons	381	461	687	604	573	598	602	539	468	585	799
Males	201	272	430	381	349	349	347	306	260	336	497
Females	180	190	257	223	224	248	255	233	209	249	302
Civilian employment											
All persons	6 394	6 379	6 241	6 466	6 676		6 919	7 092	7 353	7 715	7 808	7 629
Males	4 058	4 024	3 904	4 018	4 111		4 203	4 277	4 382	4 556	4 562	4 405
Females	2 336	2 355	2 337	2 448	2 565		2 716	2 815	2 971	3 153	3 246	3 224
Civilian employment (%)											
All persons	100.0	100.0	100.0	100.0	100.0		100.0	100.0	100.0	100.0	100.0	100.0
Males	63.5	63.1	62.6	62.1	61.6		60.7	60.3	59.6	59.1	58.4	57.7
Females	36.5	36.9	37.4	37.9	38.4		39.3	39.7	40.4	40.9	41.6	42.3
Unemployment rates (% of civilian labour force)											
All persons	5.6	6.7	9.9	8.5	7.9		8.0	7.8	6.8	5.7	7.0	9.5
Males	4.7	6.3	9.9	8.7	7.8		7.7	7.5	6.5	5.4	6.9	10.1
Females	7.2	7.5	9.9	8.3	8.0		8.4	8.3	7.3	6.2	7.1	8.6
Total labour force (% of total population)											
All persons	45.9	45.5	45.5	45.8	46.3		47.4	47.7	48.2	49.1	49.6	49.2
Males	58.1	57.6	57.2	57.4	57.4		57.7	57.7	57.6	58.1	58.3	57.6
Females	33.7	33.5	33.7	34.3	35.3		37.0	37.8	38.8	40.1	41.0	40.8
Total labour force (% of population from 15-64 years)[1]											
All persons	70.3	69.5	69.3	69.5	70.1		71.3	71.6	72.1	73.4	74.1	73.6
Males	87.7	86.7	85.9	85.8	85.5		85.6	85.3	85.0	85.7	85.8	85.0
Females	52.4	52.0	52.1	52.8	54.3		56.7	57.6	58.9	60.8	62.1	61.9
Civilian employment (% of total population)											
All persons	42.8	42.0	40.5	41.5	42.3		43.2	43.6	44.5	45.9	45.8	44.1
Part-time employment (%)[2]											
Part-time as % of employment	18.4	19.2	19.0	18.9	20.4	21.1	21.7	21.5	21.9	22.6	23.9
Male share of part-time employment	30.9	30.7	30.1	29.1	30.5	29.8	29.6	27.6	28.3	29.2	29.9
Female share of part-time employment	69.2	69.3	69.9	70.9	69.5	70.2	70.4	72.4	71.7	70.8	70.1
Male part-time as % of male employment	9.0	9.3	9.2	8.9	10.1	10.3	10.6	9.9	10.5	11.3	12.4
Female part-time as % of female employment	34.9	36.0	35.5	35.4	36.9	37.8	38.5	38.4	38.4	38.5	39.7
Duration of unemployment (% of total unemployment)[3]											
Less than 1 month	19.8	21.0	11.9	15.1	16.5	17.4	16.8	17.9	21.8	18.5	13.2
More than 1 month and less than 3 months	27.4	27.0	20.3	20.3	18.4	21.1	20.7	20.6	24.0	26.5	21.1
More than 3 months and less than 6 months	13.9	13.3	15.0	13.3	13.7	14.3	14.0	14.1	13.5	14.0	16.0
More than 6 months and less than 1 year	17.9	19.8	25.2	20.0	20.6	19.9	20.0	19.1	17.6	19.3	24.7
More than 1 year	21.0	19.0	27.5	31.2	30.9	27.4	28.6	28.4	23.1	21.6	24.9

(1) Participation rates calculated according to national definitions may differ from those published in this table, when the age group represented in the labour force survey is other than 15-64 years.

(2) Part-time employment refers to persons who work less than 30 hours per week at all jobs. Data include only persons declaring actual hours worked.

(3) These percentages only take into account those persons for whom the duration of unemployment is known.

II - Population active

Milliers (estimations pour le mois d'août de chaque année)

1992	1993	1994	1995	1996	1997	1998	1999	2000	2001	
										Population active totale
8 583	8 600	8 744	8 996	9 134	9 124	9 318	9 438	9 701	9 818	Ensemble des personnes
5 002	5 002	5 061	5 153	5 228	5 216	5 293	5 375	5 457	5 502	Hommes
3 580	3 598	3 682	3 843	3 906	3 908	4 025	4 064	4 244	4 316	Femmes
										Forces armées
67	63	60	57	57	58	56	54	51	50	Ensemble des personnes
59	55	52	50	50	50	49	47	44	43	Hommes
8	8	7	7	7	7	7	7	7	6	Femmes
										Population active civile
8 516	8 537	8 684	8 939	9 077	9 066	9 262	9 384	9 650	9 768	Ensemble des personnes
4 943	4 947	5 009	5 103	5 178	5 166	5 244	5 327	5 413	5 459	Hommes
3 572	3 590	3 675	3 836	3 899	3 901	4 018	4 057	4 237	4 309	Femmes
										Chômeurs
898	916	798	720	767	760	724	653	601	644	Ensemble des personnes
558	564	473	432	457	445	434	383	353	374	Hommes
340	352	325	287	310	315	290	270	249	270	Femmes
										Emploi civil
7 618	7 621	7 887	8 219	8 310	8 307	8 537	8 732	9 048	9 124	Ensemble des personnes
4 385	4 383	4 536	4 670	4 721	4 721	4 809	4 945	5 060	5 085	Hommes
3 232	3 238	3 350	3 548	3 590	3 586	3 728	3 787	3 988	4 039	Femmes
										Emploi civil (%)
100.0	100.0	100.0	100.0	100.0	100.0	100.0	100.0	100.0	100.0	Ensemble des personnes
57.6	57.5	57.5	56.8	56.8	56.8	56.3	56.6	55.9	55.7	Hommes
42.4	42.5	42.5	43.2	43.2	43.2	43.7	43.4	44.1	44.3	Femmes
										Taux de chômage (% de la population active civile)
10.5	10.7	9.2	8.1	8.4	8.4	7.8	7.0	6.2	6.6	Ensemble des personnes
11.3	11.4	9.4	8.5	8.8	8.6	8.3	7.2	6.5	6.8	Hommes
9.5	9.8	8.8	7.5	8.0	8.1	7.2	6.7	5.9	6.3	Femmes
										Population active totale (% de la population totale)
49.1	48.7	49.0	49.8	49.9	49.2	49.7	49.7	50.5	50.4	Ensemble des personnes
57.4	56.9	56.9	57.3	57.4	56.6	56.8	57.1	57.2	57.0	Hommes
40.8	40.6	41.1	42.3	42.4	41.9	42.6	42.5	43.8	43.9	Femmes
										Population active totale (% de la population de 15-64 ans)[1]
73.5	73.0	73.5	74.8	74.9	73.8	74.4	74.4	75.4	75.3	Ensemble des personnes
84.8	84.2	84.4	84.9	85.1	83.9	84.2	84.5	84.7	84.3	Hommes
62.0	61.7	62.5	64.4	64.5	63.6	64.6	64.3	66.1	66.2	Femmes
										Emploi civil (% de la population totale)
43.5	43.1	44.2	45.5	45.4	44.8	45.5	46.0	47.1	46.8	Ensemble des personnes
										Emploi à temps partiel (%)[2]
24.9	24.3	24.4	25.0	25.2	26.0	25.9	26.1	26.2	27.2	Temps partiel en % de l'emploi
30.3	30.1	30.5	30.8	31.5	32.0	31.4	31.1	31.7	32.5	Part des hommes dans le temps partiel
69.7	69.9	69.5	69.2	68.5	68.0	68.6	68.9	68.3	67.5	Part des femmes dans le temps partiel
13.1	12.7	12.9	13.5	14.0	14.6	14.4	14.3	14.8	15.8	Temps partiel des hommes en % de l'emploi des hommes
40.9	40.1	40.1	40.2	40.0	41.0	40.7	41.4	40.7	41.6	Temps partiel des femmes en % de l'emploi des femmes
										Durée du chômage (% du chômage total)[3]
11.4	12.4	12.1	14.7	16.0	15.6	15.8	18.5	20.8	22.5	Moins de 1 mois
16.6	17.8	18.2	20.3	22.4	20.5	19.5	21.8	23.7	23.2	Plus de 1 mois et moins de 3 mois
13.2	12.8	12.8	13.6	13.1	12.5	12.5	11.3	11.9	15.7	Plus de 3 mois et moins de 6 mois
24.2	20.6	20.5	20.6	20.1	20.8	18.6	19.1	15.7	17.2	Plus de 6 mois et moins de 1 an
34.5	36.5	36.3	30.8	28.4	30.7	33.6	29.4	27.9	21.5	Plus de 1 an

(1) Les taux d'activité calculés selon les définitions nationales peuvent être différents de ceux publiés dans ce tableau si le groupe d'âges représenté dans l'enquête de la population active est différent de 15-64 ans.

(2) L'emploi à temps partiel se réfère aux actifs travaillant moins de 30 heures par semaine dans tous leurs emplois. Les données incluent uniquement les personnes déclarant des heures effectives de travail.

(3) Ces pourcentages ne prennent en compte que les personnes pour lesquelles la durée du chômage est connue.

Statistiques de la Population Active
© 2002 OCDE

AUSTRALIA

III - Professional status and breakdown by activities - ISIC Rev. 2

Thousands (estimates for August of each year)

	1981	1982	1983	1984	1985	1986	1987	1988	1989	1990	1991
CIVILIAN EMPLOYMENT: PROFESSIONAL STATUS											
All activities	6 394	6 379	6 241	6 466	6 676 |	6 919	7 092	7 353	7 715	7 808	7 629
Employees	5 379	5 354	5 243	5 426	5 583 |	5 757	5 938	6 162	6 518	6 567	6 434
Employers and persons working on own account	988	1 000	974	1 019	1 065	1 096	1 095	1 125	1 144	1 175	1 125
Unpaid family workers	27	25	24	21	28 |	66	59	66	53	67	70
Agriculture, hunting, forestry and fishing	416	410	411	400	417 |	417	404	430	409	427	407
Employees	138	130	133	127	130 |	123	123	142	145	142	145
Employers and persons working on own account	262	266	267	264	275	270	259	263	247	264	240
Unpaid family workers	17	14	12	9	11 |	24	23	25	17	22	22
Non-agricultural activities	5 978	5 969	5 830	6 066	6 259 |	6 502	6 688	6 923	7 306	7 381	7 222
Employees	5 241	5 224	5 110	5 299	5 453 |	5 634	5 815	6 020	6 373	6 425	6 289
Employers and persons working on own account	726	734	707	755	790	826	836	862	897	911	885
Unpaid family workers	10	11	12	12	17 |	42	36	41	36	45	48
All activities (%)	100.0	100.0	100.0	100.0	100.0 |	100.0	100.0	100.0	100.0	100.0	100.0
Employees	84.1	83.9	84.0	83.9	83.6 |	83.2	83.7	83.8	84.5	84.1	84.3
Others	15.9	16.1	16.0	16.1	16.4 |	16.8	16.3	16.2	15.5	15.9	15.7
CIVILIAN EMPLOYMENT: BREAKDOWN BY ACTIVITIES											
ISIC Rev. 2 Major Divisions											
1 to 0 **All activities**	6 394	6 379	6 241	6 466	6 676	6 919	7 092	7 353	7 715	7 808	7 629
1 Agriculture, hunting, forestry and fishing	416	410	411	400	417	417	404	430	409	427	407
2 Mining and quarrying	99	91	94	92	102	95	99	95	105	95	94
3 Manufacturing	1 236	1 196	1 132	1 142	1 101	1 118	1 139	1 187	1 217	1 177	1 082
4 Electricity, gas and water	125	129	136	148	139	138	120	114	113	104	103
5 Construction	475	467	388	424	474	497	491	532	603	587	509
6 Wholesale and retail trade; restaurants and hotels	1 477	1 456	1 420	1 490	1 535	1 624	1 662	1 777	1 887	1 913	1 909
7 Transport, storage and communication	482	505	505	487	523	543	512	510	543	542	524
8 Financing, insurance, real estate and business services	559	587	575	620	724	762	834	869	939	974	966
9 Community, social and personal services	1 525	1 538	1 579	1 664	1 661	1 723	1 832	1 839	1 898	1 989	2 035
0 Activities not adequately defined	0	0	0	0	0	0	0	0	0	0	0
EMPLOYEES: BREAKDOWN BY ACTIVITIES											
ISIC Rev. 2 Major Divisions											
1 to 0 **All activities**	5 379	5 354	5 243	5 426	5 583	5 757	5 938	6 162	6 518	6 567	6 434
1 Agriculture, hunting, forestry and fishing	138	130	133	127	130	123	123	142	145	142	145
2 Mining and quarrying	95	90	93	90	98	94	96	94	102	94	93
3 Manufacturing	1 186	1 144	1 077	1 079	1 043	1 053	1 077	1 112	1 144	1 103	1 007
4 Electricity, gas and water	125	129	136	148	139	138	120	114	113	104	102
5 Construction	305	302	242	269	310	310	310	342	373	377	323
6 Wholesale and retail trade; restaurants and hotels	1 202	1 179	1 151	1 212	1 238	1 321	1 362	1 477	1 599	1 597	1 596
7 Transport, storage and communication	420	442	440	419	450	464	443	435	469	461	448
8 Financing, insurance, real estate and business services	477	501	488	529	623	654	709	748	814	838	830
9 Community, social and personal services	1 430	1 437	1 483	1 554	1 551	1 601	1 698	1 699	1 760	1 851	1 890
0 Activities not adequately defined	0	0	0	0	0	0	0	0	0	0	0

III - Situation dans la profession et répartition par activités - CITI Rév. 2

Milliers (estimations pour le mois d'août de chaque année)

1992	1993	1994	1995	1996	1997	1998	1999	2000	2001	
										EMPLOI CIVIL : SITUATION DANS LA PROFESSION
7 618	7 621	7 886	8 219	8 310	8 307	8 537	8 732	9 048	9 124	**Toutes activités**
6 346	6 330	6 586	6 911	7 075	6 974	7 301	7 380	7 747	7 846	Salariés
1 197	1 222	1 218	1 231	1 158	1 255	1 169	1 274	1 221	1 239	Employeurs et personnes travaillant à leur compte
75	69	81	77	77	77	68	77	81	40	Travailleurs familiaux non rémunérés
396	409	403	402	417	415	413	436	444	447	**Agriculture, chasse, sylviculture et pêche**
135	138	142	150	164	157	185	187	205	217	Salariés
240	246	234	225	224	240	211	225	213	218	Employeurs et personnes travaillant à leur compte
21	25	27	27	29	19	17	24	26	13	Travailleurs familiaux non rémunérés
7 222	7 212	7 483	7 817	7 893	7 892	8 125	8 296	8 604	8 677	**Activités non agricoles**
6 211	6 192	6 444	6 761	6 911	6 818	7 116	7 193	7 542	7 629	Salariés
957	976	984	1 006	933	1 016	958	1 049	1 008	1 021	Employeurs et personnes travaillant à leur compte
54	44	54	50	49	58	51	53	55	27	Travailleurs familiaux non rémunérés
100.0	100.0	100.0	100.0	100.0	100.0	100.0	100.0	100.0	100.0	**Toutes activités (%)**
83.3	83.1	83.5	84.1	85.1	84.0	85.5	84.5	85.6	86.0	Salariés
16.7	16.9	16.5	15.9	14.9	16.0	14.5	15.5	14.4	14.0	Autres
										EMPLOI CIVIL : RÉPARTITION PAR BRANCHES D'ACTIVITÉS
										Branches CITI Rév. 2
7 618	7 621	7 886	8 219	8 310	8 307	8 537	8 732	9 048	9 124	**1 à 0 Toutes activités**
396	409	403	402	417	415	412	436	444	447	1 Agriculture, chasse, sylviculture et pêche
90	90	86	85	90	81	87	76	79	79	2 Industries extractives
1 077	1 061	1 120	1 117	1 118	1 143	1 104	1 068	1 144	1 092	3 Industries manufacturières
104	95	92	85	68	66	69	67	65	72	4 Électricité, gaz et eau
524	557	570	595	602	567	624	676	713	678	5 Bâtiment et travaux publics
1 914	1 917	2 004	2 074	2 108	2 060	2 164	2 250	2 220	2 246	6 Commerce de gros et de détail; restaurants et hôtels
484	476	504	525	558	543	531	564	594	595	7 Transports, entrepôts et communications
963	920	1 033	1 119	1 127	1 200	1 262	1 280	1 400	1 401	8 Banques, assurances, affaires immobilières et services fournis aux entreprises
2 065	2 095	2 073	2 218	2 221	2 233	2 283	2 316	2 389	2 515	9 Services fournis à la collectivité, services sociaux et services personnels
0	0	0	0	0	0	0	0	0	0	0 Activités mal désignées
										SALARIÉS : RÉPARTITION PAR BRANCHES D'ACTIVITÉS
										Branches CITI Rév. 2
6 346	6 330	6 586	6 911	7 075	6 974	7 301	7 380	7 747	7 846	**1 à 0 Toutes activités**
135	138	142	150	164	157	185	187	205	217	1 Agriculture, chasse, sylviculture et pêche
88	83	80	82	85	76	85	73	78	77	2 Industries extractives
1 003	978	1 041	1 042	1 047	1 042	1 019	985	1 053	1 012	3 Industries manufacturières
104	95	92	85	68	66	69	67	65	71	4 Électricité, gaz et eau
300	317	338	350	382	349	405	432	455	434	5 Bâtiment et travaux publics
1 584	1 603	1 684	1 763	1 811	1 760	1 886	1 942	1 956	1 991	6 Commerce de gros et de détail; restaurants et hôtels
405	404	426	443	482	453	456	470	507	498	7 Transports, entrepôts et communications
820	779	871	952	980	1 014	1 085	1 091	1 219	1 218	8 Banques, assurances, affaires immobilières et services fournis aux entreprises
1 905	1 934	1 911	2 045	2 057	2 058	2 111	2 132	2 208	2 330	9 Services fournis à la collectivité, services sociaux et services personnels
0	0	0	0	0	0	0	0	0	0	0 Activités mal désignées

Statistiques de la Population Active
© 2002
OCDE

AUSTRALIA

IV - Civilian employment and employees: breakdown by activities - ISIC Rev. 3

Thousands (estimates for August of each year)

	1981	1982	1983	1984	1985	1986	1987	1988	1989	1990	1991
CIVILIAN EMPLOYMENT: BREAKDOWN BY ACTIVITIES											
A to X All activities					6 676	6 919	7 092	7 353	7 715	7 808	7 629
A Agriculture, hunting and forestry					408	405	388	417	395	413	394
B Fishing					9	12	16	13	14	14	13
C Mining and quarrying					94	87	91	89	97	87	89
D Manufacturing					1 101	1 118	1 139	1 187	1 217	1 177	1 082
E Electricity, gas and water supply					139	138	120	114	113	104	103
F Construction					474	497	491	532	603	587	509
G Wholesale and retail trade; repair of motor vehicles, motorcycles and personal and household goods					1 320	1 385	1 406	1 495	1 596	1 602	1 574
H Hotels and restaurants					216	240	256	281	291	311	335
I Transport, storage and communication					523	543	512	510	543	542	524
J Financial intermediation					283	308	334	331	350	372	347
K Real estate, renting and business activities					457	471	515	554	608	620	634
L Public administration and defence; compulsory social security, excluding armed forces					389	392	424	395	403	451	442
M Education					457	473	488	484	511	535	541
N Health and social work					541	572	604	630	640	673	698
O Other community, social and personal service activities					256	267	291	304	324	309	330
P Private households with employed persons					10	12	15	14	10	11	13
Q Extra-territorial organisations and bodies					1	1	1	2	1	1	1
X Not classifiable by economic activities											
Breakdown by sector											
Agriculture (A-B)					417	417	404	430	409	427	407
Industry (C-F)					1 808	1 840	1 841	1 923	2 030	1 955	1 783
Services (G-Q)					4 451	4 662	4 847	5 001	5 276	5 426	5 439
Agriculture (%)					6.2	6.0	5.7	5.8	5.3	5.5	5.3
Industry (%)					27.1	26.6	26.0	26.1	26.3	25.0	23.4
Services (%)					66.7	67.4	68.3	68.0	68.4	69.5	71.3
Female participation in agriculture (%)					26.9	28.0	26.8	28.9	28.5	28.6	29.4
Female participation in industry (%)					20.6	21.1	20.6	20.6	21.2	20.8	21.5
Female participation in services (%)					46.7	47.4	48.0	49.0	49.5	50.1	50.0
EMPLOYEES: BREAKDOWN BY ACTIVITIES											
A to X All activities					5 583	5 757	5 938	6 162	6 518	6 567	6 434
A Agriculture, hunting and forestry					127	120	119	139	139	137	138
B Fishing					3	4	5	3	6	5	7
C Mining and quarrying					90	85	89	88	94	86	88
D Manufacturing					1 043	1 053	1 077	1 112	1 144	1 103	1 007
E Electricity, gas and water supply					139	138	120	114	113	104	102
F Construction					310	310	311	342	373	377	324
G Wholesale and retail trade; repair of motor vehicles, motorcycles and personal and household goods					1 053	1 115	1 134	1 234	1 337	1 320	1 302
H Hotels and restaurants					185	205	228	243	262	277	294
I Transport, storage and communication					450	464	443	435	469	461	448
J Financial intermediation					272	294	320	315	334	353	333
K Real estate, renting and business activities					364	374	402	446	496	501	510
L Public administration and defence; compulsory social security, excluding armed forces					387	389	422	394	400	449	439
M Education					446	464	476	471	494	514	524
N Health and social work					511	536	568	592	605	637	660
O Other community, social and personal service activities					192	196	213	222	244	233	248
P Private households with employed persons					9	10	13	11	9	9	11
Q Extra-territorial organisations and bodies					1	1	1	2	1	1	1
X Not classifiable by economic activities											
Breakdown by sector											
Agriculture (A-B)					130	123	123	142	145	142	145
Industry (C-F)					1 583	1 586	1 596	1 656	1 724	1 669	1 521
Services (G-Q)					3 870	4 048	4 219	4 364	4 649	4 756	4 769
Agriculture (%)					2.3	2.1	2.1	2.3	2.2	2.2	2.3
Industry (%)					28.3	27.5	26.9	26.9	26.4	25.4	23.6
Services (%)					69.3	70.3	71.1	70.8	71.3	72.4	74.1
Female participation in agriculture (%)					22.1	21.3	19.8	22.9	24.6	25.2	23.0
Female participation in industry (%)					21.0	21.1	20.7	20.7	21.5	20.8	21.8
Female participation in services (%)					48.3	48.9	49.7	50.5	50.9	51.5	51.5

IV - Emploi civil et salariés : répartition par activités - CITI Rév. 3

Milliers (estimations pour le mois d'août de chaque année)

1992	1993	1994	1995	1996	1997	1998	1999	2000	2001	
										EMPLOI CIVIL : RÉPARTITION PAR BRANCHES D'ACTIVITÉS **A à X Toutes activités**
7 618	7 621	7 886	8 219	8 310	8 307	8 537	8 732	9 048	9 124	
383	396	392	387	405	403	398	421	427	429	A Agriculture, chasse et sylviculture
13	13	12	15	12	12	15	15	17	18	B Pêche
82	82	78	77	82	74	79	70	66	69	C Activités extractives
1 077	1 062	1 120	1 117	1 118	1 143	1 104	1 068	1 144	1 092	D Activités de fabrication
104	95	92	85	68	66	69	67	65	72	E Production et distribution d'électricité, de gaz et d'eau
524	557	570	595	602	567	624	676	713	678	F Construction
1 577	1 581	1 642	1 688	1 731	1 668	1 762	1 849	1 761	1 795	G Commerce de gros et de détail; réparation de véhicules et de biens domestiques
337	337	362	386	378	392	402	401	459	452	H Hôtels et restaurants
484	476	504	525	558	543	531	564	594	595	I Transports, entreposage et communications
332	303	312	319	314	314	323	309	330	353	J Intermédiation financière
648	635	741	818	834	910	967	993	1 100	1 078	K Immobilier, location et activités de services aux entreprises
425	476	429	456	456	434	427	448	456	486	L Administration publique et défense; sécurité sociale obligatoire (armée exclue)
558	565	556	597	591	584	603	628	634	658	M Education
701	698	702	757	766	780	809	792	852	888	N Santé et action sociale
357	332	362	377	384	407	414	424	425	456	O Autres activités de services collectifs, sociaux et personnels
13	12	12	19	11	10	10	7	4	4	P Ménages privés employant du personnel domestique
1	1	2	2	2	1	1	1	2	2	Q Organisations et organismes extra-territoriaux
0	0	0	0	0	0	0	0	0	0	X Ne pouvant être classés selon l'activité économique
										Répartition par secteurs
396	409	403	402	417	415	412	436	444	447	Agriculture (A-B)
1 788	1 796	1 860	1 874	1 871	1 850	1 877	1 880	1 989	1 911	Industrie (C-F)
5 434	5 416	5 622	5 943	6 023	6 042	6 247	6 416	6 615	6 767	Services (G-Q)
5.2	5.4	5.1	4.9	5.0	5.0	4.8	5.0	4.9	4.9	Agriculture (%)
23.5	23.6	23.6	22.8	22.5	22.3	22.0	21.5	22.0	20.9	Industrie (%)
71.3	71.1	71.3	72.3	72.5	72.7	73.2	73.5	73.1	74.2	Services (%)
29.8	29.7	29.8	31.5	30.5	30.9	31.9	31.1	30.4	31.1	Part des femmes dans l'agriculture (%)
21.3	21.4	21.2	21.1	21.5	20.8	20.6	20.5	20.9	20.9	Part des femmes dans l'industrie (%)
50.3	50.5	50.4	50.9	50.8	50.9	51.4	50.9	52.0	51.7	Part des femmes dans les services (%)
										SALARIÉS : RÉPARTITION PAR BRANCHES D'ACTIVITÉS **A à X Toutes activités**
6 346	6 330	6 586	6 911	7 075	6 974	7 301	7 380	7 747	7 846	
131	132	136	143	159	150	175	178	196	208	A Agriculture, chasse et sylviculture
4	6	6	7	6	7	10	9	9	9	B Pêche
82	76	73	75	77	69	78	67	65	67	C Activités extractives
1 003	978	1 041	1 042	1 047	1 043	1 019	985	1 053	1 012	D Activités de fabrication
104	95	92	85	68	66	69	67	65	71	E Production et distribution d'électricité, de gaz et d'eau
300	317	338	350	382	349	405	432	455	434	F Construction
1 281	1 309	1 363	1 421	1 472	1 416	1 522	1 585	1 548	1 578	G Commerce de gros et de détail; réparation de véhicules et de biens domestiques
304	295	321	342	339	344	365	358	408	413	H Hôtels et restaurants
405	404	426	443	482	453	456	471	507	498	I Transports, entreposage et communications
316	287	300	308	303	300	313	296	316	339	J Intermédiation financière
519	507	587	660	694	734	794	814	931	905	K Immobilier, location et activités de services aux entreprises
421	474	427	453	455	432	422	446	452	482	L Administration publique et défense; sécurité sociale obligatoire (armée exclue)
543	546	539	578	571	565	583	602	611	635	M Education
661	656	655	701	717	729	766	744	798	831	N Santé et action sociale
260	240	271	287	292	309	316	321	327	358	O Autres activités de services collectifs, sociaux et personnels
11	10	10	15	10	8	8	6	3	4	P Ménages privés employant du personnel domestique
1	1	2	2	2	1	1	1	2	2	Q Organisations et organismes extra-territoriaux
0	0	0	0	0	0	0	0	0	0	X Ne pouvant être classés selon l'activité économique
										Répartition par secteurs
135	138	142	150	164	157	185	187	205	217	Agriculture (A-B)
1 489	1 465	1 543	1 551	1 574	1 526	1 571	1 551	1 639	1 584	Industrie (C-F)
4 721	4 726	4 901	5 210	5 338	5 292	5 545	5 642	5 903	6 045	Services (G-Q)
2.1	2.2	2.2	2.2	2.3	2.2	2.5	2.5	2.7	2.8	Agriculture (%)
23.5	23.1	23.4	22.4	22.2	21.9	21.5	21.0	21.2	20.2	Industrie (%)
74.4	74.7	74.4	75.4	75.4	75.9	76.0	76.4	76.2	77.1	Services (%)
27.0	25.0	24.5	26.8	24.8	27.2	30.1	29.0	26.3	27.6	Part des femmes dans l'agriculture (%)
21.7	21.4	21.3	21.4	21.8	20.3	20.4	20.7	21.7	21.4	Part des femmes dans l'industrie (%)
51.7	52.0	52.1	52.7	52.1	52.3	52.9	52.6	53.3	53.2	Part des femmes dans les services (%)

Statistiques de la Population Active
© 2002 OCDE

JAPAN

I - Population

Thousands (estimates at 1 October)

	1981	1982	1983	1984	1985	1986	1987	1988	1989	1990	1991
POPULATION - DISTRIBUTION BY AGE AND GENDER											
All persons											
Total	117 884	118 693	119 483	120 235	121 049	121 672	122 264	122 783	123 255	123 611	124 043
Under 15 years	27 603	27 254	26 907	26 504	26 042	25 434	24 753	23 985	23 201	22 544	21 904
From 15 to 64 years	79 272	80 089	80 904	81 776	82 535	83 368	84 189	85 013	85 745	86 140	86 557
65 years and over	11 009	11 350	11 672	11 956	12 472	12 870	13 322	13 785	14 309	14 928	15 582
Males											
Total	58 002	58 402	58 790	59 155	59 497	59 805	60 091	60 352	60 581	60 697	60 905
Under 15 years	14 158	13 980	13 802	13 594	13 345	13 034	12 685	12 296	11 893	11 558	11 230
From 15 to 64 years	39 215	39 676	40 137	40 624	41 050	41 547	42 037	42 530	42 951	43 132	43 377
65 years and over	4 630	4 746	4 851	4 936	5 102	5 223	5 368	5 526	5 737	6 007	6 298
Females											
Total	59 882	60 291	60 694	61 080	61 552	61 867	62 173	62 431	62 673	62 914	63 139
Under 15 years	13 445	13 274	13 106	12 910	12 697	12 399	12 067	11 690	11 308	10 986	10 674
From 15 to 64 years	40 057	40 413	40 767	41 151	41 485	41 821	42 152	42 483	42 794	43 008	43 180
65 years and over	6 379	6 604	6 821	7 019	7 370	7 647	7 953	8 259	8 572	8 920	9 285
POPULATION - PERCENTAGES											
All persons											
Total	100.0	100.0	100.0	100.0	100.0	100.0	100.0	100.0	100.0	100.0	100.0
Under 15 years	23.4	23.0	22.5	22.0	21.5	20.9	20.2	19.5	18.8	18.2	17.7
From 15 to 64 years	67.2	67.5	67.7	68.0	68.2	68.5	68.9	69.2	69.6	69.7	69.8
65 years and over	9.3	9.6	9.8	9.9	10.3	10.6	10.9	11.2	11.6	12.1	12.6
COMPONENTS OF CHANGE IN POPULATION											
a) Population at 1 January	116 540	117 380	118 200	118 980	119 720	120 410	120 990	121 530	121 990	122 380	122 730
b) Population at 31 December	117 380	118 200	118 980	119 720	120 410	120 990	121 530	121 990	122 380	122 730	123 120
c) Total increase (b-a)	840	820	780	740	690	580	540	460	390	350	390
d) Births	1 529	1 515	1 509	1 490	1 432	1 383	1 347	1 314	1 247	1 222	1 223
e) Deaths	720	712	740	740	752	751	751	793	789	820	830
f) Natural increase (d-e)	809	803	769	750	680	632	596	521	458	402	393
g) Net migration	13	9	-6	-17	1	-25	-28	-13	-8	2	38
h) Statistical adjustments	18	8	17	7	9	-27	-28	-48	-60	-54	-41
i) Total increase (=f+g+h=c)	840	820	780	740	690	580	540	460	390	350	390
(Components of change in population/ Average population) x1000											
Total increase rates	7.2	7.0	6.6	6.2	5.7	4.8	4.5	3.8	3.2	2.9	3.2
Crude birth rates	13.1	12.9	12.7	12.5	11.9	11.5	11.1	10.8	10.2	10.0	9.9
Crude death rates	6.2	6.0	6.2	6.2	6.3	6.2	6.2	6.5	6.5	6.7	6.8
Natural increase rates	6.9	6.8	6.5	6.3	5.7	5.2	4.9	4.3	3.7	3.3	3.2
Net migration rates	0.1	0.1	-0.1	-0.1	0.0	-0.2	-0.2	-0.1	-0.1	0.0	0.3

I - Population

Milliers (estimations au 1er octobre)

1992	1993	1994	1995	1996	1997	1998	1999	2000	2001	
										POPULATION - RÉPARTITION SELON L'AGE ET LE SEXE
										Ensemble des personnes
124 452	124 764	125 034	125 570	125 864	126 166	126 486	126 686	126 926	127 210	Total
21 364	20 841	20 415	20 014	19 686	19 366	19 059	18 742	18 472	18 280	Moins de 15 ans
86 845	87 023	87 034	87 165	87 161	87 042	86 920	86 758	86 220	86 060	De 15 à 64 ans
16 242	16 900	17 585	18 261	19 017	19 758	20 508	21 186	22 005	22 870	65 ans et plus
										Hommes
61 096	61 228	61 328	61 574	61 687	61 805	61 919	61 972	62 111	62 190	Total
10 954	10 688	10 469	10 247	10 083	9 919	9 764	9 603	9 459	9 370	Moins de 15 ans
43 547	43 647	43 656	43 735	43 756	43 703	43 638	43 552	43 281	43 200	De 15 à 64 ans
6 594	6 893	7 203	7 504	7 848	8 182	8 516	8 816	9 222	9 620	65 ans et plus
										Femmes
63 356	63 536	63 706	63 996	64 177	64 361	64 568	64 714	64 815	65 020	Total
10 410	10 153	9 946	9 767	9 603	9 446	9 295	9 139	9 013	8 920	Moins de 15 ans
43 298	43 376	43 379	43 430	43 405	43 339	43 282	43 206	42 938	42 850	De 15 à 64 ans
9 648	10 007	10 381	10 757	11 169	11 576	11 991	12 370	12 783	13 250	65 ans et plus
										POPULATION - POURCENTAGES
										Ensemble des personnes
100.0	100.0	100.0	100.0	100.0	100.0	100.0	100.0	100.0	100.0	Total
17.2	16.7	16.3	15.9	15.6	15.3	15.1	14.8	14.6	14.4	Moins de 15 ans
69.8	69.8	69.6	69.4	69.3	69.0	68.7	68.5	67.9	67.7	De 15 à 64 ans
13.1	13.5	14.1	14.5	15.1	15.7	16.2	16.7	17.3	18.0	65 ans et plus
										COMPOSANTES DE L'ÉVOLUTION DÉMOGRAPHIQUE
123 120	123 510	123 820	124 170	124 410	124 650	124 960	125 270	125 560	125 620	a) Population au 1er janvier
123 510	123 820	124 170	124 410	124 650	124 960	125 270	125 560			b) Population au 31 décembre
390	310	350	240	240	310	310	290			**c) Accroissement total (b-a)**
1 209	1 188	1 238	1 187	1 207	1 192	1 203	1 178	1 191	1 175	d) Naissances
857	879	876	922	896	913	936	982	962	968	e) Décès
352	309	362	265	311	279	267	196	229	207	**f) Accroissement naturel (d-e)**
34	-10	-82	-50	-13	14	38	-12	38		g) Solde net des migrations
4	11	70	25	-58	17	5	106			h) Ajustements statistiques
390	310	350	240	240	310	310	290			**i) Accroissement total (=f+g+h=c)**
										(Composition de l'évolution démographique/ Population moyenne) x1000
3.2	2.5	2.8	1.9	1.9	2.5	2.5	2.3			Taux d'accroissement total
9.8	9.6	10.0	9.6	9.7	9.6	9.6	9.4			Taux bruts de natalité
6.9	7.1	7.1	7.4	7.2	7.3	7.5	7.8			Taux bruts de mortalité
2.9	2.5	2.9	2.1	2.5	2.2	2.1	1.6			Taux d'accroissement naturel
0.3	-0.1	-0.7	-0.4	-0.1	0.1	0.3	-0.1			Taux du solde net des migrations

Statistiques de la Population Active
© 2002 OCDE

JAPAN

II - Labour force

Thousands (annual average estimates)

	1981	1982	1983	1984	1985	1986	1987	1988	1989	1990	1991
Total labour force											
All persons	57 070	57 740	58 890	59 270	59 630	60 200	60 840	61 660	62 700	63 840	65 050
Males	34 980	35 220	35 640	35 800	35 960	36 260	36 550	36 930	37 370	37 910	38 540
Females	22 090	22 520	23 240	23 470	23 670	23 950	24 290	24 730	25 330	25 930	26 510
Armed forces											
All persons											
Males											
Females											
Civilian labour force											
All persons	57 070	57 740	58 890	59 270	59 630	60 200	60 840	61 660	62 700	63 840	65 050
Males	34 980	35 220	35 640	35 800	35 960	36 260	36 550	36 930	37 370	37 910	38 540
Females	22 090	22 520	23 240	23 470	23 670	23 950	24 290	24 730	25 330	25 930	26 510
Unemployed											
All persons	1 260	1 360	1 560	1 610	1 560	1 670	1 730	1 550	1 420	1 340	1 360
Males	790	840	950	960	930	990	1 040	910	830	770	780
Females	470	520	610	650	630	670	690	640	590	570	590
Civilian employment											
All persons	55 810	56 380	57 330	57 660	58 070	58 530	59 110	60 110	61 280	62 490	63 690
Males	34 190	34 380	34 690	34 850	35 030	35 260	35 510	36 020	36 540	37 130	37 760
Females	21 620	22 000	22 630	22 820	23 040	23 270	23 600	24 080	24 740	25 360	25 920
Civilian employment (%)											
All persons	100.0	100.0	100.0	100.0	100.0	100.0	100.0	100.0	100.0	100.0	100.0
Males	61.3	61.0	60.5	60.4	60.3	60.2	60.1	59.9	59.6	59.4	59.3
Females	38.7	39.0	39.5	39.6	39.7	39.8	39.9	40.1	40.4	40.6	40.7
Unemployment rates (% of civilian labour force)											
All persons	2.2	2.4	2.6	2.7	2.6	2.8	2.8	2.5	2.3	2.1	2.1
Males	2.3	2.4	2.7	2.7	2.6	2.7	2.8	2.5	2.2	2.0	2.0
Females	2.1	2.3	2.6	2.8	2.7	2.8	2.8	2.6	2.3	2.2	2.2
Total labour force (% of total population)											
All persons	48.4	48.6	49.3	49.3	49.3	49.5	49.8	50.2	50.9	51.6	52.4
Males	60.3	60.3	60.6	60.5	60.4	60.6	60.8	61.2	61.7	62.5	63.3
Females	36.9	37.4	38.3	38.4	38.5	38.7	39.1	39.6	40.4	41.2	42.0
Total labour force (% of population from 15-64 years)[1]											
All persons	72.0	72.1	72.8	72.5	72.2	72.2	72.3	72.5	73.1	74.1	75.2
Males	89.2	88.8	88.8	88.1	87.6	87.3	86.9	86.8	87.0	87.9	88.8
Females	55.1	55.7	57.0	57.0	57.1	57.3	57.6	58.2	59.2	60.3	61.4
Civilian employment (% of total population)											
All persons	47.3	47.5	48.0	48.0	48.0	48.1	48.3	49.0	49.7	50.6	51.3
Part-time employment (%)[2]											
Part-time as % of employment	15.6	15.9	16.1	16.4	16.6	16.8	16.6	16.9	17.6	19.2	20.0
Male share of part-time employment	29.0	28.1	27.1	26.6	28.3	27.5	26.5	26.8	26.9	29.5	30.0
Female share of part-time employment	71.0	71.9	72.9	73.4	71.7	72.5	73.5	73.2	73.1	70.5	70.0
Male part-time as % of male employment	7.4	7.3	7.2	7.2	7.8	7.7	7.3	7.6	8.0	9.5	10.1
Female part-time as % of female employment	28.6	29.1	29.7	30.3	30.0	30.5	30.6	30.9	31.8	33.4	34.3
Duration of unemployment (% of total unemployment)[3]											
Less than 1 month	26.2	18.8	20.2	15.1	16.9	17.2	14.8	18.5	21.3	24.8	20.1
More than 1 month and less than 3 months	27.0	30.6	29.8	30.1	30.6	27.0	26.2	25.0	28.0	23.4	28.4
More than 3 months and less than 6 months	16.3	18.8	18.5	16.3	17.5	16.6	18.6	16.1	13.3	12.8	13.4
More than 6 months and less than 1 year	17.0	19.4	18.5	23.5	21.9	22.1	20.2	20.2	18.7	19.9	20.1
More than 1 year	13.5	12.5	12.9	15.1	13.1	17.2	20.2	20.2	18.7	19.1	17.9

(1) Participation rates calculated according to national definitions may differ from those published in this table, when the age group represented in the labour force survey is other than 15-64 years.

(2) Part-time employment refers to persons who work less than 35 hours per week in their main job. Data include only persons declaring actual hours worked.

(3) These percentages only take into account those persons for whom the duration of unemployment is known.

II - Population active

Milliers (estimations de moyennes annuelles)

1992	1993	1994	1995	1996	1997	1998	1999	2000	2001	
										Population active totale
65 780	66 150	66 450	66 660	67 110	67 870	67 930	67 790	67 660	67 520	Ensemble des personnes
38 990	39 350	39 510	39 660	39 920	40 270	40 260	40 240	40 140	39 920	Hommes
26 790	26 810	26 940	27 000	27 190	27 600	27 670	27 550	27 530	27 600	Femmes
										Forces armées
										Ensemble des personnes
										Hommes
										Femmes
										Population active civile
65 780	66 150	66 450	66 660	67 110	67 870	67 930	67 790	67 660	67 520	Ensemble des personnes
38 990	39 350	39 510	39 660	39 920	40 270	40 260	40 240	40 140	39 920	Hommes
26 790	26 810	26 940	27 000	27 190	27 600	27 670	27 550	27 530	27 600	Femmes
										Chômeurs
1 420	1 660	1 920	2 100	2 250	2 300	2 790	3 170	3 200	3 400	Ensemble des personnes
820	950	1 120	1 230	1 340	1 350	1 680	1 940	1 960	2 090	Hommes
600	710	800	870	910	950	1 110	1 230	1 230	1 310	Femmes
										Emploi civil
64 360	64 500	64 530	64 570	64 860	65 570	65 140	64 620	64 460	64 120	Ensemble des personnes
38 170	38 400	38 390	38 430	38 580	38 920	38 580	38 310	38 170	37 830	Hommes
26 190	26 100	26 140	26 140	26 270	26 650	26 560	26 320	26 290	26 290	Femmes
										Emploi civil (%)
100.0	100.0	100.0	100.0	100.0	100.0	100.0	100.0	100.0	100.0	Ensemble des personnes
59.3	59.5	59.5	59.5	59.5	59.4	59.2	59.3	59.2	59.0	Hommes
40.7	40.5	40.5	40.5	40.5	40.6	40.8	40.7	40.8	41.0	Femmes
										Taux de chômage (% de la population active civile)
2.2	2.5	2.9	3.2	3.4	3.4	4.1	4.7	4.7	5.0	Ensemble des personnes
2.1	2.4	2.8	3.1	3.4	3.4	4.2	4.8	4.9	5.2	Hommes
2.2	2.6	3.0	3.2	3.3	3.4	4.0	4.5	4.5	4.7	Femmes
										Population active totale (% de la population totale)
52.9	53.0	53.1	53.1	53.3	53.8	53.7	53.5	53.3	53.1	Ensemble des personnes
63.8	64.3	64.4	64.4	64.7	65.2	65.0	64.9	64.6	64.2	Hommes
42.3	42.2	42.3	42.2	42.4	42.9	42.9	42.6	42.5	42.4	Femmes
										Population active totale (% de la population de 15-64 ans)[1]
75.7	76.0	76.3	76.5	77.0	78.0	78.2	78.1	78.5	78.5	Ensemble des personnes
89.5	90.2	90.5	90.7	91.2	92.1	92.3	92.4	92.7	92.4	Hommes
61.9	61.8	62.1	62.2	62.6	63.7	63.9	63.8	64.1	64.4	Femmes
										Emploi civil (% de la population totale)
51.7	51.7	51.6	51.4	51.5	52.0	51.5	51.0	50.8	50.4	Ensemble des personnes
										Emploi à temps partiel (%)[2]
20.4	21.1	20.4	20.1	21.8	23.3	23.6	24.1	23.1	24.9	Temps partiel en % de l'emploi
30.7	32.3	32.5	29.8	31.8	33.0	32.5	33.0	30.3	32.5	Part des hommes dans le temps partiel
69.3	67.7	67.5	70.2	68.2	67.0	67.5	67.0	69.7	67.5	Part des femmes dans le temps partiel
10.6	11.4	11.7	10.0	11.7	12.9	12.9	13.4	11.8	13.7	Temps partiel des hommes en % de l'emploi des hommes
34.8	35.2	31.9	34.9	36.7	38.3	39.0	39.7	39.4	41.0	Temps partiel des femmes en % de l'emploi des femmes
										Durée du chômage (% du chômage total)[3]
19.6	19.5	16.5	18.1	15.6	15.1	17.9	13.0	13.4	14.2	Moins de 1 mois
30.4	30.5	27.8	29.1	27.5	26.7	25.9	24.7	23.9	25.0	Plus de 1 mois et moins de 3 mois
13.8	16.9	19.6	15.1	17.0	16.9	17.1	17.9	15.8	14.6	Plus de 3 mois et moins de 6 mois
20.3	17.5	18.6	19.6	20.6	19.6	18.7	22.1	21.4	19.6	Plus de 6 mois et moins de 1 an
15.9	15.6	17.5	18.1	19.3	21.8	20.3	22.4	25.5	26.6	Plus de 1 an

(1) Les taux d'activité calculés selon les définitions nationales peuvent être différents de ceux publiés dans ce tableau si le groupe d'âges représenté dans l'enquête de la population active est différent de 15-64 ans.

(2) L'emploi à temps partiel se réfère aux actifs travaillant moins de 35 heures par semaine dans leur emploi principal. Les données incluent uniquement les personnes déclarant des heures effectives de travail.

(3) Ces pourcentages ne prennent en compte que les personnes pour lesquelles la durée du chômage est connue.

Statistiques de la Population Active
© 2002 OCDE

III - Professional status and breakdown by activities - ISIC Rev. 2

Thousands (annual average estimates)

	1981	1982	1983	1984	1985	1986	1987	1988	1989	1990	1991
CIVILIAN EMPLOYMENT: PROFESSIONAL STATUS[1]											
All activities	55 810	56 380	57 330	57 660	58 070	58 530	59 110	60 110	61 280	62 490	63 690
Employees	40 370	40 980	42 080	42 650	43 130	43 790	44 280	45 380	46 790	48 350	50 020
Employers and persons working on own account	9 430	9 430	9 380	9 190	9 160	9 120	9 150	9 100	8 960	8 780	8 590
Unpaid family workers	5 920	5 870	5 740	5 650	5 590	5 460	5 490	5 430	5 310	5 170	4 890
Agriculture, hunting, forestry and fishing	5 570	5 480	5 310	5 120	5 090	4 950	4 890	4 740	4 630	4 510	4 270
Employees	460	440	490	430	430	440	440	450	450	420	430
Employers and persons working on own account	2 620	2 580	2 470	2 360	2 350	2 290	2 270	2 210	2 140	2 110	2 000
Unpaid family workers	2 500	2 450	2 350	2 320	2 310	2 210	2 180	2 090	2 040	1 990	1 840
Non-agricultural activities	50 240	50 900	52 020	52 540	52 980	53 580	54 220	55 370	56 650	57 980	59 420
Employees	39 910	40 540	41 590	42 220	42 700	43 350	43 840	44 930	46 340	47 930	49 590
Employers and persons working on own account	6 810	6 850	6 910	6 830	6 810	6 830	6 880	6 890	6 820	6 670	6 590
Unpaid family workers	3 420	3 420	3 390	3 330	3 280	3 250	3 310	3 340	3 270	3 180	3 050
All activities (%)	100.0	100.0	100.0	100.0	100.0	100.0	100.0	100.0	100.0	100.0	100.0
Employees	72.3	72.7	73.4	74.0	74.3	74.8	74.9	75.5	76.4	77.4	78.5
Others	27.5	27.1	26.4	25.7	25.4	24.9	24.8	24.2	23.3	22.3	21.2
CIVILIAN EMPLOYMENT: BREAKDOWN BY ACTIVITIES											
ISIC Rev. 2 Major Divisions											
1 to 0 All activities	55 810	56 380	57 330	57 660	58 070	58 530	59 110	60 110	61 280	62 490	63 690
1 Agriculture, hunting, forestry and fishing	5 570	5 480	5 310	5 120	5 090	4 950	4 890	4 740	4 630	4 510	4 270
2 Mining and quarrying	100	100	100	80	90	80	80	70	70	60	60
3 Manufacturing	13 850	13 800	14 060	14 380	14 530	14 440	14 250	14 540	14 840	15 050	15 500
4 Electricity, gas and water	310	340	360	350	330	320	310	310	300	300	330
5 Construction	5 440	5 410	5 410	5 270	5 300	5 340	5 330	5 600	5 780	5 880	6 040
6 Wholesale and retail trade; restaurants and hotels	12 740	12 960	13 130	13 190	13 180	13 390	13 660	13 890	14 000	14 150	14 330
7 Transport, storage and communication	3 440	3 490	3 500	3 410	3 430	3 530	3 480	3 530	3 680	3 750	3 780
8 Financing, insurance, real estate and business services	3 320	3 490	3 660	3 830	3 920	4 150	4 380	4 530	4 800	5 160	5 370
9 Community, social and personal services	10 920	11 170	11 640	11 820	11 970	12 120	12 490	12 610	12 880	13 320	13 710
0 Activities not adequately defined	120	150	150	210	230	220	240	280	310	300	280
EMPLOYEES: BREAKDOWN BY ACTIVITIES											
ISIC Rev. 2 Major Divisions											
1 to 0 All activities	40 370	40 980	42 080	42 650	43 130	43 790	44 280	45 380	46 790	48 350	50 020
1 Agriculture, hunting, forestry and fishing	460	440	490	430	430	440	440	450	450	420	430
2 Mining and quarrying	90	100	90	80	80	80	80	70	70	60	60
3 Manufacturing	11 520	11 510	11 750	12 120	12 350	12 290	12 150	12 450	12 760	13 060	13 570
4 Electricity, gas and water	310	340	360	350	330	320	310	310	300	300	330
5 Construction	4 240	4 230	4 220	4 110	4 140	4 150	4 120	4 360	4 510	4 620	4 790
6 Wholesale and retail trade; restaurants and hotels	8 480	8 700	8 940	9 110	9 120	9 380	9 620	9 900	10 160	10 470	10 800
7 Transport, storage and communication	3 260	3 310	3 320	3 220	3 240	3 330	3 280	3 310	3 470	3 530	3 560
8 Financing, insurance, real estate and business services	3 020	3 160	3 320	3 470	3 530	3 750	3 940	4 040	4 310	4 670	4 850
9 Community, social and personal services	8 970	9 150	9 550	9 710	9 850	9 980	10 280	10 400	10 670	11 110	11 520
0 Activities not adequately defined	30	40	40	50	60	70	70	90	100	110	110

(1) The sum of the components does not agree with the total due to incomplete reporting.

III - Situation dans la profession et répartition par activités - CITI Rév. 2

Milliers (estimations de moyennes annuelles)

1992	1993	1994	1995	1996	1997	1998	1999	2000	2001	
										EMPLOI CIVIL : SITUATION DANS LA PROFESSION[1]
64 360	64 500	64 530	64 570	64 860	65 570	65 140	64 620	64 460	64 120	**Toutes activités**
51 190	52 020	52 360	52 630	53 220	53 910	53 680	53 310	53 560	53 690	Salariés
8 430	8 140	7 960	7 840	7 650	7 720	7 610	7 540	7 310	6 930	Employeurs et personnes travaillant à leur compte
4 560	4 180	4 070	3 970	3 820	3 760	3 670	3 560	3 400	3 250	Travailleurs familiaux non rémunérés
4 110	3 830	3 730	3 670	3 560	3 500	3 430	3 350	3 260	3 130	**Agriculture, chasse, sylviculture et pêche**
460	440	420	440	450	420	410	400	420	470	Salariés
1 960	1 880	1 830	1 800	1 710	1 720	1 670	1 650	1 590	1 500	Employeurs et personnes travaillant à leur compte
1 700	1 530	1 470	1 430	1 400	1 350	1 340	1 300	1 250	1 170	Travailleurs familiaux non rémunérés
60 250	60 670	60 800	60 900	61 300	62 070	61 710	61 270	61 200	60 990	**Activités non agricoles**
50 730	51 580	51 940	52 190	52 770	53 490	53 270	52 910	53 140	53 220	Salariés
6 470	6 260	6 130	6 040	5 940	6 000	5 940	5 890	5 720	5 430	Employeurs et personnes travaillant à leur compte
2 860	2 650	2 600	2 540	2 420	2 410	2 330	2 260	2 150	2 080	Travailleurs familiaux non rémunérés
100.0	100.0	100.0	100.0	100.0	100.0	100.0	100.0	100.0	100.0	**Toutes activités (%)**
79.5	80.7	81.1	81.5	82.1	82.2	82.4	82.5	83.1	83.7	Salariés
20.2	19.1	18.6	18.3	17.7	17.5	17.3	17.2	16.6	15.9	Autres
										EMPLOI CIVIL : RÉPARTITION PAR BRANCHES D'ACTIVITÉS
										Branches CITI Rév. 2
64 360	64 500	64 530	64 570	64 860	65 570	65 140	64 620	64 460	64 120	**1 à 0 Toutes activités**
4 110	3 830	3 730	3 670	3 560	3 500	3 430	3 350	3 260	3 130	1 Agriculture, chasse, sylviculture et pêche
60	60	60	60	60	70	60	60	50	50	2 Industries extractives
15 690	15 300	14 960	14 560	14 450	14 420	13 820	13 450	13 210	12 840	3 Industries manufacturières
330	350	390	420	370	360	370	380	340	340	4 Électricité, gaz et eau
6 190	6 400	6 550	6 630	6 700	6 850	6 620	6 570	6 530	6 320	5 Bâtiment et travaux publics
14 360	14 480	14 430	14 490	14 630	14 750	14 830	14 830	14 740	14 730	6 Commerce de gros et de détail; restaurants et hôtels
3 850	3 940	3 920	4 020	4 110	4 120	4 050	4 060	4 140	4 070	7 Transports, entrepôts et communications
5 460	5 470	5 490	5 550	5 610	5 750	5 930	5 990	6 160	6 290	8 Banques, assurances, affaires immobilières et services fournis aux entreprises
14 010	14 380	14 700	14 910	15 070	15 420	15 660	15 520	15 640	15 900	9 Services fournis à la collectivité, services sociaux et services personnels
300	270	290	250	290	340	360	410	390	440	0 Activités mal désignées
										SALARIÉS : RÉPARTITION PAR BRANCHES D'ACTIVITÉS
										Branches CITI Rév. 2
51 190	52 020	52 360	52 630	53 220	53 910	53 680	53 310	53 560	53 690	**1 à 0 Toutes activités**
460	440	420	440	450	420	410	400	420	470	1 Agriculture, chasse, sylviculture et pêche
60	60	60	50	60	60	60	60	50	50	2 Industries extractives
13 820	13 670	13 400	13 080	13 070	13 070	12 580	12 230	12 050	11 850	3 Industries manufacturières
330	350	390	420	370	360	370	380	340	340	4 Électricité, gaz et eau
4 970	5 230	5 360	5 440	5 510	5 630	5 480	5 440	5 390	5 200	5 Bâtiment et travaux publics
11 020	11 210	11 260	11 380	11 600	11 720	11 880	11 960	11 970	12 030	6 Commerce de gros et de détail; restaurants et hôtels
3 630	3 710	3 710	3 810	3 890	3 900	3 850	3 850	3 930	3 870	7 Transports, entrepôts et communications
4 960	5 000	5 010	5 080	5 150	5 250	5 410	5 440	5 630	5 760	8 Banques, assurances, affaires immobilières et services fournis aux entreprises
11 830	12 250	12 590	12 810	12 990	13 330	13 460	13 360	13 580	13 910	9 Services fournis à la collectivité, services sociaux et services personnels
110	120	164	120	130	160	170	200	200	220	0 Activités mal désignées

(1) La somme des composantes ne correspond pas au total toutes activités en raison de réponses incomplètes.

Statistiques de la Population Active
© 2002 OCDE

KOREA

I - Population

Thousands (mid-year estimates)

	1981	1982	1983	1984	1985	1986	1987	1988	1989	1990	1991
POPULATION - DISTRIBUTION BY AGE AND GENDER											
All persons											
Total	38 723	39 326	39 910	40 406	40 806	41 214	41 622	42 031	42 449	42 869	43 296
Under 15 years	12 925	12 887	12 801	12 592	12 305	12 030	11 746	11 487	11 261	10 974	10 859
From 15 to 64 years	24 300	24 880	25 495	26 141	26 759	27 383	27 999	28 582	29 135	29 701	30 171
65 years and over	1 498	1 559	1 615	1 674	1 742	1 801	1 876	1 962	2 053	2 195	2 266
Males											
Total	19 536	19 837	20 129	20 375	20 576	20 772	20 960	21 155	21 357	21 568	21 784
Under 15 years	6 682	6 661	6 618	6 511	6 358	6 226	6 080	5 953	5 845	5 708	5 657
From 15 to 64 years	12 293	12 590	12 904	13 233	13 560	13 868	14 173	14 461	14 737	15 039	15 280
65 years and over	561	586	607	631	658	678	707	741	776	822	847
Females											
Total	19 188	19 489	19 781	20 031	20 230	20 442	20 662	20 876	21 092	21 301	21 512
Under 15 years	6 243	6 225	6 183	6 081	5 946	5 804	5 666	5 534	5 416	5 266	5 202
From 15 to 64 years	12 007	12 290	12 591	12 907	13 200	13 515	13 826	14 121	14 398	14 662	14 891
65 years and over	937	974	1 007	1 043	1 084	1 122	1 170	1 221	1 277	1 373	1 420
POPULATION - PERCENTAGES											
All persons											
Total	100.0	100.0	100.0	100.0	100.0	100.0	100.0	100.0	100.0	100.0	100.0
Under 15 years	33.4	32.8	32.1	31.2	30.2	29.2	28.2	27.3	26.5	25.6	25.1
From 15 to 64 years	62.8	63.3	63.9	64.7	65.6	66.4	67.3	68.0	68.6	69.3	69.7
65 years and over	3.9	4.0	4.0	4.1	4.3	4.4	4.5	4.7	4.8	5.1	5.2
COMPONENTS OF CHANGE IN POPULATION											
a) Population at 1 January											
b) Population at 31 December											
c) Total increase (b-a)											
d) Births	880	859	778	682	663	642	629	637	646	659	718
e) Deaths	238	246	264	244	246	245	249	240	244	249	250
f) Natural increase (d-e)	642	613	514	438	417	397	380	397	402	410	468
g) Net migration											
h) Statistical adjustments											
i) Total increase (=f+g+h=c)											
(Components of change in population/ Average population) x1000											
Total increase rates											
Crude birth rates											
Crude death rates											
Natural increase rates											
Net migration rates											

I - Population

1992	1993	1994	1995	1996	1997	1998	1999	2000	2001	
										POPULATION - RÉPARTITION SELON L'AGE ET LE SEXE
										Ensemble des personnes
43 748	44 195	44 642	45 093	45 525	45 954	46 287	46 617	47 008	47 343	Total
10 791	10 735	10 653	10 537	10 403	10 233	10 092	9 973	9 911	9 860	Moins de 15 ans
30 611	31 023	31 446	31 900	32 327	32 791	33 126	33 420	33 702	33 904	De 15 à 64 ans
2 346	2 437	2 542	2 657	2 795	2 929	3 069	3 224	3 395	3 579	65 ans et plus
										Hommes
22 014	22 243	22 472	22 705	22 925	23 148	23 296	23 458	23 667	23 835	Total
5 633	5 615	5 586	5 537	5 484	5 403	5 334	5 272	5 245	5 218	Moins de 15 ans
15 507	15 722	15 944	16 182	16 398	16 651	16 807	16 962	17 122	17 233	De 15 à 64 ans
873	905	943	986	1 042	1 095	1 155	1 223	1 300	1 384	65 ans et plus
										Femmes
21 734	21 952	22 169	22 388	22 600	22 805	22 991	23 159	23 341	23 508	Total
5 158	5 119	5 068	5 000	4 919	4 830	4 758	4 701	4 667	4 642	Moins de 15 ans
15 104	15 301	15 502	15 717	15 928	16 141	16 319	16 458	16 580	16 670	De 15 à 64 ans
1 472	1 532	1 599	1 670	1 753	1 835	1 914	2 000	2 095	2 196	65 ans et plus
										POPULATION - POURCENTAGES
										Ensemble des personnes
100.0	100.0	100.0	100.0	100.0	100.0	100.0	100.0	100.0	100.0	Total
24.7	24.3	23.9	23.4	22.9	22.3	21.8	21.4	21.1	20.8	Moins de 15 ans
70.0	70.2	70.4	70.7	71.0	71.4	71.6	71.7	71.7	71.6	De 15 à 64 ans
5.4	5.5	5.7	5.9	6.1	6.4	6.6	6.9	7.2	7.6	65 ans et plus
										COMPOSANTES DE L'ÉVOLUTION DÉMOGRAPHIQUE
										a) Population au 1ᵉʳ janvier
										b) Population au 31 décembre
										c) Accroissement total (b-a)
739	724	729	721	696	678	643	616	637		d) Naissances
243	240	248	248	246	248	248	247	247		e) Décès
496	484	481	473	450	430	395	369	390		**f) Accroissement naturel (d-e)**
										g) Solde net des migrations
										h) Ajustements statistiques
										i) Accroissement total (=f+g+h=c)
										(Composition de l'évolution démographique/ Population moyenne) x1000
										Taux d'accroissement total
										Taux bruts de natalité
										Taux bruts de mortalité
										Taux d'accroissement naturel
										Taux du solde net des migrations

Statistiques de la Population Active
© 2002
OCDE

KOREA

II - Labour force

Thousands (annual average estimates)

	1981	1982	1983	1984	1985	1986	1987	1988	1989	1990	1991
Total labour force											
All persons	14 683	15 032	15 118	14 997	15 592	16 116	16 873	17 305	18 023	18 539	19 115
Males	9 204	9 266	9 305	9 338	9 617	9 819	10 138	10 414	10 737	11 030	11 405
Females	5 479	5 767	5 814	5 658	5 975	6 296	6 735	6 891	7 286	7 509	7 710
Armed forces											
All persons											
Males											
Females											
Civilian labour force											
All persons	14 683	15 032	15 118	14 997	15 592	16 116	16 873	17 305	18 023	18 539	19 115
Males	9 204	9 266	9 305	9 338	9 617	9 819	10 138	10 414	10 737	11 030	11 405
Females	5 479	5 767	5 814	5 658	5 975	6 296	6 735	6 891	7 286	7 509	7 710
Unemployed											
All persons	660	654	613	568	622	611	519	435	463	454	438
Males	525	509	486	444	480	480	397	315	329	321	289
Females	134	145	128	124	141	131	122	120	134	133	149
Civilian employment											
All persons	14 023	14 379	14 505	14 429	14 970	15 505	16 354	16 869	17 560	18 085	18 677
Males	8 679	8 757	8 819	8 894	9 137	9 339	9 741	10 099	10 409	10 709	11 116
Females	5 345	5 622	5 686	5 535	5 833	6 165	6 613	6 771	7 152	7 376	7 561
Civilian employment (%)											
All persons	100.0	100.0	100.0	100.0	100.0	100.0	100.0	100.0	100.0	100.0	100.0
Males	61.9	60.9	60.8	61.6	61.0	60.2	59.6	59.9	59.3	59.2	59.5
Females	38.1	39.1	39.2	38.4	39.0	39.8	40.4	40.1	40.7	40.8	40.5
Unemployment rates (% of civilian labour force)											
All persons	4.5	4.4	4.1	3.8	4.0	3.8	3.1	2.5	2.6	2.4	2.3
Males	5.7	5.5	5.2	4.8	5.0	4.9	3.9	3.0	3.1	2.9	2.5
Females	2.4	2.5	2.2	2.2	2.4	2.1	1.8	1.7	1.8	1.8	1.9
Total labour force (% of total population)											
All persons	37.9	38.2	37.9	37.1	38.2	39.1	40.5	41.2	42.5	43.2	44.1
Males	47.1	46.7	46.2	45.8	46.7	47.3	48.4	49.2	50.3	51.1	52.4
Females	28.6	29.6	29.4	28.2	29.5	30.8	32.6	33.0	34.5	35.3	35.8
Total labour force (% of population from 15-64 years)[1]											
All persons	60.4	60.4	59.3	57.4	58.3	58.9	60.3	60.5	61.9	62.4	63.4
Males	74.9	73.6	72.1	70.6	70.9	70.8	71.5	72.0	72.9	73.3	74.6
Females	45.6	46.9	46.2	43.8	45.3	46.6	48.7	48.8	50.6	51.2	51.8
Civilian employment (% of total population)											
All persons	36.2	36.6	36.3	35.7	36.7	37.6	39.3	40.1	41.4	42.2	43.1
Part-time employment (%)[2]											
Part-time as % of employment										5.2	4.5	4.7
Male share of part-time employment										42.9	41.3	41.0
Female share of part-time employment										57.1	58.7	59.0
Male part-time as % of male employment										3.8	3.1	3.2
Female part-time as % of female employment										7.3	6.5	6.8
Duration of unemployment (% of total unemployment)[3]											
Less than 3 months											57.4	56.4
More than 3 months and less than 6 months											28.7	29.0
More than 6 months and less than 1 year											11.3	10.4
More than 1 year											2.6	4.2

(1) Participation rates calculated according to national definitions may differ from those published in this table, when the age group represented in the labour force survey is other than 15-64 years.

(2) Part-time employment refers to civilians who work less than 30 hours per week in their main job. Data only include persons declaring actual hours worked.

(3) These percentages only take into account those persons for whom the duration of unemployment is known. Data on persons unemployed for less than one month are not separately available.

II - Population active

Milliers (estimations de moyennes annuelles)

1992	1993	1994	1995	1996	1997	1998	1999	2000	2001	
										Population active totale
19 499	19 879	20 396	20 853	21 243	21 662	21 456	21 634	21 950	22 181	Ensemble des personnes
11 669	11 931	12 198	12 456	12 636	12 772	12 893	12 889	12 950	13 012	Hommes
7 830	7 949	8 198	8 397	8 607	8 891	8 562	8 745	9 000	9 169	Femmes
										Forces armées
										Ensemble des personnes
										Hommes
										Femmes
										Population active civile
19 499	19 879	20 396	20 853	21 243	21 662	21 456	21 634	21 950	22 181	Ensemble des personnes
11 669	11 931	12 198	12 456	12 636	12 772	12 893	12 889	12 950	13 012	Hommes
7 830	7 949	8 198	8 397	8 607	8 891	8 562	8 745	9 000	9 169	Femmes
										Chômeurs
466	551	490	420	426	556	1 461	1 353	889	819	Ensemble des personnes
306	376	335	280	291	352	983	911	597	545	Hommes
161	175	155	140	135	204	478	442	293	274	Femmes
										Emploi civil
19 033	19 328	19 905	20 432	20 817	21 106	19 994	20 281	21 061	21 362	Ensemble des personnes
11 363	11 554	11 863	12 176	12 345	12 420	11 910	11 978	12 353	12 467	Hommes
7 669	7 774	8 043	8 256	8 472	8 686	8 084	8 303	8 707	8 895	Femmes
										Emploi civil (%)
100.0	100.0	100.0	100.0	100.0	100.0	100.0	100.0	100.0	100.0	Ensemble des personnes
59.7	59.8	59.6	59.6	59.3	58.8	59.6	59.1	58.7	58.4	Hommes
40.3	40.2	40.4	40.4	40.7	41.2	40.4	40.9	41.3	41.6	Femmes
										Taux de chômage (% de la population active civile)
2.4	2.8	2.4	2.0	2.0	2.6	6.8	6.3	4.1	3.7	Ensemble des personnes
2.6	3.2	2.7	2.2	2.3	2.8	7.6	7.1	4.6	4.2	Hommes
2.1	2.2	1.9	1.7	1.6	2.3	5.6	5.1	3.3	3.0	Femmes
										Population active totale (% de la population totale)
44.6	45.0	45.7	46.2	46.7	47.1	46.4	46.4	46.7	46.9	Ensemble des personnes
53.0	53.6	54.3	54.9	55.1	55.2	55.3	54.9	54.7	54.6	Hommes
36.0	36.2	37.0	37.5	38.1	39.0	37.2	37.8	38.6	39.0	Femmes
										Population active totale (% de la population de 15-64 ans)[1]
63.7	64.1	64.9	65.4	65.7	66.1	64.8	64.7	65.1	65.4	Ensemble des personnes
75.2	75.9	76.5	77.0	77.1	76.7	76.7	76.0	75.6	75.5	Hommes
51.8	52.0	52.9	53.4	54.0	55.1	52.5	53.1	54.3	55.0	Femmes
										Emploi civil (% de la population totale)
43.5	43.7	44.6	45.3	45.7	45.9	43.2	43.5	44.8	45.1	Ensemble des personnes
										Emploi à temps partiel (%)[2]
4.9	4.6	4.6	4.4	4.4	5.1	6.8	7.8	7.1	7.5	Temps partiel en % de l'emploi
39.6	39.2	39.4	38.7	36.4	37.6	45.2	44.8	42.8	41.6	Part des hommes dans le temps partiel
60.4	60.8	60.6	61.2	63.6	62.3	54.8	55.2	57.2	58.4	Part des femmes dans le temps partiel
3.2	3.0	3.0	2.9	2.7	3.3	5.1	5.9	5.2	5.3	Temps partiel des hommes en % de l'emploi des hommes
7.3	7.0	6.9	6.7	6.9	7.8	9.2	10.5	9.9	10.5	Temps partiel des femmes en % de l'emploi des femmes
										Durée du chômage (% du chômage total)[3]
56.7	53.4	52.2	55.1	57.9	57.8	55.9	53.2	59.5	60.6	Moins de 3 mois
27.6	29.1	27.1	27.2	26.1	26.4	29.4	28.1	26.3	26.4	Plus de 3 mois et moins de 6 mois
12.0	14.8	15.2	13.3	12.1	13.3	13.1	14.8	12.0	10.7	Plus de 6 mois et moins de 1 an
3.7	2.7	5.4	4.4	3.9	2.6	1.6	3.8	2.3	2.3	Plus de 1 an

(1) Les taux d'activité calculés selon les définitions nationales peuvent être différents de ceux publiés dans ce tableau si le groupe d'âges représenté dans l'enquête de la population active est différent de 15-64 ans.

(2) L'emploi à temps partiel se réfère aux actifs civils travaillant moins de 30 heures par semaine dans leur emploi principal. Les données incluent uniquement les personnes déclarant des heures effectives de travail.

(3) Ces pourcentages ne prennent en compte que les personnes pour lesquelles la durée du chômage est connue. Les chiffres concernant les personnes au chômage pour une durée de moins d'un mois ne sont pas disponibles.

Statistiques de la Population Active

© 2002 OCDE

KOREA

III - Professional status and breakdown by activities - ISIC Rev. 2

Thousands (annual average estimates)

	1981	1982	1983	1984	1985	1986	1987	1988	1989	1990	1991
CIVILIAN EMPLOYMENT: PROFESSIONAL STATUS											
All activities	14 023	14 379	14 505	14 429	14 970	15 505	16 354	16 869	17 560	18 085	18 677
Employees	6 605	6 839	7 170	7 631	8 104	8 433	9 191	9 610	10 389	10 950	11 405
Employers and persons working on own account	4 735	4 910	4 897	4 578	4 679	4 868	4 994	5 093	5 051	5 068	5 236
Unpaid family workers	2 685	2 631	2 438	2 220	2 187	2 204	2 169	2 167	2 119	2 067	2 036
Agriculture, hunting, forestry and fishing	4 801	4 612	4 315	3 914	3 733	3 662	3 580	3 483	3 438	3 237	3 057
Employees	520	636	546	471	438	403	397	329	283	252	225
Employers and persons working on own account	2 271	2 171	2 132	1 955	1 886	1 881	1 868	1 867	1 899	1 835	1 761
Unpaid family workers	2 011	1 808	1 636	1 489	1 408	1 379	1 315	1 288	1 256	1 150	1 071
Non-agricultural activities	9 222	9 767	10 190	10 515	11 237	11 843	12 774	13 386	14 122	14 848	15 620
Employees	6 085	6 203	6 624	7 160	7 666	8 030	8 794	9 281	10 106	10 698	11 180
Employers and persons working on own account	2 464	2 739	2 765	2 623	2 793	2 987	3 126	3 226	3 152	3 233	3 475
Unpaid family workers	674	823	802	731	779	825	854	879	863	917	965
All activities (%)	100.0	100.0	100.0	100.0	100.0	100.0	100.0	100.0	100.0	100.0	100.0
Employees	47.1	47.6	49.4	52.9	54.1	54.4	56.2	57.0	59.2	60.5	61.1
Others	52.9	52.4	50.6	47.1	45.9	45.6	43.8	43.0	40.8	39.5	38.9
CIVILIAN EMPLOYMENT: BREAKDOWN BY ACTIVITIES											
ISIC Rev. 2 Major Divisions											
1 to 0 All activities	14 023	14 379	14 505	14 429	14 970	15 505	16 354	16 869	17 560	18 085	18 677
1 Agriculture, hunting, forestry and fishing	4 801	4 612	4 315	3 914	3 733	3 662	3 580	3 484	3 418	3 237	3 057
2 Mining and quarrying	0	0	0	0	0	0	0	0	0	79	67
3 Manufacturing	2 859	3 033	3 266	3 348	3 504	3 826	4 416	4 667	4 882	4 911	5 026
4 Electricity, gas and water	0	0	0	0	0	0	0	0	0	70	66
5 Construction	876	829	817	905	911	889	920	1 024	1 143	1 346	1 556
6 Wholesale and retail trade; restaurants and hotels	0	0	0	0	0	0	0	0	0	3 935	4 103
7 Transport, storage and communication	0	0	0	0	0	0	0	0	0	923	987
8 Financing, insurance, real estate and business services	0	0	0	0	0	0	0	0	0	945	1 026
9 Community, social and personal services	0	0	0	0	0	0	0	0	0	2 638	2 789
0 Activities not adequately defined	5 487	5 905	6 107	6 262	6 822	7 128	7 438	7 694	8 117	0	0
EMPLOYEES: BREAKDOWN BY ACTIVITIES											
ISIC Rev. 2 Major Divisions											
1 to 0 All activities					8 106	8 432	9 191	9 610	10 389	10 950	11 405
1 Agriculture, hunting, forestry and fishing					439	403	397	329	283	252	225
2 Mining and quarrying					152	182	181	134	86	73	61
3 Manufacturing					2 997	3 164	3 675	3 879	4 217	4 260	4 302
4 Electricity, gas and water					40	39	44	52	59	71	66
5 Construction					810	764	788	875	979	1 166	1 333
6 Wholesale and retail trade; restaurants and hotels					1 049	1 129	1 223	1 263	1 434	1 563	1 652
7 Transport, storage and communication					579	593	612	651	678	716	741
8 Financing, insurance, real estate and business services					448	481	551	607	692	773	848
9 Community, social and personal services					1 592	1 677	1 720	1 820	1 961	2 076	2 176
0 Activities not adequately defined					0	0	0	0	0	0	0

III - Situation dans la profession et répartition par activités - CITI Rév. 2

Milliers (estimations de moyennes annuelles)

1992	1993	1994	1995	1996	1997	1998	1999	2000	2001	
										EMPLOI CIVIL : SITUATION DANS LA PROFESSION
19 033	19 328	19 905	20 432	20 817	21 106	19 994	20 281	21 061	21 362	**Toutes activités**
11 618	11 794	12 325	12 784	13 065	13 226	12 191	12 522	13 142	13 339	Salariés
5 421	5 451	5 542	5 694	5 811	5 981	5 776	5 841	5 999	6 167	Employeurs et personnes travaillant à leur compte
1 993	2 084	2 037	1 955	1 941	1 899	2 028	1 918	1 920	1 856	Travailleurs familiaux non rémunérés
2 998	2 849	2 731	2 534	2 429	2 385	2 480	2 349	2 288	2 193	**Agriculture, chasse, sylviculture et pêche**
216	196	181	180	160	161	162	189	185	171	Salariés
1 745	1 643	1 588	1 482	1 438	1 423	1 415	1 360	1 341	1 324	Employeurs et personnes travaillant à leur compte
1 037	1 010	963	872	832	801	904	800	762	699	Travailleurs familiaux non rémunérés
16 035	16 479	17 174	17 898	18 388	18 721	17 514	17 932	18 773	19 169	**Activités non agricoles**
11 402	11 598	12 144	12 604	12 905	13 065	12 029	12 333	12 957	13 168	Salariés
3 676	3 808	3 954	4 212	4 373	4 558	4 361	4 481	4 658	4 843	Employeurs et personnes travaillant à leur compte
956	1 074	1 074	1 083	1 109	1 098	1 124	1 118	1 158	1 157	Travailleurs familiaux non rémunérés
100.0	100.0	100.0	100.0	100.0	100.0	100.0	100.0	100.0	100.0	**Toutes activités (%)**
61.0	61.0	61.9	62.6	62.8	62.7	61.0	61.7	62.4	62.4	Salariés
39.0	39.0	38.1	37.4	37.2	37.3	39.0	38.3	37.6	37.6	Autres
										EMPLOI CIVIL : RÉPARTITION PAR BRANCHES D'ACTIVITÉS
										Branches CITI Rév. 2
19 033	19 328	19 905	20 432	20 817	21 106	19 994	20 281	21 061	21 362	**1 à 0 Toutes activités**
2 998	2 849	2 731	2 534	2 429	2 385	2 480	2 349	2 288	2 193	1 Agriculture, chasse, sylviculture et pêche
64	53	40	27	23	26	21	20	18	19	2 Industries extractives
4 860	4 677	4 714	4 797	4 692	4 482	3 898	4 006	4 243	4 199	3 Industries manufacturières
66	65	71	70	74	77	61	61	63	56	4 Électricité, gaz et eau
1 663	1 689	1 781	1 905	1 971	2 004	1 578	1 476	1 581	1 576	5 Bâtiment et travaux publics
4 433	4 852	5 207	5 378	5 643	5 805	5 571	5 724	5 729	5 820	6 Commerce de gros et de détail; restaurants et hôtels
1 006	1 007	1 008	1 069	1 110	1 162	1 169	1 202	1 265	1 322	7 Transports, entrepôts et communications
1 230	1 362	1 494	1 637	1 770	1 900	1 856	1 925	2 085	2 244	8 Banques, assurances, affaires immobilières et services fournis aux entreprises
2 713	2 776	2 861	3 016	3 105	3 265	3 359	3 517	3 788	3 932	9 Services fournis à la collectivité, services sociaux et services personnels
0	0	0	0	0	0	0	0	0	0	0 Activités mal désignées
										SALARIÉS : RÉPARTITION PAR BRANCHES D'ACTIVITÉS
										Branches CITI Rév. 2
11 618	11 794	12 325	12 784	13 065	13 226	12 191	12 522	13 142	13 339	**1 à 0 Toutes activités**
216	196	181	180	160	161	162	189	185	171	1 Agriculture, chasse, sylviculture et pêche
60	46	34	21	19	22	19	19	16	17	2 Industries extractives
4 109	3 971	4 012	4 066	3 954	3 728	3 233	3 304	3 505	3 461	3 Industries manufacturières
65	64	71	69	74	77	61	61	63	56	4 Électricité, gaz et eau
1 386	1 400	1 470	1 564	1 607	1 619	1 232	1 163	1 224	1 200	5 Bâtiment et travaux publics
1 847	2 009	2 255	2 396	2 564	2 680	2 464	2 581	2 675	2 746	6 Commerce de gros et de détail; restaurants et hôtels
739	741	741	769	778	793	838	847	873	888	7 Transports, entrepôts et communications
999	1 130	1 251	1 365	1 497	1 619	1 568	1 596	1 739	1 864	8 Banques, assurances, affaires immobilières et services fournis aux entreprises
2 195	2 238	2 310	2 353	2 412	2 529	2 613	2 764	2 863	2 936	9 Services fournis à la collectivité, services sociaux et services personnels
0	0	0	0	0	0	0	0	0	0	0 Activités mal désignées

Statistiques de la Population Active
© 2002
OCDE

KOREA

IV - Civilian employment and employees: breakdown by activities - ISIC Rev. 3

Thousands (annual average estimates)

	1981	1982	1983	1984	1985	1986	1987	1988	1989	1990	1991
CIVILIAN EMPLOYMENT: BREAKDOWN BY ACTIVITIES											
A to X All activities											
A Agriculture, hunting and forestry											
B Fishing											
C Mining and quarrying											
D Manufacturing											
E Electricity, gas and water supply											
F Construction											
G Wholesale and retail trade; repair of motor vehicles, motorcycles and personal and household goods											
H Hotels and restaurants											
I Transport, storage and communication											
J Financial intermediation											
K Real estate, renting and business activities											
L Public administration and defence; compulsory social security, excluding armed forces											
M Education											
N Health and social work											
O Other community, social and personal service activities											
P Private households with employed persons											
Q Extra-territorial organisations and bodies											
X Not classifiable by economic activities											
Breakdown by sector											
Agriculture (A-B)											
Industry (C-F)											
Services (G-Q)											
Agriculture (%)											
Industry (%)											
Services (%)											
Female participation in agriculture (%)											
Female participation in industry (%)											
Female participation in services (%)											
EMPLOYEES: BREAKDOWN BY ACTIVITIES											
A to X All activities											
A Agriculture, hunting and forestry											
B Fishing											
C Mining and quarrying											
D Manufacturing											
E Electricity, gas and water supply											
F Construction											
G Wholesale and retail trade; repair of motor vehicles, motorcycles and personal and household goods											
H Hotels and restaurants											
I Transport, storage and communication											
J Financial intermediation											
K Real estate, renting and business activities											
L Public administration and defence; compulsory social security, excluding armed forces											
M Education											
N Health and social work											
O Other community, social and personal service activities											
P Private households with employed persons											
Q Extra-territorial organisations and bodies											
X Not classifiable by economic activities											
Breakdown by sector											
Agriculture (A-B)											
Industry (C-F)											
Services (G-Q)											
Agriculture (%)											
Industry (%)											
Services (%)											
Female participation in agriculture (%)											
Female participation in industry (%)											
Female participation in services (%)											

IV - Emploi civil et salariés : répartition par activités - CITI Rév. 3

Milliers (estimations de moyennes annuelles)

1992	1993	1994	1995	1996	1997	1998	1999	2000	2001	
										EMPLOI CIVIL : RÉPARTITION PAR BRANCHES D'ACTIVITÉS
										A à X Toutes activités
19 033	19 328	19 905	20 432	20 817	21 106	19 994	20 281	21 061	21 362	
2 876	2 734	2 619	2 419	2 322	2 276	2 399	2 264	2 203	2 105	A Agriculture, chasse et sylviculture
122	115	112	116	107	109	82	85	85	88	B Pêche
64	53	40	27	23	26	21	20	18	19	C Activités extractives
4 860	4 677	4 714	4 797	4 692	4 482	3 898	4 006	4 243	4 199	D Activités de fabrication
66	65	71	70	74	77	61	61	63	56	E Production et distribution d'électricité, de gaz et d'eau
1 663	1 689	1 781	1 905	1 971	2 004	1 578	1 476	1 581	1 576	F Construction
3 206	3 506	3 716	3 773	3 872	3 915	3 818	3 904	3 805	3 875	G Commerce de gros et de détail; réparation de véhicules et de biens domestiques
1 227	1 346	1 491	1 605	1 771	1 890	1 753	1 820	1 924	1 946	H Hôtels et restaurants
1 006	1 007	1 008	1 069	1 110	1 162	1 169	1 202	1 265	1 322	I Transports, entreposage et communications
569	642	684	720	743	761	762	723	729	732	J Intermédiation financière
661	720	810	917	1 027	1 139	1 094	1 202	1 356	1 512	K Immobilier, location et activités de services aux entreprises
558	603	635	645	638	648	745	870	753	689	L Administration publique et défense; sécurité sociale obligatoire (armée exclue)
908	937	942	1 014	1 061	1 103	1 144	1 122	1 163	1 196	M Education
281	275	288	303	306	328	360	380	412	459	N Santé et action sociale
746	764	799	846	885	944	888	926	1 246	1 356	O Autres activités de services collectifs, sociaux et personnels
195	175	178	192	200	229	202	201	194	216	P Ménages privés employant du personnel domestique
25	22	19	16	15	13	20	18	20	16	Q Organisations et organismes extra-territoriaux
0	0	0	0	0	0	0	0	0	0	X Ne pouvant être classés selon l'activité économique
										Répartition par secteurs
2 998	2 849	2 731	2 535	2 429	2 385	2 481	2 349	2 288	2 193	Agriculture (A-B)
6 653	6 484	6 606	6 799	6 760	6 589	5 558	5 563	5 905	5 850	Industrie (C-F)
9 382	9 997	10 570	11 100	11 628	12 132	11 955	12 368	12 867	13 318	Services (G-Q)
15.8	14.7	13.7	12.4	11.7	11.3	12.4	11.6	10.9	10.3	Agriculture (%)
35.0	33.5	33.2	33.3	32.5	31.2	27.8	27.4	28.0	27.4	Industrie (%)
49.3	51.7	53.1	54.3	55.9	57.5	59.8	61.0	61.1	62.3	Services (%)
46.8	47.2	47.3	47.6	47.6	48.2	47.6	46.9	47.6	47.2	Part des femmes dans l'agriculture (%)
31.9	30.4	29.5	28.8	28.6	27.7	26.9	28.3	28.3	28.3	Part des femmes dans l'industrie (%)
44.2	44.6	45.5	45.9	46.3	47.1	45.2	45.5	46.2	46.6	Part des femmes dans les services (%)
										SALARIÉS : RÉPARTITION PAR BRANCHES D'ACTIVITÉS
										A à X Toutes activités
11 618	11 794	12 325	12 784	13 065	13 226	12 191	12 522	13 142	13 339	
163	142	128	124	109	109	128	152	150	134	A Agriculture, chasse et sylviculture
53	54	53	56	51	52	34	37	34	37	B Pêche
60	46	34	21	19	22	19	19	16	17	C Activités extractives
4 109	3 971	4 012	4 066	3 954	3 728	3 233	3 304	3 505	3 461	D Activités de fabrication
65	64	71	69	74	77	61	61	63	56	E Production et distribution d'électricité, de gaz et d'eau
1 386	1 400	1 470	1 564	1 607	1 619	1 232	1 163	1 224	1 200	F Construction
1 270	1 392	1 568	1 641	1 728	1 764	1 643	1 699	1 694	1 724	G Commerce de gros et de détail; réparation de véhicules et de biens domestiques
577	617	687	755	836	916	821	882	981	1 022	H Hôtels et restaurants
739	741	741	769	778	793	838	847	873	888	I Transports, entreposage et communications
544	615	654	687	708	731	725	678	676	671	J Intermédiation financière
455	515	597	678	789	888	843	918	1 063	1 193	K Immobilier, location et activités de services aux entreprises
558	603	635	645	638	647	744	869	753	689	L Administration publique et défense; sécurité sociale obligatoire (armée exclue)
781	810	815	809	838	865	913	893	922	944	M Education
243	244	256	269	270	291	301	319	355	404	N Santé et action sociale
409	394	411	434	467	506	455	494	657	718	O Autres activités de services collectifs, sociaux et personnels
180	165	174	180	184	207	180	172	157	165	P Ménages privés employant du personnel domestique
24	22	19	16	15	13	20	17	20	16	Q Organisations et organismes extra-territoriaux
0	0	0	0	0	0	0	0	0	0	X Ne pouvant être classés selon l'activité économique
										Répartition par secteurs
216	196	181	180	160	161	162	189	185	171	Agriculture (A-B)
5 620	5 481	5 587	5 720	5 654	5 446	4 545	4 547	4 808	4 733	Industrie (C-F)
5 780	6 118	6 557	6 883	7 251	7 621	7 483	7 788	8 150	8 434	Services (G-Q)
1.9	1.7	1.5	1.4	1.2	1.2	1.3	1.5	1.4	1.3	Agriculture (%)
48.4	46.5	45.3	44.7	43.3	41.2	37.3	36.3	36.6	35.5	Industrie (%)
49.8	51.9	53.2	53.8	55.5	57.6	61.4	62.2	62.0	63.2	Services (%)
49.5	51.5	50.8	51.1	49.4	50.9	56.2	56.6	60.5	58.9	Part des femmes dans l'agriculture (%)
32.7	31.1	30.4	29.5	29.2	28.3	27.5	29.0	28.9	28.8	Part des femmes dans l'industrie (%)
42.8	43.3	44.5	45.0	45.7	46.9	44.8	45.3	46.5	47.4	Part des femmes dans les services (%)

Statistiques de la Population Active
© 2002 OCDE

NEW ZEALAND

I - Population

Thousands (annual average estimates)

	1981	1982	1983	1984	1985	1986	1987	1988	1989	1990	1991
POPULATION - DISTRIBUTION BY AGE AND GENDER											
All persons											
Total	3 157	3 183	3 226	3 258	3 272	3 277	3 304	3 317	3 330	3 363		3 477
Under 15 years	843	833	826	818	806	794	785	777	775	780		804
From 15 to 64 years	2 002	2 031	2 075	2 110	2 130	2 140	2 167	2 182	2 190	2 209		2 284
65 years and over	312	319	324	330	336	344	351	358	365	374		390
Males											
Total	1 570	1 581	1 603	1 618	1 621	1 623	1 634	1 638	1 641	1 656		1 709
Under 15 years	430	426	423	418	411	405	401	397	396	398		411
From 15 to 64 years	1 007	1 021	1 044	1 062	1 070	1 073	1 086	1 092	1 091	1 101		1 132
65 years and over	132	135	136	138	140	144	147	149	154	158		165
Females											
Total	1 587	1 602	1 623	1 640	1 651	1 654	1 670	1 679	1 689	1 706		1 769
Under 15 years	413	407	403	400	395	388	384	380	379	382		392
From 15 to 64 years	995	1 010	1 031	1 048	1 060	1 066	1 081	1 090	1 099	1 108		1 151
65 years and over	180	185	188	192	196	200	204	209	211	216		225
POPULATION - PERCENTAGES											
All persons											
Total	100.0	100.0	100.0	100.0	100.0	100.0	100.0	100.0	100.0	100.0		100.0
Under 15 years	26.7	26.2	25.6	25.1	24.6	24.2	23.8	23.4	23.3	23.2		23.1
From 15 to 64 years	63.4	63.8	64.3	64.8	65.1	65.3	65.6	65.8	65.8	65.7		65.7
65 years and over	9.9	10.0	10.0	10.1	10.3	10.5	10.6	10.8	11.0	11.1		11.2
COMPONENTS OF CHANGE IN POPULATION											
a) Population at 1 January	3 176	3 196	3 230	3 270	3 300	3 303	3 314	3 342	3 345	3 370	3 410
b) Population at 31 December	3 195	3 227	3 265	3 293	3 303	3 314	3 342	3 345	3 370	3 410	3 450
c) Total increase (b-a)	19	31	35	23	3	11	28	3	25	40	40
d) Births	51	50	50	52	52	53	55	58	58	60	60
e) Deaths	25	26	26	25	27	27	27	27	27	27	26
f) Natural increase (d-e)	26	24	24	27	25	26	28	31	31	33	34
g) Net migration	-17	-2	8	-3	-19	-19	-11	-24	-12	9	6
h) Statistical adjustments	10	9	3	-1	-3	4	11	-4	6	-2	0
i) Total increase (=f+g+h=c)	19	31	36	23	2	11	28	2	25	40	40
(Components of change in population/ Average population) x1000											
Total increase rates	5.8	9.8	11.0	7.0	0.7	3.2	8.4	0.7	7.4	11.9	11.7
Crude birth rates	15.9	15.5	15.5	15.7	15.7	16.0	16.6	17.2	17.3	17.7	17.5
Crude death rates	7.8	8.1	8.0	7.6	8.2	8.2	8.1	8.1	8.0	8.0	7.7
Natural increase rates	8.1	7.4	7.5	8.1	7.5	7.8	8.4	9.1	9.2	9.8	9.8
Net migration rates	-5.2	-0.5	2.6	-0.9	-5.8	-5.7	-3.4	-7.2	-3.7	2.7	1.9

From 1991, population as at 30 June.

I - Population

Milliers (estimations de moyennes annuelles)

1992	1993	1994	1995	1996	1997	1998	1999	2000	2001	
										POPULATION - RÉPARTITION SELON L'AGE ET LE SEXE
										Ensemble des personnes
3 514	3 554	3 602	3 656	3 714	3 761	3 792	3 811	3 831	3 850	Total
811	821	832	845	857	867	874	875	877	874	Moins de 15 ans
2 305	2 327	2 356	2 389	2 429	2 460	2 478	2 490	2 503	2 518	De 15 à 64 ans
398	406	414	422	428	435	440	446	451	458	65 ans et plus
										Hommes
1 728	1 749	1 773	1 800	1 830	1 854	1 869	1 877	1 887	1 897	Total
416	421	428	434	441	446	449	450	451	450	Moins de 15 ans
1 143	1 154	1 168	1 185	1 205	1 220	1 229	1 233	1 239	1 247	De 15 à 64 ans
169	173	178	181	185	188	191	194	197	201	65 ans et plus
										Femmes
1 786	1 806	1 829	1 855	1 884	1 907	1 924	1 934	1 944	1 953	Total
395	400	405	410	416	421	425	425	426	425	Moins de 15 ans
1 161	1 173	1 188	1 205	1 224	1 240	1 250	1 257	1 264	1 272	De 15 à 64 ans
229	233	237	240	243	246	249	252	254	257	65 ans et plus
										POPULATION - POURCENTAGES
										Ensemble des personnes
100.0	100.0	100.0	100.0	100.0	100.0	100.0	100.0	100.0	100.0	Total
23.1	23.1	23.1	23.1	23.1	23.1	23.0	23.0	22.9	22.7	Moins de 15 ans
65.6	65.5	65.4	65.4	65.4	65.4	65.3	65.3	65.3	65.4	De 15 à 64 ans
11.3	11.4	11.5	11.5	11.5	11.6	11.6	11.7	11.8	11.9	65 ans et plus
										COMPOSANTES DE L'ÉVOLUTION DÉMOGRAPHIQUE
3 498	3 534	3 580	3 630	3 689	3 743	3 781	3 806	3 826	3 843	a) Population au 1er janvier
3 534	3 580	3 630	3 689	3 743	3 781	3 806	3 826	3 843	3 881	b) Population au 31 décembre
36	46	50	59	54	38	24	20	17	37	**c) Accroissement total (b-a)**
59	59	57	58	57	58	55	57	57	56	d) Naissances
27	27	27	28	28	28	26	28	27	28	e) Décès
32	32	30	30	29	30	29	29	30	28	**f) Accroissement naturel (d-e)**
5	14	20	29	25	8	-6	-9	-11	10	g) Solde net des migrations
-1	0	0	0	0	0	2	0	-2	0	h) Ajustements statistiques
36	46	50	58	54	38	24	20	17	37	**i) Accroissement total (=f+g+h=c)**
										(Composition de l'évolution démographique/ Population moyenne) x1000
10.2	12.9	13.9	16.0	14.5	10.1	6.4	5.3	4.3	9.7	Taux d'accroissement total
16.8	16.5	15.9	15.8	15.4	15.3	14.6	15.0	14.8	14.4	Taux bruts de natalité
7.7	7.6	7.5	7.6	7.6	7.3	6.9	7.4	7.0	7.2	Taux bruts de mortalité
9.1	8.9	8.4	8.2	7.8	8.0	7.7	7.6	7.8	7.3	Taux d'accroissement naturel
1.3	3.9	5.5	7.8	6.7	2.0	-1.7	-2.4	-2.9	2.5	Taux du solde net des migrations

Depuis 1991, population au 30 juin.

Statistiques de la Population Active
© 2002
OCDE

NEW ZEALAND

II - Labour force

Thousands (estimates for April of each year)

	1981	1982	1983	1984	1985	1986	1987	1988	1989	1990	1991
Total labour force											
All persons	1 319	1 340	1 355	1 371	1 399 |	1 619	1 634	1 608	1 592	1 617	1 641
Males	872	880	884	889	894 |	948	949	928	917	919	929
Females	447	460	471	482	505 |	672	685	680	675	698	713
Armed forces											
All persons	14	11	13	13	12 |	13	13	13	12	11	11
Males	12	10	12	12	11 |	11	11	11	11	10	10
Females	2	1	1	1	1 |	0	0	0	0	1	1
Civilian labour force											
All persons	1 305	1 329	1 342	1 358	1 387 |	1 608	1 623	1 597	1 581	1 606	1 630
Males	860	869	872	877	883 |	937	938	917	906	909	919
Females	446	459	470	481	504 |	672	685	680	675	697	711
Unemployed											
All persons	47	47	76	78	58 |	64	66	89	113	125	167
Males	28	26	46	47	34 |	33	37	51	66	74	100
Females	19	21	30	31	24 |	31	29	38	47	51	68
Civilian employment											
All persons	1 258	1 282	1 266	1 281	1 329 |	1 544	1 557	1 508	1 468	1 481	1 463
Males	831	843	826	830	849 |	904	901	866	840	835	819
Females	428	439	440	451	480 |	641	656	643	629	646	644
Civilian employment (%)											
All persons	100.0	100.0	100.0	100.0	100.0 |	100.0	100.0	100.0	100.0	100.0	100.0
Males	66.1	65.8	65.2	64.8	63.9 |	58.5	57.9	57.4	57.2	56.4	56.0
Females	34.0	34.2	34.8	35.2	36.1 |	41.5	42.1	42.6	42.8	43.6	44.0
Unemployment rates (% of civilian labour force)											
All persons	3.6	3.5	5.7	5.7	4.2 |	4.0	4.1	5.6	7.1	7.8	10.2
Males	3.3	3.0	5.3	5.4	3.9 |	3.5	3.9	5.6	7.3	8.1	10.9
Females	4.3	4.6	6.4	6.4	4.8 |	4.6	4.2	5.6	7.0	7.3	9.6
Total labour force (% of total population)											
All persons	41.8	42.1	42.0	42.1	42.8 |	49.4	49.5	48.5	47.8	48.1 |	47.2
Males	55.5	55.7	55.1	54.9	55.2 |	58.4	58.1	56.7	55.9	55.5 |	54.4
Females	28.2	28.7	29.0	29.4	30.6 |	40.6	41.0	40.5	40.0	40.9 |	40.3
Total labour force (% of population from 15-64 years)[1]											
All persons	65.9	66.0	65.3	65.0	65.7 |	75.7	75.4	73.7	72.7	73.2 |	71.8
Males	86.6	86.2	84.7	83.7	83.6 |	88.4	87.4	85.0	84.1	83.5 |	82.1
Females	44.9	45.5	45.7	46.0	47.6 |	63.0	63.4	62.4	61.4	63.0 |	61.9
Civilian employment (% of total population)											
All persons	39.8	40.3	39.2	39.3	40.6 |	47.1	47.1	45.5	44.1	44.0 |	42.1
Part-time employment (%)[2]											
Part-time as % of employment						16.5	17.2	18.2	18.5	19.6	20.8
Male share of part-time employment						20.3	21.5	21.0	22.7	23.0	25.4
Female share of part-time employment						79.7	78.5	79.0	77.3	77.0	74.6
Male part-time as % of male employment						5.7	6.4	6.7	7.3	8.0	9.4
Female part-time as % of female employment						31.6	32.1	33.7	33.5	34.6	35.5

(1) Participation rates calculated according to national definitions may differ from those published in this table, when the age group represented in the labour force survey is other than 15-64 years.

(2) Part-time employment refers to persons who work less than 30 hours per week in their main job. Data include only persons declaring usual hours worked.

II - Population active

Milliers (estimations pour le mois d'avril de chaque année)

1992	1993	1994	1995	1996	1997	1998	1999	2000	2001	
										Population active totale
1 656	1 682	1 735	1 789	1 851	1 869	1 874	1 887	1 902	1 935	Ensemble des personnes
935	950	973	999	1 024	1 034	1 033	1 037	1 044	1 058	Hommes
721	732	762	790	827	835	841	851	855	877	Femmes
										Forces armées
11	10	10	10	10	10	10	9	9	10	Ensemble des personnes
10	9	9	9	8	8	8	8	8	8	Hommes
1	1	1	1	1	1	1	1	1	2	Femmes
										Population active civile
1 645	1 672	1 726	1 779	1 841	1 859	1 864	1 878	1 892	1 926	Ensemble des personnes
925	941	965	990	1 016	1 026	1 025	1 029	1 036	1 050	Hommes
719	731	761	789	826	833	839	849	856	876	Femmes
										Chômeurs
170	159	140	112	112	123	139	128	113	102	Ensemble des personnes
101	94	82	62	62	68	77	72	63	56	Hommes
69	65	59	50	50	56	62	56	50	46	Femmes
										Emploi civil
1 475	1 513	1 585	1 668	1 729	1 736	1 725	1 750	1 779	1 823	Ensemble des personnes
824	847	883	929	954	958	948	957	973	994	Hommes
651	666	702	739	775	778	778	794	806	830	Femmes
										Emploi civil (%)
100.0	100.0	100.0	100.0	100.0	100.0	100.0	100.0	100.0	100.0	Ensemble des personnes
55.9	56.0	55.7	55.7	55.2	55.2	55.0	54.7	54.7	54.5	Hommes
44.1	44.0	44.3	44.3	44.8	44.8	45.1	45.4	45.3	45.5	Femmes
										Taux de chômage (% de la population active civile)
10.3	9.5	8.1	6.3	6.1	6.6	7.5	6.8	6.0	5.3	Ensemble des personnes
10.9	10.0	8.5	6.3	6.1	6.6	7.5	7.0	6.1	5.4	Hommes
9.6	8.9	7.8	6.3	6.1	6.7	7.4	6.6	5.8	5.3	Femmes
										Population active totale (% de la population totale)
47.1	47.3	48.2	48.9	49.8	49.7	49.4	49.5	49.6	50.3	Ensemble des personnes
54.1	54.3	54.9	55.5	55.9	55.8	55.3	55.2	55.3	55.8	Hommes
40.4	40.5	41.7	42.6	43.9	43.8	43.7	44.0	44.0	44.9	Femmes
										Population active totale (% de la population de 15-64 ans)[1]
71.8	72.3	73.6	74.9	76.2	76.0	75.6	75.8	76.0	76.9	Ensemble des personnes
81.8	82.3	83.3	84.3	85.0	84.8	84.1	84.1	84.3	84.9	Hommes
62.1	62.4	64.1	65.6	67.6	67.3	67.3	67.7	67.6	69.0	Femmes
										Emploi civil (% de la population totale)
42.0	42.6	44.0	45.6	46.6	46.2	45.5	45.9	46.4	47.4	Ensemble des personnes
										Emploi à temps partiel (%)[2]
21.2	20.8	21.2	21.2	22.1	22.6	23.0	23.4	22.6	22.7	Temps partiel en % de l'emploi
26.1	25.2	24.2	25.3	24.9	25.8	25.8	26.7	27.2	26.7	Part des hommes dans le temps partiel
74.2	74.8	75.8	74.7	74.8	74.2	74.5	73.3	73.1	73.3	Part des femmes dans le temps partiel
9.9	9.3	9.2	9.6	10.0	10.5	10.8	11.4	11.2	11.1	Temps partiel des hommes en % de l'emploi des hommes
35.8	35.6	36.4	35.9	37.1	37.5	38.0	37.7	36.5	36.5	Temps partiel des femmes en % de l'emploi des femmes

(1) Les taux d'activité calculés selon les définitions nationales peuvent être différents de ceux publiés dans ce tableau si le groupe d'âges représenté dans l'enquête de la population active est différent de 15-64 ans.

(2) L'emploi à temps partiel se réfère aux actifs travaillant moins de 30 heures par semaine dans leur emploi principal. Les données incluent uniquement les personnes déclarant des heures habituelles de travail.

Statistiques de la Population Active
© 2002
OCDE

NEW ZEALAND

III - Professional status and breakdown by activities - ISIC Rev. 2

Thousands (estimates for April of each year)

	1981	1982	1983	1984	1985	1986	1987	1988	1989	1990	1991
CIVILIAN EMPLOYMENT: PROFESSIONAL STATUS											
All activities	1 271	1 280	1 266	1 280	1 329	1 544	1 557	1 508	1 468	1 481	1 463
Employees	1 093					1 257	1 268	1 216	1 177	1 182	1 157
Employers and persons working on own account	172					272	265	275	280	275	281
Unpaid family workers	6					15	10	10	11	19	20
Agriculture, hunting, forestry and fishing	141	146	142	143	148	164	161	156	151	157	157
Employees	66					74	67	63	62	63	60
Employers and persons working on own account	71					81	88	86	82	84	87
Unpaid family workers	4					10	6	6	7	11	10
Non-agricultural activities	1 130	1 134	1 124	1 137	1 181	1 380	1 396	1 352	1 318	1 325	1 305
Employees	1 028					1 183	1 201	1 153	1 115	1 119	1 097
Employers and persons working on own account	101					191	177	189	198	191	194
Unpaid family workers	2					5	4	4	4	8	10
All activities (%)	100.0	100.0	100.0	100.0	100.0	100.0	100.0	100.0	100.0	100.0	100.0
Employees	86.0					81.4	81.4	80.6	80.2	79.8	79.1
Others	14.0					18.6	17.6	18.9	19.8	19.8	20.5
CIVILIAN EMPLOYMENT: BREAKDOWN BY ACTIVITIES[1]											
ISIC Rev. 2 Major Divisions											
1 to 0 All activities	1 374	1 282	1 266	1 281	1 329	1 544	1 557	1 508	1 468	1 481	1 463
1 Agriculture, hunting, forestry and fishing	149	146	142	143	148	164	161	156	151	157	157
2 Mining and quarrying	5	5	5	5	5	6	5	4	5	6	4
3 Manufacturing	312	313	302	302	318	318	302	275	259	253	250
4 Electricity, gas and water	15	15	15	16	16	17	17	16	12	14	13
5 Construction	86	86	86	88	91	103	102	98	97	92	76
6 Wholesale and retail trade; restaurants and hotels	246	217	217	221	231	296	310	300	290	312	302
7 Transport, storage and communication	109	106	104	103	104	109	111	108	99	93	95
8 Financing, insurance, real estate and business services	96	95	96	99	104	134	141	149	144	146	152
9 Community, social and personal services	333	299	299	303	312	390	403	399	408	404	409
0 Activities not adequately defined	22	0	0	0	0	8	6	4	4	6	4
EMPLOYEES: BREAKDOWN BY ACTIVITIES[1]											
ISIC Rev. 2 Major Divisions											
1 to 0 All activities	1 075					1 263	1 275	1 220	1 183	1 186	1 161
1 Agriculture, hunting, forestry and fishing	66					75	69	65	63	63	60
2 Mining and quarrying	4					6	4	4	5	5	3
3 Manufacturing	291					291	280	253	236	228	222
4 Electricity, gas and water	15					17	17	16	12	14	13
5 Construction	61					69	67	63	62	57	43
6 Wholesale and retail trade; restaurants and hotels	183					236	252	239	233	252	242
7 Transport, storage and communication	101					100	100	95	89	83	83
8 Financing, insurance, real estate and business services	79					112	121	123	115	117	120
9 Community, social and personal services	267					354	363	362	366	364	371
0 Activities not adequately defined	9					4	3	2	3	4	3

(1) Data broken down by activities (civilian employment and employees) have not been revised nor updated due to a change by the country from ISIC Rev. 2 to ISIC Rev.3.

NOUVELLE-ZÉLANDE

III - Situation dans la profession et répartition par activités - CITI Rév. 2

Milliers (estimations pour le mois d'avril de chaque année)

1992	1993	1994	1995	1996	1997	1998	1999	2000	2001	
										EMPLOI CIVIL : SITUATION DANS LA PROFESSION
1 475	1 513	1 585	1 668	1 729	1 736	1 725	1 750	1 779	1 823	**Toutes activités**
1 155	1 187	1 245	1 313	1 363	1 388	1 373	1 380	1 406	1 461	Salariés
297	305	317	332	341	332	337	354	354	347	Employeurs et personnes travaillant à leur compte
18	17	17	18	21	16	16	16	15	16	Travailleurs familiaux non rémunérés
160	159	164	161	164	150	147	166	156	166	**Agriculture, chasse, sylviculture et pêche**
62	58	62	62	70	65	62	69	65	75	Salariés
89	91	91	87	84	77	77	89	84	85	Employeurs et personnes travaillant à leur compte
9	9	8	8	10	9	7	8	7	6	Travailleurs familiaux non rémunérés
1 315	1 354	1 421	1 506	1 565	1 586	1 578	1 585	1 624	1 657	**Activités non agricoles**
1 093	1 129	1 183	1 251	1 293	1 323	1 311	1 311	1 341	1 387	Salariés
208	214	226	245	257	255	259	266	270	261	Employeurs et personnes travaillant à leur compte
9	8	9	10	11	7	8	9	8	9	Travailleurs familiaux non rémunérés
100.0	100.0	100.0	100.0	100.0	100.0	100.0	100.0	100.0	100.0	**Toutes activités (%)**
78.3	78.4	78.6	78.8	78.8	79.9	79.6	78.8	79.0	80.1	Salariés
21.3	21.2	21.1	21.0	20.9	20.1	20.4	21.2	20.7	19.9	Autres
										EMPLOI CIVIL : RÉPARTITION PAR BRANCHES D'ACTIVITÉS[1] **Branches CITI Rév. 2**
1 475	1 513	1 585	1 668	1 729	1 736	1 725	1 750			**1 à 0 Toutes activités**
160	159	164	161	164	150	147	166			1 Agriculture, chasse, sylviculture et pêche
4	4	5	5	5	5	4	4			2 Industries extractives
242	258	288	299	295	283	290	278			3 Industries manufacturières
11	11	10	13	14	11	10	9			4 Électricité, gaz et eau
80	82	94	102	113	115	111	110			5 Bâtiment et travaux publics
310	320	332	356	367	376	370	372			6 Commerce de gros et de détail; restaurants et hôtels
90	92	93	101	101	103	103	110			7 Transports, entrepôts et communications
158	149	159	171	193	216	215	220			8 Banques, assurances, affaires immobilières et services fournis aux entreprises
419	435	435	452	471	472	470	479			9 Services fournis à la collectivité, services sociaux et services personnels
2	3	2	2	6	5	5	4			0 Activités mal désignées
										SALARIÉS : RÉPARTITION PAR BRANCHES D'ACTIVITÉS[1] **Branches CITI Rév. 2**
1 154	1 173	1 225	1 277	1 349	1 389	1 373				**1 à 0 Toutes activités**
62	58	62	62	57	65	62				1 Agriculture, chasse, sylviculture et pêche
3	4	4	4	5	5	4				2 Industries extractives
215	226	247	255	257	250	256				3 Industries manufacturières
11	11	10	12	14	10	10				4 Électricité, gaz et eau
44	44	54	54	68	71	63				5 Bâtiment et travaux publics
244	252	262	277	300	315	307				6 Commerce de gros et de détail; restaurants et hôtels
76	76	78	86	83	88	87				7 Transports, entrepôts et communications
121	112	119	129	144	161	158				8 Banques, assurances, affaires immobilières et services fournis aux entreprises
377	388	387	397	419	421	423				9 Services fournis à la collectivité, services sociaux et services personnels
2	1	1	1	2	3	3				0 Activités mal désignées

(1) Les données concernant la répartition par branches d'activités (emploi civil et salariés) n'ont pas été révisées ni mises à jour en raison du passage par le pays de la CITI Rév. 2 à la CITI Rév. 3.

Statistiques de la Population Active
© 2002 OCDE

99

NEW ZEALAND

IV - Civilian employment and employees: breakdown by activities - ISIC Rev. 3

Thousands (estimates for April of each year)

	1981	1982	1983	1984	1985	1986	1987	1988	1989	1990	1991
CIVILIAN EMPLOYMENT: BREAKDOWN BY ACTIVITIES											
A to X All activities											
A Agriculture, hunting and forestry											
B Fishing											
C Mining and quarrying											
D Manufacturing											
E Electricity, gas and water supply											
F Construction											
G Wholesale and retail trade; repair of motor vehicles, motorcycles and personal and household goods											
H Hotels and restaurants											
I Transport, storage and communication											
J Financial intermediation											
K Real estate, renting and business activities											
L Public administration and defence; compulsory social security, excluding armed forces											
M Education											
N Health and social work											
O Other community, social and personal service activities											
P Private households with employed persons											
Q Extra-territorial organisations and bodies											
X Not classifiable by economic activities											
Breakdown by sector											
Agriculture (A-B)											
Industry (C-F)											
Services (G-Q)											
Agriculture (%)											
Industry (%)											
Services (%)											
Female participation in agriculture (%)											
Female participation in industry (%)											
Female participation in services (%)											
EMPLOYEES: BREAKDOWN BY ACTIVITIES											
A to X All activities											
A Agriculture, hunting and forestry											
B Fishing											
C Mining and quarrying											
D Manufacturing											
E Electricity, gas and water supply											
F Construction											
G Wholesale and retail trade; repair of motor vehicles, motorcycles and personal and household goods											
H Hotels and restaurants											
I Transport, storage and communication											
J Financial intermediation											
K Real estate, renting and business activities											
L Public administration and defence; compulsory social security, excluding armed forces											
M Education											
N Health and social work											
O Other community, social and personal service activities											
P Private households with employed persons											
Q Extra-territorial organisations and bodies											
X Not classifiable by economic activities											
Breakdown by sector											
Agriculture (A-B)											
Industry (C-F)											
Services (G-Q)											
Agriculture (%)											
Industry (%)											
Services (%)											
Female participation in agriculture (%)											
Female participation in industry (%)											
Female participation in services (%)											

IV - Emploi civil et salariés : répartition par activités - CITI Rév. 3

Milliers (estimations pour le mois d'avril de chaque année)

1992	1993	1994	1995	1996	1997	1998	1999	2000	2001	
										EMPLOI CIVIL : RÉPARTITION PAR BRANCHES D'ACTIVITÉS
					1 736	1 725	1 750	1 779	1 823	**A à X Toutes activités**
					147	143	161	151	162	A Agriculture, chasse et sylviculture
					3	4	4	4	4	B Pêche
					5	4	4	4	4	C Activités extractives
					283	290	278	281	289	D Activités de fabrication
					11	10	9	9	10	E Production et distribution d'électricité, de gaz et d'eau
					115	111	110	118	112	F Construction
					287	282	285	296	299	G Commerce de gros et de détail; réparation de véhicules et de biens domestiques
					89	89	87	93	95	H Hôtels et restaurants
					103	103	110	111	112	I Transports, entreposage et communications
					60	54	54	55	52	J Intermédiation financière
					164	168	175	174	180	K Immobilier, location et activités de services aux entreprises
					98	97	99	91	93	L Administration publique et défense; sécurité sociale obligatoire (armée exclue)
					132	127	125	130	137	M Education
					126	134	141	142	158	N Santé et action sociale
					85	97	97	102	104	O Autres activités de services collectifs, sociaux et personnels
					23	8	8	9	7	P Ménages privés employant du personnel domestique
					1	1	1	1	1	Q Organisations et organismes extra-territoriaux
					5	5	4	8	4	X Ne pouvant être classés selon l'activité économique
										Répartition par secteurs
					150	147	166	156	166	Agriculture (A-B)
					414	415	400	412	415	Industrie (C-F)
					1 167	1 158	1 181	1 204	1 239	Services (G-Q)
					8.7	8.5	9.5	8.7	9.1	Agriculture (%)
					23.8	24.1	22.9	23.2	22.8	Industrie (%)
					67.2	67.1	67.5	67.7	67.9	Services (%)
					29.1	30.4	32.1	30.5	29.9	Part des femmes dans l'agriculture (%)
					24.5	24.9	24.2	23.9	23.7	Part des femmes dans l'industrie (%)
					54.0	54.1	54.3	54.6	54.9	Part des femmes dans les services (%)
										SALARIÉS : RÉPARTITION PAR BRANCHES D'ACTIVITÉS
					1 388	1 373	1 380	1 406	1 461	**A à X Toutes activités**
					62	60	67	63	73	A Agriculture, chasse et sylviculture
					2	2	2	2	2	B Pêche
					5	4	3	4	3	C Activités extractives
					250	256	242	246	255	D Activités de fabrication
					10	10	9	8	10	E Production et distribution d'électricité, de gaz et d'eau
					71	63	61	69	67	F Construction
					240	232	237	249	254	G Commerce de gros et de détail; réparation de véhicules et de biens domestiques
					75	74	72	74	77	H Hôtels et restaurants
					88	87	93	92	94	I Transports, entreposage et communications
					55	49	48	49	47	J Intermédiation financière
					113	116	118	116	125	K Immobilier, location et activités de services aux entreprises
					96	95	96	89	91	L Administration publique et défense; sécurité sociale obligatoire (armée exclue)
					126	122	120	124	131	M Education
					115	120	129	132	145	N Santé et action sociale
					64	73	73	77	79	O Autres activités de services collectifs, sociaux et personnels
					11	7	6	7	5	P Ménages privés employant du personnel domestique
					0	1	1	1	1	Q Organisations et organismes extra-territoriaux
					3	3	3	5	3	X Ne pouvant être classés selon l'activité économique
										Répartition par secteurs
					65	62	69	65	75	Agriculture (A-B)
					336	333	315	327	335	Industrie (C-F)
					984	974	993	1 009	1 049	Services (G-Q)
					4.7	4.5	5.0	4.6	5.1	Agriculture (%)
					24.2	24.3	22.8	23.2	22.9	Industrie (%)
					70.9	70.9	71.9	71.8	71.8	Services (%)
					27.6	29.1	29.9	27.3	26.4	Part des femmes dans l'agriculture (%)
					25.8	26.2	25.8	25.7	25.5	Part des femmes dans l'industrie (%)
					57.2	57.5	57.6	57.7	57.9	Part des femmes dans les services (%)

Statistiques de la Population Active
© 2002 OCDE

AUSTRIA

I - Population

Thousands (mid-year estimates)

	1981	1982	1983	1984	1985	1986	1987	1988	1989	1990	1991
POPULATION - DISTRIBUTION BY AGE AND GENDER											
All persons											
Total	7 564	7 571	7 552	7 553	7 558	7 566	7 576	7 596	7 624	7 718	7 823
Under 15 years	1 510	1 477	1 439	1 405	1 378	1 357	1 339	1 331	1 329	1 344	1 365
From 15 to 64 years	4 912	4 977	5 023	5 071	5 099	5 113	5 123	5 132	5 145	5 206	5 272
65 years and over	1 143	1 117	1 090	1 077	1 081	1 096	1 114	1 133	1 150	1 168	1 186
Males											
Total	3 578	3 584	3 575	3 578	3 584	3 592	3 601	3 616	3 635	3 694	3 757
Under 15 years	772	755	735	717	704	693	685	681	680	689	702
From 15 to 64 years	2 396	2 431	2 454	2 482	2 502	2 517	2 529	2 542	2 556	2 598	2 641
65 years and over	410	398	386	379	378	382	388	394	399	406	414
Females											
Total	3 987	3 987	3 977	3 975	3 974	3 974	3 975	3 980	3 988	4 025	4 065
Under 15 years	738	722	704	687	674	663	655	650	649	655	663
From 15 to 64 years	2 516	2 546	2 569	2 589	2 597	2 597	2 594	2 591	2 589	2 608	2 630
65 years and over	733	719	704	698	703	714	726	739	750	762	772
POPULATION - PERCENTAGES											
All persons											
Total	100.0	100.0	100.0	100.0	100.0	100.0	100.0	100.0	100.0	100.0	100.0
Under 15 years	20.0	19.5	19.1	18.6	18.2	17.9	17.7	17.5	17.4	17.4	17.4
From 15 to 64 years	64.9	65.7	66.5	67.1	67.5	67.6	67.6	67.6	67.5	67.5	67.4
65 years and over	15.1	14.8	14.4	14.3	14.3	14.5	14.7	14.9	15.1	15.1	15.2
COMPONENTS OF CHANGE IN POPULATION											
a) Population at 1 January	7 557	7 587	7 556	7 551	7 556	7 561	7 570	7 586	7 602	7 760	7 791
b) Population at 31 December	7 587	7 556	7 551	7 556	7 561	7 570	7 586	7 602	7 660	7 791	7 861
c) Total increase (b-a)	30	-31	-5	5	5	9	16	16	58	31	70
d) Births	94	95	90	89	87	87	87	88	89	90	95
e) Deaths	93	91	93	89	90	87	85	83	83	83	83
f) Natural increase (d-e)	1	4	-3	0	-3	0	2	5	6	7	12
g) Net migration	29	-35	-2	5	8	9	15	11	52	24	58
h) Statistical adjustments	0	0	0	0	0	0	-1	0	0	0	0
i) Total increase (=f+g+h=c)	30	-31	-5	5	5	9	16	16	58	31	70
(Components of change in population/ Average population) x1000											
Total increase rates	4.0	-4.1	-0.7	0.7	0.7	1.2	2.1	2.1	7.6	4.0	8.9
Crude birth rates	12.4	12.5	11.9	11.8	11.5	11.5	11.5	11.6	11.7	11.6	12.1
Crude death rates	12.3	12.0	12.3	11.8	11.9	11.5	11.2	10.9	10.9	10.7	10.6
Natural increase rates	0.1	0.5	-0.4	0.0	-0.4	0.0	0.3	0.7	0.8	0.9	1.5
Net migration rates	3.8	-4.6	-0.3	0.7	1.1	1.2	2.0	1.4	6.8	3.1	7.4

I - Population

Milliers (estimations au milieu de l'année)

1992	1993	1994	1995	1996	1997	1998	1999	2000	2001	
										POPULATION - RÉPARTITION SELON L'AGE ET LE SEXE
										Ensemble des personnes
7 884	7 993	8 031	8 047	8 059	8 072	8 078	8 092	8 110		Total
1 381	1 404	1 413	1 412	1 403	1 393	1 380	1 371	1 358		Moins de 15 ans
5 302	5 395	5 411	5 417	5 427	5 440	5 451	5 470	5 495		De 15 à 64 ans
1 200	1 194	1 206	1 218	1 229	1 240	1 247	1 251	1 256		65 ans et plus
										Hommes
3 795	3 869	3 892	3 902	3 910	3 917	3 920	3 929	3 941		Total
711	721	725	724	719	713	707	702	696		Moins de 15 ans
2 662	2 725	2 735	2 738	2 741	2 745	2 747	2 756	2 767		De 15 à 64 ans
422	422	432	441	451	459	466	471	477		65 ans et plus
										Femmes
4 089	4 124	4 138	4 144	4 149	4 155	4 158	4 163	4 169		Total
671	683	688	688	684	679	673	668	662		Moins de 15 ans
2 640	2 670	2 676	2 679	2 686	2 695	2 704	2 715	2 728		De 15 à 64 ans
777	772	774	777	779	780	781	780	779		65 ans et plus
										POPULATION - POURCENTAGES
										Ensemble des personnes
100.0	100.0	100.0	100.0	100.0	100.0	100.0	100.0	100.0		Total
17.5	17.6	17.6	17.5	17.4	17.3	17.1	16.9	16.7		Moins de 15 ans
67.3	67.5	67.4	67.3	67.3	67.4	67.5	67.6	67.8		De 15 à 64 ans
15.2	14.9	15.0	15.1	15.3	15.4	15.4	15.5	15.5		65 ans et plus
										COMPOSANTES DE L'ÉVOLUTION DÉMOGRAPHIQUE
7 861	7 910	8 015	8 040	8 055	8 068	8 075	8 083	8 103	8 121	a) Population au 1er janvier
7 910	8 015	8 040	8 055	8 068	8 075	8 083	8 103	8 121		b) Population au 31 décembre
49	105	25	15	13	7	8	20	18		**c) Accroissement total (b-a)**
95	95	92	89	89	84	81	78	78		d) Naissances
83	83	81	81	81	79	78	78	77		e) Décès
12	12	11	8	8	5	3	0	1		**f) Accroissement naturel (d-e)**
37	93	14	8	5	2	5	20	17		g) Solde net des migrations
0	0	0	-1	0	0	0	0	0		h) Ajustements statistiques
49	105	25	15	13	7	8	20	18		**i) Accroissement total (=f+g+h=c)**
										(Composition de l'évolution démographique/ Population moyenne) x1000
6.2	13.2	3.1	1.8	1.6	0.9	1.0	2.5	2.2		Taux d'accroissement total
12.0	11.9	11.5	11.0	11.0	10.4	10.0	9.6	9.6		Taux bruts de natalité
10.5	10.4	10.1	10.1	10.0	9.8	9.7	9.6	9.5		Taux bruts de mortalité
1.5	1.5	1.4	0.9	1.0	0.6	0.4	0.0	0.1		Taux d'accroissement naturel
4.7	11.7	1.7	1.0	0.6	0.2	0.6	2.5	2.1		Taux du solde net des migrations

Statistiques de la Population Active
© 2002 OCDE

AUSTRIA

II - Labour force

Thousands (annual average estimates)

	1981	1982	1983	1984	1985	1986	1987	1988	1989	1990	1991
Total labour force											
All persons	3 170		3 302	3 294		3 363	3 355	3 388	3 430	3 433	3 450	3 526	3 607
Males	1 937		2 022	2 018		2 029	2 031	2 046	2 054	2 041	2 045	2 081	2 126
Females	1 233		1 280	1 276		1 334	1 324	1 342	1 376	1 392	1 405	1 445	1 481
Armed forces											
All persons											
Males											
Females											
Civilian labour force											
All persons	3 170		3 302	3 294		3 363	3 355	3 388	3 430	3 433	3 450	3 526	3 607
Males	1 937		2 022	2 018		2 029	2 031	2 046	2 054	2 041	2 045	2 081	2 126
Females	1 233		1 280	1 276		1 334	1 324	1 342	1 376	1 392	1 405	1 445	1 481
Unemployed											
All persons	80		116	135		128	121	106	130	122	108	114	125
Males	36		56	70		80	74	65	74	66	58	63	71
Females	44		61	65		48	47	41	56	56	50	51	54
Civilian employment											
All persons	3 090		3 186	3 159		3 235	3 234	3 282	3 300	3 311	3 342	3 412	3 482
Males	1 901		1 966	1 948		1 949	1 957	1 981	1 980	1 975	1 987	2 019	2 055
Females	1 189		1 219	1 211		1 286	1 277	1 302	1 320	1 336	1 355	1 393	1 427
Civilian employment (%)											
All persons	100.0		100.0	100.0		100.0	100.0	100.0	100.0	100.0	100.0	100.0	100.0
Males	61.5		61.7	61.7		60.2	60.5	60.4	60.0	59.6	59.5	59.2	59.0
Females	38.5		38.3	38.3		39.8	39.5	39.7	40.0	40.4	40.5	40.8	41.0
Unemployment rates (% of civilian labour force)											
All persons	2.5		3.5	4.1		3.8	3.6	3.1	3.8	3.6	3.1	3.2	3.5
Males	1.9		2.8	3.5		3.9	3.6	3.2	3.6	3.2	2.8	3.0	3.3
Females	3.6		4.8	5.1		3.6	3.5	3.1	4.1	4.0	3.6	3.5	3.6
Total labour force (% of total population)											
All persons	41.9		43.6	43.6		44.5	44.4	44.8	45.3	45.2	45.3	45.7	46.1
Males	54.1		56.4	56.4		56.7	56.7	57.0	57.0	56.4	56.3	56.3	56.6
Females	30.9		32.1	32.1		33.6	33.3	33.8	34.6	35.0	35.2	35.9	36.4
Total labour force (% of population from 15-64 years)[1]											
All persons	64.5		66.3	65.6		66.3	65.8	66.3	67.0	66.9	67.1	67.7	68.4
Males	80.8		83.2	82.2		81.7	81.2	81.3	81.2	80.3	80.0	80.1	80.5
Females	49.0		50.3	49.7		51.5	51.0	51.7	53.0	53.7	54.3	55.4	56.3
Civilian employment (% of total population)											
All persons	40.9		42.1	41.8		42.8	42.8	43.4	43.6	43.6	43.8	44.2	44.5
Part-time employment (%)[2]											
Part-time as % of employment											
Male share of part-time employment											
Female share of part-time employment											
Male part-time as % of male employment											
Female part-time as % of female employment											

(1) Participation rates calculated according to national definitions may differ from those published in this table, when the age group represented in the labour force survey is other than 15-64 years.

(2) Part-time employment refers to persons who work less than 30 hours per week in their main job. Data include only persons declaring usual hours worked.

II - Population active

Milliers (estimations de moyennes annuelles)

1992	1993	1994	1995	1996	1997	1998	1999	2000	2001	
										Population active totale
3 679	3 734	3 880	3 903	3 870	3 884	3 888	3 909	3 918	3 940	Ensemble des personnes
2 147	2 167	2 219	2 234	2 217	2 216	2 214	2 221	2 220	2 219	Hommes
1 532	1 567	1 661	1 668	1 653	1 668	1 674	1 688	1 697	1 722	Femmes
										Forces armées
		33	29	31	35	35	32	36	34	Ensemble des personnes
		33	29	31	35	35	32	36	34	Hommes
										Femmes
										Population active civile
3 679	3 734	3 847	3 873	3 839	3 849	3 854	3 877	3 882	3 906	Ensemble des personnes
2 147	2 167	2 186	2 205	2 186	2 181	2 179	2 189	2 184	2 185	Hommes
1 532	1 567	1 661	1 668	1 653	1 668	1 674	1 688	1 697	1 722	Femmes
										Chômeurs
133	159	138	144	160	165	165	147	139	143	Ensemble des personnes
75	88	73	71	87	88	88	82	74	77	Hommes
58	71	66	72	74	77	77	65	65	66	Femmes
										Emploi civil
3 546	3 575	3 709	3 729	3 679	3 684	3 689	3 730	3 743	3 763	Ensemble des personnes
2 072	2 079	2 113	2 133	2 099	2 094	2 091	2 107	2 110	2 107	Hommes
1 474	1 496	1 595	1 596	1 579	1 590	1 597	1 623	1 632	1 656	Femmes
										Emploi civil (%)
100.0	100.0	100.0	100.0	100.0	100.0	100.0	100.0	100.0	100.0	Ensemble des personnes
58.4	58.2	57.0	57.2	57.1	56.8	56.7	56.5	56.4	56.0	Hommes
41.6	41.8	43.0	42.8	42.9	43.2	43.3	43.5	43.6	44.0	Femmes
										Taux de chômage (% de la population active civile)
3.6	4.3	3.6	3.7	4.2	4.3	4.3	3.8	3.6	3.7	Ensemble des personnes
3.5	4.1	3.3	3.2	4.0	4.0	4.0	3.7	3.4	3.5	Hommes
3.8	4.5	4.0	4.3	4.5	4.6	4.6	3.9	3.8	3.8	Femmes
										Population active totale (% de la population totale)
46.7	46.7	48.3	48.5	48.0	48.1	48.1	48.3	48.3		Ensemble des personnes
56.6	56.0	57.0	57.3	56.7	56.6	56.5	56.5	56.3		Hommes
37.5	38.0	40.1	40.3	39.8	40.1	40.3	40.5	40.7		Femmes
										Population active totale (% de la population de 15-64 ans)[1]
69.4	69.2	71.7	72.1	71.3	71.4	71.3	71.5	71.3		Ensemble des personnes
80.7	79.5	81.1	81.6	80.9	80.7	80.6	80.6	80.2		Hommes
58.0	58.7	62.1	62.3	61.5	61.9	61.9	62.2	62.2		Femmes
										Emploi civil (% de la population totale)
45.0	44.7	46.2	46.3	45.7	45.6	45.7	46.1	46.2		Ensemble des personnes
										Emploi à temps partiel (%)[2]
			11.1	10.9	10.8	11.5	12.3	12.2	12.4	Temps partiel en % de l'emploi
			15.7	13.7	13.6	13.2	12.8	11.8	12.0	Part des hommes dans le temps partiel
			84.3	86.5	86.4	86.8	87.2	88.2	88.0	Part des femmes dans le temps partiel
			3.1	2.6	2.6	2.7	2.8	2.6	2.7	Temps partiel des hommes en % de l'emploi des hommes
			21.6	21.7	21.4	22.8	24.4	24.4	24.8	Temps partiel des femmes en % de l'emploi des femmes

(1) Les taux d'activité calculés selon les définitions nationales peuvent être différents de ceux publiés dans ce tableau si le groupe d'âges représenté dans l'enquête de la population active est différent de 15-64 ans.

(2) L'emploi à temps partiel se réfère aux actifs travaillant moins de 30 heures par semaine dans leur emploi principal. Les données incluent uniquement les personnes déclarant des heures habituelles de travail.

AUSTRIA

III - Professional status and breakdown by activities - ISIC Rev. 2

Thousands (annual average estimates)

	1981	1982	1983	1984	1985	1986	1987	1988	1989	1990	1991
CIVILIAN EMPLOYMENT: PROFESSIONAL STATUS											
All activities	3 090 |	3 186	3 159 |	3 235	3 234	3 282	3 300	3 311	3 342	3 412	3 482
Employees	2 575 |	2 677	2 654 |	2 740	2 751	2 795	2 809	2 822	2 866	2 929	2 997
Employers and persons working on own account	515 |	509	505 |	495	341	341	342	345	351	359	356
Unpaid family workers					142	146	150	143	125	124	129
Agriculture, hunting, forestry and fishing	317 |	317	313 |	304	291	283	285	269	266	269	256
Employees	40 |	37	38 |	41	37	36	35	34	34	33	33
Employers and persons working on own account	277 |	280	275 |	263	165	157	155	152	149	151	147
Unpaid family workers				0	89	89	94	83	83	85	77
Non-agricultural activities	2 773 |	2 869	2 846 |	2 931	2 943	2 999	3 015	3 042	3 076	3 143	3 226
Employees	2 535 |	2 640	2 616 |	2 699	2 714	2 759	2 774	2 788	2 832	2 896	2 964
Employers and persons working on own account	238 |	229	230 |	232	176	184	187	193	202	208	209
Unpaid family workers					53	57	56	60	42	39	52
All activities (%)	100.0 |	100.0	100.0 |	100.0	100.0	100.0	100.0	100.0	100.0	100.0	100.0
Employees	83.3 |	84.0	84.0 |	84.7	85.1	85.2	85.1	85.2	85.8	85.8	86.1
Others					14.9	14.8	14.9	14.7	14.2	14.2	13.9
CIVILIAN EMPLOYMENT: BREAKDOWN BY ACTIVITIES[1]											
ISIC Rev. 2 Major Divisions											
1 to 0 All activities	3 090 |	3 186	3 159 |	3 235	3 234	3 282	3 300	3 311	3 342	3 412	3 482
1 Agriculture, hunting, forestry and fishing	317 |	317	313 |	304	291	283	285	269	266	269	256
2 Mining and quarrying	15 |	17	15 |	17	14	14	14	16	13	12	12
3 Manufacturing	918 |	946	895 |	921	911	925	932	915	910	922	935
4 Electricity, gas and water	35 |	37	42 |	40	42	40	41	38	41	40	40
5 Construction	268 |	269	274 |	256	266	262	258	268	273	286	297
6 Wholesale and retail trade; restaurants and hotels	543 |	548	539 |	587	579	600	582	596	610	634	661
7 Transport, storage and communication	198 |	209	206 |	205	208	219	218	208	213	218	224
8 Financing, insurance, real estate and business services	159 |	169	174 |	171	178	186	193	199	206	221	232
9 Community, social and personal services	635 |	670	699 |	725	736	741	767	785	801	810	806
0 Activities not adequately defined	2 |	3	2 |	9	10	12	11	17	9	0	19
EMPLOYEES: BREAKDOWN BY ACTIVITIES[1]											
ISIC Rev. 2 Major Divisions											
1 to 0 All activities	2 575 |	2 677	2 654 |	2 740	2 751	2 795	2 811	2 822	2 866	2 929	2 997
1 Agriculture, hunting, forestry and fishing	40 |	37	38 |	41	37	36	36	34	34	33	33
2 Mining and quarrying	15 |	17	15 |	17	14	14	14	15	13	12	12
3 Manufacturing	862 |	890	844 |	871	866	876	883	866	862	875	885
4 Electricity, gas and water	35 |	37	42 |	40	42	40	40	38	41	40	40
5 Construction	254 |	253	256 |	239	246	245	241	251	257	267	279
6 Wholesale and retail trade; restaurants and hotels	431 |	446	431 |	483	472	490	476	481	497	522	551
7 Transport, storage and communication	185 |	197	196 |	194	197	205	207	199	202	207	215
8 Financing, insurance, real estate and business services	145 |	155	161 |	157	165	168	174	179	183	196	204
9 Community, social and personal services	606 |	643	671 |	692	703	708	730	745	757	762	761
0 Activities not adequately defined	2 |	2	0 |	6	9	11	10	15	20	15	18

(1) Data broken down by activities (civilian employment and employees) have not been revised nor updated due to a change by the country from ISIC Rev. 2 to ISIC Rev. 3.

III - Situation dans la profession et répartition par activités - CITI Rév. 2

Milliers (estimations de moyennes annuelles)

1992	1993	1994	1995	1996	1997	1998	1999	2000	2001	
										EMPLOI CIVIL : SITUATION DANS LA PROFESSION
3 546	3 575 |	3 709	3 729	3 679	3 684	3 689	3 730	3 743	3 763	**Toutes activités**
3 072	3 108 |	3 198	3 192	3 165	3 182	3 184	3 231	3 251	3 266	Salariés
360	358 |	388	407	393	392	398	398	395	405	Employeurs et personnes travaillant à leur compte
114	109 |	123	130	121	110	107	101	96	93	Travailleurs familiaux non rémunérés
250	249 |	269	278	269	250	242	234	219	215	**Agriculture, chasse, sylviculture et pêche**
35	36 |	37	38	39	36	38	39	36	36	Salariés
151	149 |	158	159	158	150	144	138	130	130	Employeurs et personnes travaillant à leur compte
64	63 |	74	81	72	64	60	57	53	49	Travailleurs familiaux non rémunérés
3 296	3 326 |	3 440	3 451	3 410	3 434	3 447	3 496	3 524	3 548	**Activités non agricoles**
3 037	3 072 |	3 161	3 154	3 126	3 146	3 146	3 192	3 215	3 230	Salariés
209	209 |	230	248	235	242	254	260	265	275	Employeurs et personnes travaillant à leur compte
50	46 |	49	49	49	46	47	44	43	44	Travailleurs familiaux non rémunérés
100.0	100.0 |	100.0	100.0	100.0	100.0	100.0	100.0	100.0	100.0	**Toutes activités (%)**
86.6	86.9 |	86.2	85.6	86.0	86.4	86.3	86.6	86.9	86.8	Salariés
13.4	13.1 |	13.8	14.4	14.0	13.6	13.7	13.4	13.1	13.2	Autres
										EMPLOI CIVIL : RÉPARTITION PAR BRANCHES D'ACTIVITÉS[1]
										Branches CITI Rév. 2
3 546	3 575 |	3 709	3 729	3 679	3 684	3 689	3 730			**1 à 0 Toutes activités**
250	249 |	269	278	269	250	242	231			1 Agriculture, chasse, sylviculture et pêche
13	10 |	9	11	10	9	12	11			2 Industries extractives
922	903 |	835	818	838	805	806	763			3 Industries manufacturières
38	36 |	36	38	35	38	36	31			4 Électricité, gaz et eau
288	306 |	359	336	320	313	318	336			5 Bâtiment et travaux publics
667	674 |	712	781	726	749	749	805			6 Commerce de gros et de détail; restaurants et hôtels
234	232 |	251	238	231	232	242	254			7 Transports, entrepôts et communications
264	265 |	354	353	371	381	372	382			8 Banques, assurances, affaires immobilières et services fournis aux entreprises
849	882 |	884	876	879	907	912	916			9 Services fournis à la collectivité, services sociaux et services personnels
21	19 |	0	0	0	0	0	0			0 Activités mal désignées
										SALARIÉS : RÉPARTITION PAR BRANCHES D'ACTIVITÉS[1]
										Branches CITI Rév. 2
3 072	3 108 |	3 198	3 192	3 165	3 182	3 184	3 231			**1 à 0 Toutes activités**
35	36 |	37	38	39	36	38	37			1 Agriculture, chasse, sylviculture et pêche
12	10 |	9	11	10	9	11	11			2 Industries extractives
879	859 |	789	774	795	766	761	721			3 Industries manufacturières
38	36 |	36	37	35	38	36	31			4 Électricité, gaz et eau
271	291 |	334	314	302	295	298	313			5 Bâtiment et travaux publics
559	565 |	610	661	612	631	630	683			6 Commerce de gros et de détail; restaurants et hôtels
223	222 |	236	226	221	219	228	241			7 Transports, entrepôts et communications
228	231 |	318	309	324	335	325	337			8 Banques, assurances, affaires immobilières et services fournis aux entreprises
806	841 |	829	821	828	853	857	857			9 Services fournis à la collectivité, services sociaux et services personnels
20	18 |	0	0	0	0	0	0			0 Activités mal désignées

(1)   Les données concernant la répartition par branches d'activités (emploi civil et salariés) n'ont pas été révisées ni mises à jour en raison du passage par le pays de la CITI Rév. 2 à la CITI Rév. 3

Statistiques de la Population Active ●
© 2002 OCDE

AUSTRIA

IV - Civilian employment and employees: breakdown by activities - ISIC Rev. 3

Thousands (annual average estimates)

	1981	1982	1983	1984	1985	1986	1987	1988	1989	1990	1991
CIVILIAN EMPLOYMENT: BREAKDOWN BY ACTIVITIES											
A to X All activities											
A Agriculture, hunting and forestry											
B Fishing											
C Mining and quarrying											
D Manufacturing											
E Electricity, gas and water supply											
F Construction											
G Wholesale and retail trade; repair of motor vehicles, motorcycles and personal and household goods											
H Hotels and restaurants											
I Transport, storage and communication											
J Financial intermediation											
K Real estate, renting and business activities											
L Public administration and defence; compulsory social security, excluding armed forces											
M Education											
N Health and social work											
O Other community, social and personal service activities											
P Private households with employed persons											
Q Extra-territorial organisations and bodies											
X Not classifiable by economic activities											
Breakdown by sector											
Agriculture (A-B)											
Industry (C-F)											
Services (G-Q)											
Agriculture (%)											
Industry (%)											
Services (%)											
Female participation in agriculture (%)											
Female participation in industry (%)											
Female participation in services (%)											
EMPLOYEES: BREAKDOWN BY ACTIVITIES											
A to X All activities											
A Agriculture, hunting and forestry											
B Fishing											
C Mining and quarrying											
D Manufacturing											
E Electricity, gas and water supply											
F Construction											
G Wholesale and retail trade; repair of motor vehicles, motorcycles and personal and household goods											
H Hotels and restaurants											
I Transport, storage and communication											
J Financial intermediation											
K Real estate, renting and business activities											
L Public administration and defence; compulsory social security, excluding armed forces											
M Education											
N Health and social work											
O Other community, social and personal service activities											
P Private households with employed persons											
Q Extra-territorial organisations and bodies											
X Not classifiable by economic activities											
Breakdown by sector											
Agriculture (A-B)											
Industry (C-F)											
Services (G-Q)											
Agriculture (%)											
Industry (%)											
Services (%)											
Female participation in agriculture (%)											
Female participation in industry (%)											
Female participation in services (%)											

IV - Emploi civil et salariés : répartition par activités - CITI Rév. 3

Milliers (estimations de moyennes annuelles)

1992	1993	1994	1995	1996	1997	1998	1999	2000	2001	
										EMPLOI CIVIL : RÉPARTITION PAR BRANCHES D'ACTIVITÉS
						3 688	3 730	3 743	3 763	**A à X Toutes activités**
						242	230	219	215	A Agriculture, chasse et sylviculture
						0	0	0	0	B Pêche
						12	11	10	10	C Activités extractives
						756	763	764	745	D Activités de fabrication
						36	31	30	31	E Production et distribution d'électricité, de gaz et d'eau
						318	336	340	340	F Construction
						582	593	595	603	G Commerce de gros et de détail; réparation de véhicules et de biens domestiques
						216	212	214	208	H Hôtels et restaurants
						242	254	246	255	I Transports, entreposage et communications
						139	142	137	133	J Intermédiation financière
						233	241	269	294	K Immobilier, location et activités de services aux entreprises
						217	216	217	223	L Administration publique et défense; sécurité sociale obligatoire (armée exclue)
						218	220	226	224	M Education
						299	301	299	311	N Santé et action sociale
						158	162	159	156	O Autres activités de services collectifs, sociaux et personnels
						14	12	12	13	P Ménages privés employant du personnel domestique
						6	5	5	5	Q Organisations et organismes extra-territoriaux
						0	0	0	0	X Ne pouvant être classés selon l'activité économique
										Répartition par secteurs
						242	230	219	215	Agriculture (A-B)
						1 122	1 141	1 144	1 126	Industrie (C-F)
						2 324	2 358	2 380	2 425	Services (G-Q)
						6.6	6.2	5.8	5.7	Agriculture (%)
						30.4	30.6	30.6	29.9	Industrie (%)
						63.0	63.2	63.6	64.4	Services (%)
						48.3	48.3	45.8	47.0	Part des femmes dans l'agriculture (%)
						20.2	20.2	20.0	20.3	Part des femmes dans l'industrie (%)
						54.0	54.3	54.7	54.7	Part des femmes dans les services (%)
										SALARIÉS : RÉPARTITION PAR BRANCHES D'ACTIVITÉS
						3 184	3 231	3 251	3 266	**A à X Toutes activités**
						38	37	36	36	A Agriculture, chasse et sylviculture
						0	0	0	0	B Pêche
						11	11	9	9	C Activités extractives
						718	721	726	709	D Activités de fabrication
						36	31	30	32	E Production et distribution d'électricité, de gaz et d'eau
						298	313	315	314	F Construction
						509	518	519	529	G Commerce de gros et de détail; réparation de véhicules et de biens domestiques
						165	165	171	164	H Hôtels et restaurants
						228	241	232	238	I Transports, entreposage et communications
						135	139	134	127	J Intermédiation financière
						190	198	219	239	K Immobilier, location et activités de services aux entreprises
						217	216	218	223	L Administration publique et défense; sécurité sociale obligatoire (armée exclue)
						214	216	221	218	M Education
						273	275	272	286	N Santé et action sociale
						132	134	131	126	O Autres activités de services collectifs, sociaux et personnels
						14	12	12	13	P Ménages privés employant du personnel domestique
						6	5	5	5	Q Organisations et organismes extra-territoriaux
						0	0	0	0	X Ne pouvant être classés selon l'activité économique
										Répartition par secteurs
						38	37	36	36	Agriculture (A-B)
						1 063	1 076	1 081	1 064	Industrie (C-F)
						2 083	2 119	2 135	2 168	Services (G-Q)
						1.2	1.1	1.1	1.1	Agriculture (%)
						33.4	33.3	33.2	32.6	Industrie (%)
						65.4	65.6	65.7	66.4	Services (%)
						34.7	35.1	31.7	36.1	Part des femmes dans l'agriculture (%)
						20.2	20.2	20.0	20.5	Part des femmes dans l'industrie (%)
						55.7	56.1	56.5	56.5	Part des femmes dans les services (%)

Statistiques de la Population Active
© 2002
OCDE

BELGIUM

I - Population

Thousands (mid-year estimates)

	1981	1982	1983	1984	1985	1986	1987	1988	1989	1990	1991
POPULATION - DISTRIBUTION BY AGE AND GENDER											
All persons											
Total	9 853	9 856	9 855	9 855	9 858	9 862	9 870	9 921	9 938	9 967	10 005
Under 15 years	1 974	1 932	1 907	1 876	1 859	1 823	1 807	1 805	1 801	1 806	1 816
From 15 to 64 years	6 464	6 535	6 586	6 629	6 636	6 650	6 654	6 678	6 675	6 674	6 675
65 years and over	1 415	1 389	1 362	1 350	1 363	1 389	1 410	1 437	1 462	1 487	1 513
Males											
Total	4 812	4 813	4 811	4 811	4 812	4 814	4 819	4 846	4 855	4 870	4 890
Under 15 years	1 010	989	976	960	953	933	925	925	923	925	930
From 15 to 64 years	3 242	3 278	3 303	3 325	3 328	3 338	3 342	3 357	3 357	3 358	3 361
65 years and over	560	546	532	526	531	543	552	564	575	587	599
Females											
Total	5 041	5 043	5 044	5 045	5 046	5 048	5 051	5 075	5 083	5 097	5 115
Under 15 years	963	943	931	916	906	890	882	880	878	881	886
From 15 to 64 years	3 222	3 257	3 283	3 305	3 308	3 312	3 312	3 322	3 318	3 316	3 315
65 years and over	856	843	830	824	832	846	857	873	887	900	914
POPULATION - PERCENTAGES											
All persons											
Total	100.0	100.0	100.0	100.0	100.0	100.0	100.0	100.0	100.0	100.0	100.0
Under 15 years	20.0	19.6	19.4	19.0	18.9	18.5	18.3	18.2	18.1	18.1	18.2
From 15 to 64 years	65.6	66.3	66.8	67.3	67.3	67.4	67.4	67.3	67.2	67.0	66.7
65 years and over	14.4	14.1	13.8	13.7	13.8	14.1	14.3	14.5	14.7	14.9	15.1
COMPONENTS OF CHANGE IN POPULATION											
a) Population at 1 January	9 850	9 855	9 858	9 853	9 857	9 859	9 865	9 876	9 928	9 948	9 987
b) Population at 31 December	9 855	9 858	9 853	9 857	9 859	9 865	9 876	9 928	9 948	9 987	10 022
c) Total increase (b-a)	5	3	-5	4	2	6	11	52	20	39	35
d) Births	125	120	117	116	114	117	117	119	121	124	125
e) Deaths	113	113	115	111	113	112	106	105	107	105	104
f) Natural increase (d-e)	12	7	2	5	1	5	11	14	14	19	21
g) Net migration	-20	-4	-8	-1	0	0	-1	38	7	20	14
h) Statistical adjustments	13	0	1	0	1	1	1	0	-1	0	0
i) Total increase (=f+g+h=c)	5	3	-5	5	2	6	11	52	20	39	35
(Components of change in population/ Average population) x1000											
Total increase rates	0.5	0.3	-0.5	0.5	0.2	0.6	1.2	5.3	2.0	3.9	3.5
Crude birth rates	12.7	12.2	11.9	11.8	11.6	11.9	11.9	12.0	12.2	12.4	12.5
Crude death rates	11.5	11.5	11.7	11.3	11.5	11.4	10.7	10.6	10.8	10.5	10.4
Natural increase rates	1.2	0.7	0.2	0.5	0.1	0.5	1.1	1.4	1.4	1.9	2.1
Net migration rates	-2.0	-0.4	-0.8	-0.1	0.0	0.0	-0.1	3.8	0.7	2.0	1.4

I - Population

Milliers (estimations au milieu de l'année)

	1992	1993	1994	1995	1996	1997	1998	1999	2000	2001	
											POPULATION - RÉPARTITION SELON L'AGE ET LE SEXE
											Ensemble des personnes
	10 045	10 084	10 116	10 157	10 158	10 181	10 203	10 226			Total
	1 825	1 830	1 829	1 814	1 816	1 809	1 806	1 805			Moins de 15 ans
	6 682	6 694	6 703	6 703	6 703	6 706	6 709	6 715			De 15 à 64 ans
	1 538	1 561	1 584	1 639	1 639	1 666	1 688	1 706			65 ans et plus
											Hommes
	4 911	4 932	4 947	4 965	4 967	4 977	4 988	5 000			Total
	935	937	937	929	930	926	924	924			Moins de 15 ans
	3 365	3 372	3 378	3 376	3 377	3 378	3 379	3 382			De 15 à 64 ans
	611	622	633	660	660	673	685	694			65 ans et plus
											Femmes
	5 134	5 153	5 168	5 191	5 190	5 204	5 215	5 226			Total
	890	893	892	885	886	883	882	881			Moins de 15 ans
	3 317	3 321	3 325	3 327	3 326	3 328	3 330	3 333			De 15 à 64 ans
	927	939	951	979	979	993	1 003	1 012			65 ans et plus
											POPULATION - POURCENTAGES
											Ensemble des personnes
	100.0	100.0	100.0	100.0	100.0	100.0	100.0	100.0			Total
	18.2	18.1	18.1	17.9	17.9	17.8	17.7	17.7			Moins de 15 ans
	66.5	66.4	66.3	66.0	66.0	65.9	65.8	65.7			De 15 à 64 ans
	15.3	15.5	15.7	16.1	16.1	16.4	16.5	16.7			65 ans et plus
											COMPOSANTES DE L'ÉVOLUTION DÉMOGRAPHIQUE
	10 022	10 068	10 101	10 131	10 143	10 170	10 192	10 214	10 239	10 263	a) Population au 1er janvier
	10 068	10 101	10 131	10 143	10 170	10 192	10 214	10 239	10 263		b) Population au 31 décembre
	46	33	30	12	27	22	22	25	24		**c) Accroissement total (b-a)**
	124	120	115	114	115	116	114	113	115		d) Naissances
	104	107	104	105	104	104	105	105	105		e) Décès
	20	13	11	9	11	12	9	8	10		**f) Accroissement naturel (d-e)**
	25	19	18	3	16	10	12	17	14		g) Solde net des migrations
	1	1	1	0	0	0	1	0	0		h) Ajustements statistiques
	46	33	30	12	27	22	22	25	24		**i) Accroissement total (=f+g+h=c)**
											(Composition de l'évolution démographique/ Population moyenne) x1000
	4.6	3.3	3.0	1.2	2.7	2.2	2.2	2.4	2.4		Taux d'accroissement total
	12.3	11.9	11.4	11.2	11.3	11.4	11.2	11.0	11.2		Taux bruts de natalité
	10.4	10.6	10.3	10.4	10.2	10.2	10.3	10.3	10.2		Taux bruts de mortalité
	2.0	1.3	1.1	0.9	1.1	1.2	0.9	0.8	1.0		Taux d'accroissement naturel
	2.5	1.9	1.8	0.3	1.6	1.0	1.2	1.7	1.4		Taux du solde net des migrations

Statistiques de la Population Active
© 2002 OCDE

BELGIUM

II - Labour force

Thousands (mid-year estimates)

	1981	1982	1983	1984	1985	1986	1987	1988	1989	1990	1991
Total labour force											
All persons	4 094	4 120	4 138	4 132	4 112	4 109	4 115	4 127	4 144	4 179	4 210
Males	2 550	2 546	2 538	2 515	2 481	2 457	2 439	2 425	2 432	2 440	2 447
Females	1 543	1 573	1 600	1 617	1 631	1 652	1 676	1 701	1 712	1 739	1 763
Armed forces											
All persons	93	93	91	89	89	89	91	92	90	89	84
Males	90	89	87	86	86	86	88	89	87	86	81
Females	4	4	4	3	3	3	3	3	3	3	3
Civilian labour force											
All persons	4 000	4 027	4 047	4 042	4 023	4 019	4 024	4 034	4 054	4 091	4 127
Males	2 460	2 457	2 450	2 429	2 395	2 371	2 351	2 336	2 345	2 355	2 366
Females	1 540	1 570	1 596	1 613	1 628	1 648	1 673	1 698	1 709	1 736	1 760
Unemployed											
All persons	416	490	545	546	506	478	466	425	384	365	391
Males	178	222	253	250	218	198	191	170	149	143	159
Females	238	268	292	296	288	280	275	255	235	222	232
Civilian employment											
All persons	3 585	3 537	3 502	3 497	3 517	3 541	3 558	3 610	3 670	3 726	3 735
Males	2 283	2 236	2 198	2 179	2 177	2 173	2 161	2 167	2 196	2 212	2 207
Females	1 302	1 301	1 304	1 317	1 340	1 368	1 397	1 443	1 474	1 514	1 528
Civilian employment (%)											
All persons	100.0	100.0	100.0	100.0	100.0	100.0	100.0	100.0	100.0	100.0	100.0
Males	63.7	63.2	62.8	62.3	61.9	61.4	60.7	60.0	59.8	59.4	59.1
Females	36.3	36.8	37.2	37.7	38.1	38.6	39.3	40.0	40.2	40.6	40.9
Unemployment rates (% of civilian labour force)											
All persons	10.4	12.2	13.5	13.5	12.6	11.9	11.6	10.5	9.5	8.9	9.5
Males	7.2	9.0	10.3	10.3	9.1	8.4	8.1	7.3	6.4	6.1	6.7
Females	15.5	17.1	18.3	18.4	17.7	17.0	16.4	15.0	13.8	12.8	13.2
Total labour force (% of total population)											
All persons	41.6	41.8	42.0	41.9	41.7	41.7	41.7	41.6	41.7	41.9	42.1
Males	53.0	52.9	52.8	52.3	51.6	51.0	50.6	50.0	50.1	50.1	50.0
Females	30.6	31.2	31.7	32.1	32.3	32.7	33.2	33.5	33.7	34.1	34.5
Total labour force (% of population from 15-64 years)[1]											
All persons	63.3	63.0	62.8	62.3	62.0	61.8	61.8	61.8	62.1	62.6	63.1
Males	78.7	77.7	76.8	75.6	74.5	73.6	73.0	72.2	72.4	72.7	72.8
Females	47.9	48.3	48.7	48.9	49.3	49.9	50.6	51.2	51.6	52.4	53.2
Civilian employment (% of total population)											
All persons	36.4	35.9	35.5	35.5	35.7	35.9	36.0	36.4	36.9	37.4	37.3
Part-time employment (%)[2]											
Part-time as % of employment			9.8	10.8	11.7	12.0	12.8	13.2	13.6	14.2	15.3
Male share of part-time employment			21.2	22.1	22.3	21.8	21.7	22.4	19.2	20.1	19.9
Female share of part-time employment			78.8	77.9	77.4	78.2	78.3	77.6	81.0	79.9	80.1
Male part-time as % of male employment			3.2	3.7	4.0	4.0	4.3	4.7	4.2	4.6	5.0
Female part-time as % of female employment			22.5	24.1	25.8	26.2	27.8	27.8	29.5	29.8	31.3
Duration of unemployment (% of total unemployment)[3]											
Less than 1 month			3.7	2.9	2.3	2.6	1.8	1.6	2.1	4.0	4.3
More than 1 month and less than 3 months			4.2	4.4	4.1	3.6	3.5	2.5	3.1	5.6	6.9
More than 3 months and less than 6 months			9.5	10.0	10.4	10.0	8.8	7.3	8.2	9.1	11.1
More than 6 months and less than 1 year			17.8	15.1	14.3	14.2	12.4	12.4	11.1	12.8	14.9
More than 1 year			64.8	67.6	68.9	69.6	73.5	76.2	75.4	68.5	62.9

(1) Participation rates calculated according to national definitions may differ from those published in this table, when the age group represented in the labour force survey is other than 15-64 years.

(2) Part-time employment refers to persons who work less than 30 hours per week in their main job. Data include only persons declaring usual hours worked.

(3) These percentages only take into account those persons for whom the duration of unemployment is known.

II - Population active

Milliers (estimations au milieu de l'année)

1992	1993	1994	1995	1996	1997	1998	1999	2000	2001	
										Population active totale
4 237	4 278	4 291	4 318	4 329	4 348	4 359	4 375			Ensemble des personnes
2 444	2 444	2 441	2 441	2 435	2 437	2 435	2 438			Hommes
1 793	1 834	1 851	1 876	1 894	1 911	1 924	1 937			Femmes
										Forces armées
78	69	51	47	46	45	43	42			Ensemble des personnes
75	66	48	44	43	42	40	39			Hommes
3	3	3	3	3	3	3	3			Femmes
										Population active civile
4 160	4 209	4 241	4 271	4 283	4 303	4 316	4 333			Ensemble des personnes
2 370	2 378	2 393	2 397	2 392	2 395	2 395	2 399			Hommes
1 790	1 831	1 848	1 874	1 891	1 908	1 920	1 934			Femmes
										Chômeurs
436	511	554	555	545	541	505	475			Ensemble des personnes
181	217	239	238	233	235	219	209			Hommes
255	294	315	317	312	306	286	266			Femmes
										Emploi civil
3 724	3 698	3 687	3 715	3 738	3 762	3 810	3 858			Ensemble des personnes
2 189	2 161	2 154	2 159	2 159	2 160	2 176	2 190			Hommes
1 535	1 537	1 533	1 557	1 579	1 602	1 634	1 668			Femmes
										Emploi civil (%)
100.0	100.0	100.0	100.0	100.0	100.0	100.0	100.0			Ensemble des personnes
58.8	58.4	58.4	58.1	57.8	57.4	57.1	56.8			Hommes
41.2	41.6	41.6	41.9	42.2	42.6	42.9	43.2			Femmes
										Taux de chômage (% de la population active civile)
10.5	12.1	13.1	13.0	12.7	12.6	11.7	11.0			Ensemble des personnes
7.6	9.1	10.0	9.9	9.7	9.8	9.1	8.7			Hommes
14.2	16.1	17.0	16.9	16.5	16.0	14.9	13.8			Femmes
										Population active totale (% de la population totale)
42.2	42.4	42.4	42.5	42.6	42.7	42.7	42.8			Ensemble des personnes
49.8	49.6	49.3	49.2	49.0	49.0	48.8	48.8			Hommes
34.9	35.6	35.8	36.1	36.5	36.7	36.9	37.1			Femmes
										Population active totale (% de la population de 15-64 ans)[1]
63.4	63.9	64.0	64.4	64.6	64.8	65.0	65.2			Ensemble des personnes
72.6	72.5	72.2	72.3	72.1	72.1	72.1	72.1			Hommes
54.1	55.2	55.7	56.4	57.0	57.4	57.8	58.1			Femmes
										Emploi civil (% de la population totale)
37.1	36.7	36.4	36.6	36.8	37.0	37.3	37.7			Ensemble des personnes
										Emploi à temps partiel (%)[2]
15.2	16.0	15.7	15.6	16.1	16.2	16.3	19.9	19.0	17.6	Temps partiel en % de l'emploi
16.4	17.6	18.2	17.7	17.7	17.5	17.6	20.9	21.0	18.2	Part des hommes dans le temps partiel
83.6	82.2	82.0	82.3	82.3	82.5	82.4	78.9	79.0	81.8	Part des femmes dans le temps partiel
4.1	4.8	4.8	4.7	4.8	4.8	4.9	7.3	7.1	5.6	Temps partiel des hommes en % de l'emploi des hommes
31.7	32.0	31.6	31.5	32.1	32.3	32.2	36.6	34.5	33.4	Temps partiel des femmes en % de l'emploi des femmes
										Durée du chômage (% du chômage total)[3]
8.8	10.1	9.2	9.7	8.4	8.1	8.1	7.1	8.6	7.8	Moins de 1 mois
5.6	7.7	5.0	3.9	5.0	5.7	6.5	9.4	9.5	10.2	Plus de 1 mois et moins de 3 mois
10.9	11.9	10.5	8.7	9.3	9.0	9.1	10.0	10.1	15.6	Plus de 3 mois et moins de 6 mois
15.6	17.4	17.0	15.3	16.1	16.7	14.6	13.0	15.4	14.8	Plus de 6 mois et moins de 1 an
59.1	53.0	58.3	62.4	61.3	60.5	61.7	60.5	56.3	51.7	Plus de 1 an

(1) Les taux d'activité calculés selon les définitions nationales peuvent être différents de ceux publiés dans ce tableau si le groupe d'âges représenté dans l'enquête de la population active est différent de 15-64 ans.

(2) L'emploi à temps partiel se réfère aux actifs travaillant moins de 30 heures par semaine dans leur emploi principal. Les données incluent uniquement les personnes déclarant des heures habituelles de travail.

(3) Ces pourcentages ne prennent en compte que les personnes pour lesquelles la durée du chômage est connue.

Statistiques de la Population Active
© 2002 OCDE

BELGIUM

III - Professional status and breakdown by activities - ISIC Rev. 2

Thousands (mid-year estimates)

	1981	1982	1983	1984	1985	1986	1987	1988	1989	1990	1991
CIVILIAN EMPLOYMENT: PROFESSIONAL STATUS											
All activities	3 585	3 537	3 502	3 497	3 517	3 541	3 558	3 610	3 670	3 726	3 735
Employees	2 976	2 924	2 879	2 867	2 883	2 901	2 911	2 955	3 005	3 051	3 051
Employers and persons working on own account	483	486	493	498	501	506	512	518	526	533	539
Unpaid family workers	126	127	130	132	133	135	135	137	140	142	145
Agriculture, hunting, forestry and fishing	113	111	111	110	109	107	105	102	101	100	98
Employees	15	15	15	15	16	16	16	17	17	18	18
Employers and persons working on own account	80	78	77	76	74	72	71	68	66	64	62
Unpaid family workers	18	18	19	19	19	19	18	17	17	18	18
Non-agricultural activities	3 472	3 426	3 391	3 387	3 408	3 434	3 453	3 508	3 569	3 626	3 637
Employees	2 961	2 909	2 864	2 852	2 867	2 885	2 895	2 938	2 988	3 033	3 033
Employers and persons working on own account	403	408	416	422	427	434	441	450	460	469	477
Unpaid family workers	108	109	111	113	114	116	117	120	123	124	127
All activities (%)	100.0	100.0	100.0	100.0	100.0	100.0	100.0	100.0	100.0	100.0	100.0
Employees	83.0	82.7	82.2	82.0	82.0	81.9	81.8	81.9	81.9	81.9	81.7
Others	17.0	17.3	17.8	18.0	18.0	18.1	18.2	18.1	18.1	18.1	18.3
CIVILIAN EMPLOYMENT: BREAKDOWN BY ACTIVITIES											
ISIC Rev. 2 Major Divisions											
1 to 0 All activities	3 585	3 537	3 502	3 497	3 517	3 541	3 558	3 610	3 670	3 726	3 735
1 Agriculture, hunting, forestry and fishing	113	111	111	110	109	107	105	102	101	100	98
2 Mining and quarrying	28	27	27	26	24	23	20	13	11	8	7
3 Manufacturing	874	842	824	815	803	790	771	766	779	782	771
4 Electricity, gas and water	33	33	32	32	32	31	31	31	30	30	30
5 Construction	259	236	218	204	203	204	204	212	225	236	243
6 Wholesale and retail trade; restaurants and hotels	579	580	579	584	587	589	600	616	628	634	637
7 Transport, storage and communication	275	273	265	261	260	257	254	254	253	257	259
8 Financing, insurance, real estate and business services	226	227	237	243	256	265	284	301	315	328	336
9 Community, social and personal services	1 152	1 160	1 163	1 176	1 199	1 229	1 241	1 267	1 279	1 300	1 305
0 Activities not adequately defined	47	47	46	46	45	47	49	49	49	50	50
EMPLOYEES: BREAKDOWN BY ACTIVITIES											
ISIC Rev. 2 Major Divisions											
1 to 0 All activities	2 976	2 924	2 879	2 867	2 883	2 901	2 911	2 955	3 005	3 051	3 051
1 Agriculture, hunting, forestry and fishing	15	15	15	15	16	16	16	17	17	18	18
2 Mining and quarrying	27	27	27	25	24	22	20	13	11	8	7
3 Manufacturing	825	794	776	767	756	744	725	720	733	736	724
4 Electricity, gas and water	33	32	32	32	31	31	31	31	30	30	29
5 Construction	214	191	173	158	158	159	158	165	176	184	189
6 Wholesale and retail trade; restaurants and hotels	322	321	317	321	323	326	337	349	360	367	371
7 Transport, storage and communication	261	259	251	247	246	244	241	241	240	244	246
8 Financing, insurance, real estate and business services	183	182	188	191	201	207	222	235	245	253	256
9 Community, social and personal services	1 050	1 056	1 055	1 064	1 084	1 106	1 113	1 136	1 143	1 160	1 161
0 Activities not adequately defined	47	47	46	46	45	47	49	49	48	50	50

III - Situation dans la profession et répartition par activités - CITI Rév. 2

Milliers (estimations au milieu de l'année)

1992	1993	1994	1995	1996	1997	1998	1999	2000	2001	
										EMPLOI CIVIL : SITUATION DANS LA PROFESSION
3 724	3 698	3 687	3 716	3 738	3 762	3 811	3 858			**Toutes activités**
3 039	3 000	2 992	3 017	3 034	3 062	3 118	3 170			Salariés
540	550	554	557	564	567	565	564			Employeurs et personnes travaillant à leur compte
146	149	141	142	139	133	128	124			Travailleurs familiaux non rémunérés
95	92	92	91	89	85	86	85			**Agriculture, chasse, sylviculture et pêche**
18	17	19	20	21	20	22	23			Salariés
59	58	56	54	52	50	49	47			Employeurs et personnes travaillant à leur compte
18	17	17	17	16	16	15	15			Travailleurs familiaux non rémunérés
3 629	3 606	3 596	3 625	3 649	3 677	3 725	3 773			**Activités non agricoles**
3 021	2 982	2 973	2 997	3 013	3 042	3 096	3 147			Salariés
481	492	498	503	513	517	516	517			Employeurs et personnes travaillant à leur compte
128	131	124	125	123	117	113	109			Travailleurs familiaux non rémunérés
100.0	100.0	100.0	100.0	100.0	100.0	100.0	100.0			**Toutes activités (%)**
81.6	81.1	81.1	81.2	81.2	81.4	81.8	82.2			Salariés
18.4	18.9	18.8	18.8	18.8	18.6	18.2	17.8			Autres
										EMPLOI CIVIL : RÉPARTITION PAR BRANCHES D'ACTIVITÉS
										Branches CITI Rév. 2
3 724	3 698	3 689	3 717	3 738	3 763	3 811	3 858			**1 à 0 Toutes activités**
95	94	92	91	89	85	86	85			1 Agriculture, chasse, sylviculture et pêche
7	7	6	5	5	5	5	4			2 Industries extractives
752	721	699	695	683	669	674	669			3 Industries manufacturières
29	29	29	28	28	28	28	27			4 Électricité, gaz et eau
245	253	257	253	251	250	250	254			5 Bâtiment et travaux publics
634	669	680	677	675	673	669	667			6 Commerce de gros et de détail; restaurants et hôtels
257	242	241	245	247	249	251	256			7 Transports, entrepôts et communications
342	403	394	410	418	436	449	459			8 Banques, assurances, affaires immobilières et services fournis aux entreprises
1 315	1 232	1 241	1 263	1 290	1 316	1 345	1 383			9 Services fournis à la collectivité, services sociaux et services personnels
49	48	50	50	51	53	54	52			0 Activités mal désignées
										SALARIÉS : RÉPARTITION PAR BRANCHES D'ACTIVITÉS
										Branches CITI Rév. 2
3 039	3 001	2 991	3 017	3 035	3 063	3 118	3 170			**1 à 0 Toutes activités**
18	19	19	20	21	20	22	23			1 Agriculture, chasse, sylviculture et pêche
6	6	5	5	5	4	4	4			2 Industries extractives
706	675	649	645	633	621	626	621			3 Industries manufacturières
29	29	28	28	28	27	28	27			4 Électricité, gaz et eau
191	196	196	190	186	185	184	188			5 Bâtiment et travaux publics
373	407	405	406	409	413	418	428			6 Commerce de gros et de détail; restaurants et hôtels
244	229	226	230	232	233	235	239			7 Transports, entrepôts et communications
257	292	295	305	308	324	336	343			8 Banques, assurances, affaires immobilières et services fournis aux entreprises
1 167	1 100	1 119	1 138	1 162	1 183	1 211	1 244			9 Services fournis à la collectivité, services sociaux et services personnels
49	48	50	50	51	52	54	52			0 Activités mal désignées

Statistiques de la Population Active
© 2002 OCDE

CZECH REPUBLIC

I - Population

Thousands (mid-year estimates)

	1981	1982	1983	1984	1985	1986	1987	1988	1989	1990	1991
POPULATION - DISTRIBUTION BY AGE AND GENDER											
All persons											
Total	10 303	10 314	10 322	10 331	10 336	10 341	10 349	10 356	10 362	10 362	10 309
Under 15 years	2 417	2 422	2 425	2 425	2 417	2 403	2 379	2 340	2 285	2 222	2 148
From 15 to 64 years	6 537	6 587	6 639	6 680	6 697	6 707	6 723	6 749	6 793	6 844	6 851
65 years and over	1 349	1 305	1 258	1 226	1 222	1 231	1 247	1 267	1 284	1 296	1 310
Males											
Total	4 994	5 001	5 006	5 012	5 016	5 021	5 026	5 031	5 035	5 036	5 004
Under 15 years	1 237	1 240	1 241	1 241	1 237	1 230	1 218	1 198	1 169	1 137	1 100
From 15 to 64 years	3 237	3 262	3 287	3 308	3 318	3 327	3 338	3 355	3 382	3 411	3 411
65 years and over	520	499	478	463	461	464	470	478	484	488	493
Females											
Total	5 309	5 313	5 316	5 319	5 320	5 320	5 323	5 325	5 327	5 326	5 305
Under 15 years	1 180	1 182	1 184	1 184	1 180	1 173	1 161	1 142	1 116	1 085	1 048
From 15 to 64 years	3 300	3 325	3 352	3 372	3 379	3 380	3 385	3 394	3 411	3 433	3 440
65 years and over	829	806	780	763	761	767	777	789	800	808	817
POPULATION - PERCENTAGES											
All persons											
Total	100.0	100.0	100.0	100.0	100.0	100.0	100.0	100.0	100.0	100.0	100.0
Under 15 years	23.5	23.5	23.5	23.5	23.4	23.2	23.0	22.6	22.1	21.4	20.8
From 15 to 64 years	63.4	63.9	64.3	64.7	64.8	64.9	65.0	65.2	65.6	66.0	66.5
65 years and over	13.1	12.7	12.2	11.9	11.8	11.9	12.0	12.2	12.4	12.5	12.7
COMPONENTS OF CHANGE IN POPULATION											
a) Population at 1 January	10 293	10 308	10 321	10 327	10 334	10 340	10 344	10 351	10 360	10 362	10 364
b) Population at 31 December	10 308	10 321	10 327	10 334	10 340	10 344	10 351	10 360	10 362	10 364	10 313
c) Total increase (b-a)	15	13	6	7	6	4	7	9	2	2	-51
d) Births	144	142	137	137	136	133	131	133	128	131	129
e) Deaths	130	131	134	132	132	133	127	126	128	129	124
f) Natural increase (d-e)	14	11	3	5	4	0	4	7	0	2	5
g) Net migration	2	2	2	3	2	3	3	3	1	1	-56
h) Statistical adjustments	-1	0	1	-1	0	1	0	-1	1	-1	0
i) Total increase (=f+g+h=c)	15	13	6	7	6	4	7	9	2	2	-51
(Components of change in population/ Average population) x1000											
Total increase rates	1.5	1.3	0.6	0.7	0.6	0.4	0.7	0.9	0.2	0.2	-4.9
Crude birth rates	14.0	13.8	13.3	13.3	13.2	12.9	12.7	12.8	12.4	12.6	12.5
Crude death rates	12.6	12.7	13.0	12.8	12.8	12.9	12.3	12.2	12.4	12.4	12.0
Natural increase rates	1.4	1.1	0.3	0.5	0.4	0.0	0.4	0.7	0.0	0.2	0.5
Net migration rates	0.2	0.2	0.2	0.3	0.2	0.3	0.3	0.3	0.1	0.1	-5.4

RÉPUBLIQUE TCHÈQUE

I - Population

Milliers (estimations au milieu de l'année)

1992	1993	1994	1995	1996	1997	1998	1999	2000	2001	
										POPULATION - RÉPARTITION SELON L'AGE ET LE SEXE
										Ensemble des personnes
10 318	10 331	10 336	10 331	10 316	10 304	10 294	10 283	10 272		Total
2 091	2 037	1 979	1 921	1 868	1 818	1 773	1 729	1 685		Moins de 15 ans
6 904	6 957	7 006	7 044	7 066	7 090	7 113	7 138	7 165		De 15 à 64 ans
1 323	1 337	1 351	1 366	1 382	1 396	1 408	1 416	1 422		65 ans et plus
										Hommes
5 009	5 017	5 021	5 020	5 015	5 011	5 007	5 003	4 999		Total
1 071	1 044	1 014	984	957	932	909	886	864		Moins de 15 ans
3 440	3 469	3 496	3 518	3 532	3 546	3 559	3 573	3 588		De 15 à 64 ans
498	504	511	518	526	533	539	544	547		65 ans et plus
										Femmes
5 309	5 314	5 315	5 311	5 301	5 293	5 287	5 280	5 273		Total
1 020	993	965	937	911	886	864	843	821		Moins de 15 ans
3 464	3 488	3 510	3 526	3 534	3 544	3 554	3 565	3 577		De 15 à 64 ans
825	833	840	848	856	863	869	872	875		65 ans et plus
										POPULATION - POURCENTAGES
										Ensemble des personnes
100.0	100.0	100.0	100.0	100.0	100.0	100.0	100.0	100.0		Total
20.3	19.7	19.1	18.6	18.1	17.6	17.2	16.8	16.4		Moins de 15 ans
66.9	67.3	67.8	68.2	68.5	68.8	69.1	69.4	69.8		De 15 à 64 ans
12.8	12.9	13.1	13.2	13.4	13.5	13.7	13.8	13.8		65 ans et plus
										COMPOSANTES DE L'ÉVOLUTION DÉMOGRAPHIQUE
10 313	10 326	10 334	10 333	10 321	10 309	10 299	10 290	10 278	10 295	a) Population au 1er janvier
10 326	10 334	10 333	10 321	10 309	10 299	10 290	10 278	10 267	10 270	b) Population au 31 décembre
13	8	-1	-12	-12	-10	-9	-12	-11	-25	**c) Accroissement total (b-a)**
122	121	107	96	90	91	91	89	91	91	d) Naissances
120	118	117	118	113	113	110	110	109	108	e) Décès
2	3	-10	-22	-23	-22	-19	-21	-18	-17	**f) Accroissement naturel (d-e)**
12	5	10	10	10	12	9	9	7	-8	g) Solde net des migrations
-1	0	-1	0	1	0	1	0	0	0	h) Ajustements statistiques
13	8	-1	-12	-12	-10	-9	-12	-11	-25	**i) Accroissement total (=f+g+h=c)**
										(Composition de l'évolution démographique/ Population moyenne) x1000
1.3	0.8	-0.1	-1.2	-1.2	-1.0	-0.9	-1.2	-1.1	-2.4	Taux d'accroissement total
11.8	11.7	10.4	9.3	8.7	8.8	8.8	8.7	8.9	8.8	Taux bruts de natalité
11.6	11.4	11.3	11.4	11.0	11.0	10.7	10.7	10.6	10.5	Taux bruts de mortalité
0.2	0.3	-1.0	-2.1	-2.2	-2.1	-1.8	-2.0	-1.8	-1.7	Taux d'accroissement naturel
1.2	0.5	1.0	1.0	1.0	1.2	0.9	0.9	0.7	-0.8	Taux du solde net des migrations

Statistiques de la Population Active
© 2002 OCDE

CZECH REPUBLIC

II - Labour force

Thousands (end of year estimates)

	1981	1982	1983	1984	1985	1986	1987	1988	1989	1990	1991
Total labour force[1]											
All persons										5 034	5 039
Males										2 662	2 742
Females										2 372	2 297
Armed forces											
All persons											
Males											
Females											
Civilian labour force											
All persons										5 034	5 039
Males										2 662	2 742
Females										2 372	2 297
Unemployed											
All persons										39	222
Males										19	95
Females										20	127
Civilian employment											
All persons	5 118	5 129	5 144	5 180	5 208	5 225	5 243	5 251	5 245	4 995	4 817
Males	2 726	2 729	2 733	2 741	2 752	2 757	2 758	2 762	2 767	2 643	2 648
Females	2 392	2 400	2 411	2 438	2 456	2 468	2 485	2 490	2 478	2 352	2 169
Civilian employment (%)											
All persons	100.0	100.0	100.0	100.0	100.0	100.0	100.0	100.0	100.0	100.0	100.0
Males	53.3	53.2	53.1	52.9	52.8	52.8	52.6	52.6	52.8	52.9	55.0
Females	46.7	46.8	46.9	47.1	47.2	47.2	47.4	47.4	47.2	47.1	45.0
Unemployment rates (% of civilian labour force)											
All persons										0.8	4.4
Males										0.7	3.5
Females										0.8	5.5
Total labour force (% of total population)											
All persons										48.6	48.9
Males										52.9	54.8
Females										44.5	43.3
Total labour force (% of population from 15-64 years)[2]											
All persons										73.6	73.6
Males										78.0	80.4
Females										69.1	66.8
Civilian employment (% of total population)											
All persons	49.7	49.7	49.8	50.1	50.4	50.5	50.7	50.7	50.6	48.2	46.7
Part-time employment (%)[3]											
Part-time as % of employment											
Male share of part-time employment											
Female share of part-time employment											
Male part-time as % of male employment											
Female part-time as % of female employment											
Duration of unemployment (% of total unemployment)[4]											
Less than 1 month											
More than 1 month and less than 3 months											
More than 3 months and less than 6 months											
More than 6 months and less than 1 year											
More than 1 year											

(1) From 1993, annual averages.

(2) Participation rates calculated according to national definitions may differ from those published in this table, when the age group represented in the labour force survey is other than 15-64 years.

(3) Part-time employment refers to persons who work less than 30 hours per week in their main job. Data include only persons declaring usual hours worked.

(4) These percentages only take into account those persons for whom the duration of unemployment is known.

II - Population active

Milliers (estimations à la fin de l'année)

1992	1993	1994	1995	1996	1997	1998	1999	2000	2001	
										Population active totale[1]
5 018 |	5 094	5 148	5 171	5 173	5 185	5 201	5 218	5 186	5 171	Ensemble des personnes
2 799 |	2 832	2 861	2 883	2 898	2 901	2 903	2 906	2 887	2 881	Hommes
2 219 |	2 261	2 287	2 288	2 275	2 284	2 298	2 313	2 299	2 290	Femmes
										Forces armées
206 |	71	64	55	57	52	48	55	56	43	Ensemble des personnes
174 |	70	63	54	56	51	48	54	55	42	Hommes
32 |	1	1	1	1	1	0	1	1	1	Femmes
										Population active civile
4 812 |	5 023	5 084	5 116	5 116	5 133	5 153	5 163	5 130	5 128	Ensemble des personnes
2 625 |	2 762	2 798	2 829	2 842	2 850	2 856	2 852	2 832	2 839	Hommes
2 187 |	2 260	2 286	2 287	2 274	2 283	2 298	2 311	2 298	2 289	Femmes
										Chômeurs
135 |	220	221	208	201	248	336	454	455	421	Ensemble des personnes
57 |	97	102	98	95	113	146	211	212	195	Hommes
78 |	123	119	110	106	136	190	243	243	226	Femmes
										Emploi civil
4 677 |	4 803	4 863	4 908	4 915	4 884	4 818	4 709	4 676	4 707	Ensemble des personnes
2 568 |	2 665	2 696	2 731	2 747	2 737	2 709	2 640	2 621	2 644	Hommes
2 109 |	2 137	2 167	2 177	2 168	2 148	2 108	2 069	2 055	2 062	Femmes
										Emploi civil (%)
100.0 |	100.0	100.0	100.0	100.0	100.0	100.0	100.0	100.0	100.0	Ensemble des personnes
54.9 |	55.5	55.4	55.6	55.9	56.0	56.2	56.1	56.0	56.2	Hommes
45.1 |	44.5	44.6	44.4	44.1	44.0	43.8	43.9	44.0	43.8	Femmes
										Taux de chômage (% de la population active civile)
2.8 |	4.4	4.4	4.1	3.9	4.8	6.5	8.8	8.9	8.2	Ensemble des personnes
2.2 |	3.5	3.7	3.5	3.4	4.0	5.1	7.4	7.5	6.9	Hommes
3.6 |	5.4	5.2	4.8	4.7	5.9	8.2	10.5	10.6	9.9	Femmes
										Population active totale (% de la population totale)
48.6 |	49.3	49.8	50.0	50.1	50.3	50.5	50.7	50.5		Ensemble des personnes
55.9 |	56.5	57.0	57.4	57.8	57.9	58.0	58.1	57.8		Hommes
41.8 |	42.6	43.0	43.1	42.9	43.1	43.5	43.8	43.6		Femmes
										Population active totale (% de la population de 15-64 ans)[2]
72.7 |	73.2	73.5	73.4	73.2	73.1	73.1	73.1	72.4		Ensemble des personnes
81.4 |	81.6	81.8	81.9	82.1	81.8	81.6	81.3	80.5		Hommes
64.1 |	64.8	65.1	64.9	64.4	64.4	64.7	64.9	64.3		Femmes
										Emploi civil (% de la population totale)
45.3 |	46.5	47.0	47.5	47.6	47.4	46.8	45.8	45.5		Ensemble des personnes
										Emploi à temps partiel (%)[3]
	3.6	3.6	3.4	3.4	3.4	3.3	3.4	3.3	3.2	Temps partiel en % de l'emploi
	31.4	32.4	29.9	32.5	30.9	29.7	28.9	27.3	27.8	Part des hommes dans le temps partiel
	68.6	67.6	70.1	67.5	69.1	70.3	71.1	72.7	72.2	Part des femmes dans le temps partiel
	2.0	2.1	1.8	2.0	1.9	1.7	1.7	1.6	1.6	Temps partiel des hommes en % de l'emploi des hommes
	5.8	5.6	5.6	5.3	5.5	5.4	5.6	5.6	5.4	Temps partiel des femmes en % de l'emploi des femmes
										Durée du chômage (% du chômage total)[4]
	17.3	14.3	11.4	11.2	10.2	9.9	6.9	5.1	5.5	Moins de 1 mois
	25.3	23.8	16.9	17.2	16.8	15.6	13.0	10.7	9.7	Plus de 1 mois et moins de 3 mois
	20.6	20.1	18.9	19.2	19.9	20.0	18.1	14.2	13.5	Plus de 3 mois et moins de 6 mois
	18.4	19.6	21.7	21.1	22.5	23.4	24.8	21.1	18.6	Plus de 6 mois et moins de 1 an
	18.5	22.3	31.2	31.3	30.5	31.2	37.1	48.8	52.7	Plus de 1 an

(1) Depuis 1993, moyennes annuelles.

(2) Les taux d'activité calculés selon les définitions nationales peuvent être différents de ceux publiés dans ce tableau si le groupe d'âges représenté dans l'enquête de la population active est différent de 15-64 ans.

(3) L'emploi à temps partiel se réfère aux actifs travaillant moins de 30 heures par semaine dans leur emploi principal. Les données incluent uniquement les personnes déclarant des heures habituelles de travail.

(4) Ces pourcentages ne prennent en compte que les personnes pour lesquelles la durée du chômage est connue.

Statistiques de la Population Active
© 2002
OCDE

CZECH REPUBLIC

III - Professional status and breakdown by activities - ISIC Rev. 2

Thousands (end of year estimates)

	1981	1982	1983	1984	1985	1986	1987	1988	1989	1990	1991
CIVILIAN EMPLOYMENT: PROFESSIONAL STATUS[1 2]											
All activities	5 118	5 129	5 144	5 180	5 208	5 225	5 243	5 251	5 245	4 995	4 817
Employees											
Employers and persons working on own account											
Unpaid family workers											
Agriculture, hunting, forestry and fishing	633	626	623	625	629	627	629	628	625	613	484
Employees											
Employers and persons working on own account											
Unpaid family workers											
Non-agricultural activities	4 485	4 503	4 521	4 555	4 579	4 598	4 614	4 623	4 620	4 382	4 333
Employees											
Employers and persons working on own account											
Unpaid family workers											
All activities (%)	100.0	100.0	100.0	100.0	100.0	100.0	100.0	100.0	100.0	100.0	100.0
Employees											
Others											
CIVILIAN EMPLOYMENT: BREAKDOWN BY ACTIVITIES[3]											
ISIC Rev. 2 Major Divisions											
1 to 0 All activities	5 118	5 129	5 144	5 180	5 208	5 225	5 243	5 251	5 245	4 995	4 817
1 Agriculture, hunting, forestry and fishing	633	626	623	625	629	627	629	628	625	613	484
2 Mining and quarrying	183	188	191	192	193	194	196	198	196	186	168
3 Manufacturing	1 820	1 821	1 821	1 824	1 824	1 824	1 825	1 815	1 804	1 663	1 588
4 Electricity, gas and water	70	71	72	73	72	72	73	74	75	77	73
5 Construction	399	393	393	396	395	398	399	401	395	349	384
6 Wholesale and retail trade; restaurants and hotels	559	563	571	582	586	590	592	595	593	582	575
7 Transport, storage and communication	341	341	340	341	343	340	342	341	342	335	363
8 Financing, insurance, real estate and business services	356	361	362	368	373	379	376	377	382	353	360
9 Community, social and personal services	758	765	771	780	793	801	811	823	831	837	823
0 Activities not adequately defined	0	0	0	0	0	0	0	0	0	0	0
EMPLOYEES: BREAKDOWN BY ACTIVITIES[3]											
ISIC Rev. 2 Major Divisions											
1 to 0 All activities											
1 Agriculture, hunting, forestry and fishing											
2 Mining and quarrying											
3 Manufacturing											
4 Electricity, gas and water											
5 Construction											
6 Wholesale and retail trade; restaurants and hotels											
7 Transport, storage and communication											
8 Financing, insurance, real estate and business services											
9 Community, social and personal services											
0 Activities not adequately defined											

(1)   From 1993, annual averages.

(2)   Civilian employment by professional status has been revised from 1993.

(3)   Data broken down by activities (civilian employment and employees) have not been revised nor updated due to a change by the country from ISIC Rev. 2 to ISIC Rev.3.

III - Situation dans la profession et répartition par activités - CITI Rév. 2

Milliers (estimations à la fin de l'année)

1992	1993	1994	1995	1996	1997	1998	1999	2000	2001	
										EMPLOI CIVIL : SITUATION DANS LA PROFESSION[1,2]
4 677		4 803	4 863	4 908	4 915	4 884	4 818	4 709	4 676	4 707	**Toutes activités**
3 540		4 349	4 347	4 319	4 312	4 277	4 155	4 024	3 966	3 989	Salariés
	439	495	562	580	587	640	660	682	689	Employeurs et personnes travaillant à leur compte
	14	20	26	22	20	23	25	27	28	Travailleurs familiaux non rémunérés
375		374	338	326	305	284	267	247	241	225	**Agriculture, chasse, sylviculture et pêche**
349		346	304	284	262	244	226	207	200	187	Salariés
	26	31	38	40	38	39	38	39	36	Employeurs et personnes travaillant à leur compte
	2	3	4	4	3	3	2	1	3	Travailleurs familiaux non rémunérés
4 302		4 428	4 525	4 582	4 609	4 600	4 551	4 462	4 435	4 481	**Activités non agricoles**
3 191		4 003	4 043	4 036	4 050	4 033	3 929	3 817	3 766	3 802	Salariés
	412	464	524	540	549	601	622	643	654	Employeurs et personnes travaillant à leur compte
	13	18	22	19	17	20	23	25	25	Travailleurs familiaux non rémunérés
100.0		100.0	100.0	100.0	100.0	100.0	100.0	100.0	100.0	100.0	**Toutes activités (%)**
75.7		90.6	89.4	88.0	87.7	87.6	86.2	85.5	84.8	84.8	Salariés
	9.4	10.6	12.0	12.3	12.4	13.8	14.5	15.2	15.2	Autres
										EMPLOI CIVIL : RÉPARTITION PAR BRANCHES D'ACTIVITÉS[3]
										Branches CITI Rév. 2
4 677		4 861	4 932	4 927	4 916	4 951	5 156				1 à 0 Toutes activités
375		383	345	326	308	288	286				1 Agriculture, chasse, sylviculture et pêche
116		128	100	97	89	90	92				2 Industries extractives
1 519		1 471	1 466	1 424	1 410	1 390	1 435				3 Industries manufacturières
89		100	97	102	100	93	100				4 Électricité, gaz et eau
387		425	455	454	467	486	505				5 Bâtiment et travaux publics
634		664	740	775	792	835	872				6 Commerce de gros et de détail; restaurants et hôtels
354		390	374	382	388	387	405				7 Transports, entrepôts et communications
350		282	319	336	350	354	372				8 Banques, assurances, affaires immobilières et services fournis aux entreprises
853		1 018	1 034	1 028	1 009	1 024	1 089				9 Services fournis à la collectivité, services sociaux et services personnels
0		0	2	2	3	4	0				0 Activités mal désignées
										SALARIÉS : RÉPARTITION PAR BRANCHES D'ACTIVITÉS[3]
										Branches CITI Rév. 2
3 540		4 421	4 429	4 343	4 314	4 338	4 449				1 à 0 Toutes activités
349		355	313	285	264	247	242				1 Agriculture, chasse, sylviculture et pêche
116		128	99	96	88	89	90				2 Industries extractives
1 238		1 404	1 390	1 341	1 330	1 306	1 340				3 Industries manufacturières
91		97	93	97	97	91	96				4 Électricité, gaz et eau
206		355	376	367	373	383	372				5 Bâtiment et travaux publics
226		525	577	583	593	641	660				6 Commerce de gros et de détail; restaurants et hôtels
304		360	341	347	352	353	362				7 Transports, entrepôts et communications
200		227	253	254	262	262	277				8 Banques, assurances, affaires immobilières et services fournis aux entreprises
810		970	985	969	952	963	1 007				9 Services fournis à la collectivité, services sociaux et services personnels
0		0	2	2	2	2	1				0 Activités mal désignées

(1)   Depuis 1993, moyennes annuelles.

(2)   La décomposition de l'emploi civil par situation dans la profession a été révisée depuis 1993.

(3)   Les données concernant la répartition par branches d'activités (emploi civil et salariés) n'ont pas été révisées ni mises à jour en raison du passage par le pays de la CITI Rév. 2 à la CITI Rév.3.

CZECH REPUBLIC

IV - Civilian employment and employees: breakdown by activities - ISIC Rev. 3

Thousands (end of year estimates)

	1981	1982	1983	1984	1985	1986	1987	1988	1989	1990	1991
CIVILIAN EMPLOYMENT: BREAKDOWN BY ACTIVITIES											
A to X All activities											
A Agriculture, hunting and forestry											
B Fishing											
C Mining and quarrying											
D Manufacturing											
E Electricity, gas and water supply											
F Construction											
G Wholesale and retail trade; repair of motor vehicles, motorcycles and personal and household goods											
H Hotels and restaurants											
I Transport, storage and communication											
J Financial intermediation											
K Real estate, renting and business activities											
L Public administration and defence; compulsory social security, excluding armed forces											
M Education											
N Health and social work											
O Other community, social and personal service activities											
P Private households with employed persons											
Q Extra-territorial organisations and bodies											
X Not classifiable by economic activities											
Breakdown by sector											
Agriculture (A-B)											
Industry (C-F)											
Services (G-Q)											
Agriculture (%)											
Industry (%)											
Services (%)											
Female participation in agriculture (%)											
Female participation in industry (%)											
Female participation in services (%)											
EMPLOYEES: BREAKDOWN BY ACTIVITIES											
A to X All activities											
A Agriculture, hunting and forestry											
B Fishing											
C Mining and quarrying											
D Manufacturing											
E Electricity, gas and water supply											
F Construction											
G Wholesale and retail trade; repair of motor vehicles, motorcycles and personal and household goods											
H Hotels and restaurants											
I Transport, storage and communication											
J Financial intermediation											
K Real estate, renting and business activities											
L Public administration and defence; compulsory social security, excluding armed forces											
M Education											
N Health and social work											
O Other community, social and personal service activities											
P Private households with employed persons											
Q Extra-territorial organisations and bodies											
X Not classifiable by economic activities											
Breakdown by sector											
Agriculture (A-B)											
Industry (C-F)											
Services (G-Q)											
Agriculture (%)											
Industry (%)											
Services (%)											
Female participation in agriculture (%)											
Female participation in industry (%)											
Female participation in services (%)											

IV - Emploi civil et salariés : répartition par activités - CITI Rév. 3

Milliers (estimations à la fin de l'année)

1992	1993	1994	1995	1996	1997	1998	1999	2000	2001	
										EMPLOI CIVIL : RÉPARTITION PAR BRANCHES D'ACTIVITÉS
										A à X **Toutes activités**
	4 803	4 863	4 908	4 915	4 884	4 818	4 709	4 676	4 707	
	371	335	323	303	281	264	244	238	222	A Agriculture, chasse et sylviculture
	3	2	2	3	3	3	3	3	3	B Pêche
	125	97	95	89	89	86	77	70	68	C Activités extractives
	1 444	1 428	1 421	1 407	1 369	1 341	1 308	1 282	1 315	D Activités de fabrication
	99	98	102	100	92	93	84	77	88	E Production et distribution d'électricité, de gaz et d'eau
	423	451	455	467	481	472	443	439	430	F Construction
	510	589	619	640	659	646	641	613	608	G Commerce de gros et de détail; réparation de véhicules et de biens domestiques
	149	149	154	156	166	169	157	156	159	H Hôtels et restaurants
	388	370	382	388	381	378	371	373	364	I Transports, entreposage et communications
	68	81	91	95	97	100	99	100	102	J Intermédiation financière
	220	242	245	256	252	248	257	266	258	K Immobilier, location et activités de services aux entreprises
	240	263	252	256	269	275	281	287	298	L Administration publique et défense; sécurité sociale obligatoire (armée exclue)
	315	311	309	311	306	289	287	299	302	M Education
	282	279	283	273	272	268	277	291	306	N Santé et action sociale
	163	163	170	166	161	183	176	175	179	O Autres activités de services collectifs, sociaux et personnels
	1	1	1	2	1	1	2	2	1	P Ménages privés employant du personnel domestique
	1	1	1	2	2	2	2	2	1	Q Organisations et organismes extra-territoriaux
	0	2	2	2	2	1	1	2	3	X Ne pouvant être classés selon l'activité économique
										Répartition par secteurs
	374	338	326	305	284	267	247	241	225	Agriculture (A-B)
	2 091	2 075	2 073	2 064	2 031	1 992	1 912	1 868	1 901	Industrie (C-F)
	2 337	2 448	2 507	2 543	2 567	2 558	2 548	2 564	2 578	Services (G-Q)
	7.8	6.9	6.6	6.2	5.8	5.5	5.3	5.1	4.8	Agriculture (%)
	43.5	42.7	42.2	42.0	41.6	41.3	40.6	40.0	40.4	Industrie (%)
	48.7	50.3	51.1	51.8	52.5	53.1	54.1	54.8	54.8	Services (%)
	35.8	36.6	36.5	34.5	32.9	32.9	32.1	31.7	30.0	Part des femmes dans l'agriculture (%)
	33.3	32.9	32.3	31.9	30.8	30.6	30.3	30.2	30.7	Part des femmes dans l'industrie (%)
	55.9	55.6	55.3	55.2	55.6	55.2	55.3	55.1	54.7	Part des femmes dans les services (%)
										SALARIÉS : RÉPARTITION PAR BRANCHES D'ACTIVITÉS
										A à X **Toutes activités**
	4 349	4 347	4 319	4 312	4 277	4 155	4 024	3 966	3 989	
	344	303	282	260	241	224	205	198	185	A Agriculture, chasse et sylviculture
	3	2	2	2	3	2	2	2	2	B Pêche
	124	96	94	88	88	85	76	69	67	C Activités extractives
	1 375	1 351	1 339	1 326	1 286	1 252	1 215	1 195	1 221	D Activités de fabrication
	96	94	97	97	89	90	78	74	85	E Production et distribution d'électricité, de gaz et d'eau
	352	371	367	373	378	347	313	301	284	F Construction
	390	444	454	469	495	477	462	436	442	G Commerce de gros et de détail; réparation de véhicules et de biens domestiques
	124	126	125	127	139	139	127	122	126	H Hôtels et restaurants
	358	337	347	353	347	339	331	330	323	I Transports, entreposage et communications
	67	79	86	89	90	91	89	87	84	J Intermédiation financière
	164	176	169	174	168	169	172	175	168	K Immobilier, location et activités de services aux entreprises
	237	260	250	253	267	273	279	285	294	L Administration publique et défense; sécurité sociale obligatoire (armée exclue)
	311	307	304	307	303	284	280	292	294	M Education
	270	265	263	254	253	245	255	267	281	N Santé et action sociale
	134	133	138	135	126	136	133	128	130	O Autres activités de services collectifs, sociaux et personnels
	0	0	1	2	1	1	2	2	1	P Ménages privés employant du personnel domestique
	1	1	1	2	2	1	1	2	1	Q Organisations et organismes extra-territoriaux
	0	2	2	2	2	1	1	2	2	X Ne pouvant être classés selon l'activité économique
										Répartition par secteurs
	346	304	284	262	244	226	207	200	187	Agriculture (A-B)
	1 948	1 913	1 897	1 884	1 841	1 773	1 683	1 640	1 657	Industrie (C-F)
	2 055	2 128	2 137	2 165	2 190	2 155	2 133	2 125	2 143	Services (G-Q)
	8.0	7.0	6.6	6.1	5.7	5.4	5.1	5.0	4.7	Agriculture (%)
	44.8	44.0	43.9	43.7	43.0	42.7	41.8	41.3	41.5	Industrie (%)
	47.3	49.0	49.5	50.2	51.2	51.9	53.0	53.6	53.7	Services (%)
	36.8	38.3	38.5	36.6	35.0	35.0	34.5	34.2	32.1	Part des femmes dans l'agriculture (%)
	34.5	34.2	33.9	33.6	32.6	32.8	32.9	32.8	33.3	Part des femmes dans l'industrie (%)
	58.7	58.7	58.4	58.6	58.9	58.2	58.3	58.3	57.8	Part des femmes dans les services (%)

Statistiques de la Population Active
© 2002
OCDE

DENMARK

I - Population

Thousands (mid-year estimates)

	1981	1982	1983	1984	1985	1986	1987	1988	1989	1990	1991
POPULATION - DISTRIBUTION BY AGE AND GENDER											
All persons											
Total	5 122	5 118	5 114	5 112	5 114	5 121	5 127	5 130	5 133	5 141	5 154
Under 15 years	1 038	1 006	981	960	943	927	910	895	885	877	874
From 15 to 64 years	3 339	3 360	3 375	3 388	3 399	3 413	3 429	3 441	3 450	3 463	3 477
65 years and over	745	751	758	764	771	781	788	793	798	801	803
Males											
Total	2 526	2 523	2 520	2 518	2 519	2 523	2 527	2 528	2 529	2 533	2 540
Under 15 years	531	515	501	490	482	473	465	458	453	449	447
From 15 to 64 years	1 682	1 693	1 701	1 709	1 716	1 726	1 736	1 742	1 747	1 754	1 762
65 years and over	313	315	317	318	321	324	327	328	330	331	331
Females											
Total	2 596	2 595	2 595	2 594	2 595	2 597	2 600	2 601	2 603	2 607	2 614
Under 15 years	507	492	479	470	461	453	445	438	432	428	427
From 15 to 64 years	1 657	1 667	1 674	1 679	1 683	1 687	1 693	1 699	1 703	1 709	1 715
65 years and over	432	437	441	445	451	457	462	465	468	470	472
POPULATION - PERCENTAGES											
All persons											
Total	100.0	100.0	100.0	100.0	100.0	100.0	100.0	100.0	100.0	100.0	100.0
Under 15 years	20.3	19.7	19.2	18.8	18.4	18.1	17.7	17.5	17.2	17.1	17.0
From 15 to 64 years	65.2	65.7	66.0	66.3	66.5	66.6	66.9	67.1	67.2	67.4	67.5
65 years and over	14.5	14.7	14.8	14.9	15.1	15.3	15.4	15.5	15.6	15.6	15.6
COMPONENTS OF CHANGE IN POPULATION											
a) Population at 1 January	5 124	5 119	5 116	5 112	5 111	5 116	5 125	5 130	5 130	5 135	5 146
b) Population at 31 December	5 119	5 116	5 112	5 111	5 116	5 125	5 130	5 130	5 135	5 146	5 162
c) Total increase (b-a)	-5	-3	-4	-1	5	9	5	0	5	11	16
d) Births	53	53	51	52	54	55	56	59	61	63	64
e) Deaths	56	55	57	57	58	58	58	59	59	61	60
f) Natural increase (d-e)	-3	-2	-6	-5	-4	-3	-2	0	2	2	4
g) Net migration	-2	0	2	4	9	11	6	1	3	8	11
h) Statistical adjustments	0	-1	0	0	0	1	1	-1	0	1	1
i) Total increase (=f+g+h=c)	-5	-3	-4	-1	5	9	5	0	5	11	16
(Components of change in population/ Average population) x1000											
Total increase rates	-1.0	-0.6	-0.8	-0.2	1.0	1.8	1.0	0.0	1.0	2.1	3.1
Crude birth rates	10.3	10.4	10.0	10.2	10.6	10.7	10.9	11.5	11.9	12.3	12.4
Crude death rates	10.9	10.7	11.1	11.2	11.3	11.3	11.3	11.5	11.5	11.9	11.6
Natural increase rates	-0.6	-0.4	-1.2	-1.0	-0.8	-0.6	-0.4	0.0	0.4	0.4	0.8
Net migration rates	-0.4	0.0	0.4	0.8	1.8	2.1	1.2	0.2	0.6	1.6	2.1

DANEMARK

I - Population

Milliers (estimations au milieu de l'année)

1992	1993	1994	1995	1996	1997	1998	1999	2000	2001	
										POPULATION - RÉPARTITION SELON L'AGE ET LE SEXE
										Ensemble des personnes
5 171	5 189	5 206	5 233	5 263	5 285	5 304	5 322	5 340	5 359	Total
879	886	895	910	928	945	960	974	988	1 000	Moins de 15 ans
3 489	3 501	3 511	3 526	3 541	3 548	3 553	3 557	3 561	3 566	De 15 à 64 ans
804	802	800	797	794	792	791	790	791	793	65 ans et plus
										Hommes
2 550	2 559	2 568	2 583	2 599	2 610	2 621	2 630	2 639	2 649	Total
450	454	458	466	476	484	492	500	507	513	Moins de 15 ans
1 768	1 775	1 780	1 787	1 794	1 798	1 800	1 801	1 802	1 804	De 15 à 64 ans
331	331	330	329	328	328	328	329	330	333	65 ans et plus
										Femmes
2 622	2 630	2 638	2 651	2 664	2 675	2 684	2 692	2 700	2 710	Total
429	432	437	444	453	460	468	474	481	487	Moins de 15 ans
1 721	1 726	1 731	1 739	1 746	1 750	1 753	1 756	1 758	1 762	De 15 à 64 ans
472	471	470	468	466	464	463	462	461	461	65 ans et plus
										POPULATION - POURCENTAGES
										Ensemble des personnes
100.0	100.0	100.0	100.0	100.0	100.0	100.0	100.0	100.0	100.0	Total
17.0	17.1	17.2	17.4	17.6	17.9	18.1	18.3	18.5	18.7	Moins de 15 ans
67.5	67.5	67.4	67.4	67.3	67.1	67.0	66.8	66.7	66.5	De 15 à 64 ans
15.5	15.5	15.4	15.2	15.1	15.0	14.9	14.9	14.8	14.8	65 ans et plus
										COMPOSANTES DE L'ÉVOLUTION DÉMOGRAPHIQUE
5 162	5 181	5 197	5 216	5 251	5 275	5 295	5 314	5 330	5 349	a) Population au 1er janvier
5 181	5 197	5 216	5 251	5 275	5 295	5 314	5 330	5 349	5 368	b) Population au 31 décembre
19	16	19	35	24	20	19	16	19	19	**c) Accroissement total (b-a)**
68	67	70	70	68	68	66	66	67	65	d) Naissances
61	63	61	63	61	60	58	59	58	58	e) Décès
7	4	9	7	7	8	8	7	9	7	**f) Accroissement naturel (d-e)**
11	11	10	29	17	12	11	9	9	12	g) Solde net des migrations
1	1	0	-1	0	0	0	0	1	0	h) Ajustements statistiques
19	16	19	35	24	20	19	16	19	19	**i) Accroissement total (=f+g+h=c)**
										(Composition de l'évolution démographique/ Population moyenne) x1000
3.7	3.1	3.6	6.7	4.5	3.7	3.5	3.0	3.6	3.5	Taux d'accroissement total
13.1	12.9	13.4	13.4	12.9	12.8	12.5	12.4	12.5	12.1	Taux bruts de natalité
11.8	12.1	11.7	12.0	11.6	11.3	11.0	11.1	10.9	10.8	Taux bruts de mortalité
1.4	0.8	1.7	1.3	1.3	1.5	1.4	1.3	1.7	1.3	Taux d'accroissement naturel
2.1	2.1	1.9	5.5	3.2	2.3	2.1	1.7	1.7	2.2	Taux du solde net des migrations

Statistiques de la Population Active
© 2002 OCDE

DENMARK

II - Labour force

Thousands

	1981	1982	1983	1984	1985	1986	1987	1988	1989	1990	1991
Total labour force											
All persons	2 674	2 700	2 732	2 720	2 753	2 816	2 831	2 881	2 879	2 912	2 912
Males	1 486	1 489	1 491	1 481	1 499	1 526	1 531	1 564	1 564	1 571	1 559
Females	1 189	1 211	1 241	1 239	1 254	1 290	1 301	1 318	1 316	1 341	1 353
Armed forces											
All persons	30	30	31	32	31	32	33	35	35	34	34
Males	30	30	31	31	27	26	28	29	29	28	28
Females	0	0	1	1	4	6	5	6	6	6	7
Civilian labour force											
All persons	2 645	2 670	2 701	2 688	2 722	2 784	2 799	2 846	2 844	2 878	2 878
Males	1 456	1 459	1 460	1 450	1 472	1 500	1 503	1 535	1 534	1 543	1 531
Females	1 188	1 211	1 240	1 238	1 250	1 284	1 296	1 311	1 310	1 336	1 346
Unemployed											
All persons	276	296	312	231	200	154	153	186	234	242	265
Males	149	160	159	112	89	62	73	90	117	121	129
Females	127	136	153	119	111	92	79	96	117	120	135
Civilian employment											
All persons	2 369	2 374	2 389	2 457	2 522	2 630	2 646	2 660	2 610	2 638	2 612
Males	1 308	1 299	1 301	1 338	1 383	1 438	1 430	1 445	1 417	1 422	1 402
Females	1 061	1 075	1 088	1 118	1 139	1 192	1 217	1 215	1 193	1 216	1 210
Civilian employment (%)											
All persons	100.0	100.0	100.0	100.0	100.0	100.0	100.0	100.0	100.0	100.0	100.0
Males	55.2	54.7	54.5	54.5	54.8	54.7	54.0	54.3	54.3	53.9	53.7
Females	44.8	45.3	45.5	45.5	45.2	45.3	46.0	45.7	45.7	46.1	46.3
Unemployment rates (% of civilian labour force)											
All persons	10.4	11.1	11.6	8.6	7.3	5.5	5.5	6.5	8.2	8.4	9.2
Males	10.2	11.0	10.9	7.7	6.0	4.1	4.9	5.9	7.6	7.8	8.4
Females	10.7	11.2	12.3	9.6	8.9	7.2	6.1	7.3	8.9	9.0	10.0
Total labour force (% of total population)											
All persons	52.2	52.8	53.4	53.2	53.8	55.0	55.2	56.2	56.1	56.6	56.5
Males	58.8	59.0	59.2	58.8	59.5	60.5	60.6	61.9	61.8	62.0	61.4
Females	45.8	46.7	47.8	47.8	48.3	49.7	50.0	50.7	50.6	51.4	51.8
Total labour force (% of population from 15-64 years)[1]											
All persons	80.1	80.4	80.9	80.3	81.0	82.5	82.6	83.7	83.5	84.1	83.8
Males	88.3	87.9	87.6	86.7	87.3	88.4	88.2	89.8	89.5	89.6	88.5
Females	71.8	72.6	74.1	73.8	74.5	76.5	76.8	77.6	77.3	78.5	78.9
Civilian employment (% of total population)											
All persons	46.3	46.4	46.7	48.1	49.3	51.4	51.6	51.9	50.9	51.3	50.7
Part-time employment (%)[2]											
Part-time as % of employment			20.6	21.2	20.3	19.6	19.8	19.0	19.0	19.2	18.6
Male share of part-time employment			18.7	21.2	21.6	24.0	25.0	24.9	25.4	28.5	28.5
Female share of part-time employment			81.3	78.6	78.4	76.2	75.0	75.1	74.6	71.5	71.5
Male part-time as % of male employment			7.1	8.2	8.0	8.6	9.2	8.6	8.9	10.2	9.9
Female part-time as % of female employment			36.7	36.7	35.2	32.9	32.3	31.4	30.8	29.6	28.6
Duration of unemployment (% of total unemployment)[3]											
Less than 1 month			4.9	5.8	5.5	6.9	9.2	7.2	8.8	7.1	5.9
More than 1 month and less than 3 months			8.4	7.9	8.1	11.3	11.4	10.9	13.3	9.9	10.4
More than 3 months and less than 6 months			19.4	30.3	27.9	33.0	31.2	36.7	32.4	29.7	29.4
More than 6 months and less than 1 year			22.9	23.1	24.1	20.5	23.4	20.8	23.4	23.3	22.3
More than 1 year			44.3	32.9	34.4	28.3	24.9	24.5	22.1	29.9	31.9

(1) Participation rates calculated according to national definitions may differ from those published in this table, when the age group represented in the labour force survey is other than 15-64 years.

(2) Part-time employment refers to persons who work less than 30 hours per week in their main job. Data include only persons declaring usual hours worked.

(3) These percentages only take into account those persons for whom the duration of unemployment is known.

II - Population active

Milliers

1992	1993	1994	1995	1996	1997	1998	1999	2000	2001	
										Population active totale
2 914	2 893	2 777	2 798	2 822	2 856	2 848	2 865	2 853	2 862	Ensemble des personnes
1 555	1 542	1 499	1 519	1 528	1 541	1 529	1 534	1 519	1 523	Hommes
1 359	1 351	1 278	1 279	1 293	1 315	1 319	1 331	1 334	1 339	Femmes
										Forces armées
35	35	47	36	34	33	34	35	30	27	Ensemble des personnes
28	27	37	29	29	29	29	29	25	22	Hommes
6	8	10	7	5	4	5	6	5	5	Femmes
										Population active civile
2 879	2 858	2 730	2 763	2 788	2 823	2 814	2 830	2 824	2 835	Ensemble des personnes
1 527	1 515	1 462	1 490	1 499	1 512	1 499	1 505	1 494	1 500	Hommes
1 352	1 343	1 268	1 272	1 289	1 311	1 315	1 325	1 329	1 335	Femmes
										Chômeurs
262	309	222	197	195	174	155	158	131	137	Ensemble des personnes
128	159	107	93	88	75	68	72	61	66	Hommes
134	150	115	104	107	99	87	87	70	71	Femmes
										Emploi civil
2 613	2 552	2 508	2 566	2 593	2 648	2 659	2 672	2 692	2 698	Ensemble des personnes
1 396	1 359	1 355	1 398	1 411	1 437	1 431	1 434	1 433	1 434	Hommes
1 217	1 193	1 153	1 168	1 182	1 211	1 228	1 238	1 259	1 264	Femmes
										Emploi civil (%)
100.0	100.0	100.0	100.0	100.0	100.0	100.0	100.0	100.0	100.0	Ensemble des personnes
53.4	53.3	54.0	54.5	54.4	54.3	53.8	53.7	53.2	53.2	Hommes
46.6	46.7	46.0	45.5	45.6	45.7	46.2	46.3	46.8	46.8	Femmes
										Taux de chômage (% de la population active civile)
9.1	10.8	8.1	7.1	7.0	6.2	5.5	5.6	4.6	4.8	Ensemble des personnes
8.4	10.5	7.3	6.2	5.9	5.0	4.5	4.8	4.1	4.4	Hommes
9.9	11.2	9.1	8.2	8.3	7.6	6.6	6.6	5.3	5.3	Femmes
										Population active totale (% de la population totale)
56.3	55.8	53.3	53.5	53.6	54.0	53.7	53.8	53.4	53.4	Ensemble des personnes
61.0	60.3	58.4	58.8	58.8	59.0	58.3	58.3	57.6	57.5	Hommes
51.8	51.4	48.4	48.3	48.5	49.2	49.1	49.4	49.4	49.4	Femmes
										Population active totale (% de la population de 15-64 ans)[1]
83.5	82.6	79.1	79.4	79.7	80.5	80.2	80.5	80.1	80.3	Ensemble des personnes
87.9	86.9	84.2	85.0	85.2	85.7	84.9	85.2	84.3	84.4	Hommes
79.0	78.3	73.8	73.6	74.1	75.1	75.2	75.8	75.9	76.0	Femmes
										Emploi civil (% de la population totale)
50.5	49.2	48.2	49.0	49.3	50.1	50.1	50.2	50.4	50.3	Ensemble des personnes
										Emploi à temps partiel (%)[2]
18.9	19.0	17.2	16.8	16.5	17.1	17.0	15.3	15.7	14.5	Temps partiel en % de l'emploi
28.8	29.9	30.4	31.8	33.9	35.7	31.4	31.6	30.1	33.6	Part des hommes dans le temps partiel
71.0	70.1	69.6	68.0	66.1	64.3	68.8	68.4	69.9	66.7	Part des femmes dans le temps partiel
10.2	10.7	9.7	9.6	10.1	11.1	9.9	8.9	8.8	9.1	Temps partiel des hommes en % de l'emploi des hommes
29.0	28.5	26.2	25.5	24.3	24.2	25.5	22.7	23.5	20.9	Temps partiel des femmes en % de l'emploi des femmes
										Durée du chômage (% du chômage total)[3]
20.5	22.7	18.1	23.4	22.9	24.1	22.1	26.9	26.7	28.2	Moins de 1 mois
11.3	11.9	9.3	11.3	15.3	11.8	14.5	17.5	18.2	17.0	Plus de 1 mois et moins de 3 mois
18.3	19.9	18.5	18.7	17.3	18.4	22.1	17.2	17.0	16.2	Plus de 3 mois et moins de 6 mois
22.9	20.3	21.9	18.7	17.9	18.6	14.4	18.0	18.1	16.3	Plus de 6 mois et moins de 1 an
27.0	25.2	32.1	27.9	26.5	27.2	26.9	20.5	20.0	22.2	Plus de 1 an

(1) Les taux d'activité calculés selon les définitions nationales peuvent être différents de ceux publiés dans ce tableau si le groupe d'âges représenté dans l'enquête de la population active est différent de 15-64 ans.

(2) L'emploi à temps partiel se réfère aux actifs travaillant moins de 30 heures par semaine dans leur emploi principal. Les données incluent uniquement les personnes déclarant des heures habituelles de travail.

(3) Ces pourcentages ne prennent en compte que les personnes pour lesquelles la durée du chômage est connue.

Statistiques de la Population Active
© 2002 OCDE

DENMARK

III - Professional status and breakdown by activities - ISIC Rev. 2

Thousands

	1981	1982	1983	1984	1985	1986	1987	1988	1989	1990	1991
CIVILIAN EMPLOYMENT: PROFESSIONAL STATUS											
All activities	2 369	2 374	2 389	2 457	2 522	2 630	2 646	2 660	2 610	2 638	2 612
Employees	2 023		2 037	2 138	2 209	2 324	2 337	2 365	2 317	2 330	2 326
Employers and persons working on own account	280		279	255	250	248	246	237	243	253	238
Unpaid family workers	66		73	64	63	57	62	58	49	55	47
Agriculture, hunting, forestry and fishing	174	177	177	165	169	154	151	153	148	147	149
Employees	48		53	61	63	56	50	51	57	52	61
Employers and persons working on own account	99		91	80	81	75	76	79	73	74	67
Unpaid family workers	28		33	24	26	23	25	23	19	21	21
Non-agricultural activities	2 195	2 197	2 212	2 292	2 353	2 476	2 495	2 507	2 462	2 491	2 463
Employees	1 975		1 984	2 077	2 146	2 268	2 287	2 314	2 260	2 278	2 265
Employers and persons working on own account	181		188	175	169	173	170	158	170	179	171
Unpaid family workers	38		40	40	37	34	37	35	30	34	26
All activities (%)	100.0	100.0	100.0	100.0	100.0	100.0	100.0	100.0	100.0	100.0	100.0
Employees	85.4		85.3	87.0	87.6	88.4	88.3	88.9	88.8	88.3	89.1
Others	14.6		14.7	13.0	12.4	11.6	11.6	11.1	11.2	11.7	10.9
CIVILIAN EMPLOYMENT: BREAKDOWN BY ACTIVITIES											
ISIC Rev. 2 Major Divisions											
1 to 0 All activities	2 369	2 374	2 389	2 457	2 522	2 630	2 646	2 660	2 610	2 638	2 612
1 Agriculture, hunting, forestry and fishing	174	177	177	165	169	154	151	153	148	147	149
2 Mining and quarrying	2		3	3	4	3	3	3	2	2	2
3 Manufacturing	505	673	503	482	516	533	521	519	506	532	535
4 Electricity, gas and water	16		14	17	18	18	19	19	20	20	20
5 Construction	172		158	157	171	188	204	182	187	172	167
6 Wholesale and retail trade; restaurants and hotels	337		324	368	392	380	380	386	370	391	381
7 Transport, storage and communication	163		178	178	180	188	188	197	196	189	182
8 Financing, insurance, real estate and business services	157	1 524	156	185	193	224	239	259	256	247	239
9 Community, social and personal services	824		861	889	868	913	920	914	894	909	911
0 Activities not adequately defined	18		16	11	11	29	20	28	33	29	29
EMPLOYEES: BREAKDOWN BY ACTIVITIES											
ISIC Rev. 2 Major Divisions											
1 to 0 All activities	2 023		2 037	2 138	2 209	2 324	2 337	2 365	2 317	2 330	2 328
1 Agriculture, hunting, forestry and fishing	48		53	61	63	56	50	51	57	52	61
2 Mining and quarrying	2		3	3	4	4	3	3	2	2	2
3 Manufacturing	470		464	453	485	503	491	496	483	503	505
4 Electricity, gas and water	16		14	17	19	17	19	19	20	20	20
5 Construction	139		126	128	143	153	168	151	154	140	134
6 Wholesale and retail trade; restaurants and hotels	263		247	294	323	320	319	332	314	327	324
7 Transport, storage and communication	146		158	162	162	169	170	180	180	171	169
8 Financing, insurance, real estate and business services	139		137	164	172	204	218	234	229	223	215
9 Community, social and personal services	784		820	845	827	871	882	877	851	870	872
0 Activities not adequately defined	18		16	10	11	26	16	25	29	25	26

III - Situation dans la profession et répartition par activités - CITI Rév. 2

Milliers

1992	1993	1994	1995	1996	1997	1998	1999	2000	2001	
										EMPLOI CIVIL : SITUATION DANS LA PROFESSION
2 613	2 552	2 508	2 565	2 593	2 649	2 659	2 672	2 692	2 698	**Toutes activités**
2 326	2 274	2 257	2 319	2 347	2 409	2 410	2 428	2 457	2 458	Salariés
233	231	214	215	220	212	221	221	210	219	Employeurs et personnes travaillant à leur compte
50	45	36	31	26	28	28	23	25	22	Travailleurs familiaux non rémunérés
136	132	127	114	103	99	97	88	90	89	**Agriculture, chasse, sylviculture et pêche**
49	53	60	56	50	48	44	45	42	42	Salariés
67	61	53	47	43	41	43	36	38	39	Employeurs et personnes travaillant à leur compte
20	18	15	11	10	9	10	7	10	8	Travailleurs familiaux non rémunérés
2 477	2 420	2 381	2 451	2 490	2 550	2 562	2 584	2 602	2 609	**Activités non agricoles**
2 277	2 221	2 197	2 263	2 297	2 361	2 366	2 383	2 415	2 416	Salariés
166	170	161	168	177	171	178	185	172	180	Employeurs et personnes travaillant à leur compte
30	27	21	20	16	19	18	16	15	14	Travailleurs familiaux non rémunérés
100.0	100.0	100.0	100.0	100.0	100.0	100.0	100.0	100.0	100.0	**Toutes activités (%)**
89.0	89.1	90.0	90.4	90.5	90.9	90.6	90.9	91.3	91.1	Salariés
10.8	10.8	10.0	9.6	9.5	9.1	9.4	9.1	8.7	8.9	Autres
										EMPLOI CIVIL : RÉPARTITION PAR BRANCHES D'ACTIVITÉS
										Branches CITI Rév. 2
2 613	2 552	2 508	2 566	2 593	2 649	2 658	2 672	2 692	2 698	**1 à 0 Toutes activités**
136	132	127	114	103	99	97	88	90	89	1 Agriculture, chasse, sylviculture et pêche
3	2	3	4	3	3	3	3	3	3	2 Industries extractives
531	506	493	516	510	513	516	510	510	488	3 Industries manufacturières
19	16	19	18	17	17	20	17	15	13	4 Électricité, gaz et eau
163	148	158	166	170	176	178	183	184	182	5 Bâtiment et travaux publics
377	403	413	414	428	440	439	448	443	442	6 Commerce de gros et de détail; restaurants et hôtels
186	184	169	184	184	185	182	178	176	183	7 Transports, entrepôts et communications
240	259	286	275	272	289	307	322	335	342	8 Banques, assurances, affaires immobilières et services fournis aux entreprises
941	883	832	870	899	921	912	916	930	951	9 Services fournis à la collectivité, services sociaux et services personnels
22	17	6	5	5	5	5	5	7	6	0 Activités mal désignées
										SALARIÉS : RÉPARTITION PAR BRANCHES D'ACTIVITÉS
										Branches CITI Rév. 2
2 326	2 274	2 257	2 319	2 346	2 409	2 410	2 428	2 457	2 458	**1 à 0 Toutes activités**
49	53	60	56	50	48	44	45	42	42	1 Agriculture, chasse, sylviculture et pêche
2	2	3	4	3	3	3	3	2	2	2 Industries extractives
504	478	469	492	488	492	495	486	488	467	3 Industries manufacturières
19	16	19	18	17	17	20	17	15	13	4 Électricité, gaz et eau
131	119	132	139	144	150	148	155	157	151	5 Bâtiment et travaux publics
327	343	357	356	369	385	381	391	392	392	6 Commerce de gros et de détail; restaurants et hôtels
168	166	154	168	170	169	166	165	164	171	7 Transports, entrepôts et communications
216	228	253	242	237	252	267	278	294	298	8 Banques, assurances, affaires immobilières et services fournis aux entreprises
896	850	805	839	864	888	880	882	897	916	9 Services fournis à la collectivité, services sociaux et services personnels
20	17	6	5	4	5	5	5	7	5	0 Activités mal désignées

Statistiques de la Population Active
© 2002
OCDE

DENMARK

IV - Civilian employment and employees: breakdown by activities - ISIC Rev. 3

Thousands

	1981	1982	1983	1984	1985	1986	1987	1988	1989	1990	1991
CIVILIAN EMPLOYMENT: BREAKDOWN BY ACTIVITIES											
A to X All activities											
A Agriculture, hunting and forestry											
B Fishing											
C Mining and quarrying											
D Manufacturing											
E Electricity, gas and water supply											
F Construction											
G Wholesale and retail trade; repair of motor vehicles, motorcycles and personal and household goods											
H Hotels and restaurants											
I Transport, storage and communication											
J Financial intermediation											
K Real estate, renting and business activities											
L Public administration and defence; compulsory social security, excluding armed forces											
M Education											
N Health and social work											
O Other community, social and personal service activities											
P Private households with employed persons											
Q Extra-territorial organisations and bodies											
X Not classifiable by economic activities											
Breakdown by sector											
Agriculture (A-B)											
Industry (C-F)											
Services (G-Q)											
Agriculture (%)											
Industry (%)											
Services (%)											
Female participation in agriculture (%)											
Female participation in industry (%)											
Female participation in services (%)											
EMPLOYEES: BREAKDOWN BY ACTIVITIES											
A to X All activities											
A Agriculture, hunting and forestry											
B Fishing											
C Mining and quarrying											
D Manufacturing											
E Electricity, gas and water supply											
F Construction											
G Wholesale and retail trade; repair of motor vehicles, motorcycles and personal and household goods											
H Hotels and restaurants											
I Transport, storage and communication											
J Financial intermediation											
K Real estate, renting and business activities											
L Public administration and defence; compulsory social security, excluding armed forces											
M Education											
N Health and social work											
O Other community, social and personal service activities											
P Private households with employed persons											
Q Extra-territorial organisations and bodies											
X Not classifiable by economic activities											
Breakdown by sector											
Agriculture (A-B)											
Industry (C-F)											
Services (G-Q)											
Agriculture (%)											
Industry (%)											
Services (%)											
Female participation in agriculture (%)											
Female participation in industry (%)											
Female participation in services (%)											

IV - Emploi civil et salariés : répartition par activités - CITI Rév. 3

Milliers

1992	1993	1994	1995	1996	1997	1998	1999	2000	2001	
										EMPLOI CIVIL : RÉPARTITION PAR BRANCHES D'ACTIVITÉS **A à X Toutes activités**
			2 565	2 593	2 649	2 659	2 672	2 692	2 698	
			109	98	94	92	84	87	85	A Agriculture, chasse et sylviculture
			5	5	5	5	4	3	4	B Pêche
			4	3	3	3	3	3	3	C Activités extractives
			516	511	513	516	510	510	488	D Activités de fabrication
			18	17	17	20	17	15	13	E Production et distribution d'électricité, de gaz et d'eau
			166	170	176	178	183	184	182	F Construction
			350	359	366	368	379	377	379	G Commerce de gros et de détail; réparation de véhicules et de biens domestiques
			64	69	74	71	68	66	63	H Hôtels et restaurants
			184	184	185	182	178	176	183	I Transports, entreposage et communications
			87	83	80	79	85	85	84	J Intermédiation financière
			188	189	209	228	238	249	257	K Immobilier, location et activités de services aux entreprises
			127	133	135	135	131	131	135	L Administration publique et défense; sécurité sociale obligatoire (armée exclue)
			187	193	199	194	194	197	202	M Education
			430	444	457	459	468	475	483	N Santé et action sociale
			118	120	125	118	117	122	128	O Autres activités de services collectifs, sociaux et personnels
			7	7	5	5	5	4	2	P Ménages privés employant du personnel domestique
			1	1	1	1	1	1	1	Q Organisations et organismes extra-territoriaux
			5	5	5	5	5	7	6	X Ne pouvant être classés selon l'activité économique
										Répartition par secteurs
			114	103	99	97	88	90	89	Agriculture (A-B)
			704	701	709	717	713	712	686	Industrie (C-F)
			1 743	1 782	1 836	1 840	1 864	1 883	1 917	Services (G-Q)
			4.4	4.0	3.7	3.6	3.3	3.3	3.3	Agriculture (%)
			27.4	27.0	26.8	27.0	26.7	26.4	25.4	Industrie (%)
			68.0	68.7	69.3	69.2	69.8	69.9	71.1	Services (%)
			23.7	23.3	20.2	20.6	20.5	25.6	22.5	Part des femmes dans l'agriculture (%)
			25.4	25.5	25.4	25.5	25.5	25.3	24.9	Part des femmes dans l'industrie (%)
			55.2	54.9	55.0	55.5	55.5	56.1	55.8	Part des femmes dans les services (%)
										SALARIÉS : RÉPARTITION PAR BRANCHES D'ACTIVITÉS **A à X Toutes activités**
			2 319	2 347	2 409	2 410	2 428	2 457	2 458	
			53	47	45	42	42	40	40	A Agriculture, chasse et sylviculture
			3	3	3	2	3	3	2	B Pêche
			4	3	3	3	3	3	2	C Activités extractives
			492	488	491	495	486	488	467	D Activités de fabrication
			18	17	17	20	17	15	13	E Production et distribution d'électricité, de gaz et d'eau
			139	144	150	148	155	157	151	F Construction
			300	310	319	321	332	333	335	G Commerce de gros et de détail; réparation de véhicules et de biens domestiques
			56	59	66	60	59	58	56	H Hôtels et restaurants
			168	170	169	166	165	164	171	I Transports, entreposage et communications
			86	82	80	78	83	84	83	J Intermédiation financière
			156	155	173	189	195	210	214	K Immobilier, location et activités de services aux entreprises
			127	133	135	134	130	131	134	L Administration publique et défense; sécurité sociale obligatoire (armée exclue)
			186	191	197	191	192	194	200	M Education
			415	428	443	444	451	459	467	N Santé et action sociale
			103	104	108	104	103	107	113	O Autres activités de services collectifs, sociaux et personnels
			7	7	5	5	5	4	2	P Ménages privés employant du personnel domestique
			1	1	1	1	1	1	1	Q Organisations et organismes extra-territoriaux
			5	4	5	5	5	7	5	X Ne pouvant être classés selon l'activité économique
										Répartition par secteurs
			56	50	48	44	45	43	42	Agriculture (A-B)
			653	652	661	666	661	663	633	Industrie (C-F)
			1 605	1 640	1 696	1 693	1 716	1 745	1 776	Services (G-Q)
			2.4	2.1	2.0	1.8	1.9	1.8	1.7	Agriculture (%)
			28.2	27.8	27.4	27.6	27.2	27.0	25.8	Industrie (%)
			69.2	69.9	70.4	70.2	70.7	71.0	72.3	Services (%)
			23.2	22.0	18.8	18.2	22.2	23.3	26.2	Part des femmes dans l'agriculture (%)
			25.9	25.8	25.9	26.4	26.2	25.6	25.6	Part des femmes dans l'industrie (%)
			56.9	56.5	56.8	57.4	57.4	57.8	57.8	Part des femmes dans les services (%)

Statistiques de la Population Active
© 2002 OCDE

FINLAND

I - Population

Thousands (mid-year estimates)

	1981	1982	1983	1984	1985	1986	1987	1988	1989	1990	1991
POPULATION - DISTRIBUTION BY AGE AND GENDER											
All persons											
Total	4 800	4 827	4 856	4 882	4 902	4 918	4 932	4 947	4 964	4 986	5 029
Under 15 years	961	954	951	951	951	952	952	957	961	963	966
From 15 to 64 years	3 257	3 282	3 305	3 326	3 339	3 343	3 346	3 346	3 347	3 356	3 379
65 years and over	582	591	600	605	612	623	634	645	656	667	685
Males											
Total	2 321	2 335	2 350	2 363	2 373	2 382	2 388	2 397	2 407	2 419	2 443
Under 15 years	491	488	486	486	486	487	487	489	491	492	493
From 15 to 64 years	1 621	1 636	1 651	1 663	1 672	1 676	1 679	1 682	1 685	1 691	1 704
65 years and over	209	211	213	214	215	219	222	227	231	236	245
Females											
Total	2 479	2 492	2 506	2 519	2 529	2 536	2 544	2 550	2 557	2 567	2 586
Under 15 years	470	466	465	465	465	465	465	468	470	471	472
From 15 to 64 years	1 636	1 646	1 654	1 663	1 667	1 666	1 667	1 664	1 662	1 665	1 674
65 years and over	373	380	387	391	397	405	412	418	425	431	439
POPULATION - PERCENTAGES											
All persons											
Total	100.0	100.0	100.0	100.0	100.0	100.0	100.0	100.0	100.0	100.0	100.0
Under 15 years	20.0	19.8	19.6	19.5	19.4	19.4	19.3	19.3	19.4	19.3	19.2
From 15 to 64 years	67.9	68.0	68.1	68.1	68.1	68.0	67.8	67.6	67.4	67.3	67.2
65 years and over	12.1	12.2	12.4	12.4	12.5	12.7	12.9	13.0	13.2	13.4	13.6
COMPONENTS OF CHANGE IN POPULATION											
a) Population at 1 January	4 788	4 812	4 842	4 870	4 894	4 911	4 926	4 939	4 954	4 974	4 998
b) Population at 31 December	4 812	4 842	4 870	4 894	4 911	4 926	4 939	4 954	4 974	4 998	5 029
c) Total increase (b-a)	24	30	28	24	17	15	13	15	20	24	31
d) Births	63	66	67	65	63	61	60	63	63	66	65
e) Deaths	44	43	45	45	48	47	48	49	49	50	49
f) Natural increase (d-e)	19	23	22	20	15	14	12	14	14	16	16
g) Net migration	5	7	6	4	3	2	1	1	6	7	13
h) Statistical adjustments	0	0	0	0	-1	-1	0	0	0	1	2
i) Total increase (=f+g+h=c)	24	30	28	24	17	15	13	15	20	24	31
(Components of change in population/ Average population) x1000											
Total increase rates	5.0	6.2	5.8	4.9	3.5	3.0	2.6	3.0	4.0	4.8	6.2
Crude birth rates	13.1	13.7	13.8	13.3	12.9	12.4	12.2	12.7	12.7	13.2	13.0
Crude death rates	9.2	8.9	9.3	9.2	9.8	9.6	9.7	9.9	9.9	10.0	9.8
Natural increase rates	4.0	4.8	4.5	4.1	3.1	2.8	2.4	2.8	2.8	3.2	3.2
Net migration rates	1.0	1.5	1.2	0.8	0.6	0.4	0.2	0.2	1.2	1.4	2.6

I - Population

Milliers (estimations au milieu de l'année)

1992	1993	1994	1995	1996	1997	1998	1999	2000	2001	
										POPULATION - RÉPARTITION SELON L'AGE ET LE SEXE
										Ensemble des personnes
5 042	5 066	5 088	5 108	5 125	5 140	5 153	5 171	5 181	5 195	Total
967	970	971	971	971	964	956	943	936	932	Moins de 15 ans
3 385	3 396	3 404	3 410	3 417	3 427	3 442	3 461	3 467	3 476	De 15 à 64 ans
690	701	713	726	738	748	756	767	777	787	65 ans et plus
										Hommes
2 450	2 464	2 476	2 487	2 496	2 505	2 513	2 523	2 529	2 538	Total
494	495	496	496	495	493	488	481	478	476	Moins de 15 ans
1 708	1 714	1 719	1 722	1 726	1 732	1 739	1 749	1 752	1 757	De 15 à 64 ans
248	254	261	268	275	281	286	293	299	305	65 ans et plus
										Femmes
2 592	2 603	2 612	2 621	2 628	2 635	2 641	2 648	2 652	2 657	Total
473	474	475	475	475	473	468	462	458	456	Moins de 15 ans
1 677	1 682	1 685	1 687	1 691	1 696	1 703	1 712	1 715	1 719	De 15 à 64 ans
442	447	452	458	463	467	470	474	478	482	65 ans et plus
										POPULATION - POURCENTAGES
										Ensemble des personnes
100.0	100.0	100.0	100.0	100.0	100.0	100.0	100.0	100.0	100.0	Total
19.2	19.1	19.1	19.0	18.9	18.8	18.6	18.2	18.1	17.9	Moins de 15 ans
67.1	67.0	66.9	66.8	66.7	66.7	66.8	66.9	66.9	66.9	De 15 à 64 ans
13.7	13.8	14.0	14.2	14.4	14.6	14.7	14.8	15.0	15.1	65 ans et plus
										COMPOSANTES DE L'ÉVOLUTION DÉMOGRAPHIQUE
5 029	5 055	5 078	5 099	5 117	5 132	5 147	5 160	5 171	5 181	a) Population au 1er janvier
5 055	5 078	5 099	5 117	5 132	5 147	5 160	5 171	5 181	5 195	b) Population au 31 décembre
26	23	21	18	15	15	13	11	10	14	**c) Accroissement total (b-a)**
67	65	65	63	61	59	57	58	57	56	d) Naissances
50	51	48	49	49	49	49	49	49	48	e) Décès
17	14	17	14	12	10	8	9	8	8	**f) Accroissement naturel (d-e)**
8	8	3	3	3	4	3	3	2	6	g) Solde net des migrations
1	1	1	1	0	1	2	-1	0	0	h) Ajustements statistiques
26	23	21	18	15	15	13	11	10	14	**i) Accroissement total (=f+g+h=c)**
										(Composition de l'évolution démographique/ Population moyenne) x1000
5.2	4.5	4.1	3.5	2.9	2.9	2.5	2.1	1.9	2.7	Taux d'accroissement total
13.3	12.8	12.8	12.3	11.9	11.5	11.1	11.2	11.0	10.8	Taux bruts de natalité
9.9	10.1	9.4	9.6	9.6	9.5	9.5	9.5	9.5	9.3	Taux bruts de mortalité
3.4	2.8	3.3	2.7	2.3	1.9	1.6	1.7	1.5	1.5	Taux d'accroissement naturel
1.6	1.6	0.6	0.6	0.6	0.8	0.6	0.6	0.4	1.2	Taux du solde net des migrations

Statistiques de la Population Active
© 2002 OCDE

FINLAND

II - Labour force

Thousands (annual average estimates)

	1981	1982	1983	1984	1985	1986	1987	1988	1989	1990	1991
Total labour force											
All persons	2 506	2 542	2 557	2 575	2 596	2 596	2 583	2 574	2 612	2 606	2 571
Males	1 343	1 351	1 354	1 363	1 368	1 372	1 367	1 359	1 378	1 377	1 357
Females	1 163	1 191	1 203	1 212	1 228	1 224	1 216	1 215	1 234	1 229	1 214
Armed forces											
All persons	42	40	39	39	40	37	39	38	37	32	37
Males	42	40	39	39	40	37	39	38	37	31	36
Females	0	0	0	0	0	0	0	0	1	1	1
Civilian labour force											
All persons	2 464	2 502	2 518	2 536	2 556	2 559	2 544	2 536	2 575	2 574	2 534
Males	1 301	1 311	1 315	1 324	1 328	1 335	1 328	1 322	1 342	1 346	1 320
Females	1 163	1 191	1 203	1 212	1 228	1 224	1 216	1 215	1 233	1 229	1 213
Unemployed											
All persons	121	135	138	133	129	138	130	116	80	82	169
Males	67	73	76	72	73	82	78	68	43	49	106
Females	54	62	62	61	56	56	52	48	38	33	62
Civilian employment											
All persons	2 343	2 367	2 380	2 403	2 427	2 421	2 413	2 420	2 494	2 493	2 365
Males	1 234	1 238	1 239	1 252	1 255	1 253	1 250	1 254	1 299	1 298	1 214
Females	1 109	1 129	1 141	1 151	1 172	1 168	1 163	1 166	1 195	1 196	1 151
Civilian employment (%)											
All persons	100.0	100.0	100.0	100.0	100.0	100.0	100.0	100.0	100.0	100.0	100.0
Males	52.7	52.3	52.1	52.1	51.7	51.8	51.8	51.8	52.1	52.1	51.3
Females	47.3	47.7	47.9	47.9	48.3	48.2	48.2	48.2	47.9	48.0	48.7
Unemployment rates (% of civilian labour force)											
All persons	4.9	5.4	5.5	5.2	5.0	5.4	5.1	4.6	3.1	3.2	6.7
Males	5.1	5.6	5.8	5.4	5.5	6.1	5.9	5.1	3.2	3.6	8.0
Females	4.6	5.2	5.2	5.0	4.6	4.6	4.3	4.0	3.1	2.7	5.1
Total labour force (% of total population)											
All persons	52.2	52.7	52.7	52.7	53.0	52.8	52.4	52.0	52.6	52.3	51.1
Males	57.9	57.9	57.6	57.7	57.6	57.6	57.2	56.7	57.2	56.9	55.5
Females	46.9	47.8	48.0	48.1	48.6	48.3	47.8	47.6	48.3	47.9	46.9
Total labour force (% of population from 15-64 years)[1]											
All persons	76.9	77.5	77.4	77.4	77.7	77.7	77.2	76.9	78.0	77.7	76.1
Males	82.9	82.6	82.0	82.0	81.8	81.9	81.4	80.8	81.8	81.4	79.6
Females	71.1	72.4	72.7	72.9	73.7	73.5	72.9	73.0	74.2	73.8	72.5
Civilian employment (% of total population)											
All persons	48.8	49.0	49.0	49.2	49.5	49.2	48.9	48.9	50.2	50.0	47.0
Part-time employment (%)[2]											
Part-time as % of employment	7.4	7.7	8.3	8.4	8.3	8.1	8.1	7.4	7.8	7.5	7.9
Male share of part-time employment	27.2	28.2	28.4	28.4	28.9	31.8	31.1	31.6	33.9	32.8	35.1
Female share of part-time employment	72.8	72.4	72.1	71.6	71.1	68.7	68.9	68.4	66.1	67.2	64.9
Male part-time as % of male employment	3.8	4.1	4.5	4.6	4.7	5.0	4.8	4.5	5.0	4.7	5.4
Female part-time as % of female employment	11.4	11.7	12.5	12.6	12.3	11.6	11.6	10.5	10.7	10.6	10.6
Duration of unemployment (% of total unemployment)[3 4]											
Less than 1 month		39.6	39.4	38.1	36.5	43.4	40.8		48.5		33.5
More than 1 month and less than 3 months		0.0	0.0	0.0	0.0	0.0	0.0		0.0		0.0
More than 3 months and less than 6 months		25.4	30.0	28.7	28.7	24.4	29.2		31.8		33.9
More than 6 months and less than 1 year		12.7	10.7	10.9	13.6	16.1	11.0		18.2		23.4
More than 1 year		22.3	19.8	22.3	21.1	16.0	19.0		1.5		9.2

(1) Participation rates calculated according to national definitions may differ from those published in this table, when the age group represented in the labour force survey is other than 15-64 years.

(2) From 1996, change in the definition of part time workers. Prior to 1996, part time was defined by the hour cut-off (less than 30 hours per week). From 1996, part time worker refers to a person considering him/herself a part time worker.

(3) These percentages only take into account those persons for whom the duration of unemployment is known.

(4) Before 1995, the duration of unemployment refers to: less than 2 months, 2 months and over but under 6 months, 6 months and over but under 12 months, 1 year and over but under 2 years, 2 years and over.

II - Population active

Milliers (estimations de moyennes annuelles)

1992	1993	1994	1995	1996	1997	1998	1999	2000	2001	
										Population active totale
2 526	2 504	2 489	2 510	2 521	2 508	2 532	2 578	2 609	2 626	Ensemble des personnes
1 335	1 326	1 319	1 328	1 333	1 327	1 342	1 357	1 370	1 378	Hommes
1 191	1 178	1 169	1 181	1 188	1 181	1 190	1 221	1 239	1 248	Femmes
										Forces armées
37	38	35	37	39	32	33	30	30	30	Ensemble des personnes
37	38	35	37	39	32	33	30	29	29	Hommes
1	0	0	0	1	1	1	1	1	1	Femmes
										Population active civile
2 489	2 466	2 454	2 473	2 481	2 476	2 499	2 548	2 579	2 597	Ensemble des personnes
1 298	1 288	1 284	1 291	1 294	1 295	1 309	1 327	1 341	1 349	Hommes
1 190	1 177	1 169	1 181	1 187	1 181	1 190	1 221	1 238	1 247	Femmes
										Chômeurs
292	405	408	382	363	314	285	261	253	237	Ensemble des personnes
178	234	235	204	186	160	143	130	122	117	Hommes
114	170	174	178	176	154	142	131	131	121	Femmes
										Emploi civil
2 196	2 061	2 045	2 090	2 119	2 162	2 213	2 287	2 326	2 359	Ensemble des personnes
1 120	1 053	1 050	1 088	1 108	1 135	1 166	1 197	1 219	1 232	Hommes
1 076	1 008	995	1 003	1 011	1 027	1 048	1 090	1 107	1 127	Femmes
										Emploi civil (%)
100.0	100.0	100.0	100.0	100.0	100.0	100.0	100.0	100.0	100.0	Ensemble des personnes
51.0	51.1	51.3	52.1	52.3	52.5	52.7	52.3	52.4	52.2	Hommes
49.0	48.9	48.7	48.0	47.7	47.5	47.4	47.7	47.6	47.8	Femmes
										Taux de chômage (% de la population active civile)
11.7	16.4	16.6	15.4	14.6	12.7	11.4	10.2	9.8	9.1	Ensemble des personnes
13.7	18.2	18.3	15.8	14.4	12.4	10.9	9.8	9.1	8.7	Hommes
9.6	14.4	14.9	15.1	14.8	13.0	11.9	10.7	10.6	9.7	Femmes
										Population active totale (% de la population totale)
50.1	49.4	48.9	49.1	49.2	48.8	49.1	49.9	50.4	50.6	Ensemble des personnes
54.5	53.8	53.3	53.4	53.4	53.0	53.4	53.8	54.2	54.3	Hommes
45.9	45.3	44.8	45.1	45.2	44.8	45.1	46.1	46.7	47.0	Femmes
										Population active totale (% de la population de 15-64 ans)[1]
74.6	73.7	73.1	73.6	73.8	73.2	73.6	74.5	75.2	75.6	Ensemble des personnes
78.2	77.4	76.7	77.1	77.2	76.6	77.2	77.6	78.2	78.5	Hommes
71.0	70.0	69.4	70.0	70.3	69.6	69.9	71.3	72.2	72.6	Femmes
										Emploi civil (% de la population totale)
43.6	40.7	40.2	40.9	41.3	42.1	42.9	44.2	44.9	45.4	Ensemble des personnes
										Emploi à temps partiel (%)[2]
8.1	8.9	8.9	8.6	8.4	9.4	9.6	9.9	10.4	10.5	Temps partiel en % de l'emploi
36.4	37.0	37.2	35.8	35.6	36.6	36.6	35.1	36.3	36.6	Part des hommes dans le temps partiel
64.2	63.0	62.8	64.2	64.4	63.4	63.8	64.9	63.8	63.4	Part des femmes dans le temps partiel
5.8	6.4	6.5	5.9	5.7	6.5	6.7	6.6	7.1	7.3	Temps partiel des hommes en % de l'emploi des hommes
10.6	11.5	11.5	11.5	11.3	12.5	13.0	13.5	13.9	14.0	Temps partiel des femmes en % de l'emploi des femmes
										Durée du chômage (% du chômage total)[3 4]
	18.8		13.8	10.0	14.3	15.0	18.8	16.2	9.8	Moins de 1 mois
	0.0		10.2	12.1	16.3	17.8	16.4	17.4	28.4	Plus de 1 mois et moins de 3 mois
	28.4		19.3	22.4	20.8	25.0	18.4	19.9	19.6	Plus de 3 mois et moins de 6 mois
	22.2		19.1	20.9	18.8	14.7	16.8	17.4	16.0	Plus de 6 mois et moins de 1 an
	30.6		37.6	34.5	29.8	27.5	29.6	29.0	26.2	Plus de 1 an

(1) Les taux d'activité calculés selon les définitions nationales peuvent être différents de ceux publiés dans ce tableau si le groupe d'âges représenté dans l'enquête de la population active est différent de 15-64 ans.

(2) Depuis 1996, il y a un changement de la définition du travail à temps partiel. Avant 1996, les travailleurs à temps partiel se définissaient selon la durée de leur temps de travail (moins de 30 heures par semaine). Depuis 1996, un travailleur à temps partiel est une personne qui se définit elle même comme tel.

(3) Ces pourcentages ne prennent en compte que les personnes pour lesquelles la durée du chômage est connue.

(4) Avant 1995, la durée du chômage se référait aux périodes suivantes : moins de 2 mois, plus de 2 mois et moins de 6 mois, plus de 6 mois et moins de 12 mois, plus de 1 an et moins de 2 ans, 2 ans et plus.

Statistiques de la Population Active
© 2002 OCDE

FINLAND

III - Professional status and breakdown by activities - ISIC Rev. 2

Thousands (annual average estimates)

	1981	1982	1983	1984	1985	1986	1987	1988	1989	1990	1991
CIVILIAN EMPLOYMENT: PROFESSIONAL STATUS											
All activities	2 343	2 367	2 380	2 404	2 427	2 421		2 413	2 420		2 494	2 493	2 365
Employees	1 953	1 980	1 994	2 025	2 066	2 061		2 041	2 052		2 099	2 105	2 003
Employers and persons working on own account	302	300	341	340	325	327		344	344		358	353	332
Unpaid family workers	88	87	45	39	36	33		28	24		37	35	31
Agriculture, hunting, forestry and fishing	305	312	302	294	280	266		251	238		233	222	210
Employees	61	68	70	67	64	59		57	57		50	50	51
Employers and persons working on own account	179	178	195	195	186	180		171	160		150	142	132
Unpaid family workers	65	66	37	32	30	27		23	20		32	30	26
Non-agricultural activities	2 038	2 055	2 078	2 110	2 147	2 155		2 162	2 182		2 261	2 271	2 155
Employees	1 892	1 912	1 924	1 958	2 002	2 002		1 984	1 995		2 049	2 055	1 952
Employers and persons working on own account	123	122	146	145	139	147		173	184		208	211	200
Unpaid family workers	23	21	8	7	6	6		5	4		5	5	5
All activities (%)	100.0	100.0	100.0	100.0	100.0	100.0		100.0	100.0		100.0	100.0	100.0
Employees	83.4	83.7	83.8	84.2	85.1	85.1		84.6	84.8		84.2	84.4	84.7
Others	16.6	16.3	16.2	15.8	14.9	14.9		15.4	15.2		15.8	15.6	15.3
CIVILIAN EMPLOYMENT: BREAKDOWN BY ACTIVITIES[1]											
ISIC Rev. 2 Major Divisions											
1 to 0 All activities	2 343	2 367	2 380	2 404	2 427	2 421		2 413	2 420	2 460	2 457	2 330
1 Agriculture, hunting, forestry and fishing	305	312	302	294	280	266		251	238	218	207	198
2 Mining and quarrying	0	0	10	11	10	9		7	6	6	4	4
3 Manufacturing	636	618	571	563	557	550		534	519	528	524	471
4 Electricity, gas and water	0	0	25	27	32	30		28	28	28	28	28
5 Construction	185	183	183	183	178	185		184	188	201	205	179
6 Wholesale and retail trade; restaurants and hotels	326	326	337	343	355	355		348	354	385	392	359
7 Transport, storage and communication	184	180	177	180	186	183		182	182	178	178	175
8 Financing, insurance, real estate and business services	130	136	135	148	156	160		177	190	199	203	199
9 Community, social and personal services	571	606	636	654	671	680		700	714	715	714	715
0 Activities not adequately defined	6	6	3	2	3	3		2	2	2	2	2
EMPLOYEES: BREAKDOWN BY ACTIVITIES[1]											
ISIC Rev. 2 Major Divisions											
1 to 0 All activities	1 952	1 980	1 994	2 025	2 066	2 061		2 041	2 052	2 094	2 098	1 990
1 Agriculture, hunting, forestry and fishing	61	68	70	67	64	59		57	57	50	50	51
2 Mining and quarrying	0	0	0	10	9	8		7	6	6	3	4
3 Manufacturing	616	599	582	540	537	532		511	493	501	495	443
4 Electricity, gas and water	0	0	0	27	31	30		28	28	28	28	28
5 Construction	169	166	163	163	159	163		159	160	169	171	149
6 Wholesale and retail trade; restaurants and hotels	286	285	294	302	312	307		296	299	322	328	301
7 Transport, storage and communication	159	157	156	159	166	163		160	160	157	157	153
8 Financing, insurance, real estate and business services	124	130	126	137	146	148		162	173	180	182	177
9 Community, social and personal services	536	574	600	618	639	648		659	674	679	681	683
0 Activities not adequately defined	1	1	2	2	3	2		2	2	2	2	2

(1) Data broken down by activities (civilian employment and employees) have not been revised
nor updated due to a change by the country from ISIC Rev. 2 to ISIC Rev.3.

III - Situation dans la profession et répartition par activités - CITI Rév. 2

Milliers (estimations de moyennes annuelles)

1992	1993	1994	1995	1996	1997	1998	1999	2000	2001	
										EMPLOI CIVIL : SITUATION DANS LA PROFESSION
2 196	2 061	2 045	2 090	2 119	2 162	2 213	2 287	2 326	2 359	**Toutes activités**
1 851	1 731	1 713	1 765	1 794	1 839	1 896	1 966	2 007	2 052	Salariés
316	303	307	299	299	303	302	305	304	294	Employeurs et personnes travaillant à leur compte
28	27	26	26	25	18	15	16	15	13	Travailleurs familiaux non rémunérés
196	183	178	170	159	153	144	144	142	135	**Agriculture, chasse, sylviculture et pêche**
47	44	42	44	39	37	39	40	40	37	Salariés
126	117	114	104	98	102	95	94	92	89	Employeurs et personnes travaillant à leur compte
24	23	22	22	22	13	10	10	10	8	Travailleurs familiaux non rémunérés
2 000	1 878	1 867	1 920	1 960	2 009	2 069	2 143	2 184	2 224	**Activités non agricoles**
1 804	1 687	1 671	1 721	1 755	1 802	1 857	1 926	1 967	2 015	Salariés
190	186	193	195	201	201	207	211	212	206	Employeurs et personnes travaillant à leur compte
4	4	4	4	3	5	5	6	5	4	Travailleurs familiaux non rémunérés
100.0	100.0	100.0	100.0	100.0	100.0	100.0	100.0	100.0	100.0	**Toutes activités (%)**
84.3	84.0	83.8	84.4	84.7	85.1	85.7	86.0	86.3	87.0	Salariés
15.7	16.0	16.3	15.6	15.3	14.8	14.3	14.0	13.7	13.0	Autres
										EMPLOI CIVIL : RÉPARTITION PAR BRANCHES D'ACTIVITÉS[1]
										Branches CITI Rév. 2
2 163	2 030	2 015	2 059 |	2 119	2 162	2 213				**1 à 0 Toutes activités**
187	174	167	158 |	159	153	144				1 Agriculture, chasse, sylviculture et pêche
4	4	5	4 |	4	6	6				2 Industries extractives
424	396	398	427 |	433	436	447				3 Industries manufacturières
26	23	23	24 |	23	22	22				4 Électricité, gaz et eau
149	125	114	115 |	118	130	139				5 Bâtiment et travaux publics
321	301	294	298 |	313	326	335				6 Commerce de gros et de détail; restaurants et hôtels
164	158	161	163 |	159	164	169				7 Transports, entrepôts et communications
191	180	168	198 |	218	218	227				8 Banques, assurances, affaires immobilières et services fournis aux entreprises
694	665	679	666 |	684	702	717				9 Services fournis à la collectivité, services sociaux et services personnels
3	4	6	6 |	8	5	7				0 Activités mal désignées
										SALARIÉS : RÉPARTITION PAR BRANCHES D'ACTIVITÉS[1]
										Branches CITI Rév. 2
1 838	1 718	1 703	1 756 |	1 794	1 839	1 896				**1 à 0 Toutes activités**
47	43	41	44 |	38	37	39				1 Agriculture, chasse, sylviculture et pêche
3	3	4	3 |	4	4	4				2 Industries extractives
398	372	375	401 |	407	410	419				3 Industries manufacturières
26	23	23	24 |	23	22	22				4 Électricité, gaz et eau
122	100	90	89 |	93	104	112				5 Bâtiment et travaux publics
268	247	238	243 |	256	264	277				6 Commerce de gros et de détail; restaurants et hôtels
143	137	140	141 |	137	141	147				7 Transports, entrepôts et communications
168	157	143	172 |	188	189	195				8 Banques, assurances, affaires immobilières et services fournis aux entreprises
661	631	644	634 |	643	663	676				9 Services fournis à la collectivité, services sociaux et services personnels
2	5	5	5 |	5	5	5				0 Activités mal désignées

(1)   Les données concernant la répartition par branches d'activités (emploi civil et salariés)
n'ont pas été révisées ni mises à jour en raison du passage par le pays de la CITI Rév. 2 à
la CITI Rév. 3.

Statistiques de la Population Active
© 2002 OCDE

FINLAND

IV - Civilian employment and employees: breakdown by activities - ISIC Rev. 3

Thousands (annual average estimates)

	1981	1982	1983	1984	1985	1986	1987	1988	1989	1990	1991
CIVILIAN EMPLOYMENT: BREAKDOWN BY ACTIVITIES											
A to X All activities										2 493	2 365
A Agriculture, hunting and forestry										219	206
B Fishing										3	4
C Mining and quarrying										4	4
D Manufacturing										525	473
E Electricity, gas and water supply										28	28
F Construction										201	176
G Wholesale and retail trade; repair of motor vehicles, motorcycles and personal and household goods										319	295
H Hotels and restaurants										75	69
I Transport, storage and communication										179	175
J Financial intermediation										82	77
K Real estate, renting and business activities										186	186
L Public administration and defence; compulsory social security, excluding armed forces										119	117
M Education										139	141
N Health and social work										299	298
O Other community, social and personal service activities										111	112
P Private households with employed persons										0	0
Q Extra-territorial organisations and bodies										1	1
X Not classifiable by economic activities										3	3
Breakdown by sector											
Agriculture (A-B)										222	210
Industry (C-F)										758	681
Services (G-Q)										1 510	1 471
Agriculture (%)										8.9	8.9
Industry (%)										30.4	28.8
Services (%)										60.6	62.2
Female participation in agriculture (%)										36.0	36.2
Female participation in industry (%)										26.9	26.9
Female participation in services (%)										60.3	60.4
EMPLOYEES: BREAKDOWN BY ACTIVITIES											
A to X All activities										2 105	2 003
A Agriculture, hunting and forestry										49	49
B Fishing										1	2
C Mining and quarrying										4	4
D Manufacturing										495	446
E Electricity, gas and water supply										28	27
F Construction										167	146
G Wholesale and retail trade; repair of motor vehicles, motorcycles and personal and household goods										264	242
H Hotels and restaurants										66	61
I Transport, storage and communication										157	153
J Financial intermediation										81	77
K Real estate, renting and business activities										154	155
L Public administration and defence; compulsory social security, excluding armed forces										120	117
M Education										138	140
N Health and social work										288	290
O Other community, social and personal service activities										89	90
P Private households with employed persons										0	0
Q Extra-territorial organisations and bodies										1	1
X Not classifiable by economic activities										3	3
Breakdown by sector											
Agriculture (A-B)										50	51
Industry (C-F)										694	623
Services (G-Q)										1 358	1 326
Agriculture (%)										2.4	2.5
Industry (%)										33.0	31.1
Services (%)										64.5	66.2
Female participation in agriculture (%)										30.0	35.3
Female participation in industry (%)										27.8	27.9
Female participation in services (%)										62.5	62.7

IV - Emploi civil et salariés : répartition par activités - CITI Rév. 3

Milliers (estimations de moyennes annuelles)

1992	1993	1994	1995	1996	1997	1998	1999	2000	2001	
										EMPLOI CIVIL : RÉPARTITION PAR BRANCHES D'ACTIVITÉS
2 197	2 061	2 045	2 091	2 119	2 162	2 213	2 286	2 326	2 359	**A à X Toutes activités**
194	180	176	168	157	150	142	142	140	133	A Agriculture, chasse et sylviculture
4	3	2	2	2	2	2	2	2	2	B Pêche
4	4	5	4	4	6	6	5	4	3	C Activités extractives
426	399	400	428	434	436	447	460	467	472	D Activités de fabrication
26	24	23	24	23	22	22	22	22	22	E Production et distribution d'électricité, de gaz et d'eau
147	122	109	115	118	130	139	149	149	145	F Construction
263	245	239	241	252	263	268	279	278	278	G Commerce de gros et de détail; réparation de véhicules et de biens domestiques
63	59	58	60	64	66	70	77	76	80	H Hôtels et restaurants
165	158	161	163	160	164	169	168	172	174	I Transports, entreposage et communications
76	71	64	50	48	48	46	45	49	50	J Intermédiation financière
174	163	166	179	193	192	203	221	238	252	K Immobilier, location et activités de services aux entreprises
111	105	107	105	103	101	104	107	105	104	L Administration publique et défense; sécurité sociale obligatoire (armée exclue)
139	134	138	141	139	145	154	155	163	165	M Education
290	281	289	298	303	310	314	321	326	343	N Santé et action sociale
112	107	100	103	110	116	115	121	123	127	O Autres activités de services collectifs, sociaux et personnels
0	0	0	4	3	4	4	5	4	4	P Ménages privés employant du personnel domestique
0	0	1	0	0	0	1	1	1	1	Q Organisations et organismes extra-territoriaux
3	6	7	6	6	7	7	6	7	7	X Ne pouvant être classés selon l'activité économique
										Répartition par secteurs
198	183	178	170	159	152	144	144	142	135	Agriculture (A-B)
603	549	537	571	579	594	614	636	642	642	Industrie (C-F)
1 393	1 323	1 323	1 344	1 375	1 409	1 448	1 500	1 535	1 575	Services (G-Q)
9.0	8.9	8.7	8.1	7.5	7.0	6.5	6.3	6.1	5.7	Agriculture (%)
27.4	26.6	26.3	27.3	27.3	27.5	27.7	27.8	27.6	27.2	Industrie (%)
63.4	64.2	64.7	64.3	64.9	65.2	65.4	65.6	66.0	66.7	Services (%)
34.3	33.3	33.7	33.5	34.0	32.9	32.6	31.9	30.3	31.3	Part des femmes dans l'agriculture (%)
27.2	26.8	26.1	25.0	24.2	23.9	24.1	24.5	24.0	24.2	Part des femmes dans l'industrie (%)
60.5	60.3	59.9	59.5	59.2	59.1	58.7	59.0	59.2	58.8	Part des femmes dans les services (%)
										SALARIÉS : RÉPARTITION PAR BRANCHES D'ACTIVITÉS
1 849	1 730	1 715	1 765	1 795	1 839	1 896	1 966	2 007	2 052	**A à X Toutes activités**
45	42	41	43	38	36	38	39	39	37	A Agriculture, chasse et sylviculture
2	1	1	1	1	1	1	1	1	1	B Pêche
3	3	4	3	4	4	4	4	3	2	C Activités extractives
400	374	376	403	407	410	419	431	437	444	D Activités de fabrication
26	23	23	24	23	22	22	22	22	22	E Production et distribution d'électricité, de gaz et d'eau
120	98	85	90	93	104	112	120	120	118	F Construction
216	200	190	194	202	209	218	232	233	234	G Commerce de gros et de détail; réparation de véhicules et de biens domestiques
54	50	49	51	56	56	61	66	65	68	H Hôtels et restaurants
143	137	140	141	137	141	147	145	148	154	I Transports, entreposage et communications
75	70	64	49	47	47	45	45	48	49	J Intermédiation financière
143	133	133	144	159	161	170	186	201	216	K Immobilier, location et activités de services aux entreprises
111	105	107	105	103	102	104	107	105	104	L Administration publique et défense; sécurité sociale obligatoire (armée exclue)
138	133	137	139	138	144	153	153	162	163	M Education
281	273	281	288	291	301	303	310	315	330	N Santé et action sociale
89	83	77	82	88	92	89	95	97	100	O Autres activités de services collectifs, sociaux et personnels
0	0	0	3	3	4	3	4	4	3	P Ménages privés employant du personnel domestique
0	0	1	0	0	0	1	1	1	1	Q Organisations et organismes extra-territoriaux
3	5	6	5	5	5	6	5	6	6	X Ne pouvant être classés selon l'activité économique
										Répartition par secteurs
47	43	42	44	39	37	39	40	40	38	Agriculture (A-B)
549	498	488	520	527	540	557	577	582	586	Industrie (C-F)
1 250	1 184	1 179	1 196	1 224	1 257	1 294	1 344	1 379	1 421	Services (G-Q)
2.5	2.5	2.4	2.5	2.2	2.0	2.1	2.0	2.0	1.9	Agriculture (%)
29.7	28.8	28.5	29.5	29.4	29.4	29.4	29.4	29.0	28.6	Industrie (%)
67.6	68.4	68.7	67.8	68.2	68.3	68.2	68.3	68.7	69.3	Services (%)
31.9	32.6	31.0	31.8	30.8	32.4	33.3	32.5	30.0	32.5	Part des femmes dans l'agriculture (%)
28.4	27.9	27.0	26.0	25.0	24.8	24.8	25.1	24.9	25.0	Part des femmes dans l'industrie (%)
62.9	62.9	62.5	62.4	61.9	61.6	60.9	61.5	61.3	60.8	Part des femmes dans les services (%)

Statistiques de la Population Active
© 2002
OCDE

FRANCE

I - Population

Thousands (mid-year estimates)

	1981	1982	1983	1984	1985	1986	1987	1988	1989	1990	1991
POPULATION - DISTRIBUTION BY AGE AND GENDER											
All persons											
Total	54 182	54 483	54 772	55 026	55 284	55 547	55 824	56 118	56 423	56 709	56 976
Under 15 years	11 995	11 943	11 899	11 823	11 739	11 646	11 542	11 452	11 400	11 394	11 415
From 15 to 64 years	34 796	35 285	35 728	36 130	36 405	36 589	36 805	37 027	37 227	37 297	37 439
65 years and over	7 391	7 255	7 145	7 073	7 140	7 312	7 477	7 639	7 796	8 019	8 122
Males											
Total	26 456	26 601	26 724	26 834	26 946	27 064	27 191	27 327	27 471	27 606	27 732
Under 15 years	6 147	6 126	6 097	6 056	6 012	5 962	5 908	5 860	5 833	5 830	5 842
From 15 to 64 years	17 444	17 674	17 875	18 057	18 181	18 268	18 374	18 484	18 583	18 648	18 686
65 years and over	2 865	2 801	2 752	2 721	2 753	2 834	2 909	2 983	3 055	3 128	3 203
Females											
Total	27 726	27 882	28 048	28 192	28 338	28 483	28 633	28 791	28 952	29 103	29 244
Under 15 years	5 848	5 817	5 802	5 765	5 727	5 684	5 634	5 591	5 568	5 564	5 573
From 15 to 64 years	17 352	17 611	17 853	18 074	18 224	18 321	18 431	18 544	18 644	18 648	18 753
65 years and over	4 526	4 454	4 393	4 353	4 387	4 478	4 568	4 656	4 740	4 891	4 919
POPULATION - PERCENTAGES											
All persons											
Total	100.0	100.0	100.0	100.0	100.0	100.0	100.0	100.0	100.0	100.0	100.0
Under 15 years	22.1	21.9	21.7	21.5	21.2	21.0	20.7	20.4	20.2	20.1	20.0
From 15 to 64 years	64.2	64.8	65.2	65.7	65.9	65.9	65.9	66.0	66.0	65.8	65.7
65 years and over	13.6	13.3	13.0	12.9	12.9	13.2	13.4	13.6	13.8	14.1	14.3
COMPONENTS OF CHANGE IN POPULATION											
a) Population at 1 January	54 029	54 335	54 650	54 895	55 157	55 411	55 682	55 966	56 270	56 577	56 841
b) Population at 31 December	54 335	54 650	54 895	55 157	55 411	55 682	55 966	56 270	56 577	56 841	57 111
c) Total increase (b-a)	306	315	245	262	254	271	284	304	307	264	270
d) Births	806	797	749	760	768	779	768	771	765	762	759
e) Deaths	555	543	560	543	553	547	528	525	529	526	525
f) Natural increase (d-e)	251	254	189	217	215	232	240	246	236	236	234
g) Net migration	56	61	56	45	38	39	44	57	71	80	90
h) Statistical adjustments	-1	0	0	0	1	0	0	1	0	-52	-54
i) Total increase (=f+g+h=c)	306	315	245	262	254	271	284	304	307	264	270
(Components of change in population/ Average population) x1000											
Total increase rates	5.6	5.8	4.5	4.8	4.6	4.9	5.1	5.4	5.4	4.7	4.7
Crude birth rates	14.9	14.6	13.7	13.8	13.9	14.0	13.8	13.7	13.6	13.4	13.3
Crude death rates	10.2	10.0	10.2	9.9	10.0	9.8	9.5	9.4	9.4	9.3	9.2
Natural increase rates	4.6	4.7	3.5	3.9	3.9	4.2	4.3	4.4	4.2	4.2	4.1
Net migration rates	1.0	1.1	1.0	0.8	0.7	0.7	0.8	1.0	1.3	1.4	1.6

I - Population

Milliers (estimations au milieu de l'année)

1992	1993	1994	1995	1996	1997	1998	1999	2000	2001	
										POPULATION - RÉPARTITION SELON L'AGE ET LE SEXE
										Ensemble des personnes
57 240	57 467	57 659	57 844	58 026	58 207	58 398	58 623	58 893	59 191	Total
11 427	11 405	11 358	11 288	11 207	11 131	11 088	11 078	11 089	11 107	Moins de 15 ans
37 527	37 617	37 695	37 784	37 884	37 988	38 085	38 195	38 338	38 509	De 15 à 64 ans
8 286	8 445	8 605	8 772	8 935	9 088	9 225	9 350	9 466	9 574	65 ans et plus
										Hommes
27 855	27 957	28 039	28 117	28 196	28 276	28 361	28 470	28 606	28 754	Total
5 849	5 837	5 812	5 775	5 734	5 696	5 674	5 670	5 676	5 686	Moins de 15 ans
18 728	18 768	18 798	18 835	18 879	18 925	18 967	19 018	19 090	19 176	De 15 à 64 ans
3 278	3 353	3 428	3 507	3 583	3 655	3 720	3 781	3 839	3 892	65 ans et plus
										Femmes
29 385	29 510	29 620	29 727	29 830	29 932	30 037	30 153	30 287	30 436	Total
5 579	5 568	5 546	5 513	5 473	5 436	5 414	5 408	5 412	5 421	Moins de 15 ans
18 799	18 849	18 897	18 949	19 005	19 063	19 118	19 177	19 248	19 333	De 15 à 64 ans
5 007	5 092	5 177	5 266	5 352	5 433	5 504	5 568	5 627	5 682	65 ans et plus
										POPULATION - POURCENTAGES
										Ensemble des personnes
100.0	100.0	100.0	100.0	100.0	100.0	100.0	100.0	100.0	100.0	Total
20.0	19.8	19.7	19.5	19.3	19.1	19.0	18.9	18.8	18.8	Moins de 15 ans
65.6	65.5	65.4	65.3	65.3	65.3	65.2	65.2	65.1	65.1	De 15 à 64 ans
14.5	14.7	14.9	15.2	15.4	15.6	15.8	15.9	16.1	16.2	65 ans et plus
										COMPOSANTES DE L'ÉVOLUTION DÉMOGRAPHIQUE
57 111	57 369	57 565	57 753	57 936	58 116	58 299	58 497	58 749	59 037	a) Population au 1er janvier
57 369	57 565	57 753	57 936	58 116	58 299	58 497	58 749	59 037	59 344	b) Population au 31 décembre
259	196	188	183	180	183	198	252	288	307	**c) Accroissement total (b-a)**
744	712	711	730	734	727	738	745	775	775	d) Naissances
522	532	520	532	536	530	534	538	536	528	e) Décès
222	179	191	198	199	196	204	207	238	247	**f) Accroissement naturel (d-e)**
90	70	50	40	35	40	45	45	50	60	g) Solde net des migrations
-54	-54	-53	-55	-53	-54	-51	0	-1	0	h) Ajustements statistiques
259	196	188	183	181	183	198	252	287	307	**i) Accroissement total (=f+g+h=c)**
										(Composition de l'évolution démographique/ Population moyenne) x1000
4.5	3.4	3.3	3.2	3.1	3.1	3.4	4.3	4.9	5.2	Taux d'accroissement total
13.0	12.4	12.3	12.6	12.7	12.5	12.6	12.7	13.2	13.1	Taux bruts de natalité
9.1	9.3	9.0	9.2	9.2	9.1	9.1	9.2	9.1	8.9	Taux bruts de mortalité
3.9	3.1	3.3	3.4	3.4	3.4	3.5	3.5	4.0	4.2	Taux d'accroissement naturel
1.6	1.2	0.9	0.7	0.6	0.7	0.8	0.8	0.8	1.0	Taux du solde net des migrations

Statistiques de la Population Active
© 2002
OCDE

FRANCE

II - Labour force

Thousands (annual average estimates)

	1981	1982	1983	1984	1985	1986	1987	1988	1989	1990	1991
Total labour force											
All persons	23 673	23 905	23 972	24 123	24 180	24 322	24 448	24 550	24 724	24 838	24 983
Males	14 126	14 139	14 068	14 030	13 978	13 979	13 943	13 953	14 015	14 061	14 049
Females	9 546	9 762	9 902	10 090	10 201	10 343	10 501	10 588	10 706	10 777	10 934
Armed forces											
All persons	577	580	572	563	560	554	554	563	555	550	540
Males	567	569	556	546	542	536	535	544	535	530	519
Females	10	11	16	17	18	18	19	19	20	20	21
Civilian labour force											
All persons	23 096	23 325	23 400	23 560	23 620	23 766	23 895	23 984	24 169	24 288	24 444
Males	13 559	13 570	13 512	13 484	13 436	13 443	13 408	13 409	13 480	13 531	13 531
Females	9 535	9 748	9 884	10 071	10 180	10 322	10 478	10 569	10 686	10 757	10 913
Unemployed											
All persons	1 761	1 929	2 019	2 357	2 474	2 520	2 567	2 456	2 323	2 205	2 329
Males	753	854	913	1 104	1 179	1 190	1 169	1 092	999	948	1 023
Females	1 008	1 075	1 106	1 253	1 295	1 330	1 398	1 364	1 324	1 257	1 306
Civilian employment											
All persons	21 334	21 390	21 377	21 199	21 142	21 238	21 320	21 521	21 842	22 083	22 115
Males	12 806	12 716	12 599	12 380	12 257	12 246	12 239	12 317	12 481	12 583	12 508
Females	8 527	8 673	8 778	8 818	8 885	8 992	9 080	9 205	9 362	9 500	9 607
Civilian employment (%)											
All persons	100.0	100.0	100.0	100.0	100.0	100.0	100.0	100.0	100.0	100.0	100.0
Males	60.0	59.4	58.9	58.4	58.0	57.7	57.4	57.2	57.1	57.0	56.6
Females	40.0	40.5	41.1	41.6	42.0	42.3	42.6	42.8	42.9	43.0	43.4
Unemployment rates (% of civilian labour force)											
All persons	7.6	8.3	8.6	10.0	10.5	10.6	10.7	10.2	9.6	9.1	9.5
Males	5.6	6.3	6.8	8.2	8.8	8.9	8.7	8.1	7.4	7.0	7.6
Females	10.6	11.0	11.2	12.4	12.7	12.9	13.3	12.9	12.4	11.7	12.0
Total labour force (% of total population)											
All persons	43.7	43.9	43.8	43.8	43.7	43.8	43.8	43.7	43.8	43.8	43.8
Males	53.4	53.2	52.6	52.3	51.9	51.7	51.3	51.1	51.0	50.9	50.7
Females	34.4	35.0	35.3	35.8	36.0	36.3	36.7	36.8	37.0	37.0	37.4
Total labour force (% of population from 15-64 years)[1]											
All persons	68.0	67.7	67.1	66.8	66.4	66.5	66.4	66.3	66.4	66.6	66.7
Males	81.0	80.0	78.7	77.7	76.9	76.5	75.9	75.5	75.4	75.4	75.2
Females	55.0	55.4	55.5	55.8	56.0	56.5	57.0	57.1	57.4	57.8	58.3
Civilian employment (% of total population)											
All persons	39.4	39.3	39.0	38.5	38.2	38.2	38.2	38.4	38.7	38.9	38.8
Part-time employment (%)[2]											
Part-time as % of employment			9.7	10.6	11.2	12.2	12.3	12.3	12.2	12.2	12.0
Male share of part-time employment			19.0	20.6	22.2	23.1	23.3	22.0	22.6	20.2	20.5
Female share of part-time employment			81.0	79.4	77.8	76.9	76.7	77.9	77.4	79.8	79.5
Male part-time as % of male employment			3.2	3.8	4.3	5.0	5.1	4.9	4.9	4.4	4.5
Female part-time as % of female employment			18.9	19.9	20.3	21.6	21.7	21.8	21.4	21.7	21.3
Duration of unemployment (% of total unemployment)[3]											
Less than 1 month	6.6	7.3	5.2	4.9	4.4	5.3	4.9	5.4	6.5	6.1	4.3
More than 1 month and less than 3 months	18.0	11.5	11.2	11.9	9.5	10.0	12.5	12.9	12.8	18.7	18.7
More than 3 months and less than 6 months	19.5	17.1	16.7	16.7	15.0	14.7	16.2	17.1	17.0	19.7	19.0
More than 6 months and less than 1 year	23.3	22.0	24.7	24.3	24.2	22.2	20.9	19.8	19.9	17.5	20.8
More than 1 year	32.5	42.1	42.2	42.3	46.8	47.8	45.5	44.8	43.9	38.0	37.2

(1) Participation rates calculated according to national definitions may differ from those published in this table, when the age group represented in the labour force survey is other than 15-64 years.

(2) Part-time employment refers to persons who work less than 30 hours per week in their main job. Data include only persons declaring usual hours worked.

(3) These percentages only take into account those persons for whom the duration of unemployment is known.

II - Population active

Milliers (estimations de moyennes annuelles)

1992	1993	1994	1995	1996	1997	1998	1999	2000	2001	
										Population active totale
25 087	25 126	25 316	25 347	25 625	25 784	26 015	26 341	26 574	26 786	Ensemble des personnes
13 995	13 958	14 009	13 996	14 120	14 159	14 204	14 325	14 425	14 511	Hommes
11 091	11 168	11 307	11 351	11 506	11 625	11 811	12 016	12 149	12 275	Femmes
										Forces armées
525	521	513	505	500	473	437	400	375	336	Ensemble des personnes
503	499	490	483	477	449	412	374	347	307	Hommes
21	22	22	23	23	23	24	26	28	29	Femmes
										Population active civile
24 562	24 605	24 804	24 841	25 125	25 311	25 578	25 941	26 199	26 450	Ensemble des personnes
13 492	13 459	13 519	13 513	13 643	13 710	13 791	13 951	14 078	14 204	Hommes
11 070	11 146	11 285	11 328	11 483	11 601	11 787	11 990	12 121	12 246	Femmes
										Chômeurs
2 560	2 891	3 054	2 887	3 089	3 145	3 004	2 871	2 518	2 325	Ensemble des personnes
1 151	1 378	1 456	1 343	1 471	1 514	1 417	1 345	1 143	1 043	Hommes
1 409	1 514	1 598	1 544	1 618	1 630	1 586	1 525	1 375	1 282	Femmes
										Emploi civil
22 002	21 714	21 750	21 954	22 036	22 167	22 575	23 070	23 682	24 126	Ensemble des personnes
12 341	12 081	12 063	12 170	12 172	12 196	12 374	12 606	12 936	13 162	Hommes
9 660	9 633	9 687	9 785	9 864	9 971	10 201	10 465	10 746	10 964	Femmes
										Emploi civil (%)
100.0	100.0	100.0	100.0	100.0	100.0	100.0	100.0	100.0	100.0	Ensemble des personnes
56.1	55.6	55.5	55.4	55.2	55.0	54.8	54.6	54.6	54.6	Hommes
43.9	44.4	44.5	44.6	44.8	45.0	45.2	45.4	45.4	45.4	Femmes
										Taux de chômage (% de la population active civile)
10.4	11.8	12.3	11.6	12.3	12.4	11.7	11.1	9.6	8.8	Ensemble des personnes
8.5	10.2	10.8	9.9	10.8	11.0	10.3	9.6	8.1	7.3	Hommes
12.7	13.6	14.2	13.6	14.1	14.1	13.5	12.7	11.3	10.5	Femmes
										Population active totale (% de la population totale)
43.8	43.7	43.9	43.8	44.2	44.3	44.5	44.9	45.1	45.3	Ensemble des personnes
50.2	49.9	50.0	49.8	50.1	50.1	50.1	50.3	50.4	50.5	Hommes
37.7	37.8	38.2	38.2	38.6	38.8	39.3	39.8	40.1	40.3	Femmes
										Population active totale (% de la population de 15-64 ans)[1]
66.8	66.8	67.2	67.1	67.6	67.9	68.3	69.0	69.3	69.6	Ensemble des personnes
74.7	74.4	74.5	74.3	74.8	74.8	74.9	75.3	75.6	75.7	Hommes
59.0	59.2	59.8	59.9	60.5	61.0	61.8	62.7	63.1	63.5	Femmes
										Emploi civil (% de la population totale)
38.4	37.8	37.7	38.0	38.0	38.1	38.7	39.4	40.2	40.8	Ensemble des personnes
										Emploi à temps partiel (%)[2]
12.5	13.3	13.9	14.2	14.3	14.9	14.8	14.7	14.2	13.8	Temps partiel en % de l'emploi
20.7	20.5	20.5	20.9	21.3	21.2	20.7	21.0	20.0	19.6	Part des hommes dans le temps partiel
79.3	79.5	79.5	79.1	78.7	78.8	79.3	79.0	80.1	80.4	Part des femmes dans le temps partiel
4.7	5.1	5.3	5.5	5.7	5.9	5.8	5.8	5.3	5.1	Temps partiel des hommes en % de l'emploi des hommes
22.0	23.1	24.0	24.3	24.1	25.2	25.0	24.8	24.3	23.8	Temps partiel des femmes en % de l'emploi des femmes
										Durée du chômage (% du chômage total)[3]
4.7	4.2	4.1	3.7	4.1	3.7	3.8	7.0	3.8	4.7	Moins de 1 mois
17.3	16.3	14.1	13.9	14.6	14.5	13.9	17.9	16.7	19.5	Plus de 1 mois et moins de 3 mois
19.8	21.3	20.1	18.3	19.7	18.0	18.0	19.5	17.6	18.5	Plus de 3 mois et moins de 6 mois
22.0	24.0	23.3	21.6	21.9	22.4	20.1	15.2	19.4	19.6	Plus de 6 mois et moins de 1 an
36.2	34.2	38.5	42.5	39.6	41.4	44.2	40.4	42.6	37.6	Plus de 1 an

(1) Les taux d'activité calculés selon les définitions nationales peuvent être différents de ceux publiés dans ce tableau si le groupe d'âges représenté dans l'enquête de la population active est différent de 15-64 ans.

(2) L'emploi à temps partiel se réfère aux actifs travaillant moins de 30 heures par semaine dans leur emploi principal. Les données incluent uniquement les personnes déclarant des heures habituelles de travail.

(3) Ces pourcentages ne prennent en compte que les personnes pour lesquelles la durée du chômage est connue.

Statistiques de la Population Active
© 2002 OCDE

FRANCE

III - Professional status and breakdown by activities - ISIC Rev. 2

Thousands (annual average estimates)

	1981	1982	1983	1984	1985	1986	1987	1988	1989	1990	1991
CIVILIAN EMPLOYMENT: PROFESSIONAL STATUS[1 2]											
All activities	21 334	21 390	21 377	21 199	21 129	21 243	21 320	21 521	21 842	22 082	22 116
Employees	17 902	18 024	18 059	17 948	17 954	18 112	18 227	18 469	18 849	19 154	19 313
Employers and persons working on own account	3 431	3 366	3 318	3 251	3 174	3 131	3 093	3 052	2 994	2 928	2 802
Unpaid family workers	0	0	0	0	0	0	0	0	0	0	0
Agriculture, hunting, forestry and fishing	1 775	1 709	1 654	1 598	1 541	1 489	1 432	1 376	1 319	1 262	1 202
Employees	333	320	308	297	291	286	281	279	277	274	285
Employers and persons working on own account	1 443	1 389	1 346	1 301	1 250	1 204	1 151	1 097	1 042	989	917
Unpaid family workers	0	0	0	0	0	0	0	0	0	0	0
Non-agricultural activities	19 559	19 680	19 724	19 601	19 588	19 753	19 888	20 146	20 523	20 820	20 914
Employees	17 570	17 704	17 751	17 650	17 664	17 826	17 946	18 191	18 572	18 880	19 028
Employers and persons working on own account	1 989	1 977	1 972	1 950	1 924	1 927	1 942	1 955	1 951	1 940	1 886
Unpaid family workers	0	0	0	0	0	0	0	0	0	0	0
All activities (%)	100.0	100.0	100.0	100.0	100.0	100.0	100.0	100.0	100.0	100.0	100.0
Employees	83.9	84.3	84.5	84.7	85.0	85.3	85.5	85.8	86.3	86.7	87.3
Others	16.1	15.7	15.5	15.3	15.0	14.7	14.5	14.2	13.7	13.3	12.7
CIVILIAN EMPLOYMENT: BREAKDOWN BY ACTIVITIES											
ISIC Rev. 2 Major Divisions											
1 to 0 All activities	21 203	21 240	21 168	20 981	20 915	20 955	21 023	21 196	21 458 |	22 082	22 120
1 Agriculture, hunting, forestry and fishing	1 791	1 732	1 677	1 627	1 582	1 534	1 479	1 425	1 368	1 262	1 214
2 Mining and quarrying	134	131	130	124	116	109	102	95	89		
3 Manufacturing	5 321	5 249	5 136	4 997	4 853	4 749	4 638	4 569	4 588		
4 Electricity, gas and water	193	202	209	210	210	209	208	207	207		
5 Construction	1 811	1 759	1 675	1 571	1 516	1 507	1 522	1 542	1 569		
6 Wholesale and retail trade; restaurants and hotels	3 434	3 473	3 488	3 475	3 454	3 478	3 551	3 622	3 697		
7 Transport, storage and communication	1 319	1 348	1 369	1 375	1 369	1 370	1 371	1 375	1 387		
8 Financing, insurance, real estate and business services	1 620	1 631	1 641	1 670	1 705	1 759	1 836	1 954	2 081		
9 Community, social and personal services	5 580	5 715	5 842	5 932	6 111	6 242	6 316	6 407	6 471		
0 Activities not adequately defined											
EMPLOYEES: BREAKDOWN BY ACTIVITIES[3]											
ISIC Rev. 2 Major Divisions											
1 to 0 All activities	17 663	17 752	17 737	17 605	17 578	17 649	17 740	17 940	18 251 |	19 453	19 560
1 Agriculture, hunting, forestry and fishing	310	301	293	284	278	274	269	267	265 |	274	274
2 Mining and quarrying	132	130	126	120	112	105	98	91	86 |	76	70
3 Manufacturing	5 062	4 991	4 882	4 747	4 608	4 506	4 398	4 331	4 356 |	4 410	4 347
4 Electricity, gas and water	192	201	209	210	209	209	208	207	206 |	205	204
5 Construction	1 461	1 412	1 337	1 243	1 194	1 186	1 200	1 219	1 247 |	1 335	1 330
6 Wholesale and retail trade; restaurants and hotels	2 625	2 653	2 671	2 664	2 644	2 661	2 723	2 785	2 859 |	3 105	3 104
7 Transport, storage and communication	1 262	1 288	1 308	1 312	1 305	1 306	1 306	1 308	1 319 |	1 366	1 378
8 Financing, insurance, real estate and business services	1 452	1 476	1 481	1 508	1 541	1 593	1 666	1 777	1 901 |	2 503	2 544
9 Community, social and personal services	5 168	5 301	5 430	5 518	5 688	5 809	5 872	5 954	6 014 |	6 179	6 310
0 Activities not adequately defined	0	0	0	0	0	0	0	0	0	0	0

(1) Data takes into account the 1999 population census.

(2) Unpaid family workers are included in the employers and persons working on own account.

(3) Data broken down by activities (employees) have not been revised nor updated due to a change by the country from ISIC Rev. 2 to ISIC Rev.3. Since 1990, data refer to all employees and not civilian employees only.

III - Situation dans la profession et répartition par activités - CITI Rév. 2

Milliers (estimations de moyennes annuelles)

EMPLOI CIVIL : SITUATION DANS LA PROFESSION[1,2]

	1992	1993	1994	1995	1996	1997	1998	1999	2000	2001
Toutes activités	22 002	21 714	21 750	21 954	22 036	22 167	22 575	23 070	23 682	24 120
Salariés	19 329	19 170	19 302	19 583	19 737	19 922	20 369	20 880	21 503	21 980
Employeurs et personnes travaillant à leur compte	2 673	2 544	2 448	2 371	2 299	2 244	2 205	2 190	2 179	2 140
Travailleurs familiaux non rémunérés	0	0	0	0	0	0	0	0	0	0
Agriculture, chasse, sylviculture et pêche	1 152	1 096	1 046	1 013	987	971	961	943	921	900
Salariés	293	298	304	315	329	345	363	366	358	348
Employeurs et personnes travaillant à leur compte	858	798	743	697	658	626	598	576	563	552
Travailleurs familiaux non rémunérés	0	0	0	0	0	0	0	0	0	0
Activités non agricoles	20 850	20 618	20 704	20 942	21 050	21 196	21 614	22 128	22 761	23 220
Salariés	19 035	18 872	18 998	19 268	19 408	19 577	20 007	20 513	21 145	21 632
Employeurs et personnes travaillant à leur compte	1 815	1 746	1 706	1 674	1 641	1 618	1 607	1 614	1 616	1 589
Travailleurs familiaux non rémunérés	0	0	0	0	0	0	0	0	0	0
Toutes activités (%)	100.0	100.0	100.0	100.0	100.0	100.0	100.0	100.0	100.0	100.0
Salariés	87.9	88.3	88.7	89.2	89.6	89.9	90.2	90.5	90.8	91.1
Autres	12.1	11.7	11.3	10.8	10.4	10.1	9.8	9.5	9.2	8.9

EMPLOI CIVIL : RÉPARTITION PAR BRANCHES D'ACTIVITÉS

Branches CITI Rév. 2

	1992	1993	1994	1995	1996	1997	1998	1999	2000	2001
1 à 0 Toutes activités	22 017	21 739	21 723	21 908	21 961	22 085	22 521	22 970	23 375	
1 Agriculture, chasse, sylviculture et pêche	1 170	1 119	1 071	1 038	1 011	993	979	959	946	
2 Industries extractives										
3 Industries manufacturières										
4 Électricité, gaz et eau										
5 Bâtiment et travaux publics										
6 Commerce de gros et de détail; restaurants et hôtels										
7 Transports, entrepôts et communications										
8 Banques, assurances, affaires immobilières et services fournis aux entreprises										
9 Services fournis à la collectivité, services sociaux et services personnels										
0 Activités mal désignées										

SALARIÉS : RÉPARTITION PAR BRANCHES D'ACTIVITÉS[3]

Branches CITI Rév. 2

	1992	1993	1994	1995	1996	1997	1998	1999
1 à 0 Toutes activités	19 551	19 371	19 421	19 652	19 751	19 901	20 252	20 656
1 Agriculture, chasse, sylviculture et pêche	275	272	270	273	277	282	290	292
2 Industries extractives	66	61	57	56	54	50	46	44
3 Industries manufacturières	4 208	4 012	3 899	3 902	3 861	3 818	3 827	3 833
4 Électricité, gaz et eau	204	204	207	207	206	206	204	203
5 Bâtiment et travaux publics	1 287	1 215	1 187	1 188	1 152	1 127	1 125	1 140
6 Commerce de gros et de détail; restaurants et hôtels	3 082	3 042	3 046	3 089	3 119	3 168	3 230	3 320
7 Transports, entrepôts et communications	1 383	1 375	1 361	1 368	1 377	1 372	1 396	1 425
8 Banques, assurances, affaires immobilières et services fournis aux entreprises	2 563	2 556	2 634	2 695	2 735	2 841	2 990	3 103
9 Services fournis à la collectivité, services sociaux et services personnels	6 484	6 634	6 759	6 874	6 970	7 038	7 148	7 300
0 Activités mal désignées	0	0	0	0	0	0	0	0

(1) Les données prennent en compte le recensement de la population de 1999.

(2) Les travailleurs familiaux non rémunérés sont inclus dans les employeurs et personnes travaillant à leur compte.

(3) Les données concernant la répartition par branches d'activités (salariés) n'ont pas été révisées ni mises à jour en raison du passage par le pays de la CITI Rév. 2 à la CITI Rév.3. Depuis 1990, les données concernent l'ensemble des salariés et non uniquement les salariés du civil.

Statistiques de la Population Active
© 2002 OCDE

FRANCE

IV - Civilian employment and employees: breakdown by activities - ISIC Rev. 3

Thousands (annual average estimates)

	1981	1982	1983	1984	1985	1986	1987	1988	1989	1990	1991
CIVILIAN EMPLOYMENT: BREAKDOWN BY ACTIVITIES											
A to X All activities											
A Agriculture, hunting and forestry											
B Fishing											
C Mining and quarrying											
D Manufacturing											
E Electricity, gas and water supply											
F Construction											
G Wholesale and retail trade; repair of motor vehicles, motorcycles and personal and household goods											
H Hotels and restaurants											
I Transport, storage and communication											
J Financial intermediation											
K Real estate, renting and business activities											
L Public administration and defence; compulsory social security, excluding armed forces											
M Education											
N Health and social work											
O Other community, social and personal service activities											
P Private households with employed persons											
Q Extra-territorial organisations and bodies											
X Not classifiable by economic activities											
Breakdown by sector											
Agriculture (A-B)											
Industry (C-F)											
Services (G-Q)											
Agriculture (%)											
Industry (%)											
Services (%)											
Female participation in agriculture (%)											
Female participation in industry (%)											
Female participation in services (%)											
EMPLOYEES: BREAKDOWN BY ACTIVITIES[1]											
A to X All activities										19 462	19 613
A Agriculture, hunting and forestry										265	272
B Fishing										13	13
C Mining and quarrying										76	73
D Manufacturing										4 407	4 347
E Electricity, gas and water supply										205	203
F Construction										1 338	1 335
G Wholesale and retail trade; repair of motor vehicles, motorcycles and personal and household goods										2 555	2 559
H Hotels and restaurants										544	558
I Transport, storage and communication										1 369	1 382
J Financial intermediation										693	692
K Real estate, renting and business activities										1 812	1 855
L Public administration and defence; compulsory social security, excluding armed forces										1 973	2 019
M Education										1 538	1 556
N Health and social work										1 814	1 854
O Other community, social and personal service activities										626	650
P Private households with employed persons										235	245
Q Extra-territorial organisations and bodies										0	0
X Not classifiable by economic activities										0	0
Breakdown by sector											
Agriculture (A-B)										277	285
Industry (C-F)										6 026	5 959
Services (G-Q)										13 158	13 369
Agriculture (%)										1.4	1.5
Industry (%)										31.0	30.4
Services (%)										67.6	68.2
Female participation in agriculture (%)										22.8	22.9
Female participation in industry (%)										24.9	25.0
Female participation in services (%)										52.5	52.9

(1) Data refer to all employees and not civilian employees only.

IV - Emploi civil et salariés : répartition par activités - CITI Rév. 3

Milliers (estimations de moyennes annuelles)

1992	1993	1994	1995	1996	1997	1998	1999	2000	2001	
										EMPLOI CIVIL : RÉPARTITION PAR BRANCHES D'ACTIVITÉS
										A à X Toutes activités
										A Agriculture, chasse et sylviculture
										B Pêche
										C Activités extractives
										D Activités de fabrication
										E Production et distribution d'électricité, de gaz et d'eau
										F Construction
										G Commerce de gros et de détail; réparation de véhicules et de biens domestiques
										H Hôtels et restaurants
										I Transports, entreposage et communications
										J Intermédiation financière
										K Immobilier, location et activités de services aux entreprises
										L Administration publique et défense; sécurité sociale obligatoire (armée exclue)
										M Education
										N Santé et action sociale
										O Autres activités de services collectifs, sociaux et personnels
										P Ménages privés employant du personnel domestique
										Q Organisations et organismes extra-territoriaux
										X Ne pouvant être classés selon l'activité économique
										Répartition par secteurs
										Agriculture (A-B)
										Industrie (C-F)
										Services (G-Q)
										Agriculture (%)
										Industrie (%)
										Services (%)
										Part des femmes dans l'agriculture (%)
										Part des femmes dans l'industrie (%)
										Part des femmes dans les services (%)
19 627	19 467	19 599	19 882	20 036	20 221	20 673	21 196	21 825	22 303	**SALARIÉS : RÉPARTITION PAR BRANCHES D'ACTIVITÉS**[1] **A à X Toutes activités**
280	284	290	301	314	329	346	350	341	332	A Agriculture, chasse et sylviculture
13	14	14	14	15	16	17	17	16	16	B Pêche
71	67	65	63	62	58	54	51	50	50	C Activités extractives
4 206	4 007	3 900	3 902	3 863	3 827	3 836	3 832	3 867	3 919	D Activités de fabrication
205	205	208	209	209	208	205	205	209	210	E Production et distribution d'électricité, de gaz et d'eau
1 294	1 222	1 196	1 201	1 167	1 140	1 141	1 166	1 217	1 256	F Construction
2 533	2 500	2 518	2 560	2 594	2 626	2 686	2 755	2 843	2 917	G Commerce de gros et de détail; réparation de véhicules et de biens domestiques
569	577	589	603	615	632	658	686	717	742	H Hôtels et restaurants
1 390	1 381	1 374	1 384	1 396	1 393	1 420	1 459	1 518	1 563	I Transports, entreposage et communications
682	671	671	673	667	667	671	663	671	691	J Intermédiation financière
1 892	1 891	1 979	2 027	2 070	2 176	2 336	2 514	2 722	2 852	K Immobilier, location et activités de services aux entreprises
2 062	2 093	2 125	2 162	2 192	2 210	2 248	2 302	2 336	2 356	L Administration publique et défense; sécurité sociale obligatoire (armée exclue)
1 589	1 618	1 636	1 645	1 641	1 635	1 643	1 674	1 706	1 723	M Education
1 910	1 963	2 006	2 040	2 063	2 080	2 106	2 141	2 175	2 202	N Santé et action sociale
676	703	736	775	812	847	897	954	1 001	1 034	O Autres activités de services collectifs, sociaux et personnels
256	270	291	322	355	379	409	427	434	441	P Ménages privés employant du personnel domestique
0	0	0	0	0	0	0	0	0	0	Q Organisations et organismes extra-territoriaux
0	0	0	0	0	0	0	0	0	0	X Ne pouvant être classés selon l'activité économique
										Répartition par secteurs
293	298	304	315	329	345	363	366	358	348	Agriculture (A-B)
5 775	5 501	5 370	5 376	5 301	5 233	5 236	5 254	5 344	5 435	Industrie (C-F)
13 558	13 669	13 925	14 191	14 406	14 643	15 075	15 576	16 123	16 520	Services (G-Q)
1.5	1.5	1.6	1.6	1.6	1.7	1.8	1.7	1.6	1.6	Agriculture (%)
29.4	28.3	27.4	27.0	26.5	25.9	25.3	24.8	24.5	24.4	Industrie (%)
69.1	70.2	71.1	71.4	71.9	72.4	72.9	73.5	73.9	74.1	Services (%)
23.0	23.2	23.2	23.2	23.1	23.0	23.0	23.0	23.2	23.2	Part des femmes dans l'agriculture (%)
24.9	25.0	24.9	24.7	24.6	24.5	24.6	24.6	24.5	24.4	Part des femmes dans l'industrie (%)
53.3	53.6	53.7	53.7	53.8	53.9	53.9	53.9	53.8	53.8	Part des femmes dans les services (%)

(1) Les données concernent l'ensemble des salariés et non uniquement les salariés du civil.

Statistiques de la Population Active
© 2002
OCDE

GERMANY

I - Population

Thousands (annual average estimates)

	1981	1982	1983	1984	1985	1986	1987	1988	1989	1990	1991
POPULATION - DISTRIBUTION BY AGE AND GENDER											
All persons											
Total	61 682	61 638	61 423	61 175	61 024	61 066	61 077	61 450	62 063	63 254	79 984
Under 15 years	10 803	10 392	9 957	9 564	9 251	9 092	8 903	9 029	9 260	9 318	12 995
From 15 to 64 years	41 427	41 973	42 389	42 631	42 721	42 776	42 826	42 959	43 258	44 250	55 310
65 years and over	9 452	9 273	9 077	8 980	9 052	9 198	9 348	9 462	9 545	9 686	11 679
Males											
Total	29 501	29 482	29 365	29 241	29 181	29 233	29 323	29 544	29 891	30 583	38 663
Under 15 years	5 533	5 322	5 095	4 877	4 719	4 636	4 567	4 634	4 751	4 940	6 729
From 15 to 64 years	20 603	20 892	21 104	21 260	21 354	21 454	21 553	21 678	21 889	22 337	27 921
65 years and over	3 365	3 268	3 166	3 104	3 108	3 143	3 203	3 232	3 251	3 306	4 013
Females											
Total	32 181	32 156	32 058	31 934	31 843	31 833	31 754	31 906	32 172	32 671	41 321
Under 15 years	5 270	5 070	4 862	4 687	4 532	4 456	4 336	4 395	4 509	4 378	6 266
From 15 to 64 years	20 824	21 081	21 286	21 371	21 367	21 322	21 273	21 281	21 369	21 913	27 389
65 years and over	6 087	6 005	5 911	5 876	5 944	6 055	6 145	6 230	6 294	6 380	7 666
POPULATION - PERCENTAGES											
All persons											
Total	100.0	100.0	100.0	100.0	100.0	100.0	100.0	100.0	100.0	100.0	100.0
Under 15 years	17.5	16.9	16.2	15.6	15.2	14.9	14.6	14.7	14.9	14.7	16.2
From 15 to 64 years	67.2	68.1	69.0	69.7	70.0	70.0	70.1	69.9	69.7	70.0	69.2
65 years and over	15.3	15.0	14.8	14.7	14.8	15.1	15.3	15.4	15.4	15.3	14.6
COMPONENTS OF CHANGE IN POPULATION											
a) Population at 1 January	61 658	61 713	61 546	61 307	61 049	61 020	61 140	61 242	61 715	62 679	79 753
b) Population at 31 December	61 713	61 546	61 307	61 049	61 020	61 140	61 315	61 715	62 679	63 726	80 275
c) Total increase (b-a)	55	-167	-239	-258	-29	120	175	473	964	1 047	522
d) Births	625	621	594	584	586	626	642	677	682	727	830
e) Deaths	722	716	718	696	704	702	687	688	698	713	911
f) Natural increase (d-e)	-97	-95	-124	-112	-118	-76	-45	-11	-16	14	-81
g) Net migration	152	-72	-115	-146	89	196	220	484	977	1 033	603
h) Statistical adjustments	0	0	0	0	0	0	0	0	3	0	0
i) Total increase (=f+g+h=c)	55	-167	-239	-258	-29	120	175	473	964	1 047	522
(Components of change in population/ Average population) x1000											
Total increase rates	0.9	-2.7	-3.9	-4.2	-0.5	2.0	2.9	7.7	15.5	16.6	6.5
Crude birth rates	10.1	10.1	9.7	9.5	9.6	10.2	10.5	11.0	11.0	11.5	10.4
Crude death rates	11.7	11.6	11.7	11.4	11.5	11.5	11.2	11.2	11.2	11.3	11.4
Natural increase rates	-1.6	-1.5	-2.0	-1.8	-1.9	-1.2	-0.7	-0.2	-0.3	0.2	-1.0
Net migration rates	2.5	-1.2	-1.9	-2.4	1.5	3.2	3.6	7.9	15.7	16.3	7.5

I - Population

Milliers (estimations de moyennes annuelles)

1992	1993	1994	1995	1996	1997	1998	1999	2000	2001	
										POPULATION - RÉPARTITION SELON L'AGE ET LE SEXE
										Ensemble des personnes
80 595	81 179	81 422	81 661	81 895	82 052	82 029	82 087	82 205	82 311	Total
13 027	13 015	12 982	13 025	12 989	12 866	12 736	12 608	12 571	12 444	Moins de 15 ans
55 259	55 452	55 550	55 452	55 551	55 659	55 653	55 653	55 463	55 400	De 15 à 64 ans
12 309	12 712	12 890	13 184	13 355	13 527	13 640	13 826	14 171	14 467	65 ans et plus
										Hommes
39 054	39 415	39 556	39 718	39 874	39 982	39 981	40 037	40 102	40 161	Total
6 743	6 727	6 709	6 726	6 697	6 603	6 546	6 463	6 473	6 403	Moins de 15 ans
28 005	28 178	28 245	28 172	28 195	28 265	28 235	28 218	28 082	28 025	De 15 à 64 ans
4 306	4 510	4 602	4 820	4 982	5 114	5 200	5 356	5 547	5 733	65 ans et plus
										Femmes
41 541	41 764	41 866	41 943	42 021	42 070	42 048	42 050	42 103	42 150	Total
6 284	6 288	6 273	6 299	6 292	6 263	6 190	6 145	6 098	6 041	Moins de 15 ans
27 254	27 274	27 305	27 280	27 356	27 394	27 418	27 435	27 381	27 375	De 15 à 64 ans
8 003	8 202	8 288	8 364	8 373	8 413	8 440	8 470	8 624	8 734	65 ans et plus
										POPULATION - POURCENTAGES
										Ensemble des personnes
100.0	100.0	100.0	100.0	100.0	100.0	100.0	100.0	100.0	100.0	Total
16.2	16.0	15.9	16.0	15.9	15.7	15.5	15.4	15.3	15.1	Moins de 15 ans
68.6	68.3	68.2	67.9	67.8	67.8	67.8	67.8	67.5	67.3	De 15 à 64 ans
15.3	15.7	15.8	16.1	16.3	16.5	16.6	16.8	17.2	17.6	65 ans et plus
										COMPOSANTES DE L'ÉVOLUTION DÉMOGRAPHIQUE
80 275	80 975	81 338	81 539	81 818	82 012	82 057	82 037	82 164	82 259	a) Population au 1er janvier
80 975	81 338	81 539	81 818	82 012	82 057	82 037	82 164	82 259		b) Population au 31 décembre
700	363	201	279	194	45	-20	127	95		**c) Accroissement total (b-a)**
809	798	770	765	796	812	785	771	767		d) Naissances
885	897	885	885	883	860	852	846	839		e) Décès
-76	-99	-115	-120	-87	-48	-67	-75	-72		**f) Accroissement naturel (d-e)**
776	462	316	398	282	94	47	202	167		g) Solde net des migrations
0	0	0	1	-1	-1	0	0	0		h) Ajustements statistiques
700	363	201	279	194	45	-20	127	95		**i) Accroissement total (=f+g+h=c)**
										(Composition de l'évolution démographique/ Population moyenne) x1000
8.7	4.5	2.5	3.4	2.4	0.5	-0.2	1.5	1.2		Taux d'accroissement total
10.0	9.8	9.5	9.4	9.7	9.9	9.6	9.4	9.3		Taux bruts de natalité
11.0	11.1	10.9	10.8	10.8	10.5	10.4	10.3	10.2		Taux bruts de mortalité
-0.9	-1.2	-1.4	-1.5	-1.1	-0.6	-0.8	-0.9	-0.9		Taux d'accroissement naturel
9.6	5.7	3.9	4.9	3.4	1.1	0.6	2.5	2.0		Taux du solde net des migrations

GERMANY

II - Labour force

Thousands (annual average estimates)

	1981	1982	1983	1984	1985	1986	1987	1988	1989	1990	1991
Total labour force											
All persons	28 305	28 558	28 605 |	28 298	28 434	28 768	29 036	29 220	29 624	30 771 |	39 577
Males	17 242	17 399	17 436 |	17 328	17 349	17 498	17 563	17 552	17 763	18 351 |	22 861
Females	11 063	11 159	11 169 |	10 970	11 085	11 270	11 473	11 668	11 861	12 420 |	16 716
Armed forces											
All persons	535	532	538 |	527	521	526	529	527	520	498 |	502
Males	535	532	538 |	527	521	526	529	527	520	498 |	502
Females	0	0	0	0	0	0	0	0	0	0	0
Civilian labour force											
All persons	27 770	28 026	28 067 |	27 771	27 913	28 242	28 507	28 693	29 104	30 273 |	39 075
Males	16 707	16 867	16 898 |	16 801	16 828	16 972	17 034	17 025	17 243	17 853 |	22 359
Females	11 063	11 159	11 169 |	10 970	11 085	11 270	11 473	11 668	11 861	12 420 |	16 716
Unemployed											
All persons	1 272	1 833	2 258 |	2 001	2 037	1 855	1 800	1 804	1 635	1 448 |	2 204
Males	652	1 021	1 273 |	1 129	1 141	1 000	976	965	858	728 |	1 028
Females	619	812	985 |	872	896	855	824	839	777	720 |	1 176
Civilian employment											
All persons	26 498	26 193	25 809 |	25 770	25 876	26 387	26 707	26 889	27 469	28 825 |	36 871
Males	16 055	15 846	15 625 |	15 672	15 687	15 972	16 058	16 060	16 385	17 125 |	21 331
Females	10 443	10 347	10 184 |	10 098	10 189	10 415	10 649	10 829	11 084	11 700 |	15 540
Civilian employment (%)											
All persons	100.0	100.0	100.0 |	100.0	100.0	100.0	100.0	100.0	100.0	100.0 |	100.0
Males	60.6	60.5	60.5 |	60.8	60.6	60.5	60.1	59.7	59.6	59.4 |	57.9
Females	39.4	39.5	39.5 |	39.2	39.4	39.5	39.9	40.3	40.4	40.6 |	42.1
Unemployment rates (% of civilian labour force)											
All persons	4.6	6.5	8.0 |	7.2	7.3	6.6	6.3	6.3	5.6	4.8 |	5.6
Males	3.9	6.1	7.5 |	6.7	6.8	5.9	5.7	5.7	5.0	4.1 |	4.6
Females	5.6	7.3	8.8 |	7.9	8.1	7.6	7.2	7.2	6.6	5.8 |	7.0
Total labour force (% of total population)											
All persons	45.9	46.3	46.6 |	46.3	46.6	47.1 |	47.5	47.6	47.7	48.6 |	49.5
Males	58.4	59.0	59.4 |	59.3	59.5	59.9 |	59.9	59.4	59.4	60.0 |	59.1
Females	34.4	34.7	34.8 |	34.4	34.8	35.4 |	36.1	36.6	36.9	38.0 |	40.5
Total labour force (% of population from 15-64 years)[1]											
All persons	68.3	68.0	67.5 |	66.4	66.6	67.3 |	67.8	68.0	68.5	69.5 |	71.6
Males	83.7	83.3	82.6 |	81.5	81.2	81.6 |	81.5	81.0	81.2	82.2 |	81.9
Females	53.1	52.9	52.5 |	51.3	51.9	52.9 |	53.9	54.8	55.5	56.7 |	61.0
Civilian employment (% of total population)											
All persons	43.0	42.5	42.0 |	42.1	42.4	43.2 |	43.7	43.8	44.3	45.6 |	46.1
Part-time employment (%)[2]											
Part-time as % of employment			13.4	11.0	11.0	11.2	11.0	11.4	11.6	13.4 |	11.8
Male share of part-time employment			9.9	9.7	9.7	10.0	9.4	9.5	10.4	10.4 |	10.6
Female share of part-time employment			90.2	90.3	90.3	90.0	90.6	90.6	89.6	89.7 |	89.4
Male part-time as % of male employment			2.1	1.7	1.7	1.8	1.7	1.8	2.0	2.3 |	2.2
Female part-time as % of female employment			31.2	25.8	25.4	25.9	25.4	26.4	26.6	29.8 |	25.2
Duration of unemployment (% of total unemployment)[3]											
Less than 1 month			6.1	6.8	6.3	5.3	5.3	5.8	6.0	6.0 |	9.2
More than 1 month and less than 3 months			11.2	12.3	11.9	10.8	11.8	12.0	12.4	12.3 |	14.8
More than 3 months and less than 6 months			16.8	16.0	15.3	16.6	19.1	17.9	15.2	17.1 |	21.8
More than 6 months and less than 1 year			24.2	20.4	18.8	19.1	15.5	18.1	17.3	17.9 |	22.6
More than 1 year			41.6	44.5	47.8	48.3	48.2	46.2	49.1	46.8 |	31.6

(1) Participation rates calculated according to national definitions may differ from those published in this table, when the age group represented in the labour force survey is other than 15-64 years.

(2) Part-time employment refers to persons who work less than 30 hours per week in their main job. Data include only persons declaring usual hours worked.

(3) These percentages only take into account those persons for whom the duration of unemployment is known.

II - Population active

Milliers (estimations de moyennes annuelles)

1992	1993	1994	1995	1996	1997	1998	1999	2000	2001	
										Population active totale
39 490	39 557	39 492	39 376	39 550	39 804	40 131	40 174	40 104	40 121	Ensemble des personnes
22 790	22 802	22 740	22 587	22 617	22 694	22 830	22 717	22 581	22 496	Hommes
16 700	16 755	16 752	16 789	16 933	17 110	17 301	17 457	17 523	17 625	Femmes
										Forces armées
485	455	418	396	408	389	379	370	358	346	Ensemble des personnes
485	455	418	396	408	389	379	370	358	346	Hommes
0	0	0	0	0	0	0	0	0	0	Femmes
										Population active civile
39 005	39 102	39 074	38 980	39 142	39 415	39 752	39 804	39 746	39 775	Ensemble des personnes
22 305	22 347	22 322	22 191	22 209	22 305	22 451	22 347	22 223	22 150	Hommes
16 700	16 755	16 752	16 789	16 933	17 110	17 301	17 457	17 523	17 625	Femmes
										Chômeurs
2 615	3 113	3 318	3 200	3 505	3 907	3 693	3 444	3 205	3 185	Ensemble des personnes
1 218	1 506	1 634	1 616	1 875	2 092	1 990	1 872	1 734	1 752	Hommes
1 397	1 607	1 684	1 584	1 630	1 815	1 703	1 572	1 471	1 433	Femmes
										Emploi civil
36 390	35 989	35 756	35 780	35 637	35 508	36 059	36 360	36 541	36 590	Ensemble des personnes
21 087	20 841	20 688	20 575	20 334	20 213	20 461	20 475	20 489	20 398	Hommes
15 303	15 148	15 068	15 205	15 303	15 295	15 598	15 885	16 052	16 192	Femmes
										Emploi civil (%)
100.0	100.0	100.0	100.0	100.0	100.0	100.0	100.0	100.0	100.0	Ensemble des personnes
57.9	57.9	57.9	57.5	57.1	56.9	56.7	56.3	56.1	55.7	Hommes
42.1	42.1	42.1	42.5	42.9	43.1	43.3	43.7	43.9	44.3	Femmes
										Taux de chômage (% de la population active civile)
6.7	8.0	8.5	8.2	9.0	9.9	9.3	8.7	8.1	8.0	Ensemble des personnes
5.5	6.7	7.3	7.3	8.4	9.4	8.9	8.4	7.8	7.9	Hommes
8.4	9.6	10.1	9.4	9.6	10.6	9.8	9.0	8.4	8.1	Femmes
										Population active totale (% de la population totale)
49.0	48.7	48.5	48.2	48.3	48.5	48.9	48.9	48.8	48.7	Ensemble des personnes
58.4	57.9	57.5	56.9	56.7	56.8	57.1	56.7	56.3	56.0	Hommes
40.2	40.1	40.0	40.0	40.3	40.7	41.1	41.5	41.6	41.8	Femmes
										Population active totale (% de la population de 15-64 ans)[1]
71.5	71.3	71.1	71.0	71.2	71.5	72.1	72.2	72.3	72.4	Ensemble des personnes
81.4	80.9	80.5	80.2	80.2	80.3	80.9	80.5	80.4	80.3	Hommes
61.3	61.4	61.4	61.5	61.9	62.5	63.1	63.6	64.0	64.4	Femmes
										Emploi civil (% de la population totale)
45.2	44.3	43.9	43.8	43.5	43.3	44.0	44.3	44.5	44.5	Ensemble des personnes
										Emploi à temps partiel (%)[2]
12.3	12.8	13.5	14.2	14.9	15.8	16.6	17.1	17.6		Temps partiel en % de l'emploi
11.2	11.5	12.9	13.7	14.2	14.9	15.9	15.9	15.5		Part des hommes dans le temps partiel
88.8	88.5	87.1	86.3	85.8	85.1	84.1	84.1	84.5		Part des femmes dans le temps partiel
2.4	2.5	3.0	3.4	3.7	4.1	4.6	4.8	4.8		Temps partiel des hommes en % de l'emploi des hommes
26.1	27.2	28.0	29.1	29.9	31.4	32.4	33.1	33.9		Temps partiel des femmes en % de l'emploi des femmes
										Durée du chômage (% du chômage total)[3]
10.6	12.3	10.7	7.6	7.3	6.5	5.8	6.8	6.0		Moins de 1 mois
11.0	9.0	8.0	10.6	9.4	9.2	9.4	10.9	11.7		Plus de 1 mois et moins de 3 mois
23.0	18.6	17.6	15.9	17.9	15.8	15.2	15.1	14.8		Plus de 3 mois et moins de 6 mois
21.9	19.7	19.5	17.2	17.5	18.3	17.0	15.4	16.1		Plus de 6 mois et moins de 1 an
33.5	40.3	44.3	48.7	47.8	50.1	52.6	51.7	51.5		Plus de 1 an

(1) Les taux d'activité calculés selon les définitions nationales peuvent être différents de ceux publiés dans ce tableau si le groupe d'âges représenté dans l'enquête de la population active est différent de 15-64 ans.

(2) L'emploi à temps partiel se réfère aux actifs travaillant moins de 30 heures par semaine dans leur emploi principal. Les données incluent uniquement les personnes déclarant des heures habituelles de travail.

(3) Ces pourcentages ne prennent en compte que les personnes pour lesquelles la durée du chômage est connue.

Statistiques de la Population Active
© 2002 OCDE

GERMANY

III - Professional status and breakdown by activities - ISIC Rev. 2

Thousands (annual average estimates)

	1981	1982	1983	1984	1985	1986	1987	1988	1989	1990	1991
CIVILIAN EMPLOYMENT: PROFESSIONAL STATUS[(1)]											
All activities	26 498	26 193	25 809 |	25 770	25 876	26 387	26 707	26 889	27 469	28 825 |	36 871
Employees	23 372	23 107	22 755 |	22 483	22 768	23 269	23 607	23 822	24 418	25 669 |	33 260
Employers and persons working on own account	2 260	2 273	2 288 |	3 287	3 108	3 118	3 100	3 067	3 051	3 156 |	3 076
Unpaid family workers	866	813	766 |								535
Agriculture, hunting, forestry and fishing	1 367	1 321	1 279 |	1 234	1 188	1 173	1 125	1 080	1 033	1 020 |	1 514
Employees	249	249	248 |	246	244	241	232	228	224	233 |	757
Employers and persons working on own account	493	479	467 |	988	944	932	893	852	809	787 |	402
Unpaid family workers	625	593	564 |								355
Non-agricultural activities	25 131	24 872	24 530 |	24 536	24 688	25 214	25 582	25 809	26 436	27 805 |	35 357
Employees	23 123	22 858	22 507 |	22 237	22 524	23 028	23 375	23 594	24 194	25 436 |	32 503
Employers and persons working on own account	1 767	1 794	1 821 |	2 299	2 164	2 186	2 207	2 215	2 242	2 369 |	2 674
Unpaid family workers	241	220	202 |								180
All activities (%)	100.0	100.0	100.0 |	100.0	100.0	100.0	100.0	100.0	100.0	100.0 |	100.0
Employees	88.2	88.2	88.2 |	87.2	88.0	88.2	88.4	88.6	88.9	89.1 |	90.2
Others	11.8	11.8	11.8 |								9.8
CIVILIAN EMPLOYMENT: BREAKDOWN BY ACTIVITIES[(2)]											
ISIC Rev. 2 Major Divisions											
1 to 0 All activities	26 498	26 193	25 809	25 869	26 062	26 431	26 626	26 835	27 237	27 988 |	36 921
1 Agriculture, hunting, forestry and fishing	1 367	1 321	1 279	1 238	1 195	1 176	1 124	1 076	1 025	990 |	1 566
2 Mining and quarrying	250	247	243	232	226	222	218	210	200	190 |	391
3 Manufacturing	8 831	8 570	8 287	8 288	8 406	8 518	8 508	8 481	8 596	8 841 |	11 631
4 Electricity, gas and water	217	219	212	241	243	246	248	251	251	254 |	404
5 Construction	2 085	1 993	1 947	1 884	1 809	1 785	1 770	1 775	1 795	1 847 |	2 635
6 Wholesale and retail trade; restaurants and hotels	4 122	4 103	4 125	4 188	4 227	4 278	4 308	4 373	4 450	4 636 |	5 305
7 Transport, storage and communication	1 575	1 562	1 534	1 522	1 530	1 548	1 565	1 577	1 596	1 620 |	2 302
8 Financing, insurance, real estate and business services	1 610	1 649	1 811	1 764	1 880	1 987	2 030	2 074	2 172	2 375 |	2 802
9 Community, social and personal services	6 442	6 530	6 372	6 512	6 549	6 671	6 856	7 017	7 152	7 235 |	9 885
0 Activities not adequately defined	0	0	0	0	0	0	0	0	0	0 |	0
EMPLOYEES: BREAKDOWN BY ACTIVITIES[(2)]											
ISIC Rev. 2 Major Divisions											
1 to 0 All activities	23 372	23 107	22 755	22 827	23 028	23 381	23 610	23 834	24 226	24 962 |	33 367
1 Agriculture, hunting, forestry and fishing	249	249	248	250	247	242	232	228	223	226 |	794
2 Mining and quarrying	249	246	242	231	226	222	218	208	199	189 |	388
3 Manufacturing	8 449	8 196	7 917	7 913	8 026	8 139	8 149	8 124	8 225	8 462 |	11 165
4 Electricity, gas and water	215	219	212	241	242	244	248	250	251	254 |	402
5 Construction	1 889	1 795	1 760	1 704	1 624	1 604	1 588	1 589	1 606	1 661 |	2 383
6 Wholesale and retail trade; restaurants and hotels	3 310	3 302	3 289	3 325	3 347	3 400	3 425	3 493	3 572	3 735 |	4 424
7 Transport, storage and communication	1 496	1 484	1 456	1 444	1 452	1 467	1 482	1 494	1 535	1 535 |	2 173
8 Financing, insurance, real estate and business services	1 370	1 394	1 556	1 488	1 572	1 657	1 693	1 712	1 799	1 949 |	2 327
9 Community, social and personal services	6 144	6 221	6 076	6 230	6 293	6 406	6 576	6 736	6 840	6 951 |	9 311
0 Activities not adequately defined	0	0	0	0	0	0	0	0	0	0	0

(1) From 1970 to 1979 and 1984 to 1990, unpaid family workers are included in "Employers and persons working on own account".

(2) Data broken down by activities (civilian employment and employees) has not been revised nor updated due to a change by the country from ISIC Rev. 2 to ISIC Rev. 3.

III - Situation dans la profession et répartition par activités - CITI Rév. 2

Milliers (estimations de moyennes annuelles)

1992	1993	1994	1995	1996	1997	1998	1999	2000	2001	
										EMPLOI CIVIL : SITUATION DANS LA PROFESSION[1]
36 390	35 989	35 756	35 780	35 637	35 508	36 059	36 360	36 541	36 590	**Toutes activités**
32 732	32 257	31 961	31 949	31 804	31 643	32 097	32 420	32 543	32 588	Salariés
3 135	3 226	3 302	3 373	3 443	3 512	3 600	3 626	3 672	3 683	Employeurs et personnes travaillant à leur compte
523	506	493	458	390	353	362	314	326	319	Travailleurs familiaux non rémunérés
1 392	1 269	1 187	1 127	1 073	1 035	1 022	1 036	996	965	**Agriculture, chasse, sylviculture et pêche**
659	576	537	531	546	545	537	553	514	499	Salariés
392	379	364	350	334	324	322	323	323	313	Employeurs et personnes travaillant à leur compte
341	314	286	246	193	166	163	160	159	153	Travailleurs familiaux non rémunérés
34 998	34 720	34 569	34 653	34 564	34 473	35 037	35 324	35 545	35 625	**Activités non agricoles**
32 073	31 681	31 424	31 418	31 258	31 098	31 560	31 867	32 029	32 089	Salariés
2 743	2 847	2 938	3 023	3 109	3 188	3 278	3 303	3 349	3 370	Employeurs et personnes travaillant à leur compte
182	192	207	212	197	187	199	154	167	166	Travailleurs familiaux non rémunérés
100.0	100.0	100.0	100.0	100.0	100.0	100.0	100.0	100.0	100.0	**Toutes activités (%)**
89.9	89.6	89.4	89.3	89.2	89.1	89.0	89.2	89.1	89.1	Salariés
10.1	10.4	10.6	10.7	10.8	10.9	11.0	10.8	10.9	10.9	Autres
										EMPLOI CIVIL : RÉPARTITION PAR BRANCHES D'ACTIVITÉS[2]
										Branches CITI Rév. 2
36 423	36 026	35 892	35 903	35 681	35 540	35 715				**1 à 0 Toutes activités**
1 381	1 262	1 199	1 153	1 074	1 035	1 013				1 Agriculture, chasse, sylviculture et pêche
353	307	267	262	223	208	196				2 Industries extractives
10 807	10 253	9 700	9 140	8 653	8 527	8 605				3 Industries manufacturières
402	394	376	363	340	330	329				4 Électricité, gaz et eau
2 825	2 958	3 131	3 356	3 411	3 308	3 204				5 Bâtiment et travaux publics
5 349	5 321	5 418	6 153	6 253	6 253	6 275				6 Commerce de gros et de détail; restaurants et hôtels
2 257	2 225	2 184	2 114	1 982	1 935	1 934				7 Transports, entrepôts et communications
2 934	3 074	3 180	3 603	3 628	3 732	3 840				8 Banques, assurances, affaires immobilières et services fournis aux entreprises
10 115	10 232	10 437	9 759	10 117	10 212	10 319				9 Services fournis à la collectivité, services sociaux et services personnels
0	0	0	0	0	0	0				0 Activités mal désignées
										SALARIÉS : RÉPARTITION PAR BRANCHES D'ACTIVITÉS[2]
										Branches CITI Rév. 2
32 806	32 354	32 095	32 046	31 844	31 671	31 791				**1 à 0 Toutes activités**
637	553	537	528	546	545	531				1 Agriculture, chasse, sylviculture et pêche
352	304	265	257	219	204	193				2 Industries extractives
10 321	9 757	9 190	8 659	8 203	8 080	8 157				3 Industries manufacturières
399	391	373	358	336	328	325				4 Électricité, gaz et eau
2 545	2 670	2 824	3 031	3 048	2 940	2 832				5 Bâtiment et travaux publics
4 465	4 434	4 502	5 167	5 229	5 226	5 248				6 Commerce de gros et de détail; restaurants et hôtels
2 127	2 092	2 040	1 969	1 846	1 794	1 788				7 Transports, entrepôts et communications
2 425	2 532	2 587	2 987	2 992	3 058	3 137				8 Banques, assurances, affaires immobilières et services fournis aux entreprises
9 535	9 621	9 777	9 090	9 425	9 496	9 580				9 Services fournis à la collectivité, services sociaux et services personnels
0	0	0	0	0	0	0				0 Activités mal désignées

(1) De 1970 à 1979 et de 1984 à 1990, les travailleurs familiaux non rémunérés sont inclus dans la série "employeurs et les personnes travaillant à leur propre compte".

(2) Les données concernant la répartition par branches d'activités (emploi civil et salariés) n'ont pas été révisées ni mises à jour en raison du passage par le pays de la CITI Rév. 2 à la CITI Rév. 3.

Statistiques de la Population Active
© 2002 OCDE

GERMANY

IV - Civilian employment and employees: breakdown by activities - ISIC Rev. 3

Thousands (annual average estimates)

	1981	1982	1983	1984	1985	1986	1987	1988	1989	1990	1991
CIVILIAN EMPLOYMENT: BREAKDOWN BY ACTIVITIES											
A to X All activities											36 871
A Agriculture, hunting and forestry											1 502
B Fishing											12
C Mining and quarrying											402
D Manufacturing											11 315
E Electricity, gas and water supply											407
F Construction											2 944
G Wholesale and retail trade; repair of motor vehicles, motorcycles and personal and household goods											4 764
H Hotels and restaurants											982
I Transport, storage and communication											2 349
J Financial intermediation											1 270
K Real estate, renting and business activities											2 025
L Public administration and defence; compulsory social security, excluding armed forces											2 713
M Education											1 790
N Health and social work											2 917
O Other community, social and personal service activities											1 295
P Private households with employed persons											119
Q Extra-territorial organisations and bodies											65
X Not classifiable by economic activities											0
Breakdown by sector											
Agriculture (A-B)											1 514
Industry (C-F)											15 068
Services (G-Q)											20 289
Agriculture (%)											4.1
Industry (%)											40.9
Services (%)											55.0
Female participation in agriculture (%)											41.3
Female participation in industry (%)											26.7
Female participation in services (%)											53.7
EMPLOYEES: BREAKDOWN BY ACTIVITIES											
A to X All activities											33 260
A Agriculture, hunting and forestry											748
B Fishing											9
C Mining and quarrying											395
D Manufacturing											10 806
E Electricity, gas and water supply											405
F Construction											2 680
G Wholesale and retail trade; repair of motor vehicles, motorcycles and personal and household goods											4 087
H Hotels and restaurants											809
I Transport, storage and communication											2 210
J Financial intermediation											1 150
K Real estate, renting and business activities											1 629
L Public administration and defence; compulsory social security, excluding armed forces											2 713
M Education											1 723
N Health and social work											2 616
O Other community, social and personal service activities											1 104
P Private households with employed persons											111
Q Extra-territorial organisations and bodies											65
X Not classifiable by economic activities											0
Breakdown by sector											
Agriculture (A-B)											757
Industry (C-F)											14 286
Services (G-Q)											18 217
Agriculture (%)											2.3
Industry (%)											43.0
Services (%)											54.8
Female participation in agriculture (%)											37.3
Female participation in industry (%)											27.3
Female participation in services (%)											55.6

IV - Emploi civil et salariés : répartition par activités - CITI Rév. 3

Milliers (estimations de moyennes annuelles)

1992	1993	1994	1995	1996	1997	1998	1999	2000	2001	
										EMPLOI CIVIL : RÉPARTITION PAR BRANCHES D'ACTIVITÉS
36 390	35 989	35 756	35 780	35 637	35 508	36 059	36 360	36 541	36 590	**A à X Toutes activités**
1 380	1 258	1 176	1 116	1 063	1 027	1 014	1 030	990	959	A Agriculture, chasse et sylviculture
12	11	11	11	10	8	8	6	6	6	B Pêche
369	327	288	251	223	207	198	162	153	152	C Activités extractives
10 731	10 099	9 525	9 017	8 643	8 521	8 687	8 610	8 611	8 559	D Activités de fabrication
396	384	370	355	339	330	332	313	292	291	E Production et distribution d'électricité, de gaz et d'eau
3 052	3 185	3 285	3 380	3 407	3 305	3 234	3 174	3 143	2 906	F Construction
4 769	4 773	4 867	5 063	5 118	5 093	5 177	5 256	5 233	5 205	G Commerce de gros et de détail; réparation de véhicules et de biens domestiques
993	1 012	1 032	1 072	1 127	1 154	1 158	1 199	1 229	1 222	H Hôtels et restaurants
2 287	2 246	2 189	2 083	1 980	1 932	1 952	1 971	2 024	2 013	I Transports, entreposage et communications
1 296	1 307	1 310	1 319	1 303	1 281	1 291	1 302	1 343	1 483	J Intermédiation financière
2 115	2 248	2 308	2 284	2 321	2 448	2 585	2 762	2 947	3 254	K Immobilier, location et activités de services aux entreprises
2 760	2 804	2 847	2 903	2 902	2 883	2 880	2 837	2 770	2 704	L Administration publique et défense; sécurité sociale obligatoire (armée exclue)
1 770	1 767	1 784	1 833	1 878	1 916	1 987	1 966	1 944	1 952	M Education
2 968	3 056	3 140	3 250	3 376	3 467	3 573	3 698	3 725	3 743	N Santé et action sociale
1 310	1 337	1 459	1 682	1 787	1 777	1 816	1 895	1 960	1 969	O Autres activités de services collectifs, sociaux et personnels
121	122	121	124	127	129	134	142	138	139	P Ménages privés employant du personnel domestique
61	53	44	37	33	30	33	37	33	33	Q Organisations et organismes extra-territoriaux
0	0	0	0	0	0	0	0	0	0	X Ne pouvant être classés selon l'activité économique
										Répartition par secteurs
1 392	1 269	1 187	1 127	1 073	1 035	1 022	1 036	996	965	Agriculture (A-B)
14 548	13 995	13 468	13 003	12 612	12 363	12 451	12 259	12 199	11 908	Industrie (C-F)
20 450	20 725	21 101	21 650	21 952	22 110	22 586	23 065	23 346	23 717	Services (G-Q)
3.8	3.5	3.3	3.1	3.0	2.9	2.8	2.8	2.7	2.6	Agriculture (%)
40.0	38.9	37.7	36.3	35.4	34.8	34.5	33.7	33.4	32.5	Industrie (%)
56.2	57.6	59.0	60.5	61.6	62.3	62.6	63.4	63.9	64.8	Services (%)
40.8	40.3	39.9	39.7	38.4	37.2	36.5	36.0	35.3	35.4	Part des femmes dans l'agriculture (%)
25.7	24.8	24.1	23.8	23.7	23.5	23.7	23.8	23.7	24.0	Part des femmes dans l'industrie (%)
53.8	53.9	53.8	53.9	54.2	54.3	54.3	54.6	54.9	54.8	Part des femmes dans les services (%)
										SALARIÉS : RÉPARTITION PAR BRANCHES D'ACTIVITÉS
32 732	32 257	31 961	31 949	31 804	31 643	32 097	32 420	32 543	32 588	**A à X Toutes activités**
651	570	531	525	540	540	532	549	510	495	A Agriculture, chasse et sylviculture
8	6	6	6	6	5	5	4	4	4	B Pêche
363	321	283	247	219	204	195	160	150	149	C Activités extractives
10 217	9 572	9 008	8 540	8 193	8 073	8 235	8 206	8 206	8 162	D Activités de fabrication
395	381	366	351	336	327	328	311	289	289	E Production et distribution d'électricité, de gaz et d'eau
2 774	2 892	2 978	3 043	3 044	2 937	2 859	2 773	2 733	2 529	F Construction
4 094	4 094	4 172	4 342	4 386	4 358	4 427	4 522	4 507	4 485	G Commerce de gros et de détail; réparation de véhicules et de biens domestiques
819	834	826	812	837	864	871	913	944	939	H Hôtels et restaurants
2 145	2 097	2 038	1 940	1 844	1 793	1 805	1 814	1 867	1 858	I Transports, entreposage et communications
1 172	1 181	1 186	1 198	1 182	1 157	1 161	1 172	1 207	1 333	J Intermédiation financière
1 693	1 788	1 821	1 788	1 806	1 898	2 005	2 176	2 340	2 586	K Immobilier, location et activités de services aux entreprises
2 760	2 804	2 847	2 903	2 902	2 883	2 880	2 837	2 770	2 704	L Administration publique et défense; sécurité sociale obligatoire (armée exclue)
1 702	1 695	1 711	1 763	1 805	1 835	1 899	1 883	1 860	1 870	M Education
2 652	2 722	2 807	2 944	3 082	3 166	3 266	3 379	3 397	3 415	N Santé et action sociale
1 111	1 131	1 222	1 395	1 473	1 454	1 473	1 549	1 598	1 608	O Autres activités de services collectifs, sociaux et personnels
115	116	115	115	116	119	123	135	128	129	P Ménages privés employant du personnel domestique
61	53	44	37	33	30	33	37	33	33	Q Organisations et organismes extra-territoriaux
0	0	0	0	0	0	0	0	0	0	X Ne pouvant être classés selon l'activité économique
										Répartition par secteurs
659	576	537	531	546	545	537	553	514	499	Agriculture (A-B)
13 749	13 166	12 635	12 181	11 792	11 541	11 617	11 450	11 378	11 129	Industrie (C-F)
18 324	18 515	18 789	19 237	19 466	19 557	19 943	20 417	20 651	20 960	Services (G-Q)
2.0	1.8	1.7	1.7	1.7	1.7	1.7	1.7	1.6	1.5	Agriculture (%)
42.0	40.8	39.5	38.1	37.1	36.5	36.2	35.3	35.0	34.2	Industrie (%)
56.0	57.4	58.8	60.2	61.2	61.8	62.1	63.0	63.5	64.3	Services (%)
36.6	36.1	36.9	38.0	38.6	38.0	37.2	36.9	35.4	35.5	Part des femmes dans l'agriculture (%)
26.2	25.3	24.6	24.3	24.2	24.0	24.2	24.5	24.5	24.7	Part des femmes dans l'industrie (%)
55.8	56.0	55.9	56.0	56.5	56.7	56.7	57.0	57.2	57.3	Part des femmes dans les services (%)

GREECE

I - Population

Thousands (mid-year estimates)

	1981	1982	1983	1984	1985	1986	1987	1988	1989	1990	1991
POPULATION - DISTRIBUTION BY AGE AND GENDER											
All persons											
Total	9 730	9 790	9 847	9 896	9 934	9 964	9 984	10 005	10 038	10 089	10 200
Under 15 years	2 178	2 156	2 131	2 107	2 075	2 041	2 011	1 980	1 947	1 912	1 881
From 15 to 64 years	6 268	6 337	6 409	6 473	6 531	6 580	6 618	6 658	6 705	6 761	6 866
65 years and over	1 284	1 297	1 307	1 316	1 328	1 343	1 355	1 366	1 386	1 416	1 453
Males											
Total	4 781	4 813	4 842	4 867	4 887	4 902	4 912	4 922	4 941	4 968	5 024
Under 15 years	1 125	1 114	1 101	1 088	1 072	1 055	1 040	1 024	1 007	988	971
From 15 to 64 years	3 085	3 123	3 164	3 201	3 234	3 259	3 278	3 301	3 330	3 363	3 420
65 years and over	571	576	577	578	581	588	593	597	604	617	634
Females											
Total	4 949	4 977	5 005	5 029	5 047	5 062	5 072	5 083	5 097	5 120	5 176
Under 15 years	1 053	1 042	1 030	1 019	1 003	986	971	956	941	924	910
From 15 to 64 years	3 183	3 214	3 245	3 272	3 297	3 321	3 340	3 357	3 375	3 398	3 446
65 years and over	713	721	730	738	747	755	761	769	781	799	819
POPULATION - PERCENTAGES											
All persons											
Total	100.0	100.0	100.0	100.0	100.0	100.0	100.0	100.0	100.0	100.0	100.0
Under 15 years	22.4	22.0	21.6	21.3	20.9	20.5	20.1	19.8	19.4	19.0	18.4
From 15 to 64 years	64.4	64.7	65.1	65.4	65.7	66.0	66.3	66.5	66.8	67.0	67.3
65 years and over	13.2	13.2	13.3	13.3	13.4	13.5	13.6	13.7	13.8	14.0	14.2
COMPONENTS OF CHANGE IN POPULATION											
a) Population at 1 January	9 698	9 760	9 821	9 872	9 920	9 950	9 985	10 016	10 058	10 121	10 200
b) Population at 31 December	9 760	9 821	9 872	9 920	9 949	9 985	10 016	10 058	10 121	10 200	10 294
c) Total increase (b-a)	62	61	51	48	29	35	31	42	63	79	94
d) Births	140	137	132	126	117	113	106	108	102	102	103
e) Deaths	86	86	91	88	93	92	95	93	93	94	95
f) Natural increase (d-e)	54	51	41	38	24	21	11	15	9	8	7
g) Net migration	7	10	9	10	6	15	20	27	54	71	87
h) Statistical adjustments	1	0	1	0	-1	-1	0	0	0	0	-1
i) Total increase (=f+g+h=c)	62	61	51	48	29	35	31	42	63	79	93
(Components of change in population/ Average population) x1000											
Total increase rates	6.4	6.2	5.2	4.9	2.9	3.5	3.1	4.2	6.2	7.8	9.1
Crude birth rates	14.4	14.0	13.4	12.7	11.8	11.3	10.6	10.8	10.1	10.1	10.0
Crude death rates	8.8	8.8	9.2	8.9	9.4	9.2	9.5	9.3	9.2	9.3	9.3
Natural increase rates	5.6	5.2	4.2	3.8	2.4	2.1	1.1	1.5	0.9	0.8	0.7
Net migration rates	0.7	1.0	0.9	1.0	0.6	1.5	2.0	2.7	5.4	7.0	8.5

I - Population

Milliers (estimations au milieu de l'année)

1992	1993	1994	1995	1996	1997	1998	1999	2000	2001	
										POPULATION - RÉPARTITION SELON L'AGE ET LE SEXE
										Ensemble des personnes
10 322	10 380	10 426	10 454	10 475	10 498	10 516	10 538			Total
1 891	1 851	1 808	1 761	1 737	1 675	1 639	1 611			Moins de 15 ans
6 940	6 993	7 036	7 064	7 075	7 107	7 117	7 124			De 15 à 64 ans
1 491	1 536	1 582	1 629	1 653	1 716	1 759	1 803			65 ans et plus
										Hommes
5 091	5 124	5 148	5 160	5 168	5 176	5 183	5 192			Total
973	952	930	906	894	861	843	829			Moins de 15 ans
3 459	3 491	3 516	3 531	3 537	3 551	3 556	3 560			De 15 à 64 ans
659	681	702	724	734	763	783	803			65 ans et plus
										Femmes
5 231	5 256	5 278	5 294	5 307	5 322	5 333	5 345			Total
919	899	878	855	843	813	796	782			Moins de 15 ans
3 481	3 501	3 520	3 533	3 539	3 556	3 561	3 564			De 15 à 64 ans
831	856	880	905	918	952	975	1 000			65 ans et plus
										POPULATION - POURCENTAGES
										Ensemble des personnes
100.0	100.0	100.0	100.0	100.0	100.0	100.0	100.0			Total
18.3	17.8	17.3	16.8	16.6	16.0	15.6	15.3			Moins de 15 ans
67.2	67.4	67.5	67.6	67.5	67.7	67.7	67.6			De 15 à 64 ans
14.4	14.8	15.2	15.6	15.8	16.3	16.7	17.1			65 ans et plus
										COMPOSANTES DE L'ÉVOLUTION DÉMOGRAPHIQUE
10 294	10 349	10 410	10 443	10 465	10 487	10 511	10 522			a) Population au 1er janvier
10 349	10 410	10 443	10 465	10 487	10 511	10 522	10 546			b) Population au 31 décembre
55	60	33	22	22	24	11	24			**c) Accroissement total (b-a)**
104	102	104	101	102	102	101	102			d) Naissances
98	97	98	100	101	100	103	103			e) Décès
6	4	6	1	1	2	-2	-1			**f) Accroissement naturel (d-e)**
49	56	27	21	22	23	13	25			g) Solde net des migrations
0	0	0	0	-1	-1	0	0			h) Ajustements statistiques
55	60	33	22	22	24	11	24			**i) Accroissement total (=f+g+h=c)**
										(Composition de l'évolution démographique/ Population moyenne) x1000
5.3	5.8	3.2	2.1	2.1	2.3	1.1	2.3			Taux d'accroissement total
10.1	9.8	10.0	9.7	9.7	9.7	9.6	9.7			Taux bruts de natalité
9.5	9.4	9.4	9.6	9.6	9.5	9.8	9.8			Taux bruts de mortalité
0.6	0.4	0.6	0.1	0.1	0.2	-0.2	-0.1			Taux d'accroissement naturel
4.7	5.4	2.6	2.0	2.1	2.2	1.2	2.4			Taux du solde net des migrations

Statistiques de la Population Active
© 2002
OCDE

GREECE

II - Labour force

Thousands

	1981	1982	1983	1984	1985	1986	1987	1988	1989	1990	1991
Total labour force											
All persons	3 680	3 717	3 842	3 868	3 892	3 888	3 884	3 961	3 967	4 000	3 934
Males	2 505	2 548	2 532	2 529	2 513	2 505	2 490	2 501	2 500	2 517	2 528
Females	1 175	1 169	1 310	1 339	1 379	1 383	1 394	1 460	1 467	1 483	1 406
Armed forces											
All persons											
Males											
Females											
Civilian labour force											
All persons	3 680	3 717	3 842	3 868	3 892	3 888	3 884	3 961	3 967	4 000	3 934
Males	2 505	2 548	2 532	2 529	2 513	2 505	2 490	2 501	2 500	2 517	2 528
Females	1 175	1 169	1 310	1 339	1 379	1 383	1 394	1 460	1 467	1 483	1 406
Unemployed											
All persons	149	215	302	315	304	287	286	304	296	281	301
Males	82	121	148	152	142	127	128	122	115	107	121
Females	67	94	154	163	162	160	158	182	181	174	180
Civilian employment											
All persons	3 531	3 502	3 540	3 553	3 588	3 601	3 598	3 657	3 671	3 719	3 632
Males	2 423	2 427	2 384	2 376	2 371	2 378	2 362	2 380	2 386	2 409	2 407
Females	1 108	1 075	1 156	1 177	1 217	1 223	1 236	1 278	1 285	1 310	1 226
Civilian employment (%)											
All persons	100.0	100.0	100.0	100.0	100.0	100.0	100.0	100.0	100.0	100.0	100.0
Males	68.6	69.3	67.3	66.9	66.1	66.0	65.6	65.1	65.0	64.8	66.3
Females	31.4	30.7	32.7	33.1	33.9	34.0	34.4	34.9	35.0	35.2	33.8
Unemployment rates (% of civilian labour force)											
All persons	4.0	5.8	7.9	8.1	7.8	7.4	7.4	7.7	7.5	7.0	7.7
Males	3.3	4.7	5.8	6.0	5.7	5.1	5.1	4.9	4.6	4.3	4.8
Females	5.7	8.0	11.8	12.2	11.7	11.6	11.3	12.5	12.3	11.7	12.8
Total labour force (% of total population)											
All persons	37.8	38.0	39.0	39.1	39.2	39.0	38.9	39.6	39.5	39.6	38.6
Males	52.4	52.9	52.3	52.0	51.4	51.1	50.7	50.8	50.6	50.7	50.3
Females	23.7	23.5	26.2	26.6	27.3	27.3	27.5	28.7	28.8	29.0	27.2
Total labour force (% of population from 15-64 years)[1]											
All persons	58.7	58.7	59.9	59.8	59.6	59.1	58.7	59.5	59.2	59.2	57.3
Males	81.2	81.6	80.0	79.0	77.7	76.9	76.0	75.8	75.1	74.8	73.9
Females	36.9	36.4	40.4	40.9	41.8	41.6	41.7	43.5	43.5	43.6	40.8
Civilian employment (% of total population)											
All persons	36.3	35.8	36.0	35.9	36.1	36.1	36.0	36.6	36.6	36.9	35.6
Part-time employment (%)[2]											
Part-time as % of employment			7.0	6.7	5.8	6.8	6.4	6.9	6.6	6.6	6.8
Male share of part-time employment			40.4	40.8	36.9	40.9	37.0	37.5	38.2	39.0	40.0
Female share of part-time employment			59.2	59.2	63.1	59.1	63.5	62.5	61.8	61.4	60.0
Male part-time as % of male employment			4.2	4.1	3.2	4.2	3.6	4.0	3.9	4.0	4.1
Female part-time as % of female employment			12.7	11.9	10.8	11.8	11.9	12.4	11.6	11.6	12.0
Duration of unemployment (% of total unemployment)[3]											
Less than 1 month			9.9	8.3	7.6	7.1	5.6	5.9	5.4	4.3	5.0
More than 1 month and less than 3 months			9.7	9.9	8.5	9.4	8.5	8.2	7.1	6.8	7.6
More than 3 months and less than 6 months			21.9	21.1	20.0	19.0	19.0	16.3	16.7	16.9	15.8
More than 6 months and less than 1 year			25.2	23.1	20.0	22.0	22.5	23.4	20.5	22.1	23.9
More than 1 year			33.3	37.5	43.8	42.5	44.4	46.2	50.4	49.8	47.7

(1) Participation rates calculated according to national definitions may differ from those published in this table, when the age group represented in the labour force survey is other than 15-64 years.

(2) Part-time employment refers to persons who work less than 30 hours per week in their main job. Data include only persons declaring usual hours worked.

(3) These percentages only take into account those persons for whom the duration of unemployment is known.

II - Population active

Milliers

	1992	1993	1994	1995	1996	1997	1998	1999	2000	2001	
											Population active totale
	4 034	4 112	4 189	4 244	4 314	4 293	4 481	4 463	4 437	4 362	Ensemble des personnes
	2 541	2 581	2 619	2 625	2 634	2 611	2 704	2 668	2 651	2 607	Hommes
	1 493	1 532	1 570	1 620	1 680	1 682	1 778	1 795	1 787	1 756	Femmes
											Forces armées
											Ensemble des personnes
											Hommes
											Femmes
											Population active civile
	4 034	4 112	4 189	4 244	4 314	4 293	4 481	4 463	4 437	4 362	Ensemble des personnes
	2 541	2 581	2 619	2 625	2 634	2 611	2 704	2 668	2 651	2 607	Hommes
	1 493	1 532	1 570	1 620	1 680	1 682	1 778	1 795	1 787	1 756	Femmes
											Chômeurs
	350	397	403	424	446	439	514	523	491	445	Ensemble des personnes
	138	164	170	176	167	172	200	202	193	175	Hommes
	212	233	233	248	279	267	315	322	298	270	Femmes
											Emploi civil
	3 685	3 715	3 786	3 821	3 868	3 853	3 967	3 940	3 946	3 917	Ensemble des personnes
	2 403	2 417	2 449	2 449	2 467	2 439	2 504	2 466	2 457	2 431	Hommes
	1 281	1 299	1 337	1 371	1 401	1 415	1 463	1 473	1 489	1 486	Femmes
											Emploi civil (%)
	100.0	100.0	100.0	100.0	100.0	100.0	100.0	100.0	100.0	100.0	Ensemble des personnes
	65.2	65.1	64.7	64.1	63.8	63.3	63.1	62.6	62.3	62.1	Hommes
	34.8	35.0	35.3	35.9	36.2	36.7	36.9	37.4	37.7	37.9	Femmes
											Taux de chômage (% de la population active civile)
	8.7	9.7	9.6	10.0	10.3	10.2	11.5	11.7	11.1	10.2	Ensemble des personnes
	5.4	6.4	6.5	6.7	6.3	6.6	7.4	7.6	7.3	6.7	Hommes
	14.2	15.2	14.8	15.3	16.6	15.9	17.7	17.9	16.7	15.4	Femmes
											Population active totale (% de la population totale)
	39.1	39.6	40.2	40.6	41.2	40.9	42.6	42.4			Ensemble des personnes
	49.9	50.4	50.9	50.9	51.0	50.4	52.2	51.4			Hommes
	28.5	29.1	29.7	30.6	31.7	31.6	33.3	33.6			Femmes
											Population active totale (% de la population de 15-64 ans)[1]
	58.1	58.8	59.5	60.1	61.0	60.4	63.0	62.6			Ensemble des personnes
	73.5	73.9	74.5	74.3	74.5	73.5	76.0	75.0			Hommes
	42.9	43.8	44.6	45.9	47.5	47.3	49.9	50.4			Femmes
											Emploi civil (% de la population totale)
	35.7	35.8	36.3	36.5	36.9	36.7	37.7	37.4			Ensemble des personnes
											Emploi à temps partiel (%)[2]
	7.1	7.0	7.8	7.8	8.0	8.2	9.0	7.8	5.4	4.8	Temps partiel en % de l'emploi
	40.2	39.8	40.8	38.6	37.3	36.9	36.9	35.6	34.4	33.3	Part des hommes dans le temps partiel
	59.8	60.6	59.2	61.4	62.3	63.1	63.1	64.4	65.6	66.7	Part des femmes dans le temps partiel
	4.4	4.3	4.9	4.7	4.7	4.8	5.3	4.5	3.0	2.6	Temps partiel des hommes en % de l'emploi des hommes
	12.3	12.2	13.1	13.2	13.7	14.1	15.4	13.5	9.4	8.5	Temps partiel des femmes en % de l'emploi des femmes
											Durée du chômage (% du chômage total)[3]
	6.9	6.2	5.5	5.3	5.4	5.2	4.5	5.0	4.1	5.7	Moins de 1 mois
	9.1	9.6	7.9	8.1	7.1	6.1	7.3	7.5	8.5	12.7	Plus de 1 mois et moins de 3 mois
	13.8	13.2	13.8	14.0	12.7	12.1	13.4	13.1	13.9	12.6	Plus de 3 mois et moins de 6 mois
	20.6	20.1	22.4	21.2	18.0	20.9	19.9	19.0	17.1	16.2	Plus de 6 mois et moins de 1 an
	49.6	50.9	50.5	51.4	56.7	55.7	54.9	55.3	56.4	52.8	Plus de 1 an

(1) Les taux d'activité calculés selon les définitions nationales peuvent être différents de ceux publiés dans ce tableau si le groupe d'âges représenté dans l'enquête de la population active est différent de 15-64 ans.

(2) L'emploi à temps partiel se réfère aux actifs travaillant moins de 30 heures par semaine dans leur emploi principal. Les données incluent uniquement les personnes déclarant des heures habituelles de travail.

(3) Ces pourcentages ne prennent en compte que les personnes pour lesquelles la durée du chômage est connue.

Statistiques de la Population Active
© 2002 OCDE

GREECE

III - Professional status and breakdown by activities - ISIC Rev. 2

Thousands

	1981	1982	1983	1984	1985	1986	1987	1988	1989	1990	1991
CIVILIAN EMPLOYMENT: PROFESSIONAL STATUS											
All activities	3 531	3 502	3 540	3 553	3 588	3 601	3 598	3 657	3 671	3 719	3 632
Employees	1 699	1 720	1 713	1 744	1 770	1 774	1 794	1 845	1 888	1 947	1 931
Employers and persons working on own account	1 337	1 363	1 294	1 271	1 290	1 272	1 275	1 287	1 259	1 293	1 279
Unpaid family workers	495	419	534	538	528	554	529	526	524	480	423
Agriculture, hunting, forestry and fishing	1 083	1 011	1 060	1 044	1 037	1 026	971	972	930	889	807
Employees	35	32	44	39	42	40	38	36	39	35	30
Employers and persons working on own account	657	670	603	587	597	564	547	550	514	518	487
Unpaid family workers	391	309	413	417	398	422	386	386	377	337	290
Non-agricultural activities	2 448	2 491	2 480	2 509	2 551	2 575	2 627	2 685	2 741	2 830	2 825
Employees	1 664	1 688	1 669	1 705	1 728	1 734	1 756	1 809	1 849	1 912	1 901
Employers and persons working on own account	680	693	691	684	693	708	728	737	745	775	792
Unpaid family workers	104	110	121	121	130	132	143	140	147	143	133
All activities (%)	100.0	100.0	100.0	100.0	100.0	100.0	100.0	100.0	100.0	100.0	100.0
Employees	48.1	49.1	48.4	49.1	49.3	49.3	49.9	50.5	51.4	52.4	53.2
Others	51.9	50.9	51.6	50.9	50.7	50.7	50.1	49.6	48.6	47.7	46.9
CIVILIAN EMPLOYMENT: BREAKDOWN BY ACTIVITIES[1]											
ISIC Rev. 2 Major Divisions											
1 to 0 All activities	3 531	3 502	3 541	3 553	3 588	3 601	3 598	3 657	3 671	3 719	3 632
1 Agriculture, hunting, forestry and fishing	1 083	1 011	1 060	1 044	1 037	1 026	971	972	930	889	807
2 Mining and quarrying	19	17	29	26	29	24	24	22	21	23	19
3 Manufacturing	681	674	679	679	679	718	716	707	715	720	699
4 Electricity, gas and water	30	35	29	30	32	35	35	35	36	37	37
5 Construction	293	295	276	254	243	235	232	232	239	252	246
6 Wholesale and retail trade; restaurants and hotels	529	525	536	548	571	562	592	601	624	654	660
7 Transport, storage and communication	274	275	250	261	250	237	244	242	241	249	252
8 Financing, insurance, real estate and business services	117	129	123	128	133	139	145	160	169	184	193
9 Community, social and personal services	504	538	556	582	614	623	637	686	695	710	720
0 Activities not adequately defined	1	2	1	1	1	1	1	1	1	2	0
EMPLOYEES: BREAKDOWN BY ACTIVITIES[1]											
ISIC Rev. 2 Major Divisions											
1 to 0 All activities	1 699	1 720	1 713	1 744	1 770	1 774	1 794	1 845	1 888	1 947	1 931
1 Agriculture, hunting, forestry and fishing	35	32	44	39	42	40	38	36	39	35	30
2 Mining and quarrying	18	16	28	24	28	23	23	22	21	22	19
3 Manufacturing	485	473	470	475	471	500	492	489	492	493	473
4 Electricity, gas and water	30	35	29	29	31	35	35	35	36	37	36
5 Construction	217	218	195	186	170	164	163	155	161	168	163
6 Wholesale and retail trade; restaurants and hotels	188	182	193	197	205	194	208	215	234	258	267
7 Transport, storage and communication	202	204	183	196	185	172	176	177	176	185	184
8 Financing, insurance, real estate and business services	73	85	76	78	83	88	91	101	105	114	117
9 Community, social and personal services	450	471	494	519	554	557	567	614	625	636	642
0 Activities not adequately defined	1	2	1	1	1	1	1	1	1	2	0

(1) Data broken down by activities (civilian employment and employees) have not been revised nor updated due to a change by the country from ISIC Rev. 2 to ISIC Rev.3.

III - Situation dans la profession et répartition par activités - CITI Rév. 2

Milliers

1992	1993	1994	1995	1996	1997	1998	1999	2000	2001	
										EMPLOI CIVIL : SITUATION DANS LA PROFESSION
3 685	3 715	3 786	3 821	3 868	3 853	3 967	3 940	3 946	3 917	**Toutes activités**
1 938	1 980	2 017	2 059	2 100	2 111	2 245	2 296	2 305	2 358	Salariés
1 302	1 288	1 304	1 290	1 304	1 283	1 288	1 262	1 277	1 238	Employeurs et personnes travaillant à leur compte
446	448	465	472	464	459	434	382	365	321	Travailleurs familiaux non rémunérés
807	791	788	780	784	765	704	669	671	627	**Agriculture, chasse, sylviculture et pêche**
29	36	29	39	35	31	29	28	25	25	Salariés
486	463	464	447	457	449	422	423	430	417	Employeurs et personnes travaillant à leur compte
292	292	295	294	293	285	253	218	216	184	Travailleurs familiaux non rémunérés
2 878	2 925	2 998	3 040	3 084	3 089	3 263	3 271	3 276	3 290	**Activités non agricoles**
1 909	1 944	1 988	2 020	2 065	2 081	2 216	2 268	2 279	2 332	Salariés
816	825	840	843	848	834	866	839	847	821	Employeurs et personnes travaillant à leur compte
154	156	170	177	171	175	181	163	149	137	Travailleurs familiaux non rémunérés
100.0	100.0	100.0	100.0	100.0	100.0	100.0	100.0	100.0	100.0	**Toutes activités (%)**
52.6	53.3	53.3	53.9	54.3	54.8	56.6	58.3	58.4	60.2	Salariés
47.4	46.7	46.7	46.1	45.7	45.2	43.4	41.7	41.6	39.8	Autres
										EMPLOI CIVIL : RÉPARTITION PAR BRANCHES D'ACTIVITÉS[1]
										Branches CITI Rév. 2
3 685	3 720	3 790	3 824	3 872	3 854					**1 à 0 Toutes activités**
807	794	790	782	786	765					1 Agriculture, chasse, sylviculture et pêche
18	19	16	16	17	17					2 Industries extractives
699	580	578	578	576	559					3 Industries manufacturières
37	40	41	42	41	41					4 Électricité, gaz et eau
246	261	261	252	252	249					5 Bâtiment et travaux publics
687	792	814	849	858	872					6 Commerce de gros et de détail; restaurants et hôtels
250	249	252	248	254	247					7 Transports, entrepôts et communications
201	221	231	241	249	257					8 Banques, assurances, affaires immobilières et services fournis aux entreprises
740	765	807	817	839	847					9 Services fournis à la collectivité, services sociaux et services personnels
0	0	0	0	0	0					0 Activités mal désignées
										SALARIÉS : RÉPARTITION PAR BRANCHES D'ACTIVITÉS[1]
										Branches CITI Rév. 2
1 938	1 981	2 018	2 060	2 101	2 111					**1 à 0 Toutes activités**
29	36	29	39	35	31					1 Agriculture, chasse, sylviculture et pêche
17	17	14	15	16	17					2 Industries extractives
467	403	403	398	400	386					3 Industries manufacturières
37	40	40	41	41	41					4 Électricité, gaz et eau
155	161	158	155	152	153					5 Bâtiment et travaux publics
281	323	326	354	373	382					6 Commerce de gros et de détail; restaurants et hôtels
182	178	181	179	183	179					7 Transports, entrepôts et communications
119	140	146	153	156	165					8 Banques, assurances, affaires immobilières et services fournis aux entreprises
652	690	719	726	744	758					9 Services fournis à la collectivité, services sociaux et services personnels
0	0	0	0	0	0					0 Activités mal désignées

(1) Les données concernant la répartition par branches d'activités (emploi civil et salariés) n'ont pas été révisées ni mises à jour en raison du passage par le pays de la CITI Rév. 2 à la CITI Rév. 3.

Statistiques de la Population Active
© 2002 OCDE

GREECE

IV - Civilian employment and employees: breakdown by activities - ISIC Rev. 3

Thousands

	1981	1982	1983	1984	1985	1986	1987	1988	1989	1990	1991
CIVILIAN EMPLOYMENT: BREAKDOWN BY ACTIVITIES											
A to X All activities											
A Agriculture, hunting and forestry											
B Fishing											
C Mining and quarrying											
D Manufacturing											
E Electricity, gas and water supply											
F Construction											
G Wholesale and retail trade; repair of motor vehicles, motorcycles and personal and household goods											
H Hotels and restaurants											
I Transport, storage and communication											
J Financial intermediation											
K Real estate, renting and business activities											
L Public administration and defence; compulsory social security, excluding armed forces											
M Education											
N Health and social work											
O Other community, social and personal service activities											
P Private households with employed persons											
Q Extra-territorial organisations and bodies											
X Not classifiable by economic activities											
Breakdown by sector											
Agriculture (A-B)											
Industry (C-F)											
Services (G-Q)											
Agriculture (%)											
Industry (%)											
Services (%)											
Female participation in agriculture (%)											
Female participation in industry (%)											
Female participation in services (%)											
EMPLOYEES: BREAKDOWN BY ACTIVITIES											
A to X All activities											
A Agriculture, hunting and forestry											
B Fishing											
C Mining and quarrying											
D Manufacturing											
E Electricity, gas and water supply											
F Construction											
G Wholesale and retail trade; repair of motor vehicles, motorcycles and personal and household goods											
H Hotels and restaurants											
I Transport, storage and communication											
J Financial intermediation											
K Real estate, renting and business activities											
L Public administration and defence; compulsory social security, excluding armed forces											
M Education											
N Health and social work											
O Other community, social and personal service activities											
P Private households with employed persons											
Q Extra-territorial organisations and bodies											
X Not classifiable by economic activities											
Breakdown by sector											
Agriculture (A-B)											
Industry (C-F)											
Services (G-Q)											
Agriculture (%)											
Industry (%)											
Services (%)											
Female participation in agriculture (%)											
Female participation in industry (%)											
Female participation in services (%)											

IV - Emploi civil et salariés : répartition par activités - CITI Rév. 3

Milliers

1992	1993	1994	1995	1996	1997	1998	1999	2000	2001	
										EMPLOI CIVIL : RÉPARTITION PAR BRANCHES D'ACTIVITÉS
	3 715	3 786	3 821	3 868	3 853	3 967	3 940	3 946	3 917	**A à X Toutes activités**
	775	773	765	770	750	694	657	660	616	A Agriculture, chasse et sylviculture
	15	15	15	15	14	11	12	11	11	B Pêche
	19	16	16	17	17	18	19	16	18	C Activités extractives
	579	577	577	575	559	578	569	557	557	D Activités de fabrication
	40	41	42	41	41	35	41	38	34	E Production et distribution d'électricité, de gaz et d'eau
	261	261	252	252	249	282	273	277	285	F Construction
	587	602	624	628	642	668	674	678	673	G Commerce de gros et de détail; réparation de véhicules et de biens domestiques
	203	212	223	229	230	249	253	253	255	H Hôtels et restaurants
	249	252	248	254	247	245	248	251	250	I Transports, entreposage et communications
	81	90	92	92	97	96	94	108	108	J Intermédiation financière
	140	141	149	156	160	194	199	196	213	K Immobilier, location et activités de services aux entreprises
	267	284	272	275	279	279	277	293	290	L Administration publique et défense; sécurité sociale obligatoire (armée exclue)
	201	214	220	224	230	241	244	242	251	M Education
	155	161	163	171	170	185	186	184	178	N Santé et action sociale
	117	115	126	130	125	136	141	128	127	O Autres activités de services collectifs, sociaux et personnels
	24	31	34	39	42	55	51	55	51	P Ménages privés employant du personnel domestique
	1	1	2	1	1	2	1	0	0	Q Organisations et organismes extra-territoriaux
	0	0	0	0	0	0	0	0	0	X Ne pouvant être classés selon l'activité économique
										Répartition par secteurs
	791	788	780	784	765	704	669	671	627	Agriculture (A-B)
	899	894	886	885	866	914	902	888	894	Industrie (C-F)
	2 026	2 104	2 154	2 199	2 223	2 349	2 369	2 387	2 396	Services (G-Q)
	21.3	20.8	20.4	20.3	19.8	17.8	17.0	17.0	16.0	Agriculture (%)
	24.2	23.6	23.2	22.9	22.5	23.0	22.9	22.5	22.8	Industrie (%)
	54.5	55.6	56.4	56.8	57.7	59.2	60.1	60.5	61.2	Services (%)
	41.6	42.1	42.0	42.7	42.8	42.2	42.4	42.8	42.0	Part des femmes dans l'agriculture (%)
	21.5	21.2	21.5	21.7	21.9	19.7	20.7	20.8	19.7	Part des femmes dans l'industrie (%)
	38.3	38.8	39.6	39.8	40.4	42.0	42.3	42.6	43.7	Part des femmes dans les services (%)
										SALARIÉS : RÉPARTITION PAR BRANCHES D'ACTIVITÉS
	1 980	2 017	2 059	2 100	2 111	2 245	2 296	2 305	2 358	**A à X Toutes activités**
	31	25	36	31	27	27	25	22	23	A Agriculture, chasse et sylviculture
	4	4	3	4	4	2	3	3	2	B Pêche
	17	14	15	16	17	17	17	16	16	C Activités extractives
	403	403	397	400	386	410	402	397	409	D Activités de fabrication
	39	40	41	41	41	35	41	38	34	E Production et distribution d'électricité, de gaz et d'eau
	161	158	155	152	153	179	179	178	187	F Construction
	225	228	246	258	268	293	317	323	328	G Commerce de gros et de détail; réparation de véhicules et de biens domestiques
	97	97	107	114	114	129	137	135	151	H Hôtels et restaurants
	178	181	179	183	179	175	179	184	182	I Transports, entreposage et communications
	78	84	87	87	92	91	87	98	97	J Intermédiation financière
	61	62	66	69	73	87	102	100	118	K Immobilier, location et activités de services aux entreprises
	266	282	271	274	279	278	276	292	289	L Administration publique et défense; sécurité sociale obligatoire (armée exclue)
	182	195	198	201	209	221	222	218	229	M Education
	133	138	141	147	146	155	162	158	151	N Santé et action sociale
	78	75	84	87	86	94	97	93	95	O Autres activités de services collectifs, sociaux et personnels
	22	27	30	35	38	50	48	49	47	P Ménages privés employant du personnel domestique
	1	1	2	1	1	2	1	0	0	Q Organisations et organismes extra-territoriaux
	0	0	0	0	0	0	0	0	0	X Ne pouvant être classés selon l'activité économique
										Répartition par secteurs
	36	29	39	35	31	29	28	25	25	Agriculture (A-B)
	621	615	608	609	596	641	639	629	646	Industrie (C-F)
	1 323	1 372	1 411	1 456	1 484	1 575	1 629	1 650	1 686	Services (G-Q)
	1.8	1.4	1.9	1.7	1.5	1.3	1.2	1.1	1.1	Agriculture (%)
	31.4	30.5	29.5	29.0	28.2	28.6	27.8	27.3	27.4	Industrie (%)
	66.8	68.0	68.6	69.3	70.3	70.1	70.9	71.6	71.5	Services (%)
	27.6	29.7	30.3	29.8	26.5	30.2	27.6	30.7	27.7	Part des femmes dans l'agriculture (%)
	24.3	23.8	24.1	24.5	24.7	21.0	22.1	22.2	21.4	Part des femmes dans l'industrie (%)
	41.9	42.1	43.4	43.2	44.4	45.6	46.3	46.6	47.8	Part des femmes dans les services (%)

Statistiques de la Population Active
© 2002 OCDE

HUNGARY

I - Population

Thousands (mid-year estimates)

	1981	1982	1983	1984	1985	1986	1987	1988	1989	1990	1991
POPULATION - DISTRIBUTION BY AGE AND GENDER											
All persons											
Total											
Under 15 years											
From 15 to 64 years											
65 years and over											
Males											
Total											
Under 15 years											
From 15 to 64 years											
65 years and over											
Females											
Total											
Under 15 years											
From 15 to 64 years											
65 years and over											
POPULATION - PERCENTAGES											
All persons											
Total											
Under 15 years											
From 15 to 64 years											
65 years and over											
COMPONENTS OF CHANGE IN POPULATION											
a) Population at 1 January	10 705	10 695	10 671	10 640	10 599	10 560	10 509	10 464	10 421	10 375	10 355
b) Population at 31 December	10 695	10 671	10 640	10 599	10 560	10 509	10 464	10 421	10 375	10 355	10 337
c) Total increase (b-a)	-10	-24	-31	-41	-39	-51	-45	-43	-46	-20	-18
d) Births	143	134	127	125	130	128	126	124	123	126	127
e) Deaths	145	144	149	147	148	147	143	140	145	146	145
f) Natural increase (d-e)	-2	-10	-22	-22	-18	-19	-17	-16	-22	-20	-18
g) Net migration	0	0	0	0	0	0	0	0	0	0	0
h) Statistical adjustments	-8	-14	-9	-19	-21	-32	-28	-27	-24	0	0
i) Total increase (=f+g+h=c)	-10	-24	-31	-41	-39	-51	-45	-43	-46	-20	-18
(Components of change in population/ Average population) x1000											
Total increase rates	-0.9	-2.2	-2.9	-3.9	-3.7	-4.8	-4.3	-4.1	-4.4	-1.9	-1.7
Crude birth rates	13.4	12.5	11.9	11.8	12.3	12.2	12.0	11.9	11.8	12.2	12.3
Crude death rates	13.6	13.5	14.0	13.8	14.0	14.0	13.6	13.4	13.9	14.1	14.0
Natural increase rates	-0.2	-0.9	-2.1	-2.1	-1.7	-1.8	-1.6	-1.5	-2.1	-1.9	-1.7
Net migration rates	0.0	0.0	0.0	0.0	0.0	0.0	0.0	0.0	0.0	0.0	0.0

I - Population

Milliers (estimations au milieu de l'année)

1992	1993	1994	1995	1996	1997	1998	1999	2000	2001	
										POPULATION - RÉPARTITION SELON L'AGE ET LE SEXE
										Ensemble des personnes
10 324	10 294	10 261	10 229	10 193	10 155	10 114	10 068	10 024	10 188	Total
1 984	1 934	1 891	1 853	1 819	1 787	1 758	1 731	1 703	1 676	Moins de 15 ans
6 928	6 938	6 940	6 933	6 922	6 909	6 890	6 869	6 852	6 963	De 15 à 64 ans
1 412	1 421	1 432	1 443	1 452	1 459	1 465	1 468	1 469	1 549	65 ans et plus
										Hommes
4 952	4 933	4 913	4 894	4 874	4 853	4 830	4 805	4 782	4 844	Total
1 014	989	967	948	931	915	900	887	873	858	Moins de 15 ans
3 400	3 405	3 406	3 402	3 397	3 392	3 383	3 373	3 365	3 412	De 15 à 64 ans
538	539	541	544	546	546	547	545	544	574	65 ans et plus
										Femmes
5 372	5 360	5 348	5 335	5 320	5 302	5 284	5 263	5 242	5 344	Total
969	945	924	905	888	872	858	844	830	818	Moins de 15 ans
3 528	3 533	3 534	3 531	3 525	3 518	3 507	3 496	3 487	3 551	De 15 à 64 ans
874	882	890	899	906	912	918	923	925	975	65 ans et plus
										POPULATION - POURCENTAGES
										Ensemble des personnes
100.0	100.0	100.0	100.0	100.0	100.0	100.0	100.0	100.0	100.0	Total
19.2	18.8	18.4	18.1	17.8	17.6	17.4	17.2	17.0	16.5	Moins de 15 ans
67.1	67.4	67.6	67.8	67.9	68.0	68.1	68.2	68.4	68.3	De 15 à 64 ans
13.7	13.8	14.0	14.1	14.2	14.4	14.5	14.6	14.7	15.2	65 ans et plus
										COMPOSANTES DE L'ÉVOLUTION DÉMOGRAPHIQUE
10 337	10 310	10 277	10 246	10 212	10 174	10 135	10 092	10 043	10 200	a) Population au 1er janvier
10 310	10 277	10 246	10 212	10 174	10 135	10 092	10 043		10 175	b) Population au 31 décembre
-27	-33	-31	-34	-38	-39	-43	-49		-25	**c) Accroissement total (b-a)**
122	117	116	113	105	100	97	95	98	97	d) Naissances
149	150	147	145	143	139	141	143	136	132	e) Décès
-27	-33	-31	-32	-38	-39	-44	-48	-38	-35	**f) Accroissement naturel (d-e)**
0	0	0	0	0	0	0	0		10	g) Solde net des migrations
0	0	0	-2	0	0	1	-1		0	h) Ajustements statistiques
-27	-33	-31	-34	-38	-39	-43	-49		-25	**i) Accroissement total (=f+g+h=c)**
										(Composition de l'évolution démographique/ Population moyenne) x1000
-2.6	-3.2	-3.0	-3.3	-3.7	-3.8	-4.3	-4.9		-2.5	Taux d'accroissement total
11.8	11.4	11.3	11.0	10.3	9.8	9.6	9.4		9.5	Taux bruts de natalité
14.4	14.6	14.3	14.2	14.0	13.7	13.9	14.2		13.0	Taux bruts de mortalité
-2.6	-3.2	-3.0	-3.1	-3.7	-3.8	-4.4	-4.8		-3.4	Taux d'accroissement naturel
0.0	0.0	0.0	0.0	0.0	0.0	0.0	0.0		1.0	Taux du solde net des migrations

Statistiques de la Population Active
© 2002
OCDE

HUNGARY

II - Labour force

Thousands (annual average estimates)

	1981	1982	1983	1984	1985	1986	1987	1988	1989	1990	1991
Total labour force											
All persons											
Males											
Females											
Armed forces											
All persons											
Males											
Females											
Civilian labour force											
All persons											
Males											
Females											
Unemployed											
All persons											
Males											
Females											
Civilian employment											
All persons											
Males											
Females											
Civilian employment (%)											
All persons											
Males											
Females											
Unemployment rates (% of civilian labour force)											
All persons											
Males											
Females											
Total labour force (% of total population)											
All persons											
Males											
Females											
Total labour force (% of population from 15-64 years)[1]											
All persons											
Males											
Females											
Civilian employment (% of total population)											
All persons											
Part-time employment (%)[2]											
Part-time as % of employment											
Male share of part-time employment											
Female share of part-time employment											
Male part-time as % of male employment											
Female part-time as % of female employment											
Duration of unemployment (% of total unemployment)[3]											
Less than 1 month											
More than 1 month and less than 3 months											
More than 3 months and less than 6 months											
More than 6 months and less than 1 year											
More than 1 year											

(1) Participation rates calculated according to national definitions may differ from those published in this table, when the age group represented in the labour force survey is other than 15-64 years.

(2) Part-time employment refers to persons who work less than 30 hours per week in their main job. Data include only persons declaring usual hours worked.

(3) These percentages only take into account those persons for whom the duration of unemployment is known.

II - Population active

Milliers (estimations de moyennes annuelles)

1992	1993	1994	1995	1996	1997	1998	1999	2000	2001	
										Population active totale
4 527	4 346 |	4 203	4 095	4 048	3 995	4 011	4 096	4 112	4 092	Ensemble des personnes
2 484	2 393 |	2 330	2 311	2 280	2 257	2 231	2 274	2 282	2 273	Hommes
2 043	1 953 |	1 873	1 784	1 768	1 738	1 780	1 822	1 830	1 819	Femmes
										Forces armées
57	57 |	108	103	91	79	62	62	65	56	Ensemble des personnes
57	57 |	102	98	85	73	57	55	59	51	Hommes
0	0 |	6	5	6	6	5	7	6	5	Femmes
										Population active civile
4 470	4 289 |	4 095	3 992	3 957	3 916	3 949	4 034	4 047	4 036	Ensemble des personnes
2 427	2 336 |	2 228	2 213	2 195	2 184	2 174	2 219	2 223	2 222	Hommes
2 043	1 953 |	1 867	1 779	1 762	1 732	1 775	1 815	1 824	1 814	Femmes
										Chômeurs
444	519 |	451	417	400	349	313	285	263	233	Ensemble des personnes
266	316 |	275	262	244	214	189	171	160	143	Hommes
178	203 |	176	155	156	135	124	114	103	90	Femmes
										Emploi civil
4 026	3 770 |	3 644	3 575	3 557	3 567	3 636	3 749	3 784	3 803	Ensemble des personnes
2 161	2 020 |	1 953	1 951	1 951	1 970	1 985	2 048	2 063	2 079	Hommes
1 865	1 750 |	1 691	1 624	1 606	1 597	1 651	1 701	1 721	1 724	Femmes
										Emploi civil (%)
100.0	100.0 |	100.0	100.0	100.0	100.0	100.0	100.0	100.0	100.0	Ensemble des personnes
53.7	53.6 |	53.6	54.6	54.8	55.2	54.6	54.6	54.5	54.7	Hommes
46.3	46.4 |	46.4	45.4	45.2	44.8	45.4	45.4	45.5	45.3	Femmes
										Taux de chômage (% de la population active civile)
9.9	12.1 |	11.0	10.4	10.1	8.9	7.9	7.1	6.5	5.8	Ensemble des personnes
11.0	13.5 |	12.3	11.8	11.1	9.8	8.7	7.7	7.2	6.4	Hommes
8.7	10.4 |	9.4	8.7	8.9	7.8	7.0	6.3	5.6	5.0	Femmes
										Population active totale (% de la population totale)
43.8	42.2 |	41.0	40.0	39.7	39.3	39.7	40.7	41.0 |	40.2	Ensemble des personnes
50.2	48.5 |	47.4	47.2	46.8	46.5	46.2	47.3	47.7 |	46.9	Hommes
38.0	36.4 |	35.0	33.4	33.2	32.8	33.7	34.6	34.9 |	34.0	Femmes
										Population active totale (% de la population de 15-64 ans)[1]
65.3	62.6 |	60.6	59.1	58.5	57.8	58.2	59.6	60.0 |	58.8	Ensemble des personnes
73.1	70.3 |	68.4	67.9	67.1	66.5	65.9	67.4	67.8 |	66.6	Hommes
57.9	55.3 |	53.0	50.5	50.2	49.4	50.8	52.1	52.5 |	51.2	Femmes
										Emploi civil (% de la population totale)
39.0	36.6 |	35.5	34.9	34.9	35.1	36.0	37.2	37.7 |	37.3	Ensemble des personnes
										Emploi à temps partiel (%)[2]
			3.2	3.1	3.3	3.4	3.5	3.2	2.8	Temps partiel en % de l'emploi
			32.7	31.0	28.3	31.1	31.7	28.4	32.0	Part des hommes dans le temps partiel
			68.3	70.0	71.7	68.9	69.2	71.6	68.0	Part des femmes dans le temps partiel
			2.0	1.8	1.7	2.0	2.1	1.7	1.7	Temps partiel des hommes en % de l'emploi des hommes
			4.6	4.6	5.1	5.0	5.1	4.8	4.0	Temps partiel des femmes en % de l'emploi des femmes
										Durée du chômage (% du chômage total)[3]
12.5	11.9	11.4	5.7	5.1	4.9	4.4	5.3	6.5	6.4	Moins de 1 mois
19.2	13.6	11.4	8.3	7.7	8.4	10.0	10.1	10.8	11.1	Plus de 1 mois et moins de 3 mois
21.9	16.9	14.5	13.0	12.0	13.2	14.7	14.2	13.0	14.4	Plus de 3 mois et moins de 6 mois
26.0	24.1	21.3	22.4	20.8	22.2	21.2	20.9	20.8	21.4	Plus de 6 mois et moins de 1 an
20.4	33.5	41.3	50.6	54.4	51.3	49.8	49.5	48.9	46.7	Plus de 1 an

(1) Les taux d'activité calculés selon les définitions nationales peuvent être différents de ceux publiés dans ce tableau si le groupe d'âges représenté dans l'enquête de la population active est différent de 15-64 ans.

(2) L'emploi à temps partiel se réfère aux actifs travaillant moins de 30 heures par semaine dans leur emploi principal. Les données incluent uniquement les personnes déclarant des heures habituelles de travail.

(3) Ces pourcentages ne prennent en compte que les personnes pour lesquelles la durée du chômage est connue.

Statistiques de la Population Active
© 2002
OCDE

HUNGARY

III - Professional status and breakdown by activities - ISIC Rev. 2

Thousands (annual average estimates)

	1981	1982	1983	1984	1985	1986	1987	1988	1989	1990	1991
CIVILIAN EMPLOYMENT: PROFESSIONAL STATUS											
All activities											
Employees											
Employers and persons working on own account											
Unpaid family workers											
Agriculture, hunting, forestry and fishing											
Employees											
Employers and persons working on own account											
Unpaid family workers											
Non-agricultural activities											
Employees											
Employers and persons working on own account											
Unpaid family workers											
All activities (%)											
Employees											
Others											
CIVILIAN EMPLOYMENT: BREAKDOWN BY ACTIVITIES[1]											
ISIC Rev. 2 Major Divisions											
1 to 0 All activities											
1 Agriculture, hunting, forestry and fishing											
2 Mining and quarrying											
3 Manufacturing											
4 Electricity, gas and water											
5 Construction											
6 Wholesale and retail trade; restaurants and hotels											
7 Transport, storage and communication											
8 Financing, insurance, real estate and business services											
9 Community, social and personal services											
0 Activities not adequately defined											
EMPLOYEES: BREAKDOWN BY ACTIVITIES[1]											
ISIC Rev. 2 Major Divisions											
1 to 0 All activities											
1 Agriculture, hunting, forestry and fishing											
2 Mining and quarrying											
3 Manufacturing											
4 Electricity, gas and water											
5 Construction											
6 Wholesale and retail trade; restaurants and hotels											
7 Transport, storage and communication											
8 Financing, insurance, real estate and business services											
9 Community, social and personal services											
0 Activities not adequately defined											

(1) Data broken down by activities (civilian employment and employees) have not been revised
nor updated due to a change by the country from ISIC Rev. 2 to ISIC Rev.3.

III - Situation dans la profession et répartition par activités - CITI Rév. 2

Milliers (estimations de moyennes annuelles)

1992	1993	1994	1995	1996	1997	1998	1999	2000	2001	
										EMPLOI CIVIL : SITUATION DANS LA PROFESSION
4 026	3 770		3 644	3 575	3 557	3 567	3 636	3 749	3 784	3 803	**Toutes activités**
3 204	3 087		2 997	2 932	2 913	2 946	3 049	3 160	3 210	3 255	Salariés
772	640		607	603	603	580	558	561	548	522	Employeurs et personnes travaillant à leur compte
50	43		40	40	41	41	29	28	26	26	Travailleurs familiaux non rémunérés
460	349		327	295	302	287	279	271	251	239	**Agriculture, chasse, sylviculture et pêche**
			258	228	223	203	159	151	143	141	Salariés
			55	54	67	71	107	107	98	89	Employeurs et personnes travaillant à leur compte
			14	13	13	15	13	13	10	9	Travailleurs familiaux non rémunérés
3 566	3 421		3 317	3 280	3 255	3 280	3 357	3 478	3 533	3 564	**Activités non agricoles**
			2 739	2 704	2 690	2 743	2 890	3 009	3 067	3 114	Salariés
			552	549	536	509	451	454	450	433	Employeurs et personnes travaillant à leur compte
			26	27	28	26	16	15	16	17	Travailleurs familiaux non rémunérés
100.0	100.0		100.0	100.0	100.0	100.0	100.0	100.0	100.0	100.0	**Toutes activités (%)**
79.6	81.9		82.2	82.0	81.9	82.6	83.9	84.3	84.8	85.6	Salariés
20.4	18.1		17.8	18.0	18.1	17.4	16.1	15.7	15.2	14.4	Autres
											EMPLOI CIVIL : RÉPARTITION PAR BRANCHES D'ACTIVITÉS[1]
											Branches CITI Rév. 2
4 026	3 770		3 693	3 623	3 557	3 567	3 619				**1 à 0 Toutes activités**
460	349		328	295	302	288	279				1 Agriculture, chasse, sylviculture et pêche
53	42		40	34	33	27	26				2 Industries extractives
1 054	938		888	850	851	864	902				3 Industries manufacturières
108	105		108	97	89	97	97				4 Électricité, gaz et eau
217	207		201	218	218	219	230				5 Bâtiment et travaux publics
596	580		578	577	601	618	594				6 Commerce de gros et de détail; restaurants et hôtels
346	336		314	320	321	310	302				7 Transports, entrepôts et communications
209	210		198	213	211	230	245				8 Banques, assurances, affaires immobilières et services fournis aux entreprises
979	1 001		1 038	1 019	930	914	945				9 Services fournis à la collectivité, services sociaux et services personnels
4	2		0	0	0	0	0				0 Activités mal désignées
											SALARIÉS : RÉPARTITION PAR BRANCHES D'ACTIVITÉS[1]
											Branches CITI Rév. 2
			3 324	3 231	2 992	3 015	3 049	3 120			**1 à 0 Toutes activités**
			259	228	162	152	159				1 Agriculture, chasse, sylviculture et pêche
			39	34	31	25	24				2 Industries extractives
			834	799	743	768	817				3 Industries manufacturières
			108	96	86	94	94				4 Électricité, gaz et eau
			169	180	159	163	174				5 Bâtiment et travaux publics
			425	412	419	440	438				6 Commerce de gros et de détail; restaurants et hôtels
			284	283	272	266	267				7 Transports, entrepôts et communications
			71	80	168	180	186				8 Banques, assurances, affaires immobilières et services fournis aux entreprises
			996	984	873	858	892				9 Services fournis à la collectivité, services sociaux et services personnels
			139	135	79	69	0				0 Activités mal désignées

(1) Les données concernant la répartition par branches d'activités (emploi civil et salariés) n'ont pas été révisées ni mises à jour en raison du passage par le pays de la CITI Rév. 2 à la CITI Rév. 3.

Statistiques de la Population Active
© 2002 OCDE

HUNGARY

IV - Civilian employment and employees: breakdown by activities - ISIC Rev. 3

Thousands (annual average estimates)

	1981	1982	1983	1984	1985	1986	1987	1988	1989	1990	1991
CIVILIAN EMPLOYMENT: BREAKDOWN BY ACTIVITIES											
A to X All activities											
A Agriculture, hunting and forestry											
B Fishing											
C Mining and quarrying											
D Manufacturing											
E Electricity, gas and water supply											
F Construction											
G Wholesale and retail trade; repair of motor vehicles, motorcycles and personal and household goods											
H Hotels and restaurants											
I Transport, storage and communication											
J Financial intermediation											
K Real estate, renting and business activities											
L Public administration and defence; compulsory social security, excluding armed forces											
M Education											
N Health and social work											
O Other community, social and personal service activities											
P Private households with employed persons											
Q Extra-territorial organisations and bodies											
X Not classifiable by economic activities											
Breakdown by sector											
Agriculture (A-B)											
Industry (C-F)											
Services (G-Q)											
Agriculture (%)											
Industry (%)											
Services (%)											
Female participation in agriculture (%)											
Female participation in industry (%)											
Female participation in services (%)											
EMPLOYEES: BREAKDOWN BY ACTIVITIES											
A to X All activities											
A Agriculture, hunting and forestry											
B Fishing											
C Mining and quarrying											
D Manufacturing											
E Electricity, gas and water supply											
F Construction											
G Wholesale and retail trade; repair of motor vehicles, motorcycles and personal and household goods											
H Hotels and restaurants											
I Transport, storage and communication											
J Financial intermediation											
K Real estate, renting and business activities											
L Public administration and defence; compulsory social security, excluding armed forces											
M Education											
N Health and social work											
O Other community, social and personal service activities											
P Private households with employed persons											
Q Extra-territorial organisations and bodies											
X Not classifiable by economic activities											
Breakdown by sector											
Agriculture (A-B)											
Industry (C-F)											
Services (G-Q)											
Agriculture (%)											
Industry (%)											
Services (%)											
Female participation in agriculture (%)											
Female participation in industry (%)											
Female participation in services (%)											

IV - Emploi civil et salariés : répartition par activités - CITI Rév. 3

Milliers (estimations de moyennes annuelles)

1992	1993	1994	1995	1996	1997	1998	1999	2000	2001	
										EMPLOI CIVIL : RÉPARTITION PAR BRANCHES D'ACTIVITÉS **A à X Toutes activités**
						3 613	3 729	3 764	3 803	
						279	269	250	237	A Agriculture, chasse et sylviculture
						0	1	1	2	B Pêche
						26	24	19	13	C Activités extractives
						912	929	931	956	D Activités de fabrication
						97	90	80	79	E Production et distribution d'électricité, de gaz et d'eau
						230	253	268	273	F Construction
						472	518	541	548	G Commerce de gros et de détail; réparation de véhicules et de biens domestiques
						122	133	133	143	H Hôtels et restaurants
						302	308	312	311	I Transports, entreposage et communications
						82	81	84	79	J Intermédiation financière
						163	184	205	219	K Immobilier, location et activités de services aux entreprises
						210	220	214	235	L Administration publique et défense; sécurité sociale obligatoire (armée exclue)
						306	307	318	310	M Education
						238	239	242	234	N Santé et action sociale
						172	170	162	159	O Autres activités de services collectifs, sociaux et personnels
						2	2	2	3	P Ménages privés employant du personnel domestique
						3	2	2	2	Q Organisations et organismes extra-territoriaux
						0	0	0	0	X Ne pouvant être classés selon l'activité économique
										Répartition par secteurs
						279	270	251	239	Agriculture (A-B)
						1 264	1 296	1 298	1 321	Industrie (C-F)
						2 070	2 163	2 215	2 243	Services (G-Q)
						7.7	7.2	6.7	6.3	Agriculture (%)
						35.0	34.8	34.5	34.7	Industrie (%)
						57.3	58.0	58.8	59.0	Services (%)
						24.1	24.4	24.3	25.1	Part des femmes dans l'agriculture (%)
						33.5	32.9	33.4	33.4	Part des femmes dans l'industrie (%)
						56.1	55.9	55.4	54.5	Part des femmes dans les services (%)
										SALARIÉS : RÉPARTITION PAR BRANCHES D'ACTIVITÉS **A à X Toutes activités**
						3 027	3 140	3 190	3 255	
						157	150	142	139	A Agriculture, chasse et sylviculture
						2	2	1	2	B Pêche
						24	23	18	13	C Activités extractives
						817	847	860	887	D Activités de fabrication
						94	88	79	79	E Production et distribution d'électricité, de gaz et d'eau
						174	190	201	208	F Construction
						344	382	402	418	G Commerce de gros et de détail; réparation de véhicules et de biens domestiques
						95	106	107	117	H Hôtels et restaurants
						267	273	277	279	I Transports, entreposage et communications
						50	72	74	72	J Intermédiation financière
						136	132	151	162	K Immobilier, location et activités de services aux entreprises
						205	219	213	234	L Administration publique et défense; sécurité sociale obligatoire (armée exclue)
						300	302	311	304	M Education
						230	229	228	223	N Santé et action sociale
						129	124	123	116	O Autres activités de services collectifs, sociaux et personnels
						2	2	1	1	P Ménages privés employant du personnel domestique
						3	1	2	1	Q Organisations et organismes extra-territoriaux
						0	0	0	0	X Ne pouvant être classés selon l'activité économique
										Répartition par secteurs
						159	152	143	141	Agriculture (A-B)
						1 109	1 147	1 158	1 187	Industrie (C-F)
						1 759	1 841	1 889	1 927	Services (G-Q)
						5.2	4.8	4.5	4.3	Agriculture (%)
						36.6	36.5	36.3	36.5	Industrie (%)
						58.1	58.6	59.2	59.2	Services (%)
						22.6	22.7	23.1	24.8	Part des femmes dans l'agriculture (%)
						35.2	34.9	35.2	35.1	Part des femmes dans l'industrie (%)
						58.7	58.5	58.2	56.9	Part des femmes dans les services (%)

Statistiques de la Population Active
© 2002
OCDE

ICELAND

I - Population

Thousands (mid-year estimates)

	1981	1982	1983	1984	1985	1986	1987	1988	1989	1990	1991
POPULATION - DISTRIBUTION BY AGE AND GENDER											
All persons											
Total	230.8	234.0	237.0	239.5	241.4	243.2	246.0	249.9	252.7	254.8	258.0
Under 15 years	62.7	62.9	63.2	63.4	63.2	63.0	62.8	63.0	63.3	63.6	64.0
From 15 to 64 years	145.3	147.9	150.2	152.1	153.7	155.1	157.5	160.7	162.8	164.1	166.3
65 years and over	22.8	23.2	23.6	24.1	24.5	25.1	25.7	26.2	26.6	27.1	27.7
Males											
Total	116.3	117.9	119.4	120.5	121.4	122.2	123.6	125.5	126.9	127.9	129.4
Under 15 years	32.1	32.3	32.4	32.5	32.4	32.2	32.1	32.3	32.4	32.5	32.7
From 15 to 64 years	74.0	75.2	76.4	77.3	78.1	78.8	80.0	81.6	82.7	83.3	84.4
65 years and over	10.2	10.5	10.6	10.7	10.9	11.2	11.5	11.6	11.8	12.1	12.3
Females											
Total	114.5	116.1	117.7	119.0	120.0	121.0	122.4	124.4	125.8	126.9	128.6
Under 15 years	30.6	30.6	30.8	30.9	30.9	30.8	30.7	30.7	30.9	31.1	31.3
From 15 to 64 years	71.3	72.7	73.8	74.7	75.5	76.3	77.5	79.1	80.1	80.8	82.0
65 years and over	12.6	12.8	13.1	13.4	13.6	13.9	14.2	14.5	14.8	15.0	15.3
POPULATION - PERCENTAGES											
All persons											
Total	100.0	100.0	100.0	100.0	100.0	100.0	100.0	100.0	100.0	100.0	100.0
Under 15 years	27.2	26.9	26.7	26.5	26.2	25.9	25.5	25.2	25.0	25.0	24.8
From 15 to 64 years	63.0	63.2	63.4	63.5	63.7	63.8	64.0	64.3	64.4	64.4	64.5
65 years and over	9.9	9.9	10.0	10.1	10.1	10.3	10.4	10.5	10.5	10.6	10.7
COMPONENTS OF CHANGE IN POPULATION											
a) Population at 1 January	229.3	232.2	235.5	238.4	240.6	242.2	244.2	247.4	251.9	253.8	255.9
b) Population at 31 December	232.2	235.5	238.4	240.6	242.2	244.2	247.4	251.9	253.8	255.9	259.7
c) Total increase (b-a)	2.9	3.3	2.9	2.2	1.6	2.0	3.2	4.5	1.9	2.1	3.8
d) Births	4.4	4.3	4.4	4.1	3.9	3.9	4.2	4.7	4.6	4.8	4.5
e) Deaths	1.7	1.6	1.7	1.6	1.7	1.6	1.7	1.8	1.7	1.7	1.8
f) Natural increase (d-e)	2.7	2.7	2.7	2.5	2.2	2.3	2.5	2.9	2.9	3.1	2.7
g) Net migration	0.2	0.6	0.2	-0.3	-0.5	-0.3	0.8	1.6	-1.0	-1.0	1.1
h) Statistical adjustments	0.0	0.0	0.0	0.0	-0.1	0.0	-0.1	0.0	0.0	0.0	0.0
i) Total increase (=f+g+h=c)	2.9	3.3	2.9	2.2	1.6	2.0	3.2	4.5	1.9	2.1	3.8
(Components of change in population/ Average population) x1000											
Total increase rates	12.6	14.1	12.2	9.2	6.6	8.2	13.0	18.0	7.5	8.2	14.7
Crude birth rates	19.1	18.4	18.6	17.1	16.2	16.0	17.1	18.8	18.2	18.8	17.5
Crude death rates	7.4	6.8	7.2	6.7	7.0	6.6	6.9	7.2	6.7	6.7	7.0
Natural increase rates	11.7	11.5	11.4	10.4	9.1	9.5	10.2	11.6	11.5	12.2	10.5
Net migration rates	0.9	2.6	0.8	-1.3	-2.1	-1.2	3.3	6.4	-4.0	-3.9	4.3

I - Population

Milliers (estimations au milieu de l'année)

	1992	1993	1994	1995	1996	1997	1998	1999	2000	2001	
											POPULATION - RÉPARTITION SELON L'AGE ET LE SEXE
											Ensemble des personnes
	261.1	263.8	266.0	267.4	268.9	270.9	273.8	277.2	281.2	285.1	Total
	64.8	65.5	65.7	65.3	64.6	64.6	64.5	64.8	65.5	66.0	Moins de 15 ans
	168.1	169.4	170.9	172.0	173.5	175.1	177.7	180.4	183.1	186.0	De 15 à 64 ans
	28.2	28.8	29.4	30.1	30.9	31.2	31.6	32.0	32.5	33.0	65 ans et plus
											Hommes
	130.9	132.3	133.4	134.0	134.8	135.8	137.1	138.8	140.7	142.8	Total
	33.1	33.6	33.7	33.5	33.1	33.1	32.9	33.1	33.5	33.8	Moins de 15 ans
	85.2	85.8	86.5	87.0	87.8	88.7	89.9	91.3	92.6	94.1	De 15 à 64 ans
	12.6	12.9	13.2	13.5	13.9	14.0	14.2	14.4	14.7	14.9	65 ans et plus
											Femmes
	130.2	131.5	132.6	133.3	134.1	135.1	136.7	138.4	140.4	142.3	Total
	31.6	32.0	32.0	31.8	31.4	31.5	31.5	31.7	32.0	32.2	Moins de 15 ans
	82.9	83.6	84.4	85.0	85.7	87.1	87.7	89.1	90.5	91.9	De 15 à 64 ans
	15.6	15.9	16.2	16.6	17.0	17.3	17.4	17.6	17.9	18.2	65 ans et plus
											POPULATION - POURCENTAGES
											Ensemble des personnes
	100.0	100.0	100.0	100.0	100.0	100.0	100.0	100.0	100.0	100.0	Total
	24.8	24.8	24.7	24.4	24.0	23.8	23.6	23.4	23.3	23.1	Moins de 15 ans
	64.4	64.2	64.2	64.3	64.5	64.6	64.9	65.1	65.1	65.3	De 15 à 64 ans
	10.8	10.9	11.1	11.3	11.5	11.5	11.5	11.5	11.6	11.6	65 ans et plus
											COMPOSANTES DE L'ÉVOLUTION DÉMOGRAPHIQUE
	259.7	262.4	265.1	267.0	269.0	271.0	272.1	275.7	278.7	283.4	a) Population au 1er janvier
	262.4	265.1	267.0	269.0	271.0	272.1	275.7	278.7	283.4	286.6	b) Population au 31 décembre
	2.7	2.7	1.9	2.0	2.0	1.1	3.6	3.0	4.6	3.2	**c) Accroissement total (b-a)**
	4.6	4.6	4.4	4.6	4.3	4.2	4.2	4.1	4.3	4.1	d) Naissances
	1.7	1.8	1.7	1.6	1.9	1.8	1.8	1.9	1.8	1.7	e) Décès
	2.9	2.8	2.7	3.0	2.5	2.3	2.4	2.2	2.5	2.4	**f) Accroissement naturel (d-e)**
	-0.2	-0.1	-0.7	-0.7	-0.7	0.1	0.9	1.1	1.7	1.0	g) Solde net des migrations
	0.0	0.0	-0.1	-0.3	0.3	-1.3	0.4	-0.3	0.4	-0.1	h) Ajustements statistiques
	2.7	2.7	1.9	2.0	2.0	1.1	3.6	3.0	4.6	3.2	**i) Accroissement total (=f+g+h=c)**
											(Composition de l'évolution démographique/ Population moyenne) x1000
	10.3	10.2	7.1	7.5	7.4	4.1	13.2	10.8	16.5	11.3	Taux d'accroissement total
	17.6	17.4	16.5	17.2	16.0	15.3	15.3	14.8	15.4	14.4	Taux bruts de natalité
	6.5	6.8	6.4	6.0	7.0	6.8	6.6	6.9	6.5	6.0	Taux bruts de mortalité
	11.1	10.6	10.1	11.2	9.1	8.5	8.6	7.9	8.9	8.3	Taux d'accroissement naturel
	-0.8	-0.4	-2.6	-2.6	-2.6	0.3	3.2	4.0	6.1	3.4	Taux du solde net des migrations

Statistiques de la Population Active
© 2002
OCDE

ICELAND

II - Labour force

Thousands (annual average estimates)

	1981	1982	1983	1984	1985	1986	1987	1988	1989	1990	1991
Total labour force											
All persons	111.4	114.7	116.1	118.1	121.9	125.3	132.3	128.8	128.0	128.3 |	140.5
Males											76.2
Females											64.3
Armed forces											
All persons											
Males											
Females											
Civilian labour force											
All persons	111.4	114.7	116.1	118.1	121.9	125.3	132.3	128.8	128.0	128.3 |	140.5
Males											76.2
Females											64.3
Unemployed											
All persons	0.4	0.8	1.2	1.5	1.1	0.8	0.6	0.8	2.1	2.3 |	3.6
Males	0.2	0.3	0.6	0.7	0.5	0.4	0.2	0.3	0.9	1.1 |	1.7
Females	0.2	0.4	0.6	0.8	0.7	0.4	0.3	0.5	1.2	1.2 |	1.9
Civilian employment											
All persons	111.0	113.9	114.9	116.6	120.8	124.5	131.7	128.0	125.9	126.0 |	136.9
Males											74.5
Females											62.4
Civilian employment (%)											
All persons	100.0	100.0	100.0	100.0	100.0	100.0	100.0	100.0	100.0	100.0 |	100.0
Males											54.4
Females											45.6
Unemployment rates (% of civilian labour force)											
All persons	0.4	0.7	1.0	1.3	0.9	0.7	0.4	0.6	1.7	1.8 |	2.5
Males											2.3
Females											2.9
Total labour force (% of total population)											
All persons	48.3	49.0	49.0	49.3	50.5	51.5	53.8	51.5	50.7	50.4 |	54.5
Males											58.9
Females											50.0
Total labour force (% of population from 15-64 years)[1]											
All persons	76.7	77.6	77.3	77.6	79.3	80.8	84.0	80.1	78.6	78.2 |	84.5
Males											90.3
Females											78.4
Civilian employment (% of total population)											
All persons	48.1	48.7	48.5	48.7	50.0	51.2	53.5	51.2	49.8	49.5 |	53.1
Part-time employment (%)[2]											
Part-time as % of employment											22.2
Male share of part-time employment											18.4
Female share of part-time employment											81.6
Male part-time as % of male employment											7.5
Female part-time as % of female employment											39.7
Duration of unemployment (% of total unemployment)[3]											
Less than 1 month											35.3
More than 1 month and less than 3 months											25.4
More than 3 months and less than 6 months											25.6
More than 6 months and less than 1 year											6.9
More than 1 year											6.7

Man-years until 1990.

(1) Participation rates calculated according to national definitions may differ from those published in this table, when the age group represented in the labour force survey is other than 15-64 years.

(2) Part-time employment refers to persons who work less than 30 hours per week in their main job. Data include only persons declaring usual hours worked.

(3) These percentages only take into account those persons for whom the duration of unemployment is known.

II - Population active

Milliers (estimations de moyennes annuelles)

1992	1993	1994	1995	1996	1997	1998	1999	2000	2001	
										Population active totale
143.0	144.2	145.4	149.0	147.5	147.8	152.1	156.5	160.1	162.7	Ensemble des personnes
77.2	77.2	77.4	79.0	78.8	79.1	80.9	83.4	85.1	86.8	Hommes
65.9	67.0	68.0	70.0	68.7	68.7	71.2	73.1	75.0	75.9	Femmes
										Forces armées
										Ensemble des personnes
										Hommes
										Femmes
										Population active civile
143.0	144.2	145.4	149.0	147.5	147.8	152.1	156.5	160.1	162.7	Ensemble des personnes
77.2	77.2	77.4	79.0	78.8	79.1	80.9	83.4	85.1	86.8	Hommes
65.9	67.0	68.0	70.0	68.7	68.7	71.2	73.1	75.0	75.9	Femmes
										Chômeurs
6.2	7.6	7.7	7.2	5.5	5.7	4.2	3.1	3.7	3.7	Ensemble des personnes
2.9	3.8	5.0	3.8	2.7	2.6	1.8	1.2	1.5	1.8	Hommes
3.2	3.8	3.8	3.4	2.8	3.1	2.3	1.9	2.2	1.9	Femmes
										Emploi civil
136.9	136.6	137.7	142.0	142.0	142.0	147.9	153.3	156.4	159.0	Ensemble des personnes
74.3	73.3	73.5	76.0	76.1	76.4	79.1	82.2	83.6	85.0	Hommes
62.6	63.3	64.2	66.0	65.9	65.6	68.9	71.2	72.8	74.0	Femmes
										Emploi civil (%)
100.0	100.0	100.0	100.0	100.0	100.0	100.0	100.0	100.0	100.0	Ensemble des personnes
54.3	53.7	53.4	53.5	53.6	53.8	53.4	53.6	53.4	53.5	Hommes
45.7	46.3	46.6	46.5	46.4	46.2	46.6	46.4	46.6	46.5	Femmes
										Taux de chômage (% de la population active civile)
4.3	5.3	5.3	4.9	3.7	3.9	2.7	2.0	2.3	2.3	Ensemble des personnes
3.8	5.0	6.4	4.9	3.4	3.3	2.3	1.5	1.8	2.0	Hommes
4.9	5.6	5.5	4.9	4.1	4.5	3.3	2.6	2.9	2.5	Femmes
										Population active totale (% de la population totale)
54.8	54.7	54.7	55.7	54.9	54.5	55.5	56.5	56.9	57.1	Ensemble des personnes
59.0	58.4	58.0	59.0	58.5	58.2	59.0	60.1	60.5	60.8	Hommes
50.6	51.0	51.3	52.5	51.2	50.8	52.1	52.8	53.4	53.4	Femmes
										Population active totale (% de la population de 15-64 ans)[1]
85.1	85.1	85.1	86.6	85.0	84.4	85.6	86.7	87.4	87.5	Ensemble des personnes
90.6	90.0	89.5	90.8	89.8	89.2	90.0	91.4	91.9	92.2	Hommes
79.5	80.1	80.6	82.4	80.2	78.8	81.2	82.0	82.8	82.6	Femmes
										Emploi civil (% de la population totale)
52.4	51.8	51.8	53.1	52.8	52.4	54.0	55.3	55.6	55.8	Ensemble des personnes
										Emploi à temps partiel (%)[2]
22.1	22.4	22.6	22.5	20.9	22.4	23.2	21.2	20.4	20.4	Temps partiel en % de l'emploi
18.4	20.3	21.7	21.5	21.7	24.2	22.6	22.9	23.0	25.5	Part des hommes dans le temps partiel
81.6	79.7	78.3	78.5	78.3	75.8	77.4	77.1	77.0	74.5	Part des femmes dans le temps partiel
7.5	8.5	9.2	9.1	8.4	10.1	9.8	9.1	8.8	9.7	Temps partiel des hommes en % de l'emploi des hommes
39.4	38.6	37.9	37.9	35.3	36.8	38.6	35.2	33.7	32.6	Temps partiel des femmes en % de l'emploi des femmes
										Durée du chômage (% du chômage total)[3]
28.9	15.6	25.4	23.9	24.1	33.9	32.5	46.4	43.8	34.7	Moins de 1 mois
26.4	20.6	15.6	20.5	22.6	18.7	21.5	20.7	22.7	26.7	Plus de 1 mois et moins de 3 mois
29.8	30.6	26.8	22.3	22.0	20.4	23.2	12.7	14.9	17.7	Plus de 3 mois et moins de 6 mois
8.1	21.1	17.1	16.5	11.4	10.6	6.8	8.5	6.8	8.5	Plus de 6 mois et moins de 1 an
6.8	12.2	15.1	16.8	19.8	16.3	16.1	11.7	11.8	12.5	Plus de 1 an

Hommes-années jusqu'en 1990.

(1) Les taux d'activité calculés selon les définitions nationales peuvent être différents de ceux publiés dans ce tableau si le groupe d'âges représenté dans l'enquête de la population active est différent de 15-64 ans.

(2) L'emploi à temps partiel se réfère aux actifs travaillant moins de 30 heures par semaine dans leur emploi principal. Les données incluent uniquement les personnes déclarant des heures habituelles de travail.

(3) Ces pourcentages ne prennent en compte que les personnes pour lesquelles la durée du chômage est connue.

Statistiques de la Population Active
© 2002 OCDE

ICELAND

III - Professional status and breakdown by activities - ISIC Rev. 2

Thousands (annual average estimates)

	1981	1982	1983	1984	1985	1986	1987	1988	1989	1990	1991
CIVILIAN EMPLOYMENT: PROFESSIONAL STATUS											
All activities	111.0	113.9	114.9	116.6	120.8	124.5	131.7	128.0	125.9	126.0 |	136.9
Employees	97.1	99.6	100.5	101.8	105.7	107.7	111.6	108.5	107.0	107.0 |	109.2
Employers and persons working on own account	13.9	14.3	14.4	14.8	15.1	16.8	20.1	19.5	18.9	19.0 |	24.3
Unpaid family workers											3.5
Agriculture, hunting, forestry and fishing	13.8	13.9	13.7	13.2	13.5	13.5	13.8	13.1	13.0	13.0 |	13.9
Employees	6.7	6.7	6.7	6.4	7.1	7.2	7.4	6.8	6.8	6.8 |	6.2
Employers and persons working on own account	7.1	7.2	7.0	6.8	6.4	6.3	6.4	6.3	6.2	6.2 |	5.6
Unpaid family workers											2.1
Non-agricultural activities	97.2	100.0	101.2	103.4	107.3	111.0	117.9	114.9	112.9	113.0 |	123.0
Employees	90.4	92.9	93.8	95.4	98.6	100.5	104.2	101.7	100.2	100.2 |	103.0
Employers and persons working on own account	6.8	7.1	7.4	8.0	8.7	10.5	13.7	13.2	12.7	12.8 |	18.7
Unpaid family workers											1.4
All activities (%)	100.0	100.0	100.0	100.0	100.0	100.0	100.0	100.0	100.0	100.0 |	100.0
Employees	87.5	87.4	87.5	87.3	87.5	86.5	84.7	84.8	85.0	84.9 |	79.8
Others											20.3
CIVILIAN EMPLOYMENT: BREAKDOWN BY ACTIVITIES											
ISIC Rev. 2 Major Divisions											
1 to 0 All activities	111.0	113.9	114.9	116.6	120.8	124.5	131.7	128.0	125.9	126.0 |	136.9
1 Agriculture, hunting, forestry and fishing	13.8	13.9	13.7	13.2	13.5	13.5	13.8	13.1	13.0	13.0 |	13.9
2 Mining and quarrying											0.1
3 Manufacturing	26.4	26.3	26.6	27.2	27.3	27.6	28.4	25.6	24.4	24.4 |	23.6
4 Electricity, gas and water	1.0	1.0	1.0	1.1	1.1	1.1	1.1	1.2	1.1	1.1 |	1.6
5 Construction	10.9	11.7	11.7	11.6	11.5	11.3	12.3	11.8	12.4	12.4 |	10.2
6 Wholesale and retail trade; restaurants and hotels	14.6	15.5	16.0	16.9	18.1	19.1	20.8	20.4	18.7	18.7 |	22.9
7 Transport, storage and communication	7.8	8.0	8.0	7.9	8.2	8.2	8.6	8.4	8.6	8.6 |	8.9
8 Financing, insurance, real estate and business services	6.5	6.4	6.8	7.6	8.3	8.9	9.8	10.1	10.3	10.3 |	11.1
9 Community, social and personal services	30.0	31.0	31.1	31.1	32.8	34.9	36.8	37.3	37.5	37.6 |	44.5
0 Activities not adequately defined	0.0	0.0	0.0	0.0	0.0	0.0	0.1	0.0	0.0	0.0 |	0.1
EMPLOYEES: BREAKDOWN BY ACTIVITIES											
ISIC Rev. 2 Major Divisions											
1 to 0 All activities	97.1	99.6	100.5	101.8	105.7	107.7	111.6	108.5	107.0	107.0 |	109.2
1 Agriculture, hunting, forestry and fishing	6.7	6.7	6.7	6.4	7.1	7.2	7.4	6.8			6.2
2 Mining and quarrying											0.1
3 Manufacturing	25.7	25.7	26.0	26.5	26.5	26.1	26.7	24.1			20.8
4 Electricity, gas and water	1.0	1.0	1.0	1.1	1.1	1.1	1.0	1.0			1.6
5 Construction	9.4	10.2	10.1	9.9	9.6	9.2	9.3	9.0			6.8
6 Wholesale and retail trade; restaurants and hotels	13.5	14.4	14.8	15.6	16.8	16.9	17.8	17.7			18.4
7 Transport, storage and communication	6.1	6.2	6.2	6.1	6.4	6.2	6.0	6.4			6.9
8 Financing, insurance, real estate and business services	5.9	5.7	6.0	6.7	7.2	7.3	7.9	8.5			8.4
9 Community, social and personal services	28.8	29.7	29.8	29.6	31.1	32.9	34.9	34.4			40.1
0 Activities not adequately defined	0.0	0.0	0.0	0.0	0.0	0.8	0.6	0.5			0.0

Man-years until 1990.

Labour Force Statistics
OECD © 2002

III - Situation dans la profession et répartition par activités - CITI Rév. 2

Milliers (estimations de moyennes annuelles)

1992	1993	1994	1995	1996	1997	1998	1999	2000	2001	
										EMPLOI CIVIL : SITUATION DANS LA PROFESSION
136.9	136.6	137.7	142.0	142.0	142.0	147.9	153.3	156.4	159.0	**Toutes activités**
110.5	112.0	112.3	115.0	116.2	116.8	121.4	126.2	128.3	132.2	Salariés
22.9	20.8	23.0	26.0	25.2	24.5	26.1	26.7	27.5	26.3	Employeurs et personnes travaillant à leur compte
3.5	3.8	2.4	2.0	0.6	0.7	0.4	0.4	0.6	0.5	Travailleurs familiaux non rémunérés
14.3	12.5	12.5	14.0	14.0	12.0	12.7	13.7	13.0	12.4	**Agriculture, chasse, sylviculture et pêche**
6.0	5.9	6.1	7.0	7.0	6.0	6.3	7.1	6.4	6.1	Salariés
6.1	4.5	4.9	6.0	6.0	6.0	6.1	6.3	6.2	5.9	Employeurs et personnes travaillant à leur compte
2.2	2.2	1.5	1.0				0.3	0.4	0.3	Travailleurs familiaux non rémunérés
122.6	124.1	125.2	128.0	128.0	130.0	135.2	139.6	143.4	146.7	**Activités non agricoles**
104.5	106.1	106.2	108.0	109.2	110.8	115.1	119.1	121.9	126.1	Salariés
16.8	16.3	18.1	20.0	19.2	18.5	20.0	20.4	21.3	20.4	Employeurs et personnes travaillant à leur compte
1.3	1.6	0.9	1.0				0.1	0.2	0.2	Travailleurs familiaux non rémunérés
100.0	100.0	100.0	100.0	100.0	100.0	100.0	100.0	100.0	100.0	**Toutes activités (%)**
80.7	82.0	81.6	81.0	81.8	82.3	82.1	82.3	82.0	83.2	Salariés
19.3	18.0	18.4	19.7	18.2	17.7	17.9	17.7	18.0	16.8	Autres
										EMPLOI CIVIL : RÉPARTITION PAR BRANCHES D'ACTIVITÉS
										Branches CITI Rév. 2
136.9	136.6	137.7	142.0	142.0	142.0	147.9	153.3	156.4	159.0	**1 à 0 Toutes activités**
14.3	12.6	12.5	14.0	13.5	12.2	12.7	13.7	13.0	12.4	1 Agriculture, chasse, sylviculture et pêche
0.2	0.0	0.0	0.0	0.1	0.1	0.1	0.3	0.2	0.3	2 Industries extractives
22.3	22.9	24.0	24.0	24.0	24.6	24.5	23.3	23.9	22.9	3 Industries manufacturières
1.4	1.4	1.5	1.0	1.1	1.2	1.5	1.2	1.3	1.5	4 Électricité, gaz et eau
9.9	10.0	10.1	10.0	9.2	10.1	10.9	10.6	10.5	11.4	5 Bâtiment et travaux publics
23.4	22.4	20.8	22.0	22.5	23.2	23.6	25.3	27.0	27.2	6 Commerce de gros et de détail; restaurants et hôtels
8.6	9.1	8.9	9.0	10.2	10.0	10.9	11.7	10.7	10.4	7 Transports, entrepôts et communications
10.3	10.6	10.5	11.0	11.0	11.3	12.3	14.3	16.4	16.7	8 Banques, assurances, affaires immobilières et services fournis aux entreprises
46.4	47.6	49.4	51.0	50.3	49.1	51.3	52.8	53.2	55.9	9 Services fournis à la collectivité, services sociaux et services personnels
0.1	0.1	0.1	0.0	0.1	0.2	0.1	0.1	0.2	0.4	0 Activités mal désignées
										SALARIÉS : RÉPARTITION PAR BRANCHES D'ACTIVITÉS
										Branches CITI Rév. 2
110.5	112.0	112.3	114.5	116.2	116.8	121.4	126.2	128.3	132.2	**1 à 0 Toutes activités**
6.0	5.9	6.1	6.8	7.3	6.3	6.3	7.1	6.4	6.1	1 Agriculture, chasse, sylviculture et pêche
0.1	0.0	0.0	0.0	0.1	0.1	0.1	0.3	0.2	0.3	2 Industries extractives
19.9	20.7	21.4	20.6	21.4	22.1	21.8	20.5	21.3	21.0	3 Industries manufacturières
1.4	1.3	1.4	1.4	1.1	1.2	1.5	1.2	1.3	1.5	4 Électricité, gaz et eau
6.6	6.0	5.8	5.5	5.5	6.0	5.8	6.2	6.3	6.5	5 Bâtiment et travaux publics
18.9	18.5	17.1	17.6	17.7	18.8	20.0	21.7	22.9	23.6	6 Commerce de gros et de détail; restaurants et hôtels
7.0	7.6	7.3	7.9	8.4	8.2	9.1	9.8	9.3	8.6	7 Transports, entrepôts et communications
8.2	8.6	8.1	8.7	8.8	9.0	10.3	11.5	13.3	14.2	8 Banques, assurances, affaires immobilières et services fournis aux entreprises
42.2	43.2	44.9	45.9	45.8	44.9	46.3	47.9	47.2	50.3	9 Services fournis à la collectivité, services sociaux et services personnels
0.1	0.0	0.0	0.0	0.1	0.1	0.1	0.1	0.1	0.3	0 Activités mal désignées

Hommes-années jusqu'en 1990.

Statistiques de la Population Active
© 2002
OCDE

ICELAND

IV - Civilian employment and employees: breakdown by activities - ISIC Rev. 3

Thousands (annual average estimates)

	1981	1982	1983	1984	1985	1986	1987	1988	1989	1990	1991
CIVILIAN EMPLOYMENT: BREAKDOWN BY ACTIVITIES											
A to X All activities											137
A Agriculture, hunting and forestry											8
B Fishing											6
C Mining and quarrying											0
D Manufacturing											24
E Electricity, gas and water supply											2
F Construction											10
G Wholesale and retail trade; repair of motor vehicles, motorcycles and personal and household goods											21
H Hotels and restaurants											4
I Transport, storage and communication											9
J Financial intermediation											5
K Real estate, renting and business activities											8
L Public administration and defence; compulsory social security, excluding armed forces											7
M Education											8
N Health and social work											18
O Other community, social and personal service activities											7
P Private households with employed persons											0
Q Extra-territorial organisations and bodies											1
X Not classifiable by economic activities											0
Breakdown by sector											
Agriculture (A-B)											14
Industry (C-F)											36
Services (G-Q)											87
Agriculture (%)											10.2
Industry (%)											25.9
Services (%)											63.8
Female participation in agriculture (%)											23.0
Female participation in industry (%)											31.1
Female participation in services (%)											55.1
EMPLOYEES: BREAKDOWN BY ACTIVITIES											
A to X All activities											109
A Agriculture, hunting and forestry											1
B Fishing											5
C Mining and quarrying											0
D Manufacturing											21
E Electricity, gas and water supply											2
F Construction											7
G Wholesale and retail trade; repair of motor vehicles, motorcycles and personal and household goods											16
H Hotels and restaurants											3
I Transport, storage and communication											7
J Financial intermediation											5
K Real estate, renting and business activities											5
L Public administration and defence; compulsory social security, excluding armed forces											7
M Education											8
N Health and social work											17
O Other community, social and personal service activities											6
P Private households with employed persons											0
Q Extra-territorial organisations and bodies											1
X Not classifiable by economic activities											0
Breakdown by sector											
Agriculture (A-B)											6
Industry (C-F)											29
Services (G-Q)											74
Agriculture (%)											5.7
Industry (%)											26.7
Services (%)											67.6
Female participation in agriculture (%)											12.2
Female participation in industry (%)											35.2
Female participation in services (%)											59.4

IV - Emploi civil et salariés : répartition par activités - CITI Rév. 3

Milliers (estimations de moyennes annuelles)

1992	1993	1994	1995	1996	1997	1998	1999	2000	2001	
										EMPLOI CIVIL : RÉPARTITION PAR BRANCHES D'ACTIVITÉS
137	137	138	142	142	142	148	153	156	159	A à X Toutes activités
8	6	6	7	6	6	7	7	7	6	A Agriculture, chasse et sylviculture
7	7	6	7	7	6	6	7	6	6	B Pêche
0	0	0	0	0	0	0	0	0	0	C Activités extractives
22	23	24	24	24	25	25	23	24	23	D Activités de fabrication
1	1	1	1	1	1	2	1	1	1	E Production et distribution d'électricité, de gaz et d'eau
10	10	10	10	9	10	11	11	10	11	F Construction
22	21	18	19	19	20	21	21	22	23	G Commerce de gros et de détail; réparation de véhicules et de biens domestiques
3	4	5	5	4	4	4	6	6	6	H Hôtels et restaurants
9	9	9	9	10	10	11	12	11	10	I Transports, entreposage et communications
5	5	5	5	5	4	5	6	7	7	J Intermédiation financière
7	7	8	9	9	9	10	11	13	14	K Immobilier, location et activités de services aux entreprises
8	7	6	6	6	6	7	8	7	6	L Administration publique et défense; sécurité sociale obligatoire (armée exclue)
9	9	8	9	10	9	10	9	10	12	M Education
19	19	21	21	21	21	21	21	21	22	N Santé et action sociale
7	8	9	10	10	9	10	10	10	10	O Autres activités de services collectifs, sociaux et personnels
0	0	0	0	0	0	0	0	0	0	P Ménages privés employant du personnel domestique
0	0	1	1	1	1	1	1	1	1	Q Organisations et organismes extra-territoriaux
0	0	0	0	0	0	0	0	0	0	X Ne pouvant être classés selon l'activité économique
										Répartition par secteurs
14	13	12	13	14	12	13	14	13	12	Agriculture (A-B)
34	34	36	35	34	36	37	35	36	36	Industrie (C-F)
89	90	90	93	94	93	98	104	107	110	Services (G-Q)
10.4	9.2	9.1	9.5	9.5	8.6	8.6	9.0	8.3	7.8	Agriculture (%)
24.7	25.1	25.9	24.7	24.3	25.5	25.2	23.1	23.0	22.6	Industrie (%)
64.8	65.7	65.0	65.7	66.1	65.8	66.2	67.9	68.6	69.3	Services (%)
19.7	16.6	21.7	21.5	22.5	22.9	25.6	23.5	24.5	20.7	Part des femmes dans l'agriculture (%)
28.0	28.2	27.3	27.2	26.9	27.0	27.8	23.7	22.2	21.8	Part des femmes dans l'industrie (%)
56.7	57.4	57.8	57.6	57.1	56.6	56.4	57.1	57.4	57.5	Part des femmes dans les services (%)
										SALARIÉS : RÉPARTITION PAR BRANCHES D'ACTIVITÉS
110	112	112	114	116	117	121	126	128	132	A à X Toutes activités
1	1	1	1	1	1	1	1	1	1	A Agriculture, chasse et sylviculture
5	5	5	6	6	5	5	6	5	5	B Pêche
0	0	0	0	0	0	0	0	0	0	C Activités extractives
20	21	21	21	21	22	22	21	21	21	D Activités de fabrication
1	1	1	1	1	1	2	1	1	1	E Production et distribution d'électricité, de gaz et d'eau
7	6	6	5	5	6	6	6	6	6	F Construction
17	16	14	14	15	16	17	18	18	19	G Commerce de gros et de détail; réparation de véhicules et de biens domestiques
3	3	4	4	3	3	4	5	5	5	H Hôtels et restaurants
7	7	7	8	8	8	9	10	9	8	I Transports, entreposage et communications
5	5	4	5	5	4	5	6	6	6	J Intermédiation financière
5	5	6	6	6	6	7	8	10	11	K Immobilier, location et activités de services aux entreprises
7	7	6	6	6	6	7	7	7	6	L Administration publique et défense; sécurité sociale obligatoire (armée exclue)
9	9	8	9	9	9	10	9	10	11	M Education
17	18	20	20	20	20	20	20	19	20	N Santé et action sociale
6	6	7	7	8	7	7	7	8	8	O Autres activités de services collectifs, sociaux et personnels
0	0	0	0	0	0	0	0	0	0	P Ménages privés employant du personnel domestique
0	0	1	1	1	1	1	1	1	1	Q Organisations et organismes extra-territoriaux
0	0	0	0	0	0	0	0	0	0	X Ne pouvant être classés selon l'activité économique
										Répartition par secteurs
6	6	6	7	7	6	6	7	6	6	Agriculture (A-B)
28	28	29	28	28	30	29	28	29	29	Industrie (C-F)
76	78	77	80	81	81	86	91	93	97	Services (G-Q)
5.4	5.3	5.4	6.0	6.3	5.4	5.2	5.6	5.0	4.6	Agriculture (%)
25.4	25.1	25.5	24.1	24.2	25.3	24.3	22.3	22.7	22.1	Industrie (%)
69.0	69.5	69.0	69.9	69.4	69.2	70.5	72.0	72.2	73.1	Services (%)
11.5	7.6	11.7	11.8	13.1	10.5	11.6	13.2	19.4	13.6	Part des femmes dans l'agriculture (%)
30.9	31.6	31.0	32.0	30.6	30.2	31.8	26.6	24.8	25.1	Part des femmes dans l'industrie (%)
60.1	60.5	61.9	61.6	60.4	59.9	59.7	60.5	60.7	60.5	Part des femmes dans les services (%)

Statistiques de la Population Active
© 2002 OCDE

IRELAND

I - Population

Thousands (annual average estimates)

	1981	1982	1983	1984	1985	1986	1987	1988	1989	1990	1991
POPULATION - DISTRIBUTION BY AGE AND GENDER											
All persons											
Total	3 443	3 480	3 505	3 529	3 540	3 541	3 543	3 538	3 515	3 503	3 524
Under 15 years	1 044	1 054	1 043	1 041	1 034	1 025	1 012	998	977	957	943
From 15 to 64 years	2 031	2 056	2 084	2 108	2 123	2 131	2 142	2 149	2 142	2 147	2 178
65 years and over	369	370	377	381	383	384	389	391	396	399	403
Males											
Total	1 729	1 747	1 757	1 767	1 771	1 770	1 771	1 767	1 755	1 749	1 759
Under 15 years	535	540	535	534	531	526	520	512	502	491	484
From 15 to 64 years	1 029	1 041	1 054	1 065	1 072	1 075	1 081	1 085	1 082	1 087	1 104
65 years and over	165	165	168	169	169	169	170	170	171	171	172
Females											
Total	1 714	1 733	1 748	1 762	1 769	1 771	1 772	1 771	1 760	1 754	1 765
Under 15 years	508	514	508	507	504	499	492	486	475	466	460
From 15 to 64 years	1 002	1 015	1 030	1 043	1 051	1 056	1 061	1 064	1 060	1 060	1 074
65 years and over	204	205	210	212	214	216	219	221	225	228	231
POPULATION - PERCENTAGES											
All persons											
Total	100.0	100.0	100.0	100.0	100.0	100.0	100.0	100.0	100.0	100.0	100.0
Under 15 years	30.3	30.3	29.8	29.5	29.2	28.9	28.6	28.2	27.8	27.3	26.8
From 15 to 64 years	59.0	59.1	59.5	59.7	60.0	60.2	60.5	60.7	60.9	61.3	61.8
65 years and over	10.7	10.6	10.8	10.8	10.8	10.8	11.0	11.1	11.3	11.4	11.4
COMPONENTS OF CHANGE IN POPULATION											
a) Population at 1 January	3 433	3 473	3 498	3 523	3 544	3 540	3 545	3 535	3 515	3 507	3 521
b) Population at 31 December	3 473	3 498	3 523	3 544	3 540	3 545	3 535	3 515	3 507	3 521	3 548
c) Total increase (b-a)	40	25	25	21	-4	5	-11	-20	-8	14	27
d) Births	72	71	67	64	62	62	59	54	52	53	53
e) Deaths	33	32	33	32	33	34	31	32	32	31	31
f) Natural increase (d-e)	39	39	34	32	29	28	28	22	20	22	22
g) Net migration	-2	-11	-11	-10	-33	-23	-37	-43	-28	-8	5
h) Statistical adjustments	3	-3	2	-1	0	0	-1	1	0	0	0
i) Total increase (=f+g+h=c)	40	25	25	21	-4	5	-10	-20	-8	14	27
(Components of change in population/ Average population) x1000											
Total increase rates	11.6	7.2	7.1	5.8	-1.2	1.4	-2.9	-5.6	-2.3	4.1	7.7
Crude birth rates	20.9	20.4	19.1	18.1	17.5	17.5	16.7	15.3	14.8	15.1	15.0
Crude death rates	9.6	9.2	9.4	9.1	9.3	9.6	8.8	9.1	9.1	8.8	8.8
Natural increase rates	11.3	11.2	9.7	9.1	8.2	7.9	7.9	6.2	5.7	6.3	6.2
Net migration rates	-0.6	-3.2	-3.1	-3.0	-9.3	-6.5	-10.6	-12.1	-8.0	-2.2	1.4

I - Population

Milliers (estimations de moyennes annuelles)

1992	1993	1994	1995	1996	1997	1998	1999	2000	2001	
										POPULATION - RÉPARTITION SELON L'AGE ET LE SEXE
										Ensemble des personnes
3 549	3 563	3 583	3 601	3 626	3 661	3 705	3 745	3 787	3 839	Total
931	918	901	878	859	846	835	829	824	822	Moins de 15 ans
2 212	2 238	2 272	2 312	2 353	2 399	2 449	2 494	2 539	2 588	De 15 à 64 ans
406	408	409	411	414	416	421	422	424	429	65 ans et plus
										Hommes
1 765	1 771	1 781	1 788	1 800	1 817	1 839	1 859	1 881	1 907	Total
478	471	463	451	441	434	429	426	423	422	Moins de 15 ans
1 113	1 125	1 143	1 161	1 182	1 204	1 230	1 252	1 274	1 300	De 15 à 64 ans
175	175	175	176	177	179	181	182	183	186	65 ans et plus
										Femmes
1 784	1 792	1 802	1 813	1 826	1 843	1 866	1 886	1 906	1 932	Total
453	447	438	427	418	411	407	404	401	400	Moins de 15 ans
1 100	1 112	1 130	1 151	1 171	1 195	1 220	1 242	1 264	1 288	De 15 à 64 ans
231	233	234	235	237	238	240	240	241	243	65 ans et plus
										POPULATION - POURCENTAGES
										Ensemble des personnes
100.0	100.0	100.0	100.0	100.0	100.0	100.0	100.0	100.0	100.0	Total
26.2	25.8	25.1	24.4	23.7	23.1	22.5	22.1	21.8	21.4	Moins de 15 ans
62.3	62.8	63.4	64.2	64.9	65.5	66.1	66.6	67.0	67.4	De 15 à 64 ans
11.4	11.5	11.4	11.4	11.4	11.4	11.3	11.3	11.2	11.2	65 ans et plus
										COMPOSANTES DE L'ÉVOLUTION DÉMOGRAPHIQUE
3 547	3 569	3 583	3 598	3 620	3 652	3 694	3 735	3 776	3 826	a) Population au 1er janvier
3 569	3 583	3 598	3 620	3 652	3 694	3 735	3 776	3 826		b) Population au 31 décembre
22	14	14	23	32	42	41	42	50		**c) Accroissement total (b-a)**
52	49	48	49	50	52	53	53	54		d) Naissances
31	32	31	32	32	32	31	32	31		e) Décès
21	17	17	17	18	20	22	22	23		**f) Accroissement naturel (d-e)**
2	-3	-3	6	13	21	19	20	27		g) Solde net des migrations
-1	0	1	-1	1	1	0	0	0		h) Ajustements statistiques
22	14	15	22	32	42	41	42	50		**i) Accroissement total (=f+g+h=c)**
										(Composition de l'évolution démographique/ Population moyenne) x1000
6.1	3.8	4.2	6.1	8.9	11.5	11.0	11.1	13.0		Taux d'accroissement total
14.6	13.7	13.4	13.6	13.8	14.2	14.3	14.2	14.2		Taux bruts de natalité
8.7	8.9	8.6	8.9	8.8	8.7	8.3	8.4	8.2		Taux bruts de mortalité
5.9	4.8	4.7	4.7	5.0	5.4	5.9	5.8	6.1		Taux d'accroissement naturel
0.5	-0.9	-0.8	1.6	3.7	5.7	5.0	5.3	7.0		Taux du solde net des migrations

Statistiques de la Population Active
© 2002 OCDE

IRELAND

II - Labour force

Thousands (estimates for April of each year)

	1981	1982	1983	1984	1985	1986	1987	1988	1989	1990	1991
Total labour force											
All persons	1 286	1 296	1 321	1 321	1 331	1 331	1 337	1 328	1 308	1 332	1 354
Males	927	914	932	936	907	901	888	885	864	868	879
Females	359	382	390	385	424	429	449	443	444	464	475
Armed forces											
All persons	15	15	14	14	18	13	13	13	13	9	9
Males	15	15	14	14	17	13	13	13	13	9	9
Females	0	0	0	0	0	0	0	0	0	0	0
Civilian labour force											
All persons	1 271	1 281	1 307	1 307	1 314	1 318	1 324	1 315	1 295	1 323	1 345
Males	912	899	918	922	890	889	875	872	852	859	870
Females	359	382	390	385	424	429	449	443	444	464	475
Unemployed											
All persons	133	148	184	204	220	226	225	215	197	172	199
Males	104	111	140	157	144	146	145	139	128	108	125
Females	30	37	43	47	76	79	79	76	68	64	74
Civilian employment											
All persons	1 138	1 133	1 124	1 103	1 094	1 092	1 099	1 099	1 099	1 151	1 147
Males	809	788	778	765	746	743	730	732	723	750	746
Females	329	345	346	338	348	349	369	367	375	400	401
Civilian employment (%)											
All persons	100.0	100.0	100.0	100.0	100.0	100.0	100.0	100.0	100.0	100.0	100.0
Males	71.1	69.5	69.2	69.4	68.2	68.0	66.4	66.6	65.8	65.2	65.0
Females	28.9	30.5	30.8	30.6	31.8	32.0	33.6	33.4	34.2	34.8	35.0
Unemployment rates (% of civilian labour force)											
All persons	10.5	11.6	14.0	15.6	16.7	17.1	17.0	16.4	15.2	13.0	14.8
Males	11.4	12.3	15.3	17.0	16.2	16.4	16.6	16.0	15.1	12.6	14.3
Females	8.2	9.7	11.1	12.3	17.9	18.5	17.7	17.2	15.4	13.8	15.5
Total labour force (% of total population)											
All persons	37.4	37.2	37.7	37.4	37.6	37.6	37.7	37.5	37.2	38.0	38.4
Males	53.6	52.3	53.0	53.0	51.2	50.9	50.1	50.1	49.2	49.6	50.0
Females	20.9	22.0	22.3	21.8	24.0	24.2	25.3	25.0	25.2	26.5	26.9
Total labour force (% of population from 15-64 years)[1]											
All persons	63.3	63.0	63.4	62.7	62.7	62.5	62.4	61.8	61.1	62.0	62.2
Males	90.1	87.8	88.4	87.9	84.6	83.8	82.1	81.5	79.9	79.8	79.7
Females	35.8	37.6	37.8	36.9	40.3	40.6	42.3	41.6	41.9	43.8	44.2
Civilian employment (% of total population)											
All persons	33.0	32.6	32.1	31.3	30.9	30.8	31.0	31.1	31.3	32.8	32.5
Part-time employment (%)[2]											
Part-time as % of employment			7.7	7.7	7.8	8.1	8.7	9.3	9.3	9.8	10.3
Male share of part-time employment			28.8	28.9	26.3	30.0	29.1	30.1	29.0	28.4	29.2
Female share of part-time employment			71.3	71.1	73.7	70.0	70.9	69.9	72.0	71.6	71.7
Male part-time as % of male employment			3.2	3.3	3.0	3.6	3.8	4.2	4.1	4.2	4.6
Female part-time as % of female employment			17.4	16.9	17.9	17.4	18.3	19.5	19.5	20.4	20.9
Duration of unemployment (% of total unemployment)[3]											
Less than 1 month			7.0	5.2	2.9	3.5	2.3	3.1	2.5	2.6	3.4
More than 1 month and less than 3 months			11.0	8.3	5.4	6.1	5.4	5.7	5.8	6.3	7.1
More than 3 months and less than 6 months			18.0	14.6	10.0	9.8	10.9	10.5	10.4	10.0	12.0
More than 6 months and less than 1 year			27.3	26.1	18.3	16.7	16.8	16.3	15.3	15.0	15.9
More than 1 year			36.7	45.8	63.4	63.9	64.7	64.3	66.0	66.0	61.5

(1) Participation rates calculated according to national definitions may differ from those published in this table, when the age group represented in the labour force survey is other than 15-64 years.

(2) Part-time employment refers to persons who work less than 30 hours per week in their main job. Data include only persons declaring usual hours worked.

(3) These percentages only take into account those persons for whom the duration of unemployment is known.

II - Population active

Milliers (estimations pour le mois d'avril de chaque année)

1992	1993	1994	1995	1996	1997	1998	1999	2000	2001	
										Population active totale
1 372	1 403	1 432	1 459	1 507	1 539 |	1 621	1 688	1 746	1 782	Ensemble des personnes
881	888	899	909	925	937 |	979	1 007	1 035	1 054	Hommes
490	515	533	550	582	601 |	642	681	711	728	Femmes
										Forces armées
10	9	8	9	9	8	8	8	7	7	Ensemble des personnes
10	9	8	9	9	8	8	8	7	7	Hommes
0	0	0	0	0	0	0	0	0	0	Femmes
										Population active civile
1 362	1 394	1 424	1 450	1 498	1 531 |	1 613	1 680	1 739	1 775	Ensemble des personnes
871	879	891	900	916	929 |	971	999	1 028	1 047	Hommes
490	515	533	550	582	601 |	642	681	711	728	Femmes
										Chômeurs
207	220	211	177	179	159 |	126	97	75	65	Ensemble des personnes
132	139	132	110	110	97 |	79	59	45	40	Hommes
74	81	79	67	69	62 |	48	38	30	26	Femmes
										Emploi civil
1 155	1 174	1 213	1 272	1 319	1 372 |	1 487	1 583	1 664	1 710	Ensemble des personnes
739	740	759	790	806	832 |	893	939	983	1 007	Hommes
416	434	454	483	513	539 |	595	644	681	703	Femmes
										Emploi civil (%)
100.0	100.0	100.0	100.0	100.0	100.0 |	100.0	100.0	100.0	100.0	Ensemble des personnes
64.0	63.1	62.5	62.1	61.1	60.7 |	60.0	59.3	59.1	58.9	Hommes
36.0	36.9	37.4	37.9	38.9	39.3 |	40.0	40.7	40.9	41.1	Femmes
										Taux de chômage (% de la population active civile)
15.2	15.8	14.8	12.2	11.9	10.4 |	7.8	5.8	4.3	3.7	Ensemble des personnes
15.2	15.8	14.8	12.3	12.0	10.4 |	8.1	5.9	4.4	3.8	Hommes
15.2	15.8	14.8	12.1	11.9	10.3 |	7.4	5.5	4.2	3.5	Femmes
										Population active totale (% de la population totale)
38.6	39.4	40.0	40.5	41.6	42.0 |	43.7	45.1	46.1	46.4	Ensemble des personnes
49.9	50.1	50.5	50.8	51.4	51.6 |	53.2	54.2	55.0	55.2	Hommes
27.5	28.7	29.6	30.3	31.9	32.6 |	34.4	36.1	37.3	37.7	Femmes
										Population active totale (% de la population de 15-64 ans)[1]
62.0	62.7	63.0	63.1	64.1	64.2 |	66.2	67.7	68.8	68.8	Ensemble des personnes
79.2	78.9	78.6	78.3	78.3	77.8 |	79.6	80.4	81.2	81.1	Hommes
44.6	46.3	47.2	47.8	49.7	50.3 |	52.7	54.9	56.2	56.5	Femmes
										Emploi civil (% de la population totale)
32.5	32.9	33.9	35.3	36.4	37.5 |	40.1	42.3	43.9	44.5	Ensemble des personnes
										Emploi à temps partiel (%)[2]
11.2	13.0	13.4	14.4	14.1	15.2	18.0	18.3	18.5	18.4	Temps partiel en % de l'emploi
27.4	27.4	28.3	27.6	26.7	27.1	26.6	24.4	24.2	21.5	Part des hommes dans le temps partiel
72.6	72.6	71.7	72.4	73.3	72.9	73.8	75.6	76.2	78.1	Part des femmes dans le temps partiel
4.8	5.8	6.2	6.6	6.2	7.0	8.3	7.9	7.9	7.0	Temps partiel des hommes en % de l'emploi des hommes
22.2	24.7	24.6	26.5	26.4	27.2	31.2	31.9	32.3	32.9	Temps partiel des femmes en % de l'emploi des femmes
										Durée du chômage (% du chômage total)[3]
5.3	4.8	3.3	5.0	6.7	7.9		0.7			Moins de 1 mois
5.8	5.8	5.6	6.3	5.7	6.3		7.2			Plus de 1 mois et moins de 3 mois
11.5	12.5	10.4	10.5	11.9	12.2		16.0			Plus de 3 mois et moins de 6 mois
18.6	17.8	16.4	16.6	16.2	16.6		20.8			Plus de 6 mois et moins de 1 an
58.8	59.1	64.3	61.6	59.5	57.0		55.3			Plus de 1 an

(1) Les taux d'activité calculés selon les définitions nationales peuvent être différents de ceux publiés dans ce tableau si le groupe d'âges représenté dans l'enquête de la population active est différent de 15-64 ans.

(2) L'emploi à temps partiel se réfère aux actifs travaillant moins de 30 heures par semaine dans leur emploi principal. Les données incluent uniquement les personnes déclarant des heures habituelles de travail.

(3) Ces pourcentages ne prennent en compte que les personnes pour lesquelles la durée du chômage est connue.

Statistiques de la Population Active
© 2002
OCDE

IRELAND

III - Professional status and breakdown by activities - ISIC Rev. 2

Thousands (estimates for April of each year)

	1981	1982	1983	1984	1985	1986	1987	1988	1989	1990	1991
CIVILIAN EMPLOYMENT: PROFESSIONAL STATUS											
All activities	1 131	1 133	1 110	1 090	1 094	1 092	1 099	1 099	1 099	1 151	1 147
Employees	862	861	835	818	833	842	840	832	828	865	879
Employers and persons working on own account	232	236	236	237	232	232	235	244	242	258	246
Unpaid family workers	36	36	39	34	29	18	24	23	29	28	22
Agriculture, hunting, forestry and fishing	196	193	189	182	176	172	170	171	168	175	159
Employees	23	23	21	21	30	28	28	28	23	24	23
Employers and persons working on own account	142	139	137	133	123	130	124	125	124	129	119
Unpaid family workers	32	31	31	28	23	15	19	18	22	22	15
Non-agricultural activities	935	940	921	908	919	920	929	929	930	976	988
Employees	839	838	814	797	804	814	812	804	806	841	856
Employers and persons working on own account	90	97	99	104	109	102	111	119	118	128	127
Unpaid family workers	4	5	8	6	6	4	6	6	7	7	7
All activities (%)	100.0	100.0	100.0	100.0	100.0	100.0	100.0	100.0	100.0	100.0	100.0
Employees	76.2	76.0	75.2	75.0	76.2	77.0	76.4	75.7	75.4	75.1	76.7
Others	23.7	24.0	24.8	24.9	23.8	23.0	23.6	24.3	24.6	24.9	23.3
CIVILIAN EMPLOYMENT: BREAKDOWN BY ACTIVITIES											
ISIC Rev. 2 Major Divisions											
1 to 0 All activities	1 131	1 133	1 110	1 090	1 079	1 082	1 099	1 099	1 099	1 150	1 147
1 Agriculture, hunting, forestry and fishing	196	193	189	182	176	172	170	171	168	175	159
2 Mining and quarrying	11	11	10	10	10	8	7	7	8	8	7
3 Manufacturing	237	233	218	208	206	212	209	210	220	227	226
4 Electricity, gas and water	14	15	15	15	15	15	14	14	14	12	14
5 Construction	101	96	87	85	82	78	77	75	73	83	84
6 Wholesale and retail trade; restaurants and hotels	187	186	186	187	206	200	203	210	204	211	217
7 Transport, storage and communication	70	70	70	69	68	65	66	64	67	69	66
8 Financing, insurance, real estate and business services	69	75	78	77	84	88	95	97	98	99	106
9 Community, social and personal services	237	248	252	252	228	238	254	248	244	262	264
0 Activities not adequately defined	9	6	4	4	5	5	4	5	3	4	5
EMPLOYEES: BREAKDOWN BY ACTIVITIES											
ISIC Rev. 2 Major Divisions											
1 to 0 All activities	862	861	835	818	818	831	840	832	828	865	879
1 Agriculture, hunting, forestry and fishing	23	23	21	21	30	28	28	28	23	24	23
2 Mining and quarrying	11	11	9	10	10	8	7	7	7	8	6
3 Manufacturing	228	222	208	198	191	201	197	196	206	210	212
4 Electricity, gas and water	14	15	15	15	15	15	14	14	14	12	14
5 Construction	83	78	68	64	62	60	57	54	53	62	62
6 Wholesale and retail trade; restaurants and hotels	145	140	138	140	154	150	150	153	150	156	163
7 Transport, storage and communication	63	63	63	62	62	58	59	56	59	58	57
8 Financing, insurance, real estate and business services	64	69	70	68	81	86	92	93	94	94	101
9 Community, social and personal services	222	237	237	236	211	221	234	226	221	237	237
0 Activities not adequately defined	9	4	4	4	5	5	4	4	3	4	5

III - Situation dans la profession et répartition par activités - CITI Rév. 2

Milliers (estimations pour le mois d'avril de chaque année)

1992	1993	1994	1995	1996	1997	1998	1999	2000	2001	
										EMPLOI CIVIL : SITUATION DANS LA PROFESSION
1 155	1 174	1 213	1 272	1 319	1 372		1 487	1 583	1 664	1 710	**Toutes activités**
879	899	937	990	1 044	1 087		1 185	1 280	1 348	1 399	Salariés
258	256	257	265	261	268		282	283	294	292	Employeurs et personnes travaillant à leur compte
18	20	19	17	14	18		20	20	22	18	Travailleurs familiaux non rémunérés
157	150	147	149	141	142		135	136	131	120	**Agriculture, chasse, sylviculture et pêche**
23	22	22	24	22	21		25	27	25	23	Salariés
122	113	112	113	110	108		99	98	96	89	Employeurs et personnes travaillant à leur compte
13	15	13	12	10	12		11	11	10	8	Travailleurs familiaux non rémunérés
998	1 024	1 066	1 123	1 178	1 230		1 352	1 448	1 533	1 590	**Activités non agricoles**
856	876	915	966	1 022	1 066		1 160	1 253	1 323	1 376	Salariés
136	143	145	152	151	159		183	185	197	203	Employeurs et personnes travaillant à leur compte
5	5	6	5	4	5		9	9	12	10	Travailleurs familiaux non rémunérés
100.0	100.0	100.0	100.0	100.0	100.0		100.0	100.0	100.0	100.0	**Toutes activités (%)**
76.1	76.6	77.3	77.8	79.1	79.2		79.7	80.8	81.0	81.8	Salariés
23.9	23.4	22.7	22.2	20.9	20.8		20.3	19.2	18.9	18.1	Autres
											EMPLOI CIVIL : RÉPARTITION PAR BRANCHES D'ACTIVITÉS
											Branches CITI Rév. 2
1 155	1 174	1 213	1 272	1 319	1 372		1 487	1 584	1 664	1 710	**1 à 0 Toutes activités**
157	150	147	149	141	142		135	136	131	120	1 Agriculture, chasse, sylviculture et pêche
6	5	5	6	5	6		5	6	6	7	2 Industries extractives
227	228	233	245	248	243		286	291	292	298	3 Industries manufacturières
13	12	14	13	14	12		12	12	12	12	4 Électricité, gaz et eau
81	77	92	97	101	110		126	142	166	180	5 Bâtiment et travaux publics
220	235	237	248	258	270		309	326	345	353	6 Commerce de gros et de détail; restaurants et hôtels
68	70	56	57	61	65		87	96	101	110	7 Transports, entrepôts et communications
105	106	114	126	135	135		172	196	212	218	8 Banques, assurances, affaires immobilières et services fournis aux entreprises
273	288	309	327	351	357		347	370	398	410	9 Services fournis à la collectivité, services sociaux et services personnels
4	4	6	5	5	32		8	9	1	1	0 Activités mal désignées
											SALARIÉS : RÉPARTITION PAR BRANCHES D'ACTIVITÉS
											Branches CITI Rév. 2
879	898	937	990	1 044	1 087		1 185	1 280	1 349	1 399	**1 à 0 Toutes activités**
23	22	22	24	22	21		25	27	25	23	1 Agriculture, chasse, sylviculture et pêche
6	5	5	5	5	6		5	5	6	7	2 Industries extractives
211	209	217	229	234	227		265	269	270	277	3 Industries manufacturières
13	11	14	13	14	12		12	12	11	12	4 Électricité, gaz et eau
57	54	68	71	75	80		92	105	121	132	5 Bâtiment et travaux publics
164	175	178	188	201	213		247	267	286	294	6 Commerce de gros et de détail; restaurants et hôtels
59	60	46	46	49	51		70	79	84	92	7 Transports, entrepôts et communications
100	99	95	106	114	115		144	166	181	186	8 Banques, assurances, affaires immobilières et services fournis aux entreprises
244	259	287	303	326	329		319	341	365	377	9 Services fournis à la collectivité, services sociaux et services personnels
4	4	6	4	5	32		7	9	1	1	0 Activités mal désignées

Statistiques de la Population Active
© 2002
OCDE

IRELAND

IV - Civilian employment and employees: breakdown by activities - ISIC Rev. 3

Thousands (estimates for April of each year)

	1981	1982	1983	1984	1985	1986	1987	1988	1989	1990	1991
CIVILIAN EMPLOYMENT: BREAKDOWN BY ACTIVITIES											
A to X All activities											
A Agriculture, hunting and forestry											
B Fishing											
C Mining and quarrying											
D Manufacturing											
E Electricity, gas and water supply											
F Construction											
G Wholesale and retail trade; repair of motor vehicles, motorcycles and personal and household goods											
H Hotels and restaurants											
I Transport, storage and communication											
J Financial intermediation											
K Real estate, renting and business activities											
L Public administration and defence; compulsory social security, excluding armed forces											
M Education											
N Health and social work											
O Other community, social and personal service activities											
P Private households with employed persons											
Q Extra-territorial organisations and bodies											
X Not classifiable by economic activities											
Breakdown by sector											
Agriculture (A-B)											
Industry (C-F)											
Services (G-Q)											
Agriculture (%)											
Industry (%)											
Services (%)											
Female participation in agriculture (%)											
Female participation in industry (%)											
Female participation in services (%)											
EMPLOYEES: BREAKDOWN BY ACTIVITIES											
A to X All activities											
A Agriculture, hunting and forestry											
B Fishing											
C Mining and quarrying											
D Manufacturing											
E Electricity, gas and water supply											
F Construction											
G Wholesale and retail trade; repair of motor vehicles, motorcycles and personal and household goods											
H Hotels and restaurants											
I Transport, storage and communication											
J Financial intermediation											
K Real estate, renting and business activities											
L Public administration and defence; compulsory social security, excluding armed forces											
M Education											
N Health and social work											
O Other community, social and personal service activities											
P Private households with employed persons											
Q Extra-territorial organisations and bodies											
X Not classifiable by economic activities											
Breakdown by sector											
Agriculture (A-B)											
Industry (C-F)											
Services (G-Q)											
Agriculture (%)											
Industry (%)											
Services (%)											
Female participation in agriculture (%)											
Female participation in industry (%)											
Female participation in services (%)											

IV - Emploi civil et salariés : répartition par activités - CITI Rév. 3

Milliers (estimations pour le mois d'avril de chaque année)

1992	1993	1994	1995	1996	1997	1998	1999	2000	2001	
										EMPLOI CIVIL : RÉPARTITION PAR BRANCHES D'ACTIVITÉS **A à X Toutes activités**
		1 213	1 272	1 319	1 372	1 487	1 583	1 664	1 710	
		145	146	139	139	131	133	128	117	A Agriculture, chasse et sylviculture
		2	3	2	2	4	3	3	3	B Pêche
		5	6	5	6	5	6	6	7	C Activités extractives
		233	245	248	243	286	291	292	298	D Activités de fabrication
		14	13	14	12	12	12	12	12	E Production et distribution d'électricité, de gaz et d'eau
		92	97	101	110	126	142	166	180	F Construction
		169	177	184	193	211	223	236	248	G Commerce de gros et de détail; réparation de véhicules et de biens domestiques
		68	71	74	76	98	103	109	105	H Hôtels et restaurants
		56	57	61	65	87	96	101	110	I Transports, entreposage et communications
		44	48	51	50	55	61	69	69	J Intermédiation financière
		70	78	84	84	117	135	144	150	K Immobilier, location et activités de services aux entreprises
		59	61	66	64	63	67	71	73	L Administration publique et défense; sécurité sociale obligatoire (armée exclue)
		81	88	97	93	93	101	102	103	M Education
		101	104	113	120	114	120	132	143	N Santé et action sociale
		64	68	70	73	69	74	74	76	O Autres activités de services collectifs, sociaux et personnels
		5	6	6	7	8	8	7	7	P Ménages privés employant du personnel domestique
		0	1	1	1	0	1	0	1	Q Organisations et organismes extra-territoriaux
		6	4	4	31	7	9	12	8	X Ne pouvant être classés selon l'activité économique
										Répartition par secteurs
		147	149	141	142	135	136	131	120	Agriculture (A-B)
		344	361	367	372	429	451	476	497	Industrie (C-F)
		717	759	806	827	915	988	1 045	1 084	Services (G-Q)
		12.1	11.7	10.7	10.3	9.1	8.6	7.9	7.0	Agriculture (%)
		28.3	28.3	27.8	27.1	28.9	28.5	28.6	29.1	Industrie (%)
		59.1	59.6	61.1	60.3	61.6	62.4	62.8	63.4	Services (%)
		10.1	10.4	12.0	11.3	11.8	11.4	11.2	10.7	Part des femmes dans l'agriculture (%)
		23.2	23.5	22.9	22.2	22.7	22.0	21.8	20.7	Part des femmes dans l'industrie (%)
		49.8	50.2	50.9	51.7	52.1	53.1	53.3	53.7	Part des femmes dans les services (%)
										SALARIÉS : RÉPARTITION PAR BRANCHES D'ACTIVITÉS **A à X Toutes activités**
		938	990	1 044	1 087	1 185	1 280	1 349	1 399	
		21	23	20	20	22	25	23	21	A Agriculture, chasse et sylviculture
		1	2	2	1	3	2	2	2	B Pêche
		5	5	5	6	5	5	6	7	C Activités extractives
		217	229	234	227	265	269	270	277	D Activités de fabrication
		14	13	14	12	12	12	11	12	E Production et distribution d'électricité, de gaz et d'eau
		68	71	75	80	92	105	121	132	F Construction
		127	134	143	154	168	183	195	205	G Commerce de gros et de détail; réparation de véhicules et de biens domestiques
		52	54	58	59	80	85	91	89	H Hôtels et restaurants
		46	46	49	51	70	79	84	92	I Transports, entreposage et communications
		42	46	49	49	53	58	66	65	J Intermédiation financière
		53	60	65	67	91	108	115	121	K Immobilier, location et activités de services aux entreprises
		59	61	66	64	63	67	71	73	L Administration publique et défense; sécurité sociale obligatoire (armée exclue)
		79	85	93	89	89	97	98	98	M Education
		95	97	106	113	105	112	123	134	N Santé et action sociale
		50	54	56	58	54	59	57	59	O Autres activités de services collectifs, sociaux et personnels
		4	5	5	6	7	7	6	6	P Ménages privés employant du personnel domestique
		0	1	1	1	0	1	0	1	Q Organisations et organismes extra-territoriaux
		5	3	4	31	7	8	11	8	X Ne pouvant être classés selon l'activité économique
										Répartition par secteurs
		22	24	22	21	25	27	25	23	Agriculture (A-B)
		304	318	327	326	374	391	408	427	Industrie (C-F)
		606	644	691	710	779	854	905	942	Services (G-Q)
		2.4	2.5	2.1	1.9	2.1	2.1	1.8	1.6	Agriculture (%)
		32.4	32.2	31.4	30.0	31.5	30.5	30.3	30.5	Industrie (%)
		64.7	65.1	66.2	65.3	65.8	66.7	67.1	67.3	Services (%)
		13.5	14.4	17.1	14.8	16.8	15.6	15.4	14.9	Part des femmes dans l'agriculture (%)
		25.3	25.8	25.1	24.5	24.8	24.0	24.2	23.2	Part des femmes dans l'industrie (%)
		53.8	54.2	54.6	55.3	56.1	56.5	56.5	57.3	Part des femmes dans les services (%)

Statistiques de la Population Active
© 2002 OCDE

ITALY

I - Population

Thousands (annual average estimates)

	1981	1982	1983	1984	1985	1986	1987	1988	1989	1990	1991
POPULATION - DISTRIBUTION BY AGE AND GENDER											
All persons											
Total	55 774	55 995	56 228	56 344	56 498	56 576	56 664	56 763	56 837	56 737	56 760
Under 15 years	11 206	10 763	10 417	10 090	9 920	9 529	9 262	8 555	8 747	9 350	9 117
From 15 to 64 years	37 351	37 879	38 375	39 000	39 286	39 405	39 396	39 823	39 609	39 076	39 135
65 years and over	7 217	7 354	7 436	7 254	7 293	7 642	8 006	8 385	8 481	8 311	8 507
Males											
Total	27 142	27 251	27 362	27 426	27 493	27 538	27 586	27 635	27 669	27 572	27 592
Under 15 years	5 683	5 486	5 322	5 125	5 048	4 879	4 759	4 374	4 468	4 805	4 688
From 15 to 64 years	18 311	18 584	18 818	19 188	19 313	19 385	19 437	19 718	19 594	19 424	19 477
65 years and over	3 148	3 181	3 222	3 113	3 132	3 274	3 390	3 543	3 607	3 343	3 428
Females											
Total	28 632	28 744	28 866	28 918	29 005	29 038	29 077	29 127	29 168	29 166	29 168
Under 15 years	5 523	5 277	5 095	4 966	4 871	4 650	4 503	4 181	4 279	4 545	4 429
From 15 to 64 years	19 040	19 295	19 557	19 812	19 973	20 020	19 958	20 104	20 015	19 652	19 659
65 years and over	4 069	4 173	4 214	4 140	4 161	4 368	4 616	4 842	4 874	4 968	5 080
POPULATION - PERCENTAGES											
All persons											
Total	100.0	100.0	100.0	100.0	100.0	100.0	100.0	100.0	100.0	100.0	100.0
Under 15 years	20.1	19.2	18.5	17.9	17.6	16.8	16.3	15.1	15.4	16.5	16.1
From 15 to 64 years	67.0	67.6	68.2	69.2	69.5	69.6	69.5	70.2	69.7	68.9	68.9
65 years and over	12.9	13.1	13.2	12.9	12.9	13.5	14.1	14.8	14.9	14.6	15.0
COMPONENTS OF CHANGE IN POPULATION											
a) Population at 1 January	56 468	56 537	56 742	56 929	57 080	57 202	57 291	57 399	57 505		56 763
b) Population at 31 December	56 537	56 742	56 929	57 080	57 202	57 291	57 399	57 505	57 576		56 757
c) Total increase (b-a)	69	205	187	151	122	89	108	106	71		-6
d) Births	628	635	613	598	589	562	560	578	561	569	563
e) Deaths	541	538	564	536	550	545	535	538	532	544	554
f) Natural increase (d-e)	87	97	49	62	39	17	25	40	29	25	9
g) Net migration	-18	108	138	89	83	72	83	66	42	0	-15
h) Statistical adjustments	0	0	0	0	0	0	0	0	0	0	0
i) Total increase (=f+g+h=c)	69	205	187	151	122	89	108	106	71	25	-6
(Components of change in population/ Average population) x1000											
Total increase rates	1.2	3.6	3.3	2.6	2.1	1.6	1.9	1.8	1.2		-0.1
Crude birth rates	11.1	11.2	10.8	10.5	10.3	9.8	9.8	10.1	9.7		9.9
Crude death rates	9.6	9.5	9.9	9.4	9.6	9.5	9.3	9.4	9.2		9.8
Natural increase rates	1.5	1.7	0.9	1.1	0.7	0.3	0.4	0.7	0.5		0.2
Net migration rates	-0.3	1.9	2.4	1.6	1.5	1.3	1.4	1.1	0.7		-0.3

I - Population

Milliers (estimations de moyennes annuelles)

1992	1993	1994	1995	1996	1997	1998	1999	2000	2001	
										POPULATION - RÉPARTITION SELON L'AGE ET LE SEXE
										Ensemble des personnes
56 859	56 442	56 623	56 745	56 826	56 941	57 040	57 078	57 189	57 348	Total
8 943	8 913	8 792	8 661	8 548	8 459	8 387	8 319	8 271	8 264	Moins de 15 ans
39 203	38 804	38 893	38 910	38 870	38 867	38 859	38 805	38 787	38 765	De 15 à 64 ans
8 712	8 725	8 938	9 173	9 409	9 615	9 794	9 953	10 130	10 319	65 ans et plus
										Hommes
27 639	27 430	27 516	27 565	27 601	27 667	27 724	27 739	27 796	27 884	Total
4 599	4 579	4 516	4 449	4 392	4 348	4 313	4 279	4 254	4 254	Moins de 15 ans
19 524	19 315	19 371	19 385	19 374	19 392	19 403	19 378	19 377	19 377	De 15 à 64 ans
3 516	3 536	3 629	3 731	3 835	3 926	4 008	4 083	4 164	4 253	65 ans et plus
										Femmes
29 220	29 012	29 107	29 180	29 226	29 274	29 316	29 339	29 393	29 465	Total
4 344	4 334	4 276	4 213	4 156	4 111	4 074	4 041	4 017	4 011	Moins de 15 ans
19 679	19 489	19 522	19 525	19 496	19 475	19 456	19 428	19 410	19 388	De 15 à 64 ans
5 197	5 189	5 310	5 442	5 574	5 689	5 786	5 870	5 966	6 066	65 ans et plus
										POPULATION - POURCENTAGES
										Ensemble des personnes
100.0	100.0	100.0	100.0	100.0	100.0	100.0	100.0	100.0	100.0	Total
15.7	15.8	15.5	15.3	15.0	14.9	14.7	14.6	14.5	14.4	Moins de 15 ans
68.9	68.8	68.7	68.6	68.4	68.3	68.1	68.0	67.8	67.6	De 15 à 64 ans
15.3	15.5	15.8	16.2	16.6	16.9	17.2	17.4	17.7	18.0	65 ans et plus
										COMPOSANTES DE L'ÉVOLUTION DÉMOGRAPHIQUE
56 757	56 960	57 138	57 269	57 332	57 460	57 563	57 612	57 680		a) Population au 1er janvier
56 960	57 138	57 269	57 332	57 460	57 563	57 612	57 680	57 844		b) Population au 31 décembre
203	178	131	63	128	103	49	68	164		**c) Accroissement total (b-a)**
568	549	537	526	536	540	533	537	543		d) Naissances
547	552	557	555	558	565	577	571	560		e) Décès
21	-3	-20	-29	-22	-25	-44	-34	-17		**f) Accroissement naturel (d-e)**
183	183	151	94	149	127	93	101	181		g) Solde net des migrations
-1	-2	0	-2	1	1	0	1	0		h) Ajustements statistiques
203	178	131	63	128	103	49	68	164		**i) Accroissement total (=f+g+h=c)**
										(Composition de l'évolution démographique/ Population moyenne) x1000
3.6	3.1	2.3	1.1	2.2	1.8	0.9	1.2	2.8		Taux d'accroissement total
10.0	9.6	9.4	9.2	9.3	9.4	9.3	9.3	9.4		Taux bruts de natalité
9.6	9.7	9.7	9.7	9.7	9.8	10.0	9.9	9.7		Taux bruts de mortalité
0.4	-0.1	-0.3	-0.5	-0.4	-0.4	-0.8	-0.6	-0.3		Taux d'accroissement naturel
3.2	3.2	2.6	1.6	2.6	2.2	1.6	1.8	3.1		Taux du solde net des migrations

Statistiques de la Population Active
© 2002 OCDE

ITALY

II - Labour force

Thousands (annual average estimates)

	1981	1982	1983	1984	1985	1986	1987	1988	1989	1990	1991
Total labour force											
All persons	22 693	22 798	23 061	23 323	23 495	23 851	24 031	24 243	24 258	24 515	24 599
Males	15 085	15 120	15 180	15 259	15 306	15 379	15 362	15 453	15 383	15 487	15 524
Females	7 608	7 678	7 881	8 064	8 189	8 473	8 669	8 790	8 875	9 028	9 075
Armed forces											
All persons	564	578	571	601	605	626	615	556	558	549	536
Males	564	578	571	601	605	626	615	556	558	549	536
Females	0	0	0	0	0	0	0	0	0	0	0
Civilian labour force											
All persons	22 129	22 220	22 490	22 722	22 890	23 225	23 416	23 687	23 700	23 966	24 063
Males	14 521	14 542	14 609	14 657	14 701	14 752	14 747	14 897	14 825	14 938	14 988
Females	7 608	7 678	7 881	8 064	8 189	8 473	8 669	8 790	8 875	9 028	9 075
Unemployed											
All persons	1 769	1 923	2 140	2 304	2 382	2 610	2 832	2 868	2 867	2 751	2 653
Males	747	854	938	987	1 024	1 115	1 228	1 232	1 220	1 177	1 142
Females	1 022	1 069	1 202	1 317	1 358	1 495	1 604	1 637	1 647	1 574	1 511
Civilian employment											
All persons	20 361	20 297	20 350	20 418	20 508	20 614	20 584	20 818	20 833	21 215	21 410
Males	13 775	13 688	13 671	13 670	13 677	13 638	13 519	13 665	13 605	13 761	13 846
Females	6 586	6 609	6 679	6 747	6 831	6 977	7 065	7 153	7 228	7 454	7 564
Civilian employment (%)											
All persons	100.0	100.0	100.0	100.0	100.0	100.0	100.0	100.0	100.0	100.0	100.0
Males	67.7	67.4	67.2	67.0	66.7	66.2	65.7	65.6	65.3	64.9	64.7
Females	32.3	32.6	32.8	33.0	33.3	33.8	34.3	34.4	34.7	35.1	35.3
Unemployment rates (% of civilian labour force)											
All persons	8.0	8.7	9.5	10.1	10.4	11.2	12.1	12.1	12.1	11.5	11.0
Males	5.1	5.9	6.4	6.7	7.0	7.6	8.3	8.3	8.2	7.9	7.6
Females	13.4	13.9	15.3	16.3	16.6	17.6	18.5	18.6	18.6	17.4	16.7
Total labour force (% of total population)											
All persons	40.7	40.7	41.0	41.4	41.6	42.2	42.4	42.7	42.7	43.2	43.3
Males	55.6	55.5	55.5	55.6	55.7	55.8	55.7	55.9	55.6	56.2	56.3
Females	26.6	26.7	27.3	27.9	28.2	29.2	29.8	30.2	30.4	31.0	31.1
Total labour force (% of population from 15-64 years)[1]											
All persons	60.8	60.2	60.1	59.8	59.8	60.5	61.0	60.9	61.2 |	62.7	62.9
Males	82.4	81.4	80.7	79.5	79.3	79.3	79.0	78.4	78.5 |	79.7	79.7
Females	40.0	39.8	40.3	40.7	41.0	42.3	43.4	43.7	44.3 |	45.9	46.2
Civilian employment (% of total population)											
All persons	36.5	36.2	36.2	36.2	36.3	36.4	36.3	36.7	36.7	37.4	37.7
Part-time employment (%)[2]											
Part-time as % of employment			7.8	7.4	7.5	7.9	8.1	8.3	8.8	8.7	8.8
Male share of part-time employment			32.6	31.1	31.7	31.6	30.6	30.2	28.9	29.3	28.1
Female share of part-time employment			67.4	68.9	68.2	68.4	69.4	69.8	71.1	70.8	71.9
Male part-time as % of male employment			3.7	3.4	3.5	3.7	3.7	3.7	3.9	3.9	3.8
Female part-time as % of female employment			16.5	16.0	16.0	16.5	16.9	17.3	18.4	18.2	18.2
Duration of unemployment (% of total unemployment)[3]											
Less than 1 month			2.5	2.1	2.2	1.9	2.3	2.5	2.5	2.0	2.4
More than 1 month and less than 3 months			3.2	2.6	2.2	1.8	2.2	2.3	2.5	1.9	2.3
More than 3 months and less than 6 months			11.7	11.0	10.7	10.4	10.7	10.4	10.6	10.9	11.0
More than 6 months and less than 1 year			24.3	20.4	18.6	18.8	18.5	16.2	14.9	15.4	16.2
More than 1 year			58.2	63.8	66.3	67.1	66.3	68.7	69.5	69.8	68.1

(1) Participation rates calculated according to national definitions may differ from those published in this table, when the age group represented in the labour force survey is other than 15-64 years.

(2) Part-time employment refers to persons who work less than 30 hours per week in their main job. Data include only persons declaring usual hours worked.

(3) These percentages only take into account those persons for whom the duration of unemployment is known.

II - Population active

Milliers (estimations de moyennes annuelles)

	1992	1993	1994	1995	1996	1997	1998	1999	2000	2001
Population active totale										
Ensemble des personnes	24 348	23 003	22 880	22 871	22 973	23 101	23 363	23 533	23 720	23 901
Hommes	15 349	14 729	14 608	14 506	14 484	14 515	14 586	14 596	14 640	14 640
Femmes	8 999	8 274	8 272	8 365	8 489	8 586	8 777	8 937	9 080	9 261
Forces armées										
Ensemble des personnes	543	399	401	382	369	386	376	371	351	334
Hommes	543	399	401	382	369	386	376	371	351	334
Femmes	0	0	0	0	0	0	0	0	0	0
Population active civile										
Ensemble des personnes	23 805	22 604	22 480	22 489	22 604	22 715	22 987	23 162	23 369	23 567
Hommes	14 806	14 330	14 207	14 124	14 115	14 130	14 210	14 225	14 289	14 306
Femmes	8 999	8 274	8 272	8 365	8 489	8 586	8 777	8 937	9 080	9 261
Chômeurs										
Ensemble des personnes	2 535	2 299	2 508	2 638	2 653	2 688	2 745	2 669	2 495	2 267
Hommes	1 123	1 094	1 234	1 280	1 286	1 294	1 313	1 266	1 179	1 066
Femmes	1 412	1 205	1 274	1 358	1 367	1 394	1 431	1 404	1 316	1 201
Emploi civil										
Ensemble des personnes	21 270	20 305	19 972	19 851	19 951	20 027	20 242	20 493	20 874	21 300
Hommes	13 683	13 236	12 974	12 845	12 829	12 835	12 897	12 959	13 110	13 240
Femmes	7 587	7 069	6 998	7 007	7 122	7 192	7 345	7 533	7 764	8 060
Emploi civil (%)										
Ensemble des personnes	100.0	100.0	100.0	100.0	100.0	100.0	100.0	100.0	100.0	100.0
Hommes	64.3	65.2	65.0	64.7	64.3	64.1	63.7	63.2	62.8	62.2
Femmes	35.7	34.8	35.0	35.3	35.7	35.9	36.3	36.8	37.2	37.8
Taux de chômage (% de la population active civile)										
Ensemble des personnes	10.6	10.2	11.2	11.7	11.7	11.8	11.9	11.5	10.7	9.6
Hommes	7.6	7.6	8.7	9.1	9.1	9.2	9.2	8.9	8.3	7.5
Femmes	15.7	14.6	15.4	16.2	16.1	16.2	16.3	15.7	14.5	13.0
Population active totale (% de la population totale)										
Ensemble des personnes	42.8	40.8	40.4	40.3	40.4	40.6	41.0	41.2	41.5	41.7
Hommes	55.5	53.7	53.1	52.6	52.5	52.5	52.6	52.6	52.7	52.5
Femmes	30.8	28.5	28.4	28.7	29.0	29.3	29.9	30.5	30.9	31.4
Population active totale (% de la population de 15-64 ans)[1]										
Ensemble des personnes	62.1	59.3	58.8	58.8	59.1	59.4	60.1	60.6	61.2	61.7
Hommes	78.6	76.3	75.4	74.8	74.8	74.9	75.2	75.3	75.6	75.6
Femmes	45.7	42.5	42.4	42.8	43.5	44.1	45.1	46.0	46.8	47.8
Emploi civil (% de la population totale)										
Ensemble des personnes	37.4	36.0	35.3	35.0	35.1	35.2	35.5	35.9	36.5	37.1
Emploi à temps partiel (%)[2]										
Temps partiel en % de l'emploi	10.0	10.0	10.0	10.5	10.5	11.3	11.2	11.8	12.2	12.2
Part des hommes dans le temps partiel	30.8	29.0	27.4	29.1	28.5	29.0	28.1	28.5	29.4	27.4
Part des femmes dans le temps partiel	69.2	71.0	72.6	70.8	71.5	71.1	71.9	71.5	70.5	72.6
Temps partiel des hommes en % de l'emploi des hommes	4.7	4.5	4.2	4.8	4.7	5.1	4.9	5.3	5.7	5.4
Temps partiel des femmes en % de l'emploi des femmes	19.8	20.4	20.6	21.1	20.9	22.2	22.4	23.2	23.4	23.7
Durée du chômage (% du chômage total)[3]										
Moins de 1 mois	8.1	6.3	4.0	3.9	3.6	3.6	3.6	4.7	3.9	4.4
Plus de 1 mois et moins de 3 mois	7.7	4.3	4.0	3.4	3.5	3.5	7.8	7.3	7.2	8.1
Plus de 3 mois et moins de 6 mois	14.4	12.9	12.5	12.5	12.1	11.1	11.2	10.8	11.3	10.2
Plus de 6 mois et moins de 1 an	11.6	18.8	18.0	16.7	15.1	15.5	17.7	15.8	16.3	14.0
Plus de 1 an	58.2	57.7	61.5	63.6	65.6	66.3	59.6	61.4	61.3	63.4

(1) Les taux d'activité calculés selon les définitions nationales peuvent être différents de ceux publiés dans ce tableau si le groupe d'âges représenté dans l'enquête de la population active est différent de 15-64 ans.

(2) L'emploi à temps partiel se réfère aux actifs travaillant moins de 30 heures par semaine dans leur emploi principal. Les données incluent uniquement les personnes déclarant des heures habituelles de travail.

(3) Ces pourcentages ne prennent en compte que les personnes pour lesquelles la durée du chômage est connue.

Statistiques de la Population Active
© 2002
OCDE

ITALY

III - Professional status and breakdown by activities - ISIC Rev. 2

Thousands (annual average estimates)

	1981	1982	1983	1984	1985	1986	1987	1988	1989	1990	1991
CIVILIAN EMPLOYMENT: PROFESSIONAL STATUS											
All activities	20 361	20 297	20 350	20 418	20 508	20 614	20 584	20 818	20 833	21 215	21 410
Employees	14 495	14 472	14 360	14 253	14 418	14 460	14 457	14 696	14 766	15 133	15 297
Employers and persons working on own account	4 788	4 796	4 929	5 031	4 986	5 054	5 073	5 108	5 163	5 204	5 228
Unpaid family workers	1 078	1 029	1 061	1 134	1 104	1 100	1 054	1 014	904	878	885
Agriculture, hunting, forestry and fishing	2 732	2 522	2 526	2 426	2 296	2 242	2 169	2 052	1 946	1 895	1 823
Employees	1 008	964	930	873	857	828	795	778	788	791	744
Employers and persons working on own account	1 323	1 203	1 246	1 184	1 098	1 078	1 069	999	934	908	887
Unpaid family workers	401	355	350	369	341	336	305	275	224	196	192
Non-agricultural activities	17 629	17 775	17 824	17 992	18 212	18 372	18 415	18 766	18 887	19 320	19 587
Employees	13 487	13 508	13 430	13 380	13 561	13 632	13 662	13 918	13 978	14 342	14 553
Employers and persons working on own account	3 465	3 593	3 683	3 847	3 888	3 976	4 004	4 109	4 229	4 296	4 341
Unpaid family workers	677	674	711	765	763	764	749	739	680	682	693
All activities (%)	100.0	100.0	100.0	100.0	100.0	100.0	100.0	100.0	100.0	100.0	100.0
Employees	71.2	71.3	70.6	69.8	70.3	70.1	70.2	70.6	70.9	71.3	71.4
Others	28.8	28.7	29.4	30.2	29.7	29.9	29.8	29.4	29.1	28.7	28.6
CIVILIAN EMPLOYMENT: BREAKDOWN BY ACTIVITIES											
ISIC Rev. 2 Major Divisions											
1 to 0 All activities	20 361	20 297	20 350	20 418	20 508	20 614	20 584	20 818	20 833	21 215	21 410
1 Agriculture, hunting, forestry and fishing	2 732	2 522	2 526	2 426	2 296	2 242	2 169	2 052	1 946	1 895	1 823
2 Mining and quarrying	221	216	210	206	209	220	227	228	224	229	227
3 Manufacturing	5 333	5 233	5 080	4 881	4 766	4 719	4 639	4 699	4 729	4 757	4 731
4 Electricity, gas and water											
5 Construction	2 093	2 078	2 062	1 956	1 921	1 882	1 849	1 823	1 800	1 859	1 957
6 Wholesale and retail trade; restaurants and hotels	3 915	3 989	4 100	4 293	4 365	4 407	4 465	4 500	4 474	4 537	4 660
7 Transport, storage and communication	1 151	1 131	1 114	1 069	1 091	1 120	1 148	1 157	1 155	1 146	1 149
8 Financing, insurance, real estate and business services	559	598	640	658	716	749	793	831	859	895	1 003
9 Community, social and personal services	4 357	4 530	4 618	4 929	5 143	5 275	5 293	5 528	5 646	5 897	5 860
0 Activities not adequately defined	0	0	0	0	0	0	0	0	0	0	0
EMPLOYEES: BREAKDOWN BY ACTIVITIES											
ISIC Rev. 2 Major Divisions											
1 to 0 All activities	14 495	14 472	14 360	14 253	14 418	14 460	14 457	14 696	14 766	15 133	15 297
1 Agriculture, hunting, forestry and fishing	1 008	964	930	873	857	828	795	778	788	791	744
2 Mining and quarrying	201	198	190	205	208	219	226	228	222	227	225
3 Manufacturing	4 639	4 535	4 404	4 205	4 101	4 038	3 986	4 030	4 054	4 081	4 063
4 Electricity, gas and water											
5 Construction	1 627	1 594	1 554	1 475	1 444	1 402	1 357	1 339	1 318	1 371	1 438
6 Wholesale and retail trade; restaurants and hotels	1 713	1 749	1 748	1 824	1 871	1 920	1 933	1 931	1 948	2 007	2 104
7 Transport, storage and communication	979	957	940	890	912	940	975	987	978	972	978
8 Financing, insurance, real estate and business services	503	535	571	619	669	691	731	760	777	808	904
9 Community, social and personal services	3 825	3 940	4 023	4 162	4 357	4 425	4 454	4 643	4 681	4 876	4 841
0 Activities not adequately defined	0	0	0	0	0	0	0	0	0	0	0

Labour Force Statistics
OECD © 2002

III - Situation dans la profession et répartition par activités - CITI Rév. 2

Milliers (estimations de moyennes annuelles)

1992	1993	1994	1995	1996	1997	1998	1999	2000	2001	
										EMPLOI CIVIL : SITUATION DANS LA PROFESSION
21 270	20 305	19 972	19 851	19 951	20 027	20 242	20 493	20 874	21 300	**Toutes activités**
15 193	14 432	14 174	14 030	14 098	14 192	14 356	14 624	14 926	15 302	Salariés
5 214	4 896	4 859	4 935	4 987	4 976	5 005	5 070	5 110	5 100	Employeurs et personnes travaillant à leur compte
863	977	939	886	866	859	882	798	838	898	Travailleurs familiaux non rémunérés
1 749	1 488	1 411	1 333	1 277	1 245	1 201	1 134	1 120	1 126	**Agriculture, chasse, sylviculture et pêche**
748	593	547	524	497	472	465	449	451	464	Salariés
818	697	684	654	627	617	578	545	525	507	Employeurs et personnes travaillant à leur compte
183	199	180	155	154	156	159	141	144	155	Travailleurs familiaux non rémunérés
19 521	18 817	18 561	18 518	18 673	18 783	19 041	19 358	19 754	20 174	**Activités non agricoles**
14 445	13 840	13 627	13 506	13 601	13 720	13 891	14 175	14 475	14 838	Salariés
4 396	4 198	4 175	4 281	4 360	4 359	4 427	4 526	4 585	4 593	Employeurs et personnes travaillant à leur compte
680	779	759	731	712	703	723	657	694	743	Travailleurs familiaux non rémunérés
100.0	100.0	100.0	100.0	100.0	100.0	100.0	100.0	100.0	100.0	**Toutes activités (%)**
71.4	71.1	71.0	70.7	70.7	70.9	70.9	71.4	71.5	71.8	Salariés
28.6	28.9	29.0	29.3	29.3	29.1	29.1	28.6	28.5	28.2	Autres
										EMPLOI CIVIL : RÉPARTITION PAR BRANCHES D'ACTIVITÉS
										Branches CITI Rév. 2
21 270	20 317	20 024	19 932	20 033	20 039	20 156	20 493	20 874	21 300	**1 à 0 Toutes activités**
1 749	1 619	1 550	1 489	1 400	1 370	1 338	1 134	1 120	1 126	1 Agriculture, chasse, sylviculture et pêche
237	106	88	88	86	91	98	70	64	64	2 Industries extractives
4 679	4 567	4 521	4 531	4 563	4 548	4 601	4 928	4 918	4 907	3 Industries manufacturières
	202	185	204	187	184	188	176	167	162	4 Électricité, gaz et eau
1 934	1 726	1 635	1 606	1 591	1 585	1 553	1 575	1 618	1 707	5 Bâtiment et travaux publics
4 616	4 275	4 241	4 218	4 275	4 229	3 730	4 047	4 191	4 296	6 Commerce de gros et de détail; restaurants et hôtels
1 151	1 168	1 128	1 058	1 082	1 092	1 085	1 133	1 190	1 180	7 Transports, entrepôts et communications
1 079	1 560	1 514	1 598	1 691	1 754	1 791	2 007	2 140	2 209	8 Banques, assurances, affaires immobilières et services fournis aux entreprises
5 824	5 099	5 162	5 140	5 158	5 186	5 772	5 422	5 467	5 648	9 Services fournis à la collectivité, services sociaux et services personnels
0	0	0	0	0	0	0	0	0	0	0 Activités mal désignées
										SALARIÉS : RÉPARTITION PAR BRANCHES D'ACTIVITÉS
										Branches CITI Rév. 2
15 192	14 517	14 280	14 163	14 249	14 307	14 416	14 624	14 926	15 302	**1 à 0 Toutes activités**
748	604	554	546	521	502	496	449	451	464	1 Agriculture, chasse, sylviculture et pêche
236	86	70	72	68	71	80	64	56	56	2 Industries extractives
4 033	3 996	3 959	3 954	3 979	3 973	4 026	4 075	4 060	4 061	3 Industries manufacturières
	195	178	198	183	179	180	166	159	154	4 Électricité, gaz et eau
1 404	1 134	1 065	1 007	980	980	938	948	984	1 040	5 Bâtiment et travaux publics
2 079	1 768	1 770	1 800	1 849	1 872	1 645	1 905	2 052	2 141	6 Commerce de gros et de détail; restaurants et hôtels
961	961	937	863	892	904	901	938	979	975	7 Transports, entrepôts et communications
965	1 140	1 075	1 098	1 147	1 169	1 192	1 299	1 362	1 429	8 Banques, assurances, affaires immobilières et services fournis aux entreprises
4 766	4 633	4 673	4 625	4 630	4 657	4 958	4 780	4 822	4 982	9 Services fournis à la collectivité, services sociaux et services personnels
0	0	0	0	0	0	0	0	0	0	0 Activités mal désignées

Statistiques de la Population Active
© 2002 OCDE

ITALY

IV - Civilian employment and employees: breakdown by activities - ISIC Rev. 3

Thousands (annual average estimates)

	1981	1982	1983	1984	1985	1986	1987	1988	1989	1990	1991
CIVILIAN EMPLOYMENT: BREAKDOWN BY ACTIVITIES											
A to X All activities											
A Agriculture, hunting and forestry											
B Fishing											
C Mining and quarrying											
D Manufacturing											
E Electricity, gas and water supply											
F Construction											
G Wholesale and retail trade; repair of motor vehicles, motorcycles and personal and household goods											
H Hotels and restaurants											
I Transport, storage and communication											
J Financial intermediation											
K Real estate, renting and business activities											
L Public administration and defence; compulsory social security, excluding armed forces											
M Education											
N Health and social work											
O Other community, social and personal service activities											
P Private households with employed persons											
Q Extra-territorial organisations and bodies											
X Not classifiable by economic activities											
Breakdown by sector											
Agriculture (A-B)											
Industry (C-F)											
Services (G-Q)											
Agriculture (%)											
Industry (%)											
Services (%)											
Female participation in agriculture (%)											
Female participation in industry (%)											
Female participation in services (%)											
EMPLOYEES: BREAKDOWN BY ACTIVITIES											
A to X All activities											
A Agriculture, hunting and forestry											
B Fishing											
C Mining and quarrying											
D Manufacturing											
E Electricity, gas and water supply											
F Construction											
G Wholesale and retail trade; repair of motor vehicles, motorcycles and personal and household goods											
H Hotels and restaurants											
I Transport, storage and communication											
J Financial intermediation											
K Real estate, renting and business activities											
L Public administration and defence; compulsory social security, excluding armed forces											
M Education											
N Health and social work											
O Other community, social and personal service activities											
P Private households with employed persons											
Q Extra-territorial organisations and bodies											
X Not classifiable by economic activities											
Breakdown by sector											
Agriculture (A-B)											
Industry (C-F)											
Services (G-Q)											
Agriculture (%)											
Industry (%)											
Services (%)											
Female participation in agriculture (%)											
Female participation in industry (%)											
Female participation in services (%)											

IV - Emploi civil et salariés : répartition par activités - CITI Rév. 3

Milliers (estimations de moyennes annuelles)

1992	1993	1994	1995	1996	1997	1998	1999	2000	2001	
										EMPLOI CIVIL : RÉPARTITION PAR BRANCHES D'ACTIVITÉS **A à X Toutes activités**
	20 305	19 972	19 851	19 951	20 027	20 242	20 493	20 874	21 300	
	1 437	1 358	1 285	1 235	1 201	1 156	1 089	1 071	1 085	A Agriculture, chasse et sylviculture
	51	53	49	43	44	45	45	49	42	B Pêche
	80	69	73	68	67	74	70	64	64	C Activités extractives
	5 002	4 962	4 908	4 863	4 839	4 921	4 928	4 918	4 907	D Activités de fabrication
	225	207	206	194	191	191	176	167	162	E Production et distribution d'électricité, de gaz et d'eau
	1 688	1 622	1 573	1 568	1 564	1 544	1 575	1 618	1 707	F Construction
	3 312	3 245	3 214	3 245	3 234	3 266	3 308	3 377	3 416	G Commerce de gros et de détail; réparation de véhicules et de biens domestiques
	655	665	674	689	691	676	739	814	880	H Hôtels et restaurants
	1 135	1 065	1 036	1 076	1 099	1 097	1 133	1 190	1 180	I Transports, entreposage et communications
	626	612	643	648	647	673	671	662	659	J Intermédiation financière
	955	921	980	1 070	1 153	1 217	1 336	1 478	1 550	K Immobilier, location et activités de services aux entreprises
	1 550	1 546	1 519	1 501	1 539	1 563	1 572	1 591	1 653	L Administration publique et défense; sécurité sociale obligatoire (armée exclue)
	1 411	1 409	1 417	1 421	1 430	1 426	1 445	1 467	1 520	M Education
	1 175	1 207	1 234	1 248	1 261	1 281	1 289	1 288	1 321	N Santé et action sociale
	793	821	825	856	849	878	898	905	939	O Autres activités de services collectifs, sociaux et personnels
	195	197	200	208	202	215	201	196	193	P Ménages privés employant du personnel domestique
	14	11	16	19	17	18	17	20	20	Q Organisations et organismes extra-territoriaux
	0	0	0	0	0	0	0	0	0	X Ne pouvant être classés selon l'activité économique
										Répartition par secteurs
	1 488	1 411	1 333	1 277	1 245	1 201	1 134	1 120	1 127	Agriculture (A-B)
	6 995	6 860	6 760	6 693	6 660	6 730	6 750	6 767	6 840	Industrie (C-F)
	11 822	11 701	11 758	11 980	12 122	12 311	12 608	12 987	13 331	Services (G-Q)
	7.3	7.1	6.7	6.4	6.2	5.9	5.5	5.4	5.3	Agriculture (%)
	34.5	34.3	34.1	33.5	33.3	33.2	32.9	32.4	32.1	Industrie (%)
	58.2	58.6	59.2	60.0	60.5	60.8	61.5	62.2	62.6	Services (%)
	36.3	35.2	34.6	33.1	33.0	32.6	31.3	31.4	32.2	Part des femmes dans l'agriculture (%)
	23.0	23.4	23.6	23.7	24.0	24.1	23.9	24.1	24.1	Part des femmes dans l'industrie (%)
	41.6	41.8	42.1	42.7	42.7	43.3	44.2	44.5	45.4	Part des femmes dans les services (%)
										SALARIÉS : RÉPARTITION PAR BRANCHES D'ACTIVITÉS **A à X Toutes activités**
	14 432	14 174	14 030	14 098	14 192	14 356	14 624	14 926	15 302	
	567	520	499	472	449	442	428	431	445	A Agriculture, chasse et sylviculture
	26	27	25	24	23	23	21	20	19	B Pêche
	68	59	62	57	58	65	64	56	56	C Activités extractives
	4 110	4 089	4 027	4 011	3 993	4 072	4 075	4 060	4 061	D Activités de fabrication
	212	194	194	183	179	179	166	159	154	E Production et distribution d'électricité, de gaz et d'eau
	1 123	1 053	992	966	964	931	948	984	1 040	F Construction
	1 338	1 327	1 316	1 338	1 364	1 393	1 498	1 593	1 635	G Commerce de gros et de détail; réparation de véhicules et de biens domestiques
	359	363	367	382	383	373	407	459	506	H Hôtels et restaurants
	928	871	847	885	910	910	938	979	975	I Transports, entreposage et communications
	554	535	554	563	555	573	574	561	557	J Intermédiation financière
	549	517	533	574	613	650	725	801	871	K Immobilier, location et activités de services aux entreprises
	1 540	1 536	1 509	1 488	1 527	1 552	1 556	1 572	1 628	L Administration publique et défense; sécurité sociale obligatoire (armée exclue)
	1 382	1 381	1 385	1 389	1 394	1 389	1 401	1 424	1 474	M Education
	1 013	1 033	1 049	1 066	1 090	1 094	1 101	1 098	1 128	N Santé et action sociale
	488	492	484	510	508	527	537	548	573	O Autres activités de services collectifs, sociaux et personnels
	162	165	170	170	164	175	168	163	160	P Ménages privés employant du personnel domestique
	12	11	16	18	17	18	16	18	18	Q Organisations et organismes extra-territoriaux
	0	0	0	0	0	0	0	0	0	X Ne pouvant être classés selon l'activité économique
										Répartition par secteurs
	593	547	524	497	472	465	449	451	464	Agriculture (A-B)
	5 513	5 395	5 275	5 218	5 195	5 247	5 253	5 259	5 311	Industrie (C-F)
	8 326	8 231	8 230	8 383	8 526	8 644	8 922	9 215	9 525	Services (G-Q)
	4.1	3.9	3.7	3.5	3.3	3.2	3.1	3.0	3.0	Agriculture (%)
	38.2	38.1	37.6	37.0	36.6	36.6	35.9	35.2	34.7	Industrie (%)
	57.7	58.1	58.7	59.5	60.1	60.2	61.0	61.7	62.2	Services (%)
	39.1	37.1	38.0	33.9	33.9	33.6	32.7	32.8	33.2	Part des femmes dans l'agriculture (%)
	24.7	25.2	25.7	25.8	26.1	26.2	26.0	26.4	26.3	Part des femmes dans l'industrie (%)
	45.2	45.4	46.0	46.8	47.0	47.7	48.4	49.0	50.0	Part des femmes dans les services (%)

Statistiques de la Population Active
© 2002
OCDE

LUXEMBOURG

I - Population

Thousands (estimates at 31 December)

	1981	1982	1983	1984	1985	1986	1987	1988	1989	1990	1991
POPULATION - DISTRIBUTION BY AGE AND GENDER											
All persons											
Total	365.7	365.5	365.8	366.2	367.2	369.5	371.7	374.9	378.4	384.4	389.8
Under 15 years	66.6	65.7	64.4	63.5	62.8	62.5	62.8	64.0		67.1	68.9
From 15 to 64 years	249.7	250.9	253.1	254.4	256.0	257.8	259.3	260.6	262.3	265.6	268.1
65 years and over	49.4	48.9	48.3	48.3	48.4	49.2	49.5	50.2		51.7	52.8
Males											
Total	178.1	177.8	177.8	178.1	178.8	179.7	180.9	182.6	184.6	188.3	191.3
Under 15 years	34.1	33.6	32.9	32.5	32.2	32.1	32.2	32.8		34.4	35.3
From 15 to 64 years	124.7	125.1	126.1	126.8	127.8	129.0	130.1	131.2	132.5	134.9	136.5
65 years and over	19.3	19.1	18.8	18.7	18.8	18.6	18.5	18.6		19.0	19.5
Females											
Total	187.6	187.7	188.0	188.1	188.4	189.8	190.8	192.3	193.8	196.1	198.5
Under 15 years	32.5	32.1	31.5	30.9	30.6	30.4	30.6	31.2		32.7	33.6
From 15 to 64 years	125.0	125.8	127.0	127.6	128.2	128.8	129.2	129.4	129.8	130.7	131.6
65 years and over	30.1	29.8	29.5	29.6	29.6	30.6	31.0	31.7		32.6	33.3
POPULATION - PERCENTAGES											
All persons											
Total	100.0	100.0	100.0	100.0	100.0	100.0	100.0	100.0	100.0	100.0	100.0
Under 15 years	18.2	18.0	17.6	17.3	17.1	16.9	16.9	17.1		17.5	17.7
From 15 to 64 years	68.3	68.6	69.2	69.5	69.7	69.8	69.8	69.5	69.3	69.1	68.8
65 years and over	13.5	13.4	13.2	13.2	13.2	13.3	13.3	13.4		13.4	13.5
COMPONENTS OF CHANGE IN POPULATION											
a) Population at 1 January	365.1	365.7	365.5	365.8	366.2	367.2	369.5	371.7	374.9	378.4	384.4
b) Population at 31 December	365.7	365.5	365.8	366.2	367.2	369.5	371.7	374.9	378.4	384.4	389.8
c) Total increase (b-a)	0.6	-0.2	0.3	0.4	1.0	2.3	2.2	3.2	3.5	6.0	5.4
d) Births	4.4	4.3	4.2	4.2	4.1	4.3	4.2	4.6	4.7	4.9	5.0
e) Deaths	4.1	4.1	4.1	4.1	4.0	4.0	4.0	3.8	4.0	3.8	3.7
f) Natural increase (d-e)	0.3	0.2	0.1	0.1	0.1	0.3	0.2	0.8	0.7	1.1	1.3
g) Net migration	0.4	-0.3	0.0	0.5	0.9	2.0	2.4	3.1	2.9	3.9	4.2
h) Statistical adjustments	0.0	0.0	0.0	0.0	0.0	0.0	-0.4	-0.7	-0.1	1.0	-0.1
i) Total increase (=f+g+h=c)	0.7	-0.1	0.1	0.6	1.0	2.3	2.2	3.2	3.5	6.0	5.4
(Components of change in population/ Average population) x1000											
Total increase rates	1.9	-0.3	0.4	1.6	2.7	6.2	5.9	8.6	9.3	15.7	13.9
Crude birth rates	12.0	11.8	11.5	11.5	11.2	11.7	11.3	12.3	12.5	12.8	12.9
Crude death rates	11.2	11.2	11.2	11.2	10.9	10.9	10.8	10.2	10.6	10.0	9.6
Natural increase rates	0.8	0.5	0.3	0.3	0.3	0.8	0.5	2.1	1.9	2.9	3.4
Net migration rates	1.1	-0.8	0.1	1.4	2.5	5.4	6.5	8.3	7.7	10.2	10.8

Data from 1996 to 2000 are mid-year estimates, data for 2001 refer to 1st January.

I - Population

Milliers (estimations au 31 décembre)

1992	1993	1994	1995	1996	1997	1998	1999	2000	2001	
										POPULATION - RÉPARTITION SELON L'AGE ET LE SEXE
										Ensemble des personnes
395.2	400.9	406.6	412.8	415.6	421.0	426.5	432.5	438.5	441.3	Total
70.8	72.7	74.6	76.3	77.0	78.5	80.0	81.7	83.3	84.0	Moins de 15 ans
270.5	273.0	275.4	278.4	279.7	282.5	285.5	288.9	292.6	294.1	De 15 à 64 ans
53.9	55.2	56.6	58.2	59.1	60.0	60.9	61.8	62.7	62.7	65 ans et plus
										Hommes
194.1	196.9	199.6	202.6	204.0	206.8	209.7	213.0	216.2	217.7	Total
36.2	37.3	38.2	39.1	39.5	40.3	41.2	42.0	42.9	43.3	Moins de 15 ans
137.7	138.8	139.8	141.1	141.8	143.2	144.7	146.7	148.6	149.5	De 15 à 64 ans
20.2	20.8	21.6	22.3	22.7	23.3	23.8	24.3	24.7	24.8	65 ans et plus
										Femmes
201.1	204.0	207.0	210.2	211.6	214.2	216.7	219.5	222.3	223.6	Total
34.5	35.4	36.4	37.1	37.5	38.2	38.8	39.6	40.4	40.8	Moins de 15 ans
132.9	134.2	135.6	137.3	137.9	139.4	140.8	142.4	143.9	144.6	De 15 à 64 ans
33.7	34.4	35.0	35.8	36.1	36.7	37.1	37.5	38.0	37.9	65 ans et plus
										POPULATION - POURCENTAGES
										Ensemble des personnes
100.0	100.0	100.0	100.0	100.0	100.0	100.0	100.0	100.0	100.0	Total
17.9	18.1	18.3	18.5	18.5	18.6	18.8	18.9	19.0	19.0	Moins de 15 ans
68.4	68.1	67.7	67.4	67.3	67.1	66.9	66.8	66.7	66.6	De 15 à 64 ans
13.6	13.8	13.9	14.1	14.2	14.2	14.3	14.3	14.3	14.2	65 ans et plus
										COMPOSANTES DE L'ÉVOLUTION DÉMOGRAPHIQUE
389.8	395.2	400.9	406.6	412.8	418.3	423.7	429.2	435.7	441.3	a) Population au 1er janvier
395.2	400.9	406.6	412.8	418.3	423.7	429.2	435.7	441.3	446.3	b) Population au 31 décembre
5.4	5.7	5.7	6.2	5.5	5.4	5.5	6.5	5.6	5.0	**c) Accroissement total (b-a)**
5.1	5.4	5.5	5.4	5.7	5.5	5.4	5.6	5.7	5.4	d) Naissances
4.0	3.9	3.8	3.8	3.9	3.9	3.9	3.8	3.8	3.7	e) Décès
1.1	1.5	1.7	1.6	1.8	1.6	1.5	1.8	2.0	1.7	**f) Accroissement naturel (d-e)**
4.3	4.2	4.0	4.6	3.7	3.8	4.1	4.7	3.6	3.3	g) Solde net des migrations
0.0	0.0	0.0	0.0	0.0	0.0	0.0	0.0	0.0	0.0	h) Ajustements statistiques
5.4	5.7	5.7	6.2	5.5	5.4	5.6	6.5	5.6	5.0	**i) Accroissement total (=f+g+h=c)**
										(Composition de l'évolution démographique/ Population moyenne) x1000
13.8	14.3	14.1	15.1	13.2	12.8	13.0	15.0	12.8	11.3	Taux d'accroissement total
13.0	13.6	13.6	13.2	13.7	13.1	12.7	12.9	13.1	12.2	Taux bruts de natalité
10.2	9.8	9.4	9.3	9.4	9.3	9.1	8.8	8.6	8.3	Taux bruts de mortalité
2.8	3.8	4.2	3.9	4.3	3.8	3.5	4.1	4.5	3.8	Taux d'accroissement naturel
11.0	10.6	9.9	11.2	8.9	9.0	9.5	10.9	8.3	7.4	Taux du solde net des migrations

Les données de 1996 à 2000 sont des estimations de milieu d'année, celles de 2001 correspondent au 1er janvier.

Statistiques de la Population Active
© 2002
OCDE

LUXEMBOURG

II - Labour force

Thousands (annual average estimates)

	1981	1982	1983	1984	1985	1986	1987	1988	1989	1990	1991
Total labour force											
All persons	160.3	160.3	160.3	161.4	163.6	167.4	172.3	177.4	184.2	191.7	197.1
Males	107.9	108.5	107.3	107.2	108.2	110.4	113.2	116.3	120.3	125.5	129.5
Females	52.4	51.8	53.0	54.2	55.4	57.0	59.1	61.1	63.9	66.2	67.6
Armed forces											
All persons	0.7	0.7	0.7	0.7	0.7	0.7	0.7	0.7	0.7	0.7	0.7
Males	0.7	0.7	0.7	0.7	0.7	0.7	0.7	0.7	0.7	0.7	0.7
Females											
Civilian labour force											
All persons	159.6	159.6	159.6	160.7	162.9	166.7	171.6	176.7	183.5	191.0	196.4
Males	107.2	107.8	106.6	106.5	107.5	109.7	112.5	115.6	119.6	124.8	128.8
Females	52.4	51.8	53.0	54.2	55.4	57.0	59.1	61.1	63.9	66.2	67.6
Unemployed											
All persons	1.6	2.0	2.5	2.7	2.6	2.3	2.7	2.5	2.3	2.1	2.3
Males	0.9	1.1	1.4	1.4	1.4	1.2	1.5	1.5	1.3	1.1	1.4
Females	0.7	0.9	1.1	1.3	1.2	1.1	1.2	1.0	1.0	1.1	0.9
Civilian employment											
All persons	158.0	157.6	157.1	158.0	160.3	164.4	168.9	174.2	181.2	188.9	194.1
Males	106.6	106.7	105.2	105.1	106.1	108.5	110.9	114.1	118.3	123.7	127.4
Females	51.4	50.9	51.9	52.9	54.2	55.9	58.0	60.1	62.9	65.2	66.7
Civilian employment (%)											
All persons	100.0	100.0	100.0	100.0	100.0	100.0	100.0	100.0	100.0	100.0	100.0
Males	67.5	67.7	67.0	66.5	66.2	66.0	65.7	65.5	65.3	65.5	65.6
Females	32.5	32.3	33.0	33.5	33.8	34.0	34.3	34.5	34.7	34.5	34.4
Unemployment rates (% of civilian labour force)											
All persons	1.0	1.3	1.6	1.7	1.6	1.4	1.6	1.4	1.3	1.1	1.2
Males	0.8	1.0	1.3	1.3	1.3	1.1	1.3	1.3	1.1	0.9	1.1
Females	1.3	1.7	2.1	2.4	2.2	1.9	2.0	1.6	1.6	1.7	1.3
Total labour force (% of total population)											
All persons	43.8	43.9	43.8	44.1	44.6	45.3	46.4	47.3	48.7	49.9	50.6
Males	60.6	61.0	60.3	60.2	60.5	61.4	62.6	63.7	65.2	66.6	67.7
Females	27.9	27.6	28.2	28.8	29.4	30.0	31.0	31.8	33.0	33.8	34.1
Total labour force (% of population from 15-64 years)[1]											
All persons	64.2	63.9	63.3	63.4	63.9	64.9	66.4	68.1	70.2	72.2	73.5
Males	86.5	86.7	85.1	84.5	84.7	85.6	87.0	88.6	90.8	93.0	94.9
Females	41.9	41.2	41.7	42.5	43.2	44.3	45.7	47.2	49.2	50.7	51.4
Civilian employment (% of total population)											
All persons	43.2	43.1	42.9	43.1	43.7	44.5	45.4	46.5	47.9	49.1	49.8
Part-time employment (%)[2]											
Part-time as % of employment			7.3	7.0	7.2	7.3	8.1	7.1	7.6	7.6	8.8
Male share of part-time employment			11.7	13.6	13.2	13.6	12.2	11.7	13.6	13.5	10.1
Female share of part-time employment			88.3	86.4	86.8	86.4	87.8	88.3	86.4	86.5	89.9
Male part-time as % of male employment			1.3	1.4	1.5	1.5	1.5	1.3	1.6	1.6	1.4
Female part-time as % of female employment			19.5	18.1	18.5	18.4	20.4	18.3	18.8	19.1	22.2
Duration of unemployment (% of total unemployment)[3]											
Less than 1 month			10.4	2.9	4.7	6.3	5.7	5.0	5.3	5.3	12.5
More than 1 month and less than 3 months			12.5	14.7	7.0	9.4	8.6	10.0	5.3	5.3	12.5
More than 3 months and less than 6 months			18.8	23.5	20.9	37.5	17.1	30.0	31.6	26.3	31.3
More than 6 months and less than 1 year			22.9	29.4	25.6	15.6	28.6	30.0	15.8	21.1	12.5
More than 1 year			35.4	29.4	41.9	31.3	40.0	30.0	47.4	47.4	31.3

(1) Employment refers to domestic employment and population refers to national population. This explains why the participation rate may be higher than 100. On the other hand, participation rates calculated according to national definitions may differ from those published in this table, when the age group represented in the labour force survey is other than 15-64 years.

(2) Part-time employment refers to persons who work less than 30 hours per week in their main job. Data include only persons declaring usual hours worked.

(3) These percentages only take into account those persons for whom the duration of unemployment is known. Data are based on small sample sizes and therefore must be treated with care.

II - Population active

Milliers (estimations de moyennes annuelles)

1992	1993	1994	1995	1996	1997	1998	1999	2000	2001	
										Population active totale
202.5	206.8	213.3	219.3	225.7	233.3	242.3	253.7	266.8	283.0	Ensemble des personnes
131.6	133.8	136.2	139.7	143.0	147.0	155.0	160.0	168.0	170.0	Hommes
70.9	73.0	77.1	79.6	82.7	85.9	87.0	94.0	99.0	113.0	Femmes
										Forces armées
0.7	0.7	0.4	0.4	0.4	0.4	0.5	0.5	0.5	1.0	Ensemble des personnes
0.7	0.7	0.4	0.4	0.4	0.4	0.5	0.5	0.4	1.0	Hommes
										Femmes
										Population active civile
201.8	206.1	212.9	218.9	225.3	232.9	241.9	253.7	266.2	282.0	Ensemble des personnes
130.9	133.1	135.8	139.3	142.6	147.0	154.0	160.0	168.0	169.0	Hommes
70.9	73.0	77.1	79.6	82.7	85.9	87.0	94.0	99.0	113.0	Femmes
										Chômeurs
2.7	3.5	4.6	5.1	5.7	6.4	5.5	5.4	5.0	5.0	Ensemble des personnes
1.6	2.0	2.7	2.9	3.2	3.6	2.9	2.8	2.6	3.0	Hommes
1.1	1.5	1.9	2.2	2.5	2.8	2.6	2.5	2.3	2.0	Femmes
										Emploi civil
199.0	202.5	208.3	213.8	219.6	226.5	236.4	248.3	262.3	277.0	Ensemble des personnes
129.3	131.1	133.1	136.4	139.4	143.0	151.0	157.0	165.0	166.0	Hommes
69.7	71.4	75.2	77.4	80.2	83.5	84.0	91.0	97.0	111.0	Femmes
										Emploi civil (%)
100.0	100.0	100.0	100.0	100.0	100.0	100.0	100.0	100.0	100.0	Ensemble des personnes
65.0	64.7	63.9	63.8	63.5	63.1	63.9	63.2	62.9	59.9	Hommes
35.0	35.3	36.1	36.2	36.5	36.9	35.5	36.7	37.0	40.1	Femmes
										Taux de chômage (% de la population active civile)
1.3	1.7	2.2	2.3	2.5	2.7	2.3	2.1	1.9	1.8	Ensemble des personnes
1.2	1.5	2.0	2.1	2.2	2.4	1.9	1.8	1.6	1.8	Hommes
1.6	2.1	2.5	2.8	3.0	3.3	3.0	2.7	2.4	1.8	Femmes
										Population active totale (% de la population totale)
51.2	51.6	52.5	53.1	54.3	55.4	56.8	58.7	60.8	64.1	Ensemble des personnes
67.8	68.0	68.2	69.0	70.1	71.1	73.9	75.1	77.7	78.1	Hommes
35.3	35.8	37.2	37.9	39.1	40.1	40.1	42.8	44.5	50.5	Femmes
										Population active totale (% de la population de 15-64 ans)[1]
74.9	75.8	77.5	78.8	80.7	82.6	84.9	87.8	91.2	96.2	Ensemble des personnes
95.6	96.4	97.4	99.0	100.8	102.7	107.1	109.1	113.0	113.7	Hommes
53.3	54.4	56.9	58.0	59.9	61.6	61.8	66.0	68.8	78.1	Femmes
										Emploi civil (% de la population totale)
50.4	50.5	51.2	51.8	52.8	53.8	55.4	57.4	59.8	62.8	Ensemble des personnes
										Emploi à temps partiel (%)[2]
9.5	9.9	10.7	11.4	10.4	11.1	12.8	12.1	13.0	13.1	Temps partiel en % de l'emploi
14.2	12.6	11.4	10.8	12.7	11.0	12.7	8.2	9.6	8.3	Part des hommes dans le temps partiel
85.8	87.4	88.6	89.2	87.3	89.0	87.3	91.8	90.4	91.7	Part des femmes dans le temps partiel
2.1	1.9	1.9	1.9	2.1	2.0	2.6	1.6	2.1	1.8	Temps partiel des hommes en % de l'emploi des hommes
22.0	23.8	25.7	28.4	24.7	26.2	29.6	28.3	28.9	29.8	Temps partiel des femmes en % de l'emploi des femmes
										Durée du chômage (% du chômage total)[3]
17.9	15.8	16.4	13.6	12.3	12.6	12.3	10.3	18.5	23.8	Moins de 1 mois
21.4	5.3	7.9	11.7	15.5	7.7	11.7	14.2	17.9	17.3	Plus de 1 mois et moins de 3 mois
21.4	18.4	21.0	25.6	27.5	18.6	20.9	21.7	26.6	15.4	Plus de 3 mois et moins de 6 mois
25.0	28.9	25.1	25.9	17.0	26.5	23.9	21.5	14.6	15.9	Plus de 6 mois et moins de 1 an
14.3	31.6	29.6	23.2	27.6	34.6	31.3	32.3	22.4	27.6	Plus de 1 an

---

(1) L'emploi se réfère à l'emploi intérieur et la population à la population nationale ce qui explique que le taux d'activité puisse être supérieur à 100. D'autre part, les taux d'activité calculés selon les définitions nationales peuvent être différents de ceux publiés dans ce tableau si le groupe d'âges représenté dans l'enquête de la population active est différent de 15-64 ans.

(2) L'emploi à temps partiel se réfère aux actifs travaillant moins de 30 heures par semaine dans leur emploi principal. Les données incluent uniquement les personnes déclarant des heures habituelles de travail.

(3) Ces pourcentages ne prennent en compte que les personnes pour lesquelles la durée du chômage est connue. Les données sont basées sur un très petit échantillon et doivent de ce fait être interprétées avec prudence.

Statistiques de la Population Active
© 2002
OCDE

LUXEMBOURG

III - Professional status and breakdown by activities - ISIC Rev. 2

Thousands (annual average estimates)

	1981	1982	1983	1984	1985	1986	1987	1988	1989	1990	1991
CIVILIAN EMPLOYMENT: PROFESSIONAL STATUS											
All activities	158.0	157.6	157.1	158.0	160.2	164.4	168.9	174.2	181.2	188.9	194.1
Employees	138.0	138.0	137.7	138.8	141.4	145.9	150.7	156.2	163.4	171.2	177.7
Employers and persons working on own account	20.0	19.6	19.4	19.2	18.8	18.5	18.2	18.0	17.8	17.7	16.4
Unpaid family workers	0.0	0.0	0.0	0.0	0.0	0.0	0.0	0.0	0.0	0.0	0.0
Agriculture, hunting, forestry and fishing	8.1	7.8	7.4	7.5	7.0	6.9	6.6	6.4	6.2	6.2	6.1
Employees	1.2	1.2	1.2	1.4	1.2	1.3	1.3	1.4	1.4	1.5	1.5
Employers and persons working on own account	6.9	6.6	6.2	6.1	5.8	5.6	5.3	5.0	4.8	4.7	4.6
Unpaid family workers											
Non-agricultural activities	149.9	149.8	149.7	150.5	153.2	157.5	162.3	167.8	175.0	182.7	188.0
Employees	136.8	136.8	136.5	137.4	140.2	144.6	149.4	154.8	162.0	169.7	176.2
Employers and persons working on own account	13.1	13.0	13.2	13.1	13.0	12.9	12.9	13.0	13.0	13.0	11.8
Unpaid family workers											
All activities (%)	100.0	100.0	100.0	100.0	100.0	100.0	100.0	100.0	100.0	100.0	100.0
Employees	87.3	87.6	87.7	87.8	88.3	88.7	89.2	89.7	90.2	90.6	91.6
Others	12.7	12.4	12.3	12.2	11.7	11.3	10.8	10.3	9.8	9.4	8.4
CIVILIAN EMPLOYMENT: BREAKDOWN BY ACTIVITIES[1]											
ISIC Rev. 2 Major Divisions											
1 to 0 All activities	158.0	157.6	157.1	158.0	160.2	164.4	168.9	174.2	181.2		187.1	194.8
1 Agriculture, hunting, forestry and fishing	8.1	7.8	7.4	7.5	7.0	6.9	6.6	6.4	6.2		6.2	6.2
2 Mining and quarrying											0.0	0.0
3 Manufacturing	41.5	40.6	39.2	38.8	38.7	39.4	38.8	37.4	37.4		36.8	36.5
4 Electricity, gas and water	1.4	1.4	1.3	1.3	1.4	1.3	1.4	1.4	1.4		1.4	1.4
5 Construction	15.9	15.3	15.1	14.7	14.0	14.4	15.4	16.7	17.6		19.6	19.8
6 Wholesale and retail trade; restaurants and hotels											39.7	40.7
7 Transport, storage and communication											13.1	13.4
8 Financing, insurance, real estate and business services	91.1	92.5	94.1	95.7	99.1	102.4	106.7	112.3	118.6		44.3	52.0
9 Community, social and personal services											26.1	27.2
0 Activities not adequately defined											0.0	0.0
EMPLOYEES: BREAKDOWN BY ACTIVITIES[1]											
ISIC Rev. 2 Major Divisions											
1 to 0 All activities	138.0	138.0	137.7	138.8	142.0	146.3	151.0	156.3	162.7	170.4	178.4
1 Agriculture, hunting, forestry and fishing	1.2	1.2	1.2	1.4	1.2	1.3	1.3	1.4	1.4	1.5	1.5
2 Mining and quarrying											0.2
3 Manufacturing	56.5	55.1	53.3	52.5	51.9	53.0	53.5	53.5	54.5	55.7	35.6
4 Electricity, gas and water											1.4
5 Construction											18.7
6 Wholesale and retail trade; restaurants and hotels											33.9
7 Transport, storage and communication											12.9
8 Financing, insurance, real estate and business services	80.3	81.7	83.2	84.9	88.3	91.6	95.9	101.3	107.5	114.0	31.4
9 Community, social and personal services											42.8
0 Activities not adequately defined											0.0

(1)   Data broken down by activities (civilian employment and employees) have not been revised
nor updated due to a change by the country from ISIC Rev. 2 to ISIC Rev. 3.

III - Situation dans la profession et répartition par activités - CITI Rév. 2

Milliers (estimations de moyennes annuelles)

1992	1993	1994	1995	1996	1997	1998	1999	2000	2001	
										EMPLOI CIVIL : SITUATION DANS LA PROFESSION
199.0	202.5	208.3	214.0	219.6	226.5	236.4	248.3	261.8	277.0	**Toutes activités**
182.7	186.3	192.2	197.5	203.1	209.9	219.7	231.5	244.9	260.0	Salariés
16.3	16.2	16.1	16.3	16.4	16.6	16.7	16.8	16.9	17.0	Employeurs et personnes travaillant à leur compte
0.0	0.0	0.0	0.0	0.0	0.0	0.0	0.0	0.0	0.0	Travailleurs familiaux non rémunérés
6.0	6.0	5.9	4.0	4.0	4.0	4.0	4.0	4.0	4.0	**Agriculture, chasse, sylviculture et pêche**
1.5	1.6	1.6	1.4	1.4	1.6	1.6	1.6	2.0	1.0	Salariés
4.5	4.4	4.3	3.0	3.0	3.0	2.0	3.1	2.0	3.0	Employeurs et personnes travaillant à leur compte
										Travailleurs familiaux non rémunérés
193.0	196.5	202.4	210.0	215.6	222.5	232.4	244.3	257.8	273.0	**Activités non agricoles**
181.2	184.7	190.6	196.1	201.7	208.3	218.1	229.9	242.9	259.0	Salariés
11.8	11.8	11.8	13.3	13.4	13.6	14.7	13.7	14.9	14.0	Employeurs et personnes travaillant à leur compte
										Travailleurs familiaux non rémunérés
100.0	100.0	100.0	100.0	100.0	100.0	100.0	100.0	100.0	100.0	**Toutes activités (%)**
91.8	92.0	92.3	92.3	92.5	92.7	92.9	93.2	93.5	93.9	Salariés
8.2	8.0	7.7	7.6	7.5	7.3	7.1	6.8	6.5	6.1	Autres
										EMPLOI CIVIL : RÉPARTITION PAR BRANCHES D'ACTIVITÉS[1]
										Branches CITI Rév. 2
199.7	203.2	208.3	214.0	219.8	227.1	236.0	248.3			**1 à 0 Toutes activités**
6.0	6.0	5.9	5.0	4.9	5.1	5.0	4.7			1 Agriculture, chasse, sylviculture et pêche
0.0	0.0	0.0	0.3	0.3	0.3	0.3	0.3			2 Industries extractives
35.5	34.5	34.0	33.2	32.7	32.4	32.5	32.9			3 Industries manufacturières
1.4	1.4	1.6	1.5	1.5	1.5	1.5	1.5			4 Électricité, gaz et eau
21.4	23.1	22.9	24.1	24.5	24.7	25.4	26.0			5 Bâtiment et travaux publics
40.7	42.8	43.9	43.8	45.1	46.4	48.2	49.6			6 Commerce de gros et de détail; restaurants et hôtels
13.7	16.2	16.8	15.6	16.3	17.2	19.0	20.5			7 Transports, entrepôts et communications
53.1	51.2	52.5	43.2	45.5	48.7	53.3	58.4			8 Banques, assurances, affaires immobilières et services fournis aux entreprises
27.9	27.9	30.8	47.3	49.1	50.9	51.0	54.4			9 Services fournis à la collectivité, services sociaux et services personnels
0.0	0.0	0.0	0.0	0.0	0.0	0.0	0.0			0 Activités mal désignées
										SALARIÉS : RÉPARTITION PAR BRANCHES D'ACTIVITÉS[1]
										Branches CITI Rév. 2
183.4	187.0	192.2	197.5	203.1	210.0	219.7	231.4	245.4	260.1	**1 à 0 Toutes activités**
1.5	1.6	1.2	1.4	1.4	1.6	1.6	1.6			1 Agriculture, chasse, sylviculture et pêche
0.3	0.3	0.3	0.3	0.3	0.3	0.3	0.3			2 Industries extractives
34.5	32.9	33.0	32.4	31.8	31.6	31.7	32.1			3 Industries manufacturières
1.4	1.4	1.6	1.5	1.5	1.5	1.5	1.5			4 Électricité, gaz et eau
20.3	22.0	22.3	22.6	23.0	23.2	23.8	24.6			5 Bâtiment et travaux publics
34.9	36.3	37.0	37.9	39.0	40.2	41.9	43.2			6 Commerce de gros et de détail; restaurants et hôtels
13.3	13.7	14.0	15.0	15.8	16.6	18.3	19.9			7 Transports, entrepôts et communications
32.8	33.5	35.0	41.2	43.4	46.6	51.1	56.0			8 Banques, assurances, affaires immobilières et services fournis aux entreprises
44.4	45.3	47.3	45.3	47.0	48.8	49.8	52.3			9 Services fournis à la collectivité, services sociaux et services personnels
0.0	0.0	0.0	0.0	0.0	0.0	0.0	0.0			0 Activités mal désignées

(1)   Les données concernant la répartition par branches d'activités (emploi civil et salariés) n'ont pas été révisées ni mises à jour en raison du passage par le pays de la CITI Rév. 2 à la CITI Rév. 3.

Statistiques de la Population Active
© 2002
OCDE

LUXEMBOURG

IV - Civilian employment and employees: breakdown by activities - ISIC Rev. 3

Thousands (annual average estimates)

	1981	1982	1983	1984	1985	1986	1987	1988	1989	1990	1991
CIVILIAN EMPLOYMENT: BREAKDOWN BY ACTIVITIES **A to X All activities**											
A Agriculture, hunting and forestry											
B Fishing											
C Mining and quarrying											
D Manufacturing											
E Electricity, gas and water supply											
F Construction											
G Wholesale and retail trade; repair of motorvehicles,, motorcycles and personal and household goods											
H Hotels and restaurants											
I Transport, storage and communication											
J Financial intermediation											
K Real estate, renting and business activities											
L Public administration and defence; compulsory social security, excluding armed forces											
M Education											
N Health and social work											
O Other community, social and personal service activities											
P Privates households with employed persons											
Q Extra-territorial organisations and bodies											
X Not classifiable by economic activities											
Breakdown by sector											
Agriculture (A-B)											
Industry (C-F)											
Services (G-Q)											
Agriculture (%)											
Industry (%)											
Services (%)											
Female participation in agriculture (%)											
Female participation in industry (%)											
Female participation in services (%)											
EMPLOYEES: BREAKDOWN BY ACTIVITIES **A to X All activities**											
A Agriculture, hunting and forestry											
B Fishing											
C Mining and quarrying											
D Manufacturing											
E Electricity, gas and water supply											
F Construction											
G Wholesale and retail trade; repair of motorvehicles,, motorcycles and personal and household goods											
H Hotels and restaurants											
I Transport, storage and communication											
J Financial intermediation											
K Real estate, renting and business activities											
L Public administration and defence; compulsory social security, excluding armed forces											
M Education											
N Health and social work											
O Other community, social and personal service activities											
P Privates households with employed persons											
Q Extra-territorial organisations and bodies											
X Not classifiable by economic activities											
Breakdown by sector											
Agriculture (A-B)											
Industry (C-F)											
Services (G-Q)											
Agriculture (%)											
Industry (%)											
Services (%)											
Female participation in agriculture (%)											
Female participation in industry (%)											
Female participation in services (%)											

IV - Emploi civil et salariés : répartition par activités - CITI Rév. 3

Milliers (estimations de moyennes annuelles)

1992	1993	1994	1995	1996	1997	1998	1999	2000	2001	
										EMPLOI CIVIL : RÉPARTITION PAR BRANCHES D'ACTIVITÉS **A à X Toutes activités**
			214	220	226	236	249	262		
			4	4	4	4	4	4		A Agriculture, chasse et sylviculture
			0	0	0	0	0	0		B Pêche
			0	0	0	0	0	0		C Activités extractives
			33	32	33	33	33	33		D Activités de fabrication
			2	2	2	2	2	2		E Production et distribution d'électricité, de gaz et d'eau
			24	24	24	25	25	26		F Construction
			33	34	34	35	37	38		G Commerce de gros et de détail; réparation de véhicules et de biens domestiques
			11	12	12	12	12	12		H Hôtels et restaurants
			15	16	17	18	19	21		I Transports, entreposage et communications
			22	22	23	25	27	29		J Intermédiation financière
			22	24	26	30	36	40		K Immobilier, location et activités de services aux entreprises
			12	12	13	13	13	14		L Administration publique et défense; sécurité sociale obligatoire (armée exclue)
			10	10	10	10	11	12		M Education
			13	14	14	15	16	16		N Santé et action sociale
			8	9	9	9	9	10		O Autres activités de services collectifs, sociaux et personnels
			5	5	5	5	6	6		P Ménages privés employant du personnel domestique
			0	0	0	0	0	0		Q Organisations et organismes extra-territoriaux
			0	0	0	0	0	0		X Ne pouvant être classés selon l'activité économique
										Répartition par secteurs
			4	4	4	4	4	4		Agriculture (A-B)
			59	58	59	60	60	61		Industrie (C-F)
			151	158	163	172	186	198		Services (G-Q)
			1.9	1.8	1.8	1.7	1.6	1.5		Agriculture (%)
			27.6	26.4	26.1	25.4	24.1	23.3		Industrie (%)
			70.6	71.8	72.1	72.9	74.7	75.6		Services (%)
										Part des femmes dans l'agriculture (%)
										Part des femmes dans l'industrie (%)
										Part des femmes dans les services (%)
										SALARIÉS : RÉPARTITION PAR BRANCHES D'ACTIVITÉS **A à X Toutes activités**
			198	203	210	220	232	245	260	
			1	1	1	2	1	2	1	A Agriculture, chasse et sylviculture
			0	0	0	0	0	0	0	B Pêche
			0	0	0	0	0	0	0	C Activités extractives
			32	32	32	33	32	32	33	D Activités de fabrication
			2	2	2	2	2	2	2	E Production et distribution d'électricité, de gaz et d'eau
			23	23	23	24	24	25	26	F Construction
			29	30	30	31	32	33	35	G Commerce de gros et de détail; réparation de véhicules et de biens domestiques
			9	9	10	10	10	10	10	H Hôtels et restaurants
			15	16	16	18	19	21	22	I Transports, entreposage et communications
			22	22	23	25	27	30	32	J Intermédiation financière
			19	21	23	26	33	37	41	K Immobilier, location et activités de services aux entreprises
			12	12	13	13	13	14	15	L Administration publique et défense; sécurité sociale obligatoire (armée exclue)
			10	10	10	10	11	12	12	M Education
			12	13	13	14	14	15	15	N Santé et action sociale
			7	7	8	8	8	9	9	O Autres activités de services collectifs, sociaux et personnels
			5	5	5	5	5	6	6	P Ménages privés employant du personnel domestique
			0	0	0	0	0	0	0	Q Organisations et organismes extra-territoriaux
			0	0	0	0	0	0	0	X Ne pouvant être classés selon l'activité économique
										Répartition par secteurs
			1	1	1	2	1	2	1	Agriculture (A-B)
			57	57	57	59	58	59	61	Industrie (C-F)
			140	145	151	160	172	187	197	Services (G-Q)
			0.5	0.5	0.5	0.9	0.4	0.8	0.4	Agriculture (%)
			28.8	28.1	27.1	26.8	25.0	24.1	23.5	Industrie (%)
			70.7	71.4	71.9	72.7	74.1	76.3	75.8	Services (%)
										Part des femmes dans l'agriculture (%)
										Part des femmes dans l'industrie (%)
										Part des femmes dans les services (%)

Statistiques de la Population Active
© 2002 OCDE

NETHERLANDS

I - Population

Thousands (annual average estimates)

	1981	1982	1983	1984	1985	1986	1987	1988	1989	1990	1991
POPULATION - DISTRIBUTION BY AGE AND GENDER											
All persons											
Total	14 247	14 313	14 367	14 424	14 491	14 572	14 665	14 760	14 846	14 947	15 068
Under 15 years	3 104	3 038	2 967	2 890	2 819	2 767	2 732	2 714	2 711	2 727	2 751
From 15 to 64 years	9 488	9 594	9 702	9 816	9 922	10 018	10 111	10 188	10 246	10 305	10 371
65 years and over	1 655	1 680	1 698	1 718	1 750	1 787	1 822	1 858	1 892	1 919	1 948
Males											
Total	7 065	7 092	7 113	7 137	7 167	7 204	7 249	7 295	7 337	7 389	7 450
Under 15 years	1 588	1 554	1 518	1 478	1 441	1 414	1 396	1 388	1 386	1 394	1 406
From 15 to 64 years	4 800	4 855	4 908	4 967	5 023	5 075	5 124	5 164	5 197	5 230	5 267
65 years and over	677	684	687	692	703	715	729	742	754	765	777
Females											
Total	7 182	7 221	7 254	7 287	7 324	7 368	7 416	7 465	7 511	7 562	7 620
Under 15 years	1 516	1 485	1 450	1 412	1 378	1 353	1 335	1 326	1 325	1 333	1 345
From 15 to 64 years	4 688	4 740	4 794	4 849	4 899	4 943	4 987	5 023	5 049	5 075	5 104
65 years and over	978	996	1 011	1 026	1 047	1 072	1 093	1 116	1 137	1 154	1 171
POPULATION - PERCENTAGES											
All persons											
Total	100.0	100.0	100.0	100.0	100.0	100.0	100.0	100.0	100.0	100.0	100.0
Under 15 years	21.8	21.2	20.7	20.0	19.5	19.0	18.6	18.4	18.3	18.2	18.3
From 15 to 64 years	66.6	67.0	67.5	68.1	68.5	68.7	68.9	69.0	69.0	68.9	68.8
65 years and over	11.6	11.7	11.8	11.9	12.1	12.3	12.4	12.6	12.7	12.8	12.9
COMPONENTS OF CHANGE IN POPULATION											
a) Population at 1 January	14 209	14 286	14 339	14 395	14 454	14 529	14 615	14 715	14 805	14 893	15 010
b) Population at 31 December	14 286	14 339	14 395	14 454	14 529	14 615	14 715	14 805	14 893	15 010	15 129
c) **Total increase (b-a)**	77	53	56	59	75	86	100	90	88	117	119
d) Births	179	172	170	174	178	185	187	187	189	198	199
e) Deaths	116	117	118	120	123	125	122	124	129	129	130
f) **Natural increase (d-e)**	63	55	52	54	55	60	65	63	60	69	69
g) Net migration	17	3	6	8	24	33	44	35	39	60	63
h) Statistical adjustments	-3	-5	-2	-3	-4	-7	-9	-8	-11	-12	-13
i) **Total increase (=f+g+h=c)**	77	53	56	59	75	86	100	90	88	117	119
(Components of change in population/ Average population) x1000											
Total increase rates	5.4	3.7	3.9	4.1	5.2	5.9	6.8	6.1	5.9	7.8	7.9
Crude birth rates	12.6	12.0	11.8	12.1	12.3	12.7	12.8	12.7	12.7	13.2	13.2
Crude death rates	8.1	8.2	8.2	8.3	8.5	8.6	8.3	8.4	8.7	8.6	8.6
Natural increase rates	4.4	3.8	3.6	3.7	3.8	4.1	4.4	4.3	4.0	4.6	4.6
Net migration rates	1.2	0.2	0.4	0.6	1.7	2.3	3.0	2.4	2.6	4.0	4.2

I - Population

Milliers (estimations de moyennes annuelles)

1992	1993	1994	1995	1996	1997	1998	1999	2000	2001	
										POPULATION - RÉPARTITION SELON L'AGE ET LE SEXE
										Ensemble des personnes
15 182	15 290	15 381	15 460	15 523	15 607	15 707	15 812	15 926	15 987	Total
2 778	2 803	2 827	2 843	2 855	2 872	2 899	2 931	2 962	2 978	Moins de 15 ans
10 433	10 490	10 535	10 569	10 604	10 642	10 687	10 740	10 801	10 835	De 15 à 64 ans
1 973	1 997	2 021	2 047	2 072	2 097	2 120	2 142	2 163	2 175	65 ans et plus
										Hommes
7 508	7 561	7 607	7 645	7 680	7 718	7 767	7 820	7 878	7 910	Total
1 421	1 438	1 445	1 453	1 460	1 469	1 483	1 499	1 515	1 523	Moins de 15 ans
5 300	5 330	5 353	5 370	5 385	5 402	5 424	5 448	5 477	5 494	De 15 à 64 ans
787	793	809	822	835	847	860	873	886	893	65 ans et plus
										Femmes
7 676	7 730	7 776	7 814	7 851	7 892	7 941	7 993	8 047	8 077	Total
1 358	1 370	1 382	1 390	1 395	1 403	1 417	1 432	1 447	1 455	Moins de 15 ans
5 133	5 160	5 182	5 199	5 218	5 240	5 264	5 292	5 324	5 341	De 15 à 64 ans
1 185	1 200	1 212	1 225	1 238	1 249	1 260	1 269	1 277	1 281	65 ans et plus
										POPULATION - POURCENTAGES
										Ensemble des personnes
100.0	100.0	100.0	100.0	100.0	100.0	100.0	100.0	100.0	100.0	Total
18.3	18.3	18.4	18.4	18.4	18.4	18.5	18.5	18.6	18.6	Moins de 15 ans
68.7	68.6	68.5	68.4	68.3	68.2	68.0	67.9	67.8	67.8	De 15 à 64 ans
13.0	13.1	13.1	13.2	13.4	13.4	13.5	13.5	13.6	13.6	65 ans et plus
										COMPOSANTES DE L'ÉVOLUTION DÉMOGRAPHIQUE
15 129	15 239	15 342	15 423	15 494	15 567	15 654	15 760	15 864	15 987	a) Population au 1er janvier
15 239	15 342	15 423	15 494	15 567	15 654	15 760	15 864	15 987	16 103	b) Population au 31 décembre
110	103	81	71	73	87	106	104	123	116	**c) Accroissement total (b-a)**
197	196	196	191	190	192	199	200	207	203	d) Naissances
130	138	133	136	138	136	137	140	141	140	e) Décès
67	58	63	55	52	57	62	60	66	63	**f) Accroissement naturel (d-e)**
58	60	37	33	43	48	62	60	72	70	g) Solde net des migrations
-15	-15	-19	-17	-22	-17	-18	-16	-15	-17	h) Ajustements statistiques
110	103	81	71	73	88	106	104	123	115	**i) Accroissement total (=f+g+h=c)**
										(Composition de l'évolution démographique/ Population moyenne) x1000
7.2	6.7	5.3	4.6	4.7	5.6	6.7	6.6	7.7	7.2	Taux d'accroissement total
13.0	12.8	12.7	12.4	12.2	12.3	12.7	12.6	13.0	12.7	Taux bruts de natalité
8.6	9.0	8.6	8.8	8.9	8.7	8.7	8.9	8.9	8.7	Taux bruts de mortalité
4.4	3.8	4.1	3.6	3.3	3.6	3.9	3.8	4.1	3.9	Taux d'accroissement naturel
3.8	3.9	2.4	2.1	2.8	3.1	3.9	3.8	4.5	4.3	Taux du solde net des migrations

Statistiques de la Population Active
© 2002
OCDE

NETHERLANDS

II - Labour force

Thousands (annual average estimates)

	1981	1982	1983	1984	1985	1986	1987	1988	1989	1990	1991
Total labour force											
All persons	5 660	5 774	5 729	5 773	5 812	5 863	6 486	6 641	6 713	6 872	7 011
Males	3 882	3 925	3 795	3 800	3 806	3 822	4 050	4 100	4 137	4 179	4 230
Females	1 778	1 849	1 934	1 973	2 006	2 041	2 436	2 541	2 576	2 693	2 782
Armed forces											
All persons	108	109	105	104	102	103	91	98	90	88	78
Males	108	109	105	104	102	103	90	97	89	87	76
Females	0	0	0	0	0	0	1	2	1	1	2
Civilian labour force											
All persons	5 552	5 665	5 624	5 669	5 710	5 760	6 395	6 543	6 623	6 784	6 934
Males	3 774	3 816	3 690	3 697	3 704	3 719	3 960	4 004	4 048	4 092	4 153
Females	1 778	1 849	1 934	1 973	2 006	2 041	2 435	2 539	2 575	2 692	2 780
Unemployed											
All persons	480	655	674	689	634	605	622	609	558	516	490
Males	320	446	403	413	370	344	290	291	261	228	226
Females	160	209	271	277	263	261	332	318	297	288	264
Civilian employment											
All persons	5 072	5 010	4 950	4 980	5 076	5 155	5 773	5 934	6 065	6 268	6 444
Males	3 454	3 370	3 287	3 284	3 334	3 375	3 670	3 713	3 786	3 864	3 928
Females	1 618	1 640	1 663	1 696	1 742	1 780	2 103	2 221	2 278	2 404	2 516
Civilian employment (%)											
All persons	100.0	100.0	100.0	100.0	100.0	100.0	100.0	100.0	100.0	100.0	100.0
Males	68.1	67.3	66.4	65.9	65.7	65.5	63.6	62.6	62.4	61.6	61.0
Females	31.9	32.7	33.6	34.1	34.3	34.5	36.4	37.4	37.6	38.4	39.0
Unemployment rates (% of civilian labour force)											
All persons	8.6	11.6	12.0	12.2	11.1	10.5	9.7	9.3	8.4	7.6	7.1
Males	8.5	11.7	10.9	11.2	10.0	9.2	7.3	7.3	6.4	5.6	5.4
Females	9.0	11.3	14.0	14.0	13.1	12.8	13.6	12.5	11.5	10.7	9.5
Total labour force (% of total population)											
All persons	39.7	40.3	39.9	40.0	40.1	40.2	44.2	45.0	45.2	46.0	46.5
Males	54.9	55.3	53.4	53.2	53.1	53.1	55.9	56.2	56.4	56.6	56.8
Females	24.8	25.6	26.7	27.1	27.4	27.7	32.8	34.0	34.3	35.6	36.5
Total labour force (% of population from 15-64 years)[1]											
All persons	59.7	60.2	59.0	58.8	58.6	58.5	64.1	65.2	65.5	66.7	67.6
Males	80.9	80.8	77.3	76.5	75.8	75.3	79.0	79.4	79.6	79.9	80.3
Females	37.9	39.0	40.3	40.7	40.9	41.3	48.8	50.6	51.0	53.1	54.5
Civilian employment (% of total population)											
All persons	35.6	35.0	34.5	34.5	35.0	35.4	39.4	40.2	40.9	41.9	42.8
Part-time employment (%)[2]											
Part-time as % of employment			18.5		19.5		26.4	26.9	27.7	28.2	28.6
Male share of part-time employment			20.4		20.7		30.5	30.1	29.5	29.6	29.5
Female share of part-time employment			79.6		79.3		69.5	69.9	70.5	70.4	70.5
Male part-time as % of male employment			5.7		6.1		12.5	12.8	13.0	13.4	13.7
Female part-time as % of female employment			44.7		45.5		51.0	51.2	52.8	52.5	52.6
Duration of unemployment (% of total unemployment)[3]											
Less than 1 month			5.8		5.0		3.8	3.6	3.9	3.5	4.9
More than 1 month and less than 3 months			5.1		4.2		15.4	14.3	14.9	17.8	18.7
More than 3 months and less than 6 months			18.4		14.9		17.2	19.0	18.7	15.1	16.1
More than 6 months and less than 1 year			21.9		16.4		17.0	14.1	14.5	14.3	14.3
More than 1 year			48.8		59.4		46.5	49.1	48.1	49.3	46.1

(1) Participation rates calculated according to national definitions may differ from those published in this table, when the age group represented in the labour force survey is other than 15-64 years.

(2) Part-time employment refers to persons who work less than 30 hours per week in their main job. Data include only persons declaring usual hours worked.

(3) These percentages only take into account those persons for whom the duration of unemployment is known.

II - Population active

Milliers (estimations de moyennes annuelles)

	1992	1993	1994	1995	1996	1997	1998	1999	2000	2001
Population active totale										
Ensemble des personnes	7 133	7 085	7 184	7 410	7 517	7 673	7 797	7 939	8 058	8 150
Hommes	4 283	4 197	4 232	4 344	4 382	4 433	4 494	4 530	4 585	4 608
Femmes	2 850	2 888	2 952	3 066	3 135	3 240	3 303	3 409	3 473	3 542
Forces armées										
Ensemble des personnes	79	76	61	49	44	44	36	40	37	41
Hommes	77	75	59	48	42	41	34	38	34	38
Femmes	2	1	2	1	2	3	2	3	3	3
Population active civile										
Ensemble des personnes	7 054	7 009	7 124	7 361	7 472	7 629	7 761	7 898	8 020	8 109
Hommes	4 206	4 122	4 173	4 297	4 340	4 392	4 460	4 492	4 551	4 571
Femmes	2 848	2 887	2 950	3 065	3 133	3 237	3 301	3 406	3 469	3 539
Chômeurs										
Ensemble des personnes	478	437	492	523	489	423	337	277	262	221
Hommes	227	217	254	255	228	196	155	124	118	101
Femmes	251	220	239	268	262	227	181	153	144	120
Emploi civil										
Ensemble des personnes	6 576	6 571	6 631	6 838	6 983	7 206	7 425	7 622	7 758	7 888
Hommes	3 979	3 905	3 920	4 041	4 112	4 196	4 305	4 369	4 433	4 469
Femmes	2 598	2 667	2 712	2 797	2 871	3 010	3 120	3 253	3 325	3 419
Emploi civil (%)										
Ensemble des personnes	100.0	100.0	100.0	100.0	100.0	100.0	100.0	100.0	100.0	100.0
Hommes	60.5	59.4	59.1	59.1	58.9	58.2	58.0	57.3	57.1	56.7
Femmes	39.5	40.6	40.9	40.9	41.1	41.8	42.0	42.7	42.9	43.3
Taux de chômage (% de la population active civile)										
Ensemble des personnes	6.8	6.2	6.9	7.1	6.5	5.5	4.3	3.5	3.3	2.7
Hommes	5.4	5.3	6.1	5.9	5.3	4.5	3.5	2.8	2.6	2.2
Femmes	8.8	7.6	8.1	8.7	8.4	7.0	5.5	4.5	4.2	3.4
Population active totale (% de la population totale)										
Ensemble des personnes	47.0	46.3	46.7	47.9	48.4	49.2	49.6	50.2	50.6	51.0
Hommes	57.0	55.5	55.6	56.8	57.1	57.4	57.9	57.9	58.2	58.3
Femmes	37.1	37.4	38.0	39.2	39.9	41.1	41.6	42.6	43.2	43.9
Population active totale (% de la population de 15-64 ans)[1]										
Ensemble des personnes	68.4	67.5	68.2	70.1	70.9	72.1	73.0	73.9	74.6	75.2
Hommes	80.8	78.7	79.1	80.9	81.4	82.1	82.9	83.1	83.7	83.9
Femmes	55.5	56.0	57.0	59.0	60.1	61.8	62.7	64.4	65.2	66.3
Emploi civil (% de la population totale)										
Ensemble des personnes	43.3	43.0	43.1	44.2	45.0	46.2	47.3	48.2	48.7	49.3
Emploi à temps partiel (%)[2]										
Temps partiel en % de l'emploi	27.1	27.7	28.7	29.0	29.3	29.1	30.0	30.4	32.1	33.0
Part des hommes dans le temps partiel	24.2	23.3	22.9	23.5	22.8	22.4	24.2	22.6	23.8	23.7
Part des femmes dans le temps partiel	75.8	76.7	77.1	76.5	77.3	77.6	75.9	77.4	76.2	76.3
Temps partiel des hommes en % de l'emploi des hommes	10.8	10.8	11.1	11.5	11.3	11.1	12.4	11.9	13.4	13.8
Temps partiel des femmes en % de l'emploi des femmes	52.1	53.2	54.3	54.7	55.5	54.8	54.8	55.4	57.2	58.1
Durée du chômage (% du chômage total)[3]										
Moins de 1 mois	6.1	7.2	7.5	6.2	5.0	3.7	4.2	3.0		
Plus de 1 mois et moins de 3 mois	6.2	4.5	6.0	4.5	4.2	3.4	7.4	8.2		
Plus de 3 mois et moins de 6 mois	10.8	9.1	9.1	9.0	9.0	12.6	4.9	8.0		
Plus de 6 mois et moins de 1 an	32.9	26.8	28.1	33.6	31.8	31.2	35.7	37.3		
Plus de 1 an	43.9	52.4	49.4	46.8	50.0	49.1	47.9	43.5		

(1) Les taux d'activité calculés selon les définitions nationales peuvent être différents de ceux publiés dans ce tableau si le groupe d'âges représenté dans l'enquête de la population active est différent de 15-64 ans.

(2) L'emploi à temps partiel se réfère aux actifs travaillant moins de 30 heures par semaine dans leur emploi principal. Les données incluent uniquement les personnes déclarant des heures habituelles de travail.

(3) Ces pourcentages ne prennent en compte que les personnes pour lesquelles la durée du chômage est connue.

Statistiques de la Population Active
© 2002 OCDE

NETHERLANDS

III - Professional status and breakdown by activities - ISIC Rev. 2

Thousands (annual average estimates)

	1981	1982	1983	1984	1985	1986	1987	1988	1989	1990	1991
CIVILIAN EMPLOYMENT: PROFESSIONAL STATUS											
All activities	5 072	5 010	4 950	4 980	5 076	5 155 |	5 773	5 934	6 065	6 268	6 444 |
Employees	4 433	4 388	4 362	4 386	4 488	4 571 |	5 075	5 235	5 364	5 538	5 721 |
Employers and persons working on own account	639	622	588	594	588	584 |	571	576	580	604	617 |
Unpaid family workers	0	0	0	0	0	0 |	127	123	121	126	106 |
Agriculture, hunting, forestry and fishing	247	249	247	247	248	249 |	281	284	286	289	293 |
Employees	63	65	63	64	64	67 |	97	94	105	103	107 |
Employers and persons working on own account	184	184	184	183	184	182 |	137	137	132	135	141 |
Unpaid family workers	0	0	0	0	0	0 |	47	53	49	51	45 |
Non-agricultural activities	4 825	4 761	4 703	4 733	4 828	4 906 |	5 492	5 650	5 779	5 979	6 151 |
Employees	4 370	4 323	4 299	4 322	4 424	4 504 |	4 978	5 141	5 259	5 435	5 614 |
Employers and persons working on own account	455	438	404	411	404	402 |	434	439	448	469	476 |
Unpaid family workers	0	0	0	0	0	0 |	80	70	72	75	61 |
All activities (%)	100.0	100.0	100.0	100.0	100.0	100.0 |	100.0	100.0	100.0	100.0	100.0 |
Employees	87.4	87.6	88.1	88.1	88.4	88.7 |	87.9	88.2	88.4	88.4	88.8 |
Others	12.6	12.4	11.9	11.9	11.6	11.3 |	12.1	11.8	11.6	11.6	11.2 |
CIVILIAN EMPLOYMENT: BREAKDOWN BY ACTIVITIES											
ISIC Rev. 2 Major Divisions											
1 to 0 All activities	5 072	5 010	4 950	4 980	5 076	5 155 |	5 773	5 934	6 065	6 268	6 444 |
1 Agriculture, hunting, forestry and fishing	247	249	247	247	248	249 |	281	284	286	289	293 |
2 Mining and quarrying	8	8	9	9	9	10 |	13	13	12	11	14 |
3 Manufacturing	1 062	1 029	957	975	984	993 |	1 106	1 109	1 152	1 185	1 169 |
4 Electricity, gas and water	45	46	46	47	47	46 |	51	47	46	41	44 |
5 Construction	402	357	378	377	388	332 |	378	397	397	409	418 |
6 Wholesale and retail trade; restaurants and hotels	889	871	849	865	869	871 |	976	1 015	1 038	1 104	1 138 |
7 Transport, storage and communication	321	318	316	325	324	336 |	353	362	380	382	403 |
8 Financing, insurance, real estate and business services	468	466	527	501	541	557 |	541	593	608	646	682 |
9 Community, social and personal services	1 630	1 666	1 621	1 634	1 666	1 761 |	1 997	2 092	2 118	2 142	2 236 |
0 Activities not adequately defined	0	0	0	0	0	0 |	77	21	28	58	47 |
EMPLOYEES: BREAKDOWN BY ACTIVITIES											
ISIC Rev. 2 Major Divisions											
1 to 0 All activities	4 433	4 388	4 362	4 386	4 488	4 571 |	5 075	5 235	5 364	5 538	5 721 |
1 Agriculture, hunting, forestry and fishing	63	65	63	64	64	68 |	97	94	105	103	107 |
2 Mining and quarrying		8	9	8	9	9 |	13	13	12	11	14 |
3 Manufacturing		996	928	948	955	961 |	1 071	1 067	1 114	1 145	1 137 |
4 Electricity, gas and water		46	46	47	47	46 |	51	47	46	41	44 |
5 Construction		320	346	345	356	301 |	345	361	363	370	381 |
6 Wholesale and retail trade; restaurants and hotels		676	676	684	695	707 |	791	843	863	929	958 |
7 Transport, storage and communication		304	303	312	312	323 |	340	348	366	366	386 |
8 Financing, insurance, real estate and business services		422	481	457	495	509 |	476	521	531	563	599 |
9 Community, social and personal services		1 550	1 510	1 520	1 554	1 647 |	1 825	1 925	1 942	1 963	2 058 |
0 Activities not adequately defined		0	0	0	0	0 |	66	18	21	47	36 |

III - Situation dans la profession et répartition par activités - CITI Rév. 2

Milliers (estimations de moyennes annuelles)

1992	1993	1994	1995	1996	1997	1998	1999	2000	2001	
										EMPLOI CIVIL : SITUATION DANS LA PROFESSION
6 519	6 571	6 631	6 838	6 983	7 206	7 425	7 622	7 758	7 888	**Toutes activités**
5 794	5 806	5 817	5 987	6 110	6 299	6 547	6 762	6 825	6 981	Salariés
639	676	727	764	789	828	814	797	875	859	Employeurs et personnes travaillant à leur compte
86	89	87	87	84	78	64	62	59	48	Travailleurs familiaux non rémunérés
258	255	264	255	271	267	245	240	259	231	**Agriculture, chasse, sylviculture et pêche**
101	99	108	110	113	111	111	110	126	111	Salariés
129	126	131	130	133	135	119	114	119	111	Employeurs et personnes travaillant à leur compte
29	29	25	15	25	22	15	14	14	9	Travailleurs familiaux non rémunérés
6 261	6 316	6 367	6 583	6 712	6 939	7 180	7 382	7 499	7 657	**Activités non agricoles**
5 693	5 707	5 709	5 877	5 997	6 188	6 436	6 652	6 699	6 870	Salariés
510	550	596	634	656	693	695	683	756	748	Employeurs et personnes travaillant à leur compte
57	60	62	72	59	56	49	48	45	39	Travailleurs familiaux non rémunérés
100.0	100.0	100.0	100.0	100.0	100.0	100.0	100.0	100.0	100.0	**Toutes activités (%)**
88.9	88.4	87.7	87.6	87.5	87.4	88.2	88.7	88.0	88.5	Salariés
11.1	11.6	12.3	12.4	12.5	12.6	11.8	11.3	12.0	11.5	Autres
										EMPLOI CIVIL : RÉPARTITION PAR BRANCHES D'ACTIVITÉS
										Branches CITI Rév. 2
6 519	6 571	6 631	6 838	6 983	7 206	7 425	7 622	7 758	7 888	**1 à 0 Toutes activités**
258	255	264	255	271	267	245	240	258	231	1 Agriculture, chasse, sylviculture et pêche
9	12	10	12	11	13	11	9	12	9	2 Industries extractives
1 148	1 127	1 075	1 083	1 081	1 094	1 097	1 116	1 132	1 120	3 Industries manufacturières
45	41	47	43	41	42	47	37	35	34	4 Électricité, gaz et eau
385	394	393	406	429	449	453	472	472	510	5 Bâtiment et travaux publics
1 146	1 176	1 227	1 351	1 417	1 446	1 479	1 530	1 584	1 559	6 Commerce de gros et de détail; restaurants et hôtels
411	408	419	408	424	419	441	467	480	488	7 Transports, entrepôts et communications
678	700	704	889	965	1 015	1 098	1 188	1 235	1 262	8 Banques, assurances, affaires immobilières et services fournis aux entreprises
2 205	2 268	2 310	2 145	2 175	2 241	2 339	2 352	2 358	2 483	9 Services fournis à la collectivité, services sociaux et services personnels
233	190	182	246	169	221	214	212	191	192	0 Activités mal désignées
										SALARIÉS : RÉPARTITION PAR BRANCHES D'ACTIVITÉS
										Branches CITI Rév. 2
5 794	5 806	5 817	5 987	6 110	6 293	6 547	6 762	6 824	6 981	**1 à 0 Toutes activités**
101	99	108	110	113	107	111	110	125	111	1 Agriculture, chasse, sylviculture et pêche
9	12	10	12	11	13	11	9	12	9	2 Industries extractives
1 104	1 076	1 026	1 030	1 028	1 029	1 041	1 063	1 074	1 072	3 Industries manufacturières
45	41	47	43	41	42	47	37	35	34	4 Électricité, gaz et eau
343	348	340	356	372	385	388	403	404	426	5 Bâtiment et travaux publics
990	1 006	1 027	1 147	1 197	1 237	1 281	1 340	1 367	1 346	6 Commerce de gros et de détail; restaurants et hôtels
390	387	395	384	399	395	417	438	451	462	7 Transports, entrepôts et communications
595	601	609	764	830	872	959	1 049	1 070	1 099	8 Banques, assurances, affaires immobilières et services fournis aux entreprises
2 040	2 093	2 122	1 984	2 008	2 059	2 154	2 187	2 164	2 283	9 Services fournis à la collectivité, services sociaux et services personnels
176	141	134	157	112	154	139	124	123	139	0 Activités mal désignées

Statistiques de la Population Active
© 2002 OCDE

NETHERLANDS

IV - Civilian employment and employees: breakdown by activities - ISIC Rev. 3

Thousands (annual average estimates)

	1981	1982	1983	1984	1985	1986	1987	1988	1989	1990	1991
CIVILIAN EMPLOYMENT: BREAKDOWN BY ACTIVITIES											
A to X All activities											
A Agriculture, hunting and forestry											
B Fishing											
C Mining and quarrying											
D Manufacturing											
E Electricity, gas and water supply											
F Construction											
G Wholesale and retail trade; repair of motor vehicles, motorcycles and personal and household goods											
H Hotels and restaurants											
I Transport, storage and communication											
J Financial intermediation											
K Real estate, renting and business activities											
L Public administration and defence; compulsory social security, excluding armed forces											
M Education											
N Health and social work											
O Other community, social and personal service activities											
P Private households with employed persons											
Q Extra-territorial organisations and bodies											
X Not classifiable by economic activities											
Breakdown by sector											
Agriculture (A-B)											
Industry (C-F)											
Services (G-Q)											
Agriculture (%)											
Industry (%)											
Services (%)											
Female participation in agriculture (%)											
Female participation in industry (%)											
Female participation in services (%)											
EMPLOYEES: BREAKDOWN BY ACTIVITIES											
A to X All activities											
A Agriculture, hunting and forestry											
B Fishing											
C Mining and quarrying											
D Manufacturing											
E Electricity, gas and water supply											
F Construction											
G Wholesale and retail trade; repair of motor vehicles, motorcycles and personal and household goods											
H Hotels and restaurants											
I Transport, storage and communication											
J Financial intermediation											
K Real estate, renting and business activities											
L Public administration and defence; compulsory social security, excluding armed forces											
M Education											
N Health and social work											
O Other community, social and personal service activities											
P Private households with employed persons											
Q Extra-territorial organisations and bodies											
X Not classifiable by economic activities											
Breakdown by sector											
Agriculture (A-B)											
Industry (C-F)											
Services (G-Q)											
Agriculture (%)											
Industry (%)											
Services (%)											
Female participation in agriculture (%)											
Female participation in industry (%)											
Female participation in services (%)											

IV - Emploi civil et salariés : répartition par activités - CITI Rév. 3

Milliers (estimations de moyennes annuelles)

1992	1993	1994	1995	1996	1997	1998	1999	2000	2001	
										EMPLOI CIVIL : RÉPARTITION PAR BRANCHES D'ACTIVITÉS **A à X Toutes activités**
				6 983	7 206	7 425	7 622	7 758	7 888	
				271	267	245	240	258	231	A Agriculture, chasse et sylviculture
				0	0	0	0	0	0	B Pêche
				11	13	11	9	12	9	C Activités extractives
				1 080	1 094	1 097	1 116	1 131	1 120	D Activités de fabrication
				41	42	47	37	35	34	E Production et distribution d'électricité, de gaz et d'eau
				429	449	453	472	472	510	F Construction
				1 169	1 191	1 211	1 247	1 299	1 267	G Commerce de gros et de détail; réparation de véhicules et de biens domestiques
				247	255	269	283	285	292	H Hôtels et restaurants
				424	419	441	467	480	488	I Transports, entreposage et communications
				237	248	259	289	282	308	J Intermédiation financière
				728	767	839	899	954	954	K Immobilier, location et activités de services aux entreprises
				463	486	491	480	455	504	L Administration publique et défense; sécurité sociale obligatoire (armée exclue)
				444	428	468	482	463	482	M Education
				951	991	1 034	1 055	1 074	1 137	N Santé et action sociale
				286	308	322	316	360	355	O Autres activités de services collectifs, sociaux et personnels
				29	25	23	18	4	3	P Ménages privés employant du personnel domestique
				0	0	0	2	2	2	Q Organisations et organismes extra-territoriaux
				169	221	214	212	191	192	X Ne pouvant être classés selon l'activité économique
										Répartition par secteurs
				271	267	245	240	258	231	Agriculture (A-B)
				1 561	1 598	1 608	1 634	1 650	1 673	Industrie (C-F)
				4 978	5 118	5 357	5 538	5 658	5 792	Services (G-Q)
				3.9	3.7	3.3	3.1	3.3	2.9	Agriculture (%)
				22.4	22.2	21.7	21.4	21.3	21.2	Industrie (%)
				71.3	71.0	72.1	72.7	72.9	73.4	Services (%)
				26.6	27.7	28.6	29.2	30.2	31.6	Part des femmes dans l'agriculture (%)
				17.1	17.6	18.0	18.3	18.6	18.2	Part des femmes dans l'industrie (%)
				49.0	49.7	49.5	50.1	50.2	50.9	Part des femmes dans les services (%)
										SALARIÉS : RÉPARTITION PAR BRANCHES D'ACTIVITÉS **A à X Toutes activités**
				6 110	6 299	6 547	6 762	6 824	6 981	
				113	111	111	110	125	111	A Agriculture, chasse et sylviculture
				0	0	0	0	0	0	B Pêche
				11	13	11	9	12	9	C Activités extractives
				1 028	1 029	1 041	1 063	1 074	1 072	D Activités de fabrication
				41	42	47	37	35	34	E Production et distribution d'électricité, de gaz et d'eau
				372	385	388	403	404	426	F Construction
				995	1 024	1 054	1 099	1 133	1 105	G Commerce de gros et de détail; réparation de véhicules et de biens domestiques
				201	213	226	241	234	241	H Hôtels et restaurants
				399	395	417	438	451	462	I Transports, entreposage et communications
				226	235	249	274	269	293	J Intermédiation financière
				605	637	711	775	801	806	K Immobilier, location et activités de services aux entreprises
				458	482	486	477	452	498	L Administration publique et défense; sécurité sociale obligatoire (armée exclue)
				425	407	451	469	447	459	M Education
				887	923	955	987	992	1 058	N Santé et action sociale
				211	226	242	237	267	265	O Autres activités de services collectifs, sociaux et personnels
				25	21	19	16	3	1	P Ménages privés employant du personnel domestique
				0	0	0	2	2	2	Q Organisations et organismes extra-territoriaux
				112	154	139	124	123	139	X Ne pouvant être classés selon l'activité économique
										Répartition par secteurs
				113	111	111	110	125	111	Agriculture (A-B)
				1 452	1 469	1 487	1 512	1 525	1 541	Industrie (C-F)
				4 432	4 563	4 810	5 015	5 051	5 190	Services (G-Q)
				1.8	1.8	1.7	1.6	1.8	1.6	Agriculture (%)
				23.8	23.3	22.7	22.4	22.3	22.1	Industrie (%)
				72.5	72.4	73.5	74.2	74.0	74.3	Services (%)
				26.5	30.6	31.5	35.5	31.2	33.3	Part des femmes dans l'agriculture (%)
				16.9	17.3	18.1	18.3	18.4	18.2	Part des femmes dans l'industrie (%)
				50.3	51.0	50.7	51.1	51.5	52.2	Part des femmes dans les services (%)

Statistiques de la Population Active
© 2002 OCDE

NORWAY

I - Population

Thousands (mid-year estimates)

	1981	1982	1983	1984	1985	1986	1987	1988	1989	1990	1991
POPULATION - DISTRIBUTION BY AGE AND GENDER											
All persons											
Total	4 100	4 115	4 128	4 140	4 153	4 169	4 187	4 209	4 227	4 241	4 262
Under 15 years	892	878	862	845	831	819	808	802	801	803	810
From 15 to 64 years	2 596	2 614	2 632	2 652	2 669	2 685	2 705	2 725	2 738	2 746	2 758
65 years and over	612	623	634	643	653	665	674	682	688	692	694
Males											
Total	2 031	2 037	2 043	2 048	2 053	2 060	2 070	2 082	2 091	2 097	2 107
Under 15 years	457	449	441	433	425	419	414	411	410	412	415
From 15 to 64 years	1 314	1 325	1 335	1 345	1 355	1 363	1 375	1 387	1 394	1 397	1 403
65 years and over	259	263	267	270	274	278	281	284	287	288	289
Females											
Total	2 069	2 078	2 085	2 092	2 100	2 109	2 117	2 127	2 136	2 144	2 155
Under 15 years	435	428	421	413	406	400	394	392	391	392	395
From 15 to 64 years	1 281	1 290	1 298	1 307	1 314	1 322	1 330	1 338	1 344	1 349	1 355
65 years and over	353	360	367	373	379	387	393	398	401	404	405
POPULATION - PERCENTAGES											
All persons											
Total	100.0	100.0	100.0	100.0	100.0	100.0	100.0	100.0	100.0	100.0	100.0
Under 15 years	21.8	21.3	20.9	20.4	20.0	19.6	19.3	19.1	18.9	18.9	19.0
From 15 to 64 years	63.3	63.5	63.8	64.1	64.3	64.4	64.6	64.7	64.8	64.7	64.7
65 years and over	14.9	15.1	15.4	15.5	15.7	16.0	16.1	16.2	16.3	16.3	16.3
COMPONENTS OF CHANGE IN POPULATION											
a) Population at 1 January	4 092	4 107	4 123	4 134	4 146	4 159	4 176	4 198	4 221	4 233	4 250
b) Population at 31 December	4 107	4 123	4 134	4 146	4 159	4 176	4 198	4 221	4 233	4 250	4 274
c) Total increase (b-a)	15	16	11	12	13	17	22	23	12	17	24
d) Births	51	51	50	50	51	52	54	58	60	61	61
e) Deaths	42	41	42	43	44	44	45	45	45	46	45
f) Natural increase (d-e)	9	10	8	7	7	8	9	13	15	15	16
g) Net migration	5	6	4	4	6	7	13	10	-1	2	8
h) Statistical adjustments	1	0	-1	1	0	2	0	0	-2	0	0
i) Total increase (=f+g+h=c)	15	16	11	12	13	17	22	23	12	17	24
(Components of change in population/ Average population) x1000											
Total increase rates	3.7	3.9	2.7	2.9	3.1	4.1	5.3	5.5	2.8	4.0	5.6
Crude birth rates	12.4	12.4	12.1	12.1	12.3	12.5	12.9	13.8	14.2	14.4	14.3
Crude death rates	10.2	10.0	10.2	10.4	10.6	10.6	10.7	10.7	10.6	10.8	10.6
Natural increase rates	2.2	2.4	1.9	1.7	1.7	1.9	2.1	3.1	3.5	3.5	3.8
Net migration rates	1.2	1.5	1.0	1.0	1.4	1.7	3.1	2.4	-0.2	0.5	1.9

I - Population

Milliers (estimations au milieu de l'année)

1992	1993	1994	1995	1996	1997	1998	1999	2000	2001	
										POPULATION - RÉPARTITION SELON L'AGE ET LE SEXE
										Ensemble des personnes
4 287	4 312	4 337	4 359	4 381	4 405	4 431	4 462	4 491	4 514	Total
820	830	840	849	859	868	878	888	899	904	Moins de 15 ans
2 771	2 786	2 801	2 815	2 829	2 844	2 864	2 889	2 911	2 933	De 15 à 64 ans
696	696	695	695	694	693	690	685	681	678	65 ans et plus
										Hommes
2 120	2 133	2 144	2 155	2 166	2 179	2 192	2 208	2 224	2 237	Total
420	426	431	436	441	446	451	456	461	464	Moins de 15 ans
1 411	1 418	1 425	1 431	1 438	1 445	1 455	1 467	1 480	1 491	De 15 à 64 ans
289	289	289	289	288	287	286	285	283	282	65 ans et plus
										Femmes
2 167	2 179	2 192	2 204	2 215	2 227	2 239	2 254	2 267	2 277	Total
400	404	409	413	418	422	427	432	437	440	Moins de 15 ans
1 360	1 368	1 377	1 384	1 391	1 399	1 409	1 420	1 432	1 441	De 15 à 64 ans
407	407	407	407	406	405	403	401	399	395	65 ans et plus
										POPULATION - POURCENTAGES
										Ensemble des personnes
100.0	100.0	100.0	100.0	100.0	100.0	100.0	100.0	100.0	100.0	Total
19.1	19.2	19.4	19.5	19.6	19.7	19.8	19.9	20.0	20.0	Moins de 15 ans
64.6	64.6	64.6	64.6	64.6	64.6	64.6	64.7	64.8	65.0	De 15 à 64 ans
16.2	16.1	16.0	15.9	15.8	15.7	15.6	15.4	15.2	15.0	65 ans et plus
										COMPOSANTES DE L'ÉVOLUTION DÉMOGRAPHIQUE
4 274	4 299	4 325	4 348	4 370	4 392	4 417	4 445	4 478	4 503	a) Population au 1er janvier
4 299	4 325	4 348	4 370	4 392	4 417	4 445	4 478	4 503	4 523	b) Population au 31 décembre
25	26	23	22	22	25	28	33	25	20	**c) Accroissement total (b-a)**
60	60	60	60	61	60	58	59	59	57	d) Naissances
45	47	44	45	44	45	44	45	44	44	e) Décès
15	13	16	15	17	15	14	14	15	13	**f) Accroissement naturel (d-e)**
10	13	7	6	6	11	14	19	9	8	g) Solde net des migrations
0	0	0	1	-1	-1	0	0	1	-1	h) Ajustements statistiques
25	26	23	22	22	25	28	33	25	20	**i) Accroissement total (=f+g+h=c)**
										(Composition de l'évolution démographique/ Population moyenne) x1000
5.8	6.0	5.3	5.0	5.0	5.7	6.4	7.4	5.6	4.4	Taux d'accroissement total
14.0	13.9	13.8	13.8	13.9	13.6	13.2	13.3	13.1	12.6	Taux bruts de natalité
10.5	10.9	10.1	10.3	10.0	10.1	10.0	10.1	9.8	9.7	Taux bruts de mortalité
3.5	3.0	3.7	3.4	3.9	3.5	3.2	3.1	3.3	2.9	Taux d'accroissement naturel
2.3	3.0	1.6	1.4	1.4	2.5	3.2	4.3	2.0	1.8	Taux du solde net des migrations

Statistiques de la Population Active
© 2002 OCDE

NORWAY

II - Labour force

Thousands (annual average estimates)

	1981	1982	1983	1984	1985	1986	1987	1988	1989	1990	1991
Total labour force											
All persons	1 975	1 995	2 014	2 034	2 068	2 128	2 171	2 183	2 155	2 142	2 126
Males	1 157	1 165	1 164	1 167	1 175	1 190	1 209	1 209	1 197	1 181	1 163
Females	818	830	850	867	893	938	962	974	957	961	963
Armed forces											
All persons	31	33	35	31	30	33	36	35	35	38	37
Males	31	33	35	31	30	33	36	35	35	37	36
Females										1	1
Civilian labour force											
All persons	1 944	1 962	1 979	2 003	2 037	2 095	2 135	2 148	2 120	2 104	2 089
Males	1 126	1 132	1 129	1 136	1 144	1 157	1 173	1 175	1 163	1 144	1 127
Females	818	830	850	867	893	938	962	974	957	960	962
Unemployed											
All persons	40	52	69	64	53	42	45	69	106	112	116
Males	18	27	37	36	25	18	21	36	61	66	68
Females	22	25	32	28	28	24	25	33	45	46	48
Civilian employment											
All persons	1 904	1 910	1 910	1 939	1 984	2 053	2 090	2 079	2 014	1 992	1 973
Males	1 108	1 105	1 092	1 100	1 119	1 139	1 152	1 139	1 102	1 078	1 059
Females	796	805	818	839	865	914	938	941	912	914	913
Civilian employment (%)											
All persons	100.0	100.0	100.0	100.0	100.0	100.0	100.0	100.0	100.0	100.0	100.0
Males	58.2	57.9	57.2	56.7	56.4	55.5	55.1	54.8	54.7	54.1	53.7
Females	41.8	42.1	42.8	43.3	43.6	44.5	44.9	45.3	45.3	45.9	46.3
Unemployment rates (% of civilian labour force)											
All persons	2.1	2.7	3.5	3.2	2.6	2.0	2.1	3.2	5.0	5.3	5.6
Males	1.6	2.4	3.3	3.2	2.2	1.6	1.8	3.1	5.2	5.8	6.0
Females	2.7	3.0	3.8	3.2	3.1	2.6	2.6	3.4	4.7	4.8	5.0
Total labour force (% of total population)											
All persons	48.2	48.5	48.8	49.1	49.8	51.0	51.9	51.9	51.0	50.5	49.9
Males	57.0	57.2	57.0	57.0	57.2	57.8	58.4	58.1	57.2	56.3	55.2
Females	39.5	39.9	40.8	41.4	42.5	44.5	45.4	45.8	44.8	44.8	44.7
Total labour force (% of population from 15-64 years)[1]											
All persons	76.1	76.3	76.5	76.7	77.5	79.3	80.3	80.1	78.7	78.0	77.1
Males	88.1	87.9	87.2	86.8	86.7	87.3	87.9	87.2	85.9	84.5	82.9
Females	63.9	64.3	65.5	66.3	68.0	71.0	72.3	72.8	71.2	71.2	71.1
Civilian employment (% of total population)											
All persons	46.4	46.4	46.3	46.8	47.8	49.2	49.9	49.4	47.6	47.0	46.3
Part-time employment (%)[2]											
Part-time as % of employment									21.8	21.8	22.0
Male share of part-time employment									16.1	17.3	17.9
Female share of part-time employment									83.9	82.7	82.1
Male part-time as % of male employment									6.3	6.9	7.3
Female part-time as % of female employment									40.8	39.8	39.6

(1) Participation rates calculated according to national definitions may differ from those published in this table, when the age group represented in the labour force survey is other than 15-64 years.

(2) Part-time employment refers to persons who work less than 30 hours per week in their main job. Data include only persons declaring usual hours worked.

II - Population active

Milliers (estimations de moyennes annuelles)

1992	1993	1994	1995	1996	1997	1998	1999	2000	2001	
										Population active totale
2 130	2 131	2 151	2 186	2 239	2 287	2 323	2 333	2 350	2 361	Ensemble des personnes
1 166	1 163	1 172	1 187	1 212	1 234	1 251	1 250	1 258	1 260	Hommes
964	968	979	999	1 028	1 054	1 072	1 083	1 092	1 101	Femmes
										Forces armées
34	34	32	32	27	29	29	25	23	19	Ensemble des personnes
34	34	31	31	27	28	28	24	22	19	Hommes
		1	1	1	1	1	1	1	0	Femmes
										Population active civile
2 096	2 097	2 119	2 154	2 212	2 259	2 294	2 308	2 327	2 342	Ensemble des personnes
1 132	1 129	1 141	1 156	1 185	1 206	1 222	1 226	1 235	1 241	Hommes
963	968	977	998	1 027	1 053	1 071	1 082	1 091	1 101	Femmes
										Chômeurs
126	127	116	107	108	92	74	75	81	84	Ensemble des personnes
76	77	70	61	58	48	40	42	46	46	Hommes
50	50	46	46	50	44	35	33	35	38	Femmes
										Emploi civil
1 970	1 970	2 003	2 047	2 104	2 166	2 219	2 233	2 246	2 259	Ensemble des personnes
1 056	1 052	1 071	1 095	1 127	1 157	1 183	1 184	1 189	1 195	Hommes
913	918	931	952	977	1 009	1 037	1 050	1 056	1 063	Femmes
										Emploi civil (%)
100.0	100.0	100.0	100.0	100.0	100.0	100.0	100.0	100.0	100.0	Ensemble des personnes
53.6	53.4	53.5	53.5	53.6	53.4	53.3	53.0	52.9	52.9	Hommes
46.3	46.6	46.5	46.5	46.4	46.6	46.7	47.0	47.0	47.1	Femmes
										Taux de chômage (% de la population active civile)
6.0	6.1	5.5	5.0	4.9	4.1	3.2	3.2	3.5	3.6	Ensemble des personnes
6.7	6.8	6.1	5.3	4.9	4.0	3.3	3.4	3.7	3.7	Hommes
5.2	5.2	4.7	4.6	4.9	4.2	3.3	3.0	3.2	3.5	Femmes
										Population active totale (% de la population totale)
49.7	49.4	49.6	50.1	51.1	51.9	52.4	52.3	52.3	52.3	Ensemble des personnes
55.0	54.5	54.7	55.1	55.9	56.6	57.1	56.6	56.6	56.3	Hommes
44.5	44.4	44.7	45.3	46.4	47.3	47.9	48.0	48.2	48.4	Femmes
										Population active totale (% de la population de 15-64 ans)[1]
76.9	76.5	76.8	77.6	79.2	80.4	81.1	80.8	80.7	80.5	Ensemble des personnes
82.6	82.0	82.2	82.9	84.3	85.4	86.0	85.2	85.0	84.5	Hommes
70.9	70.8	71.1	72.2	73.9	75.3	76.1	76.3	76.3	76.4	Femmes
										Emploi civil (% de la population totale)
46.0	45.7	46.2	47.0	48.0	49.2	50.1	50.0	50.0	50.0	Ensemble des personnes
										Emploi à temps partiel (%)[2]
22.1	22.0	21.5	21.4	21.6	21.0	20.8	20.7	20.3	20.1	Temps partiel en % de l'emploi
19.0	19.2	19.4	19.3	20.3	19.9	20.4	21.2	23.0	24.0	Part des hommes dans le temps partiel
81.0	80.8	80.6	80.7	79.7	80.1	79.6	78.8	77.0	76.0	Part des femmes dans le temps partiel
7.7	7.8	7.7	7.6	8.1	7.7	7.9	8.2	8.7	9.0	Temps partiel des hommes en % de l'emploi des hommes
39.1	38.7	37.7	37.5	37.5	36.5	35.9	35.0	33.6	32.6	Temps partiel des femmes en % de l'emploi des femmes

(1) Les taux d'activité calculés selon les définitions nationales peuvent être différents de ceux publiés dans ce tableau si le groupe d'âges représenté dans l'enquête de la population active est différent de 15-64 ans.

(2) L'emploi à temps partiel se réfère aux actifs travaillant moins de 30 heures par semaine dans leur emploi principal. Les données incluent uniquement les personnes déclarant des heures habituelles de travail.

Statistiques de la Population Active
© 2002 OCDE

NORWAY

III - Professional status and breakdown by activities - ISIC Rev. 2

Thousands (annual average estimates)

	1981	1982	1983	1984	1985	1986	1987	1988	1989	1990	1991
CIVILIAN EMPLOYMENT: PROFESSIONAL STATUS											
All activities	1 904	1 910	1 910	1 939	1 984	2 053	2 090	2 079	2 014	1 992	1 973
Employees	1 642	1 649	1 658	1 681	1 742	1 793	1 847	1 832	1 777	1 766	1 760
Employers and persons working on own account	189	197	194	194	192	193	188	196	190	184	180
Unpaid family workers	73	64	58	64	51	67	55	51	47	42	33
Agriculture, hunting, forestry and fishing	159	154	148	143	147	151	139	134	132	129	116
Employees	37	37	37	37	38	38	38	33	36	33	30
Employers and persons working on own account	76	78	75	72	73	69	66	70	70	70	66
Unpaid family workers	45	38	36	34	36	45	35	30	26	26	20
Non-agricultural activities	1 745	1 756	1 762	1 796	1 837	1 902	1 951	1 945	1 882	1 863	1 857
Employees	1 605	1 612	1 621	1 644	1 704	1 755	1 809	1 799	1 741	1 733	1 730
Employers and persons working on own account	113	119	119	122	119	124	122	126	120	114	114
Unpaid family workers	28	26	22	30	15	22	20	21	21	16	13
All activities (%)	100.0	100.0	100.0	100.0	100.0	100.0	100.0	100.0	100.0	100.0	100.0
Employees	86.2	86.3	86.8	86.7	87.8	87.3	88.4	88.1	88.2	88.7	89.2
Others	13.8	13.7	13.2	13.3	12.2	12.7	11.6	11.9	11.8	11.3	10.8
CIVILIAN EMPLOYMENT: BREAKDOWN BY ACTIVITIES[1]											
ISIC Rev. 2 Major Divisions											
1 to 0 All activities	1 904	1 910	1 910	1 939	1 984	2 053	2 090	2 079	2 014	1 992	1 973
1 Agriculture, hunting, forestry and fishing	159	154	148	143	147	151	139	134	132	129	116
2 Mining and quarrying	13	16	18	21	22	22	24	24	23	22	21
3 Manufacturing	377	365	338	345	348	358	352	337	318	310	294
4 Electricity, gas and water	21	18	20	21	19	21	23	21	22	23	21
5 Construction	146	147	147	148	151	155	166	166	147	139	130
6 Wholesale and retail trade; restaurants and hotels	330	331	336	330	346	364	375	376	369	358	354
7 Transport, storage and communication	174	183	172	176	175	179	178	175	167	162	162
8 Financing, insurance, real estate and business services	99	103	114	117	128	142	155	166	154	150	153
9 Community, social and personal services	582	591	614	635	644	658	673	674	675	696	716
0 Activities not adequately defined	3	2	3	3	4	3	5	5	7	5	4
EMPLOYEES: BREAKDOWN BY ACTIVITIES[1]											
ISIC Rev. 2 Major Divisions											
1 to 0 All activities	1 642	1 649	1 658	1 681	1 742	1 793	1 847	1 832	1 777	1 766	1 760
1 Agriculture, hunting, forestry and fishing	37	37	37	37	38	38	38	33	36	33	30
2 Mining and quarrying	12	15	18	20	21	22	23	23	22	21	21
3 Manufacturing	364	351	324	326	337	346	340	325	306	301	287
4 Electricity, gas and water	21	18	20	21	19	21	23	21	22	23	21
5 Construction	114	115	118	118	121	125	136	136	121	115	107
6 Wholesale and retail trade; restaurants and hotels	296	297	301	293	311	327	341	342	335	326	325
7 Transport, storage and communication	157	165	156	158	160	161	161	157	151	145	147
8 Financing, insurance, real estate and business services	92	93	102	106	117	129	142	155	142	139	141
9 Community, social and personal services	547	557	581	601	616	623	642	638	641	661	681
0 Activities not adequately defined	2	1	1	1	2	1	1	1	1	1	1

(1) Data broken down by activities (civilian employment and employees) have not been revised nor updated due to a change by the country from ISIC Rev. 2 to ISIC Rev. 3.

III - Situation dans la profession et répartition par activités - CITI Rév. 2

Milliers (estimations de moyennes annuelles)

1992	1993	1994	1995	1996	1997	1998	1999	2000	2001	
										EMPLOI CIVIL : SITUATION DANS LA PROFESSION
1 970	1 970	2 003	2 047	2 104	2 166	2 219	2 233	2 246	2 259	**Toutes activités**
1 761	1 765	1 803	1 851	1 920	1 988	2 034	2 058	2 076	2 089	Salariés
177	177	175	172	165	166	170	166	158	154	Employeurs et personnes travaillant à leur compte
26	23	20	19	19	12	14	9	8	8	Travailleurs familiaux non rémunérés
110	111	107	106	109	102	104	102	94	90	**Agriculture, chasse, sylviculture et pêche**
29	32	32	33	39	37	36	38	34	35	Salariés
63	62	59	58	56	57	59	58	54	49	Employeurs et personnes travaillant à leur compte
17	15	14	13	13	8	9	6	5	5	Travailleurs familiaux non rémunérés
1 860	1 859	1 896	1 941	1 995	2 064	2 115	2 131	2 152	2 169	**Activités non agricoles**
1 732	1 733	1 771	1 818	1 881	1 951	1 998	2 020	2 042	2 054	Salariés
114	115	116	114	109	109	111	108	104	105	Employeurs et personnes travaillant à leur compte
9	8	6	6	6	4	5	3	3	3	Travailleurs familiaux non rémunérés
100.0	100.0	100.0	100.0	100.0	100.0	100.0	100.0	100.0	100.0	**Toutes activités (%)**
89.4	89.6	90.0	90.4	91.3	91.8	91.7	92.2	92.4	92.5	Salariés
10.3	10.2	9.7	9.3	8.7	8.2	8.3	7.8	7.4	7.2	Autres
										EMPLOI CIVIL : RÉPARTITION PAR BRANCHES D'ACTIVITÉS[1]
										Branches CITI Rév. 2
										1 à 0 Toutes activités
1 970	1 970	2 003	2 047	2 104	2 165	2 219	2 233	2 246		
110	111	107	106	109	102	104	102	94		1 Agriculture, chasse, sylviculture et pêche
25	25	24	23	28	28	32	32	34		2 Industries extractives
295	292	303	308	313	324	321	300	291		3 Industries manufacturières
20	22	22	22	21	21	18	18	20		4 Électricité, gaz et eau
122	116	119	126	126	130	141	146	147		5 Bâtiment et travaux publics
353	349	348	357	389	400	411	411	419		6 Commerce de gros et de détail; restaurants et hôtels
157	158	165	170	164	167	175	170	168		7 Transports, entrepôts et communications
153	153	160	160	206	223	241	252	256		8 Banques, assurances, affaires immobilières et services fournis aux entreprises
729	741	752	771	745	768	773	799	815		9 Services fournis à la collectivité, services sociaux et services personnels
4	4	4	5	3	3	3	2	3		0 Activités mal désignées
										SALARIÉS : RÉPARTITION PAR BRANCHES D'ACTIVITÉS[1]
										Branches CITI Rév. 2
										1 à 0 Toutes activités
1 761	1 765	1 803	1 851	1 920	1 988	2 034	2 058	2 076		
29	32	32	33	39	37	36	38	34		1 Agriculture, chasse, sylviculture et pêche
25	24	24	23	28	28	32	31	33		2 Industries extractives
286	283	293	300	305	316	313	293	284		3 Industries manufacturières
20	22	22	22	21	21	18	18	20		4 Électricité, gaz et eau
99	94	99	105	104	109	119	128	128		5 Bâtiment et travaux publics
325	322	321	331	362	375	386	388	395		6 Commerce de gros et de détail; restaurants et hôtels
143	143	149	154	151	155	162	157	156		7 Transports, entrepôts et communications
139	138	145	146	191	206	222	232	238		8 Banques, assurances, affaires immobilières et services fournis aux entreprises
694	707	717	736	717	740	744	770	786		9 Services fournis à la collectivité, services sociaux et services personnels
1	1	1	1	3	2	2	2	2		0 Activités mal désignées

(1) Les données concernant la répartition par branches d'activités (emploi civil et salariés) n'ont pas été révisées ni mises à jour en raison du passage par le pays de la CITI Rév. 2 à la CITI Rév. 3.

NORWAY

IV - Civilian employment and employees: breakdown by activities - ISIC Rev. 3

Thousands (annual average estimates)

	1981	1982	1983	1984	1985	1986	1987	1988	1989	1990	1991
CIVILIAN EMPLOYMENT: BREAKDOWN BY ACTIVITIES											
A to X All activities											
A Agriculture, hunting and forestry											
B Fishing											
C Mining and quarrying											
D Manufacturing											
E Electricity, gas and water supply											
F Construction											
G Wholesale and retail trade; repair of motorvehicles,, motorcycles and personal and household goods											
H Hotels and restaurants											
I Transport, storage and communication											
J Financial intermediation											
K Real estate, renting and business activities											
L Public administration and defence; compulsory social security, excluding armed forces											
M Education											
N Health and social work											
O Other community, social and personal service activities											
P Privates households with employed persons											
Q Extra-territorial organisations and bodies											
X Not classifiable by economic activities											
Breakdown by sector											
Agriculture (A-B)											
Industry (C-F)											
Services (G-Q)											
Agriculture (%)											
Industry (%)											
Services (%)											
Female participation in agriculture (%)											
Female participation in industry (%)											
Female participation in services (%)											
EMPLOYEES: BREAKDOWN BY ACTIVITIES											
A to X All activities											
A Agriculture, hunting and forestry											
B Fishing											
C Mining and quarrying											
D Manufacturing											
E Electricity, gas and water supply											
F Construction											
G Wholesale and retail trade; repair of motorvehicles,, motorcycles and personal and household goods											
H Hotels and restaurants											
I Transport, storage and communication											
J Financial intermediation											
K Real estate, renting and business activities											
L Public administration and defence; compulsory social security, excluding armed forces											
M Education											
N Health and social work											
O Other community, social and personal service activities											
P Privates households with employed persons											
Q Extra-territorial organisations and bodies											
X Not classifiable by economic activities											
Breakdown by sector											
Agriculture (A-B)											
Industry (C-F)											
Services (G-Q)											
Agriculture (%)											
Industry (%)											
Services (%)											
Female participation in agriculture (%)											
Female participation in industry (%)											
Female participation in services (%)											

IV - Emploi civil et salariés : répartition par activités - CITI Rév. 3

Milliers (estimations de moyennes annuelles)

1992	1993	1994	1995	1996	1997	1998	1999	2000	2001	
										EMPLOI CIVIL : RÉPARTITION PAR BRANCHES D'ACTIVITÉS **A à X Toutes activités**
				2 103	2 166	2 219	2 234	2 246	2 259	
				90	83	84	84	77	72	A Agriculture, chasse et sylviculture
				18	18	20	18	16	17	B Pêche
				28	28	32	32	34	36	C Activités extractives
				313	324	321	300	291	286	D Activités de fabrication
				21	21	18	18	20	18	E Production et distribution d'électricité, de gaz et d'eau
				126	130	141	147	147	152	F Construction
				271	281	285	281	287	278	G Commerce de gros et de détail; réparation de véhicules et de biens domestiques
				67	65	70	73	73	67	H Hôtels et restaurants
				164	167	175	170	168	169	I Transports, entreposage et communications
				54	53	52	53	50	49	J Intermédiation financière
				152	171	189	200	206	224	K Immobilier, location et activités de services aux entreprises
				117	123	125	128	135	132	L Administration publique et défense; sécurité sociale obligatoire (armée exclue)
				165	169	171	179	183	190	M Education
				372	384	383	397	402	417	N Santé et action sociale
				85	86	88	90	90	94	O Autres activités de services collectifs, sociaux et personnels
				6	6	6	5	4	2	P Ménages privés employant du personnel domestique
				0	1	0	0	0	0	Q Organisations et organismes extra-territoriaux
				3	3	3	2	3	3	X Ne pouvant être classés selon l'activité économique
										Répartition par secteurs
				108	101	104	102	93	89	Agriculture (A-B)
				488	503	512	497	492	492	Industrie (C-F)
				1 453	1 506	1 544	1 576	1 598	1 622	Services (G-Q)
				5.1	4.7	4.7	4.6	4.1	3.9	Agriculture (%)
				23.2	23.2	23.1	22.2	21.9	21.8	Industrie (%)
				69.1	69.5	69.6	70.5	71.1	71.8	Services (%)
				25.9	24.8	26.0	25.5	25.8	24.7	Part des femmes dans l'agriculture (%)
				20.7	20.1	19.9	19.9	19.9	19.5	Part des femmes dans l'industrie (%)
				57.6	57.6	57.9	57.8	57.6	57.4	Part des femmes dans les services (%)
										SALARIÉS : RÉPARTITION PAR BRANCHES D'ACTIVITÉS **A à X Toutes activités**
				1 920	1 988	2 034	2 058	2 076	2 089	
				27	23	21	24	23	22	A Agriculture, chasse et sylviculture
				12	14	15	14	11	13	B Pêche
				28	28	32	31	33	36	C Activités extractives
				305	316	313	293	284	277	D Activités de fabrication
				21	21	18	18	20	18	E Production et distribution d'électricité, de gaz et d'eau
				104	109	119	128	128	132	F Construction
				252	263	267	264	272	264	G Commerce de gros et de détail; réparation de véhicules et de biens domestiques
				62	61	67	69	68	63	H Hôtels et restaurants
				151	155	162	157	156	156	I Transports, entreposage et communications
				53	53	52	53	49	49	J Intermédiation financière
				137	154	170	180	188	206	K Immobilier, location et activités de services aux entreprises
				117	122	125	128	135	132	L Administration publique et défense; sécurité sociale obligatoire (armée exclue)
				164	168	170	178	183	189	M Education
				361	373	371	386	389	402	N Santé et action sociale
				71	72	75	77	77	80	O Autres activités de services collectifs, sociaux et personnels
				3	3	3	2	2	2	P Ménages privés employant du personnel domestique
				0	1	0	0	0	0	Q Organisations et organismes extra-territoriaux
				3	2	2	2	2	2	X Ne pouvant être classés selon l'activité économique
										Répartition par secteurs
				39	37	36	38	34	35	Agriculture (A-B)
				458	474	482	470	465	463	Industrie (C-F)
				1 371	1 425	1 462	1 494	1 519	1 543	Services (G-Q)
				2.0	1.9	1.8	1.8	1.6	1.7	Agriculture (%)
				23.9	23.8	23.7	22.8	22.4	22.2	Industrie (%)
				71.4	71.7	71.9	72.6	73.2	73.9	Services (%)
				25.6	24.3	25.0	23.7	23.5	22.9	Part des femmes dans l'agriculture (%)
				21.2	20.7	20.3	20.6	20.4	20.3	Part des femmes dans l'industrie (%)
				58.6	58.7	58.8	58.9	58.3	58.1	Part des femmes dans les services (%)

Statistiques de la Population Active
© 2002
OCDE

POLAND

I - Population

Thousands (mid-year estimates)

	1981	1982	1983	1984	1985	1986	1987	1988	1989	1990	1991
POPULATION - DISTRIBUTION BY AGE AND GENDER											
All persons											
Total	35 902	36 227	36 571	36 914	37 203	37 456	37 664	37 862	37 963	38 119	38 245
Under 15 years	8 790	8 958	9 150	9 343	9 499	9 611	9 656	9 667	9 649	9 575	9 473
From 15 to 64 years	23 537	23 730	23 920	24 082	24 201	24 314	24 423	24 526	24 572	24 711	24 856
65 years and over	3 575	3 539	3 501	3 489	3 503	3 531	3 584	3 669	3 742	3 833	3 916
Males											
Total	17 493	17 656	17 827	18 000	18 144	18 268	18 370	18 467	18 505	18 578	18 634
Under 15 years	4 496	4 583	4 681	4 781	4 862	4 920	4 944	4 950	4 934	4 897	4 846
From 15 to 64 years	11 628	11 727	11 822	11 906	11 967	12 026	12 087	12 149	12 165	12 245	12 324
65 years and over	1 369	1 346	1 324	1 313	1 315	1 322	1 339	1 368	1 406	1 436	1 464
Females											
Total	18 409	18 571	18 744	18 914	19 059	19 188	19 294	19 395	19 458	19 541	19 611
Under 15 years	4 294	4 375	4 469	4 562	4 637	4 691	4 713	4 717	4 715	4 679	4 627
From 15 to 64 years	11 909	12 003	12 098	12 176	12 234	12 288	12 336	12 377	12 407	12 466	12 532
65 years and over	2 206	2 193	2 177	2 176	2 188	2 209	2 245	2 301	2 336	2 396	2 452
POPULATION - PERCENTAGES											
All persons											
Total	100.0	100.0	100.0	100.0	100.0	100.0	100.0	100.0	100.0	100.0	100.0
Under 15 years	24.5	24.7	25.0	25.3	25.5	25.7	25.6	25.5	25.4	25.1	24.8
From 15 to 64 years	65.6	65.5	65.4	65.2	65.1	64.9	64.8	64.8	64.7	64.8	65.0
65 years and over	10.0	9.8	9.6	9.5	9.4	9.4	9.5	9.7	9.9	10.1	10.2
COMPONENTS OF CHANGE IN POPULATION											
a) Population at 1 January	35 735	36 062	36 399	36 745	37 063	37 341	37 572	37 764	37 885	38 038	38 183
b) Population at 31 December	36 062	36 399	36 745	37 063	37 341	37 572	37 764	37 885	38 038	38 183	38 309
c) Total increase (b-a)	327	337	346	318	278	231	192	121	153	145	126
d) Births	682	705	724	702	680	637	608	590	564	548	548
e) Deaths	332	338	352	368	384	379	381	373	383	390	406
f) Natural increase (d-e)	350	367	372	334	296	258	227	217	181	158	142
g) Net migration	-22	-31	-25	-16	-19	-27	-35	-34	-24	-16	-16
h) Statistical adjustments	-1	1	-1	0	1	0	0	-62	-4	3	0
i) Total increase (=f+g+h=c)	327	337	346	318	278	231	192	121	153	145	126
(Components of change in population/ Average population) x1000											
Total increase rates	9.1	9.3	9.5	8.6	7.5	6.2	5.1	3.2	4.0	3.8	3.3
Crude birth rates	19.0	19.5	19.8	19.0	18.3	17.0	16.1	15.6	14.9	14.4	14.3
Crude death rates	9.2	9.3	9.6	10.0	10.3	10.1	10.1	9.9	10.1	10.2	10.6
Natural increase rates	9.7	10.1	10.2	9.1	8.0	6.9	6.0	5.7	4.8	4.1	3.7
Net migration rates	-0.6	-0.9	-0.7	-0.4	-0.5	-0.7	-0.9	-0.9	-0.6	-0.4	-0.4

I - Population

Milliers (estimations au milieu de l'année)

1992	1993	1994	1995	1996	1997	1998	1999	2000	2001	
										POPULATION - RÉPARTITION SELON L'AGE ET LE SEXE
										Ensemble des personnes
38 365	38 459	38 544	38 588	38 618	38 650	38 666	38 654	38 646	38 641	Total
9 348	9 196	9 021	8 798	8 564	8 313	8 018	7 711	7 420	7 149	Moins de 15 ans
25 025	25 188	25 353	25 516	25 680	25 869	26 091	26 322	26 527	26 703	De 15 à 64 ans
3 992	4 075	4 170	4 274	4 374	4 468	4 557	4 621	4 699	4 789	65 ans et plus
										Hommes
18 686	18 726	18 763	18 779	18 789	18 800	18 802	18 789	18 777	18 769	Total
4 782	4 704	4 615	4 502	4 384	4 258	4 109	3 953	3 805	3 669	Moins de 15 ans
12 412	12 496	12 582	12 665	12 749	12 846	12 959	13 077	13 182	13 275	De 15 à 64 ans
1 492	1 526	1 566	1 612	1 656	1 696	1 734	1 759	1 790	1 825	65 ans et plus
										Femmes
19 679	19 733	19 780	19 809	19 829	19 850	19 864	19 865	19 869	19 872	Total
4 566	4 491	4 406	4 296	4 180	4 055	3 909	3 758	3 615	3 480	Moins de 15 ans
12 613	12 692	12 771	12 851	12 931	13 023	13 132	13 245	13 345	13 428	De 15 à 64 ans
2 500	2 550	2 603	2 662	2 718	2 772	2 823	2 862	2 909	2 964	65 ans et plus
										POPULATION - POURCENTAGES
										Ensemble des personnes
100.0	100.0	100.0	100.0	100.0	100.0	100.0	100.0	100.0	100.0	Total
24.4	23.9	23.4	22.8	22.2	21.5	20.7	19.9	19.2	18.5	Moins de 15 ans
65.2	65.5	65.8	66.1	66.5	66.9	67.5	68.1	68.6	69.1	De 15 à 64 ans
10.4	10.6	10.8	11.1	11.3	11.6	11.8	12.0	12.2	12.4	65 ans et plus
										COMPOSANTES DE L'ÉVOLUTION DÉMOGRAPHIQUE
38 309	38 418	38 505	38 581	38 609	38 639	38 660	38 667	38 654	38 644	a) Population au 1er janvier
38 418	38 505	38 581	38 609	38 639	38 660	38 667	38 654	38 644	38 632	b) Population au 31 décembre
109	87	76	28	30	21	7	-13	-10	-12	c) Accroissement total (b-a)
515	494	481	433	428	413	396	382	378	368	d) Naissances
395	392	386	386	385	380	375	381	368	363	e) Décès
120	102	95	47	43	33	21	1	10	5	f) Accroissement naturel (d-e)
-12	-15	-19	-18	-13	-12	-13	-14	-20	-17	g) Solde net des migrations
1	0	0	-1	0	0	-1	0	0	0	h) Ajustements statistiques
109	87	76	28	30	21	7	-13	-10	-12	i) Accroissement total (=f+g+h=c)
										(Composition de l'évolution démographique/ Population moyenne) x1000
2.8	2.3	2.0	0.7	0.8	0.5	0.2	-0.3	-0.3	-0.3	Taux d'accroissement total
13.4	12.8	12.5	11.2	11.1	10.7	10.2	9.9	9.8	9.5	Taux bruts de natalité
10.3	10.2	10.0	10.0	10.0	9.8	9.7	9.9	9.5	9.4	Taux bruts de mortalité
3.1	2.7	2.5	1.2	1.1	0.9	0.5	0.0	0.3	0.1	Taux d'accroissement naturel
-0.3	-0.4	-0.5	-0.5	-0.3	-0.3	-0.3	-0.4	-0.5	-0.4	Taux du solde net des migrations

Statistiques de la Population Active
© 2002 OCDE

POLAND

II - Labour force

Thousands (annual average estimates)

	1981	1982	1983	1984	1985	1986	1987	1988	1989	1990	1991
Total labour force											
All persons											
Males											
Females											
Armed forces											
All persons											
Males											
Females											
Civilian labour force											
All persons											
Males											
Females											
Unemployed											
All persons											
Males											
Females											
Civilian employment											
All persons	17 420	16 996	16 951	16 998	17 144	17 193	17 138	17 023	17 002	16 280	15 326
Males											
Females											
Civilian employment (%)											
All persons	100.0	100.0	100.0	100.0	100.0	100.0	100.0	100.0	100.0	100.0	100.0
Males											
Females											
Unemployment rates (% of civilian labour force)											
All persons											
Males											
Females											
Total labour force (% of total population)											
All persons											
Males											
Females											
Total labour force (% of population from 15-64 years)[1]											
All persons											
Males											
Females											
Civilian employment (% of total population)											
All persons	48.5	46.9	46.4	46.0	46.1	45.9	45.5	45.0	44.8	42.7	40.1
Part-time employment (%)[2]											
Part-time as % of employment											
Male share of part-time employment											
Female share of part-time employment											
Male part-time as % of male employment											
Female part-time as % of female employment											
Duration of unemployment (% of total unemployment)[3]											
Less than 2 months											
More than 2 months and less than 3 months											
More than 3 months and less than 6 months											
More than 6 months and less than 1 year											
More than 1 year											

(1) Participation rates calculated according to national definitions may differ from those published in this table, when the age group represented in the labour force survey is other than 15-64 years.

(2) Part-time employment refers to persons who work less than 30 hours per week in their main job. Data include only persons declaring actual hours worked.

(3) These percentages only take into account those persons for whom the duration of unemployment is known.

II - Population active

Milliers (estimations de moyennes annuelles)

1992	1993	1994	1995	1996	1997	1998	1999	2000	2001	
										Population active totale
17 516	17 321	17 276	17 205	17 200	17 225	17 285	17 256	17 405	17 376	Ensemble des personnes
9 491	9 350	9 357	9 351	9 351	9 409	9 436	9 387	9 442	9 379	Hommes
8 024	7 971	7 919	7 854	7 849	7 817	7 849	7 869	7 962	7 997	Femmes
										Forces armées
		141	137	122	123	123	108	94	94	Ensemble des personnes
		141	137	122	123	123	108	94	94	Hommes
		0	0	0	0	0	0	0	0	Femmes
										Population active civile
17 516	17 321	17 135	17 068	17 078	17 103	17 162	17 148	17 311	17 376	Ensemble des personnes
9 491	9 350	9 216	9 214	9 229	9 286	9 313	9 279	9 348	9 379	Hommes
8 024	7 971	7 919	7 854	7 849	7 817	7 849	7 869	7 962	7 997	Femmes
										Chômeurs
2 335	2 427	2 473	2 276	2 111	1 917	1 808	2 391	2 785	3 170	Ensemble des personnes
1 154	1 183	1 207	1 119	1 016	885	843	1 147	1 344	1 583	Hommes
1 180	1 244	1 266	1 157	1 094	1 033	965	1 244	1 441	1 587	Femmes
										Emploi civil
15 181	14 894	14 661	14 792	14 968	15 186	15 354	14 757	14 526	14 207	Ensemble des personnes
8 337	8 167	8 008	8 095	8 213	8 402	8 470	8 132	8 004	7 797	Hommes
6 844	6 727	6 653	6 697	6 755	6 784	6 884	6 625	6 522	6 410	Femmes
										Emploi civil (%)
100.0	100.0	100.0	100.0	100.0	100.0	100.0	100.0	100.0	100.0	Ensemble des personnes
54.9	54.8	54.6	54.7	54.9	55.3	55.2	55.1	55.1	54.9	Hommes
45.1	45.2	45.4	45.3	45.1	44.7	44.8	44.9	44.9	45.1	Femmes
										Taux de chômage (% de la population active civile)
13.3	14.0	14.4	13.3	12.4	11.2	10.5	13.9	16.1	18.2	Ensemble des personnes
12.2	12.7	13.1	12.1	11.0	9.5	9.1	12.4	14.4	16.9	Hommes
14.7	15.6	16.0	14.7	13.9	13.2	12.3	15.8	18.1	19.8	Femmes
										Population active totale (% de la population totale)
45.7	45.0	44.8	44.6	44.5	44.6	44.7	44.6	45.0	45.0	Ensemble des personnes
50.8	49.9	49.9	49.8	49.8	50.0	50.2	50.0	50.3	50.0	Hommes
40.8	40.4	40.0	39.6	39.6	39.4	39.5	39.6	40.1	40.2	Femmes
										Population active totale (% de la population de 15-64 ans)[1]
70.0	68.8	68.1	67.4	67.0	66.6	66.2	65.6	65.6	65.1	Ensemble des personnes
76.5	74.8	74.4	73.8	73.3	73.2	72.8	71.8	71.6	70.7	Hommes
63.6	62.8	62.0	61.1	60.7	60.0	59.8	59.4	59.7	59.6	Femmes
										Emploi civil (% de la population totale)
39.6	38.7	38.0	38.3	38.8	39.3	39.7	38.2	37.6	36.8	Ensemble des personnes
										Emploi à temps partiel (%)[2]
					11.9	11.8	13.9	12.8	11.6	Temps partiel en % de l'emploi
					38.9	37.8	38.4	38.3	35.3	Part des hommes dans le temps partiel
					61.1	62.2	61.6	61.7	64.8	Part des femmes dans le temps partiel
					8.2	8.0	9.6	8.8	7.5	Temps partiel des hommes en % de l'emploi des hommes
					16.6	16.6	19.2	17.9	16.6	Temps partiel des femmes en % de l'emploi des femmes
										Durée du chômage (% du chômage total)[3]
6.4	5.2	6.6	7.5	7.6	8.0	9.0	8.2	7.2	6.7	Moins de 2 mois
14.0	14.0	12.5	13.3	12.5	13.7	14.1	15.4	11.6	10.9	Plus de 2 mois et moins de 3 mois
16.8	16.2	15.8	16.1	17.0	16.1	16.5	19.3	18.2	16.2	Plus de 3 mois et moins de 6 mois
28.1	25.6	24.8	23.0	23.8	24.2	23.0	22.3	25.2	23.1	Plus de 6 mois et moins de 1 an
34.7	39.1	40.4	40.0	39.0	38.0	37.4	34.8	37.9	43.1	Plus de 1 an

(1) Les taux d'activité calculés selon les définitions nationales peuvent être différents de ceux publiés dans ce tableau si le groupe d'âges représenté dans l'enquête de la population active est différent de 15-64 ans.

(2) L'emploi à temps partiel se réfère aux actifs travaillant moins de 30 heures par semaine dans leur emploi principal. Les données incluent uniquement les personnes déclarant des heures effectives de travail.

(3) Ces pourcentages ne prennent en compte que les personnes pour lesquelles la durée du chômage est connue.

Statistiques de la Population Active
© 2002 OCDE

POLAND

III - Professional status and breakdown by activities - ISIC Rev. 2

Thousands (annual average estimates)

	1981	1982	1983	1984	1985	1986	1987	1988	1989	1990	1991
CIVILIAN EMPLOYMENT: PROFESSIONAL STATUS											
All activities	17 420	16 996	16 951	16 998	17 144	17 193	17 138	17 023	17 002	16 280	15 326
Employees	12 247	11 809	11 824	11 906	12 018	12 143	12 174	12 122	12 154	11 375	10 406
Employers and persons working on own account	4 480	4 577	4 542	4 509	4 546	4 470	4 389	4 323	4 270	4 424	4 601
Unpaid family workers	0	0	0	0	0	0	0	0	0	0	0
Agriculture, hunting, forestry and fishing	5 358	5 335	5 227	5 133	5 129	5 032	4 912	4 779	4 543	4 328	4 108
Employees	1 089	1 027	1 004	983	968	963	951	929	894	791	622
Employers and persons working on own account	4 054	4 113	4 030	3 950	3 950	3 850	3 735	3 620	3 432	3 329	3 285
Unpaid family workers	0	0	0	0	0	0	0	0	0	0	0
Non-agricultural activities	12 062	11 661	11 724	11 865	12 015	12 161	12 226	12 244	12 459	11 952	11 218
Employees	11 158	10 782	10 820	10 923	11 050	11 180	11 223	11 193	11 260	10 584	9 784
Employers and persons working on own account	426	464	512	559	596	620	654	703	838	1 095	1 316
Unpaid family workers	0	0	0	0	0	0	0	0	0	0	0
All activities (%)	100.0	100.0	100.0	100.0	100.0	100.0	100.0	100.0	100.0	100.0	100.0
Employees	70.3	69.5	69.8	70.0	70.1	70.6	71.0	71.2	71.5	69.9	67.9
Others	25.7	26.9	26.8	26.5	26.5	26.0	25.6	25.4	25.1	27.2	30.0

CIVILIAN EMPLOYMENT: BREAKDOWN BY ACTIVITIES

ISIC Rev. 2 Major Divisions

1 to 0 All activities

1   Agriculture, hunting, forestry and fishing
2   Mining and quarrying
3   Manufacturing
4   Electricity, gas and water
5   Construction
6   Wholesale and retail trade; restaurants and hotels
7   Transport, storage and communication
8   Financing, insurance, real estate and business services
9   Community, social and personal services

0   Activities not adequately defined

EMPLOYEES: BREAKDOWN BY ACTIVITIES

ISIC Rev. 2 Major Divisions

1 to 0 All activities

1   Agriculture, hunting, forestry and fishing
2   Mining and quarrying
3   Manufacturing
4   Electricity, gas and water
5   Construction
6   Wholesale and retail trade; restaurants and hotels
7   Transport, storage and communication
8   Financing, insurance, real estate and business services
9   Community, social and personal services

0   Activities not adequately defined

III - Situation dans la profession et répartition par activités - CITI Rév. 2

Milliers (estimations de moyennes annuelles)

1992	1993	1994	1995	1996	1997	1998	1999	2000	2001	
										EMPLOI CIVIL : SITUATION DANS LA PROFESSION
15 181	14 894	14 661	14 792	14 968	15 186	15 354	14 757	14 526	14 207	**Toutes activités**
10 592	10 253	10 125	10 397	10 552	10 881	11 173	10 782	10 546	10 226	Salariés
3 592	3 631	3 654	3 508	3 494	3 509	3 446	3 338	3 255	3 236	Employeurs et personnes travaillant à leur compte
997	1 011	881	887	921	796	735	636	724	745	Travailleurs familiaux non rémunérés
3 800	3 701	3 496	3 345	3 308	3 123	2 946	2 667	2 726	2 720	**Agriculture, chasse, sylviculture et pêche**
493	393	363	349	318	308	304	257	229	203	Salariés
2 407	2 392	2 353	2 207	2 167	2 109	1 994	1 864	1 854	1 868	Employeurs et personnes travaillant à leur compte
900	916	780	789	824	706	648	547	645	649	Travailleurs familiaux non rémunérés
11 381	11 193	11 165	11 447	11 660	12 063	12 408	12 090	11 800	11 487	**Activités non agricoles**
10 099	9 860	9 762	10 048	10 235	10 573	10 869	10 526	10 317	10 023	Salariés
1 185	1 239	1 301	1 301	1 327	1 399	1 452	1 475	1 401	1 368	Employeurs et personnes travaillant à leur compte
97	95	101	98	97	90	87	90	79	97	Travailleurs familiaux non rémunérés
100.0	100.0	100.0	100.0	100.0	100.0	100.0	100.0	100.0	100.0	**Toutes activités (%)**
69.8	68.8	69.1	70.3	70.5	71.7	72.8	73.1	72.6	72.0	Salariés
30.2	31.2	30.9	29.7	29.5	28.3	27.2	26.9	27.4	28.0	Autres
										EMPLOI CIVIL : RÉPARTITION PAR BRANCHES D'ACTIVITÉS
										Branches CITI Rév. 2
15 181	14 889	14 661	14 792	14 968	15 186	15 354	14 755	14 526	14 207	**1 à 0 Toutes activités**
	3 820	3 496	3 345	3 308	3 123	2 946	2 666	2 726	2 720	1 Agriculture, chasse, sylviculture et pêche
	412	445	445	418	389	381	316	293	274	2 Industries extractives
	3 171	3 036	3 120	3 129	3 183	3 205	3 048	2 901	2 830	3 Industries manufacturières
	173	258	266	271	273	265	247	263	269	4 Électricité, gaz et eau
	934	918	897	922	1 004	1 071	1 012	1 024	958	5 Bâtiment et travaux publics
	1 769	1 905	2 005	2 096	2 201	2 335	2 318	2 284	2 260	6 Commerce de gros et de détail; restaurants et hôtels
	738	811	855	889	936	958	895	893	852	7 Transports, entrepôts et communications
	540	564	633	697	750	819	894	911	967	8 Banques, assurances, affaires immobilières et services fournis aux entreprises
	3 299	3 212	3 210	3 237	3 327	3 374	3 361	3 230	3 077	9 Services fournis à la collectivité, services sociaux et services personnels
	35	18	16	1	0	0	0	0	0	0 Activités mal désignées
										SALARIÉS : RÉPARTITION PAR BRANCHES D'ACTIVITÉS
										Branches CITI Rév. 2
		10 125	10 397	10 553	10 881	11 173	10 782	10 546	10 226	**1 à 0 Toutes activités**
		363		318	307	394	257	229	203	1 Agriculture, chasse, sylviculture et pêche
		445		418	388	397	316	292	273	2 Industries extractives
		2 861		2 905	2 963	3 341	2 821	2 684	2 632	3 Industries manufacturières
		255		268	270	276	245	261	267	4 Électricité, gaz et eau
		762		763	830	1 045	821	939	761	5 Bâtiment et travaux publics
		1 214		1 383	1 480	1 888	1 598	1 619	1 611	6 Commerce de gros et de détail; restaurants et hôtels
		694		752	787	854	731	746	711	7 Transports, entrepôts et communications
		511		620	659	763	767	785	830	8 Banques, assurances, affaires immobilières et services fournis aux entreprises
		3 099		3 126	3 196	3 462	3 229	3 093	2 937	9 Services fournis à la collectivité, services sociaux et services personnels
		16		0	0	0	0	0	0	0 Activités mal désignées

POLAND

IV - Civilian employment and employees: breakdown by activities - ISIC Rev. 3

Thousands (annual average estimates)

	1981	1982	1983	1984	1985	1986	1987	1988	1989	1990	1991
CIVILIAN EMPLOYMENT: BREAKDOWN BY ACTIVITIES											
A to X All activities											
A Agriculture, hunting and forestry											
B Fishing											
C Mining and quarrying											
D Manufacturing											
E Electricity, gas and water supply											
F Construction											
G Wholesale and retail trade; repair of motorvehicles,, motorcycles and personal and household goods											
H Hotels and restaurants											
I Transport, storage and communication											
J Financial intermediation											
K Real estate, renting and business activities											
L Public administration and defence; compulsory social security, excluding armed forces											
M Education											
N Health and social work											
O Other community, social and personal service activities											
P Privates households with employed persons											
Q Extra-territorial organisations and bodies											
X Not classifiable by economic activities											
Breakdown by sector											
Agriculture (A-B)											
Industry (C-F)											
Services (G-Q)											
Agriculture (%)											
Industry (%)											
Services (%)											
Female participation in agriculture (%)											
Female participation in industry (%)											
Female participation in services (%)											
EMPLOYEES: BREAKDOWN BY ACTIVITIES											
A to X All activities											
A Agriculture, hunting and forestry											
B Fishing											
C Mining and quarrying											
D Manufacturing											
E Electricity, gas and water supply											
F Construction											
G Wholesale and retail trade; repair of motorvehicles,, motorcycles and personal and household goods											
H Hotels and restaurants											
I Transport, storage and communication											
J Financial intermediation											
K Real estate, renting and business activities											
L Public administration and defence; compulsory social security, excluding armed forces											
M Education											
N Health and social work											
O Other community, social and personal service activities											
P Privates households with employed persons											
Q Extra-territorial organisations and bodies											
X Not classifiable by economic activities											
Breakdown by sector											
Agriculture (A-B)											
Industry (C-F)											
Services (G-Q)											
Agriculture (%)											
Industry (%)											
Services (%)											
Female participation in agriculture (%)											
Female participation in industry (%)											
Female participation in services (%)											

IV - Emploi civil et salariés : répartition par activités - CITI Rév. 3

Milliers (estimations de moyennes annuelles)

1992	1993	1994	1995	1996	1997	1998	1999	2000	2001	
										EMPLOI CIVIL : RÉPARTITION PAR BRANCHES D'ACTIVITÉS **A à X Toutes activités**
							14 757	14 526	14 207	
							2 656	2 715	2 711	A Agriculture, chasse et sylviculture
							10	11	9	B Pêche
							316	293	274	C Activités extractives
							3 048	2 901	2 830	D Activités de fabrication
							247	263	269	E Production et distribution d'électricité, de gaz et d'eau
							1 012	1 024	958	F Construction
							2 095	2 043	2 007	G Commerce de gros et de détail; réparation de véhicules et de biens domestiques
							223	241	253	H Hôtels et restaurants
							895	893	852	I Transports, entreposage et communications
							387	380	340	J Intermédiation financière
							507	531	627	K Immobilier, location et activités de services aux entreprises
							772	764	749	L Administration publique et défense; sécurité sociale obligatoire (armée exclue)
							1 029	1 013	955	M Education
							1 028	938	903	N Santé et action sociale
							527	507	459	O Autres activités de services collectifs, sociaux et personnels
							5	8	11	P Ménages privés employant du personnel domestique
							0	0	0	Q Organisations et organismes extra-territoriaux
							0	0	0	X Ne pouvant être classés selon l'activité économique
										Répartition par secteurs
							2 666	2 726	2 720	Agriculture (A-B)
							4 623	4 481	4 331	Industrie (C-F)
							7 468	7 318	7 155	Services (G-Q)
							18.1	18.8	19.1	Agriculture (%)
							31.3	30.8	30.5	Industrie (%)
							50.6	50.4	50.4	Services (%)
							43.5	43.9	44.9	Part des femmes dans l'agriculture (%)
							28.8	27.7	27.3	Part des femmes dans l'industrie (%)
							55.3	55.9	56.0	Part des femmes dans les services (%)
										SALARIÉS : RÉPARTITION PAR BRANCHES D'ACTIVITÉS **A à X Toutes activités**
							10 782	10 546	10 226	
							249	218	196	A Agriculture, chasse et sylviculture
							8	11	7	B Pêche
							316	292	273	C Activités extractives
							2 821	2 684	2 632	D Activités de fabrication
							245	261	267	E Production et distribution d'électricité, de gaz et d'eau
							821	839	761	F Construction
							1 431	1 425	1 403	G Commerce de gros et de détail; réparation de véhicules et de biens domestiques
							167	194	208	H Hôtels et restaurants
							731	746	711	I Transports, entreposage et communications
							343	341	308	J Intermédiation financière
							425	444	522	K Immobilier, location et activités de services aux entreprises
							771	759	749	L Administration publique et défense; sécurité sociale obligatoire (armée exclue)
							1 017	999	943	M Education
							1 000	903	857	N Santé et action sociale
							439	425	376	O Autres activités de services collectifs, sociaux et personnels
							4	7	11	P Ménages privés employant du personnel domestique
							0	0	0	Q Organisations et organismes extra-territoriaux
							0	0	0	X Ne pouvant être classés selon l'activité économique
										Répartition par secteurs
							257	229	203	Agriculture (A-B)
							4 202	4 076	3 934	Industrie (C-F)
							6 325	6 243	6 089	Services (G-Q)
							2.4	2.2	2.0	Agriculture (%)
							39.0	38.6	38.5	Industrie (%)
							58.7	59.2	59.5	Services (%)
							24.4	27.1	24.9	Part des femmes dans l'agriculture (%)
							30.0	28.6	28.5	Part des femmes dans l'industrie (%)
							58.6	58.9	58.9	Part des femmes dans les services (%)

Statistiques de la Population Active
© 2002
OCDE

PORTUGAL

I - Population

Thousands (estimates at 31 December)

	1981	1982	1983	1984	1985	1986	1987	1988	1989	1990	1991
POPULATION - DISTRIBUTION BY AGE AND GENDER											
All persons											
Total	9 884	9 939	9 970	10 009	10 014	10 007	9 981	9 955	9 920	9 873	9 860
Under 15 years	2 482	2 459	2 424	2 392	2 341	2 285	2 216	2 148	2 067	1 974	1 911
From 15 to 64 years	6 260	6 324	6 383	6 442	6 472	6 497	6 515	6 530	6 542	6 556	6 584
65 years and over	1 141	1 156	1 162	1 175	1 201	1 225	1 250	1 277	1 311	1 344	1 364
Males											
Total	4 763	4 791	4 807	4 827	4 830	4 826	4 814	4 801	4 783	4 760	4 753
Under 15 years	1 267	1 256	1 239	1 223	1 198	1 169	1 134	1 099	1 058	1 009	978
From 15 to 64 years	3 033	3 066	3 096	3 127	3 144	3 158	3 168	3 177	3 184	3 192	3 209
65 years and over	463	469	472	477	488	499	511	524	541	558	566
Females											
Total	5 121	5 148	5 163	5 182	5 185	5 181	5 168	5 154	5 137	5 113	5 107
Under 15 years	1 215	1 203	1 185	1 169	1 144	1 116	1 082	1 049	1 009	964	934
From 15 to 64 years	3 227	3 258	3 287	3 315	3 328	3 339	3 347	3 353	3 358	3 363	3 375
65 years and over	678	687	691	698	713	726	738	753	770	786	798
POPULATION - PERCENTAGES											
All persons											
Total	100.0	100.0	100.0	100.0	100.0	100.0	100.0	100.0	100.0	100.0	100.0
Under 15 years	25.1	24.7	24.3	23.9	23.4	22.8	22.2	21.6	20.8	20.0	19.4
From 15 to 64 years	63.3	63.6	64.0	64.4	64.6	64.9	65.3	65.6	65.9	66.4	66.8
65 years and over	11.5	11.6	11.7	11.7	12.0	12.2	12.5	12.8	13.2	13.6	13.8
COMPONENTS OF CHANGE IN POPULATION											
a) Population at 1 January	9 819	9 883	9 939	9 970	10 009	10 014	10 007	9 981	9 955	9 920	9 873
b) Population at 31 December	9 883	9 939	9 970	10 009	10 014	10 007	9 981	9 955	9 920	9 873	9 865
c) Total increase (b-a)	64	56	31	39	5	-7	-26	-26	-35	-47	-8
d) Births	152	151	144	143	130	127	123	122	119	116	116
e) Deaths	96	92	96	97	97	96	95	98	96	103	104
f) Natural increase (d-e)	56	59	48	46	33	31	28	24	23	13	12
g) Net migration	9	-3	-17	-7	-28	-38	-54	-51	-58	-56	-25
h) Statistical adjustments	-1	0	0	0	0	0	0	1	0	-4	5
i) Total increase (=f+g+h=c)	64	56	31	39	5	-7	-26	-26	-35	-47	-8
(Components of change in population/ Average population) x1000											
Total increase rates	6.5	5.6	3.1	3.9	0.5	-0.7	-2.6	-2.6	-3.5	-4.7	-0.8
Crude birth rates	15.4	15.2	14.5	14.3	13.0	12.7	12.3	12.2	12.0	11.7	11.8
Crude death rates	9.7	9.3	9.6	9.7	9.7	9.6	9.5	9.8	9.7	10.4	10.5
Natural increase rates	5.7	6.0	4.8	4.6	3.3	3.1	2.8	2.4	2.3	1.3	1.2
Net migration rates	0.9	-0.3	-1.7	-0.7	-2.8	-3.8	-5.4	-5.1	-5.8	-5.6	-2.5

I - Population

Milliers (estimations au 31 décembre)

1992	1993	1994	1995	1996	1997	1998	1999	2000	2001	
										POPULATION - RÉPARTITION SELON L'AGE ET LE SEXE
										Ensemble des personnes
9 833	9 840	9 840	9 847	9 866	9 878 |	9 968	9 988	10 008	10 061	Total
1 827	1 756	1 646	1 604	1 520	1 454 |	1 737	1 715	1 697	1 691	Moins de 15 ans
6 669	6 695	6 780	6 789	6 756	6 703 |	6 752	6 781	6 798	6 835	De 15 à 64 ans
1 337	1 389	1 413	1 454	1 590	1 720 |	1 479	1 492	1 513	1 534	65 ans et plus
										Hommes
4 700	4 719	4 722	4 730	4 741	4 709 |	4 800	4 809	4 819	4 847	Total
936	912	857	828	791	737 |	887	879	870	867	Moins de 15 ans
3 201	3 218	3 269	3 292	3 271	3 251 |	3 298	3 317	3 329	3 352	De 15 à 64 ans
562	588	597	609	679	721 |	614	613	620	628	65 ans et plus
										Femmes
5 134	5 121	5 118	5 117	5 125	5 169 |	5 168	5 179	5 189	5 214	Total
891	844	790	776	728	717 |	850	836	827	824	Moins de 15 ans
3 468	3 477	3 511	3 496	3 485	3 452 |	3 454	3 464	3 469	3 483	De 15 à 64 ans
774	800	817	845	911	999 |	864	879	893	907	65 ans et plus
										POPULATION - POURCENTAGES
										Ensemble des personnes
100.0	100.0	100.0	100.0	100.0	100.0 |	100.0	100.0	100.0	100.0	Total
18.6	17.9	16.7	16.3	15.4	14.7 |	17.4	17.2	17.0	16.8	Moins de 15 ans
67.8	68.0	68.9	68.9	68.5	67.9 |	67.7	67.9	67.9	67.9	De 15 à 64 ans
13.6	14.1	14.4	14.8	16.1	17.4 |	14.8	14.9	15.1	15.3	65 ans et plus
										COMPOSANTES DE L'ÉVOLUTION DÉMOGRAPHIQUE
9 865	9 869	9 892	9 912	9 921	9 934	9 957	9 979			a) Population au 1er janvier
9 869	9 892	9 912	9 921	9 934	9 957	9 979				b) Population au 31 décembre
4	23	20	9	13	23	22				**c) Accroissement total (b-a)**
115	114	109	107	110	113	113				d) Naissances
101	106	100	104	107	105	106				e) Décès
14	8	9	3	3	8	7				**f) Accroissement naturel (d-e)**
-10	15	10	5	10	15	15				g) Solde net des migrations
0	0	1	1	0	0	0				h) Ajustements statistiques
4	23	20	9	13	23	22				**i) Accroissement total (=f+g+h=c)**
										(Composition de l'évolution démographique/ Population moyenne) x1000
0.4	2.3	2.0	0.9	1.3	2.3	2.2				Taux d'accroissement total
11.7	11.5	11.0	10.8	11.1	11.4	11.3				Taux bruts de natalité
10.2	10.7	10.1	10.5	10.8	10.6	10.6				Taux bruts de mortalité
1.4	0.8	0.9	0.3	0.3	0.8	0.7				Taux d'accroissement naturel
-1.0	1.5	1.0	0.5	1.0	1.5	1.5				Taux du solde net des migrations

Statistiques de la Population Active
© 2002
OCDE

PORTUGAL

II - Labour force

Thousands (annual average estimates)

	1981	1982	1983	1984	1985	1986	1987	1988	1989	1990	1991
Total labour force											
All persons	4 334	4 330 |	4 555	4 529	4 514	4 520	4 567	4 616	4 677	4 948	4 840 |
Males	2 571	2 568 |	2 691	2 673	2 647	2 665	2 662	2 664	2 693	2 834	2 721 |
Females	1 763	1 762 |	1 864	1 856	1 867	1 855	1 905	1 952	1 984	2 114	2 119 |
Armed forces											
All persons	96	85 |	73	72	73	74	77	73	68	65	66 |
Males	96	85 |	73	72	73	74	77	73	68	65	66 |
Females	0	0	0	0	0	0	0	0	0	0	0
Civilian labour force											
All persons	4 238	4 245 |	4 482	4 457	4 441	4 446	4 490	4 543	4 610	4 884	4 774 |
Males	2 475	2 483 |	2 619	2 601	2 574	2 593	2 585	2 591	2 626	2 769	2 655 |
Females	1 763	1 762 |	1 864	1 856	1 867	1 853	1 905	1 952	1 984	2 115	2 119 |
Unemployed											
All persons	320	317 |	355	381	385	382	319	262	233	225	206 |
Males	104	103 |	127	156	166	171	139	106	90	87	76 |
Females	216	214 |	228	226	219	211	180	156	143	138	129 |
Civilian employment											
All persons	3 918	3 928 |	4 128	4 075	4 057	4 064	4 171	4 280	4 377	4 658	4 568 |
Males	2 371	2 380 |	2 492	2 446	2 408	2 423	2 446	2 485	2 536	2 681	2 579 |
Females	1 547	1 548 |	1 636	1 630	1 648	1 641	1 724	1 796	1 841	1 977	1 989 |
Civilian employment (%)											
All persons	100.0	100.0 |	100.0	100.0	100.0	100.0	100.0	100.0	100.0	100.0	100.0 |
Males	60.5	60.6 |	60.4	60.0	59.4	59.6	58.6	58.1	57.9	57.6	56.5 |
Females	39.5	39.4 |	39.6	40.0	40.6	40.4	41.3	42.0	42.1	42.4	43.5 |
Unemployment rates (% of civilian labour force)											
All persons	7.6	7.5 |	7.9	8.5	8.7	8.6	7.1	5.8	5.1	4.6	4.3 |
Males	4.2	4.1 |	4.8	6.0	6.4	6.6	5.4	4.1	3.4	3.1	2.9 |
Females	12.3	12.1 |	12.2	12.2	11.7	11.4	9.4	8.0	7.2	6.5	6.1 |
Total labour force (% of total population)											
All persons	43.8	43.6 |	45.7	45.2	45.1	45.2	45.8	46.4	47.1	50.1	49.1 |
Males	54.0	53.6 |	56.0	55.4	54.8	55.2	55.3	55.5	56.3	59.5	57.2 |
Females	34.4	34.2 |	36.1	35.8	36.0	35.8	36.9	37.9	38.6	41.3	41.5 |
Total labour force (% of population from 15-64 years)[1]											
All persons	69.2	68.5 |	71.4	70.3	69.7	69.6	70.1	70.7	71.5	75.5	73.5 |
Males	84.8	83.8 |	86.9	85.5	84.2	84.4	84.0	83.9	84.6	88.8	84.8 |
Females	54.6	54.1 |	56.7	56.0	56.1	55.6	56.9	58.2	59.1	62.9	62.8 |
Civilian employment (% of total population)											
All persons	39.6	39.5 |	41.4	40.7	40.5	40.6	41.8	43.0	44.1	47.2	46.3 |
Part-time employment (%)[2]											
Part-time as % of employment						6.6	6.4	6.7	7.1	6.8	7.8
Male share of part-time employment						25.8	24.4	23.6	23.1	25.9	26.9
Female share of part-time employment						74.2	75.2	76.4	76.9	74.1	73.1
Male part-time as % of male employment						2.9	2.7	2.7	2.8	3.0	3.7
Female part-time as % of female employment						12.2	11.8	12.3	13.0	11.8	13.2
Duration of unemployment (% of total unemployment)[3]											
Less than 1 month						1.3	1.3	1.5	0.7	3.2	2.1
More than 1 month and less than 3 months						12.5	11.2	15.1	15.3	14.5	16.2
More than 3 months and less than 6 months						13.9	17.3	19.2	20.7	20.0	23.1
More than 6 months and less than 1 year						18.7	16.2	15.9	17.7	17.5	19.8
More than 1 year						53.7	53.9	48.2	45.6	44.9	38.7

Prior to 1983, data refer to end of year and annual averages thereafter.

(1) Participation rates calculated according to national definitions may differ from those published in this table, when the age group represented in the labour force survey is other than 15-64 years.

(2) Part-time employment refers to persons who work less than 30 hours per week in their main job. Data include only persons declaring usual hours worked.

(3) These percentages only take into account those persons for whom the duration of unemployment is known.

II - Population active

Milliers (estimations de moyennes annuelles)

1992	1993	1994	1995	1996	1997	1998	1999	2000	2001	
										Population active totale
4 721	4 708	4 767	4 751	4 787	4 852	4 987	5 047	5 113	5 201	Ensemble des personnes
2 630	2 601	2 625	2 611	2 624	2 653	2 736	2 757	2 783	2 825	Hommes
2 090	2 106	2 141	2 140	2 162	2 199	2 251	2 290	2 331	2 376	Femmes
										Forces armées
31	33	35	32	34	38	36	35	32	34	Ensemble des personnes
31	32	33	31	33	35	34	33	30	31	Hommes
0	1	2	1	1	2	2	2	2	2	Femmes
										Population active civile
4 690	4 675	4 732	4 719	4 753	4 815	4 951	5 012	5 081	5 167	Ensemble des personnes
2 599	2 569	2 592	2 580	2 592	2 618	2 702	2 725	2 753	2 794	Hommes
2 090	2 105	2 139	2 139	2 161	2 197	2 249	2 288	2 329	2 373	Femmes
										Chômeurs
192	256	323	338	344	324	248	222	205	212	Ensemble des personnes
89	120	155	166	167	158	108	106	88	91	Hommes
102	137	168	172	177	165	140	116	117	121	Femmes
										Emploi civil
4 498	4 418	4 409	4 382	4 409	4 491	4 703	4 791	4 877	4 956	Ensemble des personnes
2 510	2 450	2 437	2 415	2 425	2 460	2 594	2 619	2 665	2 703	Hommes
1 988	1 969	1 972	1 967	1 984	2 031	2 109	2 172	2 212	2 253	Femmes
										Emploi civil (%)
100.0	100.0	100.0	100.0	100.0	100.0	100.0	100.0	100.0	100.0	Ensemble des personnes
55.8	55.4	55.3	55.1	55.0	54.8	55.2	54.7	54.6	54.5	Hommes
44.2	44.6	44.7	44.9	45.0	45.2	44.8	45.3	45.4	45.5	Femmes
										Taux de chômage (% de la population active civile)
4.1	5.5	6.8	7.2	7.2	6.7	5.0	4.4	4.0	4.1	Ensemble des personnes
3.4	4.7	6.0	6.4	6.4	6.0	4.0	3.9	3.2	3.3	Hommes
4.9	6.5	7.8	8.0	8.2	7.5	6.2	5.1	5.0	5.1	Femmes
										Population active totale (% de la population totale)
48.0	47.8	48.4	48.2	48.5	49.1	50.0	50.5	51.1	51.7	Ensemble des personnes
56.0	55.1	55.6	55.2	55.4	56.3	57.0	57.3	57.7	58.3	Hommes
40.7	41.1	41.8	41.8	42.2	42.5	43.6	44.2	44.9	45.6	Femmes
										Population active totale (% de la population de 15-64 ans)[1]
70.8	70.3	70.3	70.0	70.9	72.4	73.9	74.4	75.2	76.1	Ensemble des personnes
82.2	80.8	80.3	79.3	80.2	81.6	83.0	83.1	83.6	84.3	Hommes
60.3	60.6	61.0	61.2	62.1	63.7	65.2	66.1	67.2	68.2	Femmes
										Emploi civil (% de la population totale)
45.7	44.9	44.8	44.5	44.7	45.5	47.2	48.0	48.7	49.3	Ensemble des personnes
										Emploi à temps partiel (%)[2]
8.8	8.8	9.5	8.6	9.2	10.2	9.9	9.3	9.2	9.2	Temps partiel en % de l'emploi
27.0	27.5	28.7	24.7	27.1	27.5	28.8	29.2	28.2	30.1	Part des hommes dans le temps partiel
73.0	72.5	71.3	75.5	72.9	72.5	71.2	70.8	71.8	69.9	Part des femmes dans le temps partiel
4.2	4.3	4.9	3.8	4.5	5.1	5.1	5.0	4.7	5.1	Temps partiel des hommes en % de l'emploi des hommes
14.5	14.4	15.2	14.6	15.1	16.5	15.8	14.6	14.7	14.2	Temps partiel des femmes en % de l'emploi des femmes
										Durée du chômage (% du chômage total)[3]
35.2	8.5	9.7	7.1	6.4	5.4	5.3	5.2	4.0	7.2	Moins de 1 mois
11.3	23.0	14.0	11.5	11.7	11.8	10.1	13.9	16.7	17.8	Plus de 1 mois et moins de 3 mois
16.1	23.2	19.0	16.3	15.2	16.0	20.0	17.1	19.2	17.0	Plus de 3 mois et moins de 6 mois
6.5	1.8	13.9	14.2	13.6	11.1	19.8	22.6	17.2	19.9	Plus de 6 mois et moins de 1 an
30.9	43.5	43.4	50.9	53.1	55.6	44.7	41.2	42.9	38.1	Plus de 1 an

Avant 1983, les données se réfèrent à la fin de l'année ; ensuite à la moyenne annuelle.

(1) Les taux d'activité calculés selon les définitions nationales peuvent être différents de ceux publiés dans ce tableau si le groupe d'âges représenté dans l'enquête de la population active est différent de 15-64 ans.

(2) L'emploi à temps partiel se réfère aux actifs travaillant moins de 30 heures par semaine dans leur emploi principal. Les données incluent uniquement les personnes déclarant des heures habituelles de travail.

(3) Ces pourcentages ne prennent en compte que les personnes pour lesquelles la durée du chômage est connue.

Statistiques de la Population Active
© 2002
OCDE

PORTUGAL

III - Professional status and breakdown by activities - ISIC Rev. 2

Thousands (annual average estimates)

	1981	1982	1983	1984	1985	1986	1987	1988	1989	1990	1991
CIVILIAN EMPLOYMENT: PROFESSIONAL STATUS											
All activities	3 918	3 928 │	4 128	4 075	4 057	4 064	4 171	4 280	4 377	4 658	4 568 │
Employees	2 652	2 733 │	2 838	2 752	2 746	2 791	2 830	2 954	3 058	3 289	3 172 │
Employers and persons working on own account	1 266	1 195 │	1 290	1 323	1 311	1 273	1 341	1 326	1 157	1 213	1 228 │
Unpaid family workers									162	156	169 │
Agriculture, hunting, forestry and fishing	1 017	991 │	957	969	969	891	926	885	829	833	789 │
Employees	198	219 │	206	171	170	154	146	147	148	159	129 │
Employers and persons working on own account	819	772 │	751	798	799	737	780	738	574	573	552 │
Unpaid family workers									107	101	108 │
Non-agricultural activities	2 901	2 937 │	3 171	3 106	3 088	3 173	3 245	3 395	3 548	3 825	3 779 │
Employees	2 454	2 514 │	2 632	2 581	2 576	2 637	2 684	2 807	2 910	3 130	3 043 │
Employers and persons working on own account	447	423 │	539	525	512	536	561	588	583	640	676 │
Unpaid family workers									55	55	61 │
All activities (%)	100.0	100.0 │	100.0	100.0	100.0	100.0	100.0	100.0	100.0	100.0	100.0 │
Employees	67.7	69.6 │	68.8	67.5	67.7	68.7	67.8	69.0	69.9	70.6	69.4 │
Others									30.1	29.4	30.6 │
CIVILIAN EMPLOYMENT: BREAKDOWN BY ACTIVITIES											
ISIC Rev. 2 Major Divisions											
1 to 0 All activities	3 918	3 928 │	4 128	4 075	4 057	4 064	4 171	4 280	4 377	4 658	4 799 │
1 Agriculture, hunting, forestry and fishing	1 017	991 │	957	969	969	891	926	885	829	833	836 │
2 Mining and quarrying	21	25				27	27	29	20	36	30 │
3 Manufacturing	1 009					995	1 040	1 074	1 107	1 148	1 147 │
4 Electricity, gas and water	22	19				32	33	38	38	42	49 │
5 Construction	398	412				332	354	362	384	381	388 │
6 Wholesale and retail trade; restaurants and hotels	486	470				599	585	630	655	723	775 │
7 Transport, storage and communication	151	160				174	168	177	180	212	232 │
8 Financing, insurance, real estate and business services	89	97				127	132	140	154	208	217 │
9 Community, social and personal services	725	737				887	906	945	1 009	1 073	1 124 │
0 Activities not adequately defined	0	0				0	0	0	0	0	0
EMPLOYEES: BREAKDOWN BY ACTIVITIES											
ISIC Rev. 2 Major Divisions											
1 to 0 All activities	2 652	2 733 │	2 838	2 752	2 746	2 791	2 830	2 954	3 058	3 311	3 360 │
1 Agriculture, hunting, forestry and fishing	198	219 │	206	171	170	154	146	147	148	159	140 │
2 Mining and quarrying			18	25	21	24	25	27	19	31	28 │
3 Manufacturing			928	870	888	893	931	954	972	1 023	1 007 │
4 Electricity, gas and water			34	28	27	31	33	37	37	41	48 │
5 Construction			312	280	265	262	281	291	306	302	298 │
6 Wholesale and retail trade; restaurants and hotels			300	299	303	318	317	344	342	397	429 │
7 Transport, storage and communication			162	152	161	158	150	160	165	189	208 │
8 Financing, insurance, real estate and business services			103	107	102	109	113	120	135	173	179 │
9 Community, social and personal services			775	820	808	842	834	874	935	994	1 022 │
0 Activities not adequately defined											

Prior to 1983, data refer to end of year and annual averages thereafter.

Labour Force Statistics
© 2002
OECD

III - Situation dans la profession et répartition par activités - CITI Rév. 2

Milliers (estimations de moyennes annuelles)

1992	1993	1994	1995	1996	1997	1998	1999	2000	2001	
										EMPLOI CIVIL : SITUATION DANS LA PROFESSION
4 498	4 418	4 409	4 382	4 409	4 491 |	4 703	4 791	4 877	4 956	**Toutes activités**
3 341	3 254	3 185	3 154	3 147	3 192 |	3 351	3 463	3 554	3 612	Salariés
1 076	1 080	1 122	1 138	1 186	1 226 |	1 210	1 183	1 136	1 204	Employeurs et personnes travaillant à leur compte
78	82	95	85	73	70 |	104	101	116	103	Travailleurs familiaux non rémunérés
520	513	521	508	545	616 |	640	613	616	628	**Agriculture, chasse, sylviculture et pêche**
96	86	78	72	82	86 |	103	94	91	101	Salariés
376	375	387	392	426	490 |	467	450	422	453	Employeurs et personnes travaillant à leur compte
48	52	56	43	37	39 |	56	53	66	60	Travailleurs familiaux non rémunérés
3 979	3 905	3 888	3 873	3 864	3 875 |	4 064	4 177	4 261	4 328	**Activités non agricoles**
3 246	3 168	3 107	3 082	3 065	3 106 |	3 248	3 369	3 463	3 511	Salariés
701	705	736	746	761	736 |	744	733	714	751	Employeurs et personnes travaillant à leur compte
30	30	40	42	36	31 |	48	49	50	42	Travailleurs familiaux non rémunérés
100.0	100.0	100.0	100.0	100.0	100.0 |	100.0	100.0	100.0	100.0	**Toutes activités (%)**
74.3	73.6	72.3	72.0	71.4	71.1 |	71.2	72.3	72.9	72.9	Salariés
25.7	26.3	27.6	27.9	28.6	28.9 |	27.9	26.8	25.7	26.4	Autres
										EMPLOI CIVIL : RÉPARTITION PAR BRANCHES D'ACTIVITÉS
										Branches CITI Rév. 2
										1 à 0 Toutes activités
4 498	4 418	4 409	4 382	4 409	4 491 |	4 703	4 791	4 877	4 956	
520	513	521	508	545	616 |	640	613	616	628	1 Agriculture, chasse, sylviculture et pêche
22	20	18	17	17	16 |	16	13	16	16	2 Industries extractives
1 067	1 041	1 036	996	969	954 |	1 130	1 107	1 081	1 082	3 Industries manufacturières
34	32	40	38	32	37 |	32	34	29	36	4 Électricité, gaz et eau
369	365	355	364	368	411 |	517	541	594	582	5 Bâtiment et travaux publics
896	866	855	859	882	856 |	900	942	977	1 007	6 Commerce de gros et de détail; restaurants et hôtels
220	208	205	191	182	179 |	178	168	180	194	7 Transports, entrepôts et communications
286	300	306	326	341	338 |	263	288	294	311	8 Banques, assurances, affaires immobilières et services fournis aux entreprises
1 086	1 074	1 072	1 083	1 074	1 084 |	1 029	1 084	1 090	1 099	9 Services fournis à la collectivité, services sociaux et services personnels
0	0	0	0	0	0	0	1	0	0	0 Activités mal désignées
										SALARIÉS : RÉPARTITION PAR BRANCHES D'ACTIVITÉS
										Branches CITI Rév. 2
										1 à 0 Toutes activités
3 341	3 254	3 185	3 154	3 147	3 192 |	3 351	3 463	3 554	3 612	
96	86	78	72	82	86 |	103	94	91	101	1 Agriculture, chasse, sylviculture et pêche
21	19	16	15	16	14 |	15	12	15	15	2 Industries extractives
934	905	892	855	830	822 |	974	971	953	949	3 Industries manufacturières
33	30	37	36	30	36 |	28	30	27	35	4 Électricité, gaz et eau
271	272	261	262	266	306 |	381	398	446	434	5 Bâtiment et travaux publics
547	523	499	494	510	519 |	547	596	629	648	6 Commerce de gros et de détail; restaurants et hôtels
200	187	182	167	160	153 |	153	146	161	175	7 Transports, entrepôts et communications
238	246	242	253	268	258 |	208	230	239	251	8 Banques, assurances, affaires immobilières et services fournis aux entreprises
1 002	987	980	1 000	986	999 |	941	987	994	1 005	9 Services fournis à la collectivité, services sociaux et services personnels
0	0	0	0	0	0	0	1	0	0	0 Activités mal désignées

Avant 1983, les données se réfèrent à la fin de l'année ; ensuite à la moyenne annuelle.

PORTUGAL

IV - Civilian employment and employees: breakdown by activities - ISIC Rev. 3

Thousands (annual average estimates)

	1981	1982	1983	1984	1985	1986	1987	1988	1989	1990	1991
CIVILIAN EMPLOYMENT: BREAKDOWN BY ACTIVITIES											
A to X All activities											
A Agriculture, hunting and forestry											
B Fishing											
C Mining and quarrying											
D Manufacturing											
E Electricity, gas and water supply											
F Construction											
G Wholesale and retail trade; repair of motor vehicles, motorcycles and personal and household goods											
H Hotels and restaurants											
I Transport, storage and communication											
J Financial intermediation											
K Real estate, renting and business activities											
L Public administration and defence; compulsory social security, excluding armed forces											
M Education											
N Health and social work											
O Other community, social and personal service activities											
P Private households with employed persons											
Q Extra-territorial organisations and bodies											
X Not classifiable by economic activities											
Breakdown by sector											
Agriculture (A-B)											
Industry (C-F)											
Services (G-Q)											
Agriculture (%)											
Industry (%)											
Services (%)											
Female participation in agriculture (%)											
Female participation in industry (%)											
Female participation in services (%)											
EMPLOYEES: BREAKDOWN BY ACTIVITIES											
A to X All activities											
A Agriculture, hunting and forestry											
B Fishing											
C Mining and quarrying											
D Manufacturing											
E Electricity, gas and water supply											
F Construction											
G Wholesale and retail trade; repair of motor vehicles, motorcycles and personal and household goods											
H Hotels and restaurants											
I Transport, storage and communication											
J Financial intermediation											
K Real estate, renting and business activities											
L Public administration and defence; compulsory social security, excluding armed forces											
M Education											
N Health and social work											
O Other community, social and personal service activities											
P Private households with employed persons											
Q Extra-territorial organisations and bodies											
X Not classifiable by economic activities											
Breakdown by sector											
Agriculture (A-B)											
Industry (C-F)											
Services (G-Q)											
Agriculture (%)											
Industry (%)											
Services (%)											
Female participation in agriculture (%)											
Female participation in industry (%)											
Female participation in services (%)											

IV - Emploi civil et salariés : répartition par activités - CITI Rév. 3

Milliers (estimations de moyennes annuelles)

EMPLOI CIVIL : RÉPARTITION PAR BRANCHES D'ACTIVITÉS
A à X Toutes activités

1992	1993	1994	1995	1996	1997	1998	1999	2000	2001	
4 498	4 418	4 409	4 382	4 409	4 491	4 703	4 791	4 877	4 956	A à X Toutes activités
500	494	504	493	529	600	617	594	597	609	A Agriculture, chasse et sylviculture
20	20	17	16	16	16	22	19	19	20	B Pêche
22	20	18	17	17	16	16	13	16	16	C Activités extractives
1 067	1 041	1 036	996	969	954	1 130	1 107	1 081	1 082	D Activités de fabrication
34	32	40	38	32	37	32	34	29	36	E Production et distribution d'électricité, de gaz et d'eau
369	365	355	364	368	411	517	541	594	582	F Construction
697	657	659	657	663	636	655	694	723	752	G Commerce de gros et de détail; réparation de véhicules et de biens domestiques
198	209	197	202	219	220	245	249	254	255	H Hôtels et restaurants
220	208	205	191	182	179	178	168	180	194	I Transports, entreposage et communications
121	130	126	126	127	122	87	84	88	87	J Intermédiation financière
166	170	180	200	214	216	176	203	205	225	K Immobilier, location et activités de services aux entreprises
299	289	283	294	274	264	252	261	275	279	L Administration publique et défense; sécurité sociale obligatoire (armée exclue)
326	306	313	315	301	298	275	278	271	281	M Education
195	199	203	200	204	209	201	232	243	252	N Santé et action sociale
147	172	184	187	200	191	154	166	152	146	O Autres activités de services collectifs, sociaux et personnels
116	105	87	85	94	119	145	145	147	141	P Ménages privés employant du personnel domestique
3	2	3	3	1	2	2	3	2	2	Q Organisations et organismes extra-territoriaux
0	0	0	0	0	0	0	1	0	0	X Ne pouvant être classés selon l'activité économique

Répartition par secteurs

1992	1993	1994	1995	1996	1997	1998	1999	2000	2001	
520	513	521	508	545	616	640	613	616	628	Agriculture (A-B)
1 491	1 458	1 449	1 414	1 385	1 419	1 695	1 694	1 720	1 716	Industrie (C-F)
2 488	2 447	2 439	2 459	2 479	2 456	2 369	2 482	2 541	2 612	Services (G-Q)
11.5	11.6	11.8	11.6	12.4	13.7	13.6	12.8	12.6	12.7	Agriculture (%)
33.2	33.0	32.9	32.3	31.4	31.6	36.0	35.4	35.3	34.6	Industrie (%)
55.3	55.4	55.3	56.1	56.2	54.7	50.4	51.8	52.1	52.7	Services (%)
49.3	49.2	49.3	48.8	49.6	51.4	49.9	51.1	50.9	50.7	Part des femmes dans l'agriculture (%)
32.4	32.0	32.7	31.5	31.3	29.6	30.7	30.6	29.9	30.0	Part des femmes dans l'industrie (%)
50.2	51.1	50.9	51.8	51.7	52.7	53.6	54.0	54.5	54.3	Part des femmes dans les services (%)

SALARIÉS : RÉPARTITION PAR BRANCHES D'ACTIVITÉS
A à X Toutes activités

1992	1993	1994	1995	1996	1997	1998	1999	2000	2001	
3 341	3 254	3 185	3 154	3 147	3 192	3 351	3 463	3 554	3 612	A à X Toutes activités
81	72	66	60	69	73	88	80	78	88	A Agriculture, chasse et sylviculture
15	14	12	12	13	12	15	13	13	14	B Pêche
21	19	16	15	16	14	15	12	15	15	C Activités extractives
934	905	892	855	830	822	974	971	953	949	D Activités de fabrication
33	30	37	36	30	36	28	30	27	35	E Production et distribution d'électricité, de gaz et d'eau
271	272	261	262	266	306	381	398	446	434	F Construction
419	390	377	369	375	382	385	422	457	474	G Commerce de gros et de détail; réparation de véhicules et de biens domestiques
128	133	122	125	135	138	161	174	172	175	H Hôtels et restaurants
200	187	182	167	160	153	153	146	161	175	I Transports, entreposage et communications
117	126	122	122	123	117	81	78	82	82	J Intermédiation financière
121	120	121	132	145	141	128	152	157	169	K Immobilier, location et activités de services aux entreprises
297	286	280	292	273	263	251	258	272	277	L Administration publique et défense; sécurité sociale obligatoire (armée exclue)
319	297	302	304	287	288	269	272	266	275	M Education
184	189	192	190	190	196	191	222	233	239	N Santé et action sociale
108	130	135	142	155	149	115	120	112	109	O Autres activités de services collectifs, sociaux et personnels
92	84	68	71	80	102	114	112	108	104	P Ménages privés employant du personnel domestique
3	2	2	2	1	2	2	3	2	2	Q Organisations et organismes extra-territoriaux
0	0	0	0	0	0	0	1	0	0	X Ne pouvant être classés selon l'activité économique

Répartition par secteurs

1992	1993	1994	1995	1996	1997	1998	1999	2000	2001	
96	86	78	72	82	86	103	94	91	101	Agriculture (A-B)
1 259	1 225	1 205	1 168	1 142	1 178	1 399	1 410	1 441	1 432	Industrie (C-F)
1 987	1 943	1 903	1 914	1 923	1 928	1 848	1 958	2 022	2 079	Services (G-Q)
2.9	2.6	2.4	2.3	2.6	2.7	3.1	2.7	2.6	2.8	Agriculture (%)
37.7	37.7	37.8	37.0	36.3	36.9	41.8	40.7	40.6	39.7	Industrie (%)
59.5	59.7	59.7	60.7	61.1	60.4	55.2	56.5	56.9	57.5	Services (%)
31.8	35.1	35.6	32.8	34.2	37.2	33.8	33.5	33.0	35.8	Part des femmes dans l'agriculture (%)
34.6	34.0	35.1	34.4	33.5	31.4	32.9	33.2	32.4	32.7	Part des femmes dans l'industrie (%)
52.3	52.9	52.9	54.2	54.5	55.5	56.0	56.1	56.3	56.5	Part des femmes dans les services (%)

Statistiques de la Population Active
© 2002 OCDE

SLOVAK REPUBLIC

I - Population

Thousands (mid-year estimates)

	1981	1982	1983	1984	1985	1986	1987	1988	1989	1990	1991
POPULATION - DISTRIBUTION BY AGE AND GENDER											
All persons											
Total	5 017	5 055	5 092	5 128	5 162	5 193	5 224	5 251	5 276	5 298	5 283
Under 15 years	1 310	1 324	1 339	1 353	1 363	1 371	1 372	1 366	1 354	1 338	1 310
From 15 to 64 years	3 195	3 232	3 268	3 295	3 311	3 325	3 341	3 360	3 385	3 413	3 426
65 years and over	512	499	484	480	487	497	511	525	537	546	548
Males											
Total	2 465	2 483	2 500	2 516	2 531	2 545	2 559	2 571	2 582	2 591	2 578
Under 15 years	669	676	684	691	696	699	700	697	691	683	669
From 15 to 64 years	1 582	1 600	1 617	1 629	1 637	1 644	1 653	1 663	1 676	1 689	1 692
65 years and over	214	207	199	196	198	202	206	211	215	218	217
Females											
Total	2 552	2 572	2 592	2 612	2 630	2 647	2 664	2 680	2 694	2 707	2 705
Under 15 years	641	648	656	662	668	671	672	669	663	655	641
From 15 to 64 years	1 613	1 632	1 651	1 666	1 674	1 681	1 688	1 697	1 709	1 724	1 734
65 years and over	298	292	285	284	289	295	304	314	322	328	331
POPULATION - PERCENTAGES											
All persons											
Total	100.0	100.0	100.0	100.0	100.0	100.0	100.0	100.0	100.0	100.0	100.0
Under 15 years	26.1	26.2	26.3	26.4	26.4	26.4	26.3	26.0	25.7	25.3	24.8
From 15 to 64 years	63.7	63.9	64.2	64.3	64.1	64.0	64.0	64.0	64.2	64.4	64.8
65 years and over	10.2	9.9	9.5	9.4	9.4	9.6	9.8	10.0	10.2	10.3	10.4
COMPONENTS OF CHANGE IN POPULATION											
a) Population at 1 January	4 996	5 036	5 074	5 110	5 145	5 179	5 209	5 237	5 264	5 288	5 311
b) Population at 31 December	5 036	5 074	5 110	5 145	5 179	5 209	5 237	5 264	5 288	5 311	5 296
c) Total increase (b-a)	40	38	35	35	34	30	28	27	23	23	-15
d) Births	94	93	93	91	91	88	84	84	80	80	79
e) Deaths	50	50	52	52	52	53	52	52	54	55	55
f) Natural increase (d-e)	44	43	40	40	38	35	32	31	27	26	24
g) Net migration	4	4	4	4	3	4	4	4	3	2	1
h) Statistical adjustments	-8	-9	-9	-8	-8	-9	-8	-9	-5	-4	-40
i) Total increase (=f+g+h=c)	40	38	35	36	33	30	28	26	24	24	-14
(Components of change in population/ Average population) x1000											
Total increase rates	8.0	7.4	7.0	7.0	6.5	5.7	5.4	4.9	4.6	4.5	-2.7
Crude birth rates	18.7	18.4	18.2	17.8	17.6	16.9	16.2	15.9	15.3	15.2	14.9
Crude death rates	9.9	10.0	10.3	10.1	10.2	10.2	10.0	10.0	10.2	10.3	10.3
Natural increase rates	8.8	8.5	7.9	7.7	7.4	6.6	6.2	5.9	5.0	4.9	4.6
Net migration rates	0.8	0.7	0.8	0.8	0.6	0.8	0.7	0.7	0.5	0.4	0.2

I - Population

Milliers (estimations au milieu de l'année)

1992	1993	1994	1995	1996	1997	1998	1999	2000	2001	
										POPULATION - RÉPARTITION SELON L'AGE ET LE SEXE
										Ensemble des personnes
5 307	5 325	5 347	5 364	5 374	5 383	5 391	5 395	5 401	5 379	Total
1 256	1 232	1 241	1 211	1 181	1 150	1 118	1 086	1 053	1 015	Moins de 15 ans
3 459	3 492	3 532	3 569	3 601	3 632	3 664	3 696	3 730	3 753	De 15 à 64 ans
592	601	574	584	592	602	608	613	618	611	65 ans et plus
										Hommes
2 588	2 595	2 605	2 612	2 616	2 620	2 623	2 624	2 626	2 612	Total
642	630	634	619	604	588	572	556	539	519	Moins de 15 ans
1 710	1 727	1 747	1 766	1 783	1 800	1 817	1 834	1 851	1 862	De 15 à 64 ans
236	238	224	227	229	232	234	235	235	231	65 ans et plus
										Femmes
2 719	2 730	2 742	2 751	2 757	2 763	2 768	2 771	2 775	2 767	Total
614	602	607	592	577	562	546	531	514	496	Moins de 15 ans
1 749	1 765	1 785	1 803	1 817	1 832	1 847	1 862	1 878	1 891	De 15 à 64 ans
356	363	350	357	363	369	374	378	382	380	65 ans et plus
										POPULATION - POURCENTAGES
										Ensemble des personnes
100.0	100.0	100.0	100.0	100.0	100.0	100.0	100.0	100.0	100.0	Total
23.7	23.1	23.2	22.6	22.0	21.4	20.7	20.1	19.5	18.9	Moins de 15 ans
65.2	65.6	66.1	66.5	67.0	67.5	68.0	68.5	69.1	69.8	De 15 à 64 ans
11.2	11.3	10.7	10.9	11.0	11.2	11.3	11.4	11.4	11.4	65 ans et plus
										COMPOSANTES DE L'ÉVOLUTION DÉMOGRAPHIQUE
5 296	5 314	5 336	5 356	5 368	5 379	5 388	5 393	5 399	5 379	a) Population au 1er janvier
5 314	5 336	5 356	5 368	5 379	5 388	5 393	5 399	5 402	5 379	b) Population au 31 décembre
18	22	20	12	11	9	6	5	3	0	**c) Accroissement total (b-a)**
75	74	67	62	60	59	58	56	55	51	d) Naissances
53	53	51	53	51	52	53	52	53	52	e) Décès
22	21	15	9	9	7	5	4	2	-1	**f) Accroissement naturel (d-e)**
2	2	5	3	2	2	1	1	1	1	g) Solde net des migrations
-6	-1	-1	0	0	0	-1	1	0	0	h) Ajustements statistiques
18	22	19	12	11	9	5	7	4	0	**i) Accroissement total (=f+g+h=c)**
										(Composition de l'évolution démographique/ Population moyenne) x1000
3.3	4.1	3.6	2.2	2.1	1.7	0.9	1.2	0.7	0.0	Taux d'accroissement total
14.1	13.8	12.5	11.5	11.2	11.0	10.7	10.5	10.2	9.5	Taux bruts de natalité
10.1	9.9	9.6	9.8	9.5	9.7	9.9	9.7	9.8	9.7	Taux bruts de mortalité
4.1	3.9	2.9	1.7	1.7	1.3	0.9	0.8	0.4	-0.2	Taux d'accroissement naturel
0.4	0.3	0.9	0.5	0.4	0.3	0.2	0.3	0.3	0.2	Taux du solde net des migrations

Statistiques de la Population Active
© 2002
OCDE

SLOVAK REPUBLIC

II - Labour force

Thousands (annual average estimates)

	1981	1982	1983	1984	1985	1986	1987	1988	1989	1990	1991
Total labour force											
All persons											
Males											
Females											
Armed forces											
All persons											
Males											
Females											
Civilian labour force											
All persons											
Males											
Females											
Unemployed											
All persons											
Males											
Females											
Civilian employment											
All persons											
Males											
Females											
Civilian employment (%)											
All persons											
Males											
Females											
Unemployment rates (% of civilian labour force)											
All persons											
Males											
Females											
Total labour force (% of total population)											
All persons											
Males											
Females											
Total labour force (% of population from 15-64 years)[1]											
All persons											
Males											
Females											
Civilian employment (% of total population)											
All persons											
Part-time employment (%)[2]											
Part-time as % of employment											
Male share of part-time employment											
Female share of part-time employment											
Male part-time as % of male employment											
Female part-time as % of female employment											
Duration of unemployment (% of total unemployment)[3]											
Less than 1 month											
More than 1 month and less than 3 months											
More than 3 months and less than 6 months											
More than 6 months and less than 1 year											
More than 1 year											

(1) Participation rates calculated according to national definitions may differ from those published in this table, when the age group represented in the labour force survey is other than 15-64 years.

(2) Part-time employment refers to persons who work less than 30 hours per week in their main job. Data include only persons declaring usual hours worked.

(3) These percentages only take into account those persons for whom the duration of unemployment is known.

II - Population active

Milliers (estimations de moyennes annuelles)

1992	1993	1994	1995	1996	1997	1998	1999	2000	2001	
										Population active totale
		2 444	2 471	2 509	2 522	2 545	2 573	2 608	2 653	Ensemble des personnes
		1 354	1 365	1 375	1 387	1 407	1 414	1 424	1 449	Hommes
		1 090	1 106	1 134	1 135	1 138	1 159	1 184	1 203	Femmes
										Forces armées
					19	29	24	21	21	Ensemble des personnes
					19	29	24	21	21	Hommes
					0	0	0	0	0	Femmes
										Population active civile
		2 444	2 471	2 509	2 503	2 516	2 549	2 587	2 632	Ensemble des personnes
		1 354	1 365	1 375	1 369	1 378	1 390	1 403	1 428	Hommes
		1 090	1 106	1 134	1 135	1 138	1 159	1 184	1 203	Femmes
										Chômeurs
		334	324	284	298	317	417	485	508	Ensemble des personnes
		180	171	141	152	168	227	266	283	Hommes
		154	152	144	146	150	190	220	225	Femmes
										Emploi civil
		2 110	2 147	2 225	2 206	2 199	2 132	2 102	2 124	Ensemble des personnes
		1 174	1 193	1 235	1 217	1 210	1 164	1 137	1 146	Hommes
		936	954	990	989	988	968	964	978	Femmes
										Emploi civil (%)
		100.0	100.0	100.0	100.0	100.0	100.0	100.0	100.0	Ensemble des personnes
		55.6	55.6	55.5	55.2	55.1	54.6	54.1	54.0	Hommes
		44.4	44.4	44.5	44.8	44.9	45.4	45.9	46.0	Femmes
										Taux de chômage (% de la population active civile)
		13.6	13.1	11.3	11.9	12.6	16.4	18.8	19.3	Ensemble des personnes
		13.3	12.6	10.2	11.1	12.2	16.3	18.9	19.8	Hommes
		14.1	13.8	12.7	12.8	13.1	16.4	18.6	18.7	Femmes
										Population active totale (% de la population totale)
		45.7	46.1	46.7	46.8	47.2	47.7	48.3	49.3	Ensemble des personnes
		52.0	52.2	52.6	52.9	53.6	53.9	54.2	55.5	Hommes
		39.7	40.2	41.1	41.1	41.1	41.8	42.7	43.5	Femmes
										Population active totale (% de la population de 15-64 ans)[1]
		69.2	69.2	69.7	69.4	69.5	69.6	69.9	70.7	Ensemble des personnes
		77.5	77.3	77.1	77.1	77.4	77.1	76.9	77.8	Hommes
		61.0	61.3	62.4	61.9	61.6	62.2	63.0	63.6	Femmes
										Emploi civil (% de la population totale)
		39.5	40.0	41.4	41.0	40.8	39.5	38.9	39.5	Ensemble des personnes
										Emploi à temps partiel (%)[2]
		2.7	2.3	2.1	2.0	2.0	1.8	1.9	1.9	Temps partiel en % de l'emploi
		28.6	28.6	27.7	25.6	27.9	26.3	28.2	30.8	Part des hommes dans le temps partiel
		71.4	73.5	72.3	74.4	72.1	73.7	71.8	69.2	Part des femmes dans le temps partiel
		1.4	1.2	1.1	0.9	1.0	0.9	1.0	1.1	Temps partiel des hommes en % de l'emploi des hommes
		4.4	3.9	3.5	3.3	3.2	3.0	3.0	2.8	Temps partiel des femmes en % de l'emploi des femmes
										Durée du chômage (% du chômage total)[3]
		6.3	5.1	5.2	5.3	5.1	4.6	3.7	13.1	Moins de 1 mois
		13.4	12.1	12.1	12.3	12.0	11.5	8.8	8.1	Plus de 1 mois et moins de 3 mois
		16.4	12.5	13.4	14.6	14.9	14.7	13.1	11.2	Plus de 3 mois et moins de 6 mois
		21.4	16.3	16.7	16.1	16.7	21.6	19.8	19.4	Plus de 6 mois et moins de 1 an
		42.6	54.1	52.6	51.6	51.3	47.7	54.6	48.2	Plus de 1 an

---

(1) Les taux d'activité calculés selon les définitions nationales peuvent être différents de ceux publiés dans ce tableau si le groupe d'âges représenté dans l'enquête de la population active est différent de 15-64 ans.

(2) L'emploi à temps partiel se réfère aux actifs travaillant moins de 30 heures par semaine dans leur emploi principal. Les données incluent uniquement les personnes déclarant des heures habituelles de travail.

(3) Ces pourcentages ne prennent en compte que les personnes pour lesquelles la durée du chômage est connue.

Statistiques de la Population Active
© 2002
OCDE

SLOVAK REPUBLIC

III - Professional status and breakdown by activities - ISIC Rev. 2

Thousands (annual average estimates)

	1981	1982	1983	1984	1985	1986	1987	1988	1989	1990	1991
CIVILIAN EMPLOYMENT: PROFESSIONAL STATUS											
All activities											
Employees											
Employers and persons working on own account											
Unpaid family workers											
Agriculture, hunting, forestry and fishing											
Employees											
Employers and persons working on own account											
Unpaid family workers											
Non-agricultural activities											
Employees											
Employers and persons working on own account											
Unpaid family workers											
All activities (%)											
Employees											
Others											
CIVILIAN EMPLOYMENT: BREAKDOWN BY ACTIVITIES											
ISIC Rev. 2 Major Divisions											
1 to 0 All activities											
1 Agriculture, hunting, forestry and fishing											
2 Mining and quarrying											
3 Manufacturing											
4 Electricity, gas and water											
5 Construction											
6 Wholesale and retail trade; restaurants and hotels											
7 Transport, storage and communication											
8 Financing, insurance, real estate and business services											
9 Community, social and personal services											
0 Activities not adequately defined											
EMPLOYEES: BREAKDOWN BY ACTIVITIES											
ISIC Rev. 2 Major Divisions											
1 to 0 All activities											
1 Agriculture, hunting, forestry and fishing											
2 Mining and quarrying											
3 Manufacturing											
4 Electricity, gas and water											
5 Construction											
6 Wholesale and retail trade; restaurants and hotels											
7 Transport, storage and communication											
8 Financing, insurance, real estate and business services											
9 Community, social and personal services											
0 Activities not adequately defined											

III - Situation dans la profession et répartition par activités - CITI Rév. 2

Milliers (estimations de moyennes annuelles)

1992	1993	1994	1995	1996	1997	1998	1999	2000	2001	
										EMPLOI CIVIL : SITUATION DANS LA PROFESSION
		2 110	2 147	2 225	2 206	2 199	2 132	2 102	2 124	**Toutes activités**
		1 977	2 007	2 083	2 066	2 046	1 965	1 931	1 943	Salariés
		131	138	140	138	149	161	164	175	Employeurs et personnes travaillant à leur compte
		2	2	3	2	1	3	3	3	Travailleurs familiaux non rémunérés
		214	197	198	202	181	157	140	131	**Agriculture, chasse, sylviculture et pêche**
		207	191	192	195	173	148	132	122	Salariés
		8	6	6	7	9	9	8	9	Employeurs et personnes travaillant à leur compte
					0		0	0	0	Travailleurs familiaux non rémunérés
		1 896	1 950	2 027	2 004	2 017	1 975	1 962	1 993	**Activités non agricoles**
		1 770	1 816	1 890	1 870	1 874	1 817	1 799	1 822	Salariés
		123	132	134	131	140	153	157	166	Employeurs et personnes travaillant à leur compte
					2		3	3	3	Travailleurs familiaux non rémunérés
		100.0	100.0	100.0	100.0	100.0	100.0	100.0	100.0	**Toutes activités (%)**
		93.7	93.5	93.6	93.6	93.1	92.2	91.9	91.5	Salariés
		6.3	6.5	6.4	6.3	6.8	7.7	8.0	8.4	Autres
										EMPLOI CIVIL : RÉPARTITION PAR BRANCHES D'ACTIVITÉS
										Branches CITI Rév. 2
										1 à 0 Toutes activités
										1 Agriculture, chasse, sylviculture et pêche
										2 Industries extractives
		566	575	600	567	574	548	540	554	3 Industries manufacturières
										4 Électricité, gaz et eau
										5 Bâtiment et travaux publics
										6 Commerce de gros et de détail; restaurants et hôtels
										7 Transports, entrepôts et communications
										8 Banques, assurances, affaires immobilières et services fournis aux entreprises
										9 Services fournis à la collectivité, services sociaux et services personnels
										0 Activités mal désignées
										SALARIÉS : RÉPARTITION PAR BRANCHES D'ACTIVITÉS
										Branches CITI Rév. 2
										1 à 0 Toutes activités
										1 Agriculture, chasse, sylviculture et pêche
										2 Industries extractives
										3 Industries manufacturières
										4 Électricité, gaz et eau
										5 Bâtiment et travaux publics
										6 Commerce de gros et de détail; restaurants et hôtels
										7 Transports, entrepôts et communications
										8 Banques, assurances, affaires immobilières et services fournis aux entreprises
										9 Services fournis à la collectivité, services sociaux et services personnels
										0 Activités mal désignées

Statistiques de la Population Active
© 2002 OCDE

SLOVAK REPUBLIC

IV - Civilian employment and employees: breakdown by activities - ISIC Rev. 3

Thousands (annual average estimates)

	1981	1982	1983	1984	1985	1986	1987	1988	1989	1990	1991
CIVILIAN EMPLOYMENT: BREAKDOWN BY ACTIVITIES											
A to X All activities											
A Agriculture, hunting and forestry											
B Fishing											
C Mining and quarrying											
D Manufacturing											
E Electricity, gas and water supply											
F Construction											
G Wholesale and retail trade; repair of motor vehicles, motorcycles and personal and household goods											
H Hotels and restaurants											
I Transport, storage and communication											
J Financial intermediation											
K Real estate, renting and business activities											
L Public administration and defence; compulsory social security, excluding armed forces											
M Education											
N Health and social work											
O Other community, social and personal service activities											
P Private households with employed persons											
Q Extra-territorial organisations and bodies											
X Not classifiable by economic activities											
Breakdown by sector											
Agriculture (A-B)											
Industry (C-F)											
Services (G-Q)											
Agriculture (%)											
Industry (%)											
Services (%)											
Female participation in agriculture (%)											
Female participation in industry (%)											
Female participation in services (%)											
EMPLOYEES: BREAKDOWN BY ACTIVITIES											
A to X All activities											
A Agriculture, hunting and forestry											
B Fishing											
C Mining and quarrying											
D Manufacturing											
E Electricity, gas and water supply											
F Construction											
G Wholesale and retail trade; repair of motor vehicles, motorcycles and personal and household goods											
H Hotels and restaurants											
I Transport, storage and communication											
J Financial intermediation											
K Real estate, renting and business activities											
L Public administration and defence; compulsory social security, excluding armed forces											
M Education											
N Health and social work											
O Other community, social and personal service activities											
P Private households with employed persons											
Q Extra-territorial organisations and bodies											
X Not classifiable by economic activities											
Breakdown by sector											
Agriculture (A-B)											
Industry (C-F)											
Services (G-Q)											
Agriculture (%)											
Industry (%)											
Services (%)											
Female participation in agriculture (%)											
Female participation in industry (%)											
Female participation in services (%)											

IV - Emploi civil et salariés : répartition par activités - CITI Rév. 3

Milliers (estimations de moyennes annuelles)

1992	1993	1994	1995	1996	1997	1998	1999	2000	2001	
										EMPLOI CIVIL : RÉPARTITION PAR BRANCHES D'ACTIVITÉS **A à X Toutes activités**
		2 110	2 147	2 225	2 206	2 199	2 132	2 102	2 124	
		214	197	198	202	181	157	140	130	A Agriculture, chasse et sylviculture
		0	0	0	0	0	0	0	0	B Pêche
		34	29	34	43	36	30	25	22	C Activités extractives
		566	575	600	567	574	548	540	554	D Activités de fabrication
		48	47	56	56	53	53	50	53	E Production et distribution d'électricité, de gaz et d'eau
		188	184	190	201	205	190	168	170	F Construction
		205	222	226	254	262	260	260	256	G Commerce de gros et de détail; réparation de véhicules et de biens domestiques
		54	60	63	60	63	65	65	72	H Hôtels et restaurants
		163	167	169	160	170	166	167	162	I Transports, entreposage et communications
		25	30	30	30	37	37	37	38	J Intermédiation financière
		84	96	89	75	77	80	91	104	K Immobilier, location et activités de services aux entreprises
		127	137	157	160	154	150	158	158	L Administration publique et défense; sécurité sociale obligatoire (armée exclue)
		179	170	177	167	165	167	162	169	M Education
		141	142	143	147	146	155	148	144	N Santé et action sociale
		77	89	90	81	73	73	87	87	O Autres activités de services collectifs, sociaux et personnels
		1	1	2	2	3	2	4	5	P Ménages privés employant du personnel domestique
		1	1	1	2	0	0	0	1	Q Organisations et organismes extra-territoriaux
		3	2	0	0	0	0	0	1	X Ne pouvant être classés selon l'activité économique
										Répartition par secteurs
		214	197	198	202	181	157	140	131	Agriculture (A-B)
		837	835	880	867	867	820	783	798	Industrie (C-F)
		1 057	1 114	1 147	1 137	1 151	1 155	1 179	1 195	Services (G-Q)
		10.2	9.2	8.9	9.2	8.3	7.4	6.6	6.1	Agriculture (%)
		39.7	38.9	39.5	39.3	39.4	38.5	37.3	37.6	Industrie (%)
		50.1	51.9	51.6	51.6	52.3	54.2	56.1	56.2	Services (%)
		31.1	30.8	31.9	31.3	30.7	28.9	27.5	27.9	Part des femmes dans l'agriculture (%)
		32.6	32.7	32.0	31.2	30.8	30.8	31.4	31.3	Part des femmes dans l'industrie (%)
		56.5	55.7	56.2	57.6	57.8	58.0	57.7	57.9	Part des femmes dans les services (%)
										SALARIÉS : RÉPARTITION PAR BRANCHES D'ACTIVITÉS **A à X Toutes activités**
		1 977	2 007	2 083	2 066	2 046	1 965	1 931	1 943	
		207	191	192	195	172	148	132	121	A Agriculture, chasse et sylviculture
		0	0	0	0	0	0	0	0	B Pêche
		34	29	33	43	35	30	25	22	C Activités extractives
		546	556	581	549	554	522	516	529	D Activités de fabrication
		47	46	56	55	52	51	49	51	E Production et distribution d'électricité, de gaz et d'eau
		163	160	168	176	177	160	136	132	F Construction
		165	180	182	209	218	212	213	210	G Commerce de gros et de détail; réparation de véhicules et de biens domestiques
		49	54	55	54	56	58	56	62	H Hôtels et restaurants
		157	159	159	152	162	157	155	152	I Transports, entreposage et communications
		25	29	29	30	36	35	35	36	J Intermédiation financière
		70	77	74	62	61	64	74	83	K Immobilier, location et activités de services aux entreprises
		127	137	156	159	153	149	157	157	L Administration publique et défense; sécurité sociale obligatoire (armée exclue)
		178	170	177	166	164	166	161	168	M Education
		140	140	141	144	141	149	142	138	N Santé et action sociale
		67	76	77	69	62	62	77	78	O Autres activités de services collectifs, sociaux et personnels
		0	1	2	2	2	2	3	4	P Ménages privés employant du personnel domestique
		1	1	1	1	0	0	0	1	Q Organisations et organismes extra-territoriaux
		0	0	0	0	0	0	0	0	X Ne pouvant être classés selon l'activité économique
										Répartition par secteurs
		207	191	192	195	173	148	132	122	Agriculture (A-B)
		790	791	838	823	818	762	725	733	Industrie (C-F)
		978	1 024	1 052	1 047	1 056	1 055	1 074	1 088	Services (G-Q)
		10.5	9.5	9.2	9.5	8.4	7.5	6.8	6.3	Agriculture (%)
		39.9	39.4	40.2	39.8	40.0	38.8	37.5	37.7	Industrie (%)
		49.5	51.0	50.5	50.7	51.6	53.7	55.6	56.0	Services (%)
		31.7	31.4	32.4	31.9	31.5	29.6	28.4	28.9	Part des femmes dans l'agriculture (%)
		33.6	33.7	33.1	32.3	32.1	32.4	33.1	33.2	Part des femmes dans l'industrie (%)
		58.6	57.7	58.5	59.5	59.7	59.9	59.6	59.7	Part des femmes dans les services (%)

Statistiques de la Population Active
© 2002 OCDE

SPAIN

I - Population

Thousands (mid-year estimates)

	1981	1982	1983	1984	1985	1986	1987	1988	1989	1990	1991
POPULATION - DISTRIBUTION BY AGE AND GENDER											
All persons											
Total	37 741	37 944	38 123	38 279	38 420	38 537	38 632	38 717	38 792	38 851	38 920
Under 15 years	9 603	9 455	9 293	9 116	8 927	8 720	8 492	8 250	7 991	7 715	7 442
From 15 to 64 years	23 866	24 133	24 392	24 637	24 865	25 076	25 273	25 466	25 659	25 849	26 049
65 years and over	4 273	4 355	4 438	4 527	4 628	4 741	4 866	5 002	5 143	5 288	5 429
Males											
Total	18 520	18 622	18 710	18 785	18 851	18 905	18 947	18 982	19 012	19 032	19 060
Under 15 years	4 940	4 866	4 783	4 691	4 593	4 484	4 365	4 237	4 101	3 957	3 816
From 15 to 64 years	11 842	11 988	12 129	12 261	12 384	12 497	12 601	12 703	12 804	12 902	13 006
65 years and over	1 738	1 767	1 797	1 832	1 875	1 924	1 980	2 042	2 107	2 173	2 237
Females											
Total	19 221	19 322	19 414	19 495	19 568	19 632	19 685	19 735	19 780	19 820	19 860
Under 15 years	4 662	4 589	4 510	4 425	4 334	4 236	4 128	4 012	3 889	3 758	3 626
From 15 to 64 years	12 024	12 145	12 263	12 375	12 481	12 579	12 672	12 763	12 855	12 946	13 042
65 years and over	2 535	2 588	2 640	2 695	2 753	2 817	2 885	2 959	3 036	3 115	3 192
POPULATION - PERCENTAGES											
All persons											
Total	100.0	100.0	100.0	100.0	100.0	100.0	100.0	100.0	100.0	100.0	100.0
Under 15 years	25.4	24.9	24.4	23.8	23.2	22.6	22.0	21.3	20.6	19.9	19.1
From 15 to 64 years	63.2	63.6	64.0	64.4	64.7	65.1	65.4	65.8	66.1	66.5	66.9
65 years and over	11.3	11.5	11.6	11.8	12.0	12.3	12.6	12.9	13.3	13.6	13.9
COMPONENTS OF CHANGE IN POPULATION											
a) Population at 1 January	37 636	37 845	38 041	38 204	38 353	38 485	38 587	38 675	38 757	38 826	38 875
b) Population at 31 December	37 845	38 041	38 204	38 353	38 485	38 587	38 675	38 757	38 826	38 875	38 965
c) Total increase (b-a)	209	196	163	149	132	102	88	82	69	49	90
d) Births	533	516	485	473	456	439	427	419	408	401	396
e) Deaths	293	287	303	299	313	310	310	319	325	333	338
f) Natural increase (d-e)	240	229	182	174	143	128	117	100	83	68	58
g) Net migration	2	7	9	8	14	10	14	22	32	33	23
h) Statistical adjustments	-33	-40	-28	-33	-25	-37	-43	-40	-46	-52	9
i) Total increase (=f+g+h=c)	209	196	163	149	132	101	88	82	69	49	90
(Components of change in population/ Average population) x1000											
Total increase rates	5.5	5.2	4.3	3.9	3.4	2.6	2.3	2.1	1.8	1.3	2.3
Crude birth rates	14.1	13.6	12.7	12.4	11.9	11.4	11.1	10.8	10.5	10.3	10.2
Crude death rates	7.8	7.6	7.9	7.8	8.1	8.1	8.0	8.2	8.4	8.6	8.7
Natural increase rates	6.3	6.0	4.8	4.5	3.7	3.3	3.0	2.6	2.1	1.8	1.5
Net migration rates	0.1	0.2	0.2	0.2	0.4	0.3	0.4	0.6	0.8	0.8	0.6

I - Population

Milliers (estimations au milieu de l'année)

1992	1993	1994	1995	1996	1997	1998	1999	2000	2001	
										POPULATION - RÉPARTITION SELON L'AGE ET LE SEXE
										Ensemble des personnes
39 011	39 096	39 166	39 223	39 279	39 348	39 453	39 626	39 927	40 266	Total
7 188	6 947	6 716	6 500	6 309	6 152	6 027	5 940	5 895	5 887	Moins de 15 ans
26 254	26 436	26 589	26 713	26 809	26 888	26 973	27 090	27 302	27 533	De 15 à 64 ans
5 569	5 714	5 861	6 011	6 160	6 308	6 454	6 596	6 730	6 846	65 ans et plus
										Hommes
19 103	19 143	19 175	19 199	19 223	19 254	19 302	19 384	19 538	19 709	Total
3 688	3 566	3 449	3 339	3 243	3 163	3 100	3 056	3 034	3 031	Moins de 15 ans
13 115	13 211	13 293	13 360	13 413	13 457	13 505	13 568	13 687	13 813	De 15 à 64 ans
2 301	2 366	2 433	2 500	2 567	2 633	2 698	2 760	2 817	2 865	65 ans et plus
										Femmes
19 908	19 953	19 992	20 024	20 055	20 094	20 152	20 242	20 390	20 556	Total
3 500	3 381	3 267	3 160	3 067	2 989	2 927	2 884	2 861	2 856	Moins de 15 ans
13 139	13 225	13 296	13 352	13 396	13 430	13 468	13 522	13 616	13 720	De 15 à 64 ans
3 268	3 348	3 429	3 511	3 593	3 675	3 756	3 836	3 913	3 981	65 ans et plus
										POPULATION - POURCENTAGES
										Ensemble des personnes
100.0	100.0	100.0	100.0	100.0	100.0	100.0	100.0	100.0	100.0	Total
18.4	17.8	17.1	16.6	16.1	15.6	15.3	15.0	14.8	14.6	Moins de 15 ans
67.3	67.6	67.9	68.1	68.3	68.3	68.4	68.4	68.4	68.4	De 15 à 64 ans
14.3	14.6	15.0	15.3	15.7	16.0	16.4	16.6	16.9	17.0	65 ans et plus
										COMPOSANTES DE L'ÉVOLUTION DÉMOGRAPHIQUE
38 965	39 057	39 136	39 197	39 249	39 308	39 388	39 519	39 733	40 122	a) Population au 1er janvier
39 057	39 136	39 197	39 249	39 308	39 388	39 519	39 733	40 122	40 409	b) Population au 31 décembre
92	79	61	52	59	80	131	214	389	287	**c) Accroissement total (b-a)**
397	386	370	363	363	369	365	380	396	407	d) Naissances
332	340	338	346	351	350	361	371	359	351	e) Décès
65	46	32	17	12	19	4	9	37	56	**f) Accroissement naturel (d-e)**
37	32	34	36	30	58	81	127	362		g) Solde net des migrations
-10	1	-5	-1	17	3	46	78	-10		h) Ajustements statistiques
92	79	61	52	59	80	131	214	389		**i) Accroissement total (=f+g+h=c)**
										(Composition de l'évolution démographique/ Population moyenne) x1000
2.4	2.0	1.6	1.3	1.5	2.0	3.3	5.4	9.7		Taux d'accroissement total
10.2	9.9	9.4	9.3	9.2	9.4	9.3	9.6	9.9	10.1	Taux bruts de natalité
8.5	8.7	8.6	8.8	8.9	8.9	9.2	9.4	9.0	8.7	Taux bruts de mortalité
1.7	1.2	0.8	0.4	0.3	0.5	0.1	0.2	0.9	1.4	Taux d'accroissement naturel
0.9	0.8	0.9	0.9	0.8	1.5	2.1	3.2	9.1		Taux du solde net des migrations

SPAIN

II - Labour force

Thousands (annual average estimates)

	1981	1982	1983	1984	1985	1986	1987	1988	1989	1990	1991
Total labour force											
All persons	13 808	13 967	14 149	14 224	14 285	14 424	14 969	15 355	15 517	15 688	15 822
Males	9 959	10 004	10 036	10 055	10 046	10 080	10 131	10 210	10 274	10 311	10 330
Females	3 849	3 963	4 114	4 169	4 239	4 344	4 838	5 145	5 243	5 378	5 492
Armed forces											
All persons	449	447	432	407	378	347	332	326	328	310	307
Males	449	447	432	407	378	347	332	326	328	310	307
Females	0	0	0	0	0	0	0	0	0	0	0
Civilian labour force											
All persons	13 359	13 520	13 717	13 817	13 907	14 077	14 637	15 029	15 189	15 379	15 515
Males	9 511	9 557	9 603	9 648	9 668	9 733	9 799	9 884	9 946	10 001	10 023
Females	3 849	3 963	4 114	4 169	4 239	4 344	4 838	5 145	5 242	5 377	5 492
Unemployed											
All persons	1 892	2 162	2 394	2 793	3 004	2 975	2 976	2 906	2 631	2 509	2 545
Males	1 269	1 420	1 547	1 824	1 940	1 874	1 652	1 479	1 285	1 194	1 223
Females	623	742	847	969	1 064	1 101	1 324	1 427	1 346	1 316	1 322
Civilian employment											
All persons	11 468	11 358	11 323	11 024	10 903	11 102	11 661	12 123	12 558	12 870	12 970
Males	8 242	8 137	8 056	7 824	7 728	7 859	8 147	8 405	8 661	8 808	8 800
Females	3 226	3 222	3 267	3 200	3 175	3 244	3 514	3 718	3 896	4 062	4 170
Civilian employment (%)											
All persons	100.0	100.0	100.0	100.0	100.0	100.0	100.0	100.0	100.0	100.0	100.0
Males	71.9	71.6	71.1	71.0	70.9	70.8	69.9	69.3	69.0	68.4	67.8
Females	28.1	28.4	28.9	29.0	29.1	29.2	30.1	30.7	31.0	31.6	32.2
Unemployment rates (% of civilian labour force)											
All persons	14.2	16.0	17.5	20.2	21.6	21.1	20.3	19.3	17.3	16.3	16.4
Males	13.3	14.9	16.1	18.9	20.1	19.3	16.9	15.0	12.9	11.9	12.2
Females	16.2	18.7	20.6	23.2	25.1	25.3	27.4	27.7	25.7	24.5	24.1
Total labour force (% of total population)											
All persons	36.6	36.8	37.1	37.2	37.2	37.4	38.7	39.7	40.0	40.4	40.7
Males	53.8	53.7	53.6	53.5	53.3	53.3	53.5	53.8	54.0	54.2	54.2
Females	20.0	20.5	21.2	21.4	21.7	22.1	24.6	26.1	26.5	27.1	27.7
Total labour force (% of population from 15-64 years)[1]											
All persons	57.9	57.9	58.0	57.7	57.5	57.5	59.2	60.3	60.5	60.7	60.7
Males	84.1	83.4	82.7	82.0	81.1	80.7	80.4	80.4	80.2	79.9	79.4
Females	32.0	32.6	33.5	33.7	34.0	34.5	38.2	40.3	40.8	41.5	42.1
Civilian employment (% of total population)											
All persons	30.4	29.9	29.7	28.8	28.4	28.8	30.2	31.3	32.4	33.1	33.3
Part-time employment (%)[2]											
Part-time as % of employment							4.9	5.0	4.5	4.6	4.4
Male share of part-time employment							26.8	25.2	22.1	20.4	21.4
Female share of part-time employment							73.2	74.8	77.9	79.4	78.6
Male part-time as % of male employment							1.9	1.8	1.4	1.4	1.4
Female part-time as % of female employment							12.1	12.1	11.1	11.5	10.7
Duration of unemployment (% of total unemployment)[3]											
Less than 1 month	3.4	2.6	2.6	2.3	2.5	2.4 |	1.1	1.0	1.5	1.8	2.4
More than 1 month and less than 3 months	14.9	12.6	11.7	11.5	10.6	10.9 |	12.1	12.8	14.1	15.1	15.4
More than 3 months and less than 6 months	17.1	14.6	12.8	13.2	12.1	12.0 |	11.2	11.2	11.7	12.9	13.9
More than 6 months and less than 1 year	24.5	21.7	20.2	19.4	18.2	17.2 |	13.7	13.6	14.3	16.2	17.3
More than 1 year	40.1	48.5	52.8	53.6	56.7	57.6 |	62.0	61.5	58.5	54.0	51.0

(1) Participation rates calculated according to national definitions may differ from those published in this table, when the age group represented in the labour force survey is other than 15-64 years.

(2) Part-time employment refers to persons who work less than 30 hours per week in their main job. Data include only persons declaring usual hours worked.

(3) These percentages only take into account those persons for whom the duration of unemployment is known.

II - Population active

Milliers (estimations de moyennes annuelles)

1992	1993	1994	1995	1996	1997	1998	1999	2000	2001	
										Population active totale
15 894	16 048	16 245	16 385	16 646	16 877	17 100	17 408	17 939	17 854	Ensemble des personnes
10 238	10 232	10 218	10 209	10 316	10 387	10 500	10 634	10 852	10 877	Hommes
5 656	5 816	6 027	6 177	6 330	6 491	6 599	6 774	7 087	6 978	Femmes
										Forces armées
281	253 |	196	210	214	206	182	187	166	131	Ensemble des personnes
281	253 |	196	209	214	206	181	185	161	124	Hommes
0	0 |	0	1	1	0	1	2	5	7	Femmes
										Population active civile
15 613	15 794	16 049	16 176	16 431	16 671	16 918	17 220	17 773	17 723	Ensemble des personnes
9 958	9 979	10 023	10 000	10 102	10 181	10 319	10 448	10 691	10 752	Hommes
5 656	5 816	6 026	6 175	6 330	6 490	6 598	6 772	7 082	6 971	Femmes
										Chômeurs
2 883	3 597	3 879	3 715	3 656	3 470	3 176	2 721	2 485 |	1 868	Ensemble des personnes
1 425	1 886	1 973	1 813	1 778	1 632	1 420	1 159	1 031 |	807	Hommes
1 458	1 711	1 906	1 902	1 878	1 838	1 756	1 563	1 454 |	1 061	Femmes
										Emploi civil
12 731	12 197	12 170	12 461	12 775	13 201	13 742	14 499	15 288	15 855	Ensemble des personnes
8 533	8 093	8 049	8 188	8 324	8 549	8 900	9 290	9 660	9 946	Hommes
4 198	4 105	4 120	4 273	4 451	4 652	4 842	5 209	5 628	5 910	Femmes
										Emploi civil (%)
100.0	100.0	100.0	100.0	100.0	100.0	100.0	100.0	100.0	100.0	Ensemble des personnes
67.0	66.3	66.1	65.7	65.2	64.8	64.8	64.1	63.2	62.7	Hommes
33.0	33.7	33.9	34.3	34.8	35.2	35.2	35.9	36.8	37.3	Femmes
										Taux de chômage (% de la population active civile)
18.5	22.8	24.2	23.0	22.3	20.8	18.8	15.8	14.0 |	10.5	Ensemble des personnes
14.3	18.9	19.7	18.1	17.6	16.0	13.8	11.1	9.6 |	7.5	Hommes
25.8	29.4	31.6	30.8	29.7	28.3	26.6	23.1	20.5 |	15.2	Femmes
										Population active totale (% de la population totale)
40.7	41.0	41.5	41.8	42.4	42.9	43.3	43.9	44.9	44.3	Ensemble des personnes
53.6	53.4	53.3	53.2	53.7	53.9	54.4	54.9	55.5	55.2	Hommes
28.4	29.1	30.1	30.8	31.6	32.3	32.7	33.5	34.8	33.9	Femmes
										Population active totale (% de la population de 15-64 ans)[1]
60.5	60.7	61.1	61.3	62.1	62.8	63.4	64.3	65.7	64.8	Ensemble des personnes
78.1	77.4	76.9	76.4	76.9	77.2	77.8	78.4	79.3	78.7	Hommes
43.0	44.0	45.3	46.3	47.3	48.3	49.0	50.1	52.0	50.9	Femmes
										Emploi civil (% de la population totale)
32.6	31.2	31.1	31.8	32.5	33.5	34.8	36.6	38.3	39.4	Ensemble des personnes
										Emploi à temps partiel (%)[2]
5.4	6.1	6.5	7.1	7.5	7.9	7.7	7.9	7.8	7.9	Temps partiel en % de l'emploi
21.7	23.3	24.5	22.9	24.8	25.2	24.1	23.0	21.4	21.1	Part des hommes dans le temps partiel
78.3	76.7	75.5	77.1	75.1	74.8	75.9	77.0	78.6	78.9	Part des femmes dans le temps partiel
1.7	2.1	2.4	2.5	2.9	3.1	2.9	2.9	2.7	2.7	Temps partiel des hommes en % de l'emploi des hommes
12.8	13.9	14.4	15.9	16.2	16.8	16.6	16.8	16.5	16.6	Temps partiel des femmes en % de l'emploi des femmes
										Durée du chômage (% du chômage total)[3]
4.2	3.5	3.2	3.3	3.6	3.7	3.9	4.3	4.6	5.8	Moins de 1 mois
14.1	12.1	11.0	11.6	11.3	11.5	12.5	13.3	15.1	15.7	Plus de 1 mois et moins de 3 mois
15.6	14.7	12.4	12.2	12.8	12.8	13.1	14.6	15.5	16.7	Plus de 3 mois et moins de 6 mois
18.7	19.6	17.2	15.8	16.4	16.3	16.2	16.6	17.3	17.8	Plus de 6 mois et moins de 1 an
47.4	50.1	56.2	57.1	55.9	55.7	54.3	51.2	47.6	44.0	Plus de 1 an

(1) Les taux d'activité calculés selon les définitions nationales peuvent être différents de ceux publiés dans ce tableau si le groupe d'âges représenté dans l'enquête de la population active est différent de 15-64 ans.

(2) L'emploi à temps partiel se réfère aux actifs travaillant moins de 30 heures par semaine dans leur emploi principal. Les données incluent uniquement les personnes déclarant des heures habituelles de travail.

(3) Ces pourcentages ne prennent en compte que les personnes pour lesquelles la durée du chômage est connue.

Statistiques de la Population Active
© 2002 OCDE

SPAIN

III - Professional status and breakdown by activities - ISIC Rev. 2

Thousands (annual average estimates)

	1981	1982	1983	1984	1985	1986	1987	1988	1989	1990	1991
CIVILIAN EMPLOYMENT: PROFESSIONAL STATUS[1]											
All activities	11 468	11 358	11 323	11 024	10 903	11 102	11 661	12 123	12 558	12 870	12 970
Employees	8 012	7 953	7 879	7 567	7 539	7 843	8 215	8 641	9 126	9 515	9 671
Employers and persons working on own account	2 478	2 451	2 503	2 528	2 489	2 455	2 642	2 680	2 663	2 632	2 620
Unpaid family workers	926	895	877	846	800	729	763	775	740	691	640
Agriculture, hunting, forestry and fishing	2 079	2 039	2 053	1 970	1 942	1 759	1 717	1 697	1 595	1 484	1 342
Employees	588	591	592	543	586	558	545	555	498	483	475
Employers and persons working on own account	967	943	956	940	901	816	810	790	762	708	629
Unpaid family workers	513	495	495	476	447	378	358	349	332	289	233
Non-agricultural activities	9 389	9 320	9 270	9 055	8 961	9 343	9 944	10 426	10 963	11 385	11 629
Employees	7 425	7 363	7 287	7 025	6 953	7 285	7 670	8 086	8 629	9 032	9 196
Employers and persons working on own account	1 511	1 508	1 547	1 588	1 588	1 639	1 832	1 889	1 901	1 924	1 990
Unpaid family workers	412	400	382	370	353	351	405	426	408	402	408
All activities (%)	100.0	100.0	100.0	100.0	100.0	100.0	100.0	100.0	100.0	100.0	100.0
Employees	69.9	70.0	69.6	68.6	69.1	70.6	70.4	71.3	72.7	73.9	74.6
Others	29.7	29.5	29.9	30.6	30.2	28.7	29.2	28.5	27.1	25.8	25.1
CIVILIAN EMPLOYMENT: BREAKDOWN BY ACTIVITIES[2]											
ISIC Rev. 2 Major Divisions											
1 to 0 All activities	11 216	11 098	11 047	10 748	10 637	10 875	11 383	11 780	12 260	12 578	12 608
1 Agriculture, hunting, forestry and fishing	2 108	2 061	2 068	1 988	1 950	1 758	1 723	1 695	1 598	1 486	1 345
2 Mining and quarrying	94	95	90	92	91	89	81	82	77	78	76
3 Manufacturing	2 807	2 644	2 582	2 517	2 422	2 469	2 594	2 644	2 738	2 809	2 730
4 Electricity, gas and water	86	86	88	83	85	83	77	82	86	94	87
5 Construction	970	960	940	821	779	834	929	1 022	1 135	1 222	1 275
6 Wholesale and retail trade; restaurants and hotels	2 022	2 011	1 976	1 960	1 966	2 087	2 272	2 375	2 467	2 547	2 599
7 Transport, storage and communication	650	652	623	611	615	631	643	649	711	728	728
8 Financing, insurance, real estate and business services	400	423	434	424	445	491	542	591	640	679	734
9 Community, social and personal services	2 068	2 153	2 234	2 231	2 263	2 415	2 521	2 642	2 809	2 937	3 034
0 Activities not adequately defined	11	13	15	21	20	18	0	0	0	0	0
EMPLOYEES: BREAKDOWN BY ACTIVITIES[2]											
ISIC Rev. 2 Major Divisions											
1 to 0 All activities	7 730	7 676	7 598	7 275	7 265	7 608	7 946	8 320	8 843	9 234	9 332
1 Agriculture, hunting, forestry and fishing	585	585	584	535	576	547	539	542	488	472	465
2 Mining and quarrying	91	91	86	87	87	86	78	79	75	75	72
3 Manufacturing	2 494	2 354	2 276	2 195	2 120	2 166	2 254	2 301	2 396	2 463	2 386
4 Electricity, gas and water	85	85	87	82	84	83	76	81	85	93	86
5 Construction	774	764	728	603	554	612	696	775	891	964	995
6 Wholesale and retail trade; restaurants and hotels	1 010	1 011	992	961	958	1 033	1 140	1 238	1 351	1 432	1 466
7 Transport, storage and communication	500	501	482	450	467	476	457	463	514	540	542
8 Financing, insurance, real estate and business services	347	369	376	368	389	423	456	500	540	567	610
9 Community, social and personal services	1 845	1 916	1 989	1 995	2 031	2 183	2 250	2 342	2 504	2 629	2 710
0 Activities not adequately defined	0	0	0	0	0	0	0	0	0	0	0

(1)   The sum of the component does not agree with the total from 1978 to 2001 due to incomplete reporting.

(2)   Data broken down by activities (civilian employment and employees) have not been revised nor updated due to a change by the country from ISIC Rev. 2 to ISIC Rev.3.

III - Situation dans la profession et répartition par activités - CITI Rév. 2

Milliers (estimations de moyennes annuelles)

EMPLOI CIVIL : SITUATION DANS LA PROFESSION[1]

1992	1993	1994	1995	1996	1997	1998	1999	2000	2001	
12 731	12 197	12 170	12 461	12 775	13 201	13 742	14 499	15 288	15 855	**Toutes activités**
9 371	8 980	8 996	9 292	9 603	10 076	10 600	11 405	12 204	12 697	Salariés
2 669	2 618	2 635	2 671	2 705	2 710	2 739	2 732	2 749	2 842	Employeurs et personnes travaillant à leur compte
580	544	504	466	438	387	381	342	319	299	Travailleurs familiaux non rémunérés
1 249	1 193	1 146	1 107	1 074	1 070	1 074	1 040	1 012	1 019	**Agriculture, chasse, sylviculture et pêche**
410	380	375	369	367	410	423	425	418	439	Salariés
612	599	583	566	548	520	517	499	486	484	Employeurs et personnes travaillant à leur compte
214	210	186	169	157	139	133	111	104	94	Travailleurs familiaux non rémunérés
11 481	11 005	11 023	11 355	11 701	12 130	12 667	13 459	14 276	14 836	**Activités non agricoles**
8 962	8 600	8 621	8 922	9 237	9 666	10 177	10 980	11 786	12 257	Salariés
2 056	2 019	2 052	2 106	2 158	2 190	2 221	2 233	2 263	2 358	Employeurs et personnes travaillant à leur compte
365	333	318	297	281	249	248	232	215	205	Travailleurs familiaux non rémunérés
100.0	100.0	100.0	100.0	100.0	100.0	100.0	100.0	100.0	100.0	**Toutes activités (%)**
73.6	73.6	73.9	74.6	75.2	76.3	77.1	78.7	79.8	80.1	Salariés
25.5	25.9	25.8	25.2	24.6	23.5	22.7	21.2	20.1	19.8	Autres

EMPLOI CIVIL : RÉPARTITION PAR BRANCHES D'ACTIVITÉS[2]

Branches CITI Rév. 2

1992	1993	1994	1995	1996	1997	1998	1999	
12 359	11 826	11 760	12 049	12 394	12 761	13 193	13 801	**1 à 0 Toutes activités**
1 253	1 198	1 151	1 107	1 077	1 068	1 061	1 015	1 Agriculture, chasse, sylviculture et pêche
67	58	56	65	74	67	60	63	2 Industries extractives
2 662	2 404	2 333	2 327	2 337	2 432	2 564	2 635	3 Industries manufacturières
77	80	87	95	90	82	85	87	4 Électricité, gaz et eau
1 197	1 090	1 060	1 136	1 177	1 244	1 308	1 465	5 Bâtiment et travaux publics
2 545	2 485	2 533	2 584	2 624	2 695	2 764	2 910	6 Commerce de gros et de détail; restaurants et hôtels
729	700	692	737	751	767	784	817	7 Transports, entrepôts et communications
742	767	758	794	870	911	966	1 052	8 Banques, assurances, affaires immobilières et services fournis aux entreprises
3 087	3 044	3 092	3 205	3 394	3 496	3 601	3 757	9 Services fournis à la collectivité, services sociaux et services personnels
0	0	0	0	0	0	0	0	0 Activités mal désignées

SALARIÉS : RÉPARTITION PAR BRANCHES D'ACTIVITÉS[2]

Branches CITI Rév. 2

1992	1993	1994	1995	1996	1997	1998	1999	
9 030	8 634	8 620	8 917	9 249	9 673	10 114	10 790	**1 à 0 Toutes activités**
401	372	365	358	355	398	404	400	1 Agriculture, chasse, sylviculture et pêche
65	57	53	62	70	64	57	60	2 Industries extractives
2 283	2 063	1 973	1 974	1 996	2 103	2 234	2 312	3 Industries manufacturières
76	79	86	94	89	82	84	85	4 Électricité, gaz et eau
907	810	788	859	882	938	1 016	1 157	5 Bâtiment et travaux publics
1 434	1 425	1 476	1 542	1 588	1 678	1 743	1 893	6 Commerce de gros et de détail; restaurants et hôtels
529	509	505	536	546	566	575	611	7 Transports, entrepôts et communications
605	618	602	623	678	702	750	833	8 Banques, assurances, affaires immobilières et services fournis aux entreprises
2 731	2 702	2 773	2 869	3 044	3 145	3 250	3 440	9 Services fournis à la collectivité, services sociaux et services personnels
0	0	0	0	0	0	0	0	0 Activités mal désignées

(1) La somme des composantes ne correspond pas au total toutes activités sur la période 1978-2001 en raison de réponses incomplètes.

(2) Les données concernant la répartition par branches d'activités (emploi civil et salariés) n'ont pas été révisées ni mises à jour en raison du passage par le pays de la CITI Rév. 2 à la CITI Rév.3.

Statistiques de la Population Active
© 2002
OCDE

SPAIN

IV - Civilian employment and employees: breakdown by activities - ISIC Rev. 3

Thousands (annual average estimates)

	1981	1982	1983	1984	1985	1986	1987	1988	1989	1990	1991
CIVILIAN EMPLOYMENT: BREAKDOWN BY ACTIVITIES											
A to X All activities								12 123	12 558	12 870	12 970
A Agriculture, hunting and forestry								1 591	1 490	1 386	1 245
B Fishing								106	105	98	97
C Mining and quarrying								86	80	81	80
D Manufacturing								2 749	2 821	2 892	2 828
E Electricity, gas and water supply								85	88	97	90
F Construction								1 074	1 183	1 277	1 339
G Wholesale and retail trade; repair of motor vehicles, motorcycles and personal and household goods								2 035	2 088	2 169	2 207
H Hotels and restaurants								617	657	667	693
I Transport, storage and communication								676	737	752	760
J Financial intermediation								320	323	315	347
K Real estate, renting and business activities								415	465	540	595
L Public administration and defence; compulsory social security, excluding armed forces								577	613	654	713
M Education								525	564	586	616
N Health and social work								463	515	537	576
O Other community, social and personal service activities								381	409	421	435
P Private households with employed persons								422	416	395	352
Q Extra-territorial organisations and bodies								2	2	1	1
X Not classifiable by economic activities											
Breakdown by sector											
Agriculture (A-B)								1 697	1 595	1 484	1 342
Industry (C-F)								3 993	4 173	4 348	4 336
Services (G-Q)								6 433	6 790	7 037	7 293
Agriculture (%)								14.0	12.7	11.5	10.3
Industry (%)								32.9	33.2	33.8	33.4
Services (%)								53.1	54.1	54.7	56.2
Female participation in agriculture (%)								26.2	26.4	26.9	26.5
Female participation in industry (%)								16.0	15.9	16.2	16.2
Female participation in services (%)								40.9	41.4	42.0	42.7
EMPLOYEES: BREAKDOWN BY ACTIVITIES											
A to X All activities								8 641	9 126	9 515	9 671
A Agriculture, hunting and forestry								479	426	416	408
B Fishing								76	71	67	67
C Mining and quarrying								84	79	78	76
D Manufacturing								2 396	2 472	2 540	2 474
E Electricity, gas and water supply								84	87	96	89
F Construction								812	927	1 008	1 046
G Wholesale and retail trade; repair of motor vehicles, motorcycles and personal and household goods								1 081	1 164	1 242	1 273
H Hotels and restaurants								327	363	373	387
I Transport, storage and communication								485	534	560	568
J Financial intermediation								309	312	303	332
K Real estate, renting and business activities								316	360	422	463
L Public administration and defence; compulsory social security, excluding armed forces								576	611	652	710
M Education								496	537	558	586
N Health and social work								441	488	508	542
O Other community, social and personal service activities								270	292	311	322
P Private households with employed persons								410	403	381	330
Q Extra-territorial organisations and bodies								1	1	1	1
X Not classifiable by economic activities											
Breakdown by sector											
Agriculture (A-B)								555	498	483	475
Industry (C-F)								3 375	3 565	3 723	3 684
Services (G-Q)								4 710	5 063	5 310	5 512
Agriculture (%)								6.4	5.5	5.1	4.9
Industry (%)								39.1	39.1	39.1	38.1
Services (%)								54.5	55.5	55.8	57.0
Female participation in agriculture (%)								13.2	13.3	14.7	16.3
Female participation in industry (%)								16.2	16.2	16.6	16.6
Female participation in services (%)								41.9	42.7	43.5	44.2

IV - Emploi civil et salariés : répartition par activités - CITI Rév. 3

Milliers (estimations de moyennes annuelles)

1992	1993	1994	1995	1996	1997	1998	1999	2000	2001	
										EMPLOI CIVIL : RÉPARTITION PAR BRANCHES D'ACTIVITÉS
12 731	12 197	12 170	12 461	12 775	13 201	13 742	14 499	15 288	15 855	**A à X Toutes activités**
1 161	1 099	1 064	1 037	1 011	1 012	1 016	980	947	955	A Agriculture, chasse et sylviculture
89	94	82	69	63	59	59	60	65	65	B Pêche
71	62	59	69	78	71	63	67	66	63	C Activités extractives
2 763	2 502	2 427	2 407	2 418	2 530	2 692	2 787	2 909	3 006	D Activités de fabrication
80	83	91	99	94	86	89	90	99	99	E Production et distribution d'électricité, de gaz et d'eau
1 255	1 144	1 117	1 194	1 228	1 300	1 380	1 567	1 716	1 850	F Construction
2 161	2 114	2 109	2 097	2 140	2 203	2 274	2 389	2 502	2 556	G Commerce de gros et de détail; réparation de véhicules et de biens domestiques
678	682	738	788	778	810	839	900	967	971	H Hôtels et restaurants
764	726	712	758	772	792	816	859	923	965	I Transports, entreposage et communications
344	353	330	330	350	351	350	383	411	392	J Intermédiation financière
624	623	633	690	776	839	914	1 001	1 121	1 238	K Immobilier, location et activités de services aux entreprises
721	700	752	754	777	801	802	861	895	919	L Administration publique et défense; sécurité sociale obligatoire (armée exclue)
640	653	670	699	743	775	814	830	837	888	M Education
582	601	616	647	706	743	740	776	830	853	N Santé et action sociale
436	398	434	467	480	486	522	545	594	616	O Autres activités de services collectifs, sociaux et personnels
362	362	335	355	360	342	370	401	405	418	P Ménages privés employant du personnel domestique
1	2	1	1	1	2	3	2	2	3	Q Organisations et organismes extra-territoriaux
										X Ne pouvant être classés selon l'activité économique
										Répartition par secteurs
1 250	1 193	1 146	1 107	1 074	1 070	1 074	1 040	1 012	1 019	Agriculture (A-B)
4 169	3 791	3 694	3 769	3 817	3 987	4 224	4 511	4 789	5 018	Industrie (C-F)
7 312	7 214	7 329	7 586	7 884	8 144	8 444	8 948	9 487	9 818	Services (G-Q)
9.8	9.8	9.4	8.9	8.4	8.1	7.8	7.2	6.6	6.4	Agriculture (%)
32.7	31.1	30.4	30.2	29.9	30.2	30.7	31.1	31.3	31.6	Industrie (%)
57.4	59.1	60.2	60.9	61.7	61.7	61.4	61.7	62.1	61.9	Services (%)
27.2	26.9	26.5	27.1	25.6	25.7	24.7	25.2	26.3	26.2	Part des femmes dans l'agriculture (%)
16.2	16.2	16.2	15.9	16.3	16.0	15.8	16.1	17.3	17.2	Part des femmes dans l'industrie (%)
43.5	43.9	43.9	44.5	45.1	45.9	46.3	47.2	47.8	48.7	Part des femmes dans les services (%)
										SALARIÉS : RÉPARTITION PAR BRANCHES D'ACTIVITÉS
9 371	8 980	8 996	9 292	9 603	10 076	10 600	11 405	12 204	12 697	**A à X Toutes activités**
350	320	324	325	329	374	387	388	378	399	A Agriculture, chasse et sylviculture
60	60	52	44	38	35	36	37	41	40	B Pêche
68	60	57	66	74	67	59	63	64	61	C Activités extractives
2 370	2 150	2 055	2 045	2 069	2 188	2 346	2 449	2 570	2 651	D Activités de fabrication
79	83	90	98	93	86	88	89	97	96	E Production et distribution d'électricité, de gaz et d'eau
952	852	832	904	922	982	1 072	1 241	1 365	1 478	F Construction
1 242	1 231	1 244	1 254	1 306	1 380	1 438	1 569	1 710	1 734	G Commerce de gros et de détail; réparation de véhicules et de biens domestiques
381	389	431	484	475	502	537	589	661	673	H Hôtels et restaurants
555	528	522	553	563	587	602	645	722	765	I Transports, entreposage et communications
324	330	311	309	327	329	325	352	385	366	J Intermédiation financière
479	477	479	518	586	629	697	788	876	969	K Immobilier, location et activités de services aux entreprises
718	698	749	751	775	801	802	861	895	919	L Administration publique et défense; sécurité sociale obligatoire (armée exclue)
607	619	639	668	705	734	775	796	804	849	M Education
551	572	577	607	658	696	696	726	774	800	N Santé et action sociale
314	282	314	333	349	362	386	410	459	479	O Autres activités de services collectifs, sociaux et personnels
322	328	320	332	335	321	351	401	405	418	P Ménages privés employant du personnel domestique
1	2	1	0	1	1	2	0	0	0	Q Organisations et organismes extra-territoriaux
										X Ne pouvant être classés selon l'activité économique
										Répartition par secteurs
410	380	375	369	367	410	423	425	418	439	Agriculture (A-B)
3 469	3 145	3 033	3 113	3 157	3 323	3 566	3 842	4 095	4 286	Industrie (C-F)
5 493	5 456	5 587	5 809	6 080	6 343	6 611	7 139	7 691	7 971	Services (G-Q)
4.4	4.2	4.2	4.0	3.8	4.1	4.0	3.7	3.4	3.5	Agriculture (%)
37.0	35.0	33.7	33.5	32.9	33.0	33.6	33.7	33.6	33.8	Industrie (%)
58.6	60.8	62.1	62.5	63.3	63.0	62.4	62.6	63.0	62.8	Services (%)
15.8	15.5	15.5	17.5	16.2	19.8	19.3	21.6	21.9	23.1	Part des femmes dans l'agriculture (%)
16.6	16.8	16.9	16.4	16.9	16.5	16.3	16.7	18.0	17.9	Part des femmes dans l'industrie (%)
45.0	45.7	45.9	46.4	47.2	48.4	48.7	49.7	50.2	51.1	Part des femmes dans les services (%)

Statistiques de la Population Active
© 2002
OCDE

SWEDEN

I - Population

Thousands (mid-year estimates)

	1981	1982	1983	1984	1985	1986	1987	1988	1989	1990	1991
POPULATION - DISTRIBUTION BY AGE AND GENDER											
All persons											
Total	8 320	8 325	8 329	8 337	8 350	8 370	8 398	8 436	8 493	8 559	8 617
Under 15 years	1 601	1 571	1 545	1 528	1 517	1 508	1 502	1 504	1 515	1 536	1 562
From 15 to 64 years	5 350	5 368	5 381	5 392	5 394	5 396	5 411	5 433	5 464	5 501	5 526
65 years and over	1 370	1 386	1 403	1 417	1 439	1 466	1 485	1 499	1 514	1 523	1 528
Males											
Total	4 119	4 118	4 117	4 119	4 124	4 132	4 145	4 164	4 194	4 228	4 257
Under 15 years	820	804	791	783	777	773	770	771	777	787	802
From 15 to 64 years	2 706	2 714	2 721	2 727	2 729	2 731	2 740	2 753	2 773	2 790	2 805
65 years and over	594	599	604	609	618	628	635	640	644	649	651
Females											
Total	4 201	4 207	4 212	4 218	4 227	4 238	4 253	4 272	4 299	4 331	4 360
Under 15 years	781	767	754	745	740	735	732	733	738	747	762
From 15 to 64 years	2 644	2 653	2 660	2 665	2 665	2 665	2 671	2 680	2 691	2 711	2 720
65 years and over	776	787	798	808	822	838	850	859	870	874	879
POPULATION - PERCENTAGES											
All persons											
Total	100.0	100.0	100.0	100.0	100.0	100.0	100.0	100.0	100.0	100.0	100.0
Under 15 years	19.2	18.9	18.5	18.3	18.2	18.0	17.9	17.8	17.8	17.9	18.1
From 15 to 64 years	64.3	64.5	64.6	64.7	64.6	64.5	64.4	64.4	64.3	64.3	64.1
65 years and over	16.5	16.6	16.8	17.0	17.2	17.5	17.7	17.8	17.8	17.8	17.7
COMPONENTS OF CHANGE IN POPULATION											
a) Population at 1 January	8 318	8 323	8 327	8 331	8 343	8 358	8 382	8 414	8 459	8 527	8 591
b) Population at 31 December	8 323	8 327	8 331	8 343	8 358	8 382	8 414	8 459	8 527	8 591	8 644
c) Total increase (b-a)	5	4	4	12	15	24	32	45	68	64	53
d) Births	94	93	92	94	98	102	105	112	116	124	124
e) Deaths	92	91	91	90	94	93	93	97	92	95	95
f) Natural increase (d-e)	2	2	1	4	4	9	12	15	24	29	29
g) Net migration	3	2	2	9	11	15	20	30	44	35	24
h) Statistical adjustments	0	0	1	-1	0	0	0	0	0	0	0
i) Total increase (=f+g+h=c)	5	4	4	12	15	24	32	45	68	64	53
(Components of change in population/ Average population) x1000											
Total increase rates	0.6	0.5	0.5	1.4	1.8	2.9	3.8	5.3	8.0	7.5	6.2
Crude birth rates	11.3	11.2	11.0	11.3	11.7	12.2	12.5	13.3	13.7	14.5	14.4
Crude death rates	11.1	10.9	10.9	10.8	11.3	11.1	11.1	11.5	10.8	11.1	11.0
Natural increase rates	0.2	0.2	0.1	0.5	0.5	1.1	1.4	1.8	2.8	3.4	3.4
Net migration rates	0.4	0.2	0.2	1.1	1.3	1.8	2.4	3.6	5.2	4.1	2.8

I - Population

Milliers (estimations au milieu de l'année)

	1992	1993	1994	1995	1996	1997	1998	1999	2000	2001	
											POPULATION - RÉPARTITION SELON L'AGE ET LE SEXE
											Ensemble des personnes
	8 668	8 719	8 781	8 827	8 841	8 846	8 851	8 858	8 872	8 896	Total
	1 591	1 620	1 649	1 664	1 663	1 658	1 651	1 594	1 635	1 571	Moins de 15 ans
	5 544	5 564	5 593	5 621	5 634	5 645	5 660	5 690	5 705	5 752	De 15 à 64 ans
	1 533	1 536	1 538	1 542	1 543	1 543	1 540	1 574	1 532	1 572	65 ans et plus
											Hommes
	4 283	4 308	4 339	4 361	4 368	4 371	4 374	4 378	4 386	4 401	Total
	817	832	846	854	854	851	848	818	839	806	Moins de 15 ans
	2 816	2 825	2 840	2 856	2 862	2 868	2 875	2 892	2 898	2 924	De 15 à 64 ans
	651	650	653	651	653	652	651	668	649	671	65 ans et plus
											Femmes
	4 385	4 411	4 442	4 466	4 473	4 475	4 477	4 480	4 486	4 495	Total
	775	790	803	809	810	807	804	777	796	765	Moins de 15 ans
	2 728	2 739	2 752	2 766	2 773	2 778	2 785	2 798	2 807	2 829	De 15 à 64 ans
	883	883	886	890	891	891	889	906	883	901	65 ans et plus
											POPULATION - POURCENTAGES
											Ensemble des personnes
	100.0	100.0	100.0	100.0	100.0	100.0	100.0	100.0	100.0	100.0	Total
	18.4	18.6	18.8	18.9	18.8	18.7	18.7	18.0	18.4	17.7	Moins de 15 ans
	64.0	63.8	63.7	63.7	63.7	63.8	63.9	64.2	64.3	64.7	De 15 à 64 ans
	17.7	17.6	17.5	17.5	17.5	17.4	17.4	17.8	17.3	17.7	65 ans et plus
											COMPOSANTES DE L'ÉVOLUTION DÉMOGRAPHIQUE
	8 644	8 692	8 745	8 816	8 837	8 844	8 848	8 854	8 861	8 883	a) Population au 1er janvier
	8 692	8 745	8 816	8 837	8 844	8 848	8 854	8 861	8 883	8 909	b) Population au 31 décembre
	48	53	71	21	7	4	6	7	22	26	**c) Accroissement total (b-a)**
	123	118	112	103	95	90	89	88	90	91	d) Naissances
	95	97	92	94	94	93	93	94	93	94	e) Décès
	28	21	20	9	1	-3	-4	-6	-3	-3	**f) Accroissement naturel (d-e)**
	20	32	51	11	6	6	11	14	25	29	g) Solde net des migrations
	0	0	0	1	0	1	-1	-1	0	0	h) Ajustements statistiques
	48	53	71	21	7	4	6	7	22	26	**i) Accroissement total (=f+g+h=c)**
											(Composition de l'évolution démographique/ Population moyenne) x1000
	5.5	6.1	8.1	2.4	0.8	0.5	0.7	0.8	2.5	2.9	Taux d'accroissement total
	14.2	13.5	12.8	11.7	10.7	10.2	10.1	9.9	10.1	10.2	Taux bruts de natalité
	11.0	11.1	10.5	10.6	10.6	10.5	10.5	10.6	10.5	10.6	Taux bruts de mortalité
	3.2	2.4	2.3	1.0	0.1	-0.3	-0.5	-0.7	-0.3	-0.3	Taux d'accroissement naturel
	2.3	3.7	5.8	1.2	0.7	0.7	1.2	1.6	2.8	3.3	Taux du solde net des migrations

Statistiques de la Population Active
© 2002
OCDE

SWEDEN

II - Labour force

Thousands (annual average estimates)

	1981	1982	1983	1984	1985	1986	1987	1988	1989	1990	1991
Total labour force											
All persons	4 344	4 374	4 395	4 409	4 436	4 396	4 418	4 459	4 515	4 568	4 545
Males	2 347	2 351	2 346	2 339	2 348	2 304	2 296	2 315	2 349	2 376	2 363
Females	1 996	2 024	2 049	2 069	2 087	2 092	2 121	2 144	2 166	2 192	2 181
Armed forces											
All persons											
Males											
Females											
Civilian labour force											
All persons	4 344	4 374	4 395	4 409	4 436	4 396	4 418	4 459	4 515	4 568	4 545
Males	2 347	2 351	2 346	2 339	2 348	2 304	2 296	2 315	2 349	2 376	2 363
Females	1 996	2 024	2 049	2 069	2 087	2 092	2 121	2 144	2 166	2 192	2 181
Unemployed											
All persons	120	154	171	154	137	127	102	84	73	83	148
Males	61	78	88	78	72	66	52	43	37	43	85
Females	58	77	83	76	65	61	49	40	36	40	64
Civilian employment											
All persons	4 224	4 220	4 224	4 255	4 299	4 269	4 316	4 375	4 442	4 485	4 396
Males	2 286	2 273	2 258	2 261	2 276	2 238	2 244	2 272	2 312	2 333	2 278
Females	1 938	1 947	1 966	1 993	2 022	2 031	2 072	2 103	2 130	2 152	2 118
Civilian employment (%)											
All persons	100.0	100.0	100.0	100.0	100.0	100.0	100.0	100.0	100.0	100.0	100.0
Males	54.1	53.9	53.5	53.1	52.9	52.4	52.0	51.9	52.0	52.0	51.8
Females	45.9	46.1	46.5	46.8	47.0	47.6	48.0	48.1	48.0	48.0	48.2
Unemployment rates (% of civilian labour force)											
All persons	2.8	3.5	3.9	3.5	3.1	2.9	2.3	1.9	1.6	1.8	3.3
Males	2.6	3.3	3.8	3.3	3.1	2.9	2.3	1.9	1.6	1.8	3.6
Females	2.9	3.8	4.1	3.7	3.1	2.9	2.3	1.9	1.7	1.8	2.9
Total labour force (% of total population)											
All persons	52.2	52.5	52.8	52.9	53.1	52.5	52.6	52.9	53.2	53.4	52.7
Males	57.0	57.1	57.0	56.8	56.9	55.8	55.4	55.6	56.0	56.2	55.5
Females	47.5	48.1	48.6	49.1	49.4	49.4	49.9	50.2	50.4	50.6	50.0
Total labour force (% of population from 15-64 years)[1]											
All persons	81.2	81.5	81.7	81.8	82.2	81.5	81.6	82.1	82.6	83.0	82.2
Males	86.7	86.6	86.2	85.8	86.1	84.4	83.8	84.1	84.7	85.2	84.2
Females	75.5	76.3	77.0	77.7	78.3	78.5	79.4	80.0	80.5	80.9	80.2
Civilian employment (% of total population)											
All persons	50.8	50.7	50.7	51.0	51.5	51.0	51.4	51.9	52.3	52.4	51.0
Part-time employment (%)[2]											
Part-time as % of employment							16.9	16.0	15.2	14.5	14.6
Male share of part-time employment							15.1	16.9	18.1	18.9	19.7
Female share of part-time employment							84.9	83.1	82.0	81.1	80.5
Male part-time as % of male employment							4.9	5.2	5.3	5.3	5.5
Female part-time as % of female employment							29.8	27.6	25.9	24.5	24.3
Duration of unemployment (% of total unemployment)[3]											
Less than 1 month	29.2	26.3	26.5	25.9	27.1	26.3	25.8	29.0	32.6	31.3	25.4
More than 1 month and less than 3 months	32.5	29.6	27.9	26.3	26.8	28.7	26.8	27.1	25.5	30.3	30.0
More than 3 months and less than 6 months	20.3	21.9	20.6	19.9	19.0	23.2	15.6	17.1	17.0	16.1	21.0
More than 6 months and less than 1 year	12.0	13.8	14.7	15.5	15.7	13.7	13.5	11.9	11.1	10.2	12.4
More than 1 year	6.0	8.4	10.3	12.4	11.4	8.0	18.3	14.9	13.8	12.1	11.2

(1) Participation rates calculated according to national definitions may differ from those published in this table, when the age group represented in the labour force survey is other than 15-64 years.

(2) Part-time employment refers to persons who work less than 30 hours per week in their main job. Data include only persons declaring usual hours worked.

(3) These percentages only take into account those persons for whom the duration of unemployment is known.

II - Population active

Milliers (estimations de moyennes annuelles)

	1992	1993	1994	1995	1996	1997	1998	1999	2000	2001
Population active totale										
Ensemble des personnes	4 470	4 380	4 354	4 391	4 403	4 367	4 347	4 382	4 418	4 465
Hommes	2 325	2 280	2 272	2 292	2 300	2 284	2 281	2 293	2 312	2 329
Femmes	2 145	2 100	2 082	2 099	2 103	2 083	2 067	2 087	2 106	2 136
Forces armées										
Ensemble des personnes										
Hommes										
Femmes										
Population active civile										
Ensemble des personnes	4 470	4 380	4 354	4 391	4 403	4 367	4 347	4 382	4 418	4 465
Hommes	2 325	2 280	2 272	2 292	2 300	2 284	2 281	2 293	2 312	2 329
Femmes	2 145	2 100	2 082	2 099	2 103	2 083	2 067	2 087	2 106	2 136
Chômeurs										
Ensemble des personnes	261	415	426	405	440	445	368	314	259	226
Hommes	161	254	255	231	242	242	202	172	145	127
Femmes	100	161	171	173	198	203	166	141	114	100
Emploi civil										
Ensemble des personnes	4 209	3 964	3 928	3 986	3 963	3 922	3 979	4 068	4 159	4 239
Hommes	2 164	2 026	2 017	2 061	2 058	2 042	2 079	2 121	2 167	2 203
Femmes	2 045	1 938	1 911	1 925	1 905	1 880	1 901	1 946	1 992	2 036
Emploi civil (%)										
Ensemble des personnes	100.0	100.0	100.0	100.0	100.0	100.0	100.0	100.0	100.0	100.0
Hommes	51.4	51.1	51.3	51.7	51.9	52.1	52.2	52.1	52.1	52.0
Femmes	48.6	48.9	48.7	48.3	48.1	47.9	47.8	47.8	47.9	48.0
Taux de chômage (% de la population active civile)										
Ensemble des personnes	5.8	9.5	9.8	9.2	10.0	10.2	8.5	7.2	5.9	5.1
Hommes	6.9	11.2	11.2	10.1	10.5	10.6	8.9	7.5	6.3	5.5
Femmes	4.6	7.7	8.2	8.2	9.4	9.8	8.0	6.8	5.4	4.7
Population active totale (% de la population totale)										
Ensemble des personnes	51.6	50.2	49.6	49.7	49.8	49.4	49.1	49.5	49.8	50.2
Hommes	54.3	52.9	52.4	52.6	52.7	52.3	52.2	52.4	52.7	52.9
Femmes	48.9	47.6	46.9	47.0	47.0	46.5	46.2	46.6	46.9	47.5
Population active totale (% de la population de 15-64 ans)[1]										
Ensemble des personnes	80.6	78.7	77.8	78.1	78.1	77.4	76.8	77.0	77.4	77.6
Hommes	82.6	80.7	80.0	80.3	80.4	79.6	79.3	79.3	79.8	79.7
Femmes	78.6	76.7	75.7	75.9	75.8	75.0	74.2	74.6	75.0	75.5
Emploi civil (% de la population totale)										
Ensemble des personnes	48.6	45.5	44.7	45.2	44.8	44.3	45.0	45.9	46.9	47.7
Emploi à temps partiel (%)[2]										
Temps partiel en % de l'emploi	15.0	15.4	15.7	15.1	14.8	14.2	13.4	14.5	14.0	17.8
Part des hommes dans le temps partiel	21.0	21.9	23.3	23.3	23.6	23.7	21.9	26.3	27.1	20.8
Part des femmes dans le temps partiel	79.2	78.1	76.9	76.9	76.5	76.4	78.1	73.7	72.9	79.2
Temps partiel des hommes en % de l'emploi des hommes	6.1	6.6	7.1	6.8	6.7	6.5	5.6	7.3	7.3	7.1
Temps partiel des femmes en % de l'emploi des femmes	24.4	24.6	24.9	24.1	23.5	22.7	22.0	22.3	21.4	29.3
Durée du chômage (% du chômage total)[3]										
Moins de 1 mois	18.6	16.9	15.3	17.0	15.8	15.6	16.8	19.1	21.4	21.9
Plus de 1 mois et moins de 3 mois	29.3	23.2	19.5	19.8	18.1	17.1	18.2	18.7	20.5	23.3
Plus de 3 mois et moins de 6 mois	21.5	22.8	18.5	17.6	17.7	16.5	15.8	17.0	16.6	18.1
Plus de 6 mois et moins de 1 an	17.2	21.3	21.0	17.8	18.3	17.4	15.7	15.1	15.1	14.4
Plus de 1 an	13.5	15.8	25.7	27.8	30.1	33.4	33.5	30.1	26.4	22.3

(1) Les taux d'activité calculés selon les définitions nationales peuvent être différents de ceux publiés dans ce tableau si le groupe d'âges représenté dans l'enquête de la population active est différent de 15-64 ans.

(2) L'emploi à temps partiel se réfère aux actifs travaillant moins de 30 heures par semaine dans leur emploi principal. Les données incluent uniquement les personnes déclarant des heures habituelles de travail.

(3) Ces pourcentages ne prennent en compte que les personnes pour lesquelles la durée du chômage est connue.

Statistiques de la Population Active
© 2002 OCDE

SWEDEN

III - Professional status and breakdown by activities - ISIC Rev. 2

Thousands (annual average estimates)

	1981	1982	1983	1984	1985	1986	1987	1988	1989	1990	1991
CIVILIAN EMPLOYMENT: PROFESSIONAL STATUS											
All activities	4 225	4 220	4 224	4 255	4 299	4 269	4 316	4 375	4 442	4 485	4 396
Employees	3 890	3 877	3 891	3 931	3 986	3 989	3 911	3 974	4 027	4 074	3 994
Employers and persons working on own account	315	324	316	310	301	269	386	385	401	397	387
Unpaid family workers	21	19	17	15	13	10	19	17	15	15	15
Agriculture, hunting, forestry and fishing	237	236	229	218	208	179	174	170	161	154	145
Employees	87	90	88	84	80	75	62	65	61	60	57
Employers and persons working on own account	133	130	126	122	118	96	99	94	91	84	80
Unpaid family workers	17	17	15	12	10	8	12	11	9	9	8
Non-agricultural activities	3 988	3 984	3 995	4 037	4 091	4 090	4 142	4 205	4 281	4 331	4 251
Employees	3 803	3 787	3 803	3 847	3 906	3 914	3 849	3 909	3 966	4 014	3 937
Employers and persons working on own account	182	194	190	188	183	173	287	291	310	313	307
Unpaid family workers	4	2	2	3	3	2	7	6	6	6	7
All activities (%)	100.0	100.0	100.0	100.0	100.0	100.0	100.0	100.0	100.0	100.0	100.0
Employees	92.1	91.9	92.1	92.4	92.7	93.4	90.6	90.8	90.7	90.8	90.9
Others	8.0	8.1	7.9	7.6	7.3	6.5	9.4	9.2	9.4	9.2	9.1
CIVILIAN EMPLOYMENT: BREAKDOWN BY ACTIVITIES											
ISIC Rev. 2 Major Divisions											
1 to 0 All activities	4 225	4 220	4 224	4 255	4 299	4 269	4 316	4 375	4 442	4 485	4 396
1 Agriculture, hunting, forestry and fishing	237	236	229	218	208	179	174	170	161	154	145
2 Mining and quarrying	14	14	15	15	15	14	12	12	11	11	11
3 Manufacturing	984	946	941	953	968	976	950	951	965	941	877
4 Electricity, gas and water	37	40	40	40	40	40	40	39	35	35	36
5 Construction	288	277	267	260	260	257	289	287	298	323	320
6 Wholesale and retail trade; restaurants and hotels	583	582	582	586	591	594	643	662	688	685	660
7 Transport, storage and communication	293	300	295	294	300	302	306	303	307	315	313
8 Financing, insurance, real estate and business services	282	288	303	316	321	328	353	374	396	409	419
9 Community, social and personal services	1 508	1 535	1 552	1 574	1 594	1 575	1 547	1 573	1 577	1 607	1 611
0 Activities not adequately defined	0	2	1	1	1	3	3	5	5	6	5
EMPLOYEES: BREAKDOWN BY ACTIVITIES											
ISIC Rev. 2 Major Divisions											
1 to 0 All activities	3 890	3 877	3 891	3 931	3 986	3 989	3 911	3 974	4 027	4 074	3 994
1 Agriculture, hunting, forestry and fishing	87	90	87	84	80	75	62	65	61	60	57
2 Mining and quarrying	14	14	15	14	15	14	11	11	11	11	10
3 Manufacturing	962	922	916	928	947	957	906	914	927	903	837
4 Electricity, gas and water	37	40	40	40	40	40	40	39	35	35	36
5 Construction	256	245	237	230	232	232	242	241	249	274	273
6 Wholesale and retail trade; restaurants and hotels	531	526	524	530	538	543	540	559	581	582	561
7 Transport, storage and communication	268	277	274	274	279	281	281	276	277	287	284
8 Financing, insurance, real estate and business services	267	271	288	299	305	312	316	332	348	358	364
9 Community, social and personal services	1 467	1 490	1 508	1 531	1 549	1 534	1 509	1 533	1 533	1 560	1 569
0 Activities not adequately defined	0	2	1	1	1	2	2	4	4	5	4

III - Situation dans la profession et répartition par activités - CITI Rév. 2

Milliers (estimations de moyennes annuelles)

1992	1993	1994	1995	1996	1997	1998	1999	2000	2001	
										EMPLOI CIVIL : SITUATION DANS LA PROFESSION
4 209	3 964	3 928	3 986	3 963	3 922	3 979	4 068	4 159	4 239	**Toutes activités**
3 795	3 536	3 491	3 540	3 529	3 499	3 558	3 636	3 731	3 815	Salariés
398	409	417	428	419	408	407	419	415	410	Employeurs et personnes travaillant à leur compte
16	19	20	18	15	14	15	14	13	14	Travailleurs familiaux non rémunérés
140	137	136	124	115	109	102	104	98	96	**Agriculture, chasse, sylviculture et pêche**
53	50	49	44	39	38	35	35	37	37	Salariés
78	76	77	70	68	63	58	61	55	53	Employeurs et personnes travaillant à leur compte
9	12	10	10	8	8	8	7	6	7	Travailleurs familiaux non rémunérés
4 069	3 827	3 792	3 862	3 848	3 813	3 877	3 964	4 061	4 143	**Activités non agricoles**
3 742	3 486	3 442	3 496	3 490	3 461	3 523	3 601	3 694	3 778	Salariés
320	333	340	358	351	345	349	358	360	357	Employeurs et personnes travaillant à leur compte
7	7	10	8	7	6	7	7	7	7	Travailleurs familiaux non rémunérés
100.0	100.0	100.0	100.0	100.0	100.0	100.0	100.0	100.0	100.0	**Toutes activités (%)**
90.2	89.2	88.9	88.8	89.0	89.2	89.4	89.4	89.7	90.0	Salariés
9.8	10.8	11.1	11.2	11.0	10.8	10.6	10.6	10.3	10.0	Autres
										EMPLOI CIVIL : RÉPARTITION PAR BRANCHES D'ACTIVITÉS
										Branches CITI Rév. 2
										1 à 0 Toutes activités
4 209	3 964	3 928	3 986	3 963	3 925	3 979	4 068	4 159	4 239	
140	137	136	124	115	109	102	104	98	96	1 Agriculture, chasse, sylviculture et pêche
10	11	9	9	8	8	9	9	9	7	2 Industries extractives
794	726	719	761	767	759	763	757	757	742	3 Industries manufacturières
35	36	33	33	34	33	32	31	30	27	4 Électricité, gaz et eau
279	240	225	230	225	218	220	225	226	232	5 Bâtiment et travaux publics
635	596	600	609	601	602	613	626	636	639	6 Commerce de gros et de détail; restaurants et hôtels
301	271	264	261	260	264	271	275	279	284	7 Transports, entrepôts et communications
420	402	423	455	461	474	495	532	585	638	8 Banques, assurances, affaires immobilières et services fournis aux entreprises
1 589	1 541	1 517	1 504	1 490	1 454	1 471	1 506	1 533	1 567	9 Services fournis à la collectivité, services sociaux et services personnels
6	6	3	2	2	4	4	3	6	8	0 Activités mal désignées
										SALARIÉS : RÉPARTITION PAR BRANCHES D'ACTIVITÉS
										Branches CITI Rév. 2
										1 à 0 Toutes activités
3 795	3 536	3 491	3 540	3 529	3 499	3 558	3 636	3 731	3 815	
53	50	49	44	39	37	35	35	37	37	1 Agriculture, chasse, sylviculture et pêche
10	10	9	8	8	8	8	8	9	7	2 Industries extractives
750	683	680	716	722	717	722	720	721	704	3 Industries manufacturières
35	36	33	33	34	32	32	31	30	27	4 Électricité, gaz et eau
230	191	179	183	177	168	173	179	181	188	5 Bâtiment et travaux publics
533	482	483	490	488	490	507	519	531	536	6 Commerce de gros et de détail; restaurants et hôtels
270	242	235	232	232	235	240	247	253	256	7 Transports, entrepôts et communications
364	347	357	380	387	403	421	447	495	547	8 Banques, assurances, affaires immobilières et services fournis aux entreprises
1 546	1 491	1 464	1 453	1 442	1 406	1 415	1 444	1 469	1 505	9 Services fournis à la collectivité, services sociaux et services personnels
5	4	2	2	2	3	4	3	5	7	0 Activités mal désignées

Statistiques de la Population Active
© 2002
OCDE

SWEDEN

IV - Civilian employment and employees: breakdown by activities - ISIC Rev. 3

Thousands (annual average estimates)

	1981	1982	1983	1984	1985	1986	1987	1988	1989	1990	1991
CIVILIAN EMPLOYMENT: BREAKDOWN BY ACTIVITIES											
A to X All activities											
A Agriculture, hunting and forestry											
B Fishing											
C Mining and quarrying											
D Manufacturing											
E Electricity, gas and water supply											
F Construction											
G Wholesale and retail trade; repair of motor vehicles, motorcycles and personal and household goods											
H Hotels and restaurants											
I Transport, storage and communication											
J Financial intermediation											
K Real estate, renting and business activities											
L Public administration and defence; compulsory social security, excluding armed forces											
M Education											
N Health and social work											
O Other community, social and personal service activities											
P Private households with employed persons											
Q Extra-territorial organisations and bodies											
X Not classifiable by economic activities											
Breakdown by sector											
Agriculture (A-B)											
Industry (C-F)											
Services (G-Q)											
Agriculture (%)											
Industry (%)											
Services (%)											
Female participation in agriculture (%)											
Female participation in industry (%)											
Female participation in services (%)											
EMPLOYEES: BREAKDOWN BY ACTIVITIES											
A to X All activities											
A Agriculture, hunting and forestry											
B Fishing											
C Mining and quarrying											
D Manufacturing											
E Electricity, gas and water supply											
F Construction											
G Wholesale and retail trade; repair of motor vehicles, motorcycles and personal and household goods											
H Hotels and restaurants											
I Transport, storage and communication											
J Financial intermediation											
K Real estate, renting and business activities											
L Public administration and defence; compulsory social security, excluding armed forces											
M Education											
N Health and social work											
O Other community, social and personal service activities											
P Private households with employed persons											
Q Extra-territorial organisations and bodies											
X Not classifiable by economic activities											
Breakdown by sector											
Agriculture (A-B)											
Industry (C-F)											
Services (G-Q)											
Agriculture (%)											
Industry (%)											
Services (%)											
Female participation in agriculture (%)											
Female participation in industry (%)											
Female participation in services (%)											

IV - Emploi civil et salariés : répartition par activités - CITI Rév. 3

Milliers (estimations de moyennes annuelles)

1992	1993	1994	1995	1996	1997	1998	1999	2000	2001	
										EMPLOI CIVIL : RÉPARTITION PAR BRANCHES D'ACTIVITÉS **A à X Toutes activités**
						3 979	4 068	4 159	4 239	
						100	101	96	93	A Agriculture, chasse et sylviculture
						2	2	3	3	B Pêche
						9	9	9	7	C Activités extractives
						763	757	757	742	D Activités de fabrication
						32	31	30	27	E Production et distribution d'électricité, de gaz et d'eau
						220	225	226	232	F Construction
						503	512	520	520	G Commerce de gros et de détail; réparation de véhicules et de biens domestiques
						110	114	116	118	H Hôtels et restaurants
						271	275	279	284	I Transports, entreposage et communications
						84	85	87	89	J Intermédiation financière
						411	446	498	549	K Immobilier, location et activités de services aux entreprises
						208	208	223	232	L Administration publique et défense; sécurité sociale obligatoire (armée exclue)
						293	315	329	343	M Education
						770	776	770	778	N Santé et action sociale
						200	207	211	215	O Autres activités de services collectifs, sociaux et personnels
						0	0	0	0	P Ménages privés employant du personnel domestique
						0	0	0	0	Q Organisations et organismes extra-territoriaux
						4	3	6	8	X Ne pouvant être classés selon l'activité économique
										Répartition par secteurs
						102	103	99	96	Agriculture (A-B)
						1 024	1 022	1 022	1 008	Industrie (C-F)
						2 850	2 938	3 033	3 128	Services (G-Q)
						2.6	2.5	2.4	2.3	Agriculture (%)
						25.7	25.1	24.6	23.8	Industrie (%)
						71.6	72.2	72.9	73.8	Services (%)
						25.3	25.2	26.3	24.0	Part des femmes dans l'agriculture (%)
						22.3	22.3	22.2	22.2	Part des femmes dans l'industrie (%)
						57.7	57.6	57.3	57.1	Part des femmes dans les services (%)
										SALARIÉS : RÉPARTITION PAR BRANCHES D'ACTIVITÉS **A à X Toutes activités**
						3 558	3 636	3 731	3 815	
						35	35	37	37	A Agriculture, chasse et sylviculture
						0	0	0	0	B Pêche
						8	8	9	7	C Activités extractives
						722	720	721	704	D Activités de fabrication
						32	31	30	27	E Production et distribution d'électricité, de gaz et d'eau
						173	179	181	188	F Construction
						417	427	434	440	G Commerce de gros et de détail; réparation de véhicules et de biens domestiques
						90	93	98	97	H Hôtels et restaurants
						240	247	253	256	I Transports, entreposage et communications
						83	83	84	87	J Intermédiation financière
						338	364	411	460	K Immobilier, location et activités de services aux entreprises
						208	208	222	231	L Administration publique et défense; sécurité sociale obligatoire (armée exclue)
						290	312	326	339	M Education
						757	762	755	763	N Santé et action sociale
						160	162	166	172	O Autres activités de services collectifs, sociaux et personnels
						0	0	0	0	P Ménages privés employant du personnel domestique
						0	0	0	0	Q Organisations et organismes extra-territoriaux
						4	3	6	7	X Ne pouvant être classés selon l'activité économique
										Répartition par secteurs
						35	35	37	37	Agriculture (A-B)
						935	938	941	926	Industrie (C-F)
						2 583	2 658	2 749	2 845	Services (G-Q)
						1.0	1.0	1.0	1.0	Agriculture (%)
						26.3	25.8	25.2	24.3	Industrie (%)
						72.6	73.1	73.7	74.6	Services (%)
						25.7	28.6	24.3	24.3	Part des femmes dans l'agriculture (%)
						23.2	23.1	23.2	23.2	Part des femmes dans l'industrie (%)
						60.4	60.2	60.0	59.7	Part des femmes dans les services (%)

Statistiques de la Population Active
© 2002
OCDE

SWITZERLAND

I - Population

Thousands (mid-year estimates)

	1981	1982	1983	1984	1985	1986	1987	1988	1989	1990	1991
POPULATION - DISTRIBUTION BY AGE AND GENDER											
All persons											
Total	6 429	6 467	6 482	6 505	6 533	6 573	6 619	6 672	6 647	6 712	6 800
Under 15 years	1 222	1 199	1 177	1 157	1 141	1 130	1 124	1 125	1 093	1 110	1 128
From 15 to 64 years	4 325	4 380	4 412	4 449	4 482	4 518	4 555	4 593	4 556	4 593	4 650
65 years and over	882	888	893	899	910	925	940	953	997	1 009	1 022
Males											
Total	3 156	3 175	3 178	3 190	3 204	3 227	3 252	3 278	3 243	3 278	3 319
Under 15 years	626	615	603	593	584	578	575	575	559	567	578
From 15 to 64 years	2 176	2 204	2 217	2 237	2 256	2 279	2 301	2 322	2 285	2 307	2 333
65 years and over	354	356	357	360	364	370	376	381	399	404	408
Females											
Total	3 274	3 293	3 304	3 315	3 329	3 346	3 367	3 393	3 404	3 434	3 481
Under 15 years	596	585	574	564	557	551	549	550	534	542	550
From 15 to 64 years	2 149	2 176	2 195	2 212	2 226	2 239	2 254	2 270	2 272	2 287	2 317
65 years and over	529	532	535	539	546	556	564	573	598	605	614
POPULATION - PERCENTAGES											
All persons											
Total	100.0	100.0	100.0	100.0	100.0	100.0	100.0	100.0	100.0	100.0	100.0
Under 15 years	19.0	18.5	18.2	17.8	17.5	17.2	17.0	16.9	16.4	16.5	16.6
From 15 to 64 years	67.3	67.7	68.1	68.4	68.6	68.7	68.8	68.8	68.5	68.4	68.4
65 years and over	13.7	13.7	13.8	13.8	13.9	14.1	14.2	14.3	15.0	15.0	15.0
COMPONENTS OF CHANGE IN POPULATION											
a) Population at 1 January	6 335	6 373	6 410	6 428	6 456	6 485	6 523	6 567	6 620	6 674	6 751
b) Population at 31 December	6 373	6 410	6 428	6 456	6 485	6 523	6 567	6 620	6 674	6 751	6 843
c) Total increase (b-a)	38	37	18	28	29	38	44	53	54	77	92
d) Births	74	75	74	75	75	76	77	80	81	84	86
e) Deaths	60	59	61	59	60	60	60	61	61	64	63
f) Natural increase (d-e)	14	16	13	16	15	16	17	19	20	20	23
g) Net migration	24	21	5	12	14	22	27	34	34	57	69
h) Statistical adjustments	0	0	0	0	0	0	0	0	0	0	0
i) Total increase (=f+g+h=c)	38	37	18	28	29	38	44	53	54	77	92
(Components of change in population/ Average population) x1000											
Total increase rates	6.0	5.8	2.8	4.3	4.5	5.8	6.7	8.0	8.1	11.5	13.5
Crude birth rates	11.6	11.7	11.5	11.6	11.6	11.7	11.8	12.1	12.2	12.5	12.7
Crude death rates	9.4	9.2	9.5	9.2	9.3	9.2	9.2	9.3	9.2	9.5	9.3
Natural increase rates	2.2	2.5	2.0	2.5	2.3	2.5	2.6	2.9	3.0	3.0	3.4
Net migration rates	3.8	3.3	0.8	1.9	2.2	3.4	4.1	5.2	5.1	8.5	10.2

I - Population

Milliers (estimations au milieu de l'année)

1992	1993	1994	1995	1996	1997	1998	1999	2000	2001	
										POPULATION - RÉPARTITION SELON L'AGE ET LE SEXE
										Ensemble des personnes
6 875	6 938	7 019	7 041	7 072	7 089	7 110	7 144	7 184	7 231	Total
1 154	1 176	1 237	1 242	1 249	1 250	1 248	1 248	1 207	1 204	Moins de 15 ans
4 689	4 718	4 750	4 761	4 774	4 779	4 789	4 809	4 843	4 876	De 15 à 64 ans
1 032	1 044	1 032	1 037	1 049	1 060	1 073	1 086	1 135	1 151	65 ans et plus
										Hommes
3 358	3 389	3 428	3 439	3 453	3 461	3 472	3 490	3 510	3 533	Total
592	603	635	638	641	642	641	642	621	619	Moins de 15 ans
2 354	2 369	2 383	2 388	2 393	2 395	2 399	2 410	2 427	2 443	De 15 à 64 ans
412	417	411	413	419	425	431	438	463	471	65 ans et plus
										Femmes
3 518	3 549	3 591	3 602	3 619	3 628	3 638	3 654	3 674	3 698	Total
563	573	602	605	608	608	607	607	586	585	Moins de 15 ans
2 335	2 349	2 367	2 374	2 381	2 384	2 390	2 400	2 416	2 433	De 15 à 64 ans
620	627	621	624	630	635	641	648	672	680	65 ans et plus
										POPULATION - POURCENTAGES
										Ensemble des personnes
100.0	100.0	100.0	100.0	100.0	100.0	100.0	100.0	100.0	100.0	Total
16.8	17.0	17.6	17.6	17.7	17.6	17.6	17.5	16.8	16.7	Moins de 15 ans
68.2	68.0	67.7	67.6	67.5	67.4	67.4	67.3	67.4	67.4	De 15 à 64 ans
15.0	15.0	14.7	14.7	14.8	15.0	15.1	15.2	15.8	15.9	65 ans et plus
										COMPOSANTES DE L'ÉVOLUTION DÉMOGRAPHIQUE
6 843	6 908	6 969	7 019	7 062	7 081	7 096	7 124	7 164	7 204	a) Population au 1er janvier
6 908	6 969	7 019	7 062	7 081	7 096	7 124	7 164	7 204	7 259	b) Population au 31 décembre
65	61	50	43	19	15	28	40	40	55	**c) Accroissement total (b-a)**
87	84	83	82	83	81	79	78	78	74	d) Naissances
62	63	62	63	63	63	63	63	63	61	e) Décès
25	21	21	19	20	18	16	16	15	13	**f) Accroissement naturel (d-e)**
40	40	31	15	-6	-7	1	16	20	41	g) Solde net des migrations
0	0	-2	9	5	4	11	9	5	1	h) Ajustements statistiques
65	61	50	43	19	15	29	41	40	55	**i) Accroissement total (=f+g+h=c)**
										(Composition de l'évolution démographique/ Population moyenne) x1000
9.5	8.8	7.1	6.1	2.7	2.1	4.0	5.7	5.6	7.6	Taux d'accroissement total
12.7	12.1	11.9	11.6	11.7	11.4	11.1	11.0	10.9	10.2	Taux bruts de natalité
9.0	9.1	8.9	8.9	8.9	8.9	8.8	8.7	8.8	8.4	Taux bruts de mortalité
3.6	3.0	3.0	2.7	2.9	2.5	2.3	2.2	2.1	1.8	Taux d'accroissement naturel
5.8	5.8	4.4	2.1	-0.8	-1.0	0.2	2.3	2.8	5.7	Taux du solde net des migrations

Statistiques de la Population Active
© 2002
OCDE

SWITZERLAND

II - Labour force

Thousands (annual average estimates)

	1981	1982	1983	1984	1985	1986	1987	1988	1989	1990	1991
Total labour force											
All persons	3 246	3 269	3 285	3 323	3 384	3 456	3 540	3 629	3 721	3 839	3 969
Males	2 056	2 065	2 072	2 093	2 131	2 170	2 207	2 245	2 285	2 337	2 383
Females	1 189	1 204	1 212	1 231	1 253	1 285	1 333	1 384	1 435	1 502	1 586
Armed forces											
All persons											
Males											
Females											
Civilian labour force											
All persons	3 246	3 269	3 285	3 323	3 384	3 456	3 540	3 629	3 721	3 839	3 969
Males	2 056	2 065	2 072	2 093	2 131	2 170	2 207	2 245	2 285	2 337	2 383
Females	1 189	1 204	1 212	1 231	1 253	1 285	1 333	1 384	1 435	1 502	1 586
Unemployed											
All persons	6	13	28	35	30	26	25	22	17	18	78
Males	3	7	16	20	16	13	13	11	9	10	33
Females	2	6	12	15	14	12	12	11	8	8	45
Civilian employment											
All persons	3 240	3 256	3 257	3 288	3 354	3 430	3 515	3 607	3 704	3 821	3 891
Males	2 053	2 058	2 056	2 073	2 115	2 157	2 194	2 234	2 276	2 327	2 350
Females	1 187	1 198	1 200	1 216	1 239	1 273	1 321	1 373	1 427	1 494	1 541
Civilian employment (%)											
All persons	100.0	100.0	100.0	100.0	100.0	100.0	100.0	100.0	100.0	100.0	100.0
Males	63.4	63.2	63.1	63.0	63.1	62.9	62.4	61.9	61.5	60.9	60.4
Females	36.6	36.8	36.9	37.0	36.9	37.1	37.6	38.1	38.5	39.1	39.6
Unemployment rates (% of civilian labour force)											
All persons	0.2	0.4	0.9	1.1	0.9	0.8	0.7	0.6	0.5	0.5	2.0
Males	0.1	0.3	0.8	1.0	0.8	0.6	0.6	0.5	0.4	0.4	1.4
Females	0.2	0.5	1.0	1.2	1.1	0.9	0.9	0.8	0.6	0.5	2.8
Total labour force (% of total population)											
All persons	50.5	50.6	50.7	51.1	51.8	52.6	53.5	54.4	56.0	57.2	58.4
Males	65.1	65.1	65.2	65.6	66.5	67.2	67.9	68.5	70.5	71.3	71.8
Females	36.3	36.6	36.7	37.1	37.6	38.4	39.6	40.8	42.2	43.7	45.6
Total labour force (% of population from 15-64 years)[1]											
All persons	75.1	74.6	74.4	74.7	75.5	76.5	77.7	79.0	81.7	83.6	85.4
Males	94.5	93.7	93.5	93.5	94.5	95.2	95.9	96.7	100.0	101.3	102.2
Females	55.3	55.3	55.2	55.6	56.3	57.4	59.1	61.0	63.2	65.7	68.5
Civilian employment (% of total population)											
All persons	50.4	50.4	50.2	50.5	51.3	52.2	53.1	54.1	55.7	56.9	57.2
Part-time employment (%)[2]											
Part-time as % of employment											22.1
Male share of part-time employment											17.6
Female share of part-time employment											82.4
Male part-time as % of male employment											6.8
Female part-time as % of female employment											42.6
Duration of unemployment (% of total unemployment)[3]											
Less than 1 month											29.0
More than 1 month and less than 3 months											26.0
More than 3 months and less than 6 months											17.5
More than 6 months and less than 1 year											10.5
More than 1 year											17.0

---

(1)   Participation rates calculated according to national definitions may differ from those published in this table, when the age group represented in the labour force survey is other than 15-64 years.

(2)   Part-time employment refers to persons who work less than 30 hours per week in their main job. Data include only persons declaring usual hours worked.

(3)   These percentages only take into account those persons for whom the duration of unemployment is known.

II - Population active

Milliers (estimations de moyennes annuelles)

1992	1993	1994	1995	1996	1997	1998	1999	2000	2001	
										Population active totale
3 952	3 960	3 940	3 936	3 956	3 970	3 981	3 987	4 020		Ensemble des personnes
2 360	2 354	2 331	2 326	2 317	2 313	2 306	2 304	2 312		Hommes
1 592	1 607	1 610	1 610	1 639	1 656	1 676	1 683	1 708		Femmes
										Forces armées
										Ensemble des personnes
										Hommes
										Femmes
										Population active civile
3 952	3 960	3 940	3 936	3 956	3 970	3 981	3 987	4 020		Ensemble des personnes
2 360	2 354	2 331	2 326	2 317	2 313	2 306	2 304	2 312		Hommes
1 592	1 607	1 610	1 610	1 639	1 656	1 676	1 683	1 708		Femmes
										Chômeurs
121	158	151	136	154	166	140	120	105		Ensemble des personnes
58	78	77	68	83	95	70	58	48		Hommes
63	80	75	68	71	71	70	62	57		Femmes
										Emploi civil
3 831	3 802	3 789	3 800	3 802	3 804	3 841	3 867	3 915	3 974	Ensemble des personnes
2 302	2 276	2 254	2 258	2 234	2 218	2 236	2 246	2 264	2 289	Hommes
1 529	1 527	1 535	1 542	1 568	1 585	1 606	1 621	1 651	1 685	Femmes
										Emploi civil (%)
100.0	100.0	100.0	100.0	100.0	100.0	100.0	100.0	100.0	100.0	Ensemble des personnes
60.1	59.8	59.5	59.4	58.8	58.3	58.2	58.1	57.8	57.6	Hommes
39.9	40.2	40.5	40.6	41.2	41.7	41.8	41.9	42.2	42.4	Femmes
										Taux de chômage (% de la population active civile)
3.1	4.0	3.8	3.5	3.9	4.2	3.5	3.0	2.6		Ensemble des personnes
2.5	3.3	3.3	2.9	3.6	4.1	3.0	2.5	2.1		Hommes
4.0	5.0	4.7	4.2	4.3	4.3	4.2	3.7	3.3		Femmes
										Population active totale (% de la population totale)
57.5	57.1	56.1	55.9	55.9	56.0	56.0	55.8	56.0		Ensemble des personnes
70.3	69.4	68.0	67.6	67.1	66.8	66.4	66.0	65.9		Hommes
45.2	45.3	44.8	44.7	45.3	45.7	46.1	46.1	46.5		Femmes
										Population active totale (% de la population de 15-64 ans)[1]
84.3	83.9	82.9	82.7	82.9	83.1	83.1	82.9	83.0		Ensemble des personnes
100.3	99.3	97.8	97.4	96.8	96.6	96.1	95.6	95.3		Hommes
68.2	68.4	68.0	67.8	68.8	69.5	70.1	70.1	70.7		Femmes
										Emploi civil (% de la population totale)
55.7	54.8	54.0	54.0	53.8	53.7	54.0	54.1	54.5	55.0	Ensemble des personnes
										Emploi à temps partiel (%)[2]
22.7	23.2	23.2	22.9	23.7	24.0	24.2	24.8	24.4	24.8	Temps partiel en % de l'emploi
16.8	16.9	16.7	16.2	17.5	16.5	16.6	17.4	19.4	19.9	Part des hommes dans le temps partiel
83.2	83.1	83.3	83.9	82.5	83.4	83.3	82.6	80.6	80.1	Part des femmes dans le temps partiel
6.7	6.9	6.8	6.5	7.3	7.0	7.2	7.7	8.4	8.9	Temps partiel des hommes en % de l'emploi des hommes
44.0	45.0	45.0	44.9	44.9	45.7	45.8	46.5	44.6	44.7	Temps partiel des femmes en % de l'emploi des femmes
										Durée du chômage (% du chômage total)[3]
15.6	8.9	12.5	9.2	12.9	13.4	16.0	8.9	13.5	12.7	Moins de 1 mois
25.5	20.1	16.9	18.5	17.3	15.1	20.4	16.4	20.7	21.5	Plus de 1 mois et moins de 3 mois
20.5	23.0	20.6	21.5	17.8	23.0	14.4	13.5	20.1	18.4	Plus de 3 mois et moins de 6 mois
18.4	27.8	21.2	17.2	26.6	20.3	14.3	21.6	16.8	17.4	Plus de 6 mois et moins de 1 an
20.0	20.3	29.0	33.6	25.6	28.2	34.8	39.6	29.0	29.9	Plus de 1 an

(1) Les taux d'activité calculés selon les définitions nationales peuvent être différents de ceux publiés dans ce tableau si le groupe d'âges représenté dans l'enquête de la population active est différent de 15-64 ans.

(2) L'emploi à temps partiel se réfère aux actifs travaillant moins de 30 heures par semaine dans leur emploi principal. Les données incluent uniquement les personnes déclarant des heures habituelles de travail.

(3) Ces pourcentages ne prennent en compte que les personnes pour lesquelles la durée du chômage est connue.

Statistiques de la Population Active
© 2002
OCDE

SWITZERLAND

III - Professional status and breakdown by activities - ISIC Rev. 2

Thousands (annual average estimates)

	1981	1982	1983	1984	1985	1986	1987	1988	1989	1990	1991
CIVILIAN EMPLOYMENT: PROFESSIONAL STATUS											
All activities	3 283	3 306	3 296	3 326	3 384	3 468	3 549	3 638	3 711	3 828	3 921
Employees											3 482
Employers and persons working on own account											328
Unpaid family workers											111
Agriculture, hunting, forestry and fishing	227	225	221	217	216	210	200	192	181	175	173
Employees											
Employers and persons working on own account											
Unpaid family workers											
Non-agricultural activities	3 056	3 081	3 075	3 109	3 168	3 258	3 349	3 446	3 530	3 653	3 748
Employees											
Employers and persons working on own account											
Unpaid family workers											
All activities (%)											100.0
Employees											88.8
Others											11.2
CIVILIAN EMPLOYMENT: BREAKDOWN BY ACTIVITIES[1]											
ISIC Rev. 2 Major Divisions											
1 to 0 All activities	3 240	3 256	3 257	3 288	3 352	3 430	3 515	3 607	3 704	3 821	3 891
1 Agriculture, hunting, forestry and fishing	213	210	208	204	203	195	187	177	168	162	164
2 Mining and quarrying	0	0	0	0	0	3	4	4	4	4	6
3 Manufacturing	1 227	1 202	1 173	1 174	1 194	867	869	871	883	893	825
4 Electricity, gas and water	0	0	0	0	0	21	21	22	22	23	25
5 Construction	0	0	0	0	0	319	316	314	312	309	352
6 Wholesale and retail trade; restaurants and hotels	0	0	0	0	0	789	801	808	812	820	916
7 Transport, storage and communication	0	0	0	0	0	204	213	223	229	236	248
8 Financing, insurance, real estate and business services	1 801	1 844	1 876	1 910	1 955	413	444	474	501	531	512
9 Community, social and personal services	0	0	0	0	0	620	661	714	772	842	843
0 Activities not adequately defined	0	0	0	0	0	0	0	0	0	0	0
EMPLOYEES: BREAKDOWN BY ACTIVITIES[1]											
ISIC Rev. 2 Major Divisions											
1 to 0 All activities											
1 Agriculture, hunting, forestry and fishing											
2 Mining and quarrying											
3 Manufacturing											
4 Electricity, gas and water											
5 Construction											
6 Wholesale and retail trade; restaurants and hotels											
7 Transport, storage and communication											
8 Financing, insurance, real estate and business services											
9 Community, social and personal services											
0 Activities not adequately defined											

(1) Data broken down by activities (civilian employment) have not been revised nor updated due to a change by the country from ISIC Rev. 2 to ISIC Rev.3.

III - Situation dans la profession et répartition par activités - CITI Rév. 2

Milliers (estimations de moyennes annuelles)

	1992	1993	1994	1995	1996	1997	1998	1999	2000	2001	
											EMPLOI CIVIL : SITUATION DANS LA PROFESSION
	3 870	3 849	3 781	3 803	3 819	3 804	3 858	3 873	3 910	3 979	**Toutes activités**
	3 439	3 385	3 333	3 341	3 333	3 303	3 347	3 361	3 425	3 491	Salariés
	330	356	352	365	400	417	430	431	413	415	Employeurs et personnes travaillant à leur compte
	101	108	96	97	86	84	80	81	73	73	Travailleurs familiaux non rémunérés
	166	176	162	168	175	179	181	187	181	172	**Agriculture, chasse, sylviculture et pêche**
											Salariés
											Employeurs et personnes travaillant à leur compte
											Travailleurs familiaux non rémunérés
	3 704	3 673	3 619	3 635	3 644	3 625	3 677	3 686	3 729	3 807	**Activités non agricoles**
											Salariés
											Employeurs et personnes travaillant à leur compte
											Travailleurs familiaux non rémunérés
	100.0	100.0	100.0	100.0	100.0	100.0	100.0	100.0	100.0	100.0	**Toutes activités (%)**
	88.9	87.9	88.1	87.9	87.3	86.8	86.8	86.8	87.6	87.7	Salariés
	11.1	12.1	11.8	12.1	12.7	13.2	13.2	13.2	12.4	12.3	Autres
											EMPLOI CIVIL : RÉPARTITION PAR BRANCHES D'ACTIVITÉS[1]
											Branches CITI Rév. 2
	3 831	3 802	3 789	3 800	3 813	3 802	3 848	3 873			1 à 0 Toutes activités
	162	165	157	163	172	176	179	182			1 Agriculture, chasse, sylviculture et pêche
	6	6	6	6	6	6	6	6			2 Industries extractives
	771	744	736	747	725	691	684	675			3 Industries manufacturières
	25	25	25	26	25	24	24	24			4 Électricité, gaz et eau
	337	320	327	331	311	296	296	295			5 Bâtiment et travaux publics
	913	902	884	873	882	881	899	908			6 Commerce de gros et de détail; restaurants et hôtels
	248	250	243	245	249	248	247	253			7 Transports, entrepôts et communications
	510	521	526	526	539	553	572	584			8 Banques, assurances, affaires immobilières et services fournis aux entreprises
	859	871	885	883	904	927	942	947			9 Services fournis à la collectivité, services sociaux et services personnels
	0	0	0	0	0	0	0	0			0 Activités mal désignées
											SALARIÉS : RÉPARTITION PAR BRANCHES D'ACTIVITÉS[1]
											Branches CITI Rév. 2
											1 à 0 Toutes activités
											1 Agriculture, chasse, sylviculture et pêche
											2 Industries extractives
											3 Industries manufacturières
											4 Électricité, gaz et eau
											5 Bâtiment et travaux publics
											6 Commerce de gros et de détail; restaurants et hôtels
											7 Transports, entrepôts et communications
											8 Banques, assurances, affaires immobilières et services fournis aux entreprises
											9 Services fournis à la collectivité, services sociaux et services personnels
											0 Activités mal désignées

(1) Les données concernant la répartition par branches d'activités (emploi civil) n'ont pas été révisées ni mises à jour en raison du passage par le pays de la CITI Rév. 2 à la CITI Rév. 3.

Statistiques de la Population Active
© 2002
OCDE

SWITZERLAND

IV - Civilian employment and employees: breakdown by activities - ISIC Rev. 3

Thousands (annual average estimates)

	1981	1982	1983	1984	1985	1986	1987	1988	1989	1990	1991
CIVILIAN EMPLOYMENT: BREAKDOWN BY ACTIVITIES											
A to X All activities											3 891
A Agriculture, hunting and forestry											164
B Fishing											0
C Mining and quarrying											7
D Manufacturing											829
E Electricity, gas and water supply											25
F Construction											346
G Wholesale and retail trade; repair of motor vehicles, motorcycles and personal and household goods											673
H Hotels and restaurants											242
I Transport, storage and communication											248
J Financial intermediation											201
K Real estate, renting and business activities											322
L Public administration and defence; compulsory social security, excluding armed forces											145
M Education											197
N Health and social work											317
O Other community, social and personal service activities											145
P Private households with employed persons											30
Q Extra-territorial organisations and bodies											0
X Not classifiable by economic activities											0
Breakdown by sector											
Agriculture (A-B)											164
Industry (C-F)											1 207
Services (G-Q)											2 520
Agriculture (%)											4.2
Industry (%)											31.0
Services (%)											64.8
Female participation in agriculture (%)											34.1
Female participation in industry (%)											22.3
Female participation in services (%)											48.3
EMPLOYEES: BREAKDOWN BY ACTIVITIES											
A to X All activities											
A Agriculture, hunting and forestry											
B Fishing											
C Mining and quarrying											
D Manufacturing											
E Electricity, gas and water supply											
F Construction											
G Wholesale and retail trade; repair of motor vehicles, motorcycles and personal and household goods											
H Hotels and restaurants											
I Transport, storage and communication											
J Financial intermediation											
K Real estate, renting and business activities											
L Public administration and defence; compulsory social security, excluding armed forces											
M Education											
N Health and social work											
O Other community, social and personal service activities											
P Private households with employed persons											
Q Extra-territorial organisations and bodies											
X Not classifiable by economic activities											
Breakdown by sector											
Agriculture (A-B)											
Industry (C-F)											
Services (G-Q)											
Agriculture (%)											
Industry (%)											
Services (%)											
Female participation in agriculture (%)											
Female participation in industry (%)											
Female participation in services (%)											

IV - Emploi civil et salariés : répartition par activités - CITI Rév. 3

Milliers (estimations de moyennes annuelles)

1992	1993	1994	1995	1996	1997	1998	1999	2000	2001	
										EMPLOI CIVIL : RÉPARTITION PAR BRANCHES D'ACTIVITÉS
3 831	3 802	3 789	3 800	3 802	3 804	3 841	3 867	3 915	3 974	**A à X Toutes activités**
162	165	157	163	172	176	178	181	176	167	A Agriculture, chasse et sylviculture
0	0	0	0	0	0	0	0	0	0	B Pêche
6	6	6	6	5	5	5	5	5	5	C Activités extractives
775	746	738	748	727	700	695	688	705	713	D Activités de fabrication
25	25	25	26	25	24	25	25	24	23	E Production et distribution d'électricité, de gaz et d'eau
332	317	325	330	307	288	283	285	299	299	F Construction
674	668	651	633	640	638	642	644	642	655	G Commerce de gros et de détail; réparation de véhicules et de biens domestiques
238	233	232	239	236	233	241	240	236	236	H Hôtels et restaurants
247	249	242	245	248	251	252	254	256	257	I Transports, entreposage et communications
199	202	201	196	198	201	201	201	203	213	J Intermédiation financière
319	324	328	330	337	352	366	380	391	413	K Immobilier, location et activités de services aux entreprises
146	147	146	143	145	149	149	150	153	152	L Administration publique et défense; sécurité sociale obligatoire (armée exclue)
204	209	212	209	213	222	225	230	235	244	M Education
326	339	350	358	373	387	396	395	399	408	N Santé et action sociale
144	141	142	141	142	148	152	153	153	159	O Autres activités de services collectifs, sociaux et personnels
31	32	34	32	32	31	31	35	39	31	P Ménages privés employant du personnel domestique
0	0	0	0	0	0	0	0	0	0	Q Organisations et organismes extra-territoriaux
0	0	0	0	0	0	0	0	0	0	X Ne pouvant être classés selon l'activité économique
										Répartition par secteurs
162	165	157	163	172	176	178	181	176	167	Agriculture (A-B)
1 138	1 094	1 094	1 110	1 064	1 017	1 008	1 003	1 033	1 039	Industrie (C-F)
2 528	2 544	2 538	2 526	2 564	2 612	2 655	2 682	2 706	2 768	Services (G-Q)
4.2	4.3	4.1	4.3	4.5	4.6	4.6	4.7	4.5	4.2	Agriculture (%)
29.7	28.8	28.9	29.2	28.0	26.7	26.2	25.9	26.4	26.2	Industrie (%)
66.0	66.9	67.0	66.5	67.4	68.7	69.1	69.4	69.1	69.6	Services (%)
36.4	34.5	34.4	32.5	30.8	31.8	32.0	30.9	33.3	33.2	Part des femmes dans l'agriculture (%)
21.2	21.4	22.4	22.4	23.4	22.9	21.9	21.6	21.4	21.4	Part des femmes dans l'industrie (%)
48.6	48.5	48.7	49.1	49.4	49.7	50.0	50.3	50.7	50.8	Part des femmes dans les services (%)

SALARIÉS : RÉPARTITION PAR BRANCHES D'ACTIVITÉS
A à X Toutes activités

A Agriculture, chasse et sylviculture
B Pêche
C Activités extractives
D Activités de fabrication
E Production et distribution d'électricité, de gaz et d'eau
F Construction
G Commerce de gros et de détail; réparation de véhicules et de biens domestiques
H Hôtels et restaurants
I Transports, entreposage et communications
J Intermédiation financière
K Immobilier, location et activités de services aux entreprises
L Administration publique et défense; sécurité sociale obligatoire (armée exclue)
M Education
N Santé et action sociale
O Autres activités de services collectifs, sociaux et personnels
P Ménages privés employant du personnel domestique
Q Organisations et organismes extra-territoriaux
X Ne pouvant être classés selon l'activité économique

Répartition par secteurs
Agriculture (A-B)
Industrie (C-F)
Services (G-Q)

Agriculture (%)
Industrie (%)
Services (%)

Part des femmes dans l'agriculture (%)
Part des femmes dans l'industrie (%)
Part des femmes dans les services (%)

Statistiques de la Population Active
© 2002
OCDE

TURKEY

I - Population

Thousands (mid-year estimates)

	1981	1982	1983	1984	1985	1986	1987	1988	1989	1990	1991
POPULATION - DISTRIBUTION BY AGE AND GENDER											
All persons											
Total	45 540	46 688	47 864	49 070	50 306	51 433	52 561	53 715	54 893	56 203	57 305
Under 15 years	17 675	17 978	18 285	18 596	18 912	19 117	19 314	19 510	19 706	19 938	20 023
From 15 to 64 years	25 755	26 596	27 464	28 358	29 280	30 175	31 082	32 015	32 973	34 022	34 957
65 years and over	2 110	2 113	2 115	2 116	2 115	2 140	2 165	2 189	2 214	2 243	2 325
Males											
Total	23 099	23 675	24 266	24 872	25 492	26 060	26 631	27 213	27 809	28 474	29 034
Under 15 years	9 106	9 260	9 416	9 573	9 733	9 830	9 922	10 014	10 105	10 215	10 257
From 15 to 64 years	13 040	13 462	13 898	14 346	14 809	15 264	15 725	16 200	16 688	17 223	17 697
65 years and over	953	953	953	952	950	967	983	1 000	1 017	1 036	1 080
Females											
Total	22 441	23 012	23 598	24 198	24 814	25 372	25 931	26 501	27 084	27 729	28 271
Under 15 years	8 569	8 718	8 870	9 023	9 179	9 288	9 393	9 497	9 602	9 724	9 766
From 15 to 64 years	12 715	13 134	13 566	14 012	14 471	14 911	15 357	15 814	16 285	16 798	17 260
65 years and over	1 157	1 160	1 162	1 164	1 164	1 173	1 182	1 190	1 197	1 207	1 245
POPULATION - PERCENTAGES											
All persons											
Total	100.0	100.0	100.0	100.0	100.0	100.0	100.0	100.0	100.0	100.0	100.0
Under 15 years	38.8	38.5	38.2	37.9	37.6	37.2	36.7	36.3	35.9	35.5	34.9
From 15 to 64 years	56.6	57.0	57.4	57.8	58.2	58.7	59.1	59.6	60.1	60.5	61.0
65 years and over	4.6	4.5	4.4	4.3	4.2	4.2	4.1	4.1	4.0	4.0	4.1
COMPONENTS OF CHANGE IN POPULATION											
a) Population at 1 January	44 982	46 115	47 277	48 468	49 690	50 879	51 995	53 136	54 303	55 494	56 754
b) Population at 31 December	46 115	47 277	48 468	49 690	50 879	51 995	53 136	54 303	55 494	56 754	57 853
c) Total increase (b-a)	1 133	1 162	1 191	1 222	1 189	1 116	1 141	1 167	1 191	1 260	1 099
d) Births	1 430	1 449	1 468	1 487	1 506	1 483	1 460	1 438	1 415	1 392	1 390
e) Deaths	426	425	424	423	423	422	421	420	419	417	391
f) Natural increase (d-e)	1 004	1 024	1 044	1 064	1 083	1 061	1 039	1 018	996	975	999
g) Net migration	129	138	147	158	106	55	102	149	195	285	100
h) Statistical adjustments	0	0	0	0	0	0	0	0	0	0	0
i) Total increase (=f+g+h=c)	1 133	1 162	1 191	1 222	1 189	1 116	1 141	1 167	1 191	1 260	1 099
(Components of change in population/ Average population) x1000											
Total increase rates	24.9	24.9	24.9	24.9	23.6	21.7	21.7	21.7	21.7	22.5	19.2
Crude birth rates	31.4	31.0	30.7	30.3	29.9	28.8	27.8	26.8	25.8	24.8	24.3
Crude death rates	9.4	9.1	8.9	8.6	8.4	8.2	8.0	7.8	7.6	7.4	6.8
Natural increase rates	22.0	21.9	21.8	21.7	21.5	20.6	19.8	19.0	18.1	17.4	17.4
Net migration rates	2.8	3.0	3.1	3.2	2.1	1.1	1.9	2.8	3.6	5.1	1.7

TURQUIE

I - Population

Milliers (estimations au milieu de l'année)

	1992	1993	1994	1995	1996	1997	1998	1999	2000	2001
POPULATION - RÉPARTITION SELON L'AGE ET LE SEXE										
Ensemble des personnes										
Total	58 401	59 491	60 573	61 646	62 695	63 745	64 789	65 819	67 461	68 610
Moins de 15 ans	20 053	20 039	19 994	19 924	19 893	19 883	19 868	19 835	20 233	20 379
De 15 à 64 ans	35 923	36 902	37 876	38 831	39 782	40 689	41 584	42 484	43 587	44 489
65 ans et plus	2 426	2 550	2 703	2 891	3 020	3 173	3 337	3 500	3 641	3 742
Hommes										
Total	29 582	30 122	30 652	31 175	31 691	32 205	32 721	33 233	34 062	34 636
Moins de 15 ans	10 269	10 258	10 229	10 188	10 168	10 158	10 147	10 127	10 320	10 392
De 15 à 64 ans	18 189	18 688	19 182	19 665	20 144	20 599	21 049	21 504	22 071	22 530
65 ans et plus	1 125	1 177	1 241	1 322	1 379	1 448	1 525	1 602	1 672	1 715
Femmes										
Total	28 819	29 370	29 921	30 471	31 004	31 540	32 068	32 586	33 399	33 974
Moins de 15 ans	9 784	9 782	9 765	9 736	9 725	9 725	9 721	9 707	9 913	9 989
De 15 à 64 ans	17 734	18 215	18 694	19 166	19 638	20 090	20 535	20 982	21 517	21 960
65 ans et plus	1 301	1 373	1 462	1 569	1 641	1 725	1 812	1 897	1 970	2 027
POPULATION - POURCENTAGES										
Ensemble des personnes										
Total	100.0	100.0	100.0	100.0	100.0	100.0	100.0	100.0	100.0	100.0
Moins de 15 ans	34.3	33.7	33.0	32.3	31.7	31.2	30.7	30.1	30.0	29.7
De 15 à 64 ans	61.5	62.0	62.5	63.0	63.5	63.8	64.2	64.5	64.6	64.8
65 ans et plus	4.2	4.3	4.5	4.7	4.8	5.0	5.2	5.3	5.4	5.5
COMPOSANTES DE L'ÉVOLUTION DÉMOGRAPHIQUE										
a) Population au 1er janvier	57 853	58 946	60 034	61 110	62 182					
b) Population au 31 décembre	58 946	60 034	61 110	62 182	63 208					
c) Accroissement total (b-a)	1 093	1 088	1 076	1 072	1 026					
d) Naissances	1 388	1 385	1 383	1 381	1 379	1 377	1 374	1 373	1 370	
e) Décès	394	398	401	405	408	412	417	424	431	
f) Accroissement naturel (d-e)	994	987	982	976	971	965	957	949	939	
g) Solde net des migrations	99	101	94	96	55					
h) Ajustements statistiques	0	0	0	0	0					
i) Accroissement total (=f+g+h=c)	1 093	1 088	1 076	1 072	1 026					
(Composition de l'évolution démographique/ Population moyenne) x1000										
Taux d'accroissement total	18.7	18.3	17.8	17.4	16.4					
Taux bruts de natalité	23.8	23.3	22.8	22.4	22.0					
Taux bruts de mortalité	6.7	6.7	6.6	6.6	6.5					
Taux d'accroissement naturel	17.0	16.6	16.2	15.8	15.5					
Taux du solde net des migrations	1.7	1.7	1.6	1.6	0.9					

Statistiques de la Population Active
© 2002 OCDE

TURKEY

II - Labour force

Thousands

	1981	1982	1983	1984	1985	1986	1987	1988	1989	1990	1991
Total labour force											
All persons	17 640	17 799	18 109	18 361	18 572	19 065	19 580	19 893	20 431	20 650	21 184
Males								14 036	14 164	14 490	15 004
Females								5 855	6 267	6 161	6 181
Armed forces											
All persons	500	500	500	500	500	500	500	500	500	500	500
Males	500	500	500	500	500	500	500	500	500	500	500
Females											
Civilian labour force											
All persons	17 140	17 299	17 609	17 861	18 072	18 565	19 080	19 393	19 931	20 150	20 684
Males								13 536	13 664	13 990	14 504
Females								5 855	6 267	6 161	6 181
Unemployed											
All persons	1 223	1 214	1 360	1 360	1 290	1 471	1 592	1 638	1 709	1 612	1 663
Males								1 017	1 116	1 089	1 231
Females								621	593	524	432
Civilian employment											
All persons	15 917	16 085	16 249	16 501	16 782	17 094	17 488	17 755	18 222	18 538	19 021
Males								12 520	12 548	12 901	13 273
Females								5 235	5 674	5 637	5 749
Civilian employment (%)											
All persons	100.0	100.0	100.0	100.0	100.0	100.0	100.0	100.0	100.0	100.0	100.0
Males								70.5	68.9	69.6	69.8
Females								29.5	31.1	30.4	30.2
Unemployment rates (% of civilian labour force)											
All persons	7.1	7.0	7.7	7.6	7.1	7.9	8.3	8.4	8.6	8.0	8.0
Males								7.5	8.2	7.8	8.5
Females								10.6	9.5	8.5	7.0
Total labour force (% of total population)											
All persons	38.7	38.1	37.8	37.4	36.9	37.1	37.3	37.0	37.2	36.7	37.0
Males								51.6	50.9	50.9	51.7
Females								22.1	23.1	22.2	21.9
Total labour force (% of population from 15-64 years)[1]											
All persons	68.5	66.9	65.9	64.7	63.4	63.2	63.0	62.1	62.0	60.7	60.6
Males								86.6	84.9	84.1	84.8
Females								37.0	38.5	36.7	35.8
Civilian employment (% of total population)											
All persons	35.0	34.5	33.9	33.6	33.4	33.2	33.3	33.1	33.2	33.0	33.2
Part-time employment (%)[2]											
Part-time as % of employment								7.8	9.6	9.2	10.0
Male share of part-time employment								37.8	35.8	37.5	29.6
Female share of part-time employment								62.2	64.2	62.5	70.5
Male part-time as % of male employment								4.2	5.0	4.9	4.5
Female part-time as % of female employment								16.5	19.8	18.8	20.6
Duration of unemployment (% of total unemployment)[3]											
Less than 1 month								0.0	0.0	0.0	0.0
More than 1 month and less than 3 months								12.3	13.3	10.6	14.3
More than 3 months and less than 6 months								14.2	16.7	16.7	19.9
More than 6 months and less than 1 year								22.6	28.8	25.6	24.9
More than 1 year								50.8	41.2	47.0	40.9

Data for 2001 refer to the fourth quarter.

(1) Participation rates calculated according to national definitions may differ from those published in this table, when the age group represented in the labour force survey is other than 15-64 years.

(2) Part-time employment refers to persons who work less than 30 hours per week in their main job. Data include only persons declaring usual hours worked.

(3) These percentages only take into account those persons for whom the duration of unemployment is known.

II - Population active

Milliers

	1992	1993	1994	1995	1996	1997	1998	1999	2000	2001	
											Population active totale
	21 315	20 272	21 676	22 000	22 304	22 324	22 899	23 687 |	22 531	22 577	Ensemble des personnes
	15 259	15 214	15 635	15 898	16 151	16 393	16 750	17 032 |	16 753	16 748	Hommes
	6 056	5 059	6 041	6 103	6 153	5 931	6 150	6 656 |	5 778	5 830	Femmes
											Forces armées
	500	500	500	500	500	500	500	500	500	500	Ensemble des personnes
	500	500	500	500	500	500	500	500	500	500	Hommes
											Femmes
											Population active civile
	20 815	19 772	21 176	21 500	21 804	21 824	22 399	23 187 |	22 031	22 077	Ensemble des personnes
	14 759	14 714	15 135	15 398	15 651	15 893	16 250	16 532 |	16 253	16 248	Hommes
	6 056	5 059	6 041	6 103	6 153	5 931	6 150	6 656 |	5 778	5 830	Femmes
											Chômeurs
	1 730	1 725	1 775	1 607	1 417	1 463	1 527	1 774 |	1 452	2 335	Ensemble des personnes
	1 272	1 262	1 295	1 165	1 054	1 007	1 107	1 275 |	1 077	1 769	Hommes
	458	463	480	443	363	456	421	499 |	375	566	Femmes
											Emploi civil
	19 085	18 047	19 401	19 893	20 387	20 361	20 872	21 413 |	20 579	19 742	Ensemble des personnes
	13 487	13 452	13 840	14 233	14 597	14 886	15 143	15 257 |	15 176	14 479	Hommes
	5 598	4 596	5 561	5 660	5 790	5 475	5 729	6 157 |	5 403	5 263	Femmes
											Emploi civil (%)
	100.0	100.0	100.0	100.0	100.0	100.0	100.0	100.0 |	100.0	100.0	Ensemble des personnes
	70.7	74.5	71.3	71.5	71.6	73.1	72.6	71.3 |	73.7	73.3	Hommes
	29.3	25.5	28.7	28.5	28.4	26.9	27.4	28.8 |	26.3	26.7	Femmes
											Taux de chômage (% de la population active civile)
	8.3	8.7	8.4	7.5	6.5	6.7	6.8	7.6 |	6.6	10.6	Ensemble des personnes
	8.6	8.6	8.6	7.6	6.7	6.3	6.8	7.7 |	6.6	10.9	Hommes
	7.6	9.1	7.9	7.3	5.9	7.7	6.8	7.5 |	6.5	9.7	Femmes
											Population active totale (% de la population totale)
	36.5	34.1	35.8	35.7	35.6	35.0	35.3	36.0 |	33.4	32.9	Ensemble des personnes
	51.6	50.5	51.0	51.0	51.0	50.9	51.2	51.2 |	49.2	48.4	Hommes
	21.0	17.2	20.2	20.0	19.8	18.8	19.2	20.4 |	17.3	17.2	Femmes
											Population active totale (% de la population de 15-64 ans)[1]
	59.3	54.9	57.2	56.7	56.1	54.9	55.1	55.8 |	51.7	50.7	Ensemble des personnes
	83.9	81.4	81.5	80.8	80.2	79.6	79.6	79.2 |	75.9	74.3	Hommes
	34.1	27.8	32.3	31.8	31.3	29.5	29.9	31.7 |	26.9	26.5	Femmes
											Emploi civil (% de la population totale)
	32.7	30.3	32.0	32.3	32.5	31.9	32.2	32.5 |	30.5	28.8	Ensemble des personnes
											Emploi à temps partiel (%)[2]
	10.4	8.1	8.1	6.0	5.1	5.7	5.6	7.1	9.0	8.0	Temps partiel en % de l'emploi
	36.4	45.2	39.4	41.6	36.5	41.9	39.3	39.4	44.9	42.2	Part des hommes dans le temps partiel
	63.6	54.8	60.6	58.4	63.5	58.2	60.7	60.7	55.1	57.8	Part des femmes dans le temps partiel
	5.6	5.1	4.6	3.6	2.7	3.4	3.1	4.1	5.5	4.6	Temps partiel des hommes en % de l'emploi des hommes
	20.1	15.9	15.6	11.5	10.7	11.7	11.6	13.9	19.0	17.4	Temps partiel des femmes en % de l'emploi des femmes
											Durée du chômage (% du chômage total)[3]
	0.0	0.0	0.0	0.0	0.0	0.0	0.0	0.0	0.0	0.0	Moins de 1 mois
	13.1	11.8	14.8	14.9	16.1	17.8	19.2	26.2	36.9	32.1	Plus de 1 mois et moins de 3 mois
	18.7	17.9	16.4	24.5	17.1	19.6	20.1	23.9	27.3	30.3	Plus de 3 mois et moins de 6 mois
	23.6	23.4	22.8	24.3	22.5	21.1	20.5	21.6	14.8	14.5	Plus de 6 mois et moins de 1 an
	44.5	46.8	46.0	36.3	44.3	41.5	40.1	28.3	21.1	23.1	Plus de 1 an

Les données de 2001 se réfèrent au quatrième trimestre.

(1) Les taux d'activité calculés selon les définitions nationales peuvent être différents de ceux publiés dans ce tableau si le groupe d'âges représenté dans l'enquête de la population active est différent de 15-64 ans.

(2) L'emploi à temps partiel se réfère aux actifs travaillant moins de 30 heures par semaine dans leur emploi principal. Les données incluent uniquement les personnes déclarant des heures habituelles de travail.

(3) Ces pourcentages ne prennent en compte que les personnes pour lesquelles la durée du chômage est connue.

Statistiques de la Population Active
© 2002
OCDE

TURKEY

III - Professional status and breakdown by activities - ISIC Rev. 2

Thousands

	1981	1982	1983	1984	1985	1986	1987	1988	1989	1990	1991
CIVILIAN EMPLOYMENT: PROFESSIONAL STATUS											
All activities	15 917	16 085	16 249	16 501	16 782	17 094	17 488	17 755	18 222	18 538	19 022
Employees								7 170	7 015	7 223	7 196
Employers and persons working on own account								5 223	5 497	5 734	5 802
Unpaid family workers								5 362	5 713	5 581	6 025
Agriculture, hunting, forestry and fishing	8 394	8 367	8 341	8 313	8 286	8 263	8 238	8 249	8 639	8 691	9 094
Employees								529	383	427	367
Employers and persons working on own account								2 775	2 974	3 119	3 146
Unpaid family workers								4 945	5 283	5 146	5 582
Non-agricultural activities	7 523	7 718	7 908	8 188	8 496	8 831	9 250	9 506	9 583	9 847	9 928
Employees								6 641	6 632	6 796	6 829
Employers and persons working on own account								2 448	2 523	2 615	2 656
Unpaid family workers								417	430	435	444
All activities (%)	100.0	100.0	100.0	100.0	100.0	100.0	100.0	100.0	100.0	100.0	100.0
Employees								40.4	38.5	39.0	37.8
Others								59.6	61.5	61.0	62.2
CIVILIAN EMPLOYMENT: BREAKDOWN BY ACTIVITIES[1]											
ISIC Rev. 2 Major Divisions											
1 to 0 All activities	15 918	16 084	16 250	16 499	16 782	17 093	17 487	17 754	18 223	18 537	19 023
1 Agriculture, hunting, forestry and fishing	8 394	8 367	8 341	8 313	8 286	8 263	8 238	8 249	8 639	8 691	9 094
2 Mining and quarrying	192	195	196	200	224	230	230	232	189	198	176
3 Manufacturing	2 084	2 146	2 219	2 269	2 349	2 385	2 457	2 552	2 637	2 627	2 674
4 Electricity, gas and water	46	51	52	56	59	64	65	66	67	68	22
5 Construction	903	906	909	940	967	1 021	1 083	1 108	1 039	992	962
6 Wholesale and retail trade; restaurants and hotels	1 493	1 536	1 584	1 661	1 737	1 853	1 994	2 029	2 041	2 154	2 159
7 Transport, storage and communication	637	646	658	678	702	734	768	778	830	816	816
8 Financing, insurance, real estate and business services	254	257	259	270	279	287	413	428	440	416	427
9 Community, social and personal services	1 815	1 880	1 932	2 012	2 079	2 156	2 239	2 312	2 343	2 578	2 694
0 Activities not adequately defined	0	0	0	0	0	0	0	0	0	0	0
EMPLOYEES: BREAKDOWN BY ACTIVITIES[1]											
ISIC Rev. 2 Major Divisions											
1 to 0 All activities					6 978			7 169	7 014	7 224	7 196
1 Agriculture, hunting, forestry and fishing					524			529	382	428	367
2 Mining and quarrying					135			218	180	187	172
3 Manufacturing					1 729			1 881	1 940	1 945	1 980
4 Electricity, gas and water					23			26	28	26	22
5 Construction					697			893	817	763	799
6 Wholesale and retail trade; restaurants and hotels					493			694	679	717	771
7 Transport, storage and communication					331			421	444	433	406
8 Financing, insurance, real estate and business services					327			341	358	327	328
9 Community, social and personal services					2 640			2 166	2 189	2 401	2 353
0 Activities not adequately defined					80			0	0	0	0

Data for 2001 refer to the fourth quarter.

(1) Data broken down by activities (civilian employment and employees) have not been revised nor updated due to a change by the country from ISIC Rev. 2 to ISIC Rev. 3.

III - Situation dans la profession et répartition par activités - CITI Rév. 2

Milliers

1992	1993	1994	1995	1996	1997	1998	1999	2000	2001	
										EMPLOI CIVIL : SITUATION DANS LA PROFESSION
19 085	18 047	19 401	19 893	20 388	20 362	20 872	21 413 |	20 579	19 741	**Toutes activités**
7 578	7 637	7 988	8 341	8 831	9 203	9 431	9 487 |	10 198	9 991	Salariés
5 946	5 632	5 989	6 057	5 959	6 142	6 220	6 244 |	6 138	6 077	Employeurs et personnes travaillant à leur compte
5 562	4 779	5 425	5 495	5 597	5 017	5 222	5 683 |	4 253	3 673	Travailleurs familiaux non rémunérés
8 526	7 609	8 450	8 634	8 736	8 299	8 461	8 872 |	7 104	6 433	**Agriculture, chasse, sylviculture et pêche**
409	379	368	446	552	507	470	453 |	400	284	Salariés
3 087	2 898	3 139	3 188	3 086	3 209	3 231	3 256 |	2 983	3 010	Employeurs et personnes travaillant à leur compte
5 030	4 333	4 945	5 000	5 098	4 584	4 761	5 164 |	3 716	3 139	Travailleurs familiaux non rémunérés
10 559	10 438	10 951	11 260	11 652	12 063	12 411	12 542 |	13 475	13 308	**Activités non agricoles**
7 169	7 258	7 620	7 895	8 280	8 696	8 962	9 035 |	9 798	9 707	Salariés
2 859	2 734	2 850	2 870	2 874	2 934	2 989	2 988 |	3 155	3 067	Employeurs et personnes travaillant à leur compte
532	446	480	496	500	434	461	520 |	537	534	Travailleurs familiaux non rémunérés
100.0	100.0	100.0	100.0	100.0	100.0	100.0	100.0 |	100.0	100.0	**Toutes activités (%)**
39.7	42.3	41.2	41.9	43.3	45.2	45.2	44.3 |	49.6	50.6	Salariés
60.3	57.7	58.8	58.1	56.7	54.8	54.8	55.7 |	50.5	49.4	Autres
										EMPLOI CIVIL : RÉPARTITION PAR BRANCHES D'ACTIVITÉS[1]
										Branches CITI Rév. 2
19 086	18 048	19 401	19 894	20 387	20 361	20 871	21 413 |	20 579		**1 à 0 Toutes activités**
8 526	7 608	8 450	8 634	8 736	8 299	8 461	8 872 |	7 187		1 Agriculture, chasse, sylviculture et pêche
157	134	176	150	158	153	140	111 |	75		2 Industries extractives
2 877	2 636	2 935	2 956	3 159	3 363	3 388	3 386 |	3 570		3 Industries manufacturières
48	101	101	112	84	109	110	83 |	88		4 Électricité, gaz et eau
1 033	1 215	1 181	1 211	1 267	1 286	1 290	1 294 |	1 329		5 Bâtiment et travaux publics
2 339	2 366	2 484	2 662	2 676	2 831	2 920	3 074 |	3 746		6 Commerce de gros et de détail; restaurants et hôtels
867	923	881	866	888	888	946	893 |	1 025		7 Transports, entrepôts et communications
466	422	468	472	496	513	529	566 |	684		8 Banques, assurances, affaires immobilières et services fournis aux entreprises
2 775	2 644	2 725	2 833	2 926	2 921	3 088	3 136 |	2 875		9 Services fournis à la collectivité, services sociaux et services personnels
0	0	0	0	0	0	0	0	0		0 Activités mal désignées
										SALARIÉS : RÉPARTITION PAR BRANCHES D'ACTIVITÉS[1]
										Branches CITI Rév. 2
7 578	7 636	7 988	8 341	8 830	9 203	9 431	9 487 |	10 126		**1 à 0 Toutes activités**
409	379	368	446	552	507	470	453 |	394		1 Agriculture, chasse, sylviculture et pêche
152	131	172	147	156	149	133	107 |	69		2 Industries extractives
2 060	2 006	2 150	2 222	2 404	2 655	2 672	2 617 |	2 801		3 Industries manufacturières
48	101	101	112	84	108	109	83 |	87		4 Électricité, gaz et eau
844	1 079	1 059	1 084	1 149	1 188	1 197	1 147 |	1 146		5 Bâtiment et travaux publics
824	831	909	1 031	1 066	1 143	1 207	1 340 |	1 800		6 Commerce de gros et de détail; restaurants et hôtels
451	485	464	465	482	472	501	528 |	624		7 Transports, entrepôts et communications
356	318	364	350	376	394	400	425 |	520		8 Banques, assurances, affaires immobilières et services fournis aux entreprises
2 435	2 308	2 402	2 487	2 563	2 589	2 744	2 790 |	2 685		9 Services fournis à la collectivité, services sociaux et services personnels
0	0	0	0	0	0	0	0	0		0 Activités mal désignées

Les données de 2001 se réfèrent au quatrième trimestre.

(1) Les données concernant la répartition par branches d'activités (emploi civil et salariés) n'ont pas été révisées ni mises à jour en raison du passage par le pays de la CITI Rév. 2 à la CITI Rév. 3.

Statistiques de la Population Active
© 2002
OCDE

TURKEY

IV - Civilian employment and employees: breakdown by activities - ISIC Rev. 3

Thousands (annual average estimates)

	1981	1982	1983	1984	1985	1986	1987	1988	1989	1990	1991
CIVILIAN EMPLOYMENT: BREAKDOWN BY ACTIVITIES **A to X All activities**											
A Agriculture, hunting and forestry											
B Fishing											
C Mining and quarrying											
D Manufacturing											
E Electricity, gas and water supply											
F Construction											
G Wholesale and retail trade; repair of motorvehicles,, motorcycles and personal and household goods											
H Hotels and restaurants											
I Transport, storage and communication											
J Financial intermediation											
K Real estate, renting and business activities											
L Public administration and defence; compulsory social security, excluding armed forces											
M Education											
N Health and social work											
O Other community, social and personal service activities											
P Privates households with employed persons											
Q Extra-territorial organisations and bodies											
X Not classifiable by economic activities											
Breakdown by sector											
Agriculture (A-B)											
Industry (C-F)											
Services (G-Q)											
Agriculture (%)											
Industry (%)											
Services (%)											
Female participation in agriculture (%)											
Female participation in industry (%)											
Female participation in services (%)											
EMPLOYEES: BREAKDOWN BY ACTIVITIES **A to X All activities**											
A Agriculture, hunting and forestry											
B Fishing											
C Mining and quarrying											
D Manufacturing											
E Electricity, gas and water supply											
F Construction											
G Wholesale and retail trade; repair of motorvehicles,, motorcycles and personal and household goods											
H Hotels and restaurants											
I Transport, storage and communication											
J Financial intermediation											
K Real estate, renting and business activities											
L Public administration and defence; compulsory social security, excluding armed forces											
M Education											
N Health and social work											
O Other community, social and personal service activities											
P Privates households with employed persons											
Q Extra-territorial organisations and bodies											
X Not classifiable by economic activities											
Breakdown by sector											
Agriculture (A-B)											
Industry (C-F)											
Services (G-Q)											
Agriculture (%)											
Industry (%)											
Services (%)											
Female participation in agriculture (%)											
Female participation in industry (%)											
Female participation in services (%)											

Data for 2001 refer to the fourth quarter.

IV - Emploi civil et salariés : répartition par activités - CITI Rév. 3

Milliers (estimations de moyennes annuelles)

1992	1993	1994	1995	1996	1997	1998	1999	2000	2001	
								20 579	19 743	**EMPLOI CIVIL : RÉPARTITION PAR BRANCHES D'ACTIVITÉS** **A à X Toutes activités**
								7 080	6 389	A Agriculture, chasse et sylviculture
								23	43	B Pêche
								78	86	C Activités extractives
								3 570	3 659	D Activités de fabrication
								90	99	E Production et distribution d'électricité, de gaz et d'eau
								1 313	955	F Construction
								2 989	2 981	G Commerce de gros et de détail; réparation de véhicules et de biens domestiques
								759	780	H Hôtels et restaurants
								1 039	973	I Transports, entreposage et communications
								272	250	J Intermédiation financière
								419	425	K Immobilier, location et activités de services aux entreprises
								1 133	1 117	L Administration publique et défense; sécurité sociale obligatoire (armée exclue)
								724	807	M Education
								464	485	N Santé et action sociale
								486	525	O Autres activités de services collectifs, sociaux et personnels
								136	166	P Ménages privés employant du personnel domestique
								4	3	Q Organisations et organismes extra-territoriaux
								0	0	X Ne pouvant être classés selon l'activité économique
										Répartition par secteurs
								7 103	6 432	Agriculture (A-B)
								5 051	4 799	Industrie (C-F)
								8 425	8 512	Services (G-Q)
								35	33	Agriculture (%)
								25	24	Industrie (%)
								41	43	Services (%)
								45	46	Part des femmes dans l'agriculture (%)
								15	17	Part des femmes dans l'industrie (%)
								18	18	Part des femmes dans les services (%)
								10 200	9 989	**SALARIÉS : RÉPARTITION PAR BRANCHES D'ACTIVITÉS** **A à X Toutes activités**
								395	259	A Agriculture, chasse et sylviculture
								9	24	B Pêche
								73	80	C Activités extractives
								2 793	2 954	D Activités de fabrication
								89	99	E Production et distribution d'électricité, de gaz et d'eau
								1 130	752	F Construction
								1 322	1 307	G Commerce de gros et de détail; réparation de véhicules et de biens domestiques
								472	499	H Hôtels et restaurants
								633	581	I Transports, entreposage et communications
								258	238	J Intermédiation financière
								268	287	K Immobilier, location et activités de services aux entreprises
								1 132	1 117	L Administration publique et défense; sécurité sociale obligatoire (armée exclue)
								716	805	M Education
								438	459	N Santé et action sociale
								340	371	O Autres activités de services collectifs, sociaux et personnels
								128	154	P Ménages privés employant du personnel domestique
								4	3	Q Organisations et organismes extra-territoriaux
								0	0	X Ne pouvant être classés selon l'activité économique
										Répartition par secteurs
								404	283	Agriculture (A-B)
								4 085	3 885	Industrie (C-F)
								5 711	5 821	Services (G-Q)
								4	3	Agriculture (%)
								40	39	Industrie (%)
								56	58	Services (%)
								28	31	Part des femmes dans l'agriculture (%)
								14	17	Part des femmes dans l'industrie (%)
								23	23	Part des femmes dans les services (%)

Les données de 2001 se réfèrent au quatrième trimestre.

Statistiques de la Population Active
© 2002 OCDE

UNITED KINGDOM

I - Population

Thousands (mid-year estimates)

	1981	1982	1983	1984	1985	1986	1987	1988	1989	1990	1991
POPULATION - DISTRIBUTION BY AGE AND GENDER											
All persons											
Total	56 352	56 318	56 377	56 506	56 685	56 852	57 009	57 158	57 358	57 561	57 808
Under 15 years	11 602	11 366	11 171	10 998	10 898	10 804	10 753	10 765	10 830	10 925	11 061
From 15 to 64 years	36 278	36 478	36 779	37 103	37 198	37 326	37 420	37 481	37 537	37 603	37 648
65 years and over	8 472	8 474	8 427	8 406	8 590	8 722	8 836	8 912	8 990	9 033	9 099
Males											
Total	27 409	27 391	27 429	27 511	27 611	27 698	27 789	27 876	27 989	28 118	28 246
Under 15 years	5 956	5 835	5 736	5 648	5 597	5 550	5 523	5 528	5 562	5 611	5 683
From 15 to 64 years	18 128	18 233	18 395	18 577	18 643	18 715	18 775	18 819	18 858	18 910	18 926
65 years and over	3 325	3 324	3 299	3 286	3 371	3 433	3 491	3 529	3 569	3 597	3 637
Females											
Total	28 943	28 927	28 948	28 995	29 074	29 153	29 220	29 282	29 368	29 443	29 562
Under 15 years	5 646	5 531	5 435	5 349	5 301	5 254	5 230	5 237	5 269	5 314	5 378
From 15 to 64 years	18 151	18 246	18 384	18 526	18 555	18 611	18 645	18 662	18 679	18 693	18 722
65 years and over	5 147	5 150	5 129	5 120	5 218	5 289	5 345	5 383	5 421	5 436	5 462
POPULATION - PERCENTAGES											
All persons											
Total	100.0	100.0	100.0	100.0	100.0	100.0	100.0	100.0	100.0	100.0	100.0
Under 15 years	20.6	20.2	19.8	19.5	19.2	19.0	18.9	18.8	18.9	19.0	19.1
From 15 to 64 years	64.4	64.8	65.2	65.7	65.6	65.7	65.6	65.6	65.4	65.3	65.1
65 years and over	15.0	15.0	14.9	14.9	15.2	15.3	15.5	15.6	15.7	15.7	15.7
COMPONENTS OF CHANGE IN POPULATION											
a) Population at 1 January	56 341	56 335	56 348	56 441	56 596	56 769	56 930	57 084	57 258	57 459	57 685
b) Population at 31 December	56 335	56 348	56 441	56 596	56 769	56 930	57 084	57 258	57 459	57 685	57 907
c) Total increase (b-a)	-6	13	94	154	173	162	153	174	201	225	223
d) Births	731	719	721	730	751	755	776	788	777	799	793
e) Deaths	658	663	659	645	671	661	644	649	658	642	646
f) Natural increase (d-e)	73	56	62	85	80	94	132	139	119	157	147
g) Net migration	-79	-44	31	69	93	67	22	36	82	68	76
h) Statistical adjustments	0	1	0	1	0	0	0	-1	0	1	-1
i) Total increase (=f+g+h=c)	-6	13	93	155	173	161	154	174	201	226	222
(Components of change in population/ Average population) x1000											
Total increase rates	-0.1	0.2	1.7	2.8	3.1	2.8	2.7	3.0	3.5	3.9	3.8
Crude birth rates	13.0	12.8	12.8	12.9	13.2	13.3	13.6	13.8	13.5	13.9	13.7
Crude death rates	11.7	11.8	11.7	11.4	11.8	11.6	11.3	11.4	11.5	11.2	11.2
Natural increase rates	1.3	1.0	1.1	1.5	1.4	1.7	2.3	2.4	2.1	2.7	2.5
Net migration rates	-1.4	-0.8	0.6	1.2	1.6	1.2	0.4	0.6	1.4	1.2	1.3

I - Population

Milliers (estimations au milieu de l'année)

1992	1993	1994	1995	1996	1997	1998	1999	2000	2001	
										POPULATION - RÉPARTITION SELON L'AGE ET LE SEXE
										Ensemble des personnes
58 006	58 198	58 401	58 612	58 807	59 014	59 237	59 501	59 756		Total
11 200	11 304	11 358	11 363	11 359	11 379	11 380	11 387	11 322		Moins de 15 ans
37 667	37 718	37 851	38 019	38 193	38 362	38 565	38 821	39 117		De 15 à 64 ans
9 139	9 175	9 190	9 229	9 254	9 273	9 292	9 294	9 317		65 ans et plus
										Hommes
28 362	28 477	28 595	28 731	28 860	28 992	29 128	29 299	29 459		Total
5 749	5 799	5 826	5 826	5 826	5 836	5 835	5 838	5 805		Moins de 15 ans
18 947	18 983	19 058	19 163	19 265	19 358	19 469	19 616	19 779		De 15 à 64 ans
3 666	3 694	3 712	3 742	3 769	3 797	3 824	3 845	3 875		65 ans et plus
										Femmes
29 645	29 720	29 805	29 881	29 948	30 022	30 108	30 202	30 297		Total
5 451	5 505	5 533	5 536	5 533	5 543	5 545	5 549	5 517		Moins de 15 ans
18 721	18 732	18 794	18 858	18 930	19 006	19 095	19 205	19 338		De 15 à 64 ans
5 473	5 483	5 478	5 486	5 486	5 475	5 468	5 448	5 441		65 ans et plus
										POPULATION - POURCENTAGES
										Ensemble des personnes
100.0	100.0	100.0	100.0	100.0	100.0	100.0	100.0	100.0		Total
19.3	19.4	19.4	19.4	19.3	19.3	19.2	19.1	18.9		Moins de 15 ans
64.9	64.8	64.8	64.9	64.9	65.0	65.1	65.2	65.5		De 15 à 64 ans
15.8	15.8	15.7	15.7	15.7	15.7	15.7	15.6	15.6		65 ans et plus
										COMPOSANTES DE L'ÉVOLUTION DÉMOGRAPHIQUE
57 907	58 099	58 293	58 500	58 704	58 905	59 089	59 247			a) Population au 1er janvier
58 099	58 293	58 500	58 704	58 905	59 089	59 247				b) Population au 31 décembre
192	194	207	203	201	184	158				**c) Accroissement total (b-a)**
781	762	751	732	733	726	717	700			d) Naissances
634	658	628	645	636	630	629	629			e) Décès
147	104	123	87	97	96	88	71			**f) Accroissement naturel (d-e)**
45	90	84	117	104	88	70				g) Solde net des migrations
0	0	0	0	0	0	0				h) Ajustements statistiques
192	194	207	204	201	184	158				**i) Accroissement total (=f+g+h=c)**
										(Composition de l'évolution démographique/ Population moyenne) x1000
3.3	3.3	3.5	3.5	3.4	3.1	2.7				Taux d'accroissement total
13.5	13.1	12.9	12.5	12.5	12.3	12.1				Taux bruts de natalité
10.9	11.3	10.8	11.0	10.8	10.7	10.6				Taux bruts de mortalité
2.5	1.8	2.1	1.5	1.6	1.6	1.5				Taux d'accroissement naturel
0.8	1.5	1.4	2.0	1.8	1.5	1.2				Taux du solde net des migrations

Statistiques de la Population Active
© 2002
OCDE

UNITED KINGDOM

II - Labour force

Thousands (Spring quarter)

	1981	1982	1983	1984	1985	1986	1987	1988	1989	1990	1991
Total labour force											
All persons	26 740	26 678	26 610	27 235	27 486	27 491	27 943	28 345	28 764	28 909	28 813
Males	16 348	16 257	16 104	15 998	16 087	15 971	16 117	16 299	16 434	16 483	16 401
Females	10 392	10 421	10 506	11 237	11 399	11 520	11 826	12 046	12 330	12 427	12 412
Armed forces											
All persons	334	324	322	165	140	165	177	151	140	117	97
Males	317	309	306	156	134	159	164	143	135	111	91
Females	17	15	16	9	6	6	12	9	5	7	7
Civilian labour force											
All persons	26 406	26 354	26 288	27 071	27 346	27 326	27 766	28 193	28 624	28 792	28 716
Males	16 031	15 948	15 798	15 842	15 953	15 812	15 953	16 156	16 298	16 372	16 310
Females	10 375	10 406	10 490	11 228	11 393	11 515	11 813	12 037	12 325	12 420	12 405
Unemployed											
All persons	2 395	2 770	2 984	3 216	3 096	2 946	3 012	2 485	2 075	1 974	2 414
Males	1 775	2 043	2 145	1 915	1 870	1 797	1 808	1 475	1 215	1 165	1 514
Females	620	727	839	1 301	1 226	1 149	1 205	1 010	860	809	900
Civilian employment											
All persons	24 011	23 584	23 304	23 854	24 250	24 380	24 754	25 708	26 549	26 818	26 302
Males	14 256	13 905	13 653	13 927	14 083	14 014	14 145	14 681	15 083	15 207	14 796
Females	9 755	9 679	9 651	9 927	10 167	10 365	10 609	11 027	11 465	11 611	11 506
Civilian employment (%)											
All persons	100.0	100.0	100.0	100.0	100.0	100.0	100.0	100.0	100.0	100.0	100.0
Males	59.4	59.0	58.6	58.4	58.1	57.5	57.1	57.1	56.8	56.7	56.3
Females	40.6	41.0	41.4	41.6	41.9	42.5	42.9	42.9	43.2	43.3	43.7
Unemployment rates (% of civilian labour force)											
All persons	9.1	10.5	11.4	11.9	11.3	10.8	10.8	8.8	7.2	6.9	8.4
Males	11.1	12.8	13.6	12.1	11.7	11.4	11.3	9.1	7.5	7.1	9.3
Females	6.0	7.0	8.0	11.6	10.8	10.0	10.2	8.4	7.0	6.5	7.3
Total labour force (% of total population)											
All persons	47.5	47.4	47.2	48.2	48.5	48.4	49.0	49.6	50.1	50.2	49.8
Males	59.6	59.4	58.7	58.2	58.3	57.7	58.0	58.5	58.7	58.6	58.1
Females	35.9	36.0	36.3	38.8	39.2	39.5	40.5	41.1	42.0	42.2	42.0
Total labour force (% of population from 15-64 years)[1]											
All persons	73.7	73.1	72.4	73.4	73.9	73.7	74.7	75.6	76.6	76.9	76.5
Males	90.2	89.2	87.5	86.1	86.3	85.3	85.8	86.6	87.1	87.2	86.7
Females	57.3	57.1	57.1	60.7	61.4	61.9	63.4	64.5	66.0	66.5	66.3
Civilian employment (% of total population)											
All persons	42.6	41.9	41.3	42.2	42.8	42.9	43.4	45.0	46.3	46.6	45.5
Part-time employment (%)[2]											
Part-time as % of employment			18.4	19.6	19.7	20.2	20.8	20.5	20.2	20.1	20.7
Male share of part-time employment			10.7	12.5	12.9	13.1	14.5	15.3	13.8	14.9	14.9
Female share of part-time employment			89.3	87.5	87.1	86.9	85.5	84.7	86.2	85.1	85.1
Male part-time as % of male employment			3.3	4.2	4.3	4.6	5.2	5.5	4.9	5.3	5.5
Female part-time as % of female employment			40.1	41.2	41.1	41.6	41.9	40.8	40.4	39.5	40.3
Duration of unemployment (% of total unemployment)[3]											
Less than 1 month			6.8	7.2	6.7	6.8	6.9	9.4	11.2	12.5	11.5
More than 1 month and less than 3 months			10.7	11.9	10.1	11.1	11.4	14.2	15.7	17.5	19.3
More than 3 months and less than 6 months			16.1	15.7	15.8	16.7	16.9	16.5	17.7	19.8	22.1
More than 6 months and less than 1 year			20.8	18.9	17.1	17.2	16.9	16.8	16.2	15.9	18.3
More than 1 year			45.6	46.3	50.3	48.2	47.9	43.0	39.1	34.4	28.8

Prior to 1992, June estimates.

(1) Participation rates calculated according to national definitions may differ from those published in this table, when the age group represented in the labour force survey is other than 15-64 years.

(2) Part-time employment refers to persons who work less than 30 hours per week in their main job. Data include only persons declaring usual hours worked.

(3) These percentages only take into account those persons for whom the duration of unemployment is known.

II - Population active

Milliers (Trimestre de printemps)

1992	1993	1994	1995	1996	1997	1998	1999	2000	2001	
										Population active totale
28 581	28 447	28 455	28 486	28 664	28 852	28 892	29 194	29 412	29 470	Ensemble des personnes
16 187	16 021	16 000	16 009	16 052	16 098	16 096	16 234	16 327	16 318	Hommes
12 395	12 426	12 456	12 477	12 611	12 754	12 796	12 960	13 084	13 153	Femmes
										Forces armées
141	130	118	135	132	119	111	128	116	99	Ensemble des personnes
130	124	112	128	124	114	108	119	106	95	Hommes
11	6	6	6	8	5	3	9	10	3	Femmes
										Population active civile
28 440	28 317	28 337	28 352	28 532	28 732	28 781	29 066	29 296	29 372	Ensemble des personnes
16 056	15 897	15 887	15 881	15 929	15 984	15 988	16 115	16 221	16 223	Hommes
12 383	12 420	12 450	12 471	12 603	12 748	12 793	12 951	13 074	13 149	Femmes
										Chômeurs
2 769	2 936	2 738	2 460	2 340	2 037	1 776	1 752	1 619	1 404	Ensemble des personnes
1 865	1 986	1 826	1 612	1 549	1 306	1 098	1 095	991	859	Hommes
904	949	912	849	791	732	679	657	628	546	Femmes
										Emploi civil
25 671	25 381	25 599	25 891	26 192	26 695	27 005	27 314	27 677	27 967	Ensemble des personnes
14 191	13 911	14 061	14 269	14 380	14 678	14 891	15 020	15 230	15 364	Hommes
11 479	11 471	11 538	11 622	11 812	12 017	12 114	12 295	12 447	12 603	Femmes
										Emploi civil (%)
100.0	100.0	100.0	100.0	100.0	100.0	100.0	100.0	100.0	100.0	Ensemble des personnes
55.3	54.8	54.9	55.1	54.9	55.0	55.1	55.0	55.0	54.9	Hommes
44.7	45.2	45.1	44.9	45.1	45.0	44.9	45.0	45.0	45.1	Femmes
										Taux de chômage (% de la population active civile)
9.7	10.4	9.7	8.7	8.2	7.1	6.2	6.0	5.5	4.8	Ensemble des personnes
11.6	12.5	11.5	10.1	9.7	8.2	6.9	6.8	6.1	5.3	Hommes
7.3	7.6	7.3	6.8	6.3	5.7	5.3	5.1	4.8	4.2	Femmes
										Population active totale (% de la population totale)
49.3	48.9	48.7	48.6	48.7	48.9	48.8	49.1	49.2		Ensemble des personnes
57.1	56.3	56.0	55.7	55.6	55.5	55.3	55.4	55.4		Hommes
41.8	41.8	41.8	41.8	42.1	42.5	42.5	42.9	43.2		Femmes
										Population active totale (% de la population de 15-64 ans)[1]
75.9	75.4	75.2	74.9	75.1	75.2	74.9	75.2	75.2		Ensemble des personnes
85.4	84.4	84.0	83.5	83.3	83.2	82.7	82.8	82.5		Hommes
66.2	66.3	66.3	66.2	66.6	67.1	67.0	67.5	67.7		Femmes
										Emploi civil (% de la population totale)
44.3	43.6	43.8	44.2	44.5	45.2	45.6	45.9	46.3		Ensemble des personnes
										Emploi à temps partiel (%)[2]
21.5	22.1	22.4	22.3	22.9	22.9	23.0	22.9	23.0		Temps partiel en % de l'emploi
15.7	16.4	17.1	18.2	18.6	19.6	19.6	20.4	20.1		Part des hommes dans le temps partiel
84.3	83.6	82.9	81.8	81.4	80.4	80.4	79.6	79.9		Part des femmes dans le temps partiel
6.1	6.6	7.0	7.3	7.7	8.2	8.2	8.5	8.4		Temps partiel des hommes en % de l'emploi des hommes
40.6	41.0	41.2	40.7	41.4	40.9	41.2	40.6	40.8		Temps partiel des femmes en % de l'emploi des femmes
										Durée du chômage (% du chômage total)[3]
11.3	9.7	10.2	10.6	11.2	13.6	14.2	13.5	15.5	16.2	Moins de 1 mois
13.2	11.2	12.4	12.7	14.5	16.2	20.1	22.4	22.4	21.3	Plus de 1 mois et moins de 3 mois
18.3	16.1	14.0	16.0	16.2	15.4	18.4	18.7	18.8	18.9	Plus de 3 mois et moins de 6 mois
21.9	20.4	18.0	17.2	18.3	16.1	14.6	15.8	15.2	15.9	Plus de 6 mois et moins de 1 an
35.4	42.5	45.4	43.6	39.8	38.6	32.7	29.6	28.0	27.7	Plus de 1 an

Avant 1992, estimations du mois de juin.

(1)　Les taux d'activité calculés selon les définitions nationales peuvent être différents de ceux publiés dans ce tableau si le groupe d'âges représenté dans l'enquête de la population active est différent de 15-64 ans.

(2)　L'emploi à temps partiel se réfère aux actifs travaillant moins de 30 heures par semaine dans leur emploi principal. Les données incluent uniquement les personnes déclarant des heures habituelles de travail.

(3)　Ces pourcentages ne prennent en compte que les personnes pour lesquelles la durée du chômage est connue.

Statistiques de la Population Active
© 2002
OCDE

UNITED KINGDOM

III - Professional status and breakdown by activities - ISIC Rev. 2

Thousands (Spring quarter)

	1981	1982	1983	1984	1985	1986	1987	1988	1989	1990	1991
CIVILIAN EMPLOYMENT: PROFESSIONAL STATUS											
All activities	24 011	23 584	23 304	23 854	24 250	24 380	24 754	25 708	26 549	26 818	26 302
Employees	21 892	21 414	21 067	20 817	21 070	21 167	21 179	21 932	22 515	22 770	22 434
Employers and persons working on own account	2 119	2 170	2 221	2 694	2 781	2 801	3 058	3 230	3 528	3 572	3 416
Not specified			16	343	398	412	517	546	505	477	452
Agriculture, hunting, forestry and fishing	639	632	622	616	568	538	569	598	589	573	592
Employees	363	358	350	297	293	265	270	275	271	258	263
Employers and persons working on own account	276	274	272	319	275	273	299	323	318	315	329
Not specified	0	0	0	0	0	0	0	0	0	0	0
Non-agricultural activities	23 372	22 952	22 682	23 238	23 682	23 842	24 185	25 110	25 960	26 245	25 710
Employees	21 529	21 056	20 717	20 520	20 777	20 902	20 909	21 657	22 244	22 512	22 171
Employers and persons working on own account	1 843	1 896	1 949	2 375	2 506	2 528	2 759	2 907	3 210	3 257	3 087
Not specified			16	343	398	412	517	546	505	477	452
All activities (%)	100.0	100.0	100.0	100.0	100.0	100.0	100.0	100.0	100.0	100.0	100.0
Employees	91.2	90.8	90.4	87.3	86.9	86.8	85.6	85.3	84.8	84.9	85.3
Others			9.6	12.7	13.1	13.2	14.4	14.7	15.2	15.1	14.7
CIVILIAN EMPLOYMENT: BREAKDOWN BY ACTIVITIES											
ISIC Rev. 2 Major Divisions											
1 to 0 All activities	24 011	23 584	23 304	23 854	24 250	24 380	24 754	25 708	26 549	26 818	26 302
1 Agriculture, hunting, forestry and fishing	639	632	622	616	568	538	569	598	589	573	592
2 Mining and quarrying	351	338	323								
3 Manufacturing	6 365	6 005	5 664	5 862	5 934	5 936	5 682	5 966	5 973	5 928	5 665
4 Electricity, gas and water	350	336	322	716	692	626	584	574	580	598	570
5 Construction	1 526	1 474	1 461	1 832	1 804	1 757	1 880	1 918	2 127	2 141	1 948
6 Wholesale and retail trade; restaurants and hotels	4 705	4 671	4 639	4 834	4 864	4 900	5 082	5 298	5 430	5 415	5 311
7 Transport, storage and communication	1 526	1 477	1 439	1 467	1 458	1 469	1 536	1 585	1 674	1 652	1 637
8 Financing, insurance, real estate and business services	1 901	1 976	2 067	2 012	2 237	2 356	2 460	2 644	2 860	3 046	3 004
9 Community, social and personal services	6 647	6 675	6 752	6 296	6 553	6 679	6 827	6 988	7 150	7 276	7 330
0 Activities not adequately defined			16	219	140	119	134	137	166	189	245
EMPLOYEES: BREAKDOWN BY ACTIVITIES											
ISIC Rev. 2 Major Divisions											
1 to 0 All activities	21 892	21 414	21 067	20 817	21 070	21 167	21 179	21 932	22 515	22 770	22 434
1 Agriculture, hunting, forestry and fishing	363	358	350	297	293	265	270	275	271	258	263
2 Mining and quarrying	351	338	323	338	343	301	242	216	236	223	195
3 Manufacturing	6 217	5 854	5 511	5 642	5 675	5 658	5 370	5 627	5 594	5 575	5 307
4 Electricity, gas and water	350	336	322	350	319	300	322	325	323	330	331
5 Construction	1 130	1 067	1 044	1 257	1 207	1 127	1 181	1 158	1 212	1 243	1 151
6 Wholesale and retail trade; restaurants and hotels	3 991	3 955	3 922	3 938	3 944	4 014	4 135	4 330	4 465	4 477	4 440
7 Transport, storage and communication	1 425	1 380	1 345	1 354	1 350	1 352	1 394	1 457	1 530	1 503	1 506
8 Financing, insurance, real estate and business services	1 711	1 773	1 850	1 938	2 125	2 211	2 291	2 487	2 655	2 808	2 808
9 Community, social and personal services	6 354	6 353	6 401	5 586	5 764	5 896	5 924	6 022	6 195	6 314	6 339
0 Activities not adequately defined				116	51	44	50	36	34	38	94

Prior to 1992, June estimates.

III - Situation dans la profession et répartition par activités - CITI Rév. 2

Milliers (Trimestre de printemps)

1992	1993	1994	1995	1996	1997	1998	1999	2000	2001	
										EMPLOI CIVIL : SITUATION DANS LA PROFESSION
25 671	25 381	25 599	25 891	26 192	26 695	27 005	27 314	27 677	27 967	**Toutes activités**
21 877	21 682	21 810	22 100	22 511	23 001	23 444	23 848	24 280	24 566	Salariés
3 227	3 184	3 301	3 361	3 300	3 351	3 280	3 202	3 139	3 147	Employeurs et personnes travaillant à leur compte
566	515	481	424	377	339	279	262	258	254	Non spécifiés
567	518	532	532	510	495	465	425	426	390	**Agriculture, chasse, sylviculture et pêche**
225	212	227	222	225	214	215	202	218	195	Salariés
342	306	266	269	252	251	230	204	186	181	Employeurs et personnes travaillant à leur compte
0	0	30	32	28	24	18	15	18	12	Non spécifiés
25 104	24 863	25 067	25 359	25 681	26 200	26 540	26 890	27 251	27 577	**Activités non agricoles**
21 652	21 470	21 584	21 878	22 286	22 787	23 229	23 647	24 062	24 372	Salariés
2 885	2 878	3 035	3 092	3 048	3 100	3 050	2 999	2 952	2 966	Employeurs et personnes travaillant à leur compte
566	515	451	392	349	315	261	247	240	242	Non spécifiés
100.0	100.0	100.0	100.0	100.0	100.0	100.0	100.0	100.0	100.0	**Toutes activités (%)**
85.2	85.4	85.2	85.4	85.9	86.2	86.8	87.3	87.7	87.8	Salariés
14.8	14.6	14.8	14.6	14.0	13.8	13.2	12.7	12.3	12.2	Autres
										EMPLOI CIVIL : RÉPARTITION PAR BRANCHES D'ACTIVITÉS
										Branches CITI Rév. 2
25 671	25 381	25 599	25 891	26 192	26 695	27 005	27 314	27 677	27 967	**1 à 0 Toutes activités**
567	518	532	532	510	495	465	425	426	390	1 Agriculture, chasse, sylviculture et pêche
		114	114	107	105	100	101	101	114	2 Industries extractives
5 402	5 305	4 877	4 919	5 052	5 006	5 011	4 886	4 740	4 602	3 Industries manufacturières
523	483	238	223	190	180	181	188	200	202	4 Électricité, gaz et eau
1 783	1 685	1 864	1 839	1 825	1 874	1 907	1 929	1 996	2 047	5 Bâtiment et travaux publics
5 194	5 071	5 156	5 240	5 254	5 405	5 385	5 428	5 448	5 410	6 Commerce de gros et de détail; restaurants et hôtels
1 611	1 588	1 593	1 658	1 636	1 719	1 769	1 813	1 905	1 996	7 Transports, entrepôts et communications
2 909	2 954	3 472	3 586	3 613	3 833	3 989	4 165	4 272	4 399	8 Banques, assurances, affaires immobilières et services fournis aux entreprises
7 501	7 621	7 606	7 660	7 882	7 988	8 127	8 302	8 516	8 726	9 Services fournis à la collectivité, services sociaux et services personnels
181	156	146	121	120	91	71	79	73	82	0 Activités mal désignées
										SALARIÉS : RÉPARTITION PAR BRANCHES D'ACTIVITÉS
										Branches CITI Rév. 2
21 877	21 682	21 810	22 100	22 511	23 001	23 444	23 848	24 280	24 566	**1 à 0 Toutes activités**
229	215	227	222	225	214	215	202	218	195	1 Agriculture, chasse, sylviculture et pêche
169	145	108	107	103	99	96	98	96	110	2 Industries extractives
5 040	4 955	4 569	4 629	4 770	4 726	4 720	4 623	4 493	4 376	3 Industries manufacturières
309	291	234	221	187	175	174	185	196	198	4 Électricité, gaz et eau
1 050	971	1 025	996	1 000	1 095	1 217	1 235	1 344	1 360	5 Bâtiment et travaux publics
4 314	4 208	4 330	4 435	4 544	4 685	4 677	4 752	4 814	4 774	6 Commerce de gros et de détail; restaurants et hôtels
1 473	1 441	1 406	1 438	1 425	1 489	1 552	1 606	1 682	1 766	7 Transports, entrepôts et communications
2 655	2 730	2 923	3 038	3 052	3 252	3 378	3 541	3 651	3 770	8 Banques, assurances, affaires immobilières et services fournis aux entreprises
6 595	6 697	6 960	6 986	7 178	7 241	7 398	7 589	7 760	7 992	9 Services fournis à la collectivité, services sociaux et services personnels
44	28	29	27	28	25	17	18	25	25	0 Activités mal désignées

Avant 1992, estimations du mois de juin.

Statistiques de la Population Active
© 2002
OCDE

UNITED KINGDOM

IV - Civilian employment and employees: breakdown by activities - ISIC Rev. 3

Thousands (Spring quarter)

	1981	1982	1983	1984	1985	1986	1987	1988	1989	1990	1991
CIVILIAN EMPLOYMENT: BREAKDOWN BY ACTIVITIES											
A to X All activities											
A Agriculture, hunting and forestry											
B Fishing											
C Mining and quarrying											
D Manufacturing											
E Electricity, gas and water supply											
F Construction											
G Wholesale and retail trade; repair of motor vehicles, motorcycles and personal and household goods											
H Hotels and restaurants											
I Transport, storage and communication											
J Financial intermediation											
K Real estate, renting and business activities											
L Public administration and defence; compulsory social security, excluding armed forces											
M Education											
N Health and social work											
O Other community, social and personal service activities											
P Private households with employed persons											
Q Extra-territorial organisations and bodies											
X Not classifiable by economic activities											
Breakdown by sector											
Agriculture (A-B)											
Industry (C-F)											
Services (G-Q)											
Agriculture (%)											
Industry (%)											
Services (%)											
Female participation in agriculture (%)											
Female participation in industry (%)											
Female participation in services (%)											
EMPLOYEES: BREAKDOWN BY ACTIVITIES											
A to X All activities					21 070	21 167	21 179	21 932	22 515	22 770	22 434
A Agriculture, hunting and forestry					289	258	263	268	265	251	256
B Fishing					4	8	7	6	6	7	6
C Mining and quarrying					343	301	242	216	236	223	195
D Manufacturing					5 675	5 658	5 370	5 627	5 594	5 575	5 307
E Electricity, gas and water supply					319	300	322	325	323	330	331
F Construction					1 207	1 127	1 181	1 158	1 212	1 243	1 151
G Wholesale and retail trade; repair of motor vehicles, motorcycles and personal and household goods					3 095	3 127	3 209	3 412	3 507	3 465	3 453
H Hotels and restaurants					848	886	926	918	959	1 012	987
I Transport, storage and communication					1 350	1 352	1 394	1 457	1 530	1 503	1 506
J Financial intermediation					918	922	991	1 040	1 091	1 101	1 142
K Real estate, renting and business activities					1 207	1 289	1 299	1 447	1 564	1 707	1 667
L Public administration and defence; compulsory social security, excluding armed forces					1 154	1 234	1 454	1 416	1 443	1 500	1 588
M Education					1 665	1 664	1 619	1 677	1 676	1 747	1 619
N Health and social work					1 964	2 037	1 914	1 943	2 035	2 053	2 144
O Other community, social and personal service activities					831	807	796	825	859	852	852
P Private households with employed persons					134	134	122	143	153	139	120
Q Extra-territorial organisations and bodies					17	20	20	18	29	23	15
X Not classifiable by economic activities					51	44	50	36	34	38	94
Breakdown by sector											
Agriculture (A-B)					293	265	270	275	271	258	263
Industry (C-F)					7 544	7 385	7 115	7 325	7 365	7 371	6 985
Services (G-Q)					13 183	13 472	13 744	14 296	14 845	15 103	15 093
Agriculture (%)					1.4	1.3	1.3	1.3	1.2	1.1	1.2
Industry (%)					35.8	34.9	33.6	33.4	32.7	32.4	31.1
Services (%)					62.6	63.6	64.9	65.2	65.9	66.3	67.3
Female participation in agriculture (%)					27.3	26.4	27.6	29.1	25.8	28.3	25.6
Female participation in industry (%)					25.1	25.2	25.0	25.5	25.9	25.8	25.8
Female participation in services (%)					55.7	56.4	56.7	56.4	57.0	56.9	56.9

Prior to 1992, June estimates.

IV - Emploi civil et salariés : répartition par activités - CITI Rév. 3

Milliers (Trimestre de printemps)

1992	1993	1994	1995	1996	1997	1998	1999	2000	2001		
										EMPLOI CIVIL : RÉPARTITION PAR BRANCHES D'ACTIVITÉS	
										A à X Toutes activités	
		25 599	25 891	26 192	26 695	27 005	27 314	27 677	27 967		
		513	519	496	479	446	409	411	374	A	Agriculture, chasse et sylviculture
		19	13	14	15	19	16	14	17	B	Pêche
		114	114	107	105	100	101	101	114	C	Activités extractives
		4 877	4 919	5 052	5 006	5 011	4 886	4 740	4 602	D	Activités de fabrication
		238	223	190	180	181	188	200	202	E	Production et distribution d'électricité, de gaz et d'eau
		1 864	1 839	1 825	1 874	1 907	1 929	1 996	2 047	F	Construction
		4 062	4 074	4 067	4 166	4 141	4 263	4 299	4 232	G	Commerce de gros et de détail; réparation de véhicules et de biens domestiques
		1 094	1 165	1 188	1 239	1 244	1 165	1 149	1 178	H	Hôtels et restaurants
		1 593	1 658	1 636	1 719	1 769	1 813	1 905	1 996	I	Transports, entreposage et communications
		1 168	1 159	1 130	1 187	1 198	1 172	1 200	1 218	J	Intermédiation financière
		2 304	2 426	2 484	2 645	2 791	2 993	3 072	3 181	K	Immobilier, location et activités de services aux entreprises
		1 528	1 428	1 470	1 480	1 471	1 516	1 611	1 769	L	Administration publique et défense; sécurité sociale obligatoire (armée exclue)
		1 906	1 936	2 032	1 997	2 052	2 182	2 210	2 238	M	Education
		2 686	2 754	2 853	2 943	2 982	3 015	3 002	3 107	N	Santé et action sociale
		1 293	1 377	1 358	1 386	1 461	1 440	1 544	1 481	O	Autres activités de services collectifs, sociaux et personnels
		178	153	158	159	145	138	134	115	P	Ménages privés employant du personnel domestique
		15	12	13	23	16	12	16	16	Q	Organisations et organismes extra-territoriaux
		146	121	120	91	71	79	73	82	X	Ne pouvant être classés selon l'activité économique
										Répartition par secteurs	
		532	532	510	495	465	425	426	390	Agriculture (A-B)	
		7 094	7 095	7 174	7 165	7 198	7 104	7 036	6 965	Industrie (C-F)	
		17 827	18 144	18 386	18 944	19 271	19 707	20 142	20 530	Services (G-Q)	
		2.1	2.1	1.9	1.9	1.7	1.6	1.5	1.4	Agriculture (%)	
		27.7	27.4	27.4	26.8	26.7	26.0	25.4	24.9	Industrie (%)	
		69.6	70.1	70.2	71.0	71.4	72.2	72.8	73.4	Services (%)	
		24.9	26.6	26.7	25.4	23.9	21.9	22.6	22.0	Part des femmes dans l'agriculture (%)	
		23.0	22.9	22.7	22.0	21.8	21.7	21.1	20.6	Part des femmes dans l'industrie (%)	
		54.5	54.1	54.4	54.3	54.0	54.0	53.8	53.9	Part des femmes dans les services (%)	
										SALARIÉS : RÉPARTITION PAR BRANCHES D'ACTIVITÉS	
										A à X Toutes activités	
21 877	21 682	21 810	22 100	22 511	23 001	23 444	23 848	24 280	24 566		
221	208	218	217	221	209	208	198	212	188	A	Agriculture, chasse et sylviculture
8	7	8	5	3	6	7	3	7	7	B	Pêche
169	145	108	107	103	99	96	98	96	110	C	Activités extractives
5 040	4 955	4 569	4 629	4 770	4 726	4 720	4 623	4 493	4 376	D	Activités de fabrication
309	291	234	221	187	175	174	185	196	198	E	Production et distribution d'électricité, de gaz et d'eau
1 050	971	1 025	996	1 000	1 095	1 217	1 235	1 344	1 360	F	Construction
3 342	3 298	3 416	3 452	3 528	3 627	3 600	3 722	3 781	3 724	G	Commerce de gros et de détail; réparation de véhicules et de biens domestiques
971	910	913	983	1 017	1 059	1 078	1 030	1 032	1 051	H	Hôtels et restaurants
1 473	1 441	1 406	1 438	1 425	1 489	1 552	1 606	1 682	1 766	I	Transports, entreposage et communications
1 109	1 151	1 117	1 108	1 087	1 139	1 148	1 132	1 159	1 169	J	Intermédiation financière
1 546	1 580	1 806	1 930	1 965	2 113	2 229	2 410	2 492	2 601	K	Immobilier, location et activités de services aux entreprises
1 590	1 502	1 505	1 404	1 444	1 460	1 451	1 505	1 595	1 752	L	Administration publique et défense; sécurité sociale obligatoire (armée exclue)
1 640	1 723	1 812	1 840	1 939	1 898	1 954	2 071	2 115	2 145	M	Education
2 311	2 438	2 470	2 524	2 616	2 697	2 760	2 790	2 779	2 868	N	Santé et action sociale
944	915	1 055	1 118	1 076	1 069	1 134	1 128	1 180	1 147	O	Autres activités de services collectifs, sociaux et personnels
92	98	104	89	90	94	83	83	77	65	P	Ménages privés employant du personnel domestique
18	20	14	11	12	22	16	11	15	15	Q	Organisations et organismes extra-territoriaux
44	28	29	27	28	25	17	18	25	25	X	Ne pouvant être classés selon l'activité économique
										Répartition par secteurs	
229	215	227	222	225	214	215	202	218	195	Agriculture (A-B)	
6 568	6 362	5 936	5 954	6 059	6 095	6 207	6 141	6 130	6 044	Industrie (C-F)	
15 036	15 077	15 619	15 898	16 199	16 666	17 005	17 488	17 908	18 303	Services (G-Q)	
1.0	1.0	1.0	1.0	1.0	0.9	0.9	0.8	0.9	0.8	Agriculture (%)	
30.0	29.3	27.2	26.9	26.9	26.5	26.5	25.7	25.2	24.6	Industrie (%)	
68.7	69.5	71.6	71.9	72.0	72.5	72.5	73.3	73.8	74.5	Services (%)	
26.5	26.3	28.4	28.4	29.8	28.7	26.5	24.8	23.8	26.8	Part des femmes dans l'agriculture (%)	
26.0	26.3	25.5	25.4	25.1	24.1	23.6	23.6	22.7	22.3	Part des femmes dans l'industrie (%)	
57.4	57.7	57.1	56.7	56.8	56.7	56.3	56.3	55.9	56.1	Part des femmes dans les services (%)	

Avant 1992, estimations du mois de juin.

Statistiques de la Population Active
© 2002 OCDE

CANADA

I. Population

Coverage: Data refer to the resident population (*de jure*).

Calculation: Data refer to 1 June prior to 1993 and to 1 July from 1993. Population data from 1976, have been adjusted to the 1996 census.

II. Labour force

Collection: Data are compiled from the monthly Household Labour Force Survey.

Coverage: Data refer to the civilian non-institutional population aged 15 years and over. Persons living on Indian reserves, full-time members of the armed forces and people living in institutions are excluded. Persons living in the Yukon and the North West Territories are also excluded.

Calculation: Annual data are averages of monthly figures. Data collected from the Household Labour Force Survey are weighted to independently derived population estimates which are subject to revision following a census. The survey undergoes a redesign every 10 years following the decennial census. Data from 1976 have been revised in line with the 1996 Census.

Breaks: In January 1976 the following revisions to the labour force survey were implemented: sample increase, from 35 000 to approximately 56 000 households; update of the sample by redesign; introduction of new methodology and procedures at the level of stratification, sample allocation and formation of sampling units; improvement of data collection techniques, quality control and evaluation procedures.

Employment

Definition: Data refer to persons who did any work at all during the reference period, or had a job but were not at work due to illness, personal responsibilities, bad weather, labour dispute, vacations or any other reason, excluding persons laid off and persons whose job attachment was to a job with a definite start date in the future. Work includes any work for pay or profit, that is

CANADA

I. Population

Couverture : Les données se réfèrent à la population résidante (*de jure*).

Calcul : Les données se réfèrent au 1er juin avant 1993 et au 1er juillet depuis 1993. Les données de population, depuis 1976, ont été révisées selon les résultats du recensement de 1996.

II. Population active

Collecte : Les données proviennent de l'Enquête mensuelle sur la population active auprès des ménages.

Couverture : Les données se réfèrent à la population civile, âgée de 15 ans et plus, ne vivant pas en collectivité. Les habitants des réserves indiennes, les membres des forces armées et les personnes vivant en collectivité sont exclus. Les habitants du Territoire du Yukon et des Territoires du Nord-Ouest sont aussi exclus.

Calcul : Les données annuelles sont des moyennes des chiffres mensuels. Les données rassemblées par l'Enquête sur la population active auprès des ménages sont pondérées par des évaluations indépendantes de la population, soumises à des révisions après chaque recensement. L'enquête fait l'objet d'un remaniement tous les 10 ans, à la suite de chaque recensement décennal. Les données depuis 1976 ont été révisées selon les résultats du recensement de 1996.

Ruptures : En janvier 1976, les révisions suivantes ont été apportées à l'enquête sur la population active : augmentation de la taille de l'échantillon, de 35 000 à environ 56 000 ménages ; mise à jour de l'échantillon par nouvelle conceptualisation ; introduction de nouvelles méthodologies et procédures au niveau de la formation et de la stratification des échantillons ; amélioration des techniques de collecte de données, de la qualité des contrôles et des procédures d'évaluation.

Emploi

Définition : Les données se réfèrent aux personnes qui ont travaillé pendant la période de référence ou qui, bien que titulaires d'un emploi, n'étaient pas au travail du fait de maladie, de motifs personnels, de mauvaises conditions climatiques, d'un conflit du travail, de vacances ou de toute autre raison, à l'exclusion des personnes licenciées temporairement et des titulaires

Statistiques de la Population Active
© 2002
OCDE

paid work in the context of an employer/employee relationship, self-employment and unpaid family work.

Unemployment

Definition: Data refer to the number of persons who, during the reference week, were without work, had actively looked for work in the past 4 weeks, had not actively looked for work in the past 4 weeks but had been on lay off, had a new job to start in 4 weeks or less from the reference period, and were available for work. Full-time students seeking full-time work are excluded.

III. Professional status and breakdown by activities - ISIC Rev. 2

Collection: Data are compiled from the results of the monthly Household Labour Force Survey.

Breakdown by activities - ISIC Rev. 2

Coverage: The distribution of civilian employment by economic activities refers to the national industrial classification of 1970 for the years previous to 1984 and to the 1980 classification from 1984.

Breaks: Data broken down by activities (civilian employment and employees) have not been revised nor updated due to a change by the country from ISIC Rev. 2 to ISIC Rev. 3.

IV. Civilian employment and employees: breakdown by activities - ISIC Rev. 3

Collection: Data are compiled from the results of the monthly Household Labour Force Survey.

Source: Statistics Canada.

References:
1. *Canada Yearbook* (Statistics Canada).
2. *Canadian Statistical Review* (Statistics Canada, monthly/mensuel).
3. *The Labour Force* (Statistics Canada, monthly/mensuel).
4. *Statistical Summary* (Bank of Canada, monthly/mensuel).

d'un emploi devant débuter à une date déterminée dans le futur. Le travail comprend toute activité rémunérée ou lucrative, c'est-à-dire un travail salarié dans le contexte d'une relation employeur/employé, un travail indépendant ou un travail non rémunéré au profit d'un membre de la famille.

Chômage

Définition : Les données se réfèrent au nombre de personnes qui, au cours de la semaine de référence, étaient sans emploi, avaient entrepris au cours des 4 dernières semaines des démarches actives de recherche d'un emploi (sauf si elles étaient licenciées ou débutaient un nouvel emploi moins de 4 semaines après la période de référence) et qui étaient disponibles pour occuper un emploi. Les étudiants à plein temps qui cherchent un travail à plein temps sont exclus.

III. Situation dans la profession et répartition par activités - CITI Rév. 2

Collecte : Les données sont établies à partir des résultats de l'Enquête mensuelle sur la population active auprès des ménages.

Répartition par activités – CITI Rév. 2

Couverture : La répartition de l'emploi civil par activités économiques se réfère à la classification industrielle de 1970 pour les années antérieures à 1984 et à la classification de 1980 à partir de 1984.

Ruptures : Les données concernant la répartition par branches d'activités (emploi civil et salariés) n'ont pas été révisées ni mises à jour en raison du passage par le pays de la CITI Rév. 2 à la CITI Rév. 3.

IV. Emploi civil et salariés : répartition par activités - CITI Rév. 3

Collecte : Les données sont établies à partir des résultats de l'Enquête mensuelle sur la population active auprès des ménages.

MEXICO

I. Population

Coverage: Data refer to the resident population (*de jure*). Merchant seamen at sea and civilian aliens resident in the country are included. Diplomatic personnel located abroad, foreign armed forces stationed in the country, foreign diplomatic personnel located in the country and civilian aliens temporarily in the country are excluded.

Calculation: Data for 1990 and 1980 are census data. Data for other years are estimations based on the Household Labour Force Surveys of 1997, 1995, 1993 and 1991.

II. Labour force

Collection: Data are taken from the annual questionnaire sent out by the Directorate for Education, Employment, Labour and Social Affairs of the OECD and derived from the Household Labour Force Survey (Encuesta Nacional de Empleo ENE). The survey covers civilian population aged 12 years and over and does not collect information in collective households such as hospitals, jails and armed forces quarters.

Coverage: Data are derived from the Household Labour Force Survey but they refer only to the civilian population aged 15 years and over. Data include unpaid family workers (in 1993 there were 71 125 unpaid family workers).

Breaks: The Household Labour Force Survey was not conducted in 1994 nor in 1992. The data for those years are estimates based on surveys conducted in 1993 and 1991.

III. Professional status and breakdown by activities - ISIC Rev. 2

Collection: Data are compiled from the results of the annual Household Labour Force Survey.

IV. Civilian employment and employees: breakdown by activities - ISIC Rev. 3

Collection: Data are compiled from the results of the annual Household Labour Force Survey.

MEXIQUE

I. Population

Couverture : Les données se réfèrent à la population résidante (*de jure*). Les marins marchands en mer et les civils étrangers résidant dans le pays sont inclus. Le personnel diplomatique à l'étranger, les forces armées étrangères stationnées dans le pays, le personnel diplomatique étranger en poste dans le pays et les civils étrangers résidant temporairement dans le pays sont exclus.

Calcul : Les années 1990 et 1980 correspondent aux recensements de la population. Les données pour les autres années sont des estimations à partir de l'Enquête sur la population active auprès des ménages de 1997, 1995, 1993 et 1991.

II. Population active

Collecte : Les données sont tirées du questionnaire annuel de la Direction de l'éducation, de l'emploi, de la main d'œuvre et des affaires sociales de l'OCDE et dérivée de l'Enquête sur la population active auprès des ménages (Encuesta Nacional de Empleo ENE). L'enquête couvre la population civile âgée de 12 ans et plus et ne concerne pas les ménages collectifs comme les hôpitaux, les prisons et les casernes.

Couverture : Les données sont dérivées de l'Enquête sur la population active auprès des ménages mais elles se réfèrent uniquement à la population civile âgée de 15 ans et plus. Elles incluent les travailleurs familiaux non rémunérés (en 1993, il y avait 71 125 travailleurs familiaux non rémunérés).

Ruptures : L'Enquête sur la population active auprès des ménages n'a pas été conduite en 1994 en 1992. Les données de ces années sont des estimations basées sur les enquêtes conduites en 1993 et 1991.

III. Situation dans la profession et répartition par activités - CITI Rév. 2

Collecte : Les données proviennent des résultats de l'Enquête annuelle sur la population active auprès des ménages.

IV. Emploi civil et salariés : répartition par activités - CITI Rév. 3

Collecte : Les données proviennent des résultats de l'Enquête annuelle sur la population active auprès des ménages.

Source : Instituto Nacional de Estadistica, Geografía e Informática – INEGI.

References:
1. *Anuario Estadístico De Los Estados Unidos Mexicanos* (INEGI).
2. *Conte 95* (Estados Unidos Mexicanos, resultados preliminares, INEGI).

OCDE

UNITED STATES

I. Population

Coverage: Data refer to the resident population (*de jure*), including armed forces overseas.

Calculation: Data refer to 1 July. Data for 2001 refer to 2000 census. From 1980 to 2000 data are in line with the 1990 census results and from 1976 to 1979 with the 1980 census results.

Breaks: Data for 2001 are not directly comparable with those for previous years.

II. Labour force

Collection: Data are compiled from the monthly Current Population Survey. Each month about 60 000 households are interviewed for the Current Population Survey taken in the week including the 19th of the month in which the survey respondents are asked about their labour force status in the week including the 12th of the month.

Coverage: Data refer to the civilian non-institutional population aged 16 years and over.

Calculation: Annual data are averages of monthly figures.

Breaks: In 1997, 1998, 1999, and 2000, data are not strictly comparable with data for previous years due to the introduction of revised population controls. From 1998, data reflect the introduction of a new composite estimation procedure for the Current Population Survey. Data for 1994 are not directly comparable with those for previous years, due to a major redesign of the Current Population Survey questionnaire and of the collection methodology. The redesign of the questionnaire includes the introduction of interviews of dependents, information on prior job search and current availability resulting in a lower proportion of unemployed during a period shorter than 5 weeks and increase proportion of unemployed for a period of 15 weeks and over. Due to the introduction of the 1990 population census adjusted for an estimated population undercount, data from 1990 onwards are not directly comparable with those for previous years. Several modifications were brought to the estimation procedures in 1986, 1985, 1983, 1982, 1979, 1978 and 1974. In January 1967, the lower age limit for official statistics on the labour force, employment and unemployment was raised from 14 to 16 years of age. Definitional changes were also introduced at that time. Several modifications have been brought to include

ÉTATS-UNIS

I. Population

Couverture : Les données se réfèrent à la population résidante (*de jure*), incluant les forces armées stationnées outre-mer.

Calcul : Les données se réfèrent au 1er juillet. Les données de 2001 correspondent au recensement de 2000. De 1980 à 2000, les données sont ajustées sur les résultats du recensement de 1990 et de 1976 à 1979, sur les résultats du recensement de 1980.

Ruptures : Les données de 2001 ne sont pas directement comparables avec celles des années antérieures.

II. Population active

Collecte : Les données proviennent de l'Enquête mensuelle sur la population. Environ 60 000 ménages sont interrogés chaque mois pour l'Enquête sur la population effectuée au cours de la semaine incluant le 19ème jour du mois. Les personnes sont interrogées sur leur situation devant le travail pendant la semaine incluant le 12ème jour du mois.

Couverture : Les données se réfèrent à la population civile âgée de 16 ans et plus ne vivant pas en collectivité.

Calcul : Les données annuelles sont des moyennes des chiffres mensuels.

Ruptures : En 1997, 1998, 1999, et 2000, les données ne sont pas strictement comparables aux données des années précédentes à cause de l'introduction de révisions des contrôles de population. Les données à partir de 1998 tiennent compte de l'introduction d'une nouvelle procédure d'estimation pour l'Enquête sur la population (CPS). Les données de 1994 ne sont pas directement comparables avec celles des années antérieures, en raison d'une modification importante du questionnaire et de la méthode de collecte : mise en place d'entretiens avec les membres de la famille, collecte d'informations sur les recherches antérieures de travail et sur la disponibilité actuelle en particulier, ce qui s'est traduit par une diminution de la proportion des chômeurs à la recherche d'un emploi depuis moins de 5 semaines et une augmentation des chômeurs à la recherche d'un emploi depuis plus de 15 semaines. Les données de 1990 ne sont pas comparables avec celles des années antérieures en raison de l'introduction des résultats du recensement de 1990, ajustés pour compenser une précédente sous-évaluation de la population. Des modifications ont été apportées aux procédures d'estimation en 1986, 1985, 1983, 1982, 1979, 1978 et 1974. En janvier 1967, la limite d'âge inférieure pour les statistiques officielles sur la

increased populations from new States and areas (inclusion of Alaska, Hawaii in 1960) and regular adjustments have been made after each of the decennial censuses.

Employment

Definition: Data refer to all persons who, during the reference week, did any work (at least one hour) as paid employees, worked in their own business, profession or on their own farm or who worked 15 hours or more as unpaid workers in an enterprise operated by a member of the family. They also include all those who were not working but who had jobs or businesses from which they were temporarily absent because of vacation, illness, bad weather, maternity leave, labour-management dispute, job training or other family or personal reasons, whether or not they were paid for the time off. Total Labour Force data include armed forces overseas; they differ from the corresponding data of the tables Total Labour Force and Total Employment in Part I and also from those in the *Quarterly Labour Force Statistics*, where only domestic armed forces are included.

Unemployment

Definition: Data refer to all persons who had no employment during the reference week, were available for work, except for temporary illness, and had made specific efforts to find employment some time during the four-week-period ending with the reference week. Persons who were waiting to be recalled to a job from which they had been laid off need not have been looking for work to be classified as unemployed.

III. Professional status and breakdown by activities - ISIC Rev. 2

Coverage: Data cover all activities and all types of workers and are compiled from the Current Population Survey.

population active, l'emploi et le chômage a été élevée de 14 à 16 ans. Des changements de définition ont été également mis en place à ce moment-là. Plusieurs modifications ont été apportées pour inclure l'accroissement de population dû aux nouveaux états (Alaska et Hawaii en 1960) et des ajustements réguliers sont effectués après chaque recensement décennal.

Emploi

Définition : Les données se réfèrent à l'ensemble des personnes qui ont effectué un travail quelconque (pendant au moins une heure) en tant que salariés, travailleurs indépendants, membres de professions libérales, exploitants agricoles ou qui ont effectué au moins 15 heures de travail non rémunérées dans une entreprise dirigée par un membre de leur famille. Elles incluent aussi les titulaires d'un emploi ou d'une activité, temporairement absents du fait de congés payés, de maladie, de mauvaises conditions climatiques, de congé de maternité, de conflit social, de stage de formation ou d'autres raisons familiales ou personnelles, que cette absence soit rémunérée ou non. Les données de la Population active totale incluent les forces armées stationnées à l'étranger; elles diffèrent de celles publiées dans les tableaux Population active totale et Emploi total de la partie I ainsi que des Statistiques trimestrielles de la population active, qui ne comprennent que les forces armées domiciliées dans le pays.

Chômage

Définition : Les données se réfèrent à l'ensemble des personnes qui se trouvaient sans emploi au cours de la période de référence, qui désiraient travailler, sauf incapacité temporaire due à la maladie et qui avaient déployé des efforts spécifiques de recherche d'un emploi au cours de la période de quatre semaines s'achevant par la période de référence. Les personnes mises à pied attendant de retrouver leur emploi sont classées parmi les chômeurs sans avoir à rechercher un emploi.

III. Situation dans la profession et répartition par activités - CITI Rév. 2

Couverture : Les données comprennent toutes les activités et tous les types de salariés et proviennent de l'Enquête sur la population.

Source: US Department of Labor Statistics, Bureau of Labour Statistics (BLS).

References:
1. *Statistical Abstract Of The United States* (US Department of Commerce, Bureau of the Census).
2. *Current Population Reports* (US Department of Commerce, Bureau of the Census, monthly/mensuel).
3. *Survey Of Current Business* (US Department of Commerce, Bureau of Economic Analysis, monthly/mensuel).
4. *Monthly Labor Review* (BLS).
5. *Employment And Earnings* (BLS, monthly/mensuel).
6. *Employment And Training Report Of The President.*

Statistiques de la Population Active
© 2002
OCDE

AUSTRALIA

I. Population

Coverage: Data refer to the resident population (*de jure*), excluding national defence forces stationed abroad.

Calculation: Data are official estimates at 30 June and at end-of-year.

Breaks: A new definition of population was adopted for the 1981 Census. Population is defined as the number of people who usually reside in Australia, that is 'Australian residents'. Prior to this the population had been defined as the number of people actually present at a given time (at the census). This meant the number of people actually counted and included foreign tourists but excluded Australians abroad. Population estimates based on this new concept were constructed back to 1971. Therefore, the distribution of the population by age and gender presents a break between 1970 and 1971.

II. Labour force

Collection: Data are compiled from the results of the monthly Household Labour Force Survey which covers the civilian population. The survey covers about 0.5% of the population of Australia and is carried out during the week beginning on the Monday between the 6th and the 12th of each month (information relates to the week before the interviews). Data are collected by personal interviews of persons in selected private and non-private dwellings as identified through the five yearly Population Census. Armed forces data for 2001 are sourced from Department of Defence, June Qtr, 2001.

Coverage: Data refer all persons aged 15 years and over. Members of defence forces, certain diplomatic personnel of overseas governments, overseas residents in Australia, members of non-Australian defence forces and their dependants stationed in Australia, are excluded.

Calculation: Annual data refer to the month of August. Survey estimates are revised after each Census of population and housing, and when population estimation bases are reviewed.

Breaks: From 1986, employment data include unpaid family workers having worked less than 15 hours in a family business or on a farm. Previously, such persons who worked 1 to 14 hours or who had such a job but were not at work, were defined as either unemployed or

AUSTRALIE

I. Population

Couverture : Les données se réfèrent à la population résidante (*de jure*), non compris les forces de défense stationnées hors du pays.

Calcul : Les données sont des estimations officielles au 30 juin et en fin d'année.

Ruptures : Pour le recensement de 1981, une nouvelle définition de la population a été adoptée. La population est définie comme le nombre de personnes qui résident habituellement en Australie c'est à dire les "résidants australiens". Auparavant, la population se définissait comme le nombre de personnes effectivement présentes à une date donnée c'est-à-dire que le recensement comptabilisait alors les touristes étrangers et omettait les Australiens à l'étranger. Les estimations de la population basées sur ce nouveau concept ont donné lieu à des révisions des données depuis 1971. La répartition de la population par âge et par sexe présente donc une rupture entre 1970 et 1971.

II. Population active

Collecte : Les données sont établies à partir des résultats de l'Enquête mensuelle sur la population active auprès des ménages pour la population civile. L'enquête couvre près de 0.5% de la population australienne et est menée au cours de la semaine commençant le lundi entre le 6 et le 12 de chaque mois (l'information porte sur la semaine précédant les entretiens). Les données sont recueillies par le biais d'entretiens auprès de personnes occupant une sélection de logements privés et collectifs tels que les identifie le recensement démographique quinquennal. En 2001, les données concernant les forces armées proviennent du Département de la défense (2 ème trimestre 2001).

Couverture : Les données se réfèrent aux personnes de 15 ans et plus. Les membres des forces armées, certains personnels diplomatiques d'États étrangers, les résidents étrangers séjournant en Australie et les membres des forces armées étrangères stationnées en Australie ainsi que leur famille sont exclus du champ de l'enquête.

Calcul : Les données annuelles se réfèrent au mois d'août. Les estimations tirées des enquêtes sont révisées après chaque Recensement de la population et de l'habitat ainsi qu'à chaque changement de méthode d'estimation.

Ruptures : Depuis 1986, les données de l'emploi incluent les travailleurs familiaux non rémunérés ayant travaillé moins de 15 heures dans une entreprise familiale ou une ferme. Auparavant, ces personnes ayant travaillé de 1 à 14 heures étaient considérées

not in the labour force, depending on whether they were actively looking for work. Since February 1978 the surveys have been conducted on a monthly basis. Until February 1964, the surveys were confined to State capital cities after which time they were expanded to cover the whole of Australia. The first quarterly population survey was carried out in February 1964.

Employment

Definition: Data refer to the number of persons who, during the reference week, worked for one hour or more for pay, profit, commission or payment in kind in a job or business, or on a farm; or worked for one hour or more without pay in a family business or farm, or as own account workers; or were employees who had a job but were not at work, on strike or locked out, or in full-time study.

Unemployment

Definition: Data refer to persons who were not employed during the reference week and had actively looked for full-time or part-time work at any time in the 4 weeks up to the end of the reference week and who were available for work in the reference week, or were waiting to start a new job within 4 weeks from the end of the reference week, were waiting to be called back to a full-time or part-time job from which they had been stood down without pay for less than 4 weeks up to the end of the reference week. Students actively seeking full or part-time work are included.

III. Professional status and breakdown by activities - ISIC Rev. 2

Professional Status

Collection: Data are compiled from the results of the monthly Household Labour Force Survey.

Calculation: Annual data refer to the month of August.

comme chômeuses ou bien comme ne faisant pas partie de la population active selon qu'elles étaient ou non activement à la recherche d'un travail. Depuis février 1978, les enquêtes sont menées sur une base mensuelle. Les enquêtes ne concernaient que les capitales des États jusqu'en février 1964, date où la couverture des enquêtes fut étendue à l'ensemble de l'Australie. La première enquête trimestrielle sur la population a eu lieu en février 1964.

Emploi

Définition : Les données se réfèrent au nombre de personnes qui, au cours de la semaine de référence, ont travaillé pendant au moins une heure en vue d'une rétribution, d'un bénéfice, d'une commission ou d'un paiement en nature dans une entreprise, une exploitation agricole, ou ont travaillé pendant au moins une heure sans rétribution dans une entreprise ou une ferme familiale ou en tant que travailleur indépendant ainsi que celles qui ont un emploi mais n'étaient pas au travail, en grève, en situation de grève patronale ou en formation à plein temps.

Chômage

Définition : Les données se réfèrent aux personnes qui n'ont pas travaillé au cours de la semaine de référence et qui ont cherché activement un emploi à temps complet ou à temps partiel à un moment quelconque au cours des 4 semaines s'achevant par la semaine de référence, qui étaient disponibles pour prendre un emploi au cours de la semaine de référence ou qui devaient débuter dans un nouvel emploi dans les 4 semaines suivant la fin de la semaine de référence, ou qui attendaient d'être appelées pour un emploi à plein temps ou à temps partiel pour lequel elles ont démissionné sans compensation au moins 4 semaines avant la fin de la semaine de référence. Les étudiants qui cherchent activement un emploi à temps complet ou à temps partiel sont inclus.

III. Situation dans la profession et répartition par activités - CITI Rév. 2

Situation dans la profession

Collecte : Les données sont établies à partir des résultats de l'Enquête mensuelle sur la population active auprès des ménages.

Calcul : Les données annuelles se réfèrent au mois d'août.

Statistiques de la Population Active
© 2002
OCDE

Breakdown by activities - ISIC Rev. 2

Collection : Data are compiled from the results of the monthly Household Labour Force Survey but data for employed persons in industry are available for February, May, August and November only.

Calculation: Annual data refer to the month of August.

IV. Civilian employment and employees: breakdown by activities - ISIC Rev. 3

Collection: Data are compiled from the results of the monthly Household Labour Force Survey.

Calculation: Annual data refer to the month of August.

Source: Australian Bureau of Statistics (ABS)

References:
1. *Yearbook Australia* (ABS).
2. *Labour Report* and monthly supplements (ABS).
3. *Quarterly Summary Of Australian Statistics* (ABS).
4. *Australian Economic Indicators (ABS, monthly/mensuel)* .

Répartition par activités – CITI Rév. 2

Collecte : Les données proviennent des résultats de l'Enquête mensuelle sur la population active auprès des ménages mais la distribution de l'emploi civil dans l'industrie est disponible seulement pour les mois de février, mai, août et novembre.

Calcul : Les données annuelles se réfèrent au mois d'août.

IV. Emploi civil et salariés : répartition par activités - CITI Rév. 3

Collecte : Les données proviennent des résultats de l'Enquête mensuelle sur la population active auprès des ménages.

Calcul : Les données annuelles se réfèrent au mois d'août.

JAPAN

I. Population

Collection: Data are compiled from the monthly Household Labour Force Survey, using census results as benchmarks. The latest census was conducted in 2000.

Coverage: Data refer to the resident population (*de jure*), excluding foreign diplomatic corps and foreign military personnel and their dependants. Data include the Okinawa prefecture (Ryu-Kyu islands) which was returned to Japan in 1972, increasing the total population figures by about 990 000 persons.

Calculation: Data refer to 1 October of each year and in Part II are non-adjusted between censuses. Total population data shown in the first part of this publication are adjusted between two censuses.

II. Labour force

Collection: Data are compiled from the monthly Household Labour Force Survey. The reference period is one week ending on the last day of each month, except December for which it is one week from 20 to 26. The survey covers a sample of 40 000 households. In February of each year, the Special Survey of the Labour Force Survey is conducted to investigate in detail the labour force.

Coverage: Data refer to persons aged 15 years and over. From 1972 data include the Okinawa prefecture (Ryu-Kyu islands) increasing the labour force by 370 000. The national defence forces and inmates of reformatory institutions are separately enumerated and included in the results. Full and part-time workers seeking other work during the reference week and students working full or part-time are also included. National self-defence forces are included in Employees.

Calculation: Annual data are averages of monthly figures.

Breaks: In 1967 the "household interview" method was replaced by the "filled-up-by-household" method and the survey questionnaire was revised accordingly.

JAPON

I. Population

Collecte : Les données proviennent de l'Enquête mensuelle sur la population active auprès des ménages, calée sur les résultats des recensements. Le dernier recensement date de 2000.

Couverture : Les données se réfèrent à la population résidante (*de jure*). Les forces armées étrangères stationnées dans le pays, le personnel diplomatique étranger en poste dans le pays ainsi que les personnes à leur charge sont exclues. Les données incluent la préfecture d'Okinawa (îles Ryu-Kyu) qui a été rendue au Japon en 1972 ; par conséquent, les données de la population totale ont augmenté de 990 000 personnes.

Calcul : Les données se réfèrent au 1er octobre de chaque année et dans la partie II ne sont pas ajustées entre deux recensements. Les données de population totale publiées dans la première partie de cet ouvrage correspondent aux données ajustées entre deux recensements.

II. Population active

Collecte : Les données proviennent de l'Enquête mensuelle sur la population active auprès des ménages. La période de référence est la semaine se terminant le dernier jour de chaque mois, excepté pour décembre où c'est la semaine du 20 à 26. L'enquête est effectuée auprès d'un échantillon de 40 000 ménages. En février de chaque année, l'Enquête supplémentaire sur la population active est conduite afin d'examiner en détail la population active.

Couverture : Les données concernent les personnes de 15 ans et plus. Depuis 1972, les données incluent la préfecture d'Okinawa (îles Ryu-Kyu), ce qui a augmenté la population active de 370 000 personnes. Les membres des forces armées et les pensionnaires d'institutions d'éducation surveillée font l'objet d'un recensement particulier et sont inclus dans les résultats. Les travailleurs à temps complet et à temps partiel recherchant un autre travail durant la semaine de référence et les étudiants occupant un emploi à temps complet ou à temps partiel sont également inclus. Les forces nationales d'autodéfense sont incluses dans Salariés.

Calcul : Les données annuelles sont des moyennes des chiffres mensuels.

Ruptures : En 1967, la méthode "d'entretien du ménage" a été remplacée par la méthode "rempli par le ménage" et le questionnaire d'enquête a été révisé en conséquence.

Statistiques de la Population Active
© 2002

OCDE

Employment

Definition: Data refer to employed persons at work who worked for pay or profit for at least one hour during the reference week, family workers who worked at least one hour during the reference week and employed persons with a job but not at work.

Unemployment

Definition: Data refer to the number of persons who, during the reference week, were without work, had actively looked for work or were waiting for the results of past job search activity, had a new job to start on a date subsequent to the reference week (with no time limit specified), and were available for work. Seasonal workers are excluded.

III. Professional status and breakdown by activities - ISIC Rev. 2

Coverage: Data are compiled from the monthly Household Labour Force Survey.

Source: Ministry of Labour.

References:
1. *Japan Statistical Yearbook* (Statistics Bureau, Management and Co-ordination Agency (MCA)).
2. *Yearbook Of Labour Statistics* (Policy Planning and Research Department, Ministry of Labour).
3. *Monthly Report On The Labour Force Survey* (Statistics Bureau, MCA, monthly/mensuel).

Emploi

Définition : Les données concernent les personnes titulaires d'un emploi et ayant exercé une activité rémunérée ou lucrative pendant au moins une heure au cours de la semaine de référence, les personnes employées dans une entreprise dirigée par un membre de leur famille ayant travaillé au moins une heure au cours de la semaine de référence et les personnes titulaires d'un emploi mais n'ayant pas travaillé effectivement.

Chômage

Définition : Les données se réfèrent au nombre de personnes qui, au cours de la semaine de référence, étaient sans emploi, avaient entrepris des démarches actives de recherche d'un emploi ou attendaient les réponses aux recherches d'emploi passées, devaient débuter un nouvel emploi à une date ultérieure à la période de référence (sans indication de date limite) et étaient disponibles pour occuper un emploi. Les travailleurs saisonniers sont exclus.

III. Situation dans la profession et répartition par activités - CITI Rév. 2

Couverture : Les données proviennent de l'Enquête mensuelle sur la population active auprès des ménages.

KOREA

I. Population

Collection: Data have been provided directly by National Statistical Office with additional data from Major Statistics of the Korean Economy. Data are based on population censuses and vital statistics.

Coverage: Data refer to the population present in the area *(de facto)*. Data covers all persons, both Korean and foreigners who live under Korea administration. It includes institutional people like prisoners.

Calculation: Data are mid-year estimates. They are calculated as geometric average over official estimates at 31 December for two consecutive years.

II. Labour force

Collection: Data are collected from the monthly Household Labour Force Survey, conducted by the National Statistical Office. Participation is compulsory. The sample size is about 30 000 households.

Coverage: Data refer to all persons aged 15 years and over. All households of the territory of the Republic of Korea are covered. Unpaid family workers who worked less than 18 hours are either considered as unemployed or not in the labour force, depending on their responses to the survey. The armed forces, auxiliary police, defence corps, the institutional population (religious communities, prisoners etc.), the population on islands and foreigners are excluded.

Calculation: Annual data are averages of monthly figures.

Breaks: In 1998 the definition of unemployment changed. In July 1988, the sample size of the survey was expanded from 17 500 households to 32 500 households. In January 1987 the lower age limit of the survey was raised from 14 to 15 years. In June 1983, the questionnaire was revised to introduce several new questions in order to capture underemployment and under-utilisation of manpower. The periodicity became monthly in July 1982. The quarterly survey was first conducted in August 1963.

Employment

Definition: Data refer to all persons who during the reference week were working for a paid job for at least one hour, without pay in a family business for 18 hours or more, and persons who did not work during the

CORÉE

I. Population

Collecte : Les données ont été directement fournies par le Bureau national de statistique, avec des données supplémentaires issues de la publication *Major Statistics of the Korean Economy*. Les données proviennent des recensements de la population et des statistiques de l'état-civil.

Couverture : Les données correspondent à la population présente *(de facto)*. Les données couvrent toutes les personnes, Coréens et étrangers qui vivent sous administration de la Corée. Elles incluent les personnes vivant en institutions comme les prisonniers.

Calcul : Les données sont des estimations en milieu d'année. Elles sont calculées comme moyenne géométrique des estimations officielles au 31 décembre pour deux années consécutives.

II. Population active

Collecte : Les données proviennent de l'Enquête mensuelle sur la population active auprès des ménages, conduite par le Bureau national de statistique. La participation est obligatoire. L'échantillon comprend environ 30 000 ménages.

Couverture : Les données se réfèrent aux personnes de 15 ans et plus. Tous les foyers du territoire de la République de Corée sont couverts. Les travailleurs familiaux non rémunérés qui travaillent moins de 18 heures sont considérés comme chômeurs ou bien sont exclus de la population active, selon leurs réponses au cours de l'enquête. Les membres des forces armées, les policiers auxiliaires, les corps de sécurité, la population institutionnelle (communautés religieuses, prisonniers, etc.), la population insulaire et les étrangers sont exclus.

Calcul : Les données annuelles sont des moyennes des chiffres mensuels.

Ruptures : En 1998, la définition du chômage a changé. En juillet 1988, la taille de l'échantillon de l'enquête est passée de 17 500 à 32 500 ménages. En janvier 1987, la limite d'âge inférieure de l'enquête est passée de 14 à 15 ans. En juin 1983, le questionnaire a été révisé pour introduire de nouvelles questions pour prendre en compte le sous-emploi et la sous-utilisation de la main d'œuvre. En juillet 1982, la périodicité de l'enquête est devenue mensuelle. L'enquête trimestrielle a commencé en août 1963.

Emploi

Définition : Les données se réfèrent à l'ensemble des personnes qui, pendant la semaine de référence, ont travaillé au moins une heure contre rémunération ou au moins 18 heures sans être rémunérées dans une

Statistiques de la Population Active
© 2002
OCDE

reference week, but held a job or owned a business from which they were temporarily absent during the reference week.

Unemployment

Definition: Unemployed persons are those who during the reference week did not work but were actively looking for work and were available for work. Unemployed persons also include those who did not look for work on account of bad weather, temporary illness, or arrangements to start a new job within a month subsequent to the reference week.

III. Professional status and breakdown by activities - ISIC Rev. 2

Collection: Data are compiled from the results of the monthly Household Labour Force Survey.

IV. Civilian employment and employees: breakdown by activities - ISIC Rev. 3

Collection: Data are compiled from the results of the monthly Household Labour Force Survey.

Source : National Statistical Office.

References:

1. *The Korean Population Project* (National Statistical Office)
2. *Annual Report On The Economically Active Population Survey* (National Statistical Office)
3. *Major Statistics of the Korean Economy* (National Statistical Office)
4. *Survey Report On Establishment Labour Conditions* (Ministry of Labour).

entreprise familiale et les personnes qui avaient un emploi ou possédaient une entreprise mais qui n'ont pas travaillé durant la semaine de référence pour cause d'absence temporaire.

Chômage

Définition : Les chômeurs sont les personnes qui, pendant la semaine de référence, n'ont pas travaillé mais ont activement recherché un emploi et étaient disponibles pour travailler. Les chômeurs comprennent également les personnes qui n'ont pas cherché de travail pour cause de mauvais temps, de maladie de courte durée, ou parce qu'elles devaient occuper un nouvel emploi dans le mois suivant la semaine de référence.

III. Situation dans la profession et répartition par activités - CITI Rév. 2

Collecte : Les données sont établies à partir des résultats de l'Enquête mensuelle sur la population active auprès des ménages.

IV. Emploi civil et salariés : répartition par activités - CITI Rév. 3

Collecte : Les données sont établies à partir des résultats de l'Enquête mensuelle sur la population active auprès des ménages.

NEW ZEALAND

I. Population

Coverage: The resident population concept was adopted for all population estimates since 1991.0.

Calculation: Data are estimated in line with the latest census results. From 1991, data represent resident population at 30 June each year. Prior to 1991 data are yearly averages.

II. Labour force

Collection: Data are compiled from the results of the quarterly Household Labour Force Survey and are obtained from 15 000 private dwellings (approximately 30 000 individuals) in each quarter. From 1995Q2, residents in non-private households are excluded from sample, but not from scope.

Coverage: Data cover the usually resident, civilian, non-institutional population of New Zealand, aged 15 and over. People living on off-shore islands (except for Waiheke Island) are excluded from the survey sample.

Calculation: Annual data are averages of quarterly figures.

Breaks : In 1991Q3 the survey became quarterly again but the sample was not modified. During the period 1990Q2-1991Q2 the sample was much enlarged and the survey became monthly. In 1990Q2, a new questionnaire was introduced where the structure and order of some questions differs to pre-June 1990. The quarterly Household Labour Force Survey started in October 1985. Prior to 1986, unemployment data referred to registered unemployed collected by the Ministry of Labour.

Employment

Definition: Data refer to persons who, during the reference week worked for one hour or more for pay or profit in the context of an employee/employer relationship or self-employment, worked without pay for one hour or more in work which contributed directly to the operation of a farm, business or professional practice owned or operated by a relative, had a job but were not at work due to own illness or injury, personal or family responsibilities, bad weather or mechanical breakdown, direct involvement in an industrial dispute, leave or holiday.

NOUVELLE-ZÉLANDE

I. Population

Couverture : Le concept de population résidante a été adopté pour toutes les séries de population depuis 1991.

Calcul : Les données sont ajustées sur les résultats du recensement général de la population le plus récent. A partir de 1991, les données représentent la population résidante au 30 juin de chaque année. Avant 1991, ce sont des moyennes annuelles.

II. Population active

Collecte : Les données proviennent des résultats de l'Enquête trimestrielle sur la population active auprès des ménages réalisée auprès de 15 000 ménages (environ 30 000 personnes) chaque trimestre. A partir de 1995T2, les résidants dans les ménages non-privés sont exclus de l'échantillon, mais pas du champ de l'enquête.

Couverture : Les données couvrent la population civile de Nouvelle-Zélande âgée de 15 ans et plus composée des résidents habituels à l'exclusion des personnes vivant en collectivité ou sur les îles «offshore» (exceptée l'île de Waiheke).

Calcul : Les données annuelles sont des moyennes des chiffres trimestriels.

Ruptures : Depuis 1991T3, l'enquête est redevenue trimestrielle et l'échantillon n'a pas été modifié. De 1990T2 à 1991T2, l'échantillon avait été beaucoup élargi et l'enquête était devenue mensuelle. En 1990T2, un nouveau questionnaire qui différait par la structure et l'ordre de certaines questions du précédent, avait été mis en place. L'Enquête trimestrielle sur la population active auprès des ménages a débuté en octobre 1985. Avant 1986, les données du chômage se référaient aux chômeurs inscrits et elles étaient collectées par le Ministère du travail.

Emploi

Définition : Les données se réfèrent aux personnes qui au cours de la période de référence ont travaillé pendant au moins une heure contre une rémunération ou un bénéfice dans le cadre d'une relation employé/employeur ou à leur compte, ont effectué pendant au moins une heure un travail contribuant directement à l'activité d'une exploitation agricole, d'une entreprise ou d'une profession libérale détenue ou gérée par un membre de leur famille, étaient titulaires d'un emploi mais temporairement absentes du fait de maladie ou accident corporel, d'obligations personnelles ou familiales, de mauvaises conditions climatiques ou de panne mécanique, de participation directe à un conflit du travail, de congé payé ou de vacances.

Statistiques de la Population Active
© 2002

OCDE

Unemployment

Definition: Data refer to all persons of working age who during the reference week were without a paid job, were available for work and had actively looked for work in the past four weeks ending with the reference week or had a new job to start within four weeks. Persons whose only job search method in the previous four weeks has been to look at job advertisements in the newspapers are not considered to be actively seeking work.

III. Professional status and breakdown by activities - ISIC Rev. 2

Collection: Data are compiled from the results of the quarterly Household Labour Force Survey

Breaks: Data broken down by activities (civilian employment and employees) have not been revised nor updated due to a change by the country from ISIC Rev. 2 to ISIC Rev. 3.

IV. Civilian employment and employees: breakdown by activities - ISIC Rev. 3

Collection: Data are compiled from the results of the quarterly Household Labour Force Survey.

Source: Statistics New Zealand.

References:
1. *New Zealand Official Yearbook* (Statistics New Zealand)
2. *Key Statistics* (Statistics New Zealand, monthly/mensuel)
3. *Labour and Employment Gazette* (Department of Labour, quarterly/trimestriel).

Chômage

Définition : Les données se réfèrent aux personnes qui au cours de la période de référence étaient sans emploi rémunéré, étaient disponibles pour prendre un emploi et avaient recherché activement un emploi durant les quatre semaines se terminant par la semaine de référence ou avaient trouvé un emploi dans lequel elles débutaient dans les quatre semaines suivantes. Les personnes dont la seule méthode de recherche d'emploi durant les quatre semaines précédentes a été de consulter les annonces dans les journaux, ne sont pas considérées comme ayant activement recherché un emploi.

III. Situation dans la profession et répartition par activités - CITI Rév. 2

Collecte : Les données proviennent des résultats de l'Enquête trimestrielle sur la population active auprès des ménages.

Ruptures : Les données concernant la répartition par branches d'activités (emploi civil et salariés) n'ont pas été révisées ni mises à jour en raison du passage par le pays de la CITI Rév. 2 à la CITI Rév. 3.

IV. Emploi civil et salariés : répartition par activités - CITI Rév. 3

Collecte : Les données proviennent des résultats de l'Enquête trimestrielle sur la population active auprès des ménages.

AUSTRIA

I. Population

Coverage: Data refer to the resident population (*de jure*).

Calculation: Data are mid-year estimates obtained by averaging official estimates at 31 December for two consecutive years.

II. Labour force

Collection: Data are compiled from the results of the quarterly Labour Force Survey (Mikrozensus).

Coverage: Data refer to all persons aged 15 years and over.

Calculation: Annual data are averages of quarterly figures.

Breaks: Employment data from 1994 are compatible with ILO guidelines and the time criterion applied to classify persons as employed is reduced to 1 hour. In 1987, a change occurred in the definition of the unemployed where non-registered jobseekers were classified as unemployed if they had been seeking work in the last four weeks and if they were available for work within four weeks. In previous surveys, the unemployment concept excluded most unemployed persons not previously employed and most persons re-entering the labour market. In 1984, the sample was revised and a change occurred in the classification of women on maternity leave: they were classified as unemployed before 1984 and as employed thereafter. In 1982, re-weighting of the sample was made, due to an underestimation of persons aged 15 to 29 years. In 1974, a new sample design was adopted and the time criterion applied to classify persons as employed was reduced from 14 hours to 13 hours.

Employment

Definition: Employment refers to are all persons who worked for pay or profit for at least one hour or more during the survey week. Data include persons who had a job but were not at work due to illness or injury, vacation or leave, maternity or parental leave, educational leave, bad weather, labour-management dispute or mechanical breakdown. Members of the armed forces (including conscripts) as well as persons doing civilian service equivalent to military service are

AUTRICHE

I. Population

Couverture : Les données se réfèrent à la population résidante (*de jure*).

Calcul : Les données sont des estimations en milieu d'année obtenues en faisant la moyenne des estimations officielles au 31 décembre de deux années consécutives.

II. Population active

Collecte : Les données sont établies à partir des résultats de l'Enquête trimestrielle sur la population active (Mikrozensus).

Couverture: Les données se réfèrent à l'ensemble des personnes de 15 ans et plus.

Calcul : Les données annuelles sont des moyennes des données trimestrielles.

Ruptures : Les données de l'emploi depuis 1994 sont compatibles avec les recommandations du BIT et le critère de temps utilisé pour classer les personnes comme étant employé est passé à 1heure. En 1987, un changement est intervenu dans la définition du chômage : les personnes à la recherche d'un emploi mais non inscrites sont depuis lors considérées comme chômeuses si elles étaient à la recherche d'un emploi durant les quatre semaines précédentes et disponibles pour travailler dans les quatre semaines suivantes. Dans les enquêtes précédentes, le concept du chômage excluait la plupart des personnes effectivement au chômage qui n'avaient jamais exercé un emploi auparavant ainsi que la plupart des personnes réintégrant le marché du travail. En 1984, l'échantillon a été révisé et la classification des femmes en congé de maternité a été modifiée : elles sont considérées comme chômeuses avant 1984 et comme employées après 1984. En 1982, une nouvelle pondération a été introduite en raison d'une sous estimation des personnes âgées de 15 à 29 ans. En 1974, une nouvelle structure de l'enquête a été adoptée, le critère de temps utilisé pour classer les personnes comme étant employé est passé de 14 à 13 heures.

Emploi

Définition : L'emploi total comprend l'ensemble des personnes qui ont perçu un salaire ou une rémunération pour un travail d'au moins une heure durant la semaine de l'enquête. Les données incluent les personnes qui avaient un travail mais qui étaient absentes pour cause de maladie ou d'accident, vacances ou congés, congés de maternité, congé parental, congé de formation, mauvais temps, grève patronale ou chômage technique, mais aussi les membres des forces armées (y compris

Statistiques de la Population Active
© 2002
OCDE

included. Students working full or part-time, paid and unpaid apprentices and trainees, paid and unpaid family workers are also included.

les appelés) ainsi que les personnes effectuant un service civil équivalent au service militaire. Les étudiants travaillant à temps plein ou à temps partiel, les apprentis et stagiaires rémunérés ou non, les travailleurs familiaux rémunérés ou non, sont également compris.

Unemployment

Definition: Data refer to the number of persons who, during the reference week, were without work, had actively looked for work in the past four weeks, and were available for work within 2 weeks.

Chômage

Définition : Les données se réfèrent au nombre de personnes qui, au cours de la semaine de référence, étaient sans emploi, avaient entrepris au cours des 4 dernières semaines des démarches actives de recherche d'un emploi et qui étaient disponibles pour occuper un emploi dans les 2 semaines.

III. Professional status and breakdown by activities - ISIC Rev. 2

Collection: Data are compiled from the results of the quarterly Labour Force Survey (Mikrozensus).

Coverage: Prior to 1994, armed forces are included in services.

Breaks: Data broken down by activities (civilian employment and employees) have not been revised nor updated due to a change by the country from ISIC Rev. 2 to ISIC Rev. 3.

III. Situation dans la profession et répartition par activités - CITI Rév. 2

Collecte : Les données sont établies à partir des résultats de l'Enquête trimestrielle sur la population active (Mikrozensus).

Couverture : Avant 1994, les forces armées sont inclues dans les services.

Ruptures : Les données concernant la répartition par branches d'activités (emploi civil et salariés) n'ont pas été révisées ni mises à jour en raison du passage par le pays de la CITI Rév. 2 à la CITI Rév. 3.

IV. Civilian employment and employees: breakdown by activities - ISIC Rev. 3

Collection: Data are compiled from the results of the quarterly Labour Force Survey (Mikrozensus).

IV. Emploi civil et salariés : répartition par activités - CITI Rév. 3

Collecte : Les données sont établies à partir des résultats de l'Enquête trimestrielle sur la population active (Mikrozensus).

Source: Austrian Central Statistical Office.

References:
1. *Statistisches Jahrbuch für die Republik Österreich* (Osterreichisches Statistisches Zentralamt).
2. *Statistische Nachrichten* (Österreichisches Statistisches Zentralamt, monthly/mensuel).
3. *Monatsberichte* (Österreichisches Institut für Wirtschaftsforschung, monthly/mensuel).

BELGIUM

I. Population

Coverage: Data refer to the resident population (*de jure*).

Calculation: Data are mid-year estimates obtained by averaging official estimates at 31 December for two consecutive years.

II. Labour force

Unemployment

Definition : Data refer to the number of unemployed persons who are registered as job applicants at the agencies of the ONEM (national employment office). They include jobless people receiving unemployment benefits, other unemployed people applying for work and registered on a compulsory basis and persons unemployed registered on a voluntary basis.

Collection: Data are compiled from social insurance statistics.

Calculation: Data refer to the month of June.

III. Professional status and breakdown by activities - ISIC Rev. 2

Calculation: Data are compiled from social insurance statistics. Foreign commuters are included in ISIC Division: 0.

Source : Ministère de l'emploi et du travail.

References:
1. *Annuaire statistique de la Belgique* (Institut national de statistique, Ministère des affaires économiques).
2. *Bulletin de statistique* (Institut national de statistique, Ministère des affaires économiques, monthly/mensuel).
3. *Revue du travail* (Ministère de l'emploi et du travail, monthly/mensuel).

BELGIQUE

I. Population

Couverture : Les données se réfèrent à la population résidante (*de jure*).

Calcul : Les données sont des estimations en milieu d'année obtenues en faisant la moyenne des estimations officielles au 31 décembre de deux années consécutives.

II. Population active

Chômage

Définition : Les données se réfèrent au nombre de chômeurs inscrits comme demandeurs d'emploi dans les offices nationaux de l'emploi (ONEM). Elles incluent les personnes sans emploi percevant des allocations de chômage, les autres chômeurs demandeurs d'emploi soumis à une inscription obligatoire et les chômeurs qui se sont inscrits volontairement.

Collecte : Les données proviennent des statistiques des assurances sociales.

Calcul : Les données se réfèrent au mois de juin.

III. Situation dans la profession et répartition par activités - CITI Rév. 2

Calcul : Les données proviennent des statistiques des assurances sociales. Les frontaliers figurent dans la Branche 0 de la CITI.

CZECH REPUBLIC

I. Population

Coverage: Data refer to the resident population (*de jure*).

Calculation: Data are mid-year estimates.

II. Labour force

Collection: Data are compiled from the quarterly Household Labour Force Survey covering approximately 27 000 dwellings (0.7% of all occupied dwellings) and 59 000 persons. The survey covers all persons living in the selected dwellings continuously for at least 3 months.

Coverage: Data refer to all persons aged 15 years and over. Persons living collectively are excluded.

Calculation: The results are weighted by estimates of the frequency of the individual age groups for men and women from demographic projections. For the period 1993 onwards, annual data are averages of quarterly figures.

Breaks: For the period 1973 to 1992, employment series were derived from establishment surveys and administrative data and unemployment data refered to registered unemployment.

Employment

Definition: Data refer to the number of persons who, during the reference week worked, for at least one hour and were in paid employment or self-employed. Persons in paid employment include the armed forces living in private households, apprentices and students and exclude women on extended child-care leave.

Unemployment

Definition: Data refer to the number of persons who, during the reference week, were without work, had actively looked for work in the past four weeks period, and were available for work within 2 weeks or are out of work, have found a job and are waiting to start at a later time.

RÉPUBLIQUE TCHÈQUE

I. Population

Couverture : Les données se réfèrent à la population résidante (*de jure*).

Calcul : Les données sont des estimations au milieu de l'année.

II. Population active

Collecte : Les données proviennent de l'Enquête trimestrielle sur la population active auprès des ménages qui couvre environ 27 000 habitations (0.7% de toutes les habitations occupées de manière permanente) et 59 000 personnes. L'enquête couvre toutes les personnes vivant de manière permanente dans une habitation sélectionnée depuis au moins 3 mois.

Couverture : Les données se réfèrent aux personnes de 15 ans et plus. Les personnes vivant en collectivité sont exclues.

Calcul : Les résultats sont pondérés à l'aide des estimations de la fréquence des groupes d'âge, pour les hommes et les femmes à partir des projections démographiques. Les données depuis 1993, sont des moyennes des chiffres trimestriels.

Ruptures : Pour la période de 1973 à 1992, les séries d'emploi proviennent d'enquêtes d'entreprises et de données administratives et les données du chômage sont celles des chômeurs inscrits.

Emploi

Définition : Les données se réfèrent au nombre de personnes qui ont travaillé au moins une heure pendant la semaine de référence et qui occupaient un emploi salarié ou qui travaillaient à leur compte. Les personnes ayant un emploi salarié incluent les membres des forces armées hébergés en foyers privés, les apprentis et les étudiants et excluent les femmes en congé parental prolongé.

Chômage

Définition : Les données se réfèrent au nombre de personnes qui, au cours de la semaine de référence, étaient sans emploi, avaient entrepris au cours des 4 dernières semaines des démarches actives de recherche d'un emploi et qui étaient disponibles pour occuper un emploi dans les 2 semaines ou étaient sans travail mais avaient trouvé un travail devant commencer ultérieurement.

III. Professional status and breakdown by activities - ISIC Rev. 2

Professional Status

Coverage: Those classified as working in co-operatives in the survey have been classified as employees. Although standard definitions imply that such individuals should be classified as self-employed, co-operative enterprises in the Czech Republic are different from those existing in other OECD countries such that this classification is more appropriate. The self-employed include employers and unpaid family workers. From 1993, the figures for the Armed Forces represent temporary members of the armed forces only; security forces and permanent members of the armed forces are included in Civilian Employment. Figures for the Armed Forces in 1992 include members of the security forces as well as regular and temporary members of the armed forces.

Breaks: Data broken down by activities (civilian employment and employees) have not been revised nor updated due to a change by the country from ISIC Rev. 2 to ISIC Rev. 3.

IV. Civilian employment and employees: breakdown by activities - ISIC Rev. 3

Collection: Data are compiled from the results of the quarterly Household Labour Force Survey.

Source : Czech Statistical Office.

References:
1. *Statistical Yearbook of the Czech Republic* (Czech Statistical Office).
2. *Casove Rady Zakladnich Ukazatelu Statistiky Prace, 1948-1994* (annual time series on employment and wages, Czech Statistical Office, 1995).
3. *Labour Force Survey* (data provided directly by Czech Statistical Office).

III. Situation dans la profession et répartition par activités - CITI Rév. 2

Situation dans la profession

Couverture : Les personnes classées au cours de l'enquête comme travaillant dans les coopératives sont comptabilisées comme salariés. Bien que la norme soit de les compter comme personnes travaillant à leur compte, cette pratique est jugée préférable dans la mesure où les coopératives sont en République tchèque différentes de celles existant dans les autres pays de l'OCDE. Les personnes travaillant à leur compte comprennent les employeurs et les travailleurs familiaux non rémunérés. Depuis 1993, les chiffres pour les forces armées comprennent seulement les membres temporaires des forces armées ; les forces de sécurité et les membres permanents sont inclus dans Emploi civil. En 1992, les chiffres pour les forces armées comprennent les membres des forces de sécurité ainsi que les membres réguliers ou permanents des forces armées.

Ruptures : Les données concernant la répartition par branches d'activités (emploi civil et salariés) n'ont pas été révisées ni mises à jour en raison du passage par le pays de la CITI Rév. 2 à la CITI Rév. 3.

IV. Emploi civil et salariés : répartition par activités - CITI Rév. 3

Collecte : Les données proviennent des résultats de l'Enquête trimestrielle sur la population active auprès des ménages.

DENMARK

I. Population

Coverage: Data refer to resident population (*de jure*), excluding Faeroe islands and Greenland.

Calculation: Data are mid-year estimates obtained by averaging official estimates at 31 December for two consecutive years.

II. Labour force

Collection: Data are compiled from the quarterly continuous Household Labour Force Survey. From 1976 to 1993, data were compiled from the Labour Force Survey conducted in April or May each year. No data have been transmitted for 1980 and 1982.

Coverage: Data refer to all persons aged 15 to 64 years.

Calculation: In 1994 and 1995 data refer to the 2nd quarter and from 1996 the estimates are based on annual averages.

Breaks: The introduction of a continuous survey in 1994 resulted in a break in all series compiled from this survey.

Employment

Definition: Employment refer to the number of persons employed for at least one hour during the reference week, whether paid employees, working proprietors, own-account workers or unpaid family workers. Persons temporarily absent from work, but with a formal attachment to it are included.

Unemployment

Definition: Data refer to persons without work, actively seeking work during the 4 weeks prior to the reference week and available for work within 2 weeks.

III. Professional status and breakdown by activities - ISIC Rev. 2

Collection: Data are compiled from the results of the quarterly Household Labour Force Survey.

DANEMARK

I. Population

Couverture : Les données se réfèrent à la population résidante (*de jure*), non compris le Groenland et les îles Féroé.

Calcul : Les données sont des estimations en milieu d'année obtenues en faisant la moyenne des estimations officielles au 31 décembre de deux années consécutives.

II. Population active

Collecte : Les données proviennent de l'Enquête trimestrielle continue sur la population active auprès des ménages. De 1976 à 1993, les données proviennent de l'Enquête sur la population active effectuée en avril ou en mai de chaque année. Aucune donnée n'a été transmise pour les années 1980 et 1982.

Couverture : Les données se réfèrent aux personnes de 15 à 64 ans.

Calcul : En 1994 et 1995 les données se réfèrent au 2ème trimestre et depuis 1996 les estimations sont établies à partir des moyennes annuelles.

Ruptures : La mise en place d'une enquête continue en 1994 a généré une rupture dans toutes les séries dérivées de cette enquête.

Emploi

Définition : Les données se réfèrent aux personnes qui, au cours de la semaine de référence, ont travaillé pendant au moins une heure en vue d'une rétribution ou en tant que propriétaire-exploitant, les personnes travaillant pour leur propre compte ou les travailleurs familiaux non-rémunérés collaborant à l'entreprise familiale. Les personnes provisoirement absentes de leur travail mais ayant un lien formel avec lui sont inclues.

Chômage

Définition : Les données se réfèrent aux personnes sans travail, qui ont cherché activement un emploi au cours des 4 semaines s'achevant par la semaine de référence et qui sont disponibles pour prendre un emploi dans les 2 semaines.

III. Situation dans la profession et répartition par activités - CITI Rév. 2

Collecte : Les données proviennent des résultats de l'Enquête trimestrielle sur la population active auprès des ménages.

IV. Civilian employment and employees: breakdown by activities - ISIC Rev. 3

Collection: Data are compiled from the results of the quarterly Household Labour Force Survey.

Source : Danmarks Statistik.

References:
1. *Statistik Årbog Danmark* (Danmarks Statistik).
2. *Statistike Efterretninger* (Danmarks Statistik).
3. *Industristatistik* (Danmarks Statistik).

IV. Emploi civil et salariés : répartition par activités - CITI Rév. 3

Collecte : Les données proviennent des résultats de l'Enquête trimestrielle sur la population active auprès des ménages.

FINLAND

I. Population

Coverage: Data refer to the resident population (*de jure*).

Calculation: From 1999, data for population distributed by age and gender refer to end of year. Prior to 1999, they are mid-year estimates obtained by averaging official estimates at 31 December for two consecutive years.

II. Labour force

Collection: Data are compiled from the results of the monthly continuous Labour Force Survey. The sample is drawn from individuals, not households. The quarterly sample is composed of 36 000 persons divided into three monthly sub-samples of approximately 12 000 persons each.

Coverage : Data refer to persons aged 15 to 74 residing in Finland, including foreign workers, citizens who are temporarily abroad (less than one year), non-resident citizens, those without a permanent residence and those in institutions. Labour force data include estimated total net migration.

Calculation: Annual data are averages of monthly figures.

Breaks: In 2000 the Labour Force Survey was revised with the introduction of a continuous survey. The survey has been revised in 1997 and in 1998 (ILO/EU definition) and the data have been corrected from 1989. From 1996 onwards a part-time worker refers to a person considering him/herself to be a part-time worker. Prior to 1996, people working part-time were defined using a cut-off number of hours (30 hours/week). Since 1987, the professional status of employees has been redefined, the figures previous to 1987 include persons of unspecified status. In 1983 collection methods were changed from a postal enquiry to interviews. Data for these series were revised back between 1976 and 1982.

Employment

Definition: Data refer to persons employed in the whole economy. They include all persons having worked for pay or profit for at least one hour during the reference week, unpaid family workers and persons with a job but not at work because of injury or sickness, vacation, strike, bad weather, mechanical breakdown or leave for personal reasons.

FINLANDE

I. Population

Couverture : Les données correspondent à la population résidante (*de jure*).

Calcul : Depuis 1999, les données de la population répartie selon l'âge et le sexe se réfèrent à la fin de l'année. Avant 1999, ce sont des estimations au milieu d'année obtenues en faisant la moyenne des estimations officielles au 31 décembre de deux années consécutives.

II. Population active

Collecte : Les données proviennent des résultats de l'Enquête mensuelle continue sur la population active. L'échantillon est tiré des individus et non des ménages. L'échantillon trimestriel comprend 36 000 personnes réparties en trois sous-échantillons mensuels d'environ 12 000 personnes.

Couverture : Les données se rapportent aux personnes âgées de 15 à 74 ans résidant en Finlande y compris les travailleurs étrangers, les Finlandais en séjour temporaire à l'étranger (pour une durée inférieure à un an), les nationaux non-résidents, les personnes sans domicile et les personnes vivant en collectivité. Les chiffres de la population active incluent des estimations sur la totalité du mouvement migratoire net.

Calcul : Les données annuelles sont des moyennes des données mensuelles.

Ruptures : Au début de l'année 2000, l'enquête mensuelle sur la population active est devenue continue. L'enquête avait été révisée en 1997 et en 1998 (adoption des définitions d'ILO/EU) et les données avaient été révisées depuis 1989. Depuis 1996, les travailleurs à temps partiels se réfèrent aux personnes qui déclarent travailler à temps partiel. Avant 1996, les travailleurs à temps partiel étaient définis par un nombre d'heures maximum effectuées (30 heures par semaine). Depuis 1987, la définition du statut des salariés a été modifiée, les données antérieures à 1987 incluent les personnes à statut non spécifié. En 1983, les méthodes de collecte ont été modifiées passant d'une enquête postale aux entretiens. Les données ont ensuite été révisées entre 1976 et 1982.

Emploi

Définition : Les données se rapportent aux personnes employées dans l'ensemble de l'économie. Elles correspondent aux personnes qui ont travaillé moyennant une rémunération ou un bénéfice pendant au moins une heure au cours de la semaine de référence, aux travailleurs familiaux non rémunérés et aux personnes titulaires d'un emploi mais temporairement

absentes du fait d'accident ou de maladie, de congé normal, de grève, de mauvaises conditions climatiques, de désorganisation technique ou de congé pour des raisons personnelles.

Unemployment

Definition. Data refer to persons without work, available for work within the next two weeks and who had been seeking work for pay or profit during the last four weeks, or had made arrangements to start a new job (within two weeks) or were laid off (for a period not exceeding two and a half months). Seasonal workers awaiting agricultural or other seasonal work are considered as unemployed if they are registered as jobseekers.

III. Professional status and breakdown by activities - ISIC Rev. 2

Collection: Data are compiled from the results of the monthly Labour Force Survey drawn from individuals.

Breaks: Data broken down by activities (civilian employment and employees) have not been revised nor updated due to a change by the country from ISIC Rev. 2 to ISIC Rev. 3

IV. Civilian employment and employees: breakdown by activities - ISIC Rev. 3

Collection: Data are compiled from the results of the monthly Labour Force Survey drawn from individuals.

Source : Statistics Finland.

References:
1. *Statistical Yearbook of Finland* (Statistics Finland).
2. *Bulletin of Statistics* (Statistics Finland, monthly/mensuel).
3. *Labour reports* (Ministry of Labour, quarterly/trimestriel).

Chômage

Définition : Les données se réfèrent aux personnes sans emploi, disponibles pour prendre un emploi dans les 15 jours et ayant cherché activement un emploi rémunéré ou lucratif au cours des 4 dernières semaines ou ayant trouvé un emploi qui commence ultérieurement (dans 2 semaines) ou ayant été mises à pied (depuis 2 mois et demi au maximum). Les travailleurs saisonniers dans l'attente d'un travail agricole ou autre sont considérés comme chômeurs s'ils sont inscrits comme demandeurs d'emploi.

III. Situation dans la profession et répartition par activités - CITI Rév. 2

Collecte : Les données sont établies à partir des résultats de l'Enquête mensuelle sur la population active conduite auprès des individus.

Ruptures : Les données concernant la répartition par branches d'activités (emploi civil et salariés) n'ont pas été révisées ni mises à jour en raison du passage par le pays de la CITI Rév. 2 à la CITI Rév. 3.

IV. Emploi civil et salariés : répartition par activités - CITI Rév. 3

Collecte : Les données sont établies à partir des résultats de l'Enquête mensuelle sur la population active conduite auprès des individus.

Statistiques de la Population Active
© 2002
OCDE

FRANCE

I. Population

Coverage: Data refer to the resident population (*de facto*), including armed forces temporarily stationed abroad. Data refer to metropolitan France.

Calculation: Data are mid-year estimates obtained by averaging official estimates at 31 December for two consecutive years. Data from 1990 have been aligned to the 1999 census results. Data from 1982 to 1989 have been aligned to the 1990 census results. Data up to 1981 have been aligned to the 1982 census results.

II. Labour force

Collection: The Employment Survey is conducted in March every year, except during 1999 when it took place in January because of the census. In March 2001, 75 000 households replied to the survey covering 150 000 persons. The survey covers "ordinary households" and excludes persons living in collective households.

Coverage: Data refer to all persons aged 15 years and over living in metropolitan France.

Calculation: Every year, results of the Employment Survey are aligned with estimates of population calculated by INSEE using annual statistics of the registry office and results of the censuses. Weights attributed to the households data are adjusted in such a way that estimations of men and women by quinquennial age groups add to the total.

Breaks:. The labour force series from 1982, follow the definitions recommended by the ILO. The unemployment series from 1975 follow the definitions recommended by the ILO. Prior to 1975, the definition of unemployment refered to the number of persons available for work and seeking work.

Employment

Definition: Data refer to the number of persons who worked during the survey week, including employees, self-employed as well as family workers. Data include persons who have a job but are not at work due to illness (less than 1 year), vacation, labour dispute, educational leave, etc.

FRANCE

I. Population

Couverture : Les données se réfèrent à la population résidante (*de facto*), y compris les forces armées temporairement stationnées hors du pays. Les données concernent la France métropolitaine.

Calcul : Les données sont des estimations au milieu de l'année obtenues en faisant la moyenne des estimations officielles au 31 décembre de deux années consécutives. Les données depuis 1990 sont ajustées sur les résultats du recensement de 1999. Les données de 1982 à 1989 sont ajustées sur les résultats du recensement général de la population de 1990. Les données antérieures à 1981 sont estimées d'après les résultats du recensement général de 1982.

II. Population active

Collecte : L'Enquête sur l'emploi a lieu en mars chaque année, sauf en 1999 où elle a eu lieu en janvier en raison du recensement. En mars 2001, 75 000 ménages ont répondu à l'enquête, soit quelque 150 000 personnes. Cette enquête couvre les seuls "ménages ordinaires", ce qui exclut la plupart des personnes vivant dans des logements collectifs.

Couverture : Les données se réfèrent à toutes les personnes âgées de 15 ans et plus vivant en France métropolitaine.

Calcul : Chaque année, les résultats de l'Enquête sur l'emploi sont calés sur les estimations de population réalisées par l'INSEE à partir des statistiques annuelles de l'état civil et des résultats des recensements. En pratique, les coefficients de pondération attribués aux ménages interrogés sont ajustés de telle manière que l'on retrouve au total les estimations des nombres d'hommes et de femmes par tranche d'âge quinquennale.

Ruptures : Les données de population active depuis 1982 sont conformes aux recommandations du BIT. Les données de chômage depuis 1975 sont conformes aux recommandations du BIT. Avant 1975, la définition du chômage se référait à la population disponible sans emploi à la recherche d'un emploi.

Emploi

Définition : Les données se réfèrent au nombre de personnes au travail au cours de la semaine de référence de l'enquête, qu'elles soient salariées, qu'elles soient à leur compte ou qu'elles aident un membre de leur famille dans son travail. Les personnes pourvues d'un emploi mais temporairement absente la semaine de référence pour un motif tel que maladie (moins d'un an), congé payé, conflit du travail, formation, etc. sont également comprises.

Unemployment

Definition: Data refer to the number of persons who are actively looking for work, are available for work, are without work during the reference week or who are available for work and have a new job to start in the future.

III. Professional status and breakdown by activities - ISIC Rev. 2

Collection: Data have been compiled from various statistical sources, mainly the quarterly Survey of Industrial and Commercial Establishments, the Employment Survey (the annual survey in March and for some years experimental quarterly surveys in June, September and December) and the latest population Census (used as reference).

Breaks: Data broken down by activities (employees) have not been revised nor updated due to a change by the country from ISIC Rev. 2 to ISIC Rev. 3.

IV. Civilian employment and employees: breakdown by activities - ISIC Rev. 3

Collection: Data have been compiled from various statistical sources, mainly the quarterly Survey of Industrial and Commercial Establishments, the Employment Survey (the annual survey in March and for some years experimental quarterly surveys in June, September and December) and the latest population Census (used as reference).

Chômage

Définition : Les données se réfèrent au nombre de personnes qui recherchent un emploi avec démarches effectives, qui sont disponibles, et qui n'ont pas eu d'occupation professionnelle au cours de la semaine de référence ou qui sont disponibles et ont trouvé un emploi qui commence plus tard.

III. Situation dans la profession et répartition par activités - CITI Rév. 2

Collecte : Les données ont été établies d'après de nombreuses sources statistiques, notamment de l'Enquête trimestrielle auprès des établissements industriels et commerciaux, de l'Enquête sur l'emploi (enquête annuelle en mars et enquêtes trimestrielles expérimentales en juin, septembre et décembre certaines années) et les résultats du dernier recensement (utilisés comme base de référence).

Ruptures : Les données concernant la répartition par branches d'activités (salariés) n'ont pas été révisées ni mises à jour en raison du passage par le pays de la CITI Rév. 2 à la CITI Rév. 3.

IV. Emploi civil et salariés : répartition par activités - CITI Rév. 3

Collecte : Les données ont été établies d'après de nombreuses sources statistiques, notamment de l'Enquête trimestrielle auprès des établissements industriels et commerciaux, de l'Enquête sur l'emploi (enquête annuelle en mars et enquêtes trimestrielles expérimentales en juin, septembre et décembre certaines années) et les résultats du dernier recensement (utilisés comme base de référence).

Source : Institut national de la statistique et des études économiques (INSEE).

References:
1. *Annuaire statistique de la France* (INSEE).
2. *Bulletin mensuel de statistique* (INSEE, monthly/mensuel).
3. *Études statistiques* (INSEE, quarterly/trimestriel).
4. *Économie et statistique* (INSEE, monthly/mensuel).

GERMANY

I. Population

Coverage: Data refer to the resident population (*de jure*).

Calculation: Since 1987 data have been adjusted to the 1987 census results. Data for years prior to 1987 have been adjusted to the 1970 census results.

Breaks: Data from 1991 refer to Germany and prior to 1991 and the reunification, to western Germany (Federal Republic of Germany).

II. Labour force

Collection: The data are derived from the results of the annual European Union Labour Force Sample Survey (Arbeitskräfteerhebung).

Coverage: Data refer to all persons aged 15 years and over. Contrary to Eurostat practice, persons living in collective and institutional accommodation, conscripts on compulsory community or military service are included.

Breaks: Data from 1991, refer to Germany and prior to 1991 and the reunification, to western Germany (Federal Republic of Germany).

Employment

Definition: Data refer to the number of persons who, during the reference week, were in paid employment or self-employed.

Unemployment

Definition: Data refer to the number of persons who, during the reference week, were without work, currently available for work, and seeking work.

III. Professional status and breakdown by activities - ISIC Rev. 2

Professional Status

Collection: The data are derived from the results of the annual European Union Labour Force Sample Survey (Arbeitskräfteerhebung).

ALLEMAGNE

I. Population

Couverture : Les données se réfèrent à la population résidante (*de jure*).

Calcul : Les données depuis 1987 sont ajustées sur les résultats du recensement de 1987. Les données pour les années antérieures à 1987 ont été ajustées sur les résultats du recensement de 1970.

Ruptures : Les données depuis 1991 se réfèrent à l'Allemagne et avant 1991 et la réunification, à l'Allemagne occidentale (République Fédérale d'Allemagne).

II. Population active

Collecte : Les données sont dérivées des résultats de l'Enquête européenne annuelle par sondage sur la population active (Arbeitskräfteerhebung).

Couverture : Les données se réfèrent au nombre de personnes de 15 ans et plus. Contrairement à la pratique d'Eurostat, les personnes vivant dans des établissements collectifs ou des institutions et les appelés du contingent sont inclus.

Ruptures : Les données depuis 1991 se réfèrent à l'Allemagne et avant 1991 et la réunification, à l'Allemagne occidentale (République Fédérale d'Allemagne).

Emploi

Définition : Les données se réfèrent au nombre de personnes qui, pendant la semaine de référence occupaient un emploi salarié ou qui travaillaient à leur compte.

Chômage

Définition : Les données se réfèrent au nombre de personnes qui, au cours de la semaine de référence, étaient sans travail, disponibles pour travailler et à la recherche d'un emploi.

III. Situation dans la profession et répartition par activités - CITI Rév. 2

Situation dans la profession

Collecte : Les données sont dérivées des résultats de l'Enquête européenne annuelle par sondage sur la population active (Arbeitskräfteerhebung).

Breakdown by activities - ISIC Rev. 2

Breaks: Data broken down by activities (civilian employment and employees) have not been revised nor updated due to a change by the country from ISIC Rev. 2 to ISIC Rev. 3.

IV. Civilian employment and employees: breakdown by activities - ISIC Rev. 3

Collection: The data are derived from the results of the annual European Union Labour Force Sample Survey (Arbeitskräfteerhebung).

Source : Statistisches Bundesamt.

References:
1. *Statistisches Jahrbuch für die Bundesrepublik Deutschland* (Statistisches Bundesamt).
2. *Wirtschaft und Statistik* (Statistisches Bundesamt, monthly/mensuel).
3. *Bevölkerung und Kultur-Reihe 1-Bevölkerungsstand und Entwicklung* (Statistisches Bundesamt).
4. *Arbeits und Sozialstatistische Mitteilungen* (monthly/mensuel).

Répartition par activités – CITI Rév. 2

Ruptures : Les données concernant la répartition par branches d'activités (emploi civil et salariés) n'ont pas été révisées ni mises à jour en raison du passage par le pays de la CITI Rév. 2 à la CITI Rév. 3.

IV. Emploi civil et salariés : répartition par activités - CITI Rév. 3

Collecte : Les données sont dérivées des résultats de l'Enquête européenne annuelle par sondage sur la population active (Arbeitskräfteerhebung).

GREECE

I. Population

Coverage: Data refer to the present population (*de facto*) at the time of the census. They include civilian aliens resident in the country, foreign diplomatic personnel located in the country and foreign armed forces stationed in the country. They exclude national armed forces stationed abroad, merchant seamen at sea, diplomatic personnel located abroad and other civilian nationals temporarily abroad.

Calculation: Data are official mid-year estimates. Figures have been adjusted in line with the censuses conducted in 1991 in 1981 and in 1971.

II. Labour force

Collection: Data are estimates computed from the annual Labour Force Survey. The figures are completed or revised following the latest census results.

Coverage: Data refer to persons aged 15 years and over.

Breaks: Prior to 1993, all persons aged 14 and over were covered by the survey.

Employment

Definition: Persons are considered as employed (having work) if they normally worked for at least 15 hours during the week preceding the survey. The same applies for persons temporarily absent due to illness, vacation, strike, etc. Paid apprentices and unpaid family workers, when they have worked at least 15 hours, are also considered as employed.

Unemployment

Definition: Persons are considered as unemployed if they are without work, they were seeking work and have taken specific steps, during the past 4 weeks to find a job (register at a public or private employment office, insert or respond to an advertisement, apply to employers or relatives, etc.) and if they are available to undertake the job offered within two weeks.

GRÈCE

I. Population

Couverture : Les données se réfèrent à la population présente (*de facto*) à la date du recensement. Elles incluent les civils étrangers résidant dans le pays, le personnel diplomatique étranger et les forces armées étrangères stationnées dans le pays. Elles excluent les forces armées nationales stationnées à l'étranger, les marins marchands en mer, le personnel diplomatique à l'étranger et les nationaux civils temporairement à l'étranger.

Calcul : Les données sont des estimations officielles en milieu d'année. Les données ont été établies à partir des résultats des recensements effectués en 1991, en 1981 et en 1971.

II. Population active

Collecte : Les données sont des estimations établies d'après l'Enquête annuelle sur la population active ; ces chiffres sont complétés ou ajustés d'après les résultats du dernier recensement.

Couverture : Les données se réfèrent aux personnes âgées de 15 ans et plus.

Ruptures : Avant 1993, l'enquête couvrait toutes les personnes âgées de 14 ans et plus.

Emploi

Définition : Les personnes sont considérées comme employées (au travail) si elles ont normalement travaillé au moins 15 heures pendant la semaine précédant l'enquête. Ceci s'applique aussi aux personnes temporairement absentes à cause de maladie, de congés, de grève, etc. Les apprentis rémunérés et les travailleurs familiaux non rémunérés qui ont travaillé 15 heures sont aussi considérés comme employés.

Chômage

Définition : Les personnes sont considérées comme étant au chômage si elles sont sans emploi, si elles recherchent un emploi et ont entrepris des démarches spécifiques durant les 4 dernières semaines pour en trouver un (inscription à une agence publique ou privée pour l'emploi, insertion d'une annonce ou réponse à une annonce, démarches auprès d'employeurs ou de proches, etc.) et si elles sont disponibles pour accepter le travail offert dans un délai de 2 semaines.

III. Professional status and breakdown by activities - ISIC Rev. 2

Collection: Data are compiled from the results of the annual Labour Force Survey.

Breaks: Data broken down by activities (civilian employment and employees) have not been revised nor updated due to a change by the country from ISIC Rev. 2 to ISIC Rev. 3.

IV. Civilian employment and employees: breakdown by activities - ISIC Rev. 3

Collection: Data are compiled from the results of the annual Labour Force Survey.

III. Situation dans la profession et répartition par activités - CITI Rév. 2

Collecte : Les données sont établies à partir des résultats de l'Enquête annuelle sur la population active.

Ruptures : Les données concernant la répartition par branches d'activités (emploi civil et salariés) n'ont pas été révisées ni mises à jour en raison du passage par le pays de la CITI Rév. 2 à la CITI Rév. 3.

IV. Emploi civil et salariés : répartition par activités - CITI Rév. 3

Collecte : Les données sont établies à partir des résultats de l'Enquête annuelle sur la population active.

Source : National Statistical Service of Greece, Center of Planning and Economic Research.

References:
1. *Statistical Yearbook of Greece* (National Statistical Service of Greece).
2. *Monthly Statistical Bulletin* (National Statistical Service of Greece, monthly/mensuel).
3. *Annual Industrial Survey for the Year* (National Statistical Service of Greece).

Statistiques de la Population Active
© 2002
OCDE

HUNGARY

I. Population

Coverage: Data refer to the present population (*de facto*) including civilian aliens temporarily in the country.

Calculation: Data are mid-year estimates. The nature of the census data and other sources from which the components of change in population are derived precludes the calculation of net migration. Consequently, the change in population should match the natural increase. The large statistical discrepancy from 1981 to 1989 is due to the fact that population figures were revised; the natural increase and change in population are no longer comparable for this period.

Breaks: Data for 2001 are not directly comparable with those for previous years and population at 31 December 2000 is not available due to the census carried out in February, 2001.

II. Labour force

Collection: Data are compiled from the results of the quarterly Household Labour Force Survey, which was introduced in the first quarter of 1992. The sample used is compiled from dwellings registered by the 1990 Population Census. In 1998, a new sample design was introduced. The size of the survey was expanded from 24 000 to 32 000 households (50 000 to 65 000 persons). Each household is retained for six consecutive quarters.

Coverage: Data refer to all persons aged 15 to 74 years. Civilian labour force includes permanent members of the armed forces in 1992 and 1993. The nature of childcare leave is rather different from that in other OECD countries and is therefore excluded from employment to improve the international comparability of data.

Calculation: Annual data are averages of quarterly figures.

HONGRIE

I. Population

Couverture : Les données se réfèrent à la population présente (*de facto*), y compris les civils étrangers temporairement présents.

Calcul : Les données sont des estimations en milieu d'année. La nature des données des recensements et celles d'autres sources à partir desquelles sont calculées l'évolution des composantes de la population empêche le calcul de la migration nette. Par conséquent, la variation de la population doit coïncider avec l'accroissement naturel. L'importante divergence statistique de 1981 à 1989 est due au fait que les chiffres de population ont été révisés rétrospectivement de telle manière qu'il n'est plus possible pour cette période de faire coïncider l'accroissement naturel avec l'évolution de la population.

Ruptures : Les données de 2001 ne sont pas directement comparables avec celles des années antérieures et la population au 31 décembre 2000 n'est pas disponible du fait du recensement de février 2001.

II. Population active

Collecte : Les données proviennent de l'Enquête trimestrielle sur la population active auprès des ménages dont les résultats sont disponibles depuis le premier trimestre 1992. Le plan de sondage utilisé est constitué à partir des habitations dénombrées par le recensement de la population de 1990. En 1998, un nouveau plan de sondage a été introduit. L'enquête est passée de 24 000 à 32 000 ménages (de 50 000 à 65 000 personnes). Chaque ménage reste dans l'enquête six trimestres consécutifs.

Couverture : Les données concernent toutes les personnes âgées de 15 à 74 ans. La population active civile inclut les militaires de carrière en 1992 et 1993. La nature du congé parental diffère des normes OCDE, les personnes en congé parental ont donc été exclues des données de l'emploi pour améliorer la comparabilité internationale des données.

Calcul : Les données annuelles sont des moyennes des chiffres trimestriels.

Employment

Definition: Data refer to all persons who worked one hour or more for pay, profit or payment in kind in a job or business (including farms) during the reference week, or who worked one hour or more without pay in a family business or on a farm (unpaid family workers), or were employees who had a job from which they were temporarily absent all of the survey week. Data from 1994 include conscripts

Unemployment

Definition: Data refer to persons who were not employed during the reference week, who actively sought work during the four weeks before the reference week, and who were available for work within the next two weeks following the reference week or were waiting to start a new job within a period of thirty days.

III. Professional status and breakdown by activities - ISIC Rev. 2

Professional status

Definition: Persons classified as members of partnerships in the Labour Force Survey are included as employers and persons working on own account.

Collection: Data are compiled from the results of the Household Labour Force Survey.

Breakdown by activities - ISIC Rev. 2

Breaks: Data broken down by activities (civilian employment and employees) have not been revised nor updated due to a change by the country from ISIC Rev. 2 to ISIC Rev. 3

IV. Civilian employment and employees: breakdown by activities - ISIC Rev. 3

Collection: Data are compiled from the results of the Household Labour Force Survey.

Source : Hungarian Central Statistical Office (HCSO).
References:
1. *Statistical Yearbook of Hungary.*
2. *Labour Force Survey* (yearly/annuel).

Emploi

Définition : Les données concernent toutes les personnes qui ont travaillé une heure ou plus contre une rémunération, un profit ou un paiement en nature (y compris agricole) pendant la semaine de référence, ou ont travaillé une heure ou plus sans salaire dans une entreprise familiale ou dans une ferme (travailleurs familiaux non rémunérés), ou ont un emploi dont ils étaient temporairement absents pendant toute la semaine de l'enquête. Les données depuis 1994 incluent les conscrits.

Chômage

Définition : Les données se réfèrent aux personnes qui n'ont pas eu d'emploi rémunéré durant la semaine de référence, qui ont cherché activement du travail durant les quatre semaines précédentes et qui sont prêtes à commencer un travail dans les deux semaines suivantes ou qui ont déjà trouvé un travail qui commence dans les 30 jours.

III. Situation dans la profession et répartition par activités - CITI Rév. 2

Situation dans la profession

Définition : Les personnes classées au cours de l'Enquête sur la population active comme membres d'associations sont comptabilisées comme employeurs et personnes travaillant à leur compte.

Collecte : Les données sont établies à partir des résultats de l'Enquête sur la population active auprès des ménages.

Répartition par activités – CITI Rév. 2

Ruptures : Les données concernant la répartition par branches d'activités (emploi civil et salariés) n'ont pas été révisées ni mises à jour en raison du passage par le pays de la CITI Rév. 2 à la CITI Rév. 3.

IV. Emploi civil et salariés : répartition par activités - CITI Rév. 3

Collecte : Les données sont établies à partir des résultats de l'Enquête sur la population active auprès des ménages.

Statistiques de la Population Active
© 2002

OCDE

ICELAND

I. Population

Coverage: Data refer to the resident population (*de jure*).

Calculation: Data are mid-year estimates.

II. Labour force

Collection: Data are derived from the Labour Force Survey. The data are obtained from a sample of 4 200 people who are interviewed by telephone. The reference period is the week immediately prior to the interview, generally the first and second week of the survey month. The survey is conducted in April and November.

Coverage: The population consists of all those present in Iceland who are registered in the National Register and who are 16 to 74 years of age.

Calculation: Data are estimated averages for the year. From 1991, the concept of man-years (compiled from accident insurance statistics) has been replaced by that of persons. Due to this change, no data were provided for 1989 and 1990. The new figures are therefore not comparable with those before 1989.

Breaks: The break in 1990-91 is due to the replacement of the concept of man-years by that of the number of persons. Unemployment data refer to registered data prior to 1991.

Employment

Definition: Data refer to all gainful employment of persons including unpaid work at family enterprises, unpaid work on the construction of own house or production for own consumption. Employment is also defined as including the creation of works of art, even if the person had not yet received any payment.

Unemployment

Definition. Persons are classified as unemployed if they did not have gainful employment in the reference week and if they have been seeking work during the previous 4 weeks and are able to start working within 2 weeks, or if they have already found a job which begins within 4 weeks, or if they are on temporary lay-off and are able to start working within 2 weeks or if they have given up seeking work but are willing to work and can start working within 2 weeks. Students are only considered unemployed if they are seeking a job in addition to their studies or a permanent job and are available for work within 2 weeks.

ISLANDE

I. Population

Couverture : Les données se réfèrent à la population résidante (*de jure*).

Calcul : Les données sont des estimations au milieu de l'année.

II. Population active

Collecte : Les données proviennent de l'Enquête sur la population active. Les données sont obtenues à partir d'un échantillon de 4 200 personnes interrogées par téléphone. La période de référence est la semaine précédant l'entretien, généralement la première et la deuxième semaine du mois de l'enquête. L'enquête est effectuée en avril et en novembre.

Couverture : Les données se réfèrent aux personnes présentes en Islande âgées de 16 à 74 ans qui sont inscrites dans le Registre national.

Calcul : Les données sont des moyennes estimées pour l'année. A partir de 1991, le concept d'hommes-années (provenant des statistiques d'assurances-accidents) a été remplacé par celui de personnes. À cause de ce changement, des données pour 1989 et 1990 n'ont pas été fournies. Les nouveaux chiffres ne sont pas comparables avec ceux antérieurs à 1989.

Ruptures : La rupture en 1990-91 est due au remplacement du concept homme-année par celui de nombre de personnes. Les données avant 1991 se réfèrent aux chômeurs inscrits.

Emploi

Définition : Les données se réfèrent à l'emploi rémunéré des personnes. Le travail non payé dans une entreprise familiale, le travail pour la construction de sa propre maison ou la production pour sa propre consommation sont inclus, ainsi que la création d'objets d'art, même si la personne n'a pas encore été payée.

Chômage

Définition : Les personnes sont classées en tant que chômeurs si elles n'ont pas eu d'emploi rémunéré au cours de la semaine de référence et si elles ont cherché du travail durant les 4 semaines précédentes et sont prêtes à commencer un travail dans les 2 semaines suivantes ou si elles ont déjà trouvé un travail qui commence dans les 4 semaines ou si elles ont été temporairement licenciées et ont la capacité de recommencer à travailler dans les 2 semaines ou si elles ont cessé de chercher du travail mais elles veulent travailler et peuvent commencer un travail dans les 2 semaines. Les étudiants sont considérés comme chômeurs seulement s'ils cherchent un travail à temps

partiel (en plus des études) ou un travail à temps complet et s'ils sont disponibles pour commencer un travail dans les 2 semaines.

III. Professional status and breakdown by activities - ISIC Rev. 2

Collection: Data are compiled from the results of the Labour Force Survey.

IV. Civilian employment and employees: breakdown by activities - ISIC Rev. 3

Collection: Data are compiled from the results of the Labour Force Survey.

Source : Statistics Iceland.

References:
1. *Statistical Bulletin* (Statistics Iceland and the Central Bank of Iceland, monthly/mensuel).

III. Situation dans la profession et répartition par activités - CITI Rév. 2

Collecte : Les données proviennent des résultats de l'Enquête sur la population active.

IV. Emploi civil et salariés : répartition par activités - CITI Rév. 3

Collecte : Les données proviennent des résultats de l'Enquête sur la population active.

IRELAND

I. Population

Coverage: Data refer to the population present in area (*de facto*).

Calculation: Data have been adjusted to the 1996, 1991, 1986, 1981 and 1979 census results.

II. Labour force

Collection: Data for all series are taken from the Quarterly National Household Survey, the results of which are available from the third quarter of 1997 replacing the annual April Labour Force Survey. Information is collected continuously throughout the year, with 3 000 households surveyed each week to give a total sample of 39 000 households in each quarter. The reference quarters are December to February for the first quarter, March to May for the second quarter, June to August for the third quarter and September to November for the fourth quarter. A two-stage sample design is used. Households are asked to take part in the survey for five consecutive quarters and are then replaced by other households in the same block. The survey results are weighted to agree with population estimates broken down by age, gender and region.

Coverage: Data refer to persons aged 15 years and over.

Calculation: Annual data refer to April prior to 1998 and to March-May quarter from 1998.

Breaks: In autumn 1997, a continuous quarterly survey was introduced which included more detailed questions about employment in the week prior to the survey. This resulted in a better recording of part time employment, with an estimated increase of 20 000 in the numbers employed.

Employment

Definition: Data refer to persons who worked in the week before the survey for one hour or more for payment or profit, including work on the family farm or business and all persons who had a job but were not at work because of illness, holidays, etc during this week.

IRLANDE

I. Population

Couverture : Les données se réfèrent à la population présente (*de facto*).

Calcul : Les données sont ajustées sur les recensements de 1996, 1991, 1986, 1981 et 1979.

II. Population active

Collecte : Toutes les données proviennent de l'Enquête nationale trimestrielle auprès des ménages dont les résultats sont disponibles depuis le troisième trimestre de 1997 en remplacement de l'Enquête annuelle sur la population active du mois d'avril. Les informations sont collectées de manière continue tout au long de l'année, 3 000 ménages sont sondés chaque semaine, pour obtenir un échantillon total de 39 000 ménages au cours de chaque trimestre. Les trimestres de référence correspondent à la période de décembre à février pour le premier trimestre, de mars à mai pour le deuxième trimestre, de juin à août pour le troisième trimestre et de septembre à novembre pour le quatrième trimestre. Un échantillon à deux niveaux est utilisé. Il est demandé aux ménages de participer à l'enquête pendant 5 trimestres consécutifs. Ils sont ensuite remplacés par d'autres ménages issus du même pâté de maisons. Les résultats de l'enquête sont pondérés afin de respecter la structure par âge, sexe et région de la population.

Couverture : Les données se réfèrent aux personnes âgées de 15 ans et plus.

Calcul : Les données annuelles se réfèrent au mois d'avril avant 1998 et au trimestre mars-mai depuis 1998.

Ruptures : À l'automne 1997, une enquête continue trimestrielle comprenant des questions plus détaillées concernant l'emploi durant la semaine antérieure à l'enquête a été introduite. Cela a eu pour résultat un enregistrement plus fidèle de l'emploi à temps partiel et une augmentation d'environ 20 000 personnes du nombre de personnes ayant un emploi.

Emploi

Définition : Les données se réfèrent aux personnes qui ont travaillé la semaine précédant l'enquête pendant une heure ou plus contre un salaire ou une rémunération, y compris le travail dans la ferme familiale ou l'entreprise familiale et toutes les personnes qui avaient un travail, mais n'étaient pas présentes pour cause de maladie, de vacances etc. cette semaine-là.

Unemployment

Definition. Data refer to persons who, in the week before the survey were without work and available for work and had taken specific steps, in the preceding four weeks, to find work.

III. Professional status and breakdown by activities - ISIC Rev. 2

Collection: Data are compiled from the results of the Quarterly National Household Survey.

IV. Civilian employment and employees: breakdown by activities - ISIC Rev. 3

Collection: Data are compiled from the results of the Quarterly National Household Survey.

Source : Central Statistics Office.

References:
1. *Statistical Abstract of Ireland* (Central Statistics Office).
2. *Economic Statistics* (Central Statistics Office, monthly/mensuel).

Chômage

Définition : Les données se réfèrent aux personnes qui, pendant la semaine précédant l'enquête, étaient sans travail, disponibles pour travailler et avaient effectué des démarches spécifiques pendant les quatre précédentes semaines pour trouver un travail.

III. Situation dans la profession et répartition par activités - CITI Rév. 2

Collecte : Les données proviennent des résultats de l'Enquête nationale trimestrielle auprès des ménages.

IV. Emploi civil et salariés : répartition par activités - CITI Rév. 3

Collecte : Les données proviennent des résultats de l'Enquête nationale trimestrielle auprès des ménages.

Statistiques de la Population Active
© 2002
OCDE

ITALY

I. Population

Breaks: Prior to 1990, the age groups refer to less than 14, from 14 to 64 years and 65 years and over instead of less than 15, from 15 to 64 years and 65 years and over.

Distribution by age and gender

Coverage: Data refer to the present population in area *(de facto)*. Persons temporarily living abroad are excluded.

Collection: Data are taken from the quarterly Household Labour Force Survey.

Calculation: Annual data are averages of quarterly figures.

Components of change in population

Coverage: Data refer to the resident population *(de jure)* that is. Italian and foreigners registered in municipal Register Office.

II. Labour force

Collection: Data are based on the results of the quarterly Household Labour Force Survey which takes place during the first week of the quarter without public holidays. The sample is drawn in two stages, first municipalities and then registered households.

Coverage: Data refer to persons aged 15 years and over. The reference population is composed of all household members present and resident in Italy and enrolled in municipal local Registry offices. People permanently living in communities, hospices, orphanages, religious institutes, barracks and similar are therefore not included in the survey. Conscripts and career militaries are included in total employment via relatives living in private households.

Calculation: In the new survey, the coefficients used to make an estimation of the population out of the sample were modified; a new process is used for controlling and correcting errors. Annual data are averages of quarterly figures.

ITALIE

I. Population

Ruptures : Avant 1990, les groupes d'âge se réfèrent à moins de 14 ans, de 14 à 64 ans et 65 ans et plus au lieu de moins de 15 ans, 15 à 64 ans et plus de 65 ans.

Répartition selon l'âge et le sexe

Couverture : Les données se réfèrent à la population présente *(de facto)*. Les personnes temporairement émigrées sont exclues.

Collecte : Les données proviennent de l'Enquête trimestrielle sur la population active auprès des ménages.

Calcul : Les données annuelles sont des moyennes des chiffres trimestriels.

Composantes de l'évolution démographique

Couverture : Les données se réfèrent à la population résidante *(de jure)*, c'est à dire à tous les Italiens et tous les étrangers inscrits dans les bureaux municipaux de recensement.

II. Population active

Collecte : Les données sont basées sur les résultats de l'Enquête trimestrielle sur la population active auprès des ménages qui est réalisée au cours de la première semaine du trimestre ne comportant pas de jour férié. L'échantillon est réalisé à deux niveaux, les municipalités d'abord et les ménages recensés ensuite.

Couverture : Les données se réfèrent à l'ensemble des personnes âgées de 15 ans et plus. La population de référence se compose de tous les membres des ménages présents et résidant en Italie, inscrits dans les bureaux municipaux de recensement. Les personnes vivant de manière permanente dans les communautés, hospices, orphelinats, institutions religieuses, casernes et autres ne sont donc pas incluses. Les conscrits et les militaires de carrière sont inclus dans l'emploi total via leurs familles vivant en ménages privés.

Calcul : Dans la nouvelle enquête, le calcul des coefficients d'estimation de la population à partir de l'échantillon a été modifié; une nouvelle procédure de contrôle et de correction des erreurs a été introduite. Les données annuelles sont des moyennes des chiffres trimestriels.

Breaks: In October 1992, changes were introduced in the Household Labour Force Survey concerning the lower age limit of the active population (from 14 to 15 years old), the definition of unemployment, the population estimates, the estimation procedure and the imputation procedure. These changes resulted in a reduction in the level estimates for employment and unemployment.

Employment

Definition: Data refer to persons who declared having a job even if they did not work during the reference week and those who worked at least an hour during the reference week. Conscripts and career militaries are included in total employment via relatives living in private households.

Unemployment

Definition: Data refer to persons without a job, who had carried out a specific action to look for a job within the 30 days prior to the survey and were immediately available (within the following 2 weeks) to start work.

III. Professional status and breakdown by activities - ISIC Rev. 2

Collection: Data are compiled from the results of the quarterly Household Labour Force Survey.

IV. Civilian employment and employees: breakdown by activities - ISIC Rev. 3

Collection: Data are compiled from the results of the quarterly Household Labour Force Survey.

Source : National Institutes of Statistics (ISTAT)

References:
1. *Annuario Statistico Italiano* (Nazionale di Statistica)
2. *Bollettino Mensile di Statistica* (ISTAT, monthly/mensuel).
3. *Annuario di Statistiche del Lavoro* (ISTAT).
4. *Rilevazione Nazionale Delle Forze di Lavoro* (ISTAT, quarterly/trimestriel).
5. *Relazione Generale Sulla Situazione Economica del Paese.*

Ruptures : En octobre 1992, des modifications ont été apportées à l'Enquête sur la population active auprès des ménages concernant l'âge limite inférieur de la population active (qui passe de 14 à 15 ans), la définition du chômage, les estimations de la population, la procédure d'estimation et la procédure d'imputation. Ces modifications ont eu pour résultat une réduction des estimations des niveaux d'emploi et de chômage.

Emploi

Définition : Les données se réfèrent à l'ensemble des personnes qui déclarent avoir un emploi même si elles n'ont pas travaillé pendant la semaine de référence et celles qui ont travaillé au moins une heure durant la semaine de référence. Les conscrits et les militaires de carrière sont inclus dans l'emploi total via leurs familles vivant en ménages privés.

Chômage

Définition : Les données concernent les personnes qui sont sans emploi, qui ont accompli des démarches spécifiques pour trouver un emploi au cours des 30 jours précédant l'enquête et qui étaient disponibles pour prendre un emploi immédiatement (dans les 15 jours suivants).

III. Situation dans la profession et répartition par activités - CITI Rév. 2

Collecte : Les données sont établies à partir des résultats de l'Enquête trimestrielle sur la population active auprès des ménages.

IV. Emploi civil et salariés : répartition par activités - CITI Rév. 3

Collecte : Les données sont établies à partir des résultats de l'Enquête trimestrielle sur la population active auprès des ménages.

Statistiques de la Population Active
© 2002
OCDE

LUXEMBOURG

I. Population

Coverage: Data refer to the resident population (*de jure*).

Calculation: Data are official estimates at 31 December based on the censuses. Mid-year estimates are averages of the end-of-year data.

II. Labour force

Employment

Definition: Employment figures refer to the domestic concept which includes all persons working in Luxembourg whether resident or not. International civil servants are excluded.

Collection: Data are derived from Social Security registers. As registration is compulsory, data refer to all persons having a paid activity on the territory of Luxembourg. The information is reported every month by employers through the declaration of wages.

Calculation: Annual data are averages of monthly figures.

Unemployment

Definition: Data refer to registered unemployed residents of Luxembourg seeking work of at least 20 hours work per week through the Labour Administration Offices and who are immediately available for such work.

Collection: Data are available from the monthly count of the Labour Administration Offices records of registered jobseekers.

Coverage: Data refer to residents of Luxembourg aged 16 to 64.

Calculation: Annual data are averages of monthly figures.

III. Professional status and breakdown by activities - ISIC Rev. 2

Collection: Data are derived from Social Security registers and the Enterprise survey.

Breaks: Data broken down by activities (civilian employment and employees) have not been revised nor updated due to a change by the country from ISIC Rev. 2 to ISIC Rev. 3.

LUXEMBOURG

I. Population

Couverture : Les données se réfèrent à la population résidante (*de jure*).

Calcul : Les données sont des estimations officielles au 31 décembre basées sur les recensements. La population en milieu d'année est la moyenne arithmétique des populations au 31 décembre.

II. Population active

Emploi

Définition : Les données relatives à l'emploi se réfèrent au concept intérieur, c'est-à-dire aux personnes travaillant au Luxembourg, y résidant ou non. Les fonctionnaires internationaux ne sont pas comptabilisés dans l'emploi intérieur.

Collecte : Les données sont issues des fichiers administratifs de la sécurité sociale. Du fait de l'obligation d'affiliation des travailleurs à la sécurité sociale, elles concernent l'ensemble des personnes ayant une activité rémunérée sur le territoire. Les informations sont saisies mensuellement par le biais de la déclaration de salaire de l'employeur.

Calcul : Les données annuelles sont des moyennes des chiffres mensuels.

Chômage

Définition : Les données se rapportent aux résidents luxembourgeois au chômage qui cherchent un emploi d'au moins 20 heures de travail par semaine par l'intermédiaire des Services de l'Administration du travail et qui sont immédiatement disponibles pour occuper cet emploi.

Collecte : Les données sont tirées des statistiques mensuelles des demandeurs d'emploi inscrits sur les registres des Services de l'Administration du travail.

Couverture : Les données se rapportent aux résidents luxembourgeois âgés de 16 à 64 ans.

Calcul : Les données annuelles sont des moyennes des chiffres mensuels.

III. Situation dans la profession et répartition par activités - CITI Rév. 2

Collecte : Les données sont issues des fichiers administratifs de la sécurité sociale et de l'Enquête auprès des entreprises.

Ruptures : Les données concernant la répartition par branches d'activités (emploi civil et salariés) n'ont pas été révisées ni mises à jour en raison du passage par le pays de la CITI Rév. 2 à la CITI Rév. 3.

Source : Service central de la statistique et des études économiques (STATEC).

References:
1. *Annuaire Statistique du Luxembourg* (STATEC).
2. *Bulletin Statistique* (STATEC, monthly/mensuel).

NETHERLANDS

I. Population

Coverage: Data refer to the resident population (*de jure*).

Calculation: Data are averages for the year.

II. Labour force

Coverage: Data refer to persons of 15 years and over residing in the Netherlands.

Breaks: The break in 1991-92 is due to the introduction of new definitions in the survey. The implementation of a continuous survey caused the break in 1986-87. In 1982-83, the break mainly in the unemployment series is due to the implementation of the Labour Force Survey.

Employment

Calculation: All data are yearly averages.

Unemployment

Calculation: From 1987, all data are yearly averages. From 1983 to 1986, data are established at 1 January and derived from the Labour Force Survey. Prior to 1983, the figures are yearly averages (excluding part-time unemployment) of the monthly registered unemployed series.

III. Professional status and breakdown by activities - ISIC Rev. 2

Collection: Data are compiled from the results of the Labour Force Survey.

IV. Civilian employment and employees: breakdown by activities - ISIC Rev. 3

Collection: Data are compiled from the results of the Labour Force Survey.

Source : Statistics Netherlands.

References:
1. *Statistisch Zakboek* (Centraal Bureau voor de Statistiek).
2. *Maandschrift van het Centraal Bureau voor de Statistiek* (monthly/mensuel).
3. *Maandstatistiek van de Bevolking* (Centraal Bureau voor de Statistiek, monthly/mensuel).
4. *Arbeidsvolume en Geregistreerde Arbeidsreserve 1947-1966* (Centraal Bureau voor de Statistiek).

PAYS-BAS

I. Population

Couverture : Les données se réfèrent à la population résidante (*de jure*).

Calcul : Les données sont des moyennes pour l'année.

II. Population active

Couverture : Les données se réfèrent aux personnes de 15 ans et plus résidant aux Pays-Bas.

Ruptures : La rupture en 1991-92 est due à une redéfinition de l'enquête. La mise en place d'une enquête continue a donné lieu à une rupture en 1986-87. En 1982-83, la rupture qui concerne principalement les séries de chômage est due à l'introduction de l'Enquête sur la population active.

Emploi

Calcul: Toutes les estimations sont des moyennes annuelles.

Chômage

Calcul : Depuis 1987, les estimations sont des moyennes annuelles. De 1983 à 1986, les séries sont établies au 1er janvier et dérivées de l'Enquête sur la population active. Avant 1983, les chiffres sont les moyennes annuelles des séries des chômeurs enregistrés (non compris les personnes en chômage partiel).

III. Situation dans la profession et répartition par activités - CITI Rév. 2

Collecte : Les données sont établies à partir des résultats de l'Enquête sur la population active.

IV. Emploi civil et salariés : répartition par activités - CITI Rév. 3

Collecte : Les données sont établies à partir des résultats de l'Enquête sur la population active.

NORWAY

I. Population

Coverage: Data refer to the resident population *(de jure)*.

Calculation: Data are mid-year and end-of-year estimates.

II. Labour force

Collection: Data are compiled from the results of the quarterly Labour Force Survey, which started in 1972 and which is carried out on a continuous basis from 1996. The size of the sample is 12 000 households, *i.e.* 24 000 persons.

Coverage: Data refer to all persons aged 16 to 74 years.

Calculation: Annual data are averages of quarterly data.

Breaks: In 1996 a continuous survey was introduced with new estimations procedures and a new definition of unemployment was adopted: job seekers are required to be available for work during the 2 weeks following the interview whereas previously the availability required was during the week of the reference period. In 1988, the data collection became monthly but the results are published quarterly. In 1986, the definition of family workers in employment was revised: they became classified as employed regardless of the number of hours they worked, previously only family workers working 10 hours or more per week were included. In 1979, a new estimation procedure and a change in the definition of employment were introduced: conscripts became classified as employed persons.

Employment

Definition: Data refer to all persons who performed work for pay or profit for at least one hour during the reference week. Persons temporarily absent from work due to illness or injury, on vacation or on leave, absent due to labour disputes, bad weather, as well as unpaid family workers and conscripts are included. Persons engaged by government measures to promote employment are included if they receive wages.

NORVÈGE

I. Population

Couverture : Les données se réfèrent à la population résidante *(de jure)*.

Calcul : Les données sont des estimations en milieu et en fin d'année.

II. Population active

Collecte : Les données proviennent des résultats de l'Enquête trimestrielle sur la population active qui a débuté en 1972, et qui est conduite en continu depuis 1996. L'échantillon comprend 12 000 ménages soit 24 000 personnes.

Couverture : Les données se réfèrent à l'ensemble des personnes âgées de 16 à 74 ans.

Calcul : Les données annuelles sont les moyennes des données trimestrielles.

Ruptures : En 1996, l'enquête est devenue continue, les procédures d'estimation et la définition du chômage ont été modifiées: les personnes doivent être disponibles pour travailler dans les deux semaines qui suivent l'entrevue, alors que précédemment, elles ne devaient l'être que pendant la semaine de référence. En 1988, la collecte des données est devenue mensuelle mais les résultats sont toujours publiés tous les trimestres. En 1986, la définition de l'emploi des travailleurs familiaux est révisée : ils sont considérés comme employés quel que soit le nombre d'heures travaillées alors que précédemment un seuil de 10 heures par semaine prévalait. En 1979, une nouvelle procédure d'estimation et un changement de la définition de l'emploi ont été introduits : les conscrits sont considérés comme des personnes employées.

Emploi

Définition : Les données se réfèrent à l'ensemble des personnes qui ont travaillé contre une rémunération ou un profit pendant au moins une heure au cours de la semaine de référence. Elles incluent les personnes qui sont temporairement absentes de leur travail du fait d'une maladie ou d'un accident, en raison de congé ou de vacances, du fait d'une grève, de mauvaises conditions climatiques ainsi que les travailleurs familiaux non rémunérés et les conscrits. Les personnes engagées dans des dispositifs gouvernementaux pour favoriser l'emploi sont comprises si elles reçoivent des salaires.

Statistiques de la Population Active
© 2002
OCDE

Unemployment

Definition. Data refer to persons who were without employment during the reference week but sought work during the last 4 weeks and were available for work within the next 2 weeks. Included are persons on temporary layoff without pay, full or part-time students seeking work.

Registered unemployment

Due to major variations observed between unemployment figures from the Labour Force Survey and those provided from the Employment offices, the following table at the request of the Norwegian authorities is given, showing, the number of unemployed, in thousands.

Chômage

Définition : Les données se réfèrent aux personnes qui étaient sans emploi au cours de la semaine de référence mais qui ont fait des démarches pour trouver un emploi au cours des quatre dernières semaines et étaient disponibles pour travailler au cours des 2 prochaines semaines. Elles incluent les personnes mises à pied temporairement sans solde, les étudiants cherchant du travail à temps complet ou à temps partiel.

Chômage enregistré

En raison d'écarts importants observés dans les statistiques du chômage établies selon l'Enquête sur la population active et celles fournies par les bureaux de placement, à la demande des autorités norvégiennes le tableau suivant indique l'évolution du chômage enregistré, en milliers.

1980	1981	1982	1983	1984	1985	1986	1987	1988	1989	1990
22.3	28.4	41.4	63.6	66.6	51.5	36.2	32.4	49.3	82.9	92.7

1991	1992	1993	1994	1995	1996	1997	1998	1999	2000	2001
100.7	114.4	118.1	110.3	102.2	90.9	73.5	56.0	59.6	62.6	62.7

III. Professional status and breakdown by activities - ISIC Rev. 2

Collection: Data are compiled from the results of the quarterly Labour Force Survey.

Breaks: Data broken down by activities (civilian employment and employees) have not been revised nor updated due to a change by the country from ISIC Rev. 2 to ISIC Rev. 3

IV. Civilian employment and employees: breakdown by activities - ISIC Rev. 3

Collection: Data are compiled from the results of the quarterly Labour Force Survey.

III. Situation dans la profession et répartition par activités - CITI Rév. 2

Collecte : Les données proviennent des résultats de l'Enquête trimestrielle sur la population active.

Ruptures : Les données concernant la répartition par branches d'activités (emploi civil et salariés) n'ont pas été révisées ni mises à jour en raison du passage par le pays de la CITI Rév. 2 à la CITI Rév. 3.

IV. Emploi civil et salariés : répartition par activités - CITI Rév. 3

Collecte : Les données proviennent des résultats de l'Enquête trimestrielle sur la population active.

Source : Statistisk Sentralbyrå.

References:

1. *Statistisk Årbok* (Statistisk Sentralbyrå*)*.
2. *Statistisk Månedshefte* (Statistisk Sentralbyrå, monthly/mensuel*)*.
3. *Norge Industri* (Statistisk Sentralbyrå*)*.
4. *Arbeidsmarkedstatistikk* (Statistisk Sentralbyrå*)*.

POLAND

I. Population

Coverage: Data refer to the resident population (*de jure*).

Calculation: Data are mid-year estimates. There are adjustments in the population series associated with census years (1988, 1978 and 1970), resulting in statistical discrepancies in the sum of components of change in population.

II. Labour force

Collection: Data are compiled from the results of the continuous quarterly Household Labour Force Survey from the fourth quarter 1999. The survey covers members of randomly selected households. Prior to this, the survey was conducted during one week each quarter in February, May, August and November. In February 1996, the size of the sample was 22 100 households, *i.e.* 55 000 persons. The survey started in 1992.

Coverage: Data refer to the non-institutional population and cover all persons aged 15 years and over living in households continuously for at least two months. The population not living in households is excluded, such as enlisted soldiers in military barracks, persons in jail, persons with no place of residence. Career members of the armed forces who live in private households are included in civilian labour force. The armed forces only include conscripts.

Calculation: Data are annual averages. The annual average for 1992 was calculated by doubling the weight for the second quarter to compensate for missing first quarter data.

Employment

Definition: Data refer to the number of persons who within the surveyed week worked, earning income or wages or helped in a family economic activity or who did not work (for example due to illness, vacation, strike) but formally had a job. Employment includes persons taking between four to six months maternity leave.

POLOGNE

I. Population

Couverture : Les données se réfèrent à la population résidante (*de jure*).

Calcul : Les données sont des estimations en milieu d'année. Les ajustements dans les séries de la population sont associées aux années des recensements (1988, 1978 et 1970), il en résulte des divergences statistiques dans la somme des composantes de l'évolution de la population.

II. Population active

Collecte : Les données proviennent de l'Enquête trimestrielle sur la population active auprès des ménages, menée en continu depuis le quatrième trimestre 1999. L'enquête couvre les membres de ménages choisis au hasard. Avant cette date, l'enquête s'effectuait sur une semaine chaque trimestre en février, mai, août et novembre. En février 1996, l'échantillon comprenait 22 100 ménages soit 55 000 personnes. L'enquête a débuté en 1992.

Couverture : Les données se réfèrent à la population non institutionnelle et couvrent toutes les personnes de 15 ans et plus vivant dans le ménage de façon continue depuis au moins deux mois. La population qui ne vit pas dans des ménages est exclue, c'est-à-dire les militaires du contingent vivant en casernes, les personnes en prison et celles qui n'ont pas de domicile. Les militaires de carrière qui vivent dans des ménages privés sont compris dans la population active civile. Les forces armées ne comprennent que les militaires du contingent.

Calcul : Les données sont des moyennes annuelles. La moyenne de l'année 1992 a été calculée en doublant le poids du deuxième trimestre pour compenser l'absence de données pour le premier trimestre.

Emploi

Définition : Les données se réfèrent au nombre de personnes qui dans la semaine de l'enquête ont travaillé contre rémunérations ou salaires ou ont participé à l'activité économique familiale ou qui n'ont pas travaillé (par exemple pour cause de maladie, de vacances, de grève) mais qui ont formellement un travail. Les chiffres de l'emploi incluent les personnes qui sont en congé de maternité pour une durée de quatre à six mois.

Statistiques de la Population Active
© 2002

OCDE

Unemployment

Definition: Data refer to persons who simultaneously fulfilled the following three conditions: were not working in the reference week, were active job seekers, and were available for work in the reference week or the following one.

III. Professional status and breakdown by activities - ISIC Rev. 2

Professional Status

Definition: Individuals working in co-operatives are either classified as employers and persons working on own account or as employees, depending on their status within the enterprise. Individuals who contribute capital and receive a share of the profits are classified as employers; others are classified employees.

Collection: Data are compiled from the results of the Quarterly Household Labour Force Survey.

Breakdown by activity

Collection: Data are compiled from the results of the Quarterly Household Labour Force Survey.

Coverage: Employment by ISIC major division is based upon an aggregation of data classified by the Polish EKD (Europesjskiej Kiasyfikacji Dzialalanosci) which is a version of NACE Rev. 1.

Calculation: Data are annual averages. A breakdown of employment according to a classification compatible with ISIC major divisions is available from the second quarter of 1993. The annual average for 1993 was calculating by doubling the weight for the second quarter.

IV. Civilian employment and employees: breakdown by activities - ISIC Rev. 3

Collection: Data are compiled from the results of the Household Labour Force Survey.

Source: Central Statistical office of Poland (GUS).

References:

1. *Statistical Yearbook of Demography* (GUS).
2. *Aktywnosc Ekonomiczna Ludnosco Polski* (Quarterly labour force survey results, GUS).

Chômage

Définition : Les données se réfèrent aux personnes qui ont simultanément rempli les trois conditions suivantes : ne travaillaient pas durant la semaine de référence, recherchaient activement un emploi et étaient disponibles pour commencer un travail la semaine de référence ou la semaine suivante.

III. Situation dans la profession et répartition par activités - CITI Rév. 2

Situation dans la Profession

Définition : Les personnes travaillant dans les coopératives sont classées soit dans la catégorie "employeurs et personnes travaillant à leur compte", soit dans celle des salariés selon leur statut au sein de la coopérative. Les personnes qui contribuent au capital et reçoivent une part des profits sont dans la catégorie "employeurs et personnes travaillant à leur compte" ; les autres sont classées comme salariés.

Collecte : Les données sont établies à partir des résultats de l'Enquête trimestrielle sur la population active auprès des ménages.

Répartition par branches d'activités

Collecte : Les données sont établies à partir des résultats de l'Enquête trimestrielle sur la population active auprès des ménages.

Couverture : L'emploi par divisions principales de la CITI a été calculé en agrégeant des données selon la classification polonaise EKD (Europesjskiej Kiasyfikacji Dzialalanosci) qui est une version de NACE Rév. 1.

Calcul : Les données sont des moyennes annuelles. La ventilation de l'emploi selon la classification compatible avec les principales divisions de la CITI est uniquement disponible depuis le deuxième trimestre de 1993. La moyenne de l'année 1993 a été calculée en doublant le poids du deuxième trimestre.

IV. Emploi civil et salariés : répartition par activités - CITI Rév. 3

Collecte : Les données sont établies à partir des résultats de l'Enquête sur la population active auprès des ménages.

PORTUGAL

I. Population

Coverage: Data refer to the population present in area (*de facto*) and cover the entire country of Portugal (including Madeira and Azores).

Calculation: Data are estimates at 31 December. They a have been adjusted in line with the censuses conducted in 1970, 1981 and 1991.

II. Labour force

Collection: From 1998, data are collected from the continuous quarterly Household Labour Force Survey (Inquérito ao Emprego) which uses the harmonised European methodology. The survey uses a sample of approximately 21 000 households obtained from the master sample based on the 1991 Census. The reference period is a given week. Weekly interviews are conducted over a 13 week period during the quarter to cover the 21 000 households.

Coverage: Data refer to all persons aged 15 years and over, resident and living in private households. The geographical coverage of the data is the entire country of Portugal (including Madeira and Azores).

Calculation: Annual data are averages of quarterly figures.

Breaks: A revision of the estimation method of the survey has resulted in a break in series between 1997 and 1998. The new method is based on independent estimates of the population by gender and age groups. In 1998, the sample design and questionnaire were modified in order to meet European standards. The sample used prior to 1998 represents aged 14 years and over. The break in 1991-92 is due to a new survey design, census adjustment, adoption of a new sampling frame and harmonisation of the concepts to Eurostat standards. The sample used prior to 1992 represents persons aged 12 years and over. In 1982-83, the break is due to the change of the survey to quarterly, the adoption of a new sampling frame, the adjustment of the census to ILO definitions.

PORTUGAL

I. Population

Couverture : Les données correspondent à la population présente (*de facto*) et couvrent le Portugal dans son ensemble (Madère et Açores comprises).

Calcul : Les données sont des estimations au 31 décembre. Elles ont été établies à partir des résultats des recensements effectués en 1970, en 1981 et en 1991.

II. Population active

Collecte : Depuis 1998, toutes les données proviennent de l'Enquête trimestrielle continue sur la population active auprès des ménages (Inquérito ao Emprego) qui utilise la méthodologie européenne harmonisée. L'enquête utilise un échantillon d'environ 21 000 ménages obtenu à partir du recensement de 1991. La période de référence est une semaine donnée. Des entrevues hebdomadaires sont conduites sur une période de 13 semaines pendant le trimestre pour couvrir les 21 000 ménages.

Couverture : Les données se réfèrent à toutes les personnes résidantes, âgées de 15 ans et plus vivant dans les ménages privés. La couverture géographique des données est le Portugal dans son ensemble (Madère et Açores comprises).

Calcul : Les données annuelles sont des moyennes des chiffres trimestriels.

Ruptures : Une révision de la méthode des estimations de l'enquête a entraîné une rupture de séries entre 1997 et 1998. La nouvelle méthode est basée sur des estimations indépendantes de population par sexe et par groupe d'âge. La constitution de l'échantillon a été modifiée ainsi que le questionnaire pour satisfaire aux définitions de l'Union européenne. L'échantillon utilisé avant 1998 représente les personnes de 14 ans et plus. La rupture en 1991-92 correspond à une nouvelle enquête se traduisant par un ajustement au recensement, la constitution d'un nouvel échantillonnage et l'harmonisation des concepts aux standards d'Eurostat. L'échantillon utilisé avant 1992 représente les personnes de 12 ans et plus. En 1982-83, une rupture est due à la mise en place d'une enquête sur une base trimestrielle, l'ajustement du recensement, la constitution d'un nouvel échantillonnage et à l'adoption des définitions du BIT.

Employment

Definition: Data refer to all persons who during the reference week, have worked at least one hour for remuneration in the form of wage or salary, for profit or family gain or had a job or an enterprise but were not at work.

Unemployment

Definition: Unemployed persons comprise all persons who during the reference period, were without work, currently available for work and. had taken specific steps to seek paid employment or self-employment.

III. Professional status and breakdown by activities - ISIC Rev. 2

Collection: Data are compiled from the results of the quarterly Household Labour Force Survey.

IV. Civilian employment and employees: breakdown by activities - ISIC Rev. 3

Collection: Data are compiled from the results of the quarterly Household Labour Force Survey.

Source : Instituto Nacional de Estatistica (INE).
References:
1. *Anuario Demografico* (INE).
2. *Inquerito Permanente ao Emprego* (INE).

Emploi

Définition : Les données se réfèrent à toutes les personnes qui pendant la semaine de référence ont travaillé au moins une heure pour une rémunération sous forme de salaire, de profit ou gain dans un cadre familial ou qui avaient un travail ou une entreprise mais n'étaient pas au travail.

Chômage

Définition : Les personnes sans emploi sont toutes les personnes qui pendant la période de référence, étaient sans travail, disponibles pour travailler et avaient pris des mesures spécifiques pour chercher un emploi rémunéré ou indépendant.

III. Situation dans la profession et répartition par activités - CITI Rév. 2

Collecte : Les données proviennent des résultats de l'Enquête trimestrielle sur la population active auprès des ménages.

IV. Emploi civil et salariés : répartition par activités - CITI Rév. 3

Collecte : Les données proviennent des résultats de l'Enquête trimestrielle sur la population active auprès des ménages.

SLOVAK REPUBLIC

I. Population

Coverage: Data refer to the resident population (*de jure*). Data for 2001 refer to 2001 Census.

II. Labour force

Collection: Data are derived from the quarterly Household Labour Force Survey. The survey is based on a quarterly random sample of dwellings from all areas of the Slovak Republic. The sample covers 10 250 dwellings in the Slovak Republic, which represent 0.6% of all permanently occupied dwellings. The survey covers approximately 26 000 people, every quarter. Each selected household remains in the sample for five consecutive quarters. The survey started in 1993.

Coverage: Data refer to persons aged 15 years and over. The institutional population (in prisons, convents, etc.) is not included in the survey.

Employment

Definition: Data refer to persons who worked at least one hour for pay or profit (full-time or part-time job, temporary, casual or seasonal job) during the reference week and persons who did not work during the reference week due to illness, holiday, maternity leave, study, weather conditions and strike or dispute. Assisting members of entrepreneurs' households and professionals in military service are included. Persons on long-term unpaid leave from work are excluded.

Unemployment

Definition: Data refer to persons, who did not work for pay or profit during the reference week, who actively sought a job during the previous four weeks and who were able to start work in the next two weeks. The unemployed also include persons who did not actively seek a job because they had already found a job which would start within one month, or who were on long-term unpaid leave and expected to return to work within three months.

RÉPUBLIQUE SLOVAQUE

I. Population

Couverture : Les données se réfèrent à la population résidante (*de jure*). Les données pour 2001 sont tirées du recensement de 2001.

II. Population active

Collecte : Les données sont tirées de l'Enquête trimestrielle sur la population active auprès des ménages. L'enquête est basée sur un échantillon trimestriel aléatoire de logements de la République slovaque. L'échantillon comprend 10 250 logements, ce qui représente 0.6% des logements occupés. Chaque trimestre, l'enquête couvre approximativement 26 000 personnes. Chaque ménage sélectionné reste 5 trimestres consécutifs dans l'échantillon. L'enquête a débuté en 1993.

Couverture : Les données se réfèrent au nombre de personnes de 15 ans ou plus. La population institutionnelle (dans les prisons, couvents, etc.) n'est pas incluse dans l'enquête.

Emploi

Définition : Les données se réfèrent au nombre de personnes qui ont travaillé au moins une heure rémunérée (travail à temps plein ou partiel, travail temporaire, occasionnel ou saisonnier) au cours de la semaine de référence, ou qui n'ont pas travaillé au cours de la semaine de référence en raison de maladie, congé maternité, études, conditions météorologiques ou grèves ou conflits. Les membres actifs de ménages d'entrepreneurs et les militaires de carrière sont également inclus. Les personnes en congé sans solde de longue durée sont exclues.

Chômage

Définition : Les données se réfèrent au nombre de personnes n'ayant pas eu d'activité rémunérée durant la période de référence, qui ont cherché activement un emploi au cours des quatre semaines précédentes et qui étaient en mesure de commencer à travailler dans les deux prochaines semaines. Les chômeurs incluent également les personnes qui n'ont pas recherché activement de travail parce qu'elles en avaient déjà trouvé un devant commencer dans moins d'un mois, ainsi que les personnes en congé sans solde à long terme qui doivent revenir au travail dans moins de trois mois.

III. Professional status and breakdown by activities - ISIC Rev. 2

Collection: Data are compiled from the results of the quarterly Household Labour Force Survey.

IV. Civilian employment and employees: breakdown by activities - ISIC Rev. 3

Collection: Data are compiled from the results of the quarterly Household Labour Force Survey.

Source: Statistical Office of the Slovak Republic.

III. Situation dans la profession et répartition par activités - CITI Rév. 2

Collecte : Les données sont établies à partir des résultats de l'Enquête trimestrielle sur la population active auprès des ménages.

IV. Emploi civil et salariés : répartition par activités - CITI Rév. 3

Collecte : Les données sont établies à partir des résultats de l'Enquête trimestrielle sur la population active auprès des ménages.

SPAIN

I. Population

Coverage: Data refer to the resident population (*de jure*). Data refer to the whole area (Peninsula, Baleares and Canary islands) and since 1971, include Ceuta and Melilla in North Africa

Calculation: Data are mid-year and end-of-year estimates. For the period 1960-1970, the figures are interpolated among 1960 and 1970 Censuses. The figures from 1971 are projections based on the decennial Censuses.

II. Labour force

Collection: Data are derived from the results of the quarterly Household Labour Force Survey. The theoretical sample includes 74 000 households, in practice about 65 000 households are interviewed, (about 185 000 persons).

Coverage: Data refer to the number of persons aged 16 years and over. The whole of the national territory is covered and approximately 99 per cent of the population. Persons living in households are covered by the survey. Persons living in hospitals, hotels, convents and other collective establishments are excluded.

Calculation: Annual data are averages of quarterly figures.

Breaks: From 2001, the new unemployment definition established by the European Commission in 2000 has been introduced. As a consequence near 450 000 persons are considered inactive instead of unemployed for the year 2001. From 1994, persons employed in the "Guardia Civil" are not included in the armed forces. As an indication this category represented 59 600 people in 1994. In 1986-87, there is a break in the unemployment duration series due to a change in the survey questions. In 1976, the lower age limit for inclusion in the Labour Force Survey was raised from 14 to 16, at the same time other modifications to the survey were introduced.

Employment

Definition: Data refer to the number of persons who worked at least one hour during the reference week, or were absent from their job but maintained a strong attachment to it. Strong attachment here means that the respondent counts on getting back to work when the reason for not working finishes. Work includes any

ESPAGNE

I. Population

Couverture: Les données se réfèrent à la population résidante (*de jure*). Les données se réfèrent à tout le territoire (la péninsule, les îles Baléares et les îles Canaries) et depuis 1971, incluent Ceuta et Melilla en Afrique du Nord.

Calcul : Les données sont des estimations au milieu et en fin d'année. Sur la période 1960-1970, les données sont le résultat d'une interpolation entre les recensements de 1960 et 1970. Les données depuis 1971 sont des estimations basées sur les recensements décennaux.

II. Population active

Collecte : Les données proviennent des résultats de l'Enquête trimestrielle sur la population active auprès des ménages. L'échantillon théorique inclut 74 000 ménages, mais dans la pratique environ 65 000 ménages sont réellement interrogés, c'est-à-dire environ 185 000 personnes.

Couverture : Les données se réfèrent au nombre de personnes de 16 ans et plus. Tout le territoire national est couvert et approximativement 99 pour cent de la population. Les personnes vivant dans leur foyer sont couvertes par l'enquête. Les personnes hébergées dans les hôpitaux, les hôtels, les couvents et les autres établissements collectifs sont exclues.

Calcul : Les données annuelles sont des moyennes des chiffres trimestriels.

Ruptures : À partir de 2001, la nouvelle définition du chômage établie par la Commission européenne en 2000 est appliquée. En conséquence, 450 000 personnes sont considérées comme inactifs au lieu de chômeurs pour l'année 2001. Depuis 1994, les personnes employées dans la "Guardia Civil" ne sont pas comptabilisées dans les forces armées. A titre indicatif, en 1994 cette catégorie représentait 59 600 personnes. En 1986-87, il y a une rupture dans les séries de durée du chômage en raison d'un changement apporté aux questions posées lors de l'enquête. En 1976, l'âge limite inférieur de l'enquête passe de 14 à 16 ans, au même moment d'autres changements interviennent dans le questionnaire.

Emploi

Définition : Les données se réfèrent au nombre de personnes qui ont travaillé au moins une heure pendant la semaine de référence ou qui, bien que titulaires d'un emploi, n'étaient pas au travail mais conservaient un lien fort avec lui. Un lien fort signifie que l'enquêté espère revenir au travail quand la raison de son absence

Statistiques de la Population Active
© 2002

OCDE

work for pay or profit in kind, that is, paid work in the context of an employer/employee relationship, self-employment and unpaid family work.

Unemployment

Definition: Data refer to the number of persons who during the reference week, have not worked for gain for at least one hour, have actively looked for work in the past four weeks and are available to start work within 2 weeks. Students and persons engaged in non-profit activities are also counted if they satisfy the above conditions.

III. Professional status and breakdown by activities - ISIC Rev. 2

Professional Status

Collection: Data are compiled from the results of the quarterly Household Labour Force Survey.

Breakdown by activities - ISIC Rev. 2

Breaks: Data broken down by activities (civilian employment and employees) have not been revised nor updated due to a change by the country from ISIC Rev. 2 to ISIC Rev. 3.

IV. Civilian employment and employees: breakdown by activities - ISIC Rev. 3

Collection: Data are compiled from the results of the quarterly Household Labour Force Survey. For the period 1977-1987, it has not been possible to recover the whole equivalence with the ISIC Rev.3 codification.

Source : Instituto Nacional de Estadistica (INE)
References:
1. *Anuario Estadistico de Espana* (INE).
2. *Boletin De Estadistica* (INE, monthly/mensuel).
3. *Dinamica del Empleo* (Ministerio de Trabajo).
4. *Poblacion Activa Encuesta* (INE, quarterly/trimestriel).

au travail sera finie. Le travail comprend toute activité rémunérée ou lucrative, c'est-à-dire un travail salarié dans le contexte d'une relation employeur/employé, un travail indépendant ou un travail non rémunéré au profit d'un membre de la famille.

Chômage

Définition : Les données se réfèrent au nombre de personnes qui pendant la semaine de référence, n'ont pas eu une activité rémunérée d'au moins une heure, ont cherché activement un travail pendant les 4 dernières semaines et sont disponibles pour commencer à travailler dans les 2 semaines. Les étudiants et les personnes qui ont des activités à but non lucratif sont comptabilisées s'ils satisfont aux dites conditions.

III. Situation dans la profession et répartition par activités - CITI Rév. 2

Situation dans la profession

Collecte : Les données proviennent des résultats de l'Enquête trimestrielle sur la population auprès des ménages.

Répartition par activités – CITI Rév. 2

Ruptures : Les données concernant la répartition par branches d'activités (emploi civil et salariés) n'ont pas été révisées ni mises à jour en raison du passage par le pays de la CITI Rév. 2 à la CITI Rév. 3.

IV. Emploi civil et salariés : répartition par activités - CITI Rév. 3

Collecte : Les données proviennent des résultats de l'Enquête trimestrielle sur la population auprès des ménages. Pour la période 1977-1987, il n'a pas été possible de reconstituer l'équivalence entière avec la codification en ISIC Rév.3.

SWEDEN

I. Population

Coverage: Data refer to the resident population (*de jure*).

Calculation: Data are mid-year estimates.

II. Labour force

Collection: Data are compiled from the results of the monthly Labour Force Survey of 17 000 people. The period of active job search is of 4 weeks. The reference weeks are distributed uniformly throughout the year and the survey provides monthly, quarterly and annual results.

Coverage: Data cover all inhabitants in Sweden on the civil register, aged between 16 and 64, plus volunteer and career members of the armed forces. Figures for Total Labour Force exclude conscripts.

Calculation: Annual data are averages of monthly figures.

Breaks: In 1993 a new reference week system and new estimation procedures were introduced. Also the definition of unemployed was adjusted so that it followed the recommendations of the ILO more closely. In the new reference week system, the Labour Force Survey measures all weeks during the year as opposed to two weeks per month in the older system. In 1987 a new questionnaire was introduced resulting in the presentation of additional variables, and in the establishment of dependent interviewing. Since 1986, data represent all persons aged 16 to 64 years; previously they represent all persons aged 16 to 74 years. Since 1970 the surveys have been performed on a monthly basis.

Employment

Definition: Data cover all persons who, during the reference week, were gainfully employed for at least one hour as paid employees, or as entrepreneurs or self-employed and persons working as unpaid helpers in a business belonging to spouse or other family member in the same household. Data also included persons who did not carry out any work (as defined above) but who had employment or work either as unpaid family workers or as entrepreneurs or self-employed and who were temporarily absent during the entire measurement week because of illness, holiday or certain other types of leave, irrespective of whether

SUÈDE

I. Population

Couverture : Les données se réfèrent à la population résidante (*de jure*).

Calcul : Les données sont des estimations au milieu d'année.

II. Population active

Collecte : Les données sont établies à partir des résultats de l'Enquête mensuelle sur la population active sur un échantillon de 17 000 personnes. La durée de la période de recherche active d'un emploi est de 4 semaines. Les semaines de référence sont distribuées uniformément tout au long de l'année et l'enquête fournit des résultats mensuels, trimestriels et annuels.

Couverture : Les données couvrent l'ensemble des personnes de 16 à 64 ans habitant en Suède, et inscrites sur le registre civil ainsi que les militaires de carrière et les volontaires de l'armée. Les chiffres de la Population active totale excluent les conscrits.

Calcul : Les données annuelles sont des moyennes des chiffres mensuels.

Ruptures : En 1993, un nouveau système de semaine de référence et de nouvelles procédures d'évaluations ont été introduites. La définition des chômeurs a été également ajustée pour suivre plus précisément les recommandations du BIT. Dans le nouveau système de semaine de référence, l'Enquête sur la population active effectue des relevés chaque semaine de l'année, tandis que dans l'ancien système les relevés n'étaient effectués que deux semaines par mois. En 1987, un nouveau questionnaire a été introduit instituant des variables supplémentaires et un entretien avec les membres de la famille. Les données depuis 1986 se réfèrent aux personnes de 16 à 64 ans. Avant 1986, elles se référaient aux personnes de 16 à 74 ans. Les enquêtes sont menées sur une base mensuelle depuis 1970.

Emploi

Définition : Les données concernent l'ensemble des personnes qui, au cours de la semaine de référence, ont exercé un emploi rémunéré pendant au moins une heure en qualité de salariés, entrepreneurs ou travailleurs indépendants ou collaborateurs non rémunérés dans une entreprise appartenant au conjoint ou à un autre membre de la famille faisant partie du même foyer. Les données incluent également les personnes qui n'ont exercé aucun emploi (tel que défini ci-dessus) mais qui sont pourvues d'un emploi ou d'un travail soit en tant que collaborateurs non rémunérés d'un membre de leur famille soit en tant qu'entrepreneurs ou travailleurs

or not the absence was paid for.

Unemployment

Definition: Data refer to all persons of working age who during the reference week were not employed, but were willing and able to work and had looked for work (or would have looked for work if they had not been temporarily prevented from doing so) during the last four weeks. Also included are persons who are waiting to begin a job starting within four weeks. Data from 1976 include students who comply with ILO unemployment criteria.

III. Professional status and breakdown by activities - ISIC Rev. 2

Collection: Data are compiled from the results of the monthly Labour Force Survey.

IV. Civilian employment and employees: breakdown by activities - ISIC Rev. 3

Collection: Data are compiled from the results of the monthly Labour Force Survey.

Source : Statistics Sweden.

References:
1. *Statistisk Årsbok for Sverige* (Statistiska Centralbyrån)
2. *Allmån, Månadsstatistik* (Statistiska Centralbyrån).
3. *Arbetsmarknadsstatistik* (Arbetsmarknadsstyrelsen).

indépendants et qui ont été temporairement absentes pendant la totalité de la semaine de référence pour cause de maladie, vacances ou autre type de congé, que cette absence donne lieu ou non à une indemnité.

Chômage

Définition : Les données se réfèrent à l'ensemble des personnes en âge de travailler qui pendant la semaine de référence ont été à la fois sans emploi, désireuses de travailler, capables de travailler et ont recherché un emploi durant les quatre dernières semaines (ou qui auraient recherché un emploi si elles n'avaient pas été momentanément empêchées de le faire). Les personnes qui attendent de commencer un travail dans les quatre semaines sont également incluses. Les données depuis 1976 incluent les étudiants qui satisfont aux critères du chômage selon le BIT.

III. Situation dans la profession et répartition par activités - CITI Rév. 2

Collecte : Les données sont établies à partir des résultats de l'Enquête mensuelle sur la population active.

IV. Emploi civil et salariés : répartition par activités - CITI Rév. 3

Collecte : Les données sont établies à partir des résultats de l'Enquête mensuelle sur la population active.

SWITZERLAND

I. Population

Distribution by age and gender

Coverage: Data refer to the permanent resident population (*de jure*). Seasonal foreign workers are excluded.

Calculation : Data are mid-year estimates obtained by averaging official estimates at 31 December for two consecutive years except for the year 1994, when they refer to the permanent resident population at 31 December.

Breaks: Prior to 1989, data refer to mean resident population and seasonal foreign workers were included. Prior to 1969, they referred to the permanent resident population and seasonal foreign workers were excluded from these series.

Components of change in population

Coverage: Data refer to the permanent resident population (*de jure*). Seasonal foreign workers are excluded.

II. Labour force

Employment

Definition: Data refer to all the persons who are gainfully employed for at least 6 hours per week or who work without remuneration as a family worker.

Collection: Data are compiled from the statistics of the working occupied population (SPAO). The SPAO data are established mainly from the Swiss Labour Force Survey (ESPA) and the Central Register of Foreigners.

Coverage: Data refer to domestic employment and cover all the persons aged 15 years and over working in Switzerland, including overseas residents, foreign commuters and asylum seekers.

Calculation: As the statistics have persons as measuring unit, each professionally active person is counted only once. Data are estimates of average for the year.

SUISSE

I. Population

Répartition selon l'âge et le sexe

Couverture : Les données se réfèrent à la population résidante permanente (*de jure*). Les travailleurs étrangers saisonniers sont exclus.

Calcul : Les données sont des estimations en milieu d'année obtenues en faisant la moyenne des estimations officielles au 31 décembre de deux années consécutives sauf pour l'année 1994, où elles se réfèrent à la population résidante permanente au 31 décembre.

Ruptures : Avant 1989, les données se réfèrent à la population résidante moyenne et les travailleurs étrangers saisonniers sont inclus. Avant 1969, elles se référaient à la population résidante et les travailleurs étrangers saisonniers étaient exclus.

Composantes de l'évolution démographique

Couverture : Les données se réfèrent à la population résidante permanente (*de jure*). Les travailleurs étrangers saisonniers sont exclus.

II. Population active

Emploi

Définition : Les données concernent l'ensemble des personnes qui exercent une activité rémunérée d'au moins 6 heures par semaine ou qui travaillent sans rémunération dans l'exploitation familiale.

Collecte : Les données proviennent de la Statistique de la population active occupée (SPAO). La SPAO est une statistique de synthèse fondée notamment sur l'Enquête suisse sur la population active (ESPA) et sur le registre central des étrangers.

Couverture : Les données se réfèrent à l'emploi intérieur et comprennent toutes les personnes de 15 ans et plus travaillant en Suisse. Elles incluent les résidents étrangers, les frontaliers et les demandeurs d'asile.

Calcul : Les statistiques ayant les personnes comme unité de mesure comptent une seule fois chaque personne professionnellement active. Les données sont des estimations de moyennes pour l'année.

Statistiques de la Population Active
© 2002

OCDE

Unemployment

Definition: Data refer to the number of persons regarded as being out of work according to the Federal Statistical Office, that is persons aged 15 and over who were not gainfully employed during the reference week, who had actively looked for work during the previous four weeks and could start work during the four weeks that follow.

Collection: Data are compiled from results of Swiss Labour Force Survey (ESPA) and registered unemployment statistics.

III. Professional status and breakdown by activities - ISIC Rev. 2

Professional Status

Calculation: Annual data refer to the second quarter (April-June).

Breakdown by activities - ISIC Rev. 2

Calculation: Annual data are estimates of average for the year.

Breaks: Data broken down by activities (civilian employment) have not been revised nor updated due to a change by the country from ISIC Rev. 2 to ISIC Rev. 3.

IV. Civilian employment and employees: breakdown by activities - ISIC Rev. 3

Collection: Data have been compiled from various statistical sources, mainly the Swiss Labour Force Survey, the Central Register of Foreigners and the Establishment Survey.

Source: Office fédéral de la statistique (OFS).

References:
1. *Annuaire Statistique de la Suisse* (OFS).
2. *La Vie Économique* (Secrétariat d'État à l'économie (SECO), monthly/mensuel).
3. Indicateurs du marché du travail (OFS), annuel

Chômage

Définition : Les données se réfèrent au nombre de personnes sans emploi selon la statistique des personnes sans emploi de l'Office fédéral de la statistique, c'est-à-dire les personnes d'au moins 15 ans révolus, qui n'étaient pas actives occupées au cours de la semaine de référence, qui avaient cherché activement un emploi au cours des quatre semaines précédentes et qui pouvaient commencer à travailler au cours des quatre semaines suivantes.

Collecte : Les données sont basées sur l'Enquête suisse sur la population active (ESPA) et sur les statistiques de chômeurs inscrits.

III. Situation dans la profession et répartition par activités - CITI Rév. 2

Situation dans la profession

Calcul : Les données annuelles se réfèrent au deuxième trimestre (avril-juin).

Répartition par activités – CITI Rév. 2

Calcul : Les données annuelles sont des estimations de moyennes pour l'année.

Ruptures : Les données concernant la répartition par branches d'activités (emploi civil) n'ont pas été révisées ni mises à jour en raison du passage par le pays de la CITI Rév. 2 à la CITI Rév. 3.

IV. Emploi civil et salariés : répartition par activités - CITI Rév. 3

Collecte : Les données ont été établies d'après différentes sources statistiques, notamment l'Enquête suisses sur la population active, le Registre central des étrangers et l'Enquête auprès des entreprises.

TURKEY

I. Population

Coverage: Data refer to the present population in area (*de facto*).

Calculation: Data are mid-year estimates, calculated by applying exponential growth rates between two censuses. Starting from 1990, the figures are results of national population projections.

II. Labour force

Collection: From January 2000, data are collected from the monthly Household Labour Force Survey with a moving reference period, which changes according to the survey implementation date. The data are disseminated on a quarterly basis. All settlements are covered in the sample selection, and the sample size is approximately 7 800 households for each month. The rotation method has been used in the sample selection. In every quarter, one half of the total sample is selected from the previously interviewed households. For the former semi-annual survey conducted between 1988 and 1999, data were collected twice yearly, with reference periods being the last week of April and the last week of October. From October 1994, 13 537 households are surveyed, 9 194 in 73 urban places with a population of over 20 000 and 4 343 in 188 rural places.

Coverage: Data refer all persons aged 15 years and over. All persons in private households within Turkey, whose head is a Turkish national, are covered. Members of the armed forces (volunteers, career military and conscripts) not living in private households, as well as persons doing civilian service equivalent to military service are excluded.

Calculation: Factors to gross the survey results to the population are derived from the 1990 Population Census results. Annual figures are averages of semi-annual between 1988 and 1999 and quarterly figures for the year 2000. In 2001 data refer to the 4th quarter.

Breaks: Between October 1988 and October 1999, the age criterion was taken as 12 years and over for employment and unemployment data collected in the semi-annual survey and the job search criterion covered a six month period.

TURQUIE

I. Population

Couverture : Les données se réfèrent à la population présente (*de facto*).

Calcul : Les données sont des estimations en milieu d'année, calculées en faisant l'hypothèse d'une croissance exponentielle entre deux recensements. À partir de 1990, les données sont les résultats des projections nationales de population.

II. Population active

Collecte : Depuis janvier 2000, les données proviennent de l'Enquête mensuelle sur la population active auprès des ménages avec une période de référence mobile, qui change selon la date de mise en place de l'enquête. Les données sont diffusées sur une base trimestrielle. Toutes les habitations sont couvertes dans la sélection et la taille de l'échantillon est d'environ 7 800 ménages chaque mois. La méthode de rotation a été utilisée pour sélectionner l'échantillon. Chaque trimestre, une moitié de l'échantillon est choisie parmi les ménages précédemment interviewés. Dans la précédente enquête semestrielle conduite entre 1988 et 1999, les données étaient collectées deux fois par an, les périodes de référence étant la dernière semaine d'avril et la dernière semaine d'octobre. Depuis octobre 1994, 13 537 foyers sont étudiés, dont 9 194 dans 73 grandes villes de plus de 20 000 habitants et 4 343 dans 188 zones rurales.

Couverture : Les données se réfèrent aux personnes de 15 ans et plus. Toutes les personnes appartenant à des ménages privés résidant en Turquie et dont le chef de famille est de nationalité turque sont couvertes. Les membres des forces armées (volontaires, militaires de carrière et militaires du contingent) ne vivant pas dans des foyers privés ainsi que les personnes accomplissant un service civil en remplacement du service militaire sont exclus.

Calcul : Les facteurs employés pour extrapoler les résultats de l'enquête à la population sont tirés du recensement démographique de 1990. Les chiffres annuels sont des moyennes des chiffres semestriels entre 1988 et 1999 et trimestriels pour l'année 2000. En 2001 les données se réfèrent au quatrième trimestre.

Ruptures : Entre octobre 1988 et octobre 1999, le critère d'âge était de 12 ans et plus pour les données d'emploi et de chômage collectées avec l'enquête semestrielle et le critère de recherche du travail était de six mois.

Statistiques de la Population Active
© 2002
OCDE

Employment

Definition: Data refer to persons who were economically active during the reference period for at least one hour as a regular employee, casual employee, employer, self employed or unpaid family worker; or persons with a job, who did not work during the reference period for various reasons, but have job attachment. The members of producer cooperatives and unpaid apprentices in training are considered to be employed.

Unemployment

Definition: Data refer to the number of persons who were not employed (neither worked for profit, payment in kind or family gain at any job even for one hour, and who have no job attachment) during the reference period, who have taken specific steps to obtain a job during the last three months and were available to start work within 15 days. Persons who have already found a job or established his/her own job, but were waiting to complete the necessary documents to start work, and who were available to start work within 15 days, were also considered to be unemployed.

III. Professional status and breakdown by activities - ISIC Rev. 2

Collection: Data since 2000 are collected from the monthly Household Labour Force Survey, disseminated on a quarterly basis. Data from 1988 to 1999, are based on the semi-annual Household Labour Force Survey. Figures from 1976 to 1987, are official estimates provided by the Turkish Institute of Statistics. Data for 1980 and 1985 for employees are census results.

Coverage: Since 2000, data correspond to persons 15 years old and over.

Calculation: Data from 1988 to 1998 are averages of April and October results. For 1999, the April results was taken. Data for 2000 are averages of quarterly figures. Data in 2001 refer to the 4th quarter.

Breaks:. Prior to 2000, the age criterion was taken as 12 years and over.

Breakdown by activities - ISIC Rev. 2

Breaks: Data broken down by activities (civilian employment and employees) have not been revised nor updated due to a change by the country from ISIC Rev. 2 to ISIC Rev. 3.

Emploi

Définition : Les données se réfèrent aux personnes qui ont été économiquement actives au moins une heure pendant la période de référence en tant qu'employé régulier, employé occasionnel, employeur ou aide familial non rémunéré ou aux personnes avec un emploi qui n'ont pas travaillé pendant la période de référence pour différentes raisons, mais qui avaient un lien avec leur travail. Les membres des coopératives et les apprentis en formation non payés sont considérés comme employés.

Chômage

Définition : Les données se réfèrent au nombre de personnes qui n'ont pas travaillé (pour un salaire, bénéfice, paiement en nature ou revenu familial à tout travail même pendant une heure, et qui n'ont aucun lien avec un travail) pendant la période de référence, qui ont pris des mesures spécifiques pour obtenir un travail pendant les trois derniers mois et étaient disponibles pour commencer un travail dans les 15 jours. Les personnes qui ont déjà trouvé un travail ou ont créé leur propre emploi, mais attendent d'avoir rempli les documents nécessaires pour commencer le travail, et qui sont disponibles pour commencer le travail dans les 15 jours, sont également considérés sans emploi.

III. Situation dans la profession et répartition par activités - CITI Rév. 2

Collecte : Les données depuis 2000 proviennent de l'Enquête mensuelle sur la population active, publiée trimestriellement. Les données de 1988 à 1999, sont tirées de l'Enquête semestrielle auprès des ménages sur la population active. Les données de 1976 à 1987, sont des estimations officielles fournies par l'Institut turc de statistiques. Les données de 1980 et 1985 concernant les salariés correspondent aux résultats des recensements.

Couverture : Depuis 2000, les données correspondent aux personnes de 15 ans et plus.

Calcul : Les données de 1988 à 1998 sont des moyennes des résultats d'avril et d'octobre. Pour 1999 il s'agit des résultats d'avril. Les données pour 2000 sont des moyennes des données trimestrielles. Les données en 2001 se réfèrent au quatrième trimestre.

Ruptures : Avant 2000, le critère d'âge était de 12 ans et plus.

Répartition par activités – CITI Rév. 2

Ruptures : Les données concernant la répartition par branches d'activités (emploi civil et salariés) n'ont pas été révisées ni mises à jour en raison du passage par le pays de la CITI Rév. 2 à la CITI Rév. 3.

IV. Civilian employment and employees: breakdown by activities - ISIC Rev. 3

Collection: Data are collected via the monthly Household Labour Force Survey.

Calculation: Data for 2000, are averages of quarterly figures. In 2001 data refer to the 4th quarter.

Source : Turkish Institute of Statistics.

References:
1. *Statistical Yearbook of Turkey* (State Institute of Statistics)

IV. Emploi civil et salariés : répartition par activités - CITI Rév. 3

Collecte : Les données proviennent de l'Enquête mensuelle sur la population active auprès des ménages.

Calcul : Les données en 2000 sont des moyennes des données trimestrielles. En 2001, les données se réfèrent au quatrième trimestre.

UNITED KINGDOM

I. Population

Coverage: Data refer to the usually resident population (*de jure*), in the United Kingdom whatever their nationalities. Armed forces (both UK and foreign) stationed within the United Kingdom are included. UK armed forces stationed abroad are excluded.

Calculation: Data from 1981are in line with the 1991 census results. Population data from 1976 to 1980 are in line with the 1981 census results.

II. Labour force

Collection: From 1992, data are based on the quarterly Household Labour Force Survey and on administrative sources. The survey covers 120 000 persons from 61 000 households. Each household remains in the sample for 5 successive years with a fifth of the sample replaced each quarter. The first interview is carried out face-to-face and subsequent ones by telephone. Questions about activity refer to the week before the interview. For questions asked every quarter, the response is carried forward from the previous quarter if contact is not made with the respondent in the subsequent quarter. Before 1992, data were based on Census of Employment and Annual Labour Force Survey. Working owners and private domestic servants were excluded from the Census. These groups were estimated from the Population Census and from the annual Labour Force Survey. The labour force includes trainees on work-related government programmes.

Coverage: Data refer to all persons aged 16 years and over who resided in the United Kingdom. Data include students in halls of residence and people living in National Health Service accommodation.

Calculation: Figures from 1992 refer to spring quarter (March-May). Figures prior to 1992 referred to mid-year (June). The survey results are grossed up by applying weights to each respondent related to their age, gender, and region of residence. Data are revised when population estimates are revised

Breaks: In 1992, the Labour Force Survey became quarterly.

ROYAUME-UNI

I. Population

Couverture : Les données se réfèrent à la population résidante (*de jure*), c'est-à-dire les personnes habituellement résidantes quelle que soit leur nationalité. Les forces armées du Royaume-Uni et les forces armées étrangères basées au Royaume-Uni sont inclues. Les forces armées du Royaume-Uni basées à l'étranger sont exclues.

Calcul : Les données à partir de 1981 sont basées sur les résultats du recensement de 1991. Les séries de la population de 1976 à 1980 sont basées sur les résultats du recensement de 1981.

II. Population active

Collecte : Depuis 1992, les données sont obtenues à partir des résultats de l'Enquête trimestrielle sur la population active auprès des ménages et à partir de sources administratives. L'enquête couvre 120 000 personnes réparties dans 61 000 ménages. Chaque ménage reste dans l'échantillon pendant 5 années successives, et chaque trimestre un cinquième de l'échantillon est remplacé. Le premier entretien a lieu sur place et les suivants se déroulent par téléphone. Les questions sur les activités se réfèrent à la semaine précédant l'entretien. Les réponses manquantes aux questions posées chaque trimestre sont remplacées par les réponses du trimestre précédent. Avant 1992, les données étaient obtenues à partir du Recensement de l'emploi et de l'Enquête annuelle sur la population active. Les propriétaires qui travaillent à leur compte et les domestiques étaient exclus de ce recensement. Les données les concernant étaient estimées à partir du Recensement de la population et de l'Enquête annuelle sur la population active. Les stagiaires en formation professionnelle sont inclus.

Couverture : Les données se réfèrent à l'ensemble des personnes de 16 ans et plus qui résident au Royaume-Uni. Les données intègrent les étudiants qui résident en chambre universitaire et les personnes logées par le National Health Service.

Calcul : Les données depuis 1992 se réfèrent au trimestre du printemps (mars-mai). Les données avant 1992, se réfèrent au milieu de l'année (juin). Les résultats de l'enquête sont extrapolés sur la base des pondérations appliquées à chaque personne en fonction de son âge, de son sexe et de la région où elle réside. Les données sont révisées dès que les estimations démographiques sont disponibles.

Ruptures : En 1992, l'Enquête sur la population active devient trimestrielle.

Employment

Definition: Data refer to the number persons who have done at least one hour of work in the reference week or are temporarily away from a job. Data cover employees in paid jobs, the self employed, unpaid family workers or persons participating in a government-training programme.

Unemployment

Definition: Data refer to persons who are without a job, want a job, have actively sought work in the last 4 weeks and are available to start work in the next 2 weeks or are out of work, have found a job and are waiting to start it in the next 2 weeks.

III. Professional status and breakdown by activities - ISIC Rev. 2

Collection: Data are compiled from the results of the quarterly Household Labour Force Survey.

Calculation: Persons in government schemes included in the "not specified" category numbered (in thousands) 318 in 1984, 398 in 1985, 410 in 1986, 508 in 1987, 542 in 1988, 498 in 1989, 471 in 1990, 437 in 1991, 376 in 1992, 355 in 1993, 335 in 1994, 284 in 1995, 250 in 1996, 221 in 1997, 177 in 1998, 161 in 1999, 146 in 2000, 157 in 2001. The difference between the total of the "not specified" category and "persons in government schemes" corresponds to the persons with "status not stated" from 1984 to 1991 and to unpaid family workers from 1992 to 2001.

IV. Civilian employment and employees: breakdown by activities - ISIC Rev. 3

Collection: Data are compiled from the results of the quarterly Household Labour Force Survey.

Source: Office for National Statistics (ONS).

References:
1. *Annual Abstract of Statistics* (ONS).
2. *Monthly Digest of Statistics* (ONS).
3. *Labour Market Trends* (ONS).

Emploi

Définition : Les données se réfèrent au nombre de personnes qui ont travaillé au moins une heure pendant la semaine de référence ou ont été temporairement absentes de leur travail. Les données comprennent les salariés occupant un emploi rémunéré, les travailleurs indépendants, la main d'œuvre familiale non rétribuée et les personnes participant à des programmes publics de formation professionnelle.

Chômage

Définition : Les données se réfèrent aux personnes sans emploi qui souhaitent un travail, en ont recherché un activement pendant les dernières 4 semaines et sont disponibles pour commencer un travail dans les 2 prochaines semaines ou sont sans travail et ont trouvé un travail qui doit commencer dans les 2 prochaines semaines.

III. Situation dans la profession et répartition par activités - CITI Rév. 2

Collecte : Les données proviennent des résultats de l'Enquête trimestrielle sur la population active auprès des ménages.

Calcul : Les personnes dans les programmes du gouvernement incluses dans la catégorie "non spécifiés" sont au nombre (en milliers) de 318 en 1984, 398 en 1985, 410 en 1986, 508 en 1987, 542 en 1988, 498 en 1989, 471 en 1990, 437 en 1991, 376 en 1992, 355 en 1993, 335 en 1994, 284 en 1995, 250 en 1996, 221 en 1997, 177 en 1998, 161 en 1999, 146 en 2000, 157 en 2001. La différence entre le total de la catégorie "non spécifiés" et le nombre de "personnes dans les programmes du gouvernement" correspond au nombre de personnes au "statut non identifié" de 1984 à 1991 et au nombre des travailleurs familiaux non rémunérés de 1992 à 2001.

IV. Emploi civil et salariés : répartition par activités - CITI Rév. 3

Collecte : Les données proviennent des résultats de l'Enquête trimestrielle sur la population active auprès des ménages.

Statistiques de la Population Active
© 2002
OCDE

Part III

Participation Rates and Unemployment Rates
Taux d'activité et taux de chômage

Information for Part III
Remarques sur la Partie III

These tables cover the period from 1981 to 2001 and refer to the following thirty countries:

Canada	Iceland
United States	Ireland
Japan	Italy
Korea	Luxembourg
Australia	Mexico
New Zealand	Netherlands
Austria	Norway
Belgium	Poland
Czech Republic	Portugal
Denmark	Slovak Republic
Finland	Spain
France	Switzerland
Germany	Sweden
Greece	Turkey
Hungary	United Kingdom

Ces tableaux couvrent la période de 1981 à 2001 et concernent les trente pays suivants :

Canada	Islande
États-Unis	Irlande
Japon	Italie
Corée	Luxembourg
Australie	Mexique
Nouvelle-Zélande	Pays-Bas
Autriche	Norvège
Belgique	Pologne
République tchèque	Portugal
Danemark	Republic slovaque
Finlande	Espagne
France	Suisse
Allemagne	Suède
Grèce	Turquie
Hongrie	Royaume-Uni

While the remainder of this publication is the responsibility of the Statistics Directorate, the data in Part III have been compiled by the Directorate for Education, Employment, Labour and Social Affairs. This could not have been done without the active co-operation of the Statistical Offices of Member countries, who have checked much of the data shown and in particular the Working Party on Employment and Unemployment Statistics of the Education, Employment, Labour and Social Affairs Committee.

Alors que le département des Statistiques est responsable des autres parties de cet annuaire, les données de cette troisième partie ont été recueillies par la Direction de l'Éducation, de l'Emploi, du Travail et des Affaires Sociales, de la Main-d'œuvre et de l'Éducation. Cette tâche n'aurait pu être menée à bien sans la coopération active des instituts de statistiques des pays Membres, qui ont vérifié la plupart des données utilisées, et plus particulièrement du Groupe de travail sur les statistiques de l'emploi et du chômage du Comité de l'Éducation, de l'Emploi, du Travail et des Affaires Sociales.

Statistics and Indicators Division
Directorate for Education, Employment,
Labour and Social Affairs

Division des statistiques et des indicateurs
Direction de l'Éducation, de l'Emploi, du Travail
et des Affaires Sociales

The data shown below are drawn from basically the same sources as those used for the first two parts of the publication. However, no attempt has been made to standardise them to international definitions. For this reason, the aggregate data as well as some definitions, sources and periods of reference differ occasionally from the data contained in Parts I and II. This is particularly true for the participation rates. It is stressed that the aggregate figures shown here for the unemployment rate are designed purely to facilitate the analysis of unemployment by age and sex and should not be regarded as constituting an alternative OECD compilation of unemployment rates.

Les données présentées ci-dessous proviennent essentiellement des même sources que celles utilisées dans les deux premières parties de cette publication. Toutefois, aucune normalisation selon les définitions internationales n'a été effectuée. De ce fait, les données agrégées ainsi que les définitions, les sources et les périodes de références, diffèrent parfois de celles auxquelles on se réfère dans les deux premières parties. Ceci est vrai surtout en ce qui concerne les taux d'activité. Les estimations du taux de chômage global qui figurent dans les tableaux ont été calculées uniquement pour faciliter l'analyse du chômage selon l'âge et le sexe et ne devraient pas être considérées comme des séries alternatives de l'OCDE pour les taux de chômage.

International comparisons of these data must be made with caution. In countries where young people are conscripted into the armed forces, their measured participation rates will differ considerably according to whether the figures include or exclude the armed forces. Differences in the lower age limit also exist between countries. Again, a comparison of youth unemployment rates may be made more difficult by different statistical treatments of young people combining jobseeking with full-time education and of young people benefiting from national training schemes. For more details the reader is referred to Measuring Employment and Unemployment, OECD, 1979, Youth Unemployment: The Causes and Consequences, OECD, 1980, Chapter 5 of OECD Employment Outlook, September 1987, and Chapter 1 of OECD Employment Outlook, July 1994.

Definitions

The **Participation rate** for a given age group is defined as the ratio between the total (or civilian) labour force for the age group divided by the total population for the age group.

The **Unemployment rate** for a given age group is defined as the number of unemployed for the age group divided by the total (or civilian) labour force for the age group. For all age groups together the definition is the number of unemployed for all age groups divided by the total (or civilian) labour force for all age groups.

On ne doit faire des comparaisons internationales de ces données qu'avec circonspection. Dans les pays où existe une conscription, les taux d'activité des jeunes gens différeront considérablement selon que les données incluent ou non les effectifs des forces armées. Il existe aussi des différences dans l'âge minimum d'activité selon les pays. Les différentes méthodes statistiques d'enregistrement des jeunes qui combinent la recherche d'un emploi et les études à plein temps ou de ceux qui suivent des formations professionnelles peuvent aussi rendre les comparaisons de taux de chômage des jeunes plus difficiles. Le lecteur consultera pour plus de détails les trois études : L'emploi et le chômage : critères de mesure, OCDE, 1979, Les jeunes sans emploi : causes et conséquences, OCDE, 1980, le chapitre 5 des Perspectives de l'Emploi, OCDE, septembre 1987, et chapitre1 des Perspectives de l'emploi, juillet 1994.

Définitions

Le **taux d'activité** d'un groupe d'âge est défini par le rapport entre la population active totale (ou civile) de ce groupe et la population totale du même groupe d'âge.

Le **taux de chômage** d'un groupe d'âge donné est défini par le rapport entre le nombre de chômeurs de ce groupe d'âge et la population active totale (ou civile) du même groupe d'âge. Pour l'ensemble des groupes d'âge, le rapport se fait entre le nombre total de chômeurs et la population active totale (ou civile) de tous les groupes d'âge.

CANADA

	1981	1982	1983	1984	1985	1986	1987	1988	1989	1990	1991
PARTICIPATION RATES											
Males											
15-19	59.2	54.9	54.1	54.7	54.6	56.4	58.4	59.0	60.9	60.0	57.0
20-24	87.3	85.2	85.0	84.3	84.6	84.9	85.0	85.1	84.9	83.6	82.0
25-34	95.0	93.8	93.4	93.4	93.6	94.0	93.7	93.8	93.8	93.5	92.4
35-44	95.8	94.9	94.8	94.8	95.1	94.7	94.8	94.5	94.5	94.2	93.6
45-54	92.5	91.5	91.9	90.8	90.8	91.3	92.2	91.3	91.5	90.8	90.6
55-59	82.3	81.0	81.3	80.1	80.7	78.4	78.4	77.9	77.8	76.4	76.1
60-64	64.0	62.1	60.1	59.3	56.0	55.6	51.7	51.8	51.6	51.2	47.9
15-24	73.4	70.5	70.5	70.8	71.1	72.0	72.8	72.9	73.5	72.1	69.8
25-54	94.6	93.6	93.5	93.2	93.4	93.6	93.7	93.5	93.5	93.1	92.4
55-64	74.1	72.4	71.5	70.3	69.0	67.7	65.9	65.6	65.3	64.3	62.3
65 and over	12.9	13.0	12.3	11.9	11.5	11.0	11.3	10.7	10.6	10.9	11.1
15-64	86.0	84.5	84.4	84.3	84.6	84.9	85.1	85.1	85.4	84.9	83.8
Females											
15-19	53.8	51.5	51.2	51.2	52.5	53.4	54.9	56.7	57.2	56.5	54.8
20-24	74.6	74.5	75.7	76.3	75.8	77.5	77.8	77.6	78.2	77.0	76.5
25-34	65.7	66.1	68.0	69.5	71.3	73.6	74.0	74.8	76.0	77.0	77.2
35-44	64.2	65.8	66.8	69.0	70.0	72.1	73.6	75.9	77.0	78.2	78.3
45-54	54.8	55.5	57.4	58.2	60.9	60.2	63.1	65.8	67.2	68.3	69.8
55-59	38.8	40.5	39.5	39.5	42.2	41.7	43.3	44.1	44.8	45.4	46.0
60-64	25.0	24.7	25.5	25.0	23.9	23.6	24.5	24.3	22.5	24.3	24.2
15-24	64.5	63.6	64.4	65.0	65.4	66.8	67.5	68.0	68.3	67.2	66.2
25-54	62.5	63.4	65.1	66.6	68.4	70.0	71.3	73.1	74.3	75.4	75.8
55-64	32.5	33.0	32.8	32.3	33.3	32.7	34.0	34.4	33.8	35.0	35.1
65 and over	4.1	4.0	3.8	3.9	4.1	3.5	3.3	3.7	4.0	3.7	3.4
15-64	59.0	59.3	60.5	61.5	62.8	64.1	65.3	66.7	67.6	68.3	68.5
All persons											
15-24	69.0	67.1	67.5	67.9	68.3	69.4	70.2	70.5	71.0	69.8	68.0
25-54	78.6	78.6	79.3	80.0	81.0	81.8	82.5	83.3	83.9	84.2	84.1
55-64	52.3	51.8	51.2	50.5	50.5	49.6	49.4	49.6	49.2	49.3	48.5
65 and over	7.9	8.0	7.5	7.3	7.3	6.7	6.7	6.7	6.8	6.8	6.7
15-64	72.5	71.9	72.4	72.9	73.7	74.5	75.2	75.9	76.5	76.6	76.1
UNEMPLOYMENT RATES											
Males											
15-19	16.6	24.1	23.6	21.0	20.4	17.9	16.1	13.9	14.3	15.0	18.0
20-24	11.8	18.5	20.7	18.0	16.5	15.0	13.4	11.6	11.0	12.6	18.9
25-34	6.3	10.6	12.4	11.8	10.8	10.1	8.7	7.6	7.6	8.9	12.0
35-44	4.5	7.6	8.3	7.9	7.5	6.7	6.4	5.6	5.7	6.2	8.3
45-54	4.3	6.8	7.5	7.4	6.9	5.9	5.7	4.8	4.8	5.6	7.0
55-59	4.1	6.7	8.3	7.9	8.4	7.3	6.3	6.1	6.1	6.0	8.7
60-64	5.5	7.7	8.7	9.2	9.2	7.5	7.2	6.7	7.0	6.6	8.1
15-24	13.7	20.6	21.8	19.1	17.8	16.1	14.4	12.4	12.3	13.6	18.6
25-54	5.2	8.7	9.9	9.5	8.8	7.9	7.2	6.3	6.3	7.2	9.5
55-64	4.6	7.3	8.5	8.4	8.7	7.5	6.8	6.4	6.5	6.3	8.5
65 and over	1.6	2.4	1.6	1.7	1.7	1.7	1.6	1.6	1.6	1.5	2.8
15-64	7.2	11.3	12.4	11.5	10.7	9.6	8.6	7.5	7.5	8.3	11.0
Total	7.1	11.2	12.3	11.3	10.6	9.5	8.5	7.4	7.4	8.2	10.8
Females											
15-19	14.9	18.2	19.4	17.9	16.6	14.8	13.2	11.4	11.0	12.5	14.5
20-24	9.4	13.6	14.4	13.9	13.1	12.3	11.2	9.8	8.6	10.0	11.6
25-34	8.3	10.3	11.3	11.5	11.4	10.0	9.5	8.6	8.8	8.5	10.2
35-44	6.3	8.5	9.1	9.2	8.8	8.2	7.7	7.1	6.8	7.2	8.4
45-54	5.6	7.3	8.0	8.6	7.8	7.4	7.4	6.9	5.8	6.4	7.9
55-59	4.7	6.5	8.3	7.9	8.1	7.4	7.5	6.3	6.2	6.1	7.8
60-64	3.9	6.0	7.7	6.9	7.1	7.1	7.5	6.2	5.9	4.8	8.2
15-24	11.6	15.4	16.2	15.3	14.3	13.3	12.0	10.4	9.5	10.9	12.8
25-54	7.1	9.1	9.9	10.1	9.8	8.9	8.4	7.7	7.4	7.6	9.0
55-64	4.4	6.6	8.1	7.5	8.0	7.3	7.5	6.2	6.1	5.7	8.0
65 and over	0.0	0.0	0.0	0.0	0.0	0.0	4.0	0.0	0.0	0.0	5.2
15-64	8.3	10.7	11.6	11.3	10.8	9.9	9.2	8.2	7.8	8.1	9.7
Total	8.2	10.6	11.5	11.2	10.7	9.8	9.2	8.1	7.8	8.1	9.7
All persons											
15-24	12.7	18.2	19.2	17.3	16.2	14.8	13.2	11.5	11.0	12.3	15.8
25-54	5.9	8.9	9.9	9.7	9.2	8.3	7.7	6.9	6.8	7.4	9.3
55-64	4.5	7.0	8.3	8.1	8.5	7.4	7.1	6.3	6.3	6.0	8.3
65 and over	1.1	1.7	1.2	1.2	1.1	1.2	2.3	1.1	1.1	1.0	3.5
15-64	7.7	11.1	12.1	11.4	10.8	9.7	8.9	7.8	7.6	8.2	10.4
Total	7.6	11.0	11.9	11.3	10.6	9.6	8.8	7.7	7.5	8.1	10.3

1992	1993	1994	1995	1996	1997	1998	1999	2000	2001	
										TAUX D'ACTIVITÉ
										Hommes
53.8	52.1	51.3	50.3	48.8	47.9	48.3	50.8	51.8	52.5	15-19
81.0	80.3	80.0	79.3	79.4	79.3	78.8	80.0	79.9	79.5	20-24
91.3	91.4	91.0	90.9	91.2	91.2	91.9	91.5	91.6	91.9	25-34
92.6	92.7	92.6	92.2	91.9	92.4	92.4	92.6	92.4	92.3	35-44
89.8	89.5	89.7	89.4	88.8	88.5	88.4	88.7	88.9	89.0	45-54
74.0	73.2	72.1	72.5	71.6	71.7	70.6	72.2	72.9	72.4	55-59
48.2	47.1	46.7	43.8	43.5	45.7	44.8	46.6	46.0	47.0	60-64
67.8	66.5	65.8	64.8	64.0	63.5	63.4	65.4	65.9	66.1	15-24
91.4	91.4	91.2	91.0	90.8	90.9	91.0	91.1	91.1	91.1	25-54
61.4	60.4	59.8	58.7	58.4	59.6	58.9	60.7	61.0	61.3	55-64
10.6	9.8	11.0	10.1	9.7	9.8	10.3	9.9	9.5	9.4	65 et plus
82.6	82.3	82.0	81.6	81.3	81.4	81.4	82.0	82.1	82.1	15-64
										Femmes
52.4	50.2	49.4	49.4	47.6	46.3	47.8	49.8	51.8	52.0	15-19
75.9	73.8	73.7	73.3	73.2	72.2	72.7	73.4	73.9	74.3	20-24
76.0	75.7	75.6	76.1	77.1	77.8	78.6	79.2	79.7	79.9	25-34
77.5	78.4	78.2	78.2	78.4	79.1	79.3	79.9	80.2	80.8	35-44
70.7	71.5	71.1	71.9	71.5	72.9	74.2	74.9	75.5	76.3	45-54
47.8	47.2	48.6	48.2	48.3	48.3	50.1	50.7	53.3	53.3	55-59
23.4	24.3	24.9	23.6	23.1	24.4	25.2	25.9	27.2	27.5	60-64
64.6	62.4	61.8	61.5	60.5	59.3	60.3	61.7	62.9	63.3	15-24
75.2	75.6	75.3	75.7	76.0	76.9	77.6	78.1	78.6	79.1	25-54
35.6	35.8	36.9	36.3	36.4	37.1	38.7	39.4	41.6	41.7	55-64
3.5	3.6	3.5	3.4	3.4	3.6	3.6	3.4	3.4	3.4	65 et plus
67.9	67.8	67.7	67.8	67.9	68.3	69.1	69.8	70.5	70.8	15-64
										Ensemble des personnes
66.2	64.5	63.9	63.2	62.3	61.5	61.9	63.5	64.4	64.7	15-24
83.3	83.5	83.3	83.3	83.4	83.9	84.3	84.6	84.8	85.1	25-54
48.3	47.9	48.2	47.3	47.2	48.2	48.6	49.9	51.2	51.3	55-64
6.5	6.3	6.7	6.3	6.1	6.3	6.4	6.2	6.1	6.0	65 et plus
75.3	75.1	74.9	74.7	74.6	74.9	75.2	75.9	76.3	76.5	15-64
										TAUX DE CHÔMAGE
										Hommes
21.0	21.5	20.2	19.0	20.9	22.3	21.3	19.6	17.4	18.4	15-19
18.8	18.4	16.5	14.6	14.4	14.0	13.6	12.5	11.6	11.9	20-24
13.3	12.9	11.8	10.3	10.4	9.6	8.4	7.6	6.5	7.3	25-34
9.7	9.7	8.6	8.2	8.6	7.6	6.9	6.3	5.6	6.3	35-44
7.9	8.3	7.8	7.0	7.2	6.6	6.3	5.6	5.1	5.4	45-54
9.4	10.3	9.8	8.7	8.2	7.5	6.9	6.6	5.4	6.1	55-59
10.4	9.8	9.5	7.8	7.5	7.9	7.3	5.8	5.4	5.8	60-64
19.6	19.6	17.8	16.3	16.9	17.1	16.6	15.3	13.9	14.5	15-24
10.7	10.6	9.6	8.7	8.8	8.0	7.2	6.5	5.7	6.3	25-54
9.8	10.1	9.6	8.5	8.1	7.6	7.0	6.3	5.4	6.0	55-64
3.6	5.3	4.0	3.5	2.9	2.8	1.9	2.6	2.0	2.0	65 et plus
12.1	12.1	11.0	9.9	10.1	9.4	8.7	7.9	7.0	7.6	15-64
12.0	11.9	10.9	9.8	9.9	9.3	8.6	7.8	6.9	7.5	Total
										Femmes
16.9	17.1	16.1	15.9	17.5	20.1	18.0	16.7	15.0	14.7	15-19
12.6	12.6	11.9	11.1	11.3	12.1	10.6	9.8	8.6	8.5	20-24
10.2	11.1	10.0	9.4	9.4	8.5	7.8	6.9	6.4	6.4	25-34
9.0	9.4	8.9	7.9	8.3	7.7	6.7	6.4	5.7	6.3	35-44
8.1	8.7	7.6	7.1	7.4	6.5	6.0	5.5	5.2	5.4	45-54
8.6	9.6	8.8	8.7	7.8	7.8	6.9	5.5	5.5	5.8	55-59
7.7	8.8	7.9	6.3	7.9	7.4	5.8	5.0	5.2	5.6	60-64
14.3	14.3	13.5	13.0	13.6	15.2	13.5	12.6	11.3	11.0	15-24
9.3	9.9	9.0	8.2	8.5	7.7	6.9	6.3	5.8	6.0	25-54
8.5	9.6	8.3	8.1	7.6	7.5	6.6	5.4	5.4	5.7	55-64
4.9	4.7	4.8	4.8	3.1	2.9	2.9	0.0	2.9	4.3	65 et plus
10.2	10.7	9.8	9.1	9.3	8.9	8.0	7.3	6.7	6.8	15-64
10.1	10.6	9.7	9.0	9.3	8.9	7.9	7.2	6.7	6.8	Total
										Ensemble des personnes
17.1	17.1	15.8	14.7	15.4	16.2	15.1	14.0	12.6	12.8	15-24
10.0	10.3	9.3	8.5	8.7	7.8	7.1	6.4	5.7	6.2	25-54
9.2	9.9	9.2	8.3	7.9	7.6	6.9	6.0	5.4	5.9	55-64
4.0	4.6	4.2	3.4	2.9	2.8	2.2	1.8	1.8	2.7	65 et plus
11.2	11.4	10.4	9.5	9.7	9.2	8.4	7.6	6.9	7.3	15-64
11.1	11.3	10.3	9.4	9.6	9.1	8.3	7.6	6.8	7.2	Total

Statistiques de la Population Active
© 2002
OCDE

MEXICO

	1981	1982	1983	1984	1985	1986	1987	1988	1989	1990	1991
PARTICIPATION RATES											
Males											
15-19											61.8
20-24											84.1
25-34											96.6
35-44											98.2
45-54											95.3
55-59											90.4
60-64											80.0
15-24											71.2
25-54											96.8
55-64											85.9
65 and over											55.1
15-64											86.4
Females											
15-19											30.1
20-24											40.4
25-34											39.2
35-44											40.6
45-54											32.8
55-59											26.6
60-64											21.8
15-24											34.5
25-54											38.2
55-64											24.4
65 and over											12.4
15-64											35.7
All persons											
15-24											52.2
25-54											65.9
55-64											54.6
65 and over											32.4
15-64											59.9
UNEMPLOYMENT RATES											
Males											
15-19											6.0
20-24											4.4
25-34											1.9
35-44											1.4
45-54											1.2
55-59											1.4
60-64											0.4
15-24											5.2
25-54											1.5
55-64											1.0
65 and over											0.8
15-64											2.6
Total											2.5
Females											
15-19											5.7
20-24											5.8
25-34											4.1
35-44											3.3
45-54											4.0
55-59											1.6
60-64											0.0
15-24											5.8
25-54											3.8
55-64											1.0
65 and over											0.8
15-64											4.3
Total											4.2
All persons											
15-24											5.4
25-54											2.2
55-64											1.0
65 and over											0.8
15-64											3.1
Total											3.0

1992	1993	1994	1995	1996	1997	1998	1999	2000	2001	
										TAUX D'ACTIVITÉ
										Hommes
63.0	64.3	62.1	60.4	60.4	59.6	59.9	58.4	56.2	54.1	15-19
84.6	85.2	85.7	86.6	85.5	86.0	85.9	83.8	84.0	82.3	20-24
96.5	96.5	96.5	96.8	96.7	97.5	96.4	96.6	96.4	96.2	25-34
97.9	97.6	97.2	97.1	97.8	98.1	97.8	97.8	97.5	97.4	35-44
94.8	94.3	93.7	93.9	94.0	94.3	95.5	94.0	94.3	94.6	45-54
89.5	88.6	86.6	85.3	85.6	87.5	88.0	86.8	87.1	86.5	55-59
79.8	79.8	77.4	75.4	74.1	79.1	77.8	77.3	73.7	73.4	60-64
72.2	73.3	72.6	72.5	71.8	71.7	71.8	69.8	68.4	66.3	15-24
96.6	96.4	96.1	96.2	96.5	96.9	96.7	96.4	96.3	96.2	25-54
85.2	84.6	82.4	80.7	80.2	83.7	83.3	82.5	80.9	80.5	55-64
57.5	60.0	56.2	52.6	52.0	52.3	53.9	52.4	50.1	49.9	65 et plus
86.6	86.9	86.4	86.4	86.4	87.2	87.1	86.4	85.8	85.2	15-64
										Femmes
30.2	30.3	29.8	29.6	28.2	31.6	30.6	29.2	30.0	27.8	15-19
41.7	43.0	42.9	43.1	42.8	42.0	44.2	43.9	42.9	42.0	20-24
40.5	41.9	43.1	44.5	44.9	47.5	46.6	45.0	46.4	45.5	25-34
40.9	41.1	42.1	43.1	44.8	48.5	48.8	47.3	48.0	48.4	35-44
34.4	36.3	36.6	37.0	38.5	40.9	39.9	40.5	40.7	40.6	45-54
26.8	27.0	27.6	28.6	31.2	32.2	30.2	32.4	32.9	30.8	55-59
22.1	22.7	23.7	24.8	23.8	27.9	26.0	25.8	23.6	23.8	60-64
35.2	35.9	35.8	36.0	35.2	36.5	37.1	36.1	36.1	34.3	15-24
39.2	40.3	41.3	42.3	43.4	46.3	45.8	44.8	45.6	45.3	25-54
24.6	25.0	25.8	26.9	27.8	30.2	29.5	28.6	27.6		55-64
13.6	15.0	15.0	15.0	14.2	14.8	15.7	14.6	14.5	13.0	65 et plus
36.6	37.5	38.1	38.9	39.3	41.7	41.5	40.7	41.2	40.4	15-64
										Ensemble des personnes
53.3	54.5	54.1	54.1	53.1	53.5	54.0	52.5	51.8	49.8	15-24
66.3	66.8	67.2	67.8	68.4	70.1	69.8	69.1	69.3	68.9	25-54
54.5	54.5	53.5	52.9	53.2	56.1	54.4	55.7	53.5	52.7	55-64
33.9	35.5	33.9	32.4	31.9	32.6	34.0	31.6	31.5	30.5	65 et plus
60.6	61.4	61.4	61.8	61.9	63.3	63.2	62.5	62.3	61.5	15-64
										TAUX DE CHÔMAGE
										Hommes
5.6	5.1	6.9	9.1	7.6	5.8	5.2	3.2	4.9	3.9	15-19
4.5	4.6	6.1	8.2	6.7	5.2	4.3	2.4	3.6	3.4	20-24
2.2	2.7	3.7	5.0	3.6	2.6	2.4	2.0	1.6	2.0	25-34
1.7	2.1	2.9	4.1	2.8	1.3	1.6	1.3	1.1	1.4	35-44
1.3	1.6	2.7	4.6	2.9	1.7	1.5	1.3	1.3	1.4	45-54
1.2	1.1	2.0	3.7	3.0	1.0	1.2	1.1	1.6	1.6	55-59
0.8	1.3	2.1	3.3	2.0	0.8	1.1	1.0	1.1	0.8	60-64
5.0	4.9	6.5	8.6	7.1	5.4	4.7	2.7	4.2	3.6	15-24
1.9	2.2	3.2	4.6	3.2	2.0	1.9	1.6	1.4	1.6	25-54
1.0	1.2	2.1	3.5	2.5	0.8	1.2	1.1	1.3	1.2	55-64
1.0	1.3	1.4	1.5	1.3	1.6	1.0	0.6	0.8	0.7	65 et plus
2.8	3.0	4.1	5.7	4.3	2.8	2.6	1.8	2.1	2.1	15-64
2.7	2.9	4.0	5.5	4.1	2.8	2.6	1.8	2.0	2.0	Total
										Femmes
6.0	6.4	8.7	11.6	9.2	8.8	6.0	4.5	5.2	5.7	15-19
6.1	6.4	8.1	10.2	8.5	6.9	6.7	4.5	4.2	4.4	20-24
4.0	4.0	4.5	5.1	4.9	4.4	3.7	2.7	2.4	2.5	25-34
2.9	2.6	3.0	3.5	2.6	3.5	2.2	2.2	1.4	1.1	35-44
2.4	1.4	1.9	2.6	1.7	1.7	1.1	0.7	0.9	0.9	45-54
1.3	0.9	1.8	3.8	1.5	1.8	0.0	0.2	1.0	0.6	55-59
0.9	2.2	1.2	0.8	0.4	1.8	1.0	0.3	0.3	0.6	60-64
6.1	6.4	8.4	10.8	8.9	7.8	6.4	4.5	4.7	5.0	15-24
3.3	3.0	3.5	4.1	3.5	3.5	2.7	2.1	1.7	1.6	25-54
0.9	1.5	1.7	2.5	1.0	1.8	0.4	0.3	0.6	0.5	55-64
1.0	1.5	1.5	1.8	0.0	0.0	1.2	0.2	0.0	0.3	65 et plus
4.1	4.0	5.0	6.1	4.9	4.7	3.6	2.7	2.5	2.4	15-64
4.0	4.0	4.8	6.0	4.8	4.5	3.5	2.6	2.4	2.4	Total
										Ensemble des personnes
5.4	5.4	7.1	9.3	7.7	6.3	5.3	3.4	4.4	4.1	15-24
2.3	2.5	3.3	4.4	3.3	2.5	2.2	1.8	1.5	1.6	25-54
1.0	1.3	1.9	3.3	2.1	1.2	1.0	0.8	1.1	1.0	55-64
1.0	1.4	1.5	1.5	1.0	1.2	1.1	0.5	0.6	0.6	65 et plus
3.2	3.3	4.4	5.8	4.5	3.5	3.0	2.1	2.2	2.2	15-64
3.1	3.2	4.2	5.7	4.4	3.4	2.9	2.1	2.2	2.1	Total

Statistiques de la Population Active
© 2002 OCDE

UNITED STATES

	1981	1982	1983	1984	1985	1986	1987	1988	1989	1990	1991
PARTICIPATION RATES											
Males											
16-19	59.0	56.7	56.2	56.0	56.8	56.4	56.1	56.9	57.9	55.7	53.2
20-24	85.5	84.9	84.8	85.0	85.0	85.8	85.2	85.0	85.3	84.4	83.5
25-34	94.9	94.7	94.2	94.4	94.7	94.6	94.6	94.3	94.4	94.1	93.6
35-44	95.3	95.3	95.3	95.4	95.0	94.8	94.6	94.5	94.5	94.4	94.1
45-54	91.4	91.2	91.2	91.2	91.0	91.0	90.7	90.9	91.1	90.7	90.5
55-59	81.2	81.9	80.7	80.2	79.6	79.0	79.7	79.3	79.5	79.9	79.1
60-64	58.5	57.2	57.0	56.1	55.6	54.9	54.9	54.4	54.8	55.5	54.7
16-24	73.7	72.6	72.5	72.8	73.0	73.0	72.3	72.4	73.0	71.8	70.4
25-54	94.1	94.0	93.8	93.9	93.9	93.8	93.7	93.6	93.7	93.4	93.1
55-64	70.6	70.2	69.4	68.6	67.9	67.3	67.6	67.0	67.2	67.8	67.0
65 and over	18.3	17.8	17.4	16.3	15.8	16.0	16.3	16.5	16.6	16.3	15.7
16-64	85.5	85.2	85.1	85.3	85.4	85.4	85.4	85.5	85.9	85.6	85.1
Females											
16-19	51.9	51.4	50.8	51.8	52.1	53.0	53.3	53.6	53.9	51.6	50.0
20-24	69.6	69.8	69.9	70.4	71.8	72.4	73.0	72.7	72.4	71.3	70.1
25-34	66.7	68.0	69.0	69.8	70.9	71.6	72.4	72.7	73.5	73.5	73.1
35-44	66.8	68.0	68.7	70.1	71.8	73.1	74.5	75.2	76.0	76.4	76.5
45-54	61.1	61.6	61.9	62.9	64.4	65.9	67.1	69.0	70.5	71.2	71.9
55-59	49.3	49.6	48.8	49.8	50.3	51.3	52.2	53.3	54.8	55.3	55.7
60-64	32.6	33.4	33.8	33.4	33.4	33.2	33.2	33.8	35.5	35.5	35.1
16-24	61.9	62.0	61.9	62.8	63.7	64.3	64.6	64.5	64.4	62.9	61.7
25-54	65.3	66.3	67.1	68.2	69.6	70.8	71.9	72.7	73.6	74.0	74.1
55-64	41.4	41.8	41.5	41.7	42.0	42.3	42.7	43.5	45.0	45.2	45.2
65 and over	8.0	7.9	7.8	7.5	7.3	7.4	7.4	7.9	8.4	8.6	8.5
16-64	60.7	61.5	61.9	62.9	64.1	65.1	66.1	66.8	67.8	67.8	67.7
All persons											
16-24	67.7	67.2	67.1	67.7	68.3	68.6	68.4	68.4	68.6	67.3	66.0
25-54	79.3	79.8	80.1	80.7	81.5	82.0	82.5	82.9	83.4	83.5	83.4
55-64	55.0	55.1	54.5	54.2	54.2	54.0	54.4	54.6	55.5	55.9	55.5
65 and over	12.2	11.9	11.7	11.1	10.8	11.0	11.1	11.5	11.8	11.8	11.5
16-64	72.7	73.0	73.2	73.8	74.4	75.0	75.5	75.9	76.6	76.5	76.2
UNEMPLOYMENT RATES											
Males											
16-19	20.1	24.4	23.3	19.6	19.5	19.0	17.8	16.0	15.9	16.3	19.8
20-24	13.2	16.4	15.9	11.9	11.4	11.0	9.9	8.9	8.8	9.1	11.6
25-34	6.9	10.1	10.1	7.2	6.6	6.7	5.9	5.3	4.8	5.5	7.0
35-44	4.5	6.9	7.1	5.2	4.9	5.1	4.4	3.8	3.7	4.1	5.5
45-54	4.0	5.6	6.3	4.6	4.6	4.4	4.2	3.5	3.2	3.7	4.8
55-59	3.7	5.9	6.1	4.9	4.4	4.6	3.8	3.5	3.5	3.9	5.0
60-64	3.6	4.7	6.0	5.2	4.3	3.9	3.6	3.5	3.3	3.5	4.1
16-24	15.7	19.1	18.4	14.4	14.1	13.7	12.6	11.4	11.4	11.6	14.3
25-54	5.5	8.0	8.2	5.9	5.6	5.6	5.0	4.4	4.1	4.6	5.9
55-64	3.6	5.5	6.1	5.0	4.3	4.3	3.7	3.5	3.5	3.8	4.6
65 and over	2.9	3.7	4.0	3.0	3.1	3.3	2.6	2.6	2.5	2.9	3.3
16-64	7.5	10.1	10.1	7.6	7.1	7.0	6.3	5.5	5.3	5.7	7.3
Total	7.4	9.9	9.9	7.4	7.0	6.9	6.2	5.5	5.2	5.7	7.1
Females											
16-19	19.0	21.8	21.3	18.0	17.5	17.7	15.9	14.4	14.0	14.7	17.5
20-24	11.2	13.2	12.9	10.9	10.7	10.3	9.4	8.5	8.3	8.5	9.8
25-34	7.7	9.3	9.1	7.4	7.4	7.2	6.2	5.6	5.6	5.6	6.7
35-44	5.7	7.0	6.9	5.6	5.5	5.0	4.6	4.1	3.9	4.2	4.8
45-54	4.6	5.8	6.0	5.2	4.8	4.5	3.7	3.4	3.2	3.4	4.2
55-59	4.0	5.2	5.3	4.6	4.7	3.8	3.2	2.8	3.0	2.9	3.4
60-64	3.6	5.2	4.7	3.8	3.6	3.8	3.0	2.6	2.6	2.5	3.5
16-24	14.0	16.2	15.8	13.3	13.0	12.8	11.7	10.6	10.4	10.7	12.5
25-54	6.3	7.7	7.7	6.3	6.2	5.9	5.1	4.6	4.4	4.6	5.4
55-64	3.8	5.2	5.0	4.3	4.3	3.8	3.1	2.7	2.8	2.8	3.4
65 and over	3.7	3.2	3.4	3.7	3.4	2.8	2.5	2.8	2.9	3.2	3.2
16-64	8.0	9.6	9.3	7.7	7.5	7.2	6.3	5.6	5.4	5.6	6.5
Total	7.9	9.4	9.2	7.6	7.4	7.1	6.2	5.6	5.4	5.5	6.4
All persons											
16-24	14.9	17.8	17.2	13.9	13.6	13.3	12.2	11.0	10.9	11.2	13.4
25-54	5.8	7.9	8.0	6.1	5.8	5.7	5.0	4.5	4.2	4.6	5.7
55-64	3.7	5.4	5.7	4.7	4.3	4.1	3.5	3.2	3.2	3.3	4.1
65 and over	3.2	3.5	3.7	3.3	3.2	3.1	2.5	2.7	2.7	3.0	3.3
16-64	7.7	9.9	9.8	7.6	7.3	7.1	6.3	5.6	5.3	5.7	6.9
Total	7.6	9.7	9.6	7.5	7.2	7.0	6.2	5.5	5.3	5.6	6.8

1992	1993	1994	1995	1996	1997	1998	1999	2000	2001	
										TAUX D'ACTIVITÉ
										Hommes
53.4	53.2	54.1	54.8	53.2	52.3	53.3	52.9	53.0	50.7	16-19
83.3	83.2	83.1	83.1	82.5	82.5	82.0	81.9	82.6	81.5	20-24
93.8	93.4	92.6	93.0	93.2	93.0	93.2	93.3	93.4	92.7	25-34
93.7	93.4	92.8	92.3	92.4	92.6	92.6	92.8	92.6	92.5	35-44
90.7	90.1	89.1	88.8	89.1	89.5	89.2	88.8	88.6	88.5	45-54
79.0	78.3	76.9	77.4	77.9	78.7	78.4	78.4	77.1	77.3	55-59
54.7	54.1	52.8	53.2	54.3	54.5	55.4	54.8	54.8	56.5	60-64
70.5	70.2	70.3	70.2	68.8	68.2	68.4	68.0	68.6	67.1	16-24
93.0	92.6	91.7	91.6	91.8	91.8	91.8	91.7	91.6	91.3	25-54
67.0	66.5	65.5	66.0	67.0	67.6	68.1	67.9	67.3	68.1	55-64
16.1	15.6	16.9	16.8	16.9	17.1	16.5	16.9	17.5	17.7	65 et plus
85.2	84.9	84.3	84.3	84.3	84.2	84.2	84.0	83.9	83.4	16-64
										Femmes
49.1	49.7	51.3	52.2	51.3	51.0	52.3	51.0	51.3	49.4	16-19
70.9	70.9	71.0	70.3	71.3	72.7	73.0	73.2	73.3	72.9	20-24
73.9	73.4	74.0	74.9	75.2	76.0	76.3	76.4	76.3	75.8	25-34
76.7	76.6	77.1	77.2	77.5	77.7	77.1	77.2	77.3	77.1	35-44
72.6	73.5	74.6	74.4	75.4	76.0	76.2	76.7	76.8	76.4	45-54
56.8	57.1	59.2	59.5	59.8	60.7	61.3	61.8	61.2	61.6	55-59
36.4	37.0	37.8	38.0	38.2	39.5	39.1	38.8	40.1	42.4	60-64
61.8	62.0	62.5	62.3	62.2	62.6	63.3	62.9	63.2	62.2	16-24
74.6	74.6	75.3	75.6	76.1	76.7	76.5	76.8	76.8	76.4	25-54
46.5	47.2	48.9	49.2	49.6	50.9	51.2	51.5	51.8	53.0	55-64
8.3	8.1	9.2	8.8	8.6	8.6	8.6	8.9	9.4	9.7	65 et plus
68.4	68.6	69.4	69.7	70.1	70.7	70.7	70.7	70.8	70.5	16-64
										Ensemble des personnes
66.1	66.1	66.4	66.3	65.5	65.4	65.9	65.5	65.9	64.6	16-24
83.6	83.4	83.4	83.5	83.8	84.1	84.1	84.1	84.1	83.7	25-54
56.2	56.4	56.8	57.2	57.9	58.9	59.3	59.3	59.2	60.2	55-64
11.5	11.2	12.4	12.1	12.1	12.2	11.9	12.3	12.8	13.1	65 et plus
76.6	76.6	76.7	76.9	77.1	77.4	77.4	77.2	77.2	76.8	16-64
										TAUX DE CHÔMAGE
										Hommes
21.5	20.4	19.0	18.4	18.1	16.9	16.2	14.7	14.0	15.9	16-19
12.2	11.3	10.2	9.2	9.5	8.9	8.1	7.7	7.3	8.9	20-24
7.8	7.0	5.9	5.1	4.9	4.3	3.9	3.6	3.4	4.3	25-34
6.1	5.6	4.5	4.2	4.0	3.6	3.0	2.8	2.8	3.6	35-44
5.6	5.1	4.0	3.5	3.5	3.1	2.8	2.6	2.5	3.2	45-54
5.7	5.2	4.4	3.6	3.3	3.0	2.7	2.7	2.3	3.2	55-59
5.9	5.1	4.4	3.5	3.5	3.3	2.9	2.8	2.6	3.6	60-64
15.3	14.3	13.2	12.5	12.6	11.8	11.1	10.3	9.7	11.4	16-24
6.7	6.0	4.9	4.4	4.2	3.7	3.3	3.0	2.9	3.7	25-54
5.8	5.2	4.4	3.6	3.3	3.1	2.8	2.7	2.4	3.4	55-64
3.3	3.2	4.0	4.2	3.3	3.0	3.1	3.0	3.4	3.1	65 et plus
8.0	7.3	6.2	5.6	5.4	4.9	4.5	4.1	3.9	4.9	16-64
7.9	7.2	6.2	5.6	5.4	4.9	4.4	4.1	3.9	4.8	Total
										Femmes
18.6	17.5	16.2	16.1	15.2	15.0	12.9	13.2	12.1	13.4	16-19
10.3	9.7	9.2	9.0	9.0	8.1	7.8	7.2	7.0	7.5	20-24
7.4	6.8	6.2	5.7	5.5	5.2	4.8	4.4	4.0	5.0	25-34
5.5	5.3	4.7	4.4	4.2	4.0	3.8	3.3	3.3	3.7	35-44
4.6	4.5	3.9	3.2	3.2	2.9	2.7	2.5	2.5	2.9	45-54
4.0	4.0	3.8	3.6	3.3	2.7	2.3	2.7	2.5	2.8	55-59
4.4	4.0	4.0	3.7	3.4	2.5	2.5	2.5	2.7	2.5	60-64
13.1	12.3	11.6	11.6	11.3	10.7	9.8	9.5	8.9	9.7	16-24
6.0	5.7	5.0	4.5	4.4	4.1	3.8	3.4	3.3	3.8	25-54
4.2	4.0	3.9	3.6	3.4	2.7	2.4	2.6	2.5	2.7	55-64
4.5	3.1	4.0	3.7	4.0	3.6	3.4	3.2	2.7	2.9	65 et plus
7.1	6.7	6.1	5.7	5.5	5.1	4.7	4.4	4.2	4.7	16-64
7.0	6.6	6.0	5.6	5.4	5.0	4.6	4.3	4.1	4.7	Total
										Ensemble des personnes
14.2	13.4	12.5	12.1	12.0	11.3	10.4	9.9	9.3	10.6	16-24
6.4	5.8	5.0	4.5	4.3	3.9	3.5	3.2	3.1	3.8	25-54
5.1	4.7	4.1	3.6	3.4	2.9	2.6	2.7	2.5	3.1	55-64
3.8	3.1	4.0	4.0	3.6	3.2	3.2	3.1	3.1	3.0	65 et plus
7.6	7.0	6.2	5.6	5.5	5.0	4.5	4.3	4.0	4.8	16-64
7.5	6.9	6.1	5.6	5.4	4.9	4.5	4.2	4.0	4.8	Total

Statistiques de la Population Active
© 2002 OCDE

AUSTRALIA

	1981	1982	1983	1984	1985	1986	1987	1988	1989	1990	1991
PARTICIPATION RATES											
Males											
15-19	61.8	62.4	58.2	59.0	57.7 |	58.5	57.4	56.4	59.5	57.9	53.4
20-24	91.3	89.2	89.6	89.4	89.7 |	89.0	89.4	90.1	89.3	88.6	86.9
25-34	95.3	94.9	95.4	95.1	94.5 |	94.8	94.6	93.7	94.8	94.2	94.3
35-44	95.2	95.1	94.9	94.7	94.8 |	94.4	94.4	94.2	93.3	94.3	93.8
45-54	91.3	90.0	90.3	90.1	90.0 |	90.0	89.5	87.3	88.7	89.6	89.7
55-59	81.1	79.0	78.2	76.8	76.4 |	75.8	74.4	73.5	74.9	76.0	72.0
60-64	51.4	47.6	42.8	43.3	42.5 |	45.2	44.7	47.2	49.9	50.5	49.5
15-24	76.5	76.0	74.1	74.3	73.8 |	73.6	72.9	72.5	73.9	73.0	70.2
25-54	94.2	93.7	94.0	93.6	93.5 |	93.5	93.3	92.3	92.7	93.1	92.9
55-64	67.9	64.9	62.0	61.1	60.3 |	61.1	60.0	60.6	62.4	63.1	60.8
65 and over	10.6	9.2	8.5	9.0	8.9 |	8.4	8.5	8.3	8.5	8.5	9.2
15-64	85.9	85.1	84.4	84.2	83.9 |	84.0	83.7	83.2	84.1	84.4	83.4
Females											
15-19	57.2	56.1	57.1	55.7	56.1 |	56.6	53.6	56.0	57.0	56.8	52.5
20-24	70.6	70.0	70.7	71.9	73.7 |	74.6	75.6	75.8	77.5	78.9	76.9
25-34	52.9	53.7	52.8	54.9	57.6 |	60.1	61.9	62.0	65.0	65.1	65.7
35-44	58.1	58.0	58.0	58.7	61.4 |	64.7	65.8	68.2	69.8	72.1	71.9
45-54	49.0	49.5	48.6	50.1	50.2 |	54.4	55.3	57.0	59.3	61.0	62.6
55-59	29.6	26.1	28.4	27.5	27.0 |	28.6	30.3	31.5	32.1	34.0	35.6
60-64	12.1	9.6	12.2	11.5	11.3 |	12.8	13.3	14.4	13.5	16.2	14.6
15-24	63.9	63.2	64.1	63.9	64.9 |	65.5	64.4	65.6	67.0	67.7	64.9
25-54	53.5	54.0	53.5	55.0	57.1 |	60.3	61.7	63.0	65.3	66.6	67.1
55-64	21.5	18.3	20.5	19.8	19.2 |	20.7	21.8	22.8	22.7	24.9	25.0
65 and over	2.6	2.5	2.0	2.5	2.0 |	1.9	2.7	2.5	2.3	2.3	2.4
15-64	51.7	51.3	51.5	52.2	53.7 |	56.1	56.9	58.3	60.1	61.5	61.2
All persons											
15-24	70.3	69.6	69.1	69.2	69.4 |	69.6	68.7	69.1	70.5	70.4	67.6
25-54	74.1	74.1	74.0	74.5	75.5 |	77.1	77.6	77.8	79.1	79.9	80.1
55-64	44.2	41.1	40.9	40.3	39.7 |	40.8	40.9	41.8	42.6	44.1	42.9
65 and over	6.0	5.3	4.8	5.3	4.9 |	4.7	5.1	5.0	4.9	4.9	5.3
15-64	68.9	68.3	68.1	68.3	68.9 |	70.1	70.4	70.9	72.2	73.0	72.4
UNEMPLOYMENT RATES											
Males											
15-19	11.2	16.3	23.0	22.1	19.3 |	18.7	18.1	15.1	12.9	16.6	21.7
20-24	8.3	11.2	17.3	14.3	12.4 |	12.4	12.6	10.8	7.9	12.2	16.3
25-34	4.1	5.5	9.1	7.6	7.2 |	6.8	6.9	5.6	5.1	7.0	9.8
35-44	2.4	3.6	6.0	5.0	4.4 |	4.6	4.8	3.8	3.5	3.8	7.4
45-54	2.8	3.6	5.9	5.7	4.8 |	5.5	4.2	4.5	3.0	3.2	6.0
55-59	3.7	3.1	6.8	5.4	7.1 |	6.2	5.7	6.5	4.7	4.7	8.7
60-64	4.0	4.8	7.3	8.2	8.2 |	6.3	6.9	8.2	7.1	8.6	12.2
15-24	9.5	13.3	19.4	17.3	15.1 |	14.8	14.8	12.6	10.0	14.0	18.3
25-54	3.2	4.4	7.3	6.3	5.6 |	5.7	5.5	4.7	4.0	4.9	8.0
55-64	3.8	3.6	6.9	6.4	7.3 |	6.2	6.1	7.0	5.7	6.3	10.3
65 and over	1.5	1.7	3.6	1.7	3.3 |	1.7	1.6	0.0	1.5	1.4	1.3
15-64	4.7	6.4	10.0	8.8	7.9 |	7.8	7.6	6.6	5.5	6.9	10.3
Total	4.7	6.3	9.9	8.7	7.8 |	7.7	7.5	6.5	5.4	6.9	10.1
Females											
15-19	17.1	16.9	22.3	19.7	17.3 |	19.5	19.5	16.1	14.5	16.3	20.2
20-24	8.6	8.7	11.5	10.3	10.5 |	9.9	10.6	10.8	7.9	9.5	12.7
25-34	6.3	6.9	9.5	7.1	7.5 |	7.6	7.5	6.6	5.8	7.1	7.7
35-44	4.4	4.8	6.8	5.6	5.3 |	6.0	6.1	4.8	3.8	4.7	5.5
45-54	3.1	3.6	4.8	4.6	4.4 |	4.5	4.5	3.9	4.1	4.0	5.7
55-59	2.7	4.1	3.8	3.9	4.0 |	3.8	2.7	2.6	2.6	4.1	5.5
60-64	2.6	0.0	2.4	2.4	0.0 |	2.1	0.0	3.8	2.0	1.7	1.9
15-24	12.4	12.4	16.2	14.3	13.3 |	14.1	14.3	13.1	10.9	12.4	15.6
25-54	4.9	5.4	7.4	6.0	6.0 |	6.3	6.4	5.3	4.7	5.5	6.4
55-64	2.7	3.1	2.7	2.8	2.8 |	3.3	2.5	3.0	2.4	3.3	4.4
65 and over	0.0	0.0		0.0	0.0 |	0.0	3.7	0.0	0.0	0.0	
15-64	7.2	7.5	10.0	8.4	8.1 |	8.4	8.3	7.3	6.2	7.1	8.6
Total	7.2	7.5	9.9	8.3	8.0 |	8.4	8.3	7.3	6.2	7.1	8.6
All persons											
15-24	10.8	12.9	17.9	15.9	14.2 |	14.5	14.6	12.8	10.4	13.2	17.1
25-54	3.8	4.8	7.3	6.2	5.8 |	5.9	5.8	4.9	4.3	5.1	7.3
55-64	3.5	3.5	5.9	5.5	6.2 |	5.5	5.2	5.9	4.8	5.4	8.6
65 and over	1.1	1.3	2.7	1.2	2.5 |	1.3	1.1	1.1	1.1	2.1	1.0
15-64	5.7	6.8	10.0	8.6	8.0 |	8.0	7.9	6.9	5.8	7.0	9.6
Total	5.6	6.8	9.9	8.5	7.9 |	8.0	7.8	6.8	5.7	7.0	9.5

AUSTRALIE

1992	1993	1994	1995	1996	1997	1998	1999	2000	2001	
										TAUX D'ACTIVITÉ
										Hommes
54.0	52.7	53.2	54.9	57.3	52.9	53.7	54.3	54.6	57.1	15-19
87.5	85.7	86.5	86.9	87.0	84.2	86.0	87.1	85.1	85.0	20-24
93.1	93.5	92.5	92.8	93.2	92.6	92.6	91.4	91.9	91.1	25-34
93.2	93.2	92.6	92.9	92.3	92.1	91.5	91.3	91.6	91.2	35-44
89.0	88.3	88.4	88.7	88.4	86.5	86.6	86.8	87.1	87.2	45-54
74.1	70.1	72.6	74.1	73.0	72.0	72.8	72.6	73.1	70.6	55-59
48.2	46.5	47.3	45.2	45.1	44.8	45.7	48.6	47.0	46.6	60-64
71.2	70.0	70.7	71.5	72.6	68.7	70.0	70.7	69.8	71.1	15-24
92.0	91.9	91.4	91.7	91.5	90.6	90.4	90.0	90.4	89.9	25-54
61.3	58.9	60.7	60.8	60.1	59.5	60.5	61.7	61.5	60.0	55-64
9.3	8.3	9.1	9.2	9.3	10.2	8.8	9.2	9.9	9.8	65 et plus
83.2	82.7	82.7	83.2	83.3	81.9	82.1	82.1	82.0	81.7	15-64
										Femmes
54.2	50.2	54.4	56.9	56.6	53.4	54.0	56.2	58.7	57.9	15-19
75.7	75.4	76.0	77.1	77.5	75.4	75.9	75.5	77.5	77.2	20-24
65.0	65.5	66.6	67.5	67.1	67.8	68.4	67.9	69.7	70.8	25-34
71.6	70.2	70.1	71.9	71.9	71.1	70.8	70.2	71.4	72.2	35-44
64.5	65.4	65.0	67.9	67.4	66.8	69.7	69.6	70.9	71.0	45-54
36.8	36.6	37.6	39.9	42.4	40.5	43.0	43.6	47.8	49.5	55-59
12.4	14.6	14.4	15.7	18.4	19.2	19.9	17.6	22.3	21.4	60-64
65.4	63.5	65.9	67.6	67.5	64.7	65.1	65.9	68.2	67.7	15-24
67.3	67.1	67.4	69.2	68.9	68.7	69.6	69.2	70.7	71.4	25-54
24.6	25.9	26.6	28.5	31.3	30.5	32.4	31.7	36.3	36.9	55-64
2.2	2.5	2.3	2.5	2.7	2.5	3.0	2.9	2.9	3.0	65 et plus
61.4	61.1	61.9	63.7	63.8	63.0	63.9	63.6	65.5	65.8	15-64
										Ensemble des personnes
68.3	66.8	68.4	69.6	70.1	66.7	67.6	68.4	69.0	69.4	15-24
79.7	79.6	79.4	80.4	80.2	79.6	80.0	79.6	80.5	80.6	25-54
43.0	42.4	43.7	44.8	45.8	45.1	46.6	46.9	49.0	48.6	55-64
5.3	5.0	5.2	5.4	5.6	5.9	5.6	5.6	6.0	6.0	65 et plus
72.4	71.9	72.4	73.5	73.6	72.4	73.0	72.9	73.8	73.8	15-64
										TAUX DE CHÔMAGE
										Hommes
25.1	23.9	19.3	19.7	20.3	20.3	20.4	17.8	16.7	16.1	15-19
18.3	18.1	15.3	12.0	12.4	15.3	12.6	12.8	10.7	11.4	20-24
10.7	11.0	8.8	8.2	8.4	8.2	7.9	6.6	6.2	6.8	25-34
7.5	7.9	6.8	6.7	6.4	5.7	6.2	5.4	4.6	5.0	35-44
7.2	7.3	6.7	5.3	6.5	5.8	6.0	4.3	4.7	4.5	45-54
10.1	12.2	10.4	9.9	10.4	9.6	7.3	5.6	4.7	5.5	55-59
15.5	17.0	10.2	7.5	8.1	6.8	6.5	7.6	5.4	5.8	60-64
20.8	20.2	16.8	14.9	15.4	17.1	15.7	14.7	13.2	13.3	15-24
8.7	8.9	7.5	6.8	7.2	6.6	6.7	5.5	5.2	5.5	25-54
12.2	13.8	10.4	9.1	9.4	8.6	7.1	6.3	5.0	5.6	55-64
1.2	1.4	1.2	1.2	1.1	3.0	1.1	1.1	1.0	1.9	65 et plus
11.5	11.6	9.6	8.6	9.0	8.7	8.4	7.3	6.6	6.9	15-64
11.3	11.4	9.4	8.5	8.8	8.6	8.3	7.2	6.5	6.9	Total
										Femmes
24.7	21.8	21.3	20.2	18.4	18.1	16.8	16.4	15.5	15.1	15-19
13.5	13.6	12.1	9.8	11.2	12.1	10.9	9.0	8.3	9.8	20-24
8.6	9.1	7.7	6.9	7.3	7.1	6.2	5.8	5.1	6.1	25-34
6.5	7.6	6.7	5.6	6.0	6.7	6.1	5.9	4.9	4.9	35-44
5.8	6.5	6.0	4.3	5.8	5.6	4.7	4.0	3.8	3.8	45-54
3.7	6.5	5.5	4.4	5.2	5.3	5.3	5.1	3.1	3.7	55-59
0.0	3.8	3.9	3.6	3.0	1.4	2.7	3.0	1.1	2.3	60-64
18.0	16.8	15.7	14.0	14.1	14.5	13.3	12.0	11.5	12.0	15-24
7.1	7.9	6.9	5.7	6.4	6.5	5.8	5.3	4.6	5.0	25-54
2.8	5.3	4.6	4.2	4.2	4.2	4.6	4.5	2.5	3.3	55-64
4.0		0.0	0.0	2.9	3.1	2.6	0.0		0.0	65 et plus
9.6	9.9	8.9	7.5	8.0	8.1	7.3	6.7	5.9	6.3	15-64
9.5	9.8	8.8	7.5	8.0	8.1	7.2	6.7	5.9	6.3	Total
										Ensemble des personnes
19.5	18.6	16.3	14.4	14.8	15.9	14.5	13.5	12.3	12.7	15-24
8.0	8.5	7.2	6.4	6.8	6.6	6.3	5.4	5.0	5.2	25-54
9.5	11.4	8.6	7.4	7.8	7.3	6.2	5.8	4.0	4.8	55-64
1.9	1.0	0.9	0.9	1.6	2.3	1.6	0.8	0.7	1.4	65 et plus
10.7	10.8	9.3	8.2	8.5	8.5	7.9	7.0	6.3	6.7	15-64
10.5	10.7	9.2	8.1	8.4	8.4	7.8	7.0	6.2	6.6	Total

Statistiques de la Population Active
© 2002 OCDE

JAPAN

	1981	1982	1983	1984	1985	1986	1987	1988	1989	1990	1991
PARTICIPATION RATES											
Males											
15-19	17.4	18.1	19.1	18.2	17.3	18.0	17.4	17.2	17.0	18.3	19.1
20-24	70.3	70.2	71.0	71.0	70.1	70.8	71.3	71.0	71.2	71.7	72.8
25-34	97.1	97.0	97.1	96.8	96.5	96.4	96.4	96.6	96.5	98.0	96.8
35-44	97.6	97.8	97.7	97.7	97.4	97.3	97.3	97.5	97.5	97.7	97.9
45-54	96.4	96.4	96.5	96.4	96.1	96.0	96.4	96.7	96.8	96.8	96.9
55-59	91.1	91.1	91.3	90.5	90.3	90.5	91.0	91.3	91.6	92.1	93.2
60-64	76.5	78.5	74.9	73.8	72.5	72.5	71.7	71.1	71.4	72.9	74.2
15-24	43.2	43.3	43.9	43.3	42.6	42.6	42.2	42.1	42.3	43.4	45.1
25-54	97.0	97.1	97.1	97.0	96.7	96.6	96.7	97.0	97.0	97.5	97.2
55-64	85.0	85.9	84.7	83.8	83.0	82.9	82.6	82.3	82.4	83.3	84.5
65 and over	41.0	38.8	38.9	37.6	37.0	36.2	35.6	35.8	35.8	36.5	38.0
15-64	84.4	84.5	84.3	83.9	83.2	82.9	82.7	82.5	82.4	83.0	83.3
Females											
15-19	18.0	17.2	18.7	18.5	16.6	17.2	16.6	16.5	17.3	17.8	17.8
20-24	70.3	71.1	72.1	72.4	71.9	73.8	73.6	73.7	74.3	75.1	75.6
25-34	49.4	50.2	51.4	52.1	52.2	52.1	53.6	54.5	55.4	56.6	58.1
35-44	61.6	62.7	63.8	63.7	63.7	64.4	64.5	64.5	65.6	66.4	66.8
45-54	61.9	62.8	63.9	64.1	64.6	64.9	65.2	66.4	67.6	68.8	69.4
55-59	50.0	50.3	51.5	50.9	51.0	49.9	50.8	50.9	52.2	53.9	55.5
60-64	38.5	38.6	39.6	38.0	38.5	38.6	38.5	38.6	39.2	39.5	40.7
15-24	43.7	43.5	44.4	44.3	43.2	43.7	43.0	43.1	44.0	44.8	45.8
25-54	57.1	58.1	59.5	60.0	60.3	60.8	61.4	62.2	63.2	64.2	65.0
55-64	44.9	45.1	46.1	45.0	45.3	44.7	45.1	45.2	46.1	47.2	48.5
65 and over	15.6	16.0	16.1	15.9	15.5	15.2	15.4	15.7	15.8	16.2	16.6
15-64	52.7	53.3	54.5	54.5	54.5	54.7	54.9	55.3	56.2	57.1	58.0
All persons											
15-24	43.5	43.4	44.2	43.8	42.9	43.1	42.6	42.6	43.1	44.1	45.4
25-54	77.1	77.6	78.3	78.5	78.5	78.7	79.1	79.6	80.2	80.9	81.2
55-64	62.8	63.5	63.7	62.9	62.9	62.7	63.0	63.0	63.7	64.7	66.0
65 and over	26.3	25.5	25.6	24.9	24.3	23.7	23.6	23.8	23.8	24.3	25.3
15-64	68.4	68.8	69.3	69.1	68.8	68.8	68.8	68.9	69.3	70.1	70.7
UNEMPLOYMENT RATES											
Males											
15-19	6.8	6.5	7.1	8.5	8.9	8.1	9.3	8.0	8.0	7.4	7.2
20-24	3.6	3.6	3.8	3.8	3.8	4.4	4.3	4.2	3.8	3.7	4.0
25-34	2.0	2.2	2.3	2.2	2.2	2.3	2.4	2.1	1.8	1.8	1.8
35-44	1.5	1.4	1.7	1.7	1.8	1.8	2.0	1.5	1.4	1.2	0.9
45-54	1.6	1.7	2.1	1.7	1.7	1.8	2.0	1.6	1.3	1.1	1.2
55-59	3.6	3.8	4.2	4.0	3.9	4.1	4.0	3.0	2.6	2.3	1.7
60-64	5.3	5.7	6.5	6.7	7.0	7.0	7.6	6.7	5.9	5.1	4.9
15-24	4.2	4.2	4.6	4.9	4.8	5.2	5.4	5.1	4.7	4.5	4.7
25-54	1.7	1.8	2.0	1.9	1.9	2.0	2.1	1.7	1.5	1.4	1.3
55-64	4.3	4.5	5.0	5.0	5.0	5.2	5.4	4.4	3.9	3.4	3.0
65 and over	2.6	2.2	2.7	2.2	2.1	1.6	1.6	1.5	1.5	1.4	1.3
15-64	2.3	2.4	2.7	2.6	2.6	2.8	3.0	2.5	2.2	2.1	2.0
Total	2.3	2.4	2.7	2.6	2.6	2.7	2.9	2.5	2.2	2.0	1.9
Females											
15-19	4.2	0.7	5.1	5.1	5.6	6.4	7.7	6.3	6.0	5.7	5.8
20-24	3.7	4.4	4.3	4.9	4.5	4.7	4.3	4.2	3.8	3.7	3.8
25-34	3.1	2.9	3.4	3.5	3.9	4.0	3.7	3.7	3.5	3.1	3.3
35-44	1.7	1.8	2.2	2.4	2.1	2.2	2.3	2.2	1.9	1.8	1.8
45-54	1.4	1.4	1.8	1.9	1.7	1.9	2.0	1.8	1.5	1.5	1.4
55-59	1.9	1.8	2.3	2.2	2.2	2.2	2.1	2.1	2.0	1.4	1.8
60-64	1.0	1.0	1.8	1.8	1.7	1.7	2.4	1.6	1.5	1.4	1.4
15-24	3.8	3.6	4.5	5.0	4.7	5.1	5.0	4.7	4.2	4.1	4.2
25-54	2.1	2.0	2.4	2.6	2.4	2.6	2.6	2.4	2.2	2.1	2.1
55-64	1.5	1.5	2.1	2.1	2.0	2.0	2.2	1.9	1.8	1.4	1.6
65 and over	1.0	1.0	0.9	0.9	0.9	0.9	0.8	0.8	0.0	0.0	0.0
15-64	2.3	2.2	2.7	2.9	2.8	2.9	2.9	2.7	2.5	2.3	2.4
Total	2.2	2.2	2.6	2.8	2.7	2.8	2.8	2.6	2.3	2.2	2.2
All persons											
15-24	4.0	3.9	4.5	4.9	4.8	5.2	5.2	4.9	4.5	4.3	4.5
25-54	1.8	1.9	2.2	2.1	2.1	2.2	2.3	2.0	1.8	1.6	1.6
55-64	3.2	3.3	3.9	3.9	3.9	4.0	4.2	3.5	3.1	2.7	2.5
65 and over	2.1	1.7	2.0	1.7	1.7	1.3	1.3	1.2	0.9	0.8	0.8
15-64	2.3	2.3	2.7	2.7	2.7	2.8	3.0	2.6	2.3	2.2	2.1
Total	2.3	2.3	2.7	2.7	2.6	2.8	2.9	2.5	2.2	2.1	2.1

1992	1993	1994	1995	1996	1997	1998	1999	2000	2001	
										TAUX D'ACTIVITÉ
										Hommes
19.4	19.0	18.3	17.9	18.4	18.9	18.7	18.5	18.4	17.9	15-19
74.5	75.2	74.9	74.0	74.6	75.0	74.2	72.8	72.7	71.9	20-24
97.1	97.2	97.0	97.1	97.5	97.1	96.8	96.5	96.7	96.3	25-34
98.1	98.3	98.0	97.9	98.1	98.0	97.9	97.7	97.7	97.7	35-44
97.6	97.5	97.4	97.5	97.5	97.7	97.3	97.3	97.0	96.7	45-54
93.6	94.1	94.0	94.1	94.6	94.8	94.5	94.7	94.2	93.9	55-59
75.0	75.6	75.0	74.9	74.5	74.5	74.8	74.1	72.6	72.0	60-64
46.7	47.6	48.0	48.0	48.9	49.4	48.8	47.7	47.4	46.5	15-24
97.6	97.7	97.5	97.5	97.7	97.6	97.3	97.1	97.1	96.9	25-54
84.9	85.4	85.0	84.8	84.9	85.1	85.2	85.2	84.1	83.4	55-64
38.2	37.7	37.6	37.3	36.7	36.7	35.9	35.5	34.1	32.9	65 et plus
84.0	84.4	84.4	84.5	85.0	85.4	85.3	85.3	85.2	85.0	15-64
										Femmes
17.6	17.4	17.0	16.0	16.3	16.8	17.3	16.8	16.6	17.5	15-19
75.6	74.5	74.2	74.1	73.8	73.4	73.4	72.4	72.7	72.0	20-24
58.5	58.7	59.6	60.3	61.8	62.6	62.9	63.6	63.9	65.2	25-34
67.0	66.5	66.1	65.3	65.4	66.8	66.2	65.6	65.3	66.2	35-44
69.9	69.5	69.4	69.4	69.6	70.3	70.2	69.8	69.9	70.2	45-54
55.6	56.4	56.4	57.0	58.1	58.7	59.1	58.7	58.7	58.4	55-59
40.7	40.1	39.4	39.7	39.0	39.8	40.1	39.7	39.5	39.5	60-64
46.5	46.7	47.1	47.2	47.6	47.7	47.8	46.7	46.6	46.4	15-24
65.4	65.2	65.3	65.2	65.8	66.7	66.6	66.4	66.5	67.3	25-54
48.5	48.6	48.1	48.5	48.8	49.5	49.9	49.8	49.7	49.2	55-64
16.7	16.0	15.9	15.6	15.4	15.4	15.2	14.9	14.4	13.8	65 et plus
58.3	58.2	58.3	58.4	58.9	59.7	59.8	59.5	59.6	60.1	15-64
										Ensemble des personnes
46.6	47.2	47.6	47.6	48.3	48.6	48.3	47.2	47.0	46.5	15-24
81.6	81.5	81.4	81.4	81.8	82.2	82.1	81.9	81.9	82.2	25-54
66.2	66.5	66.1	66.2	66.3	66.9	67.1	67.1	66.5	65.8	55-64
25.4	24.9	24.8	24.5	24.2	24.2	23.8	23.4	22.6	21.8	65 et plus
71.2	71.3	71.4	71.5	72.0	72.6	72.6	72.4	72.5	72.6	15-64
										TAUX DE CHÔMAGE
										Hommes
7.3	7.7	8.3	8.9	10.3	10.3	12.0	15.1	14.1	13.2	15-19
3.9	4.3	5.0	5.5	6.1	6.2	7.3	9.3	9.6	10.1	20-24
1.9	2.3	2.6	3.0	3.3	3.3	4.1	4.8	5.0	5.4	25-34
1.3	1.7	1.8	1.9	2.1	2.1	2.8	3.1	2.9	3.4	35-44
1.2	1.4	1.7	1.8	2.0	2.1	2.5	3.2	3.5	3.7	45-54
1.9	2.2	2.5	2.7	2.7	2.6	3.6	4.4	4.5	4.7	55-59
5.1	6.1	7.2	7.5	8.5	8.3	10.0	10.2	10.4	10.3	60-64
4.6	4.9	5.6	6.1	6.8	6.9	8.2	10.3	10.4	10.7	15-24
1.4	1.7	2.0	2.2	2.5	2.5	3.1	3.7	3.9	4.2	25-54
3.2	3.8	4.5	4.7	5.1	5.0	6.3	6.7	6.8	7.0	55-64
1.6	1.6	1.9	2.2	2.1	2.0	2.6	2.9	3.2	3.5	65 et plus
2.1	2.5	2.9	3.1	3.5	3.5	4.3	5.0	5.1	5.4	15-64
2.1	2.4	2.8	3.1	3.4	3.4	4.1	4.8	5.0	5.2	Total
										Femmes
6.0	6.3	6.8	7.5	9.1	7.6	9.1	9.5	9.8	11.1	15-19
3.7	5.1	5.0	5.8	6.2	6.1	6.9	7.9	7.5	8.2	20-24
3.3	4.0	4.7	5.0	5.2	5.5	6.2	6.6	6.4	6.9	25-34
1.9	2.1	2.4	2.6	2.6	2.4	3.3	3.7	3.7	4.1	35-44
1.5	1.6	1.8	2.1	2.0	2.0	2.3	3.0	3.1	3.2	45-54
1.3	1.3	1.8	1.7	2.1	2.0	2.8	3.0	3.1	3.2	55-59
1.4	2.0	2.0	2.6	2.6	2.5	3.1	3.8	4.5	4.4	60-64
4.1	5.3	5.3	6.1	6.7	6.3	7.3	8.2	7.9	8.7	15-24
2.1	2.5	2.8	3.1	3.2	3.2	3.8	4.4	4.4	4.7	25-54
1.3	1.6	1.9	2.1	2.3	2.2	2.9	3.3	3.6	3.7	55-64
0.6	0.6	0.6	0.6	0.6	0.6	0.6	0.5	1.1	0.6	65 et plus
2.3	2.8	3.1	3.4	3.6	3.6	4.2	4.7	4.7	5.1	15-64
2.2	2.7	3.0	3.3	3.4	3.4	4.0	4.5	4.5	4.8	Total
										Ensemble des personnes
4.4	5.1	5.5	6.1	6.7	6.6	7.7	9.3	9.2	9.7	15-24
1.7	2.0	2.4	2.6	2.7	2.8	3.4	4.0	4.1	4.4	25-54
2.5	3.0	3.5	3.7	4.1	3.9	5.0	5.4	5.6	5.7	55-64
1.2	1.2	1.4	1.6	1.5	1.5	1.9	2.0	2.4	2.4	65 et plus
2.2	2.6	3.0	3.3	3.5	3.5	4.2	4.9	5.0	5.2	15-64
2.2	2.5	2.9	3.2	3.4	3.4	4.1	4.7	4.8	5.0	Total

Statistiques de la Population Active
© 2002 OCDE

KOREA

	1981	1982	1983	1984	1985	1986	1987	1988	1989	1990	1991
PARTICIPATION RATES											
Males											
15-19	23.9	22.4	18.2	15.5	14.5	13.6	14.0	11.4	11.7	10.8	11.2
20-24	74.6	73.2	68.2	64.7	63.3	62.1	60.6	59.6	60.2	60.2	59.8
25-34	95.9	95.4	94.3	93.2	93.2	93.1	92.7	93.1	93.9	94.5	94.6
35-44	96.8	96.2	95.9	95.7	95.8	96.0	95.7	96.2	96.2	96.4	96.8
45-54	92.7	92.5	92.1	90.9	91.0	90.9	90.7	91.3	91.7	92.4	93.1
55-59	80.5	81.0	78.4	77.3	77.3	75.9	77.6	79.6	82.4	83.6	84.8
60-64									65.7	67.2	67.2
15-24	43.9	43.0	38.3	34.8	33.0	31.7	30.7	28.3	28.3	28.4	29.2
25-59											
25-54	95.4	95.0	94.3	93.4	93.5	93.4	93.1	93.6	94.0	94.6	94.9
55-64	80.5	81.0	78.4	77.3	77.3	75.9	77.6	79.6	75.8	77.2	78.1
65 and over	46.8	44.0	43.0	42.5	44.2	44.7	47.0	48.0	38.9	39.3	40.5
15-64	78.6	78.2	76.9	75.1	75.1	74.8	75.1	75.4	75.5	76.2	77.1
Females											
15-19	29.4	28.0	26.2	22.2	21.1	20.2	21.1	19.2	18.7	18.7	18.8
20-24	53.0	54.3	54.2	52.5	55.1	58.2	60.1	61.4	63.6	64.6	65.9
25-34	35.9	37.6	37.6	37.0	39.2	40.9	43.2	43.9	46.1	46.0	46.0
35-44	55.1	57.5	56.7	53.7	55.4	56.5	59.0	58.4	59.1	59.2	59.6
45-54	57.0	58.2	58.1	54.8	56.1	57.4	59.6	60.5	62.2	62.0	61.0
55-59	47.2	49.5	48.1	45.2	47.3	46.9	49.1	49.6	52.8	54.4	54.3
60-64									41.7	43.5	43.1
15-24	41.3	41.9	41.3	37.9	38.0	38.9	39.7	39.0	39.6	40.7	42.0
25-59											
25-54	47.8	49.3	48.8	46.7	48.4	49.7	52.0	52.4	54.1	54.2	54.1
55-64	47.2	49.5	48.1	45.2	47.3	46.9	49.1	49.6	47.8	49.6	49.5
65 and over	17.9	18.3	18.1	18.1	19.2	21.4	23.5	23.2	18.2	18.4	18.8
15-64	45.7	47.0	46.4	43.9	45.2	46.3	48.2	48.3	49.4	49.9	50.3
All persons											
15-24	42.6	42.4	39.8	36.4	35.6	35.4	35.5	34.0	34.3	35.0	36.1
25-59											
25-54	71.6	71.9	71.5	70.0	71.0	71.7	72.8	73.3	74.3	74.6	74.9
55-64	62.7	63.8	61.7	59.7	60.7	59.5	61.7	63.1	60.7	62.4	62.9
65 and over	29.6	28.9	28.3	27.9	29.2	30.6	32.7	32.9	25.8	26.1	26.9
15-64	61.9	62.3	61.4	59.3	60.0	60.4	61.5	61.7	62.3	62.8	63.5
UNEMPLOYMENT RATES											
Males											
15-19	14.5	14.8	12.7	11.8	12.4	11.6	9.5	10.5	7.7	10.1	10.9
20-24	12.5	11.9	12.1	11.3	13.7	12.6	10.2	9.5	9.5	9.3	9.2
25-34	5.8	5.3	5.5	5.0	5.5	5.6	4.5	3.6	3.7	3.5	2.8
35-44	3.8	4.2	3.7	3.5	3.2	3.4	2.9	1.8	1.9	1.8	1.4
45-54	3.9	3.6	3.5	3.3	3.2	3.1	2.5	1.6	1.8	1.6	1.5
55-59	3.2	2.2	2.2	2.2	2.1	2.0	1.6	1.3	1.7	1.4	1.0
60-64									0.3	0.8	0.8
15-24	13.2	12.8	12.2	11.5	13.4	12.3	10.0	9.8	9.0	9.5	9.7
25-59											
25-54	4.6	4.5	4.4	4.1	4.2	4.3	3.5	2.5	2.7	2.5	2.0
55-64	3.2	2.2	2.2	2.2	2.1	2.0	1.6	1.3	1.2	1.2	1.0
65 and over	0.6	0.4	0.8	0.6	0.4	0.5	0.3	0.3	0.3	0.3	0.0
15-64	6.0	5.8	5.5	5.0	5.3	5.2	4.1	3.2	3.1	3.0	2.6
Total	5.7	5.5	5.2	4.8	5.0	4.9	3.9	3.0	3.1	2.9	2.5
Females											
15-19	10.2	10.6	9.7	9.3	10.0	8.1	8.2	7.1	7.9	8.7	8.1
20-24	5.5	6.0	5.2	5.5	6.3	5.9	5.2	5.0	4.5	4.5	5.3
25-34	1.2	1.2	0.9	1.0	1.3	1.3	1.0	1.2	1.5	1.4	1.4
35-44	0.6	1.0	0.9	0.9	1.0	0.7	0.6	0.7	1.0	0.7	0.7
45-54	0.5	0.4	0.5	0.6	0.4	0.3	0.3	0.3	0.4	0.4	0.5
55-59	0.3	0.3	0.3	0.3	0.3	0.3	0.3	0.2	0.2	0.2	0.2
60-64									0.4	0.3	0.0
15-24	7.2	7.5	6.5	6.6	7.4	6.5	6.0	5.5	5.4	5.5	6.0
25-59											
25-54	0.7	0.9	0.8	0.9	0.9	0.8	0.7	0.8	1.0	0.9	0.9
55-64	0.3	0.3	0.3	0.3	0.3	0.3	0.3	0.2	0.3	0.3	0.1
65 and over	0.0	0.0	0.3	0.0	0.0	0.0	0.2	0.2	0.0	0.0	0.0
15-64	2.6	2.7	2.3	2.3	2.5	2.2	2.0	1.9	1.9	1.9	2.0
Total	2.4	2.5	2.2	2.2	2.4	2.1	1.8	1.8	1.8	1.8	1.9
All persons											
15-24	10.2	10.1	9.2	8.9	10.0	9.0	7.7	7.2	6.8	7.0	7.3
25-59											
25-54	3.3	3.3	3.2	3.0	3.1	3.1	2.5	1.9	2.1	1.9	1.6
55-64	2.0	1.4	1.4	1.4	1.3	1.2	1.0	0.8	0.8	0.8	0.6
65 and over	0.4	0.2	0.6	0.4	0.2	0.3	0.3	0.3	0.2	0.2	0.2
15-64	4.7	4.6	4.3	4.0	4.2	4.0	3.3	2.7	2.6	2.5	2.4
Total	4.5	4.4	4.1	3.8	4.0	3.8	3.1	2.5	2.6	2.5	2.3

1992	1993	1994	1995	1996	1997	1998	1999	2000	2001	
										TAUX D'ACTIVITÉ
										Hommes
11.7	10.5	10.4	9.3	8.7	8.6	9.2	10.6	11.6	10.8	15-19
58.2	56.5	58.2	57.9	58.1	56.9	54.3	53.1	51.6	50.0	20-24
94.3	94.1	93.7	93.4	92.7	92.3	91.6	89.7	89.4	89.0	25-34
97.0	96.8	96.5	96.8	96.8	96.6	95.8	95.3	95.0	94.7	35-44
93.3	93.2	93.4	93.4	93.6	93.0	93.1	91.6	91.0	90.5	45-54
84.9	84.8	84.4	84.0	83.7	84.9	81.8	81.0	77.8	77.7	55-59
70.7	69.4	72.5	73.9	73.6	73.4	67.9	65.5	63.2	64.7	60-64
30.0	30.2	31.0	30.1	29.5	28.2	26.3	26.5	26.7	26.3	15-24
										25-59
94.9	94.8	94.6	94.6	94.4	94.0	93.6	92.4	92.0	91.6	25-54
79.3	78.8	79.7	79.7	79.3	79.8	75.4	73.6	70.8	71.3	55-64
42.0	41.7	42.3	41.5	41.4	42.4	40.4	40.2	39.9	40.4	65 et plus
77.7	78.3	78.8	79.0	78.6	78.2	77.8	77.1	76.9	76.8	15-64
										Femmes
17.4	16.7	15.5	14.5	13.4	13.0	12.0	11.8	12.5	12.7	15-19
65.3	64.6	64.6	66.1	66.0	66.4	61.0	60.8	60.8	61.5	20-24
45.9	46.0	47.1	47.6	50.0	52.5	49.6	50.3	52.2	53.2	25-34
59.0	60.8	61.5	62.1	62.5	63.5	60.8	60.8	61.3	61.5	35-44
61.0	59.3	60.1	59.8	60.0	60.4	58.6	59.5	60.5	60.8	45-54
54.1	53.5	54.1	54.3	53.5	54.1	51.0	51.2	50.8	50.4	55-59
45.0	43.4	45.3	45.8	45.3	46.1	45.0	46.3	45.5	45.3	60-64
41.8	42.2	42.2	41.9	40.4	39.7	35.7	35.4	36.2	37.4	15-24
										25-59
54.0	54.0	55.1	55.6	56.9	58.5	56.0	56.6	57.8	58.4	25-54
50.1	49.0	50.2	50.4	49.7	50.5	48.2	48.9	48.2	47.9	55-64
19.7	18.9	19.8	20.6	21.5	22.8	19.9	21.4	22.5	22.7	65 et plus
50.2	50.3	51.1	51.5	51.9	52.8	50.4	50.8	51.8	52.6	15-64
										Ensemble des personnes
36.3	36.7	37.1	36.5	35.3	34.4	31.3	31.3	31.8	32.3	15-24
										25-59
74.8	74.8	75.3	75.6	76.1	76.6	75.0	74.8	75.2	75.2	25-54
63.9	62.9	63.9	64.0	63.7	64.4	61.5	60.9	59.2	59.2	55-64
28.0	27.4	28.2	28.5	29.0	30.2	27.7	28.5	29.2	29.6	65 et plus
63.7	64.1	64.8	65.1	65.1	65.4	64.0	63.9	64.3	64.6	15-64
										TAUX DE CHÔMAGE
										Hommes
11.8	12.9	10.2	9.1	8.9	11.6	25.3	22.5	14.5	14.7	15-19
8.7	11.9	9.0	7.7	8.2	8.9	19.6	16.3	12.3	11.5	20-24
3.2	3.8	3.5	2.6	2.9	3.6	8.6	8.3	5.6	5.3	25-34
1.5	1.9	1.8	1.6	1.4	1.8	6.1	5.4	3.4	3.3	35-44
1.3	1.4	1.3	1.3	1.3	1.5	6.7	6.1	3.9	3.2	45-54
0.9	0.9	1.0	1.2	1.0	1.6	6.0	6.6	4.1	3.3	55-59
0.9	0.7	0.6	1.0	0.7	1.3	4.4	5.6	3.1	2.8	60-64
9.5	12.1	9.2	7.9	8.3	9.5	20.9	17.9	12.9	12.3	15-24
										25-59
2.2	2.6	2.4	1.9	2.0	2.4	7.1	6.6	4.3	3.9	25-54
0.9	0.9	0.9	1.1	0.9	1.5	5.3	6.2	3.7	3.0	55-64
0.0	0.2	0.2	0.2	0.2	0.8	2.0	1.0	0.7	0.6	65 et plus
2.7	3.3	2.8	2.3	2.4	2.8	7.9	7.3	4.8	4.4	15-64
2.6	3.2	2.7	2.2	2.3	2.8	7.6	7.1	4.6	4.2	Total
										Femmes
9.2	10.0	8.9	7.5	6.6	8.7	17.5	17.0	12.7	12.4	15-19
5.9	6.5	5.4	4.9	4.4	6.2	11.9	10.7	7.6	7.4	20-24
1.5	1.6	1.5	1.3	1.5	2.2	5.8	5.0	3.3	3.2	25-34
0.8	0.8	0.9	0.8	0.8	1.6	4.7	4.5	2.7	2.3	35-44
0.4	0.6	0.5	0.5	0.5	0.9	3.9	3.4	2.1	1.9	45-54
0.2	0.4	0.4	0.5	0.5	0.5	2.1	2.8	1.6	1.1	55-59
0.3	0.0	0.0	0.3	0.2	0.7	1.6	1.3	1.1	0.8	60-64
6.6	7.1	6.0	5.4	4.9	6.6	12.9	11.8	8.5	8.3	15-24
										25-59
0.9	1.0	1.0	0.9	1.0	1.7	4.9	4.4	2.7	2.5	25-54
0.2	0.2	0.2	0.4	0.3	0.5	1.9	2.1	1.4	1.0	55-64
0.0	0.0	0.0	0.0	0.2	0.2	0.8	0.9	0.2	0.2	65 et plus
2.1	2.3	2.0	1.7	1.6	2.4	5.8	5.3	3.4	3.2	15-64
2.1	2.2	1.9	1.7	1.6	2.3	5.6	5.1	3.3	3.0	Total
										Ensemble des personnes
7.7	9.0	7.2	6.3	6.1	7.7	16.0	14.2	10.2	9.7	15-24
										25-59
1.7	2.1	1.9	1.5	1.6	2.1	6.3	5.8	3.7	3.4	25-54
0.6	0.6	0.6	0.8	0.6	1.1	4.0	4.5	2.7	2.1	55-64
0.1	0.1	0.1	0.1	0.2	0.5	1.5	0.9	0.5	0.4	65 et plus
2.5	2.9	2.5	2.1	2.1	2.7	7.0	6.5	4.2	3.9	15-64
2.4	2.8	2.4	2.0	2.0	2.6	6.8	6.3	4.1	3.7	Total

Statistiques de la Population Active
© 2002 OCDE

NEW ZEALAND

	1981	1982	1983	1984	1985	1986	1987	1988	1989	1990	1991
PARTICIPATION RATES											
Males											
15-19						68.0	66.4	61.6	58.8	57.9 |	56.3
20-24						91.3	91.8	89.4	89.2	87.0 |	85.8
25-34						95.0	95.3	94.3	94.1	93.3 |	92.9
35-44						96.7	96.6	95.5	94.6	94.2 |	94.4
45-54						95.2	94.0	93.6	93.1	92.5 |	92.5
15-24						79.2	78.3	74.6	73.0	71.4 |	70.7
25-54						95.6	95.6	94.5	94.0	93.3 |	93.3
55-64						66.9	64.8	59.9	56.4	56.4 |	56.8
65 and over						14.4	14.2	11.1	10.9	10.6 |	9.7
15-64						87.2	86.8	84.7	83.5	83.0 |	82.9
Females											
15-19						59.6	61.5	58.8	54.5	57.7 |	53.6
20-24						73.7	73.9	68.9	68.7	71.2 |	72.6
25-34						62.3	62.6	61.7	61.6	61.5 |	63.1
35-44						75.8	75.1	74.6	74.2	75.2 |	75.9
45-54						67.7	70.8	71.5	71.9	73.5 |	73.2
15-24						66.4	67.7	63.8	61.5	64.2 |	63.4
25-54						68.3	68.8	68.7	68.6	69.3 |	70.1
55-64						32.9	31.7	32.6	30.9	30.9 |	31.2
65 and over						4.3	3.7	4.2	3.6	3.5 |	3.4
15-64						63.0	63.6	62.6	61.9	63.2 |	63.5
All persons											
15-24						72.9	72.9	69.0	67.1	67.8 |	66.9
25-54						81.8	82.0	81.4	81.1	81.2 |	81.6
55-64						49.8	48.2	46.8	43.6	43.9 |	44.0
65 and over						8.9	8.2	7.4	6.7	6.6 |	6.1
15-64						75.1	75.1	73.6	72.6	73.0 |	73.1
UNEMPLOYMENT RATES											
Males											
15-19						11.8	10.9	14.0	16.1	17.9 |	23.8
20-24						4.8	6.5	10.2	12.9	13.2 |	19.1
25-34						3.0	3.6	5.1	7.1	8.2 |	11.4
35-44						1.8	1.8	3.5	4.4	5.5 |	7.1
45-54						1.8	2.1	3.0	4.4	5.4 |	6.9
15-24						7.9	8.5	11.8	14.3	14.7 |	20.5
25-54						2.4	2.7	4.0	5.4	6.5 |	8.7
55-64						1.1	2.2	2.4	5.1	5.1 |	6.3
65 and over						0.0	0.0	0.0	0.0	0.0 |	0.0
15-64						3.6	4.0	5.7	7.4	8.3 |	11.1
Total						3.5	3.9	5.7	7.3	8.1 |	10.9
Females											
15-19						11.5	9.9	12.6	16.5	17.1 |	20.3
20-24						5.0	5.1	7.7	10.0	9.6 |	14.3
25-34						5.2	4.6	5.6	7.0	7.3 |	10.0
35-44						2.8	2.8	3.8	4.2	4.7 |	6.5
45-54						2.6	1.9	2.7	4.1	3.9 |	5.6
15-24						8.0	7.3	10.1	12.4	13.1 |	16.8
25-54						3.7	3.2	4.2	5.3	5.3 |	7.6
55-64						2.1	2.2	2.2	2.3	4.7 |	4.7
65 and over						0.0	0.0	0.0	0.0	0.0 |	0.0
15-64						4.7	4.3	5.7	6.9	7.2 |	9.7
Total						4.6	4.4	5.6	7.0	7.3 |	9.6
All persons											
15-24						7.9	8.0	10.8	13.4	14.2 |	18.8
25-54						2.8	2.9	4.1	5.4	6.1 |	8.2
55-64						1.4	2.2	3.0	4.1	4.9 |	5.7
65 and over						0.0	0.0	0.0	4.3	0.0 |	4.5
15-64						4.1	4.1	5.7	7.2	7.8 |	10.4
Total						4.0	4.1	5.6	7.1	7.8 |	10.3

1992	1993	1994	1995	1996	1997	1998	1999	2000	2001	
										TAUX D'ACTIVITÉ
										Hommes
53.2	51.1	53.7	57.5	56.6	55.8	54.7	52.9	53.9	54.2	15-19
84.1	85.0	85.0	85.5	84.6	83.5	81.7	82.2	79.1	80.2	20-24
92.5	92.5	92.2	92.2	91.6	91.5	90.6	90.3	91.1	90.9	25-34
94.3	93.7	93.0	92.2	92.8	92.9	92.1	91.8	91.5	91.9	35-44
92.1	92.2	91.7	91.7	91.3	91.6	91.5	91.2	91.5	91.1	45-54
69.2	68.4	69.7	71.3	70.6	69.7	67.8	67.2	65.8	66.4	15-24
93.0	92.8	92.4	92.1	91.9	92.1	91.5	91.1	91.4	91.3	25-54
56.8	60.0	62.7	65.3	68.9	69.5	70.8	72.2	72.4	74.6	55-64
8.8	8.5	9.5	9.8	10.7	10.0	8.7	10.8	11.6	13.5	65 et plus
82.4	82.7	83.3	83.8	84.2	84.1	83.5	83.2	83.2	83.5	15-64
										Femmes
48.9	48.1	51.1	53.8	55.7	56.5	53.4	51.9	53.0	53.0	15-19
73.4	71.6	71.8	72.3	71.7	72.4	71.5	68.0	67.2	67.5	20-24
64.0	64.1	65.6	66.2	68.1	67.2	66.4	68.4	67.9	67.8	25-34
75.0	73.5	73.4	73.8	74.9	74.0	73.9	75.1	75.6	76.6	35-44
73.3	74.1	75.2	76.8	78.3	78.0	78.5	77.7	78.2	79.4	45-54
61.3	60.8	62.5	63.5	64.3	63.9	62.2	59.5	59.7	60.4	15-24
70.2	70.1	70.9	71.8	73.3	72.6	72.4	73.5	73.8	74.6	25-54
33.1	35.0	36.6	39.3	43.0	44.2	46.5	48.4	48.2	51.7	55-64
2.9	2.8	3.2	2.7	3.6	3.5	3.9	4.3	4.3	4.6	65 et plus
63.4	63.4	64.7	65.8	67.5	67.3	67.0	67.4	67.5	68.5	15-64
										Ensemble des personnes
65.1	64.6	66.1	67.3	67.5	66.9	65.2	63.4	63.0	63.6	15-24
81.5	81.3	81.4	81.7	82.5	82.1	81.7	82.1	82.4	82.7	25-54
45.0	47.5	49.6	52.1	55.9	56.7	58.5	59.9	60.2	63.0	55-64
5.4	5.3	6.0	6.1	6.7	6.4	6.1	7.2	7.8	8.6	65 et plus
72.9	73.0	73.9	74.8	75.7	75.6	75.2	75.2	75.2	75.9	15-64
										TAUX DE CHÔMAGE
										Hommes
23.0	21.7	19.4	15.6	16.9	16.9	18.4	18.9	18.4	16.9	15-19
19.0	16.0	13.4	9.3	9.6	10.8	14.0	12.3	11.8	9.5	20-24
11.0	9.9	8.0	5.5	5.6	6.5	7.1	6.0	5.2	4.7	25-34
7.6	7.2	6.7	5.2	4.4	5.1	5.9	5.7	4.4	4.1	35-44
7.0	7.1	6.1	4.4	4.1	4.2	5.0	4.8	3.5	3.2	45-54
20.4	18.6	15.7	11.9	12.5	13.2	15.8	14.4	14.1	12.1	15-24
8.7	8.2	7.0	5.1	4.8	5.3	6.0	5.6	4.5	4.0	25-54
7.6	6.0	5.6	3.2	3.9	4.8	4.6	5.3	5.1	4.0	55-64
0.0	0.0	0.0	0.0	0.0	0.0	0.0	0.0	0.0	0.0	65 et plus
11.1	10.1	8.5	6.3	6.2	6.7	7.6	7.1	6.2	5.5	15-64
10.9	10.0	8.5	6.3	6.1	6.6	7.5	7.0	6.2	5.3	Total
										Femmes
21.2	20.3	19.4	15.7	15.1	16.2	17.1	14.7	15.7	15.5	15-19
13.7	12.9	11.8	8.8	9.1	10.3	10.8	11.5	9.5	8.2	20-24
10.2	9.2	8.0	5.7	6.1	6.6	8.0	6.7	5.9	5.0	25-34
7.0	6.5	5.6	5.5	4.9	5.4	5.8	5.2	4.5	4.1	35-44
5.6	5.4	4.3	3.7	3.9	4.0	4.7	3.9	3.6	3.3	45-54
16.7	15.7	14.1	11.6	11.0	12.9	13.5	13.0	12.3	11.5	15-24
7.8	7.2	6.0	5.1	5.0	5.5	6.2	5.3	4.6	4.2	25-54
4.3	4.1	3.8	3.5	3.1	2.9	4.1	3.8	3.8	3.4	55-64
0.0	0.0	0.0	0.0	0.0	0.0	0.0	0.0	0.0	0.0	65 et plus
9.7	9.0	7.8	6.4	6.1	6.8	7.5	6.5	5.9	5.3	15-64
9.6	8.9	7.8	6.3	6.1	6.7	7.4	6.5	5.8	5.3	Total
										Ensemble des personnes
18.4	17.2	15.0	11.7	11.8	13.1	14.7	13.8	13.3	11.8	15-24
8.3	7.7	6.6	5.1	4.9	5.4	6.1	5.4	4.5	4.0	25-54
6.4	5.3	5.0	3.3	3.6	4.0	4.4	4.7	4.5	3.7	55-64
0.0	0.0	0.0	0.0	0.0	0.0	0.0	0.0	3.0	0.0	65 et plus
10.4	9.6	8.2	6.3	6.2	6.7	7.6	6.9	6.1	5.4	15-64
10.3	9.5	8.1	6.2	6.1	6.6	7.5	6.8	6.0	5.3	Total

Statistiques de la Population Active
© 2002 OCDE

AUSTRIA

	1981	1982	1983	1984	1985	1986	1987	1988	1989	1990	1991
PARTICIPATION RATES											
Males											
15-19											
20-24											
25-34											
35-44											
45-54											
55-59											
60-64											
15-24											
25-54											
55-64											
65 and over											
15-64											
Females											
15-19											
20-24											
25-34											
35-44											
45-54											
55-59											
60-64											
15-24											
25-54											
55-64											
65 and over											
15-64											
All persons											
15-24											
25-54											
55-64											
65 and over											
15-64											
UNEMPLOYMENT RATES											
Males											
15-19											
20-24											
25-34											
35-44											
45-54											
55-59											
60-64											
15-24											
25-54											
55-64											
65 and over											
15-64											
Total											
Females											
15-19											
20-24											
25-34											
35-44											
45-54											
55-59											
60-64											
15-24											
25-54											
55-64											
65 and over											
15-64											
Total											
All persons											
15-24											
25-54											
55-64											
65 and over											
15-64											
Total											

1992	1993	1994	1995	1996	1997	1998	1999	2000	2001	
										TAUX D'ACTIVITÉ
										Hommes
		52.9	52.5	52.5	49.2	47.8	48.4	48.0		15-19
		75.8	74.5	73.5	75.3	74.4	75.8	74.9		20-24
		91.4	91.7	91.5	92.1	92.4	92.0	91.7		25-34
		95.5	96.4	96.1	96.6	96.3	96.2	96.2		35-44
		90.5	91.1	90.7	90.8	91.1	91.0	90.9		45-54
		61.7	65.1	64.0	62.5	63.3	65.0	62.8		55-59
		19.3	20.5	17.0	13.7	13.0	16.0	17.3		60-64
		65.5	64.5	63.6	62.6	61.1	61.9	61.4		15-24
		92.4	93.1	92.8	93.2	93.4	93.3	93.1		25-54
		41.3	44.8	44.0	43.0	43.5	44.7	42.1		55-64
		6.3	5.4	4.7	4.6	4.3	3.8	4.6		65 et plus
		80.2	80.7	80.1	80.0	79.9	80.0	79.4		15-64
										Femmes
		41.3	37.2	35.6	35.7	35.2	34.7	34.0		15-19
		73.2	71.6	71.3	71.0	71.1	68.2	66.5		20-24
		76.2	77.5	77.6	77.7	77.5	78.7	78.4		25-34
		73.9	75.5	75.5	76.6	76.4	77.7	78.9		35-44
		63.2	64.7	64.5	66.4	68.2	69.2	70.5		45-54
		26.9	27.4	25.4	24.3	25.0	25.8	25.5		55-59
		10.0	9.7	8.9	8.1	8.6	7.7	7.8		60-64
		59.3	56.1	54.9	54.1	53.5	51.5	50.2		15-24
		71.7	73.1	73.2	74.2	74.5	75.7	76.4		25-54
		18.4	19.1	18.0	17.8	18.1	18.2	17.5		55-64
		2.7	2.3	2.1	2.2	1.9	1.7	1.7		65 et plus
		61.3	61.6	61.0	61.3	61.4	61.7	61.8		15-64
										Ensemble des personnes
		62.5	60.4	59.2	58.4	57.3	56.8	55.9		15-24
		82.2	83.3	83.2	83.9	84.1	84.6	84.9		25-54
		29.4	31.6	30.7	29.9	30.5	31.1	29.5		55-64
		3.9	3.4	2.9	3.0	2.9	2.5	2.8		65 et plus
		70.8	71.3	70.6	70.7	70.7	70.9	70.6		15-64
										TAUX DE CHÔMAGE
										Hommes
		4.0	4.0	4.8	5.9	5.1	4.2	5.0		15-19
		4.9	4.8	6.1	5.2	4.4	4.4	4.5		20-24
		2.9	3.0	3.5	3.6	3.5	3.2	2.7		25-34
		2.5	2.4	3.3	3.5	3.8	2.8	2.4		35-44
		3.8	3.2	3.6	3.8	4.1	4.3	3.3		45-54
		4.2	5.0	5.3	5.7	5.5	6.0	4.6		55-59
		2.9	2.8	3.4	4.3	4.5	3.4	5.7		60-64
		4.6	4.5	5.9	5.1	4.7	4.3	4.7		15-24
		3.0	2.9	3.5	3.6	3.7	3.4	2.7		25-54
		3.9	4.6	5.0	5.0	5.4	5.6	4.8		55-64
								9.1		65 et plus
		3.3	3.2	3.9	4.0	4.0	3.7	3.2		15-64
		3.3	3.2	3.9	3.9	4.0	3.7	3.2		Total
										Femmes
		7.5	8.4	10.0	12.2	9.8	8.5	7.4		15-19
		4.2	4.5	5.3	4.5	4.7	4.3	3.9		20-24
		3.9	4.3	4.5	4.7	4.5	4.0	4.0		25-34
		3.3	3.7	3.2	3.7	3.8	3.1	3.0		35-44
		4.3	4.8	4.9	4.7	4.8	3.8	3.8		45-54
		1.9	3.3	3.2	3.2	3.0	2.9	4.7		55-59
		5.0	5.3	0.0	0.0	6.3	0.0	5.9		60-64
		5.2	5.7	6.7	6.9	6.3	5.3	5.1		15-24
		3.8	4.2	4.2	4.3	4.3	3.6	3.6		25-54
		2.7	2.5	3.8	2.5	3.7	3.6	4.9		55-64
				0.0				0.0		65 et plus
		4.0	4.4	4.5	4.7	4.6	3.9	3.9		15-64
		4.0	4.3	4.5	4.6	4.6	3.9	3.8		Total
										Ensemble des personnes
		4.9	5.0	6.1	6.1	5.4	4.8	4.9		15-24
		3.4	3.4	3.8	3.9	4.0	3.5	3.1		25-54
		3.5	3.9	4.7	4.3	4.9	5.0	4.5		55-64
				0.0				5.7		65 et plus
		3.6	3.7	4.2	4.3	4.3	3.8	3.5		15-64
		3.6	3.7	4.1	4.2	4.2	3.8	3.5		Total

Statistiques de la Population Active
© 2002 OCDE

BELGIUM

	1981	1982	1983	1984	1985	1986	1987	1988	1989	1990	1991
PARTICIPATION RATES											
Males											
15-19			19.8	18.0	15.6	14.5	12.7	9.5	9.9	9.9	9.9
20-24			72.7	69.0	69.3	71.2	70.6	65.3	64.4	62.8	63.2
25-34			96.0	95.7	96.1	96.2	95.6	95.3	94.5	95.2	94.8
35-44			96.5	96.6	96.4	96.3	95.5	95.8	95.6	94.8	95.0
45-54			90.3	89.6	88.7	86.8	85.7	85.1	85.3	84.3	86.5
55-59			64.9	63.7	62.2	57.5	53.3	51.2	52.8	50.2	50.5
60-64			28.6	27.0	26.9	23.6	19.9	20.4	21.5	19.3	18.0
15-24			45.9	43.6	43.2	43.9	42.9	38.6	38.2	37.1	37.6
25-54			94.4	94.1	94.0	93.6	92.8	92.7	92.4	92.2	92.7
55-64			50.5	47.2	45.1	41.2	37.5	36.7	37.7	35.4	34.8
65 and over			3.1	3.0	2.5	3.0	2.0	2.4	1.9	1.9	1.9
15-64			76.0	74.6	74.2	73.6	72.4	71.5	71.7	71.3	72.0
Females											
15-19			17.1	14.6	15.1	13.7	11.8	9.7	8.3	7.9	8.3
20-24			66.3	66.2	65.9	66.8	66.1	61.2	56.8	57.6	59.6
25-34			70.9	73.7	74.3	74.8	74.9	74.5	75.6	74.2	76.6
35-44			53.8	56.0	57.5	59.3	59.9	60.9	61.9	63.1	66.0
45-54			34.7	36.2	35.7	35.4	35.1	35.6	37.0	39.0	40.7
55-59			16.6	16.2	16.8	18.4	14.5	15.8	16.4	15.6	17.5
60-64			6.1	6.5	5.6	4.3	4.0	3.8	3.7	4.1	3.7
15-24			41.8	40.8	41.4	41.6	40.2	36.8	33.9	34.0	35.5
25-54			54.1	56.5	57.1	58.1	58.5	59.1	60.3	60.8	63.1
55-64			12.3	11.7	11.0	11.4	9.2	9.9	10.4	9.9	10.6
65 and over			1.1	1.0	0.9	0.9	0.6	0.7	0.5	0.6	0.4
15-64			44.3	44.9	45.1	45.8	45.5	45.3	45.6	46.1	48.2
All persons											
15-24			43.9	42.2	42.3	42.7	41.5	37.6	36.0	35.5	36.5
25-54			74.4	75.5	75.7	76.0	75.9	76.1	76.6	76.7	78.1
55-64			30.6	28.7	27.3	25.6	22.8	22.8	23.5	22.2	22.2
65 and over			1.9	1.8	1.5	1.7	1.2	1.4	1.0	1.1	1.1
15-64			60.1	59.8	59.6	59.7	59.0	58.4	58.7	58.7	60.1
UNEMPLOYMENT RATES											
Males											
15-19			28.2	26.1	26.3	19.2	17.8	15.2	17.6	18.2	21.9
20-24			16.8	18.8	15.6	14.9	14.1	12.6	10.5	9.0	9.5
25-34			7.8	7.0	7.0	6.5	6.9	6.7	5.0	4.4	5.1
35-44			5.1	5.6	4.9	5.9	5.9	5.7	4.1	3.3	3.2
45-54			5.3	5.4	5.7	5.0	6.0	6.0	4.7	4.3	3.2
55-59			6.4	6.5	5.1	6.1	5.8	6.1	3.9	3.5	2.8
60-64			3.7	3.2	4.1	4.8	3.8	5.6	3.5	2.0	2.1
15-24			19.3	20.6	17.8	15.6	14.6	12.9	11.4	10.2	11.1
25-54			6.2	6.1	6.0	5.9	6.4	6.2	4.6	4.0	4.0
55-64			5.8	5.6	4.8	5.7	4.8	5.9	3.8	3.1	2.1
65 and over			0.0	0.0	0.0	0.0	0.0	0.0	0.0	0.0	0.0
15-64			8.1	8.1	7.4	7.2	7.3	7.0	5.3	4.6	4.6
Total			8.1	8.0	7.4	7.2	7.3	6.9	5.3	4.5	4.5
Females											
15-19			36.4	40.0	40.7	35.4	41.5	30.3	28.6	26.9	23.1
20-24			27.1	28.3	27.5	25.4	26.6	22.3	18.9	18.2	16.5
25-34			18.3	19.8	19.1	19.8	17.8	16.1	14.1	12.1	11.1
35-44			12.5	12.5	12.6	13.6	14.0	12.5	10.6	9.4	9.4
45-54			12.1	10.6	10.4	11.3	11.6	9.7	9.0	7.4	7.3
55-59			3.9	8.0	7.8	8.9	6.8	8.3	6.0	6.4	3.9
60-64			0.0	0.0	0.0	0.0	0.0	0.0	0.0	0.0	0.0
15-24			29.0	30.4	29.9	26.9	28.7	23.3	20.0	19.1	17.2
25-54			15.3	15.7	15.3	16.2	15.4	13.8	12.0	10.3	9.8
55-64			4.7	6.0	6.0	7.2	5.5	6.8	4.8	5.1	3.2
65 and over			0.0	0.0	0.0	0.0	0.0	0.0	0.0	0.0	0.0
15-64			17.9	18.4	17.9	18.0	17.6	15.2	13.0	11.5	10.7
Total			17.8	18.3	17.8	17.9	17.6	15.1	13.0	11.4	10.6
All persons											
15-24			23.9	25.2	23.5	21.1	21.4	18.2	15.5	14.5	14.1
25-54			9.5	9.7	9.5	9.8	9.8	9.1	7.5	6.5	6.3
55-64			5.6	6.0	5.0	6.1	5.3	6.1	4.1	3.5	2.8
65 and over			0.0	0.0	0.0	0.0	0.0	0.0	0.0	0.0	0.0
15-64			11.7	12.0	11.4	11.3	11.3	10.2	8.3	7.3	7.0
Total			11.7	11.9	11.3	11.3	11.3	10.1	8.3	7.2	7.0

1992	1993	1994	1995	1996	1997	1998	1999	2000	2001	
										TAUX D'ACTIVITÉ
										Hommes
8.6	8.1	9.3	8.6	8.6	7.9	9.4	10.7	11.5	11.3	15-19
62.1	61.0	61.9	60.5	60.8	60.6	62.2	60.6	65.4	62.3	20-24
94.3	94.2	94.1	94.1	94.0	94.3	94.4	94.1	95.6	92.1	25-34
94.6	94.3	94.5	94.3	95.0	94.4	93.8	94.7	94.3	93.6	35-44
85.5	84.5	86.5	87.3	87.2	86.6	86.3	86.1	85.9	86.7	45-54
50.4	48.7	50.7	53.2	49.4	49.2	51.2	53.2	53.7	52.5	55-59
20.5	19.2	18.1	18.7	17.9	18.2	16.5	20.4	18.9	19.9	60-64
36.7	36.1	37.4	36.0	35.6	34.7	35.7	35.5	38.8	37.1	15-24
92.1	91.6	92.1	92.3	92.4	92.1	91.8	91.8	92.1	90.9	25-54
35.4	33.9	34.4	35.9	33.8	33.8	34.0	36.8	36.3	36.6	55-64
2.3	2.0	2.4	2.2	2.5	2.0	1.5	3.3	2.1	2.3	65 et plus
71.8	71.4	72.1	72.3	72.2	72.2	72.5	73.0	73.8	72.7	15-64
										Femmes
7.1	6.6	6.3	5.0	5.3	5.2	5.9	7.9	8.6	7.1	15-19
60.6	55.4	56.4	55.5	52.9	52.5	52.2	51.9	55.9	51.4	20-24
77.9	79.4	79.7	79.6	81.0	81.5	81.2	82.7	83.7	79.6	25-34
66.6	69.0	70.0	70.9	72.1	72.6	73.8	77.1	76.5	73.5	35-44
42.8	45.7	47.5	50.4	50.5	52.4	54.4	57.3	58.3	58.7	45-54
18.2	19.6	22.1	21.4	19.9	21.8	23.9	26.4	25.0	26.3	55-59
5.1	4.7	4.7	5.5	4.9	4.7	4.8	6.2	7.0	5.2	60-64
35.7	32.7	32.9	31.7	29.8	29.3	29.4	30.1	32.7	29.9	15-24
64.3	66.4	67.3	68.2	69.0	69.7	70.4	72.9	73.2	70.8	25-54
11.5	11.9	13.2	13.3	12.5	12.9	14.1	16.0	15.8	15.7	55-64
0.7	0.9	0.6	1.0	0.8	0.6	0.6	0.9	1.2	0.7	65 et plus
49.4	50.3	51.2	51.7	52.0	52.9	53.8	56.0	56.6	54.5	15-64
										Ensemble des personnes
36.2	34.4	35.2	33.9	32.8	32.0	32.6	32.9	35.7	33.6	15-24
78.4	79.2	79.9	80.4	80.8	81.0	81.2	82.5	82.8	80.9	25-54
23.0	22.7	23.5	24.2	22.8	23.1	23.8	26.2	25.9	26.0	55-64
1.3	1.3	1.4	1.5	1.5	1.2	1.0	1.9	1.6	1.3	65 et plus
60.6	60.9	61.7	62.1	62.2	62.6	63.2	64.6	65.2	63.6	15-64
										TAUX DE CHÔMAGE
										Hommes
18.5	32.0	34.5	29.6	18.5	28.0	26.7	32.4	25.0	14.3	15-19
10.7	15.7	19.2	18.5	17.1	16.7	17.1	20.8	11.1	14.5	20-24
5.1	6.6	7.9	7.5	7.6	7.3	8.0	7.2	5.8	6.6	25-34
3.7	4.0	5.7	5.8	6.4	5.5	5.9	5.4	4.2	4.4	35-44
3.8	4.2	5.3	5.0	5.3	5.6	5.8	5.9	3.7	3.5	45-54
2.9	3.8	4.4	4.9	5.3	4.7	5.4	6.0	3.6	4.3	55-59
0.0	3.8	4.1	2.0	4.3	4.3	4.8	1.9	4.2	4.0	60-64
11.2	17.4	20.5	19.7	17.2	17.4	18.4	22.7	12.7	14.5	15-24
4.2	5.1	6.4	6.2	6.6	6.2	6.6	6.1	4.6	4.9	25-54
2.6	3.3	4.3	3.6	4.5	4.6	5.2	4.3	3.2	3.7	55-64
0.0	0.0	0.0	0.0	0.0	0.0	0.0	0.0			65 et plus
4.8	6.2	7.7	7.3	7.4	7.1	7.6	7.5	5.3	5.6	15-64
4.8	6.2	7.7	7.3	7.4	7.1	7.6	7.5	5.3	5.6	Total
										Femmes
27.3	30.0	36.8	40.0	31.3	37.5	38.9	20.8	30.8	33.3	15-19
14.0	18.6	22.2	22.5	23.7	24.6	21.5	22.4	16.1	14.2	20-24
10.1	10.8	12.9	12.6	12.8	11.7	12.2	9.5	8.1	8.0	25-34
7.9	9.6	11.0	11.0	11.4	9.4	10.4	8.9	6.9	6.2	35-44
7.2	8.2	7.8	8.2	8.2	8.6	8.5	8.2	7.1	3.4	45-54
5.8	5.5	6.5	5.0	3.6	5.2	6.5	10.3	3.1	1.4	55-59
0.0	0.0	0.0	0.0	0.0	0.0	0.0	0.0	0.0		60-64
15.3	19.7	23.6	23.8	24.5	25.7	23.1	22.2	18.0	16.4	15-24
8.8	9.9	11.2	11.1	11.3	10.2	10.7	9.0	7.4	6.1	25-54
4.5	4.3	6.6	3.9	4.3	4.3	5.3	8.2	2.4	1.2	55-64
0.0	0.0	0.0	0.0	0.0	0.0	0.0	0.0			65 et plus
9.5	10.8	12.5	12.3	12.4	11.6	11.7	10.2	8.3	6.9	15-64
9.5	10.8	12.4	12.2	12.4	11.6	11.7	10.2	8.3	6.9	Total
										Ensemble des personnes
13.2	18.5	21.9	21.6	20.5	21.2	20.5	22.7	15.3	15.3	15-24
6.1	7.1	8.4	8.3	8.6	7.9	8.4	7.4	5.8	5.4	25-54
2.7	3.5	5.0	4.1	4.4	4.5	5.3	5.5	3.3	2.9	55-64
0.0	0.0	0.0	0.0	4.2	0.0	0.0	0.0			65 et plus
6.7	8.1	9.7	9.4	9.5	9.0	9.3	8.7	6.6	6.2	15-64
6.7	8.1	9.6	9.3	9.5	9.0	9.3	8.7	6.6	6.2	Total

Statistiques de la Population Active
© 2002 OCDE

CZECH REPUBLIC

	1981	1982	1983	1984	1985	1986	1987	1988	1989	1990	1991
PARTICIPATION RATES											
Males											
15-19											
20-24											
25-34											
35-44											
45-54											
55-59											
60-64											
15-24											
25-54											
55-64											
65 and over											
15-64											
Females											
15-19											
20-24											
25-34											
35-44											
45-54											
55-59											
60-64											
15-24											
25-54											
55-64											
65 and over											
15-64											
All persons											
15-24											
25-54											
55-64											
65 and over											
15-64											
UNEMPLOYMENT RATES											
Males											
15-19											
20-24											
25-34											
35-44											
45-54											
55-59											
60-64											
15-24											
25-54											
55-64											
65 and over											
15-64											
Total											
Females											
15-19											
20-24											
25-34											
35-44											
45-54											
55-59											
60-64											
15-24											
25-54											
55-64											
65 and over											
15-64											
Total											
All persons											
15-24											
25-54											
55-64											
65 and over											
15-64											
Total											

1992	1993	1994	1995	1996	1997	1998	1999	2000	2001	
										TAUX D'ACTIVITÉ
										Hommes
	37.8	37.5	32.8	28.6	25.9	25.5	22.7	15.9	13.0	15-19
	86.2	85.3	85.6	84.9	82.4	80.5	78.8	79.3	76.9	20-24
	97.1	96.9	97.3	97.2	96.8	97.0	96.6	96.0	96.1	25-34
	97.1	96.9	96.9	96.6	96.8	96.3	96.5	96.8	96.7	35-44
	91.3	91.8	91.9	91.7	92.2	92.2	92.4	92.3	92.2	45-54
	71.3	73.0	75.7	77.5	78.0	75.4	76.8	75.8	76.9	55-59
	26.6	25.3	27.9	32.0	30.3	29.1	27.4	24.3	24.1	60-64
	59.7	59.9	58.7	57.6	56.1	55.8	54.2	51.3	48.2	15-24
	95.3	95.3	95.3	95.2	95.2	95.1	95.1	94.9	94.9	25-54
	48.5	49.1	52.3	55.9	56.4	55.1	56.1	54.5	55.0	55-64
	9.3	9.8	9.1	9.0	8.6	8.1	7.2	6.8	6.7	65 et plus
	80.3	80.4	80.6	80.7	80.5	80.3	80.2	79.4	79.0	15-64
										Femmes
	33.0	32.0	25.4	22.2	19.7	19.6	18.1	13.9	10.0	15-19
	53.8	57.0	59.1	58.4	57.9	60.3	60.8	61.8	60.7	20-24
	72.0	71.8	71.6	69.2	69.4	70.8	70.1	70.1	69.1	25-34
	90.6	90.9	90.6	89.5	89.5	88.9	89.9	89.0	89.6	35-44
	86.0	85.5	85.7	86.4	86.6	85.7	86.0	86.6	87.4	45-54
	25.9	27.6	29.8	33.0	34.5	32.6	33.0	32.5	33.4	55-59
	12.4	13.0	13.4	13.6	14.1	13.2	13.6	12.0	13.2	60-64
	42.4	43.7	41.9	40.7	40.2	42.1	42.2	40.7	38.1	15-24
	83.4	83.3	83.0	82.1	82.1	81.9	82.0	81.8	81.8	25-54
	18.7	20.0	21.5	23.4	24.9	24.0	24.5	23.7	24.5	55-64
	4.0	3.3	3.4	3.3	2.9	2.6	3.0	2.4	2.2	65 et plus
	63.9	64.3	64.1	63.6	63.7	64.0	64.1	63.7	63.3	15-64
										Ensemble des personnes
	51.3	52.0	50.5	49.3	48.3	49.1	48.2	46.1	43.2	15-24
	89.4	89.3	89.2	88.6	88.7	88.5	88.6	88.4	88.4	25-54
	32.6	33.5	35.9	38.6	39.7	38.6	39.4	38.2	39.0	55-64
	6.0	5.9	5.6	5.4	5.1	4.8	4.6	4.1	4.0	65 et plus
	72.1	72.4	72.4	72.1	72.1	72.2	72.2	71.6	71.1	15-64
										TAUX DE CHÔMAGE
										Hommes
	10.2	12.8	12.3	11.5	13.3	21.4	30.1	30.4	33.3	15-19
	5.5	5.5	5.2	5.0	5.7	7.9	12.9	14.4	13.8	20-24
	3.1	3.2	3.0	2.8	3.4	4.5	6.4	6.3	5.9	25-34
	2.4	2.4	2.7	2.6	3.4	3.9	5.5	5.6	5.4	35-44
	2.1	2.0	1.9	2.2	2.7	3.5	5.6	5.9	5.2	45-54
	1.8	3.0	1.7	2.6	2.5	3.5	5.0	5.2	4.5	55-59
	6.3	5.1	4.8	5.7	4.7	3.3	3.5	3.8	3.7	60-64
	6.9	7.9	7.2	6.3	7.4	10.7	15.8	16.6	16.1	15-24
	2.5	2.5	2.5	2.5	3.1	4.0	5.8	5.9	5.6	25-54
	3.1	3.5	2.5	3.5	3.0	3.4	4.7	5.0	4.4	55-64
	6.4	4.0	4.3	4.3	4.3	4.5	5.1	2.7	2.7	65 et plus
	3.4	3.6	3.4	3.3	3.9	5.0	7.3	7.4	6.8	15-64
	3.4	3.6	3.4	3.3	3.9	5.0	7.3	7.3	6.8	Total
										Femmes
	14.3	14.2	14.8	15.6	19.7	29.2	34.9	38.3	42.4	15-19
	8.1	7.2	6.2	5.6	7.3	11.0	14.8	13.6	13.8	20-24
	7.3	7.9	6.8	6.6	8.4	10.6	13.8	13.6	12.6	25-34
	4.0	3.7	3.6	3.5	4.5	6.7	8.6	8.7	8.6	35-44
	2.8	2.4	2.7	2.6	3.8	5.3	7.1	8.0	6.9	45-54
	4.5	2.9	3.9	3.4	3.1	3.2	4.9	5.7	5.3	55-59
	8.6	5.6	2.8	5.7	5.7	6.3	6.1	6.7	8.8	60-64
	10.5	9.9	8.8	8.2	10.1	14.8	18.5	17.4	17.4	15-24
	4.5	4.4	4.1	4.0	5.2	7.3	9.5	9.9	9.1	25-54
	5.9	3.8	3.5	4.1	4.6	4.7	5.1	5.1	5.4	55-64
	6.1	3.6	3.4	3.6	4.0	8.7	7.7	4.8	5.3	65 et plus
	5.4	5.2	4.8	4.7	6.0	8.2	10.5	10.6	9.9	15-64
	5.4	5.2	4.8	4.7	6.0	8.3	10.5	10.6	9.9	Total
										Ensemble des personnes
	8.5	8.6	7.7	7.2	8.6	12.4	17.0	16.9	16.6	15-24
	3.4	3.4	3.3	3.2	4.1	5.5	7.5	7.7	7.2	25-54
	4.0	3.6	2.8	3.7	3.6	3.9	4.8	5.3	5.0	55-64
	5.0	2.5	3.9	4.0	2.8	6.0	4.6	3.4	5.3	65 et plus
	4.3	4.3	4.0	3.9	4.8	6.5	8.8	8.8	8.2	15-64
	4.3	4.3	4.0	3.9	4.8	6.5	8.7	8.8	8.1	Total

Statistiques de la Population Active
© 2002 OCDE

DENMARK

	1981	1982	1983	1984	1985	1986	1987	1988	1989	1990	1991
PARTICIPATION RATES											
Males											
15-19			52.2	66.8	71.1	68.7	66.7	70.0	69.6	66.7	66.3	
20-24			86.7	87.1	86.6	88.8	86.1	86.6	88.6	86.1	84.7	
25-34			94.4	93.5	94.5	93.8	93.8	94.2	93.6	94.1	93.8	
35-44			95.6	94.8	94.9	95.1	94.8	96.6	95.8	95.9	95.0	
45-54			92.0	89.7	90.3	91.1	91.2	93.8	94.0	93.4	94.0	
55-59			84.0	83.1	83.2	82.7	84.1	84.6	86.4	86.2	82.4	
60-64			50.0	50.0	47.1	53.9	50.4	53.3	51.7	50.8	48.3	
15-24			68.2	76.8	78.9	78.6	76.2	78.4	79.5	76.5	75.4	
25-54			94.2	93.0	93.6	93.6	93.5	94.9	94.5	94.5	94.2	
55-64			67.2	66.7	66.0	68.6	66.9	69.1	69.3	69.3	66.0	
65 and over			12.8	13.2	13.1	13.6	11.3	12.8	11.0	13.1	11.6	
15-64			84.0	85.3	86.0	86.4	85.5	87.5	87.6	87.0	86.3	
Females											
15-19			43.8	59.6	61.3	59.4	64.1	63.0	61.7	61.1	60.5	
20-24			82.0	83.9	83.3	82.8	83.8	83.0	80.1	78.8	81.2	
25-34			88.1	87.7	88.7	88.6	88.5	87.1	88.7	88.6	87.5	
35-44			87.3	85.3	86.3	88.3	88.6	89.8	89.2	90.1	90.7	
45-54			74.1	72.7	76.5	79.4	78.6	81.2	80.8	84.0	84.1	
55-59			54.7	56.0	58.2	62.3	60.8	60.3	59.5	63.1	65.6	
60-64			28.6	27.0	26.8	30.3	25.4	24.8	24.8	28.3	28.6	
15-24			62.2	71.4	72.1	71.7	74.7	73.4	71.4	70.2	70.9	
25-54			84.0	82.7	84.5	85.9	85.9	86.5	86.6	87.8	87.6	
55-64			41.6	41.7	42.4	45.9	42.8	42.4	42.5	45.9	47.5	
65 and over			3.6	3.3	3.2	3.6	3.4	3.4	3.4	3.4	3.2	
15-64			71.9	73.3	74.6	76.1	76.5	76.6	76.4	77.6	78.0	
All persons											
15-24			65.2	74.1	75.6	75.2	75.6	76.0	75.3	73.5	73.3	
25-54			89.1	87.9	89.1	89.8	89.7	90.8	90.6	91.2	91.0	
55-64			53.9	53.4	53.3	56.8	54.6	55.2	55.4	57.2	56.6	
65 and over			7.5	7.7	7.5	7.7	6.7	7.2	6.6	7.3	6.6	
15-64			78.0	79.3	80.3	81.3	81.1	82.1	82.0	82.4	82.2	
UNEMPLOYMENT RATES											
Males											
15-19			16.5	10.4	9.1	6.0	8.1	5.3	7.8	8.7	6.5	
20-24			19.7	14.2	10.9	8.0	8.0	9.9	12.9	13.8	14.3	
25-34			9.4	10.5	6.8	4.7	5.3	7.3	9.2	9.0	9.4	
35-44			6.5	5.2	4.5	3.1	4.0	4.6	6.4	6.6	8.0	
45-54			6.6	5.6	5.3	4.3	3.5	3.9	5.1	6.8	6.1	
55-59			7.3	4.9	6.7	5.5	7.5	6.7	6.5	5.7	9.7	
60-64			3.1	3.3	3.6	2.9	3.1	3.1	6.6	5.0	3.6	
15-24			18.0	12.5	10.1	7.1	8.1	8.3	10.8	11.6	10.9	
25-54			7.6	7.2	5.5	3.9	4.3	5.3	7.0	7.5	7.9	
55-64			6.3	4.3	5.6	3.9	5.9	5.4	5.9	5.4	8.2	
65 and over			0.0	2.4	0.0	2.2	2.6	2.3	2.7	2.3	2.6	
15-64			9.4	8.0	6.5	4.6	5.3	5.9	7.7	8.0	8.4	
Total			9.2	7.8	6.4	4.5	5.2	5.8	7.5	7.8	8.3	
Females											
15-19			26.1	13.2	12.8	8.7	8.3	6.9	9.9	9.1	8.9	
20-24			16.0	17.9	13.5	10.1	10.8	10.2	14.3	13.8	14.6	
25-34			11.1	12.1	12.2	9.7	8.1	9.3	11.1	11.3	11.9	
35-44			6.7	7.5	6.6	5.9	5.8	5.8	5.5	6.8	8.7	
45-54			7.5	6.2	7.5	7.3	5.3	5.5	7.4	6.9	7.6	
55-59			7.9	8.9	7.3	7.0	6.3	7.6	10.3	8.5	11.6	
60-64			2.5	2.7	5.3	4.7	2.9	6.1	6.3	5.6	5.6	
15-24			19.7	15.5	13.2	9.5	10.2	8.9	12.5	11.8	12.2	
25-54			8.5	9.0	8.9	7.7	6.5	6.9	8.0	8.5	9.5	
55-64			6.0	6.0	5.8	6.2	5.3	7.1	9.0	7.6	9.8	
65 and over			0.0	7.1	0.0	0.0	0.0	0.0	0.0	6.3	6.7	
15-64			10.6	10.3	9.6	7.8	7.2	7.4	9.0	9.0	10.0	
Total			10.5	10.1	9.5	7.7	7.1	7.3	8.9	8.9	10.0	
All persons											
15-24			18.8	13.9	11.5	8.1	8.9	8.6	11.4	11.5	11.5	
25-54			8.0	8.0	7.1	5.7	5.4	6.1	7.5	8.0	8.7	
55-64			6.2	5.0	6.0	4.9	6.0	6.1	7.2	6.0	8.5	
65 and over			1.9	1.8	0.0	1.7	1.9	1.7	1.9	1.7	3.7	
15-64			9.9	9.0	7.9	6.1	6.2	6.6	8.3	8.5	9.2	
Total			9.8	8.9	7.8	6.0	6.1	6.5	8.1	8.4	9.1	

1992	1993	1994	1995	1996	1997	1998	1999	2000	2001	
										TAUX D'ACTIVITÉ
										Hommes
63.8	61.7	65.2	70.2	68.5	70.3	63.1	66.7	64.5	52.4	15-19
81.4	79.9	78.6	83.4	85.0	85.5	80.3	86.6	84.3	85.6	20-24
93.4	92.6	91.4	93.4	93.3	92.7	92.1	93.1	92.4	91.3	25-34
95.0	94.7	92.4	92.3	94.3	93.9	93.4	94.5	93.0	92.9	35-44
93.6	92.5	91.8	89.8	91.0	90.9	90.3	90.5	89.2	90.0	45-54
83.1	81.8	81.3	82.8	78.8	81.3	79.6	80.9	83.2	82.1	55-59
47.0	46.9	42.1	51.3	43.8	42.6	40.6	41.8	39.4	43.8	60-64
72.9	71.0	72.1	77.1	76.5	77.6	71.4	76.9	75.0	69.5	15-24
94.0	93.2	91.8	91.8	92.8	92.5	92.0	92.7	91.5	91.4	25-54
66.4	65.7	63.6	68.0	62.1	63.9	61.1	61.9	64.6	65.5	55-64
12.1	10.5	3.8	4.8	4.5	5.2	5.9	2.9	3.8	6.4	65 et plus
85.7	84.9	83.7	85.6	85.2	85.3	83.5	85.0	84.1	83.3	15-64
										Femmes
64.0	63.6	56.4	63.3	64.6	65.0	66.7	65.2	62.1	54.1	15-19
77.7	76.0	74.6	74.5	76.4	74.3	76.3	74.6	74.1	74.1	20-24
87.4	85.6	81.2	79.6	80.6	81.0	82.8	81.6	82.4	82.2	25-34
90.4	89.7	87.7	87.3	87.0	87.0	86.7	87.3	88.9	86.7	35-44
84.2	84.7	79.2	79.6	78.7	77.6	79.3	81.8	81.8	81.5	45-54
68.7	63.6	61.5	57.3	55.6	61.5	63.7	69.1	67.3	72.9	55-59
27.0	29.6	22.1	21.8	20.2	25.0	21.8	25.2	24.0	24.6	60-64
70.9	70.1	65.9	69.4	71.0	70.4	71.6	70.2	68.8	64.9	15-24
87.4	86.7	82.7	82.1	82.0	81.7	82.8	83.4	84.3	83.6	25-54
48.6	46.9	43.2	40.0	39.5	43.8	44.5	50.6	48.2	51.8	55-64
3.5	3.7	1.1	1.0	1.8	1.7	1.7	1.3	1.5	3.2	65 et plus
78.2	77.4	73.8	73.3	73.5	74.2	75.1	76.1	75.8	75.0	15-64
										Ensemble des personnes
71.9	70.6	69.0	73.2	73.8	74.3	71.7	73.3	71.9	67.2	15-24
90.8	90.0	87.2	87.1	87.5	87.0	87.5	88.2	87.9	87.5	25-54
57.3	56.4	53.6	53.6	50.6	54.3	53.2	56.7	56.9	58.9	55-64
7.1	6.6	2.2	2.5	3.0	3.3	3.5	2.0	2.6	4.6	65 et plus
82.0	81.2	78.8	79.5	79.5	79.8	79.3	80.6	80.0	79.2	15-64
										TAUX DE CHÔMAGE
										Hommes
7.1	7.4	8.6	7.6	9.6	7.4	8.1	9.2	6.6	7.9	15-19
15.7	19.7	11.6	7.9	8.5	5.9	5.6	9.3	6.7	6.9	20-24
8.8	11.8	7.8	5.4	5.4	4.5	3.7	4.4	4.1	2.8	25-34
7.2	9.3	6.6	4.3	3.5	3.4	2.8	2.6	2.9	2.9	35-44
7.2	8.9	5.7	5.1	5.0	4.2	3.3	4.2	3.6	3.0	45-54
9.3	10.2	7.1	7.5	5.8	5.1	5.1	4.1	4.0	4.8	55-59
3.6	3.8	4.2	6.9	5.7	3.8	3.7	1.7	3.8	1.8	60-64
12.0	14.5	10.3	7.8	9.0	6.6	6.7	9.3	6.7	7.2	15-24
7.7	10.0	6.7	4.9	4.7	4.0	3.2	3.7	3.5	2.9	25-54
7.3	8.1	6.2	6.7	5.7	4.7	4.1	3.3	4.0	3.9	55-64
2.5	2.9	0.0	0.0	0.0	0.0	0.0	0.0	7.7	0.0	65 et plus
8.5	10.6	7.3	5.7	5.6	4.6	3.9	4.5	4.0	3.7	15-64
8.3	10.4	7.2	5.6	5.6	4.5	3.8	4.5	4.0	3.6	Total
										Femmes
10.0	11.4	5.4	11.0	12.7	8.8	9.0	8.9	6.9	8.3	15-19
14.4	17.3	14.0	13.3	12.0	10.8	6.7	11.6	7.0	9.4	20-24
12.9	14.3	10.2	10.0	9.3	6.9	7.8	5.9	6.2	4.5	25-34
7.9	8.0	8.6	5.9	7.6	4.8	4.7	4.0	4.6	4.1	35-44
6.6	8.8	8.2	6.7	5.9	5.5	5.7	4.9	3.2	3.7	45-54
10.9	11.9	7.5	10.7	6.3	6.3	7.0	6.7	4.9	4.8	55-59
8.8	5.4	4.0	7.4	4.2	3.3	3.8	3.6	0.0	0.0	60-64
12.4	14.8	10.4	12.3	12.3	10.0	7.7	10.5	6.9	9.5	15-24
9.2	10.5	9.0	7.6	7.7	5.7	6.0	5.0	4.7	4.0	25-54
10.3	9.9	6.7	9.8	6.8	6.4	6.2	5.3	4.5	3.8	55-64
0.0	5.9	0.0	0.0	12.5	0.0	12.5	0.0	0.0	0.0	65 et plus
9.9	11.2	9.0	8.6	8.4	6.5	6.4	5.9	5.0	4.8	15-64
9.9	11.1	9.0	8.7	8.4	6.5	6.4	5.9	5.0	4.8	Total
										Ensemble des personnes
12.4	14.6	10.1	10.0	10.6	8.1	7.2	9.9	6.8	8.3	15-24
8.4	10.2	7.8	6.2	6.1	4.8	4.6	4.3	4.1	3.5	25-54
8.6	8.8	6.4	7.9	6.2	5.0	4.9	4.1	3.9	3.9	55-64
1.8	1.9	0.0	0.0	4.2	0.0	3.6	0.0	4.8	0.0	65 et plus
9.2	10.9	8.1	7.0	6.9	5.4	5.0	5.2	4.5	4.2	15-64
9.0	10.7	8.0	7.0	6.9	5.4	5.0	5.1	4.5	4.2	Total

Statistiques de la Population Active
© 2002 OCDE

FINLAND

	1981	1982	1983	1984	1985	1986	1987	1988	1989	1990	1991
PARTICIPATION RATES											
Males											
15-19	42.0	37.5	35.4	36.8	35.2	36.4	37.7	35.2	41.3	39.4	35.7
20-24	70.1	71.0	72.5	72.2	73.2	74.0	72.1	71.3	73.2	74.6	69.2
25-34	94.0	94.6	94.8	94.2	94.6	94.3	93.7	93.9	94.1	93.8	93.0
35-44	95.0	95.6	95.8	96.5	95.9	95.3	95.4	95.3	95.3	94.7	94.0
45-54	87.4	88.1	88.2	89.0	88.6	89.5	89.2	88.2	89.5	89.0	87.4
55-59	67.8	68.6	64.2	65.1	63.3	63.6	60.5	59.1	60.0	63.4	61.0
60-64	43.3	43.5	41.1	38.0	37.5	35.5	31.8	29.5	29.6	29.9	29.4
15-24	56.1	54.3	54.2	54.9	55.0	56.2	56.0	54.8	58.6	58.1	53.2
25-54	92.6	93.3	93.4	93.7	93.5	93.4	93.2	93.0	93.4	92.9	91.8
55-64	57.2	57.7	54.1	53.1	51.7	50.8	47.3	45.2	45.4	47.1	45.5
65 and over	16.4	15.2	13.0	12.0	10.6	10.6	9.8	9.7	10.1	9.3	7.6
15-64	79.3	79.5	79.1	79.3	79.1	79.3	78.8	78.3	79.6	79.6	77.7
Females											
15-19	37.1	36.4	34.1	34.8	37.2	35.5	36.3	35.5	39.5	41.5	36.2
20-24	69.7	71.2	71.7	71.4	71.4	71.7	69.9	68.5	70.6	70.2	68.1
25-34	82.6	84.2	84.0	83.9	84.2	85.7	85.3	84.9	84.5	82.5	80.9
35-44	87.5	87.8	89.4	89.0	90.2	90.2	90.4	90.0	90.0	89.4	88.1
45-54	79.8	81.8	84.0	84.4	86.1	85.5	85.7	85.7	86.7	87.2	87.3
55-59	57.7	61.3	61.0	61.0	60.3	56.0	54.3	55.5	59.4	61.5	60.5
60-64	30.2	30.5	32.8	32.6	31.9	27.5	23.2	22.6	23.4	21.2	21.3
15-24	53.4	53.8	53.0	53.4	54.9	54.6	54.2	53.5	56.5	56.9	53.0
25-54	83.4	84.7	85.8	85.8	86.9	87.3	87.3	87.0	87.2	86.5	85.4
55-64	44.8	46.7	47.4	47.1	46.2	41.9	38.8	39.1	41.1	40.8	40.4
65 and over	6.0	5.2	4.7	4.3	4.8	4.4	3.5	3.9	3.9	3.4	3.4
15-64	70.2	71.6	72.2	72.3	73.2	72.8	72.4	72.4	73.7	73.5	72.2
All persons											
15-24	54.7	54.1	53.6	54.2	54.9	55.4	55.1	54.1	57.6	57.5	53.1
25-54	88.0	89.0	89.7	89.8	90.3	90.4	90.3	90.1	90.3	89.7	88.7
55-64	50.2	51.6	50.4	49.8	48.7	46.0	42.7	41.9	43.1	43.8	42.8
65 and over	10.1	9.0	7.9	7.3	7.0	6.7	5.9	6.1	6.3	5.7	5.1
15-64	74.8	75.5	75.7	75.8	76.2	76.1	75.6	75.4	76.7	76.6	75.0
UNEMPLOYMENT RATES											
Males											
15-19	14.8	15.3	16.4	14.7	15.9	15.9	14.3	12.5	15.6	16.4	25.0
20-24	7.4	8.8	9.3	8.6	8.5	9.9	9.5	8.2	5.2	7.6	16.0
25-34	5.4	5.4	5.3	4.9	5.2	5.3	5.3	4.3	2.4	2.5	7.5
35-44	2.9	3.7	3.8	3.1	3.8	4.5	4.6	4.2	2.2	2.4	6.2
45-54	3.4	4.2	4.6	4.1	5.0	5.3	5.6	4.9	2.4	2.7	5.6
55-59	5.0	4.8	5.1	7.3	6.2	6.1	5.1	5.3	2.7	2.6	6.7
60-64	5.1	5.0	5.1	5.3	5.1	5.3	2.9	3.0	2.9	0.0	2.9
15-24	10.1	11.0	11.6	10.6	10.7	11.7	11.0	9.5	8.6	10.4	18.9
25-54	4.1	4.5	4.6	4.0	4.6	5.0	5.1	4.4	2.3	2.5	6.5
55-64	5.0	4.9	5.1	6.7	5.8	5.8	4.4	4.6	2.8	1.8	5.5
65 and over	0.0	0.0	0.0	0.0	0.0	0.0	0.0	0.0	0.0	0.0	0.0
15-64	5.2	5.6	5.7	5.3	5.7	6.1	6.0	5.2	3.3	3.6	8.0
Total	5.1	5.5	5.7	5.2	5.6	6.0	5.9	5.1	3.2	3.5	8.0
Females											
15-19	14.5	14.9	16.1	14.5	12.5	11.9	10.3	9.3	13.8	13.1	20.4
20-24	7.0	7.6	8.3	8.3	6.8	6.8	7.0	6.5	6.4	5.8	9.7
25-34	3.6	4.1	4.5	4.3	4.3	4.3	4.0	3.8	2.5	2.0	4.3
35-44	2.6	3.1	3.0	2.5	2.4	2.6	3.1	2.5	1.6	1.6	3.6
45-54	4.1	4.4	4.3	4.3	3.0	3.4	3.8	3.3	1.6	1.2	3.0
55-59	6.1	6.9	5.8	8.1	8.2	6.3	3.9	5.3	5.1	3.8	5.1
60-64	5.3	7.7	9.3	6.8	6.8	7.9	6.3	3.2	3.1	0.0	3.4
15-24	9.6	10.1	10.8	10.3	8.7	8.4	8.1	7.3	8.7	8.3	13.2
25-54	3.4	3.9	3.9	3.6	3.2	3.4	3.6	3.2	1.9	1.6	3.6
55-64	5.8	7.1	7.0	7.7	7.8	6.8	4.6	4.7	4.5	2.8	4.7
65 and over	0.0	0.0	0.0	0.0	0.0	0.0	0.0	0.0	0.0	0.0	0.0
15-64	4.7	5.3	5.4	5.2	4.6	4.5	4.4	3.9	3.2	2.7	5.1
Total	4.6	5.2	5.3	5.1	4.6	4.5	4.4	3.9	3.2	2.7	5.0
All persons											
15-24	9.9	10.6	11.2	10.4	9.7	10.1	9.6	8.4	8.7	9.4	16.1
25-54	3.8	4.2	4.3	3.9	4.0	4.2	4.4	3.8	2.1	2.1	5.1
55-64	5.4	6.0	6.1	7.2	6.8	6.3	4.5	4.7	3.6	2.3	5.1
65 and over	0.0	0.0	0.0	0.0	0.0	0.0	0.0	0.0	0.0	0.0	0.0
15-64	5.0	5.5	5.6	5.2	5.2	5.3	5.2	4.6	3.2	3.2	6.6
Total	4.9	5.4	5.5	5.2	5.1	5.3	5.2	4.5	3.2	3.1	6.6

1992	1993	1994	1995	1996	1997	1998	1999	2000	2001	
										TAUX D'ACTIVITÉ
										Hommes
29.8	26.5	25.0	25.4	25.0	26.5	26.3	30.8	30.4	29.4	15-19
66.3	67.1	63.6	62.3	62.2	65.2	66.9	68.9	71.1	71.1	20-24
91.1	90.1	90.3	91.4	90.7	90.0	90.6	91.8	91.7	92.2	25-34
93.4	92.8	92.7	92.8	92.5	92.2	93.1	92.9	92.8	93.5	35-44
87.5	87.2	87.5	87.4	87.5	86.3	87.0	87.2	88.1	87.7	45-54
60.2	61.1	63.1	62.7	65.4	61.2	61.6	62.7	66.0	69.5	55-59
27.5	23.7	22.4	23.5	25.4	24.3	24.6	25.0	28.3	29.8	60-64
48.3	46.3	43.5	43.0	42.9	45.6	46.5	49.7	50.4	50.0	15-24
90.9	90.2	90.3	90.6	90.3	89.5	90.2	90.5	90.8	91.0	25-54
44.0	43.0	43.9	44.6	47.2	44.5	44.5	45.4	48.1	51.2	55-64
6.1	6.6	5.7	5.6	4.9	5.9	5.9	5.8	6.3	6.2	65 et plus
76.1	75.2	74.8	75.0	75.1	74.6	75.1	75.9	76.5	76.7	15-64
										Femmes
30.9	28.8	25.8	25.8	24.7	29.6	29.8	34.6	36.6	36.0	15-19
64.0	60.4	57.3	54.0	55.3	58.2	60.9	63.8	64.8	65.6	20-24
78.9	78.0	77.3	76.7	77.4	77.4	77.3	78.4	78.3	78.6	25-34
87.0	87.3	87.8	88.2	87.9	86.9	87.1	87.8	87.8	87.4	35-44
87.0	86.7	86.9	87.9	88.3	87.0	86.6	87.2	87.6	87.7	45-54
60.5	61.4	61.0	63.3	63.8	59.0	59.4	62.4	66.7	70.6	55-59
20.0	18.2	15.5	18.3	19.8	17.5	17.8	21.5	21.6	23.9	60-64
47.9	44.5	41.1	39.5	39.7	43.6	45.1	49.1	50.8	50.8	15-24
84.3	84.0	84.1	84.4	84.7	84.0	84.0	84.8	85.0	85.0	25-54
39.8	39.8	38.9	41.9	43.1	39.6	39.7	42.4	45.2	49.5	55-64
2.5	2.1	2.0	2.4	2.0	1.6	1.6	1.6	1.6	1.6	65 et plus
70.5	69.8	69.1	69.5	69.9	69.5	69.7	71.2	72.0	72.5	15-64
										Ensemble des personnes
48.1	45.4	42.3	41.3	41.3	44.6	45.8	49.4	50.6	50.4	15-24
87.7	87.2	87.2	87.5	87.5	86.8	87.1	87.7	87.9	88.0	25-54
41.8	41.3	41.3	43.2	45.1	42.0	42.0	43.9	46.6	50.3	55-64
4.0	3.9	3.6	3.7	3.2	3.4	3.4	3.5	3.7	3.7	65 et plus
73.3	72.5	72.0	72.3	72.5	72.1	72.4	73.6	74.3	74.6	15-64
										TAUX DE CHÔMAGE
										Hommes
37.5	43.2	42.9	37.2	38.1	34.1	31.8	30.8	30.8	30.0	15-19
27.3	34.0	34.7	28.1	25.8	21.9	19.8	16.5	16.9	15.3	20-24
13.1	18.8	18.4	15.0	12.9	11.4	9.8	8.6	8.1	7.5	25-34
10.9	15.0	14.5	12.6	10.8	9.6	8.7	7.1	6.4	6.1	35-44
10.1	13.7	14.0	12.3	11.6	10.3	8.5	8.0	7.3	7.1	45-54
13.5	19.5	24.4	26.2	23.6	17.6	16.5	12.4	10.8	10.3	55-59
9.1	7.1	7.7	7.4	10.3	7.1	6.9	6.7	5.6	5.1	60-64
30.4	36.7	37.1	30.9	29.5	25.5	23.2	21.0	21.2	19.6	15-24
11.4	15.9	15.6	13.3	11.8	10.4	9.0	7.9	7.2	6.9	25-54
12.1	16.2	20.4	21.6	20.3	15.0	14.0	10.9	9.3	8.9	55-64
0.0	0.0	0.0	0.0	0.0	0.0	0.0	0.0			65 et plus
13.8	18.3	18.4	15.9	14.4	12.5	11.1	9.8	9.2	8.7	15-64
13.7	18.2	18.2	15.8	14.3	12.4	11.0	9.7	9.1	8.6	Total
										Femmes
29.8	40.0	39.0	34.1	30.8	34.0	33.3	32.1	30.5	27.6	15-19
19.4	25.8	26.7	25.9	23.8	20.2	20.0	16.7	17.1	16.2	20-24
9.6	14.6	15.2	16.2	15.3	14.2	12.7	11.3	11.5	10.8	25-34
7.0	11.7	11.8	12.5	11.8	9.9	9.3	9.0	8.5	7.7	35-44
6.4	10.2	10.8	10.9	11.5	9.9	8.7	7.4	7.2	6.4	45-54
10.3	16.0	18.1	20.5	23.3	16.5	15.3	10.2	10.2	9.6	55-59
7.4	12.5	15.0	13.0	16.0	9.1	8.7	6.9	6.9	6.3	60-64
22.7	30.4	30.7	28.7	26.0	25.0	24.5	22.2	22.0	20.2	15-24
7.6	12.1	12.5	13.1	12.7	11.1	10.1	9.0	8.8	8.0	25-54
9.5	15.2	17.5	18.9	21.7	15.0	13.9	9.4	9.4	8.8	55-64
0.0	0.0	0.0	0.0	0.0	0.0	0.0	0.0			65 et plus
9.7	14.6	14.9	15.2	15.0	13.1	12.1	10.8	10.6	9.7	15-64
9.7	14.5	14.9	15.2	14.9	13.0	12.1	10.7	10.6	9.7	Total
										Ensemble des personnes
26.6	33.7	34.1	29.9	27.9	25.3	23.8	21.5	21.6	19.9	15-24
9.6	14.1	14.1	13.2	12.2	10.7	9.5	8.4	8.0	7.4	25-54
10.8	15.7	19.0	20.3	21.0	15.0	14.0	10.2	9.4	8.9	55-64
0.0	0.0	0.0	0.0	0.0	0.0	0.0	0.0			65 et plus
11.8	16.5	16.7	15.6	14.7	12.8	11.6	10.3	9.9	9.2	15-64
11.8	16.4	16.6	15.5	14.6	12.7	11.5	10.2	9.8	9.1	Total

Statistiques de la Population Active
© 2002 OCDE

FRANCE

	1981	1982	1983	1984	1985	1986	1987	1988	1989	1990	1991
PARTICIPATION RATES											
Males											
15-19	24.3	25.1	22.5	20.0	19.5	18.2	17.2	15.5	15.0	14.6	12.1
20-24	78.1	78.7	79.7	78.0	77.5	76.1	74.6	70.8	69.4	65.0	62.1
25-34	96.5	96.6	96.5	95.9	96.0	96.2	96.3	95.7	95.8	95.4	95.3
35-44	97.8	97.6	97.8	97.5	97.6	97.7	97.6	97.5	97.2	97.0	97.0
45-54	94.4	93.6	93.7	93.7	93.5	93.1	92.8	92.9	92.8	93.1	92.8
55-59	79.7	75.5	71.0	68.0	67.8	69.4	67.4	67.4	68.1	67.7	68.5
60-64	43.1	40.0	33.6	31.1	30.8	27.5	25.9	25.5	24.2	22.8	19.7
15-24	50.4	51.0	50.3	48.4	48.1	46.8	45.4	42.5	41.5	39.6	37.2
25-54	96.3	96.0	96.1	95.8	95.9	95.9	95.9	95.6	95.6	95.4	95.3
55-64	64.6	59.8	53.6	50.3	50.1	49.5	47.7	47.4	47.0	45.8	44.5
65 and over	7.3	6.0	5.3	5.5	5.3	5.0	4.8	4.6	4.4	3.7	3.5
15-64	80.4	79.7	78.5	77.3	77.3	76.9	76.3	75.6	75.4	75.0	74.6
Females											
15-19	17.2	16.7	15.0	13.7	12.6	12.1	11.8	10.0	9.4	8.2	6.8
20-24	67.6	67.4	67.0	67.0	66.1	65.5	64.3	61.0	59.9	57.6	54.0
25-34	69.0	70.3	71.5	72.1	72.5	74.5	73.9	74.5	74.9	76.1	76.3
35-44	65.9	66.4	67.6	69.3	70.6	71.5	72.0	72.9	73.8	74.3	75.5
45-54	58.3	59.9	60.2	61.5	61.7	62.8	63.7	64.0	65.5	65.9	68.1
55-59	47.2	46.0	43.7	42.8	42.7	43.0	44.5	45.2	44.6	45.3	45.4
60-64	26.0	23.4	20.7	19.0	18.8	18.4	18.0	17.9	17.6	17.0	16.0
15-24	42.1	41.9	41.0	40.5	39.7	39.1	38.2	35.5	34.7	33.1	31.0
25-54	64.8	66.0	67.0	68.1	68.9	70.3	70.5	71.2	72.1	72.9	73.9
55-64	38.2	35.7	32.7	31.0	30.9	30.9	31.5	31.7	31.2	31.1	30.5
65 and over	3.1	2.4	2.2	2.4	2.2	2.0	1.9	1.8	1.9	1.5	1.5
15-64	55.1	55.3	55.1	55.3	55.6	56.4	56.5	56.4	56.9	57.2	57.5
All persons											
15-24	46.3	46.5	45.7	44.5	43.9	42.9	41.8	39.0	38.2	36.4	34.2
25-54	80.6	81.1	81.6	82.0	82.4	83.1	83.2	83.4	83.8	84.1	84.5
55-64	50.7	47.1	42.6	40.1	40.0	39.7	39.2	39.2	38.7	38.2	37.2
65 and over	4.7	3.8	3.5	3.6	3.4	3.2	3.1	2.9	2.9	2.4	2.3
15-64	67.7	67.4	66.7	66.2	66.4	66.6	66.3	65.9	66.1	66.0	66.0
UNEMPLOYMENT RATES											
Males											
15-19	17.3	19.1	20.1	25.3	25.1	21.9	19.5	17.8	14.1	13.2	16.2
20-24	10.0	12.0	13.5	18.1	20.6	19.4	17.9	17.5	14.9	15.8	15.6
25-34	4.5	5.3	5.6	6.8	7.9	8.4	8.6	7.9	7.3	7.5	7.7
35-44	2.8	3.4	3.6	4.4	4.8	5.3	5.8	5.6	5.3	5.1	5.0
45-54	3.1	3.7	3.6	4.5	5.2	5.6	6.0	5.9	5.1	4.8	5.2
55-59	5.3	5.9	6.8	7.1	7.6	9.1	9.2	8.5	8.1	7.0	6.3
60-64	5.4	4.1	4.0	4.0	4.6	3.8	3.5	4.7	3.7	2.9	3.0
15-24	11.9	13.8	15.0	19.6	21.6	19.9	18.3	17.6	14.7	15.3	15.8
25-54	3.6	4.3	4.4	5.4	6.1	6.6	6.9	6.6	6.0	5.9	6.0
55-64	5.3	5.4	6.0	6.2	6.8	7.7	7.7	7.5	7.0	6.1	5.5
65 and over	1.0	0.6	1.4	0.7	0.7	0.7	0.7	1.4	1.4	0.8	0.9
15-64	5.1	5.9	6.2	7.6	8.5	8.6	8.6	8.1	7.2	7.0	7.1
Total	5.0	5.8	6.2	7.5	8.4	8.5	8.5	8.1	7.2	7.0	7.0
Females											
15-19	42.9	44.3	42.0	50.0	48.7	39.9	36.3	30.8	25.0	29.5	35.6
20-24	18.9	20.5	21.8	26.4	27.2	25.4	27.1	26.0	24.0	23.1	22.5
25-34	8.6	9.4	9.4	11.0	11.8	12.7	14.1	13.3	13.8	13.1	12.8
35-44	6.5	6.5	6.8	7.8	8.8	8.1	9.6	9.7	10.2	9.6	8.9
45-54	5.4	5.9	6.0	6.1	6.3	7.1	8.2	8.0	8.5	8.3	8.3
55-59	6.5	6.8	7.9	8.7	8.0	8.1	10.0	10.7	8.5	8.5	9.5
60-64	6.6	5.2	4.4	5.4	6.6	5.3	5.5	4.4	5.6	5.4	4.1
15-24	23.8	25.3	25.5	30.4	30.5	27.6	28.5	26.7	24.2	23.8	24.0
25-54	7.1	7.6	7.7	8.7	9.4	9.7	11.1	10.8	11.2	10.7	10.3
55-64	6.5	6.3	6.9	7.7	7.6	7.3	8.6	8.9	7.7	7.7	8.1
65 and over	0.7	1.0	2.1	1.0	0.0	2.3	3.4	3.6	2.2	1.4	2.8
15-64	10.1	10.6	10.7	12.3	12.7	12.4	13.5	12.9	12.7	12.1	11.7
Total	10.0	10.5	10.6	12.1	12.6	12.3	13.5	12.8	12.6	12.0	11.6
All persons											
15-24	17.3	18.9	19.7	24.5	25.5	23.4	22.9	21.6	19.0	19.1	19.4
25-54	5.0	5.6	5.7	6.7	7.5	7.9	8.7	8.4	8.3	8.0	7.9
55-64	5.8	5.7	6.3	6.8	7.1	7.5	8.1	8.1	7.3	6.7	6.6
65 and over	0.9	0.4	1.6	0.8	0.4	1.3	1.7	1.8	1.8	0.5	1.6
15-64	7.1	7.8	8.1	9.6	10.3	10.2	10.7	10.2	9.6	9.2	9.1
Total	7.0	7.8	8.0	9.5	10.2	10.1	10.6	10.1	9.5	9.2	9.0

1992	1993	1994	1995	1996	1997	1998	1999	2000	2001	
										TAUX D'ACTIVITÉ
										Hommes
11.5	10.0	8.7	8.7	9.5	9.4	10.6	11.1	11.4	11.0	15-19
61.1	57.5	55.7	55.2	55.3	54.3	52.9	55.1	55.5	56.1	20-24
94.9	95.0	95.1	94.7	94.6	94.1	93.6	93.2	93.7	93.8	25-34
96.6	96.4	96.4	96.4	96.9	96.6	96.4	96.2	95.9	95.8	35-44
93.0	92.8	93.4	93.4	93.8	93.7	93.4	93.0	92.9	92.5	45-54
68.7	67.8	66.4	66.1	67.9	68.2	67.0	67.7	65.8	66.8	55-59
19.1	19.0	18.0	17.0	17.2	16.1	15.2	16.7	15.5	15.6	60-64
37.0	34.8	33.1	32.4	32.1	31.1	30.7	31.9	32.6	33.1	15-24
95.0	94.9	95.1	94.9	95.2	94.8	94.5	94.1	94.2	94.1	25-54
44.0	43.5	42.1	41.5	42.3	42.1	41.3	42.7	41.7	43.8	55-64
3.5	3.2	2.8	2.5	2.6	2.2	2.3	1.9	1.9	1.7	65 et plus
74.6	74.2	74.1	74.0	74.5	74.3	74.1	74.4	74.4	74.3	15-64
										Femmes
6.5	5.9	4.7	4.4	4.3	4.3	4.7	5.3	5.9	6.1	15-19
52.2	49.7	47.8	46.8	46.7	44.8	46.2	44.8	46.9	46.9	20-24
76.9	77.8	78.0	78.6	78.2	77.3	77.6	78.1	78.6	78.5	25-34
76.6	77.8	78.1	78.5	79.4	79.1	79.4	80.0	79.9	80.4	35-44
69.9	71.5	73.5	74.3	75.4	75.6	76.8	77.3	76.6	77.1	45-54
45.8	46.7	46.3	48.6	49.2	50.0	49.3	50.9	52.0	52.0	55-59
15.2	15.0	14.9	14.4	14.8	14.5	14.0	14.5	13.5	13.0	60-64
30.4	29.2	27.6	26.5	25.7	24.3	24.8	24.4	25.9	26.5	15-24
74.9	76.0	76.7	77.3	77.8	77.4	78.0	78.5	78.4	78.7	25-54
30.2	30.4	30.1	31.0	31.4	31.7	31.3	32.6	33.1	34.1	55-64
1.4	1.4	1.4	1.2	1.3	1.0	1.0	0.9	0.9	0.9	65 et plus
58.2	59.0	59.3	59.8	60.4	60.2	60.8	61.4	61.7	61.8	15-64
										Ensemble des personnes
33.7	32.0	30.4	29.5	29.0	27.7	27.8	28.2	29.3	29.9	15-24
84.9	85.4	85.9	86.0	86.4	86.0	86.2	86.2	86.2	86.3	25-54
36.8	36.7	35.9	36.1	36.6	36.7	36.2	37.5	37.3	38.8	55-64
2.2	2.1	1.9	1.7	1.8	1.5	1.5	1.3	1.3	1.2	65 et plus
66.3	66.6	66.6	66.8	67.4	67.2	67.4	67.8	68.0	68.0	15-64
										TAUX DE CHÔMAGE
										Hommes
16.9	19.5	22.1	16.2	20.0	20.0	21.0	21.9	17.4	18.1	15-19
16.6	21.7	24.5	21.6	22.4	25.3	21.9	24.7	18.5	15.8	20-24
8.7	10.3	12.2	10.7	12.0	12.8	12.2	11.6	9.6	8.2	25-34
5.7	7.2	8.4	7.9	8.0	8.3	8.0	7.7	6.7	5.6	35-44
5.8	6.5	8.1	7.5	7.8	7.7	7.4	7.5	6.3	5.2	45-54
8.2	8.5	8.0	8.5	9.9	9.7	8.8	9.7	8.1	6.1	55-59
3.8	3.4	4.0	3.0	3.1	4.3	5.6	4.7	5.1	3.1	60-64
16.6	21.4	24.1	20.9	22.0	24.5	21.8	24.2	18.4	16.2	15-24
6.8	8.1	9.6	8.7	9.3	9.6	9.2	8.9	7.5	6.3	25-54
7.4	7.4	7.3	7.5	8.5	8.5	8.2	8.7	7.6	5.6	55-64
0.9	0.0	1.0	2.2	1.1	0.0	1.2	1.4	0.0	0.0	65 et plus
7.9	9.4	10.8	9.8	10.4	10.8	10.2	10.2	8.5	7.2	15-64
7.9	9.3	10.7	9.7	10.3	10.8	10.1	10.2	8.4	7.1	Total
										Femmes
33.6	38.3	34.5	42.0	34.6	39.0	32.6	34.7	31.5	32.2	15-19
25.2	27.3	31.5	31.4	31.6	32.2	29.8	29.0	22.8	20.4	20-24
14.5	16.0	16.7	16.3	17.1	16.2	16.5	16.3	13.5	12.7	25-34
10.2	10.3	12.1	11.3	12.2	12.3	11.8	11.8	11.2	9.9	35-44
8.7	8.6	9.6	9.5	9.0	9.8	9.7	9.7	8.7	7.7	45-54
9.9	9.1	8.0	7.8	9.9	10.2	10.4	10.3	9.2	7.2	55-59
4.3	5.2	2.2	2.8	4.1	2.9	5.5	3.4	4.9	3.5	60-64
26.1	28.4	31.7	32.2	31.8	32.9	29.9	29.8	23.8	21.8	15-24
11.4	11.9	13.1	12.6	13.0	12.9	12.7	12.6	11.1	10.1	25-54
8.5	8.0	6.6	6.6	8.4	8.5	9.3	8.7	8.4	6.6	55-64
1.5	1.4	1.4	1.6	1.5	1.9	1.9	2.1	0.0	0.0	65 et plus
12.8	13.3	14.4	13.9	14.2	14.1	13.8	13.6	11.9	10.8	15-64
12.7	13.2	14.3	13.8	14.2	14.1	13.8	13.6	11.9	10.7	Total
										Ensemble des personnes
20.8	24.6	27.5	25.9	26.3	28.1	25.4	26.6	20.8	18.7	15-24
8.9	9.8	11.2	10.5	11.0	11.1	10.8	10.6	9.2	8.1	25-54
7.8	7.7	6.9	7.1	8.5	8.5	8.7	8.7	7.9	6.1	55-64
1.6	0.6	1.2	2.0	1.2	0.7	1.4	1.7	0.0	0.9	65 et plus
10.1	11.2	12.4	11.6	12.1	12.3	11.9	11.8	10.1	8.8	15-64
10.0	11.1	12.3	11.6	12.1	12.3	11.8	11.7	10.0	8.8	Total

Statistiques de la Population Active
© 2002
OCDE

GERMANY

	1981	1982	1983	1984	1985	1986	1987	1988	1989	1990	1991
PARTICIPATION RATES											
Males											
15-19	44.3	44.0	44.3	46.4	47.9	47.5	44.1	44.2	42.1	42.8	42.7
20-24	79.2	78.8	78.2	77.6	76.5	77.1	79.1	78.4	77.2	77.4	78.9
25-34	90.9	90.4	89.4	84.7	86.0	85.9	88.2	87.4	87.8	86.2	91.6
35-44	98.0	98.3	98.3	96.0	94.1	95.4	93.4	92.4	93.8	94.4	97.2
45-54	94.6	95.1	95.5	97.0	96.3	95.2	93.8	92.5	93.7	96.7	94.4
55-59	81.9	82.0	81.4	83.0	82.5	83.3	82.2	81.8	79.5	82.4	76.3
60-64	45.1	43.8	40.3	37.4	34.7	34.8	35.8	35.7	34.9	35.9	29.7
15-24	60.9	60.8	61.0	62.1	62.8	63.4	63.3	63.6	62.7	63.5	63.5
25-54	94.6	94.6	94.3	92.4	91.9	91.9	91.7	90.6	91.6	92.1	94.2
55-64	66.8	65.5	63.1	62.7	61.6	62.2	61.9	60.9	58.6	60.5	53.4
65 and over	6.4	6.1	5.8	5.9	5.7	5.3	5.2	5.1	4.7	5.3	4.1
15-64	82.7	82.3	81.7	80.6	80.4	80.8	80.7	80.2	80.5	81.4	81.3
Females											
15-19	40.1	38.9	38.8	40.3	40.7	39.3	39.0	39.0	37.8	36.6	35.9
20-24	73.0	72.4	71.4	66.6	69.2	71.7	73.0	72.4	70.7	71.1	74.0
25-34	62.2	62.3	61.9	59.2	60.9	61.4	62.8	63.4	64.8	65.2	73.0
35-44	58.4	59.3	59.8	58.3	59.6	60.9	61.1	61.4	63.3	66.6	74.8
45-54	52.4	52.9	53.0	53.8	53.5	54.1	55.5	57.5	58.4	62.2	68.4
55-59	40.4	40.7	40.5	41.3	38.7	39.5	41.2	42.5	41.5	43.4	41.7
60-64	13.0	12.6	11.9	12.0	11.1	11.6	11.7	11.6	11.7	12.4	9.6
15-24	55.8	55.1	54.8	53.5	55.5	56.6	57.6	58.0	57.1	57.2	57.9
25-54	57.8	58.3	58.3	57.1	58.0	58.8	59.8	60.8	62.2	64.7	72.1
55-64	28.5	27.5	26.3	26.2	24.4	25.1	26.1	26.6	26.2	27.8	25.1
65 and over	3.0	3.0	2.9	2.5	2.1	2.0	2.0	1.8	1.7	1.9	1.6
15-64	52.3	52.1	51.7	50.6	51.3	52.2	53.3	54.3	55.0	56.9	60.6
All persons											
15-24	58.4	58.0	58.0	57.9	59.2	60.1	60.5	60.9	60.0	60.4	60.8
25-54	76.6	76.9	76.7	75.1	75.3	75.7	76.1	76.0	77.2	78.7	83.3
55-64	44.2	43.3	41.8	41.9	40.7	41.7	42.5	42.7	41.7	43.7	38.8
65 and over	4.2	4.1	3.9	3.6	3.3	3.2	3.1	2.9	2.7	3.1	2.4
15-64	67.4	67.1	66.6	65.6	65.8	66.5	67.1	67.4	67.9	69.3	71.0
UNEMPLOYMENT RATES											
Males											
15-19	5.4	8.4	8.8	11.6	10.0	6.8	6.5	6.1	5.6	4.1	4.4
20-24	5.9	9.5	11.4	9.7	9.3	7.0	6.8	6.3	4.9	3.8	5.1
25-34	4.1	6.5	8.2	7.8	7.4	6.5	6.1	5.8	5.1	4.1	4.5
35-44	2.7	4.4	5.7	4.9	5.0	4.8	4.7	4.6	3.9	3.4	3.9
45-54	2.6	4.1	5.1	4.6	5.0	4.6	4.7	4.4	4.0	3.4	4.0
55-59	5.0	6.5	9.0	5.7	7.7	7.2	7.3	8.9	8.5	7.1	6.8
60-64	7.1	8.2	9.1	4.2	4.7	4.7	4.8	6.9	6.1	4.8	5.4
15-24	5.7	9.0	10.5	10.4	9.5	6.9	6.7	6.3	5.1	3.9	4.9
25-54	3.1	5.0	6.3	5.7	5.8	5.3	5.2	4.9	4.3	3.6	4.2
55-64	5.6	7.0	9.0	5.3	7.0	6.7	6.6	8.3	7.9	6.5	6.4
65 and over	0.0	0.0	0.0	0.0	1.1	1.2	1.2	1.2	2.0	0.6	0.6
15-64	3.8	5.9	7.4	6.6	6.6	5.8	5.6	5.5	4.9	4.0	4.5
Total	3.8	5.9	7.3	6.5	6.6	5.7	5.6	5.5	4.8	4.0	4.5
Females											
15-19	7.0	9.6	11.0	14.8	12.6	10.7	9.1	8.7	7.1	5.4	5.8
20-24	7.4	9.7	12.1	9.4	9.4	7.9	7.2	6.9	5.4	4.8	6.1
25-34	6.9	8.9	10.9	9.1	9.8	9.1	8.3	8.4	7.7	7.1	7.5
35-44	3.9	5.3	6.3	6.7	6.9	6.8	6.7	6.6	6.3	5.2	6.6
45-54	3.9	5.1	6.3	5.8	5.8	5.8	5.9	5.9	5.5	5.0	7.1
55-59	6.7	7.8	9.4	5.7	6.7	7.7	8.3	9.7	9.8	9.0	10.3
60-64	5.9	6.3	6.1	1.2	2.7	4.8	4.9	4.6	5.0	5.2	5.0
15-24	7.2	9.6	11.7	11.4	10.5	8.8	7.8	7.4	5.8	5.0	6.0
25-54	5.0	6.5	8.0	7.3	7.6	7.3	7.0	7.1	6.6	5.8	7.1
55-64	6.5	7.5	8.7	4.6	5.8	7.0	7.5	8.5	8.8	8.1	9.2
65 and over	0.0	0.0	0.0	0.7	0.8	0.8	1.6	0.0	0.0	0.8	1.7
15-64	5.7	7.4	9.0	8.0	8.2	7.7	7.2	7.3	6.6	5.8	7.1
Total	5.6	7.3	8.8	7.9	8.1	7.6	7.2	7.2	6.6	5.8	7.0
All persons											
15-24	6.4	9.3	11.0	10.8	10.0	7.8	7.2	6.8	5.4	4.4	5.4
25-54	3.8	5.6	6.9	6.3	6.5	6.1	5.9	5.8	5.2	4.5	5.4
55-64	5.9	7.2	8.8	5.1	6.6	6.7	6.9	8.4	8.1	7.0	7.4
65 and over	0.0	0.0	0.0	0.3	1.0	1.0	1.7	0.7	1.2	0.3	1.1
15-64	4.6	6.5	8.0	7.2	7.2	6.5	6.2	6.2	5.6	4.7	5.6
Total	4.5	6.4	7.9	7.1	7.2	6.4	6.2	6.2	5.5	4.7	5.6

1992	1993	1994	1995	1996	1997	1998	1999	2000	2001	
										TAUX D'ACTIVITÉ
										Hommes
40.6	38.6	37.5	35.3	34.4	34.4	35.1	36.4	36.7	36.0	15-19
77.7	77.0	76.7	76.3	77.4	76.7	77.7	78.3	79.0	78.5	20-24
90.8	90.4	90.2	90.2	90.5	91.2	92.1	93.0	93.9	92.6	25-34
96.7	96.5	96.1	95.9	95.8	96.0	96.7	97.3	98.4	96.5	35-44
94.0	93.5	92.9	92.5	92.7	92.8	93.4	94.0	94.9	93.4	45-54
72.7	71.4	71.3	72.3	74.1	75.6	76.9	77.4	77.7	72.9	55-59
29.9	29.1	28.4	28.4	28.7	29.2	29.8	30.7	31.0	29.7	60-64
61.6	59.8	58.8	56.8	56.2	55.3	55.9	56.6	57.1	56.7	15-24
93.6	93.3	92.9	92.8	92.9	93.3	94.1	94.8	95.8	94.3	25-54
53.1	53.0	53.1	53.9	54.9	55.6	55.4	54.9	55.2	50.6	55-64
4.3	4.3	4.3	4.2	4.4	4.5	4.6	4.5	4.6	4.8	65 et plus
80.7	80.2	79.8	79.5	79.4	79.5	79.9	80.3	81.1	79.3	15-64
										Femmes
34.2	31.8	30.5	28.1	26.4	27.0	27.0	27.7	27.9	28.1	15-19
71.9	70.9	70.7	69.1	67.7	67.1	67.6	68.0	68.8	67.6	20-24
72.8	72.9	73.0	73.2	73.6	74.1	75.3	75.6	76.3	76.7	25-34
74.8	75.0	74.9	75.5	76.3	77.0	78.0	78.2	78.9	80.6	35-44
68.9	69.5	69.5	70.3	71.2	72.9	74.2	74.7	75.3	77.2	45-54
41.4	42.5	43.3	47.0	50.6	53.2	54.2	55.1	55.3	53.9	55-59
9.6	9.4	9.2	10.2	11.4	11.8	12.1	12.6	12.7	12.9	60-64
55.9	53.9	53.0	49.9	47.3	46.5	46.4	47.1	47.6	47.4	15-24
72.2	72.5	72.6	73.1	73.8	74.8	75.9	76.3	76.9	78.3	25-54
26.2	27.6	28.3	31.1	33.4	34.8	34.5	34.0	34.1	32.4	55-64
1.6	1.6	1.5	1.6	1.6	1.7	1.6	1.7	1.7	1.8	65 et plus
60.8	60.9	60.9	61.1	61.4	61.9	62.5	62.6	63.2	63.8	15-64
										Ensemble des personnes
58.8	57.0	56.0	53.5	51.9	51.0	51.3	52.0	52.5	52.2	15-24
83.1	83.1	82.9	83.1	83.5	84.2	85.1	85.7	86.5	86.4	25-54
39.4	40.2	40.6	42.4	44.1	45.2	45.0	44.4	44.7	41.5	55-64
2.6	2.6	2.5	2.5	2.6	2.8	2.7	2.8	2.8	3.0	65 et plus
70.9	70.7	70.5	70.4	70.6	70.8	71.4	71.6	72.2	71.6	15-64
										TAUX DE CHÔMAGE
										Hommes
4.7	5.6	6.1	7.1	7.6	8.2	7.8	6.9	6.5	7.0	15-19
6.1	8.1	9.1	8.8	10.5	11.8	10.5	9.5	8.9	10.1	20-24
5.4	6.8	7.4	7.0	7.9	8.6	7.9	7.5	7.0	7.0	25-34
4.7	5.7	6.1	6.2	6.8	7.8	7.3	6.7	6.2	6.9	35-44
4.7	5.5	5.9	6.2	7.4	8.1	8.1	7.6	7.1	8.0	45-54
8.3	10.5	11.3	11.5	14.2	16.0	15.4	14.9	14.1	11.3	55-59
7.0	7.8	7.8	7.3	8.0	7.7	7.9	9.4	8.8	8.2	60-64
5.7	7.4	8.2	8.3	9.6	10.7	9.7	8.6	8.1	9.1	15-24
4.9	6.0	6.5	6.5	7.4	8.2	7.8	7.2	6.7	7.3	25-54
8.0	9.8	10.5	10.6	12.8	14.1	13.6	13.4	12.6	10.3	55-64
1.1	1.0	1.5	1.5	0.9	1.3	1.3	0.4	0.4	0.7	65 et plus
5.4	6.7	7.2	7.2	8.4	9.3	8.8	8.2	7.7	7.9	15-64
5.3	6.6	7.2	7.2	8.3	9.2	8.7	8.2	7.6	7.8	Total
										Femmes
5.5	5.5	5.9	6.8	8.6	9.9	8.5	7.9	7.3	7.3	15-19
7.3	8.6	9.1	8.5	9.2	9.5	8.1	7.7	7.2	7.6	20-24
8.6	9.6	10.1	9.0	8.6	9.0	8.4	7.8	7.3	6.7	25-34
8.0	9.3	9.8	8.9	8.8	10.0	9.4	8.6	8.1	7.7	35-44
8.9	10.2	10.5	9.9	9.6	10.7	10.0	9.3	8.7	8.8	45-54
12.0	13.8	14.7	15.0	17.3	19.1	18.5	18.0	17.0	14.1	55-59
5.6	6.5	6.2	5.0	6.9	7.0	5.8	6.4	5.7	6.1	60-64
6.8	7.8	8.3	8.0	9.0	9.6	8.2	7.7	7.2	7.5	15-24
8.5	9.7	10.1	9.2	8.9	9.8	9.2	8.5	8.0	7.7	25-54
10.8	12.7	13.5	13.6	15.7	17.3	16.4	15.9	15.0	12.5	55-64
0.8	0.8	0.0	0.0	0.8	2.1	1.5	1.4	1.4	0.0	65 et plus
8.4	9.7	10.1	9.5	9.7	10.7	9.9	9.3	8.7	8.2	15-64
8.4	9.6	10.1	9.4	9.6	10.6	9.9	9.2	8.6	8.1	Total
										Ensemble des personnes
6.2	7.6	8.2	8.2	9.4	10.2	9.0	8.2	7.7	8.4	15-24
6.5	7.6	8.1	7.7	8.0	8.9	8.4	7.8	7.3	7.5	25-54
9.0	10.8	11.6	11.7	13.9	15.3	14.7	14.4	13.5	11.2	55-64
0.9	0.9	0.9	0.9	0.9	1.6	1.3	0.8	0.8	0.5	65 et plus
6.7	7.9	8.5	8.2	8.9	9.9	9.3	8.7	8.1	8.0	15-64
6.6	7.9	8.4	8.1	8.9	9.8	9.2	8.6	8.1	7.9	Total

Statistiques de la Population Active
© 2002 OCDE

GREECE

	1981	1982	1983	1984	1985	1986	1987	1988	1989	1990	1991
PARTICIPATION RATES											
Males											
15-19			32.0	30.3	29.0	25.5	24.3	22.0	22.6	21.8	21.4
20-24			76.5	76.3	74.8	71.7	70.5	72.8	72.0	70.3	68.4
25-34			96.5	96.7	96.2	95.9	95.5	96.1	95.8	95.2	94.4
35-44			97.3	97.0	96.9	97.3	97.0	97.1	96.9	96.8	96.5
45-54			91.8	91.6	91.5	91.1	90.2	90.1	90.4	90.7	90.0
55-59			78.9	77.9	76.6	75.5	74.3	74.0	73.5	72.2	71.7
60-64			59.8	56.6	54.3	52.2	50.2	50.2	48.2	46.2	45.5
15-24			50.4	49.6	48.2	45.2	44.4	44.7	45.1	44.1	43.4
25-54			95.1	95.0	94.8	94.7	94.2	94.5	94.4	94.3	93.7
55-64			70.9	69.1	67.3	65.4	63.4	62.9	61.3	59.4	58.9
65 and over			19.9	17.2	14.9	15.4	13.8	13.6	11.6	11.8	11.0
15-64			82.1	81.5	80.6	79.3	78.5	78.4	77.8	76.8	76.0
Females											
15-19			24.4	22.5	21.1	19.6	18.7	19.0	17.9	18.2	16.6
20-24			49.7	48.3	49.2	48.5	48.0	51.2	53.8	54.0	53.0
25-34			46.7	49.8	51.7	52.9	53.8	56.7	58.7	59.3	57.1
35-44			45.1	46.7	49.5	49.4	50.6	52.0	53.5	53.4	51.6
45-54			39.8	40.6	42.3	41.8	41.3	41.6	41.9	41.3	37.7
55-59			30.1	28.9	30.3	30.5	30.1	31.8	30.2	28.5	26.5
60-64			19.9	21.9	21.3	20.8	21.1	22.1	19.7	19.7	15.9
15-24			36.2	34.6	34.0	33.3	32.8	34.6	35.2	35.2	34.0
25-54			43.8	45.7	47.8	48.1	48.6	50.2	51.6	51.5	49.0
55-64			25.8	25.8	26.4	26.4	26.2	27.3	25.3	24.3	21.1
65 and over			7.7	6.6	5.4	6.2	5.3	5.1	4.1	4.6	3.9
15-64			39.2	39.9	41.1	41.0	41.1	42.6	43.0	42.6	40.2
All persons											
15-24			42.7	41.5	40.6	38.9	38.2	39.2	39.9	39.5	38.5
25-54			68.7	69.6	70.6	70.7	70.8	71.6	72.3	72.2	70.7
55-64			47.5	46.7	46.0	45.2	44.2	44.7	42.9	41.5	39.6
65 and over			13.0	11.3	9.7	10.3	9.2	8.9	7.5	7.8	7.1
15-64			59.8	59.8	60.0	59.5	59.2	59.8	59.8	59.1	57.6
UNEMPLOYMENT RATES											
Males											
15-19			17.3	17.1	17.8	14.4	14.5	14.9	14.1	14.3	18.2
20-24			17.2	17.9	17.9	16.3	18.8	17.7	18.3	15.5	16.7
25-34			6.7	7.2	6.8	6.3	6.1	6.1	5.5	5.6	6.1
35-44			3.9	4.2	3.6	3.3	3.1	2.8	2.4	2.1	2.6
45-54			3.9	3.7	3.2	2.9	2.8	2.5	2.1	1.8	2.1
55-59			3.1	3.0	3.0	2.6	2.6	2.1	2.1	2.1	1.6
60-64			2.5	1.7	1.7	1.6	1.5	1.4	1.4	1.4	1.4
15-24			17.2	17.6	17.9	16.1	17.5	16.9	17.1	15.2	17.1
25-54			4.8	5.0	4.6	4.1	4.0	3.8	3.4	3.2	3.6
55-64			2.9	2.5	2.5	1.9	2.5	2.1	1.8	1.8	1.5
65 and over			0.0	1.0	1.2	1.1	0.0	1.2	0.0	1.3	1.3
15-64			6.1	6.2	5.8	5.2	5.3	5.0	4.7	4.4	4.9
Total			5.8	6.0	5.6	5.0	5.1	4.8	4.6	4.3	4.8
Females											
15-19			33.3	36.5	37.5	43.1	40.3	43.5	39.4	37.7	39.7
20-24			28.0	29.6	29.4	30.8	31.3	32.9	32.2	30.5	31.9
25-34			13.0	14.9	13.5	12.9	12.8	13.8	14.8	13.4	14.4
35-44			7.3	7.0	7.2	6.7	6.4	7.6	6.7	6.3	7.2
45-54			4.8	4.1	4.6	3.9	4.1	4.4	4.1	4.4	5.6
55-59			2.3	2.3	2.1	2.0	2.0	1.9	2.9	2.0	2.2
60-64			2.2	1.9	0.0	0.0	0.0	1.5	0.0	0.0	1.8
15-24			29.9	32.0	32.1	34.2	33.9	36.0	34.1	32.8	33.5
25-54			8.5	9.0	8.7	8.1	8.2	9.2	9.1	8.6	9.6
55-64			1.5	1.4	1.3	1.9	1.3	1.2	1.8	1.2	2.1
65 and over			0.0	0.0	0.0	0.0	0.0	0.0	0.0	2.8	3.1
15-64			12.2	12.5	12.0	11.9	11.7	12.8	12.6	12.0	13.1
Total			11.7	12.1	11.7	11.5	11.4	12.5	12.4	11.7	12.9
All persons											
15-24			23.0	23.9	24.2	24.3	25.0	25.9	24.8	23.3	24.6
25-54			6.1	6.4	6.0	5.6	5.5	5.7	5.5	5.1	5.8
55-64			2.5	2.4	2.2	1.9	2.1	1.8	1.7	1.6	1.7
65 and over			0.6	0.7	0.8	0.7	0.8	0.8	1.0	0.9	0.9
15-64			8.1	8.4	8.0	7.6	7.6	7.9	7.7	7.2	7.8
Total			7.8	8.1	7.8	7.4	7.4	7.6	7.5	7.0	7.7

GRÈCE

1992	1993	1994	1995	1996	1997	1998	1999	2000	2001	
										TAUX D'ACTIVITÉ
										Hommes
19.8	19.1	17.7	16.9	16.1	15.6	18.8	16.1	15.9	14.1	15-19
69.1	69.0	68.6	69.5	68.8	66.8	70.2	68.9	68.2	63.0	20-24
93.8	93.9	94.7	94.9	95.1	94.4	95.2	95.8	94.8	94.0	25-34
96.6	96.8	96.9	97.0	97.2	97.0	97.2	97.0	97.0	96.9	35-44
90.4	91.1	91.8	91.5	92.1	92.2	90.6	90.7	91.3	91.2	45-54
72.5	72.5	73.8	74.8	74.8	75.0	71.8	72.3	72.2	73.3	55-59
46.9	44.6	46.9	47.5	47.4	47.8	45.4	44.2	45.1	43.1	60-64
43.0	43.1	41.7	41.3	40.0	38.7	43.6	41.3	41.1	38.5	15-24
93.6	94.0	94.5	94.5	94.9	94.6	94.4	94.5	94.3	94.0	25-54
59.8	58.7	60.1	61.1	61.1	60.9	57.6	57.1	57.4	57.0	55-64
11.8	11.0	11.8	11.7	11.6	10.8	9.7	9.0	8.5	7.7	65 et plus
76.2	76.3	77.0	77.2	77.4	76.9	77.1	76.9	77.1	76.2	15-64
										Femmes
16.2	16.5	15.1	14.8	15.7	13.2	15.2	14.4	13.2	10.8	15-19
51.6	53.1	51.1	51.9	53.7	52.8	57.4	59.5	56.5	53.5	20-24
59.0	59.5	60.5	62.7	64.1	64.9	68.5	70.6	71.2	70.5	25-34
55.2	56.2	57.6	58.1	60.7	62.1	63.7	64.7	65.0	64.4	35-44
40.3	40.6	42.3	42.8	44.6	44.7	46.0	48.3	48.6	49.0	45-54
27.0	27.1	27.6	28.8	29.6	30.7	28.0	29.4	31.3	29.1	55-59
17.7	17.5	18.8	20.1	19.8	20.2	21.1	19.9	20.6	19.1	60-64
33.1	34.6	32.6	32.5	34.1	32.5	36.7	37.5	35.3	33.9	15-24
51.6	52.5	53.9	55.0	56.8	57.5	59.9	61.5	61.7	61.3	25-54
22.4	22.5	23.0	24.5	24.5	25.1	24.6	24.4	25.5	23.6	55-64
4.2	3.7	3.9	3.7	4.3	3.4	3.5	2.9	2.8	2.7	65 et plus
41.7	42.7	43.2	44.2	45.8	46.0	48.5	49.7	49.7	48.8	15-64
										Ensemble des personnes
37.9	38.6	36.9	36.7	37.0	35.5	40.0	39.3	38.2	36.2	15-24
71.9	72.7	73.7	74.2	75.3	75.5	76.8	77.6	77.6	77.1	25-54
40.4	39.9	40.7	42.0	41.9	42.1	40.4	40.2	40.5	39.6	55-64
7.6	7.0	7.5	7.3	7.5	6.7	6.4	5.6	5.3	5.0	65 et plus
58.3	58.9	59.5	60.1	61.0	60.8	62.5	62.9	63.0	62.1	15-64
										TAUX DE CHÔMAGE
										Hommes
18.6	22.1	21.0	21.7	28.1	26.8	25.0	27.6	25.5	26.1	15-19
16.7	19.8	19.4	18.9	19.7	20.6	20.8	21.7	21.5	19.9	20-24
5.9	6.6	7.6	8.0	7.8	8.3	8.3	9.9	9.9	9.1	25-34
2.5	3.3	3.2	3.7	3.4	3.1	4.4	4.2	4.3	3.8	35-44
2.8	3.2	3.3	3.4	3.0	3.4	4.2	4.1	3.9	3.5	45-54
2.1	3.4	3.8	4.2	3.0	3.4	3.5	4.4	4.1	4.8	55-59
2.0	2.1	2.6	2.6	2.6	2.6	3.3	3.4	2.7	3.5	60-64
17.2	20.0	19.8	19.5	21.5	22.0	21.4	22.9	22.3	21.0	15-24
3.7	4.4	4.8	5.1	4.8	4.9	5.7	6.2	6.1	5.5	25-54
2.3	2.9	3.3	3.6	2.8	3.1	3.1	4.0	3.5	4.2	55-64
1.2	1.2	1.1	1.1	1.1	1.1	1.3	1.3	1.3	1.4	65 et plus
5.0	6.0	6.2	6.4	6.2	6.4	7.2	7.7	7.5	6.9	15-64
4.9	5.8	6.0	6.2	6.0	6.2	7.0	7.6	7.3	6.7	Total
										Femmes
42.6	50.0	47.4	46.4	54.2	51.0	50.0	54.9	53.3	50.0	15-19
31.5	34.9	33.9	34.6	37.6	37.6	36.2	37.8	34.3	33.5	20-24
13.6	14.6	15.3	15.3	17.7	17.0	19.6	20.7	21.2	18.7	25-34
8.8	8.7	8.3	8.4	9.8	9.4	11.1	12.8	12.1	11.8	35-44
6.1	6.5	6.8	7.1	7.5	7.9	8.5	10.1	8.5	8.6	45-54
3.1	3.2	4.2	4.0	4.0	4.0	5.6	6.5	5.2	5.6	55-59
1.6	1.6	1.5	1.4	2.8	1.3	2.7	4.3	2.7	1.4	60-64
34.3	38.9	37.1	37.9	41.5	40.9	39.4	40.9	37.8	35.9	15-24
9.9	10.6	10.7	10.9	12.3	11.9	14.0	15.2	14.7	13.5	25-54
2.5	2.6	2.5	2.9	2.9	2.9	3.6	5.0	4.1	3.8	55-64
0.0	0.0	0.0	0.0	2.3	0.0	2.9	0.0	0.0		65 et plus
13.2	14.6	14.0	14.0	15.8	15.1	16.8	18.2	16.9	15.7	15-64
12.9	14.3	13.7	13.8	15.4	14.8	16.5	17.9	16.7	15.4	Total
										Ensemble des personnes
25.0	28.9	27.8	28.0	31.2	31.0	29.8	31.6	29.4	28.2	15-24
6.0	6.7	7.0	7.3	7.7	7.7	9.0	9.8	9.6	8.8	25-54
2.3	2.8	3.1	3.4	3.0	3.2	3.3	4.3	3.9	4.1	55-64
0.8	0.9	0.8	0.8	1.5	0.8	1.8	1.9	0.9	1.0	65 et plus
8.1	9.2	9.1	9.3	9.9	9.8	11.0	12.0	11.3	10.4	15-64
7.8	9.0	8.9	9.1	9.6	9.6	10.8	11.7	11.1	10.2	Total

377

HUNGARY

	1981	1982	1983	1984	1985	1986	1987	1988	1989	1990	1991
PARTICIPATION RATES											
Males											
15-19											
20-24											
25-34											
35-44											
45-54											
55-59											
60-64											
15-24											
25-54											
55-64											
65 and over											
15-64											
Females											
15-19											
20-24											
25-34											
35-44											
45-54											
55-59											
60-64											
15-24											
25-54											
55-64											
65 and over											
15-64											
All persons											
15-24											
25-54											
55-64											
65 and over											
15-64											
UNEMPLOYMENT RATES											
Males											
15-19											
20-24											
25-34											
35-44											
45-54											
55-59											
60-64											
15-24											
25-54											
55-64											
65 and over											
15-64											
Total											
Females											
15-19											
20-24											
25-34											
35-44											
45-54											
55-59											
60-64											
15-24											
25-54											
55-64											
65 and over											
15-64											
Total											
All persons											
15-24											
25-54											
55-64											
65 and over											
15-64											
Total											

1992	1993	1994	1995	1996	1997	1998	1999	2000	2001	
										TAUX D'ACTIVITÉ
										Hommes
21.9	19.1	17.5	19.5	17.8	16.5	17.4	15.7	12.9	11.3	15-19
79.2	77.2	72.9	74.9	72.8	69.3	70.5	69.4	67.7	64.5	20-24
93.4	91.8	91.4	91.6	91.4	90.1	88.2	89.8	90.1	90.4	25-34
92.3	90.7	89.5	89.0	88.8	87.6	85.2	86.2	86.4	86.3	35-44
83.0	79.9	78.8	78.2	76.9	76.7	75.3	77.2	77.0	76.0	45-54
52.1	47.8	44.0	44.8	46.2	44.0	40.1	45.9	51.6	53.5	55-59
17.6	14.2	12.4	11.9	9.2	10.0	10.7	10.5	12.0	13.5	60-64
47.5	44.7	42.7	44.6	43.8	43.5	46.5	46.2	44.4	41.7	15-24
89.9	87.9	86.9	86.5	85.9	85.0	82.8	84.4	84.5	84.2	25-54
35.3	31.3	28.4	28.6	28.0	27.7	27.0	30.7	34.4	36.3	55-64
10.4	8.1	6.6	3.7	2.9	2.2	2.5	2.5	3.9	28.2	65 et plus
71.9	69.4	67.8	67.9	67.4	66.7	66.2	67.8	68.0	67.8	15-64
										Femmes
21.5	19.8	17.5	14.1	12.9	11.8	14.2	11.6	10.3	8.1	15-19
60.7	57.4	56.5	53.4	49.5	49.1	52.2	53.0	50.5	47.9	20-24
68.7	66.6	64.9	58.5	58.7	57.5	61.8	62.7	63.1	63.1	25-34
85.1	83.2	80.2	79.4	78.5	77.0	77.0	77.6	77.3	77.0	35-44
72.7	69.9	75.8	66.0	66.0	65.0	64.9	69.2	70.9	70.6	45-54
19.3	16.8	13.8	14.6	15.7	16.2	14.4	16.7	20.8	23.7	55-59
11.0	7.9	6.6	4.8	6.2	5.4	5.3	5.4	5.1	5.7	60-64
39.7	37.0	35.3	32.0	30.2	30.6	35.0	35.1	33.4	30.8	15-24
76.2	74.0	74.2	68.9	68.6	67.2	68.1	70.0	70.4	70.0	25-54
15.1	12.3	10.2	9.7	10.8	10.9	9.9	11.4	13.6	15.4	55-64
5.9	4.6	4.0	1.7	1.3	1.1	1.0	1.0	1.8	1.3	65 et plus
57.3	54.9	54.3	50.3	49.9	49.2	50.8	52.3	52.7	52.4	15-64
										Ensemble des personnes
43.6	40.9	39.0	38.4	37.1	37.3	40.8	40.7	39.0	36.3	15-24
82.9	80.9	80.4	77.6	77.1	76.0	75.4	77.1	77.4	77.1	25-54
24.2	20.8	18.3	18.1	18.4	18.3	17.4	20.0	22.9	24.9	55-64
			2.4	1.9	1.5	1.5	1.6	2.7	3.1	65 et plus
64.4	62.0	60.9	58.9	58.5	57.8	58.4	59.9	60.3	60.0	15-64
										TAUX DE CHÔMAGE
										Hommes
33.1	42.1	38.9	33.3	31.6	28.4	25.0	24.1	23.8	20.0	15-19
18.2	22.0	20.5	16.9	15.8	14.3	12.7	11.5	11.4	10.5	20-24
11.4	12.5	11.6	11.4	10.7	9.1	8.0	7.5	7.0	6.5	25-34
9.2	11.8	10.1	9.8	9.7	8.1	7.6	7.1	6.0	5.5	35-44
7.9	10.3	8.8	8.4	7.5	7.1	6.2	5.3	5.4	4.9	45-54
6.4	8.7	7.0	6.3	7.0	7.3	4.9	4.1	4.3	3.9	55-59
3.3	5.3	6.1	3.4	0.0	0.0	4.5	0.0	0.0	3.4	60-64
22.0	26.8	24.6	20.8	19.2	16.9	14.8	13.4	12.9	11.6	15-24
9.6	11.6	10.2	9.9	9.4	8.2	7.4	6.7	6.2	5.7	25-54
5.6	7.9	6.8	5.7	5.9	6.0	4.8	3.5	3.6	3.9	55-64
4.8	9.1	8.0	5.0	6.3	16.7	14.3	0.0	0.0	0.0	65 et plus
11.1	13.6	12.1	11.3	10.7	9.5	8.5	7.6	7.0	6.3	15-64
11.0	13.5	12.1	11.3	10.7	9.5	8.5	7.5	7.0	6.3	Total
										Femmes
25.2	30.3	26.6	28.3	28.3	30.4	24.0	23.7	21.9	20.8	15-19
10.8	13.3	12.8	11.6	13.0	10.8	8.6	9.2	9.0	8.4	20-24
10.5	12.3	11.0	10.1	10.4	8.7	7.8	7.4	6.9	6.2	25-34
7.2	8.3	7.3	7.5	7.3	6.5	6.1	5.6	4.6	4.0	35-44
6.3	6.7	5.8	5.9	6.3	5.4	4.6	4.1	3.9	3.5	45-54
5.7	9.3	4.4	6.7	4.2	4.0	4.4	1.9	1.5	1.3	55-59
5.4	10.0	13.0	6.7	5.3	6.3	6.7	0.0	0.0	0.0	60-64
15.0	18.2	16.5	15.7	16.5	14.6	11.8	11.3	11.1	9.8	15-24
7.8	8.9	7.8	7.7	7.8	6.7	6.1	5.6	5.0	4.5	25-54
5.6	9.5	7.2	5.0	6.1	4.5	5.1	1.5	1.2	1.1	55-64
4.5	19.1	16.9	6.7	8.3	20.0	22.2	0.0	0.0	0.0	65 et plus
8.8	10.3	9.0	8.7	8.8	7.7	6.9	6.3	5.7	5.0	15-64
8.7	10.4	9.1	8.7	8.8	7.8	7.0	6.3	5.6	4.9	Total
										Ensemble des personnes
18.8	22.9	20.9	18.6	17.9	15.9	13.5	12.5	12.2	10.9	15-24
8.8	10.4	9.1	8.9	8.7	7.5	6.8	6.2	5.6	5.1	25-54
5.6	8.4	7.0	5.5	5.4	5.5	4.9	2.8	2.8	2.9	55-64
			5.7	7.1	13.6	18.2	0.0	4.2	0.0	65 et plus
10.0	12.1	10.7	10.2	9.9	8.7	7.8	7.0	6.4	5.7	15-64
9.9	12.1	10.7	10.2	9.9	8.7	7.8	7.0	6.4	5.7	Total

Statistiques de la Population Active
© 2002 OCDE

ICELAND

	1981	1982	1983	1984	1985	1986	1987	1988	1989	1990	1991
PARTICIPATION RATES											
Males											
16-19											46.1
20-24											75.5
25-34											95.9
35-44											97.0
45-54											99.0
55-59											96.4
60-64											90.6
16-24											60.1
25-54											97.0
55-64											93.5
65 and over											38.5
16-64											87.3
Females											
16-19											46.4
20-24											72.1
25-34											75.0
35-44											86.7
45-54											91.3
55-59											84.2
60-64											78.0
16-24											58.8
25-54											83.0
55-64											81.1
65 and over											18.8
16-64											76.8
All persons											
16-24											59.5
25-54											90.1
55-64											87.2
65 and over											27.6
16-64											82.1
UNEMPLOYMENT RATES											
Males											
16-19											9.1
20-24											3.6
25-34											3.1
35-44											1.3
45-54											0.6
55-59											0.5
60-64											1.5
16-24											5.8
25-54											1.8
55-64											1.0
65 and over											0.0
16-64											2.4
Total											2.3
Females											
16-19											4.8
20-24											3.3
25-34											3.1
35-44											3.1
45-54											1.4
55-59											3.2
60-64											3.7
16-24											3.9
25-54											2.6
55-64											3.4
65 and over											0.7
16-64											3.0
Total											2.9
All persons											
16-24											4.9
25-54											2.2
55-64											2.1
65 and over											0.3
16-64											2.7
Total											2.5

1992	1993	1994	1995	1996	1997	1998	1999	2000	2001	
										TAUX D'ACTIVITÉ
										Hommes
44.1	39.6	37.8	46.8	45.1	44.7	49.4	50.8	55.8	58.3	16-19
78.8	74.2	78.1	81.5	76.4	75.2	80.2	83.1	84.9	82.2	20-24
95.4	94.8	94.9	95.6	94.5	95.1	93.2	94.6	93.6	94.7	25-34
97.7	98.1	97.4	98.6	97.4	96.9	97.6	98.9	98.6	98.1	35-44
99.2	98.3	95.9	96.2	97.3	98.4	97.5	97.8	96.0	96.2	45-54
93.3	96.0	94.4	95.5	93.9	92.8	95.1	98.1	96.9	93.4	55-59
91.3	90.6	97.3	89.9	92.4	90.6	91.3	89.3	91.9	92.1	60-64
60.7	56.7	57.9	63.8	60.1	59.2	63.8	66.2	70.1	70.3	16-24
97.2	96.9	96.1	96.8	96.3	96.7	96.1	97.1	96.1	96.3	25-54
92.3	93.3	95.9	92.7	93.2	91.7	93.3	94.1	94.7	92.8	55-64
39.6	34.1	31.4	34.6	33.2	32.3	33.6	30.2	29.0	29.2	65 et plus
87.6	86.7	86.8	88.4	87.3	87.1	87.9	89.4	89.8	90.0	16-64
										Femmes
50.3	44.3	45.5	47.6	43.2	46.6	53.8	60.2	65.6	60.3	16-19
70.6	75.5	72.8	72.1	76.7	77.5	82.3	80.9	81.0	79.5	20-24
79.5	81.8	82.2	83.9	83.9	78.7	78.8	83.1	85.4	84.6	25-34
85.8	85.7	87.7	90.3	87.1	86.7	86.7	87.7	87.7	88.5	35-44
90.9	88.6	90.6	90.8	90.4	90.8	91.8	90.6	91.8	91.4	45-54
85.0	88.4	84.4	88.7	81.8	85.2	87.5	82.3	80.2	84.0	55-59
72.4	73.6	76.7	81.1	80.8	77.1	78.2	78.1	72.6	78.7	60-64
60.2	59.7	59.1	59.6	59.6	61.5	67.3	70.1	73.2	70.0	16-24
84.5	84.9	86.3	88.0	86.9	85.1	85.4	87.0	88.2	88.1	25-54
78.6	80.8	80.5	84.8	81.3	81.2	83.0	80.3	76.8	81.7	55-64
20.9	20.6	19.8	17.4	17.3	16.1	15.2	14.5	12.0	12.4	65 et plus
77.9	78.4	79.1	80.9	79.8	79.1	80.9	82.3	83.3	83.1	16-64
										Ensemble des personnes
60.5	58.2	58.5	61.7	59.9	60.3	65.5	68.1	71.6	70.2	16-24
90.9	91.0	91.3	92.5	91.7	91.0	90.8	92.1	92.2	92.3	25-54
85.4	87.0	88.1	88.7	87.1	86.4	88.1	87.1	85.7	87.3	55-64
29.2	26.6	24.9	25.1	24.5	23.4	23.4	21.5	19.7	19.9	65 et plus
82.8	82.6	83.0	84.7	83.6	83.1	84.5	85.9	86.6	86.6	16-64
										TAUX DE CHÔMAGE
										Hommes
13.1	14.5	18.5	18.1	15.2	12.7	11.8	6.8	9.8	8.1	16-19
6.4	7.8	10.2	10.2	5.4	5.4	2.5	2.8	3.0	3.4	20-24
4.5	6.1	4.6	2.6	2.1	3.2	2.0	0.7	1.0	1.6	25-34
1.5	2.5	2.7	3.1	2.8	2.1	0.9	0.4	0.7	1.3	35-44
1.7	3.0	2.9	3.8	1.1	1.5	1.1	1.1	1.5	1.1	45-54
2.8	5.9	3.4	2.1	3.8	3.7	2.3	1.1	0.0	0.9	55-59
2.3	2.7	4.1	6.3	2.7	1.8	1.3	0.7	1.2	3.6	60-64
8.9	10.2	13.0	13.1	9.2	8.3	6.4	4.4	5.7	5.4	16-24
2.7	4.0	3.5	3.1	2.1	2.3	1.3	0.7	1.1	1.3	25-54
2.6	4.3	3.8	4.2	3.3	2.8	1.8	0.9	0.5	2.0	55-64
4.4	4.1	6.6	2.6	3.2	3.7	2.5	2.9	1.2	0.0	65 et plus
3.8	5.0	5.1	5.0	3.4	3.3	2.3	1.4	1.8	2.1	16-64
3.8	5.0	5.1	4.8	3.4	3.3	2.3	1.5	1.8	2.0	Total
										Femmes
12.0	11.8	12.9	11.3	13.0	10.5	5.1	4.7	4.2	5.6	16-19
10.2	8.5	8.3	6.7	4.4	4.8	6.0	4.1	3.2	3.3	20-24
5.3	5.8	6.2	5.5	3.7	3.6	4.3	3.5	3.2	2.3	25-34
3.0	3.8	4.5	4.3	3.5	5.0	2.6	1.7	2.5	1.6	35-44
2.7	4.6	3.9	2.9	2.2	2.7	1.9	1.2	1.5	2.6	45-54
3.3	1.9	2.4	5.4	3.0	2.9	0.6	1.1	2.1	1.1	55-59
2.7	7.3	5.4	2.4	5.8	4.1	2.3	2.8	4.7	2.9	60-64
10.9	9.7	10.1	8.6	7.6	7.1	5.6	4.4	3.6	4.3	16-24
3.8	4.8	5.0	4.3	3.2	3.8	2.9	2.1	2.4	2.2	25-54
3.0	4.4	3.8	4.0	4.4	3.5	1.4	1.9	3.2	1.9	55-64
2.6	5.2	1.6	1.8	3.4	7.1	3.9	5.3	6.3	2.1	65 et plus
5.0	5.6	5.7	5.0	4.1	4.4	3.3	2.5	2.8	2.5	16-64
4.9	5.6	5.5	4.9	4.1	4.5	3.3	2.6	2.9	2.5	Total
										Ensemble des personnes
9.9	10.0	11.5	11.0	8.4	7.7	6.0	4.4	4.7	4.8	16-24
3.2	4.3	4.2	3.7	2.6	3.0	2.1	1.4	1.7	1.7	25-54
2.8	4.4	3.8	4.1	3.8	3.1	1.6	1.4	1.7	2.0	55-64
3.7	4.6	4.4	2.3	3.3	5.0	3.0	3.8	2.9	0.7	65 et plus
4.3	5.3	5.4	5.0	3.7	3.8	2.7	1.9	2.3	2.3	16-64
4.3	5.3	5.3	4.9	3.7	3.9	2.7	2.0	2.3	2.3	Total

Statistiques de la Population Active
© 2002
OCDE

IRELAND

	1981	1982	1983	1984	1985	1986	1987	1988	1989	1990	1991
PARTICIPATION RATES											
Males											
15-19	48.5		43.2	41.2	40.7	38.5	34.5	33.5	31.5	31.1	30.4
20-24	90.0		89.4	88.2	87.2	85.8	83.1	83.5	80.7	80.7	79.4
25-34	96.9		96.8	97.2	95.1	94.5	93.9	94.6	94.4	94.1	93.9
35-44	96.0		96.4	96.6	92.8	93.0	93.1	92.8	92.5	92.6	92.9
45-54	92.2		92.3	92.4	88.0	87.7	88.7	88.2	86.6	87.5	88.3
15-24	67.8		64.3	62.7	62.2	59.8	57.1	56.2	53.3	53.3	51.8
25-54	95.5		95.5	95.7	92.5	92.2	92.3	92.3	91.7	91.8	92.1
55-64	79.4		78.0	77.9	71.7	70.1	70.6	69.6	66.2	64.7	65.7
65 and over	23.6		20.2	18.5	16.2	17.8	17.8	18.2	16.8	16.8	16.7
15-64	84.8		84.0	83.7	81.0	79.9	79.4	79.0	77.5	77.5	77.4
Females											
15-19	38.1		34.2	34.0	35.4	32.3	29.8	27.0	25.3	26.1	23.2
20-24	70.6		74.8	75.2	75.4	75.4	75.4	73.7	74.4	73.8	73.8
25-34	36.4		41.2	41.9	46.8	49.7	54.6	56.2	57.0	60.2	61.2
35-44	23.5		26.5	25.0	30.7	32.1	34.6	34.7	36.2	38.6	41.7
45-54	24.0		27.2	25.8	29.8	29.7	31.4	30.3	30.2	32.5	33.3
15-24	53.4		52.8	52.8	54.3	52.5	51.2	48.3	47.3	47.4	45.2
25-54	29.2		32.8	32.2	37.0	38.7	41.9	42.1	42.9	45.4	47.1
55-64	19.6		20.4	18.4	20.0	18.8	19.6	19.0	18.4	20.0	20.0
65 and over	4.9		4.8	3.3	3.8	3.7	3.2	3.6	3.6	3.5	3.1
15-64	34.8		36.9	36.2	39.6	39.9	41.4	40.8	40.9	42.5	43.0
All persons											
15-24	60.5		58.7	57.9	58.4	56.0	54.0	52.3	50.5	50.3	48.6
25-54	62.9		64.8	64.4	65.1	65.7	67.2	67.2	67.2	68.4	69.4
55-64	48.8		48.3	47.4	45.2	43.6	44.4	43.7	41.9	42.0	42.6
65 and over	13.3		11.7	10.2	9.5	9.9	9.6	10.2	9.3	9.0	8.9
15-64	60.2		60.7	60.2	60.5	59.9	60.4	59.9	59.2	60.1	60.2
UNEMPLOYMENT RATES											
Males											
15-19	21.0		28.8	34.3	32.4	35.4	34.5	33.9	28.8	26.9	28.8
20-24	14.3		19.7	22.0	20.9	24.8	23.7	22.4	20.2	15.6	21.3
25-34	11.8		16.3	17.7	17.0	17.0	17.4	15.9	15.4	13.1	15.1
35-44	9.8		13.2	14.2	14.4	14.1	14.4	15.0	14.8	12.3	13.1
45-54	8.9		11.8	13.8	12.2	12.3	12.1	12.0	12.0	10.2	11.2
15-24	16.8		23.0	25.9	25.0	29.0	27.7	26.2	23.1	19.3	23.3
25-54	10.5		14.1	15.4	15.0	14.8	15.0	14.5	14.3	12.0	13.3
55-64	8.9		10.9	12.8	9.1	8.3	10.4	10.6	10.0	9.1	8.9
65 and over	2.6		2.9	3.2	3.7	0.0	3.3	3.2	3.4	3.4	3.4
15-64	11.8		15.7	17.4	16.6	17.2	17.0	16.4	15.6	13.0	14.7
Total	11.4		15.3	17.0	16.2	16.6	16.6	15.9	15.0	12.6	14.4
Females											
15-19	16.4		25.5	29.1	30.4	32.7	31.3	31.8	26.8	26.2	28.9
20-24	8.3		12.5	12.3	16.8	16.8	16.8	16.8	14.1	11.5	15.6
25-34	6.7		9.0	8.7	18.1	16.9	16.1	14.3	14.1	13.3	13.6
35-44	5.1		6.0	8.2	17.7	19.9	20.3	19.7	17.3	14.8	16.8
45-54	4.8		7.3	7.7	13.3	15.8	14.6	14.9	12.5	13.2	13.3
15-24	11.4		16.4	18.1	22.1	22.0	21.3	21.4	18.0	15.9	19.5
25-54	6.1		7.9	8.4	17.0	17.4	16.6	16.0	14.8	13.4	14.7
55-64	3.4		6.7	7.4	10.3	11.1	10.7	11.1	7.7	7.1	7.1
65 and over	0.0		0.0	0.0	0.0	0.0	0.0	0.0	0.0	0.0	0.0
15-64	8.3		11.3	12.4	18.3	18.8	17.9	17.5	15.6	14.0	15.6
Total	8.1		11.0	12.2	18.0	18.4	17.6	17.2	15.3	13.8	15.6
All persons											
15-24	14.8		20.1	22.7	23.4	25.6	24.5	24.0	20.7	17.8	21.9
25-54	9.4		12.5	13.7	15.5	15.6	15.5	14.9	14.6	12.5	13.8
55-64	7.8		10.1	11.8	9.4	8.9	10.5	10.7	9.5	8.6	8.5
65 and over	2.0		4.5	5.1	2.8	2.6	2.7	2.5	2.7	2.8	2.8
15-64	10.8		14.4	15.9	17.1	17.7	17.3	16.8	15.6	13.3	15.0
Total	10.5		14.1	15.6	16.7	17.2	17.0	16.3	15.2	13.0	14.8

1992	1993	1994	1995	1996	1997	1998	1999	2000	2001	
										TAUX D'ACTIVITÉ
										Hommes
27.5	26.6	24.9	25.1	24.1	26.1 |	31.1	33.0	34.3	32.3	15-19
77.3	75.3	76.4	78.2	75.2	76.2 |	76.9	78.0	79.3	78.0	20-24
92.2	92.6	93.4	93.3	93.5	93.1 |	93.3	93.8	94.0	93.3	25-34
92.2	91.9	92.4	92.0	93.3	92.5 |	93.4	93.2	93.4	93.9	35-44
87.3	87.3	87.3	86.5	87.3	85.7 |	87.1	87.2	88.0	87.5	45-54
50.0	48.9	48.6	49.7	47.7	49.2 |	52.6	54.3	56.1	55.1	15-24
91.1	90.9	91.2	90.8	91.6	90.8 |	91.5	91.6	92.0	91.8	25-54
64.0	65.0	64.8	63.9	63.0	62.2 |	63.2	64.3	64.8	66.1	55-64
16.6	16.0	16.0	15.3	15.3	15.3 |	14.9	14.8		14.0	65 et plus
76.1	75.8	76.3	76.2	75.9	75.8 |	77.4	78.2	79.1	79.0	15-64
										Femmes
20.9	19.9	12.4	18.4	18.2	19.8 |	23.1	24.6	26.5	23.3	15-19
69.6	69.8	70.9	69.7	68.1	67.8 |	68.9	70.5	67.9	65.7	20-24
63.8	65.5	68.7	69.0	71.3	72.2 |	73.7	75.2	77.2	76.0	25-34
43.8	48.1	49.7	51.8	56.1	56.5 |	59.4	62.0	63.1	65.0	35-44
34.9	37.2	38.3	39.7	42.3	43.4 |	46.4	49.2	52.2	54.7	45-54
43.4	43.0	39.4	42.3	41.1	42.2 |	44.7	46.7	46.9	44.9	15-24
49.2	51.7	53.6	54.7	57.8	58.5 |	60.7	63.1	65.0	66.1	25-54
19.3	20.6	21.1	21.5	23.4	23.1 |	24.5	27.1	27.5	29.5	55-64
3.5	3.4	2.6	3.0	3.4	3.4 |	2.9	2.9		2.9	65 et plus
43.8	45.5	45.9	47.3	49.1	49.8 |	52.0	54.3	55.7	56.0	15-64
										Ensemble des personnes
46.8	46.2	44.3	46.0	44.5	45.6 |	48.5	50.8	51.5	50.1	15-24
70.0	71.2	72.5	72.7	74.5	74.5 |	76.1	77.3	78.5	78.9	25-54
41.9	42.3	43.0	42.9	43.3	42.7 |	43.8	45.8	46.3	47.9	55-64
9.1	8.6	8.1	8.3	8.5	8.5 |	8.1	8.1		7.9	65 et plus
60.0	60.7	61.1	61.8	62.6	62.9 |	64.8	66.3	67.4	67.5	15-64
										TAUX DE CHÔMAGE
										Hommes
29.8	33.3	31.0	27.9	23.8	19.6 |	12.7	10.3	10.2	9.3	15-19
22.9	24.5	23.0	17.4	17.9	15.7 |	11.7	8.1	4.6	5.3	20-24
16.5	16.8	14.6	12.3	12.1	10.1 |	7.6	5.4	4.4	3.9	25-34
14.0	14.4	13.3	10.9	10.8	9.4 |	7.3	5.7	4.3	2.9	35-44
12.0	12.1	12.0	10.1	11.1	9.4 |	8.3	6.0	4.2	3.4	45-54
25.0	27.3	25.3	20.3	19.5	16.8 |	12.0	8.8	5.9	6.5	15-24
14.2	14.7	13.5	11.2	11.3	9.7 |	7.8	5.6	4.3	3.4	25-54
9.0	8.8	8.7	7.6	6.5	6.5 |	5.2	4.0	2.9	2.7	55-64
3.4	3.6	3.6	0.0	3.7	0.0 |	0.0	0.0		0.0	65 et plus
15.7	16.2	15.0	12.5	12.3	10.7 |	8.3	6.0	4.5	3.9	15-64
15.2	15.8	14.7	12.1	12.0	10.4 |	8.1	5.9	4.5	3.8	Total
										Femmes
29.4	34.4	50.0	30.0	26.7	24.2 |	15.4	12.2	9.3	8.1	15-19
18.1	19.6	17.0	14.1	14.3	12.1 |	9.6	7.3	5.5	4.6	20-24
13.0	13.8	12.5	10.2	9.9	9.5 |	6.2	4.8	3.7	3.3	25-34
16.5	14.8	14.8	11.8	12.0	9.0 |	6.4	4.9	3.6	2.9	35-44
11.5	13.2	13.1	10.8	10.7	9.4 |	7.8	4.6	3.5	2.7	45-54
20.9	23.3	22.7	17.8	17.3	15.2 |	11.2	8.6	6.6	6.2	15-24
13.8	14.0	13.3	10.7	10.7	9.3 |	6.6	4.8	3.6	3.0	25-54
7.4	6.9	6.7	9.7	5.9	5.9 |	5.4	4.8	2.3	2.0	55-64
12.5	12.5	16.7	0.0	12.5	0.0 |	0.0	0.0		0.0	65 et plus
15.3	15.9	15.3	12.3	11.8	10.3 |	7.6	5.5	4.3	3.6	15-64
15.1	15.9	15.1	12.2	11.9	10.3 |	7.5	5.4	4.3	3.6	Total
										Ensemble des personnes
23.2	25.4	24.1	19.2	18.1	16.1 |	11.7	8.4	6.5	6.0	15-24
14.1	14.3	13.4	11.0	11.2	9.5 |	7.3	5.3	4.0	3.3	25-54
8.5	8.4	8.2	8.1	7.1	6.3 |	5.3	4.2	2.7	2.5	55-64
2.7	2.9	3.0	2.9	5.7	2.9 |	0.0	0.0		0.0	65 et plus
15.5	16.1	15.1	12.4	12.1	10.5 |	7.9	5.9	4.4	3.7	15-64
15.2	15.8	14.8	12.1	11.9	10.3 |	7.8	5.7	4.4	3.6	Total

Statistiques de la Population Active
© 2002 OCDE

ITALY

	1981	1982	1983	1984	1985	1986	1987	1988	1989	1990	1991
PARTICIPATION RATES											
Males											
15-19	32.1	32.7	30.6	28.8	27.6	27.6	28.0	27.9	26.4	24.7	23.2
20-24	73.3	72.7	73.8	72.5	72.4	71.9	72.1	70.4	71.5	70.3	69.5
25-29	92.7	89.0	91.6	91.6	90.9	90.6	90.6	90.5	90.6	90.4	89.5
30-39	98.2	96.2	98.2	97.9	97.8	97.7	97.6	97.6	97.4	97.1	97.1
40-49	97.3	93.5	97.1	96.8	96.6	96.5	96.6	96.4	96.5	96.3	96.2
50-59	83.4	79.3	82.0	80.8	80.1	79.4	79.0	78.7	77.8	78.5	78.4
60-64	41.4	36.8	36.8	38.2	38.6	37.6	36.8	36.5	35.2	36.0	34.9
15-24	49.2	49.8	48.9	47.6	47.3	47.7	48.0	47.7	47.0	46.1	45.3
25-59	93.1	89.8	92.5	92.0	91.7	91.5	91.3	91.1	90.8	90.9	90.7
50-64	73.5	67.9	68.9	67.6	67.2	66.2	65.6	65.4	64.4	65.3	64.2
65 and over	8.1	5.6	6.3	5.4	5.2	5.4	5.3	5.5	5.5	5.1	5.2
15-64	78.9	76.3	77.4	76.5	76.3	76.2	76.1	75.8	75.4	75.1	74.6
Females											
15-19	27.9	26.5	26.4	25.4	25.1	24.8	24.9	24.2	22.8	21.3	19.0
20-24	57.6	58.1	58.5	59.7	59.1	60.9	62.6	62.6	63.9	62.7	61.2
25-29	55.8	57.6	58.1	58.7	58.2	59.6	61.8	63.5	64.8	65.2	65.1
30-39	48.0	51.2	51.0	53.1	53.9	55.8	57.9	59.3	60.6	60.8	61.1
40-49	39.3	40.4	40.9	42.3	42.9	44.7	45.9	47.0	48.3	49.2	49.6
50-59	26.8	27.6	26.7	26.6	26.7	27.4	27.6	27.3	27.2	27.9	28.9
60-64	11.9	14.2	10.5	10.5	10.2	10.2	9.9	10.1	9.8	10.1	10.0
15-24	40.6	39.8	40.3	40.4	40.4	41.5	42.4	42.5	41.9	40.8	39.1
25-59	40.7	42.4	42.4	43.6	44.1	45.6	46.9	47.8	48.6	49.5	49.9
50-64	23.1	24.5	21.8	21.4	21.3	21.7	21.8	21.7	21.4	22.1	22.9
65 and over	3.4	3.2	2.6	2.1	2.1	2.5	2.4	2.0	2.2	2.1	2.2
15-64	38.8	40.1	39.3	39.9	40.2	41.4	42.5	43.1	43.4	44.0	43.9
All persons											
15-24	44.9	44.7	44.6	44.1	43.8	44.6	45.3	45.1	44.5	43.5	42.2
25-59	66.3	66.4	67.0	67.4	67.5	68.1	68.8	69.2	69.4	70.0	70.1
50-64	47.4	46.8	44.4	43.6	43.4	43.0	42.8	42.7	42.1	42.9	42.9
65 and over	5.4	4.5	4.2	3.5	3.4	3.8	3.6	3.5	3.6	3.4	3.5
15-64	58.5	58.4	58.0	57.9	58.0	58.5	59.1	59.3	59.3	59.5	59.2
UNEMPLOYMENT RATES											
Males											
15-19	26.0	29.9	32.9	34.8	36.4	37.1	38.1	35.2	34.0	32.9	32.1
20-24	18.5	20.0	21.3	22.5	23.9	24.5	25.9	25.7	25.1	23.5	24.4
25-29	5.9	7.0	8.3	8.7	9.0	10.3	11.9	12.5	12.8	12.2	11.5
30-39	1.4	1.7	2.0	2.6	2.8	3.3	3.9	4.2	4.6	4.1	4.0
40-49	1.0	1.2	1.4	1.7	1.7	2.1	2.4	2.4	2.5	2.1	2.0
50-59	1.1	1.4	1.8	2.1	2.1	2.6	2.9	2.9	2.9	2.5	2.3
60-64	2.3	2.1	1.9	1.3	1.0	1.2	1.5	1.2	1.6	1.6	1.4
15-24	21.4	23.8	25.5	26.8	28.0	28.5	29.8	28.7	27.8	26.2	26.5
25-59	1.8	2.2	2.7	3.1	3.2	3.8	4.4	4.6	4.9	4.5	4.3
50-64	1.3	1.5	1.8	1.9	1.9	2.3	2.6	2.6	2.7	2.4	2.1
65 and over	10.7	11.2	8.7	1.2	1.2	2.2	2.2	2.6	2.0	0.5	1.0
15-64	4.9	5.7	6.3	6.7	6.9	7.5	8.3	8.3	8.2	7.9	7.6
Total	5.0	5.7	6.3	6.6	6.9	7.5	8.2	8.2	8.1	7.8	7.5
Females											
15-19	39.6	42.6	47.3	51.8	52.1	50.8	51.2	50.1	48.9	46.5	44.7
20-24	25.7	27.5	30.1	33.8	35.1	37.0	38.1	37.5	36.9	34.5	33.0
25-29	14.0	14.6	17.0	18.3	19.0	21.3	23.6	24.4	24.6	23.4	22.9
30-39	7.0	6.7	8.1	9.5	9.8	11.1	11.8	13.0	14.0	12.7	12.9
40-49	4.7	4.6	5.1	6.2	6.0	6.9	7.4	7.3	7.6	6.8	6.7
50-59	4.0	4.1	4.0	3.4	3.5	4.4	4.9	4.6	4.6	4.3	3.8
60-64	6.9	9.2	6.0	1.6	1.7	2.2	1.7	1.6	1.7	2.3	1.7
15-24	31.2	33.3	36.5	40.1	40.9	41.5	42.2	41.2	40.4	37.8	36.0
25-59	7.1	7.1	8.3	9.3	9.6	10.9	11.9	12.5	13.0	12.2	12.0
50-64	4.3	4.8	4.3	3.1	3.2	4.0	4.4	4.2	4.2	4.0	3.5
65 and over	27.3	26.1	21.1	3.4	2.3	3.6	2.8	2.1	2.9	1.9	1.8
15-64	13.2	13.8	15.3	16.6	16.9	18.0	18.8	19.0	18.9	17.7	16.9
Total	13.5	14.0	15.4	16.5	16.7	17.8	18.6	18.8	18.7	17.6	16.7
All persons											
15-24	25.8	28.0	30.5	32.9	33.9	34.5	35.5	34.5	33.6	31.5	30.8
25-59	3.5	3.8	4.5	5.1	5.3	6.2	7.0	7.4	7.7	7.3	7.1
50-64	2.0	2.3	2.5	2.2	2.3	2.8	3.1	3.0	3.1	2.8	2.5
65 and over	16.5	16.3	13.0	2.0	1.6	2.8	2.4	2.4	2.3	1.0	1.3
15-64	7.7	8.4	9.4	10.2	10.4	11.3	12.1	12.2	12.2	11.5	11.1
Total	7.9	8.5	9.4	10.1	10.3	11.2	12.0	12.1	12.1	11.4	11.0

Up until 1992 the lower age limit is 14 years old.

1992	1993	1994	1995	1996	1997	1998	1999	2000	2001	
										TAUX D'ACTIVITÉ
										Hommes
22.5	28.0	26.5	25.2	23.9	23.4	23.8	21.9	22.0	19.8	15-19
67.9	66.8	65.2	64.0	63.5	63.9	64.2	64.2	63.6	62.1	20-24
89.2	84.4	83.2	82.7	81.9	81.9	81.0	81.1	81.1	81.0	25-29
96.9	95.7	95.2	94.9	94.9	94.7	95.1	95.0	94.7	94.4	30-39
96.0	95.3	94.7	94.4	94.5	94.4	94.8	95.0	95.1	95.2	40-49
77.2	74.7	73.1	70.2	69.2	67.0	67.2	68.4	69.2	70.2	50-59
35.6	32.6	31.6	31.3	30.9	31.5	31.7	31.4	31.4	31.0	60-64
44.2	48.1	46.9	46.0	45.4	45.6	46.1	45.1	44.6	42.4	15-24
90.2	88.3	87.5	86.6	86.4	85.7	85.9	86.2	86.4	86.6	25-59
64.2	61.7	60.2	58.0	57.2	56.0	56.2	56.9	57.3	57.8	50-64
5.5	7.1	6.6	6.4	6.3	6.9	6.3	5.9	5.8	6.0	65 et plus
74.4	75.0	74.2	73.6	73.5	73.5	73.9	74.1	74.3	74.2	15-64
										Femmes
18.8	18.8	17.3	16.5	16.3	15.4	15.5	14.7	14.9	14.0	15-19
59.6	51.3	49.5	49.1	48.0	48.1	48.6	49.5	50.2	48.4	20-24
65.4	58.0	58.6	59.0	59.3	59.5	60.9	61.2	61.8	62.8	25-29
62.2	58.3	58.3	59.1	60.0	60.4	61.4	62.7	63.6	64.5	30-39
51.0	50.0	50.6	51.4	52.2	53.3	55.1	56.4	57.2	59.2	40-49
29.3	28.1	27.8	28.2	29.0	29.3	30.7	32.0	33.4	35.4	50-59
9.7	8.8	8.6	7.9	8.3	8.7	8.1	7.8	8.0	8.7	60-64
38.2	35.8	34.4	34.1	33.7	33.6	33.9	34.0	34.3	32.6	15-24
50.8	48.0	48.3	49.0	49.9	50.4	51.7	52.9	53.8	55.4	25-59
23.0	21.8	21.6	21.6	22.2	22.6	23.4	24.2	25.1	26.6	50-64
2.5	2.0	1.8	1.8	1.8	2.0	1.7	1.7	1.6	1.6	65 et plus
44.3	41.9	41.9	42.3	43.0	43.5	44.6	45.5	46.3	47.3	15-64
										Ensemble des personnes
41.3	42.1	40.7	40.1	39.7	39.7	40.1	39.6	39.5	37.6	15-24
70.3	68.1	67.8	67.7	68.1	68.0	68.8	69.5	70.1	71.0	25-59
42.7	41.0	40.2	39.2	39.1	38.8	39.4	40.1	40.8	41.8	50-64
3.7	4.1	3.7	3.7	3.6	4.0	3.6	3.4	3.3	3.4	65 et plus
59.3	58.4	58.0	57.9	58.2	58.5	59.2	59.8	60.3	60.7	15-64
										TAUX DE CHÔMAGE
										Hommes
35.3	28.3	30.4	30.6	29.6	30.3	32.6	32.0	31.0	28.6	15-19
25.6	22.4	24.7	25.8	26.1	25.7	25.5	25.1	23.8	21.7	20-24
12.7	11.5	13.0	14.0	14.6	15.5	15.4	15.0	14.4	12.9	25-29
4.5	4.8	6.1	6.5	6.9	6.8	6.8	6.8	6.4	5.9	30-39
2.4	2.6	3.3	3.7	3.6	3.5	3.9	3.9	3.6	3.4	40-49
2.5	2.8	3.6	3.9	3.8	4.3	4.5	4.1	3.6	3.5	50-59
1.8	2.4	2.2	3.1	3.3	3.9	3.9	4.2	4.3	4.9	60-64
28.1	24.1	26.3	27.0	27.0	26.7	27.2	26.6	25.4	23.2	15-24
4.9	4.8	5.9	6.3	6.5	6.7	6.8	6.6	6.2	5.7	25-59
2.4	2.7	3.4	3.7	3.8	4.2	4.4	4.1	3.7	3.7	50-64
0.5	3.6	1.7	1.7	1.3	1.9	1.6	1.7	1.2	1.2	65 et plus
8.2	7.5	8.6	8.9	9.0	9.0	9.1	8.8	8.2	7.4	15-64
8.1	7.4	8.4	8.8	8.9	8.9	9.0	8.7	8.1	7.3	Total
										Femmes
47.7	44.6	44.8	47.5	48.6	47.8	49.4	47.6	44.4	39.9	15-19
34.8	32.2	33.9	36.2	36.9	37.4	36.4	34.9	33.2	30.2	20-24
23.2	18.9	20.7	22.1	21.7	23.0	23.4	22.6	21.2	19.4	25-29
13.3	11.1	12.3	13.2	13.8	14.0	14.2	14.1	12.8	12.0	30-39
7.1	6.3	7.1	7.5	7.4	7.5	8.3	8.3	7.8	7.2	40-49
4.4	4.2	4.9	5.2	5.4	5.5	5.8	5.8	5.5	4.9	50-59
2.4	3.3	3.4	3.6	2.8	4.0	3.6	3.7	2.8	2.6	60-64
38.1	35.3	36.5	38.7	39.5	39.6	39.0	37.3	35.4	32.1	15-24
12.5	10.2	11.4	12.2	12.2	12.5	12.9	12.7	11.7	10.7	25-59
4.2	4.0	4.7	5.0	5.0	5.2	5.6	5.7	5.3	4.6	50-64
1.6	8.6	4.3	6.2	5.9	8.8	5.0	5.0	6.5	5.2	65 et plus
17.5	14.6	15.5	16.4	16.2	16.3	16.4	15.8	14.6	13.0	15-64
17.3	14.6	15.4	16.2	16.1	16.2	16.3	15.7	14.5	13.0	Total
										Ensemble des personnes
32.7	28.7	30.5	31.9	32.2	32.0	32.1	31.1	29.7	27.0	15-24
7.6	6.7	7.9	8.4	8.6	8.8	9.1	8.9	8.3	7.6	25-59
2.9	3.1	3.8	4.1	4.1	4.5	4.7	4.6	4.2	4.0	50-64
1.0	5.0	2.4	3.0	2.9	3.9	2.5	2.6	2.4	2.3	65 et plus
11.7	10.1	11.1	11.7	11.7	11.8	11.9	11.5	10.6	9.6	15-64
11.6	10.0	11.0	11.5	11.5	11.6	11.7	11.3	10.5	9.5	Total

Jusqu'à 1992, la limite d'âge inférieure est de 14 ans.

Statistiques de la Population Active
© 2002 OCDE

LUXEMBOURG

	1981	1982	1983	1984	1985	1986	1987	1988	1989	1990	1991
PARTICIPATION RATES											
Males											
15-19			40.0	42.9	35.7	38.5	30.8	30.8	25.0	18.2	36.4
20-24			85.7	78.6	78.6	85.7	80.0	73.3	78.6	64.3	78.6
25-34			97.6	96.5	95.7	97.0	96.2	96.5	95.3	94.2	96.4
35-44			97.8	97.9	97.6	98.7	97.9	98.7	97.6	97.7	97.4
45-54			90.2	91.4	91.0	91.6	94.5	92.3	90.8	92.6	90.9
55-59			55.6	55.6	60.0	60.0	50.0	50.0	54.5	63.6	54.5
60-64			14.3	14.3	14.3	14.3	25.0	12.5	22.2	27.3	20.0
15-24			64.3	60.7	57.1	60.7	59.3	53.6	53.8	44.0	57.7
25-54			96.2	94.9	94.9	96.2	96.3	96.3	95.2	95.4	95.5
55-64			37.5	37.5	38.9	38.9	40.0	40.0	40.0	40.9	33.3
65 and over			5.0	5.0	5.3	5.3	5.6	5.6	5.6	5.0	5.3
15-64			80.3	80.3	79.8	79.8	80.3	78.1	77.7	76.9	78.5
Females											
15-19			42.9	35.7	38.5	38.5	33.3	33.3	27.3	18.2	27.3
20-24			71.4	73.3	73.3	73.3	73.3	73.3	71.4	64.3	71.4
25-34			54.7	54.8	55.2	57.3	60.1	58.3	59.4	61.0	62.4
35-44			39.4	41.4	41.2	44.7	46.0	45.7	47.9	49.1	51.9
45-54			25.7	27.2	29.9	30.5	33.0	31.4	32.0	34.5	34.8
55-59			18.2	18.2	18.2	18.2	16.7	16.7	18.2	18.2	18.2
60-64			12.5	12.5	10.0	10.0	9.1	9.1	9.1	9.1	9.1
15-24			57.1	57.1	57.1	57.1	55.6	50.0	52.0	45.8	50.0
25-54			40.0	41.3	43.4	44.7	48.1	46.8	48.1	49.4	51.2
55-64			15.8	15.8	14.3	14.3	13.6	13.6	13.6	13.6	13.6
65 and over			3.3	3.3	4.0	0.0	0.0	0.0	0.0	0.0	0.0
15-64			41.0	41.0	41.3	42.4	43.3	42.2	42.2	42.3	44.3
All persons											
15-24			59.6	58.9	58.9	58.2	55.6	52.7	52.9	44.9	54.0
25-54			68.6	68.8	69.7	71.0	72.3	71.3	72.0	72.9	73.8
55-64			25.7	25.7	25.6	25.6	26.2	26.2	25.6	29.5	23.3
65 and over			4.0	4.1	4.5	2.1	2.1	2.1	2.1	1.8	1.9
15-64			60.7	60.7	60.4	61.0	61.6	59.9	60.1	60.2	61.9
UNEMPLOYMENT RATES											
Males											
15-19			16.7	16.7	20.0	20.0	0.0	0.0	0.0	0.0	0.0
20-24			8.3	0.0	9.1	0.0	0.0	0.0	0.0	0.0	0.0
25-34			2.0	1.9	2.3	1.6	1.4	1.4	1.2	1.5	1.3
35-44			1.7	1.3	1.0	1.6	1.6	0.9	0.5	0.6	0.9
45-54			1.2	1.0	1.1	0.4	1.2	0.6	1.0	1.0	0.5
55-59			0.0	0.0		0.0	0.0		0.0	0.0	0.0
60-64									0.0	0.0	
15-24			5.6	5.9	6.3	5.9	6.3	6.7	0.0	0.0	0.0
25-54			1.3	1.3	1.3	1.3	1.3	1.3	1.3	1.2	1.2
55-64			0.0	0.0		0.0	0.0		0.0	0.0	0.0
65 and over			0.0	0.0	0.0	0.0	0.0	0.0	0.0	0.0	0.0
15-64			2.0	2.0	2.0	2.0	2.0	1.0	1.0	1.0	0.9
Total			2.0	2.0	2.0	2.0	2.0	1.0	1.0	1.0	0.9
Females											
15-19			16.7	20.0	20.0	20.0	25.0	0.0	0.0	0.0	0.0
20-24			10.0	0.0	9.1	9.1	0.0	0.0	0.0	0.0	0.0
25-34			3.9	3.5	3.7	2.9	3.3	2.8	2.3	2.3	2.5
35-44			4.0	3.1	4.4	2.9	2.4	1.8	2.2	2.0	1.8
45-54			3.3	2.2	2.3	3.9	3.5	2.5	1.1	1.3	1.2
55-59			0.0	0.0		0.0		0.0	0.0	0.0	0.0
60-64					0.0			0.0			0.0
15-24			6.3	6.3	6.3	6.3	6.7	7.1	7.7	9.1	0.0
25-54			3.3	3.2	3.0	2.9	2.6	2.7	2.6	2.4	2.3
55-64			0.0	0.0	0.0	0.0		0.0	0.0	0.0	0.0
65 and over			0.0	0.0	0.0						
15-64			6.0	4.0	3.8	3.8	3.6	3.7	1.9	1.8	1.7
Total			6.0	4.0	3.8	3.8	3.6	3.7	1.8	1.8	1.7
All persons											
15-24			5.9	6.1	6.1	6.3	6.7	3.4	3.7	4.5	3.7
25-54			1.9	1.9	1.9	1.8	1.7	1.8	1.7	1.6	1.6
55-64			0.0	0.0	0.0	0.0	0.0	0.0	0.0	0.0	0.0
65 and over			0.0	0.0	0.0	0.0	0.0	0.0	0.0	0.0	0.0
15-64			3.4	2.7	3.3	2.6	2.5	1.9	1.3	1.9	1.2
Total			3.3	2.7	3.3	2.6	2.5	1.9	1.3	1.9	1.2

1992	1993	1994	1995	1996	1997	1998	1999	2000	2001	
										TAUX D'ACTIVITÉ
										Hommes
27.3	18.2	18.2	18.2	18.2	9.1	9.1	9.1	16.7	16.7	15-19
71.4	76.9	76.9	64.3	69.2	61.5	61.5	53.8	61.5	61.5	20-24
96.1	96.2	94.3	92.9	94.3	94.2	94.4	93.8	93.8	94.4	25-34
97.4	96.9	97.9	96.5	96.3	96.4	97.5	96.6	96.8	96.7	35-44
90.0	90.4	92.0	91.9	89.8	88.4	90.3	91.4	91.4	90.9	45-54
54.5	54.5	54.5	54.5	54.5	54.5	54.5	54.5	63.6	54.5	55-59
20.0	20.0	20.0	10.0	20.0	10.0	10.0	20.0	20.0	10.0	60-64
52.0	50.0	50.0	40.0	44.0	41.7	37.5	36.0	36.0	36.0	15-24
94.4	94.5	94.6	93.6	93.7	93.8	94.8	94.9	94.0	94.1	25-54
33.3	38.1	33.3	33.3	33.3	33.3	33.3	33.3	38.1	38.1	55-64
5.3	5.0	0.0	4.8	4.2	4.0	3.8	3.8	4.2	0.0	65 et plus
77.8	78.7	77.5	75.7	76.4	75.9	76.1	75.7	76.6	76.4	15-64
										Femmes
27.3	20.0	20.0	18.2	18.2	9.1	9.1	9.1	8.3	8.3	15-19
71.4	69.2	69.2	61.5	61.5	61.5	58.3	46.2	50.0	53.8	20-24
63.6	64.1	64.1	60.7	64.6	66.7	67.3	70.3	75.7	74.9	25-34
57.4	55.0	56.4	53.4	57.2	59.6	57.8	60.4	64.0	65.9	35-44
39.2	39.2	43.1	40.6	42.4	44.2	47.3	52.9	52.8	52.1	45-54
18.2	18.2	18.2	18.2	18.2	18.2	27.3	27.3	18.2	18.2	55-59
9.1	9.1	9.1	9.1	10.0	10.0	10.0	10.0	9.1	10.0	60-64
48.0	47.8	45.8	41.7	37.5	33.3	33.3	33.3	29.2	32.0	15-24
54.8	54.0	55.7	52.2	55.4	58.1	57.9	61.5	64.6	65.7	25-54
13.6	13.6	13.6	13.6	9.1	13.6	14.3	19.0	18.2	14.3	55-64
3.3	0.0	3.1	0.0	0.0	0.0	0.0	0.0	0.0	0.0	65 et plus
47.3	46.2	47.0	44.4	46.0	46.8	47.9	50.4	51.4	52.4	15-64
										Ensemble des personnes
52.0	48.9	45.8	40.8	41.7	37.5	35.4	32.7	34.7	34.0	15-24
75.7	74.9	75.7	73.9	75.4	75.8	76.6	78.4	80.0	80.1	25-54
25.6	25.6	23.3	23.3	23.8	23.8	26.2	26.2	27.9	25.6	55-64
2.1	2.0	1.9	1.9	1.8	1.7	1.7	1.7	1.7	0.0	65 et plus
62.8	62.5	62.1	60.4	61.2	61.4	62.1	63.2	64.1	63.9	15-64
										TAUX DE CHÔMAGE
										Hommes
0.0	0.0	0.0	0.0	0.0	0.0	0.0	0.0	0.0	0.0	15-19
0.0	0.0	10.0	11.1	11.1	0.0	0.0	0.0	0.0	12.5	20-24
1.8	1.9	2.8	2.1	3.3	2.4	2.3	2.0	2.0	1.6	25-34
0.9	1.7	2.9	1.7	1.1	0.9	1.4	1.2	1.2	1.0	35-44
0.7	0.9	1.5	1.2	0.8	1.2	1.1	0.7	1.1	0.7	45-54
0.0	0.0	0.0	0.0	0.0	0.0	0.0	0.0	0.0	0.0	55-59
0.0	0.0		0.0	0.0			0.0	0.0		60-64
7.7	8.3	8.3	10.0	9.1	10.0	11.1	11.1	11.1	11.1	15-24
1.2	1.2	2.3	2.3	2.2	1.1	2.2	1.1	1.1	1.0	25-54
0.0	0.0	0.0	0.0	0.0	0.0	0.0	0.0	0.0	0.0	55-64
0.0	0.0		0.0	0.0		0.0	0.0			65 et plus
1.9	1.9	2.8	1.9	2.8	1.9	1.9	1.8	1.8	1.8	15-64
1.9	1.9	2.8	1.9	2.8	1.9	1.8	1.8	1.8	1.8	Total
										Femmes
0.0	0.0	0.0	0.0	0.0	0.0	0.0	0.0	0.0	0.0	15-19
0.0	0.0	0.0	0.0	0.0	12.5	0.0	0.0	0.0	0.0	20-24
3.9	3.0	4.4	3.8	4.6	3.5	4.3	2.9	4.6	2.0	25-34
1.8	3.5	4.6	4.1	4.2	2.5	4.2	4.0	2.0	1.8	35-44
2.5	2.2	1.6	3.9	3.6	2.5	2.6	1.5	1.2	2.0	45-54
0.0			0.0	0.0	0.0	0.0	0.0			55-59
		0.0	0.0	0.0		0.0	0.0			60-64
0.0	0.0	9.1	10.0	11.1	12.5	12.5	12.5	14.3	0.0	15-24
2.2	2.1	4.1	4.3	3.9	3.7	3.6	3.4	3.2	1.5	25-54
0.0		0.0	0.0	0.0	0.0	0.0	0.0			55-64
0.0		0.0								65 et plus
3.2	3.3	4.8	5.0	4.8	3.1	4.5	2.8	2.7	2.6	15-64
3.2	3.3	4.8	5.0	4.8	3.0	4.5	2.8	2.7	2.6	Total
										Ensemble des personnes
3.8	4.3	9.1	5.0	10.0	5.6	5.9	6.3	5.9	5.9	15-24
1.5	2.2	2.9	2.2	2.8	2.1	2.7	2.0	1.9	1.2	25-54
0.0	0.0	0.0	0.0	0.0	0.0	0.0	0.0	0.0	0.0	55-64
0.0	0.0	0.0	0.0	0.0		0.0	0.0			65 et plus
1.8	2.4	3.6	3.0	3.5	2.3	2.9	2.2	2.2	2.1	15-64
1.8	2.4	3.5	3.0	3.5	2.3	2.9	2.2	2.2	2.1	Total

Statistiques de la Population Active
© 2002
OCDE

NETHERLANDS

	1981	1982	1983	1984	1985	1986	1987	1988	1989	1990	1991
PARTICIPATION RATES											
Males											
15-19						|	41.1	42.8	42.9	44.4	45.7 |
20-24						|	79.2	78.1	78.4	76.7	77.0 |
25-34	95.2	95.2	94.6	94.0	93.5	93.1 |	94.8	94.7	94.7	95.1	95.3 |
35-44	92.7	93.1	93.5	93.8	94.0	94.0 |	95.3	95.4	95.6	95.3	95.2 |
45-54	87.3	86.9	86.9	86.3	85.8	85.4 |	87.8	87.9	88.0	88.3	88.8 |
55-59	71.6	69.8	69.2	67.0	64.9	63.1 |	66.2	66.6	65.3	66.3	63.7 |
60-64	40.3	37.4	37.6	32.3	27.9	23.3 |	27.7	26.8	24.4	22.7	21.7 |
15-24	54.1	53.2	52.3	51.3	50.5	50.5 |	60.7	61.1	61.5	61.8	63.0 |
25-54	92.5	92.3	92.3	92.0	91.7	91.4 |	93.2	93.2	93.3	93.4	93.6 |
55-64	57.3	54.8	54.2	50.3	47.1	44.3 |	47.1	46.9	46.0	45.7	43.4 |
65 and over						|					|
15-64	77.8	77.2	76.9	76.0	75.3	74.9 |	79.2	79.4	79.7	80.0	80.3 |
Females											
15-19						|	40.4	40.9	39.2	41.9	42.9 |
20-24						|	73.9	74.8	75.5	77.1	76.0 |
25-34	44.4	46.4	48.2	49.5	50.9	52.9 |	59.6	62.4	62.9	65.6	67.8 |
35-44	39.2	41.5	43.5	44.4	45.1	45.7 |	54.5	56.7	57.9	59.8	62.0 |
45-54	29.2	30.6	32.4	33.0	33.7	34.2 |	42.9	44.2	44.1	46.0	48.8 |
55-59	17.6	17.9	19.2	19.0	18.4	17.8 |	21.5	24.0	24.0	25.6	22.8 |
60-64	7.4	7.7	9.2	7.8	6.4	4.7 |	8.6	7.6	8.9	7.8	7.8 |
15-24	52.0	51.3	50.6	49.8	49.1	49.1 |	57.7	58.4	58.2	60.9	61.3 |
25-54	38.6	40.6	42.4	43.4	44.4	45.3 |	53.5	55.7	56.3	58.5	60.8 |
55-64	12.9	13.1	14.4	13.4	12.3	11.4 |	15.1	15.8	16.5	16.7	15.3 |
65 and over						|					
15-64	38.3	39.3	40.4	40.6	40.9	41.3 |	48.9	50.6	51.1	53.1	54.5 |
All persons											
15-24	53.1	52.3	51.5	50.6	49.8	49.8 |	59.2	59.8	59.9	61.4	62.2 |
25-54	66.2	67.0	67.9	68.2	68.6	68.9 |	73.8	74.9	75.2	76.3	77.6 |
55-64	34.0	32.9	33.3	31.0	28.9	27.2 |	30.5	30.8	30.8	30.8	29.0 |
65 and over						|					|
15-64	58.3	58.4	58.8	58.5	58.3	58.3 |	64.3	65.2	65.6	66.7	67.6 |
UNEMPLOYMENT RATES											
Males											
15-19						|	16.3	16.0	14.1	12.3	14.3 |
20-24						|	11.3	11.5	9.2	8.9	8.0 |
25-39	6.5	9.4	13.1	13.7	12.9	11.7 |	6.6	6.5	5.9	4.8	4.7 |
40-49	4.4	6.5	9.8	10.2	9.7	9.1 |	4.5	4.6	4.6	3.8	3.7 |
50-54	3.2	5.2	8.2	9.3	9.4	9.5 |	6.2	5.5	5.5	4.5	4.1 |
55-59	3.7	5.0	10.2	9.2	6.7	7.7 |	5.8	5.3	3.9	4.2	4.9 |
60-64	6.0	8.1	24.3	21.6	4.5	2.7 |	4.2	5.1	4.5	1.5	3.7 |
15-24	7.1	10.1	13.3	13.1	11.6	9.9 |	12.9	13.0	10.8	10.0	10.1 |
25-54	5.5	8.0	11.6	12.2	11.6	10.7 |	5.9	5.8	5.5	4.5	4.3 |
55-64	4.4	5.9	15.0	13.1	6.1	6.4 |	4.1	3.8	2.9	3.2	3.7 |
15-64	7.0	10.0	14.6	14.7	13.2	11.9 |	7.1	7.0	6.3	5.4	5.3 |
Total	4.2	6.0	8.9	9.0	8.0	7.3 |	7.1	7.0	6.3	5.4	5.3 |
Females											
15-19						|	24.9	20.3	20.5	18.1	16.4 |
20-24						|	12.8	11.3	10.5	9.6	8.5 |
25-39	4.6	5.8	9.2	10.2	10.7	10.7 |	13.5	13.1	11.6	10.6	9.5 |
40-49	2.9	3.4	6.3	6.9	7.2	7.8 |	11.4	11.4	11.0	10.2	8.9 |
50-54	2.1	3.0	5.6	6.5	6.4	7.3 |	10.6	8.5	7.6	8.6	9.3 |
55-59	3.1	3.0	7.1	5.8	4.5	6.2 |	6.4	5.7	5.8	6.5	3.7 |
60-64	4.2	3.8	12.5	10.7	4.3	0.0 |	3.5	9.0	6.7	4.8	5.6 |
15-24	6.3	8.5	11.6	12.1	11.3	10.1 |	16.9	14.3	13.7	12.3	10.9 |
25-54	3.9	4.9	8.2	9.0	9.4	9.7 |	12.6	12.2	11.1	10.3	9.3 |
55-64	2.8	3.3	8.3	7.3	4.5	5.5 |	4.6	4.4	4.2	5.0	2.7 |
15-64	6.9	8.9	13.0	13.6	13.1	12.6 |	13.5	12.4	11.5	10.6	9.5 |
Total	3.9	5.0	7.5	7.9	7.7	7.4 |	13.5	12.4	11.5	10.6	9.5 |
All persons											
15-24	6.7	9.3	12.5	12.6	11.5	10.0 |	14.8	13.6	12.2	11.1	10.5 |
25-54	5.1	7.1	10.6	11.2	10.9	10.4 |	8.3	8.1	7.5	6.7	6.3 |
55-64	4.1	5.3	13.5	11.8	5.7	6.2 |	4.3	4.0	3.3	3.7	3.4 |
15-64	7.0	9.7	14.0	14.3	13.2	12.2 |	9.5	9.1	8.3	7.4	6.9 |
Total	4.1	5.7	8.4	8.6	7.9	7.4 |	9.5	9.1	8.3	7.4	6.9 |

1992	1993	1994	1995	1996	1997	1998	1999	2000	2001	
										TAUX D'ACTIVITÉ
										Hommes
44.9	44.1	44.3	49.2	52.5	55.4	56.2	59.3	60.9	61.5	15-19
76.1	75.4	76.7	78.7	79.8	81.5	81.0	82.4	83.2	81.8	20-24
94.4	94.0	93.3	93.5	93.8	93.9	94.9	95.0	95.1	94.2	25-34
93.9	93.8	93.9	94.8	94.4	94.7	95.1	94.4	94.9	94.7	35-44
88.1	88.0	89.1	89.7	89.4	90.5	90.8	90.7	90.4	91.0	45-54
61.8	60.9	59.5	61.4	62.2	63.9	66.7	68.3	70.5	73.3	55-59
23.3	20.4	21.9	20.5	20.6	21.2	23.2	24.5	27.9	26.4	60-64
62.5	62.0	62.6	65.5	66.9	69.0	68.9	71.0	72.1	71.8	15-24
92.5	92.2	92.3	92.8	92.7	93.1	93.7	93.5	93.5	93.4	25-54
43.5	41.5	41.8	42.3	43.1	44.2	46.9	48.4	51.4	52.0	55-64
			5.4	5.8	5.3	5.9	5.4	5.5	5.4	65 et plus
79.7	79.3	79.6	80.8	81.1	82.0	82.8	83.1	83.6	83.4	15-64
										Femmes
43.2	42.0	42.1	45.9	50.4	52.7	56.0	61.2	61.2	61.6	15-19
74.6	74.9	75.0	77.7	79.0	78.1	77.6	79.9	79.0	78.7	20-24
68.8	71.6	71.8	74.2	75.5	77.1	78.5	79.5	80.0	79.7	25-34
62.8	64.0	65.9	67.0	67.7	70.3	70.9	72.5	74.1	75.8	35-44
49.4	51.6	53.3	56.1	56.4	59.4	60.8	61.8	63.6	65.4	45-54
25.3	25.7	29.4	28.3	31.0	32.3	32.8	36.1	38.9	39.3	55-59
6.3	8.1	7.1	8.2	8.3	8.3	8.6	9.7	11.5	12.8	60-64
61.0	60.9	60.7	63.5	65.8	66.0	67.1	70.8	70.3	70.4	15-24
61.4	63.3	64.5	66.4	67.2	69.4	70.5	71.6	72.8	73.8	25-54
15.9	17.0	18.5	18.6	20.2	20.9	21.5	23.8	26.3	26.9	55-64
			0.9	0.6	1.2	1.1	1.3	1.6	1.4	65 et plus
55.0	56.3	57.3	59.1	60.2	61.9	62.9	64.5	65.4	66.1	15-64
										Ensemble des personnes
61.8	61.4	61.7	64.5	66.3	67.5	68.0	70.9	71.2	71.1	15-24
77.3	78.1	78.7	79.9	80.2	81.5	82.3	82.7	83.3	83.7	25-54
29.5	29.1	30.0	30.3	31.6	32.5	34.2	36.2	38.9	39.5	55-64
			2.8	2.8	3.0	3.1	3.0	3.2	3.1	65 et plus
67.5	68.0	68.6	70.1	70.9	72.1	73.0	73.9	74.6	74.9	15-64
										TAUX DE CHÔMAGE
										Hommes
8.7	10.6	12.1	16.0	15.0	13.6	10.0	9.4	7.7	7.9	15-19
7.7	9.3	10.4	9.9	8.8	6.3	6.4	4.1	4.1	3.8	20-24
4.2	5.1	6.2	5.7	4.6	4.2	3.0	2.5	2.2	1.6	25-39
3.1	3.3	4.0	4.1	3.9	3.1	2.6	2.0	2.0	1.5	40-49
3.2	3.6	3.7	4.1	3.9	3.5	2.7	1.8	1.9	1.7	50-54
2.2	3.2	3.6	3.4	3.7	2.8	2.6	2.4	2.6	1.5	55-59
1.0	2.3	2.4	2.5	3.3	1.8	1.5	2.3	3.0	3.1	60-64
8.0	9.7	10.9	12.0	11.1	9.1	7.8	6.3	5.6	5.5	15-24
3.7	4.4	5.2	5.0	4.3	3.7	2.8	2.1	2.0	1.6	25-54
1.7	2.4	2.7	2.6	2.9	2.2	2.0	2.4	2.7	1.9	55-64
4.3	5.1	5.9	5.9	5.2	4.4	3.5	2.8	2.6	2.2	15-64
4.3	5.1	5.9	5.8	5.2	4.4	3.4	2.7	2.6	2.2	Total
										Femmes
10.8	13.2	12.2	21.2	20.9	16.0	13.8	12.4	11.6	9.0	15-19
6.3	8.2	8.2	10.1	8.8	6.2	5.1	4.2	4.6	4.0	20-24
7.0	7.1	7.9	8.1	7.0	6.0	4.6	3.6	3.8	2.7	25-39
7.9	7.7	8.1	7.4	8.0	7.2	5.3	3.9	3.6	3.0	40-49
6.4	6.3	6.8	6.5	6.7	6.5	4.8	3.9	3.4	2.9	50-54
6.5	5.4	6.4	4.7	5.0	4.0	3.8	4.0	1.8	1.8	55-59
7.7	6.6	2.1	3.2	0.0	0.0	0.0	2.9	2.4	2.1	60-64
7.7	9.7	9.4	13.7	13.1	10.0	8.7	7.7	7.6	6.1	15-24
7.3	7.2	7.8	7.7	7.3	6.5	4.8	3.8	3.5	2.8	25-54
5.3	4.1	5.2	3.7	4.0	3.2	3.1	3.8	1.9	1.8	55-64
7.3	7.6	8.1	8.8	8.3	7.0	5.5	4.5	4.2	3.4	15-64
7.3	7.6	8.1	8.7	8.3	6.9	5.5	4.5	4.2	3.4	Total
										Ensemble des personnes
7.8	9.7	10.2	12.8	12.1	9.5	8.2	7.0	6.6	5.8	15-24
5.1	5.5	6.3	6.1	5.5	4.9	3.7	2.8	2.7	2.1	25-54
2.7	2.9	3.5	3.0	3.2	2.5	2.3	2.9	2.4	1.9	55-64
5.5	6.1	6.8	7.1	6.5	5.5	4.3	3.5	3.3	2.7	15-64
5.5	6.1	6.8	7.0	6.5	5.5	4.3	3.5	3.3	2.7	Total

Statistiques de la Population Active
© 2002 OCDE

NORWAY

	1981	1982	1983	1984	1985	1986	1987	1988	1989	1990	1991
PARTICIPATION RATES											
Males											
16-19	47.4	48.9	49.3	45.9	46.3	50.7	52.9	53.7	47.0	44.6	39.2
20-24	78.1	79.4	82.1	82.1	79.5	82.4	82.5	82.3	79.9	78.5	74.4
25-34	87.0	88.4	91.6	94.1	93.9	91.1	92.1	93.0	92.6	91.2	89.9
35-44	98.8	97.7	98.2	100.4	98.3	97.4	98.7	95.7	94.7	93.8	94.0
45-54	94.1	97.0	96.4	94.9	94.9	92.9	92.5	92.1	92.4	91.9	90.4
55-59	84.6	86.7	84.0	87.3	89.1	84.8	84.7	84.0	83.2	82.0	81.2
60-64	73.2	73.2	76.8	73.9	71.3	72.0	72.4	67.0	64.9	64.2	62.2
16-24	64.1	65.4	66.9	65.4	64.3	68.1	69.1	69.8	65.7	63.9	59.6
25-54	92.7	93.8	95.1	96.5	95.8	93.9	94.7	93.8	93.3	92.3	91.4
55-64	79.0	80.0	80.3	80.3	79.9	78.2	78.3	75.6	74.0	72.8	71.0
65 and over	35.7	32.7	30.1	29.1	26.4	26.0	26.4	24.9	23.6	25.0	19.2
16-64	83.8	85.0	86.3	86.8	86.1	85.6	86.3	85.7	84.4	83.4	81.9
Females											
16-19	44.0	41.4	44.4	40.3	43.8	51.6	54.8	52.7	46.0	43.5	40.8
20-24	60.7	63.4	66.7	65.8	68.8	71.2	70.9	72.6	70.3	67.1	66.5
25-34	62.2	61.5	67.5	70.6	72.7	76.3	77.4	76.6	76.2	76.6	76.5
35-44	79.5	77.7	76.2	76.2	78.1	83.1	83.1	83.0	81.5	81.5	82.0
45-54	75.4	75.9	78.1	77.0	77.3	78.4	80.7	79.5	79.3	79.6	78.6
55-59	60.2	55.6	61.1	57.5	61.5	64.0	65.0	64.6	63.2	62.0	63.0
60-64	42.9	46.3	45.8	47.1	45.7	46.4	46.4	44.2	44.1	46.5	47.5
16-24	53.1	53.4	56.5	54.1	57.4	62.3	63.7	63.8	59.8	56.9	55.6
25-54	71.3	70.7	73.2	74.2	75.8	79.3	80.4	79.7	79.0	79.2	79.1
55-64	51.5	50.8	53.1	52.0	53.2	54.7	55.2	54.2	53.3	53.9	55.0
65 and over	14.1	12.6	12.6	14.4	13.6	13.6	13.7	12.8	11.8	12.0	11.2
16-64	63.5	63.1	65.9	65.8	67.8	71.4	72.6	72.2	70.9	70.7	70.6
All persons											
16-24	58.8	59.5	61.8	59.8	60.9	65.3	66.6	66.9	62.8	60.5	57.7
25-54	82.3	82.5	84.4	85.5	86.0	86.8	87.7	86.9	86.3	85.9	85.4
55-64	65.0	64.9	66.4	65.7	66.2	66.3	66.6	64.8	63.5	63.1	62.8
65 and over	24.0	21.8	20.6	21.0	19.4	19.2	19.5	18.3	17.2	18.0	14.9
16-64	73.9	74.2	76.2	76.4	77.1	78.7	79.6	79.1	77.8	77.1	76.3
UNEMPLOYMENT RATES											
Males											
16-19	9.4	12.1	12.1	11.5	7.9	7.2	6.8	12.3	17.7	17.2	18.4
20-24	3.2	4.7	6.3	5.5	4.7	2.2	2.8	4.9	9.4	10.4	11.7
25-34	1.1	2.5	3.5	3.5	2.0	1.4	1.7	3.1	5.6	6.7	6.6
35-44	0.8	1.2	1.9	2.2	1.0	0.7	0.6	1.6	3.3	3.3	3.7
45-54	1.0	1.0	1.1	2.2	1.1	1.1	1.1	1.5	2.4	3.7	3.1
55-59	0.0	1.0	1.1	1.1	1.1	0.0	1.2	1.2	3.8	2.7	2.9
60-64	1.2	1.2	1.2	1.2	1.3	1.3	1.3	1.5	1.6	3.3	3.3
16-24	5.3	7.3	8.2	7.4	5.8	3.9	4.2	7.4	11.9	12.4	13.6
25-54	1.0	1.6	2.3	2.7	1.4	1.0	1.1	2.1	3.9	4.7	4.6
55-64	0.6	1.1	1.1	1.2	1.2	0.6	1.3	1.3	2.8	3.0	3.1
65 and over	0.0	1.8	1.9	2.0	2.1	2.1	2.1	2.2	2.3	2.2	2.9
16-64	1.6	2.5	3.2	3.2	2.1	1.5	1.7	3.0	5.2	5.8	5.8
Total	1.6	2.5	3.1	3.2	2.1	1.5	1.7	3.0	5.1	5.6	5.8
Females											
16-19	9.1	13.2	12.5	11.5	10.5	9.1	8.7	11.8	13.8	14.8	16.3
20-24	4.4	5.2	8.0	6.0	5.7	4.5	5.4	6.7	9.5	9.1	10.1
25-34	3.8	3.2	4.0	3.3	3.7	2.6	2.6	3.0	5.1	5.5	5.8
35-44	1.6	2.1	2.0	2.4	2.3	1.3	1.6	2.0	2.8	3.2	3.2
45-54	1.3	1.3	2.0	1.3	1.3	1.3	1.3	1.8	2.3	2.8	2.7
55-59	1.4	1.5	1.5	1.6	1.6	0.0	1.5	1.6	1.7	1.8	1.7
60-64	0.0	0.0	1.8	0.0	0.0	0.0	0.0	0.0	2.2	2.1	2.1
16-24	6.2	8.0	9.6	7.9	7.4	6.2	6.6	8.6	10.9	11.0	12.0
25-54	2.3	2.3	2.7	2.5	2.6	1.8	1.9	2.3	3.5	3.9	4.0
55-64	0.8	0.8	1.7	0.8	0.9	0.0	0.9	0.9	1.9	1.9	1.9
65 and over	0.0	0.0	0.0	0.0	0.0	0.0	0.0	0.0	0.0	0.0	0.0
16-64	2.8	3.1	3.9	3.2	3.2	2.4	2.7	3.4	4.7	4.9	5.1
Total	2.7	3.0	3.8	3.1	3.1	2.3	2.6	3.3	4.6	4.8	5.0
All persons											
16-24	5.7	7.6	8.9	7.6	6.5	5.0	5.3	7.9	11.5	11.8	12.8
25-54	1.5	1.9	2.5	2.6	1.9	1.4	1.5	2.2	3.8	4.3	4.3
55-64	0.7	1.0	1.4	1.0	1.1	0.4	1.1	1.2	2.4	2.5	2.6
65 and over	0.0	1.2	1.3	1.3	1.3	1.3	1.3	1.4	1.4	1.4	1.7
16-64	2.1	2.8	3.5	3.2	2.6	1.9	2.1	3.2	5.0	5.4	5.5
Total	2.0	2.7	3.4	3.2	2.6	1.9	2.1	3.1	4.9	5.3	5.4

1992	1993	1994	1995	1996	1997	1998	1999	2000	2001	
										TAUX D'ACTIVITÉ
										Hommes
39.2	36.5	36.6	37.6	42.2	47.2	48.6	50.5	52.3	49.5	16-19
73.3	72.8	72.1	71.9	76.0	77.7	79.9	79.3	79.3	76.8	20-24
90.0	88.9	88.4	89.7	91.3	91.4	92.0	91.7	91.0	91.7	25-34
93.1	92.1	92.8	93.4	94.0	93.8	93.8	93.0	92.5	92.3	35-44
90.2	89.7	90.6	90.7	91.2	91.5	91.3	90.7	90.8	90.0	45-54
80.5	81.8	81.1	81.3	83.2	83.5	86.2	84.7	84.8	83.5	55-59
63.8	61.5	61.8	62.5	62.5	64.3	63.2	61.1	60.6	59.4	60-64
59.2	58.1	57.8	58.0	62.0	64.8	66.4	66.7	67.5	64.8	16-24
91.1	90.2	90.6	91.2	92.1	92.2	92.4	91.8	91.4	91.4	25-54
71.8	71.5	71.5	72.3	73.2	74.9	76.0	74.5	74.4	73.6	55-64
17.7	16.8	16.8	15.3	12.9	15.2	15.4	13.4	14.2	16.9	65 et plus
81.9	81.3	81.6	82.4	84.1	85.0	85.6	85.0	84.8	84.0	16-64
										Femmes
37.4	36.9	38.3	37.5	41.7	43.3	49.0	51.5	52.4	50.0	16-19
65.9	63.6	62.9	64.5	68.0	69.2	70.0	68.1	68.9	70.1	20-24
77.5	77.1	77.2	78.4	79.6	80.8	82.0	81.4	81.7	81.7	25-34
82.2	83.0	82.6	83.4	84.4	85.2	84.7	85.1	85.6	85.4	35-44
77.3	77.9	78.5	79.4	81.3	82.9	82.8	83.0	83.4	82.7	45-54
63.4	61.5	64.9	66.0	68.3	70.5	70.6	71.3	71.8	73.1	55-59
45.5	45.8	45.7	47.7	48.9	47.8	49.5	49.5	48.4	49.5	60-64
54.1	52.7	53.0	53.7	57.3	58.3	61.1	61.0	61.8	61.3	16-24
79.1	79.3	79.4	80.4	81.7	82.9	83.2	83.2	83.5	83.3	25-54
54.2	53.5	55.4	57.4	59.2	60.0	61.0	61.5	61.6	63.2	55-64
10.1	10.0	9.1	9.0	7.7	8.5	8.2	9.4	8.5	9.9	65 et plus
70.3	70.4	70.9	72.1	74.1	75.3	76.1	76.1	76.5	76.4	16-64
										Ensemble des personnes
56.7	55.5	55.4	55.9	59.7	61.6	63.8	63.9	64.7	63.1	16-24
85.3	84.9	85.1	85.9	87.1	87.7	87.9	87.6	87.6	87.4	25-54
62.7	62.3	63.3	64.8	66.0	67.3	68.4	68.0	68.0	68.5	55-64
13.6	13.1	12.7	11.9	10.1	11.6	11.6	11.2	11.1	13.2	65 et plus
76.2	75.9	76.4	77.4	79.2	80.2	80.9	80.6	80.7	80.3	16-64
										TAUX DE CHÔMAGE
										Hommes
17.0	19.0	17.1	17.1	17.4	15.7	13.2	14.5	15.8	16.7	16-19
14.3	13.0	11.8	10.4	10.3	7.8	7.0	7.2	6.3	7.5	20-24
7.5	8.3	7.4	6.4	5.5	4.1	3.1	3.1	3.8	3.9	25-34
4.7	4.5	4.0	3.6	3.3	3.0	2.3	2.6	2.6	2.6	35-44
3.5	4.1	3.4	2.8	2.5	1.8	1.4	2.1	2.1	1.4	45-54
4.3	2.8	2.7	2.6	2.5	2.3	2.1	1.0	1.9	1.7	55-59
3.3	3.6	3.6	3.6	3.6	1.9	1.8	1.8	1.8	1.8	60-64
15.0	14.5	13.1	12.2	12.3	10.2	8.9	9.6	9.5	10.6	16-24
5.4	5.7	5.0	4.4	3.8	3.0	2.3	2.6	2.9	2.7	25-54
3.8	3.1	3.1	3.0	2.2	2.1	2.0	1.3	1.8	1.7	55-64
3.1	3.3	3.3	0.0	4.5	0.0	0.0	0.0	4.5	0.0	65 et plus
6.7	6.7	6.0	5.3	4.8	3.9	3.2	3.4	3.6	3.6	16-64
6.6	6.6	5.9	5.1	4.8	3.8	3.1	3.4	3.7	3.5	Total
										Femmes
16.3	19.5	17.1	15.4	18.6	15.6	13.7	13.2	16.7	17.3	16-19
11.1	10.7	10.0	11.0	10.8	9.1	7.1	7.4	7.5	6.4	20-24
5.6	6.0	5.6	5.6	5.4	4.8	4.0	3.3	2.9	3.7	25-34
3.6	3.6	3.2	3.0	3.9	2.7	1.9	2.2	2.2	2.5	35-44
2.6	2.4	2.4	2.4	2.1	1.7	1.2	0.8	1.6	1.2	45-54
1.7	1.8	1.6	1.5	1.4	1.4	1.3	1.2	1.1	1.0	55-59
2.2	2.3	2.4	2.4	2.3	2.3	2.2	0.0	0.0	2.1	60-64
12.6	13.2	12.1	11.5	12.4	11.1	9.4	9.5	10.9	10.3	16-24
4.1	4.1	3.8	3.8	4.0	3.1	2.4	2.2	2.3	2.5	25-54
1.9	2.0	1.9	1.9	1.8	1.7	1.6	0.8	0.7	1.4	55-64
0.0	0.0	0.0	5.6	0.0	0.0	0.0	0.0	0.0		65 et plus
5.2	5.3	4.8	4.7	4.9	4.1	3.3	3.0	3.2	3.4	16-64
5.1	5.2	4.7	4.6	4.9	4.0	3.3	3.0	3.2	3.4	Total
										Ensemble des personnes
13.9	13.9	12.6	11.9	12.3	10.6	9.1	9.6	10.2	10.5	16-24
4.8	5.0	4.5	4.0	3.9	3.0	2.4	2.4	2.6	2.6	25-54
3.0	2.6	2.6	2.5	2.0	1.9	1.8	1.1	1.3	1.6	55-64
1.9	2.0	2.0	2.3	2.7	0.0	0.0	0.0	2.7	0.0	65 et plus
6.0	6.1	5.4	5.0	4.9	4.0	3.2	3.2	3.5	3.5	16-64
5.9	6.0	5.3	4.9	4.8	3.9	3.2	3.2	3.4	3.4	Total

Statistiques de la Population Active
© 2002
OCDE

POLAND

	1981	1982	1983	1984	1985	1986	1987	1988	1989	1990	1991
PARTICIPATION RATES											
Males											
15-19											
20-24											
25-34											
35-44											
45-54											
55-59											
60-64											
15-24											
25-54											
55-64											
65 and over											
15-64											
Females											
15-19											
20-24											
25-34											
35-44											
45-54											
55-59											
60-64											
15-24											
25-54											
55-64											
65 and over											
15-64											
All persons											
15-24											
25-54											
55-64											
65 and over											
15-64											
UNEMPLOYMENT RATES											
Males											
15-19											
20-24											
25-34											
35-44											
45-54											
55-59											
60-64											
15-24											
25-54											
55-64											
65 and over											
15-64											
Total											
Females											
15-19											
20-24											
25-34											
35-44											
45-54											
55-59											
60-64											
15-24											
25-54											
55-64											
65 and over											
15-64											
Total											
All persons											
15-24											
25-54											
55-64											
65 and over											
15-64											
Total											

1992	1993	1994	1995	1996	1997	1998	1999	2000	2001	
										TAUX D'ACTIVITÉ
										Hommes
25.2	20.9	18.3	16.6	16.0	14.9	13.3 |	8.2	12.8	12.4	15-19
80.2	78.7	76.2	74.2	72.7	71.2	69.3 |	65.1	68.7	68.0	20-24
94.9	95.5	95.1	94.5	93.7	93.9	93.9 |	93.4	94.0	94.2	25-34
93.6	93.7	92.8	92.5	92.2	92.1	92.1 |	91.4	92.1	92.1	35-44
82.6	83.4	82.3	81.7	81.9	81.3	81.4 |	81.1	79.1	78.2	45-54
58.7	58.3	58.2	56.8	55.3	55.9	55.5 |	56.8	51.4	54.3	55-59
36.5	36.3	34.8	33.8	33.4	34.5	33.5 |	35.1	29.7	27.7	60-64
49.2	46.2	45.2	43.9	43.4	42.3	41.0 |	37.9	40.9	40.5	15-24
91.5	91.8	90.9	90.1	89.7	89.4	89.3 |	88.7	88.3	88.0	25-54
48.1	47.5	46.7	45.5	44.5	45.3	44.5 |	45.8	40.4	41.5	55-64
19.1	18.9	17.1	16.1	15.3	15.3	14.7 |	13.0	12.4	11.8	65 et plus
76.4	75.7	75.0	73.9	73.5	73.2	72.8 |	72.3	71.7	71.5	15-64
										Femmes
18.6	15.9	13.3	11.3	10.6	9.8	8.9 |	4.7	9.0	9.2	15-19
64.9	63.9	62.9	59.6	57.6	57.6	56.9 |	54.0	58.6	57.4	20-24
74.3	75.4	75.2	74.7	74.6	73.5	74.3 |	74.7	76.6	76.9	25-34
85.6	85.1	85.0	84.0	83.3	82.7	82.6 |	82.8	82.8	83.4	35-44
72.6	72.5	72.8	73.0	72.8	71.7	71.6 |	72.1	70.3	70.0	45-54
35.4	36.1	36.4	35.6	35.0	35.0	33.9 |	34.7	31.8	32.4	55-59
23.9	21.8	21.1	19.7	19.2	19.5	18.1 |	18.2	16.3	15.8	60-64
40.4	38.3	37.9	35.6	34.6	34.3	33.7 |	31.5	34.8	34.4	15-24
78.4	78.6	78.6	78.0	77.5	76.5	76.5 |	76.7	76.5	76.5	25-54
29.6	28.9	28.7	27.7	26.9	27.1	25.7 |	26.1	23.7	24.1	55-64
11.0	10.8	9.6	8.5	8.4	7.7	7.4 |	6.0	5.2	4.8	65 et plus
62.6	62.1	62.1	61.0	60.5	59.9	59.7 |	59.8	59.9	59.9	15-64
										Ensemble des personnes
44.8	42.2	41.5	39.7	39.0	38.3	37.3 |	34.7	37.8	37.4	15-24
84.9	85.2	84.7	84.0	83.6	82.9	82.9 |	82.6	82.4	82.2	25-54
38.1	37.5	37.0	35.9	35.0	35.4	34.3 |	35.2	31.3	32.1	55-64
14.0	13.8	12.4	11.4	11.1	10.6	10.2 |	8.7	8.0	7.5	65 et plus
69.4	68.8	68.4	67.4	66.9	66.4	66.1 |	65.9	65.8	65.7	15-64
										TAUX DE CHÔMAGE
										Hommes
27.0	31.0	39.8	37.1	32.6	28.7	27.7 |	41.5	37.3	40.2	15-19
25.4	27.0	28.4	27.0	24.8	20.5	20.3 |	26.7	32.6	40.1	20-24
12.2	12.8	12.9	11.8	10.7	9.3	8.6 |	12.3	13.6	15.7	25-34
10.3	11.0	11.1	10.3	9.1	7.8	8.0 |	9.5	11.5	13.7	35-44
8.1	9.0	9.2	8.7	7.9	7.4	7.1 |	8.0	11.0	13.0	45-54
8.7	7.2	8.5	7.6	6.9	6.2	7.1 |	8.7	9.4	11.9	55-59
6.8	6.2	5.8	5.0	5.2	4.7	4.5 |	8.6	8.7	7.2	60-64
25.9	28.0	30.8	29.0	26.3	22.0	21.5 |	28.3	33.3	40.1	15-24
10.6	11.2	11.3	10.4	9.3	8.2	8.0 |	10.0	12.1	14.2	25-54
7.9	6.7	7.5	6.6	6.3	5.6	6.1 |	8.7	9.1	10.4	55-64
4.3	2.8	2.6	1.8	1.9	1.8	2.6 |	2.8	4.3	2.2	65 et plus
12.4	13.0	13.4	12.5	11.3	9.8	9.6 |	12.0	14.6	17.2	15-64
12.1	12.6	13.1	12.1	11.0	9.5	9.3 |	11.7	14.4	16.9	Total
										Femmes
34.5	39.0	46.5	47.0	41.8	39.1	34.7 |	42.4	43.2	44.5	15-19
28.6	30.6	32.1	31.3	29.3	26.3	23.8 |	31.2	36.5	41.6	20-24
18.4	19.4	19.2	17.7	16.7	15.5	14.2 |	15.3	20.8	21.9	25-34
12.1	13.4	14.1	12.8	12.3	12.3	11.3 |	11.9	15.7	17.6	35-44
9.1	9.4	9.5	8.7	8.4	8.1	8.1 |	8.5	11.7	13.4	45-54
6.4	7.2	7.2	5.2	6.0	5.6	6.6 |	7.3	10.4	8.9	55-59
5.7	5.0	5.2	4.6	3.7	3.7	3.5 |	4.0	8.5	8.3	60-64
30.1	32.5	34.6	33.8	31.2	28.0	25.2 |	32.0	37.3	42.0	15-24
13.5	14.4	14.5	13.2	12.5	12.0	11.2 |	11.8	16.0	17.6	25-54
6.1	6.3	6.5	5.0	5.2	4.9	5.5 |	6.1	9.7	8.7	55-64
2.6	1.8	2.0	1.7	1.3	1.4	1.9 |	1.7	3.8	2.0	65 et plus
15.1	16.1	16.5	15.1	14.3	13.5	12.6 |	13.8	18.4	20.2	15-64
14.7	15.6	16.0	14.7	13.9	13.2	12.3 |	13.5	18.1	19.9	Total
										Ensemble des personnes
27.8	30.1	32.5	31.2	28.5	24.7	23.2 |	30.0	35.2	41.0	15-24
11.9	12.7	12.8	11.7	10.8	10.0	9.5 |	10.8	13.9	15.8	25-54
7.1	6.5	7.1	6.0	5.8	5.3	5.9 |	7.7	9.4	9.7	55-64
3.4	2.3	2.3	1.8	1.6	1.6	2.3 |	2.3	4.1	2.2	65 et plus
13.6	14.4	14.8	13.7	12.7	11.5	10.9 |	12.8	16.4	18.6	15-64
13.3	14.0	14.4	13.3	12.4	11.2	10.7 |	12.5	16.1	18.2	Total

Statistiques de la Population Active
© 2002
OCDE

PORTUGAL

	1981	1982	1983	1984	1985	1986	1987	1988	1989	1990	1991
PARTICIPATION RATES											
Males											
15-19	69.4	66.6	66.3	62.5	60.8	59.9	57.2	53.9	52.3	50.9	47.0
20-24	89.0	88.5	88.9	86.4	85.7	84.5	84.9	84.0	84.3	83.1	81.3
25-34	94.2	95.3	96.5	95.8	95.9	95.3	95.5	95.4	95.7	95.1	95.2
35-44	96.5	95.7	96.1	96.3	96.0	95.7	95.4	96.3	96.4	96.6	96.8
45-54	91.0	90.6	90.5	89.5	89.6	89.3	89.6	89.5	90.2	90.3	90.3
55-59	78.7	77.6	76.8	75.2	72.8	73.5	71.9	71.5	73.8	75.0	75.8
60-64	62.0	62.1	62.9	60.6	58.1	54.0	54.4	54.4	54.5	56.8	58.8
15-24	78.6	77.0	77.1	73.9	72.9	71.8	70.6	68.6	68.0	66.6	63.9
25-54	93.9	93.9	94.5	94.1	94.1	93.7	93.8	94.0	94.3	94.2	94.4
55-64	71.5	70.6	70.5	68.6	66.1	64.5	63.8	63.5	64.7	66.4	67.9
65 and over	24.9	22.8	28.0	23.5	20.2	18.1	18.9	20.0	20.2	19.9	22.2
15-64	86.4	85.8	86.2	84.8	84.2	83.5	83.1	82.7	82.9	82.8	82.4
Females											
15-19	54.1	52.3	51.2	47.9	46.2	47.1	45.8	43.1	40.0	40.1	37.0
20-24	72.2	69.2	71.0	68.3	66.6	63.4	67.3	68.9	69.3	69.1	69.4
25-34	69.2	68.3	73.0	72.9	73.7	72.6	74.2	75.4	77.1	77.7	79.9
35-44	56.4	55.0	63.1	63.1	64.3	64.3	66.0	69.1	69.8	71.5	74.5
45-54	44.1	44.6	49.6	49.5	50.5	50.1	52.5	52.9	53.7	56.4	59.9
55-59	35.2	35.0	36.7	38.5	37.4	35.7	35.2	36.9	38.0	39.4	42.5
60-64	25.5	23.9	27.8	26.9	26.1	23.4	24.6	25.5	24.3	24.8	28.3
15-24	62.7	60.4	60.7	57.7	56.0	54.9	56.2	55.7	54.4	54.5	53.0
25-54	57.0	56.4	62.4	62.3	63.4	63.0	64.9	66.6	67.8	69.4	72.4
55-64	30.8	30.0	32.6	33.1	32.1	29.9	30.3	31.5	31.5	32.3	35.6
65 and over	7.9	7.1	10.5	8.3	7.8	7.7	8.3	7.6	7.8	7.7	9.0
15-64	54.2	53.1	57.1	56.4	56.4	55.5	57.0	58.1	58.4	59.6	61.5
All persons											
15-24	70.7	68.8	68.9	65.9	64.5	63.5	63.5	62.2	61.3	60.6	58.6
25-54	74.8	74.5	77.9	77.7	78.2	77.8	78.9	79.9	80.7	81.5	83.1
55-64	49.8	48.8	50.2	49.6	47.9	45.9	45.7	46.2	46.8	47.9	50.4
65 and over	14.8	13.5	17.6	14.5	12.8	11.9	12.6	12.7	12.8	12.7	14.3
15-64	69.8	69.0	71.2	70.2	69.9	69.1	69.7	70.0	70.4	70.9	71.7
UNEMPLOYMENT RATES											
Males											
15-19	10.4	8.7	12.5	15.2	15.6	16.7	13.1	10.0	8.1	8.3	6.5
20-24	7.0	6.6	10.0	11.1	12.3	12.1	10.2	7.4	7.3	6.5	5.7
25-34	2.9	2.7	3.7	5.7	6.5	6.5	5.5	3.9	3.6	3.0	3.1
35-44	1.3	1.0	1.8	3.3	3.5	3.5	2.6	2.1	1.8	1.9	1.7
45-54	0.8	0.5	1.7	2.7	3.1	3.5	2.9	2.2	1.7	1.6	1.2
55-59	1.0	1.0	2.6	2.1	2.7	2.7	2.8	2.2	1.6	2.7	2.7
60-64	0.8	0.8	2.3	1.6	1.6	1.7	2.6	2.5	1.7	1.6	1.5
15-24	8.8	7.5	11.1	12.9	13.7	14.1	11.4	8.4	7.6	7.0	6.0
25-54	1.8	1.5	2.5	4.1	4.6	4.7	3.8	2.9	2.5	2.2	2.1
55-64	0.9	0.6	2.2	1.9	2.3	2.3	2.7	2.4	1.7	2.2	2.2
65 and over	0.0	0.0	0.0	0.9	1.0	0.0	1.1	1.0	0.0	0.0	0.0
15-64	3.4	2.9	4.6	5.9	6.5	6.6	5.4	4.0	3.5	3.3	2.9
Total	3.2	2.8	4.4	5.7	6.2	6.4	5.3	3.9	3.4	3.2	2.8
Females											
15-19	27.9	25.6	26.7	26.7	27.8	24.4	21.5	17.9	15.8	13.3	13.2
20-24	23.7	22.3	24.2	27.3	24.9	24.5	19.6	17.6	14.5	12.4	11.9
25-34	13.8	12.3	11.6	12.3	12.5	12.8	11.2	9.5	8.8	7.9	7.1
35-44	7.0	6.7	8.7	7.1	7.3	6.9	5.7	5.2	4.9	5.0	4.3
45-54	4.2	3.8	4.3	4.1	4.0	4.2	3.7	2.8	3.0	3.4	2.8
55-59	2.0	2.0	2.9	2.7	2.8	2.9	2.0	1.9	1.8	2.7	2.5
60-64	1.7	1.8	1.5	1.5	1.5	1.7	1.6	0.0	1.6	1.5	1.3
15-24	25.6	23.8	25.3	27.1	25.9	24.4	20.4	17.7	15.0	12.7	12.1
25-54	9.3	8.4	8.8	8.5	8.7	8.8	7.6	6.4	6.2	5.8	5.1
55-64	1.3	1.9	2.3	1.7	1.7	2.5	1.8	1.2	1.7	1.7	2.0
65 and over	0.0	0.0	0.0	0.0	0.0	0.0	0.0	0.0	0.0	0.0	0.0
15-64	13.3	12.2	12.7	12.6	12.4	12.1	10.2	8.6	7.7	7.0	6.3
Total	12.9	11.8	12.2	12.2	12.0	11.7	9.8	8.4	7.5	6.8	6.1
All persons											
15-24	16.1	14.6	17.4	19.0	19.1	18.5	15.3	12.4	10.8	9.5	8.7
25-54	4.7	4.2	5.1	5.9	6.3	6.4	5.4	4.4	4.1	3.8	3.5
55-64	1.2	1.0	2.4	1.8	2.1	2.4	2.4	2.1	1.7	2.0	2.1
65 and over	0.0	0.0	0.5	0.6	0.7	0.7	0.6	0.6	0.0	0.0	0.5
15-64	7.3	6.6	7.9	8.7	8.9	8.8	7.4	6.0	5.3	4.9	4.4
Total	7.1	6.3	7.6	8.4	8.6	8.6	7.2	5.8	5.1	4.7	4.3

1992	1993	1994	1995	1996	1997	1998	1999	2000	2001	
										TAUX D'ACTIVITÉ
										Hommes
42.5	35.1	31.2	28.6	26.9	28.0	28.4	28.3	28.9	30.6	15-19
76.0	72.6	71.9	68.9	68.9	69.2	71.1	71.3	70.7	71.9	20-24
94.0	94.4	93.6	93.2	92.0	92.0	92.9	93.2	92.8	92.5	25-34
96.6	96.5	96.3	95.9	95.5	94.8	95.3	94.7	94.2	95.0	35-44
90.3	90.8	90.7	90.8	90.8	90.9	91.0	90.9	91.0	90.8	45-54
71.5	71.9	73.2	69.9	71.8	71.7	76.2	74.7	73.9	72.1	55-59
56.1	52.8	53.4	50.8	51.4	52.8	55.3	54.5	55.7	54.9	60-64
58.9	53.4	51.6	49.2	48.8	49.8	50.7	51.2	51.4	53.1	15-24
93.8	94.1	93.7	93.4	92.8	92.7	93.2	93.0	92.7	92.9	25-54
64.1	62.6	63.7	60.6	61.8	62.1	65.7	64.7	64.9	63.7	55-64
20.9	21.9	23.1	23.6	25.7	26.1	23.6	24.1	25.5	26.4	65 et plus
80.2	78.8	78.4	77.3	77.3	77.5	78.6	78.7	78.9	79.4	15-64
										Femmes
30.2	28.0	26.7	22.3	19.9	22.4	23.3	22.6	21.9	22.1	15-19
64.2	61.4	58.4	56.1	57.4	58.9	63.5	61.6	58.8	59.9	20-24
79.3	79.4	79.8	80.5	81.7	81.9	80.5	80.3	82.1	83.0	25-34
74.2	76.8	77.6	78.7	79.6	79.2	77.3	78.4	79.6	79.5	35-44
57.6	61.5	64.0	64.9	63.9	67.0	65.8	67.1	68.9	70.7	45-54
41.2	40.0	42.4	42.3	44.4	46.2	46.7	48.4	47.9	46.5	55-59
27.6	25.4	25.9	26.3	29.4	31.5	32.4	35.6	36.8	37.5	60-64
47.0	44.4	42.6	39.8	39.7	42.0	44.5	43.4	41.9	42.7	15-24
71.2	73.2	74.3	75.2	75.7	76.5	75.0	75.7	77.3	78.1	25-54
34.6	32.8	34.2	34.3	36.8	38.8	39.7	41.9	42.3	41.9	55-64
9.7	10.0	10.6	11.3	12.1	13.2	12.5	13.1	13.5	13.9	65 et plus
59.2	59.4	60.0	60.0	60.9	62.3	62.0	62.8	63.7	64.6	15-64
										Ensemble des personnes
53.0	49.0	47.2	44.5	44.3	45.9	47.6	47.3	46.7	47.9	15-24
82.2	83.4	83.8	84.1	84.1	84.4	83.9	84.2	84.8	85.3	25-54
48.1	46.7	47.8	46.5	48.4	49.7	51.7	52.4	52.7	52.1	55-64
14.3	14.9	15.8	16.4	17.7	18.5	17.2	17.6	18.4	19.0	65 et plus
69.4	68.9	69.0	68.4	68.9	69.7	70.1	70.6	71.1	71.8	15-64
										TAUX DE CHÔMAGE
										Hommes
8.9	10.8	11.6	13.9	13.5	14.0	9.1	8.5	6.7	10.2	15-19
7.4	9.5	12.8	14.1	14.0	10.4	7.6	6.6	6.0	6.3	20-24
3.5	4.9	6.5	7.2	7.3	6.6	4.0	3.8	2.7	3.0	25-34
2.0	3.0	4.4	4.1	4.0	4.7	2.8	3.0	2.7	2.3	35-44
1.9	2.9	3.9	4.8	5.1	4.7	3.3	3.4	2.6	2.5	45-54
2.8	4.8	5.8	6.1	7.2	7.7	4.2	4.3	3.8	3.9	55-59
2.3	3.8	3.8	3.2	3.2	4.5	2.2	3.0	3.7	3.0	60-64
8.0	10.0	12.4	14.1	13.9	11.4	8.0	7.1	6.2	7.1	15-24
2.6	3.7	5.0	5.5	5.6	5.4	3.4	3.5	2.7	2.6	25-54
2.5	4.4	5.0	4.9	5.5	6.3	3.7	4.1	3.8	3.2	55-64
0.0	0.8	1.5	0.7	0.6	0.6	0.0	0.0	0.0	0.6	65 et plus
3.6	4.9	6.3	6.8	6.8	6.4	4.1	4.1	3.4	3.4	15-64
3.5	4.7	6.0	6.4	6.5	6.1	3.9	3.8	3.2	3.2	Total
										Femmes
13.7	17.4	19.6	20.7	24.0	24.1	19.3	13.4	18.2	17.3	15-19
10.2	13.6	14.8	16.7	17.8	16.7	10.8	10.0	9.8	10.2	20-24
5.7	7.8	10.1	10.1	8.7	8.0	7.3	5.8	5.5	5.2	25-34
3.5	4.6	6.0	6.4	7.1	6.1	5.0	4.4	3.7	4.2	35-44
2.1	3.5	4.7	5.0	5.6	5.5	4.1	3.3	3.7	3.7	45-54
1.7	3.4	3.2	3.3	4.8	4.5	3.0	2.2	3.7	3.8	55-59
0.0	1.4	1.3	1.3	2.4	2.2	2.1	1.9	1.9	2.8	60-64
11.3	14.8	16.3	17.8	19.3	18.6	12.9	10.9	11.8	11.9	15-24
4.1	5.6	7.2	7.5	7.3	6.7	5.6	4.6	4.4	4.4	25-54
1.0	2.6	2.5	3.0	3.8	3.6	3.1	2.1	2.5	3.3	55-64
0.0	0.0	1.1	0.0	0.0	0.0	0.0	0.0	0.0	0.0	65 et plus
5.2	6.9	8.3	8.6	8.8	8.2	6.5	5.3	5.3	5.4	15-64
5.0	6.6	8.0	8.2	8.4	7.7	6.2	5.1	5.0	5.1	Total
										Ensemble des personnes
9.4	12.1	14.2	15.7	16.3	14.6	10.3	8.8	8.7	9.2	15-24
3.3	4.5	6.1	6.4	6.4	6.0	4.4	4.0	3.5	3.5	25-54
2.0	3.5	4.0	4.2	4.8	5.2	3.2	3.1	3.2	3.2	55-64
0.5	0.5	0.9	0.4	0.4	0.4	0.0	0.0	0.4	0.3	65 et plus
4.3	5.7	7.2	7.6	7.7	7.2	5.2	4.6	4.2	4.3	15-64
4.1	5.5	6.9	7.2	7.3	6.8	5.0	4.4	4.0	4.1	Total

Statistiques de la Population Active
© 2002 OCDE

SLOVAK REPUBLIC

	1981	1982	1983	1984	1985	1986	1987	1988	1989	1990	1991
PARTICIPATION RATES											
Males											
15-19											
20-24											
25-34											
35-44											
45-54											
55-59											
60-64											
15-24											
25-54											
55-64											
65 and over											
15-64											
Females											
15-19											
20-24											
25-34											
35-44											
45-54											
55-59											
60-64											
15-24											
25-54											
55-64											
65 and over											
15-64											
All persons											
15-24											
25-54											
55-64											
65 and over											
15-64											
UNEMPLOYMENT RATES											
Males											
15-19											
20-24											
25-34											
35-44											
45-54											
55-59											
60-64											
15-24											
25-54											
55-64											
65 and over											
15-64											
Total											
Females											
15-19											
20-24											
25-34											
35-44											
45-54											
55-59											
60-64											
15-24											
25-54											
55-64											
65 and over											
15-64											
Total											
All persons											
15-24											
25-54											
55-64											
65 and over											
15-64											
Total											

1992	1993	1994	1995	1996	1997	1998	1999	2000	2001	
										TAUX D'ACTIVITÉ
										Hommes
		26.4	25.1	21.1	21.9	21.8	21.5	17.7	17.1	15-19
		83.8	82.7	83.3	82.5	81.0	79.4	79.7	81.3	20-24
		96.4	96.4	96.6	95.9	95.8	95.6	94.9	95.5	25-34
		95.9	95.6	96.0	95.0	94.5	95.2	95.5	95.1	35-44
		91.4	91.7	91.4	90.7	90.2	89.5	90.9	91.1	45-54
		67.9	67.9	66.7	64.5	67.0	64.9	65.8	70.3	55-59
		13.5	12.7	13.0	11.2	12.6	12.8	10.5	9.3	60-64
		52.7	52.0	50.9	51.9	51.8	50.9	49.6	50.2	15-24
		94.9	94.9	94.9	94.1	93.7	93.7	94.0	94.0	25-54
		41.0	40.9	41.3	39.4	41.8	41.1	41.2	43.0	55-64
		3.2	3.1	3.1	2.2	2.1	2.1	2.1	2.1	65 et plus
		77.6	77.3	77.1	76.9	77.2	76.9	76.8	77.4	15-64
										Femmes
		26.3	23.5	23.3	24.3	22.5	23.8	21.0	18.4	15-19
		59.9	59.7	62.3	61.0	61.4	60.8	62.8	62.8	20-24
		75.2	76.9	77.9	76.6	74.8	76.5	77.2	76.7	25-34
		89.0	89.6	89.2	88.9	88.5	87.8	89.5	91.5	35-44
		77.8	77.9	79.5	79.0	79.3	79.7	81.7	83.5	45-54
		15.1	14.2	17.2	15.4	16.5	17.9	17.5	16.8	55-59
		3.8	4.7	4.0	3.3	4.1	3.3	3.3	4.1	60-64
		41.7	40.5	42.3	42.4	42.0	42.9	42.6	41.5	15-24
		81.1	82.0	82.6	81.9	81.2	81.6	82.9	83.9	25-54
		9.4	9.4	10.6	9.4	10.2	11.0	10.8	11.2	55-64
		0.6	0.8	0.6	0.8	0.8	0.8	0.5	0.5	65 et plus
		61.3	61.4	62.5	62.0	61.7	62.3	63.2	63.8	15-64
										Ensemble des personnes
		47.4	46.3	46.7	47.0	46.8	46.9	46.0	45.9	15-24
		88.0	88.4	88.7	88.0	87.4	87.6	88.4	88.9	25-54
		23.6	23.3	24.5	23.0	24.7	24.6	24.3	25.5	55-64
		1.8	1.7	1.5	1.3	1.3	1.3	1.1	1.1	65 et plus
		69.3	69.3	69.8	69.4	69.3	69.5	69.9	70.5	15-64
										TAUX DE CHÔMAGE
										Hommes
		48.4	47.5	45.1	46.0	52.1	66.7	71.8	73.0	15-19
		19.9	18.6	14.1	16.3	20.2	27.1	33.2	35.3	20-24
		12.1	11.9	10.7	10.9	10.8	14.9	16.8	18.1	25-34
		10.0	9.6	7.2	8.7	9.8	12.4	15.0	15.5	35-44
		8.5	8.0	6.1	6.5	7.2	10.6	13.4	14.0	45-54
		8.3	6.9	6.9	5.6	6.7	10.8	14.3	13.3	55-59
		7.1	7.7	15.4	18.2	8.3	8.3	10.0	11.1	60-64
		28.1	26.2	20.8	22.6	26.4	35.4	39.5	42.0	15-24
		10.4	10.0	8.1	8.9	9.4	12.8	15.1	16.0	25-54
		8.1	7.1	7.0	7.3	6.9	10.5	13.8	13.0	55-64
		14.3	0.0	14.3	0.0	20.0	0.0	20.0	20.0	65 et plus
		13.4	12.6	10.2	11.1	12.2	16.3	18.9	19.8	15-64
		13.3	12.5	10.2	11.1	12.2	16.3	19.0	19.8	Total
										Femmes
		41.0	38.2	38.9	37.5	41.2	56.6	60.9	62.5	15-19
		18.6	16.3	14.9	16.2	17.1	23.4	25.2	29.0	20-24
		17.2	17.4	16.2	16.5	15.7	18.4	20.0	19.4	25-34
		9.8	11.0	9.9	9.0	10.3	12.7	15.3	14.5	35-44
		7.7	7.3	6.8	7.9	7.7	9.3	12.3	13.7	45-54
		10.5	11.1	4.5	5.0	9.1	8.3	8.3	13.0	55-59
		20.0	16.7	0.0	0.0	0.0	0.0	0.0	20.0	60-64
		26.8	23.0	21.7	22.4	23.6	32.3	33.7	35.5	15-24
		11.6	12.1	11.0	11.0	11.2	13.4	15.8	15.8	25-54
		12.5	12.5	3.7	4.2	7.7	7.1	7.1	10.3	55-64
		0.0	0.0	0.0	0.0	0.0	33.3	50.0	0.0	65 et plus
		14.1	13.8	12.7	12.9	13.2	16.4	18.5	18.7	15-64
		14.1	13.8	12.7	12.9	13.2	16.4	18.6	18.7	Total
										Ensemble des personnes
		27.3	24.8	20.9	22.6	25.1	33.7	37.1	39.0	15-24
		11.0	10.9	9.5	9.9	10.2	13.1	15.5	15.9	25-54
		9.1	7.4	6.2	6.6	7.9	9.6	12.3	12.4	55-64
		10.0	10.0	11.1	12.5	12.5	12.5	14.3	14.3	65 et plus
		13.7	13.1	11.4	11.9	12.6	16.4	18.8	19.3	15-64
		13.7	13.1	11.4	11.9	12.6	16.4	18.8	19.3	Total

Statistiques de la Population Active
© 2002
OCDE

SPAIN

	1981	1982	1983	1984	1985	1986	1987	1988	1989	1990	1991
PARTICIPATION RATES											
Males											
16-19	54.4	53.7	51.5	51.1	48.5	46.0	48.0	47.8	44.8	43.3		42.4
20-24	82.9	82.6	82.9	81.4	79.1	79.6	79.6	78.8	77.7	77.2		75.4
25-34	95.5	95.4	95.4	95.4	95.3	95.0	94.4	94.7	94.2	94.6		94.4
35-44	96.7	96.5	96.4	96.3	96.2	96.4	96.1	95.9	95.8	96.2		96.4
45-54	92.6	92.3	91.8	91.1	91.1	91.3	90.9	91.0	91.3	91.7		91.5
55-59	84.2	83.2	81.7	79.5	78.7	78.6	76.8	75.2	75.7	76.5		76.2
60-64	63.5	61.2	58.9	56.9	54.2	51.5	49.1	47.6	48.2	47.0		46.5
16-24	69.3	69.1	68.3	67.4	65.1	64.5	65.5	64.8	62.6	61.7		60.5
25-54	94.8	94.6	94.5	94.2	94.2	94.3	93.9	94.0	93.9	94.3		94.3
55-64	75.3	73.5	71.5	69.1	67.2	66.0	64.0	62.2	62.7	62.4		61.9
65 and over	10.8	8.8	7.9	7.1	6.0	5.5	4.4	4.1	4.3	3.8		3.7
16-64	84.8	84.3	83.7	82.8	81.9	81.6	81.2	80.6	80.3	80.4		80.9
Females											
16-19	38.7	37.1	35.6	34.3	32.1	31.2	36.5	36.8	32.7	31.2		27.5
20-24	55.4	55.8	56.0	55.9	54.5	55.0	60.2	63.1	62.2	61.5		60.5
25-34	36.9	39.6	43.1	45.1	47.0	49.9	54.8	57.2	59.1	60.8		61.5
35-44	28.3	29.5	30.4	30.8	32.1	32.1	36.2	39.6	42.0	45.1		47.0
45-54	26.8	26.7	26.8	26.4	25.6	26.6	28.6	30.3	30.7	31.9		33.1
55-59	23.1	22.3	22.6	22.4	23.2	22.4	22.2	23.1	23.6	23.2		22.6
60-64	17.3	17.3	17.5	16.6	16.1	15.4	16.0	16.3	15.3	15.5		15.9
16-24	47.2	46.6	46.1	45.6	44.0	43.8	49.4	51.1	48.8	47.6		45.6
25-54	30.4	31.8	33.3	34.0	35.0	36.4	40.2	42.9	44.9	46.9		48.8
55-64	20.5	20.1	20.3	19.6	19.8	19.0	19.2	19.9	19.7	19.5		19.3
65 and over	3.5	3.0	3.2	2.8	2.3	2.2	2.1	2.1	1.9	1.7		1.5
16-64	32.5	33.1	33.9	34.0	34.2	34.9	38.4	40.4	40.9	41.8		42.9
All persons											
16-24	58.8	58.2	57.6	57.0	55.0	54.5	57.7	58.3	56.0	54.8		53.2
25-54	61.9	62.7	63.4	63.7	64.2	64.9	66.7	68.1	69.1	70.3		71.5
55-64	46.3	45.4	44.6	43.3	42.7	41.6	40.8	40.3	40.3	40.0		39.8
65 and over	6.4	5.4	5.1	4.5	3.8	3.5	3.0	2.9	2.9	2.5		2.4
16-64	58.4	58.5	58.6	58.3	58.0	58.1	59.7	60.5	60.5	60.9		61.9
UNEMPLOYMENT RATES											
Males											
16-19	38.1	42.1	44.5	48.1	47.2	43.1	38.0	31.1	24.8	23.8		22.5
20-24	22.3	25.9	27.9	32.4	35.3	36.1	31.6	28.7	24.2	23.0		22.6
25-34	13.2	14.8	16.1	18.9	21.1	19.6	17.5	16.0	14.0	12.8		13.1
35-44	8.0	8.3	9.5	11.4	12.2	11.5	9.6	8.6	7.8	7.2		7.5
45-54	7.5	8.0	8.9	11.2	12.2	11.5	10.4	8.8	7.2	7.0		7.5
55-59	8.0	8.7	9.3	12.3	12.5	13.8	11.8	10.9	10.5	9.0		9.7
60-64	6.4	7.4	8.1	10.8	11.5	11.8	9.6	7.5	8.0	7.2		7.5
16-24	28.3	31.8	33.7	37.9	39.3	38.3	33.7	29.5	24.4	23.2		22.6
25-54	9.5	10.3	11.5	13.9	15.4	14.4	12.7	11.4	10.0	9.3		9.7
55-64	7.4	8.3	8.8	11.7	12.1	13.0	11.0	9.6	9.6	8.4		8.9
65 and over	1.5	1.8	1.3	1.4	2.5	2.7	2.1	1.1	1.0	2.3		1.2
16-64	13.2	14.6	15.8	18.7	19.8	19.1	16.8	14.9	12.8	11.8		11.9
Total	13.0	14.4	15.6	18.4	19.6	18.9	16.7	14.8	12.7	11.7		11.8
Females											
16-19	44.7	48.7	52.5	56.4	58.0	56.4	54.3	52.5	45.6	43.0		40.5
20-24	29.7	33.6	38.4	43.6	47.3	46.8	46.8	45.3	41.2	38.3		37.0
25-34	13.0	16.9	18.7	21.2	24.0	24.8	27.1	29.1	27.7	26.7		27.0
35-44	4.9	6.7	7.6	9.6	11.0	11.4	16.2	17.5	17.0	16.7		18.1
45-54	3.1	4.2	4.9	5.9	7.2	7.8	10.6	11.3	12.1	12.6		12.4
55-59	2.6	3.4	3.8	6.0	7.0	6.9	8.2	8.1	7.4	9.2		8.6
60-64	1.8	2.4	2.2	1.7	2.9	4.7	4.0	4.9	5.1	4.4		4.6
16-24	35.8	39.5	43.7	48.2	51.0	50.0	49.3	47.6	42.6	39.7		37.9
25-54	7.4	10.1	11.6	13.7	16.0	16.8	20.0	21.6	21.2	20.6		21.4
55-64	2.3	2.8	2.9	4.3	5.4	6.0	6.5	6.8	6.5	7.2		7.0
65 and over	1.1	0.0	0.0	0.0	1.4	1.6	1.6	1.5	1.7	1.8		2.1
16-64	16.4	19.1	21.0	23.5	25.5	25.7	27.8	28.0	25.7	24.4		24.3
Total	16.0	18.7	20.5	23.0	25.1	25.3	27.5	27.7	25.4	24.2		24.1
All persons											
16-24	31.1	34.8	37.6	41.8	43.8	42.9	40.2	37.1	32.0	30.1		29.0
25-54	8.9	10.3	11.5	13.9	15.6	15.1	14.9	14.7	13.7	13.1		13.7
55-64	6.2	7.0	7.4	10.0	10.5	11.4	9.9	8.9	8.8	8.1		8.4
65 and over	1.4	1.2	0.8	0.9	1.6	2.3	1.9	1.3	1.3	1.4		1.6
16-64	14.1	15.9	17.3	20.1	21.5	21.1	20.4	19.3	17.2	16.1		16.2
Total	13.8	15.6	17.1	19.8	21.2	20.9	20.2	19.1	17.0	16.0		16.1

1992	1993	1994	1995	1996	1997	1998	1999	2000	2001	
										TAUX D'ACTIVITÉ
										Hommes
40.3	37.3	36.0	33.6	32.5	32.2	32.4	32.5	33.0	32.1	16-19
73.0	71.5	70.0	67.6	67.0	66.0	65.9	67.4	67.2	66.1	20-24
93.0	92.9	92.9	92.3	92.2	92.3	92.4	92.5	92.5	91.1	25-34
95.5	95.4	95.2	95.3	95.4	95.2	95.2	95.0	95.3	93.8	35-44
90.3	91.0	90.8	90.7	91.0	90.5	90.5	90.8	90.8	89.8	45-54
74.9	73.6	71.9	71.3	72.2	74.2	75.8	74.7	75.7	74.2	55-59
46.4	44.9	42.0	40.6	42.3	41.7	41.0	39.9	43.3	46.1	60-64
58.3	56.3	55.0	52.8	52.2	51.8	52.1	53.3	53.6	52.7	16-24
93.1	93.2	93.1	92.8	92.9	92.8	92.8	92.9	93.0	91.6	25-54
60.8	59.2	56.6	55.4	56.5	57.5	58.2	57.8	60.4	61.4	55-64
3.4	3.1	3.0	3.0	2.7	2.4	2.4	2.6	2.6	2.6	65 et plus
79.7	79.1	78.5	78.0	78.3	78.6	79.1	79.6	80.4	79.8	16-64
										Femmes
26.7	25.8	24.7	23.2	21.9	21.3	20.3	21.8	21.9	20.1	16-19
58.5	57.5	58.6	58.1	56.7	56.3	56.0	56.3	57.3	54.0	20-24
62.2	64.6	65.9	67.1	68.7	69.9	70.6	71.7	73.4	70.9	25-34
50.0	52.2	55.7	56.9	58.7	59.6	60.6	61.8	64.0	61.9	35-44
34.7	35.6	37.5	39.3	40.9	43.1	43.5	44.5	47.3	47.5	45-54
23.9	24.2	23.6	24.8	25.6	26.5	27.4	27.1	28.2	29.5	55-59
16.3	16.2	15.5	15.3	15.2	15.8	15.9	15.4	16.6	17.0	60-64
44.3	43.4	43.7	42.9	41.9	41.7	41.4	42.5	43.3	40.7	16-24
50.5	52.4	54.6	55.9	57.5	58.9	59.6	60.7	62.8	61.2	25-54
20.2	20.1	19.4	19.8	20.1	20.8	21.5	21.2	22.6	23.6	55-64
1.7	1.6	1.4	1.4	1.2	1.0	0.9	1.0	1.0	0.9	65 et plus
43.8	44.8	46.3	47.1	48.1	49.2	49.9	50.9	52.9	51.6	16-64
										Ensemble des personnes
51.5	49.9	49.4	48.0	47.2	46.9	46.9	48.0	48.5	46.8	16-24
71.8	72.8	73.9	74.4	75.2	75.9	76.3	76.8	78.0	76.5	25-54
39.7	38.9	37.3	36.9	37.6	38.5	39.2	38.9	40.9	41.9	55-64
2.4	2.3	2.1	2.1	1.8	1.6	1.5	1.7	1.6	1.6	65 et plus
61.7	62.0	62.4	62.6	63.2	63.9	64.5	65.3	66.7	65.8	16-64
										TAUX DE CHÔMAGE
										Hommes
27.3	39.3	39.9	37.0	36.3	36.7	33.1	28.3	25.8	22.2	16-19
26.2	35.1	36.4	32.3	31.9	28.3	25.0	19.6	17.4	14.3	20-24
15.7	21.0	22.0	20.8	20.2	18.3	15.9	12.2	10.5	8.4	25-34
9.3	11.9	13.3	12.1	11.8	11.3	9.4	7.7	6.7	5.2	35-44
8.5	11.6	11.9	11.5	11.5	9.9	8.4	6.9	6.0	4.8	45-54
11.0	14.1	15.8	14.3	13.4	13.1	11.0	10.4	9.1	5.9	55-59
7.2	9.4	9.3	9.9	8.4	7.1	6.9	7.0	7.7	5.1	60-64
26.5	36.4	37.3	33.6	33.1	30.5	27.1	21.7	19.5	16.1	16-24
11.7	15.4	16.4	15.3	15.0	13.7	11.6	9.2	8.0	6.3	25-54
9.7	12.3	13.3	12.6	11.4	10.8	9.6	9.3	8.7	5.6	55-64
3.8	1.4	1.4	1.4	1.5	1.6	1.6	1.4	0.0	0.0	65 et plus
14.0	18.6	19.4	17.9	17.3	15.8	13.6	11.0	9.6	7.5	16-64
13.9	18.5	19.3	17.8	17.2	15.7	13.5	10.9	9.5	7.4	Total
										Femmes
45.4	54.1	58.1	56.4	59.6	59.5	54.0	45.3	43.0	37.2	16-19
38.7	44.9	47.4	47.1	45.9	42.4	40.3	34.6	30.4	24.5	20-24
28.5	32.3	34.7	33.8	32.5	31.1	29.0	25.2	22.1	16.1	25-34
20.4	22.8	24.9	25.0	23.9	23.2	22.3	19.7	17.8	12.8	35-44
14.6	18.0	20.1	18.8	17.7	17.7	17.7	15.2	14.0	10.6	45-54
9.8	10.7	12.6	14.1	14.8	15.8	14.3	12.7	12.4	8.9	55-59
5.5	6.1	5.7	7.6	8.3	8.1	8.9	8.2	9.1	6.1	60-64
40.5	47.3	50.1	49.3	48.9	46.0	43.0	36.9	32.9	27.0	16-24
23.2	26.5	28.6	27.8	26.6	25.6	24.4	21.2	18.9	13.7	25-54
8.0	8.8	10.0	11.4	12.2	12.8	12.0	11.1	11.4	8.0	55-64
7.5	1.9	4.3	2.1	2.4	2.9	0.0	2.6	5.4	2.9	65 et plus
26.0	29.7	31.8	31.0	29.9	28.4	26.7	23.2	20.6	15.3	16-64
25.8	29.4	31.6	30.8	29.7	28.3	26.6	23.1	20.5	15.2	Total
										Ensemble des personnes
32.4	41.0	42.9	40.5	39.9	37.2	33.9	28.3	25.3	20.7	16-24
15.7	19.4	20.9	20.0	19.4	18.3	16.6	14.0	12.3	9.3	25-54
9.2	11.4	12.4	12.3	11.6	11.4	10.3	9.7	9.4	6.3	55-64
4.6	1.6	2.5	1.7	0.9	2.1	1.0	0.9	1.9	0.9	65 et plus
18.3	22.6	24.0	22.8	22.1	20.7	18.7	15.7	13.9	10.5	16-64
18.1	22.4	23.9	22.7	22.0	20.6	18.6	15.6	13.9	10.5	Total

Statistiques de la Population Active
© 2002
OCDE

SWEDEN

	1981	1982	1983	1984	1985	1986	1987	1988	1989	1990	1991
PARTICIPATION RATES											
Males											
16-19	51.3	50.4	47.6	45.8	46.7	45.6	46.3	46.3	49.4	49.8	44.4
20-24	84.0	84.2	84.3	83.2	83.1	81.7	81.3	83.1	83.9	83.9	82.2
25-34	94.4	94.1	94.4	94.1	94.0	93.8	93.1	93.1	93.4	93.3	92.5
35-44	96.6	96.3	96.1	96.4	96.7	96.8	95.6	96.2	96.5	96.2	95.6
45-54	93.9	94.3	94.3	94.4	94.9	95.0	94.3	93.4	93.9	94.5	94.2
16-24	69.0	68.2	66.9	65.9	66.7	65.9	66.5	67.7	69.5	69.3	65.9
25-54	95.0	95.0	95.1	95.0	95.2	95.3	94.4	94.4	94.6	94.7	94.1
55-64	78.0	77.8	77.1	76.1	75.9	75.5	74.8	74.8	74.6	75.5	75.1
65 and over	13.0	13.2	12.0	11.0	10.9	12.8	12.8	14.9	13.4	12.3	14.7
16-64	86.8	86.6	86.3	85.9	86.2	86.1	85.6	85.8	86.5	86.7	85.8
Females											
16-19	52.4	51.7	50.4	49.4	50.0	47.6	50.9	51.8	53.6	53.2	49.8
20-24	83.0	81.8	81.4	81.0	81.3	80.8	80.7	81.5	82.3	80.7	78.0
25-34	83.6	85.0	86.1	87.3	87.8	88.8	88.7	89.0	89.1	88.4	87.2
35-44	86.5	87.5	88.4	89.4	90.6	91.5	91.4	92.1	92.4	93.2	92.5
45-54	84.5	85.5	86.6	87.6	88.1	88.8	89.8	89.7	89.8	90.6	90.6
16-24	68.8	67.7	66.9	66.3	67.2	66.5	68.1	68.9	70.2	69.1	65.8
25-54	84.9	86.0	87.2	88.2	89.0	89.9	90.0	90.4	90.6	90.8	90.1
55-64	57.6	58.8	59.7	59.7	60.0	61.4	63.6	64.1	63.8	65.8	66.7
65 and over	4.0	4.0	4.1	3.9	3.1	2.9	3.5	4.9	5.7	5.1	5.1
16-64	76.5	77.3	78.0	78.5	79.4	80.2	81.1	81.6	82.0	82.5	81.7
All persons											
16-24	68.9	68.1	66.9	66.0	67.0	66.2	67.2	68.3	69.8	69.1	65.8
25-54	90.0	90.6	91.2	91.7	92.2	92.7	92.3	92.4	92.6	92.8	92.1
55-64	67.6	68.1	68.2	67.8	67.6	68.2	69.1	69.3	69.0	70.5	70.8
65 and over	8.2	8.3	7.7	7.2	6.9	7.5	7.7	9.5	9.4	8.4	9.5
16-64	81.7	82.0	82.2	82.3	82.8	83.2	83.4	83.8	84.3	84.6	83.8
UNEMPLOYMENT RATES											
Males											
16-19	11.5	13.7	14.2	9.6	8.8	7.4	5.6	4.7	5.3	6.9	10.7
20-24	5.1	6.4	7.2	6.7	6.9	6.4	5.1	3.8	3.4	3.8	7.6
25-34	2.4	3.1	3.5	3.2	2.9	2.9	2.6	2.1	1.8	2.1	4.4
35-44	1.3	1.6	1.8	1.8	1.6	1.4	1.3	1.2	0.9	1.0	2.2
45-54	1.4	1.7	1.9	1.7	1.9	1.6	0.9	0.8	0.6	0.7	1.7
16-24	7.3	9.2	9.6	7.6	7.5	6.7	5.2	4.0	3.9	4.5	8.5
25-54	1.7	2.2	2.5	2.3	2.1	1.9	1.6	1.4	1.1	1.3	2.8
55-64	2.1	3.0	4.2	4.2	3.5	3.0	2.2	1.6	1.3	1.3	2.3
65 and over	0.0	0.0	0.0	0.0	0.0	0.0	0.0	1.7	0.0	2.1	0.0
16-64	2.7	3.4	3.8	3.4	3.1	2.9	2.3	1.9	1.6	1.8	3.6
Total	2.6	3.3	3.8	3.3	3.1	2.8	2.2	1.9	1.6	1.8	3.5
Females											
16-19	14.3	15.7	16.5	9.3	7.8	7.5	6.3	5.3	5.1	7.6	10.9
20-24	4.9	6.4	7.3	7.7	6.5	6.4	5.0	4.0	3.2	2.9	5.7
25-34	2.6	3.4	3.6	3.4	2.6	2.8	2.3	1.8	1.7	1.6	3.3
35-44	1.7	2.2	2.3	2.0	1.6	1.6	1.5	1.2	1.0	1.1	1.9
45-54	1.3	1.6	1.6	1.3	1.5	1.3	0.9	0.8	0.9	1.0	1.2
16-24	8.2	9.7	10.6	8.2	6.9	6.7	5.4	4.5	3.8	4.5	7.1
25-54	1.9	2.5	2.6	2.3	1.9	1.9	1.6	1.3	1.2	1.2	2.1
55-64	1.7	3.1	3.8	5.1	4.5	3.8	2.1	1.7	1.4	1.8	2.1
65 and over	0.0	0.0	0.0	0.0	0.0	0.0	0.0	0.0	0.0	0.0	0.0
16-64	3.0	3.8	4.1	3.7	3.1	3.0	2.3	1.9	1.7	1.8	2.9
Total	3.0	3.8	4.1	3.7	3.1	2.9	2.3	1.8	1.6	1.8	2.9
All persons											
16-24	7.7	9.4	10.1	7.8	7.1	6.7	5.3	4.2	3.9	4.5	7.8
25-54	1.8	2.3	2.5	2.3	2.0	1.9	1.6	1.4	1.2	1.3	2.5
55-64	2.0	3.0	4.0	4.6	4.0	3.4	2.1	1.7	1.4	1.5	2.2
65 and over	0.0	0.0	0.0	0.0	1.8	0.0	0.0	1.3	0.0	1.4	0.0
16-64	2.8	3.6	4.0	3.5	3.1	2.9	2.3	1.9	1.6	1.8	3.3
Total	2.8	3.5	3.9	3.5	3.1	2.9	2.3	1.9	1.6	1.8	3.2

1992	1993	1994	1995	1996	1997	1998	1999	2000	2001	
										TAUX D'ACTIVITÉ
										Hommes
37.6	30.6	28.4	28.8	26.6	26.2	27.5	30.0	31.9	33.3	16-19
76.9	73.3	72.2	69.7	69.9	69.7	69.5	70.1	70.0	70.6	20-24
91.3	90.3	89.1	90.2	90.2	89.1	88.9	88.7	88.6	89.7	25-34
95.3	93.9	93.0	93.1	92.8	92.1	91.5	91.5	92.1	91.6	35-44
93.3	92.7	92.2	92.5	92.0	91.7	91.0	90.8	91.1	90.4	45-54
60.0	55.1	53.7	52.8	51.9	51.4	51.3	52.6	53.2	54.1	16-24
93.3	92.3	91.4	91.9	91.7	90.9	90.4	90.3	90.6	90.6	25-54
73.3	70.8	70.3	70.8	73.2	71.5	71.4	72.3	72.7	73.5	55-64
13.8	13.1	13.9	13.9	12.0	12.2	14.3	12.8	15.3	13.5	65 et plus
84.0	82.2	81.3	81.7	81.8	81.0	80.7	80.9	81.2	81.4	16-64
										Femmes
42.6	34.0	32.5	33.2	31.0	29.4	31.7	34.8	37.8	41.1	16-19
74.5	69.8	68.2	66.3	63.7	62.9	61.2	60.9	61.7	64.8	20-24
85.7	84.1	82.3	82.7	82.9	81.5	80.6	81.5	81.9	82.1	25-34
91.8	90.9	89.3	88.9	89.1	88.3	87.6	87.9	87.9	88.1	35-44
89.8	89.6	89.2	89.7	89.5	88.7	87.8	87.6	87.0	86.7	45-54
60.8	54.8	53.2	52.7	50.2	48.9	48.5	49.6	51.2	54.4	16-24
89.1	88.1	86.9	87.0	87.1	86.2	85.3	85.7	85.6	85.6	25-54
65.3	63.5	62.8	63.7	65.3	65.1	63.5	64.8	65.9	67.4	55-64
5.1	4.5	4.3	5.0	4.4	3.1	2.7	2.5	6.3	5.8	65 et plus
80.0	78.1	77.0	77.2	77.2	76.3	75.5	76.0	76.4	77.1	16-64
										Ensemble des personnes
60.4	55.0	53.5	52.6	51.1	50.2	50.0	51.1	52.3	54.3	16-24
91.2	90.3	89.2	89.6	89.4	88.6	88.0	88.0	88.1	88.1	25-54
69.3	67.1	66.5	67.2	69.2	68.3	67.4	68.7	69.4	70.5	55-64
9.1	8.5	8.7	9.1	7.9	7.3	8.1	7.3	10.3	9.4	65 et plus
82.0	80.2	79.2	79.5	79.5	78.7	78.1	78.5	78.9	79.3	16-64
										TAUX DE CHÔMAGE
										Hommes
17.6	28.4	24.6	21.7	21.8	25.9	21.1	19.4	18.2	18.6	16-19
15.7	25.3	25.4	20.3	21.6	20.7	16.2	13.3	10.3	10.8	20-24
8.7	13.7	13.1	11.4	11.7	11.3	9.0	7.1	5.7	4.8	25-34
5.0	8.3	8.7	8.2	8.7	9.2	7.9	6.9	5.0	4.5	35-44
3.4	5.9	6.3	6.1	6.7	7.1	6.4	5.5	5.0	3.8	45-54
15.9	26.1	25.2	20.6	21.6	21.4	17.3	14.8	12.4	12.9	16-24
5.7	9.3	9.4	8.6	9.0	9.2	7.8	6.5	5.3	4.3	25-54
3.7	6.9	8.5	9.0	9.6	9.5	7.6	7.4	6.8	5.4	55-64
0.0	2.0	0.0	0.0	2.3	0.0	0.0	0.0	1.9	0.0	65 et plus
6.9	11.1	11.2	10.1	10.5	10.6	8.8	7.5	6.3	5.5	16-64
6.7	10.9	10.9	9.9	10.4	10.4	8.6	7.4	6.2	5.3	Total
										Femmes
14.1	23.9	24.2	19.7	23.0	24.1	20.6	17.4	17.6	14.8	16-19
9.9	17.6	18.5	18.0	20.1	19.3	14.3	12.2	8.3	8.5	20-24
5.9	9.5	10.3	10.0	11.5	12.3	9.6	7.8	5.8	4.9	25-34
3.2	5.5	6.1	6.6	8.0	8.4	7.3	5.9	4.7	3.8	35-44
2.1	4.0	4.2	4.2	5.3	5.9	5.4	4.2	3.3	2.6	45-54
11.1	19.3	19.6	18.4	20.4	20.4	16.1	13.8	11.3	11.0	16-24
3.7	6.3	6.8	6.8	8.1	8.8	7.4	5.9	4.5	3.7	25-54
2.9	4.4	5.2	6.5	7.0	6.5	5.1	6.1	5.4	4.5	55-64
0.0	0.0	0.0	0.0	0.0	0.0	9.1	0.0	0.0	4.3	65 et plus
4.7	7.7	8.2	8.2	9.4	9.7	8.0	6.8	5.4	4.7	16-64
4.6	7.6	8.1	8.2	9.3	9.7	8.0	6.7	5.4	4.6	Total
										Ensemble des personnes
13.5	22.7	22.7	19.6	21.0	21.0	16.7	14.3	11.9	11.8	16-24
4.8	7.9	8.1	7.7	8.6	9.0	7.6	6.2	4.9	4.0	25-54
3.3	5.7	6.9	8.0	8.5	8.2	6.6	6.6	6.1	5.0	55-64
0.0	1.4	0.0	0.0	1.6	0.0	1.6	0.0	1.3	1.4	65 et plus
5.8	9.5	9.8	9.2	10.0	10.2	8.4	7.1	5.9	5.1	16-64
5.7	9.3	9.6	9.1	9.9	10.1	8.3	7.1	5.8	5.0	Total

Statistiques de la Population Active
© 2002 OCDE

SWITZERLAND

	1981	1982	1983	1984	1985	1986	1987	1988	1989	1990	1991
PARTICIPATION RATES											
Males											
15-24											72.9
25-39											97.4
40-54											98.3
25-54											97.8
55-64											86.4
65 and over											20.2
15-64											91.1
Females											
15-24											70.4
25-39											72.3
40-54											75.5
25-54											73.7
55-64											43.9
65 and over											11.4
15-64											68.2
All persons											
15-24											71.6
25-39											85.0
40-54											86.9
25-54											85.9
55-64											63.8
65 and over											14.9
15-64											79.7
UNEMPLOYMENT RATES											
Males											
15-24											2.9
25-39											1.0
40-54											0.7
25-54											0.8
55-64											1.4
65 and over											0.0
15-64											1.2
Total											1.2
Females											
15-24											3.4
25-39											3.3
40-54											1.9
25-54											2.6
55-64											0.6
65 and over											1.5
15-64											2.6
Total											2.5
All persons											
15-24											3.2
25-39											2.0
40-54											1.2
25-54											1.6
55-64											1.1
65 and over											0.7
15-64											1.8
Total											1.8

1992	1993	1994	1995	1996	1997	1998	1999	2000	2001	
										TAUX D'ACTIVITÉ
										Hommes
71.9	72.8	68.2	68.1	68.4	69.0	70.6	67.9	70.5	68.6	15-24
97.7	97.2	96.6	97.2	96.4	97.1	97.2	98.0	96.4	96.0	25-39
98.3	98.2	98.3	98.2	98.4	97.0	96.8	96.4	97.0	96.5	40-54
97.9	97.6	97.4	97.7	97.3	97.0	97.0	97.2	96.7	96.3	25-54
84.8	84.6	82.1	82.3	81.6	81.9	81.7	80.9	79.5	82.4	55-64
16.7	17.3	17.5	14.8	15.4	14.5	13.3	14.5	14.4	14.0	65 et plus
90.9	91.0	89.8	90.1	89.8	89.8	90.1	89.6	89.4	89.2	15-64
										Femmes
69.6	72.4	67.8	64.2	64.5	64.8	63.7	69.3	66.0	64.6	15-24
73.4	72.1	71.3	74.2	74.7	76.4	78.7	77.5	78.6	80.0	25-39
76.4	76.6	77.1	75.9	77.8	77.3	78.5	77.9	77.3	78.6	40-54
74.9	74.2	74.0	75.0	76.1	76.8	78.6	77.7	78.0	79.3	25-54
47.1	48.1	48.0	47.3	50.5	50.3	52.5	52.3	51.3	56.1	55-64
8.7	7.3	6.7	5.9	6.9	5.8	6.5	6.3	6.1	8.9	65 et plus
69.5	69.7	68.7	68.7	70.1	70.6	71.8	72.2	71.6	73.0	15-64
										Ensemble des personnes
70.8	72.5	68.0	66.2	66.4	66.9	67.2	68.5	68.2	66.5	15-24
85.8	84.8	84.1	85.8	85.6	86.7	87.9	87.7	87.5	88.1	25-39
87.4	87.5	87.8	87.2	88.1	87.2	87.7	87.3	87.2	87.5	40-54
86.5	86.0	85.8	86.4	86.8	87.0	87.8	87.5	87.4	87.8	25-54
65.2	65.6	64.2	64.0	65.6	65.7	66.5	66.4	65.2	69.3	55-64
11.9	11.3	11.2	9.5	10.2	9.3	9.2	9.6	9.5	11.4	65 et plus
80.3	80.4	79.2	79.4	80.0	80.2	81.0	80.9	80.5	81.1	15-64
										TAUX DE CHÔMAGE
										Hommes
4.8	7.0	5.3	5.4	5.1	7.9	4.7	5.6	5.7	5.8	15-24
2.3	2.8	3.5	3.0	3.7	5.0	2.9	2.4	1.9	1.0	25-39
1.2	1.6	2.7	1.5	2.6	2.7	2.7	1.9	1.3	0.9	40-54
1.8	2.2	3.0	2.3	3.2	3.9	2.8	2.2	1.6	1.0	25-54
2.1	3.5	4.7	3.9	3.2	3.1	4.1	2.7	3.0	1.9	55-64
0.0	1.4	0.0	0.0	1.6	0.0	0.0	1.6	0.0	0.0	65 et plus
2.3	3.1	3.6	2.9	3.4	4.4	3.2	2.7	2.4	1.8	15-64
2.3	3.1	3.5	2.9	3.4	4.3	3.2	2.7	2.3	1.7	Total
										Femmes
4.2	6.0	6.5	5.5	4.1	3.8	7.0	5.7	3.7	5.5	15-24
4.1	5.7	5.0	4.4	5.3	4.4	4.9	3.2	3.2	3.3	25-39
3.0	3.3	3.3	3.5	3.3	3.8	2.9	3.4	3.1	3.3	40-54
3.6	4.6	4.2	4.0	4.3	4.2	4.0	3.2	3.1	3.4	25-54
2.9	3.4	3.3	1.7	3.2	2.7	2.0	2.5	2.5	1.8	55-64
0.0	0.0	0.0	0.0	2.3	2.7	0.0	2.4	2.5	2.5	65 et plus
3.6	4.7	4.5	4.0	4.1	4.0	4.2	3.5	3.1	3.4	15-64
3.5	4.6	4.4	3.9	4.1	3.9	4.1	3.5	3.1	3.5	Total
										Ensemble des personnes
4.5	6.4	5.9	5.5	4.6	5.9	5.8	5.7	4.8	5.7	15-24
3.2	4.1	4.1	3.6	4.3	4.8	3.8	2.7	2.4	2.1	25-39
2.0	2.3	2.9	2.4	2.9	3.2	2.8	2.6	2.1	2.0	40-54
2.6	3.3	3.6	3.0	3.7	4.1	3.3	2.7	2.3	2.1	25-54
2.4	3.5	4.1	3.0	3.2	3.0	3.2	2.6	2.8	1.7	55-64
0.8	0.9	0.0	1.0	1.9	1.0	0.0	1.9	1.0	1.0	65 et plus
2.9	3.8	4.0	3.4	3.7	4.2	3.7	3.1	2.7	2.5	15-64
2.8	3.7	3.9	3.3	3.7	4.1	3.6	3.1	2.7	2.5	Total

Statistiques de la Population Active
© 2002
OCDE

TURKEY

	1981	1982	1983	1984	1985	1986	1987	1988	1989	1990	1991
PARTICIPATION RATES											
Males											
15-19								64.2	60.7	61.8	61.2
20-24								87.5	87.3	88.0	85.5
25-34								98.2	98.0	97.4	97.7
35-44								97.3	97.6	97.2	96.7
45-54								85.9	86.6	84.6	84.1
55-59								71.0	70.2	66.9	67.4
60-64								58.1	58.1	54.8	54.4
15-24								73.2	70.6	71.8	71.6
25-54								94.9	95.2	94.2	94.4
55-64								65.8	65.0	61.3	61.7
65 and over								33.4	34.7	30.9	30.6
15-64								84.8	84.0	83.6	84.0
Females											
15-19								40.5	41.3	38.4	40.0
20-24								40.8	41.9	40.6	40.9
25-34								36.1	38.2	36.1	35.0
35-44								35.6	39.3	37.2	35.9
45-54								34.2	35.2	34.2	35.7
55-59								27.3	31.4	30.3	34.3
60-64								19.8	25.0	22.2	20.7
15-24								40.7	41.5	39.4	40.4
25-54								35.5	37.8	36.0	35.5
55-64								24.0	28.6	26.6	28.2
65 and over								10.1	10.9	9.4	8.5
15-64								36.0	38.0	36.0	36.3
All persons											
15-24								56.0	55.2	54.7	55.7
25-54								65.2	66.6	65.1	65.4
55-64								45.7	47.4	44.1	44.9
65 and over								21.8	22.8	20.3	18.9
15-64								60.1	60.7	59.4	60.2
UNEMPLOYMENT RATES											
Males											
15-19								17.5	17.3	16.4	16.1
20-24								16.9	16.4	16.9	18.8
25-34								4.8	6.1	6.8	7.2
35-44								2.7	4.5	3.4	4.5
45-54								5.1	5.8	4.8	4.8
55-59								5.0	6.5	4.3	4.1
60-64								4.6	4.2	3.5	2.4
15-24								17.2	16.9	16.6	17.5
25-54								4.2	5.5	5.2	5.8
55-64								4.9	5.6	4.0	3.4
65 and over								1.8	2.7	2.0	1.5
15-64								7.7	8.4	8.0	8.7
Total								7.5	8.2	7.8	8.5
Females											
15-19								16.2	14.6	14.0	10.2
20-24								19.9	17.7	16.2	13.3
25-34								10.6	10.2	8.7	8.3
35-44								5.7	5.3	5.1	3.3
45-54								2.7	2.7	2.0	1.7
55-59								1.5	1.5	0.6	0.6
60-64								1.4	1.5	1.5	0.0
15-24								17.9	16.0	15.0	11.7
25-54								7.1	6.9	5.9	5.2
55-64								1.5	1.5	1.0	0.4
65 and over								0.9	0.8	0.0	0.0
15-64								10.8	9.7	8.7	7.1
Total								10.6	9.5	8.5	7.0
All persons											
15-24								17.5	16.5	16.0	15.4
25-54								5.0	5.9	5.4	5.6
55-64								4.0	4.4	3.1	2.5
65 and over								1.6	2.2	1.6	1.2
15-64								8.6	8.8	8.2	8.2
Total								8.4	8.6	8.0	8.0

Data for 2001 refer to the fourth quarter.

1992	1993	1994	1995	1996	1997	1998	1999	2000	2001	
										TAUX D'ACTIVITÉ
										Hommes
56.3	51.9	54.0	50.1	49.6	49.7	47.6	48.6	44.8	41.3	15-19
86.5	84.5	84.9	81.0	80.8	77.9	76.3	76.5	71.4	70.4	20-24
97.8	97.4	97.3	97.0	97.2	96.7	96.8	95.7	92.7	91.1	25-34
96.5	96.9	96.5	96.6	96.9	96.4	96.2	95.8	94.4	91.9	35-44
83.9	82.6	82.2	82.8	79.3	79.4	79.8	78.5	76.2	74.2	45-54
67.4	64.3	66.2	65.4	62.4	61.5	61.6	60.6	57.6	55.3	55-59
56.4	53.7	50.8	54.9	52.3	52.1	54.0	50.6	46.9	45.3	60-64
69.0	65.5	66.9	63.1	62.5	61.3	59.7	60.3	56.4	53.9	15-24
94.3	94.0	93.7	93.7	93.1	92.7	92.7	91.7	89.4	87.4	25-54
62.4	59.5	59.0	60.5	57.6	57.0	58.0	55.8	52.6	50.8	55-64
31.0	27.3	29.8	32.6	33.1	31.1	33.3	34.8	31.4	28.1	65 et plus
83.3	81.9	82.2	81.2	80.5	79.9	79.6	79.1	76.2	74.3	15-64
										Femmes
34.9	28.9	33.3	31.9	31.6	27.9	27.8	28.6	23.7	20.5	15-19
40.5	33.5	37.9	35.9	35.9	35.8	34.7	37.7	31.0	32.6	20-24
34.1	29.1	33.2	33.3	31.5	30.2	31.0	32.6	30.0	30.1	25-34
36.0	29.4	33.0	33.8	33.0	30.3	31.4	33.3	28.3	29.0	35-44
32.9	25.9	31.9	30.1	30.0	28.3	28.0	27.0	24.5	23.9	45-54
29.7	20.7	28.2	27.5	28.5	27.3	27.3	27.3	23.1	18.2	55-59
20.1	15.9	20.1	21.3	24.0	21.7	22.2	27.6	17.5	18.5	60-64
37.7	31.1	35.5	33.8	33.6	31.7	31.1	32.9	27.4	26.5	15-24
34.5	28.5	32.8	32.8	31.7	29.8	30.4	31.5	28.1	28.2	25-54
25.3	18.4	24.3	24.5	26.3	24.6	24.9	27.4	20.5	18.4	55-64
9.7	6.6	9.7	10.8	11.3	10.9	12.9	16.6	10.7	9.6	65 et plus
34.5	28.3	32.8	32.3	31.7	29.9	30.1	31.6	27.2	26.7	15-64
										Ensemble des personnes
53.1	47.9	50.8	48.1	47.8	46.2	45.1	46.4	41.6	40.0	15-24
64.9	61.7	63.7	63.7	62.9	61.7	62.1	62.1	59.3	58.3	25-54
43.8	38.8	41.5	42.3	41.7	40.5	41.1	41.3	36.2	34.2	55-64
19.6	16.2	19.0	20.9	21.4	20.2	22.3	25.0	20.3	18.1	65 et plus
59.0	55.1	57.5	56.8	56.2	54.9	54.9	55.4	51.8	50.6	15-64
										TAUX DE CHÔMAGE
										Hommes
16.0	16.2	16.4	16.6	13.1	12.8	12.7	12.7	11.2	20.1	15-19
19.6	20.9	18.5	17.1	16.3	15.0	16.8	18.6	15.8	21.1	20-24
7.8	7.8	7.6	6.7	6.1	5.7	6.1	7.6	6.2	10.9	25-34
4.6	4.6	4.8	3.8	3.5	3.4	3.8	4.5	4.3	7.5	35-44
4.2	3.7	5.5	4.0	3.9	3.9	4.3	4.7	3.8	7.7	45-54
4.9	4.0	3.6	4.0	2.5	2.2	2.8	3.5	3.3	5.3	55-59
2.0	2.7	2.3	2.5	2.0	1.8	1.9	1.6	2.9	2.8	60-64
17.9	18.7	17.5	16.9	14.8	13.9	14.9	15.8	13.7	20.7	15-24
6.0	5.9	6.3	5.2	4.8	4.5	5.0	5.9	5.0	9.0	25-54
3.7	3.4	3.0	3.4	2.3	2.0	2.3	2.7	3.1	4.3	55-64
1.0	0.6	1.5	1.5	1.0	1.1	1.3	0.9	0.8	1.2	65 et plus
8.8	8.8	8.8	7.7	6.9	6.5	7.0	8.0	6.8	11.2	15-64
8.6	8.6	8.6	7.6	6.7	6.3	6.8	7.7	6.6	10.9	Total
										Femmes
11.0	14.6	11.8	11.0	9.4	13.7	12.2	13.8	10.5	18.4	15-19
15.8	17.3	15.0	15.3	13.1	16.2	13.7	14.7	13.6	18.2	20-24
8.0	10.1	9.6	8.0	6.6	8.3	7.3	8.5	6.6	9.8	25-34
4.0	3.8	4.1	3.3	2.4	3.1	3.6	3.8	3.6	6.5	35-44
1.4	2.4	1.7	2.2	1.3	1.2	1.6	1.8	2.4	1.8	45-54
0.3	1.0	0.7	0.4	0.7	1.1	1.1	0.4	0.4	2.5	55-59
0.6	0.0	0.6	0.5	0.0	0.5	0.5	0.0	0.6	0.6	60-64
13.6	16.0	13.5	13.2	11.2	15.1	13.0	14.2	12.2	18.3	15-24
5.2	6.4	6.1	5.2	4.0	5.0	4.8	5.5	4.7	7.0	25-54
0.4	0.6	0.4	0.2	0.4	0.6	0.8	0.2	0.5	1.6	55-64
0.7	0.0	0.0	0.6	0.5	0.5	0.0	0.3		0.5	65 et plus
7.7	9.3	8.2	7.5	6.1	8.0	7.1	7.9	6.8	10.0	15-64
7.6	9.2	7.9	7.2	5.9	7.7	6.8	7.5	6.5	9.7	Total
										Ensemble des personnes
16.3	17.8	16.0	15.6	13.5	14.3	14.2	15.3	13.2	19.9	15-24
5.8	6.0	6.2	5.2	4.6	4.6	4.9	5.8	5.0	8.6	25-54
2.7	2.7	2.3	2.4	1.6	1.6	1.9	1.8	2.4	3.5	55-64
0.9	0.4	1.1	1.3	0.9	0.7	0.9	0.6	0.5	1.0	65 et plus
8.5	8.9	8.6	7.7	6.7	6.9	7.0	7.9	6.8	10.9	15-64
8.3	8.7	8.4	7.5	6.5	6.7	6.8	7.7	6.6	10.6	Total

Les données de 2001 se réfèrent au quatrième trimestre.

Statistiques de la Population Active
© 2002
OCDE

UNITED KINGDOM

	1981	1982	1983	1984	1985	1986	1987	1988	1989	1990	1991
PARTICIPATION RATES											
Males											
16-19				71.6	72.5	73.3	72.5	74.9	74.5	73.7	71.0
20-24				90.2	90.9	89.7	90.4	90.2	91.1	90.4	88.2
25-34				95.9	96.2	95.9	96.1	96.0	95.8	96.1	95.7
35-44				96.5	96.6	95.9	95.7	96.0	96.1	95.7	95.7
45-54				93.5	92.9	92.3	91.5	91.8	92.2	92.0	91.5
55-59				82.9	82.5	81.5	79.7	80.7	80.2	81.4	80.6
60-64				57.5	55.4	53.7	55.2	54.8	54.7	54.4	54.2
16-24				81.8	82.8	82.6	82.8	83.7	84.2	83.5	81.3
25-54				95.4	95.4	94.9	94.7	94.9	94.9	94.8	94.5
55-64				70.0	69.0	67.8	67.7	68.0	67.7	68.1	67.6
65 and over				8.7	8.5	8.0	7.8	8.1	9.2	8.8	8.6
16-64				87.9	88.1	87.6	87.6	88.1	88.3	88.3	87.7
Females											
16-19				66.0	67.8	69.4	70.8	70.0	70.8	67.9	68.0
20-24				71.6	71.3	74.2	72.5	72.7	75.9	75.5	73.6
25-34				61.2	62.8	64.5	65.8	68.0	69.4	70.2	69.9
35-44				70.7	71.7	72.0	72.9	74.9	74.8	76.3	76.5
45-54				69.2	69.2	70.1	70.5	70.3	72.0	72.6	72.5
55-59				51.7	51.9	51.7	52.9	52.6	54.1	54.8	54.4
60-64				21.7	18.8	19.1	19.2	19.8	22.9	22.7	23.9
16-24				69.1	69.8	72.1	71.7	71.6	73.8	72.4	71.4
25-54				66.8	67.7	68.7	69.7	71.1	72.0	73.0	72.9
55-64				36.1	35.0	35.2	36.0	36.2	38.4	38.7	39.1
65 and over				3.2	3.0	2.8	2.7	2.8	3.4	3.4	3.1
16-64				61.7	62.4	63.6	64.4	65.3	66.9	67.3	67.1
All persons											
16-24				75.6	76.4	77.4	77.4	77.7	79.1	78.0	76.4
25-54				81.2	81.6	81.8	82.2	83.0	83.5	83.9	83.7
55-64				52.4	51.4	50.9	51.3	51.6	52.6	53.0	53.0
65 and over				5.3	5.2	4.8	4.8	5.0	5.7	5.6	5.4
16-64				74.8	75.2	75.6	76.0	76.7	77.6	77.8	77.4
UNEMPLOYMENT RATES											
Males											
16-19				23.2	20.9	20.8	19.6	15.1	11.7	12.7	16.5
20-24				19.3	18.0	18.4	14.9	13.0	10.4	10.1	15.0
25-34				11.6	11.5	11.6	11.5	8.6	7.3	7.0	9.2
35-44				8.2	8.4	8.1	7.9	6.2	4.9	4.6	6.7
45-54				7.9	8.3	8.2	8.6	7.1	5.7	5.0	6.3
55-59				10.7	9.4	10.0	11.0	10.1	8.6	8.0	8.4
60-64				10.3	10.3	9.8	11.2	10.3	8.9	9.2	9.8
16-24				20.9	19.1	19.3	16.7	13.8	10.9	11.0	15.5
25-54				9.4	9.5	9.4	9.4	7.3	6.0	5.6	7.6
55-64				10.6	9.7	9.9	11.1	10.2	8.7	8.5	8.9
65 and over				7.9	8.9	9.4	8.3	5.7	8.2	5.2	6.0
16-64				12.0	11.7	11.7	11.2	9.1	7.4	7.1	9.2
Total				12.0	11.6	11.6	11.2	9.0	7.4	7.0	9.2
Females											
16-19				21.1	18.6	19.1	16.3	12.4	9.2	10.3	13.2
20-24				16.1	14.2	14.2	13.5	11.0	8.9	8.2	10.1
25-34				13.7	13.6	13.1	12.9	10.9	8.7	7.6	8.2
35-44				8.8	8.1	8.0	7.7	6.6	5.2	5.6	5.9
45-54				6.6	6.7	6.3	6.8	5.3	5.1	4.5	4.6
55-59				7.4	6.6	6.2	6.7	6.5	6.2	5.3	5.5
60-64				7.3	6.5	5.6	6.1	6.0	5.6	4.1	4.8
16-24				18.2	16.1	16.2	14.7	11.6	9.0	9.0	11.3
25-54				9.7	9.5	9.3	9.3	7.7	6.5	6.0	6.4
55-64				7.3	6.5	6.1	6.4	6.4	6.0	5.0	5.3
65 and over				7.2	3.3	3.6	2.2	4.2	4.0	2.3	3.8
16-64				11.6	10.9	10.7	10.3	8.5	7.0	6.6	7.3
Total				11.6	10.8	10.6	10.2	8.5	7.0	6.5	7.3
All persons											
16-24				19.7	17.8	17.9	15.8	12.8	10.0	10.1	13.6
25-54				9.5	9.5	9.4	9.4	7.5	6.2	5.8	7.1
55-64				9.4	8.6	8.5	9.4	8.8	7.7	7.2	7.6
65 and over				7.7	7.0	7.4	6.2	5.2	6.7	4.4	5.2
16-64				11.9	11.3	11.3	10.8	8.8	7.2	6.8	8.4
Total				11.8	11.3	11.2	10.8	8.8	7.2	6.8	8.4

1992	1993	1994	1995	1996	1997	1998	1999	2000	2001	
										TAUX D'ACTIVITÉ
										Hommes
65.7	61.2	61.7	60.8	63.8	63.6	63.2	64.1	63.9	62.3	16-19
85.3	85.7	83.9	83.6	83.6	83.1	81.6	80.9	81.8	80.1	20-24
94.9	94.4	94.5	94.1	93.3	93.5	93.5	93.3	93.8	93.2	25-34
95.1	94.6	93.6	93.8	93.2	92.3	92.4	92.9	93.3	92.5	35-44
91.5	90.7	90.2	89.8	89.1	88.5	87.6	88.2	88.1	87.9	45-54
78.1	75.7	76.1	73.7	75.4	74.5	74.5	75.2	74.8	75.5	55-59
52.7	52.2	50.9	50.1	49.4	51.5	49.5	50.4	50.2	51.2	60-64
77.4	76.0	75.1	74.4	75.3	74.5	73.2	73.2	73.7	72.0	16-24
94.0	93.4	93.0	92.7	92.0	91.6	91.4	91.6	91.9	91.3	25-54
65.7	64.3	64.0	62.5	63.0	63.5	62.6	63.5	63.3	64.4	55-64
8.9	7.5	7.6	8.2	7.6	7.6	7.7	8.0	7.9	7.2	65 et plus
86.3	85.5	85.2	84.7	84.6	84.4	83.9	84.1	84.3	83.8	16-64
										Femmes
61.6	58.2	57.9	58.4	59.4	60.8	60.2	59.6	61.6	58.3	16-19
72.0	71.7	70.0	69.2	70.3	70.1	69.6	69.6	68.9	69.1	20-24
70.0	71.0	71.2	71.6	72.2	73.4	73.7	75.1	75.3	75.1	25-34
76.8	76.7	76.5	76.0	76.2	76.4	76.4	76.8	77.2	77.8	35-44
74.3	74.4	75.0	74.8	75.4	75.3	75.4	75.7	75.9	76.0	45-54
54.6	54.5	55.4	55.7	54.3	53.0	54.7	55.8	57.6	58.2	55-59
23.4	24.7	25.4	25.0	25.2	26.9	23.8	24.9	25.9	27.5	60-64
67.8	66.4	65.2	64.8	65.7	66.0	65.3	65.0	65.5	64.2	16-24
73.5	73.9	74.0	74.0	74.5	75.0	75.1	75.9	76.1	76.3	25-54
38.9	39.7	40.7	40.8	40.2	40.3	39.8	41.0	42.6	44.0	55-64
3.7	3.5	3.3	3.2	3.1	3.2	3.4	3.5	3.4	3.1	65 et plus
66.8	67.0	67.1	67.1	67.6	68.0	67.9	68.4	68.9	69.0	16-64
										Ensemble des personnes
72.7	71.3	70.3	69.7	70.6	70.4	69.4	69.2	69.7	68.2	16-24
83.8	83.7	83.5	83.4	83.3	83.3	83.3	83.8	84.1	83.9	25-54
52.0	51.7	52.1	51.4	51.4	51.7	51.0	52.1	52.8	54.0	55-64
5.8	5.1	5.1	5.3	5.0	5.1	5.2	5.4	5.3	4.8	65 et plus
76.6	76.3	76.2	75.9	76.1	76.2	75.9	76.3	76.6	76.4	16-64
										TAUX DE CHÔMAGE
										Hommes
18.6	22.0	21.0	19.6	20.6	18.3	17.2	18.3	17.4	15.8	16-19
18.9	20.2	18.4	17.1	16.3	14.0	12.0	11.3	10.5	9.5	20-24
11.9	12.1	11.5	10.1	9.4	7.7	6.7	6.0	5.3	4.7	25-34
9.0	9.4	8.7	7.5	7.9	6.0	4.7	5.2	4.3	4.0	35-44
8.4	9.4	8.6	7.5	6.4	6.1	4.7	4.9	4.8	3.5	45-54
11.2	12.3	11.6	10.3	9.8	8.0	6.7	6.4	5.3	3.9	55-59
10.2	14.2	11.6	9.9	8.9	7.6	7.0	6.5	5.9	5.2	60-64
18.8	20.8	19.2	17.9	17.8	15.6	14.0	14.1	13.2	12.0	16-24
9.9	10.4	9.8	8.5	8.0	6.7	5.4	5.4	4.8	4.1	25-54
10.8	13.1	11.6	10.1	9.5	7.8	6.8	6.4	5.5	4.4	55-64
4.7	4.5	3.6	2.7	4.0	3.9	3.2	3.0	2.4	2.7	65 et plus
11.7	12.5	11.5	10.2	9.7	8.2	6.9	6.8	6.1	5.3	16-64
11.5	12.4	11.4	10.1	9.6	8.1	6.8	6.7	6.1	5.3	Total
										Femmes
13.6	15.9	16.0	14.8	14.7	14.1	13.8	12.6	13.6	11.3	16-19
10.2	11.8	10.8	10.7	8.9	8.9	8.2	8.4	7.5	6.9	20-24
8.4	8.4	7.9	7.4	7.4	5.9	5.8	5.5	4.8	4.4	25-34
6.2	6.0	6.0	5.9	5.1	4.8	4.4	4.1	4.2	3.8	35-44
5.0	5.0	5.0	4.5	4.1	3.7	3.1	3.2	2.9	2.4	45-54
4.5	6.0	6.5	4.8	4.3	4.8	3.5	3.5	3.1	2.0	55-59
4.3	3.6	2.7	1.4	1.4	2.1	2.1	2.2	2.1	1.3	60-64
11.5	13.2	12.6	12.2	11.2	11.0	10.5	10.2	10.1	8.7	16-24
6.6	6.6	6.4	6.0	5.6	4.9	4.5	4.3	4.0	3.6	25-54
4.5	5.2	5.4	3.8	3.4	3.9	3.1	3.2	2.7	1.8	55-64
4.8	3.9	3.0	2.5	1.9	2.4	1.7	1.1	1.2	1.3	65 et plus
7.4	7.7	7.4	6.9	6.3	5.8	5.3	5.1	4.8	4.2	16-64
7.3	7.6	7.3	6.8	6.3	5.7	5.3	5.1	4.8	4.2	Total
										Ensemble des personnes
15.5	17.4	16.2	15.3	14.8	13.5	12.4	12.3	11.8	10.5	16-24
8.5	8.7	8.3	7.4	7.0	5.9	5.0	4.9	4.4	3.9	25-54
8.4	10.0	9.1	7.5	7.1	6.3	5.3	5.1	4.4	3.3	55-64
4.8	4.5	3.4	2.6	3.2	3.4	2.9	2.5	1.9	2.2	65 et plus
9.8	10.4	9.7	8.7	8.2	7.1	6.2	6.1	5.6	4.8	16-64
9.7	10.3	9.6	8.6	8.2	7.1	6.1	6.0	5.5	4.8	Total

Statistiques de la Population Active
© 2002 OCDE

NOTES BY COUNTRY
NOTES PAR PAYS

CANADA

Reference: *The Labour Force*, Statistics Canada.

Collection: Data are compiled from the Monthly Household Labour Force Survey.

Coverage: The survey covers the civilian resident non-institutional population aged 15 years and over living in private households and in collective households via their parents, including non-permanent residents.

Calculation: The annual data are averages of monthly estimates.

Specifics: The survey excludes the territories of Yukon, North West Territories and Nunavut.

MEXICO

Reference: *Encuesta Nacional de Empleo (ENE) - Secretaría del Trabajo y Previsíon Social (STPS).*

Definition: The definition of unemployment is consistent with the ILO definition.

Collection: Data are compiled from the Encuesta Nacional de Empleo (ENE) with full country coverage. The survey was biennial from 1991 to 1995 and became annual since 1995.

Coverage: The survey covers the civilian resident non-institutional population aged 15 years and over including armed forces who are resident in private households.

Calculation: The annual data refer to the second quarter.

Specifics: Estimates for 1992 and 1994 are obtained using the annualised rates of growth between the survey years 1993/1991 and 1995/1993.

CANADA

Référence: *La population active*, Statistique Canada.

Collecte: Les données proviennent de l'Enquête mensuelle sur la population active auprès des ménages.

Couverture: L'enquête porte sur la population civile résidante non-institutionnelle âgée de 15 ans et plus vivant dans les ménages collectifs ayant un lien de parenté avec les ménages privés, y compris les résidents non-permanents.

Calcul: Les chiffres annuels sont des moyennes d'estimations mensuelles.

Précisions: L'enquête exclut les territoires du Yukon, les territoires du Nord Ouest et du Nunavut.

MEXIQUE

Référence: *Encuesta Nacional de Empleo (ENE) - Secretaría del Trabajo y Previsíon Social (STPS).*

Définition: La définition du chômage est conforme à la définition du BIT.

Collecte: Les données proviennent de l'Encuesta Nacional de Empleo (ENE). L'enquête fut biennale de 1991 à 1995 et devint annuelle à partir de 1995.

Couverture: L'enquête porte sur la population civile résidante non-institutionnelle âgée de 15 ans et plus, y compris les forces armées vivant dans les ménages privés.

Calcul: Enquête biennale depuis 1991. Les chiffres annuels se réfèrent au deuxième trimestre.

Précisions: Les estimations pour les années 1992 et 1994 sont obtenues par application du taux de croissance annuel moyen entre deux années d'enquêtes, 1993/1991 et 1995/1993 respectivement.

Statistiques de la Population Active
© 2002
OCDE

UNITED STATES

Reference: *Employment and Earnings*, Bureau of Labor Statistics.

Collection: Data are compiled from the Monthly Household Labour Force Survey (Current Population Survey).

Coverage: The survey covers the civilian resident non-institutional population living in collective households and sampled separately aged 16 years and over.

Calculation: The annual data are averages of monthly estimates.

Specifics: In January 1994, a major redesign was introduced to the survey questionnaire and collection methodology. For further details refer to the article "Revisions in the current Population Survey Effective January 1994", *Employment and Earnings*, February 1994.

JAPAN

Reference: *Annual Report of the labour force survey* and *Monthly report of the labour force survey*, Statistics Bureau, Management and Coordination Agency.

Collection: Data are compiled from the Monthly Household Labour Force Survey.

Coverage: The survey covers the resident population (insitutional and non-instutional) aged 15 years and over, living in private households and in collective households sampled separately, including all armed forces.

Calculation: The annual data are averages of monthly estimates.

KOREA

Reference: *Annual Report on the Economically Active Population Survey*, National Statistical Office.

Collection: Data are compiled from the Monthly Economically Active Population Survey.

Coverage: The survey covers the civilian resident non-institutional population aged 15 years and over living in private households, but excludes prisoners, foreigners and persons living abroad.

Calculation: The annual data are averages of monthly estimates.

Specifics: The Economically Active Population Survey was first introduced in 1963 and was conducted every quarter. The period of the survey was changed from quarterly to monthly in July 1982. The survey excludes islands that are difficult to be examined.

ÉTATS-UNIS

Référence: *Employment and Earnings*, Bureau of Labor Statistics.

Collecte: Les données proviennent de l'Enquête mensuelle sur la population active auprès des ménages (Current Population Survey).

Couverture: L'enquête porte sur la population civile résidante non-institutionnelle vivant dans les ménages collectifs, qui font l'objet d'un échantillonnage indépendant, et âgée de 16 ans et plus.

Calcul: Les chiffres annuels sont des moyennes d'estimations mensuelles.

Précisions: En janvier 1994, un important remaniement de l'enquête ainsi que de la méthode de collecte a été effectué. Pour plus de détails se référer à l'article suivant : «Revisions in the Current Population Survey Effective January 1994», *Employment and Earnings,* février 1994.

JAPON

Référence: *Annual Report of the labour force survey* and *Monthly report of the labour force survey*, Statistics Bureau, Management and Coordination Agency.

Collecte: Les données proviennent de l'Enquête mensuelle sur la population active auprès des ménages.

Couverture: L'enquête porte sur la population résidante (institutionnelle et non-institutionnelle) âgée de 15 ans et plus, vivant dans les ménages privés. L'enquête inclut également les ménages collectifs, qui font l'objet d'un échantillonnage indépendant, et les forces armées.

Calcul: Les chiffres annuels sont des moyennes d'estimations mensuelles.

CORÉE

Référence: *Annual Report on the Economically Active Population Survey,* National Statistical Office.

Collecte: Les données proviennent de l'Enquête mensuelle sur la population active.

Couverture: L'enquête porte sur la population civile résidante non-institutionnelle âgée de 15 ans et plus vivant dans les ménages privés, mais exclut les prisonniers, les étrangers et les personnes vivants à l'étranger.

Calcul: Les chiffres annuels sont des moyennes d'estimations mensuelles.

Précisions: L'enquête sur la population active a été introduite en 1963 et conduite sur une base trimestrielle. L'enquête est devenue mensuelle à partir de juillet 1982. Les îles difficiles à enquêter sont exclues de l'enquête.

AUSTRALIA

Reference: *The Labour Force*, Australian Bureau of Statistics.

Collection: Data are compiled from the Monthly Labour Force Survey.

Coverage: The survey covers the resident civilian population aged 15 years and over living in private households or sampled separately in collective households.

Calculation: The annual data refer to the month of August.

Specifics: The data were revised for 1984 and subsequent years by the Australian authorities on the basis of the results of the census of 1986. There is a break in series between 1985 and 1986 due to the inclusion in employment of unpaid family workers having worked less than 15 hours. There is also a break between 2000 and 2001 due the introduction of a new questionnaire.

NEW ZEALAND

Reference: *The New Zealand Labour Force*, Department of Statistics, New Zealand.

Collection: Data are compiled from the Quarterly Household Labour Force Survey.

Coverage: The survey covers the civilian resident non-institutional population aged 15 years and over living in private households since second quarter 1998.

Calculation: The annual data are averages of quarterly estimates.

Specifics: The survey excludes Chathams, Antarctic Territory, and other minor offshore islands.

AUSTRIA

Reference: *Mikrocensus*, Austrian Central Statistical Office.

Collection: Data are compiled from the Quarterly Mikrocensus.

Coverage: The survey covers the resident population aged 15 years and over including all armed forces.

Calculation: The annual data are averages of quarterly estimates of the Mikrocensus sample survey.

AUSTRALIE

Référence: *The Labour Force*, Australian Bureau of Statistics.

Collecte: Les données proviennent de l'Enquête mensuelle sur la population active.

Couverture: L'enquête porte sur la population civile résidante âgée de 15 ans et plus vivant dans les ménages privés et également les personnes vivant dans les ménages collectifs.

Calcul: Les chiffres annuels se réfèrent au mois d'août.

Précisions: Les données ont été révisées à partir de 1984 sur la base des résultats du recensement de 1986 par les autorités australiennes. Il y a une rupture de série entre 1985 et 1986 du à l'inclusion parmi les actifs occupés des travailleurs familiaux non-rémunérés ayant travaillé moins de 15 heures. Il existe une rupture de série entre 2000 et 2001 du à l'introduction d'une nouvelle enquête.

NOUVELLE-ZÉLANDE

Référence: *The New Zealand Labour Force*, Département des Statistiques, Nouvelle-Zélande.

Collecte: Les données proviennent de l'Enquête trimestrielle sur la population active.

Couverture: L'enquête porte sur la population civile résidante non-institutionnelle âgée de 15 ans et plus vivant dans les ménages privés depuis le deuxième trimestre 1998.

Calcul: Les chiffres annuels sont des moyennes d'estimations trimestrielles.

Précisions: L'enquête exclut le territoire de l'Antarctique, des Chathams et des autres petites îles non-significatives.

AUTRICHE

Référence: *Mikrocensus*, Australian Central Statistical Office.

Collecte: Les données proviennent du Mikrocensus trimestriel.

Couverture: L'enquête porte sur la population résidante âgée de 15 ans et plus y compris les forces armées.

Calcul: Les chiffres annuels sont des moyennes d'estimations trimestrielles du Mikrocensus.

Statistiques de la Population Active
© 2002

OCDE

BELGIUM

Reference: *Labour Force Survey*, Statistical Office of the European Union (Eurostat).

Definition: The concepts and definitions are those used in the European Labour Force Survey and are derived from the ILO guidelines since 1983. The 1992 European Labour Force Survey contains changes on the definition of unemployment. For more details see Labour Force Survey - Methods and definitions, 1992, Eurostat.

Collection: Data are compiled from the European Labour Force Survey (Spring).

Coverage: The survey covers the resident population aged 15 years and over living in private households.

Calculation: The annual data refer to the month of May.

CZECH REPUBLIC

Reference: *Employment and Unemployment in the Czech Republic - The Labour Force Sample Survey -* Czech Statistical Office (CSU).

Definition: The definition of employment and unemployment are in compliance with the ILO guidelines.

Collection: Data are compiled from the Quarterly Labour Force Sample Survey.

Coverage: The survey covers the resident non-institutional population aged 15 years and over in private households living in the chosen dwellings continuously for at least 3 months. Also includes temporary members of the armed forces surveyed at their residences before they left for the army.

Calculation: The annual data are averages of quarterly estimates.

Specifics: Employment figures include women on maternity leave up to 6 months. Persons on child-care leave are included in the economically inactive group, unless they meet ILO conditions for being classified as employed or unemployed.

BELGIQUE

Référence: *Enquête sur les forces du travail*, Office statistique de l'Union Européenne (Eurostat).

Définition: Les concepts et définitions utilisés dans l'Enquête communautaire sur les forces du travail sont dérivés des recommandations du BIT depuis 1983. L'Enquête communautaire sur les forces du travail de 1992 introduit des changements dans la définition du chômage. Pour plus de détails voir l'Enquête sur les forces du travail – Méthodes et définitions, 1992, Eurostat.

Collecte: Les données proviennent de l'Enquête communautaire sur les forces du travail (printemps).

Couverture: L'enquête porte sur la population résidante âgée de 15 ans et plus vivant dans les ménages privés.

Calcul: Les chiffres annuels se réfèrent au mois de mai.

RÉPUBLIQUE TCHÈQUE

Référence: *Employment and Unemployment in the Czech Republic - The Labour Force Sample Survey -* Office Statistique Tchèque (CSU).

Définition: Les définitions de l'emploi et du chômage sont conformes aux recommandations du BIT.

Collecte: Les données proviennent de l'Enquête trimestrielle sur la population active.

Couverture: L'enquête porte sur la population résidante non-institutionnelle âgée de 15 ans et plus vivant dans les ménages privés pendant au moins 3 mois consécutifs. Elle comprend également les membres temporaires des forces armées qui sont enquêtés à leur résidence avant leur départ pour l'armée.

Calcul: Les chiffres annuels sont des moyennes d'estimations trimestrielles.

Précisions: Les chiffres de l'emploi incluent des femmes en congé maternité jusqu'à 6 mois. Les personnes en congé parental prolongé sont incluses dans le groupe des inactifs sauf si elles remplissent les conditions du BIT pour être classées comme employé ou au chômage.

DENMARK

Reference: *Labour Force Survey*, Statistical Office of the European Union (Eurostat).

Definition: The concepts and definitions are those used in the European Labour Force Survey and are derived from the ILO guidelines since 1983. The 1992 European Labour Force Survey contains changes on the definition of unemployment. For more details see Labour Force Survey - Methods and definitions, 1992, Eurostat.

Collection: Data are compiled from the European Labour Force Survey (Spring).

Coverage: The survey covers the resident population aged 15 years and over living in private households.

Calculation: The annual data refer to the months of February-June.

FINLAND

Reference: *Labour Force Survey*, Central Statistical Office; Labour Reports, Ministry of Labour.

Collection: Data are compiled from the Monthly Labour Force Survey.

Coverage: The survey covers the civilian resident population aged 15 to 74 years living in private households and sampled separately in collective households.

Calculation: The annual data are averages of monthly estimates.

Specifics: Up to 1988, full-time students seeking jobs are not included in the unemployment rate. From 1989 onwards, they are included in accordance with ILO definitions.

DANEMARK

Référence: *Enquête sur les forces du travail*, Office statistique de l'Union Européenne (Eurostat).

Définition: Les concepts et définitions utilisés dans l'Enquête communautaire sur les forces du travail sont dérivés des recommandations du BIT depuis 1983. L'Enquête communautaire sur les forces du travail de 1992 introduit des changements dans la définition du chômage. Pour plus de détails voir l'Enquête sur les forces du travail – Méthodes et définitions, 1992, Eurostat.

Collecte: Les donnéees proviennent de l'Enquête communautaire sur les forces du travail (printemps).

Couverture: L'enquête porte sur la population résidante âgée de 15 ans et plus vivant dans les ménages privés.

Calcul: Les chiffres annuels se réfèrent aux mois de février-juin.

FINLANDE

Référence: *Labour Force Survey*, Central Statistical Office ; Labour Reports, Ministry of Labour.

Collecte: Les données proviennent de l'Enquête mensuelle sur la population active.

Couverture: L'enquête porte sur la population civile résidante âgée de 15 à 74 ans vivant dans les ménages privés et également les ménages collectifs, qui font l'objet d'un échantillonnage indépendant.

Calcul: Les chiffres annuels sont des moyennes d'estimations mensuelles.

Précisions: Jusqu'en 1988, les étudiants à plein temps à la recherche d'un emploi ne sont pas inclus dans le taux de chômage. A partir de 1989, ils sont inclus dans le taux de chômage conformément aux définitions du BIT.

Statistiques de la Population Active
© 2002
OCDE

FRANCE

Reference: *Enquête Emploi*, INSEE.

Definition: Data for unemployment and the labour force are in compliance with ILO guidelines.

Collection: Data are compiled from the Annual Labour Force Survey.

Coverage: The survey covers the resident non-institutional population aged 15 years and over living in private households and in collective households via their parents (e.g. students, etc.) including all armed forces.

Calculation: The annual data refer to the month of March for each year except in 1982 and 1999 where the data refer to April-May and January respectively.

Specifics: The survey was modified in 1982.

GERMANY

Reference: The April Microcensus.

Collection: The data are based on the April.

Coverage: The survey covers the resident population aged 15 years and over living in private or collective households (excluding those living in military barracks). Estimates are based on the total labour force including the armed forces.

Calculation: From 1991 onwards, annual average figures are consistent in terms of methodology and contents with the results of the annual European Labour Force Survey and the national microcensus (conducted once a year in April). Annual averages are determined by means of a factor for the sub-year development. The sub-year development of employment is based on the monthly estimates of employment by the Federal Statistical Office, and the sub-year development of unemployment is based on the monthly figures of registered unemployment. Both monthly series are adjusted to the levels of the figures on persons employed and unemployed available once a year from the European Labour Force Survey.

Prior to 1991, the annual data on the labour force and population are averages of monthly estimates supplied by the German authorities. The annual unemployment figures correspond to unemployed persons registered at the end of the month of September of each year. From 1991 onwards, labour force and unemployment data are annual averages.

FRANCE

Référence: *Enquête Emploi*, INSEE.

Définition: Les chiffres du chômage et de la population active sont conformes aux recommandations du BIT.

Collecte: Les données proviennent de l'Enquête annuelle sur la population active.

Couverture: L'enquête porte sur la population résidante non-institutionnelle âgée de 15 ans et plus vivant dans les ménages privés. L'enquête couvre également les personnes vivant dans les ménages collectifs ayant un lien de parenté avec les ménages privés (comme les étudiants, etc.). L'enquête inclut les forces armées.

Calcul: Les chiffres annuels correspondent au mois de mars de chaque année, sauf en 1982 et en 1999 où ils correspondent aux chiffres d'avril-mai et de janvier respectivement.

Précisions: L'enquête a été modifiée en 1982.

ALLEMAGNE

Référence: Microcensus du mois d'avril.

Collecte: Les données sont basées sur le Microcensus du mois d'avril.

Couverture: L'enquête porte sur la population résidante âgée de 15 ans et plus vivant dans les ménages privés. L'enquête couvre également les personnes vivant dans les ménages collectifs ayant un lien de parenté avec les ménages privés (à l'exclusion des militaires vivant dans les casernes). Les estimations sont basées sur la population active totale y compris les forces armées.

Calcul: A partir de 1991 les chiffres annuels sont conformes aux méthodes et concepts utilisés pour obtenir les résultats annuels de l'Enquête communautaire sur les forces du travail ainsi que Microcensus national (menée au mois d'avril tous les ans). Les estimations annuelles sont déterminées par l'application d'un coefficient aux séries infra-annuelles. Pour l'emploi les évolutions infra-annuelles sont basées sur les chiffres mensuels calculés par l'office fédérale de la statistique, et pour le chômage ceux-ci sont basés sur les séries mensuelles de chômeurs enregistrés. Les séries d'emploi et de chômage disponibles dans l'enquête communautaire sur les forces du travail servent de référence pour dériver des séries mensuelles.

Avant 1991, les chiffres annuels de population active et de population sont des moyennes d'estimations mensuelles, fournies par les autorités allemandes ; les chiffres annuels de chômage correspondent aux chômeurs inscrits à la fin du mois de septembre. A partir de 1991, les chiffres annuels sont des moyennes d'estimations mensuelles pour les données sur la population active et le chômage.

Specifics: Estimates of the total labour force have been revised from 1987 on, based on census results, and show a break between 1986 and 1987.

GREECE

Reference: *Labour Force Survey*, Statistical Office of the European Union (Eurostat).

Definition: The concepts and definitions are those used in the European Labour Force Survey and are derived from the ILO guidelines since 1983. The 1992 European Labour Force Survey contains changes on the definition of unemployment. For more details see Labour Force Survey - Methods and definitions, 1992, Eurostat.

Collection: Data are compiled from the European Labour Force Survey (Spring).

Coverage: The survey covers the resident population aged 15 years and over living in private households.

Calculation: The annual data refer to the months of April-June.

HUNGARY

Reference: *Labour Force Survey*, Annual Report. Hungarian Central Statistical Office.

Definition: The definitions used in the survey follow ILO recommendations.

Collection: Data are compiled from the Quarterly Labour Force Survey.

Coverage: The survey covers the resident non-institutional population aged 15 to 74 years living in private households and in collective households via their parents, including those on military service (from 1995) and maternity leave and excluding those on child-care leave.

Calculation: The annual data are averages of quarterly estimates.

Specifics: Up to 1994, age group 55 to 64 years refers to ages 55 to 74 years, and the total refers to ages 15 to 74 years.

Précisions: Les estimations de la population active totale ont été révisées en 1987, selon les résultats du recensement; il y a une rupture dans les séries entre 1986 et 1987.

GRÈCE

Référence: *Enquête sur les forces du travail*, Office statistique de l'Union Européenne (Eurostat).

Définition: Les concepts et définitions utilisés dans l'Enquête communautaire sur les forces du travail sont dérivés des recommandations du BIT depuis 1983. L'Enquête communautaire sur les forces du travail de 1992 introduit des changements dans la définition du chômage. Pour plus de détails voir l'Enquête sur les forces du travail – Méthodes et définitions, 1992, Eurostat.

Collecte: Les données proviennent de l'Enquête communautaire sur les forces du travail (printemps).

Couverture: L'enquête porte sur la population résidante âgée de 15 ans et plus vivant dans les ménages privés.

Calcul: Les chiffres annuels se réfèrent aux mois de février-juin.

HONGRIE

Référence: *Labour Force Survey, annuaire*. Hungarian Central Statistical Office.

Définition: Les définitions utilisées dans l'enquête suivent les recommandations du BIT.

Collecte: Les données proviennent de l'Enquête trimestrielle sur la population active.

Couverture: L'enquête porte sur la population résidante non-institutionelle âgée de 15 à 74 ans vivant dans les ménages privés et également les personnes vivant dans les ménages collectifs ayant un lien de parenté avec les ménages privés. Elle inclut les forces armées (à partir de 1995) et les femmes en congé maternité et exclut les personnes en congé parental.

Calcul: Les chiffres sont des moyennes d'estimations mensuelles.

Précisions: Jusqu'à 1994, le groupe d'âge 55 à 64 ans se réfère aux âges 55 à 74 ans et le total se réfère au groupe d'âge 15 à 74 ans.

Statistiques de la Population Active
© 2002
OCDE

ICELAND

Reference: *Labour Market Statistics*, Statistic Iceland.

Definition: Unemployment and labour force data are close to the ILO definitions.

Collection: Data are compiled from the Labour Force Survey.

Coverage: The survey covers the resident population aged 16 to 74 years living in private and collective households, including all armed forces.

Calculation: The annual data are averages of bi-annual (April and November) estimates.

Specifics: The Economically Active Population Survey was first introduced in April 1991 and was conducted twice yearly (April and November) since then.

IRELAND

Reference: *Census of population, Labour Force Survey*, Central Statistics Office.

Collection: The 1981 data are Census based while data for other years are from the labour force survey and from the Quarterly National Household Survey (QNHS) since 1998.

Coverage: The survey covers the resident non-institutional population aged 15 years and over living in private households. Also includes career military living in private households.

Calculation: The annual data are averages of quarterly estimates.

Specifics: In September 1997 there was the introduction of a continuous quarterly survey with more detailed questions regarding employment in the week prior to the survey.

ITALY

Reference: *Forze di lavoro*, ISTAT.

Collection: Data are compiled from the Quarterly Household Labour Force Survey.

Coverage: The survey covers the resident non-institutional population aged 15 years and over, living in private households and in collective households via their parents, including all armed forces.

Calculation: The annual data are averages of quarterly estimates.

Specifics: From 1993 onwards the lower age limit refers to 15 year olds. Prior to 1993 lower age limit was 14.

ISLANDE

Référence: *Labour Market Statistics*, Statistic Iceland.

Définition: Le chômage et la population active se rapprochent des concepts du BIT.

Collecte: Les données proviennent de l'Enquête sur la population active.

Couverture: L'enquête porte sur la population résidante âgée de 16 à 74 ans vivant dans les ménages privés et dans les ménages collectifs, y compris les forces armées.

Calcul: Les chiffres annuels sont des moyennes d'estimations semestrielles (avril et novembre).

Précisions: L'enquête sur la population active a été introduite en avril 1991 et est conduite deux fois par an (avril et novembre) depuis.

IRLANDE

Référence: *Census of population, Labour Force Survey*, Central Statistics Office.

Collecte: Les chiffres de 1981 sont basés sur le recensement, les chiffres pour les autres années proviennent de l'enquête sur la population active. Enquête nationale trimestrielle auprès des ménages (QNHS) à partir de 1998.

Couverture: L'enquête porte sur la population résidante non-institutionnelle âgée de 15 ans et plus vivant dans les ménages privés. L'enquête inclut également les forces armées vivant dans les ménages privés.

Calcul: Les chiffres annuels sont des moyennes d'estimations trimestrielles

Précisions: Une enquête trimestrielle en continu a été introduit en Septembre 1997. Elle pose des questions plus détaillées sur la situation de l'emploi dans la semaine précédent l'enquête.

ITALIE

Référence: *Forze di lavoro*, ISTAT.

Collecte: Les données proviennent de l'Enquête trimestrielle sur la population active.

Couverture: L'enquête porte sur la population résidante non-institutionnelle âgée de 15 ans et plus vivant dans les ménages privés et également les personnes vivant dans les ménages collectifs ayant un lien de parenté avec les ménages privés, y compris les forces armées.

Calcul: Les chiffres annuels sont des moyennes d'estimations trimestrielles.

Précisions: A partir de 1993, la limite d'âge inférieure est de 15 ans. Avant 1993, la limite d'âge inférieure était de 14 ans.

LUXEMBOURG

Reference: *Labour Force Survey*, Statistical Office of the European Union (Eurostat).

Definition: The concepts and definitions are those used in the European Labour Force Survey and are based on the ILO guidelines since 1983. The 1992 European Labour Force Survey contains changes on the definition of unemployment. For more details see Labour Force Survey - Methods and definitions, 1992, Eurostat.

Collection: Data are compiled from the European Labour Force Survey (Spring).

Coverage: The survey covers the resident population aged 15 years and over living in private households.

Calculation: The annual data refer to the month of May.

NETHERLANDS

Reference: *Sociale Maandstatistiek*, Central Bureau of Statistics for unemployment data.

Definition: The definition of employment is in compliance with the ILO guidelines and is based on any work done for an hour or more during the reference week.

Collection: Data are compiled from the Labour Force Survey.

Coverage: The survey covers the resident non-institutional population aged 15 years and over living in private households, including all armed forces.

Calculation: The annual data correspond to the 1st January for the population and labour force until 1986, and to annual averages for unemployment as well as for population and labour force from 1987 on.

Specifics: There is a break 1986/87 due to the introduction from 1987 onwards of a continuous survey, which resulted in an increase in employment. This is due to the survey collecting more information on persons working fewer weekly hours (less than 20 hours a week).

LUXEMBOURG

Référence: *Enquête sur les forces du travail*, Office statistique de l'Union Européenne (Eurostat).

Définition: Les concepts et définitions utilisés dans l'Enquête communautaire sur les forces du travail sont dérivés des recommandations du BIT depuis 1983. L'Enquête communautaire sur les forces du travail de 1992 introduit des changements dans la définition du chômage. Pour plus de détails voir l'Enquête sur les forces du travail – Méthodes et définitions, 1992, Eurostat.

Collecte: Les données proviennent de l'Enquête communautaire sur les forces du travail (printemps).

Couverture: L'enquête porte sur la population résidante âgée de 15 ans et plus vivant dans les ménages privés.

Calcul: Les chiffres annuels se réfèrent aux mois de février-juin.

PAYS-BAS

Référence: *Sociale Maandstatistiek*, Bureau des Statistiques pour le chômage.

Définition: La définition de l'emploi est conforme aux recommandations du BIT et est basée sur tout travail effectué pour une heure ou plus pendant la semaine de référence.

Collecte: Les données proviennent de l'Enquête sur la population active.

Couverture: L'enquête porte sur la population résidante non-institutionelle âgée de 15 ans et plus vivant dans les ménages privés, y compris les forces armées.

Calcul: Les chiffres annuels correspondent aux chiffres du 1 janvier pour la population et la population active jusqu'en 1986 et à la moyenne annuelle pour les chômeurs ainsi que pour la population et la population active à partir de 1987.

Précisions: Il y a une rupture des séries entre 1986/87 due à la mise en place d'une enquête continue à partir de 1987, qui a augmenté les chiffres de l'emploi. Car l'enquête saisit plus d'actifs avec très peu d'heures de travail (moins de 20 heures par semaine).

Statistiques de la Population Active
© 2002

OCDE

NORWAY

Reference: *Arbeidsmarked Statistikk*, Statistisk Sentralbyraa.

Collection: Data are compiled from the Quarterly Labour Force Survey.

Coverage: The survey covers the resident population aged 16 to 74 years, living in private households and in collective households via their parents, including all armed forces.

Calculation: The annual data are averages of quarterly estimates.

Specifics: There is a break in series 1987/88 due to a change in the survey collection that resulted in higher estimates for employed persons.

POLAND

Reference: *Aktywnosc Ekonomiczna Ludnosci Polski*, Glowny Urzad Statystyczny.

Collection: Data are compiled from the Labour Force Survey.

Coverage: The survey covers the resident non-institutional population aged 15 years and over living in private households. Armed forces living in private households are also included.

Calculation: The data are averages of published quarterly figures, commencing second quarter 1992. For the 1992 annual averages a double weight has been applied to the second quarter figures.

Specifics: Data for 1999 refer to 1st quarter only.

PORTUGAL

Reference: *Inquérito permanente ao emprego*, Instituto nacional de Estatistica.

Collection: Data are compiled from the Quarterly labour force survey (bi-annual before 1983).

Coverage: The survey covers the resident non-institutional population aged 15 years and over living in private households. Includes all armed forces.

Calculation: The annual data correspond to the average of bi-annual estimates up to and including 1982. From 1983 onwards the annual data correspond to the average of the quarterly estimates.

NORVÈGE

Référence: *Arbeidsmarked Statistikk*, Statistisk Sentralbyraa.

Collecte: Les données proviennent de l'Enquête trimestrielle sur la population active.

Couverture: L'enquête porte sur la population résidante âgée de 16 à 74 ans vivant dans les ménages privés et également les personnes vivant dans les ménages collectifs ayant un lien de parenté avec les ménages privés, y compris les forces armées.

Calcul: Les chiffres annuels sont des moyennes d'estimations trimestrielles.

Précisions: Il y a une rupture des séries entre 1987/88 due à un changement dans l'enquête qui a augmenté les chiffres de l'emploi.

POLOGNE

Référence: *Aktywnosc Ekonomiczna Ludnosci Polski*, Glowny Urzad Statystyczny.

Collecte: Les données proviennent de l'Enquête sur la population active.

Couverture: L'enquête porte sur la population résidante âgée de 15 ans et plus vivant dans les ménages privés, y compris les forces armées vivants dans les ménages privés.

Calcul: Les chiffres sont des moyennes d'estimations trimestrielles publiées depuis le second trimestre de 1992. La moyenne annuelle pour 1992 a été calculée en attribuant une pondération double aux données du second trimestre de cette année.

Précisions: Les données pour 1999 se réfèrent au 1er trimestre seulement.

PORTUGAL

Référence: *Inquérito permanente ao emprego*, Instituto nacional de Estatistica.

Collecte: Les données proviennent de l'Enquête trimestrielle sur la population active (semestrielle avant 1983).

Couverture: L'enquête porte sur la population résidante non-institutionelle âgée de 15 ans et plus vivant dans les ménages privés, y compris les forces armées.

Calcul: Jusqu'à 1982, les chiffres annuels sont des moyennes d'estimations semestrielles. A partir de 1983, les chiffres annuels sont des moyennes d'estimations trimestrielles.

Specifics: There is a break in series 1997/1998 due to a revision of the estimation method of the survey. The actual method is based on independent estimates of the population by sex and age groups. The sample design modified in 1998 as well. The questionnaire was also slightly altered in order to harmonise with European Union standards.

SLOVAK REPUBLIC

Collection: Data are compiled from the Labour Force Sample Survey.

Collection: The survey covers the resident non-institutional population aged 15 years and over living in private households. Includes career military. Conscripts have been included since 1997. Employment figures include persons on regular maternity leave (28 weeks) but exclude those on child-care leave.

Calculation: The annual data are averages of quarterly estimates.

Specifics: For surveys held between 1993 and 1999, the LFS data relate to seasonal quarters (i.e. the 1st quarter comprised Dec., Jan., Febr.); for surveys held from 2000 onwards, the data relate to calendar quarters. Breaks in series: 1996/ 1997 - since the first quarter of 1997 the conscripts on compulsory military service are included in the LFS; 1998/1999 - change in sample design to take into account the new regional structure of Slovakia; 1999/2000 – transition from seasonal to calendar quarters.

SPAIN

Reference: *Poblacion activa, encuesta*, Instituto nacional de Estadistica.

Collection: Data are compiled from the Quarterly Labour Force Survey.

Coverage: The survey covers the resident population aged 16 years and over living in private households, including all armed forces and excluding prisons.

Calculation: The data correspond to annual averages.

Specifics: From 1981 onwards the data have been revised in line with the 1980 Census of Population. The data exclude the provinces of Ceuta and Melilla (up to 1987) and permanent inmates of institutions.

Précisions: Il y a une rupture de séries entre 1997 /98 due à une révision de la méthode des estimations de l'enquête. La méthode actuelle est basée sur les estimatives indépendantes de population par sexe et groupe d'âge. Le design de l'échantillon a aussi été modifié en 1998. Le questionnaire a aussi eu quelques altérations pour des raisons d'harmonisation au niveau de l'Union Européenne.

REPUBLIQUE SLOVAQUE

Collecte: Les données proviennent de l'Enquête sur la population active.

Couverture: L'enquête porte sur la population civile résidante non-institutionnelle âgée de 15 ans et plus vivant dans les ménages privés. Inclus les militaires de carrière. Les conscrits sont inclus depuis 1997. Les chiffres de l'emploi incluent les femmes en congé maternité (28 semaines) et excluent les personnes en congé parental.

Calcul: Les chiffres annuels sont des moyennes d'estimations trimestrielles.

Précisions : Pour les enquêtes effectuées entre 1993 et 1999, les données se réfèrent aux trimestres saisonniers (e.g. le 1èr trimestre inclue Dec., Jan., Fev.); pour les enquêtes effectuées à partir de 2000, les données se réfèrent aux trimestres civils. Rupture de séries : 1996/1997 – depuis le premier trimestre 1997 les conscrits soumis au service militaire obligatoire sont inclus dans l'enquête ; 1998/1999 - changement dans l'enquête pour prendre en compte la nouvelle structure régionale de la République slovaque ;

1999/2000 – transition des trimestres saisonniers aux trimestres civils.

ESPAGNE

Référence: *Poblacion activa, encuesta*, Instituto nacional de Estadistica.

Collecte: Les données proviennent de l'Enquête trimestrielle sur la population active.

Couverture: L'enquête porte sur la population résidante âgée de 16 ans et plus vivant dans les ménages privés, y compris les forces armées, mais excluant les prisonniers.

Calcul: Les chiffres correspondent aux estimations à des moyennes annuelles.

Précisions: Les données ont été révisées à partir de 1981 sur la base du recensement de 1981. Les estimations ne comprennent pas les provinces de Ceuta et Melilla (jusqu'en 1987) ainsi que la population des communautés (ménages collectifs).

SWEDEN

Reference: *The Labour Force Survey*, Statistiska Centralbyrån.

Collection: Data are compiled from the Monthly Labour Force Survey.

Coverage: The survey covers the resident population aged 16 to 74 year including all armed forces.

Calculation: The annual data are averages of monthly estimates.

Specifics: There is a break in series between 1986 and 1987 due to slight changes in survey definitions and methodology introduced in 1987. From 1986 to 1994, figures for persons 65 and over relate to the fourth quarter only. For 1995, data relate to the second quarter and 1996 data relate to April. The break in series between 1992 and 1993 is due to the introduction of a continuous labour force survey covering all 52 weeks of the year rather than one week each month.

SWITZERLAND

Reference: The Swiss Labour Force Survey - concepts, methodology and practical considerations - Office Fédérale de la Statistique (OFS).

Definition: The concepts and definitions used in the Swiss Labour Force Survey are in compliance with the ILO guidelines. Persons in employment are those who had worked for one hour or more during the reference week of the survey.

Collection: Data are compiled from the Swiss Labour Force Survey (ESPA).

Coverage: The survey covers the resident non-institutional population aged 15 and over, living in private households who have a telephone number, including all armed forces.

Calculation: The annual data refer to the second quarter (April-June).

SUÈDE

Référence: *The Labour Force Survey*, Statistiska Centralbyrån.

Collecte: Les données proviennent de l'Enquête mensuelle sur la population active.

Couverture: L'enquête porte sur la population résidante âgée de 16 á 74, y compris les forces armées.

Calcul: Les chiffres annuels sont des moyennes d'estimations mensuelles.

Précisions: Il y a une rupture dans les séries entre 1986 et 1987 due à une légère modification des définitions et de la méthodologie apportée dans les enquêtes à partir de 1987. De 1986 à 1994, les chiffres pour les personnes âgées de 65 ans et plus se rapportent uniquement au quatrième trimestre. Pour 1995, ils se rapportent au deuxième trimestre et pour 1996 au mois d'avril. La rupture dans les séries entre 1992 et 1993 est due au passage à une enquête en continue sur la population active qui porte sur les 52 semaines de l'année au lieu d'une semaine de référence par mois.

SUISSE

Référence: *L'enquête suisse sur la population active - concepts, bases méthodologiques, considérations pratiques -* Office Fédérale de la Statistique (OFS).

Définition: Les concepts et définitions utilisées dans l'Enquête suisse sur la population active sont basés sur les recommandations du BIT. Les personnes actives occupées sont celles qui ont travaillées au moins une heure dans la semaine de référence.

Collecte: Les données proviennent de l'Enquête Suisse sur la Population Active (ESPA).

Couverture: L'enquête porte sur la population résidante non-institutionelle âgée de 15 ans et plus, et couvre les ménages privés raccordés par une ligne téléphonique, y compris les forces armées.

Calcul: Les chiffres annuels se réfèrent au deuxième trimestre (avril à juin).

TURKEY

Reference: *Household Labour Force Survey* – State Institute of Statistics (SIS).

Collection: Data are compiled from the Bi-annual Household Labour Force Survey (HLFS).

Coverage: The survey covers the civilian resident non-institutional population aged 15 years and over living in private households.

Calculation: Semi-annual survey since October 1988. Annual average of April and October. From January 2000, the HLFS is conducted every month. The results of the survey are determined as quarterly and yearly estimates.

Specifics: 1988 and 1995 estimates refer to the months of October and April respectively.

UNITED KINGDOM

Reference: *Employment Gazette,* Department of Employment.

Definition: Unemployment and Labour Force estimates are in compliance with the ILO guidelines.

Collection: Since 1992, data are compiled from the Quarterly Labour Force Survey. Prior to 1992, the survey was conducted in Spring of each year.

Coverage: The survey covers the resident non-institutional population aged 16 years and over living in private households, including career military and excluding conscripts.

Calculation: The annual data are averages of quarterly estimates.

Specifics: Estimates on this basis are not available before 1984.

TURQUIE

Référence: *Household Labour Force Survey* - Institut Nationale de la Statistique (SIS).

Collecte: Enquête sur la population active auprès des ménages.

Couverture: L'enquête porte sur la population civile résidante non-institutionelle âgée de 15 ans et plus vivant dans les ménages privés.

Calcul: Enquête semestrielle. Les chiffres sont des moyenne d'estimations semestrielles des mois d'avril et octobre. À partir de janvier 2000, l'enquête est devenue mensuelle. Les résultats de l'enquête sont déterminés comme des estimations trimestrielles et annuelles.

Précisions: Pour les années 1988 et 1995 les estimations sont celles du mois d'octobre et avril respectivement.

ROYAUME-UNI

Référence: *Employment Gazette*, Department of Employment.

Définition: Les données sur le chômage et la population active sont conformes aux recommandations du BIT.

Collecte: À partir de 1992, les données proviennent de l'Enquête trimestrielle sur la population active. Avant cette date, l'enquête était conduite au printemps de chaque année.

Couverture: L'enquête porte sur la population résidante non-institutionelle âgée de 16 ans et plus vivant dans les ménages privés, y compris les forces armées mais excluant les conscrits.

Calcul: Les chiffres annuels sont des moyennes d'estimations trimestrielles.

Précisions: De telles estimations ne sont pas disponibles avant 1984.

OECD PUBLICATION, 2, rue André-Pascal, 75775 PARIS CEDEX 16
PRINTED IN FRANCE
(30 2002 09 3 P) – No. 52651 2002